国際財務報告基準(IFRS)詳説

第2巻

iGAAP2014

A guide to IFRS reporting

[訳] 有限責任監査法人 トーマツ

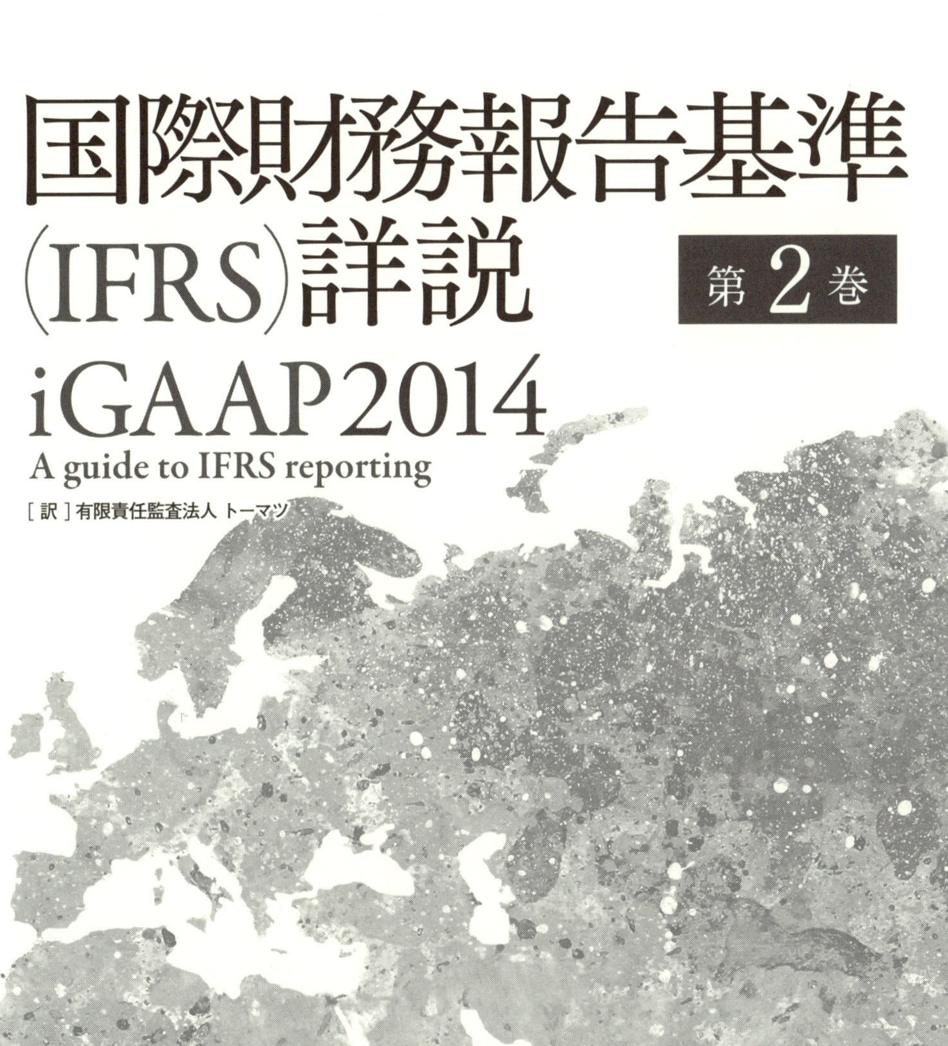

まえがき

2013 年を振返ると，企業は，各々が特有の難しい問題を伴う，いくつかの新しくて重要な IFRSs の修正を適用することに焦点を当てた。最も注目すべきは，IFRS 第 13 号「公正価値測定」で，特に非流動的な投資の測定および会計単位の識別の際に提起された問題，ならびに複雑な状況における IFRS 第 10 号「連結財務諸表」の適用で求められる重要な判断であった。多くの企業が気付かなかった難しい問題は，IAS 第 31 号から IFRS 第 11 号「共同支配の取決め」への移行であった。それは，最初想定したものより問題であることが判明した。すなわち，「共同支配企業」と「共同支配事業」の対比は，当分の間我々が取組むことになる区分である。

2013 年においても，IASB は 4 つの主要なプロジェクトに関する作業を継続したが，残念ながら，いずれもいまだ最終化されていない。金融商品の分野において，貸付金の減損は複雑であるため，コンバージェンスを達成する適用可能な基準を開発するための IASB と FASB の取組みにはそぐわなかった。継続的な努力にもかかわらず，重要な差異は残り，両審議会は，完全なコンバージェンスが達成できるか疑念を抱いている。リースおよび保険契約の公開草案に対する回答は，これらの提案に対しいまだ意見が分かれており，我々がこれらのプロジェクトの最終成果をいまだ正確には予想する立場にはないことを示した。最も完了に近いのは，収益に関する新しい IFRS である。この基準は，すべての損益計算書の「トップライン」に影響を与え，企業にとっては，投資者の主要な焦点領域に重要な変更を与える。この基準が，米国会計基準と完全にコンバージェンスされ，実質的に IFRSs の収益認識に関する指針が増加することは朗報である。

2014 年を見据えると，IASB は，2011 年アジェンダ・コンサルテーションの結果として，識別された領域に焦点を合わせることができるであろう。実際，概念フレームワークおよび料金規制の影響に関する議論が開始され，そのような動向となっている。

IASBは，開示フレームワークに関する作業も開始した。2013年はじめの開示フォーラムは，作成者，利用者，監査人および規制当局がともに，過重な負担となる開示の問題を議論し，可能な行動を提案した。開示に関するIASBの作業は，余計なものや常用文を減らし，企業の財政状態，業績およびキャッシュ・フローの評価に最も重要な情報を、企業が明確に識別でき，利用者がより容易に理解できるようにすることを目標としている。

2013年のIASBの協議における重要な進展は，世界中の8ヵ国の会計基準設定主体と4つの地域団体から成る，会計基準アドバイザリー・フォーラムの設立である。会計基準アドバイザリー・フォーラムは，実務上の難しい問題を早期に識別し，発行前に基準を改善するため，IASBを支援する。

会計基準設定主体から離れて、企業がどのように株主やその他の利害関係者とより効率的にコミュニケーションをとることができるかについて、より広い状況のなかで財務諸表の役割に焦点を当てている。特に，国際統合報告評議会（IIRC）が公表したフレームワーク案は，企業がどのように価値を創造し，その過程でいかに資源を使用するかを示すため，環境影響や社会的責任と同様に多様なトピックに関して作成された情報を，いかに財務情報とともに提供するかを提案している。

財務会計および報告は，依然として，企業の利害関係者および，特に投資者とのコミュニケーションの根本である。2014年以降の計画された作業だけでなく，2013年のIASB，IIRCおよび規制当局における進展は、そのコミュニケーションの透明性の改善を促すものである。主要な目標は簡潔である。すなわち，企業は，首尾一貫した方法で財務結果を説明することができ，主要な財務諸表，関連する注記の詳細，および単独の継続的な記述としての経営者による説明を結び付けることができることが必要である。明確で，簡潔で，高品質な財務報告は，我々が本書で知識および経験を共有することで，働きかける目標でもある。

Veronica Poole
Global IFRS Leader
Deloitte Touche Tohmatsu Limited
2013年10月

訳者まえがき

本書は、デロイト トウシュ トーマツ（Deloitte Touche Tohmatsu）のIFRSの専門家により執筆された「iGAAP 2014 A guide to IFRS reporting - 7th edition」の翻訳である。前回の英語版原書 5th edition の翻訳から2年が経過した。

この間、2011年に公表された連結関連基準書（IFRS 第10号－第12号）、公正価値測定（IFRS 第13号）および従業員給付（改訂 IAS 第19号）などの重要なIFRSが適用時期を迎えている（3月決算の場合、2014年3月期）。原書「まえがき」にもあるとおり、公正価値測定や共同支配の取決めを含む連結関連基準書は、基準書の理解のみでは実務的になかなか解決の難しい問題が生じている。また、英語版原書執筆後の2013年11月に、「一般ヘッジ」を含むIFRS 第9号（2013年版）が公表された。本書では、第3巻に補章「金融商品に関する基準設定についての2014年4月末までの重要な進展」を設け、一般ヘッジ会計を含むIFRS 第9号（2013年版）の概要と、金融商品プロジェクトの重要な進展状況について補筆している。2014年5月28日にIFRS 第15号「顧客との契約から生じる収益」が公表され，2014年中には金融資産の減損を含むIFRS 第9号（2014年版）が公表予定であるが、リースおよび保険に関してはいまだ審議の途上にある。今後公表予定の基準書を含め、これらの新基準書は強制適用までには一定期間はあるものの、システム対応や内部統制などを含め、相当の事前準備が必要となることが予想される。

わが国のIFRSの適用に目を向けると、IFRSの任意適用要件が緩和された。2013年6月19日付で企業会計審議会から公表された「国際会計基準（IFRS）への対応のあり方に関する当面の方針」を受け、2013年10月28日には連結財務諸表規則等の改正が行われ、上場企業であることおよび国際的財務活動・事業活動を行っていることの2要件は撤廃された。こうした施策も背景として，IFRSの適用を行うわが国企業は、企業数および業種とも着実に増加する傾向にある。上記の当面の方針においてもわが国におけるIFRSの任意適用の積上げの重要性が述べられており、単一の高品質の会計基準としてのIFRSの役割は更に増すものと思われる。前述のとおり、IFRSを適用するにあたって相当の準備期間を必要とする基準書も多く、これからIFRSの適用を検討する企業は、いつの時点でIFRSを適用するかを決定するにあたって、その適用負荷を検討しながら慎重な判断が必要となると思われる。

本翻訳プロジェクトの完成にあたっては、当法人でIFRSに精通し、実務に携わっている多くの方々の協力をいただいた。忙しいなか、多大な時間を費やして、協力いただいた方々に改めて感謝申し上げたい。また、本書の刊行にあたり編集の労をとっていただいたレクシスネクシス・ジャパンの方々にあわせて感謝申し上げたい。

最後に、本書がIFRSの理解の向上とともに、その適用にあたってのガイドとして役立つことがあれば、執筆者・翻訳者にとってこの上ない喜びである。

2014年5月

翻訳監修

有限責任監査法人トーマツ

IFRSセンター・オブ・エクセレンス

List of chapters

第 1 巻

第2巻

第3巻

目 次

第2章 法人所得税
Income taxes

第4章 連結財務諸表
Consolidated financial statements

第5章 共同支配の取決め
Joint arrangements

第6章 関連会社および共同支配企業に対する投資
Investments in associates and joint ventures

第7章　他の企業への関与の開示

Disclosure of interests in other entities

第8章 個別財務諸表(IAS第27号〔2011年〕)
Separate financial statements (IAS 27(2011))

第9章 キャッシュ・フロー計算書
Statement of cash flows

第10章 後発事象
Events after the reporting period

第11章 関連当事者についての開示
Related party disclosures

第12章 事業セグメント
Operating segments

第13章 1株当たり利益
Earnings per share

第14章　期中財務報告
Interim financial reporting

第15章 経営者による説明
Management commentary

第16章 政府補助金
Government grants

第17章　超インフレ経済下における財務報告
Financial reporting in hyperinflationary economies

第18章 農業
Agriculture

第19章 保険契約
Insurance contracts

第20章 鉱物資源の探査および評価
Exploration for and evaluation of mineral resources

第21章 退職給付制度の会計および報告
Accounting and reporting by retirement benefit plans

第22章 国際財務報告基準の初度適用
First-time adoption of IFRSs

用語集および略語

AC Acquiring company	取得企業
AFS Available-for-sale	売却可能
ARC The Accounting Regulatory Committee which advises the European Commission on endorsement of IFRSs	IFRSsの承認に関して欧州委員会に助言を行う会計規則委員会
ASC Accounting Standards Codification, issued by the FASB	(FASBにより公表される) コーディフィケーション会計基準
BAC Japan's Business Accounting Council	(日本の) 企業会計審議会
CESR The former Committee of European Securities Regulators (replaced by ESMA from 1 January 2011)	旧欧州証券規制当局委員会 (2011年1月1日よりESMAに取って代わった)
CGU Cash-generating unit	資金生成単位
Commission European Commission	欧州委員会
CU Currency Unit	通貨単位
EBT Employee benefit trust	従業員給付信託
EC European Commission	欧州委員会
ED Exposure draft	公開草案
EEA European Economic Area (i.e. the EU plus Norway, Iceland and Liechtenstein)	欧州経済地域 (すなわち，EU，ノルウエー，アイスランドおよびリヒテンシュタイン公国)
EFRAG The European Financial Reporting Advisory Group, a private sector body which makes recommendations to the European Commission's Accounting Regulatory Committee	欧州財務報告諮問グループ
EIR Effective interest rate	実効金利
EPS Earnings per share	1株当たり利益
ESOP Employee share ownership plan	従業員持株制度

ESMA 欧州証券市場監督機構
European Securities and Markets Authority

EU 欧州連合
European Union

FASB 米国財務会計基準審議会
Financial Accounting Standards Board (USA)

FIFO 先入先出法
First in, first out

FSA 金融庁（日本）
Financial Services Agency (Japan)

FTSE 100 ロンドン証券取引所 100 種総合株価指数（時価総額上位 100 種銘柄で構成）
Financial Times Stock Exchange top 100 companies (share index)

FVOCI その他の包括利益を通じて公正価値で測定
Fair value through other comprehensive income

FVTPL 純損益を通じて公正価値で測定
Fair value through profit or loss

GAAP 一般に認められている会計原則
Generally accepted accounting practice

HTM 満期保有
Held-to-maturity

IAS 国際会計基準
International Accounting Standard

IASB 国際会計基準審議会
International Accounting Standards Board

IASC （IASB の前身である）国際会計基準委員会
International Accounting Standards Committee, predecessor to the IASB

IFRIC IASB の旧国際財務報告解釈指針委員会。現在は，IFRS 解釈指針委員会へと改称された（当委員会により発行された個々の解釈指針を指すこともある）。
The former International Financial Reporting Interpretations Committee of the IASB, now renamed the IFRS Interpretations Committee (also refers to individual interpretations issued by the Committee)

IFRS 国際財務報告基準
International Financial Reporting Standard

Individual financial statements 第 1 巻 3 章「財務諸表の表示」2.2 のガイダンスを参照
See the guidance at 2.2 in chapter A4

IOSCO 証券監督者国際機構
International Organization of Securities Commissions

IRR 内部収益率
Internal rate of return

JCE 共同支配企業
Jointly controlled entity

JV Joint venture	共同支配企業
LIBOR London Inter-Bank Offer Rate	ロンドン銀行間取引金利
LIFO Last in, first out	後入先出法
LTIP Long-term incentive plan	長期インセンティブ・プラン
MFR Minimum funding requirement	最低積立要件
MOU Memorandum of Understanding	覚書
NASDAQ National Association of Securities Dealers Automated Quotation System (a US securities market)	店頭株式市場（米国市場ナスダック）
NCI Non-controlling interest	非支配持分
NRV Net realisable value	正味実現可能価額
OCI Other comprehensive income	その他の包括利益
ROI Return on investment	投資収益率
RPI Retail price index	小売物価指数
SAC Standards Advisory Council	基準諮問会議
SARG Standards Advisory Review Group, established by the European Commission to review endorsement advice from EFRAG	EFRAG からの承認アドバイスを審査するために欧州委員会によって設立された基準アドバイス審査グループ
SAYE Save as you earn	給料天引の預金
SEC Securities and Exchange Commission (USA)	米国証券取引委員会
Separate financial statements See the definition and explanations in section 3 of chapter A29 or in section 6 of appendix A1	第 2 巻 8 章「個別財務諸表（IAS 第 27 号〔2011 年〕）」3 の定義および説明を参照
SFAS Statement of Financial Accounting Standards, issued by the FASB, now codified (see ASC above)	FASB により発行された財務会計基準書で，現在は体系化（コーディファイ）されている（上記の「ASC」を参照）
SIC Standing Interpretations Committee, predecessor to IFRIC (also refers to individual interpretations issued by SIC)	IFRIC（現 IFRS 解釈指針委員会）の前身である解釈指針委員会（SIC により発行された個々の解釈指針を指すこともある）

SME(s) Small and medium-sized entity(ies)	中小企業
SPE Special purpose entity	特別目的会社
TC Target company	取得対象会社
TSR Total shareholder return	株主総利回り
VAT Value added tax	付加価値税
WEEE Waste electrical and electronic equipment	廃電気・電子機器
WE&EE Directive The European Union's Directive on Waste Electrical and Electronic Equipment	欧州連合（EU）の廃電気・電子機器に関する規制

はじめに
Introduction

1　本書の範囲および目的

本書の目的は，国際財務報告基準（IFRSs）における財務報告上の要求事項について紹介し，説明をすることにある。**本章3**で説明するように，IFRSsとは，国際会計基準審議会（IASB）が公表した番号付の国際財務報告基準（IFRSs），その旧設定主体（改組）がもともと公表していた国際会計基準（IASs），および承認された当該基準の解釈指針を包含するものとして定義されている。IFRSsという表現は，文脈から他の解釈が要求されない限り，この広い定義で使用される。

2　本書の構成

本書の構成は以下のとおりである。

- **第1巻1章「国際財務報告基準に関して」**は，IASBおよびIFRSsのグローバルな適用に関する，基礎的な情報を提供している。
- **第1巻2章「財務報告に関する概念フレームワーク」**から**第2巻22章「国際財務報告基準の初度適用」**までは，IASBによって公表されたフレームワークおよび基準と，これらの基準の解釈指針について取扱っている。
- **第3巻**は，IFRS第9号「金融商品」を適用する企業の金融商品の会計処理について取扱っている。第3巻は，IAS第32号「金融商品：表示」，IAS第39号「金融商品：認識および測定」（IFRS第9号により修正），IFRS第7号「金融商品：開示」およびIFRS第9号を対象としている。

経過規定は，2012年1月1日以後開始する事業年度に発効する基準について説明されている。さらに，IFRS 第 1 号「国際財務報告基準の初度適用」が基準の経過規定に準拠することを要求する場合には，関連する要求事項についても説明している。

本書の様式は，報告事項および会計事項についてのガイダンスをできるだけ明瞭に伝えるように工夫されている。文章は，公式資料と解釈資料のいずれであるかを区別するために，以下の異なる方法で強調されている。

- 公式の IASB 資料による要求事項は，網掛けなしの文章で表示されている。
- IASB ガイダンスを補足する解釈資料は，灰色の網掛けで強調されている。

他の方法が求められる場合を除き，設例では，年度を参照する際に IASB が多く採用する 20X1 年，20X2 年等と表記する慣例に従うこととし，実際の暦年を特定しない。そのような設例において，20X3 年は 20X2 年に続くが，末尾の数字にそれ以上の意味はない。内容によっては，20X1 年は 2013 年または他の関連する年を表す場合がある。

3　使用される参考文献および略語

国際財務報告基準は，IAS 第 1 号「財務諸表の表示」において，IASB により採用された基準および解釈指針として定義されている。それらは以下で構成される。

- 国際財務報告基準
- 国際会計基準
- IFRIC 解釈指針
- SIC 解釈指針

これらは，本書において集合的に「IFRSs」と引用される。

本文において使用される略語の用語集については，本書の冒頭において表示する。

4　本版の内容

本版は，以下に記載される報告および会計上の要求事項を含んでいる。

- IFRS 第 1 号～第 13 号
- IAS 第 1 号，第 2 号，第 7 号，第 8 号，第 10 号～第 12 号，第 16 号～第 21 号，第 23 号，第 24 号，第 26 号～第 29 号，第 31 号～第 34 号，および第 36 号～第 41 号
- SIC 解釈指針第 7 号，第 10 号，第 12 号，第 13 号，第 15 号，第 21 号，第 25 号，第 27 号，第 29 号，第 31 号，および第 32 号
- IFRIC 解釈指針第 1 号～第 21 号（ただし，第 3 号は廃止，第 8 号および第 11 号は置換えられている）

4.1　特定の業種

本書は，特に銀行および保険といった特定の業種に携わる企業に影響すると考えられる特定の要求事項および問題については取扱っていない。特に，第 3 巻は IAS 第 32 号「金融商品：表示」，IAS 第 39 号「金融商品：認識および測定」，IFRS 第 7 号「金融商品：開示」および IFRS 第 9 号「金融商品」の要求事項の要旨を説明しているが，銀行および類似する金融機関に影響する可能性のある，より複雑な項目（特にヘッジの分野）については取扱っていない。

保険会社が直面する特定の項目については本書の対象外であるが，IFRS 第 4 号「保険契約」の要求事項は**第 2 巻 19 章「保険契約」**で説明されている。それらの要求事項は，ある契約が IFRS 第 4 号の適用対象となるか，または IAS 第 39 号または IFRS 第 9 号のような他の基準の適用対象となるかどうかについて，企業がどのように判断しなければならないかを明示しているため，適用される範囲が広い。

第１章
従業員給付
Employee benefits

目 次

1　はじめに

2011年6月に，IASBは，IAS第19号「従業員給付」の改訂版を公表した。これは，2013年1月1日以後開始する事業年度から適用となる。IAS第19号（2011年）は，1998年に当初公表された従前のIAS第19号（以下，IAS第19号〔1998年〕という）に置換わるものである。2013年1月1日より前に開始する事業年度については，企業はIAS第19号（1998年）を引続き適用することができる。あるいは，その事実を開示すれば，企業は2013年の発効日より前にIAS第19号（2011年）を適用する選択も可能である（**本章11**参照）。

IAS第19号「従業員給付」は，従業員給付に関する会計処理および開示要求を規定する。関連する開示要求は，以下にも規定されている。

- IAS第1号「財務諸表の表示」（従業員給付費用の開示を要求する〔**第1巻3章「財務諸表の表示」7.4.6**参照〕）
- IAS第24号「関連当事者についての開示」（経営幹部についての，株式に基づく報酬を含む従業員給付の開示を要求する〔**第2巻11章5.2**参照〕）

IAS第19号は，従業員給付制度による報告は取扱わない。IAS第26号「退職給付制度の会計および報告」は，年金制度の財務諸表を取扱っている（**第2巻21章**参照）［IAS第19号（2011年）3項］。

1.1　IAS第19号（2011年）より生じる重要な変更

改訂基準における最大の変更は「回廊」アプローチの削除であるが，IASBはその他多くの論点に対処する機会を得た。最も重要な変更について，以下に列挙する。その他の小さな変更は，本章の後半のセクションに記載される。

1.1.1　財政状態計算書における積立不足(積立超過)の全額認識

最も重要な改訂は，確定給付制度債務および制度資産の変動をそれらが生じた時点で認識することを企業に要求することであり，それによって，IAS 第 19 号（1998 年）で認められていた「回廊」アプローチが削除される。IAS 第 19 号（2011 年）では，すべての数理計算上の差異はその他の包括利益（OCI）を通じてただちに認識される（数理計算上の差異を純損益に認識する選択肢も削除された）。

数理計算上の差異の認識	
IAS 第 19 号（1998 年）—3 つの選択肢	**IAS 第 19 号（2011 年）—1 つの要求される処理**
ただちに純損益を通じて	ただちに OCI を通じて
ただちに OCI を通じて	
「回廊」アプローチを通して繰延	

IASB は，この取扱いが財務諸表の利用者にとってより目的適合性の高い情報を提供すること，また会計処理の選択肢を削除することにより企業間の比較可能性を改善させることを考えて，確定給付の積立不足（積立超過）の即時認識を要求することを決定した［IAS 第 19 号（2011 年）BC 70 項および BC 71 項］。財政状態計算書に認識される年金資産または年金負債の純額は，年金制度の積立不足または積立超過（「資産上限額」の影響の可能性のみが条件となる。**本章 7.3** 参照）の価値の全額を反映することになる。

1.1.2　確定給付負債(資産)の純額に係る利息

IAS 第 19 号（2011 年）は，IAS 第 19 号（1998 年）で認識される確定給付制度債務の利息費用および制度資産に係る期待収益の代わりに，確定給付負債（資産）の純額に係る利息純額を認識する概念を導入している。IAS 第 19 号（2011 年）では，確定給付負債（資産）の純額に係る利息純額は，時の経過により生じる当期中の確定給付負債（資産）の純額の変動と定義され，確定給付負債（資産）の純額に割引率（優良社債の市場利回り）を乗じて算定される。事実上，これは，確定給付制度債務および制度資産について同じ利率を乗じて算定することを意味する（追加の説明については，**本章 7.4.3** 参照）。

IAS 第 19 号（2011 年）に規定される利率は，IAS 第 19 号（2008 年）で確定給付制度債務について規定されている利率と同じである。したがって，上述のパラグラフに要約された変更の影響は，IAS 第 19 号（2011 年）では，その利率を使用して制度資産の収益を認識する一方で，IAS 第 19 号（1998 年）では，制度資産に係る収益をこれらの資産に係る期待収益に基づき認識するということである。IAS 第 19 号（1998 年）の制度資産に係る期待収益は，実際の投資ポートフォリオに左右され，債務に係る利息費用の算定に適用される割引率と通常は異なる。（一般的な場合のように）割引率が制度資産に係る期待収益より低いときには，IAS 第 19 号（2011 年）の適用は純損益を減少させることになる。

1.1.3 表示アプローチの変更

本改訂は，純損益およびその他の包括利益計算書に確定給付制度債務および制度資産の変動を表示する新しいアプローチを導入している。改訂基準では，

- 勤務費用および確定給付負債（資産）の純額に係る利息純額は，純損益に認識される。
- 再測定は OCI に認識される。

IAS 第 19 号（2011 年）は，IAS 第 19 号（1998 年）と同様に，純損益のいずれの表示科目に勤務費用および利息の純額を表示するべきであるかを規定していない（さらなる説明については，**本章 8.1.3** 参照）。

勤務費用の要素ー純損益に認識され，当期勤務費用，権利確定および未確定の過去勤務費用（縮小により生じる損益も含む）ならびに清算損益を含む。IAS 第 19 号（1998 年）における過去勤務費用と縮小に係る区分は，これらの項目の双方とも IAS 第 19 号（2011 年）では純損益にた

だちに認識されるため，もはや必要ない。

利息純額の要素— 利息純額は（**本章 1.1.2** に記述されるように）純損益に認識される。制度資産に係る実際の収益と時の経過により生じる制度資産の変動との間の差異は，再測定の要素の一部として OCI に認識される。

再測定の要素—OCI に認識され，確定給付制度債務の数理計算上の差異，制度資産に係る実際の収益と利息純額の要素に含まれる制度資産の利息との差額，および資産上限額の影響の変動を含む。数理計算上の差異には，実績による修正および数理計算上の仮定の変更の影響を含む。再測定は純損益に振替えられることはないが，資本のなかで振替えることができる（例えば，利益剰余金に振替）。

IAS 第 19 号（2011 年）での変動の表示		
要素	**内訳**	**表示**
勤務費用	● 当期および過去勤務費用 ● 縮小および清算	純損益
利息純額	● 積立超過／積立不足の純額に対する利息	純損益
再測定	● 数理計算上の差異 ● 制度資産の実際の収益とこれらの資産について算定される利息との差異 ● 「資産上限額」の影響	OCI

1.1.4　追加の開示要求

IAS 第 19 号（2011 年）は，確定給付制度が企業の将来キャッシュ・フローの金額，時期および不確実性に与える影響とともに，確定給付制度に関連する財務諸表における特徴，リスクおよび金額に関するより広範な開示要求を導入している（さらなる説明については，**本章 8.2** 参照）。以下は，最も重要な箇所の一部である。

- 企業が重大であるまたは通常ではないと判断するリスクの記述的な説明（例えば，制度資産が，リスクの集中を生じる単一の種類の投資に主として

投資されている)

- 財務上の仮定の変更により生じたものとは別に，人口統計上の仮定の変更により生じた数理計算上の差異
- 制度資産の性質とリスクで区別した種類に分解し，さらに公表市場価格のあるものとないものに細分化された制度資産の公正価値
- 確定給付制度債務を算定する際に使用された重要な数理計算上の仮定および重要な数理計算上の仮定の合理的に考え得る変化が，確定給付制度債務にどのような影響を及ぼすか（感応度分析)。
- 年金保険または長寿スワップのような資産・負債マッチング戦略の記述的な説明
- 翌年次報告期間における予想拠出額および確定給付制度債務の加重平均デュレーション

改訂基準はまた，複数事業主の確定給付制度に関して，制度の解散時または企業が制度から脱退する場合における積立不足または積立超過の合意された配分に関する定性的情報の追加的な開示要求も含む。企業が複数事業主の確定給付制度を，あたかも確定拠出制度であるかのように会計処理する場合，制度への加入水準の開示および翌年次報告期間における予想拠出額が要求される（さらなる説明については，**本章 5.1.4** 参照)。

1.1.5　従業員給付の分類

IAS 第 19 号（2011 年）は，短期従業員給付を「年次報告期間の末日後 12 ヵ月以内にすべてが決済されると予想される」従業員給付として再定義し，またその他の長期従業員給付を短期従業員給付，退職後給付および解雇給付以外のすべての従業員給付として再定義している。したがって，IAS 第 19 号（2011 年）において，「その他」の長期従業員給付は残余分類である。

IAS 第 19 号（1998 年）では，短期従業員給付と長期従業員給付を，それらの「決済期限が到来する」時点を基礎に区分する。当該修正によって，より多くの給付制度が，数理計算上の仮定を使用して測定することが必

要になる，その他の長期従業員給付に分類されることとなるかもしれない（さらなる説明については，**本章 3.1** 参照）。

1.1.6　未払税金等

IAS 第 19 号（2011 年）は，確定給付制度による未払税金の取扱いを明確にしている。当該税金が報告日前の勤務に関連する拠出および給付から生じる場合には，確定給付制度債務の見積りに含められる。他のすべての税金は，制度資産に係る実際の収益から控除される（**本章 7.2.4** も参照）［IAS 第 19 号（2011 年）BC 121 項］。

反対に，IAS 第 19 号（1998 年）は，この取扱いがすべての未払税金に適用されるのかまたは制度資産に関連するものに限られるのかどうかを規定することなく，制度による未払税金を制度資産に係る収益に対する控除項目として認識することを単に示している。

したがって，IAS 第 19 号（2011 年）のもとで企業は，報告日前の勤務に関連する制度による未払税金またはその勤務の結果から生じる給付に課される未払税金の時期および金額に関する数理計算上の仮定を算定する必要がある。また IAS 第 19 号（1998 年）での企業の会計方針によっては，改訂された要求事項は確定給付制度債務および当期勤務費用を増加させるかもしれない。

IAS 第 19 号（2011 年）は，制度自体の未払税金のみを取扱っている。IASB は，事業主が支払う税金のような他の税金については，タイムリーに扱うことはできないと判断した。そのため，これらの他の税金が，IAS 第 12 号「法人所得税」の範囲内の法人所得税なのか，IAS 第 37 号「引当金，偶発負債および偶発資産」の範囲内の負債のコストなのか，または IAS 第 19 号の範囲内の従業員給付のコストなのかは，判断の問題として残る［IAS 第 19 号（2011 年）BC 124 項］。

1.1.7 管理費用

IAS 第 19 号（2011 年）は，制度資産の運営管理に係る費用（すなわち，投資に関連する管理費用）のみが制度資産に係る収益の部分として認識されるべきである（したがって，OCI に認識される）ことを規定している。他のすべての管理費用は，発生した際に純損益に認識される［IAS 第 19 号（2011 年）130 項および BC 127 項］（さらなる説明については，**本章 7.2.4.11** 参照）。

IAS 第 19 号（1998 年）では，管理費用は，数理計算上の仮定に含められるか，または制度資産に係る期待収益から控除されるかのいずれかとなる。追加的なガイダンスは提供されなかったものの，取引をその実質に従って会計処理しなければならないという基本的な原則に基づき，給付の提供および確定給付制度の管理に関連して生じる費用を確定給付制度債務の測定に含めるべきであり，期待収益を算定する際に資産管理および確定給付制度が保有する投資から得られた収益に関連して発生した費用を考慮すべきであると一般的に考えられていた。

1.1.8 過去勤務費用

過去勤務費用は，企業が，過去の勤務に給付を帰属させる確定給付制度を導入するとき，または既存の確定給付制度のもとで支払うべき給付を変更する際に生じる。IAS 第 19 号（2011 年）では，すべての過去勤務費用は，発生時に純損益に認識される。反対に，IAS 第 19 号（1998 年）では，制度が権利確定の要求を課す場合，権利未確定の過去勤務費用は，給付が権利確定するまでの平均期間にわたり定額法によって純損益に認識される。

「回廊」アプローチの削除（**本章 1.1.1** 参照）に加えて，本改訂はまた，IAS 第 19 号（1998 年）で利用可能である繰延の手法を除去することにも寄与している。

1.1.9 リスクの共有

IAS 第 19 号を改訂する機会を利用して，IASB は，IAS 第 19 号（1998 年）で対象にされていなかった，業績目標や従業員による拠出といったリスクを共有する特徴に関する特定の事項を明確にした。

- 特に，IAS 第 19 号（2011 年）は，特定の業績目標の達成に基づく年金約定を含む確定給付制度の取扱いについて対処している。当基準は，そのような債務の測定には，業績目標または他の規準の影響の最善の見積りを反映すべきであることを規定している。これは，IFRIC（現在の IFRS 解釈指針委員会）が以前に表明した見解に整合する（IFRIC アップデートの 2007 年 11 月版参照）。
- IAS 第 19 号（2011 年）はまた，従業員または第三者による拠出を会計処理する際に適用すべきである処理についても以下のとおり示している。
- 任意の拠出は，制度に支払われる際に，勤務費用を減額しなければならない。
- 勤務に関連する任意ではない拠出金も勤務費用を減額し，負の給付として勤務期間に帰属させなければならない。
- 制度資産の損失または数理計算上の差損により生じる積立不足を削減するために要求される任意ではない拠出は，再測定の一部として認識されなければならない。
- 実務上，従業員または第三者が制度に拠出することが要求される理由を決定するには，判断が要求される（さらなる説明については，**本章 7.2.4.8** 参照）。
- 勤務に連動する任意ではない拠出の処理を簡素化することを目的とする 2013 年 3 月に公表された公開草案に関する議論は，**本章 12** を参照

訳者注

2013 年 11 月，IASB は，勤務に連動する従業員または第三者からの拠出についての要求事項を修正する「確定給付制度：従業員拠出」（IAS 第 19 号の修正）を公表した。当修正は 2014 年 7 月 1 日以後開始する事業年度から遡及的に適用となる。早期適用は認められる。

1.1.10　縮　小

IAS 第 19 号（2011 年）は「縮小」と他の制度改訂との間の区分を維持しているが，「縮小」は企業が制度の対象となる従業員の数を大幅に削減する場合にのみ生じるとしている。改訂基準でのこの区分の影響は，双方の種類の変更が，同じ方法で（勤務費用として純損益に），かつ，同じ時期（当該変更が生じたとき）に認識されるため，限定的である。

このことは，IAS 第 19 号（1998 年）と比較して会計処理が簡素化したことを表している。IAS 第 19 号（1998 年）では，過去勤務費用と縮小との区分の適用は，より困難であり，また（主に，権利未確定の過去勤務費用の遅延認識による）取扱いの違いからより重要度が高い（さらなる説明については，**本章 7.4.2** 参照）。

1.1.11　清　算

IASB は，勤務費用として純損益に認識されることになる清算が，制度の規約に示されていない給付の支払からのみ構成されることを明確にした。制度の規約で予定されている給付のいかなる支払も（給付支払の性質に関する選択権を含む），数理計算上の仮定に含まれ，関連する実績による差額が再測定として OCI に認識される（さらなる説明は，**本章 7.4.2.2** 参照）。

- これは，IFRIC（現在の IFRS 解釈指針委員会）が以前に表明した見解に整合する（IFRIC アップデートの 2008 年 5 月版参照）。

1.1.12　解雇給付

解雇給付の定義に根本的な変更はない一方で，IAS 第 19 号（2011 年）は，雇用の終了と交換により支払われる給付と，勤務と交換により支払われる給付を区分する際に役立つ追加のガイダンスを提供している。例えば，企業が，短期ではない期間にわたり利用可能な給付の申し出を従業員に行う場合，またはその申し出から実際の雇用終了の予定日までが短期ではない場合，これは，申し出が解雇給付とみなされる可能性がより低いことを示している。

制度改訂，縮小，解雇給付およびリストラクチャリングにより生じる金額を認識する時期を整合させるために，IAS 第 19 号（2011 年）は以下を要求している。

- 制度改訂がリストラクチャリングまたは解雇給付に関連付けられる場合，その利得または損失は以下いずれかのより早い日に認識されるべきである。
    - 制度改訂または縮小が発生したとき
    - 関連するリストラクチャリング費用または解雇給付が認識されるとき
- 解雇給付がリストラクチャリングに関連付けられる場合，解雇給付は以下のいずれかのより早い日に認識されるべきである。
    - 企業が給付の申し出を撤回できなくなったとき
    - 関連するリストラクチャリング費用が IAS 第 37 号「引当金，偶発負債および偶発資産」に従って認識されるとき

これらの金額が互いに関連する場合には，その全額が同時に認識される（さらなる説明については，**本章 10.2** 参照）。

2　目的および範囲

IAS 第 19 号の目的は，従業員給付についての会計処理および開示を規定するものである。本基準は，企業が以下のものを認識することを求めている［IAS 第 19 号（2011 年）1 項］。

- 従業員が，将来に支払われる従業員給付と交換に勤務を提供している場合の負債
- 企業が，従業員給付と交換に従業員が提供した勤務により生じた経済的便益を消費する場合の費用

IAS 第 19 号は，IFRS 第 2 号「株式に基づく報酬」が適用されるもの（**第1巻 19 章「株式に基づく報酬」**参照）を除き，事業主のすべての従業員給付に関する会計処理に適用することを要求している［IAS 第 19 号（2011 年）2項］。当基準が適用されるすべての従業員給付は，次により提供されるものを含む［IAS 第 19 号（2011 年）4 項］。

- 企業と個々の従業員，従業員グループまたはその代表者との間の正式な制度または他の正式な契約によるもの
- 法的な要求あるいは産業別の取決めにより，企業が国，州，業界または他の複数事業主制度に対する拠出を要求されるもの
- 推定的債務を生じさせる非公式な慣行によるもの。非公式な慣行は，企業が従業員給付を支払う以外に現実的な選択肢を有しない場合に，推定的債務を生じさせる。推定的債務の例としては，企業の非公式な慣行を変更すると，従業員との関係に許容しがたい悪影響が生じるであろうといった場合がある。

IAS 第 19 号は，従業員が提供した勤務と交換に，または雇用の終了と交換に企業が与えるあらゆる形態の対価として従業員給付を定義している［IAS 第 19号（2011 年）8 項］。これには，以下を含む［IAS 第 19 号（2011 年）6 項］。

- 従業員またはその被扶養者もしくは受取人のいずれかに支給する給付
- 従業員に直接または他の者（例えば，配偶者，子または被扶養者，もしくは保険会社）に現金払（または，財またはサービスの提供）により決済される給付

IAS 第 19 号の目的上，「従業員」とは取締役および他の役職者を含み，常勤，パートタイムまたは常時，臨時的または一時的な勤務を提供するものも網羅する［IAS 第 19 号（2011 年）7 項］。

当基準では，従業員給付を 4 つのカテゴリーに分類する。本章では以下のセクションで解説する。

- **本章 3**ー短期従業員給付
- **本章 4** から **8**ー退職後給付

- **本章 9**— その他の長期従業員給付
- **本章 10**— 解雇給付

以下の設例は，従業員が企業の「課税所得」の分配を受取る権利を付与される利益分配給付制度が，IAS 第 12 号「法人所得税」または IAS 第 19 号のいずれに従って会計処理されるべきかについて検討している。

設例2A

法定従業員利益分配制度

企業 A は，ある法域で営業を行っている。この法域では，法定従業員利益分配契約により，この法域で適用される税法（特定の例外を除き）により計算された利益の 10％を従業員に分配することが求められている。

この法定従業員利益分配制度は，IAS 第 19 号の範囲である。従業員に対して支払われる金額はその法域で適用される税法に基づいているものの，提供された勤務と交換に従業員に支払われるため，当該支払は IAS 第 19 号（2011 年）8 項の従業員給付の定義を満たす。そのため，上述の従業員利益分配契約には IAS 第 19 号が適用されるべきであり，IAS 第 12 号「法人所得税」や IAS 第 37 号「引当金，偶発負債および偶発資産」を類推適用すべきでない。

IAS 第 19 号の目的は，従業員が関連するサービスを提供しているときにのみ報酬費用を認識することである。その結果，企業 A は，そのような従業員利益分配契約に関連した将来に解消されると予想される課税所得と会計上の利益の差異に対して，資産または負債を認識してはならない。

法定の利益分配契約の特徴は，法域ごとに異なっている。以下の特徴を含んでいる場合がある。

- 個々の従業員に対する年間の支払額が一定の金額に制限されており，超過額は公的制度（例えば，労働者教育，投資）に資金拠出するために政府に対して支払われるかもしれない。
- 企業は利益分配債務を減少させるために，過年度の会計期間に発生した繰越欠損金を充当することが認められる場合がある。

- 税務当局が企業の課税所得を調整する場合，企業はその期間の利益分配金額の再計算を要求される場合がある。企業が過年度に従業員に対して過払を行った場合，企業は従業員から払戻を請求する権利を有しているかもしれない（それは，従業員がすでに退職していたとしてもである）。

当該制度が上述のような追加的な特徴を含んでいたとしても，当該取決めの実質はIAS第19号が適用される利益分配従業員給付となる。

この結論は，IAS第19号（1998年）に関連してIFRS解釈指針委員会により確認され（2010年11月のIFRICアップデート参照），IAS第19号の2011年改訂によっても影響されない。

設例2B

一時休職中の従業員のコスト

会社Aは，製造活動の減少がある厳しい経済時期の間，従業員を一時的に休職にする。会社Aと従業員は，以下のような一時的な休職に係る合意を締結した。

- 従業員は，現在の雇用契約と同じ条件で休職期間中引続き雇用される。
- 休職期間中に，従業員は，従業員が毎月受取る金額が現在の給与の一定割合と同額となるように，会社Aからの減額された給与とともに，州政府から失業給付を受取っている（すなわち，会社Aが従業員に，従業員が受取る失業保険と現行の給与に対する合意された割合〔例えば，75%〕との差額を従業員に支払うことを約束する）。
- 従業員は，休職期間に物理的に勤務することを要求されない。
- 会社Aは，休職期間中，必要に応じて（例えば，製造活動の変動に応じて）仕事に戻るように従業員を呼出す権利を有している。
- 従業員は休職期間に他の場所で仕事をすることはできない（すなわち，退職しないのであれば家で待機していなければならず，退職するには一定の通知期間が要求される）。

従業員の休職は，会社Ａのニーズおよび経済状況により，６ヵ月から２年までの間，続くことが予想される。このようなスキームは，州政府が事業主に有利なように余剰人員に関する法律を変更することに消極的だが，休職期間中に従業員に失業給付を支払う補助金を提供しようとする国で発展した。

一時的な休職の合意が最初に実行されるときに，会社Ａは休職となった従業員に対する予想されるコストの負債を認識すべきか。

事業主が，製造が縮小した事業期間における雇用に係るコストを減額するために，このような性質の一時的な休職の合意を利用する場合には，一時的な休職のコストは，有給休暇（例えば，休日または有給休暇）に類似する短期の給付として分類されるべきである。短期有給休暇は，IAS 第 19 号（2011 年）13 項および 18 項に説明されるように，累積するものである場合にのみ，負債を生じさせる。これは，記述されている状況には当てはまらない。なぜなら，従業員は，休職が生じることにより，そして休職が継続する限り，支払を受領する権利を有するためである。会社Ａは，一部またはすべての従業員にいつでも仕事に戻るように依頼し，標準の業務契約および報酬に戻る裁量を有している。そのため，この状況では，休職に係るコストを休職期間にわたって認識するべきであり，休職期間開始の一時点で認識するべきではない。

説明される状況では，当該支払は，（IAS 第 19 号〔2011 年〕８項の解雇給付〔**本章 10** 参照〕の定義のもとで要求されるような）従業員の雇用の**終了**と交換ではなく，従業員の**休職**と交換に行われており，解雇給付として分類されるべきではない。

3　短期従業員給付

このセクションは，IAS 第 19 号における短期従業員給付と「その他」の長期従業員給付に分類される給付の区分を取扱っている。この分類は，認識と測定において重要であるが，関連する負債の財政状態計算書での流動または非流動としての表示の決定に影響を及ぼさない（**第1巻3章4.1.1.2** 参照）。

3.1 定　義

短期従業員給付は，従業員が関連する勤務を提供した年次報告期間の末日後 12ヵ月以内にすべてが決済されると予想される従業員給付（解雇給付を除く）として定義される［IAS 第 19 号（2011 年）8 項］。従業員が関連する勤務を提供した年次報告期間の末日後 12ヵ月以内にすべてが決済されると予想される場合，短期従業員給付には以下のような項目を含む［IAS 第 19 号（2011 年）9 項］。

- 賃金，給料および社会保障のための拠出
- 年次有給休暇および有給疾病休暇
- 利益分配および賞与
- 現在の従業員に対する非貨幣性給付（例えば，医療給付，住宅，自動車，無償または補助金付の財またはサービス等）

2011 年 6 月の IAS 第 19 号の改訂前は，短期従業員給付を，従業員が関連する勤務を提供した期間の末日後 12ヵ月以内に「決済期限が到来する」従業員給付（解雇給付を除く）として定義している。IAS 第 19 号（1998 年）における結論の根拠では，これに基づく短期従業員給付と長期従業員給付との区分が，IAS 第 1 号での流動および非流動負債の間の区分に整合することを述べていた。したがって，IAS 第 19 号（1998 年）では，給付の決済が予想されるときではなく，従業員が給付の権利を付与されるときに焦点を置いていることは明確である。

反対に，IAS 第 19 号（2011 年）の焦点は，**予想される**決済の時期に置かれている。この変更は，割引前の測定と給付の現在価値とが著しく異なることはないような給付に，（簡易化された測定アプローチが適用される）短期従業員給付の範囲を狭めるため行われた。給付の決済が予想される時期ではなく従業員の権利付与に基づいて分類される場合，この方法は必ずしも短期従業員の範囲を狭めることにならない（さらなる説明については，IAS 第 19 号〔2011 年〕BC 18 項および BC 19 項を参照）。

この変更の影響によって，より多くの給付がその他の長期従業員給付に

分類される可能性があり，より複雑な会計処理が求められることになる（**本章9**参照）。

本章設例3.1はこのアプローチの変更を説明する。

IAS第19号（2011年）における変更は，IAS第19号（2011年）での短期従業員給付およびその他の長期従業員給付として給付を分類する基礎と，IAS第1号での流動および非流動として負債を表示する基礎との間に，もはや整合性はないことを意味している。前者は決済の時期に関する予想に焦点を置いているのに対して，後者は，支払の決済が到来する時期に焦点を置いており，IAS第19号（1998年）と整合的である。その結果，ある給付が，IAS第19号（2011年）では，その他の長期従業員給付として分類されても（なぜなら，従業員は，給付を獲得した期間から12ヵ月以内に給付のすべてを取得することが予想されないからである），全額を流動負債として表示する場合もある（なぜなら，従業員は「要求に応じて」〔例えば，従業員が退職することになる場合の〕給付を受領する権利を付与されているからである）。さらなる説明については，**第1巻3章4.1.1.2**を参照。

設例3.1

短期または長期の従業員給付の分類

会社Aの従業員の年次休暇は，各暦年にわたり比例的に累積する。未使用の年次休暇は無期限に繰越され，従業員が会社Aから退職する際に現金で支払わなければならない。実績では，従業員は累積年次休暇を2年超の期間にわたり使用することが実証されている。

IAS第19号（2011年）では，従業員が勤務を提供した年次期間の末日後12ヵ月以内にすべての未使用年次休暇が決済されることが**予想されない**ため，短期従業員給付の定義を満たさない。したがって，その他の長期従業員給付（残余分類）に分類され会計処理される（**本章9**参照）。

反対にIAS第19号（1998年）では，従業員が会社Aを退職することを選択する場合，その「要求に応じて」累積の未使用年次休暇を取得する権利を従業員は現在付与されているため，当該未使用の年次休暇は短期従業員給付に分類される。したがって，当該債務はその全体が短期従業員給付の定義を満たす。

IAS 第 19 号（2011 年）の定義は，給付が関連する勤務が提供された年次報告期間の末日後 12 ヵ月以内に「すべて」が決済されることが予想されるかどうかを基礎として分類するとしている。そのため，ある期間にわたって決済されることが予想される給付は，その決済のすべてが当該 12 ヵ月間に生じることが予想される場合にのみ，短期に分類することができる。

当基準は，給付の決済が予想される期間を評価する際に使用する会計単位に関する特定のガイダンスを提供しない一方で（例えば，その評価は個々の従業員レベルで行うべきか，または従業員全体として行うべきか），IAS 第 19 号（2011 年）BC 20 項は，IASB が，給付の分類は，ある時点における人口統計上または財務上の仮定ではなく，給付の特徴を反映すべきだと結論を下したと述べている。さらに，IAS 第 19 号（2011 年）BC 21 項は，IASB が，従業員ごとに給付を分類するように企業に要求することを検討したが，これは実務的ではなく，分類の目的に合致しないという結論を下したと述べている。

説明のため，**本章設例 3.1** では，会社 A の一部の従業員は常に年次報告期間の末日後 12 ヵ月以内に年次休暇をすべて使用するが，他の者は事後に給付を受領する（例えば，退職するときに現金で）。一部の従業員が年次報告期間の末日後 12 ヵ月を超えて給付を受領するという事実は，すべての年次休暇がその他の長期従業員給付として分類されることを意味する。個々の従業員または従業員グループについて，単に請求される時期が異なることが予想されるからといって，同じ給付を異なって分類することは適切ではない。

3.2　短期従業員給付の分類の変更

企業は，以下のいずれかの事象が発生した場合，給付が短期従業員給付の定義を依然として満たすかどうかを検討することを要求される［IAS 第 19 号（2011 年）10 項］。

- 給付の特徴が変化する（例えば，非累積型給付から累積型給付への変更）。
- 決済時期に関する一時的ではない予想の変化がある。

企業は，決済の時期の予想が一時的に変化しても，短期従業員給付の分類を変更する必要はない［IAS 第 19 号（2011 年）10 項］。

IAS 第 19 号（1998 年）は，特に給付の分類変更を取扱っていない。IAS 第 19 号（1998 年）における従業員給付の適切な測定分類は，事業主および従業員が契約を締結する際に決定され，時が経過し決済日が近付くにつれて，変更されることはない。給付の性質が変化する場合にのみ，分類が変更される（例えば，従業員の権利付与が再交渉される場合）。

反対に，IAS 第 19 号（2011 年）10 項（上述参照）は分類変更の問題に明確に対処している。分類変更の問題は，予想に基づく分類を行う場合に，より関連性がある。IASB は，給付の割引前の金額と現在価値が著しく異なる可能性があるため，もはや短期従業員給付の定義を満たさない（例えば，当初短期従業員給付に分類された給付の予想決済日がその後に当報告期間の末日後 12 ヵ月を超える日に変更となる）場合に，その分類を再検討すべきという結論を下した。しかし，IASB はまた，予想の一時的な変更は給付の基本的な特徴の変化を示すものではないので，そのような変更を分類変更の契機とすべきでないという結論を下した［IAS 第 19 号（2011 年）BC 20 項（c）］。

以前に長期と分類されていた給付がその後に短期従業員給付の定義を満たす場合，類似の懸念は生じない（例えば，勤務の提供された期間の末日後 12 ヵ月以内に給付がすべて決済されると，決済時期に関する予想が変更される場合）。このような状況では，分類変更の唯一の影響は，給付が事後的に割引前の金額で測定されることである。しかし，その金額が給付の現在価値と著しく異なるとは予想されない［IAS 第 19 号（2011 年）BC 20 項（c）］。

3.3　短期従業員給付の認識および測定

企業は，ある会計期間中に従業員の勤務の提供と交換に，従業員によって獲得された短期従業員給付の割引かない金額を，以下のように認識しなければならない［IAS 第 19 号（2011 年）11 項］。

- 財政状態計算書において，すでに支払った金額を控除した後の金額を負債（未払費用）として，またはすでに支払った金額が当該給付の割引かない金額を超過する場合には，当該前払額が（例えば，将来支払額の減少または現金の返還により）回収可能な範囲で，資産（前払費用）として認識しなければならない。
- 純損益において，費用として認識する。ただし他の基準が当該給付を資産の取得原価に含めることを要求または許容している場合を除く（例えば，自家建設資産において資産化される人件費の一部として。**第1巻7章「有形固定資産」**参照）。

すべての短期従業員給付の費用は，上述のように認識される。数理計算上の仮定は要求されない（したがって，考慮すべき数理計算上の差異はない）。また，それら給付が短期であることから，債務は割引前で測定される。

非貨幣性短期給付が支給される場合，そのような給付の支給費用は，事業主が当該給付の提供に伴い負う費用で測定され，貨幣性従業員給付に適用されるものと同じ原則を使用して認識される。

3.3.1　短期有給休暇

企業は，さまざまな理由による休暇（例えば，休暇，疾病および短期障害，出産または育児休暇，陪審の義務ならびに兵役を含む）について従業員に賃金を支払うことがある。短期有給休暇は累積型または非累積型に分類される［IAS 第19号（2011年）14項］。

累積型有給休暇は，当期の権利をすべては使用しなかった場合には，繰越して将来の会計期間に使用することができるものである。累積型有給休暇は，さらに権利が確定しているもの（従業員が退職に際して未使用の権利について現金の支払を受ける権利が与えられるもの）と確定していないもの（そのような権利を有していないもの）に分けられる［IAS 第19号（2011年）15項］。

非累積型有給休暇は繰越されない。すなわち，未使用の権利は当期末に失効し，従業員は，離職時に未使用の権利について現金支払を受ける権利を有さない。これは，疾病手当（未使用の過去の権利が将来の権利を増加させない範囲で），出産または育児休暇および陪審の義務または兵役に関する有給休暇について一般的である［IAS 第19号（2011年）18項］。

短期有給休暇の予想コストに**本章3.3**で示された一般的な要求事項を適用する場合，以下の処理となる［IAS 第 19 号（2011 年）13 項および 16 項］。

- 累積型有給休暇の場合には，従業員が将来の有給休暇の権利を増加させる勤務を提供したときに，報告期間の末日現在で累積されている未使用の権利の結果により企業が支払うと見込まれる追加金額に基づき費用を認識しなければならない。
- 非累積型有給休暇の場合には，費用は休暇が発生したときにのみ認識すべきである。これは，従業員の勤務が給付額を増加させないためである。

累積型有給休暇について，権利が確定しているものと確定していないものとの違いは，債務が存在するかどうかや債務を認識しなければならないかどうかに影響を及ぼすことはないが，権利確定していない累積の権利を使用する前に従業員が離職する可能性があるため，債務の測定に影響を及ぼすことになる。したがって，その費用は，企業が支払う義務のある最大額ではなく，企業が支払うと見込まれる追加額として測定される［IAS 第 19 号（2011 年）15 項］。

設例3.3.1

短期有給休暇債務の測定

会社Ａは 200 人の従業員を有し，それぞれが１年につき，20 日の有給休暇の権利を付与される。有給休暇は，当年度に付与された権利から最初に使用され，次に前年から繰越された残高が使用される（後入先出法）。未使用の有給休暇は１年を超えて繰越すことはできない。従業員は，会社Ａを離職した場合，未使用の有給休暇について現金支払を受ける権利を有していない。

20X1 年 12 月 31 日現在，未使用の権利の平均は，１従業員につき３日（すなわち，合計で 600 日）であった。会社Ａは過去の経験に基づいて，175 人の従業員は 20X2 年中に年次の権利である 20 日を超えては有給休暇を取得せず，残りの 25 人の従業員は，合計で 20X1 年から繰越された有給休暇の権利 70 日分を使用すると予想する。

上述の給付は，当期に発生した権利日数が全部消化されないときは，翌 12 ヵ月以内に限り，翌期に繰越すことができる。そのため，これは「累積型」

短期有給休暇である。この累積型有給休暇は，従業員が，会社Aを離職した場合，未使用の有給休暇について現金支払を受ける権利を有していないため，権利確定していないものである（IAS第19号〔2011〕15項参照)。

IAS第19号16項は，会社Aが20X1年12月31日現在で，当該報告期間の末日に累積している未使用の権利日数に対する支払予測額によって債務を認識することを要求している。IAS第19号15項は，権利確定しない権利については，その測定にあたって一部の従業員が有給休暇を取得しない可能性を反映すべきことを明確にしている。

そのため20X1年12月31日に，会社Aは，70日（すなわち，取得されると見込まれる権利日数）の有給休暇に相当する割引前金額の負債と費用を認識する。

IAS第19号（2011年）17項では，多くの場合，企業が，未使用の有給休暇に関する重要な債務がないことを見積るために詳細な計算をする必要はないかもしれないという事実を認めている。例えば，疾病休暇に係る債務は，未使用の疾病に係る有給休暇が年次有給休暇として取得することができるという公式または非公式の了解がある場合にのみ，重要となる可能性が高い。

3.4　利益分配および賞与制度

本章3.3で述べられた一般的な要求事項を利益分配および賞与制度の予想コストに適用する際に，企業は，予想コストを以下の場合，かつ，その場合にのみ認識しなければならない［IAS第19号（2011年）19項]。

- 当該企業が過去の事象の結果，当該支払を行う現在の法的または推定的債務を有する場合
- 当該債務について信頼性のある見積りが可能である場合

ここでは，企業が支払を行う以外に現実的な選択肢を有しない場合，かつその場合にのみ現在の債務が存在する［IAS第19号（2011年）19項]。したがって，当要求事項は，IAS第37号「引当金，偶発負債および偶発資産」（**第**

1巻14章「引当金，偶発負債および偶発資産」参照）での引当金に関する一般的な認識要件に厳密に従っている。企業が賞与を支払う法的債務を有していないとしても，賞与を支払う過去の慣行は，企業が賞与を支払う以外に現実的な選択肢を持たない場合，推定的債務を生じさせることがある［IAS 第 19 号（2011 年）21 項］。

従業員が利益分配を受ける権利は，特定の期間にわたり企業に在籍しているかどうかに依拠するかもしれない。そのような状況では，当該制度は，従業員が特定期間の末日まで勤務を継続する場合に支払うべき金額を増加させる勤務を提供するに従って，推定的債務を創出する［IAS 第 19 号（2011 年）20 項］。

一部の従業員が利益分配および賞与制度のもとで提示された支払を受領することなく離職するかもしれないという事実は，債務の測定に反映される。従業員の権利期間満了まで債務の認識を繰延べる処理は適切ではない［IAS 第 19 号（2011 年）20 項および 21 項］。

設例3.4

利益分配制度

会社Bは，利益分配制度によって 20X1 年の暦年を通じて勤務を提供した従業員に対して，20X1 年 6 月 30 日までの会計年度における税引前利益の一定比率を支払わなければならない。従業員が 1 人も当年度中に離職しない場合，利益分配支払額の合計は税引前利益の 3%になる。会社Bは，職員の離職により，支払額が税引前利益の 2.5%に減額されると見積っている。

支払額は 20X1 年 6 月 30 日までの会計年度の税引前利益の一定比率で測定されるが，業績は 20X1 年の暦年の従業員の勤務に基づいて算定される。したがって，会社Bは 20X1 年 6 月 30 日現在の税引前利益の 50%の 2.5%の負債および費用を認識する。残りの 50%の 2.5%の費用は，見積額と実際支払額との差額調整分とともに翌期に認識しなければならない。

利益分配および賞与制度によるコストは，企業の所有者との取引からではなく従業員の勤務により生じるため，（利益の分配としてではなく）費用として認識される［IAS 第 19 号（2011 年）23 項］。

従業員が，特定の期間における業績に連動するが，その業績条件を測定した将来の日に支払われるような賞与を付与されることは一般的な慣行である。しばしば，その支払日までの継続雇用が要求されるが，それ以外は条件はない。例えば，6月30日の報告日の企業が，当会計年度（「稼得」期間）に勤務を提供し，9月30日まで働き続けた従業員に各会計年度の末日についての賞与を支払う。当該賞与プールは，稼得期間における企業の収益の割合として算定される。当該企業の利益と各従業員の賞与を確定するために，7月1日から9月30日までの追加的な期間が必要である。

追加の勤務条件（すなわち，9月30日までの3ヵ月間の事務手続期間に雇用を継続する要求）は，どの期間にわたって賞与に係る費用を認識すべきかを検討する際に考慮すべきかという疑問を生じさせる。

IAS第19号は，この点に関しては明確でない。IAS第19号（2011年）20項は，一部の従業員が賞与の支払を受領することなく離職するかもしれない可能性を反映して，「特定期間の末日まで勤務を継続する場合に，支払うべき金額を増加させる勤務を従業員が提供するに従って」当該債務を費用として測定し認識することを要求する。

本設例の状況における，この要求事項の1つの解釈は，当該費用を従業員が支払われる金額を増加させる勤務を提供するに従って認識すべきであるというものである。賞与の金額は稼得期間後に増加しないため，予想される権利の喪失を考慮して，支払が見込まれる金額の全額についての債務を6月30日に測定すべきである。

別の解釈は，9月30日まで勤務を継続する場合，従業員が勤務を提供するに従って債務が生じるというものである。その結果，賞与に係る費用が認識される期間に，3ヵ月間の事務手続期間が含まれるべきであることを示唆している。この解釈は，IFRS第2号「株式に基づく報酬」に従って，権利確定期間にわたって株式に基づく報酬に関連する費用を認識することに整合している。

IAS第19号の表現が十分に明確でないため，両方の解釈をとることができ，企業は会計方針の選択としてこれらのアプローチの1つを採用しなければならない。

上述の結論（すなわち，企業は2つのアプローチのうち1つを会計方針として選択するというもの）は，追加的な期間が事務管理の性質のものであるときにのみ適用される。すなわち，その追加的な期間が相対的に短い場合にのみ該当する。

利益分配および賞与の支払が，従業員が関連する勤務を提供する年次報告期間の末日後 12ヵ月以内にすべてが決済されることが予想されない場合，これらの支払はその他の長期従業員給付に分類される（**本章 9** 参照）[IAS 第 19 号（2011 年）24 項]。

3.4.1　いつ信頼性ある見積りを行うことができるか

企業は，以下のいずれかの場合に，かつ，その場合にのみ，利益分配または賞与制度のもとで法的債務または推定的債務の信頼性ある見積りを行うことができる [IAS 第 19 号（2011 年）22 項]。

- 制度の正式な規約に給付額を決定する算定式が含まれている。
- 支払うべき金額が，財務諸表の発行が承認される前に決定される。
- 過去の慣行が，推定的債務の金額の明確な証拠を示している。

3.5　開　示

IAS 第 19 号は，短期従業員給付について特定の開示要求を規定していないが，他の基準が開示を要求することがある。例えば，以下のような場合である [IAS 第 19 号（2011 年）25 項]。

- IAS 第 24 号「関連当事者についての開示」は，重要な経営幹部への従業員給付に関して開示を要求している。
- IAS 第 1 号「財務諸表の表示」は，従業員給付費用の開示を要求している。

4　退職後給付

退職後給付は，雇用関係の完了後に支払われる従業員給付（解雇給付および短期従業員給付を除く）として定義される［IAS 第 19 号（2011 年）8 項］。

この定義は，退職給付（例えば，年金および退職一時金）およびその他の退職後給付（例えば，退職後生命保険および退職後医療給付等）を含むものである。企業がそのような給付を支給する場合，掛金を受取り，給付を支払うための別個の事業体の設立が伴うかどうかにかかわらず，IAS 第 19 号の要求事項が適用される［IAS 第 19 号（2011 年）26 項］。

4.1　退職後給付制度

退職後給付制度は，企業が 1 人以上の従業員に対し退職後給付を支給する正式または非公式の取決めをいう［IAS 第 19 号（2011 年）8 項］。

4.2　退職後給付制度の種類

退職後給付制度の会計処理および開示要求は，当該制度が確定拠出制度か確定給付制度のいずれに分類されるかに左右される。確定拠出制度および確定給付制度を全般的に取扱うことに加えて，当基準は，保険が付された給付，複数事業主制度，グループ制度および公的制度に対してどのようにその要求事項が適用されるべきかに関するガイダンスも提供している。

退職後給付制度には主に 2 つの種類がある［IAS 第 19 号（2011 年）8 項］。

- **確定拠出制度**とは，退職後給付制度のうち，企業が一定の掛金額を別個の事業体（基金）に支払い，たとえ基金が従業員の当期および過去の期間の勤務に関連するすべての従業員給付を支払うために十分な資産を保有しない場合でも，企業がさらに掛金額を支払うべき法的債務または推定的債務を有しないものをいう。
- **確定給付制度**とは，確定拠出制度以外の退職後給付制度である。

確定拠出制度または確定給付制度のいずれの分類とするかは，その主要な規約や条件に由来する制度の経済的実質に依拠する［IAS 第 19 号（2011 年）27 項］。

IAS 第 19 号では，以下のように述べている。確定拠出制度においては，従業員が受取る退職後給付の金額は，退職後給付制度または保険会社に支払った掛金額と，当該掛金額から発生する投資収益とによって決定される。その結果，数理計算上のリスク（給付額が予想したよりも少なくなるリスク）および投資リスク（投資された資産が予想した給付額を満たすのに不十分であるリスク）は，実質的に従業員が負担する［IAS 第 19 号（2011 年）28 項］。

確定給付制度では以下のとおりとなる［IAS 第 19 号（2011 年）30 項］。

- 企業の債務は，合意した給付を現在および以前の従業員に支給する。
- 数理計算上のリスクおよび投資リスクは，実質的に企業が負担するため，数理計算上または投資の実績が予想より悪い場合には，企業の債務は増加するかもしれない。

企業の債務が，基金に拠出することを合意した金額に制限されない（したがって，当該制度は確定給付制度である）状況の例としては，企業が以下のようなことを通じて法的または推定的債務を有する場合である［IAS 第 19 号（2011 年）29 項］。

- 制度の給付算定式のうち，単に掛金額に連動するのではなく，資産が当該制度の給付算定式における給付を行うのに不十分な場合には追加の拠出を企業に要求するもの
- 制度を通じての間接または直接のいずれかによる，拠出に係る特定の収益率の保証
- 推定的債務を生じさせる非公式な慣行。例えば，企業に，たとえそのようにする法的債務がない場合でも，インフレーションの進行に合わせて以前の従業員の給付を増加させてきた実績がある場合には，推定的債務が生じることがある。

給付算定式の存在だけでは確定給付制度は創出されず，その給付算定式で定められた給付を履行するために追加的な金額を拠出するという法的債務または推定的債務を創出するような，給付算定式と拠出との間の関連付が存在する必要があることを明確にするため，IAS 第 19 号が 2011 年 6 月に改訂された際に，上述の最初の項目は修正された。この修正は，十分な制度資産がある場合に支払われる給付が給付算定式により決定されるが，これらの給付を支払うのに十分な制度資産がない場合に事業主に追加拠出の支払を要求しない制度の分類に関する懸念に対処することを意図している。このような状況では，実質上，給付支払は給付算定式と利用可能な制度資産とのいずれか低い方に基づく。当該改訂により，そのような制度は確定拠出制度であることが明確にされている［IAS 第 19 号（2011 年）BC 30 項］。以下の設例はこの原則を説明している。

設例4.2

目標給付を有する確定拠出制度

事業主は，制度への拠出が，制度加入時における各従業員の年齢，退職時の予想平均給与，予想死亡率および退職年齢に基づき算定される目標給付制度を有する。従業員が制度に加入するとき，関連する人口統計の情報に基づき，当該従業員に対する拠出率が算定される。したがって，事業主は，従業員の給与の特定の割合を制度に拠出する。従業員の給与またはその他の要素が変更される場合でも，事業主の拠出率は変更されない。

制度は，事業主の掛金が従業員ごとの個人口座に累積するように設計されている。制度における資産の投資利得または損失は按分されて従業員に分配され，事業主の将来の掛金を算定する際には考慮されない。従業員の退職または解雇時の口座残高が目標額を超過または不足する場合でも，口座残高が事業主によって調整されることはない。従業員は，彼らの口座の資金のみを受領する。

当制度は，確定拠出制度の定義を満たす。当目標給付制度は，事業主による年金拠出を算定するために複雑な算定式を有している。しかし，当該給付の算定において，従業員の個人口座に拠出された，資産の投資利得または損失もしくは喪失のために調整されない。その結果，当該制度に関連する数

> 理計算上のリスクおよび投資リスクは，事実上，従業員の負担となるため，当該制度は確定拠出制度である。

4.3　積立をするおよび積立をしない退職制度

> IAS 第 19 号は，退職給付制度は積立をする制度または積立をしない制度のいずれもあり得ると言及しているが，これらの用語を正式に定義していない。積立をする制度は，制度資産が別個の事業体に保有され，通常，管理者の監督下にある制度と捉えられる。管理者は，通常，制度の規定に従って掛金の投資および従業員に権利が与えられた給付の支払を管理する。

IAS 第 19 号は，積立をする制度および積立をしない制度を定義していないが，退職後給付制度に関連する積立超過または積立不足を測定する際に考慮される，「制度資産」については定義をしている。制度資産には以下のものを含む [IAS 第 19 号（2011 年）8 項]。

- 長期の従業員給付基金が保有している資産
- 適格な保険証券

長期の従業員給付基金が保有している資産とは，（報告企業が発行した譲渡不能な金融商品を除く）以下の資産をいう［IAS 第 19 号（2011 年）8 項]。

(a)　報告企業から法的に分離され，従業員給付の支払または積立を行うためだけに存在している事業体（基金）によって保有されており，かつ，

(b)　利用できず，かつ，以下のいずれかの場合を除いて報告企業に返還できないもの

　(i)　基金の残りの資産が，制度または報告企業の関連する従業員給付債務のすべてを支払うのに十分である場合

　(ii)　当該資産が，報告企業がすでに支払った従業員給付の補塡のために報告企業に返還される場合

これらの規準を満たさない場合，当該制度は，IAS 第 19 号の目的上積立のない制度とみなすべきであると考えられる。企業は，制度資産として適格でない制度である従業員給付制度の資産を，企業自身の財政状態計算書に認識すべきかどうかを検討しなければならない。なぜなら，それらの資産が企業によって直接保有されているか，もしくは，例えば，企業により支配されている組成された企業または特別目的事業体によって保有されるために，IFRS 第 10 号「連結財務諸表」（**第 2 巻 4 章**参照）（または，IFRS 第 10 号を未適用の企業については，SIC 第 12 号「連結－特別目的事業体」）に従って連結されることとなるためである。

4.4　保険が付された給付

保険料により積立てられる退職後給付制度は，企業が（直接または制度を通じて間接的に）以下のいずれかの法的債務または推定的債務を有する場合，確定給付制度として取扱われる［IAS 第 19 号（2011 年）46 項］。

- 期日が到来したときに従業員給付を直接支払う債務
- 保険会社が当期または過去の期間の従業員の勤務に関連する将来の従業員給付の全額を支払わない場合には，さらに金額を支払う債務

そのような法的または推定的債務がない場合，当該制度は，確定拠出制度として取扱われる［IAS 第 19 号（2011 年）46 項］。

したがって，保険が付された制度は，他の制度と同様に会計処理と積立との区別が必要とされる。単に企業が確定給付制度のもとで生じる給付に保険をかけるからという理由だけで，制度資産が必然的に制度負債と同額になると仮定すべきではない。IAS 第 19 号（2011 年）47 項は，保険契約により保険が付された給付は，従業員給付に対する企業の債務と直接的または自動的な関係を有する必要はないとしている。

企業に法的債務または推定的債務が残る場合，保険料の支払は，実質的には債務の決済のための投資である。そのような状況では，企業は「適格な」保険証券を制度資産（**本章 7.2.6.2** 参照）として，その他の保険証券を補塡の権

利として会計処理すべきである（当該保険証券がIAS第19号〔2011年〕116項に設定されている規準を満たす場合。**本章7.2.6.4**参照）［IAS第19号（2011年）48項］。

保険証券が，特定の制度加入者または制度加入者のグループの名義であり，企業が当該証券によるなんらかの損失を補填すべきいかなる法的または推定的債務もない場合には，企業は，従業員に給付を支払う債務を有さず，保険会社は単独で給付を支払う責任を有する。そのような契約のもとでの固定額の保険料の支払は，債務を支払うための投資ではなく，実質的に，従業員の給付債務の決済である。その結果，企業はもはや資産または負債を有さず，企業はそのような支払額を確定拠出制度への拠出として取扱うべきである［IAS第19号（2011年）49項］。

5　複数事業主制度，グループ制度および公的制度

5.1　複数事業主制度

複数事業主制度は，以下の双方を満たす確定拠出制度（公的制度を除く）または確定給付制度（公的制度を除く）と定義される［IAS第19号（2011年）8項］。

- 共通支配下にない複数の企業による拠出資産をプールしている。
- 当該資産を複数の企業の従業員に給付するために使用し，掛金および給付水準が，当該従業員を雇用する企業を識別することなく決定される。

複数事業主制度は**本章4**で述べられる規準に基づき確定拠出制度または確定給付制度として分類し，それらの分類に応じて会計処理しなければならない［IAS第19号（2011年）32項］。

本基準は，以下のような複数事業主確定給付制度の一例に言及している［IAS第19号（2011年）35項］。

- 当該制度が現金払方式により資金を調達している。掛金は同一期間中に期日の到来する給付を支払うのに十分であると予想される水準に設定され，当期中に稼得された将来の給付は将来の掛金により支払われる。かつ，
- 従業員への給付がその勤続期間により決定され，加入企業は，脱退日までに従業員が稼得した給付に対する掛金を支払わずに制度から脱退する現実的な方法を有していない。そのような制度は，企業に数理計算上のリスクを生じさせる。報告期間の末日にすでに稼得された給付の最終的なコストが，予想よりも多い場合には，企業はその掛金を増加させるかまたは給付の減額を従業員が受入れるよう説得するかのいずれかを行わなければならなくなる。したがって，そのような制度は確定給付制度である。

企業が複数事業主の確定給付制度に加入している場合には，後述の**本章5.1.1**で述べられている免除規定が利用可能な場合を除き，企業は，他の確定給付制度と同様の方法で，当該制度に関連する確定給付制度債務，制度資産および費用に対する企業の比例的な取り分を会計処理し，開示を行わなければならない［IAS 第19号（2011年）33項および36項］。

複数事業主の確定給付制度の解散または複数事業主の確定給付制度からの企業の脱退に関連する負債を，いつ認識すべきかおよびどのように測定すべきかを決定する際に，企業はIAS 第37号「引当金，偶発負債および偶発資産」（**第1巻14章**参照）の要求事項を適用しなければならない［IAS 第19号（2011年）39項］。

5.1.1　十分な情報が入手できない場合の免除

当基準は，企業が基礎となる制度の財政状態および運用成績に対する企業の持分を，会計上十分な信頼性をもって識別することができないこともあることを認識している。これは以下のような場合に起こり得る［IAS 第19号（2011年）36項］。

- 制度が加入企業を他の企業の現在および以前の従業員に関連する数理計算上のリスクに晒しており，その結果，制度に加入している個々の企業に債務，制度資産および費用を配分するための首尾一貫した信頼性のある基礎がない場合

- 企業が，制度に関してIAS第19号の要求事項を満たすのに十分な情報にアクセスできない場合

そのような場合（すなわち，企業が複数事業主の確定給付制度に加入しているが，確定給付会計を行うために十分な情報が利用できない），企業は以下の双方を行わなければならない［IAS第19号（2011年）34項］。

- それが確定拠出制度であるかのように会計処理する。
- 適切な開示を行う（**本章5.1.4**参照）。

当基準は，複数事業主の確定給付制度の加入者が以下の場合に，加入者は，当該契約上の合意から生じる資産または負債を認識し，その結果生じる収益または費用を純損益に計上しなければならないことを強調している［IAS第19号（2011年）37項］。

- 加入者が，確定給付会計を適用するのに十分な情報がないため，確定拠出制度ベースで会計処理するが，
- 積立超過をどのように分配するかまたは積立不足をどのように補填するかを決定する，契約上の合意の当事者である場合

この要求事項は，基準から抜粋された**本章設例5.1.1**に説明されている。

設例5.1.1

複数事業主制度

[IAS第19号（2011年）37項を説明する設例]

ある企業が，IAS第19号をもとに制度の評価を行っていない複数事業主の確定給付制度に加入している。したがって，当該企業は，この制度を確定拠出制度であるかのように会計処理している。IAS第19号に準拠せず基金の評価を行うと，制度にはCU 100百万の積立不足が存在している。制度は，契約にのっとり，今後5年に積立不足を一掃するための拠出スケジュールに関し，制度に加入している事業主と合意している。契約に定められる企

業の拠出合計は，CU 8 百万である。

企業は，貨幣の時間価値について調整した掛金に係る負債を認識し，それと同額の費用を純損益に認識する。

5.1.2　集団管理制度

複数事業主制度は集団管理制度（共通投資ファンドとしても知られる）とは別のものである。集団管理制度は，加入事業主がその投資目的資産をプールし，管理費用および投資管理費用を削減できるようにする。異なる加入事業主の請求権は，当該事業主の従業員への給付だけのために当該制度のその他の受益者へのものとは分離されている。その結果，特定の事業主に関連する情報を入手する際に特別な会計上の問題はない。加入事業主は，他の加入事業主の債務に付随する数理計算上のリスクに晒されていない［IAS 第 19 号（2011 年）38 項］。

この特徴を持つ制度は，通常の方法で確定拠出制度または確定給付制度として分類するべきである［IAS 第 19 号（2011 年）38 項］。

5.1.3　確定拠出から確定給付会計への変更 ― 複数事業主制度

設例5.1.3

確定拠出から確定給付会計への変更 ― 複数事業主制度

会社 A は，複数事業主の確定給付制度に拠出している。しかし，当該制度が IAS 第 19 号（2011 年）33 項の会計上の要求事項を適用するに十分な情報を加入者に提供することができなかったため，これまで会社 A は，IAS 第 19 号（2011 年）34 項の例外に従って確定拠出制度であるかのように，当該制度を会計処理していた。

20X1 年 12 月 31 日現在，当該制度は，初めて IAS 第 19 号（2011 年）33 項の会計上の要求事項を適用するのに十分な情報を加入者に提供することができる。

確定拠出会計から確定給付会計への変更の影響は，IAS 第 8 号「会計方針，会計上の見積りの変更および誤謬」に従って，会計方針の変更としてではなく，見積りの変更として扱われるべきである。

会社Ａの会計方針は，これまでもその確定給付負債（または資産）を認識することであったが，20X1年12月31日に必要な情報が提供される以前は，会社Ａはそれを行える状況にはなかった。会社Ａは，確定拠出制度として当該制度を会計処理することを要求され，支払った掛金と等しい金額で測定された制度の費用を計上していた。20X1年12月31日から，会社Ａは，同日の確定給付負債（または資産）およびその後の費用を信頼性をもって測定できる十分な情報を有する。当該制度の会計処理の基礎ではなく，負債の最善の見積りが変更されたため，帳簿価額の調整は見積りの変更となる。当該見積りの変更の影響は，新しい情報が入手された年度の純損益に認識されなければならない。

5.1.4　開　示

企業が（確定給付制度，または**本章5.1.1**で説明されている免除規定のもとで確定拠出制度として会計処理される）複数事業主の確定給付制度に加入している場合には，企業は以下を開示することが要求される［IAS第19号（2011年）148項（a）－（c）］。

- 積立の取決めの記述（企業が拠出率の算定に用いている方法および最低積立要件を含む）
- 企業が複数事業主制度の規約および条件により，他の企業の債務について当該制度に対し責任を負う可能性がある範囲に関する記述
- 以下による積立超過または積立不足の合意された配分の記述
  - 制度の解散
  - 企業の制度からの脱退

企業が複数事業主の確定給付制度に加入しており，確定給付会計を行うために十分な情報を入手可能である場合には，企業は，IAS第19号（2011年）135項から147項で要求されるすべての情報を開示することも要求される（**本章8.2**参照）［IAS第19号（2011年）33項］。

企業が確定給付制度である複数事業主制度に加入しているが，確定給付会計に使用するために十分な情報を入手できない場合には，IAS 第 19 号（2011 年）139 項から 147 項で要求される情報の代わりに，以下の追加的な開示を行うことが要求される［IAS 第 19 号（2011 年）148 項（d）］。

- 当該制度が確定給付制度である旨
- 企業が当該制度を確定給付制度として会計処理するために十分な情報が入手できない理由
- 翌年次報告期間における当該制度への予想拠出額
- 将来の拠出額に影響する可能性のある制度の積立不足または積立超過に関する情報（その積立不足または積立超過を算定するのに使用された基礎および企業への影響〔もしあれば〕を含む）
- 他の加入企業と比較した企業の当該制度への加入水準の指標。こうした指標を示すかもしれない測定値の例としては，当該制度への拠出総額に対する企業の構成割合，または現役加入者，退職した加入者および受給権を得ている元加入者の総数に対する企業の構成割合（その情報が入手可能な場合）等がある。

複数事業主制度に関して要求される開示は，IAS 第 19 号（2011 年）において拡充され，そのような制度に加入する企業がさらに高いリスク，特に当該制度の他の加入者による行動から生じるリスクに直面するという事実を反映することを意図している。当該制度からの解散または脱退時における積立不足または積立超過について合意された配分に関する定性的情報，翌事業年度の予想拠出額および複数事業主制度への加入水準を開示する新しい要求事項は，このさらに高いリスクに対応するために設計された［IAS 第 19 号 BC 245 項および BC 246 項］。

5.2　グループ制度

共通支配下にある複数の企業間でリスクを分担する確定給付制度（例えば，グループ内の複数の子会社）は，IAS 第 19 号の目的においては複数事業主制度ではない［IAS 第 19 号（2011 年）40 項］。IAS 第 19 号（2011 年）41

項は，そのような制度（以下，「グループ制度」という）について会計上の要求事項を規定する。

グループ制度に適用される仮定に基づいて，IAS第19号に従って測定されたグループ制度全体としての情報を入手する。しかし，個々の企業で認識される金額は，IAS第19号の費用の純額を個々のグループ企業に負担させる取決めの存在によって変動する［IAS第19号（2011年）41項］。

- IAS第19号に従って測定されたグループ制度全体の確定給付費用の純額を，個々のグループ企業に負担させる契約上の合意または明示された方針が存在する場合には，各グループ企業は個別財務諸表において，負担する確定給付費用の純額を認識しなければならない。
- そうした合意または方針が存在しない場合，確定給付費用の純額は，当該制度の法律上運営する事業主であるグループ企業の個別財務諸表において認識しなければならない。他の各グループ企業は，その個別財務諸表において，当期に支払うべき拠出に相当する費用を認識しなければならない。

上述のとおり，IAS第19号（2011年）41項は，グループ制度に対する確定給付費用の純額を，個々のグループ企業に負担させる契約上の合意または明示された方針が存在する場合，各企業はその個別財務諸表において，その負担分を確定給付制度として会計処理（すなわち，確定給付資産または負債として認識）すべきであることを要求している。「IAS第19号に従って測定される当該制度全体に対する確定給付費用の純額」に関して，契約上の合意または明示された方針を適用しなければならない。確定給付費用の純額は，現金拠出の支払と直接関連性がないかもしれない，財務報告目的のために算定される数字である。

IAS第19号の目的のために使用されるものとは通常異なるため，数理計算上の仮定および積立の評価に適用される方法に基づく，現金拠出の支払に関連する契約上の合意または明示された方針では不十分である。

したがって，あるグループ企業が契約上の合意または明示された方針の要求事項を満たす（すなわち，確定給付制度の持分を会計処理するため）には，そのグループはIAS第19号の確定給付費用の純額の合理的な配分について方針を確立しなければならない。当該配分は，例えば，当該制度へ支払われた拠出額の割合に基づくか，または各企業の年金受給の対象となる給与額に比例することが考えられる。

IAS 第 19 号（2011 年）BC 48 項では，契約上の合意または明示された方針が存在しない場合，債務不履行によって，当該制度に関連するリスクを負担する企業は運営企業であることを明確にしているが，IAS 第 19 号は，法的に当該制度のスポンサーである企業をどのように識別するかに関するいかなる指針も提供していない。運営事業主の識別は，制度規約のような制度の法的文書からも設定され得る。時には，これは適正な表示を提供しない場合がある。例えば，法的な運営者が実態を伴わない休眠子会社である場合がある。そのような場合はまれであろうが，慎重な検討が要求される。

IAS 第 19 号は，グループ制度への加入が関連当事者取引であることを強調する。したがって，そのような制度に加入する各グループ企業は，個別財務諸表において，以下を開示することが要求される［IAS 第 19 号（2011 年）149 項］。

(a)　確定給付費用の純額の負担に関する契約上の合意または明示された方針，もしくはそのような方針が存在しない旨
(b)　企業が支払うべき拠出の決定に関する方針
(c)　企業が IAS 第 19 号（2011 年）41 項（前述参照）に従って確定給付費用の純額の配分を会計処理している場合には，制度全体についての IAS 第 19 号（2011 年）135 項から 147 項（**本章 8.2** 参照）で要求しているすべての情報
(d)　企業が IAS 第 19 号（2011 年）41 項（前述参照）のもとでのある状況で許容されるように，確定給付費用の純額の配分ではなく，当期に支払うべき拠出の会計処理を行う場合，制度全体についての IAS 第 19 号（2011 年）135 項から 137 項，139 項，142 項から 144 項ならびに 147 項（a）および（b）（**本章 8.2** 参照）で要求されている情報

企業は，以下の条件を満たす場合には，他のグループ企業の財務諸表の開示を相互参照することにより，IAS 第 19 号（2011 年）149 項（c）および（d）で要求されている制度全体についての情報を開示することが許容される［IAS

第 19 号（2011 年）150 項］。

- 当該グループ企業の財務諸表において，当該制度について要求される情報を別個に識別し，開示している。かつ，
- 当該グループ企業の財務諸表を，企業の財務諸表と同じ条件で，かつ，同時期またはそれよりも早く，財務諸表利用者が入手可能である。

反対に，IAS 第 19 号（1998 年）は，これらの開示を相互参照の方法によることを認めていなかった。

5.3　公的制度

IAS 第 19 号（2011 年）44 項は，公的制度とは，「法令によりすべての企業（または，例えば，特定の業種のような特定のカテゴリーに属するすべての企業）を対象とするように設立され，国または地方政府により，もしくは報告企業の支配または影響を受けない他の団体（例えば，その目的で特に創設された独立機関）により運営される」ものをいうと説明している。

当基準は，企業により設立された制度のなかには，公的制度の対象となる給付を代行する強制的給付と，追加的な任意的給付の双方を支給しているものがあることに言及している。このような制度は公的制度ではない［IAS 第 19 号（2011 年）44 項］。

公的制度は，**本章 4** で述べられる規準に基づき確定拠出制度または確定給付制度として分類しなければならない。公的制度は，複数事業主制度と同じ方法で会計処理を行うことを要求される（上述の**本章 5.1** 参照）［IAS 第 19 号（2011 年）43 項］。

通常，公的制度は確定拠出制度となる。当該制度について，加入事業主の負債は当期に支払われるべき拠出に限定され，当該制度は現金払方式で積立てられる。企業が公的制度加入者の雇用を終了させた場合，過去の期間に対する当該公的制度による従業員給付が追加の積立を必要とする場合であっても，企業はさらなる支払を行う義務を有していない。まれな場合に，公的制度は確定給付制度と考えられることがある［IAS 第 19 号（2011 年）45 項］。

6　確定拠出制度

6.1　基本原則

確定拠出制度の会計処理は，報告企業の各期の債務が当該期間に拠出すべき金額によって決定されるため，単純である。したがって，当該債務または費用を測定するための数理計算上の仮定は要求されず，数理計算上の差異が生じる可能性はない［IAS 第 19 号（2011 年）50 項］。

企業は，ある会計期間に従業員が提供した勤務と交換に，確定拠出制度に支払うべき掛金を以下のように認識しなければならない［IAS 第 19 号（2011 年）51 項］。

- 財政状態計算書において，
    - すでに支払った掛金があればそれを控除した後の金額を負債（未払費用）として（報告期間の末日前の勤務に対して支払うべき掛金の全額をその末日までに支払っていない範囲で）。
    - 資産（前払費用）として（すでに支払った掛金が報告期間の末日前の勤務に対する掛金を超過する場合には，当該前払が回収可能〔例えば，将来支払額の減額もしくは現金の返還によって〕となる範囲で）。
- 費用として（他の基準が当該掛金を資産の原価に含めることを要求または許容している場合を除く）。

確定拠出制度への未払掛金が，従業員が関連する勤務を提供した年次報告期間の末日後 12ヵ月以内にすべてが決済されると予想されない場合には，退職後給付制度債務に対する当基準が規定する割引率を使用して，それらを割引く必要がある（**本章 7.2.5** 参照）［IAS 第 19 号（2011 年）52 項］。他のすべての確定拠出制度負債は，割引しないベースで測定される［IAS 第 19 号（2011 年）50 項］。

いくつかの確定拠出退職後給付制度の規約では，従業員への給付の付与が，当該スポンサー企業で最低雇用期間にわたって在籍することが条件（権利確定条件）となっていることがある。この要求事項を事後的に満たさない従業員のために支払った掛金は，その従業員の退職に伴って企業に返還される。

こうした場合には，企業はその掛金を支払った会計期間に費用として認識しなければならない。なぜならば，IAS 第 19 号 51 項は，確定拠出スキームへの拠出は，従業員が給付を受ける権利を与える勤務期間（すなわち，権利確定期間）ではなく，その制度を運営している別個の事業体にその掛金を支払う債務を生じさせる勤務期間に費用を認識することを求めているからである。

確定拠出制度から企業への払戻金は，企業が払戻を受ける権利を得たとき（すなわち，従業員が権利確定条件を満たす前に退職したとき）に，資産および収益として認識されなければならない。

本章設例 6.1 にあるこの結論は，以前に IFRS 解釈指針委員会により示された見解と整合する（IFRIC アップデートの 2011 年 7 月版参照）。

設例6.1

権利確定条件付確定拠出制度

企業Eは，10人の従業員に対して確定拠出退職後給付制度を運営している。企業Eは，1年にCU 100（従業員1人につきCU 10）の掛金を制度に支払っている。

制度の規約では，従業員が企業Eに最低3年間雇用されている場合に，初めて退職後給付を受給する権利を得る。3年間未満で退職した従業員のために支払った掛金は企業Eに返還される。

第3年度に入ってすぐに2名の従業員が退職した。したがって，企業Eは第3年度中にCU 40（従業員2名×CU 10×2年）の返還を受ける権利を得る。

企業Eは，従業員1人当たりCU 10の掛金を毎年支払う債務を負っている。従業員が給付の受給権を得る期間とは関係なく，企業Eはこの債務に基づく費用を認識する。したがって，企業Eは，掛金の支払義務について，第1年度と第2年度にCU 100を，第3年度にCU 80の費用を認識する。

CU 40 の返還は，第 3 年度に資産および収益として認識される。結果的に，第 3 年度の費用の純額は CU 40 になる。

6.2 開　示

企業は，確定拠出制度に対する費用として認識した金額を開示しなければならない［IAS 第 19 号（2011 年）53 項］。

経営幹部に対する確定拠出制度への掛金額に関する追加的な開示は，IAS 第 24 号「関連当事者についての開示」に従って要求される場合がある（**第 2 巻 11 章 5.2** 参照）［IAS 第 19 号（2011 年）54 項］。

7　確定給付制度

確定給付制度は積立をしない場合もあり，報告企業とは法的に別個の事業体または基金への，企業および時には従業員による拠出により，一部または全部が積立てられ，そこから従業員給付が支払われる場合もある。期日到来時の積立てられた給付の支払は，基金の財務状態および運用実績のみならず，基金の資産不足を補う企業の能力および意思にも左右される。したがって，企業は実質的に，当該制度に関連する数理計算上および投資上のリスクを引受けている。この結果，確定給付制度に関して認識する費用は，必ずしも当期中に期日が到来している掛金の金額ではない［IAS 第 19 号（2011 年）56 項］。

7.1 基本原則

確定給付制度の会計処理は，確定拠出制度の会計処理よりも非常に複雑である。確定給付制度の会計処理では，債務および費用を測定するための数理計算上の技法および仮定の使用が要求され，当該債務が割引ベースで測定される。使用される仮定が実際の結果と頻繁に異なるため，数理計算上の差異が生じる可能性もある［IAS 第 19 号（2011 年）55 項］。

企業は，確定給付制度に関連する法的債務および推定的債務の双方を会計処理しなければならない。企業に従業員給付を支払う以外の現実的な選択肢がない場合には，企業の非公式な慣行から推定的債務が生じる(例えば，企業の非公式な慣行の変更が従業員との関係に受入れがたい悪影響を生じさせることとなる場合である）［IAS 第 19 号(2011 年) 61 項]。IAS 第 19 号で言及されている設例は，制度の正式な規約が，当該制度に基づく義務を終了させることを企業に認めている場合である。実際には,企業が制度を廃止することは通常は非常に困難である。したがって，反証がない限り,事業主が従業員の残存勤続期間にわたって給付を提供することが前提とされる［IAS 第 19 号（2011 年)62 項]。

設例7.1

事業主が遡及的に年金給付を改善したことがある場合

会社 O は，その報酬およびその他の従業員給付が団体交渉の過程を経て設定された組合契約によって定められる労働力を有する製造業者である。会社 O は，団体交渉の過程の間に，退職者および現役の従業員に対する年金給付の改善を付与した実績がある。当該改善は，時として，月ごとの給付における固定額での増加，または年金制度外で行われた一時金の支払，もしくは月ごとの給付における算定式に基づく生活費調整（COLA）の増額という形式をとった。遡及的な制度の修正に関する会社 O の実績以外に，制度給付を増加させる現在のコミットメントに関する証拠はない。

推定的債務が生じたかどうかを評価する際には，慎重な判断をすべきである。

上述の状況では，当該事業主の慣行は，非公式な過程のなかではなく，団体交渉の過程のなかでのみ改善を提供しているものである。給付の増加は過去においてさまざまな異なる形式でなされていた。したがって，事業主は推定的債務を生じさせると信頼性をもって予測され得る，年金給付の増加パターンを確立しているとは思われない。しかし，もし事業主が確立した慣行が，組合との交渉の一部として一貫した年金給付の増強という慣行であり，パターン（常に COLA の増加，または常に固定額での増加）を明確に確立しているのであれば，推定的債務は存在しており，それらの追加的な給付は予測給付債務の測定に含まれるべきと結論付けられるかもしれない。

7.1.1 確定給付制度の会計処理―4つのステップのアプローチ

確定給付制度の会計処理は，以下の表に要約されるような4つのステップを伴う。企業が複数の確定給付制度を有する場合，個々の重要な制度について個別に，これらのステップを踏まなければならない［IAS 第19号（2011年）57項］。

ステップ1	積立超過または 積立不足を 算定する。	これは以下を含む［IAS 第19号57項（a）］。 ● 数理計算上の技法（予測単位積増方式）を使用して，当期および過去の期間の勤務の対価として従業員が稼得した給付について，企業にとって最終的なコストの信頼性ある見積額を求める（**本章7.2.2−7.2.4参照**）。 ● 確定給付制度債務の現在価値および当期勤務費用を算定するために，適切な割引率を使用して給付を割引く（**本章7.2.5参照**）。 ● 確定給付制度債務の現在価値から，制度資産の公正価値（**本章7.2.6参照**）を控除する。
ステップ2	確定給付負債 （資産）の純額を 算定する。	確定給付負債（資産）の純額は，ステップ1で算定された積立不足または積立超過に，確定給付資産の純額を資産上限額に制限することによる影響を調整したものである（**本章7.3参照**）。
ステップ3	純損益に認識すべき 金額を算定する。	純損益に認識すべき金額は以下のとおりである。 ● 当期勤務費用（**本章7.4.1参照**） ● 過去勤務費用および清算損益（**本章7.4.2参照**） ● 確定給付負債（資産）の純額に係る利息の純額（**本章7.4.3参照**）
ステップ4	その他の包括利益に 認識すべき， 確定給付負債 （資産）の純額の 再測定を算定する。	確定給付負債（資産）の純額の再測定は，以下のものからなる（**本章7.5参照**）。 ● 数理計算上の差異 ● 制度資産に係る収益（確定給付負債〔資産〕の純額に係る利息純額に含まれる金額を除く） ● 資産上限額の影響の変動（確定給付負債〔資産〕の純額に係る利息純額に含まれる金額を除く）

7.1.2 数理計算上の評価

IAS 第19号は，制度資産の測定または確定給付制度債務の現在価値の算定に係る評価の頻度を特定していない。当基準は，確定給付制度について，財務諸表に認識される金額が報告期間の末日現在で算定された場合の金額と著しくは異ならないよう，企業は，十分な定期性をもって確定給付負債（資産）の純額（**本章7.2参照**）を算定しなければならないことを要求している［IAS 第19号（2011年）58項］。

7.1.2.1　年金数理人の関与

IAS 第 19 号は，すべての重要な退職後給付債務の測定にあたり，資格を有する年金数理人に関与させることを企業に奨励するが，要求していない［IAS 第 19 号（2011 年）59 項］。

IAS 第 19 号は資格を有する年金数理人の関与を要求していないが，実務上，年金数理人の関与なしに重要な確定給付制度債務を評価することは通常困難であろう。

7.1.2.2　評価日

当基準は，報告日に数理計算上の評価を実施することを要求していない。実務上の理由から，企業は，報告期間の末日前に当該債務の詳細な評価を実施することを，資格を有する年金数理人に求める場合があると考えられる。そのような状況において，その評価の結果は，報告期間の末日までの重要な取引および他の重要な状況の変化（市場価格および利率の変動を含む）について更新することが要求される［IAS 第 19 号（2011 年）59 項］。

多くの企業は年に 1 度，報告期間の末日において数理計算上の評価を実施するが，企業のなかには完全な数理計算上の評価を，3 年に 1 度のように年 1 回よりも頻度を落として行い，報告期間の末日ごとに近似的に更新するところもある。数理計算上の評価の頻度を決定する際に検討すべき関連要素には，経済的環境の変動性，および財務諸表での確定給付制度債務および確定給付費用の影響が含まれるかもしれない。

現地の規制が毎年の完全な制度評価を要求していない場合でも，IAS 第 19 号（2011 年）59 項の要求事項を満たすために，各報告期間の末日に当該評価のいくつかの側面（例えば，制度資産の公正価値，および割引率や昇給率といった財務上の仮定）を検討することが必要となる場合がある。死亡率や従業員の離職率といった人口統計上の仮定は，毎年検討する必要はないかもしれない。

7.1.2.3　期中報告

IAS 第 19 号は，IAS 第 34 号「期中財務報告」のもとで期中報告期間において想定される数理計算上の評価について，いかなる指針も提供していない。IAS 第 34 号 B9 項は，「期中報告期間の年金コストは，前事業年度の末日における数理計算上決定された年金コストの率を使用して年初からの累計ベースで計算されるが，前事業年度の末日後の重要な市場の変動および重要な制度の縮小，清算，またはその他の重要な一時的な事象に関して修正を行う」ことを示している。

期中報告日の再測定の問題は，IAS 第 19 号（2011 年）を最終化する際に，IASB によって具体的に検討された。改訂基準に先立つ公開草案への回答者は，確定給付負債（資産）の純額の変動の即時認識についての要求事項（**本章 7.2** 参照）は，企業が各期中報告日ごとに確定給付負債（資産）の純額を再測定すべきであることを暗示するという懸念を提起した。

審議会は，（期中または年次の）報告期間の末日時点の確定給付負債（資産）の純額の再測定が必要かどうかを決定するために，企業は判断を行使しなければならないとしている，IAS 第 34 号の要求事項に留意した。2011 年 6 月の改訂に従って，企業は再測定を，それが発生した期間に認識することが要求されるため，当該再測定は，これらの改訂前に企業が数理計算上の差異を遅延認識する選択をしていた場合よりも，財務諸表で認識される金額に重要な影響を有する可能性が高い。また，これまでは利得および損失の一部について遅延認識していた企業は，再測定が期中報告で要求されると判断する可能性が高い。しかし，審議会は，そのような変更が IAS 第 34 号の一般的な要求事項からの免除となることから，企業が，期中報告日に確定給付負債（資産）の純額を再測定すべきであるかどうかを明示的に規定しないことを決定した。

7.2　ステップ1 — 積立不足または積立超過の算定

積立不足または積立超過は以下の差額として算定される［IAS 第 19 号（2011 年）8 項］。

- 確定給付制度債務の現在価値
- 制度資産の公正価値（もしあれば）

したがって，最初のステップには確定給付制度債務と（もし存在すれば）制度資産を別個に測定することが含まれる。

7.2.1　確定給付制度債務の現在価値

確定給付制度債務の現在価値は，当期および過去の期間における従業員の勤務により生じる債務を決済するために必要な将来の予想支払額の現在価値（制度資産控除前）である［IAS 第19号（2011年）8項］。

確定給付制度の最終的なコストは，多くの変数（例えば，最終給与，従業員の離職および死亡率，従業員の拠出ならびに医療費の趨勢）に影響を受ける［IAS 第19号（2011年）66項］。債務を評価し，かつ会計期間に債務を割当てる保険数理上の技法の使用により，企業は負債の認識を正当化するのに十分な信頼性をもって債務を測定できるようになる。債務の一部が報告期間後12ヵ月以内に決済されることが予想される場合であっても，債務の全額を割引く［IAS 第19号（2011年）69項］。

確定給付制度債務の現在価値および関連する当期勤務費用を測定するために，いくつかのステップが必要である。以下のパラグラフで検討されるこれらのステップは，以下のとおりである［IAS 第19号（2011年）66項］。

- 数理計算上の評価方法を適用する（**本章7.2.2**参照）。
- 給付を従業員の勤務期間に帰属させる（**本章7.2.3**参照）。
- 数理計算上の仮定を設定する（**本章7.2.4**参照）。

7.2.2　数理計算上の評価方法

IAS 第19号では，企業は，確定給付制度債務の現在価値，関連する当期勤務費用および，過去勤務費用（該当する場合）を算定するために，予測単位積増方式を使用することが要求される［IAS 第19号（2011年）67項］。

予測単位積増方式は，各勤務期間を，給付の追加的な1単位に対する権利を生じさせるものとみなし，最終的な債務を積上げるために各単位を別個に測定する。これは，当期（当期勤務費用を算定するため）ならびに，当期と過去の期間（確定給付制度債務の現在価値を算定するため）に給付を帰属させることを企業に要求する。企業は，退職後給付を支給する債務が生じる期間に給付を帰属させなければならない。当該債務は，企業が将来の報告期間に支払うことを予想する退職後給付の対価として，従業員が勤務を提供するに従って発生する。数理計算上の技法により，負債の認識を正当化するため十分な信頼性をもって，企業が当該債務を測定することが可能となっている［IAS 第 19 号（2011 年）68 項および 71 項］。

他の評価方法は IAS 第 19 号において認められていない。

IAS 第 19 号により参照される予測単位積増方式は，時に「勤務の比例配分による発生給付評価方式」または「給付／勤務年数方式」ともよばれる［IAS 第 19 号（2011 年）68 項］。

負債の測定は，（以下の設例に示されるように）従業員の離職が予想される日を反映し，予測単位積増方式を使用して現在価値に割引くべきである。負債を権利確定した給付の割引かない金額（すなわち，すべての従業員が報告期間の末日で企業を離職する場合に支払うであろう金額）で測定することは認められない。

この結論は，IAS 第 19 号（1998 年）に関連して IFRIC（現在の，IFRS 解釈指針委員会）により確認され（2002 年 4 月の IFRIC アップデート参照），IAS 第 19 号の 2011 年改訂によっても影響されない。

本章設例 7.2.2（当基準からの抜粋）では，予測単位積増方式の適用の単純な例を提供している。

設例7.2.2

予測単位積増方式

［IAS第19号（2011年）68項を説明する設例］

勤務の終了時に，各年の勤務に対して最終的な給与の 1%に等しい一時金給付を支払う。第 1 年の給与は CU 10,000 であり，各年 7%（複利で）増加すると仮定する。使用する割引率は年率 10%である。次の表は，数理計算上の仮定に変更がないと仮定して，第５年の末日に離職すると予想されるある従業員について，どのように債務を積上げるかを示すものである。簡単にするため，この設例では，その従業員がより前のまたは後の日に企業を離職する確率を反映させるために必要となる追加修正を無視している。

（単位：CU）

年	1	2	3	4	5
給付の帰属					
– 過年度	0	131	262	393	524
– 当年度（最終給与の 1%）	131	131	131	131	131
– 当年度および過年度	131	262	393	524	655
期首における債務	0	89	196	324	476
10%の利息	0	9	20	33	48
当期勤務費用	89	98	108	119	131
期末における債務	89	196	324	476	655

注：

1 期首における債務は，過年度に帰属させた給付の現在価値である。

2 当期勤務費用は，当年度に帰属させる給付の現在価値である。

3 期末における債務は，当年度および過年度に帰属させる給付額の現在価値である。

7.2.3　給付の勤務期間への帰属

確定給付制度債務の現在価値，当期勤務費用および（該当する場合には）過去勤務費用を算定するにあたり，企業は，当該制度の給付算定式を使用して給付を勤務期間に帰属させなければならない［IAS 第 19 号（2011 年）70 項］。

後期の年度における従業員の勤務が，初期の年度よりもより著しく高い水準の給付を生じさせる場合には，このセクションの後段に記述されるように，前述の例外が行われる［IAS 第 19 号（2011 年）70 項］。

以下の設例は IAS 第 19 号に含まれているものであり，給付の勤務期間への帰属を説明している。

設例7.2.3A

給付の勤務期間への帰属(1)

[IAS第19号(2011年) 71項を説明する設例]

1. ある確定給付制度は，各年の勤務に対してCU 100の一時金給付を退職時に支払うことを規定している。

   給付CU 100を各年に帰属させる。当期勤務費用はCU 100の現在価値である。確定給付制度債務の現在価値は，CU 100の現在価値に報告期間の末日までの勤続年数を乗じたものである。

   当該給付を従業員が企業を離職すると同時に支払う場合には，当期勤務費用および確定給付制度債務の現在価値には，従業員が離職すると予想される日を反映させる。したがって，割引の影響があるために，その金額は，従業員が報告期間の末日において離職する場合に決定されるはずの金額より少ない。

2. ある制度は，各年の勤務に対して最終給与の0.2％の月額年金を支給する。当該年金は，65歳から支払われる。

   予想退職日における，予想退職日から予想死亡日までに支払うべき，見積退職時の最終給与の0.2％の月額年金の現在価値に等しい給付を，勤続の各年に帰属させる。当期勤務費用は，当該給付の現在価値である。確定給付制度債務の現在価値は，最終給与の0.2％の月額年金支払額に報告期間の末日までの勤続年数を乗じた金額の現在価値である。年金の支払は65歳から開始するため，当期勤務費用および確定給付制度債務の現在価値を割引く。

当該給付が権利確定していない場合であっても（例えば，従業員給付が将来の雇用を条件としている場合），従業員の勤務は確定給付制度に基づく債務を発生させる。その後の各報告期間の末日において，従業員が給付の権利を得るために提供しなければならない将来の勤務の量は減少するので，権利確定日前の従業員の勤務は推定的債務を生じさせる。企業は，確定給付制度債務の測定にあたり，ある従業員が最終的に権利確定のための要件を満たさない確率を考慮に入れる［IAS第19号（2011年）72項］。

同様に，一部の退職後給付（例えば，退職後医療給付）は，従業員がもはや雇用されていない際の，特定の事象が発生した場合にのみ支払うべきこととなるが，特定の事象が発生した場合に給付を受けるという権利を生じさせる勤務を，従業員が提供するときに債務は創出される。特定の事象が発生する確率は当該債務の測定に影響を与えるが，債務が存在するかどうかを決定するものではない［IAS 第 19 号（2011 年）72 項］。

以下の設例（当基準からの抜粋）は，IAS 第 19 号（2011 年）72 項の適用を説明している。

設例7.2.3B

給付の勤務期間への帰属(2)

[IAS第19号(2011年) 72項を説明する設例]

1. ある制度は，各年の勤務に対して，CU 100 の給付を支払う。10 年間の勤務の後に当該給付の権利は確定する。

   CU 100 の給付を各年に帰属させる。最初の 10 年間の各年における当期勤務費用および債務の現在価値には，従業員が 10 年間の勤務を完了しない確率を反映させる。

2. ある制度は，25 歳より前の勤務を除き，各年の勤務に対して CU 100 の給付を支払う。当該給付はただちに権利確定する。

   （条件付か無条件かを問わず）その日よりも前の勤務から給付は生じないため，給付を 25 歳より前の勤務には帰属させない。CU 100 の給付を後の各年に帰属させる。

従業員のそれ以降の勤務が重要な追加の給付を生じさせなくなる日まで，債務は増加する。したがって，すべての給付をその日以前に終了する期間に帰属させる。給付は，制度の給付額算定式のもとで個々の会計期間に帰属させる。しかし，後期の年度の従業員の勤務が初期の年度よりも著しく高い水準の給付を生じさせる場合には，企業は，給付を定額法により以下の期間に帰属させる［IAS 第 19 号（2011 年）70 項および 73 項］。

- 従業員による勤務が，当該制度のもとでの給付を最初に生じさせた日（当該給付が将来の勤務を条件としているかどうかにかかわらず）から，
- 従業員による将来の勤務が，それ以降の昇給を除けば，当該制度のもとでの重要な追加の給付金額を生じさせなくなる日まで。

これは，全期間を通じての従業員の勤務が，最終的にそのように高水準の給付を生じさせるからである［IAS 第 19 号（2011 年）73 項］。

設例7.2.3C

給付の勤務期間への帰属（3）

［IAS第19号（2011年）73項を説明する設例］

1. ある制度は，10 年間の勤務の後に権利確定する CU 1,000 の一時金給付を支払う。当該制度は，その後の勤務に対して追加の給付は支給しない。

   最初の 10 年間の各年に CU 100（CU 1,000÷10）の給付を帰属させる。最初の 10 年間の各年の当期勤務費用は，従業員が 10 年間の勤務を完了しない確率を反映させる。後の年度に帰属させる給付はない。

2. ある制度は，20 年間の勤務の後に 55 歳でなお雇用されているか，または勤務期間を問わず，65 歳でなお雇用されているすべての従業員に CU 2,000 の一時金での退職給付を支払う。

   35 歳前に入社した従業員については，当該制度のもとでの給付を発生させる最初の勤務は 35 歳のときである（従業員が 30 歳で離職し，33 歳で復職しても，給付の金額または時期には影響がない）。当該給付はそれ以上の勤務を条件とする。また，55 歳を超えて勤務しても，重要なそれ以上の給付を生じさせない。当該従業員に対して，企業は，35 歳から 55 歳までの各年に CU 100（CU 2,000÷20）の給付を帰属させる。

   35 歳から 45 歳の間に入社した従業員については，20 年を超えて勤務しても，重要な追加の給付を生じさせない。当該従業員については，企業は，最初の 20 年の各年に CU 100（CU 2,000÷20）の給付を帰属させる。

   55 歳で入社した従業員については，10 年を超えて勤務しても，重要な追加の給付を生じさせない。この従業員については，企業は，最初の 10 年の各年に CU 200（CU 2,000÷10）の給付を帰属させる。

   すべての従業員について，当期勤務費用および債務の現在価値には，従業員が必要な期間の勤務を完了しない確率を反映させる。

3. ある退職後医療制度は，従業員が 10 年超 20 年未満の勤務の後に離職する場合には従業員の退職後医療費の 40％を，従業員が 20 年以上の勤務の後に離職した場合には当該費用の 50％を補償する。

当該制度の給付算定方式のもとで，企業は，最初の 10 年間の各年に予想医療費の現在価値の 4%（40%÷10）を，次の 10 年の各年に 1%（10%÷10）を帰属させる。各年の当期勤務費用には，従業員が給付の一部または全部を稼得するために必要な期間の勤務を完了しない確率を反映させる。10 年以内に離職すると予想される従業員については，給付を帰属させない。

4.　ある退職後医療制度は，従業員が 10 年超 20 年未満の勤務の後に離職した場合には従業員の退職後医療費の 10%を，従業員が 20 年以上の勤務の後に離職した場合には当該費用の 50%を補償する。

後期の年度の勤務は，初期の年度よりも著しく高い水準の給付を生じさせる。したがって，20 年より後に離職すると予想される従業員については，企業は，IAS 第 19 号（2011 年）71 項に基づき定額法により給付を帰属させる。20 年を超える勤務は，重要な追加の給付額を生じさせない。したがって，最初の 20 年間の各年に帰属させる給付は，予想医療費の現在価値の 2.5%（50%÷20）である。

10 年から 20 年の間に離職すると予想される従業員については，最初の 10 年間の各年に帰属させる給付は，予想医療費の現在価値の 1%である。当該従業員について，10 年後と予想される離職日との間の勤務に給付は帰属させない。

10 年以内に離職すると予想される従業員については，給付を帰属させない。

給付の金額が，勤続期間の各年について最終給与の一定割合となる場合，将来の昇給は，報告期間の末日より前の勤務について存在する債務を決済するのに必要な金額に影響するであろうが，追加的な債務を創出しない［IAS 第 19 号（2011 年）74 項］。したがって，

- 給付の金額は最終給与に左右されるとしても，IAS 第 19 号（2011 年）70 項(b)（上記参照）の目的上，昇給は追加的な給付を生じさせない。
- 各期に帰属させる給付額は，給付が連動する給与の一定比率となる。

設例7.2.3D

給付の勤務期間への帰属(4)

[IAS第19号(2011年) 74項を説明する設例]

従業員は，55 歳より前の各年の勤務に対して最終給与の 3%の給付を得る権利を有する。

55 歳に達する日までの各年に，見積最終給付の 3%の給付を帰属させる。これは，従業員のそれ以降の勤務が，当該制度のもとで重要な追加の給付を生じさせなくなる日である。当該年齢後の勤務に，給付を帰属させない。

追加的な給付が計上されない時点で当期勤務費用の配分を完了することにより，このコストは，従業員が事業主に勤務を提供することが予想される期間よりも短い期間にわたって配分される。この理由は，IAS 第 19 号（2011 年）70 項で説明されるように，雇用のその後の期間において重要な追加の給付が生じないからである。

7.2.3.1 死亡給付

IAS 第 19 号は，特に死亡給付の会計処理の問題を取扱っていない。そのような給付の適切な会計処理に関する考察の議論については，**本章 9.3** 参照。

7.2.3.2 キャリア・アベレージ再評価稼得制度

ある国では，企業が，「年金構築者制度」とも引用される「キャリア・アベレージ再評価稼得」年金制度（CARE）を従業員に提供する場合がある。そのような制度では，通常，従業員の勤務年数および勤務期間にわたる平均給与に基づき，確定給付年金が提供される。制度の算定式は，通常次のように示される。

制度加入者の各年の勤務による稼得：稼得率×現在の（または平均）給与※

※　年金制度の購買力を維持するために，各年の給与は，通常，稼得日と退職日との間の特定の指数（例えば，物価インフレ指数）に連動して再評価される（調整後の現在給与の提供，または調整後の平均給与の決定のいずれかにより）。過年度に稼得された給与の再評価に使用された指数は，勤務期間にわたる昇給よりも通常低い。

このような制度は，予測単位積増方式を使用し，IAS 第 19 号（2011 年）87 項（b）および IAS 第 19 号（2011 年）90 項により要求されるような将来の昇給見積りを考慮に入れて測定されなければならない。IAS 第 19 号（2011 年）70 項（抜粋）は以下のように述べている。

「確定給付制度債務の現在価値を算定するにあたり，…企業は制度の給付算定式に基づいて給付を勤務期間に帰属させなければならない。しかし，後期の年度の従業員の勤務が，初期の年度よりも著しく高い水準の給付を生じさせる場合，企業は，給付を定額法により帰属させなければならない…。」

上述の CARE 年金制度の算定式は，より高い水準の給付を後期の年度に帰属させるため，企業は，給付が著しく高い水準になる可能性が高いかどうかを評価し，その場合には，給付を定額法により帰属させなければならない。

7.2.4　数理計算上の仮定

確定給付制度債務を測定するために使用される数理計算上の仮定は，偏りがなく，かつ，互いに矛盾しないものでなければならない［IAS 第 19 号（2011 年）75 項］。数理計算上の仮定は，退職後給付を支給する最終的なコストを算定する変数についての，企業の最善の見積りである［IAS 第 19 号（2011 年）76 項］。それは，慎重さに欠けるものでも過度に保守的なものでもなく，インフレーション，昇給率および割引率といった要素間の経済的関係を反映すべきである。例えば，将来の任意の期間における特定のインフレーションの水準に依存する，すべての仮定（利率および給与や給付の上昇率に関する仮定のような）が，当該期間における同一のインフレーションの水準を前提とすべきである［IAS 第19号（2011年）77項および78項］。

IAS 第19号（2011年）76項は，数理計算上の仮定が以下に掲げるものから構成されると説明している。

(a) 受給資格のある現在および以前の従業員（およびその被扶養者）の将来の特徴に関する人口統計上の仮定。人口統計上の仮定は，次のような事項を扱う。
   (i) 死亡率（**本章 7.2.4.1** 参照）
   (ii) 従業員の離職，身体障害および早期退職の比率
   (iii) 受給資格を得るであろう被扶養者を有する制度加入者の比率
   (iv) 制度の規約で利用可能な支払形態の選択肢のそれぞれを選択する制度加入者の比率
   (v) 医療給付制度における支払請求率
(b) 財務上の仮定。ここでは以下のような事項を扱う。
   (i) 割引率（**本章 7.2.5** 参照）
   (ii) 給付水準（従業員が負担する給付費用を除く）および将来の給与（**本章 7.2.4.3** 参照）
   (iii) 医療給付の場合には，請求処理費用（すなわち，弁護士および損害査定人の報酬を含めて，請求の処理および解決の際に生じる費用）を含めた将来の医療費（**本章 7.2.4.4** 参照）
   (iv) 報告日前の勤務に関連した拠出または当該勤務により生じた給付に関する制度による未払税金

2011年6月のIAS 第19号の改訂の一環として，IASB は，制度により支払われた税金を，その関連する金額の性質に基づき異なる取扱いをすべきことを明確にしている。IAS 第19号（2011年）のもとでは，報告日前の勤務に関連した拠出およびその勤務から生じた給付に課される制度による未払税金の見積りは，確定給付制度債務の測定に含まれるべきである。他のすべての税金は，制度資産に係る実際の収益から控除される［IAS 第19号（2011年）BC 121項］。

未払税金が上記リストに含まれたことは，報告日前に受けた勤務から生じ

る拠出および給付に関する制度による未払税金の時期と金額について，企業が，数理計算上の仮定を算定する必要があることを意味する。改訂された要求事項はまた，IAS 第 19 号（1998 年）での企業の会計方針によっては，確定給付制度債務および当期勤務費用の増加につながるかもしれない。

7.2.4.1　死亡率の仮定

死亡率の仮定は，雇用中および退職後における制度加入者の死亡率の企業の最善の見積りを参照して決定しなければならない。給付の最終的なコストを見積るために，企業は，予想される死亡率の変動を考慮しなければならない（例えば，死亡率の改善の見積りで標準死亡率表を修正することにより）[IAS 第 19 号（2011 年）81 項および 82 項]。

この要求事項は，確定給付制度債務を算定するために使用される死亡率の仮定が，雇用中および退職後の両方の制度加入者の予想死亡率の現在の見積りであることを明示するために，2011 年 6 月の改訂の一環として修正された。審議会の見解では，現時点の死亡率表は，確定給付制度債務の決済に係る最終的なコストを反映する最善の見積金額を提供するために，死亡率の予想される変動について調整される必要があるかもしれないとしている [IAS 第 19 号（2011 年）BC 142 項]。

7.2.4.2　財務上の仮定

財務上の仮定は，債務を決済する全体の期間についての，報告期間の末日現在の市場予測に基づかなければならない [IAS 第 19 号（2011 年）80 項]。インフレ調整後の測定値（すなわち，「実質」レート）がより信頼性を持っている場合（例えば，超インフレ経済下にある場合，または給付が指数にリンクしていて，同一の通貨および期間の指数リンク債券の厚みのある市場がある場合）を除き，割引率および他の財務上の仮定はインフレ調整されない（すなわち，「名目」レートが使用される）[IAS 第 19 号（2011 年）79 項]。

7.2.4.3　給与および給付の水準

確定給付制度債務の測定において，以下を反映しなければならない［IAS 第19号（2011年）87項］。

- 報告期間の末日時点の給付水準に関する制度の規約，および当該規約を超える推定的債務
- 支払うべき給付に影響を与える将来の昇給の見積り
- 将来の給付費用に対する事業主の持分相当額に関して制限があれば，その影響
- 企業における当該給付の最終的なコストを減額する従業員または第三者からの拠出
- 確定給付制度のもとで支払うべき給付に影響する公的給付水準の変更があれば，次のいずれかの場合にのみ，その将来の変更の見積り
  - 当該変更が，報告期間の末日前に実施された場合
  - 過去データまたは他の信頼性のある証拠が，（例えば，一般物価水準または一般給与水準の将来の変動と一致するような）予測可能な方法により，当該公的給付が変更されることを示している場合

したがって，数理計算上の仮定には，報告期間の末日現在の制度の正式な規約（および当該規約を超える推定的債務）に示されている将来の給付の変更のみを反映すべきである。これは，例えば，以下の場合から生じる債務の影響を含む［IAS 第19号（2011年）88項］。

- 企業が（例えば，インフレーションの影響を緩和するために）給付を増加させてきた実績があり，その慣行が将来に変更されるという兆候がない場合
- 企業がその制度の積立超過を制度加入者の給付に使用する義務（当該制度の規約または当該規約を超える推定的債務のいずれかにより）がある場合
- 給付が業績目標または他の規準に応じて変動する場合。例えば，制度の規約で，制度資産が不十分な場合には給付を減額するか，または従業員に追加拠出を要求することを規定している場合がある。債務の測定には，この業績目標または他の規準の影響の最善の見積りを反映させる。

反対に，数理計算上の仮定には，報告期間の末日現在の制度の正式な規約に示されていない（および，推定的債務のない）将来の給付の変動を反映させるべきではない。代わりに，そのような制度規約の変更が行われる場合には，そのような変更を，(1) 過去勤務費用に（遡及的な影響を有する範囲で）または (2) 変更後の期間の当期勤務費用に（変更後の勤務に対する給付の変更の範囲で）反映しなければならない［IAS 第 19 号（2011 年）89 項］。

将来の昇給の見積りには，インフレーション，年功，昇進および要求される技能を有する潜在的な従業員の不足または余剰のような他の関連する要素を（内部，外部要素ともに）考慮すべきである［IAS 第 19 号（2011 年）90 項］。

確定給付制度のなかには，企業が支払を要求される拠出を制限しているものがある。給付の最終的なコストには，拠出の制限の影響を考慮する。企業の拠出の制限の影響は，(1) 企業の見積存続年数，および (2) 制度の見積存続年数のいずれか短い方の期間にわたって算定される［IAS 第 19 号（2011 年）91 項］。

退職後給付のなかには，公的退職給付または公的医療給付の水準といった変数に連動しているものがある。そのような給付の測定には，過去の実績および他の信頼性のある証拠に基づく当該変数の最善の見積りを反映させるべきである［IAS 第 19 号（2011 年）95 項］。

そのような変更が報告期間の末日前に施行された場合，または過去の実績および他の信頼性のある証拠が，公的給付が（例えば，一般的な給与水準または物価水準に連動するような）予想可能な方法で変更することを示している場合に，そのような変更を反映すべきである。

7.2.4.4　退職後医療給付

退職後医療給付を測定する場合，医療サービスのコストにおける将来の変動の見積りを会計処理するために，追加的な仮定が要求される。当該仮定は，一般的なインフレーションおよび将来の医療費における固有の変化，請求の水準および頻度，技術的進歩，制度加入者の健康状態の変化，ならびに医療給付の利用および提供の変化を含む。これらを仮定する際に，企業自身の経験に関する過去データに基づき，必要な場合には他の企業，保険会社，医療機関，他の情報源からの外部データを参照すべきである。過去データを提供している母集団が，債務が発生している母集団と異なる場合，そのような仮定を調整することは重要である。例えば，請求の水準および頻度は，当該制度のもとでの給付対象者の年齢，性別および現在の健康状態に強く影響されることがある。歴史的趨勢が継続しないという信頼性のある証拠がある場合にも，修正されなければならない［IAS 第 19 号（2011 年）96 項－98 項］。

7.2.4.5　業績目標に基づく年金約定

確定給付制度は，特定の業績目標の達成に対する賞与の形態で追加的な年金稼得，追加的なスポンサー拠出に関する取決め，またはみなし勤務年数の追加といった特定の業績目標の達成に基づく年金約定を含む場合がある。IAS 第 19 号（2011 年）88 項（c）は，債務の測定には，業績目標または他の規準の影響の最善の見積りを反映すべきであることを明確に示している。

この論点は，IAS 第 19 号（1998 年）で明示的に取扱っていなかったが，IAS 第 19 号（1998 年）に関連して，IFRIC（現在の IFRS 解釈指針委員会）により検討されていた（2008 年 1 月の IFRIC アップデート参照）。IAS 第 19 号（2011 年）88 項（c）の要求事項は，2008 年に IFRIC が到達した結論と整合している。

7.2.4.6　新たな公的コストの事後的な導入

国が，予想不可能な方法により既存の事業主の確定給付制度債務に関連して，従業員が受取る最終的な給付にはなんら影響を及ぼさないが，新しい重大な公的コスト（例えば，拠出または給付に対する税金）を導入する場合，当該変更は，（制度改訂ではなく）数理計算上の仮定の変更として取扱われなければならない。

IAS 第 19 号（2011 年）57 項（a）(i)，IAS 第 19 号（2011 年）66 項および IAS 第 19 号（2011 年）76 項は，企業が確定給付を支給する最終的なコストに影響を与えるすべての要素を考慮しなければならないことを明確に示している。さらに，IAS 第 19 号（2011 年）76 項（b）(iv) は，数理計算上の仮定には，「報告日前の勤務に関連した拠出または当該勤務により生じた給付に関する制度による未払税金」についての財務上の仮定が含まれることを記述している。

より一般的には，IAS 第 19 号（2011 年）76 項では，数理計算上の仮定は，企業による退職後給付を支給する最終的なコストを算定する変数の最善の見積りであると記述している。企業がそのような変数に関する仮定を明示的に記述していない場合，企業は実際上，その要素に対し，価値がゼロとの仮定を置いている。実際の数値からもたらされる差異は，実績の調整である。

従業員に支払われる給付の変更を伴わずに退職後給付コストに変更がある場合には，この変更を，数理計算上の仮定の変更として会計処理しなければならない。

7.2.4.7　政府の活動によって生じる変更

政府の活動による変更に係る会計処理は，事業主による変更に係る会計処理と同一となるべきである。

状況によっては，当該変更が数理計算上の仮定（数理計算上の差異となる）または支払われるべき給付（過去勤務費用となる）のいずれに影響するのかを決定することは困難なことがあり，判断が要求されるであろう。**本章設例 7.2.4.7** は，数理計算上の仮定に影響する，法律上の変更の影響について説明している。

設例7.2.4.7

数理計算上の仮定に影響する法律上の変更

企業 X は，確定給付年金制度を運用している。当該制度の規約のもとでは，加入者は，退職時に，年金で受取るかまたは年金の一部を非課税の一時金と交換するかを選択することができる。制度の規約では，9 対 1 の交換比率で規定されており，それは，加入者は 1 単位の年金を 9 単位の非課税の一時金と交換できることを意味する。一時金の金額は，税務当局が設定した上限額を条件としている。

税法の変更により，加入者が非課税で受取ることができる一時金の上限額が増加する。

過去において，流動性の観点または加入者が年金の実際上の価値を過小評価したことから，加入者は通常，継続年金よりも，ただちに一時金を受取ることを選択していた。

一時金の上限額が増加したことから，企業Xは寿命の増加と利子率の下落という不利な影響を緩和できる。例えば，適用される交換比率がもはやコスト中立的な年金と一時金の交換比率を反映しなくなる場合，一時金の上限額が増加すること（同じ交換比率で）により，加入者が退職時に一時金の上限額を選択するという仮定に基づく確定給付制度債務は減少するだろう。

税法の変更により，企業Xは，加入者が退職時に「増加した」一時金を選択できるように，制度の規約を修正する。制度の規則に対するその他の修正はなされず，交換比率は同一のままである。

法律上の変更により，加入者が権利を得ている給付全体の額ではなく，加入者の給付を受取る方法の選択肢が変わる。年金または一時金として選択できる，退職時の加入者による利用可能な金額は変わらない。加入者にとってよくも悪くもならないため，単に法律上の変更を反映させるために確定給付制度を改訂することは，実質的に当該制度を変えることではない。したがって，それは，制度修正として取扱うべきではない。IAS第19号（2011年）76項（a)(iv）では，数理計算上の仮定は，「当該制度の規約で利用可能な支払形態の選択肢のそれぞれを選択する制度加入者の比率」についての人口統計上の仮定を含むことを言及している。

年金基金は，年金として選択される金額（すなわち，従業員が一時金として受取ることを選択しない金額）に対する長期的なリスクを保持する。数理計算上の評価の一環として，事業主は，(1）何人の従業員が給付全体の一部を一時金として選択すると予想されるか，(2）各従業員が一時金をいくらの金額で選択すると予想されるかを評価する。法律上の変更により，一時金として選択する従業員が多くなる場合，一時金として選択される金額に関する数理計算上の仮定が変更され，その結果数理計算上の差異となる可能性が高い。

7.2.4.8　従業員または第三者からの拠出

確定給付制度のなかには，従業員または第三者が当該制度のコストに拠出することを要求または許容するものがある。従業員または第三者による拠出は，当該制度の規約に示されているもの，または推定的債務から生じるもの，もしくは従業員または第三者の任意により支払われるものがある［IAS 第 19 号（2011 年）92 項］。

従業員または第三者による拠出が任意である場合，当該拠出は，当該制度に支払われる際に勤務費用から減額される［IAS 第 19 号（2011 年）92 項］。

従業員または第三者による拠出が，当該制度の正式な規約に示されている場合には，当該拠出は以下のとおりとなる［IAS 第 19 号（2011 年）93 項］。

- 当該拠出が勤務に関連する場合には，勤務費用の減額となる（その場合には，IAS 第 19 号（2011 年）70 項に従って，負の給付として勤務期間に帰属させる）。
- 例えば，当該拠出が，制度資産に係る損失または数理計算上の差損から生じた積立不足を削減するために要求される場合には，確定給付負債（資産）の純額の再測定を減額する。

企業はまた，第三者による拠出が，企業の給付費用を削減するものなのか，IAS 第 19 号（2011 年）116 項（**本章 7.2.6.4** 参照）に示されているような，実際には補塡の権利なのかを検討することが要求される［IAS 第 19 号（2011 年）92 項］。

従業員および第三者の任意による拠出と任意ではない拠出との間になされる区別は，以下のような拠出の変更に関する取扱いにも反映される［IAS 第 19 号（2011 年）94 項］。

- 制度の正式な規約には示されていない（および，推定的債務から生じていない）変更は，当期勤務費用および過去勤務費用として認識される。
- 制度の正式な規約に示されている（または，推定的債務から生じている）拠出の変更は，数理計算上の差異として認識される。

2013年3月に，IASBは勤務に連動する任意でない拠出の処理を簡素化することを目的とする公開草案を公表した（**本章12**参照）。

訳者注

2013年11月，IASBは，勤務に連動する従業員または第三者からの拠出についての要求事項を修正する「確定給付制度：従業員拠出」（IAS第19号の修正）を公表した。当修正は2014年7月1日以後開始する事業年度から遡及的に適用となる。早期適用は認められる。

7.2.4.9　従業員による税金の支払を補償する年金給付のグロス・アップ

企業のなかには，従業員に対して分配される非参加型年金契約の購入によって，確定給付制度債務を支払うものもある。これらの契約は従業員から拠出（「参加」）を要求していない。従業員による非参加型年金契約の受領は，分配時に従業員にとって課税対象となる場合がある。企業によっては，通常は当該退職給付制度の正式な特徴ではないが，従業員への税引後給付が当該契約が課税されない場合と同じになるように，従業員に補償するものもある。

その税額補填支払が退職給付制度の正式な特徴である場合，または事業主が推定的債務を生じさせるような支払のパターンを確立している場合（IAS第19号61項参照），その支払は当該退職給付の一部であるとみなされ，確定給付制度債務の測定において考慮されなければならない。

反対に，その税額補填支払が「1回限り」のものである場合（例えば，その税金が1年ないし2年間だけ税務当局により課される1回限りの税金である場合，もしくは1年ないし2年間だけ事業者が任意にその支払を行ったが，その後の期間において同様の支払をするといういかなる債務も創出しない場合），当該税額補填支払は追加の補償費用とみなされ，当期に認識されることになる。

7.2.4.10　事業主による社会保険料の拠出

設例7.2.4.10

事業主による社会保険料の拠出

企業は，以下の特徴を有する確定給付制度を運用している。

- 60歳で支払われる給付額はCU 1,000である。
- 企業は，給付が支払われるときに事業主の社会保険税CU 200を支払う。
- 企業はまた，従業員の社会保険税CU 150を源泉徴収することが要求される。
- 従業員が受取る正味の給付額はCU 850（CU 1,000－CU 150）である。
- 企業が支払う現金は，CU 1,200（CU 1,000＋CU 200）である。
- 事業主が拠出する社会保険税の金額は，付与される従業員給付に対する一定割合として算定される。

IAS第19号（2011年）76項（b）(iv）は，数理計算上の仮定には，「報告日前の勤務に関連した拠出またはその勤務から生じた給付に関する制度による未払税金」が，財務上の仮定に含まれることを記述している。従業員に支払われる給付に課される事業主の社会保険税は，従業員の勤務提供に直接関係する固有のコストであり，結果として，これらの勤務から生じる給付の制度による未払税金の例である。

上述の状況では，事業主が拠出する社会保険料は，確定給付額CU 1,200の一部とみなされ，そのうち正味支払額をCU 850に減額させる事業主と従業員の社会保険料拠出額の100％を従業員が支払わなければならない。したがって，企業は，任意または法律による当該拠出の一定割合を仮定することにより，基礎となる給付と同一の方法で，そのコストを確定給付制度債務の現在価値の算定に含めることにより，社会保険料の支払額のコストを認識しなければならない。

7.2.4.11 管理費用

IAS 第 19 号（1998 年）は，制度資産に係る期待収益を算定するにあたり，企業は，（確定給付制度債務の測定に使用した数理計算上の仮定に含めたもの以外の）当該資産の管理費用を控除しなければならないことを要求している。しかし，IAS 第 19 号（1998 年）は，どの費用を数理計算上の仮定に含めるべきであるかについて特定していない。IAS 第 19 号（2011 年）は，制度資産の管理に関連する費用のみを，当該制度資産に係る収益を算定する際に控除すべきであることを明確にしている。その他の管理費用は，管理サービスが提供されたときに純損益に認識されなければならない［IAS 第 19 号（2011 年）BC 125 項］。

IAS 第 19 号（2011 年）を最終化する際に，実務上の懸念に対応して，IASB は，確定給付制度債務の現在価値には，当期または過去の勤務に帰属する給付の管理費用の現在価値を含めるべきであるという，改訂基準に先立つ公開草案に含まれていた提案を棄却した。

審議会は，場合によっては，制度資産の管理および他の管理サービスの双方に手数料総額が課されることを言及した。しかし，審議会は，制度資産の管理費用がこれらの状況のもとで見積ることが過度にコストを要したりまたは困難であるとは考えなかった。企業は，制度資産がないとした場合の管理費用を見積るか，または市場におけるそのようなサービスの価格を観察することにより，このようなコストを見積ることができる［IAS 第 19 号（2011 年）BC 125 項から BC 128 項］。このことが，審議会がその他の管理費用とは別に制度資産の管理に関連する管理サービス費用を取扱う提案を維持した理由である。

本章 7.2.4 に記述されるように，IAS 第 19 号（2011 年）は，未払税金の現在価値を，それが報告日前の勤務に関連している，または当該勤務から生じた給付に課されるものである場合には，確定給付制度債務の見積りに含むことを明確にしている。さらに，IAS 第 19 号（2011 年）130 項（**本章 7.5** 参照）では，他の税金は，制度資産に係る収益の控除として含めるべきであることを明確にしている［IAS 第 19 号（2011 年）BC 121 項］。他のすべての税金は，制度資産に係る実際の収益から控除される［IAS 第 19 号（2011 年）BC 121 項］。

7.2.5　適切な割引率の決定

ここ数年，退職給付債務の測定のために使用される適切な割引率の決定に関する論点は，より活発に議論されている。2013年3月，IASBはIAS第19号の要求事項，特に，優良社債と国債のどちらの市場利回りを使用するかに関連する要求事項を明確化するプロジェクトに着手した。公開草案は2013年第4四半期に公表予定である。

訳者注

IFRS解釈指針委員会は，この論点を数回の会議で議論し，割引率の算定についての要求事項に関する追加的なガイダンスの公表または当該要求事項の変更は，範囲が広すぎて，解釈指針委員会が効率的な方法で対処することができないであろうと考えた。したがって，解釈指針委員会は，本論点は割引率に関するIASBの調査研究プロジェクトで扱うべきであると提案し，2013年11月に，この論点をアジェンダに追加しないことを決定した（2013年11月IFRICアップデートを参照）。

割引率は，確定給付制度債務を測定する際に使用される最も重要な仮定の1つである。使用される利率は，貨幣の時間価値を反映するが，企業に固有の信用リスク，将来の実績が数理計算上の仮定と異なる可能性についてのリスク，数理計算上または投資上のリスクを反映させるべきではない［IAS第19号（2011年）84項］。

当基準は，以下を規定する［IAS第19号（2011年）83項］。

- 退職後給付債務（積立をするものとしないもの双方とも）の割引に使用する率は，報告期間の末日時点の優良社債の市場利回りを参照して決定しなければならない。
- そのような債券について厚みのある市場が存在しない国では，国債の（報告期間の末日における）市場利回りを使用しなければならない。
- 社債または国債の通貨および期日は，退職後給付債務の通貨および見積期間と整合しなければならない。

IAS第19号は，「優良社債」という用語の意味に関する追加の指針を提供していない。実務上，その用語は通常，一般的に認められた格付機関が存在する国においては，その格付機関が付与する最上位２段階の格付の一方を受けている優良社債が参照される。

優良社債の厚みのある市場が存在するかどうかの決定は，一般に，退職後給付制度が運営されている経済圏および当該社債がその経済圏において優良とみなされているかどうかに基づいている。国債市場と国債の利率との比較を考察することは必須である。ダブルＡおよびトリプルＡ格付の社債市場に厚みがない場合，その特定の経済圏において優良な社債がそもそも存在していると考えるべきであるかを決定するには，判断が要求される。

2005年に，IFRIC（現在のIFRS解釈指針委員会）は，国内では優良社債の厚みのある市場がない状況では，国債の利回りを使用する代わりに，他国の市場を参照して計算された合成金利に基づき割引率を使用することが適切であるかどうかを検討することを要請された（2005年６月のIFRICアップデート参照）。IFRICは，IAS第19号（1998年）78項（現在のIAS第19号〔2011年〕83項）では，そのような（他国の市場を参照して）等価になるように合成された金利を使用することは適切ではなく，国債の利回りを使用すべきであることが明確であるという見解をとった。

しかし，IFRICは,「国において」という引用は，地域市場と当該国の通貨が同一（例えば，ユーロ)であるとすると，企業がアクセスできる地域市場で利用可能な優良社債市場を含むと合理的に解釈できるという見解を述べた。

変動しやすい経済環境では，企業の信用リスクに対する市場の評価，すなわち企業の負債利回りは，信用格付の評価よりもより早く変化し得る。このことは，特定の信用格付を有する企業群に対する利回りを反映するものとされる，アイボックス（iBoxx）やブルームバーグ（Bloomberg）といった公表指数を構成する銘柄間の金利スプレッドを大きくする可能性がある。それはまた，異なる公表指数間の乖離をもたらすかもしれない。そのような状況では，これらの指数により提供された割引率を，優良企業の社債の利回りを反映するものとして単純に使用してはならない。ある時点において，これらの指数を構成する銘柄の利回りが，その時点の信用格付に基づき決定されることは明らかである。市場環境がその後に変化した場合，実際の格下より前に，その変化はある企業の負債利回りに反映される信用リスクに対する市場評価に変化をもたらすかもしれない。あるいは，現在公表されている指数からある銘柄が除外される前に，当該銘柄に信用格下があるかもしれない。そのような状況では，現在公表されている指数は，もはや純粋な優良社債の利回りを反映していない。したがって，もはや優良企業の社債であるとはみなされないそれらの企業の利回りを除外するように，指数を調整すべきである。使用される特定の指数を調整するための手法を開発する際，企業は他の適切な指数を考慮していたかもしれない。特定の状況下では，利回りの一般的な上昇が特定の産業に属する企業の債券に影響を及ぼすかもしれない。しかし，そのような傾向が当該産業に属するすべての企業に対する信用格付の潜在的な格下を示唆していると考えるべきではない。したがって，単に事業活動の領域に基づいて特定の産業のすべての銘柄を除外するようなアプローチを採用することは適切ではない。たとえ安定した経済環境下において，そのような指数調整の手法が結果として利回りに影響を与えなかったとしても，ある期間と次の期間とで整合的に採用した公表指数を調整するアプローチを適用すべきである。

時の経過につれて優良社債の利回りは，年金債務の測定に重要な影響を及ぼす。例えば，**本章設例 7.2.2** で説明された年金負債は，5%（10%の代わりに）の利率を使用して割引かれた場合，当該債務の現在価値は，下記に示されるように，大きく変動するであろう。

（単位：CU）

年	1	2	3	4	5
期首における債務	0	108	226	356	499
5%の利息	0	5	11	18	25
当期勤務費用	108	113	119	125	131
期末における債務 @5%	108	226	356	499	655
期末における債務 @10%（**本章設例** 7.2.2 と同様）	89	196	324	476	655

上記の結果を比較すると，退職までの残存期間が長ければ長いほど（すなわち，年金制度において若い現役従業員の数が多ければ多いほど），利率の変化の影響はより劇的なものとなることが明らかである。例えば，１年目の終わりに，5%で割引かれた債務が 10%で測定されたものよりも，20%高くなる一方で，当該差異は，４年目には約５%まで縮まっている。実務上，年金数理人は，状況に応じて，0.5%の割引率の減少により，最大で 20%

まで負債が上昇することになる一方で，2％の下落は150％以上の負債の増加となり得ると見積る。時間の経過による割引率の変動は，**本章7.5**で詳細に説明される数理計算上の差異における重要な発生源の1つである。

年度末の割引率を決定するにあたり，さまざまな指数の分析，および割引率を見積るための手法の開発を通じた判断が適用されるべきである。

7.2.5.1 債券と債務の期間

債券の期間が債務の期間と整合するという要求事項は，割引率が給付支払の見積時期を反映すべきであることを意味する。当基準では，実務上，給付支払の見積時期および金額ならびに給付を支払うべき通貨を反映した単一の加重平均割引率を適用することによって，この要求事項は達成されると述べている［IAS第19号（2011年）85項］。

すべての債務支払の期日に対応するような，十分に長期な債券について厚みのある市場がない場合には，企業は，イールドカーブに応じてより短い期間の現在の市場利率から補外により推定することもある［IAS第19号（2011年）86項］。

7.2.6 制度資産

制度資産には以下のものを含む［IAS第19号（2011年）8項］。

- 長期の従業員給付基金が保有している資産
- 適格な保険証券

制度資産からは以下を除外する［IAS第19号（2011年）114項］。

- 報告企業から基金へ支払われていない未収掛金額
- 報告企業が発行し基金が保有する譲渡不能な金融商品

従業員給付に関連しない基金の負債（例えば買掛金やその他の未払金，およびデリバティブ金融商品から生じる負債）は，制度資産から減額される［IAS第19号（2011年）114項］。

7.2.6.1　長期の従業員給付基金が保有している資産

長期の従業員給付が保有している資産とは，以下の資産（報告企業が発行した譲渡不能な金融商品を除く）をいう［IAS 第 19 号（2011 年）8 項］。

- 報告企業から法的に分離され，従業員給付の支払または積立を行うためだけに存在している事業体（基金）によって保有されており，かつ，
- 従業員給付の支払または積立を行うためだけに利用可能なものであり，報告企業自身の債権者には（破産の場合であっても）利用できず，かつ，以下のいずれかの場合を除いて報告企業に返還できないもの
    - 基金の残りの資産が，制度または報告企業の関連する従業員給付債務のすべてを支払うのに十分である場合
    - 当該資産が，報告企業がすでに支払った従業員給付の補填のために報告企業に返還される場合

IAS 第 19 号は，「譲渡不能な金融商品」の用語を定義していない。実務上，IAS 第 19 号（2011 年）114 項で除外される金融商品は，報告企業により発行され基金により保有されている金融商品で，報告企業の許可なく他の関係者に対して基金が譲渡，売却，担保設定，またはアサインができない金融商品である（すなわち，基金がとり得る唯一の選択肢は，当該金融商品を満期まで保有することである）。

IAS 第 19 号（2011 年）8 項の規準を満たさない資金拠出の取決めは，制度資産として認識されるべきではない。企業は，年金債務への資金提供を意図した資産が，財政状態計算書において企業自身の資産として認識すべきであるかどうかを検討しなければならない。なぜなら，それらの資産が企業によって直接保有されているか，もしくは，IFRS 第 10 号「連結財務諸表」（または，IFRS 第 10 号を未適用の企業については，SIC 第 12 号「連結－特別目的事業体」）で連結される組成された事業体または特定目的事業体により直接保有されているためである。

7.2.6.2　適格な保険証券

適格な保険証券とは，報告企業の関連当事者（IAS 第 24 号「関連当事者

についての開示」で定義）ではない保険会社の発行した保険証券で，当該保険証券の保険金が以下に該当するものをいう［IAS 第 19 号（2011 年）8 項］。

- 確定給付制度による従業員給付の支払または積立のためだけに使用でき，かつ
- 報告企業自身の債権者には（破産の場合であっても）利用できず，かつ，以下のいずれかの場合を除いて報告企業に支払われないもの
  - 当該保険金が，関連する従業員給付債務のすべてを支払うのには必要ない余剰資産を表している場合
  - 当該保険金が，報告企業がすでに支払った従業員給付の補塡のために報告企業に返還される場合

設例7.2.6.2

関連当事者によって発行された保険証券

会社 A は，年金基金を通じて従業員に確定給付年金を提供している。当該年金基金は，会社 A の子会社である会社 B から保険証券を取得する。

当該保険証券は，以下のいずれかの定義を満たす場合にのみ，会社 A の財務諸表（連結または個別）で制度資産の一部として含めるべきである。

- 長期の従業員給付基金が保有している資産
- 適格な保険証券

当該保険証券は，関連当事者によって発行されているため，適格な保険証券の定義を満たさない（上記参照）。したがって，制度資産として適格となるためには，保険証券は長期の従業員給付基金が保有している資産の定義を満たさなければならない。その定義は満たさなければならない一定の規準（**本章 7.2.6.1** 参照）を明確にしているが，報告企業によって発行される譲渡不能な金融商品を自動的に除外している。

その結果，会社Aの連結財務諸表において，当該保険証券は，それが「譲渡可能な金融商品」でない限り（当該証券は連結グループ内の企業によって発行されるため），制度資産として適格とはなり得ない。基金において従業員をカバーするグループ企業が発行する保険証券は譲渡不能なことが多く，し

たがって，制度資産の定義を満たさない。会社Aの個別財務諸表では，当該保険証券は「報告企業」により発行されるものとみなされない。したがって，個別財務諸表では，**たとえ**保険証券が譲渡不能な金融商品**であったとしても，**当該保険証券が**本章7.2.6.1**の規準が満たす場合には制度資産として適格となる。

この結論は，IAS第19号（1998年）に関連してIFRIC（現在は，IFRS解釈指針委員会）により確認され（2008年1月のIFRICアップデート参照），IAS第19号の2011年改訂によっても影響されない。

企業が関連当事者かどうかに関する指針は，**第2巻11章**を参照。

7.2.6.3　制度資産の測定

制度資産の公正価値は，積立不足または積立超過を算定する際に確定給付制度債務の現在価値から控除される［IAS第19号（2011年）113項］。

公正価値は以下のように定義される［IAS第19号（2011年）8項］。

- IFRS第13号「公正価値測定」を適用した企業については，測定日時点で，市場参加者間の秩序ある取引において，資産を売却するために受取るであろう価格または負債を移転するために支払うであろう価格をいう。
- IFRS第13号「公正価値測定」を未適用の企業については，独立第三者間取引において，取引の知識のある自発的な当事者の間で，資産が交換され得るまたは負債が決済され得る価額をいう。

IFRS第13号「公正価値測定」を適用した企業については，公正価値の測定に関する詳細な要求事項は，当該基準に示されている（**第1巻5章「公正価値測定」**参照）。IFRS第13号「公正価値測定」を未適用の企業については，IAS第19号は制度資産の公正価値の測定の追加的な指針を提供していない。しかし，IFRS第9号「金融商品」は，保有している資産についての適切な市場相場価格は，通常，現在のビッド価格，すなわち，資産が売却され得る価格であることを示している［IFRS第9号B5.4.4項］（IFRS第9号を未適用の企業については，同等の指針がIAS第39

号「金融商品：認識および測定」AG72 項に含まれている)。また，ビッド価格が，通常，相場のある制度資産の公正価値を設定する際に使用されるべきであることを述べている。

相場価格が存在しない場合，IFRS 第 13 号を適用した企業は，制度資産の公正価値を評価するために使用する適切な方法を決定するために，IFRS 第 13 号を参照する必要がある。IFRS 第 13 号を未適用の企業については，IAS 第 19 号（2011 年）113 項では，資産の公正価値を見積る 1 つの方法は，予想される将来キャッシュ・フローを，制度資産に関連するリスクおよび資産の満期日または予想処分日を反映した割引率で割引くことであることを述べている。当該資産に満期日がない場合は，関連する債務の決済日を参照すべきである。

IFRS 第 13 号が初めて適用される場合（2013 年 1 月 1 日以後開始する年次期間から適用が要求され，早期適用も認められる)，将来に向けて適用することが要求され，IFRS 第 13 号の適用開始前の期間についての比較情報において適用する必要はない。そのため，過年度に報告された金額を修正再表示することは要求されない。

制度資産に，制度のもとで支払うべき給付の一部または全額について金額と時期が完全に一致した適格な保険証券を含む場合には，当該保険証券の公正価値は，関連する債務の現在価値とみなされる（ただし，保険証券のもとで回収可能な金額が完全に回収できない場合には，減額が求められる）[IAS 第 19 号（2011 年）115 項]。

IAS 第 19 号（2011 年）は，制度のもとで支払うべき給付の金額と時期が完全には一致しない保険証券の公正価値をどのように測定するかに関する指針を提供していない。IFRS 第 13 号を適用した企業は，当該基準の指針を参照すべきである（**第 1 巻 5 章**参照)。IFRS 第 13 号を未適用の企業については，さまざまな評価技法が，保険証券の公正価値を見積るために利用可能である。最も一般的に使用されるものは以下のとおりである。

- 保険数理価値アプローチ。これは通常，保険証券から期待される将来入金額の割引金額として算定され，確定給付制度債務の評価と整合する。
- 保険料価値アプローチ。これは，評価日までに購入された給付を提供するために，評価日現在において保険会社が要求する金額である。この方法は，保険証券の取換コストの測定値を提供し，基礎となる保証がある場合に使用するのが適切である。
- 解約払戻金アプローチ。解約払戻金は，保険会社が当該証券を被保険者から買戻す予定の金額で表示され，ビッド価格ではなく実現可能価値を示す（IFRS 第 13 号の公正価値に対するアプローチは，決済よりも移転に焦点を置いているため，そのような方式は，IFRS 第 13 号が適用された場合には，もはや適切ではないかもしれない）。

適切なアプローチの選択は，各企業の状況に左右され，主として判断の問題である。採用されたアプローチは，ある期からそれ以降において一貫して適用されることが重要である。

設例7.2.6.3

未払給付と一致する適格な保険証券の測定

会社 A は，確定給付年金制度のスポンサーである。IAS 第 19 号に基づく確定給付制度債務は，CU 100 と測定される。会社 A は，保険会社である会社 B から保険証券を購入する。当該保険証券は，債務全額をカバーし，金額および時期の両方において，当該制度の給付算定式に従い従業員に支払われる金額と完全に一致する。会社 B は，IAS 第 24 号「関連当事者についての開示」で定義される関連当事者ではない。当該証券は，IAS 第 19 号（2011 年）8 項で定義される，「適格な」保険証券を表すものと決定される。会社 B は，保険証券について CU 120 を請求する。

制度資産の測定目的上，いくらの価値が保険証券に割当てられるべきか，そして，その価値が取得原価ではない場合，会社 A はその差額をどのように会計処理すべきか。

IAS 第 19 号（2011 年）115 項に従って，適格な保険証券は公正価値で制度資産に反映されるべきである。ここでの公正価値は，関連する確定給付制度債務の現在価値と定義される（すなわち，CU 100)。

この金額と当該証券の取得原価（CU 120）の間の差異に関して，以下に示されている取扱いのいずれかが，通常許容される。

(a)　超過額 CU 20 は，会社 B が実質的に引受ける債務のコストとみなされ，純損益に費用としてただちに認識される。

(b)　会社 A は，保険証券を CU 120 で当初認識する。当該証券は，IAS 第 19 号（2011 年）115 項に従ってただちに再測定される。差額の CU 20 は，数理計算上の差異として取扱い，再測定の一部として OCI に認識される。

場合によっては，当該差額（またはその一部）は明らかに取引コストに関連すると判断されるかもしれない。そのような状況では，取引コストを表すと判断された金額は，ただちに純損益に費用として認識される。残りの差額は，企業の会計方針に基づき，上記処理（a）または（b）のいずれかを使用して認識される。

7.2.6.4　補　塡

他の当事者（例えば，保険会社）が確定給付制度債務の決済のために要求される一部またはすべての支払をすることを，企業が期待できるが，当該取決めが適格な保険証券の定義を満たさない場合（**本章 7.2.6.2** 参照)，この補塡の権利は制度資産ではない。したがって，積立不足または積立超過を算定する際の控除として表示してはならない。そのような補塡の権利に係る適切な会計処理は，IAS 第 19 号（2011 年）116 項に示されている [IAS 第 19 号（2011 年）117 項および 118 項]。

他の当事者が，確定給付制度債務の決済のために要求される一部またはすべての支出を補塡することがほぼ確実である場合には，また，その場合にのみ，企業は補塡の権利を別個の資産として認識しなければならない。企業は，当該資産を公正価値で測定しなければならない。企業は，制度資産の公正価値の変動と同じ方法で，補塡の権利の公正価値の変動を分解し，認識しなければならない（**本章 7.4.3** 参照)。IAS 第 19 号（2011 年）120 項に従って認識された確定給付費用の内訳は，補塡の権利の帳簿価額の変動に係る金額と相殺して認識することができる［IAS 第 19 号（2011 年）116 項］。

制度のもとで支払うべき給付の一部またはすべてについて，金額と時期が完全に一致した保険証券に基づいて補塡の権利が生じる場合，補塡の権利の公正価値は，関連する債務の現在価値とみなされる（補塡が完全には回収できない場合には，減額が求められるという制約がある）［IAS 第 19 号（2011 年）119 項］。

IAS 第 19 号（2011 年）140 項（b）（**本章 8.2.3** 参照）は，企業が補塡の権利と関連する債務との間の関係に関する説明を開示するよう要求している。

上述の補塡に関する指針は，適格な保険証券に適用しない。それらは，**本章 7.2.6.2** に記述されているように制度資産として会計処理される［IAS 第 19 号（2011 年）117 項］。

7.3　ステップ2 — 確定給付負債（資産）の純額の算定

企業は，財政状態計算書において，確定給付負債（資産）の純額を認識することが要求される［IAS 第 19 号（2011 年）63 項］。確定給付負債（資産）の純額は，積立不足または積立超過に，確定給付資産の純額を資産上限額に制限することによる影響を調整したものをいう（**本章 7.3.1** 参照）［IAS 第 19 号（2011 年）8 項］。

企業が確定給付制度の積立超過を有する場合，確定給付資産の純額は以下のいずれか低い方の金額で測定すべきである［IAS 第 19 号（2011 年）64 項］。

- 確定給付制度の積立超過
- 資産上限額（IAS 第 19 号〔2011 年〕83 項で規定される割引率〔**本章 7.2.5** 参照〕を用いて算定する）

確定給付制度が積立超過となっている場合，または数理計算上の差益が生じた場合には，確定給付資産の純額が生じることがある。企業は，そのような場合に確定給付資産の純額を認識することが適切である。理由は以下のとおりである［IAS 第 19 号（2011 年）65 項］。

- 企業は資源（将来の給付を生み出すために当該積立超過を使用する能力）を支配している。
- その支配は過去の事象（企業による掛金の支払と従業員による勤務の提供）の結果である。
- 将来の経済的便益が，将来掛金の減額または現金の返還という形で，企業に直接的に，または他の積立不足の制度を通じて間接的に，利用可能である。資産上限額はこれらの将来の便益の現在価値である。

7.3.1 「資産の上限額」

上述のように，IAS 第 19 号（2011 年）64 項は，確定給付資産の純額の測定を，確定給付制度の積立超過と資産上限額とのいずれか低い方の金額に制限する。当該資産上限額は，当該制度からの返還または制度に対する将来の掛金の減額という形で利用可能な経済的便益の現在価値として定義される [IAS 第 19 号（2011 年）8 項]。

IFRIC 第 14 号「確定給付資産の上限，最低積立要件およびそれらの相互関係」は，3 つの特定の問題に対処している。

- どのような場合に，返還または将来掛金の減額が IAS 第 19 号（2011 年）8 項の資産上限の定義に従って利用可能とみるべきか。
- 最低積立要件は，将来掛金の減額の利用可能性にどのように影響するか。
- 最低積立要件は，どのような場合に負債を生じ得るか。

これらのポイントは，以下の**本章 7.3.1.1** から **7.3.1.4** で述べられている。

当解釈指針は，すべての退職後確定給付およびその他の長期従業員確定給付に適用される。

7.3.1.1 どのような場合に，返還は「利用可能か」

IFRIC 第 14 号は，返還または将来掛金の減額の利用可能性は，当該制度の契約条件および関連する法的要求に基づき決定しなければならないことを要求している [IFRIC 第 14 号 7 項]。一般的な原則として，返還または将来掛金の減額の形での経済的便益は，制度の存続中のある時点または制度負債が清算される時点で企業がその便益を実現できる場合には，当該便益が報告期間の末日時点でただちに実現可能でなくても，利用可能である［IFRIC 第 14 号 8 項］。

利用可能な経済的便益は，企業が意図している積立超過の使用方法には左右されない。利用可能な経済的便益とは，返還，将来掛金の減額またはその両方の組合せから利用可能な最大限の経済的便益である。そのような見積りを行う際に，返還および将来掛金の減額に関する仮定は相互に排他的であってはならない［IFRIC 第 14 号 9 項］。

法律上または契約上の最低積立要件（**本章 7.3.1.3** 参照）が存在しない場合，企業が，以下のいずれかの前提で，返還に対する無条件の権利を有している場合にのみ，企業にとって**返還**は一般的に利用可能である［IFRIC 第 14 号 11 項］。

(a)　制度の存続中に，返還を得るために制度負債を清算しなければならないことを前提とせずに（例えば，一部の法域では，制度負債が清算されるかどうかに関係なく，企業が制度の存続期間中に返還を受ける権利を有する場合もある），

(b)　すべての加入者が制度を離れるまで制度負債が徐々に清算されることを前提として，

(c)　単一の事象（すなわち，制度の終了）で制度負債が清算されることを前提として，

返還に対する無条件の権利は，報告期間の末日における制度の積立水準がどのようなものであろうとも存在し得る［IFRIC 第 14 号 11 項］。

積立超過の返還に対する企業の権利が，完全には企業の支配下にない１つのまたは複数の不確実な将来事象の発生または不発生に左右される場合，企業は無条件の権利を有しておらず，資産を認識してはならない［IFRIC 第 14 号 12 項］。

年金の積立超過が「利用可能」かどうかは，法的要求や，多くは信託証書のなかで成文化されるような，特別な制度の規約に対する慎重な評価が必要であろう。一部の法域においては，受託者は，加入者の利益を保護し，

企業が「不合理に」行動することを阻止する能力または権利を有している。受託者やその他の第三者は，返還の支払を妨げるまたは制限する能力のような権利を有している場合がある。

受託者がいかなるまたはすべての積立超過が企業に返還されることを阻止する能力を有する状況は，企業が返還に関する無条件の権利を有すること，およびその結果，資産を認識することを妨げるような企業の支配を超える偶発事象として，明らかにIFRIC第14号12項の指針の範囲内である。そのような状況では，受託者の承認の権利によって積立超過の利用可能性を制限する範囲の決定は，慎重な判断が要求される問題となる。これは，例えば，受託者が返還を許容しないといった，企業が不合理であるとみなす受託者による決定に対して，法廷で異議を申立てることが成功できるかどうかに関する検討を含むこととなる。

IFRIC第14号BC 10項は，（1）将来給付の変更が当該制度の正式な規約で示されている，または（2）会計期間の末日に推定的債務が存在する場合を除き，給付を改善する企業の能力の検討を，確定給付制度債務を測定する際に考慮すべきでないことを明確にしている。しかし，給付を拡大する受託者の一方的な無制限の権利があれば，たとえ受託者がこれらの改善にまだコミットしていなかったとしても，企業が積立超過に対する無条件の権利を有することを妨げる。

IFRIC第14号11項（b）は，年金負債が徐々に清算されることを前提として，返還が利用可能であるかどうかの検討を要求している。徐々に清算されると考える場合，最終清算時に何が起こるか，おそらくより重要なこととして，いつ当該制度が閉鎖され，加入者が削減されるかを考慮することが必要である。例えば，当該制度に限られた人数の従業員しか残っていない場合，受託者は当該制度を終了し，マッチする保険証券を購入して従業員への給付を保証することが要求されるかもしれない。IFRIC第14号14項は，企業が「制度負債の清算を行うことによる制度にとっての費用を含めること」および「当該負債を保証するのに必要となる保険料のコストを控除すること」を要求している。

7.3.1.2　経済的便益の測定

企業は，**返還として**利用可能な経済的便益を，報告期間の末日における積立超過の金額（制度資産の公正価値から確定給付制度債務の現在価値を控除したもの）のうち企業が返還として受取る権利を有する金額から，関連する費用（例えば，法人所得税以外の税金）を控除した金額として測定しなければならない［IFRIC 第 14 号 13 項］。

> IFRIC 第 14 号 13 項は報告期間の末日における制度資産の公正価値について，具体的に言及している。すなわち，投資戦略の変更（例えば，債券への移行）は，それが企業もしくは受託者によって決定されるかを問わず，制度資産の公正価値の潜在的な将来の変動であることを意味している。ゆえに投資の意思決定が実際に行われ，かつ制度資産の公正価値が変動するまでその影響を考慮すべきでない。

当該制度が終了するときに利用可能な返還の金額を測定する際に（IFRIC 第 14 号 11 項（c），**本章 7.3.1.1** 参照），企業は債務の清算および返還のコストを考慮に入れなければならない（例えば，制度によって支払われる範囲で，専門家への報酬および保険料のコストを控除すべきである）［IFRIC 第 14 号 14 項］。

返還の金額が固定金額ではなく積立超過の全額または一定割合として算定される場合には，その金額は，確定給付制度負債および制度資産の公正価値がすでに現在価値に基づき測定されていることから，たとえ返還が将来の日においてのみ実現可能である場合であっても，貨幣の時間価値についての調整を行わない。［IFRIC 第 14 号 15 項］。

将来の勤務に関する最低積立要件がない場合には，**将来の掛金の減額**として利用可能な経済的便益は，当該制度の予想残存期間および企業の予想残存期間のいずれか短い方の年数にわたる各期の企業の将来勤務費用である。企業の将来の勤務費用は，従業員が負担する金額を除く［IFRIC 第 14 号 16 項］。

当該便益は，確定給付制度債務の算定に使用される仮定と整合的であり，報告期間の末日に存在する状況を基礎とする仮定を使用して算定しなければならない。これは，企業が以下のことを仮定しなければならないことを意味する［IFRIC 第 14 号 17 項］。

- 制度が改訂されるまで，将来において制度により提供される給付に変更がないこと
- 安定した労働力（企業が，本制度の対象となる従業員の数の削減を行う場合を除く）。従業員の数の削減が行われた場合，将来の労働力に関する仮定にはその削減を含めるべきである。

設例7.3.1.2

安定した労働力の仮定

企業Aは，最低積立要件を有する確定給付制度を運営している。当該制度の規約のもとでは，企業Aは，最低積立要件を超える掛金について将来掛金の減額に対する無条件の権利を有している。

翌5年間にわたり，企業Aは，製品需要の落込からその労働力を約20％ほど減少させる予定である。しかし，報告期間の末日に，企業Aは，当該制度の対象となる従業員の数を削減することを依然として確約（コミット）していない。

企業Aは，確定給付制度の将来掛金の減額として利用可能な経済的便益を算定する際に，予想される労働力の減少を考慮することが適切であるか。

適切でない。IFRIC第14号22項は，各年の企業の将来勤務費用の現在価値からその年の給付の将来発生額に関して要求されている最低積立要件掛金の見積額を控除した金額を将来掛金の減額として，利用可能な経済的便益を算定することを，企業に要求する（**本章7.3.1.3**参照）。

見積将来勤務費用を算定する際に，IFRIC第14号17項は，企業が報告期間の末日までに当該制度の対象となる従業員の数を減少させる場合を除き，将来の安定した労働力の仮定を要求している。

経済的便益として利用可能ではない確定給付制度への掛金は，発生した期間に費用として認識される。

この結論は，IAS第19号（1998年）に関連してIFRIC（現在の，IFRS解釈指針委員会）により確認され（2008年11月のIFRICアップデート参照），IAS第19号の2011年改訂によっても影響されない。

7.3.1.3　最低積立要件の影響

多くの法域において，企業は法律により，または制度の管理者もしくは受託者との合意により，退職後給付制度の加入者に対してなされた退職後給付約定の安全性を高めるために，一定の期間にわたって当該制度に支払わなければならない掛金の最低限の金額または水準を定めることが要求される。そのようなコミットメントは，通常最低積立要件とよばれる。

IFRIC 第 14 号の目的上，最低積立要件は，退職後給付またはその他の長期性の確定給付制度に対して積立を行う要求と定義される［IFRIC 第 14 号 5 項］。したがって，法律上および契約上の要求はともに本解釈指針の対象となる。

最低積立要件が特定の制度に存在する場合，IFRIC 第 14 号は以下を補うために要求される掛金に分解することを要求している［IFRIC 第 14 号 18 項］。

（a）　過去の勤務に対する最低積立基準による既存の不足額

（b）　将来の勤務

（a）では，最低積立要件は，企業がすでに受領した勤務に関連しており，将来の勤務に関する将来掛金には影響しない［IFRIC 第 14 号 19 項］。最低積立基準による既存の不足額を補うために支払うべき掛金が制度への支払後に返還または将来の掛金の減額として利用可能とならない範囲で，企業は，そのような拠出義務が発生するときに負債を認識しなければならない［IFRIC 第 14 号 24 項］。いいかえれば，掛金を支払うことが，回収不能な IAS 第 19 号の積立超過または積立超過の増加を生じさせる場合，これは不利な契約と類似のものであり，負債を認識すべきである。

認識された負債は，掛金が支払われるときに，IAS 第 19 号（2011 年）64 項の適用により利得または損失が生じないと見込まれるように，確定給付資産の純額の減額または確定給付負債の純額の増額としなければならない［IFRIC 第 14 号 24 項］。

将来の給付の発生額を補うことが要求される掛金について，将来の勤務に関する掛金の最低積立要件がある場合には，将来の掛金の減額として利用可能な経済的便益（したがって，資産として認識すべき積立超過）は，以下の合計である［IFRIC 第 14 号 20 項］。

(a)　企業が前払をした（すなわち，支払を強制される前に，企業が支払った当該金額）ことにより，将来の勤務に関する将来の最低積立要件掛金が減少する金額

(b)　各期間の見積将来勤務費用から，(a) に記載した掛金の前払がなかったとした場合に，当該期間において将来の勤務に関して要求される見積最低積立要件掛金を控除した金額

当該見積りは，以下のとおり実施しなければならない［IFRIC 第 14 号 21 項］。

- 最低積立基準（ただし，修正された第 20 項 (a) に記述される前払を除く）を使用して算定された既存の積立超過の影響を考慮する。
- 最低積立基準と整合的な仮定，および当該基準で特定されていない要因については，IAS 第 19 号で決定される，確定給付制度債務を算定するのに使用された仮定および報告期間の末日に存在する状況と整合的な仮定を基礎にする。
- 企業が，期限の到来している最低掛金を支払う結果として予想される変化を含める。
- 報告期間の末日現在で実質的に施行されていないか，または契約上合意されていない，最低積立要件の契約条件について予想される変更の影響を除外する。

将来勤務に関する最低積立要件掛金が，ある期間において将来の IAS 第 19 号の勤務費用を超過する場合には，その超過額を，将来掛金の減額として利用可能な経済的便益の金額から減額する。

IFRIC 第 14 号 22 項は，IFRIC 第 14 号 20 項 (b) で算定された金額がある期間においてマイナスとなるが（すなわち，その期間における見積最低積立要件掛金が同一期間の見積将来勤務費用を超過する），IFRIC 第 14 号 20 項 (b) で算定された合計額はゼロより少なくなることはないことを明確にしている。したがって，将来の掛金の減額として利用可能な経済的便益は，該当する場合には最低積立の前払の金額より少なくなることはない。

一部の法域では，掛金率が法律により決定される一方で，その他の法域では，個別企業および当該制度管理者／受託者が積立の適切な水準を交渉する。後者の場合，最低積立要件を決定するために使用される仮定は，

明確には定義できない場合もある。拠出額が将来どのように算定されるかを評価するために，全般的な積立目的および現在の拠出スケジュールを合意する際の基礎を考慮することが必要な場合がある。未成熟な制度（すなわち，現役従業員の割合が高い制度）の拠出スケジュールは，成熟した，または閉鎖した制度のそれよりも柔軟となる傾向がある。将来の拠出水準が制度の経済的状況の変化を反映して改訂される（すなわち，拠出が下方に調整される，あるいは当該制度が積立超過にある場合に企業が「拠出休暇」さえも取得する）場合，「将来拠出の減額の形をとる経済的便益」は，通常利用可能である。一方，掛金額が常に IAS 第 19 号の費用より多い場合，返還に関する規約の分析（**本章 7.3.1.1** 参照）が必要である。

以下の設例は IFRIC 第 14 号に付属しているが，その一部を構成するものではない。

設例7.3.1.3A

IAS第19号の積立超過があり，支払うべき最低積立掛金が企業に全額返還可能である場合の最低積立要件の影響

[IFRIC第14号に付属する設例1]

企業は，制度 A についての積立水準は最低積立要件基準（IAS 第 19 号で要求されるものとは異なる基礎で測定される）の 82%となっている。最低積立要件により，企業は，その積立水準をただちに 95%にまで増加させることが要求されている。この結果，企業は制度 A に 200 をただちに拠出する法的義務を報告期間の末日現在で有している。制度の規約は，制度の終了時に積立超過があれば全額を企業に返還することを認めている。年度末における制度 A の評価額は，以下に示すとおりである。

資産の公正価値	1,200
IAS 第 19 号による確定給付制度債務の現在価値	(1,100)
積立超過	100

要求事項の適用

IFRIC 第 14 号 24 項は，支払うべき追加的な掛金が完全に利用できない範囲で負債を認識することを企業に要求している。掛金 200 の支払は IAS 第 19 号の積立超過を 100 から 300 に増加させる。制度の規約によれば，この金額は関連する費用なしに全額が企業に返還され得る。したがって，掛金を支払う義務について負債は認識されず，確定給付資産の純額は 100 である。

設例7.3.1.3B
IAS第19号の積立不足があり，支払うべき最低積立掛金が完全に利用可能とならない場合の最低積立要件の影響
[IFRIC第14号に付属する設例2]

企業は，制度 B についての積立水準は最低積立要件基準（IAS 第 19 号で要求されるものとは異なる基礎で測定される）の 77%となっている。最低積立要件により，企業は，その積立水準をただちに 100%にまで増加させることが要求されている。この結果，企業は制度 B に追加の掛金 300 を支払う義務を報告期間の末日現在に有している。制度の規約は，IAS 第 19 号の積立超過のうち最大 60%を企業に返還することを認めており，掛金を一定水準（たまたま IAS 第 19 号による勤務費用と同額である）以下に減額することを認めていない。年度末における制度 B の評価額は，以下に示すとおりである。

資産の公正価値	1,000
IAS 第 19 号による確定給付制度債務の現在価値	(1,100)
積立不足	(100)

要求事項の適用

300 の支払により，IAS 第 19 号の積立不足 100 が積立超過 200 に変わる。この 200 のうち，60%（120）が返還可能である。

したがって，掛金 300 のうち，100 は IAS 第 19 号の積立不足を解消し，120（200 の 60%）は経済的便益として利用可能である。支払った掛金のうち残り 80（200 の 40%）は，企業にとって利用可能ではない。

IFRIC 第 14 号 24 項は，支払うべき追加的な掛金が利用可能でない範囲で負債を認識することを企業に要求する。

したがって，確定給付負債の純額は，積立不足 100 に IFRIC 第 14 号 24 項の要求事項から生じる追加的な負債 80 を加算した 180 となる。掛金 300 を支払う法的義務に関して，他の負債は認識されない。

要　約

資産の公正価値	1,000
IAS 第 19 号による確定給付制度債務の現在価値	(1,100)
積立不足	(100)
資産上限額の影響	(80)
確定給付負債の純額	(180)

掛金 300 が支払われる場合，確定給付資産の純額は 120 となる。

設例7.3.1.3C
支払うべき掛金が完全には利用可能とならない場合の最低積立要件の影響および将来掛金の減額として利用可能な経済的便益に対する影響

[IFRIC第14号に付属する設例3]

企業は，制度Ｃについての積立水準は最低積立基準（IAS 第 19 号で要求されるものとは異なる基礎で測定される）の 95％となっている。最低積立要件により，企業は，その積立水準を今後３年間で 100％まで増加させることが要求されている。その拠出は，最低積立要件ベースの積立不足（不足額）を補塡し，将来の勤務をカバーすることが要求されている。

制度Ｃには報告期間の末日時点で IAS 第 19 号の積立超過 50 もあるが，これはいかなる状況においても企業に返還されない。

不足額に関する最低積立要件と今後３年間の将来の勤務を満たすために要求される掛金の名目金額は，以下に示すとおりである。

年	最低積立要件のための掛金の合計	不足額を補塡するために要求される掛金	将来の勤務をカバーするために要求される掛金
1	135	120	15
2	125	112	13
3	115	104	11

要求事項の適用

すでに受けた勤務に関する企業の現在の債務は，不足額を補うために要求される掛金を含むが，将来の勤務をカバーするために要求される掛金を含まない。

企業の債務の現在価値は，割引率を年6％と仮定すると，以下のように約300と算定される。

$$(120/(1.06)+112/(1.06)^2+104/(1.06)^3)$$

これらの掛金が制度に支払われた場合，IAS第19号の積立超過（すなわち，資産の公正価値から確定給付制度債務の現在価値を控除した金額）は，他の事項が同じであれば，50から350（300＋50）に増加する。

しかし，資産は将来の掛金の減額として利用できるが，当該積立超過は返還可能ではない。

IFRIC第14号20項に従って，将来の掛金の減額として利用可能な経済的便益は以下の合計額である。

a. 企業が前払をした（すなわち，支払を強制される前に当該金額を支払った）ことにより，将来の勤務に関する将来の最低積立要件掛金が減少する金額
b. IFRIC第14号16項および17項に従った各期間の見積将来勤務費用から，(a) に記述された掛金の前払がなかったとした場合に当該期間において将来の勤務に関して要求される見積最低積立要件掛金を控除した金額

この設例では，IFRIC第14号20項（a）に記述される前払はない。IFRIC第14号20項（b）を適用する際に将来掛金の減額として利用可能な金額は，以下に示すとおりである。

年	IAS第19号の勤務費用	将来の勤務をカバーするのに要求される最低掛金	掛金の減額として利用可能な金額
1	13	15	(2)
2	13	13	0
3	13	11	2
4+	13	9	4

6%の割引率を仮定すると，将来掛金の減額として利用可能な経済的便益の現在価値は以下に等しい。

(2)／(1.06)+0／$(1.06)^2$+2／$(1.06)^3$+4／$(1.06)^4$…=56

IAS第19号58項（b）に従って，将来の掛金の減額から利用可能な経済的便益の現在価値は，56に制限される。

IFRIC第14号24項は，追加的な掛金が完全には利用できない範囲で負債を認識することを企業に要求する。したがって，資産上限額の影響は294（50+300－56）である。

企業は，財政状態計算書において確定給付負債の純額244を認識する。最低積立不足額を積立るために掛金を行う義務に関して，他の負債は認識されない。

要　約

積立超過	50
確定給付資産の純額（最低積立要件の考慮前）	50
資産上限額の影響	(294)
確定給付負債の純額	(244)

掛金300が当該制度に支払われる場合，確定給付資産の純額は56(300－244)となる。

設例7.3.1.3D
最低積立要件が，予想される将来勤務の費用を超過する場合の前払の影響

[IFRIC第14号に付属する設例4]

企業は，最低積立基準で積立不足が生じないように制度Dに積立を行うことを要求されている。企業は，最低積立基準で算定された各期間の勤務費用をカバーするために，最低積立要件掛金を支払うことを要求されている。

制度Dは20X1の期首にIAS第19号の積立超過35がある。この設例では，割引率および資産の期待収益率は0%であり，いかなる状況において

も，当該制度は積立超過を企業に返還することはできず，将来の掛金の減額に使用できるだけであると仮定する。

将来の勤務をカバーするために要求される最低掛金は，今後5年間の各期間において15である。IAS第19号の予想勤務費用は毎年10である。

企業は，20X1の期首に，20X1および20X2の年について前払を30行い，20X1の期首現在の積立超過を65に増加させる。その前払により，次の2年間に企業が行うと予想される将来の拠出は，以下のとおり減少する。

年	**IAS第19号の勤務費用**	**前払を行う前の最低積立要件掛金**	**前払を行った後の最低積立要件掛金**
20X1	10	15	0
20X2	10	15	0
20X3	10	15	15
20X4	10	15	15
20X5	10	15	15
合計	**50**	**75**	**45**

IFRIC第14号20項および22項に従って，20X1の期首に，将来掛金の減額として利用可能である経済的便益は以下の合計額である。

(a) 30（最低積立要件掛金の前払）

(b) ゼロ。前払がなかった場合には，将来の勤務に関して要求される見積最低積立要件掛金は75となる。これらの掛金は，見積将来勤務費用（50）を超過している。したがって，企業は，第2パラグラフに記載されている積立超過35のどの部分も使用できない（IFRIC第14号22項参照）。

割引率を0%と仮定すると，将来掛金の減額として利用可能な経済的便益は30に等しい。つまり，IAS第19号64項に従って，企業は確定給付資産の純額30を認識する（これは，IAS第19号の積立超過65よりも小さいためである）。

7.3.1.4 開 示

IFRIC 第 14 号は追加の開示要求を規定していないが，IAS 第 1 号「財務諸表の表示」125 項では，企業が翌事業年度に資産や負債の帳簿価額の修正を生じるような重要なリスクを有する見積りの不確実性に関する主要な発生要因に関する情報を開示することが要求される。したがって，企業は，財政状態計算書上の資産または負債の純額の帳簿価額に重要性のある修正をもたらすような重要なリスクを有する，報告期間の末日現在の見積りの不確実性の主要な発生要因に関する情報を開示しなければならない。これは，積立超過の実現可能性に関する制限の開示，または利用可能な経済的便益の金額を算定するのに使用した基礎の開示が含まれる場合がある［IFRIC 第 14 号 10 項］。

7.4 ステップ3— 純損益に認識すべき金額を算定する

確定給付制度に関する純損益に認識されるべき金額は以下のとおりである［IAS 第 19 号（2011 年）8 項，120 項（a）および（b）］。

- 当期勤務費用（**本章 7.4.1** 参照）
- 過去勤務費用および清算損益（**本章 7.4.2** 参照）
- 確定給付負債（資産）の純額に係る利息純額（**本章 7.4.3** 参照）

従業員費用が資産の原価の一部として資産化される場合（例えば，IAS 第 2 号「棚卸資産」に基づく棚卸資産または IAS 第 16 号「有形固定資産」に従った自家建設資産），上記の内訳の適切な一定割合が資産化される従業員費用に含まれる［IAS 第 19 号（2011 年）121 項］。

IAS 第 19 号（2011 年）は，当期勤務費用，過去勤務費用および清算損益の合計を意味する「勤務費用」の用語を使用する［IAS 第 19 号（2011 年）8 項］。

7.4.1 当期勤務費用

当期勤務費用は，当期中の従業員の勤務により生じる確定給付制度債務の現在価値の増加をいう［IAS 第 19 号（2011 年）8 項］。

7.4.2　過去勤務費用および清算損益

過去勤務費用は，「制度改訂（確定給付制度の導入もしくは廃止または変更）または縮小（企業が制度の対象となる従業員数を大幅に削減すること）により生じる，過去の期間の従業員の勤務に係る確定給付制度債務の現在価値の変動」をいう［IAS 第 19 号（2011 年）8 項および 102 項］。

過去勤務費用の定義において，制度改訂から生じる過去勤務費用と縮小から生じる過去勤務費用が区分される一方で，すべての過去勤務費用は発生した期間の純損益に認識されるため，当該区分は財務諸表にほとんど影響を与えない。

過去勤務費用または清算損益を算定する前に，企業は，制度資産の現在の公正価値および現在の数理計算上の仮定（現在の市場金利および他の現在の市場価格を含む）を使用して，確定給付負債（資産）の純額を再測定しなければならない。この数理計算上の仮定には，制度改訂，縮小または清算の前の制度で提供していた給付を反映する［IAS 第 19 号（2011 年）99 項］。

企業は，制度の改訂，縮小または清算から生じる確定給付制度債務の現在価値の変動を識別することを要求されている。これらの内訳を別個に識別することは，必ずしも必要ではない。企業は，制度改訂から生じる過去勤務費用，縮小から生じる過去勤務費用および清算損益を，これらの取引が同時に生じた場合には，これらを区分する必要はない［IAS 第 19 号（2011 年）100 項］。これは，例えば，制度が終了して，債務が清算され制度が存在しなくなった場合に生じる。しかし，当該制度が新たな制度に置換えられて，実質上同じ給付を提供する場合には，制度の終了は清算ではない［IAS 第 19 号（2011 年）101 項］。

場合によっては，制度改訂は清算よりも前に発生する。例えば，企業が制度に基づく給付を変更して，その後に改訂後の給付を清算する場合である。こうした場合には，企業は清算損益の前に過去勤務費用を認識しなければならない［IAS 第 19 号（2011 年）100 項］。

7.4.2.1　過去勤務費用

企業は，以下のいずれか早い方の日に，過去勤務費用を費用として認識することを要求される［IAS 第 19 号（2011 年）103 項］。

- 制度修正または縮小が発生したとき（下記参照）
- 関連するリストラクチャリングのコスト（**第 1 巻 14 章 3.9.3** 参照）または解雇給付（**本章 10** 参照）を企業が認識するとき

制度修正は，企業が確定給付制度を導入もしくは廃止するか，または既存の確定給付制度のもとで支払うべき給付を変更する場合に発生する［IAS 第 19 号（2011 年）104 項］。

縮小は，企業が制度の対象となる従業員数を大幅に削減する場合に発生する。縮小は，工場の閉鎖，事業の廃止または制度の終了もしくは停止等の独立した事象から生じることがある［IAS 第 19 号（2011 年）105 項］。

IAS 第 19 号（1998 年）では，企業が人員削減を行うことを明白に確約（コミット）した場合に，企業は制度の対象となる従業員数の著しい削減から生じる縮小を認識する。対照的に，IAS 第 19 号（2011 年）は，縮小が「発生」したときに認識することを企業に要求している［IAS 第 19 号（2011 年）BC 157 項］。IAS 第 19 号（2011 年）における結論の根拠で，IASB は以下のように記述している。

> 制度修正または縮小が単独で発生した場合（すなわち，清算，解雇給付またはリストラクチャリングを契機としていない場合）には，制度修正がいつ発生したか決定するには判断が伴う。認識時期は，個々の事実および状況ならびに IAS 第 19 号（2011 年）61 項から 62 項（**本章 7.1** 参照）の推定的債務とどのように関係しているのかに左右される［IAS 第 19 号（2011 年）BC 158 項］。

過去勤務費用は，正の値（確定給付制度債務の現在価値を増加させるように給付が導入または変更された場合）もしくは負の値（確定給付制度債務の現在価値を減少させるように給付が廃止または変更される場合）のいずれにもなり得る［IAS 第 19 号（2011 年）106 項］。

企業が既存の確定給付制度のもとで支払うべき給付を減額し，同時に当該制度のもとで同一の従業員に支払うべき他の給付を増額する場合には，企業は当該変更を単一の正味の変更として扱う［IAS 第 19 号（2011 年）107 項］。

過去勤務費用には，以下の項目を含めない［IAS 第 19 号（2011 年）108 項］。

- 昇給の実績と従前の仮定との差異が，過年度の勤務に対する給付を支払う債務に与える影響（数理計算上の仮定で予測給与を見込んでいるため，過去勤務費用はない）
- 企業が任意に年金を増額する推定的債務を有する場合の，当該増加額の過小見積りおよび過大見積り（数理計算上の仮定でこうした増額を見込んでいるため，過去勤務費用はない）
- 財務諸表に認識された数理計算上の差益または制度資産に係る収益により生じた給付の改善の見積りについて，仮に給付の増額がまだ正式に付与されていなくても，制度の正式な規約（もしくは，当該規約を超える推定的債務）または法律のいずれかにより，その制度の積立超過を制度加入者の給付に使用する義務が企業にある場合（結果として生じる債務の増加は数理計算上の差損であるため，過去勤務費用はない〔**本章 7.2.4.3** 参照〕）
- 新たな給付または給付の改善がない場合に，従業員が権利確定の要件を満たしたときの，権利確定した給付（すなわち，将来の雇用を条件としない給付 ― **本章 7.2.3** 参照）の増加（企業は，勤務の提供時に給付の見積費用を当期勤務費用として認識するので，過去勤務費用はない）

7.4.2.2 清算損益

清算損益は以下の差額である［IAS 第 19 号（2011 年）109 項］。

- 清算される確定給付制度債務の現在価値（清算日現在で算定）
- 清算価格（移転される制度資産，および清算に関連して企業が直接行うすべての支払を含む）

企業は，確定給付制度の清算損益を，清算の発生時に認識することを要求される［IAS 第 19 号（2011 年）110 項］。清算は，確定給付制度のもとで提供される給付の一部またはすべてについて，すべての追加的な法的または推定的債務を解消する取引（従業員またはその代理人に支払われる給付のうち，制度の規約に従ったもので，数理計算上の仮定に含まれているものを除く）である［IAS 第 19 号（2011 年）8 項］。例えば，以下のものである［IAS 第 19 号（2011 年）111 項］。

- 制度に基づく多額の事業主の債務を，保険証券の購入を通じて保険会社に一時に移転するのは，清算である。
- しかし，制度加入者が特定の退職給付を受取る権利と交換に，制度の規約に基づいて制度加入者に行う一時金の支払は，清算ではない。

IFRIC（現在の IFRS 解釈委員会）が以前に表明した見解と整合しており（2008 年 5 月の IFRIC アップデート参照），IAS 第 19 号（2011 年）は，清算（その利得または損失が純損益に認識される）が制度の規約に示されない（したがって，数理計算上の仮定を設定する際に考慮されていなかった）給付の支払であることを明確にしている。制度の規約に示される給付の支払（給付支払の性質に関する選択権を与える場合を含む）は数理計算上の仮定に含まれ，利得または損失がこれらの給付の支払時に生じる場合には，再測定の一部として OCI に認識すべき数理計算上の差異となる［IAS 第 19 号（2011 年）BC 163 項］。

企業は，当期および過去の期間に従業員の勤務に関連する従業員給付の一部またはすべてを積立てるために保険証券を取得する場合がある。保険会社が保険証券で特定される従業員の給付を支払わないと，企業が追加的な金額を支払う法的または推定的債務が残る場合には，このような証券の購入は清算ではない。制度資産ではない保険証券に基づく補塡の権利の認識および測定に関する IAS 第 19 号の要求事項については，**本章 7.2.6.4** で取扱われている［IAS 第 19 号（2011 年）112 項］。

設例7.4.2.2

未認識の積立超過を有する確定給付制度の清算

企業Xは，同社の確定給付制度について以下の金額を財政状態計算書において認識している。

	(単位：CU)
制度資産の公正価値	40
確定給付制度債務の現在価値	(35)
資産上限額の影響	(5)
	–

当該制度からの返還または制度に対する将来の掛金の減額という形で利用可能な経済的便益はないと判断されたため，IAS 第 19 号 64 項に従って確定給付資産の純額は認識されない。

同社の確定給付制度債務の完全な清算の過程で，企業 X はすべての制度資産を第三者に移転し，かつその第三者に CU 10 の追加支払いをした。企業Xには制度のメンバーに対して追加的な金額を支払う法的または推定的債務は残っていない。

IAS 第 19 号（2011 年）110 項は，企業 X が清算損益をただちに純損益に認識することを要求している。現在の数理計算上の仮定および市場価格を使って債務と制度資産を再測定した後，その清算損益は IAS 第 19 号（2011 年）109 項（前述参照）に従って計算される。前述の表中の金額は，再測定の影響を含んでいる。

企業 X が，純損益に認識される同社の退職給付制度に係る清算損益を計算する場合，従前未認識であった積立超過についてどのような影響があるか。

IAS 第 19 号（2011 年）は，直接的には，この問題に対処しておらず，2 つの代替的な会計処理（後述）が容認されると考えられる。企業 X がいずれの会計処理を会計方針として採用したとしても，選択した会計処理は首尾一貫して適用し，影響が重要な場合には開示しなければならない。

選択肢1

IAS 第 19 号（2011 年）109 項の適用に際して，「移転される制度資産」

をその制度資産の**全額**と解釈することができるかもしれない（すなわち，資産上限額控除前）。このアプローチを採用した場合，企業Xは清算の日において，従前未認識であった積立超過 CU 5 をその他の包括利益（OCI）に利得として認識すべきである。

結果として，企業Xは CU 15 の清算損失を純損益に認識することになる（すなわち，清算された確定給付債務 CU 35 から移転された制度資産 CU 40 と清算に伴う追加支払 CU 10 を差し引く）。

選択肢2

IAS 第 19 号（2011 年）109 項の適用に際して，「移転される制度資産」をその制度資産の**認識されていた価値**と読むことができるかもしれない（すなわち，資産上限額控除後）。このアプローチを採用した場合，資産上限額は維持されたままであり，OCI で認識されるべき利得または損失は存在しない。

結果として，企業Xは清算損失 CU 10 を認識することになる（すなわち，清算された確定給付債務 CU 35 から認識済の移転された制度資産 CU 35 と清算に伴う追加支払 CU 10 を差引く）。

7.4.3　確定給付負債（資産）の純額に係る利息純額

確定給付負債（資産）の純額に係る利息純額は，時の経過により生じる当期中の確定給付負債（資産）の純額の変動をいう［IAS 第 19 号（2011 年）8 項］。

確定給付負債（資産）の純額に係る利息純額は，IAS 第 19 号（2011 年）83 項（**本章 7.2.5** 参照）で規定される割引率を確定給付負債（資産）の純額に乗じることにより算定される。両方とも年次報告期間の開始日時点で算定し，拠出および給付支払による確定給付負債（資産）の純額の期中の変動を考慮に入れる［IAS 第 19 号（2011 年）123 項］。

利息純額の算定は，拠出および給付支払による期中の確定給付負債（資産）の純額の変動を考慮する。期中の確定給付負債（資産）の純額の他の変動（例えば，数理計算上の差異）は考慮されない。

IAS 第 19 号（2011 年）は，確定給付負債（資産）の純額に係る利息純額が，制度資産に係る利息収益，確定給付制度債務に係る利息費用および資産上限額の影響に係る利息から構成されるとみることができると説明している［IAS 第 19 号（2011 年）124 項］。

IAS 第 19 号（1998 年）では，制度資産に係る収益および確定給付制度債務の総額に係る利息費用は別個に算定される。制度資産に係る収益は，これらの資産の期待収益率を基礎とする。これは，実際の投資ポートフォリオに左右され，債務の利息費用の算定に適用される割引率とは通常は等しくない。反対に，IAS 第 19 号（2011 年）は，確定給付負債（資産）の純額に後者の利率を適用する。その利率は，制度資産の期待収益率より低い場合には（通常その場合が多い），IAS 第 19 号（2011 年）の適用は純損益に認識される利息収益を減少させ，すなわち，純損益を減少させる。

IAS 第 19 号（2011 年）では，確定給付負債（資産）の純額に係る利息の純額は，資産上限額の影響を考慮して算定される。IAS 第 19 号（1998 年）では，制度資産に係る収益は，資産上限額の影響についての制限なしに算定される。

使用すべき割引率の変更がなかったとすると，積立のない制度にとって，確定給付負債の純額に係る利息純額は IAS 第 19 号（1998 年）での利息費用と同じになる。

制度資産に係る利息収益は，制度資産に係る収益の内訳であり，制度資産の公正価値に IAS 第 19 号（2011 年）83 項（**本章 7.2.5** 参照）に規定される割引率を乗じて算定される。両方とも年次報告期間の開始日時点で算定し，拠出および給付の支払による保有する制度資産の期中の変動を考慮に入れる。制度資産に係る利息収益と制度資産に係る収益との差額は，確定給付負債（資産）の純額の再測定に含まれる［IAS 第 19 号（2011 年）125 項］。

資産上限額の影響に係る利息は，資産上限額の影響の変動合計額の一部であり，資産上限額の影響に IAS 第 19 号（2011 年）83 項（**本章 7.2.5** 参照）に規定される割引率を乗じて算定される（両方とも年次報告期間の開始日時点に算定する)。その金額と資産上限額の影響の変動合計額との差異は，確定給付負債（資産）の純額の再測定に含まれる［IAS 第 19 号（2011 年）126 項］。

7.5　ステップ4― その他の包括利益に認識すべき，確定給付負債（資産）の純額の再測定を算定する

確定給付負債（資産）の純額の再測定は，その他の包括利益に認識することを要求される［IAS 第 19 号（2011 年）120 項（c)］。このような再測定は，その後の期間において純損益に振替えられることはない。しかし，企業はその他の包括利益に認識された当該金額を資本のなかで振替えることができる［IAS 第 19 号（2011 年）122 項］。

IASB は，企業がその他の包括利益に認識した金額を利益剰余金に直接振替えるべきであるという IAS 第 19 号（1998 年）の要求事項を引継がないことを決定した。IFRS は「利益剰余金」という語句を定義せず，IASB では，それが何を意味するべきかを議論していない。また，資本の内訳項目については，法域固有の制限が存在する場合がある。そのため，IAS 第 19 号（2011 年）は，再測定の累計額を資本のなかで振替えることを認め，その振替に関する具体的な要求事項を課していない［IAS 第 19 号（2011 年）BC 100 項］。

確定給付負債（資産）の純額の再測定は以下から構成される［IAS 第 19 号（2011 年）8 項および 127 項］。

- 数理計算上の差異
- 制度資産に係る収益（確定給付負債〔資産〕の純額に係る利息純額〔**本章 7.4.3** 参照〕に含まれる金額を除く）
- 資産上限額の影響の変動（確定給付負債〔資産〕の純額に係る利息純額〔**本章 7.4.3** 参照〕に含まれる金額を除く）

数理計算上の差異は，実績による修正（事前の数理計算上の仮定と実際の結果との差異の影響）および数理計算上の仮定の変更による，確定給付制度債務の現在価値の減少または増加をいう［IAS 第 19 号（2011 年）8 項］。数理計算上の差異の原因には，例えば，以下のようなものが含まれる［IAS 第 19 号（2011 年）128 項］。

- 予想外に高いかまたは低い率（従業員の離職率，早期退職率もしくは死亡率，または昇給率，給与の増加率〔制度の正式な規約または推定的な規約がインフレーションによる給付の増額を規定している場合〕もしくは医療費の増加率）
- 給付の支払方法の選択肢に関する仮定の変更の影響
- 見積りの変更の影響（将来の従業員の離職，早期退職もしくは死亡，または昇給，給付の増額〔制度の正式な規約または推定的な規約がインフレーションによる給付の増額を規定している場合〕もしくは医療費の増加）
- 割引率の変更の影響

数理計算上の差異には，確定給付制度の導入，改訂，縮小または清算による，または確定給付制度のもとで支払うべき給付の変更による確定給付制度債務の現在価値の変動は含まれない。こうした変動は，過去勤務費用または清算損益となる［IAS 第 19 号（2011 年）129 項］。

制度資産に係る収益は，制度資産からの利息，配当およびその他の収益（制度資産に係る実現および未実現の利得または損失を含む）から，以下のものを控除したものをいう［IAS 第 19 号（2011 年）8 項および 130 項］。

- 制度資産の運営管理に係る費用
- 制度自体による未払税金（確定給付制度債務の測定に使用された数理計算上の仮定に含まれている税金を除く）

その他の管理費用は，制度資産に係る収益から減額しない［IAS 第 19 号（2011 年）130 項］。

管理費用のさらなる説明については，**本章 7.2.4.11** を参照。

8　確定給付制度の表示および開示

8.1　表　示

8.1.1　相　殺

企業は，以下の場合，かつその場合に限り，ある制度に関連する資産を他の制度に関連する負債と相殺しなければならない［IAS 第 19 号（2011 年）131 項］。

- 企業が，ある制度の積立超過を，他の制度のもとでの債務を決済するために使用する法的に強制力のある権利を有し，かつ，
- 企業が，債務を純額で決済するか，またはある制度の積立超過を実現すると同時に，他の制度のもとでの債務を決済するかのいずれかを意図している。

IAS 第 19 号（2011 年）132 項は，これらの相殺規準は IAS 第 32 号「金融商品：表示」において金融商品に関して定められている規準と同様であると述べている。

実務上，そのような相殺が適用可能になるのは極めてまれである。

8.1.2　流動・非流動の区分

IAS 第 19 号は，企業が退職後給付から生じる資産および負債の流動部分および非流動部分を区分すべきかどうかについて，規定していない［IAS 第 19 号（2011 年）133 項］。

8.1.3　確定給付費用の内訳

IAS 第 19 号（2011 年）120 項では，企業は，勤務費用および確定給付負債（資産）の純額に係る利息純額を純損益に認識することが要求される。当基準は，企業が勤務費用および確定給付負債（資産）の純額に係る利息純額をどのように表示すべきかを規定していない。企業は，IAS 第 1 号に従って適切な表示を決定すべきである［IAS 第 19 号（2011 年）134 項］。

したがって，企業は，勤務費用および確定給付負債（資産）の純額に係る利息純額を，別個にまたは単一の純額で表示すべきかどうかに関して選択肢がある。そのような決定は会計方針の選択であり，したがって適切に開示し，すべての制度に一貫して適用されなければならない。

IAS 第 19 号（1998 年）では，企業は，制度資産に係る利息費用および期待収益を別個の表示項目として表示することが認められている。確定給付負債（資産）の純額に係る利息純額が定義され，純額として算定されるので，IAS 第 19 号（2011 年）では，そのような表示は不適切であると考えられる。

8.2 開　示

IAS 第 19 号は，確定給付制度に関する広範な開示を要求している。

8.2.1 全　般

企業は，以下の情報を開示しなければならない［IAS 第 19 号（2011 年）135 項］。

- 確定給付制度の特徴および関連するリスクの説明（**本章 8.2.2** 参照）
- 確定給付制度から生じる財務諸表上の金額の識別と説明（**本章 8.2.3** 参照）
- 確定給付制度が企業の将来のキャッシュ・フローの金額，時期および不確実性にどのように影響する可能性があるかの記述（**本章 8.2.4** 参照）

これらの目的を満たすために，企業は以下のすべてを考慮しなければならない［IAS 第 19 号（2011 年）136 項］。

- 開示の要求事項を充足するのに必要な詳細さの程度
- さまざまな要求事項のそれぞれにどの程度重点を置くべきか。
- どの程度の集約または分解を行うべきか。
- 財務諸表の利用者が開示された定量的情報を評価するために追加の情報を必

要としているか。

IAS 第19号（2011年）および他のIFRSに従って提供された開示が，上記の目的を満たすのに不十分である場合には，これらの目的を満たすのに必要な追加の情報が開示されるべきである。例えば，企業は，債務の性質，特徴およびリスクを区別した確定給付制度債務の現在価値の分析を示すかもしれない。そのような開示は，以下のものを区別することが考えられる［IAS 第19号（2011年）137項］。

- 現役の加入者，受給待機者および年金受給者に対する金額
- 権利確定した給付および発生しているが権利確定していない給付
- 条件付の給付，将来の昇給に帰属する金額および他の給付

企業は，リスクが大きく異なる制度または制度のグループを区別するために，開示のすべてまたは一部を分解すべきであるかどうかを評価することが要求される。例えば，企業は以下の特徴の1つまたは複数を示すことにより，制度に関する開示を分解するかもしれない［IAS 第19号（2011年）138項］。

- 地域の相違
- 特徴の相違（定額給与年金制度，最終給与年金制度，退職後医療制度等）
- 規制環境の相違
- 報告セグメントの相違
- 積立の取決めの相違（例えば，全く積立をしないもの，すべてまたは一部の積立をしているもの）

8.2.2　確定給付制度の特徴および関連するリスク

企業は以下を開示しなければならない［IAS 第19号（2011年）139項］。

- 確定給付制度の特徴に関する情報。これには次のようなものが含まれる。
  - 制度が支給する給付の内容（例えば，最終給与確定給付制度または保証付の拠出ベース制度）

- 制度が運営されている規制の枠組の記述（例えば，最低積立要件の水準，および規制の枠組が制度に与える影響〔資産上限額（**本章 7.3.1** 参照)〕)
- 制度のガバナンスに対する他の事業体の責任の記述（例えば，制度の受託者または執行機関の責任)

● 企業が制度によって晒されているリスク（通常ではないリスク，または企業特有もしくは制度特有のリスクに重点を置く）および重大な集中リスクに関する記述。例えば，制度資産が主として 1 つの種類の投資（例えば，不動産）に投資されている場合には，その制度により，企業は不動産市場リスクの集中に晒されている可能性がある。

● 制度修正，縮小および清算の記述

8.2.3　財務諸表上の金額の説明

企業は，次のそれぞれについて該当があれば，期首残高から期末残高への調整表を示さなければならない［IAS 第 19 号（2011 年）140 項]。

● 確定給付負債（資産）の純額（以下についての調整を別々に示す)
  - 制度資産
  - 確定給付制度債務の現在価値
  - 資産上限額の影響

● 補塡の権利企業は，補塡の権利と関連する債務との間の関係も記述しなければならない。

上記に列挙した各調整表では，該当があれば，次のそれぞれを示さなければならない［IAS 第 19 号（2011 年）141 項]。

● 当期勤務費用

● 利息収益または利息費用

● 確定給付負債（資産）の純額の再測定（以下を区分して示す)
  - 制度資産に係る収益（上記の利息収益または利息費用に含まれている金額を除く)

- 人口統計上の仮定の変更により生じた数理計算上の差異（**本章 7.2.4** 参照）
- 財務上の仮定の変更により生じた数理計算上の差異（**本章 7.2.4** 参照）
- 確定給付資産の純額を資産上限額に制限していることの影響の変動（上記の利息収益または利息費用に含まれている金額を除く）。企業は，利用可能な最大の経済的便益をどのように算定したかも開示しなければならない（すなわち，当該便益が，返還，将来掛金の減額あるいは両者の組合せのいずれの形態であるのか）。

- 過去勤務費用および清算損益。IAS 第 19 号（2011 年）100 項（**本章 7.4.2** 参照）で認めているように，過去勤務費用と清算損益は，同時に発生する場合には区分する必要はない。
- 外国為替レートの変動の影響
- 制度への拠出（事業主によるものと制度加入者によるものとを区別して示す）
- 制度からの支払（清算に関する支払金額を区分して示す）
- 企業結合および処分の影響額

制度資産の公正価値を，それらの資産の性質およびリスクで区別した種類に分解し，さらにそれぞれの種類を，IFRS 第 13 号で定義された活発な市場における公表市場価格があるもの（IFRS 第 13 号を未適用の企業については，IFRS 第 9 号 B.5.4.3 項を参照，または，IFRS 第 9 号を未適用の企業ついては IAS 第 39 号 AG71 項を参照）とないものに細分化しなければならない。例えば，IAS 第 19 号（2011 年）136 項で述べた開示のレベルを考慮すると，企業は次のものを区別することが考えられる［IAS 第 19 号（2011 年）142 項］。

- 現金および現金同等物
- 資本性金融商品（業種，会社規模，地域等で分解）
- 負債性金融商品（発行者の種類，信用度，地域等で分解）
- 不動産（地域等で分解）
- デリバティブ（契約における基礎となるリスクで分解〔例えば，金利契約，為替契約，持分証券契約，信用契約，長寿スワップ等〕）
- 投資ファンド（ファンドの種類で分解）

- 資産担保証券
- 仕組債券

企業は以下を開示しなければならない［IAS 第 19 号（2011 年）143 項］。

- 制度資産として保有している企業自身の譲渡可能な金融商品の公正価値
- 制度資産のうち企業が占有している不動産または使用している他の資産の公正価値

企業は，確定給付制度債務の現在価値の算定に用いた重要な数理計算上の仮定（**本章 7.2.4** 参照）を開示しなければならない。こうした開示は，絶対値で行わなければならない（例えば，百分率の絶対値としてであり，単に異なる百分率や他の変数の差としてではない）。企業が制度のグループの合計により開示する場合には，こうした開示を加重平均または比較的狭い範囲の形で示さなければならない［IAS 第 19 号（2011 年）144 項］。

8.2.4　将来キャッシュ・フローの金額，時期および不確実性

企業は以下を開示しなければならない［IAS 第 19 号（2011 年）145 項］。

- 報告期間の末日時点の重要な数理計算上の仮定（IAS 第 19 号〔2011 年〕144 項で開示されるもの－**本章 8.2.3** 参照）のそれぞれについての感応度分析（その日現在で合理的に考え得る関連する数理計算上の仮定の変化により，確定給付制度債務がどのように影響を受けるかを示す）
- 上述の感応度分析の作成に使用した方法および仮定，ならびに当該方法の限界
- 前期の感応度分析の作成に使用した方法および仮定からの変更，ならびに当該変更の理由

企業は，制度または企業が採用している資産・負債マッチング戦略（年金保険およびリスクを管理するための他の技法〔長寿スワップ等〕の利用を含む）の記述を開示しなければならない［IAS 第 19 号（2011 年）146 項］。

確定給付制度が企業の将来キャッシュ・フローに与える影響の指標を示すために,企業は次の事項を開示しなければならない[IAS 第 19 号(2011 年)147 項]。

- 将来の拠出に影響する積立の取決めおよび積立の方針の記述
- 翌年次報告期間における当該制度への予想拠出額
- 確定給付制度債務の満期構成に関する情報。これには，確定給付制度債務の加重平均デュレーションが含まれ，給付支払の時期の分布に関する他の情報（給付支払の満期分析等）が含まれることがある。

8.2.5　複数事業主制度

複数事業主制度およびグループ制度に対する追加の開示要求は，上述の**本章 5.1.4** および**本章 5.2** にそれぞれ記載されている。

8.2.6　他のIFRSの開示要求

IAS 第 24 号「関連当事者についての開示」（**第 2 巻 11 章**参照）により要求される場合には，企業は，以下の情報を開示する [IAS 第 19 号（2011 年）151 項]。

- 退職後給付制度との関連当事者取引
- 経営幹部への退職後給付

IAS 第 37 号「引当金，偶発負債および偶発資産」（**第 1 巻 14 章**参照）で要求している場合には，企業は，退職後給付債務から生じる偶発負債に関する情報を開示する [IAS 第 19 号（2011 年）152 項]。

9　その他の長期従業員給付

その他の長期従業員給付とは，短期従業員給付，退職後給付および解雇給付以外のすべての従業員給付をいう [IAS 第 19 号（2011 年）8 項]。

その他の長期従業員給付には，従業員が関連する勤務を提供した年次報告期間の末日後12ヵ月以内にすべてが決済されると予想されない場合の，以下のような項目が含まれる［IAS第19号（2011年）153項］。

- 長期勤務休暇または研究休暇のような長期有給休暇
- 記念日または他の長期勤務給付
- 長期障害給付
- 利益分配および賞与
- 繰延報奨

9.1 認識および測定

その他の長期従業員給付の測定は，**本章4**から**7**に上述された退職後給付の要求事項を単純化した方法である。特に，再測定はその他の包括利益に認識されない［IAS第19号（2011年）154項］。

9.1.1 積立超過または積立不足の測定

その他の長期従業員給付の積立超過または積立不足を認識および測定する際に，企業はIAS第19号（2011年）56項から98項およびIAS第19号（2011年）113項から115項を適用しなければならない。企業は，補填の権利の認識および測定に際しては，IAS第19号（2011年）116項から119項を適用しなければならない。全体として，これらの要求事項は**本章7.2**および**7.3**で記載されている（すなわち，確定給付退職後給付制度における積立不足または積立超過の再測定について記載されているステップ1および2）［IAS第19号（2011年）155項］。

前述の**本章3.1**および**第1巻3章4.1.1.2**において議論しているように流動負債として表示されるその他の長期従業員給付もある（見込の支払時期ではなく，報告期間後12ヵ月以内にそれらの給付を取得する権利を従業員が得るため）。そのような債務の測定において，支払時期の見込を反映するために給付金額を割引くべきか否かについて疑問が生じる。

IAS第19号（2011年）155項は，その他の長期従業員給付を退職後確定給付債務の測定と同じ評価手法を用いて測定することを求めている（ただし，再測定は純損益に認識することを求めている点が異なる）。特にIAS 第 19 号（2011 年）69 項では，「企業は，報告期間後 12 ヵ月以内に債務の一部が決済されると予測される場合であっても，（その他の）退職後給付債務の全額を割引く」と明示している。

したがって，その他の長期従業員給付から生じる流動負債を割引後金額で測定すべきである。

9.1.2　純損益に認識した金額

その他の長期従業員給付に関して純損益で認識される費用（または資産化が許容または要求される場合，資産の原価として認識される費用）は，以下の項目の差引合計となる［IAS 第 19 号（2011 年）156 項］。

- 勤務費用
- 確定給付負債（資産）の純額に係る利息純額
- 確定給付負債（資産）の純額の再測定

9.1.3　長期障害給付

IAS 第 19 号で議論されている長期従業員給付の例は長期障害給付である。そのような給付の金額が勤務年数と無関係である場合（すなわち，給付水準は，勤務年数と無関係に障害を持つどの従業員にも同一である），費用は長期の障害を引き起こす事象が発生するまで認識されない。給付水準が勤務年数に依存する場合，債務は予想される支払の確率および時期に基づいて勤務が提供されるのに従って認識されなければならない［IAS 第 19 号（2011 年）157 項］。

9.2　開　示

IAS 第 19 号にはその他の長期従業員給付に関する特定の開示要求はないが，IAS 第 1 号（当該費用が重要である場合）または IAS 第 24 号「関連当事者についての開示」（経営幹部に関連する場合）により開示が要求される場合があることに留意する。

特に，退職後給付（**本章** 8.2 で説明された）についての広範な開示要求は，その他の長期従業員給付に適用されない。

9.3　死亡給付

死亡給付は，企業により雇用されている間に従業員が死亡した場合に，支払われるべき従業員給付である。これらの取決めは，一括払いおよび寡婦年金を含む，さまざまな形態をとる場合がある。

死亡給付の会計処理には，いくつかのIAS 第 19 号が取扱っていない問題がある。

この論点は，IAS 第 19 号（1998 年）においてIFRIC（現在のIFRS解釈委員会）により議論された（2008 年 1 月のIFRIC アップデート参照）。死亡給付に関するIFRICの議論は，それらの給付を勤務期間に配分するための適切な方法に焦点を当てた。IFRICは，従業員の将来の勤務が，それ以降の昇給を除けば，当該制度のもとで重要な追加の給付を生じさせなくなる日まで，給付費用を配分するというIAS 第 19 号（1998 年）67 項（b）の要求事項（IAS 第 19 号〔2011 年〕70 項（b）に引継がれた）に留意した。

死亡給付の場合，IFRIC は以下について言及した。

- 予想される死亡日は，将来給付について重要な金額が当該制度から発生しない日付である。
- ある確定給付年金制度と関連する死亡給付とで異なる死亡率の仮定を使用することは，互いに矛盾しない数理計算上の仮定を使用するとするIAS 第 19 号（1998 年）72 項（IAS 第 19 号〔2011 年〕75 項に引継がれた）の要求事項に準拠していない。
- IAS 第 19 号（1998 年）39 項（IAS 第 19 号〔2011 年〕46 項に引継がれた）の条件を満たした場合には，その後，確定拠出ベースでの死亡給付の会計処理は適切となる。

死亡年金の適切な会計処理は，以下の事項を含む取決めの性質による。

- 給付が勤務期間の長さに関係するか，または勤務期間の長さと関係なく同額であるか。
- 給付が退職後給付制度を通じて提供されるか，または独立した取決めを通じて提供されるか。

IFRIC は IAS 第 19 号（1998 年）での論点のみを検討したが，問題となっているパラグラフは，IAS 第 19 号が 2011 年に改訂された際に修正されなかった。したがって，上述の議論は依然として有効である。

9.3.1　勤務期間の長さに関連する給付

IAS 第 19 号は死亡給付について具体的に記述していないが，「その他」の長期給付の例として長期障害給付（死亡給付と同様の特徴を有する場合がある）を扱っている。IAS 第 19 号（2011 年）157 項は，給付水準が勤務期間に依存する場合，勤務が提供されるときに債務が発生すると述べている。当該債務の測定は支払が要求される確率および支払がなされると予想される期間の長さを反映する。したがって，死亡給付の水準が勤務期間に関係する場合，当該給付は従業員の予想死亡日まで従業員の勤務期間にわたって配分されるべきである。

死亡給付が確定給付制度の一部として提供される場合，制度から生じる再測定の一部として，死亡給付について生じる数理計算上の差異をその他の包括利益で認識する。

勤務期間に関連する死亡給付が独立した制度を通じて提供される場合，当該給付は「その他の長期従業員給付」を意味する。IAS 第 19 号(2011 年)157 項を類推適用し，そのような給付は当該従業員の予想死亡日までの勤務期間にわたり配分され，そのような制度から生じる数理計算上の差異は，IAS 第 19 号（2011 年）156 項に従って純損益に認識される。

9.3.2　勤務期間と関連しない給付 — 独立した制度

IAS 第 19 号（2011 年）157 項は，給付水準が勤務年数に関係なく同額（例えば，一時払固定額）の場合，それら給付の予想される費用は長期障害を引き起こす事象が発生するときに認識されると述べている。勤務期間に関係なく一定額である死亡給付に IAS 第 19 号（2011 年）157 項を類推適用して，費用を従業員の死亡時にのみ認識することが適切である。

9.3.3　勤務期間の長さに関連しない給付 — 確定給付制度のもとで提供される給付

確定給付建退職給付制度の負債の算定には，従業員が通常の退職年齢到来前に死亡する従業員に関する仮定を含んでいる。そのような仮定は，一般的に，認識される負債が減少する結果となる。したがって，従業員が通常の退職年齢到来前に死亡すると仮定する場合，死亡給付の取決めのもとで生じる追加負債を認識せずに当該減少を認識することは慎重さを欠いていると考えられる。

IAS 第 19 号における確定給付制度の基本的なアプローチは，予想される債務を算定し，当該給付を勤務期間に配分することである。死亡給付が勤務期間の長さに関連しない一時払の金額である場合，当該給付を勤務期間に配分するために使用可能な制度給付の算定式はない。そのような算定式がない場合，IAS 第 19 号（2011 年）157 項を参照することにより，代替的な方法（すなわち，従業員の死亡時にのみ費用認識）が正当化される場合があると考えられるが，当該給付を従業員の予想死亡日まで定額法で配分することが適当と考えられる。

設例9.3.3

勤務期間に基づく障害給付または死亡給付の測定

企業は確定給付退職後給付制度を運営する。制度の規約のもとで，従業員は各勤務年度に最終給与の 1／60 の年金を退職時まで稼得する権利がある。従業員が通常退職日の前に障害者となる，または死亡する場合，（従業員または従業員の扶養家族に対して）支払われる給付は，障害または死亡の日までの雇用年数に基づき算定され，さらにその日から通常の退職日までの年数の 50%が加算される。

例えば，従業員が 20 年勤続し，その後通常の退職日の 10 年前に障害者となる。支払われる給付は 25 年間の勤務に基づき，25／60（実際の勤務 20 年に通常退職日までの残余年数の 50%を加算）となる。

この状況において，退職日前に障害者となるまたは死亡することが予想される従業員について，給付を勤務期間に配分するために使用される仮定は，勤務期間が予想される障害または死亡までの期間のみに限られることを反映すべきである。給付の価値を反映するために，一貫した給付の算定式が勤務期間にわたって使用されなければならない。費用は，給付算定式のもとで勤務期間に配分されなければならない。なぜなら，従業員の勤務は，勤務期間の前半よりも後半により重要な高い給付水準にはならないからである。

費用の算定にあたり，年金数理人は通常退職日前に障害者となるまたは死亡することが予想される従業員数を仮定する。したがって，退職年齢に到達することが予想されない従業員について，実際に勤務しなかった対象年数（この例では，予想される障害者となるまたは死亡する日と通常退職日の間の年数の 50%）に関連した給付を含む，予想される支払給付の合計額は，予想される障害者となるまたは死亡する日までの予想勤務期間に配分される。

10　解雇給付

解雇給付は，以下のいずれかの結果として従業員の雇用の終了と交換に支給される従業員給付と定義される［IAS 第 19 号（2011 年）8 項］。

- 通常の退職日前に従業員の雇用を終了するという企業の決定
- 雇用の終了と交換に給付の申し出を受入れるという従業員の決定

解雇給付は，債務を生じさせる事象が従業員の勤務ではなく雇用の終了であるため，他の従業員給付と区別して取扱われる［IAS 第 19 号（2011 年）159 項］。

従業員給付の形式は，勤務との交換により提供されるのか，従業員の雇用の終了との交換により提供されるのかを決定しない。解雇給付は，通常，一時払であるが，以下のものを含む場合もある［IAS 第 19 号（2011 年）161 項］。

- 退職後給付の引上（従業員給付制度を通じて間接にまたは直接に）
- 特定の通知期間の終了までの給与（従業員が企業に経済的便益をもたらす勤務をもはや提供しない場合）

従業員給付が勤務との交換で提供されていることを示す指標には（すなわち，それは解雇給付ではない），以下のものが含まれる［IAS 第 19 号（2011 年）162 項］。

- 給付が将来の勤務の提供を条件としている（追加の勤務が提供された場合に増額される給付を含む）。
- 給付が従業員給付制度の規約に従って提供される。

解雇給付は，企業が退職後給付の申入をせず従業員の雇用契約を終了しない場合には，支払を回避することができる点で，退職後給付とは異なる。したがって，解雇給付（または解雇手当）は，従業員による勤務の提供からではなく勤務の終了から生じる。その結果，解雇給付は将来給付とは関係がなく，企業が給付の申し出をもはや撤回できなくなったときに費用としてただちに認識されるべきである。

設例10A

解雇給付として会計処理される早期退職に対する支払

会社 A は，所在国の退職年齢である 65 歳ではなく，58 歳での退職を従業員に推奨する企業である。会社 A の所在国における退職後プログラムは公的年金制度である。その国は，従業員が 65 歳になる前に退職給付を受取るための条件を設定する。この給付は，従業員の雇用に関する契約上の条件の一部を形成するものではない。また，毎年，会社 A は，従業員に早期退職を申入れるかどうかを決定することができる。したがって，会社 A はそのような申入を行う義務を負っていない。58 歳から 65 歳までの従業員に対する当該退職給付は政府によって支払われるが，会社 A はそれら支払の一部の積立を要求されている。

早期退職制度を提案された従業員は，その申入を受入れることも拒否することもできる。その申入は通常，従業員の早期退職日に先立って行われる（この期間は数ヵ月から 2，3 年までさまざまである）。従業員がその申入を受入れない場合は，通常の退職日まで勤務を続ける。早期退職制度は，通常強制的な退職以外の方法による労働力の削減のために実施される。企業は選択されたカテゴリーの従業員に対して早期退職制度を提案することもある。

IAS19 号（2011 年）8 項では，解雇給付は，雇用の終了と交換に給付の申し出を受入れるという従業員の決定の結果として生じる支払義務であるとされる。したがって，前述の取決めは解雇給付として会計処理される。

設例10B

勤務との交換で提供される給付と解雇給付の区分

企業 A は，その国の退職年齢に先立ち，特定の年齢グループに入る従業員に勤務水準の縮小を推奨する企業である。企業 A は，適格な従業員に対して，50％の仕事時間の削減と交換にボーナスの支払を申し出る。雇用は要求される勤務期間の最後に終了する。ボーナスの支払は，その要求される勤務期間（通常は 1 年から 6 年）が終了することを条件とする。

IAS 第 19 号（2011 年）のもとでは，上述のボーナス支払は解雇給付として会計処理してはならない。解雇給付の定義（上記参照）は，勤務との交換ではなく，雇用の終了と交換に支給される給付であることを要求している。勤務との交換で提供される給付と解雇給付の区分は，以下のことを考慮することを要する。

- 個々の企業による給付の申し出に係るすべての関連する事実と状況
- IAS 第 19 号（2011 年）162 項で示されている勤務との交換で提供されてい

ることを示す指標（これらは網羅的ではない）。例えば，以下のものが含まれる。

- 給付が将来の勤務の提供を条件としている（追加の勤務が提供された場合に増額される給付を含む）。
- 給付が従業員給付制度の規約に従って提供される。

● IAS 第 19 号（2011 年）における従業員給付の定義

上述の状況では，企業 A の当該給付の取決めは要求される勤務と解雇給付の両方の特性を有する。しかしながら，一定期間の従業員による勤務の完了が条件となっている事実は当該給付が勤務との交換に提供されていることを示すため，IAS 第 19 号（2011 年）162 項（a）に照らすと，企業 A の取決めは解雇給付の定義を満たさない。

この結論は，IFRS 解釈指針委員会により確認された（2012 年 1 月の IFRIC アップデート参照）。

企業の申し出ではなく，従業員の要請による雇用の終了，または強制的な退職の要求の結果として行われる雇用の終了により生じる従業員給付は，退職後給付であるため，解雇給付には含まれない［IAS 第 19 号（2011 年）160 項］。

解雇給付のなかには，既存の従業員給付制度の規約に従って提供される場合（例えば，法令，雇用契約または組合契約で定めている場合），または事業主が類似の給付を提供した過去の慣行の結果として暗示されている場合がある。従業員給付制度の規約に従って提供される給付が，従業員の雇用を終了するという企業の決定から生じたもので，かつ，将来の勤務の提供を条件としていない場合には，解雇給付である［IAS 第 19 号（2011 年）163 項］。

企業が短期ではない期間にわたり利用可能な給付の申し出を行う場合，またはその申し出から実際の雇用終了の予定日までの期間が短期ではない場合には，企業は，新たな従業員給付制度を設けたことになるのかどうか，また，その制度のもとで提供する給付が解雇給付と退職後給付のいずれなのかを検討しなければならない［IAS 第 19 号（2011 年）163 項］。

10.1　従業員の退職理由と無関係に支払われる従業員給付

従業員給付のなかには，従業員の退職理由とは無関係に支払われる（権利の確定または最低限の勤務を要件とする）が，当該給付の支払時期は不確実であるものがある。したがって，そのような給付は，一部の法域では離職補償または退職慰労金と表現されるが，それらは解雇給付ではなく退職後給付であり，退職後給付として会計処理されなければならない［IAS 第 19 号（2011 年）164 項］。

一部の企業は，従業員の要請による雇用の終了に対して，企業の要請による雇用の終了よりも低い給付（実質上，退職後給付）を提供する。そのような状況では，従業員の要請による雇用の終了に対して提供される給付を，企業の要請により提供される給付が上回る部分は，解雇給付である［IAS 第 19 号（2011 年）160 項］。

10.2　認識の時期

企業は，解雇給付に係る負債および費用を，次のいずれか早い方の日に認識しなければならない［IAS 第 19 号（2011 年）165 項］。

- 企業が，当該給付の申し出を撤回できなくなったとき
- 企業が，IAS 第 37 号「引当金，偶発負債および偶発資産」の範囲内であり解雇給付の支払を伴うリストラクチャリングに係るコストを認識したとき
- 解雇給付の認識の時期における論点を検討する際に，審議会は，認識の時期を決定する要因が，企業が解雇給付の申し出を撤回できないことであると決定した。審議会はまた，申し出を撤回できないことが，解雇が従業員による受諾を条件とするか，または従業員に強制されるかどうかに基づく異なる事象により，もたらされることを決定した。

最初のシナリオ（雇用の終了と交換に給付の申し出を受入れるという従業員の決定の結果として支払われる解雇給付）では，企業が解雇給付の申し出を撤回できなくなるのは，以下のいずれか早い方の時点である［IAS 第 19 号

(2011年) 166項]。

- 従業員が申し出を受入れたとき
- 企業が申し出を撤回できる能力に対する制限（例えば，法律上，規制上または契約上の要求もしくは他の制限）の効力が発生したとき。これは，その制限が申し出の時点で存在する場合には，申し出が行われたときとなる。

2番目のシナリオ（従業員の雇用を終了するという企業の決定の結果として支払われる解雇給付について）では，企業が申し出を撤回できなくなるのは，以下の規準のすべてを満たす解雇計画を，影響を受ける従業員に企業が通知したときである［IAS第19号（2011年）167項］。

- その計画を完了するのに必要となる行動が，計画の重大な変更が行われる可能性が低いことを示している。
- その計画が，雇用を終了する従業員の数，職種または職能および勤務地（ただし，個々の従業員を特定する必要はない）ならびに予想される完了日を特定している。
- その計画が，従業員が受取る解雇給付を十分に詳細に定めていて，従業員が自らの雇用が終了した場合に受取る給付の種類と金額を算定できる。

設例10.2

規制当局の認可を要求する解雇給付

企業Dは，特定の組合の従業員に対して自発的な法律に基づかない解雇給付を提案した。特定された従業員はその解雇給付を受入れた。所属する組合による承認もすでに得ている。従業員の側から，これ以上の承諾手続は要求されない。

その法域においては，すべての法律に基づかない解雇給付は当該国の雇用当局による認可を要求される。設例の状況では，この企業Dによる給付の申し出はその認可を条件としており，当該認可はいまだ得ていない。報告日現在，雇用当局によって解雇給付の申し出が否認される可能性があるものの，企業Dがその申し出を撤回することはできない。

企業Ｄは，当局による認可を受ける前に当該解雇給付を認識すべきか。

認識すべきである。IAS 第 19 号 165（a）に従って，企業は，解雇給付の申し出を撤回できなくなったときに，その解雇給付に関連する負債と費用を認識すべきである。

IAS 第 19 号 166 項は，雇用の終了と交換に給付の申し出を受入れるという従業員の決定の結果として支払われる解雇給付に対して，企業が当該解雇給付の申し出を撤回できなくなるのは，以下のいずれか早い方の時点であることを明確にしている。

- 従業員が申し出を受入れたとき
- 企業が申し出を撤回できる能力に対する制限（例えば，法律上，規制上または契約上の要求もしくは他の制限）の効力が発生したとき。これは，その制限が申し出の時点で存在する場合には，申し出が行われたときとなる。

上述の状況では，従業員がひとたびその申し出を承諾したら，企業は解雇給付の支払を確約（コミット）している。当局による認可が下りないかもしれないという事実は，負債および費用の認識時期の決定と関連しない。

企業が解雇給付を認識する場合には，他の従業員給付の制度改訂または縮小に関する会計処理も行わなければならないことがある（**本章 7.4.2** 参照）［IAS 第 19 号（2011 年）168 項］。

10.3　測　定

解雇給付の測定の要求事項は，その性質に従って決定される。したがって，企業は，解雇給付を以下のように測定しなければならない［IAS 第 19 号 169 項］。

- 解雇給付が退職後給付の引上である場合，退職後給付についての IAS 第 19 号の要求事項を適用しなければならない。それ以外の場合には，以下の２つの会計処理となる。

- 解雇給付が認識される年次報告期間の末日後12ヵ月以内に，すべてが決済されると予想される場合には，企業は短期従業員給付の要求事項を適用しなければならない。
- 解雇給付が認識される年次報告期間の末日後12ヵ月以内に，すべてが決済されると予想されない場合には，企業はその他の長期従業員給付の要求事項を適用しなければならない。

解雇給付は勤務との交換で提供されるものではないので，勤務期間への給付の帰属に関するIAS第19号（2011年）70項から74項（**本章7.2.3**参照）とは関連性がない［IAS第19号（2011年）170項］。

以下の設例は当基準から抜粋されている。

設例10.3

解雇給付の認識および測定

［IAS第19号（2011年）159項から170項を説明する設例］

背　景

最近の取得の結果，企業はある工場を10ヵ月後に閉鎖し，その時点で，その工場に残っている従業員の全員の雇用を終了することを計画している。企業はその工場の従業員の専門能力を，いくつかの契約を完了するために必要としているので，以下のような終了計画を発表する。

工場の閉鎖時まで勤務する従業員は，それぞれ雇用終了日にCU 30,000の現金支払を受ける。工場の閉鎖前に退職する従業員は，CU 10,000を受取る。

工場には120名の従業員がいる。計画発表の時点で，企業は20名が閉鎖前に退職すると予想する。したがって，この計画における予想キャッシュ・アウトフローの総額は，CU 3,200,000（すなわち，20×CU 10,000＋100×CU 30,000）である。IAS第19号（2011年）160項で要求しているとおり，企業は，雇用の終了との交換で提供される給付を解雇給付として会計処理し，勤務との交換で提供される給付を短期従業員給付として会計処理する。

解雇給付

雇用の終了と交換に提供される給付はCU 10,000である。これは，従業員が工場の閉鎖時まで勤務するのか閉鎖前に退職するのかに関係なく，雇用の終了に対して支払わなければならない金額である。従業員は閉鎖前に退職することもできるが，すべての従業員の雇用終了は，工場を閉鎖して彼らの雇用を終了するという企業の意思決定の結果である（すなわち，すべての従業員は工場の閉鎖時に退職する）。したがって，企業は，従業員給付制度に従って提供する解雇給付についてCU 1,200,000（すなわち，120×CU 10,000）の負債を，雇用終了の計画の発表時と企業が工場閉鎖に関連するリストラクチャリング費用を認識するときのいずれか早い方の時点で，認識する。

勤務との交換で提供される給付

従業員が10ヵ月の期間全部にわたって勤務する場合に受取る増分給付は，当該期間にわたり提供される勤務との交換によるものである。企業はそれを短期従業員給付として会計処理する。企業は年次報告期間の末日後12ヵ月以内にこの給付を決済すると予想するからである。この設例では，割引は必要なく，CU 200,000（すなわち，CU 2,000,000÷10）を10ヵ月の勤務期間中の各月に，対応する負債の帳簿価額の増額とともに認識する。

解雇給付がリストラクチャリングの一部として申入され，報告期間の末日後12ヵ月以内にすべてが決済されると予想されない場合，解雇給付は，IAS第37号に従ってリストラクチャリングの結果として認識されるその他の非流動の引当金とは別に測定される。このことは，IAS第37号が，現在の市場評価および負債に特有のリスクを反映する税引前割引率を使用して支出の現在価値を算定することを要求していることによる。

一方，IAS第19号（2011年）は，報告期間の末日後12ヵ月以内にすべてが決済されることが予想されないすべての解雇給付を，その他の長期従業員給付として測定し，優良社債の市場利回りを参照し決定された割引率を使用して割引くことを要求する。そのような優良社債の厚みのある市場がない場合には，代わりに国債の市場利回りを使用しなければならない。

10.4 開　示

IAS 第 19 号では，解雇給付について特定の開示を要求しないが，他の基準により開示が要求される。例えば，以下のとおりである［IAS 第 19 号（2011 年）171 項］。

- IAS 第 24 号「関連当事者についての開示」（解雇給付が経営幹部に関連する場合）
- IAS 第 1 号「財務諸表の表示」（従業員給付費用の開示を要求）

11　発効日および経過規定

IAS 第 19 号（2011 年）は 2013 年 1 月 1 日以後開始する事業年度に発効する。早期適用は認められる。企業が IAS 第 19 号（2011 年）を早期適用する場合には，その旨を開示しなければならない［IAS 第 19 号（2011 年）172 項］。

IAS 第 19 号（2011 年）は，原則として，遡及適用しなければならない。ただし，以下の 2 つを除く［IAS 第 19 号（2011 年）173 項］。

- 企業は，当基準の範囲外の資産の帳簿価額を，適用開始日前に算入された従業員給付費用の変動について調整する必要はない。適用開始日は，企業が IAS 第 19 号（2011 年）を適用する最初の財務諸表で表示する最も古い期間の期首である。
- 2014 年 1 月 1 日より前に開始する期間の財務諸表においては，企業は，確定給付制度債務の感応度に関する IAS 第 19 号（2011 年）145 項で要求している開示の比較情報を表示する必要はない。

したがって，例えば，IAS 第 19 号（2011 年）が適用される場合には，すべての認識されていない数理計算上の差異の累積額は，最も古い比較期間の期首に，資本に認識されることになる。

12　将来の進展

12.1　従業員拠出

2013年3月，IASBは勤務に関連する確定給付制度への任意でない拠出の処理を簡素化することを目的とする公開草案（ED／2013／4「確定給付制度：従業員拠出—IAS第19号の修正）を公表した（**本章7.2.4.8**参照）。当公開草案は以下を提案している。

- 従業員または第三者からの拠出が，それを支払うべきこととなる期間と同じ期間に提供された従業員の勤務のみに連動している場合に，当該拠出を当該期間の勤務費用の減額として認識することができる。
- その他の拠出は，当該退職後給付制度の総額での給付と同じ方法で勤務期間に帰属させなければならない。

コメント期間は，2013年7月25日までであった。最終修正は2013年第4四半期に公表の予定である。

訳者注

2013年11月，IASBは，「確定給付制度：従業員拠出」（IAS第19号の修正）を公表した。当修正では，勤務と連動する従業員または第三者からの拠出に対する，IAS第19号の要求事項を以下のとおり修正している。

- 拠出金額が，勤務年数とは独立している場合，拠出は関連する勤務が提供される期間の勤務費用の減額として認識できる。
- 拠出金額が，勤務年数に依存している場合には，これらの拠出は，IAS第19号70項に従い，総額での給付に使用されるのと同じ期間帰属の方法を使用して，勤務期間に帰属させなければならない。

当修正は2014年7月1日以後開始する事業年度から遡及的に適用となる。早期適用は認められる。

12.2 適切な割引率の決定

ここ数年，退職給付債務の測定のために使用される適切な割引率の決定に関する論点は，より活発に議論されている。2013年3月，IASBはIAS第19号の要求事項，特に，優良社債または国債の市場利回りを使用する要求事項について明確化するプロジェクトに着手した。公開草案は，2013年第4四半期に公表予定である。

訳者注

IFRS解釈指針委員会は，この論点を数回の会議で議論し，割引率の算定についての要求事項に関する追加的なガイダンスの公表または当該要求事項の変更は，範囲が広すぎて，解釈指針委員会が効率的な方法で対処することができないであろうと考えた。したがって，解釈指針委員会は，本論点は割引率に関するIASBの調査研究プロジェクトで扱うべきであると提案し，2013年11月に，この論点をアジェンダに追加しないことを決定した（2013年11月IFRICアップデート参照）。

第2章
法人所得税
Income taxes

目次

1　はじめに

本章は，IAS 第 12 号「法人所得税」および SIC 第 25 号「法人所得税―企業または株主の課税上の地位の変化」に基づく，当期税金および繰延税金の双方の会計上の取扱いについて記述する。

IAS 第 12 号は，直近では，IFRS 第 10 号「連結財務諸表」に対する**投資企業**の修正に伴う結果的修正のために 2012 年 10 月に修正された。それらの**投資企業**の修正は，投資企業である親会社はその子会社（投資関連のサービスまたは活動を提供している子会社を除く）への投資を純損益を通じて公正価値で測定しなければならないことを要求している（詳細については**第 2 巻 4 章 15** 参照）。IAS 第 12 号の結果的修正は，企業結合から生じる当期税金および繰延税金に関して IAS 第 12 号で認められている一般的な例外は，投資企業による，純損益を通じて公正価値で測定することが要求される子会社の取得には適用されないことを明確にしている。

投資企業の修正に伴う結果的修正は，2014 年 1 月 1 日以後開始する事業年度に適用され，早期適用が認められる。企業が 2014 年 1 月 1 日より前に開始する期間に**投資企業**の修正を適用する場合には，企業は**投資企業**の修正に含まれているすべての修正を同時に適用しなければならない [IAS 第 12 号 98C 項]。

2　範　囲

IAS 第 12 号は，法人所得税の会計処理を取扱っている。本基準は，法人所得税を「課税所得を課税標準として課される国内および国外のすべての税金をいう。法人所得税は，子会社，関連会社または共同支配の取決めが報告企業に利益分配をする際に納付する源泉税等も含んでいる」と定義している [IAS 第 12 号 2 項]。

IFRS第11号「共同支配の取決め」（2013年1月1日以後開始する事業年度に適用され，早期適用が認められる）をまだ適用していない企業については，IAS第12号2項の「共同支配の取決め」への参照を，「ジョイント・ベンチャー」への参照として読替えなければならない。

税金が「法人所得税」であるかどうかの決定には，特定の事実および状況に基づいた注意深い判断が必要である。この決定を行う際に考慮すべき要因として以下が含まれるが，これらに限定されるものではない。

- 課税額決定の「出発点」が，他の単位（例えば製品単位）ではなく，課税所得を基礎としているかどうか。
- 税金が，総額ではなく純額を意味する「課税所得」という概念を基礎としているかどうか。
- 税金が名目金額（例えば容積トン数）ではなく，実際の収益および費用に基づいているか。
- 税金の法的な内容または性質が，税金が課税所得に基づいて算定されることを意味しているか。
- 税金に関連する源泉徴収が存在するかどうか。

IFRIC（現在のIFRS解釈指針委員会）は，2006年3月のIFRICアップデートで公表された棄却通知で，このトピックについて言及した。課税所得の定義が，すべての税金がIAS第12号の範囲内であるとは限らないことを示唆し，また，税金費用と会計上の利益との関係の説明の開示に関する要求事項は，課税所得が会計上の利益と同じである必要はないことを示唆していることにIFRICは留意した。

法人所得税の定義を満たす可能性が低い税金には，以下を含む。

- 売上税（課税所得ではなく販売価値に基づく取引税であるため）
- 生産に基づく税額（**本章設例2.4A**参照）
- とん税（**本章2.2**参照）

異なる法域で課される税金には，同様の名称でよばれるが，法域によって詳細な適用が著しく異なるものがあり，注意しなければならない（例えば「石油収入税」― **本章設例 2.4B** 参照）。そのような税金が法人所得税であるかどうかは，ケース・バイ・ケースで決定しなければならない。

2.1 賦課金

2013 年 5 月に公表された IFRIC 第 21 号「賦課金」は，政府により課される「賦課金」に関する負債を認識する時期についての指針を提供している。賦課金は，以下を除く「法規制（すなわち，法律および／または規制）に従って政府により企業に課される，経済的便益を具現化する資源の流出」と定義されている。

(a) 他の基準の範囲に含まれる資源の流出（例えば，IAS 第 12 号の範囲に含まれる法人所得税）

(b) 法規制の違反に対して課される科料またはその他の罰金

したがって，政府により課されたいかなる「賦課金」も，法人所得税の定義を満たすかどうかを判断するために評価することが必要となる（前述参照）。法人所得税の定義を満たす場合，IFRIC 第 21 号ではなく IAS 第 12 号に従って会計処理しなければならない。

IFRIC 第 21 号の要求事項に関する詳細な記述は，**第 1 巻 14 章「引当金，偶発負債および偶発資産」** 9.4 において提供している。

2.2 とん税

いくつかの法域において船舶会社は，一般的な法人所得税に関する規則にかえて，「とん税」による課税を選択できる。とん税は，輸送トン数，容積トン数または名目上の利益を基礎として納付されることがある。

IFRIC（現在の IFRS 解釈指針委員会）は，2009 年 5 月の IFRIC アップデートで公表された棄却通知で，とん税について検討した。IFRIC は，輸送トン数または容積トン数に基づく税金は，純額ではなく総額に基づくものであり，名目利益に基づく税額は企業の実際の収益および費用に基づくものではないことに留意した。そのような税金はIAS第12号に従った法人所得税とは考えられず，包括利益計算書で税金費用の一部として表示してはならない。しかし，IFRICは，とん税を課される企業が，包括利益計算書に追加でとん税の小計を表示することが企業の財務業績の理解に関連性がある場合，それを表示するかもしれないとも述べている。

2.3　利息および罰金

多くの法域では，利息および罰金は，法人所得税の過少申告または納付遅延に対して課される。ある状況においては，支払期日のかなり後まで支払税額を税務当局と合意できないため利息および罰金が発生する場合があり，その場合，企業は利息および罰金を回避できないことがある。あるいは，企業が支払期日の前に適切な納税を行わないことを故意に選択したために，利息および罰金が発生する場合がある。

法人所得税の過小申告または納付遅延に対して課される利息および罰金は，それらが発生した状況とは無関係に，IAS第12号5項の当期税金または繰延税金の定義を満たさず（**本章3.1**および**4.1**参照），それらの性質に基づき，例えば財務費用（利息）または営業費用（罰金）として，財務諸表に表示しなければならない。

2.4　ハイブリッド税金

企業に異なる構成要素の税金が課されることがある。各構成要素がIAS第12号における法人所得税の定義を満たすかどうかを決定する際には，注意深く判断する必要がある。

設例2.4A
生産基準および利益基準の双方の要素で構成される税金

会社 A は，生産基準および利益基準という 2 つの別個の構成要素からなる税金を課されている。生産基準の構成要素は，売却された製品 1 トン当たりに対する最小固定税額である。ただし，企業の収益性により，税金総額がこの 1 トン当たりの最小固定税額を超える場合がある。

この生産基準による税額は，課税所得ではなく売却された製品の重量に基づくため，法人所得税と考えるべきではなく，IAS 第 12 号の範囲外となる。一方，利益基準の構成要素に対して課される税額は法人所得税と考えるべきであり，IAS 第 12 号の範囲内となる。

生産基準の税額は，「売上原価」または「営業費用」のいずれかに含めて報告され得るが，前者が望ましい。いずれの場合も，表示は会社の活動の実質を反映しなければならず，首尾一貫して適用されなければならない。

設例2.4B
石油収入税

多くの法域において，「石油収入」に税金が課されている。この税金は一般的に，特定の資源産業で企業が生み出す「超過利潤」に対する税務当局の課税を保証するように設計されている。

石油収入税は法域によって異なるが，一般的に，採掘活動による収益から損金算入可能な支出となる特定項目を減額した金額に基づいて算出される。損金算入可能な支出は主に採掘活動に関連する項目に限定される場合が多いが，管理費用や当該産業における保有資産に基づく控除額といった他の金額を含む場合がある。

さらに，企業の「通常の」法人所得税支払額を算定するときに，石油収入税支払額自体が損金算入されることが多い。

法人所得税を定義する重要な特性は，それが課税所得という尺度を基礎とすることである。特定の法域の石油収入税が法人所得税であるかどうかは，当該法域における規則，および課税の基礎が収益または純利益のどちらを尺度にしているかの判断による。

石油収入税を目的とする「課税所得」が，ある法域の一般的な法人所得税制度を目的とする「課税所得」と異なるとしても（例えば，事業の一部のみに関連するため，または異なる損金算入項目や税額控除が利用可能なため），それ自体は無関係である。なぜなら，石油収入税の基礎は，依然として純利益を尺度としていると考えられるからである（たとえ，一般的な法人所得税の基礎として利用される純利益と異なるものであっても）。

企業の通常の法人所得税支払額を算定する際に石油収入税が損金算入される場合であっても，このことが石油収入税をIAS第12号の目的上，法人所得税と考えることを妨げるものではない。IAS第12号２項で参照される「すべての」国内税額とは，特定の法域における法人所得税の形態が複数存在する場合があることを示唆している。

2.5　投資税額控除

IAS第12号４項は，当基準は政府補助金または「投資税額控除」の会計処理を扱っていないことを規定している。「投資税額控除」は，多くの課税法域で，税務上の幅広い取決めを記述するために使用される用語であるが，IAS第12号は「投資税額控除」を定義していない。したがって，実務上「投資税額控除」を会計処理する第一歩は，それがIAS第12号の範囲にあるかどうかを決定することである。たとえ税務当局が税務上の便益を投資税額控除として言及していても，この税務上の便益がIAS第12号の範囲外であるかどうかを決定するために，その実質を考慮することが重要である。税額控除（IAS第12号の範囲外）は税金支払額を減額するものであり，課税所得の決定要素となる損金算入額（IAS第12号の範囲内）とは区別される。

IAS第20号「政府補助金の会計処理および政府補助の開示」（**第２巻16章**参照）は，幅広い範囲の除外を設けているが，これは投資税額控除に対してのみではなく，「課税所得の算定に利用できる便益，または法人所得税負債を基礎に算定または限定される便益という形で企業に提供される政府補助」に対しても同様である。

税額控除が投資税額控除であると決定された場合（その結果，IAS第

12号およびIAS第20号の範囲外となる場合），最も適切な会計上の取扱いを決定することは，IAS第8号「会計方針，会計上の見積りの変更および誤謬」における判断の問題であるが，IAS第12号またはIAS第20号を類推することが適切な場合がある。一般的に，IAS第12号に類似するアプローチが適用される場合，企業が控除を受ける要件を満たすときに，純損益および財政状態計算書における関連資産として当該控除が認識されることになる。取決めの実態が政府補助金に近いと考えられ，IAS第20号のアプローチが適用される場合，税額控除は，その便益と，当該便益による補償が意図されたコストとを対応させるための必要期間にわたって，純損益で認識されることになる。

2.6 還付される税額控除

ある法域では，以下のいずれか，または双方の特性を有する税額控除が生じることがある。

- 税額控除が，単に当該控除が発生した年度の法人所得税支払を減額する，または，数年間にわたって法人所得税支払を減額するのみではなく，現金還付を得るために利用できることがある。したがって，税額控除の便益は，控除を利用できる将来または過去の税金負債を有する企業だけに関連するわけではない（例えば，税務上の欠損金があるにもかかわらず，全部または一部の現金還付を企業が受けられる場合がある）。
- 税額控除は，当年度中に支払った法人所得税と法人所得税以外の税金との合計に対する還付を受けるために利用できることがある。例えば，まず税額控除が当年度の法人所得税と相殺され，次に当年度の他の税金（例えば給与税）と相殺され，相殺されなかった残額が将来年度に繰越される場合がある。

そのような控除は，「還付される」税額控除とよばれることがある。

還付される税額控除がIAS第12号の範囲に含まれるかどうかは，検討対象となっている特定の税額控除に関する固有の条件による。そのような還付される税額控除の最も適切な会計処理は，IAS 第 8 号に基づいて決定されるべき判断事項である。特定の税額控除の実質を注意深く見極める必要があり，これには控除を受けるために満たしていなければならない要求事項や，実務上の控除を実現させる方法が含まれる。IAS 第 12 号および IAS 第 20 号は，適切な会計方針を決定するために最も適切な参照規定を提供していると考えられる。例えば，税額控除が現金の還付を発生させるために使用され，かつ，その実現が過去または将来のいかなる税金負債にも依存していない場合，当該税額控除は，政府補助金の特性を有し，IAS 第 12 号の範囲外であると結論付けることが合理的であろう。

2.7　追加の損金算入額

設例2.7

追加の損金算入額の会計処理

企業 A は，在外投資先に 25％超投資しており，いくつかの特定の要件を満たす場合には追加の損金算入を受けられる。この損金算入は，在外企業への投資を促進するために付与されている。

特定の要件を満たす場合，追加損金算入額は投資コストの 50％となる。企業 A は，当年度の税金負債の算定において損金算入を利用することが認められた。代替的に，企業 A は，損金算入申請を繰延べられるが，最長 5 年間に限定される。

IAS 第 12 号 7 項は，資産の税務基準額を「企業が資産の帳簿価額を回収するときに，企業に流入する課税対象となる経済的便益に対して税務上減算される金額」であると定義している（**本章 4.2.1** も参照）。

記述された状況において，損金算入額は，利用または売却を通じた投資の回収から独立して利用することが可能であり，資産の税務基準額の一部とはならない。

当該インセンティブは，原資産に直接関連するものではない。繰延べる場合，それは未使用の損金算入額を表すこととなり，IAS 第 12 号 34 項に従って（**本章 4.6** 参照），利用可能な未使用の損金算入額に対して将来の課税所得を利用できる可能性が高い範囲で，繰延税金資産を認識しなければならない。

本章設例 2.7 で記載されているタイプの取決めは，「投資税額控除」とよばれることが多い。しかし，所在地の税法における「投資税額控除」という用語の使い方が，IAS 第 12 号における用語の使い方と必ずしも一致している必要はない。税務上のインセンティブがIAS 第 12 号の範囲であるかどうかを決定するためには，「投資税額控除」とよばれる税務上のインセンティブの詳細な適用を検討する必要がある（**本章 2.5** 参照）。

2.8　税務ストラクチャリング取引における支払の分類

タックス・プランニング戦略を実施する場合，戦略の設計者に支払うコストが企業に発生することがしばしばある。そのようなコストが，法人所得税の定義を満たすのか，または営業費用として取扱うべきかを決定する際に，企業は，支払が当該戦略設計者に対するものであるのか，または企業に代わって税務当局に支払うために戦略設計者に支払われたのかに留意する必要がある。

設例2.8

税務ストラクチャリング取引における支払の分類

企業 A の実効税率は 40％である。企業 A は，投資銀行と取引を開始した。当該投資銀行は，企業 A の活動の一部（CU 1,000 の利益を創出）について，企業 A の所在地の課税制度ではなく，租税回避国で課税されることを可能にした。

投資銀行は，取引を開始する前の課税所得合計に対する 30％の報酬を受取り，そのうちの 10％（CU 30）を租税回避国の税務当局に対して支払う。企業 A の所在地の税務の取扱いは，取引の当初所得（CU 1,000）の 10％について税金（40％）を支払うというものである。以下の表では，課税所得および納税額への取引の影響を説明している。

（単位：CU）

	ストラクチャリング前	ストラクチャリング後
ストラクチャリング前の課税所得	1,000	1,000
投資銀行に支払う手数料	−	(300)
企業 A 所在地の税金（40%）	(400)	(40)
投資銀行に支払う手数料および税金を控除後の利益	600	660

企業 A が投資銀行に支払う手数料は，法人所得税費用として分類すべきであろうか。

分類すべきではない。ただし，投資銀行が支払う税金が，企業 A に代わって支払われたものであるかどうかを検討する必要がある。

企業 A に代わって最終的に税務当局に支払われる金額のみを，税金費用と考えなければならない。記載された状況では，投資銀行による納税に関する税務リスクを実質的に企業 A が負担し続けているか，または，銀行が自らのために CU 30 を納税するかについて，評価する必要がある。企業 A が，投資銀行の納税に関するほとんどすべての税務リスクを保持する場合，すべての直接的および間接的な税務当局への支払額は税金費用と考えるべきであり，CU 70（企業 A が納税した同社所在地の税金 CU 40 と，企業 A に代わって投資銀行が納税した租税回避国の税金 CU 30）の税金費用を認識する結果となる。投資銀行がすべての税務リスクほとんどすべてを引継ぐ場合，投資銀行に支払われるすべての手数料は営業費用であり，所在地の税金である CU 40 のみが税金費用となる。

企業 A が税務上のリスクを保持しているかどうかを決定するためには，以下の要素を考慮する必要がある。

- 投資銀行が税金を支払わない場合，税務当局が企業 A に支払を要求する権限を有しているかどうか。
- これまでの支払が誤って計算されていたことが判明した場合，企業 A は税金の追加支払を要求されるか（または，還付の権利が与えられるか）どうか。

2.9　税務上の欠損金を取得するための支払

設例2.9

税務上の欠損金を取得するための支払の分類

ある法域では，あたかも別個に課税され法人所得税を支払う独立した納税者として，それぞれの会社が税務申告書を提出することを，税務当局が要求する。しかし，納税グループ（例えば，共通支配下にある企業グループ）において，欠損金が企業間で移転され，買手企業の課税所得との相殺に使用される場合がある。税務上の欠損金のために支払われる価格は，売手と買手との間の合意で決定される。

例えば，企業Ａと企業Ｂとはともに企業Ｐの直接の子会社である。法域における税率は30％である。企業Ａは，合意した価格であるCU 50で，企業ＢからCU 100の税務上の欠損金を取得し，その欠損金をすぐに利用している。

個別財務諸表で，企業Ａは，税務上の欠損金を取得するため企業Ｂに実施した支払をどのように分類すべきか。

この設例では，支払価額CU 50は，企業Ａが取得した税務上の便益（CU 100×30％＝CU 30）を上回る。支払額は，その税務上の便益の範囲においてのみ，企業Ａの税金負債の決済と考えられる。そのため，支払額のうちCU 30のみが，企業Ａの税金負債と相殺されるべきである。

超過支払額CU 20の会計上の取扱いは，取引の実態を反映すべきである。特に，企業Ａは，超過支払額CU 20に対応する他の何かを企業Ｂから購入したかどうかを検討する必要がある。もしなければ，取引の実態は，超過支払額CU 20が共通の親会社である企業Ｐの意思に従った企業Ａから企業Ｂに対する分配を意味すると考えられる。したがって，企業ＡはCU 20を分配として資本で認識しなければならない。

実際に，欠損金は税務申告に含められ，企業Ａは申告書の金額を基礎とした，より小さい税金費用と税金負債を認識することになる。したがって，CU 50の現金支払を反映する仕訳は，以下のとおりとなる。

		(単位：CU)
(借) 税金費用	30	
(借) 分配	20	
(貸) 現金		50

3　当期税金

3.1　定　義

当期税金は，ある期間の課税所得（税務上の欠損金）について納付すべき（還付される）法人所得税額と定義される［IAS 第 12 号 5 項］。当期税金は，企業が 1 会計期間について納付（還付）を見込んでいる税金である。

課税所得（税務上の欠損金）は，税務当局が定めたルールに従って算定され，それに対して法人所得税が課される（還付される）ある期間の利益（損失）と定義される［IAS 第 12 号 5 項］。

3.2　当期税金資産および負債の認識

IAS 第 12 号の基本的な要求事項は，当期および過年度の報告期間の当期税金が未納となっている範囲で，負債として認識しなければならないとしている。反対に，当期および過去の期間について支払済の額が，それらの期間に支払うべき額を超過する場合，当該超過額を資産として認識しなければならない［IAS 第 12 号 12 項］。

同様に，過年度に支払った当期税額の還付を受けるために欠損金の繰戻ができる場合，資産が認識される［IAS 第 12 号 13 項］。このように，ある年度（例えば 20X3 年）に企業に欠損金が生じ，過年度（例えば 20X2 年）に支払った税額を還付するために繰戻される場合，当該欠損金が生じた年度（すなわち 20X3 年）に還付による当期税金の便益を認識する。

一般的に，当期税金は純損益で認識されるが，これには 2 つの例外がある

［IAS 第 12 号 58 項］。

- 当期税金が，同じ期間または異なった期間に，純損益の外で（その他の包括利益に，または直接資本に）認識される取引または事象の結果として生じる場合（**本章 3.2.1** 参照）
- 当期税金が企業結合から生じる場合（**本章 3.2.2** 参照）

投資企業の修正（2014 年 1 月 1 日以後開始する事業年度に適用され，早期適用が認められる― 詳細については**第 2 巻 4 章 15** 参照）を適用している企業について，企業結合の例外は投資企業（IFRS 第 10 号「連結財務諸表」で定義される）による，純損益を通じて公正価値で測定することが要求される子会社の取得には適用されないことを明確化するため，IAS 第 12 号 58 項が修正されている。

3.2.1　純損益の外で認識される項目

当期税金が，同じ期間または異なった期間に，純損益の外で認識される項目に関係する場合，当期税金は純損益の外で認識される。当期税金が，その他の包括利益で認識される項目に関する場合，当期税金もその他の包括利益で認識される。税金が，資本で直接認識される項目に関する場合は，当期税金も資本で直接認識される［IAS 第 12 号 61A 項］。

3.2.1.1　その他の包括利益で認識される項目

その他の包括利益で認識することが IFRS で要求される（または，許容される）項目には，以下のものが含まれる［IAS 第 12 号 62 項］。

- IAS 第 16 号「有形固定資産」による有形固定資産の再評価
- IAS 第 21 号「外国為替レート変動の影響」による在外営業活動体の財務諸表の換算の際に生じる為替差額

　当期税金に影響を与え得るその他の包括利益で認識される他の項目として，税務上は利得および損失と評価されたものが，同一期間にその他の包括利益で認識されている場合における，IFRS 第9号「金融商品」においてその他の包括利益を通じて公正価値で測定するものとして指定された資本性金融商品への投資の公正価値の変動（または，IFRS 第9号をまだ適用していない企業については，売却可能有価証券の公正価値の変動）がある。

3.2.1.2　資本に直接認識される項目

　IFRS で直接資本に貸方または借方計上することが要求される（または許容される）項目には，以下のものが含まれる［IAS 第12号62A 項］。

- IAS 第8号「会計方針，会計上の見積りの変更および誤謬」に従って，遡及的に会計処理される会計方針の変更，または誤謬の訂正から生じる期首利益剰余金の修正
- IAS 第32号「金融商品：表示」における複合金融商品の資本部分の当初認識（**本章 5.3.4** 参照）

　税金が資本に直接借方計上される他の一般的な状況としては，企業が株主に代わって配当金の一部を税務当局に支払うことを要求される場合（しばしば，「源泉税」とよばれる）がある。税務当局に支払済または支払予定の金額は，配当の一部として資本に借方計上される（**本章 4.7.2.1** 参照）［IAS 第12号65A 項］。

　当期税金が資本で直接認識される状況はかなり限定されている。このような取扱いが要求されるのは，特定の法域の税法によって，会計上は資本で直接認識された項目が，同じ期間の当期税金費用または収益に影響を与える場合である。例えば，

- 資本性金融商品の発行に関連する取引コストを，税務上は発生した期間に損金算入できる。

- キャピタル・ゲイン課税が，企業自身の資本性金融商品の取引に関して実施される（**本章設例 3.2.1.2** 参照）。
- 持分決済型の株式に基づく報酬に対する当期の損金算入額が，株式に基づく報酬に関して認識された純損益の費用の累積額を上回る（**本章 5.6** 参照）。

設例3.2.1.2
子会社が保有する自己株式の売却から生じる税金

会社 S（子会社）は，その親会社（会社 P）の普通株式の 10%を保有する。これらの株式は当該グループでは自己株式に分類される。会社 P は会社 S から株式を買戻し，その後に株式は消却され，連結財務諸表の自己株式の認識が中止される。

当該グループが活動する課税法域での法律に従い，企業が資産を基準となるコスト以上で売却する場合は，企業にキャピタル・ゲイン課税（CGT）が行われる。このような状況下，会社 S は基準となるコスト以上で株式を売却しており，売却による CGT が発生する。したがって，当該グループには売却による CGT が発生している。

連結財務諸表において，資本のある分類（自己株式剰余金）から資本の別の分類（資本金，または現地の法律で要求される他の剰余金）への振替は，株式の消却を反映させるように実施される。CGT は消却に関連する取引コストを表しており，資本に直接認識しなければならない。

3.2.1.3 純損益の外で認識されるべき金額に関する不確実性

企業が，純損益の外（その他の包括利益，または資本に直接のいずれか）で認識される項目に関連する当期税金の金額を算定できない場合，合理的な比例配分金額，または，より適切な配分となる他の方法に基づいて金額を算定する。このような状況はまれに生じるものと考えられ，例えば，そのような不確実性が生じるのは，法人所得税が累進税率で，課税所得（税務上の欠損金）のなかの特定の部分の課税に適用される税率を算定できない場合である [IAS 第 12 号 63 項]。

設例3.2.1.3
純損益とその他の包括利益への税金の比例配分

企業Aが営業する法域では，有形固定資産の再評価が会計目的で認識されたときに課税される。20X1年に，企業Aは，会計上の利益をCU 1,000，その他の包括利益で再評価益をCU 200認識する。その結果，課税所得合計はCU 1,200となる。税金は，課税所得の最初のCU 600までは20%，CU 600を超える課税所得に対しては30%が課される。

年間の税金合計　　CU 600×20%＋CU 600×30%＝CU 300

この累進的な課税制度においては，課税所得総額のいずれの構成部分が，各々の特定の税率を課されているかを決定することはできない。したがって，企業Aは，合理的な比例配分により，CU 300の当期税金負債を純損益とその他の包括利益に配分する必要がある。企業Aの全体的な平均税率は25%（CU 1,200の課税所得に対してCU 300の課税）であり，企業は，合理的な配分のためにこの平均税率を使用することができる。その年の当期税金負債を認識する仕訳入力は，以下のとおりである。

（単位：CU）

（借）当期法人所得税－純損益（CU 1,000×25%）	250	
（借）当期法人所得税－その他の包括利益（CU 200×25%）	50	
（貸）未払税金－財政状態計算書		300
その年の当期税金負債の認識		

3.2.1.4 過去にその他の包括利益で認識された利得および損失に関する当期税金への影響の，資本から純損益への振替

本章3.2.1での説明のとおり，IAS第12号61A項は，その他の包括利益で同一または異なる期間に認識された項目に関する当期税金を，その他の包括利益で認識することを要求している。

ある場合にIFRSは，その他の包括利益で当初認識された利得または損失を，事後的に純損益に振替えることを要求している。例えば，以下のよう

な場合である。

- 過去にその他の包括利益で認識されたキャッシュ・フロー・ヘッジに生じた利得または損失は，ヘッジされた将来キャッシュ・フローが純損益に影響を与えたときに，資本から純損益へ振替えられる（IAS 第 39 号「金融商品：認識および測定」における条件に従って）。
- 過去にその他の包括利益で認識された純投資ヘッジに生じた利得または損失は，当該純投資が純損益に影響を与えたときに，資本から純損益へ振替えられる。
- IFRS 第 9 号をまだ適用していない企業について，過去にその他の包括利益で認識された，売却可能金融資産で生じた利得または損失は，資産が処分されるか，または減損が決定したときに，資本から純損益に振替えられる。
- 在外営業活動体の処分または一部処分（支配を維持した状態での子会社の一部処分を除く）において，為替換算調整勘定の全部または一部が処分損益の一部として資本から純損益に振替えられる。

そのような利得および損失が，その他の包括利益で当初認識された期間の課税所得の算定に含まれるかどうかは，特定の課税法域の規則による。

そのような利得および損失が，その他の包括利益で認識されたときに当期税金を発生させる場合，（IAS 第 12 号 61A 項に従って，その他の包括利益で当初認識された）当期税金を，関連する利得および損失が振替えられたときに，事後的に純損益に振替えるべきかどうかについては議論がある。

最も適切な取扱いは，振替えられた利得または損失に関連する当期税金費用または便益も，純損益に振替えることである。IAS 第 12 号は，過去にその他の包括利益で認識された当期税金への影響額の振替については言及していないが，（該当する場合は）ある取引に係る税金への影響は関連する利得または損失と整合する方法で報告されなければならない，とする IAS 第 12 号の原則は明確である。この原則は，利得および損失がその他の包括利益で認識されるときに適用され，また同様に，利得および損失が事後的に純損益に振替えられたときにも適用される。

このアプローチの説明は，**本章設例 3.2.1.4** を参照。設例においては，実現した損失と関連する税金は双方とも純損益で認識されるため，企業の実効税率には影響がないことに留意する。

設例3.2.1.4
過去にその他の包括利益で認識された利得および損失に関する当期税金への影響の，資本から純損益への振替

会社 Y は，IAS 第 39 号に従って売却可能に分類される金融資産のポートフォリオを保有している。財務報告目的では，資産の未実現利得および損失はその他の包括利益で認識されている。IAS 第 12 号に従って，すべての税金への影響がその他の包括利益で認識される。

現地の税法において，投資ポートフォリオの未実現利得および損失は課税所得の算定に含められる。その結果，各年度の金融資産の価値の変動は，当期の税金支払額に影響を与える。

20X1 年において，資産の未実現損失は CU 5 百万である。20X2 年中，資産の市場価格に変動はない。20X2 年末日に会社 Y は，当該資産を売却し，以前に認識された CU 5 百万の税引前損失を実現させた。

20X1 年および 20X2 年の税率は 30%である。会社 Y は，20X1 年に課税所得を有している。

20X1 年の仕訳は，以下のとおりである。

（単位：CU 千）

（借）投資に関する未実現損失（その他の包括利益）	5,000	
（貸）投資ポートフォリオ		5,000
売却可能資産の未実現損失をその他の包括利益で認識		
（借）当期税金負債	1,500	
（貸）当期税金便益（その他の包括利益）		1,500
未実現損失に係る税金への影響の認識― 現地の税法に従い，時価に基づいて算定（CU 5 百万×30%）		

20X2 年の仕訳入力は以下のとおりである。

(単位：CU 千)

(借) 売却損（純損益）	5,000	
(貸) 投資に関する未実現損失（その他の包括利益）		5,000
20X2 年の資産ポートフォリオの売却に係る，税引前損失の資本から純損益への振替の認識		
(借) 当期税金費用（その他の包括利益）	1,500	
(貸) 当期税金便益（純損益）		1,500
20X2 年の資産売却に係る実現損失に関する税金への影響の，資本から純損益への振替の認識		

3.2.1.5 配　当

法域によっては，純利益または利益剰余金の一部または全部が企業の株主に配当として支払われる場合，法人所得税がより高い，または，より低い税率で支払われることがある。別の法域では，純利益または利益剰余金の一部または全部が企業の株主に対する配当として支払われると，法人所得税が還付または支払となる場合がある。このような状況においては，当期税金および繰延税金資産および負債は，未分配利益に適用される税率で測定される［IAS 第 12 号 52A 項］。

上述の状況では，配当の法人所得税への影響は，配当支払の負債が認識されるときに認識される。配当の法人所得税への影響は，企業の所有者への分配よりも，過去の取引や事象の方に直接的に関連している。したがって，配当の法人所得税への影響は，IAS 第 12 号 58 項 (a) および (b) で示す状況から生じる配当の法人所得税への影響を除き（**本章 3.2** 参照），IAS 第 12 号 58 項で要求されているように，その期間の純損益に認識される［IAS 第 12 号 52B 項］。

3.2.2 企業結合から生じる当期税金

企業結合から生じる当期税金は，純損益で認識してはならない［IAS 第 12 号 58 項 (b)］。

投資企業の修正（2014 年 1 月 1 日以後開始する事業年度に適用され，早期適用が認められる。詳細については**第 2 巻 4 章 15** 参照）を適用している企業について，企業結合の例外は，投資企業（IFRS 第 10 号「連結財務諸表」

で定義される）による，純損益を通じて公正価値で測定することが要求される子会社の取得には適用されないことを明確化するため，IAS 第12号58項が修正されている。

IAS 第12号は，企業結合が被取得企業の当期税金に直接的な影響を与える場合に発生する修正に対する，取得企業の連結財務諸表における適切な取扱いについて特に言及していない（IAS 第12号58（b）項から参照されるIAS 第12号66項から68項は，繰延税金の会計処理のみ説明している）。しかし，当期税金に対する修正は，繰延税金に対する修正と整合して取扱われなければならない。そのため，当期税金に対する修正も，企業結合に関する当初の会計処理の一部として処理する必要がある。

例えば，所有者の変更が，税率の変更や優遇税制の喪失をもたらす場合がある。結果として当期税金資産または負債の修正となった場合，再測定される当期税金資産または負債は，被取得企業で認識される識別可能な純資産に含められなければならず，その結果，当該修正が，連結財務諸表で認識されるのれんまたは割安購入益の金額に影響する。

被取得企業の財務諸表における適切な会計処理は，SIC 第25号「法人所得税— 企業または株主の課税上の地位の変化」に従って決定される（**本章4.7.8**参照）。

3.3　当期税金資産および負債の測定

当期および過去の期間の当期税金資産および負債は，報告期間の末日において制定され（enacted）または実質的に制定されている（substantively enacted）税率（および税法）を使用して，税務当局に納付（または当局から還付される）と予想される金額で測定する［IAS 第12号46項］。使用すべき適切な税率に関して生じる全般的な論点に関する議論は，**本章4.5.2**を参照。**本章4.5.2.2**は，「実質的に制定されている」の意味を議論している。

当期税額の支払期日が将来の期間に到来する場合，割引の影響が重要である場合には，当期税金は割引後の金額で認識しなければならない。これは，IAS 第 12 号 53 項で要求されている，繰延税金は決して割引かれることはないとする会計処理と対照的である（**本章 4.5.5** 参照）。

設例3.3

当期税金負債の割引

企業 A は，創業したばかりの会社である。当法域での新規事業に対して，現地の課税当局は，税金支払を 5 年間部分的に繰延べる権利を付与しており，企業 A は適格である。この取決めで，企業 A は，税務年度末に当期税金請求額の60％を支払わなければならないが，40％は5年後の税務年度末まで繰延べられる。

当期税金に対する負債を測定する際に，その影響が重要である場合は，企業 A は，5 年間繰延べられる金額を割引かなければならない。企業 A は，当期税金請求総額の 60％の当期税金負債を認識し，さらに，当期税金請求総額の 40％を 5 年間で割引いた金額を，非流動の税金負債として認識しなければならない。

翌年度以降における割引からの戻入額は，財務費用として表示しなければならない。これは IAS 第 12 号の当期税金費用の定義を満たさないからである。

3.3.1 不確実な税務ポジション

企業は，それぞれの関連する課税法域において適用される税法に従って法人所得税を算定し，支払う必要がある。しかし，税法は，可能性のあるすべての取引に関する税務上の帰結を明確に説明しているわけではない。したがって，複雑な取引に課税ルールを適用する場合，財務諸表（および税務申告書）作成者と税務当局とで解釈が定まらない場合がある。

税務当局は，当期税金費用の算定において企業が採用した考えに対して異議を唱え，追加の支払を要求したり，税務上の欠損金または他の税務上の取扱いを認めなかったりする場合がある。財務諸表作成目的で税金資産および負債を測定するとき（また，税務申告書を提出するとき）に企業が採用する税務上のポジションで，税法上の解釈が明確でないものは，一般的に「不確実な税務ポジション」とよばれる。

不確実な税務ポジションは，当期税金負債または資産として認識される金額に影響を与え，IAS第12号の範囲内となる。IAS第12号46項は，「当期および過去の期間の当期税金負債（資産）は，税務当局に納付（または税務当局から還付）されると予想される額で算定しなければならない」と規定している。

IAS第12号は，不確実な税務ポジションの認識および測定に関する明確な指針を含んでいない。法人所得税は，IAS第37号「引当金，偶発負債および偶発資産」の範囲外であるが，不確実な税務ポジションは「時期または金額が明確でない負債」を発生させるため，IAS第37号10項の指針は不確実な税務ポジションに関連性があると考えられる。その結果，不確実な税務ポジションを適切に認識し，測定する際に，作成者は，IAS第37号の認識と測定の要件を類推して利用することとなる。しかし，測定された負債を，IAS第37号で認識された他の引当金に含めて表示することは適切ではない。なぜなら，IAS第37号5項（b）は，当該基準の範囲からIAS第12号で対象となる引当金を明確に除外しているからである。

企業が当期税金負債（資産）を決定する際にとったいかなる不確実な税務ポジションも，関連するすべての情報を十分に知っている適切な税務当局によって調査されることが推定されなければならない。

したがって，企業は，不確実な税務ポジションの会計処理にあたって，2段階の手順を踏むべきである。

- 税務当局によって100％発見されるリスクがあるとすでに推定したうえで，企業はIAS第37号14項（b）に従って，経済的資源の流出が起こる**可能性が高い**かどうかを決定しなければならない（すなわち，税務当局が不確実な税務ポジションを調査し，例えば，企業が特定の税額控除または損金算入の権利が与えられない可能性，または，特定の収益取引における課税を認定される可能性が高いかどうかを企業は考慮しなければならない）。IAS第37号では，経済的資源の流出が発生しない可能性よりも発生する可能性が高ければ，「可能性が高い（probable）」とされることに留意する。

- 蓋然性の閾値を満たす場合，企業は関連する税務当局による不確実な税務ポジションの調査に関する潜在的な影響を測定する必要がある。すなわち，企業は喪失するかもしれない税務上の便益の金額について最善の見積りを行う必要がある。当該金額は，IAS 第 37 号 39 項から 40 項に示されている指針に従って決定することができる。

IAS 第 37 号 38 項で記述されているとおり，算出される金額の最善の見積りは，「企業の経営者の判断により決定されるが，類似の取引の経験や，場合によっては，独立した専門家の報告によって補足される」。

不確実な税務ポジションに関する開示要求は，IAS 第 12 号だけではなく，IAS 第 1 号 125 項の要求によっても規定され，次年度の資産および負債の帳簿価額に重要な修正をもたらす重要なリスクがある場合には，見積りの不確実性の主要な発生要因を開示する。

不確実な税務ポジションによって，（例えば，税務当局への支払の可能性が高くないため）引当金を認識していない偶発的な税金負債が生じる場合，企業は，IAS 第 12 号 88 項の要求事項も考慮しなければならない。当該項は，「企業は，税金関連の偶発負債および偶発資産をIAS 第 37 号に従って開示する。偶発負債および偶発資産は，例えば，税務当局との未解決の論争から生じる場合がある」と規定している。

不確実な税務ポジションから生じる潜在的負債の企業結合における認識および測定は，**本章 5.1.8** で取扱っている。

3.3.1.1　不確実な税務ポジションに関する資産の認識

設例3.3.1.1

不確実な税務ポジションに関する資産の認識

企業 X は，現地の課税当局と金額 CU 100 に関して争っているが，現地の税法で要求されているため，当該金額の支払を実施した。争いが未解決の間，この現金は課税当局によって第三者に預託され，解決した時点で企業 X に返還されるか，または，争いから生じた税金負債を決済するために使用される。

企業 X は，争っている金額に関してなんらかの税金負債が発生する可能性が高い（probable）とは考えておらず，そのため，これに関するいかなる義務も認識していない（このような「不確実な税務ポジション」に関する適切な認識要件の議論については**本章 3.3.1** 参照）。

企業 X は，CU 100 の支払を資産として認識すべきか。

認識すべきである。この資産は，IAS 第 37 号「引当金，偶発負債および偶発資産」で定義される偶発資産ではない。なぜなら，不確実な将来事象の結果（すなわち，税務訴訟の解決）が回収方法を確定させるが，資産の「実在性」に関する不確実性はないからである。資産は税務当局からの現金返済によって回収されるか，訴訟の解決により発生する税金負債の決済に使用される。

企業 X は，存在する不確実な税務ポジションを継続的にモニターすべきである。また，税務訴訟の結果，税務当局が保持している CU 100 の一部または全部で訴訟から生じる税金負債を決済する結果となる可能性が高い（probable）と考えられるならば，そのときに税金費用を認識すべきである。

3.4　企業またはその株主の税務上の地位の変動

SIC 第 25 号「法人所得税 ― 企業または株主の課税上の地位の変化」は，このような税務上の地位の変動の結果に関する，適切な会計処理を取扱っている。SIC 第 25 号は，当期および繰延税金に等しく適用され，内容については**本章 4.7.8** で詳細に説明している。

4　繰延税金

4.1　一般的アプローチ

IAS 第 12 号は，一時差異（すなわち，資産または負債の帳簿価額と税務基準額との差異）の税効果を認識することで，財政状態計算書に焦点を当てている。

繰延税金負債は，将来加算一時差異に関して将来の期間に課される税額と定義される［IAS 第 12 号 5 項］。

繰延税金資産は，以下の項目に関連して将来の期間に回収されることとなる税額と定義される［IAS 第 12 号 5 項］。

- 将来減算一時差異
- 税務上の欠損金の繰越
- 税額控除の繰越

繰延税金資産および負債は，以下の算式を使用して算定される。

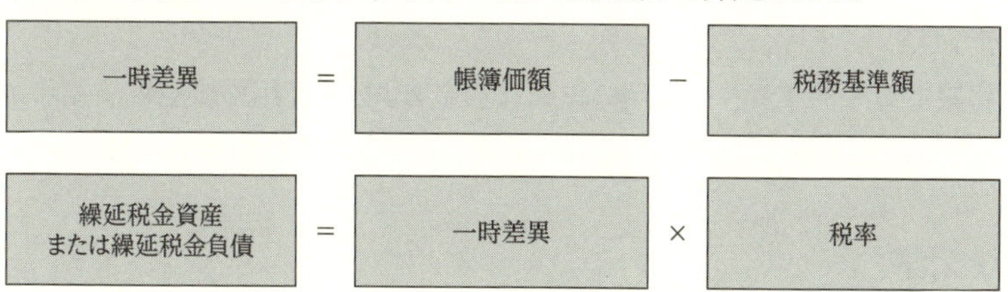

したがって，繰延税金の認識は，2 つの中心的な概念によっている。

- 税務基準額（**本章 4.2.1** で定義）
- 一時差異（**本章 4.3** で定義）

IAS 第 12 号に従った，繰延税金資産および負債の主要な算定ステップは，以下のとおりである。

ステップ1

財政状態計算書の各資産および負債の税務基準額を算定する（**本章 4.2** 参照）。会計目的で認識される関連資産または負債がない場合でも，一時差異が発生することに留意する（**本章 4.2.4** 参照）。

ステップ2

上述の各項目について一時差異（もしあれば）を算定する（**本章 4.3** 参照）。

ステップ3

本基準書に規定される認識要件および当初認識の例外を考慮して，繰延税金資産または負債を生じさせる一時差異を識別する（**本章 4.4** 参照）。

ステップ4

制定された税率（または実質的に制定された税率）に基づき，一時差異が解消するときに適用が予想される税率を各一時差異に乗じて，それらの一時差異に起因する繰延税金を算定する（**本章 4.5** 参照）。

ステップ5

将来減算一時差異，未使用の繰越欠損金および未使用の繰越税額控除から生じる繰延税金資産の回収可能性を評価する（**本章 4.6** 参照）。

ステップ6

財政状態計算書の期首と期末の繰延税金残高の変動を，純損益，その他の包括利益，資本，または当初の企業結合会計の一部（この場合，企業結合で認識されたのれんまたは割安購入益に影響を与える）として認識する（**本章 4.7** 参照）。

4.2 税務基準額の算定

4.2.1 税務基準額の定義

資産または負債の税務基準額は，税務上の資産または負債に帰属する金額である［IAS 第 12 号 5 項］。IAS 第 12 号は，資産の税務基準額（**本章 4.2.2** 参照）と負債および前受収益（**本章 4.2.3** 参照）について別個に記述している。

4.2.2 資　産

資産の税務基準額は，会社が資産の帳簿価額を回収するときに会社に流入する課税対象の経済的便益に対して，税務上減算される金額である［IAS 第 12 号 7 項］。課税対象となる経済的便益は，資産の廃棄による収入または資産の使用を通じて稼得された収益（例えば，製造利益）の形式をとる。

> 将来の税金への影響は，常に帳簿価額による資産の実現に基づいて算定される。現実的に企業は，使用または売却を通じて帳簿価額を超える経済的便益を生み出すことが多い。例えば，不動産にはその帳簿価額よりも実質的に高い市場価値がある場合がある。IAS 第 12 号は，資産によって生み出される便益の見積りは要求していない。代わりに繰延税金は，それらの便益が資産の帳簿価額と等しいとの仮定に基づいて算定される。

資産から流入する経済的便益が課税対象とならない場合，資産の税務基準額は，その帳簿価額と同額である［IAS 第 12 号 7 項］。資産または負債の税務基準額がその帳簿価額と異なる場合にのみ，繰延税金は発生する。資産から流入する経済的便益が課税対象ではない（したがって，資産の税務基準額がその帳簿価額と等しい）場合には，資産の回収が繰延税金に影響を与えることはない。

IAS 第 12 号 7 項は，資産の税務基準額の算定について以下の設例を含んでいる。

設例4.2.2A

資産の税務基準額

[IAS第12号7項 設例]

1. ある機械の取得原価は100である。税務上，減価償却額30がすでに当期および過去の期間に損金に算入されており，残額は将来の減価償却または処分時の減算を通して損金に算入される。機械の使用により生じる収益は課税され，この機械の処分による利得は課税され，処分損は税務上損金に算入される。**この機械の税務基準額は70である。**
2. 未収利息の帳簿価額は100である。その利息収益は現金主義で課税される。**この未収利息の税務基準額はゼロである。**
3. 営業債権の帳簿価額は100である。対応する収益はすでに課税所得（欠損金）に含まれている。**この営業債権の税務基準額は100である。**
4. 子会社からの未収配当金の帳簿価額は100である。配当は非課税である。**実質的には，この資産の帳簿価額の全額が経済的便益に対して減算される。したがって，この未収配当金の税務基準額は100である。**※
5. 貸付金の帳簿価額は100である。貸付金の回収は税務上なんの影響もない。**この貸付金の税務基準額は100である。**

※　この分析では将来加算一時差異はない。未収配当金の税務基準額はゼロで，その結果発生する将来加算一時差異100に対する税率をゼロとする代替的な分析もある。いずれの分析でも繰延税金負債は生じない。

時に，資産の帳簿価額が回収される方法が，資産の税務基準額に影響を与えることがある。その場合，使用される税務基準額は，予想される回収方法と整合させなければならない（**本章4.2.6**も参照）[IAS第12号51A項]。

設例4.2.2B

予想される資産の回収方法

[IAS第12号51A項 設例C]

取得原価100，帳簿価額80の有形固定資産項目が150に再評価された。税務上はなんの修正もされない。税務上の減価償却累計額は30である。当該資産が取得原価以上で売却される場合，30の税務上の減価償却累計額は課税所得に含まれ，インフレ修正後の取得原価110を超過する売上収益も課税される。

企業が，資産の売却による帳簿価額の回収を予想している場合，その税務基準額は80（インフレ修正後の取得原価110から税務上の減価償却30を控除）である。

企業が資産の使用による帳簿価額回収を予想している場合，その税務基準額は70（100から税務上の減価償却30を控除）である。

4.2.3 負 債

負債の税務基準額は，その帳簿価額から，将来の期間に負債に関して税務上損金算入される額を控除した額である。前受収益の場合，発生した負債の税務基準額は，その帳簿価額から将来の期間に益金に算入されることのない収益金額を控除した額である［IAS第12号8項］。

将来の税金への影響は，常に帳簿価額による負債の決済に基づいて算定される。負債の決済が，現在の帳簿価額を超えることが予想される場合がある（例えば，決済プレミアムが負債性金融商品の存続期間にわたって生じている場合）。IAS第12号は，予想される決済額の見積りは要求していない。代わりに繰延税金は，負債がその帳簿価額で決済されるという仮定に基づいて算定される。

帳簿価額による負債の決済が税金への影響をもたらさない場合，負債の税務基準額はその帳簿価額に等しい。これは，取引がなんらの税務上の影響も持たない場合（例えば，損金算入できない科料および罰金の未払計上），または，会計と税務上の影響が同期間に発生する場合（例えば，費用の認識と同じ期間に損金算入が認められる未払給与）に該当する。

IAS第12号8項は，負債の税務基準額の算定について以下の設例を含んでいる。

設例4.2.3A

負債の税務基準額

[IAS第12号8項 設例]

1. 流動負債のなかに帳簿価額 100 の未払費用が含まれている。この費用は税務上は現金主義で損金に算入される。**この未払費用の税務基準額はゼロである。**
2. 流動負債のなかに帳簿価額 100 の前受利息が含まれている。この利息収入は現金主義で課税される。**この前受利息の税務基準額はゼロである。**
3. 流動負債のなかに帳簿価額 100 の未払費用が含まれている。この費用は税務上すでに損金に算入されている。**この未払費用の税務基準額は 100 である。**
4. 流動負債のなかに帳簿価額 100 の未払罰科金が含まれている。罰科金は税務上損金不算入である。**この未払罰科金の税務基準額は 100 である。** ※
5. 帳簿価額 100 の借入金がある。借入金の返済は税務上なんの影響もない。**この借入金の税務基準額は 100 である。**

※　この分析では将来減算一時差異はない。未払罰科金の税務基準額をゼロとして，発生する将来減算一時差異 100 に対する税率をゼロとする代替的分析もある。いずれの分析でも繰延税金資産は生じない。

前受収益の場合，負債の税務基準額は，負債の帳簿価額からすでに課税されたため（または課税されないため），将来課税されない収益部分を控除した額である。

税務基準額	=	帳簿価額	×	将来課税されない収益の金額

設例4.2.3B

前受収益

20X1 年 12 月 31 日，会社Aは，サービス提供に先立って収益 CU 100 を受取った。当該金額は，会社Aの財政状態計算書で繰延収益として認識され，20X2 年度中のサービス提供時に純損益で認識される。収益は受取時に課税される。

20X1 年 12 月 31 日，繰延収益の帳簿価額は CU 100 である。将来期間に課税されない金額はCU 100である（すでに課税されているため）。そのため，繰延収益の税務基準額はゼロであり，将来減算一時差異が発生する。IAS第12号の一般的な認識要件に従い，この一時差異に関する繰延税金資産が認識される。収益の認識が課税所得に影響するため，「当初認識の例外」（**本章4.4.5**参照）は適用されない。

設例4.2.3C
繰延収益として認識される政府補助金

会社Bは，特定の不動産を購入するための政府補助金CU 150を受取る。IAS第20号「政府補助金の会計処理および政府援助の開示」24項で認められているとおり，会社Bは，財政状態計算書で，政府補助金を繰延収益として認識する。

政府補助金の受領時に課税される場合，**本章設例4.2.3B**における説明と同様の考え方が適用され，繰延収益の帳簿価額と同額の一時差異が発生する。IAS第12号の一般的な認識要件に従い，この一時差異に関する繰延税金資産が認識される。補助金の受領が課税所得に影響するため，「当初認識の例外」（**本章4.4.5**参照）は適用されない。

関連する資産の耐用年数にわたって政府補助金が純損益で認識され，同一の期間に課税が実施される場合，当該補助金の全額が将来の期間に課税される。そのため，当初認識において税務基準額は，繰延収益の帳簿価額と等しくなり，一時差異は発生しない。

政府補助金が，受領時または関連する不動産の耐用年数にわたって純損益で認識されたときに課税されない場合，前述の算定式を適用すると税務基準額はゼロとなり，その結果，将来減算一時差異が発生する。ただし，この差異は繰延収益の当初認識時に発生し，IAS第12号24項の条件を満たすため（**本章4.4.2**参照），繰延税金は認識されない。

4.2.4　関連する帳簿価額のない税務基準額

税務基準額はあるが，帳簿価額がない項目がある（すなわち，会計上それらの項目は財政状態計算書で認識されていない）。取引が資産（または負債）を発生させない，または資産（もしくは負債）の帳簿価額に影響しないが，将来の報告期間の課税所得に影響を与える場合，税務基準額は，将来の報告期間の課税所得に対する影響額として算定される。この場合，税務基準額に関連する資産または負債の帳簿価額は，一時差異の算定目的上，ゼロである［IAS第12号9項］。

そのような項目の例には，以下が含まれる。

- 発生した期の会計上の利益の計算上，費用として認識される研究費で，将来の期間に損金算入が認められるもの（IAS第12号9項参照）
- 税務目的で認識されるのれんまたはその他の無形資産で，IFRSの認識要件を満たさないもの
- 企業の所在地国の法律に従い計上される準備金で，特定事象（例えば，準備金の振替や企業の清算）の発生により課税されるもの。そのような準備金は一般的に，税務上の便益を受けたときに設定される。

一時差異が発生するのは，取引によって過去の報告期間の資産および負債が生じたが，財政状態計算書では計上されず，ただし，将来の報告期間の課税所得に影響を与える場合である（例えば，会計上は資産の減価償却が終了しているが，税務上の減価償却が申告できる場合）。

設例4.2.4

当期に費用化されたが，税務上は損金算入できない開業前の費用

企業に開業前の費用が発生することがある。IAS第38号「無形資産」では，これらのコストは発生時に費用処理することが要求される。現地の税法において，即時の損金算入は認められないが，将来の損金算入が認められている場合，開業前費用の税務基準額（すなわち，税務当局が将来の期間の損金算入額として認める金額）と帳簿価額（ゼロ）との差額は，一時差異である。

IAS 第 12 号の基本原則より，資産（または負債）の帳簿価額の決済（または回収）が，税務上の影響をもたらさない場合に比べて将来の納税額をより多額（または少額）にする場合，IAS 第 12 号で特に免除されない限り，企業は繰延税金負債（または資産）を認識しなければならない。資産または負債の税務基準額がただちに明らかではない場合，この基本原則に立返ることは有用である［IAS 第 12 号 10 項］。

4.2.5 連結財務諸表目的の税務基準額

連結財務諸表を作成する企業では，以下を使用して一時差異を算定する［IAS 第 12 号 11 項］。

- 連結財政状態計算書から得られた帳簿価額
- 税金計算の方法を参照して算定される税務基準額税務当局がグループ内の個々の企業ごとに税額を算定する場合，税務基準額は，当該個々の企業の税額算定結果から得られる。税務当局が連結数値を使用して税額を算定する場合，税務基準額は連結上の税額から算定される。

設例4.2.5

グループ内取引の結果として発生する税務基準額

企業グループがグループ内のリストラクチャリングを行い，子会社 A が，帳簿価額ゼロの知的財産を子会社 B に CU 100 で売却した。子会社 B は，税務上，購入した無形資産を 5 年の償却で損金算入を申告することができる。

IFRS 第 10 号「連結財務諸表」（IFRS 第 10 号を未適用の企業については，IAS 第 27 号〔2008 年〕「連結および個別財務諸表」）は，グループ内利益を完全に消去することを要求している。そのため，グループの観点から知的財産の帳簿価額はゼロであり，税務基準額は CU 100 となる。したがって将来減算一時差異が発生し，将来減算一時差異を利用できる課税所得が得られる可能性が高い範囲で，繰延税金資産を認識しなければならない。対応する利得は，純損益で認識しなければならない。

企業グループ内取引で発生する未実現利益の消去に関する繰延税金への影響は，**本章 5.2** で詳細に説明している。

4.2.6　経営者の意図に従った，代替的な税率および税務基準額

未払または未収税額が，企業が資産を回収する（または負債を決済する）方法に依存している場合，繰延税金残高の算定に使用される税率および税務基準額は，報告期間の末日時点で資産を回収する（または負債を決済する）ために企業が見込んでいる方法を反映しなければならない［IAS 第 12 号 51 項］。IAS 第 12 号 51A 項では，回収の方法は，適用される税率と資産（または負債）の税務基準額のいずれか，または，両方に影響する場合があることが示されている。

非償却資産（**本章 4.2.6.1** 参照）および投資不動産（**本章 4.2.6.2** 参照）の回収に関しては，特別なルールが適用される。

設例4.2.6A

有形固定資産項目の使用および処分に関する代替的な税率（1）

有形固定資産項目の帳簿価額は CU 400,000（CU 500,000 の取得原価から CU 100,000 の減価償却累計額を控除）である。当該資産の税務基準額は CU 300,000（税務上の減価償却 CU 200,000 をすでに申告済）である。

資産の使用から生じる収益は 25％で課税され，したがって，税務上の減価償却費は 25％で回収される。資産が売却された場合，処分による収入で資産の税務基準額を超過する部分は 30％で課税される。

将来加算一時差異は CU 100,000 である。企業が事業で当該資産を使用し続けて課税所得を獲得する意図である場合，繰延税金負債は CU 25,000（CU 100,000 の 25％）である。代わりに，企業が資産の処分を意図している場合，繰延税金負債は CU 30,000（CU 100,000 の 30％）である。

さらなる設例が，IAS 第 12 号 51A 項に示されている。

設例4.2.6B

有形固定資産項目の使用および処分に関する代替的な税率(2)

企業が，帳簿価額 CU 300,000，税務基準額 CU 100,000 となるまでは資産を使用する意図であることを除き，**本章設例 4.2.6A** と事実は同じである。その時点で企業は資産を売却し，売却を通じて回収された金額と税務基準額との差額に対して課税されることとなる。

IAS 第 12 号の一般原則に従って，資産価値はその帳簿価額で回収されると仮定して，繰延税金が算定される。したがって，企業は使用を通じて資産から CU 100,000 を回収し，その期間に CU 200,000 の損金算入が可能となる。その後，企業は，資産の売却により CU 300,000 を回収し，CU 100,000 の損金算入が認められる。合計で企業は資産から CU 400,000 を回収し，CU 300,000 の損金算入を受けることが予想される。

一時差異が解消されるときに適用される税率は，使用に関して 25%，売却に関して 30% である。そのため，企業は，繰延税金残高を決定する際に一時差異が異なる税率で解消されるという事実を考慮して，両方の税率を使用しなければならない。したがって，当該資産に関する企業の繰延税金負債は以下のように算定される。

(CU 100,000－CU 200,000) ×25%＋ (CU 300,000－CU 100,000) ×30%＝CU 35,000

特定の課税法域では，使用による資産の回収はある種類の法人所得税の対象となり，売却による回収は別の種類の法人所得税（税率が異なる場合もあり得る）の対象となるという複雑な状況が生じることがある。そのような状況では多くの場合，使用による回収と売却による回収により生じる税務基準額および一時差異を区別して考慮する必要がある。特に，資産の回収に適用される 2 つの異なる課税システムが存在する課税制度である場合が該当する。いかなる将来減算一時差異も，発生する将来加算一時差異とは区分して，通常の要求事項に従って認識を検討する必要がある。このことは**本章設例 4.2.6C** で示されている。

設例4.2.6C

異なる法人所得税での売却および使用による回収

会社Dは，企業結合で機械を取得する。機械は連結財務諸表上，取得日の公正価値 CU 150 で当初認識される。会社Dが機械を通常の事業で使用する場合，税務上の損金算入を申告することができない。そのため，使用を通じて回収できる機械の税務基準額はない。

会社Dは，当該資産を数年間使用し，その後，現在の見積残存価値 CU 50 で売却すると予想している。機械の売却収入は異なるタイプの法人所得税の対象となり，機械が売却された場合 CU 100（被取得企業により購入された際の資産の当初の取得原価）の損金算入が可能である。したがって，売却により回収する資産の税務基準額は CU 100 である。

一時差異が解消されるときの予想適用税率は，使用に関しては10%であり，売却に関しては30%である。会社Dが事業を行う課税法域において，この種の有形固定資産売却損失は，同様の資産の処分利得に対してだけ回収され，通常の営業利益に対しては回収されない。

会社Dは，以下のように繰延税金を認識すべきである。

（単位：CU）

	帳簿価額	税務基準額	加算（減算）一時差異	繰延税金負債（資産）
使用による回収	100	0	100	10
売却による回収	50	100	(50)	(15)※

※　機械の売却から生ずると予想され得る繰延税金資産について，回収可能性を評価しなければならない。将来減算一時差異を使用できる十分な将来の課税所得が得られる可能性が高くない場合は，繰延税金資産を認識してはならない。

4.2.6.1　IAS第16号の再評価モデルで測定した非償却資産

非償却資産に関しては，固有の論点がある。前のセクションで説明したとおり，繰延資産の測定は通常，企業が資産の帳簿価額を回収しようとする方法を反映すべきである。しかし，資産の耐用年数が無限（すなわち，非償却）である場合，どのように「回収」という用語を解釈すべきかについて疑問が生じる。

再評価された非償却資産に関する論点は，過去にSIC第21号「法人所得税—再評価された非減価償却資産の回収」で取扱っていた。2010年12月にSIC第21号を廃止し，新しいパラグラフであるIAS第12号51B項に置換えられた。細かい用語にいくつかの変更はあったが，SIC第21号とIAS第12号51B項（後述）の要求事項は本質的に整合している。変更点は，要求事項の範囲である。IAS第16号「有形固定資産」における再評価された金額で計上される非償却資産に追加して，SIC第21号は，IAS第40号「投資不動産」33項に従って再評価した金額で計上される投資不動産をその範囲に含めていた。当該投資不動産（例えば，他者に賃貸するために保有する土地）は，IAS第16号が適用された場合には非償却資産と考えられる。改訂された要求事項においては，そのような「非償却の投資不動産」は，公正価値で計上される投資不動産に対する一般的な例外の範囲に含まれる（**本章4.2.6.2**参照）。

IAS第16号に従って再評価された金額で測定される非償却資産から生じる繰延税金負債または資産の測定は，当該資産の帳簿価額の測定の基礎とは関係なく，非償却資産の帳簿価額を売却を通じて回収する税務上の帰結を反映しなければならない［IAS第12号51B項］。

したがって，再評価された非償却資産の売却により生じる税務上の帰結が，資産の使用による税務上の帰結と異なる場合，発生する繰延税金資産または負債は，資産が売却される仮定に基づいて測定しなければならない［IAS第12号51B項］。

一般的に，将来の経済的便益は，資産の売却，使用，または使用とその後の売却を通じて発生する（したがって，資産の帳簿価額が回収される)。減価償却の認識は，償却可能資産の帳簿価額が，減価償却可能額の範囲までは使用により回収されるとともに，残存価額での売却により回収されることを示唆する。これと整合させると，無限の耐用年数を持つ土地のような非償却資産の帳簿価額は，売却を通じてのみ回収されることになる。いいかえれば，当該資産は減価償却されないため，帳簿価額のいかなる部分も使用を通じて回収される（すなわち消費される）ことはないと見込まれる［IAS第12号BC6項]。

設例4.2.6.1A

非償却資産 ― 所有地

会社Eは，土地を保有（freehold）し，IAS第16号の再評価モデルで会計処理している。土地の帳簿価額はCU 900,000であり，現在の市場価値である。土地の売却における税務基準額は，当初の取得原価CU 500,000である。会社Eは，原材料を保管するために土地を使用している。製造からの収益に適用する税率は25％であるが，資本性資産の処分については，取得原価を超える収入部分に30％で課税される。現時点で会社Eに土地を売却する意図はない。

所有地の帳簿価額と税務基準額との間の将来加算一時差異はCU 400,000である。会社Eは製造からの収益を獲得するために資産を使用しているが，土地の帳簿価額は使用によって回収されない。土地の価値は使用期間にわたって減耗しないからである。土地の価値すべてが最終的に売却されることによって回収されるため，適用税率は30％であり，発生する繰延税金負債はCU 120,000である。

税務上，土地の処分利得を算定する目的で土地に物価スライド修正引当がある場合，この修正された金額が土地の税務基準額になる。

IAS第12号BC6項は，無限の耐用年数を持つ減価償却されない土地について指摘している。土地は，減価償却されないと仮定される唯一の資産である（採石場や埋立現場のようないくつかの例外はある―IAS第16

号 58 項参照)。単に耐用年数が確定できない，または現時点での残存価額が帳簿価額以上であるために償却されない無形資産のような資産は，この要求事項の目的とする非減価償却資産ではない。そのような資産には IAS 第 12 号の一般的な原則が適用される。すなわち，予想される回収方法に基づいて一時差異が認識されることとなる。

設例4.2.6.1B

耐用年数が確定できないブランド

会社 F が保有するブランドは耐用年数が確定できないと考えられ，IAS 第 38 号 107 項に従い償却をしていない。ブランドの帳簿価額は，当初取得原価の CU 900,000 である。現地税法において，ブランドは 10 年間で償却される。20X1 年 12 月 31 日時点で，3 年間の償却後のブランドの税務基準額は CU 630,000 である。税務基準額は，資産の耐用年数にわたって，または，売却時に損金算入できる。売上収益に適用される税率は 25％であるが，無形資産を処分した場合に発生する利得については 30％で課税される。現時点で，会社にはブランドを処分する意図はない。

IAS 第 12 号 51 項の一般的な要求事項に従って，繰延税金の測定は，企業が資産の回収を予想する方法から得られる税務上の影響を反映しなければならない。記述されている状況において，ブランドは，会社 F の営業での使用を通じて回収されると予想される。ブランドは，IAS 第 12 号 51B 項の目的とする非償却資産とは考えられない（前述を参照)。

この結果，ブランドの帳簿価額と税務基準額との間の将来加算一時差異は CU 270,000 である。適用税率は 25％であり，発生する繰延税金負債は CU 67,500 である。

4.2.6.2　公正価値で測定された投資不動産

2010 年 12 月に IAS 第 12 号は修正され，繰延税金の測定は，企業が資産の帳簿価額を回収しようとする方法を反映すべきであるという当基準の一般原則に対する追加の例外が提供された。この修正は，反証可能な推定，すなわち IAS 第 40 号の公正価値モデルを適用して測定された投資不動産の帳簿金額は，すべて売却を通じて回収されるという推定を取入れた。

本章 4.2.6.1 において説明したとおり，非償却の投資不動産（例えば，他者に賃貸するために保有する土地）は，これまでは SIC 第 21 号の範囲内であった。2010 年 12 月の修正後，非償却の投資不動産は，IAS 第 12 号 51C 項の投資不動産に関する新しい例外規定に基づいて会計処理される［IAS 第 12 号 BC 5 項］。これまで SIC 第 21 号に含まれていた要求事項と，2010 年 12 月に導入された投資不動産に関する例外規定との主な差異は，SIC 第 21 号が非償却性資産の回収に関する繰延税金の影響を決定するための無条件の規定（常に，売却により回収されるとの前提）を定めていたのに対して，IAS 第 12 号 51C 項は反証可能な推定としてこの規定を取入れたことである。

IAS 第 12 号の 2010 年 12 月の修正は，2012 年 1 月 1 日以後開始する事業年度に適用される。

IAS 第 40 号の公正価値モデルを適用して測定する投資不動産から繰延税金負債または資産が生じる場合，投資不動産の帳簿価額は売却を通じて回収されるという反証可能な推定がある。したがって，この推定が反証されない限り，繰延税金負債または資産の測定は，すべて売却を通じて投資不動産の帳簿価額を回収する場合の税務上の帰結を反映することが要求される［IAS 第 12 号 51C 項］。

IAS 第 12 号 51C 項で取入れられた反証可能な推定が反証されるのは，投資不動産が減価償却可能で，それを保有している事業モデルの目的が，当該不動産に具現化された経済的便益のほとんどすべてを，売却を通じてではなく，時の経過とともに消費していくことである場合である［IAS 第 12 号 51C 項］。

前の段落で明確に記述されている以外の状況で当該推定が反証可能かどうかについて，疑問が生じる。反証を裏付けるために十分な証拠が利用可能であれば，当該推定は他の状況においても反証可能である。

この結論は，2011 年 11 月の IFRS 解釈指針委員会で確認された。委員会は，推定は，受入可能な反対の理由がない場合，IFRS の原則（または例外）の首尾一貫した適用に関する問題であり，推定を覆す十分な証拠があれば反証可能であることに留意した。IAS 第 12 号 51C 項は，1 つの反証可能な推定として示されており，この推定の反証を説明した文章では，この反証について「その場合でかつその場合に限る（if and only if）」と表現していないため，委員会は，その反証を裏付ける十分な証拠が利用可能である限り，他の状況でも推定は反証可能であると考えている。

推定が反証された場合，IAS 第 12 号 51 項および IAS 第 12 号 51A 項の一般的な要求事項が適用される（すなわち，予想される回収方法は，経営者の意図に基づく一**本章 4.2.6** 参照）。

IAS 第 12 号 51C 項の反証可能な推定は，繰延税金負債または繰延税金資産が企業結合における投資不動産の測定から生じている場合で，企業が当該投資不動産の事後測定に公正価値モデルを使用するときにも適用される［IAS 第 12 号 51D 項］。

企業が IAS 第 12 号 51B 項から 51D 項に従って公正価値で測定する投資不動産に関する特定の要求事項を適用する場合であっても，IAS 第 12 号 24 項から 36 項における繰延税金資産の認識および測定に関する一般原則が適用される［IAS 第 12 号 51E 項］。

IAS 第 12 号の以下の設例は，IAS 第 12 号 51C 項の適用を説明している。

設例は，IAS 第 12 号 51C 項における推定が反証された場合の，償却される建物と償却されない土地の取扱いの区別を説明している。

設例4.2.6.2

公正価値で測定された投資不動産

［IAS第12号51C項 設例］

ある投資不動産の取得原価は 100，公正価値が 150 であった。この投資不動産は，IAS 第 40 号の公正価値モデルで測定されている。これは取得原価が 40 で公正価値が 60 の土地と，取得原価が 60 で公正価値が 90 の建物で構成されている。この土地の耐用年数は無限である。

建物の税務上の減価償却累計額は 30 である。投資不動産の公正価値の未実現の変動額は，課税所得に影響を与えない。投資不動産が取得原価を超える金額で売却された場合には，税務上の減価償却累計額 30 の戻入が課税所得に算入され，通常の税率 30％で課税される。取得原価を超える売却収入について，税法の規定では，保有期間が 2 年未満の資産については 25％の税率，保有期間が 2 年以上の資産には 20％の税率が適用される。

この投資不動産は，IAS 第 40 号の公正価値モデルを使用して測定されているので，企業は投資不動産の帳簿価額をすべて売却によって回収するという反証可能な推定が置かれる。この推定が反証されない場合には，たとえ企業が売却前に当該不動産から賃貸収入を得ることを見込んでいても，繰延税金は，その帳簿価額をすべて売却によって回収する場合の税務上の帰結を反映する。

売却される場合，土地の税務基準額は 40 であり，将来加算一時差異は 20（60 − 40）である。売却される場合の建物の税務基準額は 30（60 − 30）であり，将来加算一時差異は 60（90 − 30）である。その結果，投資不動産に係る将来加算一時差異の合計額は 80（20＋60）である。

47 項に従って，税率は，投資不動産が実現される期に適用されることが見込まれる率となる。したがって，結果としての繰延税金負債は，企業が当該不動産を 2 年以上保有した後に売却すると見込んでいる場合には，以下のように算定される。

	将来加算一時差異	税率	繰延税金負債
税務上の減価償却累計額	30	30%	9
原価を超える収入	50	20%	10
合計	80		19

企業が当該不動産を 2 年未満の保有の後に売却すると見込んでいる場合には，前述の計算を修正して，原価を超える収入に 20％ではなく 25％の税率を適用することになる。

もし，そうではなく，企業が当該建物を保有している事業モデルにおける目的が，当該建物に具現化された経済的便益のほとんどすべてを，売却を通じてではなく時の経過とともに消費していくことである場合には，この推定は建物については反証される。しかし，土地は減価償却されない。した

がって，土地に関して，売却を通じて回収するという推定は反証されない。その結果，繰延税金負債は，建物の帳簿価額を使用を通じて回収し，土地の帳簿価額を売却を通じて回収する場合の税務上の帰結を反映することとなる。

建物が使用される場合の税務基準額は30（60－30）で，将来加算一時差異は60（90－30）であり，その結果，繰延税金負債は18（60×30%）となる。

売却される場合の税務基準額は40で，将来加算一時差異は20（60－40）であり，その結果，繰延税金負債は4（20×20%）となる。

結果として，売却を通じた回収の推定が建物について反証される場合には，当該投資不動産に係る繰延税金負債は，22（18＋4）となる。

多くの法域で，投資不動産をその企業組織内で売却することは一般的である。すなわち，企業組織は，唯一の重要な資産（投資不動産そのもの）を保有する。親会社が不動産を処分する際に，多くの場合には，不利な税務上の影響から親会社を守るため，親会社が資産をコーポレート・シェル（corporate shell）内で処分する。

一般的に，投資不動産に関する繰延税金負債（または資産）は不動産を保有する子会社の個別財務諸表で認識され，当該子会社に適用される税率に基づいて算定される。算定された繰延税金は，親会社の連結財務諸表に反映される。さらに，連結財務諸表は不動産保有子会社に対する親会社の投資に関する繰延税金負債（または資産）を反映する場合があり，それは親会社に適用される税率に基づいて算定される。

しかし，特定の法域で，すべての市場参加者がコーポレート・シェル内で投資不動産を売買すること（例えば，投資不動産のみを保有する会社の購入）が，常に資産の購入とみなされる（企業結合ではない）場合，連結財務諸表では，不動産に関連する繰延税金を株式売却に適用される税率に基づいて認識することが適切な場合がある。

4.2.6.3　償還および転換において異なる税務上の取扱いとなる転換可能な金融商品

IAS 第32号「金融商品：表示」における複合金融商品の資本部分と金融負債部分を区分する要求事項は，金融商品はその法的形式ではなくその実質に従って分類しなければならないとする原則と整合している。分類を実施する際に，予想される回収方法は考慮しない。

ある法域では，転換可能な金融商品が現金で決済されるか，株式の交付により決済されるかによって，その税務上の取扱いが異なる場合がある。IAS 第32号と異なり，IAS 第12号51項およびIAS 第12号51A項は，繰延税金資産および負債の算定に使用される税務基準額および税率には，企業が金融商品の決済において予想している方法を反映することを要求している。

しかし，決済が発行者のコントロール外である場合，金融商品が株式の交付により決済されるという強い証拠がない限り，推定される決済方法は，IAS 第32号の分類に整合させなければならない（すなわち，現金決済を推定すべきである）。

4.2.6.4　意図の変更

資産の回収または負債の決済の方法についての経営者の予想に変更が生じた場合，この変更は関連する繰延税金残高の測定に影響する場合がある。

繰延税金の影響は，経営者の変更後の意図に基づいて再測定されなければならず，修正額は純損益に，または過去に純損益の外で認識された項目に関する場合にはその他の包括利益または直接資本に認識されなければならない。過年度に報告された金額は修正再表示されない。

4.2.7　繰延軽減

法域によっては，会社が資本性資産を利益目的のため処分し，同等の資産に取替える場合，会社に「繰延軽減（rollover relief)」の権利が与えられる場合がある。そのような状況において，処分利得が代替資産の「資本（または売却）税」の税務基準額に影響する場合，当該代替資産が処分されるまで，処分利得が税務上は影響しないことがある。企業が代替資産を処分したときに，当該代替資産の処分利得に係る税金を当初の資産の処分利得に係る税金と一緒に支払うことが要求されることとなる。

多くの場合，当初資産の処分利得を代替資産の税務基準額に「繰延べる（rollover）」ことは，納税の消滅ではなく，単に延期であり，IAS 第 12 号 20 項（b）は繰延税金負債の認識を要求している。

ある法域では，代替資産の回収方法が，繰延軽減が納税の延期をもたらすか，または永続的な軽減をもたらすかどうかで決まる場合がある。しかし，代替資産を取得するまでは，繰延軽減は単に納税の延期をもたらすのみである（すなわち，潜在的な永続的な軽減を予想してはならない）という前提で，繰延税金を認識しなければならない。当初の資産が売却されたが代替資産の取得までに時間的な遅れがある場合，企業は，繰延税金を認識し続けなければならない。

代替資産が使用によってすべて回収される場合，予想される回収方法に基づいて代替資産の税務基準額を決定する際に，企業は，その回収から発生する納税額に係る繰延軽減の影響を注意深く検討すべきである。

4.2.8　税務基準額の再評価

資産の税務基準額は，税務上の資産の再評価の結果として変動する場合がある。例えば，現地の税法が，特定の種類の資産の税務基準額を毎年インフレ修正することを規定している場合がある（**本章 4.4.6.6** 参照）。税務上のその他の再評価の影響については，**本章 4.7.6** で説明している。

資産または負債の税務基準額が企業の機能通貨以外の通貨で算定されている場合における外国通貨の修正の影響については，**本章 4.4.6.5** も参照のこと。

4.3　一時差異の算定

IAS 第12号では，繰延税金残高は一時差異に関して認識される。一時差異は，資産または負債の帳簿価額がその税務基準額と異なる場合に生じる。多くの取引において，会計上の処理と税務上の処理に相違はない。その場合に一時差異は発生せず，したがって繰延税金残高は生じない。

4.3.1　一時差異の定義

IAS 第12号は，一時差異を，ある資産または負債の財政状態計算書上の帳簿価額とその税務基準額との差額として定義している［IAS 第12号5項］。

一時差異が発生する状況は多く，例えば，以下があげられる。

- 収益または費用がある期間の会計上の利益に含まれるが，異なる期間の課税所得に含まれる場合（すなわち，期間差異）
- 企業結合において，資産および負債の帳簿価額は取得日の公正価値に修正されるが，それら資産および負債の税務基準額は企業結合の影響を受けない，または，異なる影響を受ける場合
- 資産または負債が再評価されるが，税務基準額が修正されない場合
- 課税当局が税務上は資産の取得原価の物価スライド修正またはその他の修正を容認するが，会計上は当該資産が再評価されない場合
- 税務上は損金算入されないのれんが企業結合で生じる場合
- 資産または負債の当初認識において，例えば，資産の取得原価の一部または全部が税務上は損金算入されない場合

一時差異は，資産または負債の帳簿価額を参照して決定される［IAS 第12号55項］。

一時差異の算定で使用される帳簿価額は，会計記録に基づいて決定される。該当する場合には，帳簿価額は，貸倒引当金や減損損失のような引当または控除の純額として算定される。

一時差異には2つの種類（将来加算一時差異と将来減算一時差異）がある。これらについては，以下のセクションで詳しく説明している。

4.3.2 将来加算一時差異

将来加算一時差異は，資産または負債の帳簿価額が将来の期に回収または決済されたときに，その期の課税所得（税務上の欠損金）の算定上加算される一時差異である［IAS 第12号5項］。

したがって，将来加算一時差異は将来の課税所得を発生させる差異である。それらは将来の課税所得を増加させるため，繰延税金負債を発生させる。

資産に関しては，資産の帳簿価額がその税務基準額を上回る場合（例えば，ある資産につき，税務目的では会計目的より早く減価償却される場合），将来加算一時差異が発生する。資産の帳簿価額の回収に伴って課税対象となる経済的便益（すなわち，帳簿価額と等しい資産の使用によって生み出される利益）は，利用可能な残存する将来損金算入される額（税務基準額）を超過している。この将来加算一時差異の税務への影響が，繰延税金負債を発生させる。

負債に関しては，負債の税務基準額がその帳簿価額を上回る場合（例えば，外貨建借入金について会計上は為替差益によって減額されるが，税務上は返済したときに益金に算入される場合），将来加算一時差異が発生する。借入金が帳簿価額で決済される場合，課税される利得が発生する。これは，将来加算一時差異である。

4.3.3 将来減算一時差異

将来減算一時差異は，資産または負債の帳簿価額が将来の期に回収または決済されたときに，その期の課税所得（税務上の欠損金）の算定上減算される一時差異である［IAS 第12号5項］。

したがって，将来減算一時差異は将来の課税所得を減少させる差異であり，繰延税金資産を発生させる。

IAS 第12号26項は，以下のような，繰延税金資産となる将来減算一時差異の例をあげている。

- 退職給付費用は，会計上の利益の算定で控除されるのは，従業員がサービスを提供したときであるが，課税所得の算定で控除されるのが，企業が基金に拠出するとき，または企業が退職給付を支払うときのいずれかの時点である。一時差異は，負債の帳簿価額とその税務基準額との差に存在する。負債の税務基準額は通常ゼロである。そのような将来減算一時差異が繰延税金資産を生じさせるのは，基金への拠出時または退職給付の支払時に，課税所得から減算される形で企業に経済的便益が流入するからである。
- 研究費について，会計上の利益の算定では発生した期間に費用として認識されるが，課税所得（税務上の欠損金）の算定では，後の期間まで損金算入が認められない。研究費の税務基準額（すなわち，税務当局が将来の期間に損金算入を認める金額）と帳簿価額ゼロとの差は将来減算一時差異であり，繰延税金資産を発生させる。
- 限定的な例外はあるが，企業は企業結合で取得した識別可能な資産および引受けた負債を，取得日の公正価値で認識する。引受けた負債は取得日で認識されるが，課税所得の算定において関連する費用が後の期間まで損金算入されない場合，将来減算一時差異が生じ，繰延税金資産を発生させる。取得した識別可能資産の公正価値が，その税務基準額より小さい場合も，繰延税金資産が発生する。双方の場合に，生じた繰延税金資産は，認識されるのれんまたは割安購入益に影響する。
- 資産を公正価値で計上または再評価しても，税務上は同額の調整が行われない場合がある。資産の税務基準額が，その帳簿価額を上回る場合，将来減算一時差異が発生する。

資産に関しては，資産の税務基準額が，その帳簿価額を上回る（例えば，金融資産の帳簿価額から回収不能額の引当金を減額したが，税務上は決済まで当該引当金を損金算入できない）場合，将来減算一時差異が発生する。資産が帳簿価額で決済されると正味の損金算入額が発生する。これが将来減算一時差異である。

負債に関しては，負債の帳簿価額がその税務基準額を超過する（例えば，未払利息を計上したが，税務上は利息を支払うまで損金算入できない）場合，将来減算一時差異が発生する。負債が帳簿価額で決済されると正味の損金算入額が発生する。これが将来減算一時差異である。

一時差異が将来加算一時差異か，将来減算一時差異かを決定するために有用なガイドを，以下に記述している。

	帳簿価額―税務基準額	一時差異のタイプ	発生するもの
資産	正	将来加算	繰延税金負債
資産	負	将来減算	繰延税金資産
負債	正	将来減算	繰延税金資産
負債	負	将来加算	繰延税金負債

4.4　識別された一時差異に関する繰延税金の認識

報告期間の末日に存在する一時差異をすべて識別した後（**本章** 4.3 参照），次のステップは，基準書に規定された認識要件に基づいて，財政状態計算書に繰延税金資産または負債を発生させる一時差異を特定することである。

4.4.1　将来加算一時差異

繰延税金負債は，すべての将来加算一時差異に対して認識しなければならないが，以下から生じる繰延税金負債は除く［IAS 第 12 号 15 項］。

- のれんの当初認識
- 以下の取引における資産または負債の当初認識
    - 企業結合ではない取引
    - 取引時に，会計上の利益にも課税所得（税務上の欠損金）にも影響しない取引

企業は，子会社，支店および関連会社に対する投資，ならびに共同支配の取決めに対する持分に係るすべての将来加算一時差異について，繰延税金負債を認識しなければならない。ただし，以下の条件がともに満たされている場合を除く［IAS 第 12 号 39 項］。

- 親会社，投資者，共同支配投資者または共同支配事業者が，一時差異の解消時期をコントロールできる。
- 予測可能な期間内に一時差異が解消しない可能性が高い。

IFRS 第 11 号「共同支配の取決め」（2013 年 1 月 1 日以後開始する事業年度に適用され，早期適用が認められる）をまだ適用していない企業は，IAS 第 12 号 39 項の「共同支配の取決めに対する持分」への参照は「ジョイント・ベンチャーに対する持分」への参照と読替え，「共同支配投資者または共同支配事業者」への参照は「共同支配投資企業」への参照に読替えなければならない。

4.4.2　将来減算一時差異の認識

繰延税金資産は，将来減算一時差異を利用できる課税所得が生じる可能性が高い範囲で，すべての将来減算一時差異について認識しなければならない。ただし，繰延税金資産が以下の取引における資産または負債の当初認識から生じる場合を除く［IAS 第 12 号 24 項］。

- 企業結合ではない取引
- 取引時に，会計上の利益にも課税所得（税務上の欠損金）にも影響しない取引

IAS 第 12 号は，IAS 第 12 号 24 項の文脈において「可能性が高い（probable）」の意味に関しては何も述べていない。IAS 第 37 号「引当金，偶発負債および偶発資産」は「可能性が高い」の用語を「50％を超える可能性（more likely than not）」と定義している［IAS 第 37 号 23 項］。IAS 第 37 号 23 項の脚注では，この定義は，必ずしも他の IFRS には適用されないことが確認されている。しかし，その他の指針がないことから，「可能性が高い」の用語は，「50％を超える可能性」であるとして適用すべきである。

2009 年 3 月に IASB は，IAS 第 12 号を置換える IFRS の提案が含まれる公開草案を公表した。置換える基準は最終基準化されなかったが，公開草案は，「可能性が高い」の意味について有用な指針を提供している。

なぜなら，「50％を超える可能性」の用語を使用しており，これがIAS第37号とIFRS第3号「企業結合」で使用されている「可能性が高い」の用語と整合している旨を，結論の根拠に記載しているからである。

将来の課税所得の利用可能性を評価する際に考慮すべき要素についての説明は，**本章4.6.1**を参照のこと。

企業は，子会社，支店および関連会社に対する投資，ならびに共同支配の取決めに対する持分から生じるすべての将来減算一時差異について，以下の可能性が高い範囲内で，かつその範囲内でのみ，繰延税金資産を認識しなければならない［IAS第12号44項］。

- 一時差異が予測可能な期間内に解消する。
- 一時差異を活用できる課税所得が稼得される。

IFRS第11号をまだ適用していない企業は，IAS第12号44項の「共同支配の取決めに対する持分」への参照は，「ジョイント・ベンチャーに対する持分」への参照と読替えなければならない。

将来の課税所得の稼得の可能性については，**本章4.6.1**で説明している。

4.4.3　認識の例外─全般

本章4.4.1および**4.4.2**で詳述しているように，繰延税金資産および負債は以下から発生するものを除いて，すべての一時差異について認識されるべきである。

- 繰延税金負債のみに関して，のれんの当初認識（**本章4.4.4**参照）
- （i）企業結合ではなく，かつ（ii）取引時に会計上の利益にも課税所得（税務上の欠損金）にも影響しない取引における，資産または負債の当初認識
- 子会社，支店および関連会社に対する投資，ならびに共同支配の取決めに対する持分に関連する特定の差異（**本章4.4.6**参照）

IFRS 第 11 号をまだ適用していない企業は,「共同支配の取決めに対する持分」への参照は,「ジョイント・ベンチャーに対する持分」への参照と読替えなければならない。

記載した例外に加え，将来減算一時差異に係る繰延税金資産が認識可能となるには，さらなる満たすべき条件がある。それは，繰延税金資産を解消できる課税所得を稼得する可能性が高くなければならないというものであり，この可能性に関する要件については**本章 4.6** で詳述している。

繰延税金負債は前述の例外に該当するものを除き，すべての将来加算一時差異について認識される。IAS 第 12 号 30 項で参照され，**本章 4.6.4** で議論されているように，タックス・プランニングの実行は，繰延税金資産の認識を裏付けるために利用可能な課税所得の算定にのみ関係する。タックス・プランニングの実行は，報告期間の末日に存在する将来加算一時差異に係る繰延税金負債を認識しないことを正当化するために利用されるべきではない。

4.4.4　認識の例外―のれんの当初認識

4.4.4.1　のれんの当初認識から生じる将来加算一時差異

のれんの帳簿価額の減額または減損の税務上の損金算入の可能性は，税法に従って法域によって異なる。のれんの減額が課税所得に対して減算できない場合にのれんの税務基準額はゼロであり，のれんの帳簿価額と等しい金額で将来加算一時差異が発生する。

将来加算一時差異は当初認識時点で存在しているが，IAS 第 12 号は繰延税金負債の認識を禁止している。この例外の基礎となる理論的根拠は，繰延税金負債が企業結合時にのれんについて計上された場合，認識される純資産の合計額を減少させるということにある。のれんは残余であるため，さらにのれんを増加させ，その増加もまた税金の影響を考慮する必要がある [IAS 第 12 号 21 項および 21A 項]。

のれんの当初認識から生じるため未認識となっている繰延税金負債について

は，事後的な減額ものれんの当初認識から生じたものと考えられるため，認識されることはない［IAS 第 12 号 21A 項］。

一方，のれんに関する繰延税金負債は，のれんの当初認識から生じていない範囲で認識される［IAS 第 12 号 21B 項］。このことは**本章設例 4.4.4.1A** から **4.4.4.1C** で説明している。

設例4.4.4.1A

税務上，損金算入されないのれんの当初認識から生じる将来加算一時差異

会社 A は会社 B を CU 500 の対価で取得する。取得日における会社 B の識別可能な純資産の公正価値は CU 400 であり，CU 100 ののれんが生じる。のれんは税務上損金算入されないため税務基準額はゼロであるが，IAS 第 12 号 15 項は，CU 100 の一時差異について生じる繰延税金負債の認識を禁止している。

その後，のれんに CU 20 の減損があり，のれんに関する将来加算一時差異の金額が CU 100 から CU 80 に減少する。その結果，未認識の繰延税金負債の価値が減少する。未認識の繰延税金負債の価値の減少も，のれんの当初認識に関するものとみなされ，認識されることはない。

設例4.4.4.1B

税務上，全額が損金算入されるのれんから生じる将来加算一時差異

税務上，取得年度から 1 年当たり 20％でのれんを損金算入することが可能であることを除き，**本章設例 4.4.4.1A** と同様の事実とする。したがって，のれんの税務基準額は当初認識において CU 100 であり，取得した年度末では CU 80 である。取得年度末ののれんの帳簿価額は CU 100 のままで変わらない（すなわち，減損していない）場合，その年度に CU 20 の将来加算一時差異が発生する。この将来加算一時差異は，のれんの当初認識と関係ないため，結果的に繰延税金負債が認識される。一時差異は，（のれんを含む）取得した事業の売却時，またはのれんの減損時に解消する。

設例4.4.4.1C

その一部が税務上で損金算入されるのれんから生じる将来加算一時差異

税務上，のれんのうちCU 80を取得年度から1年当たり25％で損金算入可能であることを除き，**本章設例4.4.4.1A**と同様の事実とする。税務上損金算入できないのれんの帳簿価額はCU 20であるが，この一時差異CU 20に関して繰延税金負債は当初認識されない。税率は30％である。

取得年度末において，のれんの帳簿価額はCU 100のままである（すなわち，減損していない）。減算できないのれんに関する当初の一時差異CU 20について，繰延税金負債は認識されない。帳簿価額（CU 80）と損金算入可能なのれんの税務基準額（CU 60）との差である一時差異について，この将来加算一時差異は，のれんの当初認識に関係していないため，繰延税金負債CU 6（30％×CU 20）が認識される。一時差異は，（のれんを含む）取得した事業の売却時，またはのれんの減損時に解消する。

4.4.4.2　のれんの当初認識から生じる将来減算一時差異

ここまで議論し，**本章設例4.4.4.1A**および**4.4.4.1C**で説明したとおり，IAS第12号15項は，のれんの当初認識から生じる将来加算一時差異に関連する繰延税金負債の認識を禁止している。同様の状況における将来減算一時差異に関連する繰延税金資産の認識について，同様の禁止条項はない。

IAS第12号32A項は，企業結合で発生するのれんの帳簿価額が税務基準額より小さい状況について特に言及しており，この差額が，回収される可能性が高い範囲内で企業結合の会計処理の一部として認識されるべき繰延税金資産を発生させると規定している。

設例4.4.4.2

のれんの帳簿価額を上回る損金算入可能なのれん

会社Aは会社BをCU 500の対価で取得する。取得日における会社Bの識別可能な純資産の公正価値はCU 400であり，CU 100ののれんが生じる（のれんから生じる繰延税金資産の調整前）。税務上はのれんに関して

CU 120の損金算入が可能であり，税率は30％である。

IAS第12号32A項の要求事項に基づき，のれんの帳簿価額と税務基準額との差額である将来減算一時差異に関して，繰延税金資産が認識される。これは，IAS第12号の一般的な認識の原則に従っている。のれんの帳簿価額は，一般的に，取得した識別可能な資産および引受けた負債の公正価値（繰延税金計上額を含む）を上回る取得価格の残余であることから，企業結合で認識されるのれんの最終的な帳簿価額を決定するために（以下の記述のとおり）連立方程式が使用される。

方程式1－のれんの算定

（単位：CU）

対価	500
控除：識別可能な純資産の公正価値	(400)
控除：のれんに係る繰延税金資産	(DTA)
のれん（GW）	**100－DTA**

方程式2－繰延税金資産の算定

（単位：CU）

のれんの税務基準額	120
控除：のれんの帳簿価額	(GW)
将来減算一時差異	120－GW
税率	30%
のれんに係る繰延税金資産（DTA）	**0.3×（120－GW）**

方程式2を方程式1に代入

GW＝100－DTA＝100－0.3（120－GW）＝100－36＋0.3（GW）
＝64＋0.3（GW）

展開

0.7（GW）＝64 → GW＝CU 91.43

算定されたのれんの数値を，繰延税金資産の算定に使用する。

DTA＝0.3（120－GW）＝0.3（120－91.43）＝CU 8.57

したがって，最終的なのれんの算定は以下のとおりである。

（単位：CU）

対価	500.00
控除：識別可能な純資産の公正価値	(400.00)
繰延税金資産	(8.57)
のれん（GW）	91.43

以前に資本に直接控除したのれんに関連する繰延税金に関する IFRS 移行時の会計処理については，**第 2 巻 22 章 7.1.17** を参照のこと。

4.4.5　認識の例外―資産または負債の当初認識

IAS 第 12 号は，以下のうちいずれか 1 つの事象から資産または負債が生じたときに発生する一時差異について，繰延税金を認識することを要求している。

- 会計上の利益に影響する取引（例えば，未収収益〔資産〕の計上，または未払費用〔負債〕の発生）
- 課税所得に影響を与える取引（例えば，税務上は支払時に減算が認められるコンピュータ機器のような資産に対する支出〔資産〕，または受領時に課税される資金に関する収益認識の繰延〔負債〕）
- 企業結合

IAS 第 12 号は，その他の状況での資産または負債の当初認識における繰延税金の認識を禁じている［IAS 第 12 号 22 項］。以下のフローチャートでこのルールを説明している。

資産または負債の当初認識から生じる一時差異

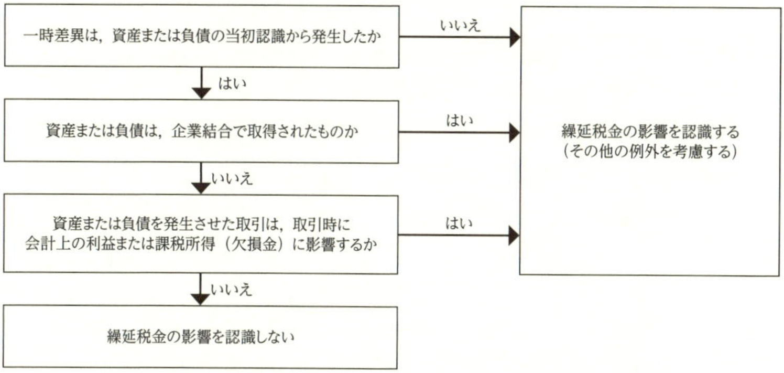

IAS 第 12 号であげられている例示の 1 つに，減価償却を課税所得から減算できない資産がある。企業が使用により資産の価値を回収する意図であると仮定した場合，資産の税務基準額はゼロである。したがって，将来加算一時差異は当初認識時に発生する資産の取得原価と等しい。しかし，当基準は，繰延税金負債の認識を認めていない。なぜなら，資産の当初認識は企業結合の一部ではなく，会計上の利益にも課税所得にも影響しないからである。さらに，繰延税金は，資産を減価償却しても認識されない。

認識を禁止しているのは，繰延税金負債が認識された場合，同額が財政状態計算書の資産の帳簿価額に加算されなければならない，または，当初認識日に純損益で認識されなければならないため，財務諸表が「不明瞭な」ものになるであろうという議論に基づいている［IAS 第 12 号 22（c）項］。この例外は，特定の概念的基礎というより，実用主義および先に議論されたように財務諸表への特定の影響を回避したいという要望に基づくものである。この例外は，資産に対する当初の支出の一部（または全部）が税務上認容されない法域において，特定の影響がある。

設例4.4.5A

資産の認識において生じる繰延税金負債－税務上および会計上，同率で減価償却される資産

20X0年の末日に，会社Aは資産をCU 100,000で購入する。税務上CU 60,000のみが損金として認められる。資産の帳簿価額は，課税対象である製造活動での使用により回収される。税務上および会計上ともに，資産は25％の定額法で減価償却される。

（単位：CU）

年度	帳簿価額	税務基準額	一時差異	未認識の一時差異	認識される一時差異	繰延税金負債
	A	B	A−B=C	D※		
20X0年	100,000	60,000	40,000	40,000	−	−
20X1年	75,000	45,000	30,000	30,000	−	−
20X2年	50,000	30,000	20,000	20,000	−	−
20X3年	25,000	15,000	10,000	10,000	−	−
20X4年	−	−	−	−	−	−

※　認識されない一時差異は，資産の帳簿価額の一部を反映している。それは当初認識されなかった一時差異であり，その後の減価償却により減少する。繰延税金が，当初の一時差異に関連して認識されることはない。

当初認識の後，追加の一時差異が同じ資産または負債に関して発生する場合がある（例えば，会計上と税務上の減価償却率が異なる場合）。そのような状況において，これらの追加の一時差異による繰延税金への影響は，通常の要求事項に従って認識される。

本章設例4.4.5Bで説明しているとおり，実際に要求されていることは，資産（または負債）の帳簿価額に含まれている取得日に認識されなかった一時差異にあたる部分を，各年度末の一時差異から，将来の減価償却または償却による減額に応じて減少させることである。繰延税金は，通常の要求事項に従って一時差異の残余部分（認識される一時差異）について計上される。

設例4.4.5B

資産の認識によって発生する繰延税金負債― 税務上および会計上で減価償却率が異なる場合

本章設例 4.4.5A と同じ前提であるが，資産の減価償却は定額法で会計上 25%，税務上 33%で実施されている。税率は 30%である。

（単位：CU）

年度	帳簿価額	税務基準額	一時差異	未認識の一時差異	認識される一時差異	繰延税金負債
	A	B	A−B=C	D※	C−D=E※※	E×30%
20X0 年	100,000	60,000	40,000	40,000	−	−
20X1 年	75,000	40,000	35,000	30,000	5,000	1,500
20X2 年	50,000	20,000	30,000	20,000	10,000	3,000
20X3 年	25,000	−	25,000	10,000	15,000	4,500
20X4 年	−	−	−	−	−	−

※　本章設例 4.4.5A と同じ。
※※　認識される一時差異は，資産の当初の税務基準額に関する税務上の減価償却累計額と会計上の減価償却累計額との差額を反映している。

以下で説明するとおり，資産が事後的に再評価される場合には，併せて追加の一時差異も発生する。

設例4.4.5C

資産の認識により発生する繰延税金負債― 資産の事後における再評価

本章設例 4.4.5A と同じ前提（すなわち，減価償却は定額法で会計上，税務上のいずれも 25 %）であるが，資産は会計上 20X1 年の末日に CU 120,000 で再評価される。税率は 30%である。

（単位：CU）

年度	帳簿価額	税務基準額	一時差異	未認識の一時差異	認識される一時差異	繰延税金負債
	A	B	A−B=C	D※	C−D=E※※	E×30%
20X0 年	100,000	60,000	40,000	40,000	−	−
20X1 年	120,000	45,000	75,000	30,000	45,000	13,500
20X2 年	80,000	30,000	50,000	20,000	30,000	9,000

20X3年	40,000	15,000	25,000	10,000	15,000	4,500
20X4年	–	–	–	–	–	–

* 本章設例4.4.5Aと同じ。
** 認識された一時差異は，減価償却された当初の取得原価に対して資産の再評価により増加した金額（すなわち，CU 120,000と再評価時の資産の帳簿価額CU 75,000との差額）から，再評価による増加額に係る減価償却を控除した金額である。

4.4.5.1　資産の取得原価を超える損金算入可能額(super deductions)

設例4.4.5.1A

資産が使用に供されたときに利用可能な，追加の損金算入

20X0年12月31日に，製造業である企業Aは資本増強プロジェクトを開始しており，新しい製造用資産の取得原価（CU 80,000）の150%を基礎に税務上の損金算入が認められている。資産の取得原価を超える損金算入（追加的な損金算入）は，資産が使用に供されたときの事業年度（20X1年）の課税所得の算定において損金に算入される。

資産の帳簿価額は，課税対象である製造活動での使用を通じて回収される。資産の取得原価は，会計上は定額法により25%で減価償却され，税務上は33⅓%で減価償却される。

税率は30%である。

（資産が使用に供された20X1年に利用可能な）資産の取得原価を超える税務上の損金算入額は，IAS第12号24項の当初認識の例外の条件を満たしていることに留意する。なぜなら，取引（すなわち，資本的支出の実行）は，(1) 企業結合ではなく，かつ，(2) 当初認識時に会計上の利益にも課税所得にも影響しないからである。

（単位：CU）

年度	帳簿価額	税務基準額	一時差異	未認識の一時差異	認識される一時差異	繰延税金負債
	A	B	A−B=C	D※	C−D=E	E×30%
20X0年	80,000	120,000	−40,000	−40,000	–	–
20X1年	60,000	53,333	6,667	–	6,667	2,000
20X2年	40,000	26,667	13,334	–	13,334	4,000

20X3 年	20,000	−	20,000	−	20,000	6,000
20X4 年	−	−	−	−	−	−

※ 未認識の一時差異は，未申告の追加的な損金算入部分を表している。

資産が使用に供された（かつ，CU 40,000 の追加的な損金算入が申告された）場合，記載している会計処理による結果，20X1 年の実効税率を低下させ，20X2 年から 20X4 年までは一定の実効税率となる。

設例4.4.5.1B

複数期間にわたって利用可能な追加的な税務上の損金算入

追加的な税務上の損金算入が，資産が使用に供された 20X1 年から開始する 3 年間にわたって均等に申告されることを除き，前提は**本章設例 4.4.5.1A** と同じである。

（単位：CU）

年度	帳簿価額 A	税務基準額 B	一時差異 A−B=C	未認識の一時差異 D※	認識される一時差異 C−D=E	繰延税金負債 E×30%
20X0 年	80,000	120,000	−40,000	−40,000	−	−
20X1 年	60,000	80,000	−20,000	−26,667	6,667	2,000
20X2 年	40,000	40,000	−	−13,333	13,334	4,000
20X3 年	20,000	−	−20,000	−	20,000	6,000
20X4 年	−	−	−	−	−	−

※ 未認識の一時差異は，未申告の追加的な損金算入部分を反映している。

追加的な損金算入は複数期間にわたって認められ，当初認識の例外が適用される一時差異を期間にわたって解消することになる。これは，損金算入が実現する期間にわたって，実効税率を均等に低下させる。

4.4.5.2 投資不動産の取得

投資不動産を取得した時点で，企業は，この取得が単一資産の取得と考えられるか，または IFRS 第 3 号で定義される企業結合と考えられるかを決定しなければならない。単一資産の取得は，一般的に，当初認識の例外が適用される取引であり，その場合，将来加算一時差異に関する繰延税金は取得日に認識されない。反対に，企業結合における資産の取得は当初認識の例外に該当せず，その場合，取得日時点で発生するすべての将来加算一時差異に関する繰延税金が認識される。

投資不動産の取得が企業結合であるかどうかを決定する場合，企業は，不動産に関連する付随的活動を検討するかもしれない。例えば，企業が既存のテナント契約付の不動産を単に購入し，他のすべてのサービスがテナントと契約する第三者によって実施されている場合，この取得は単一資産の取得と考えられるであろう。不動産を取得し，当該企業が多くのサービス契約に必然的に関与する場合，取引は企業結合と考えられる可能性が高い（取引が企業結合であるかどうかに関する IFRS 第 3 号の指針については，**第 2 巻 3 章 4** の議論を参照）。

取得に関する繰延税金の会計処理は，取得が IFRS 第 3 号の企業結合における定義を満たすかどうかについての会計上の決定に自動的に従うことになる。それは，IAS 第 12 号を適用する目的のために単独で決定することではない。

4.4.5.3　政府補助金

今までの設例は，すべて，資産の当初認識時に発生する繰延税金負債を取扱っている。まれではあるが，そのような状況で繰延税金資産が発生することがある。IAS 第 12 号で当初認識時に発生する繰延税金資産について引用されている例示として，資産に関する非課税の政府補助金をその資産の帳簿価額の算定上は控除するが，税務上は資産の償却可能額（すなわち，税務基準額）から控除されない場合があげられている。資産の帳簿価額は税務基準額よりも小さく，将来減算一時差異が発生する。IAS 第 20 号「政府補助金の会計処理および政府援助の開示」においては政府補助金が繰延収益として計上される場合もあり，その場合，繰延収益とそのゼロの税務基準額との差額が将来減算一時差異となる。いずれの表示方法を採用したとしても，企業は，繰延税金資産を認識しない［IAS 第 12 号 33 項］。

4.4.5.4 企業結合以前に被取得企業が適用した認識の例外

企業結合における被取得企業が，個別財務諸表上で資産または負債の最初の認識時に当初認識の例外が適用されたことにより，ある資産または負債に関する一時差異についての繰延税金を認識していない場合がある。

被取得企業は，その個別財務諸表でこれらの項目に繰延税金を認識していないが，被取得企業のこれらの資産および負債が新しい連結グループで当初認識されるときに認識の例外は適用されない。繰延税金は，取得日のすべての一時差異について認識される。なぜならば，グループの観点から当該資産および負債は企業結合の一部として認識され，当初認識の例外に係る条件を満たさないからである。

4.4.5.5 グループ企業間の資産の譲渡

ある状況において，グループ内の企業が企業結合で資産および負債を取得し，その後，取得した 1 つ以上の資産をグループ内の他の企業に譲渡することがある。グループの連結財務諸表では，資産は企業結合で取得されたため，当初認識時の例外は適用されず，繰延税金は取得日およびその後に発生するすべての将来加算一時差異について認識されるべきである（グループ企業間での事後的な資産の譲渡により生じる差異を含む)。

しかし，事後的に資産が譲渡されたグループ内の個別企業の観点からは，多くの場合譲渡は企業結合を構成するものではなく，個別資産の取得となる。そのような状況において資産が譲渡された企業の個別財務諸表では，資産の当初認識において生じる将来加算一時差異に当初認識の例外が適用され，譲渡時に繰延税金負債は認識されない。グループの連結財務諸表においては，未認識の繰延税金負債が連結修正として再計上されることになる。

同様の分析が，グループ内取引によって将来減算一時差異が生じる結果となった場合に適用される。その場合にはIAS 第 12 号の一般的な認識要件に従って，連結財務諸表で繰延税金資産が認識される（**本章 4.6** 参照)。

4.4.6 認識の例外— 子会社，支店および関連会社に対する投資，ならびに共同支配の取決めにおける持分

一時差異は，投資の帳簿価額が税務基準額（取得原価であることが多い）と異なる場合に発生する。一時差異が生じる状況の例示には以下が含まれる［IAS 第 12 号 38 項］。

- 子会社，支店，関連会社または共同支配の取決めにおける未分配利益の存在（利益が連結されている，または持分法を適用して会計処理されている場合）
- 親会社とその子会社が異なる機能通貨を有している場合の，外国為替レートの変動による在外営業活動体の帳簿価額の変動
- 関連会社投資の帳簿価額の回収可能価額までの減額で，税務基準額に対応する変動がない場合

IFRS 第 11 号をまだ適用していない企業は，IAS 第 12 号 38 項の「共同支配の取決め」への参照は，「ジョイント・ベンチャー」への参照と読替えなければならない。

さらに一時差異は，現地の税法の結果としての投資の税務基準額の修正により生じる。これらの修正には規制されている外国会社法，配当のみなし課税，または税務上の選択の結果としての修正を含む場合がある。

連結財務諸表で生じた一時差異は，親会社が原価または再評価額で投資を計上する場合の親会社の個別財務諸表における一時差異とは相違する場合がある［IAS 第 12 号 38 項］。

子会社，関連会社および共同支配の取決め（IFRS 第 11 号をまだ適用していない企業については，ジョイント・ベンチャー）への投資に関する差額は，通常，連結財務諸表で生じる。なぜなら，投資先の利益は（連結または持分法によって）認識されるが，投資の税務基準額は変更されずに維持されるからである。これらの利益が分配されたときに生じる税金の影響（例えば，源泉税）が考慮されるべきである。「一般的」な認識の例外（**本章 4.4.3** 参照）と異なり，IAS 第 12 号はこれらの差異に関する繰延税金資産および負債の認識を禁じていな

い。その代わり，それらの認識に関する特定の条件を課している。

企業は，子会社，支店および関連会社に対する投資，ならびに共同支配の取決めに対する持分に係るすべての**将来加算**一時差異について，繰延税金負債を認識しなければならない。ただし，以下の条件がともに満たされている場合を除く［IAS 第 12 号 39 項］。

- 親会社，投資者，共同支配投資者または共同支配事業者が，当該一時差異の解消時期をコントロールできる。
- 予測可能な期間内に当該一時差異が解消しない可能性が高い。

IFRS 第 11 号をまだ適用していない企業は，IAS 第 12 号 39 項の「共同支配の取決めに対する持分」への参照は「ジョイント・ベンチャーに対する持分」への参照と読替え，「共同支配投資者または共同支配事業者」への参照は「共同支配投資企業」への参照に読替えなければならない。

企業は，子会社，支店および関連会社に対する投資，ならびに共同支配の取決めに対する持分から生じるすべての**将来減算**一時差異について，以下の双方の可能性が高い範囲内で，かつその範囲内でのみ，繰延税金資産を認識しなければならない［IAS 第 12 号 44 項］。

- 当該一時差異が予測可能な期間内に解消する。
- 当該一時差異を活用できる課税所得が稼得される。

IFRS 第 11 号をまだ適用していない企業は，IAS 第 12 号 44 項の「共同支配の取決めに対する持分」への参照は，「ジョイント・ベンチャーに対する持分」への参照と読替えなければならない。

IAS 第 12 号は，「予測可能な期間（foreseeable future）」を定義していない。しかし，財務諸表の作成の基礎となる継続企業の前提に関する IAS 第 1 号「財務諸表の表示」における指針を類推することが合理的である。IAS 第 1 号 26 項は，「少なくとも報告期間の末日からの 12 ヵ月は必要であるが，それに限定されない」期間であると規定している。したがって，IAS 第12号を適用する目的で「予測可能な期間」とは，報告期間の末日から少なくとも12ヵ月と考えることが合理的である。ただし事実と状況（経営者の意図を含む）によって，より長期間となる場合がある。

4.4.6.1　子会社に対する投資

子会社への投資に関して，一時差異は，通常，連結財務諸表で会計処理される純投資（実際には関連するのれんを含む子会社の純資産に対する親会社持分）と投資の税務基準額との差額を表す。

親会社と子会社の関係には，子会社を（子会社の配当政策を含め）支配している親会社が含まれる。したがって，当基準は，子会社の未分配利益が予測可能な期間に配当されない可能性が高いと親会社が決定した場合に，親会社は当該未分配利益について繰延税金を認識しないとしている。同じ考慮が，支店に対する投資にも適用される［IAS 第12号40項］。

当基準には，子会社の利益が分配される可能性（したがって，将来加算一時差異が解消する可能性）が高いかどうかを決定するために親会社が考慮すべき要因に関する特別の指針はない。その評価をするために考慮すべき要因は以下が含まれるかもしれないが，これに限定されない。

- 子会社の事業を成長させる再投資計画
- 配当支払の過去のパターン
- 親会社が配当するためまたは他の資金需要を満たすために，子会社からの配当による資金を必要とするかどうか。
- 現金および分配可能利益は配当支払のために利用可能かどうか。
- 支払うべき配当額に関して拘束力のある契約が存在するかどうか。
- 毎年の利益の一定割合を支払う方針があるかどうか。
- 分配が行われる前に子会社を処分する意図があるかどうか。
- 法律または税務上の要求によって，事実上，配当を支払う経済的な強制が生じているかどうか。

親会社が子会社に未分配利益の一部分のみの送金を要求する場合，親会社は予測可能な期間内に送金が予想される未分配利益の一部についてのみ繰延税金負債を認識すべきである。

状況が変わり，繰延税金が認識されていない子会社で未分配利益の一部または全部が予測可能な期間内に支払われる可能性が高くなった場合，親会社は，当期の費用として追加の繰延税金負債を認識しなければならず，過年度の金額が修正再表示されることはない。

子会社がIFRS第5号「売却目的で保有する非流動資産および非継続事業」に基づき非継続事業に分類された場合（**第1巻15章「売却目的で保有する非流動資産および非継続事業」**参照）であっても，繰延税金資産の認識に関する要求事項に影響はない。そのため，予測可能な期間内に一時差異が解消し，一時差異を利用できる課税所得を稼得する可能性が高い範囲で，繰延税金資産を認識すべきである。

親会社が非継続事業に分類した子会社への投資に関して繰延税金を認識する場合，この繰延税金は売却またはその他の方法による子会社の処分に係る会計処理に含めるべきである。親会社が持分を維持し事後に投資先が関連会社として会計処理される場合には，特別な考慮が必要である（**本章4.4.6.4**参照）。

設例4.4.6.1A

予測可能な期間内での分配が予想されない子会社の利益

会社Aには帳簿価額CU 200，税務基準額CU 100の子会社がある。会社Aは，子会社による配当の分配をコントロールしている。会社Aは，子会社に配当させる必要はなく，実際に子会社の事業成長のために未分配利益を再投資する計画を実施中である。このような状況において，会社Aは，CU 100の一時差異に関する繰延税金負債を認識すべきではない。なぜなら，会社Aは，一時差異の解消時期をコントロールでき，かつ，当該一時差異が予測可能な期間内に解消することが予想されないからである。

設例4.4.6.1B

予測可能な期間内に分配が予想される子会社の利益

会社Aがキャッシュ・フローの問題に直面していることを除き，**本章設例4.4.6.1A**と同じ前提である。この問題を解決するために，会社Aは，現金配当の形で子会社の増加した価値を引出す必要がある。このような状況において，会社Aは，支払われる利益部分について繰延税金負債を認識しなければならない。なぜなら，会社Aは，一時差異の解消時期をコントロールでき，当該一時差異が予測可能な期間内に解消される可能性が高いからである。

設例4.4.6.1C

親会社が配当支払時期をコントロールしていない場合

子会社が海外で営業していることを除き，**本章設例4.4.6.1A**と同じ前提である。当該地域では，利益を海外の投資者に還元するか事業に再投資するかの決定は，規制当局を通じて行われる。会社Aは，自らの希望を表明できるが，利益が配当として支払われる時期を決定するのは，その国の規制当局である。このような状況において，会社Aは，子会社の未送金の利益すべてについて繰延税金負債を認識すべきである。なぜなら，会社Aは，一時差異の解消時期をコントロールしていないからである。

設例4.4.6.1D

純投資の一部を構成する貸付金に関して発生する一時差異

会社Bの機能通貨は米ドルである。会社Bは，ユーロを機能通貨とする100％子会社（会社D）に対してユーロ建の貸付を行う。貸付金は，IAS第21号「外国為替レート変動の影響」により，会社Bの会社Dに対する純投資の一部と評価されている。

会社Bの個別財務諸表上，IAS第21号32項に従って，貸付金は報告期間の末日に換算替が行われ，為替差額が純損益で認識される。貸付金から生じる為替差額は，税務上，貸付金の返済時にのみ評価される。

貸付金は，会社Bの会社Dへの純投資の一部を構成するため，IAS第12号39項の要求事項（**本章4.4.1**参照）を当該貸付金に適用しなければならない。

会社Bは，子会社の純投資の一部を構成する貸付金の返済をコントロールすることができる。そのため，会社Bは，為替差額についての税金発生時期をコントロールでき，一時差異の解消時期をコントロールすることができる。予測可能な期間内に決済が計画されておらず，また可能性が低い（IAS 第21号15項に基づく会社Bの純投資の一部として適格であるための貸付金の条件）ことから，為替差額から生じる一時差異が予測可能な期間内に解消しない可能性が高い。

したがって，会社Bは，会社Dへの外貨建貸付金から発生する為替差額について繰延税金を認識すべきではない。さらに，会社Bは，IAS 第12号81項（f）の開示要求を遵守しなければならない。

設例4.4.6.1E

子会社の海外所得が本国送金においてのみ課税される場合の繰延税金

会社Aは，子会社（会社C）を有しており，会社Cは海外の課税法域で営業している。年度中に会社Aは，会社CへCU 100,000の利付貸付を実施したが，それはIAS 第21号15項の目的上，会社Cへの純投資の一部とは考えられない。貸付金からの利息収益は，海外の課税法域で保持している間は課税されず，本国送金時にのみ課税される。現在会社Aに利息収益を本国送金する意思はない。

当事業年度の末日において稼得した利息総額はCU 10,000であり，貸付金の帳簿価額はCU 110,000である。当該利息の税務基準額はゼロである。

会社Aは，貸付金の稼得した利息に関する繰延税金負債を認識すべきである。すなわち，会社Aは，帳簿価額CU 10,000と税務基準額ゼロとの差額に関して税金負債を認識する必要がある。

IAS 第12号38項から45項の例外は，子会社，支店，関連会社への投資および共同支配の取決め（IFRS 第11号をまだ適用していない企業については，ジョイント・ベンチャー）に対する持分の帳簿価額と税務基準額との差額に関係している。この例外は，投資先との債権債務の帳簿価額とそれらの税務基準額との間に存在する一時差異には適用されない。

測定に関する考察は，**本章 4.5.3** でさらに説明している。

4.4.6.2　関連会社に対する投資

連結財務諸表において，関連会社に対する投資は，通常，持分法を適用して会計処理される。持分法において投資は原価で当初認識され，帳簿価額は投資先の純損益およびその他の包括利益に対する投資者の持分から，関連会社から受取る配当を控除した分だけ増減する。投資先の純損益およびその他の包括利益から発生する税額は，投資先の財務諸表で認識され，投資者が持分法を適用して会計処理する金額に反映されるため，その金額は税引後で報告される。投資者が関連会社から受取る配当から生じるすべての追加的な税金も，投資者自身の財務諸表に反映される。

関連会社の利益の分配または処分にかかわらず，投資者が関連会社への投資を回収する場合，追加の課税が生じることがある。例えば，配当所得が投資者側で課税または部分的に課税される場合や，源泉税が関連会社の所在国で適用される場合，投資の処分についてキャピタル・ゲイン課税が存在する場合がある。これらの状況のいずれにおいても一時差異が存在している。

IAS 第 12 号の認識のルール（**本章 4.4.1** 参照）では，関連会社に対する投資に関する一時差異は，以下の場合を除いて，会計処理されなければならない。

- 投資者が，一時差異の解消時期をコントロールできる。
- 予測可能な期間内に一時差異が解消しない可能性が高い。

投資者と関連会社の関係には支配が存在しないため，関連会社への投資者は，通常，関連会社の未分配利益に関連して生じる繰延税金を認識しなければならない。ただし，予測可能な期間内に利益は分配されないという合意に関する強い証拠がある場合は除く。

設例4.4.6.2

関連会社に対する投資

会社BにはZ国で営業している関連会社（会社A）がある。20X3年12月31日終了年度の連結財務諸表において，会社Bは，持分法を適用して，当該期間の会社Aの利益に対する持分CU 20,000を認識した。

当該期間に会社Aは，当年度の利益からCU 5,000の中間配当を会社Bに支払った。配当の受領について，会社Bが事業を行う国で税金は発生しない。しかし，Z国の法律では分配利益に関して追加的に25％が課税され，還付されることはない。

会社Bは，将来加算一時差異の解消時期をコントロールできないため，連結財務諸表において，会社Aの当年度利益の残余（すなわち，CU 15,000）に対する持分が分配されたときに生じる税務上の影響も認識しなければならない。したがって，CU 5,000の送金から生じる税務上の影響を認識する他，20X3年12月31日の連結財務諸表において，繰延税金負債CU 3,750（CU 15,000×25％）を認識すべきである。

投資に関して発生する将来減算一時差異に関しては，投資先からの配当を投資者がコントロールする能力を考慮する必要はない。繰延税金資産を認識する必要があるのは，予測可能な期間内に一時差異が解消する可能性が高く，一時差異を使用し得る課税所得が稼得される可能性も高い場合のみである。

関連会社投資の回収が予想される方法を決定するには，しばしば注意深い判断が必要となる。この判断において考慮する要因は，以下が含まれるが，これに限定されるものではない。

- 企業がその持分を売却する意図があるかどうか。
- 投資の配当利回り
- 投資を取得し保有する理由

例えば，過去に投資からの配当を定期的に受取っており，関連会社を処分する意図についての証拠がない場合（たとえ将来にいつか処分する可能性があるとしても），投資は配当による利益の送金によって回収されると判断することになるかもしれない。

4.4.6.3　共同支配の取決め（IFRS第11号をまだ適用していない企業については，ジョイント・ベンチャー）に対する持分

IFRS 第 11 号「共同支配の取決め」（2013 年 1 月 1 日以後開始する事業年度に適用され，早期適用が認められる）においては，共同支配の取決めの会計処理は，当該取決めが共同支配企業または共同支配事業（当該基準に定義されている）のいずれに分類されるかによって決まる。IFRS 第 11 号をまだ適用していない企業は IAS 第 31 号「ジョイント・ベンチャーに対する持分」を適用する。IAS 第 31 号においては，ジョイント・ベンチャーの会計処理は，ジョイント・ベンチャーが共同支配企業（jointly controlled entity），共同支配の営業活動または共同支配の資産のいずれに分類されるかによって決まる。

（IFRS 第 11 号における）共同支配の取決め，または（IAS 第 31 号における）ジョイント・ベンチャーの会計処理の方法にかかわらず，繰延税金に関しては同じ一般的な考慮が適用される。

共同支配の取決めにおける参加者間の取決めは，通常は利益の分配を取扱っており，その決定が参加者全員または参加者の一定数の同意を必要とするかどうかを識別している。共同支配投資者または共同支配事業者が，共同支配の取決めの利益に対する持分の分配の時期をコントロールでき，予測可能な期間内に利益に対する持分が分配されない可能性が高い場合には，繰延税金負債は認識されない［IAS 第 12 号 43 項］。

IFRS 第 11 号をまだ適用していない企業は，IAS 第 12 号 43 項の「共同支配の取決め」への参照は「ジョイント・ベンチャー」への参照と読替え，「共同支配投資者または共同支配事業者」への参照は「共同支配投資企業」への参照に読替える。

共同支配企業に対する持分（IFRS第11号をまだ適用していない企業は，ジョイント・ベンチャーに対する持分）

共同支配企業の場合，誰が一時差異の解消時期をコントロールできるか

を決定することは，関連会社の場合ほど明確ではない。共同支配企業に対する投資は，共同支配を伴う。すなわち，支配を共有する契約上の取決めがあり，どの共同支配投資者（共同支配投資企業）も一方的な支配を行使しない。

配当または持分の処分についての取決めは，一般的に，ジョイント・ベンチャーに係る契約で定められる。ほとんどの場合，共同支配投資者（共同支配投資企業）は一方的に配当を宣言することはできず，各共同支配投資者（共同支配投資企業）の同意なしで配当が宣言されることもない。したがって，共同支配投資者（共同支配投資企業）は，分配を阻止し，一時差異の解消を阻止する能力がある。このケースにおいて，共同支配投資者（共同支配投資企業）が，分配が予測可能な期間内に承認されると予想していない場合には，繰延税金負債を認識すべきではない。

共同支配事業（IFRS第11号をまだ適用していない企業は，共同支配の営業活動および共同支配の資産）に対する投資

IFRS 第 11 号においては，共同支配事業に対する税務上の影響の判定は，共同支配事業が法的主体を通じて組成されているかどうかによって決まる。

法的主体を通じて組成されたが，その他の事実および状況（**第 2 巻 5 章**参照）により共同支配事業と判定された共同支配の取決めについては，前述の共同支配企業に対するものと同じ考慮が適用される。

法的主体を通じて組成されていない共同支配事業については，法的主体の欠如は，共同支配事業者が一時差異の解消をコントロールする能力を通常有していないことを意味する。したがって，通常，繰延税金を認識しなければならない。これは，IAS 第 31 号における共同支配の営業活動および共同支配の資産に対しても適用される。

4.4.6.4　子会社から関連会社への投資の変更

親会社が子会社に対する支配を中止するが（例えば，親会社が投資の一部を売却したため，または子会社が追加で株式を発行したため），その所有持分の一部を保持している場合がある。その結果，当該投資は，関連会社として分類され，持分法を適用して会計処理される。子会社から関連会社への変更が，繰延税金に影響する場合がある。

親会社がこれまで子会社への投資に関する一時差異に対して税効果を認識していない場合（一時差異の解消時期をコントロールでき，予測可能な期間内に当該一時差異が解消される可能性が高いとは考えられないという前提），子会社から関連会社への変更により，通常，当初の決定の見直しが必要となる。投資者と関連会社との関係には支配が存在しないため，多くの場合，投資に関する一時差異の解消時期を，もはや投資者はコントロールできなくなる。そのため，関連会社への投資の帳簿価額とその税務基準額との差異に関して繰延税金を認識する必要がある。

IFRS 第 10 号「連結財務諸表」（IFRS 第 10 号をまだ適用していない企業は IAS 第 27 号〔2008 年〕「連結および個別財務諸表」）では，取引によって親会社が子会社の支配を喪失する結果となった場合，旧子会社に対して保持している投資は，支配喪失日の公正価値で認識される。そのような状況においては，投資に関する一時差異の変動が存在する。取引後，関連会社の未分配利益や為替差額等への投資者持分だけでなく，投資の公正価値増加額も一時差異に含まれることとなる。

4.4.6.5　外国通貨の修正

企業の非貨幣性資産および負債はその機能通貨で測定される（**第 1 巻 13 章「外国為替レート変動の影響」**参照）。企業の課税所得または欠損金（結果的に，非貨幣性資産および負債の税務基準額）が異なる通貨で算定される場合，為替レートの変動により一時差異が生じ，（一般的な認識要件を条件として）繰延税金負債または資産を認識することとなる。なお，発生した繰延税金は，純損益で認識される［IAS 第 12 号 41 項］。

IAS 第 12 号は，非貨幣性資産の税務基準額が企業の機能通貨と異なる通貨で算定される場合，一時差異が生じ，繰延税金が算定されるべきであることを明らかにしている。しかし，繰延税金を算定するべき方法については指針がない。

一般的に最も適切な方法は，決算日レートを使用して税務基準額を機能通貨に換算する方法である。当該金額が，財務諸表に計上されている資産の帳簿価額（認識日に適用される為替レートで換算された金額）と比較される。そして，繰延税金は，一時差異の解消時期に適用が予想される税率で算定されることとなる。

設例4.4.6.5A

外貨建資産の税務基準額

機能通貨がポンドである会社Bは，米国に資産を所有している。20X1年1月1日時点で，当該資産の税務基準額は120ドル，帳簿価額は50ポンドである。為替レートは0.5ポンド＝1ドルであり，10ポンド（120ドル×0.5＝60ポンド－50ポンド）の一時差異が生じる。

20X1年12月31日時点で資産の帳簿価額とドルベースの税務基準額に変動はないが，同時点での為替レートが0.52ポンド＝1ドルであり，一時差異は12ポンド（120ドル×0.52＝62ポンド－50ポンド）となった。2ポンドの変動は，為替レートの変動の結果として一時差異が増加したことを表している。

当該変動は，為替レートの変動に起因しているものであるが，2ポンドの変動に会社Bの税率が適用され，算定された価額が当年度の繰延税金費用の一部として認識される。

資産は減価償却の対象となる場合がある。その場合，一時差異の変動の一部は帳簿価額の減価償却から発生する。

企業に子会社があり，その子会社がその機能通貨以外の通貨で課税される場合，算定された繰延税金残高について当該子会社の財務諸表で換算差額が発生する。連結において為替差額は純損益で認識され，為替換算調整勘定に振替えられることはない。なぜならば，報告企業による在外営業活動体への純投資に係る会計処理から換算差額は発生しないからである。

設例4.4.6.5B
子会社の外貨建資産および負債の税務基準額

企業グループ A は，ポンドで表示される連結財務諸表を作成しているが，そこには機能通貨が米ドルである子会社が含まれている。ただし，当該子会社の税金は，子会社の現地通貨であるポンドで算定および納付される。したがって，子会社の財務諸表における資産および負債の税務基準額はポンド建であり，為替レートの変動が一時差異を生じさせる。結果として生じる繰延税金は，子会社の財務諸表において純損益で認識される。

当該金額は，企業グループ A の連結財務諸表においても税金費用（収益）の一部として純損益で認識される（その他の包括利益で認識されるわけではない）。なぜなら，その金額は，子会社の機能通貨と子会社の税金に係るキャッシュ・フローとの間の真正な為替エクスポージャーを反映しているからである。

法域のなかには，機能通貨が現地通貨でない場合であっても，企業の機能通貨で算定した税務申告書と税務基準額が認められるところもある。当期税金負債は，税務当局への支払のために現地通貨に換算される。そのような状況において，通常，為替差損益が企業に一時差異（機能通貨で算定されている）を生じさせることはない。ただし，機能通貨での未払法人税額と現地通貨での当該負債の支払額との差額について，為替差損益が発生することがある。これは機能通貨と税金に係るキャッシュ・フローとの間の真正な為替エクスポージャーであり，純損益で認識される。

4.4.6.6　インフレ修正

特定の海外法域の税法が，納税者がインフレーションの影響を考慮して資産または負債の税務基準額を修正することを認めている，または要求している場合がある。資産または負債のインフレ修正後の税務基準額は，税務上で将来加算または減算できる金額を決定するために使用される。海外子会社がそのようなインフレ修正される資産または負債を有する場合，関連する繰延税金負債または資産の認識を回避するために，IAS 第 12 号 39 項およびIAS第12号44項における子会社への投資に関連する繰延税金の認識に関する例外（**本章4.4.1**および**4.4.2**参照）を適用することはできない。

一時差異は，報告企業による在外営業活動体への投資にではなく，在外営業活動体自身の資産および負債に関連している。結果的に海外子会社は，発生した繰延税金負債または資産をその個別財務諸表において適切に認識する。なお，発生した繰延税金は，純損益で認識される［IAS第12号41項］。

設例4.4.6.6

インフレ修正された資産の税務基準額

機能通貨がポンドである会社Xは，機能通貨がユーロである海外子会社を有している。子会社所在地国のインフレ率は，超インフレではない。

20X2年のはじめに当該海外の法域は，償却性資産の税務基準額を10%増加させる税法を制定した。その増加によって当該海外子会社は，当期および将来年度に追加的な償却額を損金算入することが認められることとなった。税法が変更される直前において，当該海外子会社の償却性資産の基準額は税務上および財務報告目的上ともに1,000ユーロである。税率は50%であり，ポンドとユーロの為替レートは，1ポンドに対して2ユーロである。

この結果，20X2年のはじめに当該海外子会社は，償却性資産の帳簿価額とインフレ修正された税務基準額との一時差異から生じる繰延税金資産50ユーロ（(1,000ユーロ×10%)×50%）を認識しなければならない（IAS第12号の繰延税金資産に関する一般的な認識要件を条件として）。

連結財務諸表において，当該子会社の繰延税金資産は，現在の為替レートに基づいて25ポンド（50ユーロ×0.5）に換算される。

法域のなかにはインフレ修正が売却時にのみ利用可能であり，税務上の減価償却で利用する税務基準額に影響しないところもある。したがって資産（その結果，資産に関する繰延税金）の回収を予想する方法が使用による場合には，インフレ修正を考慮すべきではない。

4.5　繰延税金資産および負債の測定

4.5.1　繰延税金資産および負債の算定

繰延税金資産または負債の金額を算定するときに，以下の算式が有用である。

繰延税金負債 または繰延税金資産	＝	将来加算一時差異 または 将来減算一時差異	×	税率

繰延税金資産は，未使用の繰越欠損金および繰越税額控除からも発生する。これらの繰延税金資産は以下のように算定される。

繰延税金資産	＝	税務上の繰越欠損金 または繰越税額控除	×	税率

したがって，どのような税率を適用すべきかが重要な検討事項となる。これについては，**本章 4.5.2** で説明している。

4.5.2　税率および税法

繰延税金残高は，報告期間の末日時点で制定または実質的に制定された税率および税法に基づいて，一時差異が解消する報告年度または期間に適用が予想される税率を使用して算定される［IAS 第 12 号 47 項］。

企業に対して適用される税率が将来の年度に変わると予想される場合（例えば，事業の立上げにあたり最初の数年は税務上の特典が付与される場合），繰延税金資産または負債を適切な税率で算定するために，一時差異が解消する年度を予想する必要がある。

4.5.2.1　累進的または段階的な税率

法域によっては，税率が期間の課税所得の金額によって変わる場合がある。この場合，一時差異が解消される期間に適用される税率を予想することが必要であるという潜在的な問題が生じる。IAS 第 12 号はこの状況について取扱っており，そのような状況では，一時差異の解消が見込まれる期間に適用されると見込まれる平均税率を使用して，繰延税金資産および負債を測定することを要求している［IAS第12号49項］。

累進税率が重要な要因となる企業では，繰延税金資産および負債を測定するときに使用する適切な平均税率を決定する際に，注意深い判断を行使するべきである。

適切な税率を決定するには，既存の一時差異または繰越欠損金が法人所得税の算定で考慮される年度（期間）に係る将来の課税所得を見積る必要がある。将来所得の見積りには以下が含まれる。

- 一時差異の解消額を除いた利益または損失
- 現存の将来加算一時差異および将来減算一時差異の解消

以下の設例は，累進税率が重要な要因である場合の繰延税金資産および負債の測定を説明している。

設例4.5.2.1

累進税率

20X1年末に会社Xには将来減算一時差異がCU 30,000あり，以後3年間（20X2年，20X3年および20X4年）の各年度でCU 10,000ずつ減算されると予想される。

会社Xは，累進税率制度がある法域で事業を行っている。累進税率は，以下のとおりである。

所得＞CU	所得≦CU	税率
−	50,000	15%
50,000	75,000	25%
75,000	100,000	34%
100,000	335,000	39%
335,000	10,000,000	34%
10,000,000	15,000,000	35%
15,000,000	18,333,333	38%
18,333,333	−	34%

20X2年，20X3年および20X4年の3年間の会社Xの税引前利益は，一時差異の解消を除いてそれぞれCU 410,000，CU 110,000およびCU 60,000であると見積っている。各年度の見積課税所得および法人所得税支払額は，以下のように算定される。

(単位：CU)

	将来年度		
	20X2年	**20X3年**	**20X4年**
見積税引前利益	410,000	110,000	60,000
将来減算一時差異の解消	(10,000)	(10,000)	(10,000)
見積課税所得（A）	400,000	100,000	50,000
累進税率に基づく税額			
(CU 50,000×15%)	7,500	7,500	7,500
(CU 25,000×25%)	6,250	6,250	－
(CU 25,000×34%)	8,500	8,500	－
(CU 235,000×39%)	91,650	－	－
(CU 335,000を超える部分×34%)	22,100	－	－
見積税額（B）	136,000	22,250	7,500
適用税率（C＝B／A）	34%	22.25%	15%
繰越税額控除（CU 10,000×C）	3,400	2,225	1,500

IAS第12号で規定される実現の可能性に関する要件を満たす場合，会社Aは，20X1年末にCU 7,125（CU 3,400＋CU 2,225＋CU 1,500）の繰延税金資産を認識すべきである。

4.5.2.2　実質的に制定されている税率

基準は，報告期間の末日までに「制定され，または実質的に制定されている(enacted or substantively enacted)」税率および税法に基づいて繰延税金資産および負債を測定することを要求している。実質的に制定されていない税率変更または税法改正を予想することは適切ではない。

報告期間の末日までに税法が実際に制定されているかどうかは，ただちに明らかになる事実である。しかし，新しい税率または税法が報告期間の末日以前に発表されたが制定に至る手続が完了していない場合には，報告期間の末日以前に実施された公表および手続またはプロセスを実質的な制定と考えられるかどうかを決定する必要がある。

新税率が「実質的に制定されている」と考えられるかどうかの決定は，特定の事実および状況に基づいて注意深い判断が要求される問題である。この決定の評価で考慮すべき要因には以下が含まれるが，これらに限定されるものではない。

- 税法改正の制定に必要な法制度および関連する手続またはプロセス
- 残りの手続またはプロセスの性質および範囲
- 残りの手続またはプロセスが形式的である範囲
- 残りの手続またはプロセスの時期

IAS 第 12 号は，法域によっては正式な制定が数ヵ月後であるとしても，政府による新しい税率および税法の公表に実質的な制定の効果があることを認識している。このような状況で税金資産および負債は，公表税率を使用して測定される［IAS 第 12 号 48 項］。他の国では，税率が実質的に制定したと考えられるまでに，制定への法的段階を事実上すべて完了することが必要となる場合もある。

US GAAP とIFRS のコンバージェンス・プロジェクトの一環として，IASB は「実質的な制定」が見込まれる税率の変更がほぼ確実である（virtually certain）ことを意味する旨を明確化するという決定をした。この明確化の提案は，IAS 第 12 号を置換える基準の公開草案に含まれていた。置換基準は最終化されなかったが，「実質的な制定」の意味について有用な指針を提供した。IASB は，改正が署名され法律として成立するまで，法域によっては（例えば米国）制定がほぼ確実であるとはいえない場合があることを指摘している。IASB は，「実質的に制定されている」が制定の蓋然性に基づくべきか，または制定のプロセスに基づくべきかを議論した。IASB は，過程が特定の段階まで到達していることが要求されるべきであると決定した。IASB は，さらに，特定の段階とは制定のプロセスが完了しており，残りの手続で結果が変わらない段階であることを決定した。

4.5.2.3　報告期間後の税率の変更

報告期間後に税率または税法が変更された場合，繰延税金資産および負債の帳簿価額に対する修正は行われない。しかし，変更の影響が「開示しなければ，財務諸表に基づいて行われる利用者の経済的判断に影響を与える」ような場合には，IAS第10号「後発事象」に従った開示が要求される［IAS第10号21項］。

設例4.5.2.3
報告期間後の税率の変更

会社Dは，20X3年3月31日現在の財政状態計算書で，未収利息CU 1,000を認識した。利息は，受領時に課税され，20X4年3月31日終了年度に受領予定である。20X3年3月31日時点で税率は16％である。20X3年4月5日に，20X4年3月31日終了年度の税率が17.5％に上昇することが発表された。この改正は，20X3年4月25日に制定（enacted）される。20X3年3月31日終了年度の財務諸表は，20X3年6月30日に発行が承認される。

未収利息に関する将来加算一時差異はCU 1,000である。繰延税金負債CU 160が，20X3年3月31日終了年度の会社Dの財務諸表に含まれている。財務諸表の発行承認時点で受領時に受取利息に適用される税率が17.5％であることはわかっているが，IAS第12号は，17.5％の税率を使用して繰延税金負債を算定することを認めていない。それは，この税率が20X3年3月31日までに制定も，実質的な制定もされていないからである。変更の影響が非常に重要な場合，IAS第10号に従って開示が要求される。

4.5.2.4　段階的な税率

段階的に税率が変更されるのは，将来の期間において課税所得に適用される税率を変更することを税法が特定している場合である（例えば，税法において法人所得税率が，20X1年は43％，20X2年は38％，20X3年以後は35％とされている）。

IAS 第 12 号 47 項は，一時差異の解消が見込まれる期間の課税所得に対して適用することが予想される制定された（または実質的に制定された）税率を使用して，繰延税金資産および負債を測定することを要求している。その結果，特定の将来の期間に解消することが見込まれる一時差異の税務上の影響を測定する際に適用する税率を決定する場合には，当該期間に発効する制定または実質的に制定された税法または税率の変更を考慮しなければならない。これを実施するには将来に行われる税務上の選択（経営者の期待に基づく）を仮定し，一時差異の解消が予想される将来の期間の予想純損益の金額を見積ることが必要となる。

4.5.3　利益が分配されるかどうかによって変わる税率

法域によっては，純利益または留保利益の一部または全部が株主に配当として支払われる場合，より高いまたはより低い税率で法人所得税が支払われることがある。同様に純利益または留保利益の一部または全部が株主に対する配当として支払われると，法人所得税が還付または支払となることがある。そのような状況において，IAS 第 12 号は，当期税金ならびに繰延税金資産および負債の測定のために使用する税率は，未分配利益に適用する税率であると明記している[IAS 第 12 号 52A 項]。

配当の法人所得税への影響は，財務諸表で配当が負債として認識されるときのみ会計処理されなければならない［IAS 第 12 号 52B 項］。

設例4.5.3A

未分配利益に関するより高い税率

会社 G には，20X3 年 12 月 31 日現在の財政状態計算書で CU 1,000 の未分配利益がある。現地の税制で，未分配利益には，分配した利益に関する税率（35％）より高い税率（50％）の法人所得税が課される。会社 G は，過年度より，その年の課税所得の 25％に相当する配当を株主に支払ってきた。会社 G は，20X3 年 12 月 31 日の財務諸表の発行承認前である 20X4 年 3 月に中間配当を支払うことで，その配当政策を継続している。

たとえ会社Gが中間配当により課税所得の一部がより低い税率で課税されることを知っている場合でも，CU 500（CU 1,000×50％）の当期税金負債が，20X3年12月31日終了年度の財務諸表に計上される。

IAS第10号に従って，20X4年の中間配当に関する負債は，20X3年12月31日終了年度の財務諸表では認識されず，当該配当に関する税金の影響は，20X3年12月31日時点では考慮されない。税率軽減の影響が認識されるのは，配当が認識されるときであり，それは負債の認識要件を満たしたときである。

企業の当期税金ならびに繰延税金資産および負債が個別財務諸表では常に未分配利益に対する税率で測定されるとしても，その財務諸表がその後にグループの連結財務諸表に取込まれたり，持分法を適用して投資者の財務諸表に取込まれたりする場合，将来の配当は，ある程度予測されている。例えば，企業Aが投資者Iの関連会社であり，企業Aの財務諸表が持分法を適用して投資者Iの財務諸表に取込まれる場合，IAS第12号39号およびIAS第12号44項を適用すると（**本章4.4.1**および**4.4.2**参照），企業Aからの利益分配を前提として繰延税金を認識することが要求される。そのような分配が仮定される範囲で投資者Iは，「分配に対する税率」を使用して繰延税金資産または負債を測定すべきである。

IAS第12号52B項は，配当の法人所得税への影響は所有者への配当に関連するというよりも，税金負債または資産を発生させた過去の事象や取引に直接的に関連していることを明確にしている。利益の分配時に追加で法人所得税が支払われるか，または還付される場合，税率変更の認識時期は，財務諸表での配当の認識に関連するが，増加する税金の影響を資本で処理してはならない。むしろ，一般的には，その期間の純損益で処理されなければならない。ただし，IAS第12号58項が規定する一般的な規則に従って，純損益外で認識される原取引または事象，もしくは企業結合の結果として生じたものである場合は除く（**本章4.7**参照）。

設例4.5.3B

配当支払に関して増加する税金の影響の認識

会社Aには20X3年12月31日現在の財政状態計算書でCU 1,500の未分配利益があり，現地の法律では全額配当することができる。その利益のうちCU 500はその他の包括利益で認識された。なぜなら，将来売却される不動産項目の再評価から生じたものであるからである（再評価の増加額CU 500は，資産が処分されたときに再評価剰余金から利益剰余金に振替えられ，純損益には認識されなかった）。現地の税制で未分配利益には，分配した利益に関する税率（35%）より高い税率（50%）の法人所得税が課される。

配当を宣言する前の20X3年12月31日に，これら未分配利益に関してCU 750の当期税金負債が認識された。この金額のうちCU 250（CU 500×50%）がその他の包括利益で認識され，CU 500（CU 1,000×50%）が純損益で認識された。

20X4年3月時点で配当可能利益をすべて分配すると，CU 225（CU 1,500×15%）の税金負債が減少することになる。当該減少は，税金負債の当初認識に基づいて純損益およびその他の包括利益に配分する必要があり，結果として以下の仕訳となる。

（単位：CU）

（借）当期税金負債	225	
（貸）法人所得税（純損益）		150
（貸）法人所得税（その他の包括利益）		75

税金負債の減少を認識する。

4.5.4 タックス・ホリデイ（免税期間）

ある課税当局が特定期間の法人所得税の免除を付与する場合，当該事象は，しばしば「タックス・ホリデイ」といわれる。例えば，ある課税当局が，企業がその法域内に工場を建設する場合，経済的な理由で一定期間の法人所得税を免除することがある。

IAS 第 12 号は，タックス・ホリデイについて特に取扱っていない。したがって，IAS 第 12 号の一般原則を適用すべきである。

タックス・ホリデイの権利を与えられた企業は，タックス・ホリデイの期間に発生した一時差異が将来の課税所得に影響する場合，通常の方法で一時差異を算定すべきである。しかし，免税の条件を満たし続けると予想される場合，タックス・ホリデイ期間に解消が予想される一時差異については，繰延税金を認識すべきではない。なぜならば，純額で税金費用または還付税額が発生しないからである（例えば，解消時の課税所得または減算額に適用される税率が 0%であるため）。

タックス・ホリデイの制度の具体的な 2 つの例として，**本章設例 4.5.4A** を参照のこと。

設例4.5.4A
タックス・ホリデイ（免税期間）— 設例

設例1

法域 X では免税期間の制度において，法域 X における事業開始の当初 5 年間，要求される要件を満たす企業に対する法人所得税を免除している。

免税期間にも企業は通常の方法で税金負債を算定することが要求されるが，課税所得に 0%の税率が適用される。免税期間中に企業に税務上の損失が発生した場合，当該損失は，繰越可能であり，免税期間終了後に制限なく使用することができる。

この制度においては免税期間に一時差異が生じており，税務上の影響に従い，免税期間後に解消される。免税期間後に一時差異の解消が予想される範囲内で，すべての一時差異に対して繰延税金資産および負債を認識すべきである。同様に，免税期間に発生した税務上の欠損金で免税期間後に使用が予想されるものは，繰延税金資産として認識しなければならない（繰延税金資産に関する一般的な認識要件が条件となる）。

設例2

法域 Y では免税期間の制度において，法域 Y における事業開始の当初 5

年間，要求される要件を満たす企業に対する法人所得税を免除している。

免税期間に企業は税金負債の算定を要求されない（例えば，免税期間の取決めの写しの提出のみで企業は法人所得税の申告をしないか，単に写しとともに法定決算での利益を報告する法人所得税申告書を提出する）。免税期間に損失が発生した場合，当該損失を免税期間後に繰越すことはできない。企業の資産に関する税務上の減価償却（capital allowance）は，免税期間後に開始する。免税期間が終了すると，企業は，通常の方法で税金負債を算定する。

この制度において，免税期間に発生した損失に対する繰延税金資産は認識されない。資産および負債の税務基準額は，免税期間中に変動しないが，企業の資産および負債の帳簿価額は変動し，一時差異が発生する場合がある。免税期間に発生し，免税期間後に解消されるすべての一時差異について，繰延税金が認識されるべきである。

設例4.5.4B

まだ開始していないタックス・ホリデイ（免税期間）

企業Ａは，創業したばかりの会社である。関連する法域の税法において，創業したばかりの企業は課税所得を獲得した年度から起算して５年間の免税となる。

企業Ａは，現在は損失を計上しており，そのような状態が３年間続くと予想している。そのため，今後８年間にわたって税金を支払う必要はないと予想している。

繰延税金を認識すべき範囲を決定するとき，企業Ａは，いつタックス・ホリデイが始まると予想すべきであろうか。

前述のとおり，免税の条件を満たし続けると仮定して，免税期間中に解消が見込まれる一時差異についての繰延税金を認識すべきではない。

記載した状況では，免税期間中に解消される一時差異がどれであるかを検討する際に，企業Ａは免税期間がただちに開始し，５年間続くものと予想すべきである。損失が予想される将来期間を考慮して，予想免税期間を延長すること（すなわち，この設例では免税期間を８年間へ延長すること）は，将来の税務上の損失を見積ることに等しく，許容されない。

記載した状況では，企業が課税所得を獲得するまでの各報告日ごとに，予想される免税期間は各報告日から5年間と仮定するべきである。

4.5.5　割　引

IAS第12号は繰延税金資産および負債の測定にあたり，割引くことを禁止している［IAS第12号53項］。

この禁止規定は，概念的な議論に基づくものではない。むしろ，これは，割引に基づく繰延税金資産および負債を信頼性をもって決定することに内包される実務上の課題を反映したものである。すなわち実務上の課題とは，すべての一時差異について予想解消時期の詳細なスケジューリングが必要となることである。そのような詳細なスケジューリングは，多くの場合に実務上不可能，または非常に複雑である（したがって，割引を要求することが適切ではない）との結論に達し，当基準は，繰延税金残高を割引くという選択肢を除外している。これは企業間での繰延税金残高の比較可能性を減少させることが理由である。

4.6　繰延税金資産の認識

繰延税金資産は，将来減算一時差異（例えば，資産の帳簿価額がその税務基準額を下回る場合），または税務上の繰越欠損金および繰越税額控除の活用可能性から生じる。

IAS第12号では**本章4.4.2**であげた例外を除き，すべての将来減算一時差異，およびすべての税務上の繰越欠損金ならびに税額控除について，繰延税金資産が認識される（ただし，将来その使用対象となる課税所得が獲得される可能性が高い範囲内に限られる）［IAS第12号24項および34項］。

回収可能性のテストを満たさないため認識されなかった繰延税金資産がある場合，企業は，その後の各報告期間の末日において，その処理を再検討する必要がある。後に回収可能性テストを満たした場合，再検討日に繰延税金資産が認識される。このようなことが生じるのは，例えば，取引状況の改善により，十分な課税所得を将来獲得できる可能性が高まる場合である［IAS 第 12 号 37 項］。

逆に，繰延税金資産が財政状態計算書で認識されている場合，その後の各報告期間の末日に，当該帳簿価額を再検討し，その回復を可能にさせる十分な課税所得が獲得できる可能性がもはや高くなくなった範囲で減額しなければならない［IAS 第 12 号 56 項］。

4.6.1　将来の課税所得の利用可能性

繰延税金資産は，将来の税務上の減額を表している。したがって，企業が税務上の減額を相殺できる十分な将来の課税所得を有する場合にのみ価値がある。そのため，繰延税金資産を回収できる十分な将来の課税所得を稼得する可能性が高いと考えられるのはいつか，ということが重要な問題となる。

「可能性が高い（probable）」という用語は IAS 第 12 号で定義されていない。**本章 4.4.2** で指摘しているように，この用語にはさまざまな解釈があるが，少なくとも回収できない可能性よりも回収できる可能性の方が高いこと（more likely than not，すなわち 50%以上の可能性）を意味すると一般的に合意されている。

IAS 第 12 号は，企業が繰延税金資産を回収できる十分な将来の課税所得を稼得する可能性が高い場合とは，以下のいずれかの場合であると規定している。

- 同一の税務当局および同一の納税企業に係る十分な将来加算一時差異があって，それが将来減算一時差異の解消が予測される期間と同じ期間，または繰延税金資産により生じる税務上の欠損金の繰戻もしくは繰越が可能な期間に解消すると見込まれる場合［IAS 第 12 号 28 項］
- 同一税務当局の区域内で，同一の納税企業体内に，将来減算一時差異が解消するのと同じ期間に（または繰延税金資産から生じる税務上の欠損金を繰戻もしくは繰越が可能な期間に）当該企業が十分な課税所得を稼得する可能性が高い。この判断の際には，将来の期間に発生すると予想される将来減算一時差異から生じる課税所得は無視しなければならない（使用するためにさらなる将来の課税所得が必要となるからである）［IAS 第 12 号 29 項（a）］。
- 適切な期間に課税所得を生じさせるタックス・プランニングの機会を企業が利用可能である［IAS 第 12 号 29 項（b）］。

このように，繰延税金資産の認識を正当化するために将来の課税所得を検討する際，企業は以下に注目する。

- 既存の将来加算一時差異の将来における解消（**本章 4.6.2** 参照）
- 将来の課税所得（**本章 4.6.3** 参照）
- タックス・プランニングの機会，すなわち，使用可能な税務上の減額を期限切れ前に活用する目的で，将来の課税所得を創出または増加させるために企業が行う行為（**本章 4.6.4** 参照）

4.6.2　既存の将来加算一時差異の将来の解消

前述のとおり，既存の将来加算一時差異によって減算一時差異の解消を予測することを正当化するためには，以下の条件を満たさなければならない［IAS 第 12 号 28 項］。

- 将来加算一時差異は，同一の税務当局および同一の納税企業に関連していなければならない。
- 将来減算一時差異が解消するのと同じ期間，または繰延税金資産から生じる税務上の欠損金を繰越（または繰戻）できる期間に，将来加算一時差異が解消することが予測されなければならない。

IAS 第 12 号は，現存の一時差異が解消するパターンを企業がスケジューリングする方法について，特に取扱っていない。一般的には，繰延税金資産に期限がある（例えば，有効期限がある）場合にのみ，将来加算一時差異の解消をスケジューリングする必要がある。費用対効果の考慮により，解消パターンのスケジューリングには複数のアプローチが存在するかもしれない。しかし，IAS 第 12 号 35 項および 36 項における議論から明らかなように，現存の一時差異の解消パターンを決定するには，以下の 2 つの概念がある。

- 一時差異が加算または減算となる時期は，一般的に，関連する資産の回収，または関連する負債の決済の時期によって決まる。
- 一時差異の解消が，将来年度に相殺される加算額および減算額となるかどうかは，税法で決まる。

一時差異の将来の解消を評価するにあたり，企業は，将来生じる一時差異（例えば，計画している将来の資本的支出）を考慮できないことに留意する。なぜなら，将来生じる一時差異は，将来の事象または取引の結果としてのみ生じるものだからである。

設例4.6.2

現存の将来加算一時差異の将来の解消予測

会社Cは，当年度に欠損金が生じ，20X3年12月31日現在で以下の一時差異を識別した。

- 税務上の加速償却に関する将来加算一時差異CU 4,000（20X4年と20X5年に解消すると予想される）
- 会計上は20X3年に全額費用計上された操業前費用に関する将来減算一時差異CU 2,800（税務上は5年にわたって損金算入が可能である）

会社Cは，予測可能な将来にわたり損失を計上すると予想される。税率は20％である。欠損金は繰越されるが，繰戻はない。

会社Cの現存の一時差異の解消予測は，以下のとおりである。

（単位：CU）

	20X4年	20X5年	20X6年	20X7年
税務上の加速償却	(2,000)	(2,000)	−	−
操業前費用	700	700	700	700

20X3年12月31日現在，税務上の加速償却に関する繰延税金負債が認識されており，金額はCU 800（CU 4,000×20％）である。操業前費用に関して認識される繰延税金資産は，CU 280（CU 1,400×20％）に限られる。将来の損金算入は，操業前費用の残額についても利用可能である。しか

し，一時差異の解消が，既存の将来加算一時差異に対して利用できない期間に生じるため，それらの将来加算一時差異に基づいて，繰延税金資産の認識を正当化することはできない。繰延税金資産の残額の認識を裏付けるためには，課税所得が見込まれる他の源泉またはタックス・プランニングの機会を識別する必要がある。前述の設例では，会社Cは損失を計上する企業であり，損失が継続すると予想されるため，これは当てはまる可能性は低い（**本章4.6.3.3**参照）。

4.6.3　将来の課税所得

一般的に企業は，将来の課税所得の利用可能性について，現在入手可能なすべての情報を考慮しなければならない。しかし，繰延税金資産の実現可能性を決定する際，特定の将来の事象を予想または考慮すべきではない。このような項目として以下があげられるが，これらに限定されるものではない。

- 税法または税率の変更（実質的に制定されているもの以外）
- 予想される企業結合
- 企業のコントロール外の事象で，非経常的または異常な事象から予想される将来所得（例えば，繰延税金資産の認識中止回避のための債務免除）
- 将来の市場の状況に依存した事象，または企業がコントロールできないそれ以外の事象

4.6.3.1　将来の課税所得の指標

課税所得が利用可能である可能性が高いかどうかの評価にあたっては，利益の性質および時期を考慮すべきである。

課税所得が利用可能である可能性が高いという主張を支持する要因として，以下のようないくつかの例がある。

- 現存の販売価格および原価構成に基づき，繰延税金資産を実現するために十分な課税所得を発生させる契約または企業の確定受注残高
  - 企業が，現存の繰越欠損金すべての利用を可能にする十分な将来課税所得を発生させる長期契約を締結している。
  - 当年度中に，企業が，安定した利益率を特徴とする異なる業界で営業している他の会社を買収した。グループが連結ベースで課税される，またはグループ法人税制（group relief）が利用可能であると仮定した場合，被取得企業の既存の契約が，繰越欠損金の利用を可能にする十分な課税所得を生み出す。
- 繰延税金資産を実現するために十分な金額である，企業の純資産の税務基準額を上回る評価された資産価値の超過
  - 高価値で評価されている土地へ企業が投資している。当該土地を現在の市場価格で売却する場合，売却によって税務上の繰越欠損金すべてを利用できる十分な課税所得が発生する。未使用のままでは繰越欠損金の期限が到来する場合，企業は，土地を売却して利益を実現させるであろう。
- 損失計上が継続的ではないことを示す証拠に裏付された，高い過去の利益水準（将来の減算金額を発生させた損失を除く）
  - 企業に，税務上繰越される欠損金が生じる。当該損失は，その営業が企業の継続に重要ではない子会社の処分から生じており，子会社処分の損失を除き，企業の過去の業績は好調である。

反対に，将来の課税所得が利用できないことを示す兆候もある。課税所得を利用できる可能性が高いという主張を否定する要因として，以下のようないくつかの例がある。

- 近年の損失の履歴（**本章 4.6.3.3** も参照）
  - 企業は，近年，財務報告上および税務上の営業損失を計上している。財務報告目的上の損失は，直近数年間の累計ベースで測定された財務報告目的上の営業収益を超過している。
  - 現在利益を上げている企業が，設立当初から営業損失および税務上

の損失を計上している新規設立子会社の過半数の所有持分を保有している。当該子会社は，財務報告目的のために連結されている。当子会社が営業している課税法域では，親会社またはグループの他の企業が連結納税（または，グループ法人税制）で申告することを禁止している。

- 企業が，ビジネスの立上げ中であるか，または開発段階である，もしくは財務上の再編成または破産に直面している。事業開始の数年間，このようなタイプの企業は，予算達成能力に関して限定的な証拠しかなく，損失計上がたびたび発生する。

● 繰越欠損金または繰越税額控除が未使用のまま消滅した実績

- 企業では当期，繰越税額控除が発生している。過去数年間において，以前に発生した税額控除が未使用のまま消滅している。当該企業には，繰越の税務上の便益を利用できるタックス・プランニング戦略がない。

● 不利な条件で解決された場合，継続的に利益水準にマイナスの影響を及ぼす可能性のある未確定の状況

- 企業は，過去数年間，一般公衆向けの装置を製造し，販売してきた。当該企業は，自社の製品テストで，特定の状況でこの装置が故障する場合があることを発見していた。故障は公表されていない。しかしながら，経営者は，製品を継続して販売することの適切性について懸念しており，その製品は重要な収益源である。

4.6.3.2　非経常項目

しばしば，企業は，（予測成長水準等を正しく考慮して）将来の課税所得を予測するために，現在の利益水準から推測する。現在の利益水準の安定性を評価する場合，過去の非経常項目を適切に調整することが重要である。過去の非経常項目は，一般的に，企業の将来における課税所得稼得能力を示していないからである。

将来の会計年度における収益性のレベルに影響する，過去の非経常項目も考慮すべきである（しかしながら，**本章 4.6.3** で議論したとおり，これは将来事象の予測にまでは及ばない）。

非経常項目で考慮すべきではないものの例示は，以下のとおりであるが，これらに限定されるものではない。

- 1度限りのリストラクチャリング費用
- 大規模な訴訟の解決または裁定で，将来年度の経常的な発生が予想されないもの
- 再構築または再度資金調達された債務の過去の支払利息
- 減額または消滅した過去の固定費
- 経営者交代に係る退職金の支払

数年にわたって将来の純損益の決定に影響を及ぼす項目の例示は，以下のとおりであるが，これらに限定されるものではない。

- 経済不況，政府による干渉または規制変更によってもたらされる低い経営成績
- 子会社または事業単位の主力事業の変更に起因する営業損失

4.6.3.3　近年の損失の実績

近年において企業に損失が生じている場合，繰延税金資産を認識する前に，追加的な注意を行使するべきである。当基準は，「繰越欠損金の存在は，将来課税所得が稼得されないという強い証拠となる」と指摘している。基準は，それに続けて，企業に適切な時期に解消する十分な将来加算一時差異がない場合，十分な課税所得が存在するという「他の信頼すべき根拠」がなければならないと述べている［IAS 第12号35項］。

課税所得が稼得される可能性を評価するに際して，以下を考慮すべきである［IAS 第12号36項］。

- 同一の税務当局の区域内で同一の納税企業体内に，税務上の繰越欠損金または繰越税額控除の繰越期限内に使用対象となる課税所得をもたらすのに十分な将来加算一時差異を当該企業が有しているかどうか。
- 税務上の繰越欠損金または繰越税額控除の繰越期限内に，当該企業が課税所

得を稼得する可能性が高いかどうか。

- 税務上の繰越欠損金は再発しそうもない特定の原因によって発生したものかどうか。
- 税務上の繰越欠損金または繰越税額控除の繰越期限内に課税所得を発生させるタックス・プランニングの機会が利用可能かどうか。

企業が繰延税金資産を実現するために，十分な課税所得を将来に稼得するかどうかを評価することは，利用可能な事実および状況に基づき注意深く判断することが要求される事項である。

損失の存在そのものが，将来の収益性に疑問を呈する。IAS 第 12 号 36 項（c）は，税務上の繰越欠損金は再発しそうもない特定の原因によって発生したものかどうかを財務諸表の作成者は考慮する必要があると述べている。損失が再度発生すると予想される場合，繰延税金資産が認識できる可能性は低い。しかし，損失の原因が，例えば，損失を計上する事業の処分やリストラクチャリング，または進行中のコストの削減を通じたものである場合がある。

近年の損失の実績は，客観的に検証可能な証拠であるため，ある程度の主観性を含むその他の証拠よりも重みがある。このため，企業が近年累積損失を被ってきた場合には，営業の収益性が好転することを立証しない限り，将来の利益予想に基づいて繰延税金資産を認識することを裏付けるのは困難である。すなわち，累積損失を計上する企業は，一般的に，既存の繰延税金資産が実現する可能性が高いとの結論を裏付けるために，将来の利益予想を利用することはできないであろう。ただし，予想が強い証拠に裏付けられている場合は除く（IAS 第 12 号 82 項に従って，当該強い証拠を開示する必要がある一 **本章 6.2** 参照）。そのような強力な証拠の例示には，重要な新規契約，受注水準の増加または不採算セグメントの処分が含まれる。

これらの検討事項の他，以下の制限について特別な注意を払う必要がある。

- 損失を繰越すことができる年数
- 損失と相殺できる利益の種類

課税所得が利用可能かどうかを決めるために使用される「将来予測」期間の長さに関して，IAS 第 12 号に特定の時間的制限はない。使用される期間の長さは，いくつかの企業固有の要因によるが，これには企業の過去の収益性，予算管理の正確性および予想される将来の活動が含まれる。

企業が評価するのは，利用可能な税務上の繰越欠損金または税額控除の総額のうち，どれくらいが期限到来前に利用できるかどうかである。税務上の繰越欠損金または繰越税額控除を活用できる課税所得が得られる可能性が高くない範囲においては，繰延税金資産は認識されない［IAS 第 12 号 36 項］。

4.6.4　タックス・プランニングの機会

タックス・プランニングの機会とは，企業が，税務上の欠損金または税額控除の繰越期限の到来前に，特定の期間において課税所得の創出または増加のために行う行為である［IAS 第 12 号 30 項］。タックス・プランニングの機会は将来の行為であるが，企業が繰延税金資産の認識を正当化するにあたりそれらを考慮することができる。

タックス・プランニングの機会には，以下の例示が含まれる［IAS 第 12 号 30 項］。

- 所得源泉についてより早期の課税を選択することが可能である（例えば，受取利息について受領時ではなく，発生時の課税を選択）。
- ある種の税務上の減算項目の申請を将来期間への繰延べることが可能である（例えば，備品の取得初年度における減算の申請を放棄し，代わりに，全額について将来の年度ごとの減算を選択）。
- 評価増をされたが税務基準額はそのような評価増を反映する修正がされていない資産の売却とリースバック
- 課税所得を発生させる他の投資を購入するための，非課税収入を生む資産の売却繰延税金資産の認識の根拠として，タックス・プランニングの機会を使用するためには，選択したタックス・プランニング戦略を実行する能力を企業が有していなければならない。例えば，期限到来目前の税務上の欠損金を利用する目的で特定の期間の課税所得を増加させるように，年金費用負担をなくす（ペンション・ホリディ）の計画は，企業が当該戦略をコントロールできる場合にのみ考慮することができる（例えば，年金に関連する法律によって阻まれず，かつ，年金基金の受託者および従業員に受入れられる可能性が高い）。

そのような戦略の提案により発生が予想される将来の課税所得の金額は，戦略を実行するコストを減額しなければならない。そのような活動は商業的に実行可能であるとともに，非常に不利な結果となるものであってはならない。そうでなければ，経営者が実行する可能性は低いからである。

4.6.5　公正価値を下回る税務上の欠損金の取得

設例4.6.5

公正価値を下回る税務上の欠損金の取得

会社 A は会社 B を取得したが，会社 B は重要な税務上の繰越欠損金がある実体のない会社（shell entity）である。会社 B は，IFRS 第 3 号「企業結合」の事業の定義に該当しないので，当該取引は当基準上の企業結合ではない。

会社 A は会社 B（すなわち，税務上の欠損金）を CU 10 万で取得している。この金額は，IAS 第 12 号に従い，税務上の欠損金に関して認識される税金資産（CU 1 百万）よりも著しく小さい。会社 A は，すべての使用可能な損失を利用できると予想している。

会社 A は，取得日に支払金額（すなわち CU 10 万）で繰延税金資産の取得を認識すべきである。

事後的に，会社 B の税務上の繰越欠損金は，会社 A の課税所得に対して使用することができる。したがって，取得日に認識される繰延税金資産は，IAS 第 12 号 34 項に従って評価し，測定されるべきである。IAS 第 12 号 34 項は，「税務上の繰越欠損金および繰越税額控除に対しては，将来その使用対象となる課税所得が稼得される可能性が高い範囲内で，繰延税金資産を認識しなければならない」ことを要求している。

そのため，会社Aは，税務上の繰越欠損金に対して，将来その使用対象となる課税所得が稼得される可能性が高い範囲を決定すべきであり，繰延税金資産は，当該金額を反映して再測定されるべきである。再測定額は，すべて，その期間の純損益で認識すべきである。

前述の状況では，会社Aが税務上の欠損金のすべてを利用できる可能性が高い場合には，繰延税金資産をCU 1百万で再測定し，CU 90万の利得が結果的に純損益に認識されるべきである。

税務上の欠損金を使用できる可能性が高いかどうかに関する評価は，IAS第12号35項およびIAS第12号36項に規定された指針に基づくべきである（前述参照）。

4.7　繰延税金残高の変動の認識

取引またはその他の事象が繰延税金に及ぼす影響をどのように認識するか決定する場合に，基本原則は，そのような繰延税金への影響の会計処理は，当該取引または事象自体の会計処理に従うべきであるということである［IAS第12号57項］。

繰延税金は，収益または費用として認識し，当期の純損益に含めなければならない。ただし，当該税金が次のいずれかから生じる場合を除く［IAS第12号58項］。

- 同じ期間または異なった期間に，純損益の外で（その他の包括利益に，または直接に資本に）認識される取引または事象
- 企業結合（**本章5.1**参照）

投資企業の修正（2014年1月1日以後に開始する事業年度に適用され，早期適用が認められる。**第2巻4章15**参照）を適用している企業については，企業結合の例外は，投資企業（IFRS第10号「連結財務諸表」で定義される）

による，純損益を通じて公正価値で測定することが要求される子会社の取得には適用されないことを明確化するため，IAS 第 12 号 58 項が修正されている。

繰延税金は，税金が同じ期間または異なった期間に純損益の外で認識される項目に関係する場合，純損益の外で認識される。繰延税金が，その他の包括利益で認識される項目に関係する場合，税金も，その他の包括利益で認識される（**本章 4.7.1** 参照）。繰延税金が，直接資本で認識される項目に関係する場合，税金も，資本で認識される（**本章 4.7.2** 参照）［IAS 第 12 号 61A 項］。

4.7.1　その他の包括利益で認識される項目

その他の包括利益で認識することがIFRSで要求される，または許容される項目には，以下のものが含まれる。

- IAS 第 21 号「外国為替レート変動の影響」による在外営業活動体の財務諸表の換算の際に生じる為替差額
- ある種の金融資産に関する公正価値変動の認識（**本章 5.3.3** 参照）
- IAS 第 16 号「有形固定資産」による有形固定資産の再評価（**本章 4.7.1.1** 参照）
- 確定給付負債（資産）の純額の再測定（**本章 5.8** 参照）

> IAS 第 12 号 39 項およびIAS 第 12 号 44 項の要件を満たしており，企業が投資の帳簿価額（為替換算損益を含む）とその税務基準額との間の一時差異を解消できる場合（**本章 4.4.6** 参照）に，財務諸表の換算に関連して生じる為替換算差額に繰延税金が生じる。

4.7.1.1　有形固定資産の再評価

その他の包括利益で認識される繰延税金の最も一般的な例は，有形固定資産項目を再評価した場合である（**本章 5.4** 参照）。

> 企業が，ある種類の資産をIAS 第 16 号における再評価モデルで会計処理する場合，公正価値の変動は，通常，その他の包括利益で認識され，再評価剰余金に累積される。資産の帳簿価額は変動するが，関連する税務

基準額は変動しないため，一時差異が発生する（または，現存の一時差異が変動する）。IAS第12号61A項では，その他の包括利益で認識される再評価に関して発生する繰延税金も，その他の包括利益で認識される。この繰延税金は，通常再評価剰余金と相殺される（ただし，そのような相殺が要求されてはおらず，企業が，繰延税金と別の資本剰余金とを相殺する方法を選択する場合がある）。

再評価で生じる当初の繰延税金は，その他の包括利益で認識されるが，帳簿価額の再評価増加分の減価償却に伴う事後的な繰延税金負債の解消は，その他の包括利益ではなく，減価償却費の計上とともに純損益の貸方に計上される。

これは重要な原則である。繰延税金負債は，当初はその他の包括利益で認識される。しかし，使用によって資産を回収する影響（減価償却費の認識および課税所得の発生）が純損益で処理されることから，（発生する当期税金負債に対する）繰延税金負債の解消も，純損益で処理される。

これらの原則について，**本章設例4.7.1.1**で説明する。

設例4.7.1.1

資産の再評価とその後の資産の回収 — 繰延税金の認識

会社Iはある固定資産項目について，帳簿価額をCU 95,000からCU 150,000へ再評価する。資産の税務基準額はCU 90,000であり，再評価による影響を受けない。不動産の帳簿価額は，使用によって回収されると予想される。適用税率は30％である。再評価以前にはCU 5,000の将来加算一時差異に関して，CU 1,500（CU 5,000×30％）の繰延税金負債が認識されていた。

追加の将来加算一時差異CU 55,000（CU 150,000 − CU 95,000）が再評価で発生し，追加の繰延税金負債CU 16,500（CU 55,000×30％）が生じている。以下の仕訳で，再評価および追加の繰延税金負債を認識する。

（単位：CU）

（借）有形固定資産	55,000	
（貸）再評価益（その他の包括利益）		55,000
（借）法人所得税（その他の包括利益）	16,500	
（貸）繰延税金負債		16,500

再評価および繰延税金負債の認識

その後の期間で会計上および税務上ともに資産が減価償却され，一時差異が変動する。繰延税金負債の変動は，すべて純損益で認識される。例えば，翌報告期間の末日の資産の帳簿価額がCU 130,000，税務基準額がCU 85,000である場合，CU 45,000の将来加算一時差異とCU 13,500（CU 45,000×30%）の繰延税金負債が存在する。翌年度の変動は，以下のように認識される

（単位：CU）

（借）繰延税金負債（CU 1,500＋CU 16,500－CU 13,500）	4,500	
（貸）法人所得税（純損益）		4,500

当該年度の変動の認識

IAS第16号は，再評価した資産の減価償却額（または償却額）と当該資産の取得原価に基づく減価償却額（または償却額）との差額を，企業が毎年，再評価積立金から利益剰余金に振替えるべきかどうかを明示していない。企業がそのような振替を行う場合には，振替額は，関連する繰延税金を控除後の純額である。有形固定資産の処分時に行う振替についても同様の考慮が適用される[IAS第12号64項]。

4.7.2　資本に直接認識される項目

IFRSsで直接資本に貸方または借方計上する必要がある（または認められる）項目には，以下のものが含まれる。

- IAS第8号に従い，遡及適用される会計方針の変更または誤謬の訂正による，期首利益剰余金の修正（**第1巻4章「会計方針，会計上の見積りの変更および誤謬」**参照）

- IAS 第 32 号「金融商品：表示」における複合金融商品の資本部分の当初認識（**本章 5.3.4** 参照）
- 持分決済型株式に基づく報酬に関して予想される損金算入額が，株式に基づく報酬に関して認識された累積の利益または損失を上回る場合（**本章 5.6** 参照）
- 配当の分配について源泉税が課される場合（**本章 4.7.2.1** 参照）

4.7.2.1 源泉税

課税法域が「源泉税」を企業に課す場合がある。源泉税は，企業が配当を分配するときに株主に代わって税務当局に支払われる。そのような源泉税は，配当の一部として資本に借方計上される［IAS 第 12 号 65A 項］。

「源泉税」が株主に代わって支払うものではなく，また企業の将来便益を発生させるものでもない場合，源泉税は利益の分配に適用されるより高い税率で処理すべきである（**本章 4.5.3** 参照）。

配当金額から税金を源泉徴収することで企業が将来の便益を得られる場合（例えば，源泉徴収税を将来の受取配当金から減算できる場合），税務当局への当初の支払は，IAS 第 12 号で意図している「源泉税」ではない。そのような状況での税務当局への当初の支払は（支払配当金の一部として会計処理するのではなく），税金費用の増加として，純損益における税金費用の構成要素として，同様に認識される将来の税務上の便益とともに認識すべきである。結果的に生じる税金資産については，回収可能性を考慮する（**本章 4.6** 参照）。

本章設例 4.7.2.1 は，2 つのタイプの「源泉税」について適切な処理を説明している。

設例4.7.2.1
源泉税

シナリオ1―IAS第12号65A項で意図されている源泉税

会社 Y は，株主に CU 100 の配当を支払うことを決定する。現地の税法は，会社 Y に配当の 35％の源泉徴収を実施し，税務当局に徴収額を支払うことを要求している。税金は株主の代わりに税務当局に支払われるものであり，会社Yにとって将来の便益を発生させるものではない。

会社Yは，以下の仕訳を記帳すべきである。

（単位：CU）

（借）利益剰余金－配当	100	
（貸）現金		65
（貸）未払金		35

支払配当金および株主に代わって税金を納付するための関連負債の認識

（単位：CU）

（借）未払金	35	
（貸）現金		35

源泉徴収した税金支払の認識

シナリオ2―配当を支払った企業に将来の便益が存在する源泉税

会社Zは，株主にCU 100の配当を払うことを決定する。現地の税法は，会社Zに配当の35%の源泉徴収を実施し，税務当局に徴収額を支払うことを要求している。会社Zは，配当に関連して税務当局に支払った金額と同額の将来の税額控除を獲得する。税額控除は，以後3年間にわたって発生する税金負債との相殺に使用できる。

会社Zは，以下の仕訳を記帳する。

（単位：CU）

（借）当期税金費用	35	
（借）利益剰余金－配当	65	
（貸）現金		65
（貸）未払法人税等		35

支払配当金および配当に関する税金を納付するための負債の認識

（単位：CU）

（借）繰延税金資産	35	
（貸）繰延税金収益		35

将来の税務上の便益の認識

（単位：CU）

（借）未払法人税等	35	
（貸）現金		35

源泉徴収した税金の支払の認識

他のあらゆる繰延税金資産と同様，繰延税金資産の認識は，IAS 第 12 号 24 項の認識要件を満たすかどうかによる。これらの要件を満たさない場合，会社 Z は税金支払に関する繰延税金資産を認識せず，認識要件が満たされたときに認識する。

IAS 第 12 号 65A 項は，源泉税を支払う企業における源泉税の処理を扱っている。すなわち，当基準は，配当の受取人が源泉税を会計処理する方法については言及していない。しかし，受取人の代わりに全額納付された源泉税の範囲で，受取人は，配当収入を総額（すなわち源泉税控除前）で認識すべきことが，IAS 第 18 号「収益」で要求されている。受取人は，配当収益に課される税金を税金費用の一部として純損益で認識すべきである。

4.7.3　純損益の外で認識される金額に関する不確実性

例外的な状況において，企業が純損益の外で認識した項目に関する繰延税金の金額の算定をできない場合，IAS 第 12 号は，合理的な比例配分，またはより適切な配分を達成する他の方法による金額を基礎とすることを容認している。

そのような状況は，例えば，以下のような場合に生じる［IAS 第 12 号 63 項］。

- 法人所得税に累進税率になっていて，課税所得（欠損金）のなかの特定の部分に適用された税率の算定が不可能である場合
- 税率または税法の変更が，過去に純損益の外で認識した項目に（全体でまたは部分的に）関係する繰延税金資産または負債に影響を与える場合
- 企業が，繰延税金資産を認識すべきであるという判断，またはもはや全額の認識はすべきではないという判断をしていて，当該繰延税金資産が，過去に純損益の外で認識した項目に（全体でまたは部分的に）関係するものである場合

配分方法に関する例示は，**本章 3.2.1.3** で説明している。

4.7.4 その他の包括利益で認識された利得および損失を資本から純損益へ振替える場合の繰延税金費用の戻入

IAS 第 12 号 61A 項は，同一の期間または異なる期間にその他の包括利益で認識された項目に関連する当期税金または繰延税金を，その他の包括利益で認識することを要求している。

一定の場合，IFRS は，その他の包括利益で当初認識された利得または損失を，事後的に純損益に振替えることを要求している。例えば，以下のような場合である。

- 過去にその他の包括利益で認識されたキャッシュ・フロー・ヘッジに生じた利得または損失は，ヘッジされた将来キャッシュ・フローが純損益に影響を与えたときに資本から純損益へ振替えられる（IAS 第 39 号「金融商品：認識および測定」の条件に従う）。
- 過去にその他の包括利益で認識された純投資ヘッジに生じた利得または損失は，当該純投資が純損益に影響を与えたときに資本から純損益へ振替えられる。
- IFRS 第 9 号「金融商品」をまだ適用していない企業について，過去にその他の包括利益で認識された，売却可能金融資産で生じた利得または損失は，資産が処分されるか，または減損が決定したときに，資本から純損益に振替えられる。
- 在外営業活動体の処分または一部処分（支配を維持した状態での子会社の一部処分を除く）において，為替換算調整勘定の全部または一部が処分損益の一部として資本から純損益に振替えられる。

そのような利得および損失が，その他の包括利益で当初認識された期間の課税所得の算定に含まれるかどうかは，特定の課税法域のルールによる。

そのような利得および損失が，その他の包括利益で認識されるときに一時差異（および結果的に繰延税金項目）を発生させる場合，当該利得および損失が事後的に純損益に振替えられ，同時に発生する当期税金が純損益に認識されたときに繰延税金残高が戻入れられる。このとき，繰延税金残高の戻入をその他の包括利益，または純損益のどちらで認識すべきかが問題となる。

最も適切な取扱いは，戻入をその他の包括利益で認識することである。これは繰延税金がその他の包括利益で当初認識されたことによる。

このアプローチの設例については，**本章設例 4.7.4** を参照。この例では，企業の実効税率には影響しないことに留意する。

設例4.7.4

その他の包括利益で認識された利得および損失を資本から純損益へ振替える場合の繰延税金費用の戻入

会社 Y は，IAS 第 39 号に従って売却可能に分類される金融資産のポートフォリオを保有している。財務報告目的では，資産の未実現利得および損失はその他の包括利益で認識されている。IAS 第 12 号に従い，すべての税務上の影響がその他の包括利益で認識される。

現地の税法において，投資ポートフォリオの未実現利得および損失は課税所得または損失の算定に含まれない。金融資産を処分したときにのみ，税務上の利得または損失が生じる。金融資産の価値変動が当期税金に影響しないため，金融資産の帳簿価額（公正価値）と税務基準額との間に生じる一時差異について繰延税金が算定される。

20X1 年，資産に未実現損失 CU 10 百万が生じる。20X2 年中，資産の市場価格に変動はない。20X2 年の最終日に，会社 Y は，当該資産を売却し，その結果，過去に認識された CU 10 百万の税引前損失が実現する。

20X1 年および 20X2 年の税率は 30％である。会社 Y は，20X1 年に課税所得を有している。

20X1 年の仕訳は，以下のとおりである。

（単位：CU 千）

（借）投資に関する未実現損失（その他の包括利益）	10,000	
（貸）投資ポートフォリオ		10,000

売却可能資産の未実現損失をその他の包括利益で認識

（借）繰延税金資産	3,000	
（貸）繰延税金便益（その他の包括利益）		3,000

当該資産の未実現損失から生じる一時差異に関する税務上の影響を認識（CU 10 百万×30％—IAS 第 12 号の一般的な認識要件は満たしていると仮定）

注一 未実現損失と関連する繰延税金の双方が純損益の外で認識されるため，企業の実効税率に影響はない。

20X2 年の仕訳入力は以下のとおりである。

（単位：CU 千）

（借）売却損（純損益）	10,000	
（貸）投資に関する未実現損失（その他の包括利益）		10,000

20X2 年の資産ポートフォリオの売却に係る，税引前損失の資本から純損益への振替の認識

（単位：CU 千）

（借）繰延税金便益（その他の包括利益）	3,000	
（貸）繰延税金資産		3,000
（借）当期税金負債	3,000	
（貸）当期税金便益（純損益）		3,000

資産ポートフォリオの損失の実現に係る当期の税務上の便益と，過去に認識した繰延税金資産の使用を表す繰延税金費用の認識

4.7.5　企業結合から発生する繰延税金の認識

企業結合が発生した場合，繰延税金残高は多くの源泉から発生する。これについては，**本章 5.1** で詳細に説明している。

各源泉から発生する繰延税金の金額は，取得日に識別可能な純資産の一部として認識され，包含される。したがって，結合された効果は，取得により発生するのれん，または割安購入益の金額に影響を及ぼす。

4.7.6　税務上の再評価

資産が税務目的上で再評価され，その再評価が，過去の期間の会計上の再評価または将来の期間に行うと見込まれる会計上の再評価に関するものである場合には，資産再評価および税務基準額の修正の両方の税効果を，それらが発生した期間にその他の包括利益に認識する［IAS 第 12 号 65 項］。

資産を税務上の目的で再評価するが，会計上は再評価されていない（または，そうすべきではない）場合，税務基準額の修正に関連する税効果は，純損益に認識される［IAS 第 12 号 65 項］。

会計目的上の再評価ではない税務目的上での再評価について，以下に最も一般的な例をあげている。

- 所有期間のインフレーション，もしくは特定日の資産の市場価値を反映するように，引当金で資産の当初取得原価を増額する基準原価を参照することにより，税務当局が資本的資産の処分に係る税務上の利得を算定する場合（**本章設例 4.7.6A** および **4.7.6B** 参照）
- 企業グループがグループ内の 2 企業間の取引を実施する（それによりグループでの帳簿価額は変動しない）際に，新しい税務基準額が生じる場合（説明は**本章設例 4.2.5** 参照）

設例4.7.6A

各期間のインフレーション指標によって増額された税務基準額

会社 J は，投資不動産を CU 10,000 で取得し，IAS 第 40 号「投資不動産」における公正価値モデルを適用して会計処理している（すなわち，資産の公正価値の変動を純損益で認識し，減価償却は行わない）。資産の帳簿価額は，売却によって回収する予定である。税務上認められる原価は，各期において承認されたインフレーション指数に応じて増加する。

キャピタル・ゲインに関する税率は 30%，対象としている各期の承認されたインフレーション指数の上昇は 5%であり，不動産の公正価値に変動はない（すなわち，帳簿価額は CU 10,000 で維持される）。当初 3 年間の繰延税金の影響は，以下のように算定される。

（単位：CU）

年度	帳簿価額	税務基準額	将来減算一時差異	繰延税金資産
20X0 年	10,000	10,000	−	−
20X1 年	10,000	10,500	500	150
20X2 年	10,000	11,025	1,025	308

結果として生じる繰延税金資産を認識するかどうかは，キャピタル・ロスと相殺できる将来の利益の利用可能性に依存する。

繰延税金資産を認識する場合，貸方は純損益になる。したがって，20X1 年末に以下の仕訳入力が必要となる。

(単位：CU)

(借) 繰延税金資産	150	
(貸) 法人所得税 (純損益)		150

繰延税金資産の認識

設例4.7.6B

市場価値の上昇に基づき増加する控除(allowance)の会計処理

企業Bは，採掘産業で事業を行っている。20X1年のはじめに，企業Bの現地税務当局は，特定の採掘資産の税務上の減価償却を，資産の取得原価または帳簿価額ではなく，特定の日の資産の市場価値を使用して算定することを企業Bに許容する新しい法律を導入した。特定の日の市場価値を基礎として算定された税務上の減価償却は，「開始基礎控除（starting base allowance)」とよばれる。企業Bの財務諸表の資産の帳簿価額は，修正されない。

年度の税務上の減価償却の控除（allowance）が課税対象期間に利用されるほど十分な課税所得がない場合，超過部分は繰越され，将来の期間に課税所得に対する減額として利用可能である。

企業Bが，市場価値の増加（すなわち，市場価値アプローチを適用した結果として，利用可能な税務上の減価償却の修正）をいかに認識すべきか。

企業Bは，関連する採掘資産の税務基準額の一部として，市場価値の増加を認識すべきであり，特定の日に資産の税務基準額は，開始基礎控除まで増加する。

市場価値の増加を含む，開始基礎控除の金額は税制上の関連資産に帰属しており，将来の期間に税務上の減価償却控除の基礎となる。したがって，市場価値の増加は，IAS第12号7項で定義されている関連資産の税務基準額（すなわち，「企業が当該資産の帳簿価額を回収するときに，企業に流入する課税対象となる経済的便益に対して税務上減算される金額」）の一部である。

財務諸表の資産の帳簿価額は修正されないので，資産の税務基準額が帳簿価額を上回り，将来減算一時差異が生じる。IAS第12号24項の認識要件（**本章4.4.2**参照）を満たす範囲で，繰延税金資産が認識されるべきであり，対応する貸方は，IAS 第 12 号 65 項に従い純損益に認識される。

採掘資産の当初の認識ではなく，新しい税法が導入された際に一時差異が生じるので，当初認識の例外は適用しない。

前述の結論は，2012 年 7 月の IFRIC アップデートで公表された IFRS 解釈指針委員会のアジェンダ棄却で確認された。

4.7.7　繰延税金資産または負債の帳簿価額の変動

繰延税金資産または負債の帳簿価額は，一時差異自体の変動以外の理由で変動する場合がある。そのような変動は，以下の結果として発生する。

- 税率または税法の変更
- 繰延税金資産の回収可能性の見直し
- 予想された資産の回収方法または負債の決済方法の変更

IAS 第 12 号は，そのような状況において，繰延税金残高の変動を純損益で認識することを要求している（過去に純損益の外で認識した項目に関係している場合を除く）［IAS 第 12 号 60 項］。

例えば，以前，資産を再評価したときに繰延税金をその他の包括利益で認識し，その後の税率の変更により繰延税金負債が変動した場合，改訂された税率を反映する繰延税金負債の修正は，同様にその他の包括利益で認識される。

同じ原則は，意図の変更にも適用される。例えば，企業が占有する資産の再評価から生じた繰延税金負債を見積るとき，以前は製造からの課税対象利益を創出するために不動産を使用し続けるとの前提であったが，その後に不動産の処分を決定したため繰延税金負債が減少した場合，当該繰延税金負債の修正も，その他の包括利益に反映することとなる。

4.7.8　企業またはその株主の課税上の地位の変化

企業またはその株主の課税上の地位の変化は，企業に対しその税金資産または負債の増加または減少を生じさせる可能性がある。例えば，これは，企業の株式を新規上場する場合や支配株主が海外へ移動する場合に生じることがある。そのような事象の結果として，企業は異なる課税を受けることとなり，当期ならびに繰延税金資産および負債に，ただちに影響を与える場合がある。SIC第25号「法人所得税─企業または株主の課税上の地位の変化」では，このような変化に関する会計処理を規定している。

SIC第25号は，課税上の地位の変化に伴う当期税金および繰延税金の影響は，その期間の純損益に含めることを要求している。しかし，それらの課税上の帰結が，同一または異なる期間において資本に認識された金額に直接貸方計上または借方計上されるか，またはその他の包括利益に認識されることとなる取引または事象に関連する場合を除く。同一または異なる期間において資本に認識される金額（純損益に含まれなかったもの）の変更に関連するこれらの課税上の帰結（税効果）は，資本に直接借方計上または貸方計上しなければならない。その他の包括利益に認識された金額に関係するそれらの課税上の帰結は，その他の包括利益に認識しなければならない［SIC第25号4項］。

このことは事実上，当期および繰延税金残高を発生させる取引または事象について，当初の会計処理を分析する必要があることを意味している。取引または事象が資本に直接借方計上または貸方計上される範囲で（例えば，配当支払に関する源泉税）に，追加的な税効果は，すべて資本に直接借方計上または貸方計上しなければならない。同様に，取引または事象がその他の包括利益で認識される範囲で（例えば，特定の資産の再評価）に，追加的な税効果は，すべてその他の包括利益で認識しなければならない。したがって，純損益の外で認識される税金の総額は，新たな課税上の地位を当初に適用した場合に純損益の外で認識される金額となる。

設例4.7.8

企業の課税上の地位の変化

企業Pは，総額CU 4,000の一時差異に関連して発生したCU 1,000の繰延税金負債を計上している。一時差異のうちCU 800は，有形固定資産の過去の再評価に関するものである。その他の一時差異は，すべて，純損益で認識された項目に関連している。

企業Pが海外の所有者に売却された結果，税率が25%から30%に上昇した。繰延税金負債の増加を認識するために，以下の仕訳入力が行われる。

（単位：CU）

	借方	貸方
（借）法人所得税（純損益） （30%－25%）×（CU 4,000－CU 800）	160	
（借）法人所得税（その他の包括利益）（30%－25%）×CU 800	40	
（貸）繰延税金負債		200

課税上の地位の変化から生じる繰延税金負債の増加の認識

過去に純損益の外で処理された金額について不確実性が存在する場合，合理的な基礎で配分する必要がある（**本章 3.2.1.3** および **4.7.3** 参照）。

SIC 第25号は，過去の企業結合時に発生した繰延税金残高の影響を，のれんの修正として処理することを認めていないことに留意する必要がある。課税上の地位の変化は取得後の事象であるため，取得後の処理として会計処理する。当初の繰延税金が，資本またはその他の包括利益で処理されていないため，追加的な影響を純損益で処理することが要求されている。

税率の変動が，企業が企業結合で取得されたことに起因する場合，企業（被取得企業）の個別財務諸表において当期税金資産（負債）および繰延税金資産（負債）の修正は，前の段落で議論したようにSIC 第25号に従って会計処理される。しかし，新しい親会社（取得企業）の連結財務諸表における取得の会計処理は，改訂された税率を適用して測定された当期および繰延税金資産（負債）を反映するものとなる。その結果，取得による追加的影響が，取得から生じるのれんまたは割安購入益の調整として反映されることになる［IAS 第12号58項（b)］。

企業の課税上の地位の自発的な変化の影響は，変化が承認されたとき，または承認が不要な場合（例えば，変化の承認が形式的な場合）には変化を選択したことを正式に公表したときに認識すべきである。税法の変更による課税上の地位の変化は，制定日または（該当する場合には）実質的な制定日に認識される。実質的に制定された税率については，**本章 4.5.2.2** で詳しく説明している。

5　特別な適用

5.1　企業結合

企業結合が生じた場合，新たな，または修正されるべき繰延税金残高が以下のような源泉から生じる。

- 連結財務諸表上の資産または負債の帳簿価額が，被取得企業の財務諸表上の帳簿価額，および結果的に同様の修正が税務上で認識されない場合の税務基準額と異なる結果となる，連結上の公正価値修正（**本章 5.1.1** 参照）
- 被取得企業の財務諸表で認識していないが，取得により認識した追加の資産または負債（**本章 5.1.2** 参照）
- 当初認識の例外により被取得企業で認識されていないが，企業取得で認識される追加の繰延税金残高（**本章 5.1.3** 参照）
- 回収可能性の要件を個別企業レベルでは満たしていないがグループ・レベルでは満たしているため，被取得企業でこれまで認識されていない繰延税金資産（例えば，グループ企業間で課税所得および欠損金を相殺できるもの）（**本章 5.1.4** 参照）

企業結合時に，取得前に被取得企業では認識されていなかった繰延税金が発生する場合，繰延税金を企業結合の当初の会計処理で認識し，考慮しなければならない。したがって，当該繰延税金は，取得時に発生するのれんまたは割安購入益の測定に影響する。

逆取得が生じるのは，法律上の子会社が支配を獲得する企業結合の場合である（**第2巻3章12**参照）。

IFRS 第3号「企業結合」で逆取得を企業結合として会計処理するのは，当基準のB13項からB18項の指針に基づいて，株式を発行する企業（法律上の取得企業）が会計目的上の被取得企業と識別される場合である。そのような状況においては，被取得企業の資産および負債を公正価値で認識するというIFRS 第3号の要求事項が，法律上の親会社の資産および負債に適用される。

逆取得の会計処理において連結財務諸表上は，他の企業結合と同じ方法で繰延税金が認識される。ある課税法域においては，法律上の親会社が資産および負債の税務上の価値を修正することを税法が認めている場合があり，企業結合の会計処理における各項目の税務基準額を決定するためには，修正後の金額を使用しなければならない。税法が法律上の子会社の税務上の帳簿価額の修正を認めている場合，IFRS 第3号の記載では，これらの変動が被取得企業ではなく，取得企業の資産および負債と関連しているため（すなわち，法律上の子会社が会計上の取得企業となるため），法律上の子会社の税務上の価値に対する修正の繰延税金への影響は，企業結合の会計処理の外で認識すべきである。すなわち，純損益またはその他の包括利益のどちらか適切な方で会計処理すべきである。

法律上の親会社の個別財務諸表が作成される場合，当該財務諸表における資産と負債の帳簿価額に基づいて繰延税金を測定すべきである。

5.1.1　公正価値への修正

限定された例外はあるが，被取得企業の識別可能な資産，負債および偶発負債は連結財務諸表上，取得日の公正価値で認識される。この場合，当該金額と被取得企業の個別財務諸表で認識された帳簿価額が，しばしば異なる結果になる場合がある。しかし，資産および負債の税務基準額は変動しないかもしれない。

例えば，取得日の資産の公正価値が被取得企業の財務諸表における帳簿価額より高いため，連結上は，より高い金額で資産が認識されている場合，資産の税務基準額には影響しない可能性が高い。これらの状況においては，取得の結果として，将来加算一時差異が発生する。認識された資産の公正価値の回収に関する将来の税務上の帰結を反映して，将来加算一時差異から生じる繰延税金負債が，連結財務諸表で認識される。このことは**本章設例 5.1.4** で示されている。

5.1.2　取得により認識される追加の資産および負債

取得時に，被取得企業の財務諸表で認識されていない追加の資産および負債が識別される場合がある。一般的なケースとして，例えば，無形資産がある。そのような追加の資産または負債を認識する場合，繰延税金の影響も認識すべきである。新たに認識される資産または負債は，被取得企業の経済的便益および成果を反映しており，繰延税金は，すべて被取得企業の税率で測定すべきである。認識された追加の資産および負債ならびに関連する繰延税金は，取得した識別可能な純資産の一部に含められる。このことは**本章設例 5.1.4** で示されている。

のれんの認識もまた，繰延税金へ影響する場合がある（説明および具体的な設例は**本章 4.4.4** 参照）。

5.1.3　企業取得で認識した追加の繰延税金残高

ある状況においては，一時差異の繰延税金への影響が IAS 第 12 号の認識の例外の 1 つに該当するため，被取得企業の財務諸表で認識されていない場合がある。例えば，その差異が資産または負債の当初認識から発生しているために（**本章 4.4.5** 参照），認識されていなかった場合がある。そのような状況では，当該一時差異の繰延税金への影響が，被取得企業の個別財務諸表で認識されていなかったとしても，これを連結財務諸表で認識すべきである。

このような追加の繰延税金残高を企業取得時に認識する。なぜなら，グループの観点からは資産または負債の当初認識は企業結合によるものであり，**本章4.4.5**に示されたルールに従って繰延税金の影響を認識すべきであるからである。このことは**本章設例5.1.4**で示されている。

5.1.4　被取得企業でこれまで認識されていない繰延税金資産

ある状況において，被取得企業が，予想される収益性の水準に照らすと資産の回収可能性に懸念があるため，繰延税金資産（例えば，欠損金に関するもの）を認識していない場合がある。しかし，課税法域によっては，取得後に他のグループ企業が欠損金を利用できるようになるため，回収可能と考えられる場合がある。グループの観点からは資産が回収可能となるため，取得時に繰延税金資産が認識される。

反対に，取得の結果として，株主変更に対して課せられる税務上の制限により，以前は被取得企業が認識していた繰延税金資産が利用できなくなる場合がある。そのような場合に，繰延税金資産を被取得企業の財政状態計算書で認識すべきではなく，結果として，のれんを増加させることになる。

以下の設例は，**本章5.1.1**から**5.1.4**で説明した繰延税金への影響の具体例である。

設例5.1.4
企業結合で生じる繰延税金

会社Kは，2つの不動産およびさまざまな他の資産を保有する会社Lの株式を100％取得した。不動産A（会社Lの財務諸表では帳簿価額がCU 100）および不動産B（会社Lの財務諸表では帳簿価額がCU 150）は，税務上も会計上も10年にわたって減価償却され，製造活動での使用により回収することを予定している。税率は30％である。

取得日における関連する情報は以下のとおりである。

- 会社Kは，取得のためにCU 380の現金対価を支払った。
- 不動産AおよびBの公正価値は，それぞれCU 130およびCU 140と測定された。
- 会社Lが保有する特許権の認識により，追加の無形資産が識別された（無形資産の公正価値はCU 50，税務基準額はゼロである）。

- 会社Lは，帳簿価額CU 30のその他の資産（純額）を有している（その他の資産〔純額〕の公正価値はCU 30であり，税務基準額も同額である）。
- 不動産AおよびBの税務基準額は，それぞれCU 50およびCU 150である。会社Lが不動産Aを取得したときに一時差異が生じたが，当初認識の例外により繰延税金負債は認識していない。
- 会社Lは，グループ企業の将来の利益と相殺可能な税務上の欠損金CU 20を有している。グループ内で，当該欠損金を吸収する将来の課税所得を稼得する可能性が高い。会社Lは，当該欠損金に関する繰延税金資産をこれまで認識していない。

会社Lの取得によって生じるのれんは，以下のように算定される。

（単位：CU）

会社Lの純資産	**会社Lの財務諸表における帳簿価額**	**公正価値**	**税務基準額**	**一時差異**	**税率**	**繰延税金負債（資産）**
不動産A	100	130	50	80	30%	24
不動産B	150	140	150	(10)	30%	(3)
無形資産	−	50	−	50	30%	15
その他の資産（純額）	30	30	30	−	−	−
繰越欠損金	−	−	−	(20)	30%	(6)
合計	280	350	230	100		30
取得時に生じた繰延税金		(30)				
取得した識別可能純資産		320				
対価		380				
のれん		60				

5.1.5　取得企業でこれまで認識されていなかった繰延資産

取得の結果として，**取得企業**の取得以前の繰延税金資産に関する実現可能性が変化し，取得企業が企業結合前には認識していなかった自身の繰延税金資産を回収する可能性が高いと考える場合もある。例えば，取得企業が，自身の未使用の税務上の繰越欠損金の便益を，被取得企業の将来の課税所得に対して活用できる場合がある。そのような場合，取得企業は，繰延税金資産を認識するが，当該税金資産は企業結合の会計処理の一部には含まれず，企業結合で生じるのれん，または割安購入益の測定の際に，それを考慮に入れない［IAS 第 12 号 67 項］。

5.1.6　会計上は認識されるが，税務上は認識されない無形資産

課税法域および企業結合を組成する方法によって，IFRS 第 3 号に基づいて認識するのれんおよび無形資産の帳簿価額は，税務基準額より大きくも小さくも，または同額にもなり得る。例えば，会計ルールと税法とに差があることによって，IFRS では企業結合時に別個に識別可能な無形資産として認識される金額が，税務目的上は区別して認識されず，のれんに包含される場合がある。

企業結合において IFRS 第 3 号は，識別可能な無形資産をのれんとは区別して認識することを要求している。税務上損金算入可能なのれんの金額を決定する際に，現地の税法が税務目的での無形資産の認識を認めてない場合がある。

そのような状況で，一時差異を識別するために取得資産の帳簿価額とそれぞれの税務基準額とを比較する場合，無形資産とのれんを合算すべきでない。IAS 第 12 号を適用するにあたり，両者は別個に分析されるべきである。のれんの税務基準額が IFRS に基づいて無形資産として認識された金額に相当するような場合であっても，これと同様である。これは以下の設例において説明される。

設例5.1.6

企業結合から生じる無形資産およびのれんに関する繰延税金

企業 A は，20X9 年 9 月 15 日に企業 B の純資産を取得した。これは，IFRS 第 3 号の企業結合として会計処理される取引である。識別可能な資産および負債の認識ならびに測定の一環として，無形資産（顧客リスト）CU 15 百万が識別され，認識された。また，のれん CU 5 百万も認識された。

現地の税務申告目的上，無形資産は認識されない。代わりに損金算入可能なのれん CU 20 百万が認識された。

取得日の一時差異を算定するために，取得資産の帳簿価額をそれぞれの税務基準額と比較するとき，連結財務諸表で認識した顧客リストおよびのれんの帳簿価額は，合算してのれんの税務基準額と比較すべきであろうか。

それは認められない。のれんに対する追加的な損金算入可能額 CU 15 百万は認識された顧客リストの税務基準額と同額であるようにみえるが，無形資産と，のれんは合算すべきではなく，IAS 第 12 号に基づいて別個に分析すべきである。

その結果，無形資産に関して CU 15 百万の将来加算一時差異があり，この一時差異について繰延税金負債を認識する。さらに，認識したのれん（CU 5 百万）に対して税務上減算できるのれん（CU 20 百万）が超えている部分について，繰延税金資産が認識される。ただし，将来減算一時差異を利用できる課税所得を稼得できる可能性が高い範囲に限られる。

繰延税金資産および負債は，それぞれが存在する期間にわたって別個に分析し続けることになる。

5.1.7　被取得企業の繰延税金資産の取得後の認識

取得日時点で，被取得企業に繰越可能な税務上の欠損金または将来減算一時差異が存在するが，企業結合の当初の会計処理では，繰延税金資産を認識する要件を満たさない場合がある。これらの項目が，事後的に認識要件を満たす場合がある。IAS 第 12 号は，取得した繰延税金便益が企業結合後に実現した場合，以下のように認識することを要求している［IAS 第 12 号 68 項］。

- 「測定期間（すなわち，取得日から1年以内）」内に認識した，取得した繰延税金便益のうち，取得日現在で存在していた事実および状況に関する新たな情報により生じたものについては，当該取得に係るのれんの帳簿価額の減額に充当しなければならない。当該のれんの帳簿価額がゼロである場合には，残りの繰延税金便益は純損益に認識しなければならない。
- 実現した他のすべての取得した繰延税金便益は，純損益に（または，IAS 第12号で要求される場合には，純損益の外で）認識しなければならない。

設例5.1.7

企業結合後の繰越欠損金の実現

12月を年度末とする会社Qは，新しい子会社，会社Rを20X1年3月31日に取得した。会社Rには，潜在的な繰延税金資産CU 50百万を生じさせる過年度の繰越欠損金がある。企業結合の当初の会計処理において，会社Qは，この欠損金をグループ企業の利益との相殺には利用できないという予備的見解であったため，繰延税金資産を認識しなかった。取得で生じたのれんはCU 20百万である。

20X2年2月（すなわち「測定期間」内）に，税務当局は会社Qからの申請に基づいて，「会社Rの損失は，他のグループ企業の利益（取得日における繰延税金資産CU 30百万に相当する利益）と相殺することができる」との意見を提供した。この意見は，取得日における税制を会社Qおよび会社Rの状況へ適用する方法に関しての，税務当局の見解を反映したものである。したがって，これは取得日に存在した事実および状況に関する新しい情報であると判断される。

この状況において，会社Qが取得日時点で税務当局からの助言を求めていたならば，CU 30百万の繰延税金資産が，企業結合の当初の会計処理で潜在的には認識されていたこととなる。追加的な情報が測定期間に入手され，それが取得日における事実および状況を反映するものであることから，IAS 第12号68項に基づき，繰延税金資産の事後的な認識によるのれんの修正を実施すべきである。ただし，のれんの遡及修正は，のれんの金額に限定される。そのため，20X2年の財務諸表でのれんを直接修正できるのはCU 20百万のみであり，CU 10百万の残高は純損益で認識される。

その他のグループ会社が，取得後に会社Rの損失を利用できる利益を獲得したとしても，当該影響は純損益で認識することになる。

本章設例5.1.7における議論は，IFRS第3号（2008年改訂）から生じた結果的修正を踏まえたIAS第12号の要求事項を反映している。当該修正の前は，企業結合で取得した繰延税金資産がその後に実現すると，実現した日にかかわらず，すべて純損益で認識していた。また，繰延税金資産が取得日から識別可能な資産として認識されていた場合，のれんの帳簿価額を認識可能額まで減少させる額は，純損益で認識していた。

IAS第12号93項および94項は，修正された要求事項の適用に関する経過措置について規定している。これらの規定において，改訂されたIAS第12号68項は，IFRS第3号（2008年改訂）の適用日前後に発生した企業結合から生じる，認識された繰延税金資産の変動で，IFRS第3号（2008年改訂）の適用日後に発生するものに適用される。これは，過去に認識した繰延税金資産の「測定期間」外の変動について，取得企業は，以前の企業結合の会計処理を修正しないことを意味している。その代わり，IFRS第3号（2008年改訂）の適用日から，取得企業は，認識した繰延税金資産に関する変動を純損益（IAS第12号が要求する場合は純損益の外で）の修正として認識する。のれんは，修正されない。

5.1.8　不確実な税務ポジションから生じる潜在的負債の企業結合における認識および測定

設例5.1.8

不確実な税務ポジションから生じる潜在的負債の企業結合における認識および測定

企業Aは企業Bを企業結合で取得する。取得日時点で，企業BはCU 100の資金流出となり得る不確実な税務ポジションを有している。取得日時点で，企業Bは，不確実な税務ポジションの結果として資金が流出する確率は30％であると見積っている。

連結財務諸表作成目的のため，企業Bを取得した時点で，企業Aは企

業 B の不確実な税務ポジションから生じる潜在的負債をどのように会計処理すべきか。

IAS 第 12 号も IFRS 第 3 号も，この論点については具体的に取扱っていない。決定的な指針がないことから，企業 A は以下の代替的方法の 1 つを選択すべきである。

- オプション 1 — 経済的な流出が生じる可能性が高いときに，潜在的な税金負債を認識する（「IAS 第 12 号アプローチ」）（**本章 3.3.1** 参照）。
- オプション 2 — 潜在的な税金負債を取得日時点の公正価値で認識する（「IFRS 第 3 号アプローチ」）。

企業 A は，会計方針の選択としてこれらのアプローチの 1 つを選択し，すべての企業結合に継続的にこの会計方針を適用すべきである。代替的方法に関する詳細な説明は，以下のとおりである。

オプション1 — IAS第12号アプローチ

このオプションは，不確実な税務ポジションは IFRS 第 3 号における認識および測定に関する要求事項の範囲外であり，潜在的な税金負債は IAS 第 12 号に従って会計処理すべきであるという見解に基づいている。この見解は，IFRS 第 3 号 IN9 項によって裏付けられている。IAS 第 12 号の範囲となる資産および負債は，取得日時点で，IFRS 第 3 号に従ってではなく IAS 第 12 号の認識および測定に関する要求事項に従って会計処理すべきであるとしている。

企業 A がこのアプローチを選択した場合，**本章 3.3.1** で言及している方法を当初および事後測定で適用する。

その結果，企業 A がこのオプションを会計方針として選択する場合に，取得日時点で不確実な税務ポジションに関する負債を認識すべきではない。なぜなら，取得日では，経済的資源の流出が生じる可能性は高くない（すなわち，50％未満の可能性である）からである。取得日後に，資源の流出が生じる可能が高くなった場合，企業 A は，その流出の最善の見積りをもって税金負債を認識し，発生額は純損益で認識する結果になる。

オプション2―IFRS第3号アプローチ

このオプションは，IFRS 第 3 号がその認識および測定に関する要求事項の範囲から当期税金資産および負債を明示的には除外していないことから，IFRS 第 3 号の一般原則を適用すべきであるという見解に基づいている。オプション 1 で議論したとおり，IFRS 第 3 号の「はじめに」ではすべての税金残高を範囲外としているように思われるが，当基準の本文では当期税金残高を除外するような参照はなく，IFRS 第 3 号 24 項および 25 項に従って繰延税金残高のみが除外されている。

IFRS 第 3 号は，信頼性をもって見積ることができる場合に，偶発負債を公正価値で認識することを要求している。オプション 2 で，企業 A は，企業結合で取得した偶発負債の取扱いを類推適用することで，企業結合における不確実な税金負債を認識し測定する。そのため，税金負債は取得日における公正価値で測定され，公正価値には税金を支払うことになる可能性が考慮される。結果的に不確実な税務ポジションから生じる負債は，IFRS 第 3 号 56 項の偶発負債の取扱いと整合的に，(1) 当初認識額と，(2) IAS 第 37 号「引当金，偶発負債および偶発資産」を類推適用して認識されるであろう金額との，どちらか大きい方の金額で認識すべきである（**本章 3.3.1** 参照）。

5.1.9　企業結合における税務上損金算入可能な被取得企業ののれん

設例5.1.9

企業結合における税務上損金算入可能な被取得企業ののれん

企業 A は，企業 B の 100%を CU 100 の対価で取得した。取得日において企業 B は以下を有している。

- 税率 20%の課税法域における，税務基準額 CU 40 の過去の企業結合によるのれん
- 公正価値合計 CU 50 のその他の識別可能な資産および負債

企業Ａによる取得後，企業Ｂは，過去に認識したのれんについて引続き税務上損金算入する権利があり，また，当該損金の発生時にそれらを利用できる十分な課税所得を有することを予想している。関連する税率は20％である。

企業Bが過去に認識したのれんに関して利用できる税務上の損金算入額の影響を，取得日における企業Aの連結財務諸表でどのように取扱うべきか。

状況による。のれんは，企業結合で個別に識別されず，また，別個に認識されない無形資産から生じる経済的便益を表しているため，企業Ａが企業Ｂを取得したときに認識されたのれんが，過去に企業Ｂが認識したのれんを発生させたのと同じ要因から生じているかどうかは明らかではないかもしれない。過去に認識されたのれんと，現在の企業結合で生じたのれんとに全く関連がないことが明らかな状況である場合もある。企業Ａが認識したのれんが，企業Ｂが過去に認識したものと「同じ」のれんであることが明らかな，一般的ではない状況もあり得る。しかし，ほとんどの場合，企業Ｂが過去に認識したのれんと，企業Ａが企業Ｂを取得したときに発生したのれんとに関連があるかどうかは明らかではない。そのような状況では，以前より存在するのれんに関する税務上の損金算入が，現在の取得で発生するのれんに関連するものとして取扱うこととなる場合には，以前より存在するのれんを発生させた要因が存在し続けており，現在の取得によるのれんに貢献していることを立証しなければならない。

以下のシナリオ１とシナリオ２は，対照的な状況を説明している。

シナリオ1 ― 関連性が識別されない場合

企業Ｂは，子会社２社を有する持株会社である。子会社の１社は活動中の製造会社であり，もう１社は「事業を行っていない」（すなわち，満期まで既存の金融資産を保有する以外に事業を営んでいない）金融サービス会社である。企業Ｂが認識した税務上損金算入可能なのれんは，金融サービス会社の取得により生じたものである。

このシナリオでは，企業Ａが企業Ｂを取得したときに発生したのれんが，製造子会社に関連していることは明白である。企業Ａが認識したのれんと，企業Bが過去に認識した税務上損金算入できるのれんとに関連がないため，企業Aの連結財務諸表目的では，CU 40の税務基準額には関連する帳簿価額はない。

企業Aが認識したCU 50ののれん（すなわち，CU 100の対価からCU 50の識別可能な資産および負債を控除）の税務基準額はCU 0であり，CU 50の将来加算一時差異が発生する。この将来加算一時差異はのれんの当初認識で生じたものであるため，これに関連する繰延税金は認識されない（**本章 4.4.4.1** 参照）。さらに，企業Bが過去に認識したのれんは，税務基準額がCU 40で帳簿価額はCU 0であるため，CU 40の将来減算一時差異を発生させ，当初認識の例外は適用されない。その結果，IAS第12号の一般的な認識要件に従い，CU 8（CU 40×20%）の繰延税金資産が，企業Bがもともと有するのれんに関して認識される。

したがって，取得時に企業Aは，CU 8の繰延税金資産，純額での公正価値CU 50の企業Bのその他の識別可能な資産および負債，CU 42ののれんを認識する。

取得日後，企業Bはのれんに関して税務上の損金算入を申告することにより，繰延税金資産が減少し，純損益に計上される繰延税金費用は，申告される当期の損金算入額と相殺される。すべての利用可能な損金算入額が申告された時点（または申告されないまま消滅した時点）で，繰延税金資産は残らない。

シナリオ2ー関連性が識別される場合

企業Bはシェル・カンパニー（shell company）であり，企業Aによって取得される直前に企業Aによる取得に備えて，税務上損金算入可能なのれんを生じさせる取引で他社を取得した会社である。

このシナリオでは，企業Aが認識したのれんが，企業Bが過去に認識した税務上損金算入可能なのれんと，実質的に同じであることは明白である。そのため，企業Bが過去に認識した税務上損金算入可能なのれんが，企業Aが認識したのれんに関連すると考えられる税務基準額を生じさせる。

企業Aが認識したCU 50ののれんはCU 40の税務基準額を有し，したがって，CU 10の将来加算一時差異を生じさせる。この将来加算一時差異はのれんの当初認識で生じたものであるため，これに関して繰延税金は認識されない（**本章 4.4.4.1** 参照）。

したがって，取得時に企業Aは，CU 50の正味の公正価値で企業Bの識別可能な資産および負債と，CU 50ののれんを認識する。

取得日後は，企業Bがのれんに関する損金算入を申告することにより，繰延税金費用が純損益に認識され，繰延税金負債が企業Aの連結財務諸表で認識される。繰延税金費用は，申告される当期の税務上の損金算入額と相殺される。すべての利用可能な損金算入額が申告された時点（または申告されないまま消滅した時点）で，繰延税金負債CU 8（すなわち，当初認識の例外が適用されないCU 40の一時差異の20%）が，企業Aが認識したのれんが減損または処分されるまで残り続ける。

5.2 グループ内の未実現利益の消去

ある企業がグループ内の他の企業に物品を販売する場合，売手は，個別財務諸表で販売に関する利益を認識する。買手が報告期間の末日時点で棚卸資産として当該物品を保有している場合，売手が認識した利益は，グループ全体の観点からはまだ稼得されておらず，最終的に物品をグループ外に販売するまで稼得されない。連結では棚卸資産残高の未実現利益をグループの利益から消去し，グループの棚卸資産残高をグループの取得原価で認識する。しかし，売手における税務上の影響（該当する場合には，当期および繰延の双方）は消去されない。税金がグループではなく個別企業の利益に対して課される場合，たとえその利益の一部がグループの観点からは未実現であったとしても，売手はグループ間の売上から発生する利益に対して税金を納付する。

そのような連結修正は，連結財務諸表での繰延税金に影響を与える場合がある。グループ取引の消去は，連結修正として行われ，個々の報告企業の財務諸表では実施されない。したがって，連結消去は，連結財務諸表上の棚卸資産の帳簿価額と税務基準額（買手の個別財務諸表における帳簿価額であると想定される）との差額の，グループに関する一時差異を生じさせる。この一時差異に関して発生する繰延税金への影響は，通常の原則に従って認識すべきである。

グループ取引における未実現利益の消去から発生する繰延税金残高を認識する際に使用する税率は，一時差異が解消する課税法域を参照して決定される。これは通常，買手の課税法域における税率となる。なぜなら，第三者への売却により未実現利益が実現したときに，当該税率によって損金算入が可能だからである。買手の課税法域における税率が売手の税率と異なる場合，認識される繰延税金は売手が支払った当期税金と同額ではないかもしれない。

内部で使用するために資産を譲渡する状況では，繰延税金を，IAS 第 16 号「有形固定資産」に基づいて適用される減価償却方法に整合する資産の予想耐用年数にわたって，償却しなければならない。

設例5.2

棚卸資産のグループ内利益の消去

会社 P は，原価 CU 200 の棚卸資産を，その海外子会社である会社 S に CU 300 で売却した。会社 P の税率は 40％であり，会社 S の税率は 50％である。報告期間の末日，会社 S は，まだその棚卸資産を保有している。

会社 P は，棚卸資産販売の利益に関する CU 40（CU 100×40％）の当期税金負債を認識するが，会社 P の観点から，将来の税務上の影響はないため，繰延税金残高は認識していない。

会社 S は，棚卸資産に対して支払った CU 300 について将来に損金算入できる権利を得ているため，会社 S の観点からは，この CU 300 が資産の税務基準額である。したがって，会社 S の個別財務諸表における税務基準額は帳簿価額と等しく，一時差異は発生しない。

会社 P は連結財務諸表を作成しており，財務報告目的のためにグループ内取引の利益および損失を連結上，消去している。したがって，連結上は，棚卸資産の帳簿価額が CU 300 から CU 200 に減額される（未実現利益を消去するため）。CU 100 の将来減算一時差異が発生するが，これは，帳簿価額（CU 200）と税務基準額（CU 300）との差額を表している。繰延税金資産は，一時差異 CU 100 に 50％を乗じて算定する。これは会社 S が，グループ外に棚卸資産を販売したときに未実現利益が実現するときの税率で当該損金算入を利用できるからである。入手可能な証拠により，会社Sの将来減算一時差異の税務上の便益を表す繰延税金資産が実現する可能性が高いという結論が裏付けられている。発生したCU 50の繰延税金資産は，連結で認識される。

会社Pの連結財務諸表におけるこのグループ内取引の影響は，以下の仕訳で示される。

(単位：CU)

(借) 当期税金費用 (CU 100×40%)	40	
(借) 繰延税金資産 (CU 100×50%)	50	
(貸) 当期税金負債		40
(貸) 繰延税金便益		50

グループ内取引の影響を認識

その後の期間に会社Sは，会社Pから購入した棚卸資産を会社Pに以前支払った額（すなわち，CU 300）で外部の第三者に販売した。会社Pの連結財務諸表に計上されるべき売上および関連する税務上の帰結を反映する仕訳は，以下のとおりである。

(単位：CU)

(借) 現金	300	
(借) 売上原価	200	
(借) 法人所得税費用	50	
(貸) 売上高		300
(貸) 棚卸資産		200
(貸) 繰延税金資産		50

売上および関連する税務上の帰結を認識

5.3　金融商品

5.3.1　証券投資ー全般

証券投資は，しばしば，重要な一時差異を発生させることがある。さまざまな種類の投資に対する繰延税金の影響を決定するために，それら投資に関する税務上のルールを理解することが必要である。特に企業は，配当（「使用」），売却または両者の組合せを通じた投資の回収から生じる税務上の影響を理解するように注意しなければならない。そして，投資の帳簿価額を回収する方法を決定する必要がある。

企業が資本性金融商品に投資している場合，帳簿価額を売却によって回収することを推定することが適当である。これは，投資から見込まれる配当が，投資の帳簿価額の一部の実現を表しているとはいえない場合である。

場合によっては，金融資産が IFRS 第 9 号「金融商品」（または，IFRS 第 9 号「金融商品」を適用していない企業は，IAS 第 39 号「金融商品：認識および測定」）に基づいて分類している方法を考慮することが必要である。例えば，IFRS 第 9 号に従って償却原価で測定されている金融資産は，企業の事業モデルの目的が，契約上のキャッシュ・フローを回収するために当該資産を保有することであるという前提に基づいて分類されている。同様に，IAS 第 39 号で満期保有に分類される金融資産は，満期まで売却しないという前提に基づいてそのように分類される。すべての税務上の影響を考慮するときに，同じ仮定が使用されるべきである。

5.3.2　純損益を通じて公正価値で測定する金融資産または売買目的保有として分類する金融資産

IFRS 第 9 号に従って，純損益を通じて公正価値で測定された金融資産（**第 3 巻 2 章「金融商品：金融資産」**および **3 章「金融商品：金融負債と資本」**参照），または IFRS 第 9 号を適用していない企業では，売買目的保有として分類または IAS 第 39 号に従って純損益を通じて公正価値で測定される金融資産では，公正価値の利得および損失は純損益で認識される。これらの利得および損失が課税対象である場合，それらを財務諸表で認識したときに課税されるケース，または当該金融商品が売却もしくは決済されるまで税金計算に反映されないケースがある。純損益で認識された公正価値の変動に基づいて課税される場合は，繰延税金の影響はない。なぜなら，利得および損失が課税されるのは，それらが純損益で認識された期間と同じ期間だからである。対照的に，金融商品を売却または決済するまで利得および損失が税金計算に反映されない場合，繰延税金の影響が生じる。

5.3.3　その他の包括利益を通じて公正価値で測定する金融資産および売却可能金融資産

IFRS 第 9 号に従ってその他の包括利益を通じて公正価値で測定される金融資産（**第 3 巻 2 章**および **3 章**参照），または IFRS 第 9 号を適用してない企業では，IAS 第 39 号に従って売却可能として分類した金融資産に関しても，同様の論点が生じる。主な違いは，これらの資産の公正価値の変動が，その他の包括利益で報告されるということである（IFRS 第 9 号では，投資原価の一部回収であることが明らかではない配当収益を除く。IAS 第 39 号では，その他の包括利益で認識される公正価値の変動は，減損損失，為替差損益，ならびに利息および配当を除く）。したがって，その他の包括利益を通じて公正価値で測定する資産，または売却可能資産から繰延税金残高が生じる場合，繰延税金の影響もまた，その他の資産の再評価に関する繰延税金の影響と同じ方法で，（純損益ではなく）その他の包括利益で処理することになる。

売却可能金融資産に関する公正価値の変動が事後的に純損益に振替えられる場合の，繰延税金への影響に関するより詳細な検討は，**本章 4.7.4** を参照。IFRS 第 9 号では，利得および損失を純損益に振替えることはないため，この論点は生じない。

売却可能金融資産の未実現損失から得られる税務上の便益の実現に関する評価は，証券の帳簿価額を最終的にどのように回収するかについて財務報告目的上で使用している固有の仮定に依存することがある。

IAS 第 12 号 16 項は，資産の帳簿価額が，将来の期間に企業に流入する経済的便益の形で回収されることは，資産の認識における本来的要素であると結論付けている。そのため，企業は通常，その他の包括利益を通じて公正価値で測定される資本性金融商品に対する投資（または，IAS 第39号に従い売却可能負債証券）の帳簿価額を，各報告期間の末日の公正価値で回収すると仮定する。一般的に未実現の保有損失がある場合，公正価値での回収の結果として，キャピタル・ロスが損金算入される。

課税法域によっては税法により，キャピタル・ロスの利用がキャピタル・ゲインとの相殺のみに限定されている場合がある。そのような状況において，企業は，損失が実現する可能性が高いかどうかを，入手可能な証拠に基づいて評価する必要がある。考慮すべき証拠には，例えば，(1) 過年度に支払われた税額の繰戻により回収される利用可能なキャピタル・ロスや (2) キャピタル・ゲイン収益を生み出すと評価された資本性資産を売却するタックス・プランニング戦略がある。これらの状況においては，入手可能な証拠を評価して，企業が税法で規定された繰戻および繰越期間中に十分なキャピタル・ゲイン収入を獲得する可能性が高いかどうかを評価しなければならない。ただし，そのような評価を行う場合，損失が実現して初めて，繰戻および繰越期間が開始することになる。

5.3.4　複合金融商品

IAS 第12号には，IAS 第32号「金融商品：表示」に基づいて会計処理する複合金融商品に関する，繰延税金資産を算定するための指針が含まれている。複合金融商品とは，負債部分および資本部分（例えば，転換社債の発行）の双方を含む，企業が発行した金融商品である。転換社債の場合，個々の部分とは負債部分（返済義務を伴う借入を表す）および資本部分（負債を企業の資本に転換する組込オプションを表す）である。

IAS 第32号に従い，複合金融商品の資本部分と負債部分は別個に会計処理される（発行時の収入は，それぞれの要素に配分する）。負債として当初認識される金額は，資本の特徴を持たない同等の負債の市場金利で割引いたキャッシュ・フローの現在価値となる。複合金融商品の保有者は，実質的に資本持分を購入しているため，複合金融商品の利息は，資本の特徴を持たない同等の負債の利息より，ほとんどの場合低くなる。したがって，複合金融商品の負債部分に配分された価値は，受取った収入総額よりも低い。例えば，転換社債を発行したことによる収入 CU 100 につき，負債に CU 90，資本に CU 10 が配分されたとする。負債部分の帳簿価額（CU 90）は，金融商品の額面価額（CU 100）よりも小さい。複合金融商品の会計処理に関する詳細な要求事項については，**第 3 巻 3 章**で説明している。

法域のなかには，当初認識時の負債部分の税務基準額が，負債部分と資本部分を合計した当初の帳簿価額（すなわち，前述の設例における CU 100）と等しくなるところもある。負債部分の帳簿価額に等しい金額（一般的に額面価額よりも小さく，したがって，税務基準額よりも小さい）で金融商品が決済される場合，課税所得が発生し，将来加算一時差異から生じる繰延税金負債が認識される。前述の設例では，社債が CU 90（その帳簿価額）で決済された場合，課税対象となる CU 10 の利得が発生する。

IAS 第 12 号の「当初認識の例外」（**本章 4.4.5** 参照）はこの状況では適用されず，繰延税金負債が認識されるべきである。これは，一時差異が金融商品の当初認識から生じているのではなく，資本部分の別個の認識から生じているからである［IAS 第 12 号 23 項］。

複合金融商品の資本部分は，資本で直接認識されるため，発生する繰延税金負債もまた資本で直接認識する。繰延税金は，資本部分の帳簿価額に直接計上しなければならない。

一方，複合金融商品の負債部分に関する割引を振戻すとき，関連する繰延税金負債の減額は，資本に直接認識されるのではなく，純損益で認識される。繰延税金の貸方計上を純損益で認識することは，負債部分の割引の振戻しに関する関連費用を純損益で認識することと整合している［IAS 第 12 号 23 項］。

負債の決済による利得が課税対象にならない法域では，負債の税務基準額が常にその帳簿価額と等しく，一時差異は生じない。

設例5.3.4

複合金融商品として会計処理される転換社債

20X0年12月31日に，会社Rは，3年満期の額面CU 10,000の転換社債を発行する。期間中に利息の支払はないが，3年間経過時に保有者は，社債を固定数の株式に転換するオプションを有している。会社Rが3年満期の転換権のない社債を発行する場合，社債の利息は9%である。

IAS第32号に基づき，社債は負債部分と資本部分とに分離される。9%の割引率（すなわち，会社Rが転換権のない同等の社債を発行するときの利率）を使用したところ，当該金融商品の現在価値はCU 7,722であった。これは負債部分の価値として使用され，資本で直接認識する金額CU 2,278が生じる。

社債を額面金額で償還した場合に税務上の影響はないが，額面金額より低い金額で償還した場合には課税所得が生じる。そのため，金融商品の税務基準額はCU 10,000となる。税率は17.5%である。

負債をその帳簿価額（CU 7,722）で償還した場合，課税所得が発生する。したがって，当初に負債部分と資本部分を分離したときに，CU 2,278の将来加算一時差異が生じる。これによりCU 399（CU 2,278×17.5%）の繰延税金負債が生じる。この金額は，社債の資本部分に関連して認識された金額と相殺される。

以下のような仕訳が，転換社債の発行日に認識される。

（単位：CU）

（借）現金	10,000	
（貸）転換社債		7,722
（貸）資本		2,278
（借）資本	399	
（貸）繰延税金負債		399

転換社債の発行を認識する。

各年に負債に帰属する利子が認識され，負債要素の帳簿価額が増加するとともに，関連する繰延税金負債が減少する。繰延税金負債の減少は，純損益で認識する。

転換社債の残存期間にわたる変動は，以下のように要約できる。

（単位：CU）

	20X0年	20X1年	20X2年	20X3年
負債と利子				
期首の負債		7,722	8,417	9,174
帰属する利子（9%）		695	757	826
期末の負債	7,722	8,417	9,174	10,000
繰延税金負債				
転換社債の帳簿価額	7,722	8,417	9,174	10,000
税務基準額	10,000	10,000	10,000	10,000
将来加算一時差異	2,278	1,583	826	−
繰延税金負債（税率17.5%）	399	277	145	−
繰延税金収益（純損益）	−	122	132	145

5.3.5 非金融項目へのIAS第39号のヘッジに関する要求事項の影響

IAS第39号98項（b）に従った非金融資産または負債の「ベーシス・アジャストメント」の認識が，資産または負債の帳簿価額とその税務基準額との相違を引き起こす場合がある。このようなことが生じるのは，関連する課税法域での資産または負債に起因する税務上の価値が，財務諸表における帳簿価額を参照する以外の方法で決められる場合である（例えば，資産の帳簿価額を会計目的上，修正したのと同じ時期に，税務目的上，ベーシス・アジャストメントが認識されない場合）。財務諸表上の帳簿価額と税務基準額との差から生じる一時差異について，通常，繰延税金が認識される。

会計と税務の取扱いの相違がベーシス・アジャストメントによる場合，一時差異は，資産または負債の当初認識の後に発生する。したがって，IAS第12号15項（将来加算一時差異ー**本章4.4.1**参照）およびIAS第12号24項（将来減算一時差異ー**本章4.4.2**参照）の当初認識の例外は適用されず，（IAS第12号の一般的な認識要件を条件に）繰延税金が認識される。

非金融資産におけるヘッジ利得および損失の繰延に関する詳細な情報については，**第 3 巻 9 章「金融商品：ヘッジ会計 ― 基本的事項」2.2.3** を参照。

設例5.3.5

予定購入に関するキャッシュ・フロー・ヘッジ

20X2 年 1 月 4 日時点で，会社 D は，20X2 年 12 月 31 日ごろにブラジルの供給会社（会社 B）からココア 100,000kg を，180,000 米ドルで購入することを予定している。会社 D の機能通貨はポンドであり，会社 B は米ドルを機能通貨としている。20X2 年 1 月 4 日に，会社 D は，予定購入のキャッシュ・フローをヘッジ対象に指定し，予定支払額（1kg 当たり 1.8 ドルで 100,000kg）に基づいて 180,000 ドルを購入する為替予約取引を行った。為替予約契約は 1.8 ドル＝1 ポンドのレートで，ドルでの支払額の価値を固定する。ヘッジ開始時，デリバティブは市場実勢に基づいている（すなわち，公正価値はゼロである）。為替予約契約と予定購入の期間は一致しており，企業は，ヘッジされるリスクとして先物為替リスクを指定する。

20X2 年 12 月 31 日に，取引は予定どおり実施された。ドルがポンドに対して高い水準を維持したため，為替予約契約の公正価値はプラス 12,500 ポンドである。当該予定取引の先渡レートのヘッジに関する為替予約契約は完全に有効であり，12,500 ポンドの利得すべてをその他の包括利益で認識する。

会社 D は，IAS 第 39 号 98 項（b）に従い，そのような利得および損失を振替え，非金融資産の当初原価に含める会計方針を採用している。

会社 D の財務諸表で認識している棚卸資産は 100,000 ポンドである。当該金額は現金支払額 112,500 ポンド（20X2 年 12 月 31 日の現物レートで換算した 180,000 ドル）と，為替予約契約における利得の純額 12,500 ポンドによるものである。適用税率は 30％であるが，現地税法はヘッジ手段の利得または損失を，棚卸資産から控除することを認めていない。したがって，棚卸資産の税務基準額は 112,500 ポンドである。会社 D は，通常の回収可能性の要件を条件として，棚卸資産の当初原価にヘッジ利得を含めることで生じた一時差異に対する 3,750 ポンド（12,500 ポンド×30％）の繰延税金資産を認識すべきである。3,750 ポンドは，（棚卸資産の当初認識ではなく）ヘッジ手段の振替によって生じているため，当初認識の例外は適用されない。現地税法では，ヘッジ手段の公正価値利得および損失は，実現した際に税務上の利得および損失となる。20X2 年 12 月 31 日に計上された仕訳は，以下のとおりである。

（単位：ポンド）

（借）為替予約契約	12,500	
（貸）その他の包括利益		12,500

為替予約契約からの未実現利益をその他の包括利益に認識する。

（借）その他の包括利益	3,750	
（貸）繰延税金負債		3,750

為替予約契約に関する未実現利益から生じる税務上の影響を認識する。

（借）棚卸資産	112,500	
（貸）現金		112,500

ココアの購入を棚卸資産として認識する。

（借）現金	12,500	
（貸）為替予約契約		12,500

為替予約契約の決済を認識する。

（借）繰延税金負債	3,750	
（貸）その他の包括利益		3,750
（借）法人所得税費用	3,750	
（貸）当期税金負債		3,750

先物契約の決済に関する当期税金負債の認識

（借）その他の包括利益	12,500	
（貸）棚卸資産		12,500

棚卸資産に「ベーシス・アジャストメント」として為替予約契約の利得を認識する。

（借）繰延税金資産	3,750	
（貸）法人所得税費用		3,750

棚卸資産に関する一時差異から生じる繰延税金資産を認識する。

5.4　IAS第16号における再評価額で計上された不動産

5.4.1　不動産の再評価

IAS 第 16 号「有形固定資産」に従って不動産を再評価する場合に，その帳簿価額は増加または減少するが，一般的には不動産の税務基準額に何の影響も与えない。その結果，繰延税金残高が生じる。一般的に再評価で生じる繰延税金の認識は，再評価自体の会計処理と整合する。

5.4.2　再評価による増加額

IAS 第 16 号に従って不動産を再評価した場合の増加額は，一般的に繰延税金負債を生じさせる。不動産の帳簿価額を増加させることで，当初の帳簿価額を超過するリターンが発生し，それが将来の課税所得となって税金支払が予想されることを企業は認識する。

再評価による増加額の認識時に生じる繰延税金負債は，不動産資産の予想される回収方法を参照して算定する。再評価による増額は，（過年度に純損益で認識した再評価による減額の回復を示すものでない限り）その他の包括利益で認識する。そのため，繰延税金費用も，その他の包括利益で認識するべきである。

一時差異の戻入が使用期間にわたっている場合，繰延税金負債の減少は，純損益に貸方計上する（**本章 4.7.1.1** 参照）。再評価日に認識した繰延税金負債は，それらの便益から発生することが予想される税金への引当を意味している。それら将来の経済的便益（すなわち課税所得）を稼得する期間における純損益に対応する繰延税金負債の減少は，再評価日に予想した範囲で当該期間の当期税金費用と相殺する。このことは**本章設例 5.4.2** で示されている。

設例5.4.2

不動産の再評価による繰延税金の影響

有形固定資産項目を CU 1,000 で取得した。税務目的でも会計目的でも 5 年間で減価償却する。3 年目の終わりに，当該資産は CU 1,200 で再評価された。不動産の価値は，課税対象である製造活動での使用によって回収が予想される。税率は 30％である。

(単位：CU)

	帳簿価額	税務基準額	一時差異	繰延税金負債	年間の変動額
20X1年1月1日	1,000	1,000	–	–	–
20X1年12月31日	800	800	–	–	–
20X2年12月31日	600	600	–	–	–
20X3年12月31日	1,200	400	800	240	240
20X4年12月31日	600	200	400	120	(120)
20X5年12月31日	–	–	–	–	(120)

20X3年末に要求される仕訳は，以下のとおりである。

(単位：CU)

(借) 有形固定資産	200	
(借) 有形固定資産－減価償却累計額	600	
(貸) 再評価利得（その他の包括利益）		800
(借) 法人所得税（その他の包括利益）	240	
(貸) 繰延税金負債		240

20X3年末に要求される仕訳の認識

20X4年と20X5年に以下の仕訳を記帳し，再評価で生じた一時差異の戻入を反映する。

(単位：CU)

(借) 繰延税金負債	120	
(貸) 法人所得税（純損益）		120

再評価から生じる一時差異の戻入の税効果を認識する。

5.4.3 再評価による減少額および減損損失

IAS第16号に基づく会計処理に従った不動産の再評価による減少額および減損損失は，不動産に関して認識された過去の利得および損失が表示された方法により，純損益またはその他の包括利益で認識される。IAS第16号に従った不動産の会計処理については，**第1巻7章「有形固定資産」**で詳細に説明している。

会計目的上の不動産の評価減は，繰延税金資産，または繰延税金負債の減少を生じさせる。どちらになるかは，不動産の税務基準額によっている。発生するすべての繰延税金資産は，繰延税金資産の便益を回収するのに十分な課税所得が，将来において利用可能である可能性が高い範囲で認識される。

IAS 第16号に従って会計処理されている不動産が過去に再評価されており，事後的に，その他の包括利益で認識するような評価減が生じた場合（すなわち，事後的な評価減が，同一資産に関する再評価剰余金計上額を超えない範囲である場合），過去にその他の包括利益で認識した繰延税金への影響はその他の包括利益を通じて戻入れられる。評価減が再評価剰余金の額を超過する場合，超過分は純損益で認識する。そのような状況では，繰延税金の変動を，その他の包括利益で認識する額と純損益で認識する額とに分割する。

減損は，再評価による減少額と同じ方法で処理する。

これらの原則を，**本章設例5.4.3**で説明する。

設例5.4.3

再評価による減少額

有形固定資産項目をCU 1,000で取得した。税務上および会計目的上，10年間にわたり定額法で減価償却する。不動産の価値は，課税対象である製造活動での使用によって回収が予想される。企業は，利益を計上している製造業であり，すべての繰延税金資産を認識している。

3年目の終わりに，帳簿価額がCU 700である資産をCU 1,050に再評価したが，税務基準額は修正されていない。6年目の終わりに，帳簿価額がCU 600（すなわち，CU 1,050－(3×CU 150)）である当該資産を，再評価によりCU 200に減額した。税率は30%である。

これらの事象における影響の要約は，以下のとおりである。

当初，再評価による増額および関連する繰延税金は，その他の包括利益で認識され，再評価剰余金に累積される。毎年，税引後の再評価剰余金の償却額に等しい金額が，再評価剰余金から利益剰余金に振替えられる。

再評価による減額をした時点で，再評価剰余金の残高はCU 140となる。これらの計算は，以下のとおりである。

（単位：CU）

当初の再評価による増加額	350
それに関する繰延税金（CU 350×30%）	(105)
	245
純増額に関する3年間の減価償却（CU 245×3／7）	(105)
	140

したがって，再評価による減少額のうち，CU 200がその他の包括利益における損失として認識され，関連する税金CU 60と相殺される。再評価による減額の残額であるCU 200は，（関連する税金CU 60とともに）純損益で認識される。

再評価による減額は，帳簿価額を税務基準額未満に減少させ，企業が課税所得を予想する場合に認識可能な繰延税金資産を生じさせる。

（単位：CU）

	帳簿価額					認識先		
	取得原価	再評価による増額	税務基準額	一時差異	繰延税金負債（資産）	年間の変動	その他の包括利益	純損益
20X0年	1,000	−	1,000	−	−	−	−	−
20X1年	900	−	900	−	−	−	−	−
20X2年	800	−	800	−	−	−	−	−
20X3年	700	350	700	350	105	105	105	−
20X4年	600	300	600	300	90	(15)	−	(15)
20X5年	500	250	500	250	75	(15)	−	(15)
20X6年	200	−	400	(200)	(60)	(135)	(60)	(75)
20X7年	150	−	300	(150)	(45)	15	−	15
20X8年	100	−	200	(100)	(30)	15	−	15
20X9年	50	−	100	(50)	(15)	15	−	15
20Y0年	−	−	−	−	−	15	−	15

事後的に不動産の処分を決定した場合，繰延税金への影響を再検討する必要がある。一時差異は，不動産の回収方法に関する経営者の予想に基づいて算定されるため，その予想が変わる場合には，繰延税金のポジションも変わる。

5.4.4　処分を通じて回収する不動産（税務上の減価償却の「回収」）

再評価した不動産の帳簿価額を売却によって回収すると予想する場合がある（経営者の意図，または非償却性不動産および投資不動産に関しては，IAS 第 12 号で規定している推定に基づくかどうか）。そのようなケースでは，不動産の処分に関する税務上の帰結に基づき，繰延税金の影響を決定する。処分による利益が全額課税対象となる場合，不動産の再評価で生じる繰延税金負債は，再評価による増額に税率を乗じた金額に等しくなる。しかし，しばしば，キャピタル・ゲイン課税は異なる基礎に基づいている（例えば，発生する課税利得が過去に計上した税務上の減価償却額に限定される場合がある）。これを，通常は「回収（claw-back）」という。

このような状況で（すなわち，処分自体には法人所得税が課されないが，過去に申告した税務上の減価償却の控除が「回収」として課税される状況で），税務基準額は，帳簿価額から将来加算される金額を減額した金額となる。これは，取得原価からその時点までの税務上の減価償却を控除した金額と等しくなる場合と，ならない場合とがある。この論点について，**本章設例 5.4.4** で説明する。

設例5.4.4

処分によって回収する不動産

建物（有形固定資産として分類）を，20X1 年 1 月 1 日に CU 1,000 で取得した。不動産の当初認識において，繰延税金資産は生じない。当該資産は，税務上も会計上も 5 年間にわたって減価償却される。20X1 年の終わりに，帳簿価額および税務上減額した価値がともに CU 800 である不動産を，公正価値 CU 1,200 で再測定した。その時点で，不動産の帳簿価額は，処分によって回収すると予想している。

不動産を処分した場合，発生する課税利得は，過去に計上した税務上の減価償却の金額に限定されている。税率は 30％である。

20X1年12月31日　　帳簿価額（公正価値）＝CU 1,200
税務基準額＝CU 1,000※
一時差異＝CU 1,200 − CU 1,000＝CU 200
繰延税金負債＝CU 200×30％＝CU 60

※ 税務基準額は，CU 1,200の帳簿価額から，将来の課税対象価額であるCU 200（すなわち，処分で回収するであろう金額）を控除した額である。このような状況で，IAS第12号における税務基準額は，税務上の評価減後の価値CU 800（取得原価からその日までの税務上の減価償却累計額を控除した額）と等しくはない。

そのため，20X1年末にCU 60の繰延税金負債を認識する。不動産の再評価に関連するため，CU 60はその他の包括利益で貸方に認識される。

5.5　外貨換算

5.5.1　直接保有している資産または負債

企業が外貨建の貨幣性資産または負債を直接保有している場合，各報告期間の末日での換算替が会計目的上の帳簿価額を変動させ，通常純損益で認識する為替換算利得または損失を生じさせる。適用される税法が税務基準額を同額で変動させることを認めておらず，増加した帳簿価額の回収が課税対象となる場合，認識することが要求される換算替に一時差異が生じる。ほとんどの状況で，関連する繰延税金は純損益で認識される。しかし，為替換算利得および損失をその他の包括利益で認識する場合，繰延税金もその他の包括利益で認識する。

企業が海外に非貨幣性資産を保有している場合，資産は取得原価で認識されるが，それは当初の外貨購入価格を購入日のレートで換算したものである。資産の実現が外国での税務上の帰結を生じさせる場合，資産の税務基準額は，為替レートの変動により変動する。資産について認識された帳簿価額は変動しないため，これにより一時差異が生じる（**本章4.4.6.5参照**）。

5.5.2　連結財務諸表

報告企業が，在外営業活動体の財務諸表を持分法または連結によって連結財務諸表に取込む場合，繰延税金に関する影響を評価する必要がある。在外営業活動体とは，その活動が，報告企業とは異なる国または通貨に基盤を置いているか，または行われている，報告企業の子会社，関連会社，共同支配の取決めまたは支店と定義される［IAS 第 21 号 8 項］。

IFRS 第 11 号「共同支配の取決め」（2013 年 1 月 1 日以後開始する事業年度から適用され，早期適用が認められる）をまだ適用していない企業は，IAS 第 21 号 8 項の「共同支配の取決め」への参照を，「ジョイント・ベンチャー」への参照に読替えなければならない。

在外営業活動体の財務諸表がその機能通貨で作成された後，それらをグループの連結財務諸表に組込む前に，投資している企業またはグループの表示通貨に換算しなければならない。これは IAS 第 21 号「外国為替レート変動の影響」で取扱われており，**第 1 巻 13 章**でさらに説明している。

基本的なアプローチは，決算日レートを使用して財政状態計算書を換算し，収益および費用は取引日レート（または，近似値として，しばしば平均レートが使用可能である）で換算するというものである。発生した換算差額は，その他の包括利益で認識する。

繰延税金の観点からは，この考え方によって在外営業活動体自体の資産および負債に追加の一時差異を生じさせるべきではない。在外営業活動体の資産および負債の帳簿価額および税務基準額は，すべて同じ年度末の為替レートを使用して換算されており，すべての繰延税金は，在外営業活動体によってすでに認識されているからである。

一時差異は，在外営業活動体の財務諸表の換算から直接生じるものではない。連結で一時差異が生じるのは，連結財務諸表で会計処理されている純投資額（実質的には，その在外営業活動体における純資産に対する親会社持分）と，親会社が保有する投資自体の税務基準額とに差があるためである（**本章 4.4.6** 参照）。

親会社の在外子会社への貸付金で，在外営業活動体に対する純投資の一部と考えられるものがある場合，親会社が貸付に関する一時差異の解消の可能性を評価する方法は，子会社の資本に関する一時差異を検討する場合と同じ方法による。したがって，親会社が一時差異の解消の時期をコントロールすることができ，予測可能な期間内に解消が生じると予想されない場合には，繰延税金を認識しない。対照的に，親会社が有利息預金を子会社に対して保有している場合は，一時差異から生じる繰延税金を認識するが，これは子会社への投資に関する例外であり，その子会社が保有する個々の資産に関する例外ではない（**本章設例** 4.4.6.1D および 4.4.6.1E 参照）。

5.6 株式に基づく報酬

課税法域によっては，企業が株式に基づく報酬に関する税務上の損金算入を受けるとしても，控除が常に会計上の費用と等しいとは限らなかったり，会計上の費用を認識する期間と同じ期間に生じなかったりする場合がある。例えば，ストック・オプションが行使されたときに税務上の損金算入が発生し，損金算入額が権利行使日の企業の株価に基づいて算定されるストック・オプション制度を，企業が運営している場合がある［IAS 第 12 号 68A 項］。

今まで受取った従業員の勤務の税務基準額（税務当局が将来の期間において損金算入額として認める金額）と，会計上の帳簿価額（すなわちゼロ）との差額は，繰延税金資産を生じる将来減算一時差異である。期末時点で将来の損金算入金額が不明である場合には，期末時点で入手可能な情報に基づいて見積りを実施すべきである。例えば，損金算入額が行使日（または，将来の他の日）の企業の株価に基づく場合，将来減算一時差異を測定するには，期末時点の企業の株価を基礎とすべきである［IAS 第 12 号 68B 項］。

設例5.6A

株式に基づく報酬取引から生じた将来減算一時差異の算定

20X1 年 1 月 1 日に企業 A は，3 年の勤務期間後に権利確定するストック・オプションを従業員に付与した。企業 A が事業を行っている課税法域の税法では，オプションが行使されたときに，その時点におけるオプションの本源的価値に基づいて損金算入が可能である。

20X2年12月31日（すなわち，3年間の権利確定期間における2年間）において，100個のオプションは未行使のままであるが，企業Aはこのうち50個のみが行使されると予想している。残りの部分は（権利確定期間が終了する前に従業員が退職して）確定しないか，（オプションに基づく権利を行使しないことを従業員が選択するため）未行使のままで失効すると予想している。各オプションの本源的価値は，20X2年12月31日における企業Aの株価に基づくとCU 10であり，税率は30％である。

IAS第12号68B項およびIAS第12号における設例5に整合して，企業Aは，報告期間の末日のオプションの本源的価値および経過した勤務期間の割合に基づいて，将来減算一時差異を算定することが要求される。

企業AがIAS第12号68B項の要求事項を適用する場合，将来減算一時差異は，報告期間の末日の未行使のオプションの総数に基づいて算定すべきか，または，行使が予想されるオプションの数に基づいて算定すべきか。

行使が予想されるオプションの数に基づいて，将来減算一時差異を算定しなければならない。これは，「税務当局が将来の期間において損金算入額として認めるであろう金額は，（中略）期末時点で入手可能な情報に基づいて，これを見積らなければならない」と規定するIAS第12号68B項の要求事項と整合している。

したがって，記載された状況において企業Aは，CU 333（行使が予想されるオプション50個×CU 10×2／3）の将来減算一時差異を算定し，繰延税金資産に関するIAS第12号の一般的な認識要件を条件として，CU 100（CU 333×30％）の繰延税金資産を認識しなければならない。

これらの要求事項を適用する際に留意が必要なのは，行使が予想されるオプションの数が，権利確定が予想される数と通常は同じになることである。これは，オプションが「イン・ザ・マネー」であり，必然的に従業員が市場価値未満で株式を取得するためにオプションを行使すると予想される場合にのみ，オプションによって将来減算一時差異が生じるからである。さらに，オプションの権利の確定についてこれらを算定するために用いられる仮定は，IFRS第2号「株式に基づく報酬」での費用を算定するときに使用される予想と整合していなければならない。

税務上の損金算入額（または将来の損金算入額の見積り）が関連する報酬費用の累計額を上回る場合，このことは，税務上の損金算入が報酬費用だけでなく資本項目にも関係があることを示している。すなわち，関連する当期税金または繰延税金の超過額は，IAS 第 12 号 58 項に従って，資本で直接認識しなければならない［IAS 第 12 号 68C 項］。

設例5.6B

現金決済型株式に基づく報酬から生じる当期および繰延税金

会社 A は，3 年間の勤務後に与えられる現金決済の株式増価受益権（SARs）を，従業員に付与している。会社 A が設立された国の税務当局は，支払った現金と同額を損金算入額とするのではなく，異なる算定方法に基づく損金算入額を認めている。IAS 第 12 号 68B 項に基づいて対応する繰延税金を算定するために，会社 A は，報告年度の末日において入手可能な情報を利用して，将来期間に受けられることとなる損金算入額を見積らなければならない。このとき，IAS 第 12 号 68B 項に従って測定される，見積った損金算入の金額，または最終的に受けられる損金算入の金額が，IFRS 第 2 号「株式に基づく報酬」に従って認識する報酬費用の累計額を超えている場合がある。

このような性質の現金決済型スキームにおいて，報酬費用の累計額を超える損金算入の金額を認識する場合，IAS 第 12 号 68C 項に従って，この超過額から生じる当期税金または繰延税金を直接資本で認識することになるのであろうか。

それは認められない。IAS 第 12 号 68C 項においては，この規定が，持分決済型株式に基づく報酬のみに関係すると明示的には規定していない。しかし，超過する損金算入額が報酬費用に関係していると同時に資本項目に関係していることを示している場合に，その会計処理が正当化される。現金決済型株式に基づく報酬による支払の場合，そのような報酬は，負債として分類される。そのため，当該損金算入に関連して認識される資本項目はなく，したがって，すべての損金算入額を純損益で認識することが適切である。

IAS 第 12 号付録Ｂは，従業員に対する株式に基づく報酬スキームに関する繰延税金資産の算定方法の設例を含んでいる。

権利確定したストック・オプションの保有者が行使することによって，損金算入額が予想される場合がある。損金算入額が予想されるため，繰延税金資産が認識される。保有者がオプションを行使しない（すなわち，ストック・オプションが失効する）場合，損金算入額は予想されないが，IFRS 第２号による費用は残る。したがって，将来減算一時差異はなくなり，資産の認識時と同一の方法で，繰延税金資産を純損益または資本で取崩すべきである（例えば，報酬費用の範囲内の金額は純損益とし，超過分は資本とする）。

従業員の株式に基づく報酬スキームが，（例えば，持分決済型から現金決済型に）条件変更される場合がある。これらの条件変更により，スキームの会計処理が変更になる（例えば，負債の認識が要求される）。従業員の株式に基づく報酬スキームの会計上の影響については，**第１巻 19 章「株式に基づく報酬」**で検討している。ただし，当該条件変更がすでに認識されている繰延税金残高に影響する場合もあることに，留意が必要である。

5.6.1　企業結合で置換える株式に基づく報酬に関する繰延税金の変動

企業結合の一環として，取得企業が株式決済型の株式に基づく報酬を発行することで，被取得企業の従業員が保有するストック・オプションを置換える場合がある。置換えた報酬の市場ベースの測定額の一部は，企業結合前の勤務に帰属しており，それが企業結合で移転された対価の一部を形成する。

置換えた報酬が税務上損金算入される場合，受けられる損金算入見積額に基づいて，取得日時点で繰延税金資産を認識する。取得日後に取得企業の株価が変動した場合，予想される損金算入額を反映するように繰延税金資産を再測定しなければならない。

企業結合前の勤務に関する繰延税金資産の事後的な再測定の会計処理には，２つの認められる方法がある。企業は，会計方針の選択として，いずれかを選び，これを類似の取引すべてに首尾一貫して適用しなければならない。

選択1：IAS第12号68A項から68C項で規定されている原則の適用

IAS 第 12 号 68C 項は，株式に基づく報酬に関して，「税務上の損金算入額（または，将来の損金算入額の見積り）が関連する報酬費用の累計額を上回る場合，このことは，税務上の損金算入が報酬費用だけでなく資本項目にも関係することを示している。この状況においては，関連する当期税金または繰延税金の超過額は，資本で直接認識すべきである」と規定している。

企業結合の一環で付与された代替報酬に関して，報酬費用の累計額は，取得日時点での企業結合前の勤務に帰属する金額（IFRS 第 3 号「企業結合」B58 項に従って算定される金額）と，該当がある場合には置換えられた報酬について企業結合日から認識した報酬費用の金額とで構成されている。そのため，取得日の市場ベースの価値の超過分に関係する損金算入額は，IAS 第 12 号 68C 項の原則に従って，資本で認識する。

選択2：企業結合前の勤務に関する繰延税金資産の変動のすべてを純損益で認識する方法

この選択は，IAS 第 12 号の設例 6 が，繰延税金資産の増加の一部を純損益ではなく，資本で認識すべきかどうかを区別する IAS 第 12 号 68C 項の原則を適用していないと考えられるという事実に基づいている。この設例は，企業結合後に，取得日に測定した置換えられた報酬の市場ベースの価値を超えて，オプションの本源的価値が増加する状況を示している。設例においては，繰延税金資産の変動のすべてを「繰延税金収益」として認識するものと考えられる。したがって，IAS 第 12 号の設例 6 に基づいた場合，企業結合前の勤務に関係する繰延税金資産の変動のすべてを純損益で認識することが認められると考えられる。

本章設例 5.6.1 では，これら双方の考え方に関する数値例を提供している。

設例5.6.1

企業結合で置換えられた株式に基づく報酬に関する損金算入額の変動

会社 A は，20X1 年 1 月 1 日に企業結合で会社 B を取得した。取得日時点で，会社 B の従業員は，完全に権利が確定したストック・オプションを有しており，その市場ベースの価値は CU 120 である。企業結合の一環として，会社 B の従業員が有するストック・オプションは，市場ベースの価値 CU 120 である会社 A のストック・オプションに置換えられており，その権利は完全に確定している。IFRS 第 3 号 B56 項から B62 項に従って，置換えられた報酬の市場ベースの価値は，企業結合前の勤務に関連して決定され，会社 B の取得にあたり移転された対価の一部を形成した。

ストック・オプションが行使されたときに損金算入が可能であり，それは行使日における株式に基づく報酬の本源的価値に基づいている。会社 A に適用される税率は 40％である。取得日時点で株式に基づく報酬の本源的価値は CU 100 であり，したがって，その日に繰延税金資産 CU 40 が認識される。

20X1 年 12 月 31 日に，置換えられた株式に基づく報酬の本源的価値が CU 150 に増加し，置換えられた報酬に関係する繰延税金資産は CU 60 となっている。繰延税金資産の増加は，以下の 2 つの選択肢のいずれかを使用して認識される。

選択肢1：IAS第12号68A項から68C項で記載されている原則の適用

見積られる将来の損金算入額 CU 150 は，報酬費用の累計額 CU 120 を上回っている（報酬費用の累計額は，取得日における市場ベースの価値と同額となる。これは，置換えられた報酬に関する報酬費用のうち企業結合後の期間に対応するものがないからである）。

したがって，超過分 CU 30 に関係する繰延税金資産を資本で認識する。これにより，繰延税金資産増加額 CU 20 を以下のように認識する。

当期の繰延税金資産の増加	CU 20（CU 60 − CU 40）
資本で認識する増加部分	CU 12（CU 30×40％）
純損益で認識する繰延税金収益	CU 8

選択肢2：企業結合前の勤務に関係する繰延税金資産の変動をすべて純損益で認識する

この選択肢では，繰延税金資産増加額 CU 20 のすべてが純損益で認識される。

前述の取扱いは，いずれも会計方針の選択として認められ，類似するすべての取引に首尾一貫して適用する。

5.6.2　初度適用時に認識した株式に基づく報酬に関する繰延税金の変動

IFRS 第 1 号「国際財務報告基準の初度適用」D2 項は，IFRS への移行時において，特定の株式に基づく報酬については IFRS 第 2 号を遡及適用しないことを許容する例外規定を提供している（**第 2 巻 22 章 7.2** 参照）。

したがって，IFRS への移行日前に付与されたストック・オプション・スキームがこの例外についての特定の要求事項を満たす場合，従前の会計基準のもとで報酬費用を認識していた企業が，当該費用を遡及的に修正せず，かつ，追加の費用を認識しないことが認められる。

オプションが行使されたときに，行使日のオプションの本源的価値に基づいて損金算入を受けられる権利を企業が獲得する場合がある。IAS 第 12 号 68A 項から 68C 項は，ストック・オプションに関するすべての将来減算一時差異について繰延税金資産を認識しなければならないと要求している。企業は，IFRS への移行日に，基礎となる株式の公正価値とオプション行使価格との差額に基づいて繰延税金資産を認識する。これは IFRS への移行に関する調整であるため，資本で認識される。

繰延税金資産の金額に関する事後の変動（評価時点での基礎となる株式の公正価値とオプションの行使価格との差額に基づく）は，株式に基づく報酬として実際に認識した費用に基づいて，純損益または資本で認識すべきである。

企業は，将来の損金算入見積額に関する「報酬費用の累計額」を算定しなければならないが，IAS 第 12 号 68C 項で参照しているように，従前の会計基準に基づいて認識された当初の報酬費用を参照して算定される。報告日後において，将来の損金算入見積額が従前の会計基準で認識した報酬費用を上回る場合，これは，損金算入額が報酬費用だけではなく，資本項目にも関係することを示している。この状況においては，繰延税金資産の変動を部分的に（繰延税金資産が認識された報酬費用の累計額に関連する範囲で）純損益で認識し，残りを資本で認識すべきである。同様に，報告日後において，将来の損金算入見積額が従前の会計基準で認識した報酬費用を下回る場合，繰延税金資産の結果的な減額は，以前に資本に認識された金額の範囲で資本に，超過分は純損益に認識されるべきである。

ただし，報酬費用がIFRSへの移行前に認識されていない場合，IFRSにおける「報酬費用の累計額」はゼロと考えられ，繰延税金資産の事後の変動のすべてを資本で認識する。このことは**本章設例5.6.2**で示されている。

設例5.6.2

IFRSの初度適用において認識した株式に基づく報酬に関する繰延税金資産の変動

企業Aは，2001年1月1日（すなわち，2002年11月7日のIFRS第2号「株式に基づく報酬」が強制適用される以前）に，単位当たりの行使価格がCU 1である100単位のストック・オプションを従業員に対して付与した。取決めにおいて権利確定期間は5年間であり，その後従業員は10年間にわたりオプションを行使する権利を有している。企業Aは，2008年にIFRSを適用しており，2007年1月1日が移行日である。ストック・オプションが行使された場合，行使日における報酬の本源的価値に基づいて，損金算入を受けることができる。

従前の会計原則に基づいて，企業Aは，この取決めについてCU 400の報酬費用を認識している。企業Aは，IFRSへの移行日に，IFRS第1号D2項で認められているとおり，これらのストック・オプションにIFRS第2号を遡及的に適用しない。

移行日である2007年1月1日時点で，企業Aの株式の公正価値は，1株当たりCU 3である。ストック・オプションの権利は，すべて確定しているが未行使である。したがって，ストック・オプションは1株当たりCU 2の本源的価値を有する（すなわち，公正価値 CU 3 − 行使価格 CU 1）。税率を 30％とすると，企業 A は，IFRS への移行時に CU 60（CU 2×100 単位×30％）の繰延税金資産を認識し，資本への調整金額と相殺する。

2007 年 12 月 31 日に，企業 A の株価は増加し 1 株当たり CU 8 となり，ストック・オプションは，1 単位当たり CU 7 の本源的価値を有している。株式に基づく報酬に関する取決めに関する繰延税金資産は，現時点で CU 210（すなわち，CU 7×100 単位×30％）と算定される。その結果，繰延税金の貸方計上金額は CU 150 となる（年度末における繰延税金資産 CU 210 − 移行日における繰延税金資産 CU 60）。繰延税金の貸方計上額は，以下のように一部が純損益で認識され，他は資本で認識される。

将来の損金算入見積額（CU 7×100 単位）	CU 700
報酬費用の累計額（従前の会計基準）	CU 400
損金算入超過額	CU 300
当期の繰延税金収益	CU 150
資本で直接認識する額（CU 300×30％）	CU 90
純損益に認識した金額	CU 60

ただし，IFRS への移行時に，従前の会計基準で認識した報酬費用の累計額を戻入れる場合には，税務上の便益である CU 150 のすべてを資本で認識する。

2008 年 12 月 31 日に，企業 A の株価は下落して，1 株当たり CU 4 となり，ストック・オプションは，1 単位当たり CU 3（CU 4 − CU 1）の本源的価値となる。したがって，見積られる将来の損金算入額は CU 300（CU 3 本源的価値×100 ストック・オプション），繰延税金資産は CU 90（CU 300×30％）で測定される。結果的に借方に繰延税金資産 CU 120（2007 年 12 月 31 日時点の繰延資産 CU 210 から 2008 年 12 月 31 日時点の繰延税金資産 CU 90 を控除）が，以下のとおり一部は純損益に，一部は資本に認識される。

当期の繰延税金費用	CU 120
以前に資本に直接認識した報酬費用の累計額の超過金額（CU 300×30%）	CU 90
純損益に認識した金額	CU 30

報酬費用が IFRS への移行前に認識されていない場合，税金費用の全額 CU 120 は資本に認識される。

5.7　ファイナンス・リース

リース取引は，しばしば繰延税金への影響を生じさせるが，IAS 第 12 号は，その影響を会計処理する方法について具体的な指針を提供していない。

リースに関する適切な会計処理は，IAS 第 17 号「リース」に定められており，**第 1 巻 11 章「リース」**で詳述している。

リースがファイナンス・リースに分類される場合，借手は，財政状態計算書でリース資産および対応するリース負債を認識する。また，資産の減価償却費およびリース負債に関する財務費用を純損益で認識する。

課税法域によっては，ファイナンス・リースの税務上の取扱いが会計上の取扱いと整合していることがある。しかし，別の課税法域では，税務目的上はファイナンス・リースをオペレーティング・リースに分類し，支払ったリース料についてのみ損金算入を受けることができる場合がある（すなわち，資産の減価償却費または財務費用について損金算入がない）。

本章 5.7.1 および **5.7.2** では，ファイナンス・リースに関する最も一般的な 2 つの税務上の取扱いに関して，その適切な会計処理を説明している。

5.7.1　税務上および財務報告目的上のファイナンス・リースの取扱い

企業が，借入を実施して資産を購入した場合と同様の方法で，リース資産（減価償却引当）およびリース負債（財務費用を控除）に関する損金算入を受けている場合，税務上の特別な検討は不要である。IAS 第 12 号の要求事項は，リース資産およびリース負債に別々に適用される。

リース資産を当初認識したときに，資産の税務基準額がIFRSでの帳簿価額と同額である場合，一時差異は生じない。資産の税務基準額が帳簿価額と異なる場合に一時差異が生じるが，IAS第12号22項（c）における当初認識の例外の適用によって繰延税金が認識されることはない（**本章4.4.5参照**）。資産を減価償却するときに，償却率が会計上と税務上とで異なる場合は，新規で将来減算一時差異または将来加算一時差異が発生し，それについてIAS第12号の一般原則に従って繰延税金が認識される。

リース負債は，その帳簿価額に等しい税務基準額を有する可能性が高い。なぜなら，支払リース料の財務費用部分が将来損金算入されるが，それは当初のリース負債の帳簿価額に反映されていないからである。

5.7.2　IAS第17号のファイナンス・リースであるが，税務上の損金算入額が支払リース料に基づく場合

税務目的上でリースがオペレーティング・リースとして取扱われ，（減価償却または財務費用に関してではなく）支払時に支払リース料について損金算入できる場合，適切な会計処理はより複雑になる。既存の文献には指針がないため，代替的な複数のアプローチが容認され得る。

そのような状況において，繰延税金の帰結に関する2つの認められる会計処理のアプローチを以下に説明している。

アプローチ1：IAS第12号の要求事項をリース資産およびリース負債に別々に適用する

リース資産の税務基準額はゼロである。リース負債の税務基準額もまたゼロであるが，これは支払リース料が将来的に（支払リース料として）減算できるからである。当初認識時にリース資産およびリース負債の双方に一時差異が生じるが，IAS第12号22項（c）の当初認識の例外の適用によって，これらの一時差異は認識されない。

事後的に資産を減価償却し，負債を返済すると一時差異が減少する。リース資産またはリース負債の双方について繰延税金が認識されないが，こ

れは当初認識の例外を継続して適用するためである（新たな一時差異は，生じないと仮定する）。

そのため，このアプローチでは，当初またはリース期間にわたって繰延税金が認識されることはない。この影響により，一般的には，（利息費用が減少するため）リースに関する利益が時の経過により増加するが，損金算入時期はより平準化される。

アプローチ2：リース取引全体に対してIAS第12号の要求事項を適用する

繰延税金を認識することになる代替的なアプローチも，実務ではみられる。このアプローチでは，リース資産とリース負債とのリンクを反映させ，合算した一時差異を基礎に繰延税金を認識することを追求する。この方法は，リース取引全体の経済性をより反映する実効税率を創出する。

リース開始時において純額でのリース資産または負債は存在せず，税務基準額もないため，一時差異も存在しない。

その後，当初は資産の減価償却費（一般的には定額法）が，負債が減少する割合を超過するため（支払リース料は実効金利法で認識される利息を控除するものであることによる），正味の負債が発生し，回収可能であるならば繰延税金資産を認識すべき将来減算一時差異が生じることになる。リース負債を前払していないと仮定すると，割引後のキャッシュ・アウトフロー総額は，税務目的上で減算可能な支払リース料の合計と等しくなるはずである。

5.8　退職後給付

確定給付型の退職給付制度およびその他の退職後給付に関する会計処理から，しばしば一時差異が生じる。

5.8.1　一時差異

確定給付型の退職給付制度への支払に関する損金算入は，IAS第19号「従業員給付」に基づいて財務諸表で認識する費用とは異なる測定基礎および異なる期間に認められる場合が多い。例えば，損金算入は，以下の場合に可能となることがある。

- 現金拠出の支払時（法域によっては損金算入が期間にわたり分散する）
- 個人への実際の給付の支払時（これは通常，非積立スキームで適用される）

その結果，一時差異が生じる可能性がある。

5.8.2　繰延税金資産

確定給付負債の純額は，企業が確定給付制度に拠出することが要求される将来の資金積立を表すと考えられる。企業がそのような資金積立について将来的に損金算入できる場合，確定給付負債の純額に係る税務基準額はゼロとなる。

これにより，将来減算一時差異が生じる。さらに将来減算一時差異が生じるのは，退職給付制度への拠出に関する損金算入が拠出金を支払った年度ではなく，将来年度に受けることができる場合である（例えば，給付の支払時）。企業は，IAS 第 12 号に従って回収可能な範囲で，この一時差異についての繰延税金資産を認識しなければならない（**本章 4.6** 参照）。

5.8.3　繰延税金負債

企業が退職給付制度の積立超過に関して純額の確定給付資産を有しており，これが損金算入を受けられる積立超過を示す場合に将来加算一時差異が生じ，繰延税金負債を認識する。

積立超過を回収する方法は，税務上の帰結に影響する。例えば，ある課税法域では，退職給付制度からの返還は，通常の所得税率とは異なる率で課税される。

IFRIC 第 14 号「IAS 第 19 号－確定給付資産の上限，最低積立要件およびそれらの相互関係」は，確定給付資産の純額の回収可能性をどのように評価するかについての指針を提供している（**第2巻1章7.3**を参照）。この指針を適用すると，返還に関する法的に無条件の権利がある場合に資産を認識することになる。そのような返還は，通常の法人所得税率以外の率で課税される場合がある。

確定給付資産の純額は，課税対象となる返還金額の受領または拠出の減額を通じて回収される。IAS 第 12 号は，原資産の予想される回収方法に基づいて繰延税金を評価することを要求している。

IFRIC 第 14 号では，「利用可能な経済的便益は，企業が意図している積立超過の使用方法には左右されない」とされている。したがって，返還に関する法的に無条件の権利があることから，IFRIC 第 14 号に従って資産を認識したとしても，これが必ずしも企業が返還を通じて資産を回収する予定であることを暗示するものではない。

拠出の減額による資産の回収を予想している場合，通常の法人所得税率がこの一時差異に適用する，最も適切な率となる場合がある。しかし，返還を予想している場合には，返還に適用される税率を適用すべきである。

ただし，将来の市場動向または他の測定要因で，確定給付資産の純額が消滅する可能性があることを根拠として，確定給付資産純額に関連する繰延税金を認識すべきではないとする議論は，（他の否定的な要因がない場合）適切ではないことに留意する。これは，繰延税金資産は報告日の帳簿価額を参照して測定されるものであり，理論的な，または可能性のある，もしくは可能性が高い将来の帳簿価額を参照するものではないからである。

5.8.4　純損益とその他の包括利益への税金の配分

確定給付型の退職給付制度に関連する費用を純損益またはその他の包括利益で認識することに関する要求事項は，2011 年 6 月に公表された IAS 第 19 号への改訂の結果，変更されている（変更に関する詳細は，**第2巻1章**参照）。2011 年 6 月の改訂後，すべての「再測定」（数理計算上の差異を含む）については，発生したときにその他の包括利益で認識することが要求されている。2011 年 6 月の改訂前，企業は，そのような制度から生じる数理計算上の差異を純損益で会計処理するか，またはその他の包括利益で会計処理するかを選択できた。また，認識する時期についても選択可能であった。

IAS 第 12 号は，税金が純損益の外で認識される項目に関連している場合，当期税金および繰延税金を純損益の外で認識することを要求している（**本章 3.2.1** 参照）。（改訂基準の適用前か後かにかかわらず）IAS 第 19 号に基づいて，利得および損失がその他の包括利益で認識される範囲において，当期税金または繰延税金のうち，いずれの金額が当該利得および損失に関連しているかを検討する必要がある。さらに，（一般的に損金算入額の基礎となる）拠出額が，純損益で認識した項目に関連するのか，またはその他の包括利益で認識した項目に関連するのかを決定することがしばしば不可能である。純損益で認識された費用とその期に受けた損金算入額との間に明確な関連がない場合，当期税金および繰延税金費用は，合理的な基礎に基づいて純損益とその他の包括利益に配分する必要がある［IAS 第 12 号 63 項］。

受入可能な方法の 1 つに，その期間に生じた損金算入額をまず純損益で認識した項目に配分し，残余がある場合には，その他の包括利益で認識した項目に配分する方法がある。しかし，税金の合計額がすべての認識された退職給付項目に税率を乗じた額を超過する場合，超過部分は，純損益に計上されることとなる。なぜなら，それは，その他の包括利益で報告される項目に明らかに関連していないからである。

設例5.8.4

数理計算上の差損のある確定給付負債

	確定給付負債	当期損金算入（30%）	繰延税金資産（30%）
前期繰越額	(200)		60
純損益－年金費用純額	(50)	15	–
その他の包括利益－数理計算上の差損	(30)	6[a]	3[b]
支払った拠出／受領した減額	70	21	
次期繰越額	(210)		63

a　この金額は，当期の損金算入総額 CU 21 について，純損益で認識された金額へ配分できる最大の金額 CU 15 が配分された後の残余を表している。

b　このケースで，前期から繰越された繰延税金資産と翌期に繰越される繰延税金資産との変動は，数理計算上の差損で生じたものと考えられる。なぜなら，その他の包括利益で認識される税金総額が，数理計算上の差損に関する税金（CU 30×30％＝9）を超えていないからである。

5.9　廃棄債務

IAS 第 16 号「有形固定資産」において，有形固定資産項目の取得原価には，IAS 第 37 号「引当金，偶発負債および偶発資産」に従って算定した廃棄，原状回復およびそれらに類似する義務に関する当初見積コストが含められる。資産の取得原価総額は，資産を再評価モデルで測定する場合を除き，経済的耐用年数にわたって減価償却される。

資産の当初認識時，資産の帳簿価額には取得時に資産化された廃棄コストの見積額が含まれている。しかし，課税当局が資産の取得価額に関してのみ損金算入を認めており，廃棄コストに関する損金算入が，廃棄コストの支払時にのみ認められる場合がある。

IAS 第 12 号に廃棄債務に関する具体的な指針はなく，認められるアプローチが 2 つある。アプローチの 1 つは，通常の方法に基づいて，当基準の要求事項を資産および負債に別々に適用する方法である。もう 1 つのアプローチでは，資産とそれに関連する廃棄負債を一体のものとみている。実務上は，これらの方法の双方がみられる。

アプローチ1：資産と負債を別個のものとみる

このアプローチにおいて，当初認識時点で資産の税務基準額は，一般的に取得価額であり，資産化された廃棄コストは除外されている。このため，将来加算一時差異が発生する。資産の当初認識時に一時差異が生じるため，IAS 第 12 号 15 項に従い取得時点で繰延税金負債は認識しない。資産を再測定しないと仮定すると，廃棄債務の見積りに関して事後的に増額が生じた場合，IFRIC 第 1 号「廃棄，原状回復およびそれらに類似する既存の負債の変動」に従って，資産の帳簿価額が増額することになる。この結果，資産に関する一時差異が増加し，IAS 第 12 号の一般的な原則に従って繰延税金負債を認識する。減価償却期間が損金算入を受けられる期間と異なる場合，繰延税金を生じさせる一時差異の変動がその後の期間に発生することとなる。

廃棄債務見積額が事後的に減少した場合，対応して資産の帳簿価額が減少する。当該減少が当初認識時に存在した一時差異を減少させる場合であっても，繰延税金への影響はない。

廃棄負債の税務基準額は，帳簿価額からコスト発生時に受けられる損金算入額を控除したものとなる。コストの支払時に損金算入を受けられると仮定すると，負債の税務基準額はゼロである。したがって，当初認識時に将来減算一時差異が存在するが，前述の資産の場合と同様に，廃棄負債の当初認識時に一時差異が発生するため，繰延税金資産は認識しない。

廃棄債務の帳簿価額は，割引の振戻によって事後的に増加したり，最終的なキャッシュ・フローの見積りの変動によって修正されたりする。負債に関する一時差異の増加により，IAS 第 12 号の一般原則に従って，繰延税金資産の認識が必要となる。

そのため，廃棄債務見積額の増加によって，関連する資産に関する繰延税金負債および廃棄債務に関する繰延税金資産の認識が必要となる。

アプローチ2：資産および負債を一体のものとみる

実務でみられる，もう 1 つの認められるアプローチは，資産とそれに関連する廃棄負債を一体のものとみる考え方である。このアプローチは，資産および関連する廃棄負債の関係を反映しており，2 つの別個の一時差異ではなく，合算した一時差異に関して繰延税金を認識するものである。この方法は，耐用年数にわたって資産を所有する経済性をより密接に反映する実効税率となる。

このアプローチは，廃棄する資産および債務は相互に関連しており，一体のものとみるべきであるという見解に基づいている。資産および負債に関する一時差異は合算され，繰延税金は全体としての一時差異に関してのみ認識される。

事後的に，資産が減価償却されるとき，および廃棄負債が（実効金利法を適用して）利息を振戻すことによって増加するときに，繰延税金を認識すべき一時差異が生じる。

5.10　在外営業活動体に対する純投資のヘッジ

企業は，（例えば，外貨建借入または為替予約を利用して）在外営業活動体に対する純投資をヘッジする取引を締結することがある。IAS 第 39 号「金融商品：認識および測定」において，そのような取引は，在外営業活動体に対する純投資に関する為替エクスポージャーへのヘッジとして指定され得る（**第 3 巻 9 章**を参照）。そのようなヘッジ取引の有効部分の利得または損失は，連結財務諸表において，その他の包括利益で認識する。

ヘッジ手段の税務基準額が，その帳簿価額と異なっている場合に，一時差異が発生し，繰延税金を認識しなければならない。この場合，在外子会社に対する親会社の投資について，繰延税金が計上されているかどうかは無関係である。ヘッジが有効である範囲で，ヘッジ取引に関する繰延税金資産または負債を計上する税務上の帰結は，IAS 第 12 号 61A 項に従って，その他の包括利益で報告される。純損益の外での金額の認識については，**本章 4.7.1** および **4.7.2** で説明している。

設例5.10

在外子会社に対する純投資のヘッジ

会社 A（機能通貨はポンド）は，完全所有の米国子会社 B（機能通貨は米ドル）を保有しており，会社 B の純資産は 120,000 米ドルである。会社 A は，100,000 米ドルの借入金を利用して，会社 B に対する純投資をヘッジする。ヘッジは完全に有効であり，IAS 第 39 号における他のヘッジ会計に関する要求事項のすべてを満たしていると仮定した場合，借入金の再換算に関する為替差損益は，会社 A の連結財務諸表において，その他の包括利益で認識される。借入金の再換算が帳簿価額を変更させるが，税務基準額を変更させない場合，一時差異の結果として生じる繰延税金も，その他の包括利益で認識されることになる。

5.11　資産の減損から生じる繰延税金

第1巻10章「資産の減損」で議論しているように，IAS 第36号「資産の減損」は，当該基準の範囲となる資産の帳簿価額が回収不能であることを示す事象または変化がある場合，減損に関する検討の実施を要求している。回収可能金額が帳簿価額を下回る場合，資産は，減損していると考えられる。資産の回収可能額は，処分コスト（IFRS 第13号「公正価値測定」公表前においては，「売却コスト」とよばれる〔**第1巻10章**参照〕）控除後の公正価値と使用価値のいずれか高い方である。

減損損失の算定は，企業が資産の帳簿価額を回収するために最も有益な方法を選択するという仮定に基づいている。したがって，資産を使用し続けるより，売却する方がより多くの利益を得られる場合，企業は資産の売却を選択する。その逆となる場合もある。

IAS 第36号に従って減損損失を測定する場合に，使用価値ではなく，処分コスト控除後の公正価値を参照したとしても，このことが，繰延税金資産または負債を測定するために，IAS 第12号51A 項に従って経営者が予想する回収または決済の方法を変更し，使用ではなく，売却を通じて回収する場合に適用する税務基準額を使用しなければならないことを，必ずしも意味するものではない。

取得原価に基づいて計上されている資産に関して認識する減損損失は，純損益で認識される。再評価金額で計上されている資産について，減損損失は，再評価金額の減少として取扱う（純損益で認識する費用となる場合もあるし，そうでない場合もある）。

減損損失は，資産の帳簿価額に影響を及ぼすため，資産の帳簿価額と税務基準額との関係に影響する。そのため，当該資産の改訂帳簿価額をその税務基準額を比較することにより，関連するすべての繰延税金資産または繰延税金負債が算定される［IAS 第 36 号 64 項］。

多くの法域では，税法で規定される異なる減価償却方法または異なる耐用年数により，財務報告目的で認識される費用よりも早い償却率で，資産に関する損金算入が受入れられる。これは，一般的には繰延税金負債が生じる状態となるが，ある報告期間における減損損失の認識が，資産の帳簿価額を税務基準額より小さくする場合がある（**第 1 巻 10 章設例 9.1** 参照）。

IAS 第 12 号に従って，将来減算一時差異を利用できる課税所得が生じる可能性が高い範囲内で，企業は繰延税金資産を認識する（繰延税金資産の認識に関しては，**本章 4.6** 参照）。

5.12　グループ法人税制

各グループ企業の繰延税金の計上は別個に決定すべきであり，グループでの計上額を算定するためには，その結果を集計（および修正）しなければならない。繰延税金資産の回収可能性についての見解を変更させるような，グループ法人税制の利用可能性に関する繰延税金の帰結を反映するために，集計額の修正が必要となる場合がある。

グループ内の他の企業からグループ法人税制による支払が見込まれ，これにより損失の解消が見込まれる場合，実際には「資産」の回収が，税務当局から資産を回収するグループ内の他の企業からの受取によるものであっても，「繰延税金資産」は回収可能と評価され，認識され得る。グループ内企業への損失移転が見込まれるが，支払を受領できない可能性がある場合，損失を移転する企業は，通常，損失を回収可能な資産として評価することはできない。ただし，連結財務諸表においては，他の企業が損失を利用すると予想される範囲内で，繰延税金資産が認識される。

税務上の損失の移転に関する対価の支払がグループ企業間でなされた場合，取引の実質を決定するために判断を行使する必要がある（**本章 2.9** 参照）。

6　表示および開示

6.1　表　示

6.1.1　税金費用

経常的活動による純損益に係る税金費用（収益）は，純損益およびその他の包括利益計算書に純損益の一部として表示しなければならない［IAS 第 12 号 77 項］。

IAS 第 12 号 77 項は，IAS 第 1 号「財務諸表の表示」に関する 2011 年 6 月の修正に伴う結果的な修正により修正されている。当修正は，純損益およびその他の包括利益を表す財務諸表の新しい名称を反映している。修正前は，IAS 第 12 号 77 項は「包括利益計算書」を参照しており，IAS 第 12 号 77A 項（現在は削除）は，企業が純損益の構成要素を別個の「損益計算書」で表示する場合には，税金費用または通常の活動から生じる純損益に関わる利益は，別個の計算書で表示することを要求していた。

IAS 第 12 号は，IAS 第 21 号「外国為替レート変動の影響」では一定の為替差額を収益または費用に認識することを要求しているが，その差額を包括利益計算書のどこに表示すべきかは明示していないことに言及している。したがって，IAS 第 12 号は，繰延外国税金負債または資産に係る為替差額を包括利益計算書に認識する場合に，そう表示することが財務諸表利用者にとって最も有用と考えられるならば，当該差額を繰延税金費用（収益）に分類することができると述べている（IAS 第 12 号 78 項）。

企業には，税金費用と関連する費用，例えば，税務アドバイスのため税務コンサルタントへの料金支払（**本章 2.6** 参照），および税務申告書作成支援の会計士への料金支払が生じる。

税金費用に関連して，税務当局以外に支払われる金額は，法人税ではない。よって，その金額は，適用された形式，すなわち機能別か性質別かの費用分類に従い，包括利益計算書の管理費用またはその他費用として扱われるべきである。

税務上の損失の移転に関する対価の支払がグループ企業間でなされた場合，取引の実質を決定するために判断を行使する必要がある（**本章 2.9** 参照）。

設例6.1.1

課税所得に対する控除として申告できる，法人所得税ではない支払の表示

企業Aは，生産高をベースにしたロイヤルティを，税務当局1に支払うことが求められている。これらの支払は，税務当局2に支払う法人所得税を算定するための課税所得に対する控除として申告できる。生産高をベースにしたロイヤルティの支払自体は法人所得税の定義を満たさないため，IAS第12号の適用範囲外となるが（**本章2**参照），税務当局2に対する法人所得税の支払は，IAS第12号の適用範囲となる。

税務当局1に対する生産高をベースにしたロイヤルティの支払は，企業Aの包括利益計算書で税金費用として表示すべきか。

表示すべきではない。IAS第1号「財務諸表の表示」の82項（d）で表示が要求される「税金費用」項目は，企業がIAS第12号における法人所得税の定義を満たす税金を表示することを要求する意図を持っている。生産高をベースにしたロイヤルティの支払は法人所得税の支払ではないため，税金費用項目に含めて表示すべきではない。

前述の結論は，2012年7月のIFRICアップデートで公表されたIFRS解釈指針委員会のアジェンダ棄却で確認された。

企業は外貨建借入に関する為替差損益から生じる税金負債のキャッシュ・フロー変動に対するキャッシュ・フロー・ヘッジとして，デリバティブを指定することができる。そのようなヘッジを適切に指定し，文書化している場合，当該ヘッジは，IAS第39号「金融商品：認識および測定」に従った非金融負債（税金負債）のキャッシュ・フロー・ヘッジとして適格である。

認識および測定に関するヘッジ会計のルールを規定する基準であるIAS第39号は，ヘッジ手段として指定したデリバティブに関する利得および損失を純損益のどこで表示すべきかについて言及していない。デリバティブのヘッジ効果をヘッジ対象と同じ科目に含めて包括利益計算書で表示することが慣習となっており，財務諸表の利用者にとっても有用である。したがって，ヘッジ利得または損失は，明らかにIAS 第 12 号で定義する法人所得税ではないが，企業が税金負債のヘッジとして開始したデリバティブの影響を包括利益計算書の税金科目に含めることを議論する余地はある。

税金へのヘッジ手段として指定したデリバティブに関するデリバティブ利得および損失を，税金科目に含めて表示することを選択した場合，企業は当該会計方針の選択を，毎期継続して適用しなければならない。さらに，ヘッジ利得および損失に帰属する金額は，注記で適切な個別開示を実施しなければならない。

6.1.1.1　資産を処分した場合の，繰延税金負債の解消の表示

設例6.1.1.1

資産を処分した場合の，繰延税金負債の解消の表示

企業 X はある資産を保有しており，当該資産に関する加速度償却の結果として生じる繰延税金負債を認識している。

企業 Y は企業 X から当該資産を購入し，現地の税法で認められているとおり，企業 X が資産を保有していたときの税務基準額を保持することを選択した。この選択の結果，企業 X は資産の処分に関して税金を支払う必要はなくなったが，企業 Y が利用できる税務上の損金算入可能額の減少を反映したため，企業 Y から受領した処分収入は予想されたよりも低かった。

企業 X が資産の処分に関して関連する繰延税金負債の認識を中止する場合，当該解消分は，資産の処分損益の一部として表示すべきか，または，税金費用（税金収益）の一部として表示すべきか。

繰延税金負債の解消は，企業 X の税金費用（税金収益）の一部として表示されるべきである。なぜなら，IAS 第 12 号 5 項の税金費用（税金収益）の定義（「ある期の純損益の計算に含まれる当期税金と繰延税金との合計額」）に該当するからである。

以前に認識された繰延税金費用は，資産の回収に関して予想される税務

上の帰結を反映したものである。資産価値の実際の回収は，税金の支払なしに達成されている。そのため企業 X の観点からは一時差異が解消され，解消の影響は税金費用（税金収益）の一部として反映されるべきである。

6.1.2　財政状態計算書

財政状態計算書における当期税金および繰延税金の表示について，IAS 第 1 号「財務諸表の表示」（IAS 第 12 号ではない）では，以下のように取扱われている。

- 当期税金に係る負債および資産は，財政状態計算書に表示しなければならない [IAS 第 1 号 54 項]。
- 繰延税金負債および繰延税金資産は，財政状態計算書に表示しなければならない [IAS 第 1 号 54 項]。
- 企業が流動・非流動資産および流動・非流動負債を財政状態計算書上に別個の分類として表示する場合に，繰延税金資産（負債）を流動資産（負債）として分類してはならない [IAS 第 1 号 56 項]。

不確実な税務ポジションから生じる負債または資産は，当期税金負債（または資産）の金額に含めて財政状態計算書に計上し，IAS 第 1 号の一般原則に基づいて，流動または非流動として表示すべきである。不確実な税務ポジションの純損益またはその他の包括利益への影響（不確実な税務ポジションの性質による）は，税金費用（収益）と同じ科目に含めるべきである。

不確実な税務ポジションは，IAS 第 37 号「引当金，偶発負債および偶発資産」で定義する引当金に類似する性質を有するが（**本章 3.3.1** 参照），その結果として発生する負債を IAS 第 37 号で認識する他の引当金とともに表示することは適切ではない。なぜなら，それは IAS 第 37 号の範囲から明示的に除外されているからである。

6.1.3 税金資産と負債の相殺

IAS 第 12 号は，IAS 第 1 号で採用されているものと同様の考え方により，財政状態計算書で，税金資産と税金負債を相互に相殺して純額のみを表示できる範囲について，明確な判断基準を設けている。

6.1.3.1 当期税金資産と税金負債の相殺

企業は，次の場合に，かつ次の場合にのみ，当期税金資産と当期税金負債を相殺しなければならない［IAS 第 12 号 71 項］。

- 認識した金額を相殺する法的強制力のある権利を有しており，かつ，
- 純額で決済するかまたは資産の実現と負債の決済を同時に行うことを意図している。

当基準では，同一の税務当局が課している法人所得税に関するものであり，当該税務当局が単一の純額支払の授受を認めている場合に，企業は通常，当期税金資産と当期税金負債とを相殺する法的強制力のある権利を有すると説明している［IAS 第 12 号 72 項］。

企業が連結財務諸表を作成している場合，以下の場合を除いて，異なるグループ企業から生じた当期税金資産と当期税金負債を相殺してはならない［IAS 第 12 号 73 項］。

- 関係している各企業が単一の純額支払の授受を行う法的強制力のある権利を有していて，
- 当該各企業がそのような純額支払の授受を行うかまたは資産の回収と負債の決済を同時に行うことを意図している。

6.1.3.2 繰延税金資産と繰延税金負債の相殺

企業は次の場合にのみ，繰延税金資産と繰延税金負債とを相殺しなければならない［IAS 第 12 号 74 項］。

- 企業が，当期税金資産と当期税金負債を相殺する法的強制力のある権利を有しており，かつ，
- 繰延税金資産と繰延税金負債とが，同一の課税当局が次のいずれかに対して課している法人所得税に関するものである。
  - 同一の納税主体
  - 別々の納税主体であるが，多額の繰延税金負債または資産の決済または回収が見込まれている将来の各期間において，当期税金負債と当期税金資産とを純額で決済するか，あるいは資産の実現と負債の決済を同時に行うことを意図している納税主体

前述のルールに基づき，同じ法的企業（単一の納税主体でもある）で発生する繰延税金資産および繰延税金負債は，一般的に相殺することができる。しかし，例えば，納税主体が，将来のキャピタル・ゲインを減額するためだけに使用できる繰越キャピタル・ロスを有している場合，未実現のキャピタル・ゲインから生じる繰延税金負債を認識した範囲内でのみ，これらの損失を繰延税金負債と相殺することができる。

連結において最初に検討すべき条件は，同一の税務当局が残高に対して課す要求事項である。このことは，異なる法域で生じる繰延税金資産と繰延税金負債の相殺を，事実上，禁止している。

同一の法域で営業する企業であっても，正式なグループ法人税制または連結納税の取決めがある場合を除いて，課税当局が異なる課税対象会社間の純額決済を認めることは異例である。

そのため，連結財務諸表の作成にあたって，ある企業の繰延税金残高を他の企業の繰延税金残高と相殺せず，一般的には，個別企業の繰延税金残高を集計している。

前述のルールは，開示目的において，各一時差異の解消時期に関する詳細なスケジューリングが不要であることを意味している。まれな状況ではあるが，ある限定された期間のみについて，企業が法的強制力ある相殺の権利を有し，かつ，純額で決済する意図を持っている場合がある。そのような状況においては，詳細なスケジュールの作成が必要となる可能性がある。ある納税主体の繰延税金負

債が納税額の増加を生じさせるのと同じ期間に，別の納税主体の繰延税金資産が当該第2の納税主体の納税額の減少を生じさせるかどうかを，信頼性をもって確定するためである［IAS 第 12 号 75 項および 76 項］。

IAS 第 12 号 74 項の条件を満たすことから（前述参照），ある企業が財政状態計算書で繰延税金資産と繰延税金負債を相殺することを要求される場合に，企業に関連する繰延税金収益と繰延税金費用を相殺する権利が与えられているとは限らない。IAS 第 12 号 58 項は，その他の包括利益または直接資本で，同一または異なる期間に，純損益の外で認識された取引または事象から税金が生じた範囲を除いて，税金費用または税金便益の個々の構成要素を，その期間の純損益に配分することを要求している。財政状態計算書で金額を相殺できるということは，収益および費用を適切に分類するという要求事項に優先するものではない。

設例6.1.3.2

繰延税金収益と繰延費用の相殺

会社 A は，期中に有形固定資産項目を CU 21,000 へ再評価した。増額された CU 1,000 は，その他の包括利益で認識されている。有形固定資産項目の税務基準額は，CU 20,000 である。

同時に会社 A は，当該期間に係る税務上の営業損失 CU 800 を計上したが，関連する税法では，当該欠損金を無期限で繰延べることができる。税務上の繰越欠損金から生じる繰延税金資産について，認識に関する要求事項は満たされている。さらに，IAS 第 12 号 74 項における，繰延税金資産および繰延税金負債の相殺に関する要求事項も満たされている。税率は 30％である。

会社 A は，繰延税金負債 CU 300（一時差異 CU 1,000×30％）と繰延税金資産 CU 240（欠損金 CU 800×30％）を認識する。財政状態計算書では双方の金額が相殺され，純額の繰延税金負債 CU 60（CU 300－CU 240）が認識される。ただし，再評価から生じる繰延税金は，その他の包括利益で認識され，当期損失への影響は純損益で認識される。

6.2　開　示

6.2.1　包括利益計算書

税金費用（収益）の主要な内訳は，以下のとおり別個に開示しなければならない［IAS 第 12 号 79 項および 80 項］。

- 当期税金費用（収益）
- 過去の期の当期税金について当期中に認識された修正
- 一時差異の発生と解消に係る繰延税金費用（収益）の額
- 税率の変更または新税の賦課に係る繰延税金費用（収益）の額
- 当期税金費用の減額に使用した，従前は未認識であった税務上の欠損金，税額控除または過年の期間の一時差異から生じた便益の額
- 繰延税金費用の減額に使用した，従前は未認識であった税務上の欠損金，税額控除または過年の期間の一時差異から生じた便益の額
- IAS 第 12 号 56 項に従った繰延税金資産の評価減，または以前に計上した評価減の戻入により生じた繰延税金費用
- 遡及的に会計処理できないために，IAS 第 8 号「会計方針，会計上の見積りの変更および誤謬」に従って純損益に含めた会計方針の変更および誤謬に係る税金費用（収益）の額

非継続事業に関して，以下のものに関する税金費用を別個に財務諸表で表示しなければならない［IAS 第 12 号 81 項（h)］。

- 廃止に伴う利得または損失
- 非継続事業の当期中の経常的活動からの純損益（表示する過去の期間の対応する金額とともに）

各タイプの一時差異，ならびに各タイプの税務上の繰越欠損金および繰越税額控除について，包括利益計算書に認識した繰延税金収益または費用の額（財政状態計算書で認識した金額の変動から明らかでない場合）を財務諸表で開示しなければならない［IAS 第 12 号 81 項（g)(ii)］。

6.2.1.1　税金費用または収益の調整表

IAS 第 12 号は，次の様式のいずれか，または両方による，税金費用（収益）と会計上の利益との関係の説明の開示を要求している［IAS 第 12 号 81 項（c）および 86 項］。

- 会計上の利益に適用税率を乗じて得られる額と税金費用（収益）との間の数字的調整（適用税率の計算根拠も併せて開示）
- （税金費用〔収益〕を会計上の利益で除した）平均実際負担税率と適用税率との間の数字的調整（適用税率の計算根拠も併せて開示）

前期と比較した適用税率の変動を説明することが要求されている［IAS 第 12 号 81 項（d）］。

6.2.2　財政状態計算書

各タイプの一時差異，ならびに各タイプの税務上の繰越欠損金および繰越税額控除について，各期間の財政状態計算書に認識した繰延税金資産および負債の額を，財務諸表で開示しなければならない。各一時差異に関して純損益で認識した繰延税金収益または費用の金額が，財政状態計算書で認識した金額の変動からは明らかでない場合には，これらの金額も開示しなければならない［IAS 第 12 号 81 項（g）(i)］。

以下の事項も開示しなければならない［IAS 第 12 号 81 項（e）および（f）］。

- 財政状態計算書に繰延税金資産を認識していない将来減算一時差異，税務上の繰越欠損金および繰越税額控除の額（および，もしあれば失効日）
- 繰延税金負債を認識していない，子会社，支店および関連会社に対する投資ならびに共同支配の取決めに対する持分に係る一時差異の総合計額

子会社，支店および関連会社に対する投資ならびに共同支配の取決めに対する持分から生じる未認識の繰延税金負債の金額を算定することは，しばしば実行不可能であることから，IAS 第 12 号は，企業に基礎となる一時差異の合計額を開示することを要求しており，繰延税金負債の開示は要求していない。しか

し，財務諸表利用者にとって未認識の繰延税金負債の金額に関する情報が有用である可能性があることから，実務上可能な場合には，当該開示が奨励されている［IAS 第12号87項］。

IFRS 第11号「共同支配の取決め」（2013年1月1日以後開始する事業年度から適用され，早期適用が認められる）をまだ適用していない企業は，IAS 第12号81項（f）および87項の「共同支配の取決めへの持分」への参照を，「ジョイント・ベンチャーに対する持分」への参照と読替える。

企業は，以下の場合，繰延税金資産の金額とその認識の根拠となる証拠の内容を開示しなければならない［IAS 第12号82項］。

- 当該繰延税金資産を活用できるかどうかが，現存の将来加算一時差異の解消により生じる所得を上回る将来の課税所得の有無に依存しており，かつ，
- 企業が，当該繰延税金資産に関係する課税法域において，当期または前期に損失が生じている。

当期および繰延税金資産（負債）が未分配利益に適用する税率で測定されており，利益剰余金の一部が株主に配当として支払われる際に未払法人所得税の純額が影響を受ける場合，企業は，以下の開示をしなければならない［IAS 第12号82A項および87A項］。

- 株主への配当支払により生じる潜在的な法人所得税への影響の内容。これには法人所得税制度の重要な特徴，および配当の法人所得税への潜在的な影響の金額に影響を与える要因が含まれる。
- 実務上算定可能な法人所得税への潜在的な影響の金額
- 法人所得税への潜在的な影響の算定が実務上不可能なものがあるかどうか。

株主への配当支払による法人所得税への潜在的な影響の合計額の計算が，実務上可能でない場合もある（例えば，企業が多くの海外子会社を有している

場合)。ただし，そうした状況であっても，いくつかの影響金額は容易に算定できるものであり，これらは開示されるべきである。IAS 第 12 号は，連結グループの例として，親会社および一部の子会社が未分配利益についてより高い税率で法人所得税を支払っていて，将来の連結利益剰余金から株主に配当が支払われるときに還付される金額がわかっている場合を示している。このような場合は，当該還付額を開示する。

法人所得税への潜在的な影響の一部またはすべてを算定できない場合，企業は，算定が実務上可能でない追加的な潜在的法人所得税への影響がある旨を開示しなければならない。親会社の個別財務諸表において，法人所得税の潜在的な影響の開示が，親会社の利益剰余金に関連する［IAS 第 12 号 87B 項］。

当期および繰延税金資産（負債）が未分配利益に適用する税率で測定されているが，利益剰余金の一部が株主に配当として支払われる場合に未払法人所得税の純額に影響するときに，前述に列挙した開示が要求される企業は，子会社，支店および関連会社に対する投資または共同支配の取決めに対する持分に関連した一時差異に関する開示も要求される。例えば，企業は，子会社に対する投資に関連した一時差異のうち繰延税金負債を認識していないものの総額の開示を要求される可能性がある［IAS 第 12 号 81 項（f)］。未認識の繰延税金負債の金額を計算することが実務上不可能である場合には，これらの子会社に関して，配当金の法人所得税への潜在的な影響の金額の算定が実務上不可能なものがあるかもしれない［IAS 第 12 号 87C 項］。

IFRS 第 11 号をまだ適用していない企業は，IAS 第 12 号 81 項 (f) および 87C 項の「共同支配の取決めに対する持分」への参照は，「ジョイント・ベンチャーに対する持分」への参照と読替えなければならない。

6.2.3 その他の開示要求事項

その他の開示要求事項には，以下のものが含まれる。

- 資本に直接に借方計上または貸方計上した項目に係る当期税金および繰延税金の合計額［IAS 第 12 号 81 項（a)］
- その他の包括利益の各内訳項目に係る法人所得税の金額（再評価剰余金，為

替換算調整勘定等）［IAS 第 12 号 81 項（ab）］

- 財務諸表の発行が承認される前に提案または宣言したが，財務諸表に負債として認識していない，企業の株主への配当の法人所得税への影響の金額［IAS 第 12 号 81 項（i）］
- 企業が取得企業である企業結合により，取得前の繰延税金資産について認識した金額の変動が生じた場合（IAS 第 12 号 67 項ー**本章 5.1.5** 参照）には，その変動の金額［IAS 第 12 号 81 項（j）］
- 企業結合で取得した繰延税金便益を取得日の時点では認識しなかったが，取得日後に認識する場合（IAS 第 12 号 68 項ー**本章 5.1.7** 参照）には，繰延税金便益を認識する原因となった事象または状況変化の説明［IAS 第 12 号 81 項（k）］
- IAS 第 37 号に従った税金関連の偶発負債および偶発資産（例えば，税務当局との未解決の論争から生じる）［IAS 第 12 号 88 項］
- 報告期間後に税率または税法の変更が制定または発表された場合に，企業の当期税金資産・負債および繰延税金資産・負債に及ぼす重要な影響［IAS 第 10 号 22 項（h）および IAS 第 12 号 88 項］

不確実な税務ポジションに関する開示は，IAS 第 12 号の要求事項だけでなく，IAS 第 1 号 125 項での要求事項でも規定されており，翌事業年度に資産および負債の帳簿価額に重要な修正をもたらす重要なリスクがある場合には，見積りの不確実性の主要な発生要因を開示する（**第 1 巻 3 章「財務諸表の表示」7.3** 参照）。

不確実な税務ポジションによって，（例えば，税務当局への支払の可能性が高くないため）引当金を認識していない偶発的な税金負債が生じる場合，企業は，IAS 第 12 号 88 項の要求事項も考慮しなければならない。当該基準は，「企業は，税金関連の偶発負債および偶発資産を，IAS 第 37 号に従って開示する。偶発負債および偶発資産は，例えば，税務当局との未解決の論争から生じる場合がある」と規定している。

第3章
企業結合
Business combinations

目 次

1　はじめに

IFRS 第3号「企業結合」は，企業結合のシナリオにおける，取得企業の会計処理および開示の要求事項（企業結合の定義については**本章2.1**参照）を規定している。

IFRS 第3号は，直近では，IFRS 第10号「連結財務諸表」における投資企業の修正に伴う結果的修正により2012年10月に修正された。それらの投資企業の修正は，投資企業親会社はその子会社（投資関連のサービスまたは活動を提供している子会社を除く）への投資を純損益を通じて公正価値で測定しなければならないと要求している（詳細については**第2巻4章15**参照）。IFRS 第3号の結果的修正は，IFRS 第3号の要求事項が，投資企業による，純損益を通じて公正価値で測定することが要求される子会社に対する投資の取得には適用されないことを明確にしている。

投資企業の修正に伴う結果的修正は，2014年1月1日以後開始する事業年度に適用され，早期適用が認められる。企業が2014年1月1日より前に開始する期間にIFRS 第3号に対する結果的修正を適用する場合には，企業は投資企業の修正に含まれているすべての修正を同時に適用しなければならない［IFRS 第3号64G項］。

本章の全体にわたり，IFRS 第3号の設例をもとに作成したいくつかの例では，「取得企業」を「AC」，「対象企業」を「TC」としてそれぞれ略語を使用している。

本章は，IAS 第38号「無形資産」（**本章7**参照）の問題のうち，IFRS 第3号に特有のものの検討も含んでいる。本基準に関するより詳細な指針は，**第1巻9章「無形資産」**に含まれている。

2　範　囲

IFRS 第3号は，企業結合の定義を満たす取引またはその他の事象に適用される［IFRS 第3号2項］。

投資企業の修正（2014年1月1日以後開始する事業年度に適用され，早期適用が認められる― 詳細については**第2巻4章15**参照）を適用している企業については，IFRS 第 10 号「連結財務諸表」で定義されているように，投資企業による，純損益を通じて公正価値で測定することが要求される子会社に対する投資の取得には，IFRS 第 3 号の要求事項が適用されないことを明確にする新しいパラグラフである IFRS 第 3 号 2A 項が追加されている。

2.1 企業結合の定義

企業結合は以下のように定義される［IFRS 第 3 号付録 A］。

> 「取得企業が 1 つまたは複数の事業に対する支配を獲得する取引またはその他の事象。『真の合併』あるいは『対等合併』とよばれることのある取引も，本基準で使用されている意味での企業結合である。」

2.2 IFRS第3号の範囲外の取引

IFRS 第 3 号は，以下の取引には適用しない［IFRS 第 3 号 2 項］。

- 共同支配企業（Joint venture）の設立

この範囲免除は，共同支配企業（Joint venture）自体の財務諸表に適用する。この範囲免除は，例えば，投資企業の財務諸表における共同支配企業（Joint venture）に対する持分の会計処理に持分法を，またIFRS 第 11 号「共同支配の取決め」をまだ適用していない企業に対して比例連結を使用する際の，取得日の資産・負債の公正価値の検討の必要性に優先することはない（さらなる議論については**第2巻6章4.4.3.3**参照）。

年次改善プロジェクトの一環として，IASB は，この点を明確化し，IFRS 第 11 号の影響に関する文言を更新するために，IFRS 第 3 号 2 項（a）の修正を提案している。

- 事業（**本章４**で説明）を構成しない資産または資産グループの取得
- 共通支配下の企業または事業の結合（**本章 2.2.1** 参照）

IFRS 第３号の範囲は，相互会社を含む企業結合（**本章 2.3** 参照）および契約のみで達成される企業結合（**本章 8.5.2** および **9.2.2** 参照）を含む。

2.2.1　共通支配下の取引

共通支配下の企業（または事業）の企業結合（一般に「共通支配下の取引」といわれる）は，「（省略）すべての結合企業または結合事業が，最終的に企業結合の前後で同じ当事者によって支配され，その支配が一時的なものではない企業結合をいう」［IFRS 第３号 B1 項］。

最終的な支配当事者の例は，以下を含む。

- 個人，または契約上の取決めの結果，企業を（それらの個人が財務報告上の要求事項に従うものではない場合であっても）集合的に支配する個人の集団［IFRS 第３号 B2 項および B3 項］
- 親会社（被支配企業が連結財務諸表から除外されている場合であっても）［IFRS 第３号 B4 項］

現状，IFRSs において共通支配下の取引の会計処理に関する特別な指針はない。特別な指針がない状態で，共通支配下の取引に関与する企業は，IAS 第８号「会計方針，会計上の見積りの変更および誤謬」（**第１巻４章「会計方針，会計上の見積りの変更および誤謬」3.1** 参照）の 10 項から 12 項に記述されたヒエラルキーを利用して，適切な会計方針を選択しなければならない。ヒエラルキーがその他の基準設定団体の公表物を考慮することを認めているため，従前の UK GAAP および US GAAP の双方におけるグループ再編成に関する指針が，状況によっては有用となる可能性がある。この指針では，プーリング法に類似した結果となる。

設例2.2.1A

共通支配下の取引の例

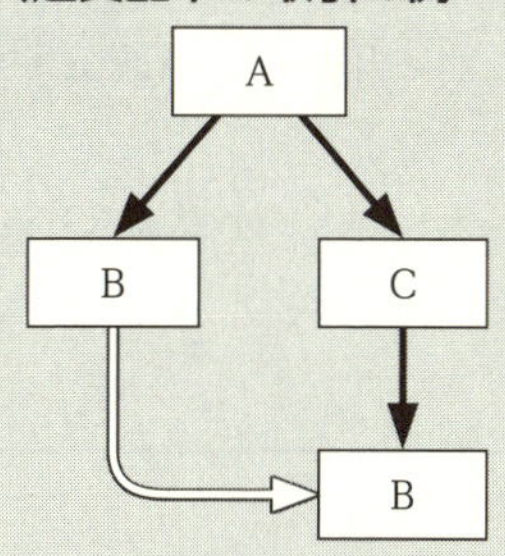

B社とC社はA社の100%所有子会社である。

A社はB社に対する資本持分をC社に移転する。それと交換に，C社はA社に株式を追加発行する。

この取引は，B社とC社が，A社の共通支配下にあるため，共通支配下の取引である。

設例2.2.1B

企業集団の一部を，売却前に再構築するために新たに設立された企業の利用

新たな企業（企業A）は，親会社（企業P）により設立される。企業Pの既存のグループの一部である1つ以上の子会社を取得するために，企業Aが資本性金融商品を発行する。この再編成は，企業Aにより取得された子会社の売却を実行するために効果がある。

この再編成はIFRS第3号の範囲内の企業結合か。

いいえ。この再編成は，IFRS第3号B1項で示されている共通支配下の企業の企業結合の定義に該当するため，IFRS第3号の範囲外である。

IFRS第3号B1項の定義は，「すべての結合企業または結合事業が最終的に企業結合の前後で同じ当事者によって支配され，その支配が一時的なものではない」ことを要求している。この設例では，企業Aの支配が一時的であるため，当該再編成はIFRS第3号の範囲内とすべきであるという議論が生じる可能性がある。

しかし，IFRS第3号B18項は，入手可能な証拠に基づき「企業結合に影響を及ぼす資本（性金融商品）を発行するために新しい企業が設立される場合，当該企業結合前に存在していた結合企業のうち1つを取得企業として識別しなければならない」ことを要求している。この原則と一致するように，結合企業が共通支配下にあるかどうかについてのIFRS第3号B1項に従ったテストは，新たに設立された企業は除外し，結合前に存在した結合企業に対して適用すべきである。

　したがって，上記の状況においては，再編成の前に存在した結合企業が，一時的ではない共通支配下の企業であったため，当該再編成はIFRS第３号の範囲から除外される。

　上記の結論は，2006年３月の「IFRICアップデート」で公表された，IFRIC（現在のIFRS解釈委員会）で議題として取上げられなかった事項によって確認された。

2.3　相互会社を含む結合

相互会社は以下のように定義される［IFRS第３号付録A］。

「投資家所有企業以外の企業で，配当，コストの低減，またはその他の経済的便益を，所有者，構成員，もしくは参加者に直接的に提供する企業。例えば，相互保険会社，信用組合，および協同組合は，すべて相互会社である。」

　信用組合および協同組合を相互会社の定義に含めること（したがって改訂後のIFRS第３号の範囲に含めること）は，多くの関係者に懸念を生じさせた。関係者のなかには，通常の企業結合の要求事項を信用組合の結合に適用すると，それらの企業にとって不利な経済的な結果をもたらす可能性があると主張する者もいた。他の関係者は，協同組合が相互会社の定義に適合せず，協同組合が他の企業とは十分異なっており，企業結合会計と異なる方法を正当化し得ると主張した。

　IASBはこれらの議論に従うことはなく，そのような企業が含まれるすべての結合を改訂IFRS第３号の範囲に修正なしで含めるとの決定を行い，関連する要求事項をどのように適用すべきかに関して限定的な追加の指針を作成した。

相互会社を含む結合は，以下の２つの章で検討される。

- 取得企業の識別は，**本章** 5.3.2 で検討される。
- のれんを含む測定の問題は，**本章** 9.2.3 で検討される。

3　取得法の会計処理

IFRS 第 3 号は，すべての企業結合を，取得法を適用して会計処理することを要求している［IFRS 第 3 号 4 項］。取引またはその他の事象が企業結合かどうかを決定すること（IFRS 第 3 号 3 項）に加えて，取得法の適用にあたり 4 つの段階があげられる［IFRS 第 3 号 5 項］。

(a)　取得企業の識別
(b)　取得日の決定
(c)　識別可能な取得した資産，引受けた負債および被取得企業の非支配持分の認識および測定
(d)　のれんまたは割安購入益の認識および測定

しかし，本基準のすべての要求事項を考慮すると，検討しなければならない 7 つの独立の段階があり，これらは以下の図表に，本章の関連するセクションへの相互参照とともに列挙されている。

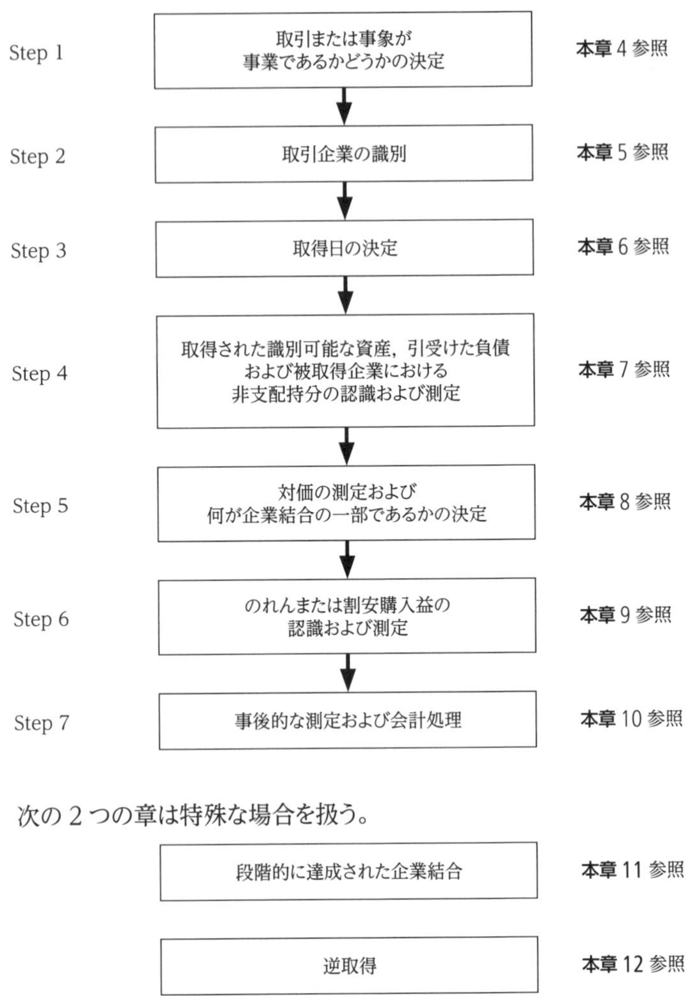

最後に，**本章 13** が開示について扱っている。

4　企業結合の識別

4.1　IFRS第3号の範囲

取引またはその他の事象が企業結合に該当するかどうかを判断する，取得の会計処理の第1の段階では，取得した資産と引受けた負債が事業を構成することを要求する［IFRS 第3号3項］。取引または事象は，企業結合の定義，および本基準のB5項からB12項で示された詳細な指針を適用して分析されなければならない。

4.2　企業結合の識別

企業結合の定義は，**本章** 2.1 で述べられている。

4.2.1　支　配

企業結合の定義を満たすためには，取得企業は支配を獲得しなければならない。このことは，契機となる経済的事象または取引が必要であり，例えば，単に既存のグループが結合または連結財務諸表の作成を開始する決定を行ったことではないことを意味する［IFRS 第3号BC 10項］。

企業が結果的に支配を獲得することになる可能性がある経済的事象には，以下のものがある［IFRS 第3号B5項］。

(a)　現金またはその他の資産（事業を構成する純資産を含む）の移転
(b)　負債の負担
(c)　資本性金融商品の発行
(d)　上記の組合せ
(e)　契約のみ（例えば二重上場構造－**本章** 8 参照）による場合を含む，対価を移転しない支配の獲得

企業が結果的に支配を獲得することになる可能性がある，その他の事象の例

- 企業が保有する投資先の潜在的な議決権（オプション，転換可能金融商品等）が行使可能になること
- 投資先に対して保有する資本性金融商品の数を変更せずに，企業が投資先の過半数の所有権を得ることになる選択的な買戻取引を投資先が引受けること
- 企業が投資先を支配することを防ぐような，他の株主との合意の終了（例えば，他の株主が財務および営業方針の決定への参加権〔拒否権〕を有していた場合）
- 企業の保有する資本性金融商品を，支配できる水準まで増加させる配当金の再投資計画または株式の無償交付による，投資先の資本性金融商品の「段階的に行われる取得」

4.2.2　可能性のある構造

企業結合の構造は，法律および税務上の戦略を含むさまざまな要因によって決定される可能性がある。他の要因は，市場の考慮事項および規制上の考慮事項を含む可能性がある。構造の例には以下のものが含まれる［IFRS 第 3 号 B6 項］。

(a)　1 つの事業が，もう一方の事業の子会社になる。
(b)　2 つの企業が，法的に 1 つの企業に合併される。
(c)　1 つの企業が，その純資産をもう一方の企業に移転する。
(d)　企業の所有者が，もう一方の企業の所有者に資本持分を移転する。
(e)　2 つ以上の企業がそれらの純資産を，またはそれらの企業の所有者が資本持分を，新設される企業に移転する（「ロールアップ（roll-up）」取引または「プットトゥゲザー（put-together）」取引とよばれることがある）。
(f)　結合企業のうち 1 つの企業の旧所有者のグループが，結合企業の支配を獲得する。

企業結合を有効とするために使用される可能性がある他の法的な構造の例は，以下のものを含む。

- 2つの企業間の二重上場および同等化の取決めを含む取引（**本章8.5.2.1**参照）
- 2つの企業間の，実質的に1つの企業を設立する効果がある契約上の取決め（すなわち「ステイプリング（stapling）」の取決め）
- たとえ普通株式の法的な所有権が他の企業にある場合であっても，第三者にすべての経済的なリターンおよび投資先に関連するリスクに対する責任を提供する契約上の取決め（例えば「パス・スルー（pass-through）」の取決め）
- ある企業が，信託が保有する持分の受益権の所有者であるが，受託者が当該持分の法的な所有者である場合の取決め

4.3 事業の識別

事業は以下のように定義される［IFRS第3号付録A］。

> 「投資家（またはその他の所有者），構成員または参加者に対し，配当，コストの低減またはその他の経済的便益という形でのリターンを直接的に提供する目的で実施され管理される，活動および資産の統合された組合せ」

この事業の定義は，インプットとプロセスはあるが，まだアウトプットの創出には至っていない企業を含む。リターンを提供する目的で実施され管理されることが可能であるため，一連の研究活動および資産が事業として識別される可能性がある。

IFRS第3号B7項からB12項の適用指針は，事業を理論的に説明している。有用な手掛かりとはなるが，何が事業を構成するものかという実務上のチェックリストを提供するものではない。

ほとんどの場合，統合された一連の活動および資産が事業とみなされるかどうかは明らかである。しかし，これが明らかでない場合，すべての関連する事実と状況を考慮して，判断することが必要となる。

4.3.1　のれんの存在

IFRS 第3号 B12 項は，のれんの存在に基づいた包括的なテストを提供する [IFRS 第3号 B12 項]。

> 「反証がない場合，資産および活動の特定の組合せで，のれんが存在するものは，事業であると推定しなければならない。しかし，事業にのれんが存在する必要はない。」

のれんの存在の識別に関するさらなる指針は本基準においては提供されていない。特定の資産または活動の組合せが収益を生む取引または事業活動を含む場合，のれんが発生している可能性が高い。また，企業結合ではない取引（**本章 4.4** 参照）の会計処理に関し，企業が，取得した資産および負債の公正価値を資産および負債のグループの原価に比例的に配分して測定することが求められる。この分析により，支払われた対価の合計が取得した資産および引受けた負債の公正価値の合計を超過し，のれんの存在を潜在的に示唆していることがただちに識別される場合がある。

4.3.2　インプット，プロセスおよびアウトプット

指針では，事業はインプット，およびアウトプットを創出する能力を有するインプットに適用されるプロセスによって構成されると記述されている。アウトプットは通常存在するが，統合された活動と資産の組合せが事業としての要件を満たすためにアウトプットが要求されるものではない［IFRS 第3号 B7 項］。

以下のポイントは，IFRS 第3号 B7 項から B11 項の要約である。

(a)　インプットは，従業員，原材料，および使用権を含む非流動資産を含む経済的資源である。

(b)　プロセスは，インプットに適用された場合，アウトプットを創出するシステム，標準，プロトコル，慣習または規則である。例としては，戦略的経営，営業および資源管理等があげられる。会計，請求業務，給与支払および類似の管理システムは，通常はアウトプットを創出するためには使用されない。

(c)　アウトプットは，株主に，配当，低コストまたはその他の経済的便益という形での

リターンを提供する。

(d)　取得の結果，取得企業は，取得企業のインプットおよび取得企業自体のプロセスを組合わせることができるが，すべての取得前のインプットおよびプロセスが変化しないままである必要はない。

(e)　事業がアウトプットを有しない可能性がある（例えば，開発段階である場合）。

(f)　事業が，負債を有する場合も有しない場合もある。

(g)　資産および活動の特定の組合せが事業に該当するかどうかは，その統合された組合せを市場参加者が事業として実行または管理することができるかどうかに基づいて判断する。売手が事業としてその組合せを運営していたかどうか，取得企業がその組合せを事業として運営する意図があるかどうかには関係がない。

設例4.3.2A

外注契約

企業Ａは，情報技術を第三者に外部委託することを決定する。外注以前は，これらの機能は，事業としてではなく，全体として事業のためのコストセンターとして運営されていた。外部委託された部署の職員は（すべての必要な工場設備および他の運転資本とともに）第三者に移転され，また，企業Ａと継続的な役務提供を規定する第三者との契約上の取決めが締結される。

外部委託契約に署名した状況において，企業Ａからサービス提供者への資産，負債および従業員の移転は，IFRS 第３号のもとで企業結合を構成するか。

主たる質問は，移転された資産と活動の組合せは事業として運営されることが可能かどうかということである。この評価は，その統合された組合せを市場参加者が事業として実行および管理することができるかどうかに基づいて行われる。売手が事業としてその組合せを運営していたかどうか，取得企業がその組合せを事業として運営する意図があるかどうかには関係がない。

それらが外注する企業の一部分であった一方で，業務は一般に事業とは考えられず，また事業として活動していなかったであろう。しかし，資産と負債を取得し，職員を引受ける第三者は，移転した資産と活動の組合せが事業として運営されることが可能であるならば，事業を取得したとみる可能性がある。

資産のすべてではなく，一部が移転された場合，評価はより困難になることがある。しかし，移転された資産および従業員が，「シードキャピタル（seed capital)」として同様の役務を他の当事者に提供するよう使用される場合，同じ結論に達する可能性がある。

特定の資産および活動の組合せが事業であるかどうかを評価する場合，関連する事業セクターまたは産業の通常の資産および活動の性質を考慮することは重要である。産業によっては，インプットとして要求される資産が比較的少数である場合や，運転資本の必要性が少ない場合，またはアウトプットを創出するプロセスで使用される従業員の数が少ない場合がある。これらの種類の産業における資産および活動の取得は，これら通常の水準を参照して評価されなければならない。

設例4.3.2B

必要とするインプットが最小である産業

企業Aは，多くの顧客のために石油，ガスおよびその他の炭化水素の輸送に使用されるパイプラインのグループの所有権と管理に関する活動の組合せを取得する。当該業務には（主にパイプラインおよび顧客への請求業務に従事する）限られた人数の従業員がおり，輸送された炭化水素を追跡するために使用されるシステムおよび少額の運転資本がある。この取引は従業員とシステムの移転を含むが，運転資本は移転しない。

この状況において，取得された資産とプロセスはともに意図したアウトプットを生成するのに十分であり，したがって，パイプラインのグループは事業の定義に該当する。その結果，この取引は企業結合として会計処理される。

4.3.2.1　開発段階の企業

アウトプットが存在しない開発段階の企業でも，事業とみなされる可能性がある。取得企業は，開発段階における活動と資産の統合された組合せが事業かどうかを決定するために他の要因を考慮すべきである。それらの要因は，当該組合せが以下に該当するかどうかを含むが，それに限定されない［IFRS第3号B10項］。

(a)　計画していた主要な活動を開始している。
(b)　従業員，知的所有権，ならびにその他のインプットおよびそのインプットに適用することができるプロセスが存在している。
(c)　アウトプットを創出するための計画を追求している。
(d)　アウトプットを購入する顧客にアクセスすることができる。

開発段階にある活動と資産の特定の統合された組合せが事業の要件を満たすために，それらの要因のすべてが存在している必要はない［IFRS 第 3 号 B10 項］。

4.4　企業結合ではない取引の会計処理

取引または他の事象が，資産または資産グループが事業の定義を満たさないことから企業結合の定義に合致しない場合，「資産の取得」とされる。そのような状況において，取得企業は，以下のような処理を行う［IFRS 第 3 号 2 項(b)］。

- 識別可能な取得した個別の資産（IAS 第 38 号「無形資産」の無形資産の定義および認識要件を満たす資産を含む—**第 1 巻 9 章 4** 参照）および引受けた負債を識別し，認識する。
- 資産および負債のグループの取得原価は，購入日における対応する公正価値に基づき，識別可能な個別の資産および負債に配分する。

当該取引または事象により，のれんまたは割安購入益は生じない。

事業を表さない金融資産グループの取得については**本章 4.4.3** で説明している。

資産の取得と企業結合には，以下のような他の重要な相違がある。特に，以下のような場合である。

- 資産の取得に関する**取引コスト**は，一般に，適用可能な基準，例えばIAS第16号に従って，取得した資産の取得原価の一部として資産化される。これに対し，企業結合に影響する取得関連コストは，負債証券または持分証券の発行コストの例外はあるが，移転された対価の一部を形成せず，当該コストが発生し役務が受領される期間に費用処理される（さらなる指針については**本章8.4**参照）。
- **繰延税金**は，企業結合において取得した資産および引受けた負債に関するほとんどの一時差異について認識される。一方，IAS第12号「法人所得税」は，企業結合ではなく，会計上の利益にも課税所得にも影響を及ぼさない取引で，資産または負債の当初認識において生じる一時差異については，繰延税金の認識を禁止している（さらなる指針については**第2巻2章**参照）。
- 資産の取得で得た**偶発負債**は，IAS第37号「引当金，偶発負債および偶発資産」における認識規準を満たさないことから，認識されない。企業結合においては，IFRS第3号の要求事項により，IAS第37号の認識要件を満たさない偶発負債が認識される結果となることがある（さらなる指針については**本章7.5.1**参照）。

4.4.1　「シェル（shell）」カンパニーの取得

企業グループにおいて，子会社が特定の目的のため（例えば，特定の業務を行うため，サービス企業として活動するため，または他の構造上の目的のため）に使用されることは一般的である。しばしば，それぞれの目的のために新会社を設立するのではなく，「シェル（shell）」または「オフ・ザ・シェルフ（off-the-shelf）」カンパニーが買収されることがある。

シェル（shell）またはオフ・ザ・シェルフ（off-the-shelf）カンパニーの取得は，取得企業がIFRS第3号に定義された事業を構成しないため，IFRS第3号に定義された企業結合ではない。

シェル（shell）カンパニーの買収は，新しい子会社の設立と同じ方法で会計処理しなければならない。法的な親会社の個別財務諸表においては，IAS第27号（2011年）「個別財務諸表」の10項に従って（または，IAS

第 27 号〔2011 年〕をまだ適用していない企業についてはIAS 第 27 号〔2008 年〕「連結および個別財務諸表」の 38 項に従って），投資額の当初取得額は，取得原価（すなわち，「シェル（shell)」カンパニーの設立または取得のコスト）で，またはIFRS 第 9 号「金融商品」（または，IFRS 第 9 号をまだ適用していない企業についてはIAS 第 39 号「金融商品：認識および測定」）に従って測定されなければならない。連結財務諸表では，取得原価はIAS 第 38 号に従って，開業コストとして会計処理され，発生時に費用として認識しなければならない。

4.4.2　コーポレート・シェル（corporate shells）で保有された探査および評価資産

法域によっては，保有財産，地域持分，鉱区等ごとに別個の会社で保有されることは，調査および評価に係る持分を保有する権利形態としては一般的である。調査および評価活動の管理は，使用されるすべての工場設備，従業員，サービスや他の契約および類似の項目も含めて集約されている。

多くの場合，特定の探査および評価の持分の移転は，基礎となる権利または持分に関する所有権ではなく，企業の法律上の移転を伴う。

企業がこのような状況で取得される場合，取得は，事業の取得ではなく実質的に探査および評価持分の取得であるため，取得は企業結合の定義を満たさない可能性が高い。連結財務諸表では，そのような取引は，企業結合ではなく，IFRS 第 6 号「鉱物資源の探査および評価」のもとで，探査および評価に関する買収企業の会計方針（**第 2 巻 20 章**で説明している）に従って会計処理されなければならない。

4.4.3　事業を表さない金融資産グループの取得

IFRS 第 9 号（2010 年）5.1.1 項は，金融資産および負債は公正価値（FVTPL で保有されない金融商品の場合，直接起因する取引コストを加算）で当初認識されなければならないことを要求する。IFRS 第 9 号（2010 年）5.4.2 項は，公正価値の最もよい証拠は活発な市場における相場価格であると示唆している。さらに，IFRS 第 9 号（2010 年）B5.4.4 項は，そのなかで，「金融商品のポートフォリオの公正価値は，金融商品の単位の数に市場相場価格を乗じた積である」と記述している。金融商品の全体について，活発な市場における公表された相場価格が存在しないが，その構成部分については活発な市場が存在する場合は，公正価値はそれらの構成部分の適切な市場価格を基礎として算定される（IFRS 第 9 号をまだ適用していない企業については，同等の要求事項が IAS 第 39 号 43 項，IAS 第 39 号 48A 項，および IAS 第 39 号 AG72 項に示されている。IFRS 第 13 号「公正価値測定」を適用した企業にとっては，IFRS 第 9 号〔2010 年〕B5.4.4 項および IAS 第 39 号 AG72 項は削除され，代わりに，類似の指針が IFRS 第 13 号に反映されている）。

企業が，活発な市場で取引された金融資産を含む，事業を表さない金融資産グループを取得する際に，当該資産は（上記の IFRS 第 3 号 2 項（b）で）取得価格の配分をもとに認識されなければならないのか，（IFRS 第 9 号，または IFRS 第 9 号をまだ適用していない企業は IAS 第 39 号のもとで）公正価値で認識されなければならないのかという，疑問が生じる。

IFRS 第 9 号（または，IFRS 第 9 号をまだ適用していない企業については IAS 第 39 号）は，金融資産の当初認識に関連する基準である。したがって，グループ内の個々の資産は，取得日における公正価値で認識されなければならない。資産グループに対する支払対価と，個々の金融資産の公正価値の合計との間に差異がある場合，その差異は IFRS 第 9 号（または，IFRS 第 9 号をまだ適用していない企業にとっては IAS 第 39 号）で会計処理されなければならない。

4.4.4　公正価値より低い税務上の損失の取得

設例4.4.4

公正価値より低い税務上の損失の取得

会社 A は会社 B を取得したが，会社 B は未使用の税務上の損失に価値がある実体のない会社である。会社 B は，IFRS 第 3 号での事業の定義に該当せず，したがって，その取引は本基準の目的である企業結合ではない。

会社Aは会社B（すなわち，税務上の損失）をCU 10万で取得している。この金額は，欠損金について IAS 第12号に従って認識される税金資産（CU 1百万）よりも著しく低い。会社Aは，すべての利用可能な損失を使用できると予想している。

会社Aの連結財務諸表上，この取引はどのように会計処理するべきか。

取得日において，会社Aは取得した税金資産を，支払った金額（すなわちCU 10万）で認識すべきである。

その後，会社Bの未使用である税務上の繰越欠損は，会社Aの課税所得に対して利用可能であり，IAS 第12号の要求事項に従って会計処理されなければならない。

4.4.5　単一の資産を有する企業の，関連会社から子会社への持分の増加―連結財務諸表における測定

設例4.4.5

単一の資産を有する企業の，関連会社から子会社への持分の増加―連結財務諸表における測定

20X1年において，企業Aは，企業Xの設立時株主かつ30％の持分を有しており，企業Xに対して重要な影響力があると判定された。企業Xに対して出資された払込金の全額は，探査がいまだ開始されていない採掘権の購入のために使用された。採掘権は企業Xの唯一の資産であり，企業XはIFRS 第3号の目的で事業の定義に合致しないとみなされる。

20X1年の連結財務諸表においては，企業Aは企業Xに対して持分法を使用して会計処理を行った。企業Xが設立された日から20X1年の報告期間の末日まで，企業Xの純資産に対する企業Aの持分に変更はない。20X2年中に，企業Aはさらに企業Xの70％を取得する。

企業Aの20X2年の連結財務諸表において，企業Xが所有している採掘権の帳簿価格はいくらとすべきか。

望ましいアプローチは，連結財政状態計算書上，採掘権を取得原価で計上することであり，その取得原価は，企業Xに対する当初の30％の持分の取

得原価と，追加の70%の持分の取得原価の合計となる。この「取得原価」アプローチはIFRS第3号2項（b）の要求事項を反映する。企業Xは事業を構成しないため，当該取引は単一の資産の購入として会計処理され，当該取引のコストは当該資産に全額配分されなければならない。

代替的なアプローチは，企業Aの連結財務諸表上で，採掘権を（1）企業Aの，企業Xに対する支配獲得日時点の関連持分の公正価値と，(2) 20X2年に取得した追加の70%の持分の取得原価の合計で計上することである。このアプローチは，IFRS第3号41項および42項の，段階的に達成された企業結合に関する要求事項からの類推により支持される。このアプローチが採用される場合，支配獲得日時点の帳簿価額と，企業Aの企業Xに対する当初の30%の持分の公正価値との差額を，利得または損失として純損益に認識する結果となる。

どちらの処理が採用されても，会計方針の選択として首尾一貫して適用されなければならない。

5　取得企業の識別

企業結合ごとに，結合企業に含まれる企業のうち1社を取得企業（すなわち，被取得企業に対する支配を獲得する企業）として識別しなければならない［IFRS第3号6項および付録A］。

取得企業と被取得企業は，支配の概念に関するIFRS第10号「連結財務諸表」の指針（IFRS第10号をまだ適用していない企業についてはIAS第27号〔2008年〕「連結および個別財務諸表」の指針）を適用して識別される。この分析により識別ができない場合には，IFRS第3号B14項からB18項の適用指針が追加の指針を提供する（**本章5.2**参照）［IFRS第3号7項］。

5.1　支配の意味

5.1.1　IFRS第10号を適用した企業

IFRS 第 10 号は，以前に IFRS 第 3 号に含まれていた支配の定義を削除した。IFRS 第 10 号を適用した企業は，以下のような IFRS 第 10 号における投資先の支配の定義を参照しなければならない［IFRS 第 10 号付録 A］。

「投資者は，投資先への関与により生じる変動リターンに対するエクスポージャーまたは権利を有し，かつ，投資先に対するパワーにより当該リターンに影響を及ぼす能力を有している場合には，投資先を支配している。」

IFRS 第 10 号の支配に関する指針の議論は**第 2 巻 4 章**を参照。

5.1.2　IFRS第10号をまだ適用していない企業

IFRS 第 3 号の支配の定義および追加的な指針は，IAS 第 27 号（2008 年）と整合している。したがって，支配は以下のとおり定義されている［IFRS 第 3 号付録 A］。

「ある企業または事業の活動からの便益を得るために，その企業または事業の財務および経営の方針を左右するパワー」

5.2　例外的なケースにおける取得企業の識別に関する追加的な指針

IFRS 第 10 号（IFRS 第 10 号をまだ適用していない企業については IAS 第 27 号〔2008 年〕）の適用により，結合企業のいずれが取得企業となるかが明らかに示唆されない場合，検討のための多くの追加的な要因は IFRS 第 3 号 B14 項から B18 項で以下のように示されている。

要因	取得企業
対価が主として現金，その他の資産または発生する負債である場合	通常，現金またはその他の資産を移転する，または，負債を引受ける企業［IFRS 第3号 B14 項］
対価が主として資本持分である場合	通常，その資本持分を発行する企業。しかし，逆取得では，被取得企業が資本持分を発行する場合がある（**本章 12** 参照）［IFRS 第3号 B15 項］。
相対的規模	通常，その相対的規模（例えば資産，収益または利益で測定される）が，他の結合企業よりも著しく大きい企業［IFRS 第3号 B16 項］
結合企業が2社を超える場合	どの企業が企業結合を主導したかを（相対的規模とともに）検討する［IFRS 第3号 B17 項］。
資本持分を発行する，新たに設立された企業である場合	他の項における指針を適用することにより識別された，企業結合前に存在していた結合企業のうちの1つ（**本章5.3.1** 参照）［IFRS 第3号 B18 項］
現金その他の資産を移転するか，または負債を引受ける，新たに設立された企業である場合	新規企業が取得企業となる場合がある（**本章5.3.1** 参照）［IFRS 第3号 B18 項］。

さらに，株式交換の場合には，以下の事実と状況も該当する可能性がある［IFRS 第3号 B15 項］。

要因	取得企業
企業結合の後，結合後企業における相対的な議決権を有する企業	通常とは異なるまたは特殊な議決権に関する取決め，およびオプション，ワラント，または転換証券の存在を検討した後に，通常，グループとしての所有者が結合後企業の最大の議決権割合を保持または受領する企業
結合後企業の過半数の持分は有しないが，単独で大きな少数持分を有する企業	通常，単独の所有者または組織的に投票する者のグループが，結合後企業において最大の少数議決持分を有する企業
結合後企業の統治機関の構成	通常，その所有者が統治機関の構成員の過半数を選任または任命することができる企業
結合後企業の上級経営者	通常，（以前の）経営者が結合後の経営を支配する企業
資本持分の交換条件	通常，他の企業または他の複数の企業の企業結合前の公正価値に対してプレミアムを支払う企業

5.3　取得企業の識別に関する指針の特定のケースへの適用

5.3.1　新規企業の設立によりもたらされた結合

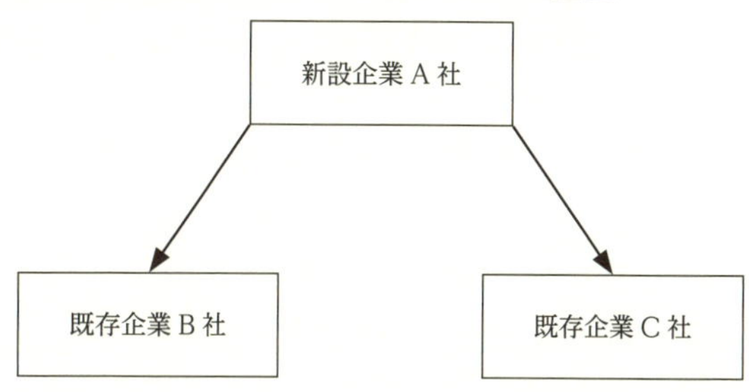

新設企業Aが，2つ以上の企業間，この例では企業Bと企業Cの結合をもたらすように設立される場合，IFRS第3号は2つの別々のシナリオを識別している［IFRS第3号B18項］。

- 企業Aが，企業Bおよび企業Cの資本性金融商品と引換に，自社の資本性金融商品を発行する場合，企業Bと企業Cのいずれか一方が，IFRS第10号およびIFRS第3号の指針（または，IFRS第10号をまだ適用していない企業についてはIAS第27号〔2008年〕とIFRS第3号の指針）の適用によって取得企業として識別されなければならない。
- 企業Aが，企業Bおよび企業Cの資本性金融商品と引換に，現金（または他の資産）を移転する場合（例えば，企業Bまたは企業Cにおける少数株主持分を保有している新規投資者または既存投資者に対して債券を発行して得る手取金），企業Aが取得企業として識別される場合がある。

設例5.3.1A

新設企業による資本性金融商品の発行

会社Bと会社Cは既存企業であり，新設企業である会社Aによるそれらの株式の取得を通じて結合する。会社Aは，会社A自身の新規株式を，5分の4の割合で会社Bの株主に，5分の1の割合で会社Cの株主に発行する。

相対的な議決権に基づけば，別の状況を示唆する他の要因がなければ，会社Ｂが取得企業として識別される。

この結合の適切な会計処理は，この結果に到達するために法的な構造が有効であり，会社Ａが経済的実質を欠いていることに着目すると，あたかも会社Ｂが会社Ｃを法的に取得したのと同様に，会社Ａのグループの連結財務諸表が表示されるとする原則のうえで開発されている。したがって，会社Ａと会社Ｂの結合は，以下により資本再構築として会計処理される。

- 会社Ｂの純資産は，従前の帳簿価額のままである。
- 比較情報を含む会社Ａグループの連結包括利益計算書は，会社Ｂの報告期間に基づき，会社Ｂの結合前の結果を含んでいる。
- 会社Ａグループの資本は，会社Ｂの資本に会社Ａの公正価値を加えたものになる。
- 会社Ａグループの資本金（もしあれば）は，法的な親会社である会社Ａの資本金となる。

会社Ａグループと会社Ｃの結合は，以下により「通常の」取得となる。

- 会社Ｃの識別可能純資産は，取得時の公正価値で評価される。
- 会社Ａグループの連結包括利益計算書は会社Ｃの取得後の結果のみを含んでいる。

設例5.3.1B
新規に設立された企業が現金を移転する場合

会社Ｂと会社Ｃは既存企業であり，新設企業である会社Ａによるそれらの株式の取得を通じて結合する。非公開の投資企業が会社Ａの60％を保有し，残りの40％は会社Ｃの以前の資本投資者により保有されている。会社Ａは，会社Ｂの株式を取得するために現金を支払い，会社Ｃを取得するために株式を発行する。

会社Ｃの資本投資者が会社Ａの株式の過半数を保有しないため，会社Ｃは取得企業として識別されない。この例では，会社Ｂを取得するために現金が支払われ，会社Ｃの最終的な支配当事者に変化があるため，会社Ａが取得企業として識別される。

会社Ａと会社Ｂの結合および，会社Ａおよび会社Ｃの結合は，以下により「通常の」取得となる。

- 会社Ｂと会社Ｃの識別可能な純資産は，取得時に公正価値評価される。
- 会社Ａグループの連結包括利益計算書は，会社Ｂと会社Ｃの結合後の結果のみを含んでいる。

5.3.2　相互会社

相互会社の定義は**本章 2.3** に示している。

相互会社の結合は，交換（たとえ典型的な構成員の持分であっても）を伴うことから，IFRS 第３号は，取得法の適用に関する一般的な要求事項からの免除をなんら許容していない。したがって，相互会社のすべての結合において取得企業が識別されなければならない［IFRS 第３号 BC 104 項］。

さらに，IASB は，IFRS 第３号における取得企業の識別に関する指針は相互会社に適用可能であり，追加的な指針は必要ではない，と結論付けた［IFRS 第３号 BC 105 項］。

しかし，IFRS 第３号 B47 項から B49 項における追加的な指針は，交換された持分または構成員の持分の公正価値の測定を支援するために提供されている。この指針は**本章 9.2.3** で検討される。

6　取得日の決定

6.1　取得日の定義

取得日は，取得企業が被取得企業に対する支配を獲得する日として定義される［IFRS 第３号付録 A］。

6.2　取得日と対価の支払の時期との関係

IFRS 第 3 号は，取得企業が被取得企業に対する支配を獲得する日とは，一般に，取得企業が法的に対価を移転し，被取得企業の資産を取得し負債を引受けた日，すなわち取引の実行日であると説明している。しかし，取得企業は，取得日を識別する際，すべての関連する事実と状況を検討しなければならず，取引の実行日前後に支配が達成される可能性がある。例えば，契約書において実行日より前に取得企業が被取得企業の支配を獲得すると規定されている場合には，取得日は実行日より前になる［IFRS 第 3 号 9 項］。

契約書を参照することは，購入契約または別個の合意が実行日の前にサインされ，取得企業に権利を与えられたことを意味するために行われる。取得日は事実の問題であることから，（例えば，支配がより早い日付から存在するとみなされる，または買手における利益がより早期にまたは遅くに発生することが示唆される購入契約によって）遡及的に変更することはできない。後者の特徴は，購入対価の金額を修正するメカニズムを表している可能性がある。

場合によっては，すべての購入価格が繰延または条件付対価の形式となっている可能性がある。そのような状況では，対価の支払の時期は取得日の決定との関係がほとんどまたは全くない。

6.3　対価として移転された資本持分の測定日

IFRS 第 3 号は，対価として移転された資本持分の測定日を取得日とすることを要求している（**本章 8.1** 参照）［IFRS 第 3 号 37 項］。

IFRS 第 3 号の結論の根拠は，移転された資本持分の測定日に関する IASB の議論を要約している。この日付の前後の株価の変動はなんら考慮されない［IFRS 第 3 号 BC 342 項］。

6.4　特定の状況における取得日の決定に関する追加的な指針

IFRS 第 3 号は，取得日の決定について，それ以上詳細な指針を含まない。以下の設例は，ある状況において有用な指針となり得るかもしれない。

株式の公募

株式の公募がなされる場合，支配が移転する日とは，公募が条件付ではなくなり，したがって被取得企業の支配的持分が達成された日である。これは，通常，引受けられた株式の数が，あらかじめ定められた数量基準を超えており，かつその基準が支配をもたらすのに十分となった（通常は 50％超）日付である。そのような基準がない場合，取得日は，公募が条件付ではないと表明された日付となる場合がある。この評価を行う際，支配株式の保有が達成される前に，募集が条件付ではないと表明される場合を含めて，他の要因もまた考慮される必要がある。これらの状況では，株式保有の水準が特定の水準を上回り，取得企業が被取得企業の取締役会における変更に影響をもたらすことができる時点が，取得日となる可能性がある。

非公開の移転

非公開の移転においては，支配が移転する日は無条件の募集が承諾された日付である。契約が実質的な前提条件に従う場合，取得日は，通常それらの前提条件の最後の条件が充足される日である。

他のシナリオ

以下を含む多くの指標は，適切である可能性がある。

(a)　取得企業が被取得企業の経営および財務の方針の指示を開始する日付
(b)　経済的便益のフローが変わる日付
(c)　対価が移転する日付（これは決定的ではない。なぜなら，日付の前倒しまたは後倒のいずれかに修正すること，または分割払とすることが可能なため）
(d)　被取得企業の取締役会の過半数の指名日（多くの場合，支配が移転する

最も直近の可能性の高い基準日として扱われる可能性がある）
(e)　競争を監督する当局が，参照される入札価格を許可した日

実務上は，取得日として識別された日付は，支配の移転を取巻くすべてのさまざまな状況を反映すべきである。

7　識別可能な取得した資産，引受けた負債および被取得企業の非支配持分の認識および測定

IFRS 第 3 号は，取得した識別可能資産，引受けた負債および非支配持分の認識および測定の基本原則を定めている（**本章 7.1**，**7.2** および **7.3** 参照）。

7.1　認識原則

IFRS 第 3 号は，取得日時点において，取得企業は，のれんとは区別して，取得した識別可能な資産，引受けた負債および被取得企業のすべての非支配持分を認識することを要求している［IFRS 第 3 号 10 項］。

7.1.1　認識のための条件

取得法適用の一部としての認識要件を満たすためには，取得した項目は以下を満たさなければならない。

- 取得日時点で「財務報告に関する概念フレームワーク」（**第 1 巻 2 章「財務報告に関する概念フレームワーク」** 参照）の資産または負債の定義を満たす［IFRS 第 3 号 11 項］。
- 別個の取引の結果としてではなく，取得された事業（被取得企業）の一部である（**本章 8.3** 参照）［IFRS 第 3 号 12 項］。

設例7.1.1A

被取得企業により以前に認識されたのれん

企業Aは企業Bの100%をCU 100で取得する。取得日において，企業Bの連結財政状態計算書上認識される純資産は，企業Bがその子会社の1社を取得したときに生じたCU 20ののれん，およびCU 70の識別可能な純資産を含む（単純化のため，識別可能な純資産の金額はそれらの公正価値と同額であると仮定する）。

企業結合の会計処理の一部として，企業Bの財政状態計算書に認識されるべき資産または負債はないと仮定する。

企業Aの連結財務諸表において，企業Bによって以前に認識されたのれんは，企業Aが企業Bを取得したことにより生じたのれんと別個に認識されるべきか。

別個に認識すべきではない。取得した識別可能資産および親会社によって引受けられた負債を認識する場合，被取得企業の財政状態計算書において認識されていた，いかなるのれんも無視される。したがって，上記の状況で，企業Bの取得により生じるのれんはCU 30である。

しかし，企業Aによる取得の日付の後に，企業Bが締結したいかなる企業結合も，企業Bおよび企業Aの両方の観点から企業結合となり，企業Bの連結財務諸表（連結財務諸表が企業Bによって作成される場合）および企業Aの連結財務諸表の両方においてのれんを生じさせる。

以下は上記の最初の認識条件を適用した結果である。

- **取得後の再編成**　被取得企業の活動を終了させる，または被取得企業の従業員を解雇，もしくは配置転換する計画を実行した場合のコストは，取得企業が将来において発生すると予想しているが，発生が義務付けられていなければ，取得日時点では負債ではない［IFRS第3号11項］。
- **未認識の資産および負債**　取得企業は，被取得企業が財務諸表で以前に認識したことがなかったなんらかの資産および負債を認識することがある。例えば，取得企業は，取得した識別可能な無形資産（例えばブランド名，特許または顧客関係）を認識する。被取得企業はそれらの無形資産を内部創設し，関連コストを費用処理したため，財務諸表において資産として認識していなかった［IFRS 第 3 号 13 項］。

設例7.1.1B

取得後の再編成のコスト

会社 A は，その業務の一部としてオペレーティング・リースで多くの敷地を占有する会社 B を取得した。取得の後，会社 A は製造設備を合理化し，会社 B によって占有されていた敷地のうちの 1 つが空地となる。現在は不利なリース契約となるため，満期到来前のリースで支払うべき賃借料に対する引当金が認識される。

満期到来前のリースで支払うべき賃借料に対するこの引当金は，取得日においては，会社 B の負債として認識すべきではない。当該用地の閉鎖は，結合後の事象として会計処理される。

7.1.2　企業結合で取得した識別可能な資産および引受けられた負債の分類または指定

7.1.2.1　一般に取得日における条件に基づく分類または指定

IFRS 第 3 号は，取得日において，取得した識別可能な資産および引受けた負債について，取得後に他の IFRSs を適用するために必要な分類または指定を行うことを求めている。取得企業は，取得日に存在する契約条件，経済状況，営業方針または会計方針およびその他の適切な条件に基づいて，当該分類および指定を行う［IFRS 第 3 号 15 項］。

取得日における分類または指定の例には，以下のようなものがある［IFRS 第 3 号 16 項］。

(a)　IFRS 第 9 号「金融商品」に従って公正価値または償却原価で測定されるものとしての金融資産の分類（IFRS 第 9 号をまだ適用していない企業については，IAS 第 39 号「金融商品：認識および測定」に従って，純損益を通じて公正価値で測定される，売却可能または満期保有としての分類となる）

(b)　公正価値または償却原価で測定されるものとしての金融負債の分類（IFRS 第 9 号をまだ適用していない企業については，純損益を通じて公正価値で測定される，またはその他の金融負債としての分類となる）
(c)　デリバティブ商品をヘッジ手段として指定すること
(d)　組込デリバティブを主契約から区分すべきかどうか評価すること（これは分類の問題である）

7.1.2.2　分類または指定が取得日には存在しない条件に基づく状況

本基準は，分類または指定が金融商品の条件および取得日における条件に基づくという原則（**本章 7.1.2.1** に示される）に対する 2 つの例外を規定している。2 つの例外は以下のとおりである［IFRS 第 3 号 17 項］。

- リース契約を，IAS 第 17 号「リース」に従って，オペレーティング・リースとファイナンス・リースのいずれかに分類すること（**第 1 巻 11 章「リース」**参照）
- 契約を，IFRS 第 4 号「保険契約」に従って保険契約として分類すること（**第 2 巻 19 章**参照）

取得企業は，それらのリースや保険契約を，契約開始時（または契約条件が分類を変更させるような方法で改訂された場合には，取得日となる改訂日）における契約条件およびその他の要因に基づいて分類する。

7.2　資産および負債の測定原則

取得した識別可能な資産および引受けた負債を，取得日の公正価値で測定する［IFRS 第 3 号 18 項］。

IFRS 第 13 号を適用している企業については，公正価値は，「測定日時点で，市場参加者間の秩序ある取引において，資産を売却するために受取られるであろう価格，または負債を移転するために支払われるであろう価格」と定義されている（IFRS 第 13 号「公正価値測定」参照）［IFRS 第 3 号付録 A］。

IFRS 第 13 号をまだ適用していない企業については，公正価値とは，「独立第三者間取引において，取引の知識がある自発的な当事者の間で，資産が交換され得るまたは負債が決済され得る金額」として定義されている［IFRS 第 3 号付録 A］。

7.2.1　不確実なキャッシュ・フローを伴う資産（評価性引当金）

取得企業は，取得日の公正価値で測定されている企業結合で取得した資産に対して，取得日時点で別個の評価性引当金を認識することは認められない。その理由は，将来キャッシュ・フローの不確実性の影響は公正価値の測定値に含まれているためである。例えば，IFRS 第 3 号は，貸付金を含む取得した債権を取得日の公正価値で測定することを取得企業に要求しており，取得企業は取得日時点で回収不能とみなされている契約上のキャッシュ・フローについて別個の評価性引当金を認識しない［IFRS 第 3 号 B41 項］。

「評価性引当金なし」の原則は，企業結合による有形固定資産や単一の公正価値で測定される有形固定資産にも及び，これらは「みなし原価」や減価償却累計額との総額では測定されない。

7.2.2　取得企業が使用する意図のない資産，または他の市場参加者が使用する方法とは異なる方法で使用する意図を持つ資産

競争上の理由またはその他の理由で，取得企業が，非金融資産を活発に使用する意図がない，または最有効使用に従って資産を使用する意図がない場合がある。例えば，取得した研究開発用の無形資産について，他の企業がそれを使用することを妨げるために，防御的に使用することを計画することがある。それにもかかわらず，取得企業は，非金融資産の公正価値を，当初認識時および取得後の減損テストにおいて公正価値から処分コストを差引いた金額を測定する際には，適切な評価根拠に従って市場参加者による最有効使用を仮定することにより測定することを要求される［IFRS 第 3 号 B43 項］。

上記の指針はIFRS第13号により行われた用語上の変更を反映しているが，IFRS第3号B43項で述べられている一般原則はIFRS第13号の導入の影響はない。当該要求事項は，実務上の不整合を避けるため，IFRS第3号において明示的に述べられている。IFRS第13号は，最有効使用の概念を記述しており，企業結合における適用の例を提供している（**第1巻5章「公正価値測定」4**参照）［IFRS第3号BC262項］。

設例7.2.2

今後使用されない無形資産の取得

会社Aは会社Bを取得する。会社Bの識別可能な純資産のなかには，会社Aの直接の競争相手である会社Bが以前使用していたロゴである商標権を含む。会社Aは，将来このロゴを使用することを意図していない。

このロゴは，のれんとは別個に，企業結合の一部として取得した識別可能な無形資産として認識されるべきか。もしそうであれば，このロゴは認識後にどのように会計処理すべきか。

ロゴは，例えば第三者に使用を許諾することが可能であれば，別個に考慮される。また，ロゴは法的権利から発生する。したがって，当該無形資産は，のれんと別個に，企業結合の会計処理の一部として認識しなければならない。

減損テストの目的上，このロゴが会社Aの既存の資金生成単位に配分されるべきか，またはそれ自体を資金生成単位として識別されるべきかの疑問については，特定の事実と状況の評価に依存する。会社Aが取得後に当該ロゴを使用する意図がなく，既存のブランドの顧客を移転する目的の活動を実行しないのであれば，そのロゴはそれ自体で資金生成単位として識別されなければならない。当該ロゴに関連するキャッシュ・インフローはゼロであるため，公正価値から販売コストを差引いた金額が回収可能価額となる。

しかし，もし会社Aが既存のブランドの価値を移転する活動を実行し，既存の資金生成単位が便益を生じることが立証できるのであれば，当該ロゴはこれらの資金生成単位に配分されなければならない。

取得直後は，売却コスト控除後の公正価値が，認識した金額と著しく異ならないことが合理的であるように思われる。したがって，すぐには減損損失は認識されず，資産は耐用年数にわたって償却されなければならない。企業Aにとっての耐用年数は，当該ロゴの保有が競争を阻止するために有効である期間であり，使用されないロゴの価値が早く失われることから，相当短い期間である可能性が高い。企業 A が取得した資産が，他の企業に対して当該資産を使用する機会を拒否する意図の表明を伴うことから，当該資産が将来において売却される可能性は低く，したがって，残存価額はゼロである。その結果，資産の帳簿価額全額に対する償却費が，耐用年数（一会計期間と同程度短い場合もある）にわたり認識される。

7.3　被取得企業の非支配持分

7.3.1　非支配持分に対する測定原則

企業結合ごとに，取得企業は，取得日に，現在の所有持分であり，清算時に企業の純資産に対する比例的な持分の権利を保有者に与えている被取得企業に対する非支配持分（NCI）を，以下のいずれかで測定しなければならない [IFRS 第 3 号 19 項]。

- 公正価値
- 被取得企業の識別可能純資産の認識金額に対する，現在の所有権金融商品の比例的な持分

NCI の他のすべての内訳項目は，他の測定基礎が IFRSs で求められている場合を除き，取得日の公正価値で測定しなければならない [IFRS 第 3 号 19 項]。

現在の所有持分に対する測定基礎に関するこの選択は，企業結合ごとに利用可能であり，よって，企業は，ある企業結合には公正価値を使用し，他の企業結合には被取得企業の識別可能純資産における比例割合を使用することができる。

IFRS 第 3 号 19 項は，企業結合ごとに測定方法の選択ができるとしている。「結論の根拠」でも，この選択が取引ごとに可能であることを述べている [IFRS 第 3 号 BC 216 項]。IAS 第 8 号「会計方針，会計上の見積

りの変更および誤謬」は，特定の指針が別の基準において利用可能である場合，その指針が，類似の取引，その他の事象または条件と首尾一貫して会計方針を選択および適用するとしたIAS第8号13項の要求事項よりも優先することを要求している。IFRS第3号は，類似の種類の企業結合について，現在の株主持分であるNCIの構成要素を，首尾一貫した基礎で測定することをなんら要求していない。したがって，企業は実行された各々の取引に対し，2つの測定方法のいずれかを自由に選択できる。

IASBはIFRS第3号19項で利用可能な測定の選択の範囲を制限することを決定した。これは，被取得企業の純資産を参照して現在の所有持分以外のNCIの構成要素を測定することを許容することにより，ある状況ではこれらの構成要素の不適切な測定が結果として生じる場合があるという懸念のためである。この制限がなければ，取得企業がNCIを被取得企業の識別可能な純資産の比例割合で測定することを選択した場合，取得企業がある資本性金融商品をゼロで測定してしまう可能性がある。IASBの見解では，このことは他の当事者が被取得企業に対して保有する経済的な持分を認識しないという結果となるであろう［IFRS第3号BC221A項］。

選択を説明した設例およびのれんに対する影響は**本章9.1**で示している。

被取得企業の識別可能純資産に対する比例割合で現在の株主持分である被取得企業のNCIの構成要素を測定する場合，企業は，被取得企業の財務諸表で認識されたのれんを考慮してはならない。NCIは，取得日における認識規準を充足する，被取得企業の識別可能資産および負債の比例割合で算定される。のれんが識別可能な資産ではないことから，被取得企業の財務諸表において認識された，以前から存在するすべてののれんは無視される。

IFRS第3号19項に従って，取得企業の連結財務諸表において，被取得企業の資本性金融商品のいくつかは，その条件と状況によるが，公正価値で測定され（または場合によってはIFRS第2号「株式に基づく報酬」の原則を使用する），NCIの構成要素として取扱われることが要求される。これは，取得企業以外の当事者により保有される優先株式やオプション，複数種類の種類株式のような金融商品を含む場合がある。これらの種類の金融商品には，「歴史的原価」の使用またはゼロで測定することは受入れられない。

以下の設例はIFRS第3号に付属しており，IFRS第3号19項の要求事項の意図する処理を示している。

設例7.3.1

優先株式を含むNCIの測定

[IFRS第3号IE44B項－IE44J項]

TC社は，100の優先株式を発行し，それらは資本に分類されている。その優先株式の額面はそれぞれCU 1である。優先株式は，優先株式の保有者に対して，普通株式の保有者に対するいかなる配当支払よりも優先する，優先配当の権利を与えている。TC社の清算時に，優先株式の保有者は，普通株式の保有者に優先して，分配可能な資産のなかから1株当たりCU 1の金額を受取る権利を与えられている。優先株式の保有者は，清算時にそれ以上の権利を有していない。

AC社はTC社のすべての普通株式を取得する。この取得により，AC社はTC社に対する支配を有する。優先株式の取得日時点の公正価値はCU 120である。

IFRS第3号19項は，企業結合ごとに，取得企業は，取得日に，現在の所有持分であり，清算時に企業の純資産に対する比例的な取分を保有者に与えている被取得企業に対する非支配持分を，「公正価値」と「被取得企業の識別可能純資産の認識金額に対する現在の所有金融商品の比例的な割合」のいずれかで測定しなければならないと述べている。非支配持分の他のすべての内訳項目は，他の測定基礎がIFRSで求められている場合を除き，取得日の公正価値で測定しなければならない。

TC社の優先株式に関連する非支配持分は，IFRS第3号19項における測定の選択の要件に該当しない。それらは，保有者に清算時の企業の純資産に対する比例的な取分に対する権利を与えるものではないからである。取得企業は，優先株式を取得日の公正価値CU 120で測定する。

第1の変型

TC 社の清算時に，優先株式が，分配可能な資産に対する比例的な取分を受取る資格を保有者に対して与えていると仮定する。優先株式の保有者は，清算時に普通株式の保有者と同等の権利と順位を有している。優先株式の取得日の公正価値は現在 CU 160 で，TC 社の識別可能純資産の認識金額のうち優先株式に帰属する比例的な取分は CU 140 と仮定する。

優先株式は IFRS 第 3 号 19 項の測定の選択に適格である。AC 社は優先株式を取得日の公正価値 CU 160 で測定するか，被取得企業の識別可能純資産の認識金額に対する比例的な取分 CU 140 で測定するかのいずれかを選択できる。

第2の変型

TC 社が従業員への報酬としてストック・オプションを発行していることも仮定する。ストック・オプションは資本に分類されており，取得日時点で権利確定している。それらは所有持分を表すものではなく，清算時に TC 社の純資産に対する比例的な取分を保有者に与えていない。IFRS 第 2 号「株式に基づく報酬」に従ったストック・オプションの市場ベースの測定値は CU 200 である。ストック・オプションは取得日時点で消滅しておらず，また AC 社はそれらの置換を行わない。

IFRS 第 3 号 19 項は，他の測定基礎が IFRS で求められている場合を除き，そのようなストック・オプションは取得日の公正価値で測定することを要求している。IFRS 第 3 号 30 項は，取得企業は，被取得企業の株式に基づく報酬取引に係る資本性金融商品を，IFRS 第 2 号の方法に従って測定しなければならないと述べている。

取得企業は，ストック・オプションに関連する非支配持分を，市場ベースの測定値 CU 200 で測定する。

IFRS 第 3 号での，被取得企業の既存の株式に基づく報酬の取扱いは，**本章 8.3.4** で説明している。

7.3.2　現在の所有持分である非支配持分の構成要素の測定方法間の選択の影響

現在の所有持分であるNCIを公正価値（一般に識別可能純資産の比例割合よりも高い）で測定することが選択された場合，のれんの残存価額または割安購入で認識された利得に，対応する影響がある。

さらなる検討事項は，以下のとおりである。

- 当該選択は，NCIの当初の測定に影響を及ぼすのみであり，公正価値による測定の選択肢はNCIの事後的な変動には利用できない。
- NCIの測定の選択の結果としてのれんに配分される増加額は，のれんの帳簿価額における永久的な差異である。しかし，企業結合で生じるNCIの測定にかかわらず，事後的なNCIの取得は資本取引として会計処理されることから，のれんの金額を変更しない。この点については，**第2巻4章13.3.2**で詳細に解説している。
- このことは，IAS第36号「資産の減損」に基づく減損テストに従ったのれんの金額が異なるということを示す。しかし，IAS第36号の要求事項は，この影響が等しくなったことを意味している（**第1巻10章「資産の減損」8.1.2.4**参照）。企業が取得日において，公正価値ではなく，子会社の正味の識別可能資産の比例割合でNCIを測定する場合，減損テストのために，当該資金生成単位（CGU）に配分されたのれんの帳簿価額は，NCIに帰属するのれんを含むようグロスアップされる。この調整後の帳簿価額は，当該CGUが減損しているかどうかを判定するために，当該CGUの回収可能価額と比較される［IAS第36号C4項参照］。

7.3.3　非支配持分の公正価値の測定

NCIを公正価値で測定する目的上，取得企業は，取得企業が保有していない持分株式について，活発な市場における相場価格に基づいて，取得日の公正価値を測定できる場合がある。持分株式が公開市場で取引されないことから活発な市場の相場価格が利用できない場合，取得企業は，NCIの公正価値を，その他の評価技法を使用して測定しなければならない［IFRS第3号B44項］。

取得企業の被取得企業に対する持分の公正価値と，NCIの公正価値は，1株当たりベースで異なる場合がある。主な相違は，被取得企業に対する取得企業の持分の1株当たり公正価値に支配プレミアムを含んでいること，または，反対に，市場参加者が非支配持分の価格決定の際に，そのようなプレミアムや割引を考慮に入れるのであれば，NCIの1株当たりの公正価値に，支配の欠如による割引を含んでいる可能性が高い［IFRS第3号B45項］。

上記の指針はIFRS第13号により行われた用語上の変更を反映しているが，IFRS第3号B44項とB45項で示されている一般原則には，IFRS第13号の導入による影響はない。

設例7.3.3

公正価値が異なる状況を反映している可能性

企業Aは企業Bを2つの別の取引で取得した。

- 企業Aが1株当たりCU 10を支払って資本持分の3分の1を取得し，企業Aが企業Bに対して重要な影響力を及ぼすものとなった。
- 加えて，企業Aが1株当たりCU 15を支払って資本持分の3分の1を追加で取得し，結果として企業Aが支配持分を有することとなった。

残りの株式の市場価格に基づき，企業Aは非支配持分の公正価値を1株当たりCU 9と評価した。

この場合，3つの異なる公正価値が，同様の規模の資本持分に配分されているようにみえる。しかし，それぞれの公正価値は異なる事実のパターンを反映しており，したがって，異なる市場においては，以下を反映することになる。

- 他の持分が分散しており，保有者が支配持分獲得のために入札により取得する可能性がある場合，CU 10は企業に対する重要な影響力が持越されている資本持分の公正価値を示す。
- CU 15は支配プレミアムを含む支配持分の公正価値を示す。

- CU 9は他の当事者によって支配される企業に対する資本持分の公正価値を示す。

7.3.4　株式公開買付を開始するための法定義務

設例7.3.4

株式公開買付を開始するための法定義務

企業Aは，上場企業である企業Bの株式の60％を取得するための企業Bの株主との契約を有している。その国の法律では，上場企業の少なくとも30％を購入する投資者は，残りの持分の株式公開買付を開始する義務がある。持分の60％の取得に関するすべての条件が満たされている。

企業Bの残存持分に対する株式公開買付に着手する義務を，企業Aは負債として認識すべきか。

当該義務が，金融負債または企業Aに対する不利な契約を原因とするのであれば，負債を認識しなければならない。IAS第32号「金融商品：表示」AG12項は，「契約上のものではない負債または資産（政府が課する法的要求事項の結果として生じる法人所得税等）は，金融負債または金融資産ではない」ことを明確にしている。

上記の状況においては，企業Bの残り40％の持分の所有者にとって，企業Aが当該株式を購入する法的義務は，金融商品によって裏付けられた現金を受取る契約上の権利でも金融資産でもない。企業Aにとって，申し出を行う法的義務は，金融商品によって裏付けられた契約上の権利ではなく，いかなる金融負債も認識されるべきではない。

企業Aは，IAS第37号「引当金，偶発負債および偶発資産」に従って，株式公開買付開始のための法定義務の結果として，不利な契約に対する負債が認識されるべきかどうかを検討しなければならない。

残り40％（またはその一部）の取得は，資本取引として生じた場合はIFRS第10号「連結財務諸表」23項（**第2巻4章13.3**参照）に従って，まだIFRS第10号を適用していない企業はIAS第27号「連結および個別財務諸表」（2008年）30項に従って，会計処理されなければならない。

7.4　資産および負債の特定のカテゴリーの認識および測定に関する指針

7.4.1　オペレーティング・リース

IFRS 第 3 号には，企業結合の会計処理を行う際に，オペレーティング・リースがどのように認識され，測定されるべきかに関する特定の指針を含んでいる。

- **オペレーティング・リースとファイナンス・リースの分類**　取得日においてリース契約の分類をオペレーティング・リースとファイナンス・リースのいずれに分類するかは，一般には取得日よりも前である当該リース開始時点の要因に基づく。契約の条件が，リース開始後にリースの分類が変わるように変更された場合，取得日における分類は，当該変更日の契約条件およびその他の要因に基づくこととなる。このことは，企業結合の会計処理の際に，リース契約が取得日において修正されなければ，被取得企業のリース分類（IFRSs に従って決定された場合）は変更されないことを意味する［IFRS 第 3 号 17 項］。
- **被取得企業が借手の場合の測定**　一般に，取得企業は，被取得企業が借手であるオペレーティング・リースに関する資産または負債を認識してはならない［IFRS 第 3 号 B28 項］。これにより，被取得企業によって償却されているリース・インセンティブは，取得企業によって認識されないという結果になる。しかし，被取得企業は，市場レートを下回る，または上回るレートによる将来のリース支払を伴うオペレーティング・リースの取決めの当事者である場合がある。取得企業は，被取得企業が借手であるそれぞれのオペレーティング・リースの条件が有利か不利かについて判断する。取得企業は，オペレーティング・リースの条件が市場の条件と比べて有利である場合には無形資産を，市場の条件と比べて不利である場合には負債を認識する［IFRS 第 3 号 B29 項］。

設例7.4.1A

被取得企業がオペレーティング・リースに関連して賃借料を繰延べた例(1)

企業 A は企業 B を取得する。取得日前において，企業 B はオペレーティング・リースに関連する繰延賃借料を，財政状態計算書上負債として認識していた（その理由は，リースに関する取決めに基づき，フリーレント期間から企業Ｂが便益を受けるが，IAS 第 17 号「リース」に従い，リース期間中に定額法でリース料の支払を認識するよう要求されているためである）。

企業Ａは，企業結合の会計処理の一部として，繰延賃借料を負債として認識すべきか。

いいえ。企業Ａは，負債の定義に合致しないことから，取得日において企業Ｂの繰延賃借料を認識すべきではない。その代わり，IFRS 第３号 B29 項で要求されるように，取得企業は，オペレーティング・リースの条件が市場の条件と比べて有利である場合には無形資産を，市場の条件と比べて不利である場合には負債を認識する。

しかし，企業Ａは，引受けたリースの条件に基づき，企業結合後の期間において発生するすべての追加繰延賃借料を認識しなければならない。

本章設例 7.4.1B は数値例を提供する。

設例7.4.1B

被取得企業がオペレーティング・リースに関連して賃借料を繰延べた例（2）

会社Ａは会社Ｂを取得し，会社Ｂのオペレーティング・リースを（借手として）引受ける。当該リースは，期間５年であり，１年目がフリーレントで，２年目から３年目は CU 150，４年目は CU 200，５年目は CU 250 を支払う。

取得日において，当該リースの契約上の残存年数は３年であり，会社Ｂは繰延賃借料について CU 150 の負債を認識した。これは定額法により，CU 300 の累積費用（(CU 150＋CU 150＋CU 200＋CU 250）／5×2）から CU 150 の現金支払分を差引いて算定される。

会社Ａは，取得日において会社Ｂの繰延賃借料負債に関連した金額を一切認識しない。しかし，リースの条件が，企業結合後の期間において繰延賃借料を発生させることになる。会社Ａは，取得後最初の年度末に，CU 50 の繰延賃借料負債を認識する。これは定額法で CU 200 の費用（(CU 150＋CU 200＋CU 250）／3）から CU 150 の現金支払分を差引いて算定される。

また，会社Ａは，将来リース料の支払が市場の条件に比較して有利か不利かにより，取得日において資産または負債を認識しなければならない場合がある。例えば，取得日において市場レートが年間 CU 220 である場合，会社

Aは，この支払額と将来における実際の支払額との相違の公正価値を反映する資産を認識することになり，それは年平均CU 200となるであろう。

- **別個に識別可能な無形資産**　識別可能な無形資産が，オペレーティング・リースに関連する場合がある。たとえそれが市場条件であっても，リースに対して市場参加者の支払いたいとする意思によって裏付けられる場合がある。例えば，空港のゲートまたは主要なショッピング・エリアの小売店スペースのリースにより，（例えば顧客関係のように）識別可能無形資産としての要件を満たす市場への参入またはその他の将来の経済的便益がもたらされる場合がある。そうした状況では，関連する識別可能な無形資産が認識される— **本章7.4.2**参照［IFRS第3号B30項］。
- **被取得企業が貸手の場合の測定**　建物または特許権のような資産がオペレーティング・リースで被取得企業によってリース貸される場合，取得企業は，リースの条件を，それら資産の取得日時点の公正価値を測定するにあたって考慮する。いいかえれば，取得企業は，オペレーティング・リースの条件が市場の条件と比べて有利または不利であるとしても別個の資産または負債を認識しないが（被取得企業が借手であるリースについて要求されているのと同様に），その代わりリースされた資産の公正価値の測定においてリースの条件を反映することになる（**本章設例7.4.1C**参照）［IFRS第3号B42項］。

設例7.4.1C
市場の条件に比べて有利または不利なオペレーティング・リースの，企業結合における会計処理

会社Aは会社Bを企業結合で取得する。会社Bは，市場の条件と比較して有利または不利な条件を含む多数のオペレーティング・リースに基づきリースする投資不動産を保有している。

企業結合の会計処理において，会社Aは，各々の投資不動産の公正価値とは別個に市場外のオペレーティング・リースの公正価値を認識しない。そうではなく，各々の場合において，オペレーティング・リースの公正価値は投資不動産の公正価値の一部に組込まれている。

第1巻8章「投資不動産」の設例5.2.2.2A は，企業結合以外で，オペレーティング・リースが現在の市場レートに基づかない場合の投資不動産の取得を取扱っている。

7.4.2　無形資産

取得企業は，のれんとは別に，企業結合で取得した識別可能な無形資産を認識しなければならない。IAS第38号「無形資産」12項（以下参照）の分離可能性規準と契約法律規準のいずれかを満たす場合に，資産は識別可能である[IFRS第3号B31項]。

識別可能性規準は無形資産がのれんとは区分して認識されるかどうかを決める。しかし，その規準は無形資産の公正価値を測定する指針を示しておらず，無形資産の公正価値を測定する際に使用する仮定を制限することもない［IFRS第3号B40項］。

以下の設例の用語は，IFRS第13号により生じた修正を反映している。当該修正による実質的な影響はない。

設例7.4.2

契約更新

[IFRS第3号B40項]

取得企業は，公正価値を測定する際に，将来の契約更新に関する予測等，市場参加者が無形資産の価格付の際に使用する仮定を考慮するであろう。更新自体は識別可能性規準を満たす必要はない（しかし，企業結合で認識した再取得された権利に対する公正価値の測定原則の例外を定めたIFRS第3号29項を参照)。IAS第38号36項および37項では，無形資産を，他の無形資産や有形資産とともに単一の会計単位に結合すべきかどうかの判定に関する指針を提供している。

再取得した権利は**本章7.5.2**で説明している。

7.4.2.1　無形資産の認識に関する分離可能性規準

無形資産が企業から分離または分割して，単独でまたは関連する契約，識別可能な資産もしくは負債とともに，売却，移転，権利供与，賃貸または交換することができる場合は，そうする意図が企業にあるかどうかを問わず，無形資産は分離可能である［IAS 第 38 号 12 項（a）］。取得した無形資産は，取引の頻度が少なくても，また取得企業がその取引に関与しているかどうかに関係なく，当該種類の資産または類似の種類の資産に関する交換取引の証拠が存在する場合には，分離可能性規準を満たしている［IFRS 第 3 号 B33 項］。

設例7.4.2.1A

顧客リスト

［IFRS第3号B33項］

顧客および加入者リストは，頻繁にライセンス化されており，したがって分離可能性規準を満たしている。被取得企業が，顧客リストが，他の顧客リストとは異なる特徴があると考えていても，顧客リストが頻繁にライセンス化されているという事実は，一般に，取得した顧客リストが分離可能性規準を満たしていることを意味する。しかし，守秘義務またはその他の取決めにより，企業が顧客の情報を売却，リースまたは交換することを禁止されている場合には，企業結合で取得した顧客リストは分離可能性規準を満たさない。

被取得企業または結合企業から個別に分離可能ではない無形資産は，関連する契約，識別可能な資産または負債との組合せによって分離可能となる場合，分離可能性規準を満たす［IFRS 第 3 号 B34 項］。

設例7.4.2.1B

預金者との関係

［IFRS第3号B34項(a)］

市場参加者は，観察可能な交換取引において，預り金負債とそれに関係する預金者との関係の無形資産を交換する。したがって，取得企業は預金者との関係の無形資産を，のれんとは区別して認識しなければならない。

設例7.4.2.1C

商標権

[IFRS第3号B34項(b)]

被取得企業が登録された商標権を有しており，また文書化されているが商標の対象製品の製造に使用される特許権のない専門的技術を有している。また，商標の所有権を譲渡するためには，所有者は，旧所有者が製造していたものとは区別することのできない，製品やサービスを製造するために新しい所有者にとって必要なすべてのものを移転することを要求される。特許権が付与されていない専門的技術は，関連する商標権が売却される場合には，被取得企業または結合後企業から分離され売却されなければならないため，分離可能性規準を満たすことになる。

7.4.2.2　無形資産の認識に関する契約法律規準

契約またはその他の法的権利から生じている無形資産は，それらの権利が譲渡可能かどうか，または被取得企業または他の権利および義務から分離可能かどうかにかかわらず，識別可能である［IAS 第 38 号 12 項（b)］。

設例7.4.2.2A

オペレーティング・リースのもとでの製造設備

[IFRS第3号B32項(a)]

被取得企業が，市場の条件と比べて有利な条件であるオペレーティング・リースに基づき，製造設備をリースしている。リースの条件は明確に（売却または転リースを通じての）リースの譲渡を禁止している。リースの条件が同一または類似の項目に関する現在の市場取引の条件と比べて有利となっている金額は，取得企業がリース契約を売却または譲渡することができないとしても，のれんとは区別して認識できる契約法律規準を満たす無形資産となる。

設例7.4.2.2B

原子力発電所の運営ライセンス

[IFRS第3号B32項(b)]

被取得企業は原子力発電所を所有し，運営している。発電所を運営するライセンスは，取得企業が当該ライセンスを取得した発電所から分離して売却または譲渡できないとしても，のれんとは区別して認識する契約法律規準を満たす無形資産となる。取得企業は，当該資産の耐用年数が類似している場合には，発電所の運営ライセンスの公正価値と発電所の公正価値を，財務報告目的上，単一の資産として認識することができる。

設例7.4.2.2C

技術特許

[IFRS第3号B32項(c)]

被取得企業は技術特許を所有している。被取得企業は，国内市場の外で独占的に使用可能な特許を他社にライセンス付与しており，代わりに将来の海外収益の特定の割合を受取る。特許と関連ライセンス契約を互いに分離して売却または交換することが実務的でなくても，技術特許および関連するライセンス契約は，のれんと区別して認識するための契約法律規準を満たしている。

無形資産の認識および測定は，実際は，常にIFRS第３号の適用が困難な領域の１つである。評価実務は，時を経て発展してきており，またその解釈および実行には多様性が残っている。

7.4.2.3　識別可能な無形資産の例

識別可能な無形資産の以下の例は，IFRS第３号に伴う設例からのものであるが，網羅的であることを意図していない。それらは5つの表題の例があり，マーケティング関連，顧客関連，芸術関連，契約に基づくもの，および技術に基づく無形資産である。内容は，例が契約上のものか，または契約に基づかないものかどうかを示している。契約に基づくものとして識別された無形資産は，契約上または他の法的権利から発生するものである。一方，契約に基づかないものであると識別された無形資産は，契約または他の法的権利から発生するものではないが，分離可能である。契約上の基礎を有するとして識別される無形資産もまた分離可能であるが，分離可能性は，資産が契約法律規準を満たすための必要条件ではない［IFRS第3号IE17項］。

設例7.4.2.3A
マーケティング関連無形資産
[IFRS第3号IE18項－IE22項]

マーケティング関連無形資産は，主に製品やサービスのマーケティングまたは販売促進に使用される。マーケティング関連無形資産の例は以下のとおりである。

種類	基礎
商標，商号，サービスマーク，団体マーク，および認証マーク	契約
トレードドレス（独特な色彩，形またはパッケージ・デザイン）	契約
新聞のマストヘッド	契約
インターネットのドメイン名	契約
非競合契約	契約

商標，商号，サービスマーク，団体マーク，および認証マーク

商標権とは，製品の供給元を表示して他の製品と区別するために，取引で使用される言葉，名称，シンボルまたはその他の図案である。サービスマークは，製品ではなくサービスの提供元を識別し区別する。団体マークは，グループのメンバーの商品またはサービスを識別する。認証マークは，商品またはサービスの地理的原産地またはその他の特徴を証明する。

商標，商号，サービスマーク，団体マークおよび認証マークは，政府機関への登録，事業での継続的使用またはその他の方法を通じて法的に保護される。登録またはその他の方法を通じて保護される場合，企業結合で取得された商標またはその他のマークは，契約法律規準を満たす無形資産である。そうでない場合，企業結合で取得された商標またはその他のマークは，分離可能性規準が満たされるのであれば（通常は満たされるであろうが），のれんと区別して認識することができる。

商標およびその他のマークに対する同義語としてしばしば使用されるブランドおよびブランドネームという用語は，一般に，商標（またはサービスマーク）およびそれに関連する商号，製法，レシピおよび技術的専門知識のような相互補完的資産のグループを指す一般的なマーケティング用語である。IFRS第３号は，企業が，一般にブランドとよばれる相互補完的な無形資産のグループについて，そのグループを構成する資産が同様の耐用年数を有する場合には，のれんと切離して単一の資産として認識することを妨げない。

インターネットのドメイン名

インターネットのドメイン名は，特定の数値式インターネット・アドレスを識別するために使用される英字と数字を組合わせた独特の名前である。ドメイン名の登録により，登録された期間にわたってインターネット上でその名前と指定されたコンピュータの接続を行う。それらの登録は更新可能である。企業結合で取得した，登録されたドメイン名は，契約法律規準に合致する。

設例7.4.2.3B

顧客関連無形資産

[IFRS第3号IE23項－IE31項]

顧客関連無形資産の例は以下のとおりである。

種類	基礎
顧客リスト	非契約
注文または製品受注残高	契約
顧客契約および関連する顧客との関係	契約
契約に基づかない顧客との関係	非契約

顧客リスト

顧客リストは顧客先名および連絡先情報等の，顧客についての情報から構成される。また，顧客リストは，顧客の注文履歴や人口統計上の情報等，顧客についてのその他の情報を含むデータベースの形である場合もある。通常，顧客リストは契約上またはその他の法律上の権利から生じるものではない。しかし，顧客リストは，しばしばリースされたり交換されたりする。したがって，企業結合で取得される顧客リストは，通常，分離可能性規準を満たす。

注文または製品受注残高

注文または製品受注残高は，購入または販売注文等の契約から生じる。企業結合で取得される注文または製品受注残高は，その購入または販売が取消され得るとしても，契約法律規準を満たす。

顧客契約および関連する顧客との関係

企業が契約によって顧客との関係を確立した場合，それらの顧客関係は契約上の権利から生じる。したがって，企業結合によって取得された顧客契約および関連する顧客との関係は，機密保持その他の契約条項により，契約を被取得企業と別個に売却または移転することが禁止されていても，契約法律規準を満たす。

顧客契約および関連する顧客との関係は，明確に区分できる２つの無形資産を示す場合がある。２つの資産の経済的便益が消費される耐用年数とそのパターンは異なる場合がある。

顧客との関係は，(a) 企業が顧客についての情報を保有し，顧客との間で定期的なコンタクトを有し，かつ，(b) 顧客が企業と直接的なコンタクトを行う能力を有している場合に，企業と顧客との間で存在する。取得日において契約が存在するかどうかにかかわらず，企業が顧客との間で契約を締結する慣行を有している場合には，顧客との関係は契約法律規準を満たす。また，顧客との関係は販売またはサービスの代表者による定期的なコンタクト等を通じた，契約以外の方法によっても生じることもある。

IFRS 第３号 IE25 項で示されたように，注文または製品受注残高は，購入または販売注文等の契約から生じ，したがって，契約上の権利とみなされる。そのため，企業がこれらの種類の契約を通じて顧客との関係を持てば，顧客との関係も契約上の権利から生じ，したがって，契約法律規準を満たすことになる。

設　例

以下の設例は，企業結合で取得された顧客契約および顧客関連無形資産の認識について説明している。

- 取得会社である会社 AC（AC 社）は，取得対象会社である会社 TC（TC 社）を 20X5 年 12 月 31 日に企業結合により取得する。TC 社は，顧客に対する 5 年間の商品供給契約を有している。TC 社と AC 社は，どちらも顧客が現在の契約終了時に契約を更新するものと考えている。当該契約は，分離可能ではない。
  当該契約は，解約できるかどうかにかかわらず，契約法律規準を満たしている。さらに，TC 社は契約によって顧客との関係を確立しているため，顧客との契約自体だけでなく TC 社の顧客との関係も契約法律規準を満たしている。
- AC 社は TC 社を 20X5 年 12 月 31 日に企業結合により取得する。TC 社は，2 つの明確に区別できる事業分野の製品（スポーツ用品と電子機器）を製造している。顧客は TC 社からスポーツ用品と電子機器の両方を購入している。TC 社は顧客との間でスポーツ用品の独占的な供給契約を締結しているが，顧客への電子機器の供給についての契約は締結していない。TC 社と AC 社は，TC 社と顧客との間で唯一の全面的な顧客関係が存在すると考えている。
  顧客とのスポーツ用品の独占供給契約は，解約可能かどうかにかかわらず，契約法律規準を満たしている。さらに，TC 社は契約により顧客との関係を確立しているため，顧客との関係は契約法律規準を満たしている。TC 社は顧客との間で唯一の顧客関係を有しているため，その関係の公正価値は，スポーツ用品と電子機器の双方に関連した TC 社の顧客との関係についての仮定を織込んでいる。しかし，AC 社がスポーツ用品と電子機器に対する顧客との関係がそれぞれ別個のものであると判断する場合には，AC 社は，電子機器についての顧客関係が，無形資産として識別するための分離可能性規準を満たすかどうかを評価することになろう。
- AC 社は TC 社を 20X5 年 12 月 31 日に企業結合により取得する。TC 社は，その顧客との間で購入注文および販売注文を通じてのみ取引を行っている。20X5 年 12 月 31 日に，TC 社は，60％の顧客（すべて継続的な取引を行っている顧客）からの購入注文の受注残高を有している。TC 社の他の 40％の顧客も継続的な取引を行っている顧客である。しかし，20X5 年 12 月 31 日時点において，TC 社は，それら 40％の顧客との間には，購入注文またはその他の契約はない。
  それらが解約可能かどうかにかかわらず，TC 社の 60％の顧客からの購入注文は，契約法律規準を満たす。さらに，TC社は契約によってその60%の顧客との関係を確立しているため，購入注文だけでなくTC社の顧客関係も契約法律規準を満たしている。TC社は，残る40%の顧客との間でも契約を成立させる慣行を有しているため，それらの顧客との関係も契約上の権利から生じ，したがって，TC社が20X5年12月31日時点でこれらの顧客との契約を有しないとしても，契約法律規準を満たす。

- AC社は20X5年12月31日に，保険者であるTC社を企業結合で取得する。TC社は，保険契約者が解約可能な1年間の自動車保険契約の顧客リストを有している。
  TC社は，保険契約によって保険契約者との関係を確立しているので，保険契約者との顧客関係は契約法律規準を満たしている。IAS第36号「資産の減損」およびIAS第38号「無形資産」は顧客関連無形資産に適用される。

契約に基づかない顧客との関係

企業結合で取得した契約から生じない顧客関係にもかかわらず，その関係が分離可能であることから識別可能である場合がある。他の企業が，契約に基づかない特定の種類の顧客関係を売却したまたは移転したことを示す同一の資産または類似の資産の交換取引は，その関係が分離可能であることの証拠を提供するであろう。

設例7.4.2.3C
芸術関連無形資産

[IFRS第3号IE32項－IE33項]

芸術関連無形資産の例として，以下のものがある。

種類	基礎
演劇，オペラおよびバレエ	契約
書籍，雑誌，新聞およびその他の文学作品	契約
作曲，作詞，およびCMソング等の音楽作品	契約
絵画および写真	契約
映画またはフィルム，音楽ビデオおよびテレビ番組を含むビデオならびに視聴覚データ	契約

企業結合で取得した芸術関連資産は，著作権を与えられた資産のように契約上または法律上の権利から生じるものである場合には，識別可能である。所有者は，著作権について，譲渡によりそのすべてを，または使用許諾契約によりその一部を移転することができる。取得企業は，耐用年数が同様であれば，著作権の無形資産とそれに関連するアサインメントまたは使用許諾契約を単一の資産として認識することは妨げられない。

設例7.4.2.3D

契約に基づく無形資産

[IFRS第3号IE34項－IE38項]

契約に基づく無形資産は，契約上の取決めから生じる権利の価値を示す。顧客契約は，契約に基づく無形資産の一種である。契約の条件が負債を生じさせる場合（例えば，オペレーティング・リースまたは顧客契約の条件が市場の条件と比較して不利である場合）には，取得企業は，それを企業結合で引受けた負債として認識する。

契約に基づく無形資産の例としては，以下のものがある。

種類	基礎
使用許諾，ロイヤリティおよび使用禁止契約	契約
広告，建設，マネジメント，サービスまたは供給契約	契約
リース契約（被取得企業が借手か貸手かを問わない）	契約
建設許可	契約
フランチャイズ契約	契約
営業権および放送権	契約
住宅ローン回収サービシング契約等のサービシング契約	契約
雇用契約	契約
採掘，水道，空調，材木伐採および通行権等の使用権	契約

住宅ローン回収サービシング契約等のサービシング契約

金融資産のサービシング契約は，契約に基づく無形資産の一種である。サービシングはすべての金融資産に固有のものであるが，以下のうち1つによって明確に区分できる資産（または負債）になる。

- サービシング機能を保持したまま，資産の売却または証券化によって原金融資産から契約上分離された場合
- サービシング機能の別々の購入または引受による場合

担保付住宅ローン，クレジットカード債権またはその他の金融資産が，そのサービス機能を保持したまま企業結合で取得された場合には，固有のサービシング権は独立の無形資産ではない。なぜなら，それらのサービシング権の公正価値は，取得した金融資産の公正価値の測定に含まれているからである。

雇用契約

雇用契約の値決めが市場の条件と比較して有利であることにより，雇用主の視点からみて有利な雇用契約は，契約に基づく無形資産の一種である。

使用権

使用権には，採掘，水道，空調，材木伐採および通行権等の権利を含む。一部の使用権は，のれんとは分離して会計処理される，契約に基づく無形資産である。他の使用権は，無形資産よりも有形資産の特徴を有している場合がある。取得企業は，使用権をその性質に基づいて会計処理しなければならない。

設例7.4.2.3E

技術に基づく無形資産

[IFRS第3号IE39項－IE44項]

技術に基づく無形資産の例としては，以下のものがある。

種類	基礎
特許技術	契約
コンピュータ・ソフトウェアおよびマスク・ワーク	契約
特許化されていない技術	非契約
タイトル・プラントを含むデータベース	非契約
秘密製法，プロセスおよびレシピ等の取引上の機密	契約

コンピュータ・ソフトウェアおよびマスク・ワーク

特許または著作権等によって法的に保護されている，企業結合で取得したコンピュータ・ソフトウェアおよびプログラム・フォーマットは，無形資産の識別のための契約法律規準を満たす。

マスク・ワークは，一連の型または集積回路として読取専用メモリー・チップで永久に保存されるソフトウェアである。マスク・ワークは法的な保護を受ける場合がある。企業結合で取得した，法的に保護されているマスク・ワークは，無形資産の認識のための契約法律規準を満たす。

タイトル・プラントを含むデータベース

データベースは多くの場合，電磁的な形（コンピュータ・ディスクまたはファイル）で保存される情報の集積である。原作者のオリジナル作品を含むデータベースは，著作権保護の権利を与えられる場合がある。企業結合で取得した著作権保護のあるデータベースは，契約法律規準を満たす。しかし，データベースには，一般的に，顧客リスト，特殊情報，科学的データまたは信用情報等の企業の通常の活動の結果として生成された情報が含まれている。著作権で保護されないデータベースは，その全部または一部を他と交換したり，使用許諾またはリースしたりすることができ，実際行われることがよくある。したがって，データベースからもたらされる将来の経済的便益が法律上の権利から生じないとしても，企業結合で取得したデータベースは分離可能性規準を満たす。

タイトル・プラントは，特定の地理的地域における土地の区画に対する所有権に影響を与えるすべての事項についての歴史的な記録からなる。タイトル・プラント資産は，その全部または一部について，交換取引または使用許諾により購入または売却される。したがって，企業結合により取得したタイトル・プラント資産は分離可能性規準を満たす。

秘密製法，プロセスおよびレシピ等の取引上の機密

取引上の機密とは「(a) 一般に知られていない，現実のまたは潜在的な独立した経済的価値から生じるもので，(b) その機密性を維持するための環境のもとで合理的な努力の対象となる，製法，パターン，レシピ，調製，プログ

ラム，工夫，方法，技法またはプロセスを含んだ情報」である。企業結合で取得した取引上の機密から得られる将来の経済的便益が法的に保護されているのであれば，当該資産は契約法律規準を満たす。それ以外の場合，企業結合で取得した取引上の機密は，分離可能性規準を満たす場合に限り識別可能であり，またそうである可能性は高い。

7.4.2.4　識別可能ではない集合的な人的資源およびその他の項目

取得企業は，取得した無形資産で，取得日時点で識別可能ではないものの価値はのれんに含める［IFRS 第３号 B37 項］。

設例7.4.2.4A

集合的な人的資源

[IFRS第3号B37項]

取得企業は，集合的な人的資源，すなわち取得企業が取得した事業を取得日から継続して運営できるようにする既存の従業員の集団に，価値を帰属させる場合がある。集合的な人的資源は，熟練した労働力の知的資本（被取得企業の従業員が仕事にもたらす〔多くの場合専門化した〕知識および経験）を示すものではなく，それらは専売特許の技術，プロセス，顧客との契約や顧客との関係等の，企業の他の無形資産の公正価値に含まれるであろう。集合的な人的資源は，のれんと区別して認識される識別可能な資産ではないため，帰属する価値はすべてのれんに包含される。

設例7.4.2.4B

独立した請負業者との取決め

独立した請負業者との企業の取決めは，多くの点で，集合的な人的資源が形成される，自由に採用や解雇ができる従業員との取決めと類似している。しかし，独立した請負業者との契約上の取決めの存在は，ある状況では無形資産を示すことがある。個々の従業員には，独立した請負業者との取決めと類似している雇用契約があるが，取得された事業の運営を取得日から継続することを取得企業に可能とさせるのは従業員の集団であり，この集団は識別可能資産ではない。

独立の請負業者は特定の作業に従事することが多く，組織の従業員ではない。また請負業者には，契約中に生じた知的財産を保持するための交渉権があることが多い。独立した請負業者は，通常多くの異なる企業にサービスを提供している。したがって，独立した請負業者との関係の本質は，従業員との関係とは非常に異なることが多く，その関係が無形資産の存在となる場合，IFRS 第 3 号に従って認識および測定しなければならない。

取得企業はまた，取得日時点で資産としての要件を満たさない項目に帰属する価値をのれんに含める［IFRS 第 3 号 B38 項］。

設例7.4.2.4C

潜在的な契約

[IFRS第3号B38項]

取得企業は，被取得企業が取得日に交渉していた，新規の見込顧客との潜在的な契約に価値を帰属させることがある。取得企業は，その潜在的な契約自体は取得日では資産ではないため，当該契約をのれんとは区別して認識しない。取得企業はその後，取得日以降に発生する事象に関して，当該契約の価値をのれんから再分類してはならない。しかし，取得企業は，取得日時点で個別に認識可能な無形資産が存在していたかどうかを判断するために，取得直後に発生した事象を取巻く事実と状況を評価しなければならない。

設例7.4.2.4D

事業の将来的な拡大の潜在能力に起因する価値の認識

企業Ａは企業Ｂを取得している。申し出の検討の際に，企業Ａは企業Ｂの事業の将来的な拡大の潜在能力を反映する要素を含めた。

この将来的な拡大の潜在能力は，それ自体では，資産の定義を満たす可能性が低い。しかし，将来の成長への期待は，取得において識別される，他の契約上および契約外の無形資産の測定に影響する場合がある。

例えば，そのような取得において，取得日における被取得企業の顧客基盤は，別個に識別可能な無形資産となることが多い。当該無形資産の公正価値は，既存の顧客から生じる事業の成長に対する期待を反映する。同様に，商標やライセンスのような無形資産の評価において，それらの公正価値の測定は，それらの資産から生み出される収益の将来における増加に関する期待を反映する。

対照的に，取得日において識別した無形資産と無関係に，被取得企業が獲得することになるであろう将来の顧客に取得企業が価値を帰属させる場合，このことは個別に識別可能な資産を示すものではなく，また，この金額はのれんに含めなければならない。

設例7.4.2.4E

独占事業の将来的な成長の潜在能力に起因する価値の認識

企業Aは企業Bを取得している。企業Bが，法律により創出された独占免許のもとで事業を運営する。これらの独占権のために，企業Bの地域のいかなる将来の顧客も，そのサービスを提供するために企業Bを利用するよう要求される。

この状況において，当該地域において予想される今後の成長は，独占免許に起因する価値に組入れられる。

これらの状況は，通信業や公共事業，および類似の産業セクターにおいて，個別企業が特定の地域において公共事業または通信サービスの排他的な供給者としての権利を与えられる場合に通常生じる。これらの場合において，取得企業は，通常，顧客関連の無形資産よりも独占免許資産の方に重要な価値があるものと考える。

7.4.2.5　仕掛中の研究開発

IAS第38号は，一般に，研究開発支出で一定の規準を満たさないものは費用処理することを要求する。しかし，仕掛中の研究開発（IPR＆D）プロジェクトは公正価値があることがあり，また，これはIFRS第3号B31項の要求事項を満たす場合に認識される。

IFRS第3号もIAS第38号も，取得日に認識した公正価値の事後的な会計処理に関する指針を含んでいない。したがって，認識後の測定および償却に関するIAS第38号の一般的な要求事項が適用される。これはIAS第38号の「結論の根拠」において確認されている［IAS第38号BC84項］。その後の会計処理の基礎は以下のいずれかである。

- 取得原価から償却累計額と減損損失累計額を控除した額
- 再評価日時点で，活発な市場を参照して測定された，資産の公正価値である再評価額から，事後の償却累計額と減損損失累計額を控除した額

償却は，IPR＆Dの耐用年数に基づいて行わなければならない［IAS第38号88項参照］。

再評価の状況に合致する可能性は低い。なぜなら，IPR＆Dにおいて活発な市場が存在する可能性は低く，結果として原価法が使用されるからである。研究プロジェクトが将来の経済的便益をもたらさない場合，繰越金額は減損テストに従わなければならない。将来の経済的便益が予想される場合，償却は製造数，または類似の，耐用年数を表す単位によって査定された耐用年数に基づかなければならない。

企業結合の後の，さらなる支出の資産化は，IAS第38号の通常の要求事項に従う［IAS第38号42項参照］。

設例7.4.2.5

仕掛中の研究開発

企業Nは研究所を取得する。その研究所は，医療研究技術の開発に関わっている。取得日において，企業は2つの仕掛中のプロジェクトを有する。1つは効能が証明された，よくある病気に対する商業的な成功が見込める治療薬の開発であり，2つ目は，特定の化合物の治療効果のある特性に関する研究である。

取得日に，これらのプロジェクトから生じる無形資産は公正価値で測定され，企業結合で取得した資産として認識される。

その後，数年間においてIAS第38号の認識規準を満たす場合，第1のプロジェクトに直接帰属する開発に係る支出は無形資産の一部として資産化

される。当該資産は，(まだ使用可能でないため) 少なくとも年次に，また，減損のいずれかの兆候が識別される場合に，減損テストが行われる。2番目のプロジェクトに帰属するすべての事後的な支出は，当該プロジェクトが，IAS第38号における開発資産として認識するためのすべての規準を満たす時点まで，支出時に費用処理される。いったんその規準を満たした場合，過去に費用処理された支出は開発資産に戻入れることはできない。

7.4.2.6　タックス・ホリデイ

設例7.4.2.6

企業結合におけるタックス・ホリデイ

20X8年において，会社Aは多くの国で事業を営んでいる海外のグループを取得する。被取得企業の海外子会社のうちの1社である会社Bは，X国で事業を営んでおり，タックス・ホリデイ (すなわち，それらの資産から生ずる純損益は10年間法人所得税免除となる) から10年間便益を受ける資産を有している。10年のうち2年はすでに経過した。X国の税務当局は，そのようなタックス・ホリデイを，適格な企業に対して，X国の国家経済または地域経済にとって特定の利益をもたらす投資にのみ付与している。

企業結合の会計処理において，会社Aは，会社Bに付与されたタックス・ホリデイから生じることが予想される将来便益をどのように認識すべきか。

適切な会計処理は，タックス・ホリデイが会社Bの税務上の立場または会社Bの保有資産の税務上の基礎を反映しているかどうか (すなわち，企業自身または特定の資産に帰属するものか) によって決まる。

以下は，税務上の便益が特定の資産に関連していることを示す兆候である。

- タックス・ホリデイは特定の資産から生じる純損益にのみ適用される。
- 特定の資産が売却により処分される場合，新たな所有者がタックス・ホリデイから便益を受けるであろう。
- 資産が売却され，会社Bが同じ地域において類似の資産を購入または建設する場合，会社Bは，新たな資産にとってのタックス・ホリデイから便益を受けられるようになる前は，通常の適用プロセスに従う必要がある。

以下は，税務上の便益が，企業としての会社Bに関連することを示す兆候である。

- タックス・ホリデイは，会社Bのすべての活動から生じた純損益に適用する。
- その資産が資産売却で処分される場合，新たな所有者はタックス・ホリデイを自ら利用することはできない。新たな所有者が会社Bの株式を取得した場合にのみ，便益は新たな所有者に移転する。
- 資産が売却され，会社Bが同じ地域で類似の資産を購入または建設する場合，会社Bは，さらに形式的な手順をとることなく同じタックス・ホリデイから便益を得る。

タックス・ホリデイがある資産に特に関連していることを事実が示している場合，タックス・ホリデイから発生する将来の経済的便益は，その資産の公正価値の測定の一部として認識されなければならない。それは市場参加者が，秩序ある取引でその資産の売却から受取るであろう価格を決定するにあたり考慮する要素だからである。

事実および状況が，タックス・ホリデイが企業としての会社Bに関連していることを示している場合，タックス・ホリデイから生じる将来の経済的便益は取得した識別可能な資産の公正価値の検討から除外され，代わりに，取得から生じるのれんの算定に影響する。

さらに検討すべきことは，タックス・ホリデイが税務当局との特定の契約上の取決めの結果として生じ，IAS第38号で無形資産の定義に該当するかどうかということである。この状況では，この税務管轄地においてすべての企業がタックス・ホリデイを利用することができ，また，タックス・ホリデイは会社Bと税務当局との個別または特定の契約によるものではない。結果的に生じる経済的便益は無形資産の定義に合致しない。国家には，通常，政権交代または国の経済上の必要性の変化に伴い，一方的に税制を改正する権利がある。したがって，政府が提供した法定の税務上の取決めは，（資産の支配をもたらす）契約上または法的な権利の定義を満たさず，したがって，結果として

IAS 第 38 号での無形資産とはならない。

反対に，タックス・ホリデイが税務当局との特定の契約上の取決めの結果として会社 B に明確に付与された場合，タックス・ホリデイは別個の権利の付与を示し，したがって IAS 第 38 号で認識される必要がある無形資産を示す。

7.4.3　履行義務

設例7.4.3

履行義務

会社 A は会社 B を企業結合で取得する。取得日時点において，会社 B は顧客契約に関連した繰延収益を認識していた。繰延収益は，将来のサービスのために会社 B が受取った前受金を示す。

IFRS 第 3 号 18 項は，取得企業が「取得日の公正価値で，取得した識別可能資産および引受けた負債を測定すること」を要求する。取得日に，会社 A は，繰延収益が取得日後に，結合後企業が負担することになる将来サービスの提供義務を表す範囲で，連結財務諸表上で負債を認識しなければならない。つまり，会社 A は，支払額がすでに受領されている将来サービス提供の履行義務を有することから，負債を認識しなければならない。この負債は，取得日の公正価値で測定すべきであり，会社 B の顧客契約について無形資産が企業結合の一部として認識されべきるかどうかに対して，検討が行われなければならない（**本章設例 7.4.2.3B** 参照）。

7.4.4　契約上の義務

設例7.4.4

契約上の義務

企業 F は企業 G を取得する。取得日に先立ち，企業 G は取締役に対する人員整理の取決めを締結し，企業 G が別の当事者に取得される場合，取締役が，一度限りの総額 CU 50,000 の支払を受ける権利を有することになるというものである。

取得日において，企業Ｆは取締役に対してCU 50,000の負債を認識しなければならない。それはこのことが，企業結合の完了により支払可能となった企業Ｇの契約上の義務を示すからである。

7.4.5　7.4.5非競合契約

非競合契約は，**第1巻9章3.2.3**で記述する。

7.4.6　棚卸資産

取得日（すなわち，結合日）の公正価値は，通常，過去の製造努力（すなわち商品を現在の状況に至らしめる努力）に帰属する利益を含んでいる。被取得企業の帳簿金額を棚卸資産の取得原価に割当てることは一般的に適切ではない。なぜなら，被取得企業の原価は，通常の販売プロセスを通じて被取得企業が認識する製造利益を反映していないからである。この製造利益は棚卸資産に割当てられる公正価値の一部と考えなければならない。

完成品および商品の公正価値は，販売価格を下回る可能性が高い。それは，販売価格が，類似の完成品および商品の利益を基礎とした取得企業の販売努力のための処分コストや合理的な利益引当を反映するためである。合理的な利益引当の決定にあたり，以下の要因が考慮されなければならない。

- 被取得企業および被取得企業が属する産業における棚卸資産の過去の回転率
- 通常の利益引当および回転率の産業統計
- 被取得企業により採用された，または両者が著しく異なる場合には取得企業により使用されることとなる，販売ネットワークおよびマーケティング技術の性質小売業の場合，処分コストは取得された棚卸資産の保有コスト，保管および配送コストも含む場合がある。しかし，取得時に，完成品在庫に対する一般管理費を配分することは適切ではない。

7.4.7　企業結合で取得した排出権

設例7.4.7
企業結合で取得した排出権

企業Aは企業Bを取得する。企業Bの会計方針では排出権の認識に「純負債」アプローチを採用している（**第 1 巻 14 章「引当金，偶発負債および偶発資産」**9.1.3 参照）。企業 B は，排出権が政府によって無償で付与され，また，企業Bは取得日において，排出実績を上回る排出権を保有している。したがって，企業 B の財務諸表上，排出権に関する資産または引当金は認識されない。

取得にあたり，企業 A の連結財務諸表には企業 B が保有する排出権を資産として含めなければならず，また，取得日の排出実績に対する個別の引当金を含めなければならない。当該資産および引当金は，IFRS 第 3 号に基づき，公正価値で認識しなければならない。「純負債」アプローチは連結財務諸表では適用されない場合があるが，その代わり，連結財務諸表には，取得日から関連する期間の終了まで，排出実績に対する費用をその後反映しなければならない。

取得日の公正価値は，排出権の活発な市場を参考にして測定しなければならない。もし活発な市場が存在しない場合は，最善の利用可能な情報に基づき，市場参加者間の秩序ある取引において，権利を売却するために受取る金額を反映する方法に基づいて測定される。

7.5　一般的な認識および測定原則の例外

IFRS 第 3 号は，一般的な認識および測定原則に対する限定的な例外を示している。その結果，特定の項目については以下のようになる［IFRS 第 3 号 21 項］。

(a)　**本章 8.1** で記述した認識の条件に，追加の認識の条件を適用するか，または他の IFRSs の要求事項を適用することにより認識され，当該認識原則および条件の適用とは異なる結果となる。
(b)　取得日時点の公正価値以外の金額で測定される。

認識および測定の例外の要約

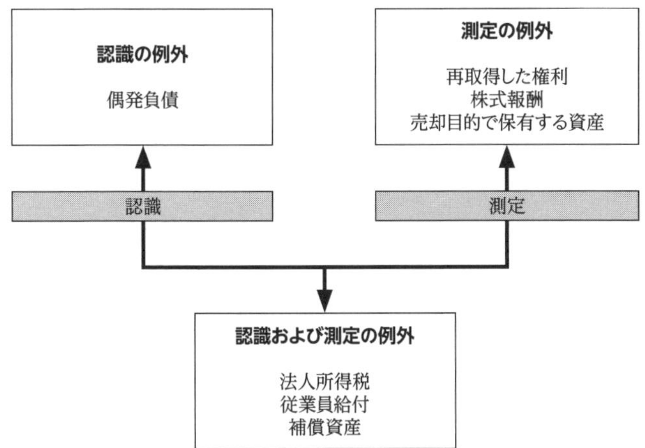

7.5.1　偶発負債

7.5.1.1　背　景

IFRS 第 3 号は，企業結合において，被取得企業の特定の偶発負債を取得日時点の公正価値で認識および測定することを要求している（詳細については**本**

章 7.5.1.2 参照）。このことは結果的に，IAS 第 37 号「引当金，偶発負債および偶発資産」（**第 1 巻 14 章**参照）に基づく認識要件を満たさない偶発負債を認識することとなる。その結果，IFRS 第 3 号には，企業結合で認識した偶発負債の事後的な測定に関する指針も含まれている。

7.5.1.2　偶発負債の認識の要件

IAS 第 37 号では偶発負債を以下のように定義している［IAS 第 37 号 10 項］。

(a)　過去の事象から発生し得る債務のうち，その存在が確認されるのが，企業が完全には統制できない将来の 1 つまたは複数の不確実な事象の発生または不発生によってのみである債務

(b)　過去の事象から発生した現在の債務であるが，以下のいずれかの理由により認識されていないもの

　(i)　債務決済のために経済的便益を具現化した資源の流出が必要となる可能性が高くない。

　(ii)　債務の金額が十分な信頼性をもって測定できない。

企業結合では，IAS 第 37 号の要求事項は，どの偶発負債が取得日現在で認識されなければならないかに関する決定には適用されない。その代わり，IFRS 第 3 号は，以下の場合に，取得企業が，取得日時点で企業結合において引受けた偶発負債を認識しなければならないことを要求する［IFRS 第 3 号 23 項］。

- 過去の事象から発生した現在の債務である。
- 公正価値を信頼性をもって測定することができる。

したがって，IAS 第 37 号とは異なり，取得企業は，経済的便益を有する資源の流出が債務を決済するために要求される可能性が高くないとしても，取得日時点で企業結合で引受けた偶発負債を認識する［IFRS 第 3 号 23 項］。

実務上，過去の事象に対する IAS 第 37 号の適用は，当該事象の将来の結果に焦点を当てている。過去の事象の結果として債務が生じるが，資

源の流出が要求される可能性が高くない場合に，当該債務はIAS第37号の偶発負債に含まれ，したがって，財政状態計算書では負債として認識されないが，注記により開示される。

IFRS第3号の公正価値の原則に基づき，現在の債務があるという事実は，リスクが公正価値を有することを意味する。なぜなら企業は，リスクを除去するために合理的な支払を行うからである。これは，結果が起こる可能性に関係なく正しい。実務上，（信頼性をもって測定可能であれば認識される）現在の債務が存在しているかどうか，また（認識されていない）単なる可能性のある債務の有無を決定することが必要である。

7.5.1.3　偶発負債の事後測定

上述のとおり，企業結合で認識された偶発負債は，取得日時点の公正価値で当初測定される。当初の認識後にその負債が決済，取消し，または消滅するまで，取得企業は企業結合で認識した偶発負債を以下のいずれか高い方で測定しなければならない［IFRS第3号56項］。

(a)　IAS第37号に従って認識されるであろう金額（**第1巻14章**参照）
(b)　当初認識された金額から，該当がある場合には，IAS第18号「収益」に従って認識される償却累計額を控除した金額（**第1巻16章「収益」**参照）

この要求事項は，IFRS第9号「金融商品」（または，IFRS第9号適用前においては，IAS第39号「金融商品：認識および測定」）に従って会計処理される契約には適用しない。

設例7.5.1.4
取得時に認識された偶発負債の事後的な測定

企業Aは20X3年11月に企業Bを取得し，その際，企業Bは契約違反のため第三者から訴えられた。企業結合の際，企業Aの経営者は，入手可能な証拠により，当該請求は適切な法的根拠を有することを示すため，当該訴訟が現在の債務を示していると判断した。しかし，過去の経験では，原告が和解や裁判所の判決まで進む可能性は，50％未満であると示された。

よって，当該債務は，IAS 第 37 号が適用され，引当金として認識されず，偶発負債として認識された。

しかし，IFRS 第 3 号 23 項では，取得企業は，「債務を決済するために経済的便益を含む資源の流出が必要とされる可能性が高くない場合であっても」，取得日時点で現在の債務である偶発負債を認識し測定することが要求される。したがって，企業結合の会計処理において，企業 A は企業 B に対する訴訟の経過に関して見積られた公正価値を考慮して，CU 40 百万の負債を認識した。CU 40 百万の見積りは，20X4 年 12 月 31 日時点で妥当なままであり，その時点で当該結合の当初の会計処理は完了した（すなわち，測定期間が終了した）。

20X5 年 12 月 31 日に，企業 A は当該訴訟を再評価する。経営者は，現在は和解の可能性が高いと考えている（したがって IAS 第 37 号の認識規準が満たされる）。現在の和解金額は CU 30 百万と見積られている。

企業 A は 20X5 年 12 月 31 日において，負債をいくらで測定すべきか。

負債は，当初見積りの CU 40 百万で測定しなければならない。

取得日における偶発負債の認識および測定には，IFRS 第 3 号が適用される。その後，IFRS 第 3 号 56 項では，取得企業は，(1) IAS 第 37 号に従って認識される額と (2) 当初認識額から（適切な場合）IAS 第 18 号に従って認識される累積償却額を控除した額のいずれか高い金額で，企業結合時に認識された偶発負債を測定することを要求される。

企業結合により認識された負債は，IAS 第 18 号に従って認識された償却以外の項目で減額することはできない。検討している状況における負債の性質は，償却が適切でないということである。したがって，（IAS 第 37 号で，より低い金額の引当金が認識されることになるとしても）当該負債は和解または終結まで，CU 40 百万で認識され続けるであろう。

7.5.2　既存の関係および再取得した権利

7.5.2.1　概　観

IFRS 第 3 号は，再取得した権利，および 3 つの相互に関連したセクションの既存の関係に関するより広範な問題を取扱っている。

- 第 1 に，取得した資産の識別および測定に関するセクションは，再取得した権利の識別および認識のための要求事項を含んでいる。
- 第 2 に，何が企業結合の一部であるかについて決定するセクションでは，取得企業と被取得企業との既存の関係を有効に清算させる取引について，購入対価に調整が行われることを要求している。
- 第 3 に，事後的な測定および会計処理に関するセクションには，再取得した権利に関する要求事項がある。

7.5.2.2　無形資産として再取得した権利の認識資産

企業結合の一部として，取得企業が以前に被取得企業に対して付与していた，取得企業の 1 つ以上の認識されたまたは未認識の資産を使用する権利を再取得する場合がある。そのような再取得された権利の例として，フランチャイズ契約により取得企業の商号を使用する権利や，技術ライセンス契約により取得企業の技術を使用する権利等が含まれる。再取得した権利は，取得企業がのれんとは区別して認識する無形資産である［IFRS 第 3 号 B35 項］。

再取得した権利の測定に関する以下の 2 つの具体的な要求事項がある。

- **契約の更新の可能性の無視**　取得企業は，無形資産として認識された再取得した権利の価値を，市場参加者が公正価値を測定するにあたり契約の更新の可能性を検討するかどうかにかかわらず，関連する契約の残存契約期間に基づいて測定することを要求される［IFRS 第 3 号 29 項］。
- **決済利得または損失の認識**　再取得した権利を生じさせる契約の条件が，同じかまたは類似した条件の現在の市場取引の条件と比べて有利または不利である場合，取得企業は決済利得または損失を認識しなければならない［IFRS 第 3 号 B36 項］。この要求事項の結果，取得企業の観点から，その対価の一部が不利な取決めを実質的に決済する場合には，企業結合の対価は下方調整され（およびその金額は費用として認識され），取得企業の観点から，有利な取決めの実質的な決済であることからその対価が低い場合，企業結合の対価は上方に（利得として）調整される。そのような利得または損失の測定は**本章 7.5.2.3** で記述している。

これら要求事項の影響は，再取得した権利のために認識された資産の金額は，契約の「市場での」評価を基礎とするが，権利の契約上の条件は参照するのみであるということである。

7.5.2.3　既存の関係の清算による利得または損失の測定

取得企業および被取得企業は，企業結合を検討する前にある関係を有していたかもしれず，これを「既存の関係」という。取得企業と被取得企業の間の既存の関係は，契約関係（例えば，仕入先と顧客，または使用権の許諾者と取得者）の場合もあり，契約のない関係（例えば，原告と被告）の場合もある［IFRS 第 3 号 B51 項］。

企業結合の実行により既存の関係が清算された場合，取得企業は利得または損失を認識し，以下のとおり測定する［IFRS 第 3 号 B52 項］。

(a)　既存の，契約のない関係（例えば訴訟）に関しては公正価値

(b)　既存の契約関係に関しては（i）か（ii）のいずれか低い方

　(i)　同じまたは類似の項目の現在の市場取引の条件と比較した場合に，取得企業の観点から有利または不利である契約に基づく金額（不利である契約とは，現在の市場条件からみて不利である契約をいう。これは必ずしも，契約による債務を履行するための不可避的な費用が，当該契約により受取ると予想される経済的便益を超えるという意味での不利な契約ではない）

　(ii)　相手方にとって契約が不利である場合に，その相手方が利用できる契約上の決済条項の金額

(ii) が（i）より低い場合，差額は企業結合の会計処理の一部に含まれる。

認識した利得または損失の金額は，取得企業が関連する資産または負債を以前に認識していたかどうかに部分的に左右される場合があり，したがって，報告される利得または損失が上記の要求事項を適用して計算した金額と異なる場合がある［IFRS 第 3 号 B52 項］。

既存の関係が，取得企業が再取得した権利として認識する契約である場合がある。現在の市場取引における，同じかまたは類似の項目の価格条件と比べて有利または不利である条件が契約に盛込まれている場合，取得企業は，企業結合とは別個に，契約の実質的な清算に係る利得または損失を認識し，IFRS 第 3 号 B52 項に従って測定する［IFRS 第 3 号 B53 項］。

既存の関係の会計処理の要約

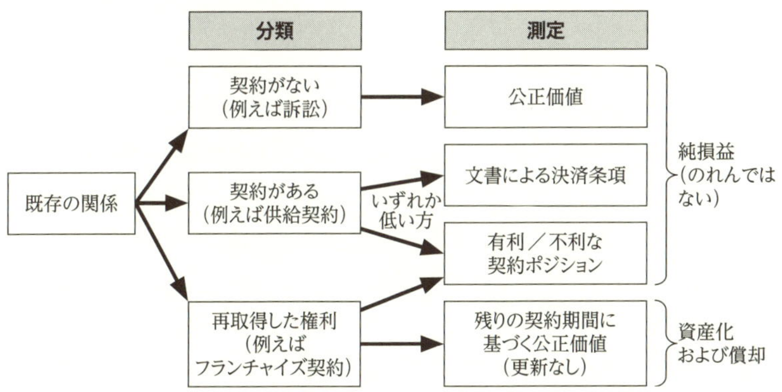

設例7.5.2.3A

既存の関係の清算 ― 供給契約

［IFRS第3号IE54項－IE57項］

AC 社は，5 年間の供給契約のもと，TC 社から電子機器部品を固定価格で購入している。現時点において，その固定価格は AC 社が類似の電子機器部品を他社から購入する価格よりも高い。供給契約では，AC 社が CU 6 百万の違約金を支払うことによってのみ，当初の 5 年の期間終了前に契約を終了させることを認めている。3 年の供給契約が残っている状況で，AC 社は TC 社取得のために CU 50 百万を支払うが，これは他の市場参加者が支払う意思がある額に基づく公正価値である。

TC社の公正価値総額にはAC社との供給契約の公正価値に関連するCU 8百万が含まれている。CU 8百万は，価格設定が同一または類似の項目（販売努力，顧客関係等）の現在の市場取引価格と比較可能であるため，「市場価格ベース」であるCU 3百万の部分と，類似の項目の現在の市場取引価格を超えるためAC社にとって不利な価格設定であるCU 5百万の部分とを示している。TC社は，当該供給契約に関連した識別可能資産または負債を他に有しておらず，AC社は，企業結合前に当該供給契約に関連した資産または負債を一切認識していなかった。

この設例において，AC社は，CU 5百万の損失（清算金額CU 6百万と，契約が取得企業にとって不利である金額のいずれか小さい方）を，企業結合と区別して計算する。契約の「市場価格ベース」部分のCU 3百万は，のれんの一部となる。

AC社が，過年度の財務諸表において既存の関係に関連した金額を認識していたかどうかは，当該関係の実質的な清算において認識される利得または損失の額に影響を与える。IFRSsにより，IAS第37号の不利な契約の定義をおそらく満たすであろうことから，AC社が企業結合前に供給契約についてCU 6百万の負債を認識することを求められていたと仮定する。その場合，AC社は当該契約について取得日においてCU 1百万の清算利得を純損益に認識する（契約について測定されたCU 5百万の損失から，過年度に認識されたCU 6百万の損失を控除後の金額）。いいかえると，AC社は，実質的に，認識されていた負債CU 6百万をCU 5百万で決済し，CU 1百万の利得が生じる結果となっている。

CU 5百万の損失の認識の結果，のれんの算定に使用した購入対価はCU 50百万からCU 45百万に下方調整される。供給契約は，その資産の使用についてAC社が認めた権利の再取得ではないため，この例では無形資産は認識されない。むしろ，企業結合取引により，結果的にAC社とTC社との既存の供給契約の実質的な清算となる。

設例7.5.2.3B

既存の関係の実質的な清算 ― 再取得された権利

会社Xは，会社Xが営業する特定の国で，会社Xの名前で，会社Yが営業するためのフランチャイズ権を与える。2年後，会社Xは事業拡大を決定し，CU 50,000で会社Yを100％取得する契約を締結する。会社Yの事業は，フランチャイズ権（公正価値 CU 20,000），顧客リスト（公正価値 CU 10,000），事業資産および負債（正味公正価値 CU 15,000），集合的な人的資源（のれんの一部として認識された），およびプロセスで構成される。

フランチャイズ権には固定の条件があり，更新できないと仮定する。

企業結合の会計処理において，会社Xは取得したフランチャイズ権をどのように会計処理すべきか。

市場の条件でのフランチャイズ権

取得時点で，フランチャイズ権が市場の条件に基づいていれば，会社Xは，市場外の決済利得または損失を認識しない。会社Xは，CU 20,000の公正価値で再取得した権利について，識別された無形資産を認識しなければならない。この権利はフランチャイズ契約の残存期間にわたり償却されることになる。

したがって，のれんはCU 5,000（＝CU 50,000－(20,000＋10,000＋15,000)）である。

市場外の条件でのフランチャイズ権

市場条件と比較して，取得日にCU 3,000という当該フランチャイズ権の契約条件が会社Xに有利であることを除き，同様の事実を仮定する。

会社Xは，CU 20,000の公正価値で再取得した権利について，識別された無形資産を認識する。この権利はフランチャイズ契約の残存期間にわたり償却されることになる。

さらに，会社Xは，契約の実質的な清算のためにCU 3,000の利得を認識し，その結果，取得の会計処理に用いられる対価はCU 53,000に増加する。

したがって，のれんはCU 8,000（＝CU 53,000－(20,000＋10,000＋15,000)）となる。

設例7.5.2.3C

既存の契約関係の清算

会社Xは製薬業を営んでおり，知的財産（IP）を開発している。20X0年，会社Xは，会社Yと5年間のライセンス契約を締結した。この契約に基づき，会社Yは知的財産を使用する権利を得たが，知的財産を使用して開発した製品の売上高のうち5%をロイヤリティとして支払う必要がある。

20X2年，会社Yは会社Xの100%持分を取得した。取得日において，類似のライセンス契約の市場レートは，売上高の6%である。

会社Yが会社Xの株主に対して支払った金額はCU 100百万である。この日，会社Yの経営者は，同一または類似の製品における現在の市場取引と比較して，会社Xの知的財産に係る使用契約の有利な金額をCU 5百万と見積る。会社Xの識別可能な純資産の公正価値はCU 82百万と見積られた。

当該企業結合は，会社Xと会社Yの間の既存の関係を事実上，清算するものである。IFRS第3号52項では，一般的に，企業結合の結果として既存の関係が清算されたという強い前提があり，したがって，別個に会計処理すべきであるとする。企業結合後，両社が契約に従って業務を継続しているかどうかには関係がない。

当該企業結合の結果，会社Xと会社Yの契約はグループ内の取決めとなる。会社Xが会社Yグループの一員となる取引を通じて，事実上，既存の関係は清算される。そのため，当該企業結合とは別個に，会社Yは，現在の市場条件と比較して当該契約が会社Yの観点から有利である金額についての利得（すなわち，CU 5百万）を認識する。

結果として，当該取得の対価はCU 105百万であると考えられる（事実上，会社Yは現金対価の支払に加えて，当該有利契約相当額を拠出している）ため，のれんはCU 23百万として計算される（CU 105百万からCU 82百万を控除）。

設例7.5.2.3D

既存の，契約のない関係の有効な清算

会社 X は会社 Y を取得する。会社 X は会社 Y が提起したクレームに関する訴訟の被告である。会社 X は会社 Y を取得するために CU 100,000 を支払い，法的なクレームを有効に清算する。当該訴訟の清算の公正価値は CU 8,000 と見積られる。取得前に，会社 X は，法的クレームの清算のために CU 5,000 の引当金を認識していた。

この例では，すでに認識された引当金を考慮して，会社 X はその訴訟に関連する清算損失を CU 3,000 と算定する。当該清算損失は，会社 Y の取得と区別して，当期の純損益に認識される。

会社 X が以前に CU 8,000 を超える引当金を認識していた場合，会社 Y の取得において，以前に認識された引当金とクレームの公正価値との差額について，清算利得が純損益として認識されることになる。

7.5.2.4　再取得した権利の事後測定

無形資産として認識された再取得した権利は，権利が付与された契約の残存契約期間にわたって償却されなければならない。再取得した権利をその後第三者に売却する取得企業は，売却による利得または損失を算定するにあたり，その無形資産の帳簿価額を含めなければならない［IFRS 第 3 号 55 項］。そのような場合，売却される無形資産が過去に再取得された同じ資産であるということを確かめることに注意しなければならない。したがって，「マスターフランチャイズ契約」，および第三者に対する特定の地域における二次的なフランチャイズの事後的な付与の企業結合を通じた再取得は，区別して処理されることになり，マスターフランチャイズ契約は取得企業の財政状態計算書で保持される。

7.5.3　株式に基づく報酬

取得企業が，被取得企業の株式に基づく報酬を自らの株式に基づく報酬と交換するために発行する場合，代替報酬を以下のものに対して配分する必要がある。

- 取得前に稼得された未払の株式の権利に対する購入対価を表す要素
- 取得後のサービスの補償を示す要素

公正価値の測定原則の例外として，取得企業が認識したいかなる負債または資本性金融商品も，IFRS 第 2 号「株式に基づく報酬」に従って「市場ベースの測定」を基礎とする。株式に基づく報酬については**本章 8.3.4** で記述されている。

7.5.4　売却目的保有資産

取得企業は，IFRS 第 5 号「売却目的で保有する非流動資産および非継続事業」に従って，取得日に売却目的保有として分類された，取得した非流動資産（または処分グループ）を，IFRS 第 5 号 15 項から 18 項に従って，売却コスト控除後の公正価値で測定しなければならない（**第 1 巻 15 章「売却目的で保有する非流動資産および非継続事業」**参照）［IFRS 第 3 号 31 項］。

7.5.5　法人所得税

IFRS 第 3 号は，取得企業が，企業結合で取得した資産および引受けた負債から生じる繰延税金資産または負債を，IAS 第 12 号「法人所得税」に従って認識し，測定することを要求している（**第 2 巻 2 章**参照）［IFRS 第 3 号 24 項］。

取得企業は，取得日で存在していたか，または取得の結果として生じる被取得企業の一時差異および繰越欠損金の潜在的税効果を，IAS 第 12 号に従って会計処理しなければならない［IFRS 第 3 号 25 項］。

企業結合から発生する繰延税金の企業結合後の会計処理に関する要求事項は，**本章 10.1.6** で説明している。

7.5.6　従業員給付

取得企業は，被取得企業の従業員給付の取決めに関連した負債（または，該当ある場合は資産）を IAS 第 19 号「従業員給付」に従って認識し測定しなければならない（**第 2 巻 1 章**参照）［IFRS 第 3 号 26 項］。

7.5.7 補償資産

7.5.7.1 補償資産の当初測定

企業結合における売手が，特定の資産または負債のすべてもしくは一部に関連した偶発事象または不確実性の結果に対して，取得企業に，契約上の補償を行う場合がある。例えば，売手は，訴訟または法人所得税の不確実性のような特定の偶発事象から生じる負債の一定金額を超える損失について，取得企業に対し，補償を行う場合がある。結果として，取得企業は補償資産を取得する[IFRS 第 3 号 27 項]。

設例7.5.7.1

第三者の補償の取決め

有限責任会社 L は有限責任会社 R から子会社を取得する。企業結合の一部として，有限責任会社 R は有限責任会社 T に対して，子会社に存在する多数の負債に関連する不確実性を補償することに合意する。有限責任会社 R による直接の補償の代わりに，第三者の保険会社により締結された保険契約により補償が与えられる。販売および購入契約に合意したので，有限責任会社 R は有限責任会社 T のために，当該保険会社と保険方針について交渉する。

当該保険方針は，IFRS 第 3 号 27 項から 28 項に定義されている有限責任会社 T の補償資産を示しているか。

示している。IFRS 第 3 号 27 項は，売手が，特定の資産または負債のすべてもしくは一部に関連した偶発事象または不確実性の結果に対して，買手に補償を行う場合に適用される。当該規定は，補償の取決めの形態を定めていない。よって，有限責任会社 R が，企業結合取引の一部として，有限責任会社 T のためかつ便益となるように保険契約を調整することは，補償資産に関する IFRS 第 3 号の要求事項の範囲内にある。

IFRS 第 3 号は，取得企業が補償対象項目を認識するのと同時に，その補償資産の回収に不確実性がないものと仮定して補償資産を認識し，補償資産を補償対象項目と同じ基準で測定することを，取得企業に要求する。したがって，その補償が，取得日で認識され，取得日の公正価値で測定される資産または負債に関連する場合，取得企業は，取得日時点の公正価値で測定された補償資産を認識しなければならない［IFRS 第 3 号 27 項］。

公正価値で測定される補償資産に関しては，回収可能性の検討による将来キャッシュ・フローの不確実性の影響は公正価値測定に含まれ，個別の評価性引当金は不要である［IFRS 第 3 号 27 項］。

状況次第では，補償が，認識または測定原則の例外となる資産または負債に関連する場合がある。例えば，補償の公正価値が取得日において信頼性をもって測定できないために，取得日に認識されない偶発負債に補償が関連する場合がある。または，（例えば従業員給付により生じるもののように）取得日の公正価値以外の基準で測定される資産または負債に補償が関連する場合がある。そうした状況では，経営者による補償資産の回収可能性の評価および補償金額の契約上の制限に従って，補償項目を測定するために使用された仮定と整合する仮定を使用して補償資産を認識し，測定する［IFRS 第 3 号 28 項］。

補償資産を補償項目の測定と整合する仮定を使用して測定するという要求事項は，必ずしもその補償資産および補償項目を同じ金額で測定するということを意味するものではない。例えば，補償はある上限金額が定められたり，最終決済金額の一部として算定されたり，特定の金額を超える金額を示したり，その補償が解決されたときより後の期間に回収されたりする場合がある。こうした場合，キャッシュ・アウトフローおよびキャッシュ・インフローが異なることから，補償項目が補償資産とは異なる金額で認識される可能性がある。

しかし，資産および負債の認識および測定は，関連する基準を参照して，一貫した基準で決定されることになる。したがって，補償資産は以下の事項に関連する。

- 従業員給付に関連する補償資産は，IAS 第 19 号の原則に従って測定される（**第 2 巻 1 章**参照）。
- 引当金として認識された負債に関連する補償資産は，IAS 第 37 号（**第 1 巻 14 章**参照）に従って測定される。

- 法人所得税のエクスポージャーに関連する補償資産は，IAS 第 12 号（**第 2 巻 2 章**参照）に従って測定される。

7.5.7.2　補償資産の事後測定

その後の各報告期間の末日で，取得企業は，補償負債または資産と同様の基準で，取得日に認識した補償資産を測定しなければならない。当該測定においては，契約上の限度額を前提とし，公正価値で事後測定されない補償資産については回収可能性に関する経営者の評価を行わなければならない。取得企業は，補償資産について回収，売却またはその他の権利の喪失があったときにのみ，補償資産の認識の中止を行わなければならない［IFRS 第 3 号 57 項］。

補償資産に対する要求事項の効果は，補償の対象である項目とともに認識された資産との整合を達成することである。IFRS 第 3 号は明確に要求していないが，多くの場合，資産および負債の再測定は純損益として計上されると思われる。

8　対価の識別および測定

8.1　移転された対価

IFRS 第 3 号は，企業結合で移転された対価は公正価値で測定されることを要求する。これは，以下の取得日の公正価値の合計として算定される［IFRS 第 3 号 37 項］。

- 取得企業によって移転された資産
- 取得企業に生じた，被取得企業の旧所有者に対する負債
- 取得企業が発行した資本持分

しかし，企業結合で移転した対価に含まれる，被取得企業の従業員が保有する株式報酬と交換される取得企業の株式に基づく報酬の部分は，IFRS 第 2 号

「株式に基づく報酬」に従って測定しなければならない（**本章 8.3.4** 参照）[IFRS 第 3 号 37 項]。

可能性のある対価の形態としては，現金，その他の資産，取得企業の事業または子会社，条件付対価（**本章 8.2** 参照），普通（または優先）資本性金融商品，オプション，ワラントおよび相互会社の社員持分が含まれる［IFRS 第3号 37 項］。

設例8.1

プット・オプションの行使を通じて取得した事業

20X5 年 7 月 1 日，会社 A は会社 C に対し，会社 B の 100％普通株式に関して，CU 150 百万の固定価格で，満期日（20X5 年 12 月 21 日）にのみ行使可能なプット・オプションを発行する。このプット・オプションの行使の結果，会社 A は会社 B の支配を獲得する（会社 A はプット・オプションの行使まで会社 B を支配しない。会社 A は，支配を有する結果となる株式も潜在的議決権も保有しない）。会社 C は，プット・オプションの CU 10 百万のプレミアムを会社 A に対して支払う。

20X5 年 12 月 21 日に，会社 C はプット・オプションを行使する。この日付において，会社 B の普通株式の公正価値は CU 120 百万であり，会社 A の負債であるプット・オプションの公正価値は CU 30 百万である。

発行されたプット・オプションは IFRS 第 9 号「金融商品」（IFRS 第 9 号をまだ適用していない企業は，IAS 第 39 号「金融商品：認識および測定」）の範囲内である。これは，IAS 第 39 号 2 項（g）(IAS 第 39 号の範囲から「将来の取得日において企業結合となる，取得企業と売却する株主の間で被取得企業を売買する先渡契約」を除外する）では範囲除外されない。その理由は，オプションだからである。

発行されたプット・オプションは IFRS 第 9 号（IFRS 第 9 号をまだ適用していない企業は，IAS 第 39 号）でデリバティブ負債として会計処理され，その公正価値の変動は，オプションの行使や満期まで純損益を通じて認識される。

- 20X5 年 7 月 1 日，会社 A は CU 10 百万で（すなわち，受取ったプレミアムの金額で）負債を認識する。
- 20X5 年 12 月 21 日，会社 A はデリバティブの公正価値の増加を認識し，対応するCU 20百万の損失を純損益として認識する。プット・オプションの公正価値の変化により生じたこの損失は，企業結合の会計処理の際に取消されない。

- 会社Aによる購入価格CU 150百万の支払は，発行されたプット・オプション負債CU 30百万の決済，および会社Bの株式の公正価値（すなわちCU 120百万）と同額の取得原価での会社Bの取得として取扱われる。
- 会社Bの取得によるのれんは，（支払った現金の金額CU 150百万でなく）取得原価CU 120百万と，取得した資産，負債および偶発負債の公正価値との比較により算定される。

会社Cによるプット・オプションの行使がなされなかった代わりに，20X5年12月21日のオプションの消滅は，会社Aによって負債の認識の中止として会計処理され，対応する利得が純損益として処理される。

移転される対価には，取得日時点の公正価値とは異なる帳簿価額を持つ取得企業の資産または負債が含まれる場合がある（例えば，取得企業の非貨幣性資産または事業）。そのような場合，取得企業は取得日の公正価値で移転された資産または負債を再測定し，その結果，発生した利得または損失があれば，純損益で認識しなければならない［IFRS第3号38項］。

移転された資産または負債の損益認識は，「支払われた現金（もしくは現金同等物）の金額，または取得時点で資産を取得するために与えられたその他の対価の公正価値…」というIASB用語集におけるコストの定義と整合する。子会社の場合，このことは，子会社の取得日を意味する。

しかし，時には，移転された資産または負債が企業結合後の結合後企業にとどまり（例えば，資産または負債が旧所有者ではなく被取得企業に移転されるため），したがって取得企業がその支配を引続き保有する場合がある。そうした状況においては，取得企業は当該資産および負債を取得日直前の帳簿価額で測定しなければならない。取得企業は，企業結合の前後のいずれにおいても支配している資産または負債に関する利得または損失を，純損益に認識してはならない［IFRS第3号38項］。

8.2　条件付対価

8.2.1　取得日における条件付対価の認識

取得企業が被取得企業との交換で移転する対価には，条件付対価契約から発生するすべての資産または負債が含まれる［IFRS 第3号39項］。条件付対価は以下のように定義される［IFRS 第3号付録A］。

> 「通常は，特定の将来事象が発生した場合や条件が満たされた場合に，被取得企業の旧所有者に対し，被取得企業に対する支配との交換の一部として，取得企業が追加的な資産または資本持分を移転する義務。ただし，条件付対価は，特定の条件が満たされた場合に，以前に移転した対価の返還を受ける権利を取得企業に与えることもある。」

条件付対価は，被取得企業との交換で移転された対価の一部として認識され，取得日の公正価値で測定される［IFRS 第3号39項］。

返還のための特定の状況を満たす，以前に移転した対価の返還に対する権利が購入契約に含まれている場合，当該返還権は取得企業により資産として分類される［IFRS 第3号40項］。

設例8.2.1

条件付対価

会社Aは会社Bを取得する。その対価は3段階で支払われる。

- ただちにCU 1百万の支払がなされる。
- 取得から1年目の，利息および税金控除前の利益がCU 200,000を超える場合，1年後にCU 0.5百万をさらに支払う。
- 取得から2年目の，利息および税金控除前の利益がCU 220,000を超える場合，2年後にCU 0.5百万をさらに支払う。

利益目標の達成が条件付であるこれら2つの支払は，条件付対価である。取得日に，これら2つの支払の公正価値はCU 250,000と評価される。

結果として，取得日に，CU 1,250,000 の対価が認識される。

8.2.2 被取得企業の未決済の条件付対価

設例8.2.2

被取得企業の未決済の条件付対価

企業 A は 20X5 年 12 月 31 日に企業 B を取得する。

20X3 年 12 月 31 日に，企業 B は企業 C を取得した。企業 C の取得の条件では，20X8 年 12 月 31 日に一定の利益目標が達成される場合，企業 B が現金対価として追加の金額を支払うことを要求されていた。

以前に行われた企業 C の取得に関連する，企業 B の条件付対価の義務は，企業 B を取得した日付において，企業 A でどのように会計処理されるべきか。

IFRS 第 3 号付録 A では，条件付対価は以下のように定義されている。「特定の将来事象が発生した場合や条件が満たされた場合に，被取得企業の旧所有者に対し，被取得企業に対する支配との交換の一部として，取得企業が追加的な資産または資本持分を移転する義務。」したがって，条件付対価は，企業結合における支配の取得に直接関連する。

企業 A が，企業 B を取得した状況においては，条件付対価として会計処理されるであろう唯一の条件は，企業 B の支配との交換の一部として生じる，企業 A から企業 B の旧所有者への支払義務である。企業 A の観点からは，以前の取得による，企業 B から企業 C の旧所有者への一切の支払は，条件付対価の定義を満たさない。

企業 B の義務は，企業 C の旧所有者に現金を渡す契約上の義務であり，IFRS 第 9 号（IFRS 第 9 号をまだ適用していない企業は，IAS 第 39 号）で金融負債として適格であり，したがって企業 A によって，企業 B の取得として会計処理されなければならない。この義務が，企業 B と企業 C の支配を超えた，不確実な将来事象の発生または未発生であるという事実は，金融負債としての認識を妨げるものではない。

現金（または他の金融資産あるいは株式）を渡す契約上の義務がなかった

場合，この取決めはIAS第32号「金融商品：表示」11項における金融負債の定義を満たさず，したがって，企業Bの義務はIAS第37号「引当金，偶発負債および偶発資産」の範囲内となるであろう。

8.2.3　条件付対価の負債または資本としての表示

IAS第32号11項（**第3巻3章「金融商品：金融負債と資本」**参照）における資本性金融商品および金融負債の定義に基づき，条件付対価の支払義務は，負債または資本として分類される［IFRS第3号40項］。

多くの場合，企業結合から生じる条件付対価は，将来の固定日付に支払われることになる。このような場合，取得企業の固定数の資本性金融商品を発行をもたらす場合には，条件付対価はIAS第32号の資本の定義を満たす。これは，1つの起こり得る結果が（条件を満たす場合には）固定数の株式の交付である場合や，（条件を満たさない場合には）株式の交付がなされない場合に当てはまる。これは，以下の**本章設例8.2.3A**で説明されている。

しかし，株式数が変動する場合（例えば，株式数が特定の期間における利益水準に基づいて変動する場合），起こり得る発行される株式数は，ゼロか固定数に限定されない。このような場合には，条件付対価は，資本の定義を満たさず，金融負債として認識しなければならない。これは，以下の**本章設例8.2.3B**で説明されている。

よりまれなケースでは，企業結合から生じる条件付対価の支払日が将来の固定日付ではない場合がある。このような場合には，上述した考慮事項に加えて，企業は，発行される株式数の変動は「固定対固定」に矛盾しないものであることから，発行される株式数の変動が単に時間の経過のみに起因するものであるかどうかを考慮する必要がある。（発行される株式数が時の経過に伴って変動する場合に，金融商品が資本性金融商品として分類されることがある場合についてのさらなる指針については，**第3巻3章6.1.2**参照。）

資本に分類された条件付対価は，IAS第33号「1株当たり利益」5項における条件付発行可能株式の定義を満たす。そのような場合，条件付対価は，基本的1株当たり利益および希薄化後1株当たり利益の算定に含める必要が生じる場合がある（このトピックに関するさらなる指針については**第2巻13章**参照）。

設例8.2.3A

持分決済型の条件付対価－資本としての表示

会社Aは，会社Zから会社Bを100%取得する。前払の現金対価に加えて，会社Aは，会社Bが今後3年にわたり，特定された利益目標を満たした場合，会社Zに対して3年後に自社株式（資本性金融商品に分類される）の発行により対価を支払うことに合意する。利益が3年の間毎年CU 100,000以上となる場合には，3年後に10,000株が発行される。利益が3年のうち1度でもCU 100,000未満となる場合には，株式は発行されない。

会社AはIAS第32号に従って，財務諸表で条件付対価をどのように分類すべきか。

偶発事象（すなわち，利益目標が達成されるかまたは達成されないか）は，それぞれの年に起こる別個の事象であり，発行される株式数は，利益目標が達成される場合には，固定されている。偶発事象が発生する場合は，発行される株式数に変動はない（すなわち，偶発事象が発生する場合に発行される株式数は，常に10,000株である）。会社Aによって最終的に交付される株式数は，変動しない（すなわち，唯一の結果は，発行される株式数がゼロか10,000株である）ので，当該条件付対価はIAS第32号11項における「固定対固定」の要求事項を満たし，会社Aにより資本として分類される。

3年後に交付される最終的な株式数が，3年間の累積利益に基づいて変動するシナリオでは，発行される株式数に関して複数の起こり得る結果があるため，「固定対固定」の要求事項を満たさず，金融負債として分類されることに留意が必要である。

設例8.2.3B

株式決済型条件付対価ー金融負債としての表示

会社Aは，会社Zから会社Bを100%取得する。以下のように，前払の現金対価に加えて，会社Aは，会社Bが今後3年にわたり，特定された利益目標を満たした場合，会社Zに対して3年後に自社株式（資本性金融商品に分類される）の発行により対価を支払うことに合意する。

利益目標（3年間の平均）	**追加の対価**
CU 100,000 以上 CU 150,000 未満	10,000 株
CU 150,000 以上 CU 200,000 未満	10,000 株と 20,000 株の間は スライディング・スケール
CU 200,000 以上	20,000 株

会社AはIAS第32号に従って，財務諸表で条件付対価をどのように分類すべきか。

3年後に，会社Aから最終的に渡される株式数は，会社Bの収益性により変化する。そのため，当該条件付対価は，IAS第32号11項の「固定対固定」の要求事項を満たさず，会社Aは条件付対価を金融負債として認識する。条件付対価は，IFRS第9号（IFRS第9号をまだ適用していない企業は，IAS第39号）に従って会計処理される。

3つの結果は互いに排他的であるため，条件付対価を，3つの別個の条件付対価契約としてみることは適切ではない。

8.2.4　条件付対価の事後的な会計処理

上述のように，条件付対価は取得日の公正価値で測定される。取得日後の条件付対価の価値の変動に関する適切な会計処理は，変更の理由に基づく。

8.2.4.1　取得日における事実および状況に関する追加的な情報に基づく条件付対価の公正価値の変動

取得日に存在する事実および状況に関する追加的な情報を，取得企業が入手した結果として生じる，測定期間内（取得日から最大1年以内）に発生する変動は，取得に関する当初の会計処理に対する調整として認識される（また，そのためのれんに影響を与える可能性がある）— **本章 10.1** 参照［IFRS 第 3 号 58 項］。

8.2.4.2 取得日後の事象に起因する条件付対価の公正価値の変動

取得日後の事象から生じる変動（例えば利益目標の達成，一定の株価への到達または研究開発プロジェクトにおけるマイルストーンへの到達等）は，測定期間における調整ではない。したがって，そのような変動は，企業結合とは別個に会計処理しなければならない。取得企業は，測定期間における修正ではない条件付対価の公正価値の変動を以下のように会計処理する［IFRS 第 3 号 58 項］。

(a) 資本として分類された条件付対価は，再測定してはならない。その後の決済は資本のなかで会計処理する。

(b) 資産または負債として分類された条件付対価は，以下のとおりとする。

  (i) 金融商品であり，IFRS 第 9 号（IFRS 第 9 号をまだ適用していない企業は，IAS 第 39 号）の適用範囲である条件付対価は，IFRS 第 9 号（適用可能な場合は IAS 第 39 号）に従って，公正価値で測定し，それにより生じる利得または損失は，純損益またはその他の包括利益で認識する。

  (ii) IFRS 第 9 号（IFRS 第 9 号をまだ適用していない企業は，IAS 第 39 号）の適用範囲に含まれない条件付対価は，IAS 第 37 号または他の適切な IFRS に従って会計処理する。

実務上，条件付対価のほとんどの変動は純損益で認識されることになる。しかし，上記の要求事項は，企業結合の会計処理でいったん当初認識された後，取得企業が発行する株式，オプションおよびその他の資本性金融商品は再測定されないことを意味する。

年次改善プロジェクトの一環として，IASB は，資本に分類されない条件付対価の事後の測定の要求事項を明確化するため，IFRS 第 3 号 58 項 (b) の修正を提案している。本書の執筆日現在，審議会は，そのような条件付対価は当初認識後，公正価値で測定され，利得または損失は，純損益で認識することを暫定的に決定している（**本章 14.1** も参照）。

8.2.4.3　IFRS第3号（2008年改訂）採用時に未決済の条件付対価

企業が IFRS 第 3 号（2008 年改訂）を最初に適用した日より取得日が前である企業結合から生じた条件付対価の残高は，当該基準が最初に適用された際には修正再表示されず，かつその後は以下のように会計処理される［IFRS 第 3 号 65A 項］。

- 企業結合契約が，将来の事象に対して偶発的な企業結合のコストの修正を提供する場合，当該修正の可能性が高く，かつ信頼性をもって測定できる場合には，取得企業は，取得日において企業結合のコストの修正額を含めなければならない［IFRS 第 3 号 65B 項］。
- 企業結合契約が 1 つ以上の将来の事象に対して不確実な企業結合コストの修正を許容する場合（例えば，将来の会計期間において維持または達成される特定の利益水準の不確実性や，維持された発行済の金融商品の市場価格の不確実性），企業結合の初度適用時にそのような修正の金額をなにかしら見積るのは，通常は可能である。将来の事象が発生しなかったり，見積りの修正が必要な場合，企業結合のコストはそれに従って修正される［IFRS 第 3 号 65C 項］。
- しかし，可能性が低いか，または信頼性をもって測定できない場合，将来事象に関する不確実性の修正は，企業結合の当初の会計処理において企業結合のコストに含まれない。その後，当該修正が可能性が高くなり，かつ信頼性をもって測定できるようになった場合，追加の対価は企業結合のコストの修正として取扱われる［IFRS 第 3 号 65D 項］。
- ある状況においては，取得企業は引渡した資産や発行された資本性金融商品，発生した負債，または被取得企業の支配と交換に取得企業に受入れられた負債の価値の減少の補償として，売却先に事後的な支払を要求されることがある（例えば，企業結合コストの一部として，発行された資本性金融商品や金融負債の市場価格を取得企業が保証し，当初決定したコストを取戻すために追加の資本性金融商品や金融負債の発行を要求される場合）。このようなケースでは，企業結合のコストの増加は認識されず，むしろ以下のような結果となる［IFRS 第 3 号 65E 項］。
    - 資本性金融商品の場合，追加支払額の公正価値は，当初発行された資本性金融商品に起因する同額の価値の減少と相殺される。

- 金融負債の場合，追加支払額は当初発行のプレミアムの減少または割引の増加とみなされる。

その結果，IFRS 第 3 号（2008 年改訂）を最初に適用するより以前に発生した企業結合に関して生じる条件付対価は，引続き IFRS 第 3 号の以前の版に基づいたものと同じ方法で会計処理される。これは，これらの企業結合の最初の会計処理に対する遡及修正が引続き可能であることを意味する。

設例8.2.4.3
IFRS第3号(2008年改訂)採用時に未決済の条件付対価

2008 年 4 月に，12 月 31 日を年度末とする企業 A は，IFRS 第 3 号の以前の版で会計処理された企業結合を完了した。当該結合契約に基づき，企業 A は，将来事象の結果次第で 2014 年に追加的な対価を支払うことを要求される場合がある。企業結合時点で，企業 A は，購入価格の修正の可能性が高いかどうか，また支払われる可能性がある金額が信頼性をもって測定可能かどうかを評価できなかった。したがって，購入価格の配分の一部として，条件付対価の潜在的な支払のために認識された金額はなかった。

IFRS 第 3 号（2008 年改訂）を最初に採用する 2010 年 1 月 1 日に，企業 A は，条件付対価を支払う可能性は高くなく，したがって，可能性のある支払は未認識のままであると考え続けている。

IFRS 第 3 号（2008 年）の適用においては，IFRS 第 3 号 65D 項（上記参照）の要求事項を適用しなければならない。したがって，その後，当該修正の可能性が高く，かつ信頼性をもって測定できるようになった場合，追加の対価は企業結合のコストの修正として取扱われる。

IFRS 第 7 号「金融商品：開示」，IAS 第 32 号「金融商品：表示」および IAS 第 39 号「金融商品：認識および測定」は，取得日が IFRS 第 3 号（2008 年改訂）の適用日より前の企業結合から生じた条件付対価に適用されない。

8.3　何が企業結合取引の一部になるかの決定

8.3.1　何が企業結合取引の一部になるかを決定する原則

取得企業および被取得企業は，企業結合の交渉が始まる前からの既存の関係または他の取決めを有していたり，交渉中に企業結合とは別の取決めを行ったりする場合がある［IFRS 第 3 号 51 項］。

いずれの場合にも，取得企業は，取得企業と被取得企業（または以前の所有者）が企業結合で交換したものの一部ではない金額，すなわち被取得企業にとっての交換取引の一部ではない金額を識別することを要求される［IFRS 第 3 号 51 項］。

取得企業は，取得法を適用する一環として，被取得企業に移転された対価および被取得企業から交換で取得した資産および引受けた負債のみを認識することを要求される。別個の取引は，関連する基準に従って会計処理される［IFRS 第 3 号 51 項］。

企業結合前に，取得企業が自らのために，または結合の前に主として被取得企業（または被取得企業の旧所有者）のためではなく，主として自らまたは結合後企業のために行った取引は，別個の取引である可能性が高い［IFRS 第 3 号 52 項］。

取得企業は，ある取引が被取得企業にとって交換取引の一部であるかどうか，または当該取引が企業結合とは別個のものかどうかを決定するために，以下の要因を検討しなければならない［IFRS 第 3 号 B50 項］。

それは相互に排他的なものでも，単独で決定的なものでもない［IFRS 第 3 号 B50 項］。

(a)　**取引の理由**　企業結合の当事者が特定の取引または取決めを行う理由を理解することにより，移転された対価および取得した資産または引受けた負債の一部になるかどうかの洞察が得られる可能性がある。例えば，ある取引が，主に被取得企業または企業結合前の旧所有者の便益のためではなく，取得企業や結合後企業の便益のために取決められたものである場合，支払われた取引価格（および関連する資産または負債）の当該部分は，被取得企業にとって交換取引の一部となる可能性は低い。したがって，取得企業は当該部分を企業結合とは別個に会計処理するであろう。

設例8.3.1A

取得企業が売主のコストを支払う場合

会社Kは会社Lから事業を取得する。会社Kは，売買取引において会社Lに生じたコストを支払うことに合意する。

会社Lのために会社Kが支払ったコストは，企業結合の会計処理のために移転された対価の一部となる。これらの金額は会社Lに直接支払われていないが，企業結合の購入対価を構成する。なぜなら，会社Kは支払時に会社Lのために活動し，それは主として会社L（旧所有者）の便益のためであるからである。

しかし，取得にあたって，会社K自身のために発生したコストについては，企業結合外で会計処理することが要求されているため，この原則は適用されない（**本章8.4**参照）。

(b)　**誰が取引を主導したか**　取引を主導した者が誰かを理解することも，また，それが被取得企業の交換の一部であるかどうかに関する洞察を提供する。例えば，取得企業が主導した取引またはその他の事象が，取得企業や結合企業に将来の経済的便益をもたらす目的で，また，被取得企業または企業結合前の旧所有者がなんら便益を受取らないようにする目的で実行される場合がある。一方，被取得企業または旧所有者が主導した取引または取決めは，取得企業または結合企業の便益となる可能性は高くないが，企業結合の一部になる可能性は高い。

設例8.3.1B

継続的な義務を伴う政府からの取得

会社Xは民営化により政府から事業を取得する。取決めの一部として，会社Xは特定の人数の従業員を維持することを要求される。この約束のため，会社Xは，特定の人数の従業員を維持するという義務がなければCU 3.5百万を支払う予定であったが，当該事業に支払う予定の対価を減額し，その取得にCU 3百万を支払う。

会社Xは，従業員を維持する義務の影響を反映させるため，企業結合の

会計処理上の移転対価を修正すべきか。

状況による。IFRS 第3号 B50 項では，取引を主導した者が誰かを理解することは，それが被取得企業の交換の一部であるかどうかに関する洞察を提供することがあると示唆している。被取得企業または旧所有者が主導した取引もしくは取決めは，取得企業または結合後企業の便益になる可能性は高くないが，企業結合の一部になる可能性は高い。

上記の取決め（特定の人数の従業員を維持する，もしくは一定の地域での存在を維持する，または他の政府の政策目的を満たす要求事項）は，通常，取引業者として関連する政府が，自らの便益（すなわち，政策目的を満たす）のために主導する。したがって，それらは企業結合の一部になる可能性がより高く，その義務の結果として，購入対価にはなんら調整がなされてはならない。

しかし，ある状況では，取決めの構成要素に，政府からの補助金の受取を含むかもしれない。これは（IAS 第 20 号「政府補助金の会計処理および政府援助の開示」の関連する規準を満たす場合），政府補助金による繰延収益の認識，およびそれに相当するのれんの増加という結果をもたらす。

(c)　**取引の時期**　取引の時期もまた，それが被取得企業の交換取引の一部であるかどうかに関する洞察を提供する場合がある。例えば，企業結合の条件に関する交渉の間に行われた取得企業と被取得企業との取引により，将来の経済的便益を取得企業または結合企業に与える企業結合の計画が実行される場合がある。その場合，被取得企業またはその旧所有者は，自らが結合後，企業の一部として受取る便益以外の取引からは，なんら便益を受けない可能性が高い。

設例8.3.1C

被取得企業による株式に基づく報酬の現金決済

会社Aによる取得直前に，会社Bは，会社Bの従業員が保有する，未決済かつ権利未確定の株式に基づく報酬を現金決済する。これらの報酬の条件は，支配の変更にあたり自動的な権利確定や消滅を提供しなかった。会社Bが支払った現金の額は，その報酬の現在の公正価値と同額である。

現金決済が会社Bや旧所有者の便益よりも，主に会社Aや結合後企業の経済的便益のために調整されたかどうかの判断には注意を払わなければならない。たとえ会社Bの結合前取引であることを取引形態が示している場合があっても，それは実質的に，会社Aが会社Bに現金決済を行ったと決定される場合がある。

会社Aは，会社Bに移転された対価の一部が，会社Bの従業員が保有する報酬の決済に起因するものかどうかを判断するために，IFRS第3号B50項（上記参照）で示された要因を検討しなければならない。

対価の一部が報奨の決済に起因する場合，会社Aは，結合前と結合後の勤務を考慮して，会社Bの従業員に支払われた対価の金額を決定するために，IFRS第3号B56項からB62項の指針（以下**本章8.3.4**参照）を適用しなければならない。企業結合後の勤務に起因する金額は企業結合の対価の一部とならず，企業結合後の財務諸表で報酬費用として認識される。

以下は，取得法の適用に含めるべきではない個々の取引の例である［IFRS第3号52項］。

(a)　取得企業と被取得企業の間の既存の関係を清算する取引（**本章7.5.2**参照）

(b)　将来の勤務に関し，被取得企業の従業員または旧所有者に報酬を与える取引（従業員または売却株主への条件付支払については**本章8.3.3**，株式に基づく報酬については**本章8.3.4**参照）

(c)　取得企業による取得関連コストの支払に関し，被取得企業または旧所有者に補塡する取引（**本章8.3.5**参照）

8.3.2　企業結合における取得企業と被取得企業との既存の関係の清算

これは**本章7.5.2**ですでに議論されており，再取得した権利および既存の関係のより広範な問題を取扱っている。

8.3.3　従業員または売却株主への条件付支払の取決め

取得企業または取引業者は，（売却株主になる場合もならない場合もある）被取得企業の従業員に対して支払を行う場合があるが，それは従業員としての継続勤務期間といった取得後の事象に対して条件付のものである。そのような場合，どの支払要素が対価としての要件を満たしているか，またどの要素が取得後の勤務に対するものであるかを決定することが必要である。IFRS 第3号は，どのように配分するかに関する指針を提供する。

本章 8.3.1 で議論したように，取得契約に条件付支払が盛込まれている理由，誰が取引を主導したか，および当事者がいつ取決めを締結したかを理解することは，契約の性質を評価するうえで役立つ場合がある［IFRS 第3号 B54 項］。

従業員または売却株主に対する取決めが，被取得企業にとっての交換取引の一部となるのか，または別個の取引となるのかを決定するために，取得企業は以下の指標を考慮しなければならない［IFRS 第3号 B55 項］。

(a) **継続雇用**　雇用が終了すると自動的に支払が失効するという条件付対価契約は，企業結合後の勤務に対する報酬である。雇用の終了によっては影響を受けない条件付支払の契約は，報酬ではなく追加的な対価であることを示している場合がある。

(b) **継続雇用の期間**　要求されている雇用の期間が条件付支払の期間と一致するかまたはそれよりも長い場合，その事実は，条件付支払が実質的に報酬であることを示している場合がある。

(c) **報酬の水準**　条件付支払以外の従業員報酬が結合企業の他の主要な従業員と比較して合理的な水準にあるという状況は，条件付支払が報酬ではなく追加的な対価であることを示している場合がある。

(d) **従業員への追加**　支払従業員とはならない売却株主が，結合後企業の従業員となる売却株主よりも低い1株当たり条件付支払を受領する場合，その事実は，従業員になる売却株主への条件付支払の追加的な金額が報酬であることを示している場合がある。

(e) **保有する株式の数**　引続き主要従業員となる売却株主が保有する相対的な株式数は，実質的に条件付対価契約を示す場合がある。被取得企業のほとんどすべての株式を保有していた売却株主が継続して主要従業員となる場合，当該事実は，実質的に，企業結合後の勤務に対し報酬を提供することを意図した利益分配契約であることを示している場合がある。さらに，引続き主要従業員となる売却株主が被取得企業の株式をわずかな数量しか保有しておらず，すべての売却株主が1株当たり同じ金額の条件付対価を受領する場合，当該事実は，条件付支払が追加的な対価であることを示している場合がある。

(f)　**評価との関連**　取得日に移転した当初の対価が被取得企業の評価において確立した一定範囲の下限を基礎とするものであり，条件の算式が当該評価アプローチに関連する場合，その事実は，条件付支払が追加的な対価であることを示している場合がある。また，条件付支払の算式が過去の利益分配契約と整合する場合，その事実は，その契約の実質が報酬の提供であるということを示している場合がある。

(g)　**対価の算定の計算式**　条件付対価を算定する際に使用される計算式が契約の実質を評価する際に役立つ場合がある。例えば，条件付支払が利益の乗数（すなわち，1年分の利益を超える場合）をもとに算定される場合には，当該債務が企業結合における条件付対価であり，計算式は被取得企業の公正価値を算定または検証することを意図したものであることを示している場合がある。これに対し，利益の一定割合（すなわち，1年分の利益の一定割合）である条件付支払は，提供した勤務に対し従業員に報酬を支払う利益分配契約であることを示している場合がある。

(h)　**その他の契約および論点**　売却株主との他の契約（例えば，競合避止義務契約，未履行契約，コンサルティング契約および不動産リース契約等）の条件は，条件付支払が被取得企業に対する対価以外の何かに起因していることを示している場合がある。例えば，取得に関連して，取得企業は重要な売却株主と不動産リース契約を締結する場合がある。リース契約に規定された支払リース料が市場価格を著しく下回る場合には，貸手（売却株主）への条件付支払の一部または全部が，実質的に，取得企業が企業結合後の財務諸表において別個に認識すべきリース不動産の使用に対する支払である場合がある。これに対し，リース契約でリース不動産の市場条件と整合的な支払リース料が規定されている場合には，売却株主に対する条件付支払の契約は，企業結合における条件付対価である場合がある。

8.3.3.1　株主ではない従業員への条件付支払―設例

設例8.3.3.1A

負債として認識された，従業員に対する条件付支払

[IFRS第3号(2008年) IE58項－IE59項]

TC社は10年契約で新しいCEOの候補者を任命した。その契約では，TC社が契約の満了前に取得された場合に，TC社は候補者に対してCU5百万を支払う必要があった。8年後に，AC社はTC社を取得する。当CEOは取得日には雇用されており，既存の契約に基づいて追加的な支払を受ける。

この設例において，TC社は企業結合の交渉が始まる前に雇用契約を締結しており，契約の目的はCEOの役務の提供を受けることであった。したがって，この契約が主にAC社または結合企業に便益を与えるために取決められたという証拠はない。したがって，CU5百万を支払うという負債は，取得法の適用に含まれる。

設例8.3.3.1B

結合後の報酬として認識された従業員に対する条件付支払報酬

企業Bは企業Aを取得する交渉を行っている。企業Bの示唆により，企業AはCEO（株主ではない）に対し，企業Aが契約満了前に取得された場合には，CU5百万を支払うことが要求される契約を締結した。この契約は，取得が成功した後3年間CEOの雇用が維持されるという条件付である。

企業AがCU5百万を支払うという負債は，取得法の適用に含めるべきであろうか。

いいえ。契約の主たる目的は，CEOの役務を保持するように見受けられる。CEOが株主ではないため，また支払が継続雇用について条件付であるため，当該支払は，取得法の適用とは別個に，結合後の報酬として会計処理される。

8.3.3.2 従業員である売却株主への条件付支払

企業結合の売却株主が従業員でもあり，また移転される一部またはすべての対価が継続雇用に左右される場合には，継続雇用の要求が実質的ではない場合を除き，当該対価は企業結合後の報酬費用として取扱う。

本章ですでに概説したように，IFRS 第 3 号の関連する要求事項は以下のとおりである。

- IFRS 第 3 号 52 項は，将来の勤務に関し，被取得企業の従業員または旧所有者に報酬を与える取引のような別個の取引は，企業結合への取得法の適用に含めるべきでないことを要求している。
- IFRS 第 3 号 B55 項（a）は，雇用が終了すると自動的に支払が失効するという条件付対価契約は，企業結合後の勤務に対する報酬であると述べている。

この論点は，IFRS 解釈指針委員会が検討しており，以下は 2013 年 1 月の IFRIC アップデートからの抜粋である。

> 「解釈指針委員会は，雇用が終了すると条件付支払が自動的に失効する契約は，その契約が取得に対する追加の対価ではなく，結合後の勤務に対する報酬だという結論になると考えた（勤務状況が実質的ではない場合を除く）。解釈指針委員会は，IFRS 第 3 号の B55 項（a）で使用される結論的な文言についてこの結論に至った。」

これらの記述は，IFRS 第 3 号 B55 項（**本章 8.3.3** 参照）の序文で指標の 1 つとしてあげられているにもかかわらず，IFRS 第 3 号 B55 項（a）が，すべてのこのような取決めを結合後の勤務に対する報酬として取扱うことを要求しているという，解釈指針委員会の結論を明確化している。

次の場合，勤務条件が実質的でないと考えられる場合がある。

- 税金または管理上の理由等から，非常に短期間（わずか1日等）の勤務を売却株主が要求されている場合
- （例えば，競争他社での勤務または機密情報の開示に関する制約を伴う場合でも）事実上，売却株主が支払を受ける権利の失効なしに退職を選択することができるような「よい退職者」条項に含まれている場合

売却株主が自分では制御できない理由（例えば，死亡または不当解雇）により退職する場合に限り支払を受ける権利を保有し続けることができるという「よい退職者」条項を含んでいる勤務条件は，実質的であるとみなされる。

以下は，実質的な勤務条件が条件となる，すべての条件付の支払いを企業結合後の報酬として取扱うことが要求され，企業結合会計に重要な影響を及ぼすシナリオの例である。

シナリオ1 — 継続雇用の株主に対する取得日における支払が，既存株主への支払額より少額である。

以下の条件で，事業の株式の100％が取得されている。

- 既存株主には，取得日に1株当たりCU 10が支払われ，この事業に対するさらなる持分はない。
- 継続雇用の株主には，取得日に1株当たりCU 2が支払われ，さらに継続雇用および当該取得事業の特定の利益目標の達成度に応じて，その後3年間にさらに1株当たりCU 18を上限として支払われる。

このような状況において，継続雇用の株主に対するすべての条件付支払（すなわち，1株当たりCU 18を上限）は，報酬として取扱われる。そのため，合計の購入対価は，既存株主からの購入分1株当たりCU 10，および継続雇用の株主からの購入分1株当たりCU 2である。

シナリオ2 ― 勤務条件が，すべてではなく一部の株主に対する条件付対価に適用される。

以下の条件で，事業の株式の100%が，2人の株主（AおよびB）から50%ずつ取得されている。

- AおよびBの両方が，取得日に同じ支払を受けており，さらに，取得事業の企業結合後の利益に応じて変動する追加の支払を受ける権利も有している。しかし，
- Aのみ取引後の雇用の継続があり，3年以内に退職した場合には条件付対価の残高が失効する。

このような状況において，Aに支払われる対価の条件付の要素は，取得後の勤務に対する報酬として取扱い，Bへの支払金額は取得対価として会計処理する。

シナリオ3 ― 条件付でない対価が，識別可能な純資産の公正価値より下回っている。

CU 750の識別可能な純資産である事業の株式の100%が，1人の株主に取得されている。取得日にCU 250が支払われ，さらに，売却株主の雇用の継続を条件として，その後3年間（利益の乗数を基礎として）CU 1,000を上限として支払われる。

このような状況において，企業結合に関する移転された対価はCU 250に限定される。IFRS第3号36項で要求されている，引受けた資産および負債の識別と測定の再評価を受けて，取得日に，割安購入益CU 500（識別可能な純資産の公正価値CU 750－移転された対価CU 250）を認識する。

8.3.4　被取得企業の従業員が保有する株式に基づく報酬

8.3.4.1　概　観

取得企業は，被取得企業の従業員が保有する株式報酬を自社の株式に基づく報酬（代替報酬）と交換する場合がある。IFRS 第 3 号は，特定の代替報酬を結合のコストとしていつ処理するか，および従業員給与として当該金額をいつ処理するかに関する多くの指針と設例を含んでいる。IFRS 第 3 号には，また，被取得企業の従業員が保有する株式に基づく報酬が代替されない場合（すなわち，当初の報酬が修正なしに継続することが許容されている場合）の適切な会計処理についての要求事項が示されている。

企業結合に関連したストック・オプションまたはその他の株式報酬の交換は，IFRS 第 2 号「株式に基づく報酬」に従って，株式に基づく報酬の条件変更として会計処理される（**第 1 巻 19 章「株式に基づく報酬」**参照）[IFRS 第 3 号 B56 項]。IFRS 第 3 号は，「市場ベースの測定」という用語を IFRS 第 2 号の測定の基礎を記述するために使用している。

8.3.4.2　取得企業が被取得企業の報酬を引継ぐ場合

取得企業が被取得企業の報酬を引継ぐ場合，取得企業の代替報酬に関する市場ベースの測定値の全部または一部は，企業結合で移転された対価の測定に含まれる [IFRS 第 3 号 B56 項]（唯一の例外は，取得企業が被取得企業の報酬を自主的に引継ぐ場合であり，引継がないと企業結合の結果として消滅する場合である― **本章 8.3.4.3** 参照）。「対価」と「結合後の役務」とに報酬を配分する基礎は，**本章 8.3.4.4** で記述している。

8.3.4.3　取得企業が被取得企業の報酬を自主的に引継ぎ，そうしないと消滅する場合

企業結合の結果，被取得企業の報酬が消滅し，取得企業がそれらの報酬を，当該義務を負っていなくても引継ぐ場合には，代替報酬の市場ベースの測定値の全額は，企業結合後の財務諸表において，IFRS 第 2 号に従って報酬費用として認識される。このことは，当該報酬の市場ベースの測定値は，企業結合で移転された対価の測定に含まれないということを意味する [IFRS 第 3 号

B56 項］。

被取得企業またはその従業員が交換を強制することができる場合，取得企業は被取得企業の報酬を引継ぐ義務があると考えられる。例えば，この要求を適用するために，以下のものによって引継が要求される場合は，取得企業は被取得企業の報酬を引継ぐ義務があると考えられる［IFRS 第 3 号 B56 項］。

- 取得契約の条件
- 被取得企業の報酬の条件
- 適用される法令または規則

8.3.4.4　対価と結合後役務の報酬との配分

非自発的に引継がれた報酬の市場ベースの測定額の，「対価」と「結合後の役務」への適切な配分は，以下の段階により算定される場合がある。

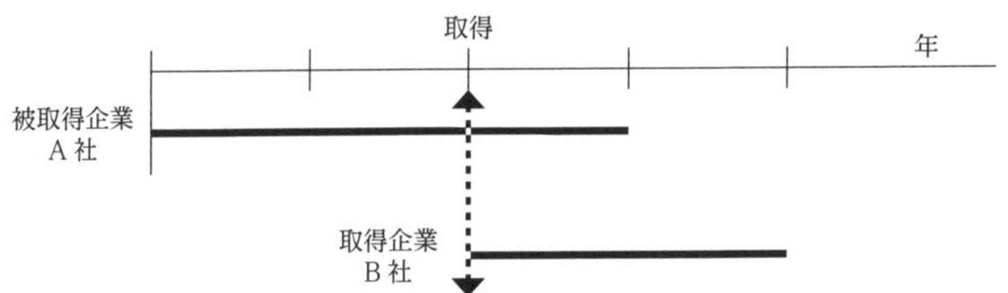

ステップ 1	被取得企業に移転された対価の一部となる代替報酬の部分と，企業結合後の勤務報酬の部分とを算定するため，取得企業が付与した代替報酬および被取得企業の報酬の双方を，取得日に IFRS 第 2 号に従って測定する［IFRS 第 3 号 B57 項］。

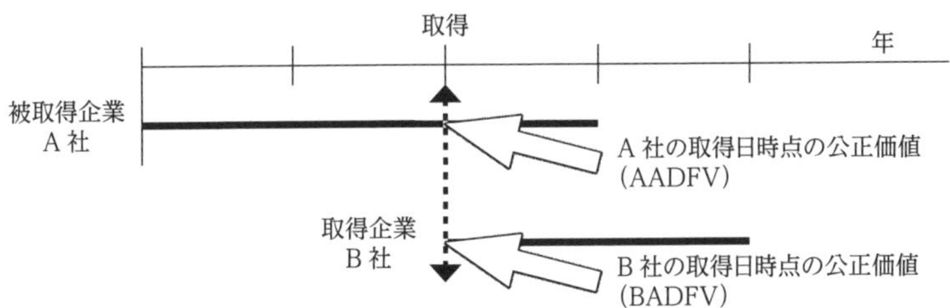

ステップ 1：B 社は，A 社の当初のストック・オプション，および代替となるストック・オプションの両方を，IFRS 第 2 号に従って，取得日に公正価値で測定する。

ステップ 2	以下の 3 つの期間を識別する。 ● 取得日時点で完了した権利確定期間 ● 合計の権利確定期間 ● 当初の権利確定期間 権利確定期間は，すべての特定された権利確定条件が満たされる期間である（より詳細な定義については，**第 1 巻 19 章**の IFRS 第 2 号の議論参照）。

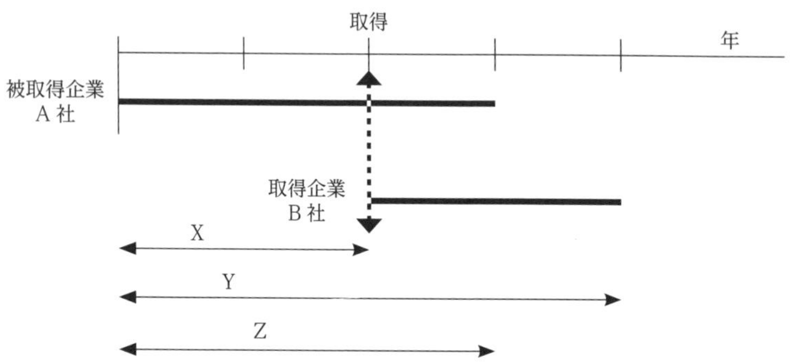

ステップ 2：B 社は，完了した権利確定期間（X），合計の権利確定期間（Y），および，当初の権利確定期間（Z）を識別する。

ステップ 3	（企業結合の対価の一部として会計処理される）企業結合前の勤務に帰属する代替報酬の部分は，被取得企業の報酬の「市場ベースの測定値」に，被取得企業の報酬の権利確定期間合計と当初権利確定期間のいずれか大きい方に対する，完了した権利確定期間部分の割合を乗じて求められる［IFRS 第 3 号 B58 項］。 対価に配分された金額は以下の算式で求められる。 $\text{AADFV} \times \dfrac{X}{\text{Y と Z のうち長い期間}}$

ステップ 4	企業結合後の勤務に帰属し，企業結合後の財務諸表で報酬費用として認識された金額は，取得企業の代替報酬の市場ベースの測定値と，ステップ 3 の購入対価に配分された金額との差額として算定される。したがって，取得企業は，市場ベースでの代替報酬測定値が，結合後の勤務に対する被取得企業の報酬の市場ベースの測定値を超過する額に帰属すると考え，また，結合後の財務諸表の報酬費用としてその超過額を認識する。この費用は，さらなる勤務期間がなければただちに認識される［IFRS 第 3 号 B59 項］。 企業結合後の勤務に配分された金額は，**B 社の取得日公正価値（BADFV）からステップ 3 で算定した金額を差引く。**

また，さらなる要求として以下がある。

- ステップ3で対価に配分された金額は，購入対価に加算される。
- ステップ4で結合後勤務に配分された金額は，IFRS第2号に従い，企業結合後の費用として認識される。
- 取得企業は，従業員が取得日以前に，被取得企業の報酬の権利確定のために要求されるすべての勤務を提供したかどうかにかかわらず，取得企業が企業結合後の勤務を要求する場合には，代替報酬の一部を企業結合後の勤務に帰属させる［IFRS第3号B59項］。
- 購入対価と企業結合後勤務との間の配分は，権利確定することが予想される代替報酬の数についての最善の見積りを反映させなければならない。例えば，企業結合前の勤務に帰属する代替報酬部分の市場ベースの測定値がCU 100であり，取得企業が報酬の95％のみが権利確定すると予想する場合，企業結合で移転した対価に含まれる金額はCU 95である［IFRS第3号B60項］。
- 権利確定が見込まれる代替報酬の数の見積りの事後的な変更は，変更または失効が生じた期間に報酬費用に反映され，当初の取得に関する会計処理は修正されない［IFRS第3号B60項］。
- 業績条件付の報酬の修正または最終結果のような，取得日後に発生した他の事象の影響は，事象が生じた期間の報酬費用を算定するにあたり，IFRS第2号に従って会計処理される（**第1巻19章**参照）［IFRS第3号B60項］。
- 代替報酬がIFRS第2号に従って，負債として分類されるかまたは資本性金融商品として分類されるかにかかわらず，企業結合前および企業結合後の勤務に帰属する代替報酬部分を算定する同様の要求事項が適用される。取得日後，負債として分類された市場ベースの測定値のすべての変動および関連する法人所得税効果は，変動が発生する（複数の）期間において取得企業の企業結合後の財務諸表で認識される［IFRS第3号B61項］。
- 株式に基づく報酬の代替報酬の法人所得税効果は，IAS第12号「法人所得税」の規定に従って認識される（**第2巻2章**参照）［IFRS第3号B62項］。

下記の設例は，（すべての報酬が資本に分類されると仮定して）取得企業（AC社）が以下の状況において発行義務のある代替報酬について説明している［IFRS 第 3 号 IE61 項］。

		被取得企業の報酬 権利確定期間は，企業結合前に完了したか。	
		完了	**未完了**
代替報酬 従業員は取得日後に追加的な役務の提供を要求されるか。	**不要**	本章設例 8.3.4.4A	本章設例 8.3.4.4D
	必要	本章設例 8.3.4.4B	本章設例 8.3.4.4C

設例8.3.4.4A
権利確定期間は完了し，追加的な勤務は不要な例
［IFRS第3号IE62項－IE64項］

被取得企業の報酬	権利確定期間は企業結合前に**完了した**。
代替報酬	取得日後，追加的な従業員勤務は要求**されていない**。

AC 社は，取得日時点で CU 100（市場ベースの測定値）の TC 社の報酬に対し，取得日時点で CU 110（市場ベースの測定値）の代替報酬を支払う。企業結合後の勤務は代替報酬のために要求されておらず，また，TC 社の従業員は，取得日現在，被取得企業での報酬のために要求された勤務のすべてを提供していた。

企業結合前の勤務に帰属する額は，取得日に市場ベースで測定された TC 社の報酬（CU 100）であり，この金額は，企業結合の移転対価に含まれる。企業結合後の勤務に帰属する金額は CU 10 であり，代替報酬（CU 110）の価値の合計と，企業結合前の勤務に帰属する部分（CU 100）との差額である。代替報酬のために要求される企業結合後の勤務はないため，AC 社は企業結合後の財務諸表で CU 10 を報酬費用としてただちに認識する。

すでに概説されたステップを当てはめると以下のとおりである。

ステップ 1	被取得企業の取得日の公正価値＝CU 100 取得企業の取得日の公正価値＝CU 110

ステップ 2	完了した権利確定期間＝（例えば）3 年 当初の権利確定期間＝（例えば）3 年 権利確定期間合計＝（例えば）3 年

ステップ 3	対価に配分された金額＝ $100 \times \frac{3}{3\text{年}} = 100$

ステップ 4	企業結合後の勤務に配分された金額＝110－100＝10

設例8.3.4.4B

権利確定期間は完了したが，追加的な勤務が必要な例

[IFRS第3号IE65項－IE67項]

被取得企業の報酬	権利確定期間は企業結合前に**完了した。**
代替報酬	取得日後，従業員としての追加的な勤務を提供する必要が**ある。**

AC 社は，企業結合後 1 年の勤務を要求する代替報酬と，TC 社の株式報酬とを交換する。TC 社の株式に基づく報酬については，従業員は企業結合前に権利確定期間を完了した。両報酬の取得日での市場ベースの測定額は CU 100 である。当初付与時点で，TC 社の報酬の権利確定期間は 4 年であった。取得日現在，未行使の報酬受領権を有していた TC 社の従業員は，権利付与日から合計 7 年間の勤務を提供していた。

TC 社の従業員はすでにすべての勤務を提供していたが，代替報酬により企業結合後の 1 年間の勤務が必要となるため，AC 社は IFRS 第 3 号 B59 項に従って，企業結合後の報酬費用を代替報酬の一部に帰属させた。権利確定期間の合計は 5 年，すなわち取得日前に完了した当初の被取得企業の報酬に対する権利付与期間（4 年）に，代替報酬の権利確定期間（1 年）を加えたものである。

企業結合前の勤務に帰属する部分は，被取得企業の報酬の市場ベースの測定値（CU 100）に，権利確定期間全体（5年）に対する企業結合前の権利確定期間（4年）の割合を乗じた金額に等しい。したがって，CU 80（CU 100×4／5年）が企業結合前の権利確定期間に帰属し，企業結合で移転された対価に含められる。残りのCU 20は企業結合後の権利確定期間に帰属し，IFRS第2号に従って，AC社の企業結合後の財務諸表に報酬費用として認識される。

すでに概説されたステップを当てはめると以下のとおりである。

ステップ 1	被取得企業の取得日の公正価値＝CU 100 取得企業の取得日の公正価値＝CU 100

ステップ 2	完了した権利確定期間＝4年 当初の権利確定期間＝4年 権利確定期間合計＝5年

ステップ 3	対価に配分された金額＝ $100 \times \frac{4}{\text{4年と5年の長い方}} = 80$

ステップ 4	企業結合後の勤務に配分された金額＝100－80＝20

設例8.3.4.4C
権利確定期間は完了しておらず，追加的な勤務が要求される例
[IFRS第3号IE68項－IE69項]

被取得企業の報酬	権利確定期間は企業結合前に**完了していない**。
代替報酬	取得日後，従業員としての追加的な勤務を提供する必要が**ある**。

AC社は，企業結合後の1年の勤務を要求する代替報酬と，TC社の株式報酬を交換する。TC社の株式に基づく報酬については，従業員が取得日現在でいまだすべての勤務を提供していなかった。両報酬の取得日での市場ベースの測定額はCU 100である。当初付与時点で，TC社の報酬の権利

確定期間は4年であった。取得日現在，TC社の従業員は2年間の勤務を提供している。また，TC社の従業員は自らの権利確定のために，取得日後2年の追加勤務の提供が要求されるであろう。したがって，TC社の報酬の一部だけが企業結合前の勤務に帰属する。

代替報酬は1年間だけの企業結合後の勤務を要求する。従業員はすでに2年間の勤務を提供したため，権利確定期間合計は3年である。企業結合前の勤務に帰属する部分は，被取得企業の報酬の市場ベースの測定値（CU 100）に，権利確定期間全体（3年）またはTC社の報酬の当初の権利確定期間（4年）のいずれか長い方に対する，企業結合前の権利確定期間（2年）の割合を乗じた金額に等しい。したがって，CU 50（CU 100×2／4年）が企業結合前の勤務に帰属し，被取得企業に移転した対価に含められる。残りのCU 50は企業結合後の勤務に帰属し，したがってAC社の企業結合後の財務諸表に報酬費用として認識される。

すでに概説されたステップを当てはめると以下のとおりである。

ステップ1	被取得企業の取得日の公正価値＝CU 100 取得企業の取得日の公正価値＝CU 100
ステップ2	完了した権利確定期間＝2年 当初の権利確定期間＝4年 権利確定期間合計＝3年
ステップ3	対価に配分された金額＝ $100\times\frac{2}{\text{4年と3年の長い方}}=50$
ステップ4	企業結合後の勤務に配分された金額＝100－50＝50

設例8.3.4.4D

権利確定期間は完了していないが，追加的な勤務は要求されない例

[IFRS第3号IE70項－IE71項]

被取得企業の報酬	権利確定期間は企業結合前に**完了していない。**
代替報酬	取得日後，追加的な従業員勤務は要求されて**いない。**

本章設例8.3.4.4Cと同じ事実関係を仮定するが，AC社が，企業結合後勤務を全く要求しない代替報酬とTC社の株式に基づく報酬を交換し，その株式に基づく報酬については，従業員が取得日でいまだすべての勤務を提供していなかった。代替されたTC社の報酬の条件は，支配の変動時に残りの権利確定期間を全く削減しなかった（TC社の報酬が，支配の変動時に残りの権利確定期間を削減する条項を含んでいた場合，**本章設例**8.3.4.4Aにおける指針が適用されるであろう）。双方の報酬の市場ベースでの測定額はCU 100である。従業員はすでに2年間の勤務を提供し，代替報酬は企業結合後の勤務を全く要求しないことから，権利確定期間合計は2年である。

企業結合前の勤務に帰属する代替報酬の市場ベースの測定値の部分は，被取得企業の報酬の市場ベースの測定値（CU 100）に，合計の権利確定期間（2年）とTC社の報酬の当初権利確定期間（4年）の長い方に対する，企業結合前の権利確定期間（2年）の割合を乗じた金額と等しい。したがって，CU 50（CU 100×2／4年）が企業結合前の勤務に帰属し，被取得企業に移転した対価に含められる。残りのCU 50は企業結合後の勤務に帰属する。代替報酬の権利確定のために要求される企業結合後の勤務はないため，AC社は企業結合後の財務諸表でCU 50を報酬費用としてただちに認識する。

すでに概説されたステップを当てはめると以下のとおりである。

ステップ1	被取得企業の取得日の公正価値＝CU 100 取得企業の取得日の公正価値＝CU 100

ステップ2	完了した権利確定期間＝2年 当初の権利確定期間＝4年 権利確定期間合計＝2年

ステップ 3	対価に配分された金額＝ $100\times\frac{2}{4年と2年の長い方}=50$

ステップ 4	企業結合後の勤務に配分された金額＝100－50＝50

8.3.4.5　被取得企業の事後的な会計処理

設例8.3.4.5A
被取得企業の事後的な会計処理(1)

企業Aは従業員にストック・オプションを付与し，ストック・オプションは従業員が一定の年数雇用されたままであれば権利が確定する。権利確定の前に，企業Aは企業Bに取得される。企業Bはストック・オプションと企業Bの株式を交換する。ストック・オプションの条件では，企業結合の結果として消滅することは要求されてはいなかった。

IFRS第3号B57項で要求されているように，当初の被取得企業の株式に基づく報酬の公正価値，および取得企業によって取得日に付与された代替報酬はIFRS第2号に従って測定される。

IFRS第3号では，企業Bの連結財務諸表上，企業結合後の勤務に帰属する取得日における代替報酬の公正価値部分は報酬費用として認識されなければならない。

企業Aは，企業Bによる代替報酬の影響を，個別財務諸表上どのように認識すべきか。

IFRS第2号の要求は，企業Aの個別財務諸表で継続して適用される。IFRS第2号27項およびB43項からB44項の，持分報酬の代替および修正に適用される原則に基づいて，交換の影響を認識しなければならない。

設例8.3.4.5B

被取得企業の事後的な会計処理(2)

企業Ａは，従業員に対して，従業員が４年間勤務を継続することにより権利が確定するストック・オプションを与えた。付与日時点での報酬の公正価値はCU 100である。

２年後，企業Ａは企業Ｂに取得された。企業Ｂは，ストック・オプションを企業Ｂの株式と交換する。その条件とは，さらなる２年間の勤務期間後に（すなわち，当初の権利確定期間末に）権利確定するというものである。ストック・オプションの条件では，企業結合の結果として消滅することは要求されてはいなかった。

当初の被取得企業の報酬の公正価値，および取得企業により付与された代替報酬の公正価値は，取得日で測定され，同額（すなわち，CU 400）となるように算定される。

なぜなら，その報酬の代替は，結果的に株式に基づく報酬契約の公正価値総額の全体的な増加または権利確定期間の変動にはならないため，企業Ａは，個別財務諸表において，当初の付与日時点のオプションの公正価値を報酬費用として認識し続けなければならない。したがって，企業結合後，企業Ａは，その後２年間で，毎年CU 25（CU 100×１／４年）ずつ報酬費用を認識する。

設例8.3.4.5C

被取得企業の事後的な会計処理(3)

本章設例8.3.4.5Bと同じ事実関係であると仮定するが，取得日時点の企業Ａの当初の報酬および企業Ｂが付与した代替報酬の公正価値がそれぞれCU 400およびCU 460と算定されるように，報酬の代替が結果的に株式報酬の取決めの公正価値総額を増加させるとする。

これらの状況では，その報酬の代替により，結果的に株式に基づく報酬契約の公正価値総額が全体的に増加することから，企業Ａは，個別財務諸表で，当初の付与日のオプションの公正価値総額およびその報酬の代替となる公正価値の増加分を報酬費用として認識しなければならない。したがって，企業結合後，企業Ａは，個別財務諸表上，その後２年間で，毎年CU 55(すなわち，付与日の公正価値 CU 25／年および公正価値増加分 CU 30（CU 60／2 年））の報酬費用を認識することになる。

8.3.4.6　置換えられていない，被取得企業の未決済の報酬

被取得企業は，取得企業が株式に基づく報酬取引と交換しない，未決済の株式に基づく報酬取引を有することがある。権利確定しているのであれば，被取得企業の株式に基づく報酬取引は被取得企業の非支配持分（NCIs）の一部であり，市場ベースの測定値で測定される。権利確定していないのであれば，それは，あたかも取得日が IFRS 第 3 号 19 項および 30 項（**本章 7.3** 参照）に従った付与日であるかのように，市場ベースの測定額で測定される［IFRS 第 3 号 B62A 項］。

権利確定していない株式に基づく報酬取引の市場ベースの測定値は，株式に基づく報酬取引の権利確定期間の合計と当初権利確定期間の長い方に対する，完了した権利確定期間の割合をベースに，NCIs に配分される（**本章 8.3.4.4** のステップ 2 参照）。その残高は企業結合後の勤務に配分される［IFRS 第 3 号 B62B 項］。

8.3.4.7　取得企業の個別財務諸表における，被取得企業の報酬の引継ぎの会計処理

本章 8.3.4.1 と **8.3.4.4** で議論したように，IFRS 第 3 号 B56 項から B62 項では，取得企業が，企業結合において，被取得企業の従業員が保有する報酬を引継ぐ際の代替報酬の市場ベースの測定額を，連結財務諸表に帰属させる指針が提供されている。しかし，取得企業の個別財務諸表における引継の会計処理に関しては，IFRSs ではなんら明確な指針が提供されていない。

取得企業の個別財務諸表において，代替報酬は，以下の 2 つの要素の交換で発行されたとみなされる。

● 新たな子会社の潜在的な希薄化持分を再取得する際の移転対価
● 新たな子会社の従業員により提供される，企業結合後の勤務

取得前の勤務に関する部分は，取得日において，子会社に対する投資コストの一部として認識される。残りは，グループの株式スキームに適用可能な IFRS 第 2 号に従って認識される。取得企業は，子会社の従業員によって権利確定期間にわたって提供される，企業結合後の勤務に関連する義務の一部を，出資（すなわち，子会社への追加コスト）として認識する（**第 1 巻 19 章 8.3** 参照）。

IFRSs には，取得企業の個別財務諸表において，代替報酬の市場ベースの測定額を，取得前と取得後の要素に配分する方法に関する指針が含まれていない。

より好ましいアプローチは，取得企業の個別財務諸表に，連結財務諸表と同じ方法で配分を適用することである。したがって，企業結合前の勤務に帰属する金額は，被取得企業の報酬の市場ベースの測定額に，権利確定期間全体（終了した権利確定期間と代替報酬の権利確定期間の合計）と，IFRS 第 3 号 B58 項（**本章 8.3.4.4** 参照）に示されている被取得企業の報酬の当初の権利確定期間のいずれか長い方に対する，完了した権利確定期間の割合を乗じた金額になる。企業結合後の勤務に帰属する金額は，代替報酬の市場ベースでの測定額から，企業結合前の勤務に帰属する金額を差引いた金額である。

他のアプローチは，取得企業の個別財務諸表において，IFRS 第 2 号に従った新たな付与とする会計処理である。この代替的なアプローチでは，取得後の勤務に帰属し，投資コストに含められる金額は，代替報酬の市場ベースの測定額に，権利確定期間合計に対する完了した権利確定期間の部分の割合を乗じた金額である。代替報酬の取得日における公正価値の残りは，取得後の勤務に帰属する。

これらのアプローチの選択は会計方針の選択であり，一貫して適用されなければならない。

8.3.5　取得企業による取得関連コストの支払に関し，被取得企業または旧所有者に補塡する取引

以下の**本章 8.4** は，取得企業に生じた取得関連コストの，IFRS 第 3 号のもとで要求される取扱いについて議論している。一般に，そのようなコストは，発生時に，純損益において費用として認識することが要求される。IFRS 第 3 号の結論の根拠において，IASB は，企業はそのような費用の認識を避けるため，取引の形態を変更するかもしれないという状況について議論している。「例えば，買手の取引業者が自らに代わって支払うよう，買手が売手に依頼する場合がある。企業結合終了時に支払われるべき金額の総計が，売手に対し，買手の代わりに支払った金額を補塡するのに十分な場合には，交渉と事業の売却を容易にするために，売手がそのような支払に同意するかもしれない。この偽装された補塡が，事業について移転された対価の一部として処理される場合には，取得企業はそれらの費用を認識しないであろう。むしろ，事業の公正価値の測定額および当該事業について認識されるのれんの金額が過大表示される可能性がある」[IFRS 第 3 号 BC 370 項]。

そのような懸念を和らげるため，IFRS 第 3 号には，企業結合とは区別すべき「取得企業による取得関連コストの支払に関し，被取得企業またはその旧所有者に補塡する取引」の例の一覧がある（IFRS 第 3 号 52 項（c）参照）。そのような取引が識別された場合，当該要素はのれんの算定に使用される対価から控除され，取得企業により費用処理される。

8.4　取得関連コスト

取得関連コストは，企業結合を達成するため取得企業に発生するコストである。これらのコストには，以下が含まれている［IFRS 第 3 号 53 項］。

- 仲介手数料
- 助言，法律，会計，評価，その他の専門家またはコンサルティングの報酬
- 内部の買収部門の維持コストを含む一般管理費
- 負債性証券や持分証券の登録コストや発行コスト

IFRS 第3号では，取得企業は取得関連費用を，1つの例外を除き，当該コストが発生してサービスが提供された期間の費用として会計処理することが要求される。例外とは，持分証券または負債性証券の発行コストは，持分証券についてはIAS 第32号「金融商品：表示」に従って認識され（**第3巻3章4**参照），負債性証券についてはIFRS 第9号「金融商品」（**第3巻6章「金融商品：測定」2.1**参照）またはIFRS 第9号を適用していない企業はIAS 第39号「金融商品：認識および測定」に従って認識されることである［IFRS 第3号53項］。

結論の根拠は，取得関連コストの本取扱いを，「IASB が，取得関連コストを，事業の買手と売手との間の公正価値交換の一部ではないと結論付けたことに基づいて，正当化している。むしろ，それは，受領したサービスの公正価値に対して買手が支払う，別個の取引である。IASB はまた，それらのコストは，サービスが外部者か取得企業の内部スタッフによって提供されるかにかかわらず，取得した便益はサービスを受領した時点で消費されるため，通常，取得日の取得企業の資産を示さないと述べた」［IFRS 第3号BC 366項］。

親会社の個別財務諸表における取得コストの取扱いは，**第2巻8章4.4**で議論されている。

IASB はまた，取得企業が売手のために，企業結合の増加した購入対価と引換に，売手に一定の取得関連コストを支払うことによる濫用の可能性を識別した。これは**本章8.3.5**で検討されている。

8.4.1　企業結合と関連する賞与支払

賞与支払が，取得企業の従業員に対して，企業結合を完了した報酬として行われることがある。これらの支払は，特定の企業結合や，特定の期間の不特定な企業結合，または他の基準を完了する条件であることがある。当該賞与は，提供されたデュー・デリジェンス業務の報酬として，取得企業の取締役や他の主要な経営幹部に拡張される場合がある。

企業結合に影響を与えるためのそのような賞与支払は，他の取得関連コストの取扱いと整合的に，費用化されなければならない。

8.5 対価の移転がない企業結合

8.5.1 会計上の要求および設例

取得企業は，対価の移転なしで被取得企業の支配を獲得する場合がある。そのような場合，IFRS 第 3 号は，取得企業を識別し，取得法を適用することを要求する。このような状況の例には，以下のようなものがある［IFRS 第 3 号 43 項］。

(a) 既存の投資者（取得企業）が支配を獲得するために，被取得企業が十分な数の自己株式を買戻す場合
(b) 取得企業が議決権の大部分を所有しても支配に至らない原因となっていた，少数株主拒否権が消滅した場合
(c) 契約のみで行われる企業結合（**本章 8.5.2** 参照）

8.5.2 契約のみで行われる企業結合

契約のみで達成される企業結合において，2 つの企業が，例えば，単一の管理，議決権の均等化および両社に対する持分投資家に帰属する利益に関する契約上の取決めを締結する。そのような構造は，二重上場構造の「ステープリング（stapling）」を含む場合がある。

8.5.2.1 二重上場構造の例

BHPビリトン年次報告書2007

合併の条件

2001 年 6 月 29 日に，イギリスの上場企業である BHP ビリトン Plc（以前はビリトン Plc として知られていた）およびオーストラリアの上場企業である BHP ビリトンリミテッド（以前は BHP リミテッドとして知られていた）は，二重上場企業（DLC）の合併を開始した。この合併は，会社間の契約上の取決めおよび定款の修正により発効する。

DLC 合併の影響は，BHP ビリトン Plc およびその子会社（BHP ビリトン Plc グループ）および BHP ビリトンリミテッドおよびその子会社（BHP ビリトンリミテッドグループ）が，単一の経済主体（BHP ビリトングループ）としてとも

に活動することである。その取決めでは以下が規定されている。

- BHP ビリトン Plc および BHP ビリトンリミテッドの株主は，双方のグループにおける共通の経済的利益を有する。
- BHP ビリトン Plc および BHP ビリトンリミテッドの株主は，2つの会社の株主が共同で有効に議決権を行使して，共同の選任手続により，取締役の選任等の重要な決定を行う。
- BHP ビリトン Plc および BHP ビリトンリミテッドは，共通の取締役会，統一された管理構造および共同の目的を有する。
- 2社によりなされた配当および資本の分配は均等化される。
- BHP ビリトン Plc および BHP ビリトンリミテッドは，それぞれ宣誓証書を作成した。一方の契約上の義務（実際の義務かまたは契約上の義務か，もしくは主たる義務かまたは二次的な義務か）の保証（例外はある）は，2001年6月29日時点で存在する特定の義務とともに，その日より後に発生する。

BHP ビリトン Plc またはBHP ビリトンリミテッドのいずれかが株主への配当金の支払を提案した場合，もう一方の企業は，株主に対し1株当たりの金額と一致する現金配当金を支払わなければならない。もしいずれかの企業が，一致する配当金の全部または一部について宣言する，支払う，またはその他の行動をすることが法律により禁止もしくは他の理由によりできない場合，BHP ビリトン Plc または BHP ビリトンリミテッドは，両社が実務上可能な限り同時に配当を支払うことができるよう，取締役会が必要または望ましいと同意する，実務的な取引を相互に開始する。

共同の議決手続が行われていることの手段である，各会社による管理会社への特別議決権株式の発行を除き，DLC の合併は，両社の資産の法的所有権の変動にも，両社の既存の株式または証券の所有権の変動にも，対価としての株式または証券の発行あるいは支払にも影響しなかった。さらに，BHP ビリトン Plc の1株当たり経済的持分および議決権持分と BHP ビリトンリミテッドの1株当たりのそれらが同一であるという状態を達成するため，BHP ビリトンリミテッドは普通株式の所有者に対して普通株の無償交付を行った。

8.5.2.2　契約による結合会計

IFRS 第 3 号は，結合企業のうち 1 社を取得企業として識別し，1 社を被取得企業として識別することを要求している（指針としてセクション 5 を参照）。**本章 5** の指針参照契約だけで達成された企業結合を IFRS 第 3 号の範囲から除外すべきではないという結論に至るにあたり，IASB は以下のように述べた［IFRS 第 3 号 BC 79 項］。

- そのような企業結合は，容易に測定可能な対価の支払は含まない。また，まれではあるが，取得企業を識別することが難しい場合がある。
- 取得企業の識別が困難であることは，異なる会計処理を正当化するための十分な理由にはならない。また，取得企業の識別のためにさらなる指針は不要である。
- 取得法は，すでに米国において企業結合に適用されている。また，解決できない問題には直面していない。

8.5.3　対価の移転を伴わない企業結合への取得法の適用

8.5.3.1　みなし対価

対価の移転を伴わずに達成された企業結合において，取得企業は，のれんまたは割安購入益を測定するために移転した対価の取得日の公正価値の代わりに，被取得企業に対する持分の取得日の公正価値を使用する［IFRS 第 3 号 33 項および B46 項］。

IFRS 第 13 号「公正価値測定」をまだ適用していない企業に対しては，IFRS 第 3 号 B46 項が，以下のように公正価値の測定に追加的な指針を提供する。IFRS 第 13 号の適用の影響として，当該指針は IFRS 第 3 号から削除され，企業は，その代わり，公正価値の測定に関する指針として IFRS 第 13 号を参照しなければならない（**第 1 巻 5 章**参照）。

取得企業は，その状況において適切であり，十分なデータが入手可能である 1 つまたは複数の評価技法を使用して，被取得企業に対するその持分の公正価値を測定する。複数の評価技法が使用される場合には，取得企業は，使用される入力数値の目的適合性と信頼性，および入手可能なデータの範囲を考慮して，それぞれの技法の結果について評価しなければならない［IFRS 第3号 B46 項］。

被取得企業に対する取得企業の持分は，支払を均等化する権利に限定される場合がある。

8.5.3.2　非支配持分に帰属する金額

契約のみで達成される企業結合において非支配持分に帰属する金額は，IFRS 第3号 44 項に扱われており，以下のように記述されている。「契約だけで達成される企業結合において，取得企業は，被取得企業の所有者に，本基準に従って認識される被取得企業の純資産の金額を帰属させなければならない。いいかえれば，取得企業以外の当事者が保有する被取得企業の資本持分は，たとえ被取得企業のすべての資本持分が非支配持分に帰属することになるとしても，取得企業の企業結合後の財務諸表では非支配持分となる。」

9　のれんまたは割安購入益の認識および測定

9.1　のれんまたは割安購入益の測定

企業結合から生じるのれんは以下のように定義される［IFRS 第 3 号 32 項］。

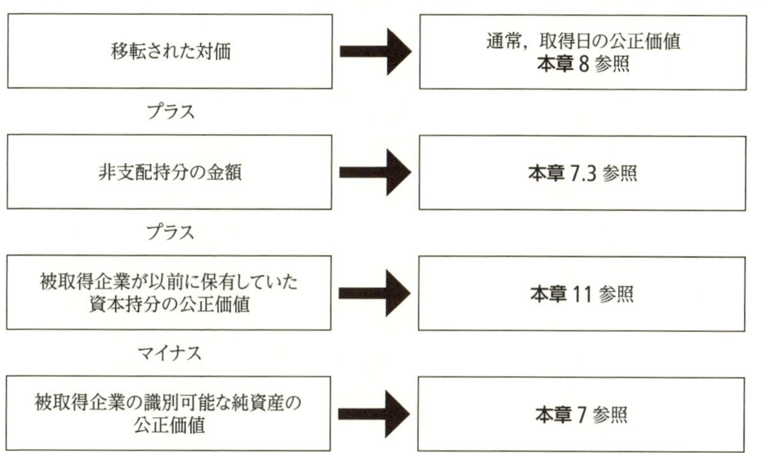

したがって，IFRS 第 3 号のもとでののれんの算定は，潜在的に 4 つの要素が含まれている。以下の**本章設例 9.1** で詳述している。

設例9.1
のれんの算定

企業 P は企業 Q を 2 段階で取得する。

- 20X1 年において，企業 Q の識別可能な純資産の公正価値は CU 100,000 であり，企業 P は，資本持分 30%を現金対価 CU 32,000 で取得する。
- 20X5 年において，企業 P は，さらに資本持分 50%を現金対価 CU 75,000 で取得する。取得日において，企業 Q の識別可能な純資産の公正価値は CU 120,000 である。企業 P の当初 30%保有分の公正価値は CU 40,000 であり，20%の非支配持分（NCI）(現在の所有持分を示す）の公正価値は

CU 28,000 と評価される。

のれんは，企業 P が，現在の所有持分を表す NCI の構成要素を，「純資産の持分割合」と「公正価値」のいずれかで認識するという 2 つの代替的な基礎に基づいて，以下のとおり算定される。

(単位：CU)

	NCI @ 純資産の一定割合	**NCI @ 公正価値**
対価の公正価値	75,000	75,000
非支配持分	24,000	28,000
以前に保有していた持分	40,000	40,000
	139,000	143,000
識別可能純資産の公正価値	120,000	120,000
のれん	19,000	23,000

NCI の代替的な測定方法の選択の影響は，**本章 7.3.2** で議論されている。

9.1.1　部分的に所有されている子会社によって取得されたのれんの算定

設例9.1.1

部分的に所有されている子会社によって取得されたのれんの算定

企業 P は，企業 S の 80%を所有している。企業 S は，企業 A の識別可能な純資産の公正価値が CU 80,000 の際に，企業 A の資本持分の 100%を関連当事者でない者から CU 100,000 の現金対価で取得する。

企業 P の連結財務諸表において，企業 A の取得から生じるのれんをどのように算定すべきか。

のれんは IFRS 第 3 号 32 項で要求される方法で算定する。記述された状況では以下のとおりである。

- 企業Pグループのどの企業も，企業Aの持分を以前に保有していない。
- 取得から非支配持分の追加取得は生じない。
- 企業Aの取得の対価の全額は，企業Pグループの資産から支払われる。

そのため，のれんはIFRS第3号に従って，（企業Aの100％の持分に対して）グループから支払われた対価と，取得日における取得された識別可能な資産の公正価値と引受けた負債の測定額の純額との差額で測定する。

（単位：CU）

企業Pグループが支払った対価の公正価値	100,000
差引：IFRS第3号に従って認識された，企業Aの識別可能な純資産	(80,000)
のれん	20,000

この取引は，非支配持分の帳簿価額に影響を与えない。その理由は，企業Sの20％を保有している株主は，企業Aの持分CU 20,000（合計の対価CU 100,000の20％）を取得したが，企業Sの純資産に対する以前の持分が同じ金額だけ減少しているからである（CU 100,000の現金流出のうち20％）。

9.2 特別な状況

9.2.1 株式交換

取得企業と被取得企業（またはその旧所有者）が資本持分のみを交換する企業結合において，被取得企業の資本持分の公正価値が，取得企業の資本持分の公正価値よりも信頼性をもって測定できる場合がある。もしそうであれば，取得企業は，移転された資本持分の公正価値ではなく，被取得企業の資本持分の公正価値を使用してのれんの金額を算定しなければならない［IFRS第3号33項］。

設例9.2.1

被取得企業の資本を使用して測定された対価

非上場の非公開企業が，資本性金融商品の交換により，公開企業を取得する。交換日現在，被取得企業によって見積られた資本性金融商品の発行価格は，非公開の取得企業の資本性金融商品の公正価値を測定するために使用される評価方法よりも，公正価値のより信頼し得る指標を提供する可能性が高い。

この状況で，被取得企業の資本持分の公正価値を，取得企業が移転した対価の公正価値を測定する代替手段として使用するのは，信頼し得る基礎に基づいて測定できると根拠付けられた場合のみである。

9.2.2　対価を伴わない企業結合

IFRS 第 3 号 33 項は，対価が移転しない企業結合の状況も扱っている。取得企業の変動のない資本持分が支配持分になる，または契約のみで達成される企業結合となるように，被取得企業が他の投資者から資本持分を再購入する場合，対価が移転しない企業結合が発生する可能性がある。

対価が移転されずに達成された企業結合において，のれんは，移転された対価の取得日の公正価値ではなく，被取得企業に対する取得企業の持分の，取得日の公正価値を使用して算定される［IFRS 第 3 号 33 項］。

IFRS 第 13 号「公正価値測定」をまだ適用していない企業に対しては，IFRS 第 3 号 B46 項が，以下のように公正価値の測定に追加的な指針を提供する。IFRS 第 13 号の適用の影響として，当該指針は IFRS 第 3 号から削除され，企業は，その代わり，公正価値の測定に関する指針として IFRS 第 13 号を参照しなければならない（**第 1 巻 5 章**参照）。

取得企業は，その状況において適切であり，十分なデータが入手可能である 1 つまたは複数の評価技法を使用して，被取得企業に対するその持分の公正価値を測定する。複数の評価技法が使用される場合には，取得企業は，使用される入力数値の目的適合性と信頼性，および入手可能なデータの範囲を考慮して，それぞれの技法の結果について評価しなければならない［IFRS 第 3 号 B46 項］。

対価が移転しない企業結合については，**本章 8.5** でより詳細に検討される。

9.2.3 相互会社

本章 5.3.2 では，相互会社を含む結合における取得企業の識別を取扱う。本項では，測定の問題について取扱う。

2 つの相互会社が結合する場合，取得企業として識別された企業は，被取得企業の社員持分と交換に自らの社員持分を与える。したがって，対価は支払われるが，その公正価値は市場を参考にして容易に測定できるものではない。IFRS 第 3 号では，取得企業によって与えられた増加社員持分よりも，被取得企業の社員持分総額の公正価値の方が，より信頼性が高いと認識されている。

9.2.3.1 与えられた対価

IFRS 第 3 号には，被取得企業の資本または社員持分の公正価値（または被取得企業の公正価値）が，取得企業が移転した社員持分の公正価値よりも信頼性をもって測定できる場合，取得企業は，のれんの金額を，対価として移転した取得企業の資本持分の取得日の公正価値の代わりに，被取得企業の資本持分の取得日の公正価値を使用して算定しなければならないと述べられている［IFRS 第 3 号 B47 項］。それは，他の種類の企業が取得法を適用する方法と同様の方法である［IFRS 第 3 号 B47 項］。

これは，対価の測定にあたり取得企業によって与えられた対価よりも信頼性のある測定が可能であることから，被取得企業の公正価値を使用する IFRS 第 3 号の例である（**本章 9.2.1** 参照）。

9.2.3.2 評価の基礎

相互会社は他の事業と多くの点で類似しているが，主に社員が顧客であり所有者でもあることから生じる明確な特徴がある。相互会社の社員は，しばしば商品およびサービスに対する料金の減額または支援者に対する配当という形で，一般的に社員としての地位に基づく便益を受けることを期待している。各社員に分配された支援者に対する配当の一部は，しばしば，当年中に社員が相互会社と行った事業の金額に基づいている［IFRS 第3号 B48 項］。

相互会社の公正価値測定は，市場参加者が相互会社について行う他の関連する仮定と同様に，市場参加者が将来の社員の便益についての仮定を含めなければならない。例えば，現在価値技法が，相互会社の公正価値の測定に使用される場合がある。モデルへの入力数値として使用されるキャッシュ・フローは，相互会社の期待キャッシュ・フローに基づいていなければならない。それは，商品およびサービスに対する料金の減額等といった，社員の便益の減額を反映する可能性がある［IFRS 第3号 B49 項］。

9.2.3.3　取得した識別可能純資産

相互会社の企業結合における取得企業は，被取得企業の純資産を，財政状態計算書上，利益剰余金への追加としてではなく，資本金または資本持分への直接の追加として認識する。それは，他の種類の企業が取得法を適用する方法と同様の方法である［IFRS 第3号 B47 項］。

取得企業によって与えられた社員持分は，資本に直接認識される。IFRSs は，通常，そのような項目の資本のなかでの分類について規定しない。しかし，この場合 IFRS 第3号は，認識された金額（被取得企業の識別可能な純資産と等しい）を利益剰余金に追加すべきではないと特定している。

IFRS 第3号 B47 項は，当該金額を利益剰余金に反映することを要求する場合がある一部の法的な要求に優先する。したがって，相互会社の企業結合の会計処理において，社員持分を利益剰余金で認識することは禁止されている。しかし，IFRS 第3号も他の基準も，取得企業が，資本残高をその後に利益剰余金に移転することを禁止していない。そのような移転は，国内法で禁止されていないのであれば，受入可能である。

設例9.2.3.3

相互会社の企業結合

企業 X および企業 Y は，購入商品の金額に比例して配当金を受取る，顧客が所有する相互会社（協同組合）である。それらが結合し，企業 X が取得者として識別される。企業 Y の構成員は企業 X の構成員となる。

企業 Y の企業としての評価は，公正価値 CU 500,000 である。企業 Y の識別可能な純資産の公正価値は CU 400,000 である。

企業 X は，企業 Y の取得を連結財務諸表で以下のように認識する。

（単位：CU）

（借）取得した識別可能純資産	400,000	
（借）のれん	100,000	
（貸）発行された社員持分		500,000

企業 Y の取得を認識する。

社員持分の分類が資本と金融負債のいずれかについては，IAS 第 32 号「金融商品：表示」の適用により決定される。

9.3　割安購入

割安購入は，取得した識別可能資産および引受けた負債の公正価値の純額が，移転した対価，非支配持分および被取得企業が以前に保有していた資本持分の公正価値の合計を上回るような企業結合である。

割安購入は，例えば，売手が規制のもとで行動するような強制的な売却である企業結合で発生することがある。しかし，**本章 7** で議論したように，特定の項目の認識および測定の例外もまた，割安購入益（または認識された利得の金額の変動）となる場合がある［IFRS 第 3 号 35 項］。

9.3.1　割安購入益の会計処理

本章 9.3.2 の要求を適用した後，取得が割安購入であると決定された場合，取得企業は，結果としての利得を，取得日の純損益として認識しなければならない。その利得は，取得企業に帰属させなければならない［IFRS 第 3 号 34 項］。

9.3.2　割安購入の識別の結果

IFRS 第 3 号 32 項（**本章 9.1** 参照）に基づく取得企業の当初の算定は，取得が結果的に割安購入であることを示している場合がある。利得を認識するより前に，本基準は，取得企業が，取得したすべての資産および引受けたすべての負債を正確に識別したかどうかを再度評価しなければならないと要求している。取得企業は，その検討において識別されたすべての追加的な資産または負債を認識しなければならない［IFRS 第 3 号 36 項］。

さらに，取得企業は，以下のすべてを取得日で認識するために，IFRS 第 3 号が要求している金額の測定のために使用される手続の検討を要求される［IFRS 第 3 号 36 項］。

(a)　取得した識別可能な資産および引受けた負債
(b)　もしあれば，被取得企業に対する非支配持分
(c)　段階的に達成された企業結合について，取得企業が以前に保有していた被取得企業の資本持分
(d)　移転された対価

この検討の目的は，その測定が，取得日時点のすべての入手可能な情報の検討を適切に反映していることを確かめることである［IFRS 第 3 号 36 項］。

設例9.3.2

割安購入益

[IFRS第3号IE46項－IE49項]

20X5 年 1 月 1 日に，AC 社は CU 150 の現金と引換に，非公開企業である TC 社の資本持分の 80％を取得する。TC 社の従前の所有者が特定の日までに TC 社に対する投資を処分する必要があったため，彼らは多数の潜在的な購入者に TC 社を売込むための十分な時間がなかった。AC 社の経営者は，当初，IFRS 第 3 号の要求に従って，個別に識別可能な取得した資産と引受けた負債を取得日時点で測定する。識別可能な資産は CU 250 と測定され，引受けた負債は CU 50 と測定された。AC 社は，独立したコンサルタントと契約し，そのコンサルタントは，TC 社に対する 20％の非支配持分

の公正価値はCU 42であると算定した。

TC社の識別可能純資産の金額CU 200（CU 250 − CU 50）は，移転された対価の公正価値とTC社における非支配持分の公正価値の合計を超過している。このため，AC社は，取得した資産および引受けた負債の識別，およびTC社に対する非支配持分と移転した対価の双方の公正価値の測定に使用した手続を検討する。検討の結果，AC社は，手続およびその結果としての測定は適切であったと決定する。AC社は，80％の持分の購入による利得を以下のように測定する。

（単位：CU）

取得した識別可能な純資産の金額（CU 250 − CU 50）		200
減算　AC社のTC社に対する80％の持分に対して移転された対価の公正価値	150	
TC社の非支配持分の公正価値	42	
		192
80％の持分の割安購入益		8

AC社は，TC社の取得を，連結財務諸表上で以下のように記帳する。

（単位：CU）

（借）取得した識別可能な純資産	250	
（貸）現金		150
（貸）引受けた負債		50
（貸）割安購入益		8
（貸）資本―TC社に対する非支配持分		42

取得企業が，TC社に対する非支配持分を，被取得企業の識別可能純資産に対する比例持分を基礎として測定することを選択した場合には，非支配持分の認識金額は，CU 40（CU 200×0.20）となる。そして，割安購入益は，CU 10（CU 200 −（CU 150＋CU 40））となる。

10　企業結合後の会計処理

本項では，企業結合後の会計処理について，以下の 2 つについて述べる。

- 「測定期間」内の暫定的な公正価値への調整（**本章 10.1** 参照）
- 企業結合後の資産，負債および資本の測定と会計処理に関する，具体的かつ一般的な指針（**本章 10.2** 参照）

10.1　暫定的な価値への調整

IFRS 第 3 号は，取得日現在で存在する事実および状況に関する新たな情報を入手した場合，取得日以後最長 1 年間，当初企業結合の会計処理で認識した項目の調整を認めている。そのような調整は，あたかも取得日においてなされたかのように遡及的に行われる。

10.1.1　暫定的な価値の使用

当初の企業結合の会計処理が，企業結合が発生した報告期間末までに完了しない場合，当該会計処理が完了していない項目について，暫定的な金額を使用して財務諸表を作成しなければならない［IFRS 第 3 号 45 項］。

10.1.2　測定期間

測定期間とは，取得企業が企業結合に関して認識した暫定的な価値を調整できる取得日後の期間である［IFRS 第 3 号 46 項］。測定期間は取得日から始まり，取得企業が取得日時点で存在した事実および状況について求めていた情報を受領する時点，またはもはやそれ以上の情報を入手することができないと確認した時点と同時に終了する期間である。しかし，測定期間は取得日から 1 年を超えてはならない［IFRS 第 3 号 45 項］。

10.1.3　測定期間においては何が修正可能か。

以下の構成要素に対して，測定期間中に修正される場合がある［IFRS 第 3 号 46 項］。

(a)　識別可能な取得した資産，引受けた負債および被取得企業の非支配持分
(b)　被取得企業に移転した対価（または，のれんの測定に使用したその他の金額）
(c)　段階的に達成された企業結合の場合には，取得企業が従来保有していた被取得企業の資本持分
(d)　その結果，算定されたのれんまたは割安購入益

10.1.3.1　売却可能として分類された項目

IFRS 第 3 号（2008 年）45 項は，企業結合の会計処理が，企業結合が発生する報告期間末までに完了しない場合，もしすでに知っていたら，「取得日時点で認識された金額の測定に影響を及ぼすであろう，取得日に存在した事実および状況について入手した新たな情報」を反映するために，取得日から 1 年以内の期間で，取得日時点で認識された暫定的な金額を遡及修正することを認めている。

IFRS 第 3 号 31 項は，取得企業が「IFRS 第 5 号『売却目的で保有する非流動資産および非継続事業』に従って取得日において売却目的保有に分類されている取得した非流動資産（または処分グループ）を，IFRS 第 3 号 15 項から 18 項に従って，売却コスト控除後の公正価値で測定しなければならない」と記述している。

企業結合日において，IFRS 第 5 号に基づいて売却目的保有に分類された資産は IFRS 第 5 号に従って測定されるが，IFRS 第 3 号 45 項から 47 項の規準を満たす場合，IFRS 第 3 号 45 項における測定期間がそれらの資産に適用される。

公正価値の情報が企業結合後の最初の報告日において完全でない限り，IFRS 第 5 号に基づく公正価値の見積りもまた影響を受ける場合がある。したがって，測定期間中に追加的な情報が入手可能となり，IFRS 第 3 号 45 項から 47 項における規準を満たす場合，企業結合のために当初認識された暫定的な金額は遡及的に修正されなければならない。しかし，取得日後に生じる価値の変動は，IFRS 第 5 号に従って測定され，会計処理される。

10.1.4　遡及修正

暫定的な金額に対する修正は，あたかも企業結合の会計処理が取得日で完了したかのように認識しなければならない。したがって，財務諸表上で表示される過年度の比較情報は，当初の会計処理を完了する際に認識された減価償却費，償却費，または他の収益の変更も含めて，以下の要求に従い修正される［IFRS 第3号49項］。

認識した項目の修正　測定期間中，取得企業は，取得日時点で存在し，もしすでに知っていれば，取得日時点で認識された金額の測定に影響を及ぼすであろう事実および状況について入手した新たな情報を反映するために，取得日時点で認識した暫定的な金額を遡及修正する［IFRS 第3号45項］。

認識しなかった項目の修正　測定期間中，取得企業は，取得日時点で存在し，もしすでに知っていれば取得日時点で認識された追加的な資産や負債を認識したであろう事実および状況についての新たな情報を入手する場合，追加的な資産または負債を認識する［IFRS 第3号45項］。

考慮される情報　取得企業は，取得日後に入手した情報が結果的に暫定的な認識金額の修正になるかどうか，またはその情報が取得日後に発生した事象からのものかどうかについて決定する際に，すべての関連する事項を考慮することが要求される。関連する事項には，追加的な情報が入手される日，および取得企業が暫定的な金額に対する変動の理由を識別できるかどうかを含む。取得日の直後に入手される情報は，数ヵ月後に入手される情報以上に取得日時点で存在した状況を反映している可能性が高い。例えば，公正価値を変動させるその間の事象が識別できないにもかかわらず，取得日時点で測定された暫定的な公正価値と著しく異なる金額で取得日後ただちに資産が第三者へ売却された場合，暫定的な金額における誤謬を示す可能性が高い［IFRS 第3号47項］。

のれんの修正　取得企業は，のれんの減少（増加）によって，識別可能な資産（負債）について認識した暫定的な金額の増加（減少）を認識する。しかし，測定期間中に入手された新たな情報は，結果的に，複数の資産または負債の暫定的な金額に対する修正となることがある。例えば，取得企業は，その一部またはすべてが被取得企業の債務保険契約によって補塡される，被取得企業の設備での事故に関する損害を支払う負債を引受ける場合がある。取得企業が，測定期間中に，当該負債の取得日現在の公正価値に関する新たな情報を入手する場合，当該負債について認識した暫定的な金額の変動に基づくのれんの修正は，保険会社から受領可能な請求について認識された暫定金額の変動に起因する，対応するのれんの修正によって（全部または一部）相殺されるであろう［IFRS 第 3 号 48 項］。

設例10.1.4

測定期間

[IFRS第3号IE51項－IE53項]

AC 社が 20X7 年 9 月 30 日に TC 社を取得すると仮定する。AC 社は，企業結合で取得した有形固定資産のある項目について独立の評価を求めているが，その評価は，AC 社が 20X7 年 12 月 31 日終了年度の財務諸表の公表を承認するときまでに完了しなかった。20X7 年の年次財務諸表で，AC 社は，資産の暫定的な公正価値 CU 30,000 を認識した。取得日において，有形固定資産の当該項目の残存耐用年数は 5 年であった。取得日から 5 ヵ月後に，AC 社は独立の評価を受取ったが，当該資産の取得日の公正価値を CU 40,000 と見積っていた。

AC 社は，20X8 年 12 月 31 日終了年度の財務諸表において，前年 20X7 年の情報について以下のように遡及修正する。

(a)　20X7 年 12 月 31 日現在の有形固定資産の帳簿価額を CU 9,500 増額する。その修正は，取得日の公正価値修正 CU 10,000 から，当該資産の取得日の公正価値が取得日から認識されていたとした場合に認識されるであろう追加的な減価償却費（3 ヵ月分の減価償却費 CU 500）を控除して測定する。

(b)　20X7 年 12 月 31 日現在の，のれんの帳簿価額は CU 10,000 減額する。

(c)　20X7 年の減価償却費は CU 500 増額する。

IFRS 第 3 号 B67 項に従って，AC 社は以下の項目を開示する。

(a) 20X7年の財務諸表において，有形固定資産の評価をまだ受取っていないことから，企業結合の当初の会計処理はいまだ完了していない旨

(b) 20X8年の財務諸表において，当報告期間中に認識した暫定的な価額に対する修正の金額およびその説明に従って，AC社は，20X7年の比較情報が，取得日現在の有形固定資産の公正価値を，CU 10,000ののれんの減少およびCU 500の減価償却費の増加で相殺された後のCU 9,500だけ増額するように遡及的に修正した旨

10.1.5　測定期間後の修正

測定期間の終了後に，企業結合の会計処理を修正できるのは，IAS第8号「会計方針，会計上の見積りの変更および誤謬」に従って誤謬を訂正する場合だけである（**第1巻4章5**参照）[IFRS第3号50項]。

10.1.6　企業結合から発生する繰延税金

企業結合で取得した繰延税金資産の企業結合後の認識に関する，IAS第12号「法人所得税」（**第2巻2章**参照）の要求事項は以下のとおりである[IAS第12号68項]。

- 測定期間内に認識された，取得した繰延税金便益で，取得日に存在した事実および状況に関する新たな情報により生じたものについては，その取得に関連したすべてののれんの帳簿金額を減額する。のれんの帳簿価額がゼロである場合，すべての残りの繰延税金便益は純損益で認識される。
- 実現したすべてのその他の取得した繰延税金便益は純損益で（または，IAS第12号で要求される場合には純損益以外で）認識される。

IFRS第3号（2008年改訂）によって修正されたIAS第12号68項の要求事項は，IFRS第3号（2008年改訂）の適用後に発生する企業結合について適用され，IFRS第3号（2008年改訂）の適用前に発生する企業結合で取得した繰延税金資産の認識または再測定にも将来に向かって適用される。したがって，IFRS第3号（2008年改訂）の採用に伴い，当

初の取得日にかかわらず，便益が測定期間内で認識されず，またそれら修正が取得日で存在していた事実および状況に関する新たな情報からもたらされるものでない場合，そのような繰延税金資産の認識または再測定の影響は，純損益で認識される［IAS 第 12 号 94 項］。

10.2　事後的な測定および会計処理の指針

10.2.1　事後的な測定および他のIFRSにおける会計処理の指針

一般に，企業結合で取得した資産，引受けた（または発生した）負債および発行された資本性金融商品は，その性質により，他の適切な IFRSs に従って事後的に測定され，会計処理される［IFRS 第 3 号 54 項］。

企業結合で取得した資産，および引受けた（または発生した）負債の事後的な測定および会計処理に関する指針を提供する他の IFRSs の例には，以下が含まれる［IFRS 第 3 号 B63 項］。

- IAS 第 38 号「無形資産」は，企業結合で取得した識別可能な無形資産の会計処理を定めている（**第 1 巻 9 章**参照）。取得企業はのれんを，取得日に認識した金額から減損損失累計額を控除した金額で測定する。
- IAS 第 36 号「資産の減損」は，減損損失の会計処理を定めている（**第 1 巻 10 章**参照）。
- IFRS 第 4 号「保険契約」は，企業結合で取得した保険契約の事後的な会計処理の指針を示している（**第 2 巻 19 章**参照）。
- IAS 第 12 号「法人所得税」は，企業結合で取得した繰延税金資産（未認識の繰延税金資産を含む）および繰延税金負債についての事後的な会計処理を定めている（**第 2 巻 2 章**参照）。
- IFRS 第 2 号「株式に基づく報酬」は，取得企業が発行した，被取得企業の従業員の将来の勤務に帰属する代替報酬部分の事後的な測定および会計処理の指針を示している（**第 1 巻 19 章**参照）。
- IFRS 第 10 号「連結財務諸表」（IFRS 第 10 号をまだ適用していない企業は IAS 第 27 号〔2008 年〕「連結および個別財務諸表」）は，支配獲得後の親会社の子会社に対する所有者持分の変動に関する会計処理の指針を示している（IFRS 第 10 号は**第 2 巻 4 章**参照）。

10.2.2　事後的な測定および会計処理に関する特定の指針

IFRS 第 3 号は，以下のような企業結合で取得された資産，引受けた，または発生した，負債および発行された資本性金融商品に関する特定の指針を示している。

- 再取得した権利（**本章 7.5.2** 参照）
- 偶発負債（**本章 7.5.1** 参照）
- 補償資産（**本章 7.5.7** 参照）
- 条件付対価（**本章 8.2** 参照）

11　段階取得

本項では，以下のカテゴリーの 1 つにおける持分投資が支配持分になるまで増加した場合，

- 金融資産であれば IFRS 第 9 号（IFRS 第 9 号をまだ適用していない企業は，IAS 第 39 号），
- 関連会社であれば IAS 第 28 号，
- 共同支配企業（Joint venture）であれば IFRS 第 11 号（IFRS 第 11 号をまだ適用していない企業の場合，共同支配企業（Jointly controlled entity）IAS 第 31 号）を，それぞれ適用する。

これら要求事項は，取得企業が企業の支配を獲得することとなる取引に適用される。支配の喪失を伴わないその後の株主持分の増減には適用されない。そのような所有持分の変動は，所有者との取引として取扱われ，**第 2 巻 4 章 13.3** で議論されている。

支配が2つの取引から達成される場合の取引

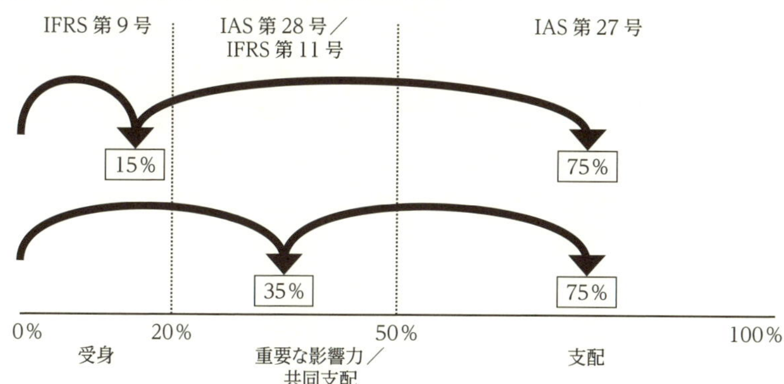

ここで適用される原則は以下のとおりである。

- 企業結合は，ある企業に他の企業に対する支配を与える取引についてのみ生じる［IFRS 第 3 号付録 A］。
- 被取得企業の識別可能な純資産は，取得日（すなわち支配を獲得する日）の公正価値で再測定される［IFRS 第 3 号 18 項］。
- 非支配持分は取得日で測定される［IFRS 第 3 号 19 項］。
- IFRS 第 9 号（IFRS 第 9 号をまだ適用していない企業は，IAS 第 39 号）で金融資産の要件を満たす被取得企業が以前に保有していた資本持分は，あたかも取得日現在で処分され，公正価値で再取得されたかのように扱われる。したがって，資本持分は取得日の公正価値で再測定され，その結果の利得または損失は純損益，または，適切な場合その他の包括利益で認識される。IFRS 第 9 号をまだ適用していない企業は，直接処分されたかのような処理と整合して，以前にその他の包括利益で認識された（例えば，当該投資が売却可能として分類されていたために）資本持分の価値の変動は，資本から純損益に再分類される［IFRS 第 3 号 42 項］。
- IAS 第 28 号に基づく関連会社，IFRS 第 11 号に基づく共同支配企業（Joint venture），または IAS 第 31 号に基づく共同支配企業（Jointly controlled entity）の要件を満たす以前に被取得企業に保有されていた資本持分は，あたかも取得日現在の公正価値で処分および再取得されたかのような処理と同様に取扱われる。したがって，その資本持分は取得日の公正価値で再測定され，IAS 第 28 号，IFRS 第 11 号または IAS 第 31 号に基づく帳簿価額と比較された結果としての利得または損失は，純損益で認識される。以前にその他の包括利益で認識され，また処分により純損益に再分類されることになる金額は，同様に資本から純損益に再分類される［IFRS 第 3 号 42 項］。

- のれん（または割安購入益）は以下のように測定される［IFRS 第 3 号 32 項］。

支配獲得のための移転された対価

プラス

被支配持分の金額
（いずれかの選択肢を使用）

プラス

以前に保有していた資本持分の公正価値

マイナス

被取得企業の識別可能な純資産の公正価値（100%）

11.1　IAS第39号に基づく金融資産から子会社になる場合

設例11.1

IAS第39号に基づく金融資産から子会社になる場合

企業 A は，以下の 2 つの段階で企業 B の 75%の支配持分を取得した。

- 20X1 年に，企業 A は，15%の資本持分を CU 10,000 の現金対価で取得した。企業 A は IAS 第 39 号に基づき，持分を売却可能に分類した。20X1 年から 20X5 年末まで，報告された公正価値は，その他の包括利益で CU 2,000 増加している。

- 20X6 年に，企業 A は，さらに 60%の資本持分を CU 60,000 の現金対価で取得した。企業 A は企業 B の純資産を，CU 80,000 の公正価値で識別した。企業 A は，純資産の比例割合で（現在の所有持分を示す）非支配持分を測定することを選択した。取得日において，以前に保有していた 15%の持分は，CU 12,500 の公正価値であった。

20X6 年に，企業 A は CU 2,500 を純損益に認識することになる。算定は以下のとおり。

（単位：CU）

投資 15%の「処分」利得（CU 12,500 − CU 12,000）	500
その他の包括利益で以前に報告された利得（CU 12,000 − CU 10,000）	2,000
合計	2,500

20X6 年，企業 A はのれんを以下のように測定する。

（単位：CU）

支配持分のための対価の公正価値	60,000
非支配持分（25%×CU 80,000）	20,000
以前に保有していた持分の公正価値	12,500
小計	92,500
差引：被取得企業の純資産の公正価値	(80,000)
のれん	12,500

11.2　関連会社が子会社になる場合

設例11.2

関連会社が子会社になる場合

企業 C は，以下の 2 つの段階で企業 D の 75%の支配持分を取得した。

- 20X1 年に，企業 C は，40%の資本持分を CU 40,000 の現金対価で取得した。企業 C は IAS 第 28 号に基づき，その持分を関連会社として分類した。企業Ｃがその持分を取得した日に，企業Ｄの識別可能な純資産の公正価値はCU 80,000であった。20X1年から20X6年まで，企業Ｃは合計CU 5,000の未分配利益の持分を持分法で会計処理し，IAS第16号「有形固定資産」に従って，CU 3,000の再評価益の持分をその他の包括利益に含めた。したがって，20X6年に，企業Ｄにおける企業Ｃの持分の帳簿価額はCU 48,000であった。

- 20X6年に，企業Ｃは，さらに35％の資本持分をCU 55,000の現金対価で取得した。企業Ｃは，企業Ｄの純資産をCU 110,000の公正価値で識別した。企業Ｃは，CU 30,000の公正価値で（現在の所有持分を示す）非支配持分を測定することを選択した。取得日において，以前に保有していた40％の持分は，CU 50,000の公正価値であった。

20X6年に，取得前に稼得したいかなる利益も無視して，企業ＣはCU 2,000を以下のように純損益に認識することになる。算定は以下のとおり。

（単位：CU）

以前に保有していた持分の公正価値	50,000
差引：IAS第28号に基づく帳簿価額	48,000
合計	2,000

その他の包括利益で以前に認識されたCU 3,000の再評価益は，純損益に再分類されない。なぜなら，企業Ｄの持分が処分されても再分類されないからである。

20X6年，企業Ｃはのれんを以下のように測定する。

（単位：CU）

支配持分のための対価の公正価値	55,000
非支配持分（公正価値）	30,000
以前に保有していた持分の公正価値	50,000
小計	135,000
差引：被取得企業の純資産の公正価値	(110,000)
のれん	25,000

単一の資産を有する関連会社の持分が増加し，子会社となった場合の連結財務諸表における会計処理および測定については，**本章 4.4.5** 参照。

11.3 以前に取得した関連会社または共同支配企業（Joint venture）（共同支配企業〔Jointly controlled entity〕）の支配を取得する場合―以前に資本に累積された外貨換算差額の再分類

IAS 第 3 号 42 項（**本章 11** 参照）で規定されている一般原則に従って，企業が元の関連会社または共同支配企業（Joint venture）（IFRS 第 11 号「共同支配の取決め」をまだ適用していない企業は，以前の共同支配企業〔Jointly controlled entity〕）の支配を獲得した場合，以前に保有していた当該被取得企業の持分の取得日における公正価値と，帳簿価額との差額は，利得または損失として認識される。以前にその他の包括利益（OCI）として認識された金額は，以前に保有していた持分を直接処分した場合に要求されるのと同じ基礎で認識される。

したがって，企業が在外営業活動体を含む元の関連会社または共同支配企業（Joint venture）（または，以前の共同支配企業（Jointly controlled entity））の支配を獲得した場合，当該在外営業活動体に関連する，以前に資本に累積されていた為替差額の累計額は IAS 第 21 号「外国為替レート変動の影響」48 項のもとで在外営業活動体の処分に要求されるのと同じように，資本から純損益に再分類されなければならない。

この取扱いは，また，IAS 第 28 号（2011 年）23 項の要求事項と整合している。IAS 第 28 号（2011 年）23 項では，「関連会社または共同支配企業が在外営業活動体に関連した累積為替差額を有していて，企業が持分法の使用を中止する場合には，企業は当該在外営業活動体に関してこれまでその他の包括利益に認識していた利得または損失を，純損益に振替えなければならない」と規定されている。

11.4　以前に取得した関連会社または共同支配企業（Joint venture）（共同支配企業〔Jointly controlled entity〕）の支配を取得する場合―IFRS第5号との関係

企業が，子会社に対する支配の喪失を伴う売却計画を確約している場合，IFRS 第 5 号「売却目的で保有する非流動資産および非継続事業」では，売却後にその子会社に対する非支配持分を企業が保持するかどうかにかかわらず，特定の規準に該当した場合，その子会社のすべての資産および負債を，売却目的保有に分類することが要求される。IFRS 第 5 号 BC 24C 項では，そのような売却計画のもとでは，「子会社に対する支配持分は，実質的には非支配持分に交換される」と説明されている。また，支配の喪失が，子会社の資産と負債の認識の中止および保持するすべての投資の認識を要求する重要な事象であるという IFRS 第 10 号（IFRS 第 10 号適用前においては，IAS 第 27 号〔2008 年〕「連結および個別財務諸表」）の結論と，この取扱いが整合していることも述べられている。

該当する特定の規準に従い，以下の持分は，IFRS 第 5 号で売却目的保有として分類されるであろうか。

- **支配獲得計画がある場合の関連会社への投資**
- **支配獲得計画がある場合の共同支配企業（Joint venture）（共同支配企業〔Jointly controlled entity〕）への持分**

売却目的保有として分類されない。IFRS 第 5 号 6 項では，売却目的保有への分類は，非流動資産（または処分グループ）は「主に売却取引を通じて回収される」ことが要求されると述べられている。

IFRS 第 3 号で，たとえ支配の取得が投資の性質や会計処理（被支配企業に以前に保有されていた資本持分の取得日における公正価値と，以前の帳簿価額との差額が利得や損失で認識される）が変化する重要な事象であるとみなされるとしても，関連会社，共同支配企業（Joint venture）または共同支配企業（Jointly controlled entity）に対する持分は処分されず，したがって継続使用でなく，主に売却取引を通じて回収されるということはない。特に，現在の持分のうち売却される部分が全くないため，IFRS 第 5 号 8 項に規定されている条件は該当しない。なぜなら，「売手に要求するための活発な計画」は開始されなかったであろうし，現在の持分は「市場で活発に売却されていない」からである。

12　逆取得

12.1　逆取得の識別

12.1.1　逆取得の意味

証券を発行する企業（法律上の取得企業）が，**本章 5** の指針に基づき会計上の目的で被取得企業として識別される場合に，逆取得が生じる。取引が逆取得とみなされるためには，資本持分を取得される企業（法律上の被取得企業）が，会計上の目的の取得企業でなければならない［IFRS 第 3 号 B19 項］。

設例12.1.1

非公開企業が公開企業となる場合

[IFRS第3号B19項]

非公開の事業会社が公開企業になることを望んでいるが，自らの持分証券を登録することを望まない場合に逆取得が生じることがある。そのような状況を達成するため，非公開企業は，公開企業の資本持分と交換に公開企業に資本持分を取得させるよう調整する。この例では，公開企業は資本持分を発行したことから法律上の取得企業である。また，非公開企業は自らの資本持分が取得されたことから，法律上の被取得企業である。しかし，B13 項から B18 項（**本章 5** 参照）の指針の適用により，結果的に以下のように識別される。

(a) 公開企業を会計上の目的で被取得企業（会計上の被取得企業）とする。
(b) 非公開企業を会計上の目的で取得企業（会計上の取得企業）とする。

本章5における取得企業を識別する指針は，逆取得取引と関連している。これ以外に，IFRS第3号はより複雑な取決めについての詳細な指針を提供していない（例えば，会計上の取得企業が会計上の被取得企業に対して以前に持分を有していた場合）。以下の2つの主な要因は，逆取得を含む取引であるという結論を導く可能性があることが示唆されている。

- 企業の旧株主が，結合企業において，持分の過半数を所有し，議決権の過半数を支配する。
- 結合企業の経営者は，株式が取得される企業から主に選出される。

12.1.2 逆取得における会計上の取得企業は，法律上の企業であることを要求されるか

IFRS第3号（2008年）B19項は，「逆取得は，証券を発行する企業（法律上の取得企業）が，（IFRS第3号の）B13項からB18項の指針に基づいて，会計上被取得企業として識別されることにより生じる。取引が逆取得とされるためには，資本持分を取得される企業（法的な被取得企業）が会計上の取得企業でなければならない」としている。

法律上の企業ではない事業を，逆取得における会計上の取得企業とすることは適切か。

この質問は，2011年9月に，IFRS解釈指針委員会により検討された。委員会は，IFRSと財務報告に関する概念フレームワークのいずれも報告企業が「法律上の企業」であることを要求していないとした。したがって，報告企業ではあるが法律上の企業ではない事業は，逆取得における取得企業とみなされ得る。

12.1.3　被取得企業は事業の定義を満たすこと

IFRS 第 3 号は，企業結合を被取得企業が事業である場合に限定している［IFRS 第 3 号 3 項］。さらに，逆取得について，取引が逆取得として会計処理されるためには，会計上の被取得企業が事業の定義を満たさなければならない［IFRS 第 3 号 B19 項］。

> 公開し上場した「キャッシュ・シェル（cash shell）」（すなわち，公開した上場企業であるが，継続的な活動がない企業）が取得における法的な取得企業であるが，会計上の取得企業が非公開企業である場合，この取引は IFRS 第 3 号で逆取得として会計処理すべきではない。
>
> IFRS 第 3 号は，企業結合を被取得企業が事業である場合に限定している。IFRS 第 3 号 B19 項では，逆取得について，取引が逆取得として会計処理されるためには，会計上の被取得企業が事業の定義を満たさなければならないと明らかにしている。
>
> この制限は以下の 2 つの状況を IFRS 第 3 号の範囲から除外している。
>
> - 公開上場している「キャッシュ・シェル（cash shell）」（すなわち，なんら進行中の活動がない公開上場企業）に転じる非公開企業
> - 資本性金融商品との交換を通じて既存のグループの新たな親会社になる新設企業

12.2　逆取得の会計処理

12.2.1　法律上の子会社（会計上の取得企業）の財務諸表の継続

逆取得の後に作成される連結財務諸表は，法律上の親会社（会計上の被取得企業）の名前で公表されるが，注記において法律上の子会社（会計上の取得企業）の財務諸表が継続しているものとして記述され，会計上の被取得企業の法定資本を反映するように会計上の取得企業の法定資本が遡及的に修正されるという唯一の修正がある。当該修正は，法律上の親会社（会計上の被取得企業）の資本を反映することを要求している。当該連結財務諸表上で表示された比較情報も，法律上の親会社（会計上の被取得企業）の法定資本を反映す

るために遡及的に修正される［IFRS 第 3 号 B21 項］。

必要な場合，法律上の親会社の個別財務諸表は，単体ベースで作成されるであろう。企業結合の直前に企業が設立された場合，その企業の個別財務諸表は実際の会計期間のみを対象としなければならない。

12.2.2　詳細な会計仕訳

IFRS 第 3 号 B19 項から B27 項は，逆取得の連結財務諸表の作成に関する詳細な指針を含んでいる。理解のために，この指針は，以下では「通常の」取得（すなわち，会計上の取得企業および法律上の取得企業が同一企業である企業結合）との比較として示されている。逆取得のために使用される用語は，会計上の取得企業が法律上の子会社，会計上の被取得企業が法律上の親会社である。

	通常の取得	**逆取得［IFRS 第 3 号 B19 項－B27 項］**
公表された連結財務諸表	法律上の親会社の名前で公表される。	法律上の親会社の名前で公表される（法律上の子会社の財務諸表が継続していることについて注記での開示を伴う）。
移転された対価	法律上の親会社により与えられた対価の公正価値	法律上の子会社が，法律上の親会社に対して，法律上の親会社の所有者に結合企業において同じ割合の所有権を与えるために発行しなければならなかったであろう，資本性金融商品の概念上の数の公正価値
法律上の子会社の純資産	IFRS 第 3 号に従った認識および測定－通常，公正価値へ修正再表示される。	企業結合前の帳簿価額は修正再表示されない。
法律上の親会社の純資産	企業結合前の帳簿価額は修正再表示されない。	IFRS 第 3 号で被取得企業に対する要求に従った認識および測定－通常，公正価値に修正再表示される。
のれんまたは割安購入益	移転された対価から，法律上の子会社の識別された純資産を差引いて算定される。	移転された対価から，法律上の親会社の識別された純資産を差引いて算定される。
企業結合日の連結剰余金およびその他の資本残高	法律上の親会社のみ	法律上の子会社のみ
連結上の資本性金融商品	法律上の親会社の資本性金融商品	企業結合前の法律上の子会社の発行した未決済の資本性金融商品の残高に，法律上の親会社の公正価値を加算した額

	通常の取得	逆取得［IFRS 第３号 B19 項－B27 項］
法律上の子会社に対する非支配持分	法律上の子会社の純資産に対する非支配持分の比例割合，または公正価値	企業結合前の法律上の子会社の純資産の帳簿価額に対する非支配持分の比例割合公正価値オプションはない。
比較情報	法律上の親会社のみ	法律上の子会社のみであるが，法律上の親会社の法定資本を反映するように遡及調整される。
当期の１株当たり利益	連結上の利益に基づく利益 加重平均株式数は，取得日から法律上の子会社に対して発行された実際の株式数を反映する。	連結上の利益に基づく利益 加重平均株式数は，取得において確立された交換比率を乗じた法律上の子会社の加重平均された企業結合前の普通株式数，および取得日後の法律上の親会社の実際の発行済株式総数の加重平均を反映する。
比較対象期間の１株当たり利益	取得企業のみ	法律上の子会社の利益 取得時に確立された交換比率を乗じた法律上の子会社の加重平均普通株式数
法律上の親会社の個別財務諸表	法律上の親会社	法律上の親会社

12.2.3　資本の表示および比較情報

企業結合前の純利益および純資産は，法律上の子会社（会計上の取得企業）のものであり，特段の問題は生じない。

企業結合前の資本は，理論上，法律上の子会社の企業結合前の資本であるが，法律上の親会社の法定資本を反映するよう，遡及的に調整される。IFRS 第３号は以下のように企業結合日の状態を記述している［IFRS 第３号 B22 項（c）および（d）］。

- 連結財務諸表は，企業結合前の法律上の子会社（会計上の取得企業）の利益剰余金およびその他の資本残高を反映する。
- 連結財務諸表上，発行済資本持分として認識された金額は，法律上の子会社（会計上の取得企業）の発行した企業結合直前の資本持分残高を，法律上の親会社（会計上の被取得企業）の公正価値に加算して算定する。しかし，資本構成（すなわち，発行済資本持分の数および種類）は，法律上の親会社（会計上の被取得企業）の資本構成を反映し，法律上の親会社が企業結合に影響させせるために発行した資本持分を含む。したがって，法律上の子会社（会計上の取得企業）の資本構成は，逆取得で発行された法律上の親会社（会計上の被取得企業）の株式数を反映するために，取得契約において確立された交換比率を使用して修正再表示される。

この指針は，企業結合前の期間において，以下のように適用される。

- 資本として表示される総額は，法律上の子会社の資本として表示される総額である。
- 資本性金融商品として表示される金額（例えば株式資本）は，交換比率で調整された，法律上の子会社において表示される金額である。固定された額面金額がある株式資本の場合，会計上の結果は，法律上の子会社の企業結合前の実際の株式資本よりも大きくなる，または小さくなる場合がある。最終的な調整は，資本準備金の減算または加算として反映される。

設例12.2.3

株式資本を有する企業の資本の表示

会社 A と会社 B の財政状態計算書は，以下の金額を含む。

（単位：CU）

	会社 A	会社 B
株式資本ー名目持分 CU 1	100	300
利益剰余金	200	500
純資産の帳簿価額	300	800
純資産の公正価値	500	2,000
事業全体の公正価値	5,000	25,000

財政状態計算書の作成日において，会社 A は，会社 B の株式資本全体との交換で新株式を 500 株発行した。

会社 B の所有者は，会社 A の増加した資本の 5／6 の持分を獲得するため，会社 B が取得企業として識別される。会社 A が自らの株式 500 株を会社 B の 300 株と交換のため発行したので，交換比率は 5：3 である。

移転された対価は CU 5,000 となる。これは，会社 B が結合後企業の 1／6 の持分を会社 A の株主に与えるために発行するであろう名目上の株式数である会社 B の新株式 60 の公正価値と等しい。それはまた，会社 A の

この例は以下の情報も使用している。

(a) 20X6年9月30日に，企業Aは2.5株を企業Bの普通株式1株と交換に発行する。企業Bの株主全員は企業Bの株式を交換する。したがって，企業Aは企業Bのすべての普通株式60と交換に普通株式150を発行する。
(b) 20X6年9月30日の企業Bの普通株式1株当たりの公正価値はCU 40である。同日の企業Aの普通株式の市場価格はCU 16である。
(c) 20X6年9月30日現在の，企業Aの識別可能な資産および負債の公正価値は，20X6年9月30日時点の企業Aの非流動資産の公正価値がCU 1,500であること以外は，帳簿価額と同じである。

移転された対価の公正価値の算定

企業A（法律上の親会社かつ会計上の被取得企業）が普通株式150を発行した結果として，企業Bの株主は結合後企業の発行済株式の60％を所有する（すなわち，発行済株式250のうち150）。残りの40％は，企業Aの株主が所有している。企業結合が，企業Aの普通株式と引換に，企業Aの株主に対し企業Bが普通株式を追加発行する形式で行われる場合，企業Bは，結合後企業の所有者持分と同じ比率で40株を発行しなければならないであろう。よって，企業Bの株主は企業Bの発行済株式100株のうち60株－結合後企業の60％を所有することになるであろう。その結果，実質的に企業Bによって移転された対価の公正価値および企業Aにおける企業集団の持分はCU 1,600（1株当たり公正価値CU 40の40株分）である。

実質的に移転された対価の公正価値は，最も信頼し得る測定に基づかなければならない。本設例では，企業Aの株式の主要な（または最も有利な）市場価格の方が，企業Bの株式の公正価値よりも有効に移転された対価についてより信頼性の高い測定の基礎を提供する。また，対価は企業Aの株式の市場価格－1株当たり公正価値CU 16の100株分－を使用して測定される。

のれんの測定

のれんは，以下のとおり，企業Aの認識された識別可能な資産および負債の純額を，有効に移転された対価（企業Aの企業集団の持分）の公正価値が超過した額として測定される。

（単位：CU）

有効に移転された対価		1,600
企業Aの識別可能な資産および負債の認識された価値の純額		
流動資産	500	
非流動資産	1,500	
流動負債	(300)	
非流動負債	(400)	(1,300)
のれん		300

20X6年9月30日時点の連結財政状態計算書

企業結合直後の連結財政状態計算書は以下のとおりである。

（単位：CU）

流動資産（CU 700＋CU 500）	1,200
非流動資産（CU 3,000＋CU 1,500）	4,500
のれん	300
資産合計	6,000
流動負債（CU 600＋CU 300）	900
非流動負債（CU 1,100＋CU 400）	1,500
負債合計	2,400
株主資本	
利益剰余金	1,400
発行済資本	
普通株式 250（CU 600＋CU 1,600）	2,200
株主資本合計	3,600
負債および株主資本合計	6,000

連結財務諸表上で，発行された資本持分として認識された金額（CU 2,200）は，企業結合直前に発行された法律上の子会社の資本（CU 600）に，有効に移転された対価（CU 1,600）の公正価値を加算することで算定される。しかし，連結財務諸表上で表される資本構造（すなわち，発行された資本持分の数および種類）は，企業結合に影響する法律上の親会社によって発行された資本持分を含む，法律上の親会社の資本構造を

反映しなければならない。

1株当たり利益

20X5 年 12 月 31 日に終了する事業年度の企業 B の利益は CU 600 であり，20X6 年 12 月 31 日に終了する年度の連結上の利益は CU 800 であると仮定する。また，20X5 年 12 月 31 日に終了する事業年度，および 20X6 年 1 月 1 日から 20X6 年 9 月 30 日の逆取得日までに，企業 B が発行した普通株式数には変更がないと仮定する。20X6 年 12 月 31 日に終了する事業年度の 1 株当たり利益は，以下のように算定される。

20X6 年 1 月 1 日から取得日までの期間で発行済とみなされる株式数（すなわち，企業 A〔法律上の親会社かつ会計上の被取得企業〕が逆取得で発行した普通株式数）	150
取得日から 20X6 年 12 月 31 日までに発行された株式数	250
発行済普通株式数の加重平均①（(150×9／12)＋(250×3／12)）	175
1 株当たり利益（800／175）	CU 4.57

20X5 年 12 月 31 日に終了する事業年度の修正再表示された 1 株当たり利益は CU 4.00（B 社の利益 600 を企業 A が逆取得で発行した普通株式数〔150〕で除して算定）である。

設例12.2.4B
非支配持分を伴う逆取得

事実関係は，企業 B の 10％の株主が交換取引に参加しなかったために非支配持分があるということ以外，**本章設例 12.2.4A** と同様である。彼らの持分は企業 B に限定され，結合後企業に対する持分はない。

企業 A の連結財務諸表上には 10％の非支配持分がある。非支配持分は，法律上の子会社の純資産の，企業結合前の帳簿価額に対する比例的持分を反映しなければならない。したがって，非支配持分は，企業 B の純資産の企業結合前の帳簿価額の 10％，すなわち CU 200 である。

法律上の親会社の株主全員が交換に参加することから，非支配持分の存在は，有効に移転された対価の公正価値に影響しない。したがって，非支配持分はのれん算定の一部にはならないが，なぜなら，それは被取得企業（企業A）に非支配持分がないからである。むしろ，取得企業（企業B）の資本の一部が非支配持分として再分類される。

したがって，逆取得から生じるのれんは，依然として以下のように算定される。

（単位：CU）

移転された対価	1,600
識別可能純資産の公正価値	(1,300)
のれん	300

資本のなかで認識された金額は以下のとおりである。

利益剰余金

（単位：CU）

以前の残高	1,400
差引：非支配持分への再分類（1,400×10%）	(140)
取得後残高	1,260

発行済資本

（単位：CU）

以前の残高	600
差引：非支配持分への再分類（600×10%）	(60)
加算：対価の公正価値	1,600
取得後残高	2,140

非支配持分

（単位：CU）

親会社資本からの再分類	200
株主資本合計	3,600

13 開 示

13.1 当期または報告期間後における企業結合に関して開示される情報

IFRS 第 3 号は，取得企業が，以下のいずれかの時期に発生する企業結合の性質および財務上の影響を，財務諸表利用者が評価できるように開示することを要求している［IFRS 第 3 号 59 項］。

- 当報告期間中
- 報告期間末後であるが，財務諸表の公表が承認される前

IFRS 第 3 号 59 項の目的を満たすために要求された，開示に関する詳細な指針は，本基準の付録 B に規定されている。これらの要求事項は，いくつかの要求事項を説明する（ただし，すべての要求事項が説明されているわけではない）IFRS 第 3 号に付随した設例からの引用を伴い，以下で示されている。

以下で記述され，他の IFRSs で要求される特定の開示が IFRS 第 3 号 59 項で規定された目的を満たしていない場合，取得企業は，これらの目的を満たすために必要な追加的な情報をいかなるものでも開示しなければならない［IFRS 第 3 号 63 項］。

報告期間内および報告期間末後に発生する各々の企業結合に対して，開示が一般的に要求される（**本章 13.1.12** 参照）。しかし，報告期間中に発生する，個別には重要ではないが全体としては重要な企業結合については，合算して開示することもある［IFRS 第 3 号 B65 項］。

設例のために，AC 社（取得企業）は上場企業，TC 社（被取得企業）は非上場企業と仮定する。

13.1.1　企業結合の詳細

取得企業は以下の開示を要求される［IFRS 第 3 号 B64 項］。

(a)　被取得企業の名称および説明
(b)　取得日
(c)　取得された議決権付資本持分の割合
(d)　企業結合の主な理由，および取得企業がどのように被取得企業の支配を獲得したかの説明

設例13.1.1
企業結合の詳細
［IFRS第3号IE72項より抜粋］

20X0 年 6 月 30 日に，AC 社は TC 社の発行済普通株式の 15％を取得した。20X2 年 6 月 30 日に，AC 社は TC 社の発行済普通株式の 60％を取得し，TC 社の支配を獲得した。TC 社はカナダとメキシコのデータ・ネットワーク製品とサービスの提供者である。取得の結果，AC 社は，それらの市場でデータ・ネットワーク製品とサービスの主導的な供給者になると期待されている。また，規模の経済性からコストを軽減することも期待される。

13.1.2　のれんの詳細

取得企業は，被取得企業と取得企業の営業活動を統合することにより期待される相乗効果，個別認識の要件を満たさない無形資産またはその他の要因といった，認識されたのれんを構成する要因の定性的説明を提供することを要求される［IFRS 第 3 号 B64 項（e)］。

また，取得企業は，税務上減算可能と期待されるのれんの合計額の開示を行うことも要求される［IFRS 第 3 号 B64 項（k)］。

設例13.1.2

のれん

[IFRS第3号IE72項より抜粋]

取得から生じるCU 2,500ののれんは，主にAC社およびTC社の事業の統合から期待される相乗効果および規模の経済から構成される。

認識されたのれんで，税務上減算可能と期待されるものはない。

13.1.3 対価の公正価値および条件付対価の詳細

取得企業は，移転された対価の合計の取得日の公正価値，および以下のような対価の主要な種類ごとの取得日の公正価値を開示することを要求される[IFRS第3号B64項（f)]。

- 現金
- その他の有形資産または無形資産（取得企業の事業または子会社を含む）
- 引受けた負債（例えば，条件付対価に係る負債）
- 取得企業の資本持分（発行済または発行可能な金融商品または持分の数，および金融商品または持分の公正価値を測定する方法を含む）

条件付対価契約および補償資産について，取得企業は以下の開示を要求される［IFRS第3号B64項（g)]。

- 取得日時点で認識された金額
- 契約の説明および支払金額の算定の基礎
- 結果の範囲の見積り（割引前），または範囲を見積ることができない場合にはその旨および範囲を見積ることができない理由，支払の上限額が定められていない場合にはその事実を取得企業は開示しなければならない。

設例13.1.3
対価の公正価値および条件付対価の詳細
[IFRS第3号IE72項より抜粋]

20X2年6月30日

対価	（単位：CU）
現金	5,000
資本性金融商品（AC社の普通株式100,000）	4,000
条件付対価契約	1,000
移転された対価の合計	10,000

TC社と交換に支払った対価（CU 4,000）の一部として発行した普通株式100,000株の公正価値は，取得日現在のAC社の普通株式の市場価格の終値を使用して測定された。

条件付対価契約は，TC社の旧所有者に対して，TC社が所有していた非連結持分投資であるXC社の収益の5%（20X3年については，CU 7,500を超過した部分，最大でCU 2,500〔割引前〕）をAC社が支払うことを要求している。AC社が条件付対価契約に基づき要求され得るすべての将来の支払額の，可能性のある割引前金額は，CU 0からCU 2,500の間である。

IFRS第13号を適用した企業条件付対価契約の公正価値CU 1,000は，インカム・アプローチを適用して見積られた。公正価値測定は，市場で観察可能ではない重要なインプット（IFRS第13号ではレベル3のインプットとよんでいる）に基づいている。主要な仮定として，20%から25%の幅の割引率が含まれており，XC社の確率調整後の収益CU 10,000からCU 20,000を仮定した。

IFRS第13号をまだ適用していない企業条件付対価契約の公正価値CU 1,000は，インカム・アプローチを適用して見積られた。公正価値の見積りは，20%から25%の幅で仮定された割引率およびXC社の確率調整後の収益CU 10,000からCU 20,000の仮定に基づく。

13.1.4 取得した債権の詳細

取得した債権について，取得企業は以下の開示を要求される［IFRS 第 3 号 B64 項（h)］。

- 債権の公正価値
- 契約上の債権の総額
- 回収が見込まれない契約上のキャッシュ・フローの，取得日時点における最善の見積り

これらの開示は，貸付金，直接金融リースおよびその他の種類の債権といった，債権の主要な分類ごとに要求される。

設例13.1.4

取得した債権の詳細

[IFRS第3号IE72項より抜粋]

取得した金融資産の公正価値には，CU 2,375 の公正価値を有するデータ・ネットワーク装置のファイナンス・リースの債権を含んでいる。契約による支払期日が到来している総額は CU 3,100 であり，そのうち CU 450 は回収不可能と見込まれている。

13.1.5 取得した資産および引受けた負債の詳細

取得企業は，取得した資産および引受けた負債の主要な分類ごとに，取得日に認識された金額を開示することが要求される［IFRS 第 3 号 B64 項（i)］。

設例13.1.5

取得した資産および引受けた負債の詳細

[IFRS第3号IE72項より抜粋]

取得した識別可能資産および引受けた負債の認識金額	(単位：CU)
金融資産	3,500
棚卸資産	1,000
有形固定資産	10,000
識別可能無形資産	3,300
金融負債	(4,000)
偶発負債	(1,000)
識別可能純資産合計	12,800

13.1.6　認識された偶発負債の詳細

IFRS 第 3 号 23 項（**本章 7.5.1** 参照）に従って認識された各々の偶発負債について，取得企業は，IAS 第 37 号「引当金，偶発負債および偶発資産」85 項において要求された情報を開示することを要求される［IFRS 第 3 号 B64 項 (j)］。

IAS 第 37 号は，当該基準に基づいて認識された引当金について一般的な開示要求を規定する。IFRS 第 3 号 B64 項（j）は，以下のように，企業結合において認識された偶発負債にも同様の開示を要求する［IAS 第 37 号 85 項］。

- 債務の性質の概略説明，および結果として生じる経済的便益の流出が予測される時期
- これらの流出の金額または時期についての不確実性の内容。十分な情報提供を必要とする場合，取得企業は，将来事象についての主要な仮定を開示しなければならない。
- 予想される補塡金額，予想される補塡について認識されている資産の金額の公表

設例13.1.6

認識された偶発負債の詳細

[IFRS第3号IE72項より抜粋]

CU 1,000 の偶発負債は，過去 3 年間に TC 社が販売した製品について予測される品質保証クレームのために認識されているものである。我々はその大部分の支出は 20X3 年に発生し，そのすべては 20X4 年度末までには発生するであろうと予想している。AC 社が品質保証契約によって要求される可能性があるすべての将来の支払額の潜在的な割引前の金額は，CU 500 から CU 1,500 の範囲と見積られる。

公正価値が信頼性をもって測定できないことから偶発負債が認識されない場合，取得企業は以下の項目の開示を要求される［IFRS 第 3 号 B64 項 (j)］。

- IAS 第 37 号 86 項で要求されている情報（以下参照）
- 当該負債が信頼性をもって測定できない理由

IAS 第 37 号は偶発負債について，以下のような一般的な開示要求を規定する［IAS 第 37 号 86 項］。

- 偶発負債の性質の概要
- 実務上可能な場合
    - 財務上の影響の見積額
    - 流出の金額または時期に関する不確実性の内容
    - 補塡の可能性

13.1.7 別個に認識される取引の詳細

IFRS 第 3 号 51 項（**本章 8.3** 参照）に従って，企業結合における資産の取得および負債の引受とは別個に認識された取引について，取得企業は以下の項目を開示することを要求される［IFRS 第 3 号 B64 項 (l)］。

- 各取引の説明
- 取得企業がどのように各取引を会計処理したか。
- 各取引で認識された金額，および各金額が認識された財務諸表における表示科目
- 当該取引が，既存の関係の実質的な清算である場合，決済額を算定するために使用した方法

IFRS 第 3 号 B64 項（l）で要求された別個に認識された取引の開示は，取得関連コストの金額ならびに，それとは別に，費用として認識された当該コストの金額，および当該費用が認識される包括利益計算書上の表示科目を含まなければならない。また，費用としては認識されていない発行コストの金額と，当該金額がどのように認識されたかも開示しなければならない［IFRS 第 3 号 B64 項（m）］。

設例13.1.7
別個に認識される取引の詳細
[IFRS第3号IE72項より抜粋]
（20X2 年 12 月 31 日終了年度の AC 社の包括利益計算書における販売費および一般管理費に含まれていた）取得関連コストは CU 1,250 になった。

13.1.8　割安購入の詳細

割安購入（**本章 9.3** 参照）について，取得企業は以下の開示を要求される［IFRS 第 3 号 B64 項（n）］。

（i）IFRS 第 3 号 34 項に従って認識される一切の利得の金額，およびその利得が認識されている包括利益計算書上の表示科目
（ii）その取引で利得が生じた理由の説明

IFRS 第3号は，認識された利得を別個の表示科目として表示しなければならないとは明確に述べていない。当該利得は「その他の損益」の一部として表示される可能性がある。しかし，IFRS 第3号 B64 項（n）の要求は，その金額を注記で別個に開示するということを確かにしている。

13.1.9　非支配持分の詳細

取得日で，被取得企業に対して取得企業が保有する資本持分が 100％未満の各々の企業結合に関して，取得企業は以下の項目を開示しなければならない [IFRS 第3号 B64 項（o）]。

(i) 取得日時点で認識された被取得企業の非支配持分の金額，およびその金額の測定基礎

(ii) 公正価値で測定された被取得企業の各々の非支配持分について，その価値を測定するために使用された評価技法および重要な入力数値

設例13.1.9A

非支配持分の詳細（IFRS第13号を適用した企業）

[IFRS第3号IE72項より抜粋]

非上場会社である TC 社の非支配持分の公正価値は，マーケット・アプローチとインカム・アプローチを適用して見積られた。公正価値測定は，市場で観察可能ではない重要なインプットに基づいているので，IFRS 第 13 号に示す公正価値ヒエラルキーのレベル3に区分される公正価値測定となる。主要な仮定には次のものが含まれている。

(a) 20％から 25％の割引率

(b) 3倍から5倍を乗じた最終 EBITDA の幅に基づく予想ターミナル・バリュー（もし，適当であれば，3％から6％の持続可能な長期成長率に基づく）

(c) TC 社と類似しているとみなされる会社の財務乗数

(d) 市場参加者が TC 社における非支配持分の公正価値を見積る場合に考慮するであろう支配の欠如または市場性の欠如による調整事項

設例13.1.9B

非支配持分の詳細（IFRS第13号をまだ適用してない企業）

[IFRS第3号IE72項より抜粋]

非上場会社であるTC社の非支配持分の公正価値は，マーケット・アプローチとインカム・アプローチを適用して見積られた。公正価値の見積りは，以下の項目に基づいている。

(a) 20%から25%の範囲の仮定された割引率
(b) 3倍から5倍を乗じた最終EBITDAの幅に基づく仮定されたターミナル・バリュー（もし，適当であれば，3%から6%の持続可能な長期成長率に基づく）
(c) TC社と類似しているとみなされる会社の仮定された財務乗数
(d) 市場参加者がTC社における非支配持分の公正価値を見積る場合に考慮するであろう支配の欠如または市場性の欠如により仮定された調整事項

13.1.10　段階的に達成された企業結合

段階的に達成された企業結合について，取得企業は以下の項目を開示することを要求される［IFRS第3号B64項（p)］。

- 取得日直前に取得企業が保有していた被取得企業の資本持分の，取得日の公正価値
- 企業結合前に取得企業が保有していた被取得企業の資本持分の公正価値を再測定した結果として認識された利得または損失の金額，およびその利得または損失が認識されている包括利益計算書上の表示科目

上記の2番目のポイントについて，意図された範囲は完全に明確なものではない。例えば，持分法が適用されてきた関連会社への持分のように，過去の資本持分が公正価値で認識されなかった場合に生じる利得または損失を確実に捕捉することになる。しかし（例えば，IAS第39号「金融商品：認識および測定」で投資が売却可能金融資産として分類されたことから），資本から包括利益計算書に組替えられる過去の資本持分に関する利得また

は損失を開示することもまた，適切と考えられる。

設例13.1.10

段階的に達成された企業結合

[IFRS第3号IE72項より抜粋]

企業結合前に保有されていた，TC社におけるAC社の資本持分の公正価値はCU 2,000であった。AC社は，企業結合以前に保有していたTC社に対する15%の資本持分を公正価値で測定した結果，CU 500の利得を認識した。当該利得は，AC社の20X2年12月31日終了年度の包括利益計算書のその他の収益に含まれている。

13.1.11 包括利益計算書上で報告された金額に関する被取得企業の影響

取得企業は，以下の情報を開示することを要求される［IFRS第3号B64項(q)］。

(i) 報告期間の連結包括利益計算書上に含まれている，取得日以降の被取得企業の収益および純損益の金額

(ii) 当期に発生したすべての企業結合について，取得日が年次報告期間の期首であったとした場合の，結合企業の当報告期間における収益および純損益

当基準は，上記の2番目のポイントにおける，収益および純損益がどのように算定されるべきか，また，特にこのことが結果の単なる集計であるべきかどうか，例えば会計方針に整合して調整を行うべきかどうかについてなんら指針を提供していない。有用な情報を提供するこの開示要求に対して，企業は実務上のアプローチを考案し，一貫して適用しなければならない。すべての調整の性質は明確に説明されなければならない。

IFRS第3号B64項（q）(ii）の要求の目的のために考慮される調整には，以下が含まれる。

- 会計方針の整合
- その調整が報告期間の期首で発生した場合の，公正価値調整の影響
- 取得日前の当企業集団と被取得企業との取引の消去
- 報告期間の期首時点で，取得の資金調達目的で発生する借入から生じる財務費用の影響

適切でない可能性が高い調整には，以下が含まれる。

- 取得から生じる相乗的な便益の遡及適用
- 取得後に設定されたヘッジ戦略の遡及適用

IFRS 第3号B64項（q）で要求されている，いかなる情報の開示も実務上不可能である場合，取得企業は，その旨および当該開示が実務上不可能である理由を開示しなければならない。IFRS 第3号は，「実務上不可能」という用語を，IAS 第8号「会計方針，会計上の見積りの変更および誤謬」（**第1巻4章2.8**参照）での用語と同じ意味で使用している［IFRS 第3号B64項（q)］。

設例13.1.11
包括利益計算書上で報告された金額に関する被取得企業の影響
［IFRS第3号IE72項より抜粋］

20X2年6月30日以降の連結包括利益計算書に含まれている，TC社が寄与した収益はCU 4,090であった。また，同期間にTC社が寄与した純利益はCU 1,710であった。TC社が20X2年1月1日から連結されていたとすれば，連結包括利益計算書はCU 27,670の収益とCU 12,870の純利益を含むことになっていたであろう。

13.1.12　報告期間後の企業結合

企業結合の取得日が報告期間の期末日後で，財務諸表の公表の承認よりも前である場合，財務諸表の公表が承認される時点で企業結合の当初の会計処理が完了していない場合でなければ，**本章13.1.1**から**13.1.11**で記述された

開示が要求される［IFRS 第 3 号 B66 項］。

そのような状況では，取得企業は，どの開示が行えなかったのか，およびなぜ行えないのかの理由を説明しなければならない［IFRS 第 3 号 B66 項］。

13.2 当期または過去の報告期間に発生した企業結合で認識された修正

取得企業は，財務諸表利用者が，当期または過去の報告期間中に発生した企業結合に関連する，当報告期間に認識された修正の財務上の影響を評価できるようにする情報を開示することを要求される［IFRS 第 3 号 61 項］。

以下で規定された特定の開示や他の IFRSs で要求される開示が，IFRS 第 3 号 61 項で規定された目的を満たしていない場合，取得企業は，これらの目的を満たすために必要な追加情報をいかなるものでも開示しなければならない［IFRS 第 3 号 63 項］。

重要な企業結合のそれぞれについて，または個別には重要でないが合算した場合には重要となる企業結合について，情報を開示しなければならない［IFRS 第 3 号 B67 項］。

13.2.1 当初の会計処理が完了していない企業結合

企業結合の当初の会計処理が完了しておらず（**本章 10.1.1** 参照），したがって企業結合に関する財務諸表に認識された金額が暫定的にしか算定されていない場合，特定の資産，負債，非支配持分または対価の項目について以下のような情報を開示しなければならない［IFRS 第 3 号 B67 項（a)］。

- 企業結合の当初会計処理が完了していない理由
- 当初会計処理が完了していない資産，負債，資本持分または対価の項目
- IFRS 第 3 号 49 項に従って，当該報告期間に認識された測定期間中の修正の性質および金額（**本章 10.1.4** 参照）

> **設例13.2.1**
> **当初の会計処理が完了していない企業結合**
> [IFRS第3号IE72項より抜粋]
> 取得した識別可能な無形資産CU 3,300の公正価値は，それらの資産の最終評価を受領するまでの暫定的なものである。

13.2.2　偶発資産および偶発負債

取得日から，企業が条件付対価資産を回収，売却またはそれ以外の方法で権利を喪失するまで，または企業が条件付対価負債を決済するもしくは負債が取消しまたは失効となるまでの各報告期間において，以下の情報を開示しなければならない［IFRS第3号B67項（b)］。

- 決済時に生じる差異を含む，認識金額の変動
- （割引前の）結果の範囲の変更およびその変更の理由
- 条件付対価を測定するために使用した評価技法，および主要なモデルの入力数値

企業結合で認識される偶発負債に関して，取得企業は，それぞれの種類の引当金についてIAS第37号84項から85項で要求されている情報を開示しなければならない［IFRS第3号B67項（c)］。

IAS第37号85項の要求は**本章13.1.6**で示されている。IAS第37号84項は，以下の引当金の各分類別の開示（および，これらの状況において認識された偶発負債の各分類）を要求する。

- 期首と期末における帳簿価額
- 既存の偶発負債の増加を含む，期中に認識された追加の偶発負債
- 期中に使用された（すなわち，偶発負債に対して発生および賦課した）金額
- 期中に戻入処理された未使用の金額
- 時間の経過によって発生した割引後金額の期中増加額，および割引率の変更による影響額

13.2.3 のれん

取得企業は，以下個々に示すように，報告期間の期首と期末ののれんの帳簿価額の調整額を開示することが要求される［IFRS 第 3 号 B67 項（d)］。

- 報告期間の期首現在の総額および減損損失累計額
- 報告期間中に認識された追加的なのれん。ただし，取得時に IFRS 第 5 号「売却目的で保有する非流動資産および非継続事業」に従って売却目的保有への分類の要件を満たす処分グループに含められたのれんを除く（**第 1 巻 15 章**参照）。
- IFRS 第 3 号 67 項に従った報告期間中の繰延税金資産の，事後的な認識の結果生じる修正。IFRS 第 3 号 67 項は，取得日が IFRS 第 3 号（2008 年改訂）を適用した日よりも前である企業結合に適用される。
- IFRS 第 5 号に従って売却目的保有に分類される処分グループに含められたのれん，および以前に売却目的保有に分類された処分グループに含められることなく，報告期間中に認識の中止が行われたのれん
- IAS 第 36 号「資産の減損」に従って，報告期間中に認識された減損損失（IAS 第 36 号は，この要求事項に加えてのれんの回収可能額および減損に関する情報の開示を要求している。**第 1 巻 10 章 11** 参照）
- IAS 第 21 号「外国為替レート変動の影響」に従って，報告期間中に生じた正味換算差額
- 報告期間中の帳簿価額のその他すべての変更
- 報告期間の末日現在の総額および減損損失累計額

13.2.4 報告期間中に認識された重要な利得および損失

取得企業は，以下の双方の当報告期間において認識された利得または損失の金額および説明を開示することを要求される［IFRS 第 3 号 B67 項（e)］。

- 当報告期間または以前の報告期間に影響する企業結合で，取得した識別可能な資産または引受けた負債に関連している利得または損失
- 開示することが結合企業の財務諸表の理解に関連するような規模，性質または頻度である利得もしくは損失

14　将来の進展

14.1　年次改善2010－2012サイクル

2012年5月に，IASBは年次改善プロジェクトの一部として，いくつかの基準の変更を提案する公開草案（ED／2012／1　IFRSの年次改善2010－2012年サイクル）を公表した。IFRS第3号に関して提案された修正は，以下の明確化に関する事項である。

- 条件付対価は，IAS第32号「金融商品：表示」の要求事項のみに基づいて負債と資本性金融商品のいずれかに分類される。
- 資本性金融商品として分類されない条件付対価は，事後に公正価値で測定され，対応する利得または損失は，IFRS第9号「金融商品」（IFRS第9号をまだ適用していない企業は，IAS第39号「金融商品：認識および測定」）に従い純損益とその他の包括利益のいずれかに分類される―**本章8.2.4.2**参照。

公開草案に寄せられたコメントに鑑みて，IFRS解釈指針委員会による審議の後，2013年5月に，IASBは，一定の修正を条件としてこれらの提案を最終化することを暫定的に決定した。とりわけ，IASBは，企業結合における資本以外の条件付対価はすべて，純損益を通じて公正価値で事後測定すべきであると暫定的に決定した。

修正の最終化は，2013年の第4四半期に行われた。

14.2　年次改善2011－2013サイクル

2012年11月に，IASBは年次改善プロジェクトの一部として，いくつかの基準の変更を提案する公開草案（ED／2012／2　IFRSの年次改善2011－2013年サイクル）を公表した。IFRS第3号に関して提案された修正は，

- 本基準の範囲から，IFRS第11号「共同支配の取決め」で定義しているすべての種類の共同支配の取決め（すなわち，共同支配企業および共同支配事業）

の形成を除外するというものである。

- また，IFRS 第 3 号 2 項（a）の範囲除外（**本章 2.2** 参照）は，共同支配企業または共同支配事業自体の財務諸表にのみ適用されることを明確化している。

修正の最終化は，2013 年の第 4 四半期に行われた。

14.3　IFRS第3号の適用後レビュー

IASB は，議論があるとして識別された重要な論点についてレビューし，予想外のコストが生じる，または実務上直面した問題について検討するため，IFRS 第 3 号の適用後レビューを開始した。「情報要請」は，2014 年第 1 四半期に公表された。

第4章
連結財務諸表
Consolidated financial statements

目 次

1　はじめに

2011 年 5 月，IASB は IFRS 第 10 号「連結財務諸表」を発行した。IFRS 第 10 号は，従来，連結財務諸表を取扱っていた IAS 第 27 号（2008 年）「連結および個別財務諸表」の一部および SIC 第 12 号「連結ー特別目的事業体」を置換えるものである。IFRS 第 10 号は，その後 2012 年 6 月に「連結財務諸表，共同支配の取決めおよび他の企業への関与の開示：経過措置ガイダンス」（IFRS 第 10 号，IFRS 第 11 号および IFRS 第 12 号の修正）により修正された。

2012 年 6 月の修正は，企業が IFRS 第 10 号を最初に適用する際の経過措置を明確化し，また当該基準を適用する最初の財務諸表における修正後の比較情報の表示に関して，限定的な救済措置を提供している。さらなる詳細は**本章 16** に述べられている。

IFRS 第 10 号は同時に発行された一連の基準の 1 つであり，それらはすべて同時に適用されなければならない。他の基準とは，IFRS 第 11 号「共同支配の取決め」（**第 2 巻 5 章**参照），IFRS 第 12 号「他の企業への関与の開示」（**第 2 巻 7 章**参照），IAS 第 27 号（2011 年）「個別財務諸表」（**第 2 巻 8 章**参照），および IAS 第 28 号（2011 年）「関連会社および共同支配企業に対する投資」（**第 2 巻 6 章**参照）である。

IFRS 第 10 号は，2013 年 1 月 1 日以後開始する事業年度に適用することが要求される。企業は，当該発効日まで継続して IAS 第 27 号（2008 年）を適用することが認められている。あるいは，一連の基準すべてを採用しかつその旨を開示すれば，2013 年の発効日より前に IFRS 第 10 号および 2011 年 5 月に公表された一連の基準の残りを適用することが認められている。

IFRS 第 10 号の直近の修正は 2012 年 10 月であり，これによって報告企業が「投資企業」として定義されるものに該当する場合における，当該基準の一般的な連結処理の要求事項に対する例外が導入された。この 2012 年 10 月の修正（「**投資企業**」の修正）は，投資企業に関する追加的な開示要求（**第 2 巻 7 章**参照）および投資企業により表示される個別財務諸表に関する追加的な要求事項（**第 2 巻 8 章**）を含む。

「**投資企業**」の修正は，投資企業である親会社がその子会社に対する投資を連結せず，純損益を通じて公正価値で測定することを要求する（投資活動に関連するサービスまたは活動を提供する子会社を除く。それらは連結することが要求される— **本章 15.2.2** 参照)。

投資企業に対する新たな要求事項は，2014年1月1日以降に開始する事業年度より適用される。早期適用は認められる。多くの投資企業が最初にIFRS第10号を適用する際にこれらの要求事項を適用し，IFRS第10号（投資企業の例外なし）を2013年に適用した後の年度に投資企業の連結の例外規定を採用することを避けることが予想される。当該修正は遡及適用が求められるが，一定の経過的救済措置が適用される（**本章 16.3.2** 参照)。

1.1　IFRS第10号の概要

IFRS第10号を公表する際のIASBの目的は，組成された企業（SIC第12号の用語である「特別目的事業体」は，今後使用されない）を含む，すべての企業に対応する連結に関する単一の基礎を定めることにある。IASBは，IAS第27号（2008年)(「支配」に焦点が当てられていた）とSIC第12号（「リスクと経済価値」により重点が置かれていた）との間で重点を置く部分に不整合が存在したため，連結に関する単一の基礎を開発することを決定した。

IAS第27号（2008年）と同様，IFRS第10号は「支配」の原則を規定するとともに，投資者がいつどのようにして連結財務諸表を作成しなければならないかに関する要求事項を定めている。しかし，IAS第27号（2008年）とは異なり，IFRS第10号は以下の事項を取扱っていない。

- 投資者の個別財務諸表（現在は，IAS第27号〔2011年〕のなかで取扱われている— **第2巻8章**参照）
- 開示（現在は，IFRS第12号のなかで取扱われている— **第2巻7章**参照）

IFRS 第 10 号は，一部の例外を除き遡及適用が要求される（**本章 16** 参照）。

全体として，IFRS 第 10 号は複雑な基準であり，多くの点で重要な判断を適用することが要求される。以下の要約は，利用者がこの指針全体に行きわたる主要な概念を理解する際のガイドを提供することを意図している。当該要約は基準のすべての要求事項について述べていない。利用者は，より詳細な議論については本章の後の部分，完全な理解のためには基準書を参照すべきである。

本基準の要求事項	詳細な検討
最初に IFRS 第 10 号は，親会社は連結財務諸表を作成することが要求される，という一般原則を定めている。親会社は，以下の場合にのみ当該要求事項を免除される。 ● IFRS に従った公表用の連結財務諸表を作成する親会社の 100％子会社である，非上場の親会社（または，そのような親会社の 100％未満の子会社であり，他の所有者が誰もそれに反対していない場合） ● IAS 第 19 号「従業員給付」が適用される退職後給付またはそれに類似する制度 ●「**投資企業**」の修正を採用した場合には，すべての子会社を純損益を通じて公正価値で測定することが要求される投資企業（**本章 15** 参照）	**本章 3**
子会社は，他の企業に支配されている企業として定義される。（投資企業以外の）親会社が連結財務諸表を作成する場合は，すべての子会社を連結しなければならない。これに関して例外はない。IFRS 第 5 号「売却目的で保有する非流動資産および非継続事業」に従って売却目的保有に分類される子会社については，特定のルールが適用される。	**本章 4**
IFRS 第 10 号は，投資先が子会社であるかどうかを評価する際の決定要因として「支配」の概念を使用する。場合によっては，誰が企業を支配しているかに関する決定は，非常に容易である。保有者に比例的な議決権を与える資本性金融商品（例えば，普通株）を通じて，投資先が支配されていることが明らかな場合もある。多くの場合，議決権の過半数を有する投資者は，他の要因がない場合には投資先を支配している。より複雑なケースではさらに判断が必要となる。	**本章 5**
IFRS 第 10 号の支配の定義には，次の 3 つの要素が含まれる。(1) 投資先に対するパワー，(2) 投資先への関与により生じる変動リターンに対するエクスポージャーまたは権利，(3) 投資者のリターンの額に影響を及ぼすように投資先に対するパワーを使用する能力。投資者は，投資先を支配していると結論付けるために，3 つの要素をすべて有していなければならない。支配の評価は，特定の事実と状況に基づいて行われ，支配の 3 要素のうちいずれか変化の兆候がある場合には，その結論を再評価する必要がある。	**本章 5－10**
評価に際しては，投資者は自らが変動リターンに晒されているか，あるいは変動リターンに対する権利を有するか（支配の 2 番目の要素）を判定しなければならない。「リターン」という用語は広く解釈されるべきであり，プラスとマイナスのリターンが含まれ，より直接的なリターンに加えてシナジーによるリターンも含まれ得る。この目的上，変動リターンは債券保有者に対する固定未払利息を含む場合がある。なぜなら，そのような利息支払は債務不履行リスクに晒されており，債券保有者を発行者の信用リスクに晒すためである。	**本章 9**

本基準の要求事項	詳細な検討
評価に際しては，投資者はそのリターンの金額に影響を及ぼすようにパワーを用いる能力を有しているかどうか（支配の3番目の要素）を判定しなければならない。特に，投資者が本人または代理人のいずれかただちに明確でない状況（例えば，いくつかのファンド・マネジャーおよび類似の企業）では，この評価を行うには注意深い判断が要求される。IFRS第10号は，考慮すべき要因を説明するために，詳細な指針といくつかの設例を提供している。	本章10
IFRS第10号における最も複雑な分析は，支配の最初の要素に関連するもの，すなわち，投資者が投資先に対してパワーを有しているか（すなわち，投資者が投資先の「関連性のある活動」を指図する現在の能力を与える既存の権利を有しているか）に関する評価である。複雑なケースにおいて，投資者が投資先に対するパワーを有しているかどうかを判定する際の一助となるように，広範な適用指針が提供されている。これには以下が含まれる。	
● 関連性のある活動（すなわち，投資先のリターンに重要な影響を及ぼす活動）の識別	本章6
● 関連性のある活動に関する決定がどのように行われるかの検討	本章7
● 投資者の権利が，投資者に関連性のある活動を指図する現在の能力を与えているかどうか。	本章8
投資者の権利が投資者に関連性のある活動を指図する現在の能力を与えているかどうかの決定は，以下に焦点を当てている。	
● 実際の権利の行使でなく，投資者が関連する活動を指図する現在の能力	本章8.1
● 投資者の権利が投資者にパワーを与えるのに十分であるかどうかの判定に際して，検討されなければならない指標／証拠は以下のものである。	本章8.2／8.3
● 「実質的な」権利（企業がパワーを有するかどうかを決定する権利）および「防御的な」権利（それだけでは投資先に対するパワーを有すると結論付けるのに不十分なもの）の内容	本章8.4 & 8.5
● 関連性のある活動が議決権を通じて指図されるかどうか。これは，(1) 議決権の過半数が関連性のある活動を指図するために必要ではない状況の検討，および (2) 潜在的議決権の存在，を含む。	本章8.6
● 議決権または類似の権利が，投資先のリターンに重要な影響を与えないかどうか。	本章8.7
特に注意するに値し，かつ，IAS第27号（2008年）のもとで適用されている処理の変更をもたらし得る状況として，以下が含まれる。	
● **「事実上の」支配**—投資先の議決権の50%未満しか保有していない投資者が，契約上の取決めおよび潜在的議決権以外の理由により投資先に対する支配を有している場合（IFRS第10号は，**「事実上の」**支配という用語を使用していないことに留意が必要である）。そのような状況において支配が存在するかどうかを評価するにあたり，IFRS第10号は，他の議決権保有者の保有の規模と分散状況との比較における投資者の議決権保有の相対的規模や，過去の株主総会における他の議決権保有者の投票パターンを含む，すべての事実と状況を考慮することを企業に要求している。	本章8.6.3.3

本基準の要求事項	詳細な検討
• **潜在的議決権**—IAS 第 27 号（2008 年）と同様，IFRS 第 10 号は支配の判定に際して，例えば，転換金融商品またはオプションから生じる潜在的議決権を考慮することを要求している。しかし，IAS 第 27 号（2008 年）とは異なり，IFRS 第 10 号は，潜在的議決権を現時点で行使可能または転換可能なものに限定していない（潜在的議決権に起因して支配が存在するかどうかを評価する際には，すべての関連する事実と状況を考慮する必要がある）。	本章 8.6.3.4
• **組成された企業**— 企業が，誰が企業を支配しているかの決定に際して，議決権または類似の権利が決定的な要因とならないように設計される場合（例えば，あらゆる議決権が管理業務のみに関係し，関連性のある活動が契約上の取決めによって指図される場合）	本章 8.7
• **代理人関係**— 意思決定者が他の当事者の代理人として行動している場合投資先の関連性のある活動に対する意思決定権限を有する意思決定者は，他の当事者に代わって行動する単なる代理人である場合には，投資先を支配していない。反対に，代理人に意思決定権限を委任した投資者は，当該投資者が投資先に対する支配を有しているかどうかを評価する際に，委任した意思決定権限を投資者が直接保有しているかのように取扱わなければならない。	本章 10.1
• **投資先の一部分が別個の事業体とみなされるべき場合**— 投資先の資産および負債の特定の組合せ（すなわち，投資先の一部分）が，当該一部分が投資者の子会社であるかどうかを決定するために，別個の事業体とみなされるべき場合。IFRS 第 10 号は，投資先の一部分（しばしば「サイロ」とよばれる）が，実質的に投資先の残りの部分から経済的に「隔離されている」場合，当該一部分は連結の目的上，別個の事業体として扱われると述べている。	本章 4.1
連結財務諸表の作成のための詳細な要求事項は，おおむねIAS第27号（2008年）の内容のまま引継がれている。それらには，（1）統一的な会計方針の使用，（2）グループ間の残高および取引の消去，（3）非支配持分の表示，（4）売却および部分売却の会計処理，に関する要求事項が含まれる。	本章 12

2　IFRS第10号の目的

IFRS 第 10 号の目的は，企業が 1 つまたは複数の他の企業を支配している場合の連結財務諸表の表示と作成に関する原則を定めることである［IFRS 第 10 号 1 項］。

この目的を満たすため，IFRS 第 10 号は以下のことを行っている［IFRS 第 10 号 2 項］。

- 1 つまたは複数の他の企業（子会社）を支配している企業（親会社）に，連結財務諸表の表示を要求する。
- 支配についての原則を定義し，連結の基礎としての支配を定める。
- 投資者が投資先を支配しており，その結果，投資先を連結することが要求されるかどうかを識別するために，支配についての原則を適用する方法を定める。

- 連結財務諸表の作成に関する会計上の要求事項を定める。
- 「**投資企業**」の修正を受けて，投資企業を定義し，投資企業の特定の子会社の連結に対する例外を示す。

3 IFRS第10号の範囲

IFRS 第 10 号に従って，親会社（すなわち，1 つまたは複数の企業を支配している企業）は，連結財務諸表を表示することが要求される［IFRS 第 10 号 4 項］。連結財務諸表は，「親会社およびその子会社の資産，負債，資本，収益，費用およびキャッシュ・フローを単一の経済的実体のものとして表示する企業集団の財務諸表」と定義されている［IFRS 第 10 号付録 A］。

IFRS 第 10 号は，以下の場合を除き，すべての企業に適用される［IFRS 第 10 号 4 項］。

(a) 自身が他の IFRS 報告企業の子会社である親会社は，特定の条件を満たす場合は連結財務諸表を作成する必要はない（**本章 3.1** 参照）。
(b) IAS 第 19 号「従業員給付」が適用される退職後給付制度またはその他の長期従業員給付制度
(c) 「**投資企業**」の修正を受けて，IFRS 第 10 号 31 項によりすべての子会社を純損益を通じて公正価値で測定することが求められる場合は，投資企業は連結財務諸表を表示する必要はない（**本章 15** 参照）。

前述の 2 番目の例外は理解が難しい。これは一見すると，IFRS 第 10 号は，退職後給付制度またはその他の長期従業員給付制度によって作成される財務諸表には適用されない，といっているようにみえる。しかし，IAS 第 19 号はそのような制度の財務諸表には適用されない。むしろ，それらは IAS 第 26 号「退職給付制度の会計および報告」の範囲内である（**第 2 巻 21 章**参照）。

それよりも，事業主は，従業員給付制度の会計処理に IAS 第 19 号を適用することが要求されており，IFRS 第10号4項（b）の例外は，そのような事業主に適用され，事業主をそのような性質の給付制度が子会社の定義を満たすかどうか（結果として，給付制度の連結が要求されるかどうか）の検討から免除することを意図していると考えられる。この例外がなければ，一部の給付制度は，組成された企業としての連結が要求される可能性がある。

IFRS 第10号は，企業結合についての会計上の要求事項，およびそれらの連結への影響（企業結合で生じるのれんを含む）については取扱っていない［IFRS 第10号3項］。企業結合の会計上の要求事項は，**第2巻3章**で説明している。

3.1　自身が子会社である親会社の連結財務諸表の表示の免除

子会社を有する企業は，以下の条件のすべてを満たす場合は，連結財務諸表を作成する必要がない［IFRS 第10号4項（a）］。

- 企業自身が（1）100％子会社であるか，または（2）100％未満の子会社であり，他のすべての所有者（それ以外では議決権が与えられない者も含む）が，当該企業が連結財務諸表を表示しないことを知らされていて，それに反対していないこと
- 企業の負債性および資本性金融商品が，公開市場（すなわち，国内または外国の株式市場または店頭市場，ローカルおよび地域市場を含む）で取引されていないこと
- 企業が，財務諸表を証券委員会その他の規制機関に公開市場でなんらかの種類の証券を発行する目的で提出しておらず，提出する過程にもないこと
- 企業の最上位または中間の親会社が，IFRSs に準拠した公表用の連結財務諸表を作成していること

IAS 第 27 号（2008 年）から繰越された IFRS 第 10 号 4 項（a）の規準は，最上位の親会社またはいずれかの中間親会社が，**IASB が公表した** IFRSs に準拠した公表用の連結財務諸表を作成している場合にのみ満たされる。親会社が，その代わりに（例えば特定の法域における使用のために承認される IFRSs のような）IFRSs の修正版に準拠しており，IASB によって公表された完全な IFRSs に準拠していない場合（IFRSs の修正版で許容されるが，IASB によって公表された完全な IFRSs では許容されない一定の会計処理を適用するため），上記の規準は満たされない。

同様に，親会社が完全な IFRSs ではなく「中小企業向け国際財務報告基準」に準拠している場合にも，上記規準は満たされない。

「投資企業」の修正の公表に伴い，親会社自身が投資企業の子会社である場合の IFRS 第 10 号 4 項（a）の適用に関する論点が生じた。この論点は**本章 15.2.2.1** において論じている。

IFRS 第 10 号 20 項（**本章 12.3** 参照）は，子会社の収益および費用を，親会社が子会社に対する支配を喪失する日まで連結財務諸表に含めることを要求している。したがって，親会社が報告期間中のいずれかの時点で子会社を有していた場合，IFRS 第 10 号に従って連結財務諸表の作成が要求される（ただし，IFRS 第 10 号 4 項のいずれかの適用除外規定が利用可能な場合を除く）。

IFRS 第 10 号は，投資企業（**本章 15** 参照）以外では，連結財務諸表が作成される場合はいかなる子会社も連結から除外することを許容していない。特に，以下に留意が必要である。

- 子会社は，支配が一時的であるという理由によっては，連結から除外されない。取得時に子会社が，IFRS 第 5 号「売却目的で保有する非流動資産および非継続事業」に従って売却目的保有に分類されるための規準を満たす場合には，当該子会社は連結に含まれるが，IFRS 第 5 号に従って会計処理される（**第 1 巻 15 章「売却目的で保有する非流動資産および非継続事業」**参照）。
- 子会社は，資金を親会社に送金する能力を損なう長期の厳しい制限が存在するという理由によっては，連結から除外されない。IASB は，親会社が，子会社を支配する能力を評価する際に，子会社から親会社への送金に対する制限について考慮すべきであるが，そのような制限は，それ自体では支配を妨げるものではないと結論付けた。

- 子会社は，その活動が親会社および（または）グループ内の他の企業と相当に異なるという理由によっては，連結から除外されない。子会社の活動の異なる性質に関する情報は，IFRS 第8号「事業セグメント」に従って適切に開示され得る。

4　親会社および子会社の定義

親会社とは，「1つまたは複数の企業を支配している企業」である［IFRS 第10号付録A］。

子会社とは，「他の企業に支配されている企業」である（当該他の企業が親会社となる）［IFRS 第10号付録A］。

企業集団は，親会社およびその子会社で構成される［IFRS 第10号付録A］。

子会社の定義には，以下の2つの主要な特徴がある。

- 「支配」の概念（**本章5**で詳細に説明する）
- 何が企業を構成するか。

IFRS 第10号は，「企業」が何を意味するのかを定義付けていない。以前にIAS 第27号（2008年）「連結および個別財務諸表」に含まれていた子会社の定義には，当該用語に法人格のない事業体が含まれることが明示的に述べられていた。この説明はIFRS 第10号には引継がれていないが，子会社が法人格のある企業である必要はない（例えば，パートナーシップや信託でもよい）ことは明らかと考えられる。

さらにIFRS 第10号は，特定の状況において，投資先の一部分（「サイロ」または「セル」とよばれることが多い）が，「別個とみなした事業体」として会計処理される場合があることを認めている（**本章4.1**参照）。

4.1　投資先の一部分が別個とみなした事業体であるかどうかの決定

状況によっては投資者は，法令上または契約上の取決めにより，法的な事業体の全体を支配するのではなく，投資先の特定の資産および負債の組合せ（投資先の一部分）に対する持分を有している場合がある。さらに，法域によっては，法的な事業体が別個の部分（「サイロ」または「セル」とよばれることが多い）に分割される。

そのような状況では，（法的な事業体の全体ではなく）個別のサイロまたは投資先の一部分のみを，連結の評価の目的のために別個の事業体とみなすことが可能かどうかが問題となる。

IFRS 第 10 号は，以下の条件を満たしている場合に，かつ，その場合にのみ，投資者に投資先の一部分を別個の事業体とみなして扱うことを要求している[IFRS 第 10 号 B77 項]。

- 投資先の特定の資産（もしあれば，関連する信用補完）が，投資先の特定の負債または投資先に対するその他の特定の持分に関する唯一の支払財源である。
- 特定の負債を有する者以外は，特定の資産または特定の資産からの残余キャッシュ・フローに関する権利または義務を有していない。
- 実質上，特定の資産からのリターンを投資先の残りの部分が使用することはできず，別個とみなした事業体の負債は投資先の残りの部分の資産からは支払われない。

したがって，企業の一部分が，IFRS 第 10 号に従って別個とみなした事業体であるかどうかを決定する重要なポイントは，投資先の一部分が，実質上，投資先の全体から「隔離されている」かどうかということである。

IFRS 第 10 号 B77 項の条件が満たされる場合，投資者は，IFRS 第 10 号の一般的な「支配」の定義を使用して，当該別個とみなした事業体に対する支配を有しているかどうかを決定しなければならない（**本章 5** 参照）。特に，投資者は以下のことをしなければならない［IFRS第10号B78項］。

- 投資者が，投資先の一部分に対するパワーを有しているかどうかを評価するために，別個とみなした事業体のリターンに重要な影響を及ぼす活動，および当該活動がどのように指図されるのかを識別する。
- 別個とみなした事業体への関与により生じる変動リターンに対するエクスポージャーまたは権利を有しているかどうかを検討する。
- 投資者のリターンの額に影響を及ぼすように投資先の当該部分に対するパワーを使用する能力があるかどうかを検討する。

投資者が別個とみなした事業体を支配している場合，投資者は当該別個とみなした事業体を連結しなければならない。その場合，他の当事者は，投資先に対する支配の判定および投資先の連結に際して，投資先の当該部分を除外しなければならない［IFRS第10号B79項］。

4.2　水平のグループ

「水平のグループ」すなわち2以上の報告企業が共通の株主（例えば1人の個人）により支配されている場合は，連結財務諸表は要求されない。IFRS第10号は，ある**企業**が1つまたは複数の企業を支配している場合に連結財務諸表の作成を要求している。複数の企業が同じ**個人**によって支配されている場合は，IFRSsにおいて連結財務諸表を作成する要求は存在しない。

支配している個人の存在，および共通支配下にある企業間や他の関連当事者との間の取引は，IAS第24号「関連当事者についての開示」によって開示される（**第2巻11章**参照）。

5 支 配

IAS 第27号（2008年）「連結および個別財務諸表」と同様，IFRS第10号は連結の基礎として「支配」の概念を使用している。しかし，IFRS第10号は新たな支配の定義を導入し，その概念の適用に関するより包括的な指針を含んでいる。

投資者は，企業（投資先）への関与の内容にかかわらず，投資先を支配しているかどうかを判定し，自らが親会社であるかどうかを決定することが要求される[IFRS第10号5項]。

IFRS第10号に従って，投資者は，「投資先への関与により生じる変動リターンに対するエクスポージャーまたは権利を有し，かつ，投資先に対するパワーにより当該リターンに影響を及ぼす能力を有している」場合には，投資先を支配している［IFRS第10号6項および付録A］。

IFRS第10号は，支配を有する「投資者」について言及しているが，「投資者」という用語を定義していない。IFRS第10号5項は，投資者は「関与の内容にかかわらず」投資先に対する支配を有することがあると述べている。具体的な例として，IFRS第10号B15項は，契約が関連性のある活動を指図する能力を保有者に与える場合，経営管理契約を通じて支配が達成される場合があることを示している（**本章8.2**参照）。したがって，投資者の投資先に対する持分は，負債性または資本性金融商品の形式によるものである必要はない。

具体的には，投資者が以下の要素をすべて有している場合，およびその場合にのみ，投資者は投資先を支配している［IFRS第10号7項およびB2項］。

- 投資先に対するパワー
- 投資先への関与により生じる変動リターンに対するエクスポージャーまたは権利
- 投資者のリターンの額に影響を及ぼすように投資先に対するパワーを使用する能力

パワーは，「関連性のある活動を指図する現在の能力を与える既存の権利」として定義されている（**本章 6－8** 参照）［IFRS 第 10 号付録 A］。

投資者は，投資先を支配していると結論付けるために，3 つの要素をすべて有していなければならない。

下表は，支配の 3 要素およびそれらの関係を表している。

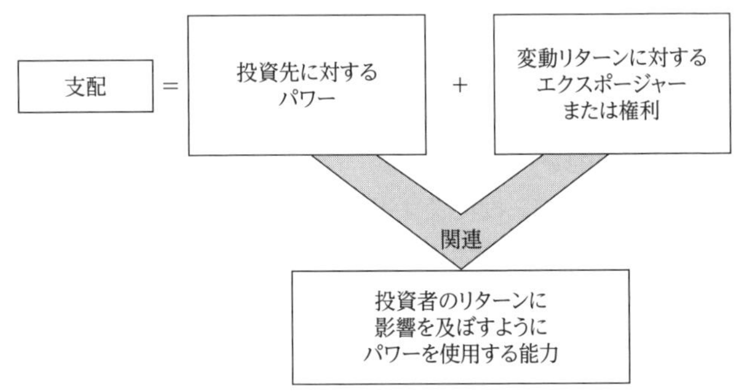

投資者は，投資先を支配しているかどうかの判定に際しては，すべての関連性のある事実と状況を考慮しなければならない［IFRS 第 10 号 8 項］。実務上，誰が投資先を支配しているかに関する決定は，複雑なものとなり得る。

IFRS 第 10 号は，上記に列挙した支配の 3 つの要素のうち 1 つ以上に変化があったことを示す事実または状況がある場合には，投資者が投資先を支配しているかどうかを再検討することを要求する（**本章 11** 参照）［IFRS 第 10 号 8 項］。

IFRS 第 10 号の結論の根拠には以下のように述べられている［IFRS 第 10 号 BC 69 項および BC 70 項］。

- ただ 1 名の当事者（もしいれば）のみが投資先を支配できる。
- 他の企業が投資先の活動に関する防御的な権利を有するという事実は（**本章 8.5** 参照），投資者が投資先を支配することを妨げるものではない。

したがって，複数の投資者が投資先を集団で支配している場合（すなわち，投資者が投資先の関連性のある活動を指図するために，一緒に行動しなければならない場合），いずれの投資者も他の投資者の協力なしには活動を指図することはできず，結果として，いずれの投資者も単独では投資先を支配していない。そのような場合，各投資者は，投資先に対する持分を適用可能なIFRSs（例えば，IFRS第11号「共同支配の取決め」，IAS第28号〔2011年〕「関連会社および共同支配企業に対する投資」，IFRS第9号「金融商品」，または，IFRS第9号適用前であればIAS第39号「金融商品：認識および測定」）に従って会計処理しなければならない［IFRS第10号9項］。

5.1 投資先の目的および設計

支配の判定に際して，まず投資者は，(1) 関連性のある活動（すなわち，投資先のリターンに重要な影響を及ぼす投資先の活動― **本章6** 参照），(2) 関連性のある活動に関する意思決定がどのように行われるか，(3) 当該活動を指図する現在の能力を誰が有しているか，および (4) 当該活動により生じるリターンを誰が受けるかを識別するために，投資先の目的および設計を考慮しなければならない［IFRS第10号B5項］。

場合によっては，この評価は非常に単純である。投資先に対する支配が，保有者に比例的な議決権を与える資本性金融商品（例えば，普通株）を通じて直接的かつ単独に行使されていることが明らかな場合もある。そのような状況では，意思決定を変更するためのより複雑な取決めがなければ，支配の判定は，いずれの当事者が投資先の営業および財務の方針を決定するのに十分な議決権を行使できるかが焦点となる（**本章8.6** 参照）。わかりやすい状況としては，他の要因がなければ，議決権の過半数を有する投資者は投資先を支配している［IFRS第10号11項およびB6項］。

5.2 追加的要因

より複雑なケースでは（例えば，パワーが1つまたは複数の契約上の取決めから生じている場合），投資者が投資先を支配しているかどうかを決定するために，以下の一部またはすべてを含む，追加的な要因をより綿密に考慮することが必要となる場合がある［IFRS第10号11項，B3項およびB7項］。

- 投資者が投資先に対するパワーを有しているかどうか。
  - 関連性のある活動は何か（**本章 6** 参照）。
  - 当該活動に関する意思決定がどのように行われるか（**本章 7** 参照）。
  - 投資者の権利が，関連性のある活動を指図する現在の能力を投資者に与えているかどうか（**本章 8** 参照）。
- 投資者が，投資先への関与により生じる変動リターンに対するエクスポージャーまたは権利を有しているかどうか（**本章 9** 参照）。
- 投資者が，投資者のリターンの額に影響を及ぼすように投資先に対するパワーを使用する能力を有しているかどうか（**本章 10** 参照）。

5.3　リミテッド・パートナーシップ（有限責任組合）

有限責任組合は，一部の組合員（有限責任組合員）に責任の限定という保護を与える，典型的なパートナーシップの形態である。有限責任組合の構造および有限責任組合の無限責任組合員の機能は，法域によって，または各組合によってさまざまである。一般に有限責任組合は，有限責任組合としての資格を得るために，特定の法令上および税務上の規準を満たさなければならない。したがって，有限責任組合の構造は形式が決まっていることが多い。有限責任組合における無限責任組合員の権利および義務は，通常，有限責任組合員のものとは異なる。有限責任組合員は，有限責任組合の経営に参加することが認められていないことが多く，経営はもっぱら無限責任組合員の責務となっている。無限責任組合員は，事業体が有限責任組合としての資格を得るための規準を満たすためだけに設計された機能を担うこともある。

投資者が有限責任組合に対する支配を有するかどうかに関する決定には，個別の組合の構造および関連する法域に係る要因を考慮することが常に必要となる。一般的に，IFRS 第 10 号における支配の定義の 3 要素（すなわち，投資先に対するパワー，投資先からの変動リターンに対するエクスポージャーまたは権利，およびリターンに影響を及ぼすようにパワーを使用する能力）を適用する際には，以下について留意する必要がある。

- 無限責任組合員が組合の純資産または純利益に対する受益持分を有していない場合，当該組合は，無限責任組合員の子会社の定義を満たす可能性は低い（しかし，無限責任組合員に対するすべてのリターンが確実に識別され，考慮されることが重要である）。
- 有限責任組合員が，関連性のある活動に対するパワーを有することなく，組合に対する経済的便益の過半を得ることは可能である。これは，他の組合員が支配を有し，当該有限責任組合員の代理人として行動しないことが証明できる場合に起こり得る。
- 唯一の無限責任組合員でもある有限責任組合員，または唯一の無限責任組合員を排除するパワーを有する有限責任組合員は，有限責任組合が有限責任組合員の子会社としての定義を満たすような支配を行使するかもしれない。

いずれかの組合員が組合を支配しているかどうかに関する決定は，関連する事実および状況に基づいた慎重な判断が要求される問題である。

6　投資先に対するパワー――関連性のある活動の識別

投資者は，関連性のある活動を指図する現在の能力を投資者に与えるような既存の権利を有する場合，投資先に対するパワーを有している［IFRS 第 10 号 10 項］。関連性のある活動は「投資先の活動のうち投資先のリターンに重要な影響を及ぼす活動」と定義されている［IFRS 第 10 号付録 A］。

ある状況では，投資先の関連性のある活動の決定は困難な場合がある。そのような状況では，投資者が投資先の目的および設計を理解することが重要となる（**本章 5.1** 参照）。

IFRS 第 10 号は，投資先のリターンに重要な影響を及ぼす活動に焦点を当てることを投資者に要求している。

- 投資先が議決権または類似の権利を通じて指図される場合（**本章 8.6** 参照），パワーは（IAS 第 27 号〔2008 年〕「連結および個別財務諸表」のもとで焦点が置かれていた）投資先の戦略的な営業および財務の方針を左右することにより獲得されることが多い。しかし，IFRS 第 10 号の結論の根拠で説明されるように，それは，投資先の活動を指図するパワーを達成できる方法の 1 つにすぎない。IASB の見解では，投資先の財務および営業の方針を左右するパワーを参照することは，議決権または類似の権利を通じて指図されない投資先には必ずしも適切とならない［IFRS 第 10 号 BC 42 項］。
- 投資先のリターンにほとんど，または全く影響しない管理活動ではなく，投資先のリターンに**重要な**影響を及ぼす活動に焦点を当てることが重要である。このことは，議決権または類似の権利を通じて指図されない投資先，および異なる活動について複数の当事者が意思決定権を有している投資先に対する支配を判定する際には，特に重要である［IFRS 第 10 号 BC 57 項および BC 58 項］。

IFRS 第 10 号はどの活動が関連性のある活動として考慮されるべきかの限定的なリストを提供しておらず，むしろ，多くの投資先にとって，さまざまな営業および財務上の活動が投資先のリターンに重要な影響を及ぼすと考えられている。状況によるが，関連性のある活動となり得る活動の例には，以下のものが含まれるが，これらに限定されない［IFRS 第 10 号 B11 項］。

- 財またはサービスの販売および購入
- 金融資産の存続期間中における管理（債務不履行時を含む）
- 資産の選択，取得または処分
- 新しい製品または工程の研究および開発
- 資金調達構造の決定または資金の調達

実務上，投資先の目的と設計の多様性は「関連性のある活動」もまた多様であることを意味している。最終的には，すべての関連する事実と状況を考慮した判断が行使される必要がある。

6.1 関連性のある活動― あらかじめ定められた活動を有する組成された企業

組成された企業が，大部分があらかじめ定められた方法によって活動し，当該企業の設立後の継続的な活動を指示するために意思決定がわずかしかあるいは全く行われない，というのは一般的なことである。開始時点において，指示され得る権利，義務および活動の多くは契約条項によりあらかじめ定められ，また制限される。組成された企業が主としてあらかじめ定められた方法により営業するという事実は，必ずしも当該企業が関連性のある活動を有しないことを意味しない。

実際，あらかじめ定められた方法により営業するほとんどすべての組成された企業は，関連性のある活動を有する。関連性のある活動は，必ずしも通常の企業活動のなかで行われる意思決定を必要とする活動とは限らない。そのような意思決定は，特定の状況または事象が発生した場合のみ要求されることもある。主としてあらかじめ定められた方法により営業する組成された企業は，特定の状況または事象が発生しなければ，あるいは発生するまで，活動の指示およびそのリターンがあらかじめ決められた形で設計される場合がある。この場合，特定の状況または事象が発生した際の企業の活動に関する意思決定が，組成された企業の関連性のある活動である。なぜなら，それらの意思決定は組成された企業のリターンに重要な影響を及ぼし得るためである。意思決定を行う権利が状況または事象の発生に左右されるという事実それ自体は，投資者が組成された企業に対するパワーを有するかどうかの判定に影響しない。それらの意思決定を行う能力のある投資者が，組成された企業に対してパワーを有するために，特定の状況または事象が発生している必要はない（IFRS 第 10 号 B53 項参照）。

主としてあらかじめ定められた方法により営業する組成された企業は，最も一般的には，投資者からの継続的なインプットをほとんど，または全くなしに，予測可能な水準のリターンを提供することが期待される資産に投資するために設立される。しかし，当該リターンの実現に失敗したときは，あらかじめ決められたパラメーターの枠外の意思決定が必要な場合がある。これらの意思決定の例には次のようなものがある。

- 高格付の債権ポートフォリオに関して，債務不履行時の回収の続行をどのように行うかに関する意思決定
- 負債証券のポートフォリオに関して，例えば AAA 格付の発行者数が減少した場合に AA 格付の証券への投資を認めるような，投資規準の変更に関する意思決定
- 持分証券のポートフォリオに関して，重要かつ不測の価値下落が起こった場合に投資を売却するか保有し続けるかに関する意思決定
- 不動産持分のポートフォリオに関して，優良テナントによる債務不履行または不動産の重要な物理的損害の発生時にとるべき行動指針

これらの意思決定は組成された企業のリターンに重要な影響を及ぼすため，組成された企業の関連性のある活動である。したがって，誰が組成された企業に対するパワーを有するかに関する分析は，これらの意思決定を行う能力に焦点を当てなければならない。

この指針は，以下に述べる IFRS 第 10 号の結論の根拠からの設例にも記述されている。

設例6.1

[IFRS第10号BC 80項]

証券化ビークルの目的は，債権ポートフォリオのリスク（主に信用リスク）および便益（受取るキャッシュ・フロー）を当該ビークルに関与する当事者へ配分することであると仮定する。当該ビークルは，指示することができ，かつ取引からのリターンに重要な影響を及ぼす唯一の活動が，債権が支払不履行となった場合にそれらを管理することであるように設計されている。ある投資者は，例えば債権の支払不履行がトリガーとなる債権のプット・オプションを売ることにより，取引のリターンに重要な影響を及ぼす活動を指示する現在の能力を有するかもしれない。このビークルの設計は，投資者が関連性のある活動に対する意思決定権限を，そのような意思決定権限が求められるときだけ有することを保証する。このような状況において，プット契約の条件は，全体の取引および投資先の設立に不可欠である。したがって，投資者が（債権の支払不履行の前であっても）取引のリターンに重要な影響を与える証券化ビー

クルの活動を指示する現在の能力を有しているかどうかを結論するために，プット契約の条件が投資先の設立文書とともに検討される。

組成された企業が関連性のある活動を有しない（すなわち，完全な「自動操縦」により運営され，組成された企業の設立後に行われる唯一の意思決定は，投資先のリターンに重要な影響を及ぼさない管理活動のみである）ことは極めてまれであるということに留意すべきである。そのような意思決定は，組成された企業に期待される活動と，偶発的な事象に対する意思決定の両方の綿密な分析後に初めて行われなければならない（そのような意思決定が行われるまれな状況に対する追加的ガイダンスに関しては，以下の**本章 6.2** 参照）。

6.2　関連性のある活動―自動操縦により運営される組成された企業の設計への関与

組成された企業が，その設立後の企業の継続的活動の指示において何の意思決定も行っていないようにみえる方法で運営する（すなわち「自動操縦」により運営される）ことは一般的である。誰がパワーを有しているかの判定において，(1) 組成された企業の目的および設計，および (2) 設立以降のすべての意思決定，に関する完全な理解は極めて重要である。

本章 6.1 において議論されたように，主にあらかじめ決定された方法で運営される組成された企業は，事実上そのすべてが関連性のある活動を有している。しかし，組成された企業の目的と設計を注意深く検討した後に，当該企業の設立以降に行われる唯一の意思決定が，投資先のリターンに重要な影響を及ぼさない管理活動に関するものである場合のような，極めてまれな状況が存在する場合がある。このようなケースでは，組成された企業の設立後の関連性のある活動に関して何の意思決定も行われず，当該組成された企業のリターンに重要な影響を及ぼす唯一の意思決定は，設立段階で行われた意思決定である。

組成された企業の設立後に関連性のある活動に関して何の意思決定も行われないような極めてまれな状況において，組成された企業の設計と設立に対する意思決定と関与の結果として，投資者が組成された企業に対してパワーを有するかどうか，という疑問が生じる。

それは，状況次第である。投資者が投資先の設計に関与しているという事実は，投資者が投資先の関連性のある活動を指示する意思決定権を有することを必ずしも意味しない。しばしば，複数の当事者が投資先の設計に関与し，投資先の最終的な構造はそれらのすべての当事者により合意されたものすべてを含む（IFRS 第 10 号 BC 77 項参照）。したがって，投資先の設立に対する投資者の関与は，それのみでは投資者が当該企業に対するパワーを有していると決定する十分な証拠にはならない。

しかし，組成された企業の設立後の関連性のある活動に対して，なんの意思決定も行われないという極めてまれな状況では，当該企業の最初の設計が，組成された企業のリターンに重要な影響を及ぼす関連性のある活動である場合がある。したがって，投資者が組成された企業に対してパワーを有するかどうかを決定するにあたり，当該企業の設立時の設計の一部として遂行された活動および意思決定を慎重に評価しなければならない。

この評価を行うにあたり，投資者は投資先の持分および投資先の設計への関与の重要性を考慮しなければならない（設計過程における意思決定権限の範囲に関する評価を含む）。投資者の（1）持分，および（2）投資先の設計への関与，が重要であればあるほど，投資者が自身の便益のために意思決定を行う能力とインセンティブを有し，したがって投資先に対するパワーを有することをより強く示唆する。

7　投資先に対するパワー ― 関連性のある活動に関する意思決定はどのように行われるか

投資先の関連性のある活動を識別した後，誰が投資先に対するパワーを有しているかを理解する際の次の主要なステップは，当該関連性のある活動についての意思決定のメカニズムを理解することである。

関連性のある活動についての意思決定の例には，以下のものが含まれるが，これらに限定されない［IFRS 第 10 号 B12 項］。

- 投資先の運営上の主要な意思決定（予算を含む）を行うこと
- 投資先の経営幹部またはサービス提供者の選任と報酬決定およびサービス提供または雇用の終了

その結果，投資先の目的および設計および，例えば以下に関連する意思決定がどのように行われるかについて，焦点を当てることが適切となることが多い。

- 子会社の買収および売却を含む，戦略的方向性の変更
- 主要な資本的支出および売却
- 取締役および他の経営幹部の選任および報酬決定
- 年間計画および予算の承認
- 配当の方針（**本章 9** の記述も参照のこと）

実務上，企業はさまざまなガバナンス構造を有しており，それらの多くは関連する法域における法律上の規制や株主間の取決めによって決定されている。関連性のある活動に関する意思決定がどのように行われるかを識別するためには，投資先のガバナンス構造を明確に理解することが重要である。

状況によっては，投資先の関連性のある活動の方向性は，株主総会における多数決によって決定される。そのような場合，株主総会で議決権の過半数を投じる能力を有する投資者は，通常，投資先に対するパワーを有している。

投資先が複数の統治機関を有する場合，それぞれの統治機関の権利および義務を理解することが重要である。ある統治機関が他の統治機関を監督するというだけで，監督している統治機関が必然的に企業の関連性のある活動についての意思決定を行う統治機関となると考えてはならない。支配の判定は，あらゆる場合において，すべての関連する事実と状況の慎重な分析に基づくものでなければならない。

7.1　複雑な状況における関連性のある活動がどのように指図されているかの識別

複数の投資者がそれぞれ，投資先における異なる複数の関連性のある活動を指図する一方的な能力を与える既存の権利を有している場合には，投資先のリターンに**最も**重要な影響を及ぼす活動を指図する現在の能力を有する投資者が，投資先に対するパワーを有している［IFRS 第 10 号 13 項］。

IASB は IFRS 第 10 号の結論の根拠において，ただ 1 名の当事者（もしいれば）のみが投資先を支配することができることを確認していることに留意が必要である［IFRS 第 10 号 BC 69 項］。

状況によっては，特定の一連の状況または事象が発生する前と後の活動の両方が，関連性のある活動である場合がある。複数の投資者が関連性のある活動を指図する現在の能力を有していて，当該活動が異なる時期に発生する場合には，投資者は，どの投資者がそれらのリターンに最も重要な影響を及ぼす活動を指図できるのかを，同時に存在する意思決定権の取扱いと整合的に決定しなければならない。IFRS 第 10 号は，関連する事実または状況が変化した場合には，期間中に評価を再検討することを投資者に要求している［IFRS 第 10 号 B13 項］。

後述する**本章設例 7.1.1** および **7.1.2** は基準の設例の抜粋であり，IFRS 第 10 号 B13 項の適用について説明している。この設例は，複数の投資者が，それぞれ異なる関連性のある活動を指図する一方的な能力を有する状況を説明することのみを意図している。これらの設例は，どの活動が投資先のリターンに最も重要な影響を及ぼす活動であると考えるべきかに関する明確な結論を提供することは意図していない。最終的には，すべての関連する事実と状況を考慮した判断を行使する必要がある。

さらに，**本章設例 7.1.1** および **7.1.2** は，支配の最初の要素（すなわち，誰が投資先に対するパワーを有しているか）のみを取扱っていることにも留意が必要である。誰が投資先に対する支配を有しているかを決定するためには，**本章5**で言及されている支配の他の2つの要素（すなわち，変動リターンに対するエクスポージャーまたは権利，および投資先のリターンに影響を及ぼすためにパワーを用いる能力）も検討しなければならない。

7.1.1　投資者が，異なる時期に発生する異なる関連性のある活動を指図する一方的な能力を有している場合

設例7.1.1

投資者が，異なる時期に発生する異なる関連性のある活動を指図する一方的な能力を有している場合

［IFRS第10号付録B 設例1］

投資者2社が，医薬品の開発および販売のため投資先を設立する。一方の投資者は，医薬品の開発と規制当局の認可の取得に責任を負う。その責任には，製品の開発と規制当局の認可の取得に関するすべての意思決定を一方的に行う能力が含まれる。規制当局が商品を認可した後，もう一方の投資者がそれを製造し販売する。当該投資者は，製品の製造および販売に関するすべての意思決定を一方的に行う能力がある。これらすべての活動（医薬品の製造および販売に加えて，開発および規制当局の認可の取得）が関連性のある活動である場合，各投資者は，投資先のリターンに**最も**重要な影響を及ぼす活動を自らが指図できるかどうかを判断する必要がある。したがって，各投資者は，開発および規制当局の認可の取得と，医薬品の製造および販売が投資先のリターンに**最も**重要な影響を及ぼす活動であるのか，また，自らがその活動を指図できるのかどうかを考慮する必要がある。いずれの投資者がパワーを有しているのかの決定に際しては，投資者は，以下の事項を考慮することになる。

(a)　投資先の目的および設計
(b)　投資先の利益マージン，収益および価値ならびに当該医薬品の価値を決定する要因
(c)　(b)の要因に関する，各投資者の意思決定権限から生じる投資先のリターンへの影響

(d) リターンの変動性に対する投資者のエクスポージャー

この具体例においては，投資者は以下の事項も考慮する。

(e) 規制当局の認可を得ることについての不確実性およびそれに必要な労力（医薬品の開発および規制当局の認可の取得に関する当該投資者の成功の実績を考慮する）
(f) 開発フェーズが成功した段階で，どの投資者が当該医薬品を支配するのか。

7.1.2　投資者が，ある事象が発生するまで関連性のある活動を指図する能力を有している場合

設例7.1.2
投資者が，ある事象が発生するまで関連性のある活動を指図する能力を有している場合
[IFRS第10号付録B 設例2]

投資ビークル（投資先）が設立され，1名の投資者（債券投資者）が保有する債券と他の多くの投資者が保有する持分証券とで資金調達されている。持分のトランシェは，最初の損失を吸収して投資先からの残余リターンを受取るように設計されている。持分の30％を保有している持分投資者の1名は，アセット・マネジャーでもある。投資先は，その調達資金を金融資産のポートフォリオの購入に使用し，当該資産の元本または利息の支払不履行の可能性に関する信用リスクに晒される。この取引は，ポートフォリオにおける資産の支払不履行の可能性に関する，信用リスクに対するエクスポージャーが最小限である投資として債券投資者に販売されている。それは，当該資産の性質および持分のトランシェが投資先の最初の損失を吸収するように設計されていることによるものである。投資先のリターンは，投資先の資産ポートフォリオの管理に大きく影響される。これには，ポートフォリオのガイドラインの枠内での資産の選択，取得および売却に関する意思決定ならびにポートフォリオ資産の支払不履行に関する管理が含まれる。これらの活動は，支払不履行が

ポートフォリオの価値のうち所定の割合に達する時点（すなわち，ポートフォリオの価値が，投資先の持分のトランシェを使い果たす時点）まで，すべてアセット・マネジャーにより管理される。その時点からは，第三者である受託者が債券投資者の指示に従って資産を管理する。投資先の資産ポートフォリオの管理は，投資先の関連性のある活動である。アセット・マネジャーは，支払不履行となった資産がポートフォリオの価値の所定の割合に達するまでは，関連性のある活動を指図する能力を有している。債券投資者は，支払不履行となった資産の価値がポートフォリオの価値の当該所定の割合を超えたときに，関連性のある活動を指図する能力を有する。アセット・マネジャーと債券投資者はそれぞれ，投資先のリターンに**最も**重要な影響を及ぼす活動を指図できるかどうかを判定する必要がある。これには，投資先の目的や設計とともに，リターンの変動性に対する各当事者のエクスポージャーを検討することが含まれる。

8 投資先に対するパワー―投資者の権利が，関連性のある活動を指図する現在の能力を投資者に与えているかどうか

8.1 パワーの実際の行使ではなく「指図する能力」に焦点を当てる

パワーは権利から生じる。投資者は，投資先に対するパワーを有するためには，関連性のある活動を指図する現在の能力を投資者に与える既存の権利を有していなければならない［IFRS 第 10 号 11 項および B14 項］。したがって，パワーの判定は，投資先の関連性のある活動を指図する投資者の**能力**に基づいている。特に，IFRS 第 10 号では，投資者にパワーを実際に行使したことを要求していない。投資先の関連性のある活動を指図する現在の能力を有する投資者は，その指図する権利をまだ行使していなくても，投資先に対するパワーを有している。反対に，投資者が投資先の関連性のある活動を指図してきたという証

拠は，投資者がパワーを有しているかどうかの判定に役立つ可能性があるが，そうした証拠はそれ自体では，投資者が投資先に対するパワーを有しているかどうかの決定に際して決定的なものではない［IFRS 第 10 号 12 項］。

投資者は，たとえ関連性のある活動の指図に参加する現在の能力を与える既存の権利を他の企業が有している場合（例えば，他の企業が重要な影響力を有している場合）であっても，投資先に対するパワーを有している場合がある［IFRS 第 10 号 14 項］。

8.2　投資者に投資先に対するパワーを与える権利

投資者にパワーを与える可能性がある権利は，投資先ごとに異なる可能性がある［IFRS 第 10 号 B14 項］。単独でまたは組合せにより，投資者に投資先に対するパワーを与える可能性のあるさまざまな種類の権利の例には，以下のものが含まれるが，これらに限定されない［IFRS 第 10 号 B15 項］。

- 投資先の議決権（または潜在的議決権）の形をとる権利（**本章 8.6** 参照）
- 関連性のある活動を指図する能力のある投資先の経営幹部のメンバーの選任，職務変更または解任を行う権利
- 関連性のある活動を指図する別の企業を指名または解任する権利
- 投資者の便益のために，取引を行うことを投資先に指図するか，または取引の変更を拒否する権利
- その他の権利で，関連性のある活動を指図する能力を保有者に与えるもの（経営管理契約で特定された意思決定権等）

議決権または類似の権利が，投資先のリターンに重要な影響を及ぼさない場合に適用される特定の考慮事項は，**本章 8.7** において検討される。

8.3 投資者の権利が投資者にパワーを与えるのに十分かどうかの決定が困難な場合に考慮すべき証拠

投資者の権利が投資先に対するパワーを投資者に与えるのに十分かどうかの決定が困難である場合，パワーの評価を可能にするため，投資者は，関連性のある活動を一方的に指図する実務上の能力を有しているかどうかの証拠を検討しなければならない。以下の事項について検討を行う（ただし，これらに限らない）［IFRS 第 10 号 B18 項］。

- 投資者が，契約上の権利なしに，関連性のある活動を指図する能力のある投資先の経営幹部を選任または承認できる。
- 投資者が，契約上の権利なしに，投資者の便益のために重要な取引を行うことを投資先に指図すること，または重要な取引の変更を拒否することができる。
- 投資者が，投資先の統治機関のメンバーを選出する選任手続，または他の議決権保有者からの委任状の獲得のいずれかを左右できる。
- 投資先の経営幹部が投資者の関連当事者である（例えば，投資先の最高経営責任者と投資者の最高経営責任者が同一人物である）。
- 投資先の統治機関のメンバーの過半数が，投資者の関連当事者である。

投資者の権利と IFRS 第 10 号 B19 項および B20 項（下記参照）の指標とをともに考慮した場合，IFRS 第 10 号 B18 項に記載された事項が，投資者の権利が投資先に対するパワーを与えるのに十分なものであるという証拠を提供する場合がある。

投資者が投資先と特別な関係にあるという指標が存在し，投資者が投資先に受動的な関与以上のものを有していることを示唆している場合がある。個別の指標，または指標の特定の組合せの存在は，必ずしもパワーの規準が満たされていることを意味しない。しかし，投資先に対して受動的な関与以上のものを有していることは，投資者がパワーを得るのに十分な他の関連する権利を有していることを示すか，または投資先に対する既存のパワーの証拠を提供する場合がある。例えば，以下のことは，投資者が投資先に受動的な関与以上のものを有していることを示唆するものであり，他の権利との組合せにより，投資者が投資先に対するパワーを有していることを示す場合もある［IFRS 第10号B19項］。

- 投資先の関連性のある活動を指図する能力を有する投資先の経営幹部が，投資者の現在または以前の従業員である。
- 投資先の事業が，例えば，以下のような状況で投資者に依存している。
  - 投資先が，営業活動の相当部分の資金を投資者に依存している。
  - 投資者が投資先の債務の相当部分を保証している。
  - 投資先が重要なサービス，技術，資材，または原材料を投資者に依存している。
  - 投資者が投資先の事業に不可欠な資産（例えば，特許権または商標権）を支配している。
  - 投資先が，経営幹部を投資者に依存している（投資者の人材が投資先の事業について専門知識を有する場合等）。
- 投資先の活動の相当部分が，投資者に関係しているか，または投資者のために行われている。
- 投資先への関与により生じるリターンに対する投資者のエクスポージャーまたは権利が，議決権または類似の権利に比べて不相応に大きい。例えば，投資者が投資先のリターンの過半の権利またはエクスポージャーを有しているが，投資先の議決権の過半数未満しか有していないような状況である。

投資先への関与により生じるリターンの変動性に対する投資者のエクスポージャーまたは権利が大きければ大きいほど，投資者がパワーを得るのに十分な権利を獲得しようとするインセンティブは大きくなる。したがって，リターンの変動性に対するエクスポージャーが大きいということは，その投資者がパワーを有している可能性があるということの指標となる。しかし，投資者のエクスポージャーの大きさのみでは，投資者が投資先に対するパワーを有しているかどうかは決まらない［IFRS 第10号20項］。

IFRS 第10号B18項に示される要因と，B19項およびB20項に示される指標を検討する際には，B18項に記載されたパワーの証拠の方を重視しなければならない。

8.4 実質的な権利

投資者は，パワーを有するかどうかの評価に際して，投資先に関連する実質的な権利のみを考慮する。検討される実質的な権利には，投資者が保有するものに加えて，他の者が保有するものも含まれる。権利が実質的であるためには，保有者はその権利を行使する実際上の能力を有していなければならない［IFRS 第 10 号 B9 項および B22 項］。

権利が実質的かどうかを決定するには，すべての事実と状況を考慮に入れた判断の行使が必要である。IFRS 第 10 号は，投資者が，権利が実質的かどうかを評価する際に考慮すべき多くの要素として，以下のものを規定している（ただし，これらに限らない）［IFRS 第 10 号 B23 項］。

- 保有者の権利行使を妨げるなんらかの障害（経済的またはその他の障害）があるかどうか（**本章** 8.4.1 参照）。
- 権利行使に複数の当事者の同意が必要な場合，または権利を複数の当事者が保有している場合に，当該当事者が権利の共同行使を選択すればそうできる実際上の能力を与えるメカニズムがあるかどうか（**本章** 8.4.2 参照）。
- 権利を保有している者が当該権利の行使により利益を享受するかどうか（**本章** 8.4.3 参照）。

さらに，権利が実質的であるためには，当該権利が，関連性のある活動の指図に関する決定が必要なときに行使可能であることも必要である（**本章** 8.4.4 参照）［IFRS 第 10 号 B24 項］。

> IFRS 第 10 号 B23 項に記載されている要素（以下で詳細に説明する）を考慮することは，投資者が，投資先の関連性のある活動を指図する実務的な能力を，実際に有しているかどうかを決定する際の一助となる。最終的に，権利が実質的であるかどうかに関する評価は，すべての利用可能な事実と状況を考慮に入れた慎重な判断の行使が必要となる問題である。

8.4.1　権利行使を妨げる障害

権利が実質的ではないという結論を導くような，権利の保有者が当該権利を行使することを妨げる障害の例としては以下のものがある（ただし，これらに限らない）［IFRS 第 10 号 B23 項（a)］。

- 保有者の権利行使を妨げる（または抑制する）財務的なペナルティおよびインセンティブ
- 保有者の権利行使を妨げる（または抑制する）財務的な障害を生じさせる行使価格または転換価格
- 権利行使の可能性を低くする契約条件（例えば，行使の時期を狭く限定する条件等）
- 投資先の設立文書または適用可能な法令のなかに，保有者に権利行使を認める明示的で合理的なメカニズムがないこと
- 権利の保有者が，当該権利行使に必要な情報を取得できないこと
- 保有者の権利行使を妨げる（または抑制する）運営上の障害またはインセンティブ（例えば，専門的なサービスまたは現職の管理者が提供しているサービスおよび，その他の関与を引受ける意思または能力のある他の管理者がいないこと）
- 保有者の権利行使を妨げる法律上または規制上の要求（例えば，外国投資者がその権利の行使を禁止されている等）

8.4.2　権利の共同行使を可能にするメカニズム

権利行使に複数の当事者の同意が要求される場合，または権利を複数の当事者が保有している場合には，通常，当該当事者が権利の共同行使を選択すればそうできる実際上の能力を与えるメカニズムを有していることが必要となる。そのようなメカニズムがないことは，権利が実質的ではない可能性があるという指標となる。権利行使への同意が必要な当事者が多いほど，その権利が実質的である可能性は低い［IFRS 第 10 号 23 項（b)］。

本基準は，構成員が意思決定者から独立している取締役会が，多数の投資者が権利行使を共同で行うメカニズムとして機能する場合もあることに言及している。したがって，独立の取締役会が行使できる解任権は，同じ権利を多数の当

事者が個々に行使可能な場合よりも，実質的である可能性が高い［IFRS 第 10 号 23 項（b)］。

8.4.3 保有者が権利の行使により利益を享受するかどうか

権利を保有している当事者が，当該権利の行使により利益を享受している場合，当該権利は実質的である可能性が高い。

> 一般的に，企業が投資先の関連性のある活動を指図する能力を有する結果となる権利は，当該企業に利益をもたらす。企業が代理人として行動する場合を除き（**本章 10.1** 参照），投資先の関連性のある活動を指図する現在の能力を有する場合に，企業がなんらの利益も享受しないことはまれである。これらの利益は，金銭的なもの（例えば，投資先の普通株の所有により生じる現金配当）である場合もあれば，非金銭的なもの（例えば，投資者と投資先との間のシナジーの実現によるもの）である場合もある。

ある当事者が投資先の潜在的議決権（例えば，株式オプション，ワラントおよび転換性金融商品）を保有する場合，IFRS 第 10 号は，金融商品の行使または転換が保有者に利益を与えるかどうかを決定する際に，当該金融商品の行使価格または転換価格を考慮すべきであると述べている。潜在的議決権の諸条件が実質的である可能性が高いのは，潜在的議決権が「イン・ザ・マネー」であるか，または投資者が他の理由で（例えば，投資者と投資先の間でのシナジーの実現によって）潜在的議決権の行使または転換により利益を享受する場合である（より詳細については**本章 8.6.3.4** 参照）［IFRS 第 10 号 B23 項（c)］。

> 潜在的議決権がアウト・オブ・ザ・マネーの場合，それらが実質的である可能性が低くなるが，実質的である場合もある。すべての関連する事実と状況の慎重な分析に基づく判断を行使することが必要である。例えば，株式オプションがアウト・オブ・ザ・マネーの状態であり，将来においてもアウト・オブ・ザ・マネーであることが予想されていたとしても，保有者がオプションの行使のために支払う用意があるコントロール・プレミアムを考慮すると，当該オプションは依然として実質的であるかもしれない。

潜在的議決権が実質的であるかどうかの決定は，当該金融商品の行使価格または転換価格と，基礎となる株式のその時点の市場価格との比較のみに基づくものではない。行使価格または転換価格は考慮すべき 1 つの要因ではあるが，潜在的議決権が実質的であるかどうかの決定には，さまざまな要因を考慮した全体的なアプローチが要求される。これには，金融商品の目的および設計の評価，投資者が他の理由で（例えば，投資者と投資先との間のシナジーを実現することによって）利益を得られるかどうかの検討，潜在的議決権の保有者が当該権利を行使または転換することを妨げる障害（財務上またはその他の障害）があるかどうかの決定が含まれる［IFRS 第 10 号 BC 124 項］。

潜在的議決権は，先渡契約によっても生じる。この場合，保有者が基礎となる株式または他の金融商品を獲得しないという決定権を有していないため，当該金融商品の行使価格または転換価格の検討は関連性がないことがある。IFRS 第 10 号 B23 項（c）が，先渡契約のように，行使または転換についていずれかの当事者に裁量権がない場合には，当該金融商品の行使価格または転換価格の検討は関連性がない，と明確に述べているわけではないが，これは論理的な解釈であると考えられる。具体例として，投資先の株式を追加購入する純額決済できない先渡契約を保有している投資者を想定する。このような契約の重要な特徴は，保有者が「行使」するかどうかに関する選択肢を有していないことである。保有者は，期限の到来時に先渡契約に基づく支払を要求され，追加の株式を受領する。その結果，いかなる場合も追加の株式が獲得されることになるため，潜在的議決権が実質的かどうかを決定する際に，投資者の権利行使による潜在的な利益の考慮は，関連性がないものと考えられる。そのような状況では，主要な決定要素は先渡契約のタイミング（すなわち，追加の株式が，関連性のある活動の指図についての決定が必要となる前に獲得されるかどうか）である（**本章 8.4.4** 参照）。

8.4.4 権利が投資先の関連性のある活動についての決定が必要なときに行使可能であるかどうか

権利が実質的であると考えるために満たしていなければならない追加的な条件は，関連性のある活動の指図についての決定が必要なときに，権利が行使可能でなければならないということである。一般に，実質的であるためには，権利は現在行使可能である必要がある。しかし場合によっては，現在行使可能ではなくても権利は実質的なものとなり得る［IFRS 第 10 号 B24 項］。

この条件は，潜在的議決権の場合に最も明確に適用可能である（**本章 8.6.3.4** 参照）。これは，投資者が支配を有するかどうかを評価する際に，**現時点で行使可能**または**転換可能**な潜在的議決権の存在および影響のみを考慮していた，IAS 第 27 号（2008 年）「連結および個別財務諸表」の要求事項と対照的である。IAS 第 27 号（2008 年）のもとでは，例えば将来のある日付または将来のある事象が発生するまで行使または転換することができない潜在的議決権は，現時点で行使可能または転換可能ではない。

IFRS 第 10 号を開発するにあたって，IASB は，行使または転換前の潜在的議決権が，投資先の活動を指図する現在の能力を保有者に与え得るかについて検討した。IASB は，（1）権利が実質的なものであり，（2）行使または転換を行う権利が，（もしあれば，保有者が有する他の現在の権利と併せて考えた場合に）投資先の関連性のある活動を指図する現在の能力を保有者に与える場合には，これに当てはまると結論付けた。IASB の見解では，実質的な潜在的権利の保有者は，実質上，受動的な過半数の株主または実質的な「解任」権の保有者と同じ立場にある。この支配モデルでは，他の要因がなければ，過半数の株主は，会議を準備して議決権を行使するのに時間を要する可能性があるとしても，投資先を支配していると定めることになる。同様に，潜在的議決権の保有者も，議決権を獲得するために行うべき手順がある。それぞれの場合において，問題は，それらの手順が，投資者が投資先の関連性のある活動を指図する現在の能力を持つことを妨げるほど重大なものであるかどうかである［IFRS 第 10 号 BC 120 項および BC 121 項］。

8.4.5　実質的な権利の識別に係る設例

本章8.4.1から8.4.4に詳述されている原則は，以下の設例により説明される。

設例8.4.5

次回の株主総会においてのみ行使できる権利

[IFRS第10号付録B 設例3－3D]

設例3

投資先には年次株主総会があり，そこで関連性のある活動を指図する決定が行われる。次回の定時株主総会は８ヵ月後である。一方，単独または合計で５%以上の議決権を保有している株主は，関連性のある活動についての現行の方針を変更するために臨時総会を招集できるが，他の株主に通知する必要があるため，そのような会議は少なくとも30日は開催できない。関連性のある活動に関する方針は，特別総会または定時株主総会でしか変更できない。これには，重要な資産の売却や重要な投資の実施または処分の承認が含まれる。

上記の事実パターンは，下記**設例3A**から**3D**に当てはまる。各設例は独立して検討されている。

設例3A

投資者は，投資先の議決権の過半数を保有している。投資者の議決権は，投資者が必要なときに関連性のある活動の指図に関する決定を行うことができるので，実質的なものである。投資者が議決権を行使するのに30日を要するという事実は，投資者が株式取得の時点から関連性のある活動を指図する現在の能力を有することを妨げるものではない。

設例3B

投資者は，投資先の株式の過半数を取得する先渡契約の当事者となっている。当該先渡契約の決済日は25日後である。特別総会は少なくとも30日は開催できず，先渡契約はその時点では決済されていることになるため，既存の株主は，関連性ある活動に関する既存の方針を変更することはできない。

したがって，投資者は，上記の**設例 3A** における支配株主と基本的に同等の権利を有している（すなわち，先渡契約を有する投資者は，必要なときに関連性のある活動の決定を行うことができる）。

投資者の先渡契約は，その決済前であっても，関連性のある活動を指図する現在の能力を投資者に与える実質的な権利である。

設例3C

投資者は，投資先の株式の過半数を取得する実質的なオプションを保有している。当該オプションは，25 日後に行使可能で，ディープ・イン・ザ・マネーの状態にある。この場合，**設例 3B** と同様の結論に達することになる。

設例3D

投資者は，投資先の株式の過半数を取得する先渡契約の当事者となっているが，投資先に対して関連する他の権利は有していない。当該先渡契約の決済日は 6 ヵ月後である。上記の各設例とは異なり，投資者は関連性のある活動を指図する現在の能力がない。既存の株主は，先渡契約の決済前に，関連性のある活動に関する既存の方針を変更することができるので，関連性のある活動を指図する現在の能力を有している。

他の当事者が行使可能な実質的な権利により，当該権利に関係する投資先に対する投資者の支配が妨げられる可能性がある。そのような実質的な権利は，その権利の保有者が意思決定を行う能力を有していることを要しない。単なる防御的な権利（**本章 8.5** 参照）でない限り，他の当事者が有する実質的な権利は，関連性のある活動に関する決定を承認または阻止する現在の能力を保有者に与えるだけの場合であっても，投資者が投資先を支配することを妨げる可能性がある［IFRS 第 10 号 B25 項］。

8.5　防御的な権利

権利が投資先に対するパワーを投資者に与えているかどうかを評価する際に，投資者は，その権利および他の者が保有する権利が防御的な権利かどうかを判定しなければならない［IFRS 第 10 号 B26 項］。

防御的な権利は，「当該権利が関係する企業に対するパワーを当事者に与えることなく，当該権利を有する当事者の利益を保護するように設計された権利」と定義されている［IFRS 第 10 号付録 A］。防御的な権利の性質を考えると，防御的権利のみを有する投資者は，投資先に対するパワーを持つことはできず，他の者が投資先に対するパワーを持つことを阻止することもできない［IFRS 第 10 号 14 項および B27 項］。

IFRS 第 10 号は，防御的な権利は，投資先の活動の根本的な変更に関連するか，または例外的な状況で適用されると述べている。しかし，例外的な状況で適用される権利や事象に左右される権利のすべてが防御的であるわけではない［IFRS 第 10 号 B26 項］。

防御的な権利の例として，以下のものがある（ただし，これらに限らない）［IFRS 第 10 号 B28 項］。

- 貸手に不利な方向に借手が自らの信用リスクを大きく変化させる可能性がある活動を行うことを，貸手が制限する権利
- 投資先の非支配持分の保有者が，通常の事業の過程での必要額を上回る資本的支出を承認するか，または資本性もしくは負債性金融商品の発行を承認する権利
- 借手が所定の融資返済条件を満たせない場合に，貸手が借手の資産を差押える権利

単一の資産を保有する目的で 1 つの組成された企業が設立されることがある。資産の購入資金は，当該資産を担保とした借入により調達される。借入の債務不履行が発生した場合は，貸手は当該資産を差押える権利を有するが，組成された企業または他の当事者が保有する他のすべての資産への遡及権はない。当該企業が設立された時点で，企業はその資産とそれにより保証された借入のみを有する。

組成された企業が単一の資産を有するという事実は，当該資産を差押える貸手の権利が防御的な権利かどうかの判定を変えるものではない。組成された企業が保有する資産の数は，それのみでは権利が防御的なものかど

うかの判定に関連する要素とはならない。その性質上，権利が防御的であれば，その権利が企業の保有する多くの資産の1つに関連するかどうか，あるいはその権利が保有する唯一の資産に関連するかどうかに関わりなく，防御的な権利として取扱われなければならない。貸手の権利が，企業に対するパワーを貸手に与えることを意図したものか，単に金銭貸借契約上の貸手の利益を保護するためのものかを判定するために，貸手の権利の目的を検討しなければならない。

デフォルトまたは借入の財務制限条項違反に対する貸手の権利の再評価に関する指針は，**本章 11.1** を参照すること。

設例8.5

過半数の議決権を有する株主が支配を有することを妨げる追加的な権利

企業A，企業Bおよび企業Cは，企業Dの普通株式のそれぞれ60%，20%および20%を保有している。追加的な権利が行使される場合を除き，企業Dの関連性のある活動についての決定は，株主総会の過半数の投票に基づいて行われる。

しかし，企業Dの株主は，企業Aが決定した関連性のある活動に係る提案に企業Bまたは企業Cのいずれかが同意しない場合に，企業Bおよび企業Cが株主総会における追加的な権利を持つという取決めを締結した。企業Bまたは企業Cが当該追加的な権利を行使する場合，提案は議決権の少なくとも75%を保有する株主によってのみ承認される。

記述された状況において，企業Bおよび企業Cによって保有される追加的な権利は，単なる防御的な権利ではない。当該追加的な権利は，企業Bと企業Cの利益を保護するだけではなく，他の当事者（すなわち，企業A）が企業Dの関連性のある活動に対する一方的な決定を行うことを妨げる能力を彼らに与えている。企業Bおよび企業Cによって保有される追加的な権利を考慮に入れると，企業Aは，企業Dに対する支配を有していない。

企業Bまたは企業Cのいずれも，同意を差控えることによって決定を阻止することはできないため，企業Dは，共同支配の取決めの定義を満たさないことに留意が必要である（**第2巻5章4.3** 参照）。

8.5.1　フランチャイズ

防御的な権利との関連で，IFRS 第 10 号は，投資先がフランチャイズ加盟者であるフランチャイズ契約の特定の状況について検討している。そのようなフランチャイズ契約は，フランチャイズのブランドを保護するように設計された権利をフランチャイズ本部に与えることが多い。フランチャイズ契約は通常，加盟者の営業に関する意思決定権の一部を本部に与える［IFRS 第 10 号 B29 項］。以下を考慮することが重要である［IFRS 第 10 号 B30 項－ B33 項］。

- 一般に，フランチャイズ本部の権利は，フランチャイズ本部以外の者がフランチャイズ加盟者のリターンに重要な影響を及ぼす意思決定を行う能力を制限するものではない。
- フランチャイズ契約における本部の権利も，必ずしも，加盟者のリターンに重要な影響を及ぼす活動を指図できる現在の能力を本部に与えるものではない。
- フランチャイズ加盟者のリターンに重要な影響を及ぼす意思決定を行う現在の能力を有することと，フランチャイズのブランドを保護する意思決定を行う能力を有することとは，区別する必要がある。加盟者の関連性のある活動を指図できる現在の能力を与える既存の権利を他の当事者が有している場合には，フランチャイズ本部は加盟者に対するパワーを有していない。
- フランチャイズ契約の締結により，加盟者は，フランチャイズ契約の条件に従って，ただし自己の計算において，事業を運営するという一方的な意思決定を行っている。
- フランチャイズ加盟者の法的形態や資金調達構造等の基本的な意思決定に対する支配は，フランチャイズ本部以外の者が決定する場合もあり，また，フランチャイズ加盟者のリターンに重要な影響を及ぼすことがある。フランチャイズ本部が提供する財政支援の水準が低いほど，また，加盟者からのリターンの変動性に対する本部のエクスポージャーが低いほど，本部が防御的な権利のみを有している可能性が高い。

8.6 議決権を通じて指図される関連性のある活動

議決権または類似の権利が，単独でまたは他の取決めとの組合せによって投資者にパワーを与えることは多い。一般的に，例えば，投資先のリターンに重要な影響を及ぼすさまざまな営業および財務の活動を投資先が有していて，かつ，それらの活動に関する実質的な意思決定が継続的に必要とされる場合は，これに該当する［IFRS 第 10 号 B16 項］。

本章 8.6.1 から 8.6.3 は，投資先の関連性のある活動が議決権を通じて指図される場合に考慮すべき要求事項を記載している。

8.6.1 議決権の過半数を伴うパワー

投資先の議決権の過半数を有する投資者は，以下の状況ではパワーを有している（**本章** 8.6.2 に記載される場合を除く）［IFRS 第 10 号 B35 項］。

- 投資先の関連性のある活動が，議決権の過半数の保有者の議決によって指図される（**本章設例** 8.6.1A 参照）。
- 投資先の関連性のある活動を指図する統治機関のメンバーの過半数が，議決権の過半数の保有者の議決権行使によって承認される（**本章設例** 8.6.1B 参照）。

設例8.6.1A

投資先の関連性のある活動が，投資先の議決権の過半数を保有する株主によって指図される場合

企業 A および企業 B は，企業 C の普通株式のそれぞれ 60％と 40％を所有している。

企業 C の関連性のある活動は，株主総会の過半数の決議に基づいて指図される。株主総会において，普通株式 1 株につき 1 票が与えられる。

他の要因（例えば，異なる事項を規定する企業 A と企業 B との間の株主間契約）がない場合，企業 C の関連性のある活動は，企業 C の議決権の過半数を有する者によって指図される。

したがって，他の関連性のある要因がない場合には，企業 A は，企業 C

の議決権の過半数を保有するため，企業 C に対するパワーを有する。

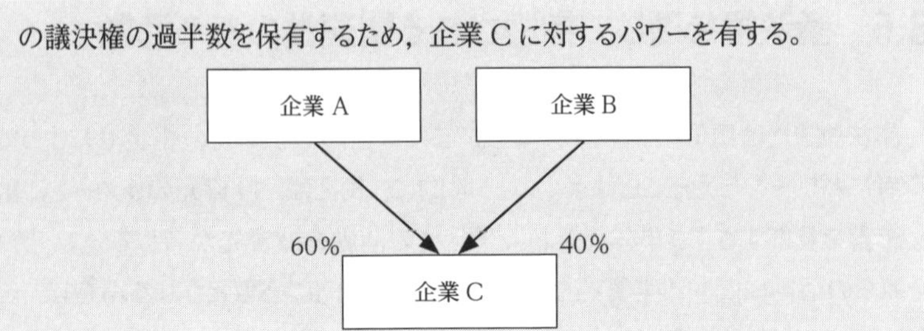

設例8.6.1B

投資先の関連性のある活動が統治機関によって指図され，統治機関のメンバーの過半数が投資先の議決権の過半数を保有する株主によって選任される場合

企業 A および企業 B は，企業 C の普通株式のそれぞれ 60%と 40%を所有している。

企業 C の関連性のある活動は，取締役会の過半数の決議に基づいて指図される。

企業 A および企業 B は，企業 C の所有持分の割合に応じて 6 名および 4 名の取締役を選任する資格がある。

したがって，他の関連性のある要因がない場合には，企業 A は，企業 C の関連性のある活動を指図する取締役会のメンバーの過半数を選任する権利を有するため，企業 C に対するパワーを有する。

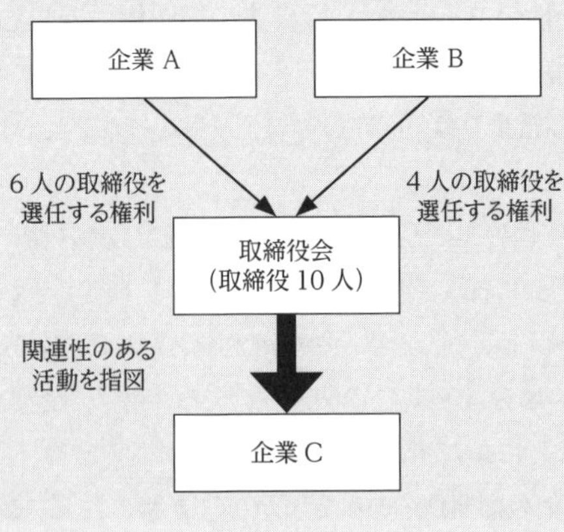

8.6.2 議決権の過半数を有するがパワーがない

投資先の議決権の過半数を保有する投資者は，それらの議決権が実質的なものであり，関連性のある活動を指図する現在の能力（営業および財務の方針の決定を通じて行われることが多い）を投資者に提供している場合のみ，当該議決権を通じて投資先に対するパワーを有する［IFRS 第 10 号 B36 項］。

投資先の議決権の過半数を有していても，投資先に対するパワーを有していないことがある。これは，投資者が有する過半数の議決権が実質的なものでない場合に生じる。IFRS 第 10 号は，そのような状況を 2 つ示している。

- 別の企業が投資先の関連性のある活動を指図する権利を当該企業に与える既存の権利を有していて，その企業が投資者の代理人ではない場合，投資者は投資先に対してパワーを有していない［IFRS 第 10 号 B36 項］。
- 例えば，投資先の関連性のある活動が，政府，裁判所，行政官，管財人，清算人，または規制当局の指図に左右される場合。そのような状況では，議決権の過半数を有している者であってもパワーを有することはできない［IFRS 第 10 号 B37 項］。

本章 14.1 において述べられているように，行政官，管財人または清算人の指名により，必ずしも議決権の過半数を有している者がパワーを持つことが妨げられると想定すべきではない。むしろ，行政官，管財人または清算人によって保有されるパワーと，そのパワーが，投資者が投資先の関連性のある活動を指図することを妨げるのに十分であるかどうかを検討することが必要となる。これは，清算の場合に生じることが多いが，管財人による財産管理や行政命令により，議決権の過半数の保有者による支配の喪失がもたらされない場合もある。

8.6.3 議決権の過半数に満たない場合のパワー

IFRS 第 10 号は，投資者が投資先の過半数に満たない議決権しか保有しない場合であっても，投資先に対するパワーを有する場合があることを認識している。投資者は，例えば，以下のことを通じて，そのようなパワーを有することがある［IFRS 第 10 号 B38 項］。

- 投資者と他の議決権保有者との間の契約上の取決め（**本章 8.6.3.1** 参照）
- 他の契約上の取決めから生じる権利（**本章 8.6.3.2** 参照）
- 投資者の議決権（それらが，関連性のある活動を指図する実際上の能力を与えるのに十分である場合）（**本章 8.6.3.3** 参照）
- 潜在的議決権（**本章 8.6.3.4** 参照）
- 上記の組合せ

8.6.3.1　他の議決権保有者との契約上の取決め

投資者自身は，契約上の取決めなしでは，パワーを得るのに十分な議決権を有していなくても，投資者と他の議決権保有者の間で締結された契約上の取決めによって，パワーを得るのに十分な議決権を行使できる権利を投資者が得る可能性がある。投資者が関連性のある活動に関する決定を行うことができるように，契約上の取決めにより，投票方法について，投資者が他の議決権保有者を十分に指図できるようにしている場合もある［IFRS 第 10 号 B39 項］。

設例8.6.3.1A
他の議決権保有者との契約上の取決め(1)

企業Ｅは，４名の株主（企業Ａ，企業Ｂ，企業Ｃおよび企業Ｄ）を有する。

企業Ａは企業Ｅの普通株式の 40％を所有し，他の株主はそれぞれ 20％を所有する。

企業Ｅの関連性のある活動は，６名の取締役（企業Ａにより３名が選任され，企業Ｂ，企業Ｃおよび企業Ｄによりそれぞれ１名が選任される）で構成される取締役会により指図されている。

これとは別に，企業Ａおよび企業Ｂは，企業Ｂにより選任された取締役が企業Ａにより承認された取締役と同じ方向で投票をしなければならないとする契約上の取決めを締結した。

他の要因がない場合，たとえ企業Ａは企業Ｅの議決権の過半数を保有していないとしても，契約上の取決めにより，事実上，企業Ａが関連性のある活動に関する取締役会の議決権の過半数を得るという事実は，企業Ａに企業Ｅに対するパワーを与えることになる。

設例8.6.3.1B
他の議決権保有者との契約上の取決め(2)

企業Ｅは，４名の株主（企業Ａ，企業Ｂ，企業Ｃおよび企業Ｄ）を有する。

企業Ａは企業Ｅの普通株式の40％を所有し，他の株主はそれぞれ20％を所有する。

企業Ｅの関連性のある活動は，６名の取締役（企業Ａにより３名が選任され，企業Ｂ，企業Ｃおよび企業Ｄによりそれぞれ１名が選任される）で構成される取締役会により指図されている。

取締役会による審議の行詰まりを避けるために，株主は，企業Ａによって選任された１名の取締役が取締役会の議長を務め，取締役会における追加の決定投票を有する旨の取決めを締結した。

株主間の取決めにより，事実上，企業Ａが関連性のある活動に関する取締役会の議決権の過半数を得ることになる。他の要因がない場合，このことは，たとえ企業Ａが企業Ｅの議決権の過半数を保有していないとしても，企業Ａに企業Ｅに対するパワーを与えることになる。

8.6.3.2　他の契約上の取決めによる権利

他の意思決定権が，議決権との組合せにより，関連性のある活動を指図する現在の能力を投資者に与える場合もある。例えば，契約上の取決めで定められた権利と議決権の組合せにより，投資先の製造工程を指図する，または投資先のリターンに重要な影響を及ぼす投資先のその他の営業活動または財務活動を指図する現在の能力を投資者が十分に得られる場合もある［IFRS第10号B40項］。

IFRS第10号は，他の権利がない場合，投資先が投資者に経済的に依存しているという事実（例えば，投資者は投資先の主要な供給者である）だけでは，投資者が投資先に対するパワーを有することにはならないと述べている［IFRS第10号B40項］。

8.6.3.3　保有されている議決権に基づき関連性のある活動を指図する実際上の能力（「事実上のパワー」）

議決権の過半数未満を有する投資者は，追加的な契約上の取決めを締結していない場合であっても（**本章** 8.6.3.1 および 8.6.3.2 参照），議決権が「関連性のある活動を一方的に指図する実際上の能力」を投資者に与える場合には，投資先に対するパワーを有する場合がある［IFRS 第 10 号 B41 項］。

IFRS 第 10 号 B41 項の対象となる状況には，一般に「**事実上の**支配（de facto control）」とよばれるものが含まれる。この論点は過去に論争を引き起こしたものであり，IAS 第 27 号（2008 年）には明確なガイダンスが提供されていなかった。

IFRS 第 10 号は，議決権の過半数を有していない投資者が，投資先に対する**事実上の**パワーを有するかどうかをどのように決定するかに関する特定のガイダンスを含んでいる。この決定を行う際に，投資者は，すべての事実と状況を考慮することが要求される。2 つのステップによるアプローチが適用される。

ステップ1

ステップ 1 として，投資者は 3 つの特定の要因に焦点を当てることが要求される［IFRS 第 10 号 B42 項（a）－（c）］。

（a）　他の議決権保有者の保有の規模および分散状況との比較における投資者の議決権保有の相対的な規模（下記参照）

（b）　投資者，他の議決権保有者または他の当事者が保有している潜在的議決権（**本章** 8.6.3.4 参照）

（c）　他の契約上の取決めから生じる権利（**本章** 8.6.3.2 参照）

IFRS 第 10 号は，投資者が保有する議決権の絶対的および（または）相対的な規模が，パワーの規準を満たすのに十分かどうかを決定する方法，または他の当事者が保有する議決権が広く分散しているかどうかを決定する方法について，「明確な線引き（bright lines）」を全く提供していない。

他の議決権保有者の保有の規模および分散状況との比較における投資者の議決権保有の相対的な規模を考慮するにあたり，本基準は，以下の事項に応じて，投資者が投資先の関連性のある活動を指図する現在の能力を有する可能性が高まるとしている［IFRS 第 10 号 B42 項（a)］。

- 投資者が有する議決権の数（すなわち，保有の絶対的な規模）
- 他の議決権保有者との比較における，投資者が有する議決権の割合（すなわち，保有の相対的な規模）
- 投資者よりも多数の票を得るために一緒に行動することが必要になる当事者の数（すなわち，他の所有者の分散の度合）

反対に，投資者が保有している議決権が少ないほど，また投資者よりも多数の票を得るために一緒に行動することが必要となる当事者が少ないほど，投資者の権利がパワーを得るのに十分かどうかを評価するために，追加的な事実や状況により大きく依拠することになる［IFRS 第 10 号 B45 項］。

さらに，本基準は多くの設例を提供している（後述）。

最終的には，すべての関連する事実と状況を考慮した判断を行使する必要がある。分析にあたっては，以下の事実が考慮されなければならない（リストは網羅的なものではない）。

- 株主の投票に付される意思決定の性質
- 何名かの議決権保有者が関連当事者であるという兆候があるか。
- 共同で意思決定を行うために議決権保有者間の（契約上または別の方法による）取決めがあるか。他の議決権保有者が意見を交換できるような仕組も考慮されなければならない。
- 株主の行動に影響を与える実務や規制を含む，法律上のフレームワーク（法域により異なることが多い）

IFRS 第 10 号 B42 項（a）から（c）に掲げた要因は，これらの要因が単独で，（1）投資者が投資先に対するパワーを有しているか，または（2）投資者が投資先に対するパワーを有していないかを最終的に決定するのに十分かどうかを決定するために，最初に考慮されるべきである［IFRS 第 10 号 B43 項およびB44 項］。関連性のある活動の指図が多数決によって決定され，投資者が他の議決権保有者または組織化された議決権保有者のグループよりも著しく多くの議決権を保有しており，かつ，他の株式保有が広く分散している場合には，IFRS 第 10 号 B42 項（a）から（c）に掲げた要素を考慮することのみで，投資者が投資先に対するパワーを有していることが明らかな場合もある［IFRS 第 10 号 B43 項］。

投資者は，ステップ 1 における分析で結論が出なかった場合には，ステップ 2 に移らなければならない。

ステップ2

IFRS 第 10 号 B42 項（a）から（c）に掲げた要因を考慮しても，投資者が投資先に対してパワーを有しているかどうかを結論付けることができない場合には，意思決定を行う必要があるときに関連性のある活動を指図する現在の能力を投資者が保有する，または保有しないことを示す追加的な事実および状況を考慮する（例えば，過去の株主総会における投票パターンで立証されている他の株主の性質が受動的なものかどうか）。この追加的な分析には，IFRS 第 10 号 B18 項から B20 項で定められる要因および指標（すなわち，投資者の権利が投資者にパワーを与えるのに十分かどうかの決定が困難な場合に考慮すべき証拠―**本章 8.3** 参照）の検討を含めなければならない［IFRS 第 10 号 B42 項（d）および B45 項］。

IFRS 第 10 号 B18 項から B20 項の事実および状況が投資者の権利と合わせて検討される場合には，IFRS 第 10 号 B18 項におけるパワーの証拠の方を IFRS 第 10 号 B19 項および B20 項におけるパワーの指標よりも重視すべきである［IFRS 第 10 号 B45 項］。

これらの追加的な事実と状況を検討した後でも，依然として投資者が投資先に対するパワーを有しているかどうかが明らかではない場合には，投資者は投資先を支配していない［IFRS 第 10 号 B46 項］。

IFRS 第 10 号の付録 B は，投資先に対する事実上のパワーの評価を説明する 5 つの設例を示している。

設例8.6.3.3A
事実上のパワー（de facto power）の評価— ステップ1のみが要求される場合(1)

[IFRS第10号付録B 設例4]

投資者が投資先の48%の議決権を取得している。残りの議決権は，数千人の株主が保有しており，単独で1%超の議決権を有する者はいない。株主には，他の株主との協議または集団的意思決定を行うためのいかなる取決めもない。取得した議決権の割合を評価する際に，他の株式保有との相対的な規模に基づいて，投資者は，48%の持分は支配を得るのに十分なものだと判断した。この場合，保有の絶対的規模および他の株式保有の相対的な規模に基づいて，投資者は，パワーの規準を満たすのに十分に支配的な議決持分を有していると，他のパワーの証拠を検討する必要なしに結論付ける。

設例8.6.3.3B
事実上のパワー（de facto power）の評価— ステップ1のみが要求される場合(2)

[IFRS第10号付録B 設例5]

投資者Aが投資先の議決権の40%を保有し，他の12人の投資者は，それぞれ投資先の議決権の5%を有している。株主間の合意により，投資者Aには，関連性のある活動を指図する責任を有する経営者の選任，解任および報酬決定を行う権利が与えられている。この契約を変更するには，株主の3分の2の過半数の議決が必要となる。この場合，投資者Aは，投資者の株式保有の絶対的な規模と他の株式保有の相対的規模だけでは，投資者がパワーを得るのに十分な権利を有していると判断するうえで決定的ではないと結論付ける。しかし，投資者Aは，経営者の選任，解任，および報酬決定を行う契約上の権利が，投資者Aが投資先に対するパワーを有していると結論付けるのに十分であると判断する。投資者Aがこの権利をまだ行使したことがない可能性があるという事実や，経営者を選出，指名または解任する権利を投資者Aが行使する可能性は，投資者Aがパワーを有しているかどうか評価をする際に考慮してはならない。

設例8.6.3.3C
事実上のパワー（de facto power）の評価— ステップ1のみが要求される場合(3)
[IFRS第10号付録B 設例6]

投資者 A は，投資先の議決権の 45％を保有している。他の 2 名の投資者はそれぞれ，投資先の議決権の 26％を有している。残りの議決権は，他の 3 名の株主がそれぞれ 1％を保有している。意思決定に影響を及ぼす他の取決めはない。この場合，投資者 A の議決権持分の規模と他の株式保有に対する相対的な規模は，投資者 A がパワーを有しないと結論付けるのに十分である。他の投資者 2 名が協力しさえすれば，投資者 A が投資先の関連性のある活動を指図することを阻止できる。

設例8.6.3.3D
事実上のパワー（de facto power）の評価— ステップ1と2が要求される場合(1)
[IFRS第10号付録B 設例7]

投資者が投資先の議決権の 45％を保有している。他の 11 名の株主が，投資先の議決権の 5％をそれぞれ有している。株主には他の株主との協議または集団的意思決定を行うための取決めはない。この場合，投資者の株式保有の絶対的な規模と他の株式保有の相対的規模だけでは，投資者が投資先に対するパワーを得るのに十分な権利を有していると判断するうえで決定的ではない。投資者がパワーを有しているまたは有していないという証拠を提供する可能性のある追加的な事実と状況を考慮しなければならない。

設例8.6.3.3E
事実上のパワー（de facto power）の評価— ステップ1と2が要求される場合(2)
[IFRS第10号付録B 設例8]

投資者が投資先の議決権の 35％を保有している。他の 3 名の株主が，投資先の議決権の 5％をそれぞれ有している。残りの議決権は，他の多数の株主が保有しており，単独で 1％超の議決権を有する者はいない。株主には，他の株主との協議または集団的意思決定を行うための取決めはない。投資先の関連性のある活動の意思決定には，該当する株主総会での投票の過半数の承認を要する。最近の株主総会では，投資先の議決権の75％が投票されている。この場合，最近の株主総会への他の株主の活発な参加は，投資者が関連性のある活動を一方的に指図する実際上の能力を有していないことを示唆する。これは，投資者が，十分な数の他の株主が当該投資者と同じ投票をしたことにより，関連性のある活動を指図したことがあるかどうかを問わない。

8.6.3.4 潜在的議決権

潜在的議決権とは，転換性金融商品やオプション（先渡契約を含む）から生じる権利のように，投資先の議決権を獲得する権利である［IFRS 第 10 号 B47 項］。

投資先に対するパワーを有しているかどうかを決定するために，投資者は自らが保有する潜在的議決権と他の者が保有する潜在的議決権とを考慮しなければならない。しかし，投資者は議決権が実質的である場合にのみ，それらを考慮しなければならない［IFRS 第 10 号 B47 項］。実質的な権利の識別に関するIFRS 第 10 号の指針は，**本章 8.4** で詳細に述べられており，潜在的議決権にも同様に適用される。

本章 8.4 で詳細に検討されているように，権利が実質的かどうかを評価する際に，以下の要因が考慮されなければならない（当該リストは網羅的ではない）。

- 保有者の権利行使を妨げるなんらかの障害（経済的またはその他の障害）があるかどうか（**本章 8.4.1** 参照）。
- 権利行使に複数の当事者の同意が必要な場合，または権利を複数の当事者が保有している場合に，当該当事者が権利の共同行使を選択すればそうできる実際上の能力を与えるメカニズムがあるかどうか（**本章 8.4.2** 参照）。
- 権利を保有している者が当該権利の行使により利益を享受するかどうか

（**本章 8.4.3** 参照）。

- 当該権利が，関連性のある活動の指図に関する決定が必要なときに行使可能であるかどうか（**本章 8.4.4** 参照）。

投資者が有する潜在的議決権が実質的であり，投資者が投資先を支配していると判定される場合，次のステップは純損益および資本の変動の適切な配分を決定することである（**本章 12.4** 参照）。

潜在的議決権を考慮する際に，投資者は当該金融商品の目的および設計を，投資者が投資先に対して有しているその他の関与の目的および設計とともに考慮しなければならない。これには，当該金融商品のさまざまな契約条件の評価の他，投資者がそうした契約条件に合意した明白な予想，動機および理由が含まれる［IFRS 第 10 号 B48 項］。

投資者が，投資先の活動に関する議決権またはその他の意思決定権も有している場合には，投資者は，それらの権利が潜在的議決権との組合せにより，投資者にパワーを与えているかどうかを評価する［IFRS 第 10 号 B49 項］。

実質的な潜在的議決権のみ，または他の権利との組合せにより，関連性のある活動を指図する現在の能力を得ることができる場合がある。例えば，投資者が投資先の議決権の 40%を保有し，IFRS 第 10 号 B23 項（**本章 8.4** 参照）に従って，さらに 20%の議決権を取得するオプションにより生じる実質的な権利も保有している場合には，それに該当する可能性が高い［IFRS 第 10 号 B50 項］。

以下の設例は，IFRS 第 10 号の付録 B において提供されているものである。

設例8.6.3.4A

ある投資者が議決権の過半数を保有する一方で，他の投資者が少数の議決権と追加的な議決権を取得するオプションを有している場合

［IFRS第10号付録B 設例9］

投資者 A は，投資先の議決権の 70%を保有している。投資者 B は，投資先の議決権の 30%とともに，投資者 A の議決権の半分を取得するオプションを有している。このオプションは今後 2 年間にわたり固定価格で行使可能であるが，ディープ・アウト・オブ・ザ・マネーの状態である（また，その 2 年の間，そのままの状態であると見込まれる)。投資者 A は議決権を行使しており，投資先の関連性のある活動を積極的に指図している。このような場合，投資者 A は，関連性のある活動を指図する現在の能力を有しているとみられ，パワーの規準を満たす可能性が高い。投資者 B は，追加的な議決権を購入する現在行使可能なオプション（行使されれば，投資先に対する議決権の過半数を得ることになるオプション）を有しているが，オプションに関連する契約条件からは，当該オプションは実質的なものとは考えられない。

設例8.6.3.4B

各投資者が投資先に対する同等の議決権を有しているが，ある投資者が現在の議決権に加えて実質的な潜在的議決権を有している場合

[IFRS第10号付録B 設例10]

投資者 A および他の 2 名の投資者が，それぞれ投資先の議決権の 3 分の 1 を保有している。投資先の事業活動は投資者 A と密接に関連している。資本性金融商品に加えて，投資者 A は，投資先の普通株式に固定価格でいつでも転換可能な債券を保有しており，それはアウト・オブ・ザ・マネーの状態にある（しかし，ディープ・アウト・オブ・ザ・マネーではない)。当該債券を転換した場合，投資者 A は投資先の議決権の 60％を有することになる。投資者 A は，債券を普通株式に転換すれば，シナジーの実現により便益を得る。投資者 A は投資先に対するパワーを有している。投資先に対する議決権とともに，関連性のある活動を指図する現在の能力を与える実質的な潜在的議決権を有しているからである。

8.7　議決権が投資先のリターンに重要な影響を及ぼさない場合のパワー

本章 8.6 で検討した状況と反対に，状況によっては，議決権により投資先のリターンに重要な影響を及ぼすことができない場合（例えば，議決権が管理業務のみに関連し，契約上の取決めにより関連性のある活動の指図が決定される場合）がある［IFRS 第 10 号 B17 項］。

> この状況は，組成された企業が，関連性のある活動に係る統治機関の意思決定権限に対して厳しい制限を課す法律上の取決めによって組成される場合に，最も一般的に生じる。

IFRS 第 10 号は，複雑な状況において，投資先の関連性のある活動，各投資者の権利，およびいずれかの投資者が投資先を支配する能力を有しているかどうかを識別するために，投資先の目的および設計を考慮する必要があることを強調している［IFRS 第 10 号 B7 項および B3 項］。

そのような状況では，投資者は，投資先に対するパワーを得るのに十分な権利を有しているかどうかを決定するために，それらの契約上の取決めを評価する必要がある。この評価を行うために，投資者は以下の事項を検討する必要がある［IFRS 第 10 号 B17 項］。

- 投資先の目的および設計（後述）
- 議決権または類似の権利が投資先のリターンに重要な影響を及ぼさない場合に考慮される，IFRS 第 10 号 B51 項から B54 項により特に要求される追加的な要因（後述）
- 投資者の権利が，投資者に投資先に対するパワーを与えるのに十分かどうかの決定が困難な場合に考慮される，IFRS 第 10 号 B18 項から B20 項により特に要求される追加的な要因（**本章 8.3** 参照）

誰が投資先を支配しているかを決定する際に，議決権が決定的な要因とならないように投資先が設計されている場合，投資者は，投資先の目的や設計を考慮するにあたり，以下の事項にも焦点を当てなければならない［IFRS 第 10 号 B8 項］。

- 投資先が晒されるように設計されているリスク
- 投資先に関与している当事者へ移転するように設計されているリスク
- 投資者がそれらのリスクの一部または全部に晒されているかどうか。

そのような状況におけるリスクの考慮には，下方へのリスクだけでなく，上方への可能性も含まれる［IFRS 第 10 号 B8 項］。

投資先のすべてのリスクが，必ずしもそれらに関する関連性のある活動を有するとは限らない特定のリスクが存在し当事者に影響を及ぼすとしても，企業はそのリスクに対処する活動を負うように設計されていない場合がある。その結果，そのリスクに関する関連性のある活動が存在しない（例えば，企業の設立文書がそのリスク・エクスポージャーに対処する活動を排除する）ことがある。

あるリスクがそれに関する関連性のある活動を有しない場合，投資者はそのリスクの結果生じる変動性のあるリターンに影響を及ぼすことができない。したがって，IFRS 第 10 号 7 項に規定される項目の 1 番目と 3 番目（すなわち，投資先に対する投資者のパワーおよび投資先のリターンの金額に影響を及ぼすパワーを用いる投資者の能力―**本章 5** 参照）に関する判定は，それに関する関連性のある活動が存在するリスクに焦点を当てて行うこととなる。

この可能性は，下記の**本章設例 8.7A** に記載されている。

しかし，あるリスクに関して関連性のある活動が存在しないとしても，そのリスクに起因する変動性は，IFRS 第 10 号 B60 項（**本章 10.1.5** も参照）が要求する，意思決定者が本人として行動しているか代理人として行動しているかに関する分析に含まれている。IFRS 第 10 号 B72 項（**本章 10.1.4** 参照）に示唆されているように，意思決定者の経済的関与の総計に関してその規模と変動性が大きいほど，意思決定者が本人である可能性が高い。

設例8.7A

関連性のある活動のないリスク

CU 100 百万の 30 年固定金利の住宅ローンを金融機関から購入するために，ある企業が設立された。当該企業は，30 年固定金利で CU 100 百万の優先および劣後の負債性証券によって資金を調達した。

住宅ローンに関して利息を受取るごとに，負債性証券の保有者は毎月利息を受取り，当該企業が受取る元本支払のすべては，劣後関係に基づき受益持分の比例的割合に応じて弁済される。当該企業はその設立文書により，企業が住宅ローンの売却，追加的な投資の購入，もしくはデリバティブ取引の契約締結を行うことを禁止している。

このため，当該企業は投資者を以下のリスクに晒すこととなる。

- 信用リスク— 住宅ローンが債務不履行となるリスク
- 繰上返済リスク— 住宅ローンが繰上返済され，その結果として以後の利息の受取がより低くなるリスク
- 金利リスク— 市場の金利変動によって固定金利住宅ローンの公正価値が変動するリスク

設立文書により当該企業に制限が課せられているため，繰上返済リスクを管理するために可能な活動（例えば，追加担保の購入）や金利リスクを管理するために可能な活動（例えば，固定利率を変動利率にするスワップ契約）を利用することができず，そのため，これらのリスクに関する関連性のある活動を当該企業は有しない。

リターンの金額に影響を与えるために，当該企業に対するパワーを使用する能力を投資者が有しているかどうかの分析は，この場合，信用リスクに焦点が当てられる。したがって，投資者は信用リスクに関連する活動や，誰がこれらの活動に関連する意思決定を行うかを識別する必要がある。

しかし，繰上返済リスクと金利リスクから生じる変動性は，識別された意思決定者が本人もしくは代理人として行動するかどうかの分析（すなわち，意思決定者の当該企業への経済的関与の合計の規模およびそれに関連する変動性の評価— **本章 10.1** 参照）に含まれる。

投資先の目的および設計を評価する際に，投資者は，投資先の設立時にその設計の一環として行われた関与と意思決定を考慮し，取引条件と関与の特徴が投資者にパワーを与えるのに十分な権利を提供しているかどうかを評価しなければならない。本基準は，投資先の設計への関与だけでは，投資者に支配を与えるのに十分ではないと明確に述べている。しかし，設計への関与は，投資者が投資先に対するパワーを得るのに十分な権利を獲得する機会を有していたこと

を示唆する場合がある［IFRS 第 10 号 B51 項］。

IASB の見解では，投資先の設立に関与することは，必ずしも投資者が関連性のある活動を指図する意思決定権を有することを意味しない。これは，何名かの当事者が投資先の設計に関与し，投資先の最終的な構造には，それらの当事者全員（投資者，投資先のスポンサー，投資先が保有する資産の譲渡人，取引に関与した他の当事者等）が合意したものがすべて含まれていることが多いからである。さらに，投資先の設立に関与することによる便益は，投資先が設立された時点で終了することもある。したがって，IASB は，投資先の設立に関与したことは，それだけでは連結の適切な基礎とはならないと結論付けた［IFRS 第 10 号 BC 77 項および BC 78 項］。

投資者は，投資先の設立時に設定された契約上の取決め（コールの権利，プットの権利または清算権等）についても考慮しなければならない。これらの契約上の取決めが，投資先に密接に関連した活動に関係している場合には，これらの活動は，それが投資先の法的な境界線の外側で発生している場合であっても，実質的に，投資先の全体的な活動における不可欠な部分である。したがって，契約上の取決めに組込まれている明示的または黙示的な意思決定権のうち投資先に密接に関連しているものは，投資先に対するパワーを誰が有しているかを決定する際に，関連性のある活動として考える必要がある［IFRS 第 10 号 B52 項］。

一部の投資先については，関連性のある活動は特定の状況または事象が生じた場合にのみ発生する。投資先は，そうした特定の状況または事象が生じない限り，それが生じるまで，活動の指図とリターンがあらかじめ決定されているように設計される場合がある。この場合，それらの状況または事象が発生した場合の投資先の活動に関する意思決定のみが，リターンに重要な影響を及ぼし，したがって関連性のある活動となり得る。それらの意思決定を行う能力のある企業がパワーを有するために，その状況または事象が発生している必要はない。意思決定を行う権利が状況または事象の発生に左右されるという事実それ自体では，その権利が防御的であるということにはならない［IFRS 第 10 号 B53 項］。

さらに，投資者は，投資先が設計どおりに運営されることを確保する明示的または黙示的な約束をしている場合がある。このような約束は，リターンの変動性に対する投資者のエクスポージャーを増大させ，投資者がパワーを得るのに十分な権利を獲得するインセンティブも増大させる場合がある。したがって，投資先が設計どおりに運営されることを確保するという約束は，投資者がパワーを有しているという指標とはなり得るが，それだけでは，投資者にパワーを与えるものではなく，他の当事者がパワーを有することを妨げるものでもない［IFRS 第10号 B54 項］。

IFRS 第10号の付録 B で規定されている2つの設例は，上記の要求事項を適用する方法を説明している。

設例8.7B

特定の事象が発生するまで，投資先の活動が事前に決定されている場合

[IFRS第10号付録B 設例11]

投資先の唯一の事業活動（設立文書に明記されている活動）は，投資者のために債権を購入して，日々，回収サービス業務を行うことである。日々の回収サービス業務には，期限が到来した元本および金利の回収および引渡が含まれる。債権が不履行となった場合には，投資者と投資先との間のプット契約で別途合意されているとおり，投資先は自動的に債権を投資者に売却する。不履行発生時の債権の管理は，投資先のリターンに重要な影響を及ぼす可能性のある唯一の活動であるため，投資先の唯一の関連性のある活動である。不履行発生前の債権の管理は，関連性のある活動ではない。投資先のリターンに重要な影響を及ぼす可能性のある実質的な意思決定を必要としないからである（不履行発生前の活動は事前に決定されており，期限が到来する都度キャッシュ・フローを回収して，それを投資者に引渡すだけである）。したがって，投資先のリターンに重要な影響を及ぼす投資先の全体的な活動の評価に際しては，投資者が不履行発生時に資産を管理する権利のみを考慮すべきである。この設例では投資先の設計により，投資者は，意思決定権限が必要とされるときにのみリターンに重要な影響を及ぼす活動に対する意思決定権限を確保できるようになっている。プット契約の条件は，全体的な取引および投資先の設立と不可分のものである。したがって，プット契約の条件と投資先の設立文書とを一緒に考慮すると，たとえ投資者が不履行発生時にのみ債権の所有権を取得し，不履行債権を投資先の法的な境界線の外で管理するとしても，投資者は投資先に対するパワーを有しているという結論に至る。

設例8.7C

投資先の資産が債権のみである場合

[IFRS第10号付録B 設例12]

投資先の資産は債権のみである。投資先の目的と設計を考慮すると，唯一の関連性のある活動は，不履行発生時の債権の管理であると判断される。不履行債権を管理する能力を有する当事者は，債務者のいずれかが不履行となっているかどうかを問わず，投資先に対するパワーを有している。

9 投資先からの変動リターンに対するエクスポージャーまたは権利

支配の 2 番目の要素は，投資者が投資先への関与により生じる変動リターンに対するエクスポージャーまたは権利を有していることである。これは，関与により生じる投資者のリターンが投資先の業績の結果によって変動する可能性がある場合である。投資者のリターンは，正の値のみ，負の値のみ，または正と負の両方の場合がある［IFRS 第 10 号 15 項］。

したがって，特に下落方向のリスクのみ，または上昇方向のリスクのみを有する投資者であっても，変動リターンに晒されている。

IASB は，「リターン」という用語は広義に解釈されるべきであり，より直接的なリターンとともにシナジー効果によるリターンも含まれる意図を確認した。実務上，投資者は投資先を支配することによる便益をさまざまな方法で受けることができる。IASB は，リターンの定義を狭くすると，そうした便益を受ける方法を人為的に制限することになると結論付けた［IFRS 第 10 号 BC 63 項］。

投資先を支配できるのは１人の投資者のみであるが，複数の当事者が投資先のリターンを共有することはあり得る（例えば，非支配持分の保有者は投資先の利益または分配に参加することができる）［IFRS 第 10 号 16 項］。

リターンの例としては，以下のようなものがある［IFRS 第 10 号 B57 項］。

- 配当，投資先からのその他の経済的便益の分配（例えば，投資先が発行した債券からの金利）および投資者の当該投資先に対する投資価値の変動
- 投資先の資産または負債のサービス業務の報酬，信用または流動性の供与による報酬および損失エクスポージャー，当該投資先の清算時の投資先の資産および負債に対する残余持分，税務上の便益，および投資先への関与により投資者が有する将来の流動性に対するアクセス
- 他の持分保有者には利用できないリターン。例えば，投資者は資産を投資先の資産と組合わせて使用するかもしれない（規模の経済を得るための営業機能の統合，コスト節減，希少な製品の調達，独占的な知識へのアクセス獲得，または投資者の他の資産の価値を増大させるための一部の営業もしくは資産の制限等）。

投資者が資本性金融商品を保有することにより変動リターンに晒されている場合，それらのリターンは，配当に加えて資本性金融商品の価値の変動という形をとる場合がある。配当政策を設定する一方的な能力が，支配を証明する際の主要な要因となることは多いが，たとえ投資者が配当政策を設定する能力を有していない場合であっても，支配が存在する場合がある。

変動リターンは，固定ではなく投資先の業績の結果として変動する可能性のあるリターンである。投資先からのリターンに変動性があるかどうか，および当該リターンがどのように変動するかについて評価する際に，IFRS 第 10 号は，リターンの法的形態にかかわらず，取決めの実質を考慮するよう投資者に要求している［IFRS 第 10 号 B56 項］。

IFRS 第 10 号は，以下のような変動リターンの例を示している［IFRS 第 10 号 B56 項］。

- ある投資者は，固定金利の債券を保有している。この固定金利の支払は，IFRS 第 10 号の目的上は変動リターンである。債務不履行リスクがあり，投資者を債券発行者の信用リスクに晒すことになるからである。変動性の量（すなわち，当該リターンの変動性がどれだけあるか）は，当該債券の信用リスクに左右される。
- 投資者は，投資先の資産の管理に対するリターンとしての固定の業績報酬を受取る。固定の業績報酬は，投資者を投資先の業績リスクに晒すことになるため，変動リターンである。変動性の量は，投資先が報酬を支払うのに十分な収益を生み出す能力に左右される。

　これらの設例は，リターンの法的形態にかかわらず，取決めの実質に焦点を当てる必要があることを説明している。当該設例では，法的形態は固定リターンのものであるが，リターンの実質は，投資先の支払能力によって影響を受けるので，変動性のものである。

10　パワーとリターンとの関連

　支配の 3 番目で最後の要素は，投資先に対するパワーを有し，投資先への関与により生じる変動リターンに晒されているか，または権利を有していることに加えて，投資者が投資先への関与により生じる投資者のリターンに影響を及ぼすようにパワーを使用する能力を有していなければならないということである［IFRS 第 10 号 17 項］。

　ここでは，意思決定権を有する投資者は，自らが本人として行動しているのか，または代理人として行動しているのかを決定しなければならない。代理人である投資者は，委任された意思決定権を行使する場合には，投資先を支配していない［IFRS 第 10 号 18 項］。

　以下の**本章 10.1** で詳細に検討されている IFRS 第 10 号 B58 項から B72 項は，意思決定者が本人として行動しているのか，または代理人として行動しているのかの評価のための広範な指針を含んでいる。

10.1　意思決定者が本人か代理人かの判定

意思決定権を有する企業（意思決定者）が投資先を支配しているかどうかを判定する際には，自らが本人であるか代理人かを決定しなければならない。同様に，投資者は，意思決定権を有する他の企業が投資者の代理人として行動しているかどうかを決定することが要求される［IFRS 第 10 号付録 A および B58 項］。

意思決定者は，他の当事者（本人）に代わってその便益のために行動することを主として行っている場合，代理人となる。そのような意思決定者は，意思決定のパワーの行使時に投資先を支配していない［IFRS 第 10 号 B58 項］。

意思決定者は，単に自らの意思決定により他の者が便益を受けられるというだけでは，代理人ではない［IFRS 第 10 号 B58 項］。

本人のパワーを代理人が保有し，代理人が行使できる場合もあるが，それは本人の代理としてである［IFRS 第 10 号 B58 項］。投資者は，ある特定の事項またはすべての関連性のある活動について代理人に意思決定権限を委任する場合がある。投資者が投資先を支配しているかどうかを判定する際に，投資者は，代理人に委任された意思決定権を投資者が直接保有しているものとして扱わなければならない。本人が複数いる場合には，それぞれの本人が，IFRS 第 10 号 B5 項から B54 項（本章より前のセクションを参照）の要求事項を考慮して，投資先に対するパワーを有しているかどうかを評価しなければならない［IFRS 第 10 号 B59 項］。

IFRS 第 10 号は，単一の当事者が意思決定者に対する実質的な解任権を保有していて，理由なしにその意思決定者を解任できる場合には，それだけで，意思決定者が代理人であると結論を下すのに十分となると述べている［IFRS 第 10 号 B65 項］。

> 実質的な権利については，**本章 8.4** で検討されている。解任権が実質的かどうか評価する際には，そのタイミングを検討することが必要である。

他のすべての状況では，意思決定者は，自らが代理人かどうかを決定する際に，自身と管理されている投資先および投資先に関与している他の当事者との間の全体的な関係を考慮することが要求される。特に，以下の要因すべてを考慮しなければならない［IFRS 第 10 号 B60 項］。

- 投資先に対する意思決定者の意思決定権限の範囲（**本章 10.1.1** 参照）
- 他の当事者が保有している権利（**本章 10.1.2** 参照）
- 報酬契約に従って意思決定者が得る権利のある報酬（**本章 10.1.3** 参照）
- 投資先に対して保有している他の関与により生じるリターンの変動性に対する意思決定者のエクスポージャー（**本章 10.1.4** 参照）

評価を行う際には，すべての入手可能な事実と状況を考慮しなければならない。特定の事実と状況に基づき，特定の要因が他より強い代理人関係の指標となる可能性があり，結果として，意思決定者が本人か代理人かを評価する際に他の要因より重視される場合がある［IFRS 第 10 号 B60 項および B61 項］。

10.1.1　意思決定権限の範囲

意思決定者の意思決定権限の範囲は，以下のことを考慮して評価する［IFRS 第 10 号 B62 項］。

- 意思決定の取決めによって認められ，かつ，法律で定められている活動
- それらの活動に関する意思決定を行う際に，意思決定者が有する裁量

この評価において，意思決定者は，投資先の目的および設計，投資先が晒されるように設計されているリスク，関与している当事者に移転するように設計されているリスク，および意思決定者が投資先の設計において有していた関与の水準を考慮することが要求される［IFRS 第 10 号 B63 項］。

IFRS 第 10 号 B63 項は，意思決定者が投資先の設計（意思決定権限の範囲の決定を含む）に大きく関与している場合，その関与は，意思決定者が，関連性のある活動を指図する能力を得ることとなる権利を獲得する機会とインセンティブを有していたことを示している可能性がある，と述べている［IFRS 第 10 号 B63 項］。

10.1.2　他の当事者が保有する権利

他の当事者が保有する実質的な権利が，投資先の関連性のある活動を指図する意思決定者の能力に影響を及ぼす場合がある。実質的な解任権またはその他の権利は，意思決定者が代理人であることを示している可能性がある［IFRS 第10号B64項］。

権利が実質的かどうかを決定する方法に関するIFRS第10号の指針は，**本章8.4**で検討されている。

IFRS第10号は以下の指針を含んでいる。

- **本章10.1**で述べられているように，単一の当事者が実質的な解任権（すなわち，意思決定権者から意思決定権限を剥奪する権利）を保有していて，理由なしに意思決定者を解任できる場合には，この特徴はそれだけで，意思決定者が代理人であると結論を下すのに十分となる［IFRS 第10号付録Aおよび B65項］。
- 複数の当事者がこのような解任権を保有する（しかも，単独では他の当事者の同意なしに意思決定者を解任できない）場合には，そうした権利はそれだけでは，意思決定者が主として他の当事者の代理人としてその便益のために行動していることを判定するうえで決定的なものではない。意思決定者を解任する権利を行使するために一緒に行動する必要のある当事者の数が多いほど，また，意思決定者の他の経済的関与（すなわち，報酬その他の関与）の規模と変動性が大きいほど，この要因へのウェイトを低くしなければならない［IFRS 第10号B65項］。
- 分析の過程で，投資先の取締役会（またはその他の統治機関）が行使可能な権利およびそれらが意思決定権限に及ぼす影響を考慮しなければならない。独立の統治機関によって意思決定権者の意思決定権限を剥奪することができる場合，統治機関が行使できる解任権は，同じ権利を多数の当事者が個々に行使可能な場合よりも，実質的である可能性が高い［IFRS 第10号B67項および B23項（b)］。

これらの要求事項は，他の当事者が意思決定者を解任することがどのくらい難しいかに焦点を当てている。意思決定者が，他の当事者の解任権を通じて解任されることが困難であるほど，意思決定者が代理人である可能性は低くなる。

意思決定者が意思決定する裁量を制限する他の当事者が保有している実質的な権利は，意思決定者が代理人かどうかを評価する際に，解任権と同様の方法で考慮されなければならない。例えば，意思決定者が自らの行動について少人数の他の当事者の承認を得ることが必要な場合，意思決定者は通常代理人である［IFRS 第 10 号 B66 項］。

10.1.2.1　実質的な解任権となる清算権，撤退権，および償還請求権

IFRS 第 10 号は，解任権を意思決定者からその意思決定権限を奪う権利と定義している。IFRS 第 10 号 BC 140 項は，「他のいくつかの権利（清算権の一部等）は，意思決定者に関して解任権と同じ効果を有する場合がある」と述べている。それらの他の権利が解任権の定義を満たす場合は，それらの名称にかかわらず解任権として取扱うべきである。

他の権利が，それらを保有する企業の投資者をあたかも意思決定者を理由なしに解任できる権利を有しているのと同様の立場に置く場合には，当該他の権利は実質的な解任権と同等となる。他の権利を評価する際は，当権利がもたらす結果，および当権利が行使された場合に，意思決定者が投資先の関連性のある活動を指図することを妨げる実質上の能力を当権利の保有者に与えるかどうかに焦点を当てるべきである。

以下の分析は，「清算」権，「撤退」権および「償還請求」権について検討している。「清算」の用語は法域ごとに異なる手続を意味する場合があるが，ここでの議論の目的上は，企業の資産を処分または負債を決済し，投資者に正味受取金を分配する手続を意味している。「撤退」および「償還請求」は，投資者が投資先から投資価値を回収するためのあらゆる方法を意味している。

清算権

清算権は，それが当該権利を有する投資者に投資先を清算し，同じ資産を有する新たな企業を設立し，新たな当事者を雇い，当該企業の関連性のある活動を指示することを許容するならば，実質的に解任権と同等となる。清算権が実質的に解任権と同等かどうか検討する際には，投資者はすべての事実および状況を考慮しなければならない。例えば，清算権は以下の場合には実質的に解任権と同等とみなされる可能性は低い。

- 投資先の資産が容易に販売可能でないか，または投資者が同じ資産を入手できる仕組が存在しない。
- 当該資産は，現在の意思決定者以外の当事者が有していない特別な管理手法や専門能力が必要である。
- 意思決定者以外の当事者が資産を管理することを禁止する非競争契約が存在する。

IFRS 第10号 B65 項に記載されているように，複数の当事者が実質的な解任権を保有し単独では他の当事者の同意なしに意思決定者を解任できない場合には，当該解任権は単独では意思決定者が他の当事者の代理人として行動しているかどうかを判定するうえで決定的なものではない。解任権と同等の清算権が複数の当事者によって保有され，権利を行使するには他の当事者の同意が要求される場合がある。そのような場合には，清算権はそれ単独では意思決定者が代理人として行動している決定的な証拠とはならない。むしろ意思決定者を解任する権利を行使するために一緒に行動する必要のある当事者の数が多いほど，また，意思決定者の他の経済的関与（すなわち，報酬その他の関与）の規模と変動性が大きいほど，この要因へのウェイトを低くしなければならない。

撤退権および償還請求権

一定の状況では，撤退権または償還請求権も，それが企業の関連性のある活動を指図する意思決定者の能力を剥奪する場合には実質的な解任権と同等になり得る。特に企業に対する所有持分が少数の投資者によって保有される場合，当該投資者による償還請求があれば意思決定者は企業を清算せざるを得ない可能性がある。

例えば，企業が単一の投資者を有し，その投資者の権利として投資を撤退させ，基礎となる資産を受取り，当該資産を管理する別の当事者を採用する権利を有する場合，清算権について上述した他の関連性のある事実および状況がなければ，当該権利は実質的な解任権と同等となる。同様に，企業の設立文書において，投資者による当該企業への投資の償還請求は企業の清算という結果となることが規定されている場合がある。そのような場合，撤退権もまた清算権と同等になり，また潜在的には実質的な解任権となり得る。しかし，撤退権が企業の清算という結果にならない場合には，撤退後も意思決定者が引続き（その規模は大幅に縮小している可能性がある）企業の関連性のある活動を管理できるため，撤退権は実質的な解任権と同等になることはない。

10.1.3　報　酬

意思決定者の報酬の規模とそれに関する変動性が，投資先の活動から期待されるリターンとの比較でみて大きいほど，意思決定者が本人である可能性は高い［IFRS 第 10 号 B68 項］。

自らが本人か代理人かを決定する際に，意思決定者は以下のような条件が存在しているかどうかも考慮しなければならない［IFRS 第 10 号 B69 項］。

- 意思決定者の報酬が，提供するサービスに見合っていること
- 報酬契約が，独立第三者間取引条件で交渉される類似のサービスおよび技量の水準に関する取決めにおいて通常示される契約条件または金額のみを含んでいること

意思決定者は，IFRS 第 10 号 B69 項に示される条件が存在する場合を除いて，代理人にはなり得ない。しかし，これらの 2 つの要因の存在は，単独では，意思決定者が代理人であると結論付けるのには十分ではない［IFRS 第 10 号 B70 項］。

単一の当事者が意思決定者に対する実質的な解任権を保有していて，理由なしにその意思決定者を解任できる場合には，それだけで，意思決定者が代理人であると結論付けるのに十分となる（**本章 10.1** 参照）。この場合に，IFRS 第 10 号 B61 項は，他の要因（例えば報酬等）については考慮する必要がない—よって上記の条件が存在する必要はない—と述べている。

他のすべての場合には，IFRS 第 10 号 B69 号の条件が必要であるが，代理人として分類するために十分ではない。これらの要因を考慮する要求事項の目的は，意思決定者に対する報酬が単なる代理人としてのサービスに対する対価であるかどうかを決定することである。

10.1.4　他の関与により生じるリターンの変動性に対するエクスポージャー

投資先に対する他の関与（例えば，投資先への投資または投資先の業績に関する保証の提供）を有している意思決定者は，当該関与により生じるリターンの変動性に対するエクスポージャーを，自らが代理人であるかどうかを判定する際に考慮しなければならない。投資先に対する他の関与の保有は，意思決定者が本人である可能性を示す［IFRS 第 10 号 B71 項］。

投資先への他の関与により生じるリターンの変動性に対するエクスポージャーを評価する際に，意思決定者は以下のことを考慮しなければならない［IFRS 第 10 号 B72 項］。

- 意思決定者の経済的関与（報酬および他の関与を合計で考慮する）の規模と，それに関する変動性が大きいほど，意思決定者が本人である可能性が高い。
- リターンの変動性に対するエクスポージャーが他の投資者のものと異なっているかどうか，また，異なっている場合には，これが自らの行動に影響を及ぼし得るかどうか。例えば，意思決定者が投資先に対する劣後持分を有している場合や，他の形で信用補完を提供している場合には，これに該当する可能性がある。

意思決定者は，そのエクスポージャーを投資先のリターンの変動性の合計との比較において評価しなければならない。そのような評価は，主として投資先の活動から期待されるリターンに基づいて行われるが，意思決定者が有している他の関与を通じての，投資先のリターンの変動性に対する意思決定者の最大エクスポージャーを無視してはならない［IFRS 第 10 号 B72 項］。

10.1.4.1　風評リスクとリターンの変動性に対する最大のエクスポージャー

法律上または契約上の取決めがない場合でも，リターンの変動性に対するエクスポージャーに晒される場合がある。例えば，自らが証券化の管理に関与したり，自らが投資ビークルのスポンサーとなった金融機関は，当該ビークルが財政難に陥った場合，当該ビークルに対して資金提供その他の援助を行うことを決定する場合がある。当該ビークルを破綻させることが，金融機関にとってより広範なビジネス上の利益を損なうこととなるため，金融機関は契約上の義務がなくても支援を行う場合がある。これは，一般に「風評リスク」とよばれる［IFRS 第 10 号 BC 37 項］。

支配を判定する際に，風評リスクは他の事実および状況とともに考慮すべき要因である。それ自体ではパワーの指標ではないが，投資先に対するパワーが得られる権利を投資者が確保しようとするインセンティブを増大させる場合がある（IFRS 第 10 号 BC 39 項参照）。

リターンの変動性に対するエクスポージャーを評価する際に，風評リスクに起因する変動性に対するエクスポージャーを含めて考えることは，意思決定者が本人か代理人かの判定に重大な影響を及ぼし得る。

意思決定者が本人または代理人のどちらとして意思決定権を行使しているかを判定する際には，すべての事実および状況を考慮しなければならない。この判定において風評リスクに起因するエクスポージャーにどの程度の重要性を持たせるかは，契約上はそのような義務はないにもかかわらず，支援しなければ発生するであろう風評による損失を軽減するために，投資先が財政難に陥った場合，意思決定者が投資先を支援するために介入することを経済的に強制される可能性の高さによる。意思決定者が自らの風評に対する損失を制限するための手段をとる可能性が高いほど，意思決定者は本人として意思決定権を行使する可能性がより大きくなるため，風評リスクに起因するエクスポージャーに対してより大きな重要性が与えられる。

この検討において，ビークルのスポンサーが潜在的な困難に対処するための取決めを設定している（例えば，当該ビークルへの第三者による流動性補完をアレンジすることにより）かどうかが，関連する要素となる場合がある。スポンサーが介入する可能性を評価して当該取決めの重要性を決定するためには，このような取決めの諸条件を慎重に検討する必要がある。例えば，当該取決めに不可抗力（force majeure）や重大な事態の変更条項が含まれる場合は，たとえそのような財務的な取決めが設定されていない場合でも，そのような困難が発生した場合に，スポンサーが風評を保護するために介入する必要が生じる可能性がより高いことを示唆することがある。

考慮すべきもう１つの関連する要素は，投資者が以前に風評を保護するために介入したことのある証拠である。もし過去にスポンサーが，投資先が財政難に陥った際に，スポンサー自身の評判を保護するために投資先を支援したことがある場合，このことはスポンサーがもう一度同じことをする可能性がより高いことを示唆しているかもしれない。同様に，同じような状況で他のスポンサーが風評の損失を軽減するために介入する傾向が過去からみられる場合には，このことは，困難が発生した場合にスポンサーが同じことをする可能性がより高いことを示唆しているかもしれない。

事実や状況が，支配の要素の１つもしくは複数に変化があったことを示す場合は，意思決定者が投資先を支配しているかどうか再判定しなければならない（**本章11**参照）。したがって意思決定者は，自らが本人として行動しているか代理人として行動しているかの評価が変化したかどうかを検討しなければならない。

投資者は，投資者の財務諸表の利用者が，風評リスクに起因する投資者のリスクの内容や程度を評価できるようにするために十分な情報と，それらの変動を開示しなければならない（IFRS 第 12 号「他の企業への関与の開示」7 項，10 項および 12 項参照）。

10.1.5　ファンド・マネジャーが本人か代理人かの判定

投資ファンドのファンド・マネジャーは，ファンドがどの投資を取得または処分すべきかを決定できるため，通常，ファンドの関連性のある活動に対する意思決定権限（パワー）を有している。またファンド・マネジャーは，受取る管理報酬を通して，さらに潜在的にはファンドの投資者である場合もあるため，ファンドから生じる変動リターンに対するエクスポージャーを有していることが多い。したがって，ファンド・マネジャーがパワーを有し，変動リターンに対するエクスポージャーまたは権利を有している場合，ファンド・マネジャーは，ファンドに対するパワーを自らの便益のために使用しているのか（すなわち本人として）または他の当事者の便益のために使用しているのか（すなわち代理人として）の評価に基づいて，ファンドを支配しているかどうかを判定しなければならない。

IFRS 第 10 号 B60 項で要求されているように，意思決定者（すなわち，検討下のファンド・マネジャー）が本人または代理人として行動しているのかを評価する際に，以下の要因を考慮しなければならない（当該リストは網羅的ではない）［IFRS 第 10 号 B60 項］。

(a) 意思決定権限の範囲
(b) 他の当事者が保有している権利
(c) 意思決定者の報酬
(d) 企業に対して保有している他の関与により生じるリターンの変動に対する意思決定者のエクスポージャー

特定の事実および状況に基づき，それぞれの要因に異なるウェイト付を適用しなければならない。

IFRS 第 10 号 B60 項の要因は，単独にではなく，包括的に考慮されるべきもので，以下の 2 つの重要な論点に対する回答の手段とも捉えられる。

- ファンド・マネジャーは，他の当事者の介入なしに意思決定を行う裁量をどの程度有しているか。
- それらの意思決定の結果によるファンド・マネジャーの経済的関与の範囲と変動性はどのようなものであるか。

意思決定をするうえでファンド・マネジャーの**裁量が多いほど**，また当該意思決定の結果に対するファンド・マネジャーの経済的関与が**大きいほど**，ファンド・マネジャーが企業から受取る自らのリターンに影響を及ぼすために意思決定を行っている可能性が高い（したがって，他の投資者の代理人としてではなく本人として行動している）。

ファンド・マネジャーの意思決定権限および他の当事者が保有している権利の範囲（すなわち，上記IFRS第10号B60項（a）とB60項（b）で規定されている要因）を考慮することは，ファンド・マネジャーが意思決定する際に有する裁量の水準を評価するためのフレームワークを提供する。一方，ファンド・マネジャーの報酬および他の関与により生じるリターンの変動性に対するファンド・マネジャーのエクスポージャー（すなわち，上記IFRS第10号B60項（c）とB60項（d）で規定されている要因）を考慮することは，当該意思決定の結果に対するファンド・マネジャーの経済的関与の範囲と変動性の評価を可能にする。

ファンド・マネジャーの意思決定権限の範囲

IFRS第10号B62項は，意思決定者権限の範囲の評価において，意思決定の取決めによって行うことが認められ，かつ，法律で定められている意思決定者の活動を考慮すべきであると述べている。さらに，それらの活動に関する意思決定を行う際に意思決定者が有する裁量を考慮すべきであるとも述べている。

IFRS第10号BC138項において述べられているように，IASBは，意思決定権限の広さが契約上の取決めにより制限される場合に，意思決定者が常に代理人とされるべきかどうかを検討したが，最終的にこのような結論を棄却した。IASBは次の2つの理由からこの結論に至った。

- 他の当事者は，親会社の意思決定のパワーを制限する防御的な権利を有していることが多いため，親会社が子会社に対して制約のないパワーを有しているのはまれであるという確信
- そのような結論により，証券化ビークル等の多くの投資先が意思決定者の子会社とみなされなくなってしまい不適切だという懸念

以上により，IASBは，意思決定者が関連性のある活動を指図する際に裁量を有していれば，たとえ投資先の設立時に当該活動が制限されていても，投資先に対するパワーを有することができるとの結論に達した。

この見解は，IFRS10号付録B設例14Bと15により説明される（**本章10.1.5.1**参照）。これらの設例は，ファンド・マネジャーがファンドの設立文書および（または）国内法および規則により制約されていても，依然として当該意思決定者は本人として行動していると決定される状況を説明していて，その根拠の1つとして，その制約内でファンド・マネジャーが意思決定権を有していることがあげられている。

したがって，ファンド・マネジャーがファンドの投資方針を遵守することが要求されるという事実は，当ファンド・マネジャーが代理人として行動していることを示すものではない。当方針はファンドの関連性のある活動を定めているものの，依然としてファンド・マネジャーが当該関連性のある活動について決定を行う完全な裁量を有していることもあり得る。ファンド・マネジャーが指図できない，ファンドの設立文書または法律によって認められる関連性のある活動がある場合に，ファンド・マネジャーの意思決定権限の範囲が代理人関係を示す可能性もある。

ファンド・マネジャーの意思決定権限の範囲を評価する際に，他の当事者（例えば，投資委員会）がファンド・マネジャーによる決定を拒否または覆す実質的な権利を有しているかどうかを検討する必要がある。投資委員会がある場合には，当委員会の構成（委員の任命者を含む）およびその権限の性質を評価すべきである。委員会の権限が，ファンド・マネジャーがファンドの投資方針を遵守することを確実にすることに限定される場合は，当該権利は，ファンド・マネジャーが本人として行動することを妨げない防衛的な権利（**本章8.5**参照）とみなされるべきである。

またIFRS第10号B63項では，意思決定者が関連性のある活動を指図する能力を有しているかどうかを決定する際に，投資先の目的および設計ならびにその過程における意思決定者の関与の水準を考慮しなければならないと述べている。設計の考慮については，**本章6.2**でさらに検討されている。

IFRS第10号B74項では，支配の判定をする際に，**事実上の**代理人（ファンド・マネジャーのために行動している当事者）の意思決定権がファンド・マネジャー自身の意思決定権とともに考慮されると述べている。

他の当事者が保有する権利

ファンド・マネジャーの場合，この要因を考慮する際には通常，理由の有無にかかわらずファンド・マネジャーを解任する他の投資者の権利（「解任権」とよばれることが多い）を評価することが要求される。**本章 10.1.2.1** において議論されているように，投資者の清算権，償還権または撤退権が，実質的に解任権と同等とみなされる状況もあり得る。

IFRS10 号付録 B 設例 14A および 14B（**本章 10.1.5.1**）において述べられているように，契約違反の場合にのみファンド・マネジャーを解任できる権利は防御的な権利とみなされ，ファンド・マネジャーが本人として行動することを妨げるものではない。

解任権の重要性を考慮する際に，さらに以下の 2 つの質問に回答しなければならない。

解任権は実質的であるか。

IFRS 第 10 号 BC 139 項は，本人か代理人かの分析において，他の当事者が保有する他の権利を考慮する際に，他の当事者が保有する権利が実質的なものであるかどうかの判定と同じ方法で行われると述べている（すなわち，意思決定者による投資先の活動の指図を妨げる実質上の能力を当該他の当事者が有しているかどうかの判定）。

したがって，ファンド・マネジャーは，権利が実質的かどうかおよび当権利の行使になんらかの障害があるかどうかを判定するために，IFRS 第 10 号 B23 項の要素（**本章 8.4** 参照）を考慮しなければならない。特に，ファンド・マネジャーは以下を考慮すべきである。(1) 管理サービスを提供する意思または能力を有する他の当事者がいるかどうか（すなわち，ファンド・マネジャーが提供するサービスが専門的であるかどうかおよび，他のマネジャーによって提供可能なものかどうか），(2) 解任権を行使するメカニズムがあるかどうか，および (3) 解任権の行使の時期を狭く限定する条件があるかどうか。

解任権の行使のために何人の投資者の同意が必要か。

IFRS 第 10 号 B65 項は,「単一の当事者が実質的な解任権を保有していて,理由なしに意思決定者を解任できる場合には,それだけで,意思決定者が代理人であると結論を下すのに十分となる」(よって意思決定者は投資先を支配していない)と言及している(IFRS 第 10 号 BC 135 項は,この文脈においては,取締役会のような統治機関は一般的には単一の当事者とはみられないと結論付けていることに留意が必要である)。

このような極端なケースは別として,解任権の条件および権利行使に要求される投資者の数は慎重に検討しなければならない。IFRS 第 10 号 B65 項は,解任権の影響を評価する際には,「意思決定者を解任する権利を行使するために一緒に行動する必要のある当事者の数が多いほど,また,意思決定者の他の経済的関与(すなわち,報酬その他の関与)の規模と変動性が大きいほど,この要因へのウェイトを低くしなければならない」と述べている。

解任権が投資者の過半数の投票をもってのみ強制力を有する場合がある。投資者が数百,数千いるファンドで,各投資者が 1 議決権ずつ保有している場合,当該権利はファンド・マネジャーがそれら投資者の代理人として行動しているという強力な指標にはならない。反対に,数人の投資者により行使可能な解任権の方がはるかに重要とみなされる。

ファンド・マネジャーの報酬

ファンド・マネジャーの報酬は,さまざまな項目から構成される場合がある。例えば,固定金額,管理対象資産の価値の固定割合として算出される金額,および(または)所定の目標を達成した場合にのみ支払われる業績連動報酬等がある。

管理対象資産の価値の固定割合として算出される報酬(例えば,管理するファンド資産の 1%)は,ファンドの業績に応じて,ある年度におけるファンドの収益合計に対して非常に小さいまたは大きい割合を占める場合がある。このような性質の報酬を評価する場合には,企業は,当該報酬の目的および設計ならびに当該報酬がファンドの期間にわたって与え得る影響について検討すべきである。

IFRS第10号B56項では，投資先の資産の管理に対する固定の業績報酬は，ファンド・マネジャーをファンドの業績リスクに晒すことになるため，変動リターンであると言及している。変動性の量は，投資先が報酬を支払う十分な収益を生み出す能力に左右される。

提供するサービスに見合った報酬および類似のサービスに関する取決めにおいて通常示される契約条件

IFRS第10号B69項は，ファンド・マネジャーが本人か代理人かを決定する際に，以下を考慮することを要求している。

- その報酬が，提供するサービスに見合っているかどうか。
- 報酬契約が，独立第三者間取引条件で交渉される類似のサービスおよび技量の水準に関する取決めにおいて通常示される契約条件または金額のみを含んでいるかどうか。

これらの2つの条件が存在しない場合，ファンド・マネジャーは代理人にはなり得ない。しかし，IFRS第10号B70項において明示されているように，それらの条件を満たすことは，それだけでは，ファンド・マネジャーが代理人であると結論を下すのに十分ではない。これらの2つの条件が存在していないことを理由に代理人ではないと判断されたファンド・マネジャーは，投資先を連結すべきかどうかを決定するために，その他の関連する事実と状況を検討しなければならない。

IFRS第10号は，IFRS第10号B69項の条件が存在するかどうかを判定する方法について指針を提供していない。実務上，このような判定を行う際には以下の評価が有用となる場合がある。

- 比較可能なファンドのマネジャー報酬の契約条件および金額
- 独立した第三者の投資者によるファンドへの投資水準（ファンドに関連のない投資者の存在が，ファンド・マネジャーの報酬が市場の状況を反映するように交渉されたことの指標となる場合があるため）

リターンの変動性に対する意思決定者のエクスポージャー

本基準では，自らが本人または代理人として行動しているのかを評価する場合，ファンド・マネジャーは，その報酬とファンドに対する他の関与（例えば，直接投資）との**合計の**規模とそれに関する変動性を考慮すべきであることを明確にしている（IFRS 第 10 号 B72 項参照）。

この評価について，IFRS 第 10 号 B72 項は以下のように述べている。

- この評価は，主として投資先の活動から期待されるリターンに基づいて行われなければならないが，リターンの変動性に対する最大エクスポージャーを無視してはならない。
- この評価は，リターンの変動性に対するファンド・マネジャーのエクスポージャーが他の投資者のものと異なっているかどうかの考慮を含めなければならない。

投資先の活動から期待されるリターン

報酬およびファンドに対する他の関与は，ファンドの業績水準により異なるリターンをファンド・マネジャーに提供する場合がある。

- ファンド・マネジャーは，自らの利益を他の投資者の利益と一致させる手段として，ファンドの業績水準によって変動する業績報酬により報酬を受取る場合がある（例えば，ファンドがより高い業績目標を達成した場合，ファンド・マネジャーはより高い割合で利益を受取る場合がある）。この場合，すべての業績水準について慎重な評価が要求される。その分析に含まれる業績報酬は，受取ることが予想される業績報酬の水準に基づくべきである。たとえファンド・マネジャーが**なんらかの**業績報酬を受取るために所定の最低限の業績水準が要求される場合であっても，ファンド・マネジャーがその所定の水準を達成することが予想される可能性が高い。なぜなら，その目標は他の投資者の同意を得たうえでファンド・マネジャーにその動機を与えるように現実的な水準で設定されることになるからである。
- ファンドは，異なる金額によりファンドの業績の変動性を吸収するさまざまな種類の金融商品を有する場合がある（例えば，異なる水準の優先権を持つ負債のトランシェに残余の持分株式を追加しているケース)。ファンド・マネジャーが保有する金融商品によって吸収される変動性が多いほど，ファンド・マネジャーが本人として行動している可能性が高い（これはIFRS第10号付録B設例15により説明されている—**本章10.1.5.1**参照)。

リターンの変動性に対する最大エクスポージャー

分析を実施する際に，風評リスクに対するエクスポージャー（**本章10.1.4.1**参照）を関連性のある要因として考慮しなければならない場合がある。さらに，ファンド・マネジャーは，契約上の取決めに従って行動する必要がないと予想される場合であっても，なんらかの契約上の取決め（例えば，投資先への信用保険）を提供する理由について考慮すべきである。

他の投資者のものと異なるリターンの変動性

ファンド・マネジャーの経済的関与が他の当事者のものと異なっている場合，ファンド・マネジャーは意思決定の際に自らの経済的関与によって影響を受け，したがって本人として行動している可能性がより高くなる。

これは，ファンド・マネジャーが他の投資者とは異なる種類の投資を保有している場合に起こり得る（例えば，ファンド・マネジャーがレバレッジ・ファンドに証券の劣後トランシェを保有している場合)。

ファンド・マネジャーが他の持分保有者とは異なるエクスポージャーを有しているような状況では，たとえファンド・マネジャーにすべての投資者の利益を最優先して行動する契約上の義務があったとしても，当ファンド・マネジャーが本人または代理人として行動しているのかを決定する際に，その経済的関与の相違は考慮すべき重要な要因となる。

IFRS第10号B74項は，支配の判定をする際に，ファンド・マネジャー自身のエクスポージャーとともに，**事実上の**代理人（ファンド・マネジャーのために行動している当事者）のリターンの変動性に対するエクスポージャーも考慮すると述べている。

意思決定者の裁量とその経済的関与の総合的な影響

ファンド・マネジャーが本人または代理人として行動しているのかに関する

最終的な決定には，通常，最初に識別された2つの重要な論点を総合的に考慮することが要求され，多くの場合，関連する事実と状況に基づいた判断の行使が要求される。

ファンド・マネジャーのリターンの変動性に対するエクスポージャーの合計を検討する最初のポイントとして，まずはファンドの価値の変動額に対するファンド・マネジャーの持分割合合計を算出することが考えられる。例えば，設例14Bにおいてファンド・マネジャーは，管理対象資産の1％の報酬および特定の利益水準に達した場合に利益の20％をボーナスとして受取り（設例では明記されていないが，分析のなかでは所定の利益水準に達することが明白に予想される），さらにファンドに20％の投資を保有している。

したがって，ファンドの投資価値がCU 100増加し，ファンドの利益によりファンド・マネジャーがボーナスを受取る資格を得るような場合，ファンド・マネジャーは以下のようにファンドのリターンの変動性に対するエクスポージャーを有する。

（単位：CU）

マネジメント・フィー	CU 100×1％	1.00
ボーナス	CU 99（マネジメント・フィーの影響考慮後）×20％	19.80
投資価値の増加	CU 79.2（マネジメント・フィーとボーナスの影響考慮後）×20％	15.84
		36.64

定量的分析を実施する場合は，それらの持分の質的特徴およびファンドの業績に応じてそれらがどのように変化するのかを併せて検討すべきである。IFRS第10号BC 142項で述べられているように，IASBは，リターンの変動性に対する意思決定者のエクスポージャーを評価するための純粋な定量的アプローチを定めることを棄却した。なぜなら，それは一定の状況において不適切な連結の結論を生じさせるような「明確な境界線（bright lines）」を作り出すことになるからである。

以下に要約され，また**本章10.1.5.1**において再構成されたIFRS第10号付録Bの設例は，多くの要因に基づいてファンド・マネジャーが代理人または本人として行動しているのかを決定する際の一助として提供される。

	IFRS 第 10 号付録 B 設例					
	13	14A	14B	14C	15	16
マネジメント・フィー	純資産価値の1%	管理対象資産の1%				他の投資者とは著しく異なるさまざまな持分
ボーナス（特定の利益を達成した場合）	−	利益の20%			利益の10%	
ファンドへの投資	10%	2%	20%	20%	35%	
意思決定のパワーに対する制限	投資委任事項で狭く設定されたパラメーターに従う。	ファンドの管理文書に従わなければならない。			目論見書のパラメーターの範囲内	すべての投資者の利益を最優先して行動しなければならない。
解任権	なし	契約違反を理由とする場合にのみ。	契約違反を理由とする場合にのみ。	取締役会は契約を更新しないことを毎年決定でき，他のファンド・マネジャーがサービスを提供することが可能	理由なしに解任できるが，多数いる投資者の過半数が必要	なし
結論	代理人	代理人	本人	代理人	本人	本人

上記に要約された IFRS 第 10 号付録 B の設例および達した結論に関して，以下のような分析が行われる。

- IFRS 第 10 号 B65 項における議論に従い，ファンド・マネジャーがファンドに対する高水準な経済的関与を有している場合であっても，実質的な解任権により（設例 14C 参照），ファンド・マネジャーが代理人として行動していると結論付けられることがある。設例 14C では，取締役会の構成または取締役会メンバーや投資者の数についての詳細は提供されない（ただし，構成員はすべてファンド・マネジャーから独立しており投資者により任命される）が，実務上は当該要因をファンド・マネジャーが代理人として行動していると結論付ける前に考慮しなければならない。
- すべての設例において，ファンド・マネジャーの報酬は「市場ベース」であり「提供するサービスに見合った」ものであるとされている。したがって，IFRS 第 10 号 B69 項および B70 項に規定される代理人と判定する際の制限は適用されない。

- 設例 15 では，ファンド設立時のファンド・マネジャーの投資額は総投資額のわずか 3.5%にしかすぎない（ファンド・マネジャーはファンドの総投資額の 90%を占めるファンドが発行した負債性金融商品を全く保有していないことによる）。しかし，ファンドの資本持分（うち 35%をファンド・マネジャーが保有）は，負債性金融商品への投資者に劣後しファースト・ロスからの保護を提供するため，ファンド・マネジャーはファンドの業績から生じる変動性を高い割合で吸収し，したがって本人として行動していると判断される。

10.1.5.1　設　例

IFRS 第 10 号の付録 B には，意思決定者（ファンド・マネジャー）が代理人として行動しているかどうかを決定するための要求事項を適用する方法を説明する，多数の設例が含まれている。便宜上，これらの設例は以下に再掲されている。

設例10.1.5.1A

ファンド・マネジャーが本人か代理人かの評価(1)

[IFRS第10号付録B 設例13]

意思決定者（ファンド・マネジャー）は，国内法および規則で要求されている投資委任事項で狭く設定されたパラメーターに従い，規制対象の上場ファンドを設立し，販売および管理を行っている。このファンドは，上場企業の持分証券の分散ポートフォリオへの投資として投資者に販売された。所定のパラメーターの範囲内で，ファンド・マネジャーは投資する資産についての自由裁量を有している。ファンド・マネジャーは，ファンドに 10%の比例的投資を行っており，サービスに対してファンドの純資産価値の 1%に相当する市場ベースの報酬を受取る。この報酬は提供するサービスに見合ったものである。ファンド・マネジャーは，10%の投資を超えるファンドの損失に対してはなんら義務を負わない。ファンドは，独立の取締役会を設置する必要はなく，設置していない。投資者は，ファンド・マネジャーの意思決定権限に影響を及ぼす実質的な権利を有していないが，ファンドが設定した特定の限度内で持分の償還を受けることができる。

このファンドは，投資委任事項に示されたパラメーターの範囲内で，規制上の要求に従って運営されているが，ファンド・マネジャーは，ファンドと関連性のある活動を指図する現在の能力を与える意思決定権を有している（投資者は，ファンド・マネジャーの意思決定権限に影響を及ぼし得る実質的な権利を有していない）。ファンド・マネジャーは，サービスについて，提供するサービスに見合った市場ベースの報酬を受取るとともに，ファンドへの比例的投資を行っている。その報酬と投資により，ファンド・マネジャーは，ファンドの活動からのリターンの変動性に対するエクスポージャーに晒される。これは，ファンド・マネジャーが本人であることを示すほどの重要なエクスポージャーの創出を伴わない。

この例では，ファンドからのリターンの変動性に対するファンド・マネジャーのエクスポージャーと，制限されたパラメーターの範囲内での意思決定権限とを併せて考慮することにより，ファンド・マネジャーが代理人であることが示される。したがって，ファンド・マネジャーはファンドを支配していないと結論を下す。

設例10.1.5.1B
ファンド・マネジャーが本人か代理人かの評価(2)
[IFRS第10号付録B 設例14－14C]

設例14

意思決定者は，多数の投資者に投資機会を提供するファンドを設立し，販売および管理を行っている。意思決定者（ファンド・マネジャー）は，すべての投資者の利益を最優先し，当該ファンドの管理契約に従って意思決定を行わなければならない。しかし，ファンド・マネジャーは広い範囲の意思決定の自由裁量を有している。ファンド・マネジャーは，管理により運用資産の１%に相当する市場ベースのサービス報酬とともに，所定の利益水準を達成した場合には，ファンドの利益の20%を受取る。この報酬は提供するサービスに見合ったものである。

ファンド・マネジャーは，すべての投資者の利益を最優先して意思決定を行わなければならないが，ファンドの関連性のある活動を指図する広い範囲の意思決定権限を有している。ファンド・マネジャーには，提供するサービスに見合った定額報酬と業績連動報酬が支払われる。さらに，報酬によりファンド・マネジャーの利害を他の投資者の利害と一致させて，ファンドの価値の増加を図っているが，その報酬を単独で考えた場合にファンド・マネジャーが本人であることを示すような，ファンドの活動からのリターンの変動性に対する重要なエクスポージャーの創出はない。

上記の事実パターンと分析は，下記**設例 14A** から **14C** に適用される。各設例は独立して検討されている。

設例14A

ファンド・マネジャーは，ファンドに対して２%の投資も有している。これは自らの利害を他の投資者と一致させるものである。ファンド・マネジャーは，２%の投資を超えるファンドの損失に対してはなんら義務を負っていない。投資者はファンド・マネジャーを単純過半数の投票で解任できるが，契約違反を理由とする場合のみである。

ファンド・マネジャーの２%の投資により，ファンドの活動からのリターンの変動性に対するエクスポージャーは増加しているが，ファンド・マネジャーが本人であることを示すような重要なエクスポージャーは生じさせていない。他の投資者がファンド・マネジャーを解任できる権利は，契約違反の場合にのみ行使可能なものであるため，防御的な権利と考えられる。この例では，ファンド・マネジャーは広範囲の意思決定権限を有し，持分と報酬からのリターンの変動性に晒されているものの，ファンド・マネジャーのエクスポージャーは，ファンド・マネジャーが代理人であることを示している。したがって，ファンド・マネジャーはファンドを支配していないと結論を下す。

設例14B

ファンド・マネジャーは，ファンドに対してより多くの比例的投資を有しているが，その投資を超えるファンドの損失に対してはなんら義務を負っていない。

投資者はファンド・マネジャーを単純過半数の投票で解任できるが，契約違反を理由とする場合のみである。

この例では，他の投資者がファンド・マネジャーを解任できる権利は，契約違反の場合のみ行使可能なものであるため，防御的な権利と考えられる。ファンド・マネジャーには，提供するサービスに見合った定額報酬と業績連動報酬が支払われるが，ファンド・マネジャーの投資と報酬との組合せにより，ファンド・マネジャーが本人であることを示すだけの重要性のあるファンドの活動からのリターンの変動に対するエクスポージャーが生じる。ファンド・マネジャーの経済的関与（報酬および他の関与を合計で考慮する）の規模と，それに関する変動性が大きいほど，分析においてそれらの経済的関与の方がより重視され，ファンド・マネジャーが本人である可能性が高くなる。

例えば，報酬とその他の要因を考慮すると，ファンド・マネジャーがファンドを支配していると結論付けるのに20％の投資で十分であると考えるかもしれない。しかし，異なる状況（すなわち，報酬または他の要因が異なる場合）においては，投資の水準が異なる場合に，支配が生じることもある。

設例14C

ファンド・マネジャーは，ファンドに対して20％の比例的投資を有しているが，20％の投資を超えるファンドの損失に対してはなんら義務を負っていない。ファンドには取締役会があり，その構成員はすべてファンド・マネジャーから独立しており，他の投資者により任命される。取締役会はファンド・マネジャーの任命を毎年行う。取締役会がファンド・マネジャーの契約を更新しないと決定した場合でも，ファンド・マネジャーの行っているサービスは，その業界における他のマネジャーが行うことができる。

ファンド・マネジャーには，提供するサービスに見合った定額報酬と業績連動報酬が支払われるが，ファンド・マネジャーの20％の投資と報酬との組合せにより，ファンド・マネジャーが本人であることを示すだけの重要性のあるファンドの活動からのリターンの変動に対するエクスポージャーが生じる。しかし，投資者はファンド・マネジャーを解任する実質的な権利を有している。取締役会が，投資者が決定すればファンド・マネジャーを解任できるようにする仕組を提供しているからである。

この例では，実質的な解任権の方が分析において重視される。したがって，ファンド・マネジャーは広範囲の意思決定権限を有し，報酬と投資からのリターンの変動性に晒されているものの，他の投資者が保有している実質的な権利が，ファンド・マネジャーが代理人であることを示している。したがって，ファンド・マネジャーはファンドを支配していないと結論を下す。

設例10.1.5.1C

ファンド・マネジャーが本人か代理人かの評価(3)

[IFRS第10号付録B 設例15]

投資先は，固定金利の資産担保証券のポートフォリオを購入するために設立され，固定金利の債券と持分証券により資金調達している。持分証券は，債券投資者にファースト・ロスからの保護を提供し，投資先の残余リターンを受取るように設計されている。この取引は，潜在的な債券投資者に対し，資産担保証券のポートフォリオへの投資として販売されており，以下のようなエクスポージャーを有している。ポートフォリオ中の資産担保証券の発行者に関する債務不履行の可能性についての信用リスクおよびポートフォリオの管理に関連した金利リスクへのエクスポージャーである。設立時に，持分証券は購入した資産の価値の10%を表している。意思決定者（アセット・マネジャー）は，このアクティブ資産ポートフォリオを，投資先の目論見書で示したパラメーターの範囲内での投資意思決定を行うことにより管理する。こうしたサービスに対してアセット・マネジャーは，市場ベースの定額報酬（すなわち，運用資産の1%）と，投資先の利益が所定の水準を超えた場合の業績関連報酬（すなわち，利益の10%）を受取る。この報酬は提供するサービスに見合ったものである。アセット・マネジャーは投資先の持分の35%を保有している。残りの65%の持分と，債券のすべては，多数の広く分散した関連のない第三者である投資者が保有している。アセット・マネジャーの解任は，他の投資者の単純過半数の決定により，理由なしに行うことができる。

アセット・マネジャーには，提供するサービスに見合った定額報酬と業績連動報酬が支払われる。この報酬は，ファンドの価値を増加させるために，ファンド・マネジャーの利害を他の投資者の利害と一致させるものである。アセット・マネジャーは，持分の35%の保有と報酬により，ファンドの活動からのリターンの変動性に対するエクスポージャーを有している。

投資先の目論見書で示したパラメーターの範囲内で運営しているが，アセット・マネジャーは，投資先のリターンに重要な影響を及ぼす投資意思決定を行う現在の能力を有している。他の投資者の有する解任権は，多数の広範囲に分散した投資者が保有しているため，分析におけるウェイトは低い。この例では，負債に劣後する資本持分による，ファンドのリターンの変動性に対するアセット・マネジャーのエクスポージャーの方が重視される。持分の 35％の保有により，損失への劣後エクスポージャーと投資先のリターンへの権利が生じる。これは，アセット・マネジャーが本人であることを示すだけの重要性がある。したがって，アセット・マネジャーは投資先を支配していると結論付ける。

設例10.1.5.1D

ファンド・マネジャーが本人か代理人かの評価(4)

[IFRS第10号付録B 設例16]

意思決定者（スポンサー）が，マルチセラー型導管体に出資し，これが短期債券を関連のない第三者の投資者に発行する。この取引は，潜在的な投資者に，高格付の中期資産のポートフォリオへの投資として販売され，ポートフォリオ中の資産の発行者の支払不履行の可能性に関する信用リスクへのエクスポージャーは最小限のものである。さまざまな譲渡人が高品質の中期資産ポートフォリオをこの導管体に売却する。各譲渡人は，導管体に売却する資産のポートフォリオの回収サービス業務を行い，支払不履行時の債権の管理を市場ベースのサービス報酬で行う。また，各譲渡人は，導管体に移転された資産の超過担保を通じて，資産ポートフォリオからの信用損失に対するファースト・ロスからの保護を提供する。スポンサーは導管体の条件を設定し，市場ベースの報酬で導管体の運営を管理する。この報酬は提供するサービスに見合ったものである。スポンサーは，導管体への売却が認められる売手の承認，導管体が購入する資産の承認，および導管体の資金調達に関する意思決定を行う。スポンサーは，すべての投資者の利益を最優先に行動しなければならない。

スポンサーは導管体の残余リターンに対する権利を有し，導管体に信用補完および信用供与枠も提供する。スポンサーが提供する信用補完は，譲渡人が損失を吸収した後の，導管体のすべての資産の5%までの損失を吸収する。信用供与枠は，支払不履行となった資産に対しては提供されない。投資者は，スポンサーの意思決定権限に影響を与え得る実質的な権利を有していない。

スポンサーには，サービスに対して，提供するサービスに見合った市場ベースの報酬が支払われるが，スポンサーは導管体の活動からのリターンの変動性に対するエクスポージャーを有している。これは，導管体の残余リターンに対する権利ならびに信用補完および信用供与枠の提供によるものである（すなわち，導管体は中期資産の資金を調達するために短期債券を使用していることにより，流動性リスクに晒されている）。譲渡人のそれぞれが導管体の資産の価値に影響を及ぼす意思決定権を有しているが，スポンサーは広範な意思決定権限を有しており，それにより導管体のリターンに最も重要な影響を及ぼす活動を指図する現在の能力を得ている（すなわち，スポンサーは導管体の条件を設定し，資産に関する意思決定〔購入する資産と当該資産の譲渡人の承認〕を行い，導管体の資金調達〔それについて新しい投資を定期的にみつけなければならない〕を行う）。導管体の残余リターンに対する権利および信用補完ならびに信用供与枠の提供により，スポンサーは，導管体の活動からのリターンについて他の投資者とは異なる変動性に晒されている。したがって，そのエクスポージャーは，スポンサーが本人であることを示しており，このため，スポンサーは導管体を支配していると結論付ける。スポンサーがすべての投資者の利益を最優先して行動する義務は，スポンサーが本人となることを妨げるものではない。

10.2　事実上の代理人

前のセクションでは，意思決定者が本人として行動するか，他の当事者の代理人として行動するかどうかについて取扱っている。

IFRS 第 10 号のもとで，投資者はまた，他の当事者との関係の内容と，他の当事者が投資者のために行動しているかどうか（すなわち，「**事実上の**代理人（de facto agents）」として行動しているかどうか）についても検討することが要求される［IFRS第10号B73項］。ある当事者が**事実上の**代理人となるのは，投資者（または投資者の活動を指図する人々）が，当該当事者に対して投資者のために行動するよう指図する能力を有している場合である［IFRS第10号B74項］。

ある当事者が他の当事者のために**事実上の**代理人として行動しているかどうかを決定する際には，判断が要求され，関与している当事者間の関係の内容だけではなく，それらの当事者間の相互関係および投資者との相互関係がどのようであるかを考慮する［IFRS第10号B73項］。このような関係は，契約上の取決めを伴っている必要はない［IFRS第10号B74項］。

ある投資者が**事実上の**代理人を有している場合，投資先に対する支配を判定する際に，投資者は，**事実上の**代理人の意思決定権および**事実上の**代理人を通じた変動リターンへの間接的なエクスポージャーまたは権利を，投資者自身のものとともに考慮しなければならない［IFRS第10号B74項］。

IFRS第10号は，投資者との関係の内容により投資者の**事実上の**代理人として行動している可能性のある当事者の例をあげている［IFRS第10号B75項］。

- 投資者の関連当事者（IAS第24号「関連当事者についての開示」で定義される）（**第2巻11章**参照）
- 投資先に対する持分を投資者からの出資または借入として受取った者
- 投資先に対する持分の売却，譲渡または抵当権の設定を投資者の事前の承認なしには行わないことに同意した者（ただし，投資者と当該他の当事者が事前承認の権利を有し，その権利が，自発的な独立の当事者が相互に合意した条件に基づいている場合を除く）
- 投資者からの劣後的な財政支援なしでは営業活動の資金を調達できない者
- 統治機関のメンバーの過半数または経営幹部が投資者と同一である投資先
- 投資者と密接な事業上の関係（専門サービスの提供者とその重要な顧客の1つとの関係等）を有する者

11　支配の継続的な判定

IFRS 第 10 号は，投資者に，下記の支配の 3 要素のうち 1 つ以上に変化があったことを示す事実と状況がある場合には，投資先を支配しているかどうか再検討することを要求している［IFRS 第 10 号 8 項および B80 項］。

- 投資先に対するパワー
- 投資先への関与により生じる変動リターンに対するエクスポージャーまたは権利
- リターンの額に影響を及ぼすように投資先に対するパワーを使用する能力

IASB は，本基準に先立つ公開草案に対して関係者から表明されたいくつかの懸念に対処して，上記に規定される支配の「継続的な判定」の意味するところを明確化した。さらに，IASB は（1）支配の再判定に対する要求は報告日に限定されないこと，および（2）各報告日現在で，すべての支配または潜在的な支配の関係の再判定が自動的に要求されるものではないことを確認した［IFRS 第 10 号 BC 151 項］。

投資者による当初の支配の判定または本人か代理人かの立場についての判定は，単に市場の状況が変化した（例えば，市場の状況による投資先のリターンの変動）という理由だけでは変更されない。ただし，市場の状況の変化により，上記にあげた支配の 3 つの要素のいずれかが変化する場合，または本人と代理人との全体的な関係が変化する場合を除く［IFRS 第 10 号 B85 項］。

IFRS 第 10 号は，支配の要素に変化が生じたことが示唆される状況の例を提供している。

- 投資先に対するパワーを行使できる方法が変化した場合。例えば，意思決定権の変更は，もはや議決権を通じて関連性のある活動が指図されるのではなく，他の合意（例えば，契約）によって他の当事者が関連性のある活動を指図する現在の能力を得ていることを意味している可能性がある。そのような変化は，投資者がなんら関与していない事象から生じることがある（例えば，これまでは他の当事者が有していた権利のために投資者が投資先を支配できなかったが，その権利が消滅した場合）[IFRS 第 10 号 B81 項および B82 項]。

- 投資先への関与により生じる変動リターンに対するエクスポージャーまたは権利に影響を及ぼす変化があった場合（例えば，業績連動報酬を受取る契約が終了し，結果として，投資者が投資先への関与から生じる変動リターンを受取る権利を失った場合）[IFRS 第 10 号 B83 項]
- 投資者が本人として行動しているのかまたは代理人として行動しているのかに関する投資者の立場を変化させる可能性がある，投資者と他の関係する当事者との全体的な関係の変化があった場合。例えば，投資者または他の当事者の権利に変化が生じた場合には，投資者は自らの本人または代理人としての立場を再検討しなければならない [IFRS 第 10 号 B84 項]。

11.1　債務不履行または借入契約条項違反に対する貸手の権利の再評価

金銭貸借契約は，借手の借入契約条項の違反および／または，金銭貸借契約に基づく支払義務不履行が発生した場合に行使され得る権利を一般的に貸手に与えるものである（例えば，担保物件として借手から提供された資産を差押える権利）。そのような権利は，しばしば「防御的な権利」とみなされ，結果として借手に対するパワー（そして結果的に支配）を貸手に対して与えるとは考えられていない（**本章 8.5** 参照）。しかし一定の状況においては，当該権利は単に防御的ではなく，契約条項違反や債務不履行が発生した場合には借手に対するパワーを貸手に与える権利であると考えられる場合もある。

借手による債務不履行もしくは契約条項違反により，金銭貸借契約に基づく貸手の権利が実行可能になった場合，一定の状況においては貸手が借手に対する支配を獲得したと考えることができる。債務不履行もしくは契約条項違反を行った借手に対して支配を獲得したかどうかを決定する場合，貸手は以下の事項を考慮すべきである。

- 債務不履行や違反の前後のいずれにおいても，貸手の権利の性質が防御的なものであると考えられ，したがって，借手に対するパワーを貸手に与えないかどうか（下記シナリオ 1）。

- 債務不履行や違反の結果として，貸手の権利が変更されることにより，借手に対するパワーを貸手に与えているかどうか（下記シナリオ 2）。
- 金銭貸借契約の条項が，債務不履行や違反が発生した場合には，パワーを与えるように当初から設計されているかどうか（シナリオ 3）。

当該権利が，債務不履行や違反が発生した場合に，借手に対するパワーを貸手に与える場合，支配に関する他の 2 要件（すなわち，変動リターンに対するエクスポージャーまたは権利および，投資者のリターンの額に影響を及ぼすようにパワーを用いる能力ー**本章 5** 参照）が存在すれば，貸手はその企業を支配している。

以下の例では，これらの考慮事項を例示している。

シナリオ1：契約条項違反の際に行使された担保を差押える権利

借手が合意された水準のインタレスト・カバレッジを維持することができずローン契約条項に違反した場合に，貸付金の担保として差入れられた不動産を手に入れる権利を，金銭貸借契約の条項が貸手に与えている。その後当該契約条項は不履行となり，当初の金銭貸借契約に従い，貸手は不動産を所有することが可能である。

このような状況において，資産を差押えるという貸手の権利は，防御的な性質を有する（なぜならば，金銭貸借契約に基づき貸手の権利を保護することのみを目的としているからである）。契約条項違反が発生した場合，貸手は防御的な権利を行使する権利があるのみである。したがって，貸手は借手に対する支配を獲得していない。

シナリオ2：契約条項違反の際に再交渉された担保を差押える権利

設定はシナリオ 1 と同様であるが，このケースにおいては，貸手は，ローン残高の価値まで借手のすべての資産に対する権利を有する。違反の時点において，借手は貸手の権利を満たす十分な資産を有しておらず，代わりにローン契約条項の放棄と引換に，借手の関連性のある活動に対するパワーを貸手に与える交渉を行う（例えば，年度予算，資本的支出，リース契約の更新の承認や経営幹部の指名)。

このような状況においては，貸手の権利は，防御的な権利から借手に対するパワーを与えるように設計された権利へと変更されている。支配に関する他の 2 要件（貸手は融資からの変動リターンに対するエクスポージャーを有し，それらリターンに影響を及ぼすようにパワーを行使できる）が存在すると仮定すれば，貸手は借手に対する支配を有することになる。

同様に，貸手が融資における権利を借手の資本の支配持分と交換することにより，借手に対する支配を獲得することも考えられる。

シナリオ3：契約条項違反の際の経営上の重要な決定に対するパワー

金銭貸借契約の条項により，契約条項違反の場合には，関連性のある活動に対するパワーが貸手に与えられる（例えば，年度予算，資本的支出，リース契約の更新の承認や経営幹部の指名)。

このような状況においては，契約条項違反による貸手の権利の再判定によって，当初の金銭貸借契約条項により，貸手が借手に対するパワーを獲得することになると結論される。支配に関する他の 2 要件（貸手は融資からの変動リターンに対するエクスポージャーを有し，それらリターンに影響を及ぼすようにパワーを行使できる）が存在すると仮定すれば，貸手は現時点で借手に対する支配を有することになる。

借手の財務困難または借手による不履行における貸手の権利は，各国の破産法により法域ごとに異なる可能性がある。貸手の権利の性質を検討する際には，そのような法律の影響を考慮すべきである。

12　会計上の要求事項

このセクションでは，連結財務諸表作成の「メカニズム」に関する IFRS 第 10 号の要求事項について述べる。これらは，基本的には IAS 第 27 号（2008 年）「連結および個別財務諸表」から変更することなく繰越されているが，細かい表現や要求事項の順番が変更されている。

12.1　連結手続

このセクションの議論は，IFRS 第 10 号に従って企業が連結する子会社に関するものである。これは，純損益を通じて公正価値で測定される投資企業の子会社には適用されない（**本章 15** 参照）。

連結財務諸表を作成する場合，企業は以下のことを行う［IFRS 第 10 号 B86 項］。

- 親会社とその子会社の資産，負債，資本，収益，費用およびキャッシュ・フローの類似項目を合算する。

例えば，親会社および各子会社の現金，売上債権および前払金は，連結修正が行われる前に，グループの現金，売上債権および前払金になるように合算される。その目的は，連結財務諸表は，親会社およびその子会社の情報を，それらがあたかも単一の企業の財務諸表であるかのように表示しなければならないというところにある。

- 親会社の各子会社に対する投資の帳簿価額と，各子会社の資本のうち親会社の持分相当額とを相殺（消去）する。関連するのれんは，IFRS 第 3 号「企業結合」（**第 2 巻 3 章**参照）に従って認識される。
- グループ企業間の取引に関するグループ内の資産および負債，資本，収益，費用ならびにキャッシュ・フローを全額相殺し，棚卸資産や固定資産等，資産に認識されるグループ内取引から生じる純損益は全額消去する（**本章 12.1.2** 参照）。

異なる機能通貨を持つグループ企業間の貸付から生じる為替差損益は消去されないことに注意する。それらは，IAS 第 21 号「外国為替レート変動の影響」15 項を満たす場合を除き，連結純損益に含めて認識される（**第 1 巻 13 章「外国為替レート変動の影響」3.2** 参照）。

12.1.1　持分の持合

持分の持合とは，2つの企業が互いに資本持分を保有する状況をいう。IAS第32号「金融商品：表示」33項の類推適用は適切である（すなわち，持分の持合は自己株式と同様に取扱われる）。連結財務諸表上，持分の持合は，親会社による子会社に対する投資の減少および子会社の利益に対する持分の減少として表示されるべきである。

12.1.2　グループ企業間の取引の消去

12.1.2.1　一般原則

連結されたグループの財務諸表を表示するために，グループ企業間の取引の効果は相殺消去しなければならない。IFRS第10号は，グループ企業間の取引および結果として生じる未実現損益を，全額相殺消去することを要求している［IFRS第10号B86項（c)］。

グループ内のある企業の別のグループ内企業に対する負債は，当該別の企業の財務諸表上の対応する資産との間で相殺される。グループ内のある企業が計上した別のグループ内企業に対する売上は，連結包括利益計算書に表示される収益および売上原価または適切な費用項目の両方から除外される。子会社から受取った配当は，連結包括利益計算書から除外し，対応する資本の増減を相殺しなければならない。

前パラグラフで言及されている修正は，グループ企業と連結財務諸表で持分法を使用して会計処理される投資（例えば，関連会社）との間の取引については要求されない（**第2巻6章4.4**参照)。

購入した企業が対象となる商品を第三者に売却した範囲では，売上および売上原価の相殺のみが要求され，当該期間の連結純損益または純資産に対する修正は要求されない。しかし，対象となる商品が報告期間の末日時点で依然として手元にあり，グループにとっての取得原価を超える金額で計上されている場合には，グループ内の利益は消去され，資産の帳簿価額は，グループにとっての取得原価まで減額されなければならない（適切な場合には，修正後の取得原価に基づき事後の減価償却を修正する)。

グループ企業間の取引について，棚卸資産や有形固定資産のような資産の帳簿価額に含まれるグループ企業間取引の結果として生じる未実現利益は，全額消去される。そのような利益を全額消去する要求事項は，たとえグループの持分が100％未満であるとしても，連結されるすべての子会社の取引に適用される。

連結財務諸表上で持分法を使用して会計処理される企業（例えば，関連会社）については，未実現利益は一般に，投資者の当該関連会社に対する持分の範囲において消去される（**第2巻6章4.4.6**参照)。

12.1.2.2　棚卸資産に含まれる未実現利益

あるグループ内企業が別のグループ内企業に商品を販売する場合，販売する企業は，個別の法的主体としては当該販売によって得られた利益を認識する。しかし，報告期間の末日時点でこれらの商品が購入した企業により棚卸資産として依然として保有されている場合，販売した企業によって認識された利益は（グループ全体の視点からみた場合には）いまだ獲得されておらず，当該利益は商品が最終的にグループの外部に販売されるまで獲得されていない。連結上，期末の棚卸資産残高に含まれる未実現利益はグループの利益から消去され，グループの期末棚卸資産残高はグループにとっての取得原価で測定されなければならない。

商品が親会社から子会社に販売される場合，取引に含まれる利益は，親会社が保有する持分割合に関係なくすべて消去される。すなわち，グループは，非支配持分に帰属する利益部分を認識することは許容されない。

設例12.1.2.2A

棚卸資産に含まれる未実現利益(1)

会社Aは，80％保有の子会社Bを有する。20X1年に，会社Aは子会社Bに対し，取得原価CU 20,000の商品をCU 30,000で販売する。20X1年12月31日時点で，子会社Bはそれらの商品の半分を棚卸資産として保有し続けている。

子会社 B が保有する棚卸資産には，CU 5,000 の未実現利益が含まれている。連結においてこの利益は，非支配持分の存在と無関係に全額消去されなければならない。

したがって，当該取引の影響をすべて相殺消去するために必要とされる連結仕訳は，以下のとおりである。

（単位：CU）

（借）連結収益	30,000	
（貸）連結売上原価		30,000
（借）連結売上原価（期末棚卸資産残高）	5,000	
（貸）期末棚卸資産残高		5,000
グループ内取引の影響の消去		

商品が完全子会社でない子会社から別のグループ内企業（親会社または兄弟会社）に販売される場合であっても，未実現利益はすべて消去されなければならない。

このような状況（すなわち，完全子会社でない子会社による別のグループ企業への売却）では，非支配持分に帰属する未実現利益の金額を算定するために，以下のいずれの方法を使用すべきかが問題となる。

- 方法 1：非支配持分に，未実現利益の持分割合に応じた金額を配分する方法。このアプローチは，販売した企業の利益を消去するものである。
- 方法 2：非支配持分には，グループ内の売上により発生する利益のうち非支配持分に帰属する金額を得る権利があると認め，非支配持分には未実現利益を配分しない方法。このアプローチは，非支配持分の金額は，子会社の株式資本および剰余金に対する非支配持分の権利を反映するものとなる。

IFRS 第 10 号はいずれの処理がより適切かについて明示しておらず，実務上はいずれのアプローチも一般に採用されている。どちらのアプローチが採用されても，会計方針の選択として継続して適用しなければならない。

設例12.1.2.2B
棚卸資産に含まれる未実現利益(2)

会社Cは，2つの子会社（会社Cが80%の持分を保有する会社D，および会社Cが75%の持分を保有する会社E）を有する。報告期間中に，会社Dは会社Eに対して商品をCU 100,000で販売した。当該商品は会社Dによって製造されており，製造原価はCU 70,000であった。会社Eは，これらの商品のうち2分の1を報告期間の末日までに売却した。

会社Cの連結財務諸表を作成するにあたって，会社Eにより依然として保有される棚卸資産に含まれる未実現利益は消去される。これらの棚卸資産は，会社Dから会社EへCU 50,000の価格で移転され，グループにとっての棚卸資産の取得原価はCU 35,000であった。したがって，棚卸資産から消去されるグループ内の利益はCU 15,000である。

会社Cの会計方針は，非支配持分に未実現利益の比例部分を配分するものであると仮定して（前述の方法1），非支配持分に帰属する割合は，販売子会社Dの非支配持分の比例持分を参照して算定される（すなわち，20%）。したがって，非支配持分に帰属する未実現利益は，CU 15,000×20%＝CU 3,000となる。

よって，方法1によれば，連結財務諸表に要求される仕訳は以下のとおりとなる。

（単位：CU）

（借）連結収益	100,000	
（貸）連結売上原価		100,000
（借）連結売上原価（期末棚卸資産残高）	15,000	
（貸）期末棚卸資産残高		15,000
（借）非支配持分	3,000	
（貸）利益剰余金		3,000

グループ内取引の影響の消去

会社Cの会計方針が，未実現利益消去額を非支配持分へ配賦しない方法（前述の方法2）の場合は，CU 15,000の全額が親会社の所有者に帰属し，上記の最後の仕訳（未実現利益消去額の一部の非支配持分への移転）は不要となる。

12.1.2.3　非流動資産の移転における未実現利益

前述した棚卸資産に含まれる未実現利益と同様に，グループ企業間の非流動資産の移転から生じる未実現利益も連結財務諸表上消去される。

設例12.1.2.3
非流動資産の移転における未実現利益

会社Ｆは会社Ｇの発行済株式資本の 80％を保有する。会社Ｇは，20X1 年 1 月 1 日に取得原価 CU 4 百万で機械を購入した。機械は 10 年の耐用年数を有する。

20X3 年 1 月 1 日，会社Ｇは会社Ｆに当該機械を CU 3.6 百万（公正価値）で売却する。

20X3 年 12 月 31 日時点の会社Ｆの連結財務諸表を作成するにあたって，会社Ｇから会社Ｆへの売却の影響額は消去されなければならない。

20X3 年 12 月 31 日現在において，会社Ｆの帳簿上の当該機械の帳簿価額は，CU 450,000 の減価償却費の認識後，CU 3.15 百万となる（すなわち，会社Ｆにとっての取得原価 CU 3.6 百万は，資産の残存耐用年数である 8 年にわたり償却されると仮定する）。

会社Ｇは，資産の移転による利益 CU 400,000 を認識する（売却収益 CU 3.6 百万から，2 年間の減価償却費控除後の帳簿価額 CU 3.2 百万を控除）。

仮に移転取引がなかったとした場合，当該資産は会社Ｇの 20X3 年 12 月 31 日現在の財政状態計算書において CU 2.8 百万で計上され，CU 400,000 の減価償却費が 20X3 年の報告期間に認識されていた。

したがって，必要とされる連結仕訳は以下となる。

（単位：CU 千）

（借）連結純損益（売却益）	400	
（貸）連結純損益（減価償却超過額）		50
（借）機械（当初の取得原価に戻す）	400	
（貸）減価償却累計額（当初の取得日に基づく）		750

グループ内取引の影響の消去

会社G（売主）が100％子会社でないため，会社Fは非支配持分に未実現利益の消去の比例割合を配分するかどうかについて会計方針を適用する必要がある。もし会社Fの会計方針が，非支配持分へ未実現利益の消去の比例割合を配分するものである場合（**本章 12.1.2.2** に記載された方法1），非支配持分へ純損益の比例割合を配分する仕訳が要求される。これは，連結財務諸表において非支配持分として表示される額が，連結財務諸表で報告される非支配持分の純資産割合を適切に反映していること（すなわち，グループ内の利益および結果として生じる減価償却費の超過額を控除後）を確実にするものである。非支配持分に帰属させる割合は次のように決定される。

（単位：CU 千）

売却益のうち非支配持分の比例部分①（20％×400）	80
減価償却超過額のうち非支配持分の比例部分①（20％×50）	(10)
	70

したがって，方法1によれば以下の追加仕訳が要求される。

（単位：CU 千）

（借）非支配持分	70	
（貸）利益剰余金		70

もしF社の会計方針が未実現利益の消去を非支配持分へ配分しないものである場合（**本章 12.1.2.2** に記載された方法2），CU 350の純損益の調整すべてが親会社の所有者に帰属し，この最後の仕訳は要求されない。

12.1.2.4　工事契約

グループ内の企業に建設業または建設請負業を営む企業があり，他のグループ内企業に対して業務を実施する場合，特別な考慮が必要となる。

- 建設中の建物または他の資産が，完成後，他のグループ内企業により有形固定資産項目（例えば，新工場）または投資不動産として取得される場合，上記で示したように，建設を行う企業によって獲得された利益は，連結上消去されなければならない。しかし，建設中の資産が購入する企業と第三者による売買契約の対象である場合，建設する企業によって獲得された利益は，当該利益が IAS 第 11 号「工事契約」の要求事項（**第 1 巻 17 章「工事契約」**参照）に従って測定されていることを前提として，消去される必要はない。そのような状況では，認識された利益はグループ間の利益ではなく，契約の進捗に応じて IAS 第 11 号に従って認識される利益である。

- 建設する企業が建設費用に借入コストを含める場合，資産化される金額はグループの観点から再計算され，必要に応じて修正することが必要となる。特定のプロジェクトのための資金がグループ内の別の企業によって有利子で提供される場合，課された利息は，IAS 第 23 号「借入コスト」（**第 1 巻 12 章「借入コスト」**参照）に従って，グループにより資産化される金額に一致しない場合がある。

12.1.2.5　未実現損失

グループ企業間の取引により生じた損失は，連結財務諸表上での認識が必要な減損を示している場合がある［IFRS 第 10 号 B86 項］。関連する税効果は，IAS 第 12 号「法人所得税」に従って会計処理しなければならない（当該論点の詳細な説明については，**第 2 巻 2 章**を参照のこと）［IFRS 第 10 号 B86 項］。

設例12.1.2.5

未実現損失

事実関係は，機械が会社 G から会社 F に CU 2.4 百万円（公正価値）で移転されたことを除き，**本章設例 12.1.2.3** と同様である。

20X3 年 12 月 31 日現在において，会社 F の帳簿上の当該機械の帳簿価額は，CU 300,000 の減価償却費の認識後，CU 2.1 百万となる（すなわち，取得原価 CU 2.4 百万は，資産の残存耐用年数である 8 年にわたり償却されると仮定する）。

会社 G は，資産の移転による損失 CU 800,000 を認識する（売却収益 CU 2.4 百万から，帳簿価額 CU 3.2 百万を控除）。

仮に移転取引がなかったとした場合，当該資産は会社 G の 20X3 年 12 月 31 日現在の財政状態計算書において CU 2.8 百万で計上され，

CU 400,000 の減価償却費が 20X3 年の報告期間に認識されていた。

企業が，資産の当初の帳簿価額を回収できることを前提とすると，以下の連結仕訳が必要である。

(単位：CU 千)

(借) 連結純損益 (追加償却)	100	
(貸) 連結純損益 (売却損)		800
(借) 機械 (当初の取得原価に戻す)	1,600	
(貸) 減価償却累計額 (当初の取得日に基づく)		900

グループ内取引の影響の消去

会社 G (売主) が 100％子会社でないため，会社 F は非支配持分に未実現利益の消去の比例割合を配分するかどうかについて会計方針を適用する必要がある。もし会社 F の会計方針が，非支配持分へ未実現利益／損失の消去の比例割合を配分するものである場合 (**本章 12.1.2.2** に記載された方法 1)，非支配持分へ純損益の比例割合を配分する仕訳が要求される。これは，連結財務諸表において非支配持分として表示される額が，連結財務諸表で報告される非支配持分の純資産割合を適切に反映していること (すなわち，グループ内の損失の消去および結果として生じる追加の減価償却費) を確実にするものである。非支配持分に帰属させる割合は次のように決定される。

(単位：CU 千)

未実現売却損のうち非支配持分の比例部分 (20％×800)	160
減価償却の追加額うち非支配持分の比例部分 (20％×100)	(20)
	140

したがって，方法 1 によれば以下の追加仕訳が要求される。

(単位：CU 千)

(借) 利益剰余金	140	
(貸) 非支配持分		140

もし会社 F の会計方針が未実現損失の消去を非支配持分へ配分しないものである場合 (**本章 12.1.2.2** に記載された方法 2)，この最後の仕訳は要求されない。

より低い金額での移転が，当該資産の移転前の帳簿価額を回収できないことを示す場合，IAS 第 36 号「資産の減損」に従って減損損失を認識しなければならないことに留意が必要である。

12.1.2.6　繰延税金

グループ企業間の取引から生じた純損益の消去より，一時差異が発生する場合がある。関連する税効果は IAS 第 12 号「法人所得税」に従って会計処理しなければならない（論点に関する詳細な議論は**第 2 巻 2 章**を参照）［IFRS 第 10 号 B86 項］。

12.1.3　収益および費用の測定

連結の目的上，取得された子会社の収益および費用は，当該子会社の取得日に連結財務諸表で認識された資産および負債の金額を基礎とする。例えば，取得日後に認識される減価償却費は，取得日現在の連結財務諸表に認識された関連する償却資産の公正価値を基礎とする［IFRS 第 10 号 B88 項］。

12.2　会計方針の統一

連結財務諸表は，類似の状況における同様の取引および事象に関し，統一された会計方針を使用して作成されなければならない［IFRS 第 10 号 19 項］。

グループの会計方針がグループ内の企業の財務諸表に適用されない場合，グループの会計方針との整合性を確保するために，連結財務諸表を作成の際に適切な修正が行われなければならない［IFRS 第 10 号 B87 項］。

12.3　連結の開始および終了

子会社の連結は，投資者が支配を獲得した日から開始し，支配を喪失した日に終了しなければならない。したがって，子会社の収益および費用は，親会社が子会社の支配を獲得した日から親会社が子会社を支配しなくなった日まで連結財務諸表に含められなければならない［IFRS 第 10 号 20 項および B88 項］。

よって，親会社が報告期間中のいずれかの時点で子会社を有していた場合，IFRS 第 10 号に従って連結財務諸表の作成が要求される（ただし，**本章 3.1** の例外が利用可能な場合を除く）。売却目的保有に分類される子会社については**本章 3.1** で検討されている。

12.4　潜在的議決権

支配の評価における潜在的議決権の影響は**本章 8.6.3.4** で検討されている。このセクションでは，投資先が子会社であると判定された後の連結の「メカニズム」における潜在的議決権の影響に焦点を当てている。

潜在的議決権または潜在的議決権を含んだ他のデリバティブが存在する場合には，連結財務諸表の作成の際に親会社と非支配持分に配分する子会社の純損益および資本の変動の割合は，現在の所有持分のみに基づいて決定し，潜在的議決権および他のデリバティブの行使または転換の可能性は反映しない。ただし，後述の状況を除く［IFRS 第 10 号 B89 項］。

しかし，時には，企業は実質的に所有持分に関連するリターンへのアクセスが与えられる取引の結果として，現在の所有持分を有していることがある。そうした状況では，親会社と非支配持分に配分する割合は，現時点で企業にリターンへのアクセスを与えている潜在的議決権および他のデリバティブの最終的な行使を考慮に入れなければならない［IFRS 第 10 号 B90 項］。

IFRS 第 10 号 B90 項で述べられている状況では，そのような潜在的議決権を含んだ金融商品は，IFRS 第 9 号「金融商品」（または IFRS 第 9 号適用前であれば，IAS 第 39 号「金融商品：認識および測定」）の要求事項の対象とはならない。他のすべての場合には，子会社の潜在的議決権を含んだ金融商品は，IFRS 第 9 号（または IFRS 第 9 号適用前であれば，IFRS 第 9 号）に従って会計処理される［IFRS 第 10 号 B91 項］。

設例12.4A

所有持分に関連するリターンへの実質的な現在のアクセスの検討

会社Ｐは，会社Ｓの60％の持分を保有している。この60％の持分により，会社Ｐは会社Ｓを支配していると判定されている。会社Ｐはまた，会社Ｓの20％の持分を追加取得するオプションを保有している。

20％の追加持分を取得するオプションが，IFRS第10号B90項に規定されている，実質的に「現時点で所有持分に関連するリターンへのアクセスを与える現在の所有持分」を会社Ｐが有しているという結論を導くかどうかを検討するに際して，どのような要素を考慮しなければならないか。

「所有持分に関連するリターン」という用語は，IFRSでは定義されていない。しかし一般的には，企業の所有持分に関連する経済的便益は，例えば企業の価値の変動へのアクセスや配当キャッシュ・フローへの権利を含む。

潜在的議決権が実質的な所有持分に一致するものであるかどうかに関する決定は，潜在的議決権の特定の条件に基づく判断の行使が要求される。そのような決定を行う場合には，あたかも親会社が，すでに潜在的議決権の対象となる株式（基礎となる株式）を保有していることと実質的に同じ経済的地位にいるかどうか，に焦点を当てることが有用である。

このことがよく該当するような１つのシナリオは，親会社が通知期間がなく行使価格ゼロで基礎となる株式に転換できるコール・オプションを有している場合である。そのようなオプションを行使する実際上の能力を有していると仮定すれば，親会社は，あたかも株式をすでに保有しているのと同じリターンを受領する（例えば，配当が支払われる前にオプションを行使することにより）ことを確実にすることができる。

20％の追加持分を取得するオプションが実質的に所有持分に相当するかを評価する際に，会社Ｐが考慮しなければならない可能性のある他の要素は下記のとおりであるが，下記に限定されるものではない。

- 会社Ｐは，持分をすでに所有していると仮定した場合に権利を有するすべて，もしくは実質的にすべてのリターンを受領すること（例えば，配当および株価の上昇を通じて）を保証できるか。例えば，基礎となる株式の現在の保有者に対するいかなる配当の支払も会社Ｐに移転される取決め（例えば現金や行使価格の調整による）や，基礎となる株式を会社Ｐが保有するまでは，配当金が支払われないことを会社Ｐが保証できるような立場となることを通じて，このことが達成される可能性がある。会社Ｐがすでに株式を保有していたと仮定した場合に権利を有するリターンの一部についてアクセスができないのであれば，このことは，実質的に所有持分を保有していないことを示すことがある。

- オプションの行使価格の基礎が何か。もし取引価額が取引日（すなわち，オプションの行使日）における基礎となる株式の公正価値に基づいている場合，このことは一般的には，オプションが行使されるまでは，所有に係る経済的便益は，基礎となる株式の現在の所有者によって保持されていることを示しているであろう。
- オプションは現在において行使可能であるか。オプションが現在において行使可能でない場合，オプションが行使可能となるまで会社Ｐが基礎となる株式の現在の所有者が，所有に係る経済的便益を受取ることを阻止することが可能である場合にのみ，会社Ｐが実質的に所有持分を有すると考えられるべきである。
- オプションは経済的な実質を伴うか。オプションの条件が経済的な実質を伴わず，会社Ｐがおそらく当該オプションの権利を行使することが期待され得ない場合には，所有に伴う経済的便益は会社Ｐに移転していない。

上記に示した検討および要因は，第三者が保有する潜在的議決権に対しても適用されることに留意する必要がある。例えば，第三者である会社Ｘは会社Ｐから会社Ｓの５%の株式を取得するオプションを保有している。会社Ｐと非支配持分に配分する会社Ｓの純損益と資本の変動の適切な割合を決定する際には，会社Ｐは会社Ｘが保有する潜在的議決権が会社Ｘにとって実質的な所有持分であるかどうかを決定する必要がある（**本章設例 12.4D** も参照）。

実質的な所有持分（先渡契約および親会社の行使前の配当権）を有する他のシナリオは，**本章設例 12.4B** に述べられている。

設例12.4B

実質的な現在の所有持分

企業Aは，企業Bの普通株式の49％を保有する。企業Bの普通株式の残りの51％は，独立した3つの当事者によって所有され，それぞれが企業Bの普通株式を17％ずつ所有する。さらに，企業Aは他の株主のうちの1名と，企業Bの普通株式の5％を追加取得するための先渡契約を締結した。この先渡契約は2年内に決済される。先渡契約の条件により，企業Aは，もしあれば，行使までの2年間の期間における5％の所有持分に関連する配当を受取る権利を得る。先渡契約により当該他の株主は，行使までの2年間，先渡契約の対象となる5％の普通株式について，企業Aの指示に従って投票する義務を負う。

この例示では，企業Aは企業Bを支配している（すなわち，企業Aは企業Bの親会社である）と判断される。この判断は，企業Aの既存の49％の所有持分および先渡契約（これは，先渡契約によって企業Aが株式に付随する議決権を支配することを認める）を含む，すべての関連する事実と状況に基づいている。先渡契約は企業Aに介在期間における配当に対する権利を与えることにより，5％の株式保有に関連するリターンへの実質的なアクセスを現時点で与えていることを意味する。企業Aが連結財務諸表を作成する場合，企業Bのうち，企業Aと非支配持分に配分される割合は，それぞれ54％と46％である。

IAS39号（IFRS第9号を適用している企業にも等しく適用される）2項に従えば，先渡契約はIFRS第10号に基づき子会社に対する持分として会計処理されるため，IAS39号の要求事項が適用されないことに留意する必要がある。これは，企業Bの投資がIAS第27号（2011年修正）「個別財務諸表」に従って取得原価で会計処理される場合，企業Aの個別財務諸表にも適用される。

本章設例12.4Cは，潜在的議決権が，親会社が子会社に対する支配を獲得する結果となるように決定された場合の適切な会計処理について検討している。

設例12.4C

潜在的議決権の結果としての支配

企業Ａは，行使期間３ヵ月の企業Ｂ（事業の定義を満たす）の株式の100％のコール・オプションを付与される。期間中，コール・オプションはいつでも行使可能である。当該コール・オプションは経済的実質を有している。

企業Ａはコール・オプションにCU 50 支払う。オプションの行使価格は固定されており，CU 60 である。オプション購入日における企業Ｂの純資産の帳簿価額はCU 85 であり，公正価値はCU 95 である。オプションの公正価値はCU 50 である。

企業Ａがコール・オプションを保有している結果のみをもって企業Ｂを支配していると判断されるかどうかの検討には，判断の行使とすべての関連する事実の検討が含まれる（**本章 8.4** および **8.6.3.4** 参照）。

（もしもコール・オプションにより企業Ａが企業Ｂの支配を獲得しない場合，企業Ｂは企業Ａの子会社の定義を満たさず，オプションは行使されるまでIFRS 第９号〔IFRS 第９号を採用する前はIAS 第39号〕の要求事項に従って会計処理される－**第２巻３章設例 8.1** 参照。）

コール・オプションによって企業Ａが企業Ｂを支配すると仮定すると，それはオプション行使期間中の報告日における企業Ａの連結財務諸表にどのように反映されるか。

企業Ａが企業Ｂを支配していると結論する場合，適切な会計処理は，コール・オプションが実質的な所有持分をもたらすかどうかに依存する。この判定には慎重な判断の行使が求められる（**本章設例 12.4A** 参照）。

シナリオ１－実質的な所有持分をもたらすコール・オプション

コール・オプションが実質的な所有持分をもたらすと判断される場合，財務諸表はコール・オプションが付与された日において企業Ａが企業Ｂの持分を100％取得したことを反映すべきである。移転された対価は，当該オプションに支払った価格に固定された行使価格の現在価値を加算した金額であり，割引額の振戻はオプションが行使されるまでの期間において純損益に認識される。非支配持分は認識されない。

詳細な会計処理は以下となる（単純化のため割引の影響は無視すること

に留意)。

コール・オプションが実質的な所有持分をもたらすと判断される場合，オプションはすでに行使されたかのように会計処理され，CU 60の行使価格は未払繰延対価として取扱われる。したがって，以下の仕訳が企業Aの連結財務諸表に反映される。

(単位：CU千)

(借) 純資産	95	
(借) のれん	15	
(貸) 非支配持分		–
(貸) 現金		50
(貸) 負債 (行使価格)		60

コール・オプションが行使されたとき，当該取引は繰延対価の決済として取扱われる。コール・オプションの行使時に以下の仕訳が記録される。

(単位：CU千)

(借) 負債 (行使価格)	60	
(貸) 現金		60

シナリオ2 ― 実質的な所有持分をもたらさないコール・オプション

コール・オプションが実質的な所有持分をもたらさない場合，IFRS第10号B90項 (上記参照) の要求事項は適用されず，IFRS第10号B89項に従って，純損益の比例割合と資本の変動の親会社と非支配持分への配分は，既存の所有持分のみを基礎として決定されなければならない。したがって，100%が非支配持分へ配分される。オプションは，固定額の自らの資本と固定額の現金に係るものであり，IAS第32号「金融商品：表示」の資本の定義を満たす。したがって，コール・オプション購入のために支払われた対価はすべて資本として表示され，事後の再測定は行われない。

詳細な会計処理は以下となる (単純化のため割引の影響は無視することに留意)。

コール・オプションが実質的な所有持分をもたらさない場合，企業Aの連結財務諸表において以下の仕訳が記録される。

(単位：CU 千)

(借) 純資産	95	
(借) のれん	−	
(借) オプションに支払われた対価（資本）	50	
(貸) 非支配持分		95
(貸) 現金		50

この会計処理は，非支配持分が取得した識別可能な純資産の公正価値の比例的な取分としてCU 95で測定されたと仮定している。IFRS第3号「企業結合」の19項はまた，非支配持分（現在の所有持分を表す）を公正価値で測定し，のれんを調整することも認めている。

非支配持分は，財政状態計算書における資本の構成要素として表示される。

オプションはIAS第32号「金融商品：表示」の定義を満たしているため，コール・オプションに支払われた対価CU 50は資本として表示され，事後的に再測定されない。

オプションが行使された場合，その取引は企業Aによる非支配持分の取得を表す。その結果として，IFRS第10号23項（**本章13.3**参照）に基づき，資本取引として会計処理される。支払ったオプション行使価格，認識を中止したコール・オプションの帳簿価額および行使日の非支配持分の帳簿価額の差額は資本に認識され，純損益に認識される金額はなく，のれんは調整されない。コール・オプションの行使時に以下の仕訳が記録される。

(単位：CU 千)

(借) 非支配持分	95	
(借) 資本	15	
(貸) 現金		60
(貸) オプションの帳簿価額（資本）		50

本章設例12.4Dは，潜在的議決権が非支配持分によって保有される場合の状況，およびそれが連結財務諸表へ及ぼす影響について説明している。

設例12.4D
非支配持分に保有されている潜在的議決権―連結財務諸表に対する影響

企業Pは，企業Zから企業Sの株式の100％を取得する。取得日において企業Pは，第三者である企業Xに対して，行使期間3ヵ月の企業Sの株式の20％に関するコール・オプションを売った。期間中，コール・オプションはいつでも行使可能である。コール・オプションは経済的実質を有しており，行使価格はディープ・アウト・オブ・ザ・マネーではない。

企業Pは企業Sを支配していると判断される。

行使期間中の報告日における企業Pの連結財務諸表において，企業Xに保有されているコール・オプションの適切な会計処理は，コール・オプションが企業Xにとって実質的に所有持分をもたらすと考えられるかどうかに依存する。この判定には慎重な判断の行使が求められる（**本章設例12.4A**参照）。

シナリオ1―実質的な所有持分をもたらすコール・オプション

コール・オプションが企業Xにとって実質的な所有持分をもたらすと判断される場合，連結財務諸表は，企業Pによる企業Sの持分の100％の取得に続いて，コール・オプションの付与日に企業Sの20％の持分の企業Xへの処分をただちに反映しなければならない。企業Pは，100％の持分の会計処理にはIFRS第3号「企業結合」を適用する。企業Xへの20％の持分の処分はIFRS第10号23項に従い，資本取引として会計処理する（**本章13.3**参照）。20％の非支配持分を認識しなければならない。非支配持分として認識された金額と，コール・オプションを売ったときに受領した対価（もしあれば）およびオプション行使価格の現在価値との差額は，すべて資本に認識しなければならない。

このような場合，実質的にはオプションが企業Xにすでに行使されているとみなし，行使価格は繰延対価の未収金として会計処理する。繰延対価未収金の割引の振戻は，当該オプションが行使されるまでのオプション期間にわたって純損益に認識される。

企業Xによってコール・オプションが行使された場合，取引は企業Pによって繰延対価未収金の決済として処理される。

シナリオ2 ― 実質的な所有持分をもたらさないコール・オプション

コール・オプションが，企業 X に対して実質的な所有持分をもたらさない場合，IFRS 第 10 号 B90 項（上記参照）の要求は適用されず，IFRS 第 10 号 B89 項に従って，企業 P と非支配持分に配分する純損益および資本の変動の割合は，現在の所有持分のみに基づいて決定しなければならない。その結果として，100％が企業 P に配分され，非支配持分は認識されない。

このような場合には，オプションは金融商品として会計処理される。IAS 第 32 号に従って資本の定義を満たす場合は，コール・オプションとして受取った金額（もしあれば）は資本に認識され，それ以降は再測定されない。オプションが資本の定義を満たさない場合は，IFRS 第 9 号（または，IFRS 第 9 号の適用前は IAS 第 39 号）に従ってデリバティブ負債として会計処理し，その後は公正価値で測定し，公正価値の変動は純損益に認識される。

オプションが企業 X により行使された場合，その取引は，企業 P による非支配持分に対する企業 S の 20％の処分を表す。その結果として，IFRS 第 10 号 23 項に基づき，資本取引として会計処理される。受取ったオプションの行使価格，行使日のオプションの帳簿価額および非支配持分の調整額との差額は，すべて資本に認識される。（オプションの帳簿価額は，デリバティブ負債として会計処理されている場合は，行使日の公正価値となり，資本の定義を満たす場合は当初において資本に認識された価額である。）オプション行使の結果として，のれんの調整はなく，純損益に認識される金額もない。

12.4.1　自己の持分についてのデリバティブ

連結財務諸表上の自己の持分についてのデリバティブは，親会社の持分のみならず子会社の持分についてのデリバティブが含まれ，IAS 第 32 号に従って金融資産，金融負債または資本に分類される。自己の持分についてのデリバティブに関する分類と測定の要求事項は，**第 3 巻 3 章「金融商品：金融負債と資本」**において議論されている。

12.5　報告日と子会社の決算日

連結財務諸表作成目的で使用される親会社と子会社の財務諸表は，実行可能な場合は常に同じ報告日としなければならない［IFRS 第 10 号 B92 項］。

親会社の報告期間の期末日が子会社と異なる場合には，子会社は，連結のために，親会社の財務諸表と同日現在の追加的な財務情報を作成して，親会社が子会社の財務情報を連結できるようにする。ただし，実務上不可能な場合を除く［IFRS 第 10 号 B92 項］。

そのようにすることが実務上不可能な場合には，親会社は子会社の直近の財務諸表を用いて子会社の財務情報を連結しなければならないが，当該財務諸表の日付と連結財務諸表の日付との間に生じる重要な取引または事象の影響について調整する［IFRS 第 10 号 B93 項］。

IFRS 第 10 号は「重要な取引または事象」について定義していないが，それには，企業結合，資産の減損および偶発負債の顕在化が含まれる場合がある。潜在的に重要な取引または事象については，調整が必要かどうかを判断するために，関連する事実と状況の慎重な分析が要求される。

子会社が異なる報告期間で財務諸表を作成する場合には，グループの報告期間の末日時点でも，表示項目が流動または非流動に正しく分類されていることを確認するために，子会社の財政状態計算書をレビューすることも必要である。

設例12.5A

親会社と子会社の報告日が異なる場合の流動・非流動の分類

20X1 年 12 月 31 日を会計年度末として財務諸表を作成している子会社が，返済期日が 20X3 年 1 月 1 日である借入金を有している。その負債は，子会社の財政状態計算書において非流動項目として適切に分類されている。

子会社は，20X2 年 3 月 31 日を会計年度末として作成している親会社の財務諸表に連結される。期末日のずれによって，子会社の借入金は親会社の報告期間の末日から 12 ヵ月以内に返済される。借入金の流動項目または非流動項目としての適切な分類は，親会社の報告日を参照して決定すべきであり，この例においては親会社の年度末から9ヵ月で返済されるため，借入金の分類は流動負債となる。

IFRS第10号は，いかなる場合であっても子会社の財務諸表日付と親会社の財務諸表日付の相違は3ヵ月以内でなければならない，という追加的な制限を設けている。加えてIFRS第10号は，報告期間の長さおよび財務諸表の日付の差異は毎期同一であることを要求している［IFRS第10号B93項］。

以下は，子会社が親会社と異なる報告期間を有することが必要または適切となる場合がある状況の例である。

- 現地の法令が財務諸表が特定の日に作成されることを要求する。
- 特定の活動（例えば，農業）の正常取引サイクルにより，子会社にとって1年のうち特定の時期（例えば，作物が収穫されるとき）に終了する会計年度が望ましい場合がある。加えて，小売業のような取引サイクルを持つ子会社は，在庫水準が高いクリスマス前の繁忙期中の年度末作業を避けたい場合がある。
- 報告日の変更が著しく不利な税務上の帰結を生じさせる場合や，異なる報告日を有することにより重要な税務上の利点が生じる場合がある。

そのような状況であったとしても，子会社は，実務上不可能な場合を除いて，連結目的で企業集団の報告期間に対応する追加の財務諸表を作成しなければならない。実務上不可能な場合は，例えば，企業が年次財務諸表を作成するための親会社の日程表（通常，決算発表の過度な遅れを回避する目的で作成される）に従うことができない場合に生じる場合がある。このような場合に子会社は，連結のための情報を完成させ送信するための時間を見込んで，親会社より1，2ヵ月早く決算を締めることになるかもしれない。その場合においても，IFRS第10号B93項に従って，3ヵ月を超える報告期間の末日の差異は認められない。

設例12.5B

子会社の報告期間の変更

従来の報告期間において，親会社の報告日は3月31日であるのに対し，ある子会社（会社S）は12月31日を報告日としていた。親会社は毎年，IFRS第10号B93項（上記参照）に準拠して，連結目的のために会社Sの12月31日に終了する期間の財務諸表について，1月1日から3月31日の間に生じた重要な取引または事象を調整していた。

20X2年，会社Sは親会社の報告日（3月31日）に合わせるために報告日を変更する。変更の結果，会社Sは20X1年3月31日および20X2年3月31日に終了する12ヵ月間に対応する財務諸表を作成する。20X1年3月31日に終了する年度の財務諸表は，前期の連結目的で使用された財務諸表とは異なる場合がある。なぜなら，後者は20X0年12月31日現在の財務諸表を用いて，20X1年1月1日から3月31日の間に生じた重要な取引または事象を調整したものであるからである。

会社Sの報告日の変更に伴う調整は，連結財務諸表において会計方針の変更または見積りの変更のどちらとして認識されるべきか。

従来の報告期間において，親会社は連結目的のために，子会社の12月31日に終了する財務諸表について，親会社の報告日までの間に生じた重要な取引または事象を調整することによって，会社Sの3月31日に終了する期間の財務諸表はどのようになるかを見積っていた。会社Sの報告日の変更は，親会社による会社Sの20X1年3月31日の財務諸表に対する従来の見積りを修正する結果となる。したがって，連結財務諸表を作成するために要求される調整は見積りの変更として認識されるべきである。

会社Sの報告日は20X2年3月31日に終了する会計期間において変更されたため，IAS第8号「会計方針，会計上の見積りの変更および誤謬」36項に準拠して，見積りの変更の影響は20X2年3月31日に終了した年度の連結純損益として，将来に向かって認識されなければならない。

企業の報告日の変更がある場合，IFRSsは移行期間をどのように決定するかについて明記していない。例えば上記に述べたシナリオにおいて，会社Sが12月から3月へ報告日を変更する場合，IFRSsは会社Sが3ヵ月または 15ヵ月の移行期間の財務諸表を作成しなければならないかどうか明記していない。特定の規制上または法律上の要求事項を考慮しなければならない場合もある。

13　非支配持分

IFRS 第 10 号は，非支配持分を「子会社に対する持分のうち，親会社に直接または間接に帰属しないもの」と定義している［IFRS 第 10 号付録 A］。

投資企業では，非支配持分は（もしあれば）連結される子会社に関してのみ認識される（**本章 15.2.1.1** 参照）。

本章 12.1 において議論したように，基本的な連結プロセスには，個々のグループ企業の資産，負債，収益および費用を合計することが含まれる。したがって，子会社が報告企業によって 100％保有されていない場合は，外部株主の持分を考慮するために調整が求められる。

金融商品は，子会社によって発行され，子会社の財務諸表と親会社の連結財務諸表の両方において，IAS 第 32 号「金融商品：表示」に従って資本として分類される場合に限り，連結財務諸表において非支配持分とし取扱わなければならない。子会社が負債に分類した金融商品は，連結財務諸表上は非支配持分ではない。さらに，親会社の連結財務諸表において IAS 第 32 号に従って負債に分類した金融商品もまた，たとえ子会社の財務諸表において資本に分類されたとしても非支配持分とは考えられない（さらに詳しいガイダンスは**第 3 巻 3 章**を参照）。

13.1　非支配持分の測定

13.1.1　非支配持分に帰属する純損益およびその他の包括利益の項目

子会社が100％保有されていない場合，子会社の純損益およびその他の包括利益の個々の構成要素は，親会社の所有者と非支配持分に配分することが要求される。たとえ非支配持分が負の残高になるとしても，非支配持分に帰属させなければならない［IFRS第10号B94項］。

本章12.4において議論されているように，IFRS第10号は，「実質的な」所有持分を含む現在の所有持分を基礎として配分することを要求する［IFRS第10号B90項］。

一般的に，純損益およびその他の包括利益の項目は所有持分割合に応じて非支配持分に帰属される。なぜなら，通常この割合は非支配持分の既存の所有持分と一致するためである。しかし例外も存在する。例えば，当事者間で，利益が他の基準によって配分される結果となる別個の合意がある場合，そのような他の基準が非支配持分への利益の帰属を決定するものであるかどうかを検討する必要がある。そのような契約上の合意の影響が，非支配持分への配分を変更するものか，企業集団において負債の認識が必要となる債務を発生させるものかどうかを決定するにあたり，慎重に判断する必要がある。

13.1.2　2クラスの持分

IFRS第10号は，子会社に，資本に分類され非支配持分が保有する累積的優先株の残高がある場合には，親会社は当該株式に係る配当を調整した後に，純損益に対する持分相当額を計算することを明示的に規定している（当該配当が宣言されているかどうかに関係なく）［IFRS第10号B95項］。対照的に，資本に分類された非累積的優先株に係る配当は，宣言されたとき純損益の配分に影響するのみである。

13.1.3　子会社の持分の一部が関連会社を通して間接的に保有されている場合

設例13.1.3

子会社の持分の一部が関連会社を通して間接的に保有されている場合

親会社Ｐは，子会社Ｓの70％を所有している。会社Ｐはまた関連会社Ａの40％を所有しており，重要な影響力を有していることから持分法を適用している。関連会社Ａは子会社Ｓの残り30％を所有している。

親会社Pは，連結財務諸表において子会社Sに対する非支配持分をどのように決定すべきか。

親会社Ｐが，持分法会計を一行連結または評価手法のどちらと考えているかによる（第2巻6章4.4.3.5参照）。

持分法を一行連結または評価手法のどちらと考えるかは会計方針の問題であり，すべての関連会社に対してまた持分法の適用のすべての局面において首尾一貫して適用されるべきものである。

一行連結としての持分法

この見解においては，連結目的で通常行われる修正および計算の多くが，持分法の適用時においても行われる。

親会社Ｐの会計方針が持分法を一行連結として適用するものである場合，関連会社Ａを通して間接的に保有される持分は，子会社Ｓに対する持分割合に含められるべきである。すなわち，間接法を用いて非支配持分を決定すべきである。間接法では，子会社Ｓの資本および包括利益合計が，親会社Ｐの連結財務諸表において非支配持分に配分される割合は18％（すなわち，30％×60％）であり，親会社Ｐ，その子会社，ジョイント・ベンチャーまたは関連会社によって保有されていない割合となる。

評価手法としての持分法

これはしばしば持分法における「クローズド・ボックス」の見解によるアプローチとされる。

親会社Ｐの会計方針が，持分法を評価手法として適用するものである場合，関連会社Ａによって保有される子会社Ｓの持分は，子会社Ｓに対する持分割合の決定において含めるべきではない。すなわち，直接法を用いて非支配持分を決定すべきである。直接法では，子会社Ｓの資本および包括利益合計が，親会社Ｐの連結財務諸表において非支配持分に配分される割合は30％であり，親会社Ｐまたはその子会社によって保有されていない割合となる。

13.2　非支配持分の表示

非支配持分の表示に係る要求事項は以下のものがある。

- 非支配持分は連結財政状態計算書において，資本のなかで親会社の所有者の持分と区別して表示しなければならない［IFRS 第 10 号 22 項］。
- 純損益の部およびその他の包括利益の部に加えて，当期の純損益およびその他の包括利益の配分として，以下の事項が表示されなければならない［IAS 第 1 号 81B 項］。
  - （i）非支配持分および（ii）親会社の所有者に帰属する当期純損益
  - （i）非支配持分および（ii）親会社の所有者に帰属する当期の包括利益

IAS 第 1 号 81B 項は，IAS 第 1 号「財務諸表の表示」が 2011 年 6 月に修正された際に追加された，新しいパラグラフである（修正の詳細については，**第 1 巻 3 章「財務諸表の表示」5** 参照）。このパラグラフは，以前に IAS 第 1 号 83 項（当該修正の過程で削除されている）に含まれていた要求事項を置換えるものである。IAS 第 1 号 83 項は，当該期間に係る配分として，以下の事項を包括利益計算書に開示することを要求していた［IAS 第 1 号 83 項］。

- （i）非支配持分および（ii）親会社の所有者に帰属する当期純損益
- （i）非支配持分および（ii）親会社の所有者に帰属する当期の包括利益合計

要求事項の本質的な変更はなく，IAS 第 1 号 81B 項は，単に純損益およびその他の包括利益計算書の表示に関する IAS 第 1 号の要求事項の修正を反映したものである。

2011 年 6 月の IAS 第 1 号の修正は，2012 年 7 月 1 日以後開始する年次期間に適用される。これは IFRS 第 10 号の発効日より前であり，通常，IFRS 第 10 号を適用している企業は IAS 第 1 号 81B 項を参照しなければならない。しかし，企業が，2011 年 6 月の IAS 第 1 号の修正より先に IFRS 第 10 号を適用することを選択する場合には，当該企業は IAS 第 1 号 83 項を参照しなければならない。

13.3　非支配持分が保有する割合の変動

親会社の子会社に対する所有持分の変動のうち，親会社による支配の喪失とならないものは，資本取引（すなわち，所有者としての立場での所有者との取引）として会計処理される［IFRS 第 10 号 23 項］。

具体的には，親会社が支配を喪失せずに既存の子会社に対する投資を増加または減少させる場合，のれんまたはその他の資産もしくは負債に対する修正は行われず，利得または損失も計上されない。

非支配持分が保有している持分の割合が変動した場合には，当該子会社に対する相対的持分の変動を反映するために，支配持分と非支配持分の帳簿価額を修正する。(i) 非支配持分の修正額と (ii) 支払対価または受取対価の公正価値との差額はすべて資本に直接認識され，親会社の所有者に帰属させる［IFRS 第 10 号 B96 項］。

親会社と非支配持分との間の取引について，IFRS 第 10 号は，子会社に対する両者の相対的な持分の変動を反映して，親会社および非支配持分に配分する金額を測定する方法に関する詳細な指針を提供していない。**本章設例 13.3.2B** および **13.3.2C** で後述されるとおり，複数のアプローチが可能である。

IFRS第10号は，非支配持分が企業結合以外の取引によって生じる状況（例えば，親会社が以前に完全子会社であった子会社の25%を処分する場合）について，特段に取扱っていない。とりわけ，IFRS第10号は，非支配持分をどのように測定すべきかに関する指針を提供していない。1つのアプローチは，支払われた対価の公正価値と識別可能な純資産の帳簿価額に対する非支配持分の比例持分との差額を，資本に直接認識して親会社の所有者に帰属させる方法である。相対的な持分の変動を反映する許容可能な他の方法もあり得るが，そのような方法は，同様にのれんまたは純損益を調整する結果とならないものである必要がある。

13.3.1　非支配持分の買取または支配の喪失を伴わない子会社持分の売却に係るコスト

IFRS第10号23項において，次のような取引は資本取引として会計処理される。

- 親会社による非支配持分の買取
- 支配の喪失を伴わない子会社持分の売却

このような取引に係るコストは，連結財務諸表においてどのように取扱われるべきか。

IAS第32号「金融商品：表示」35項は，「資本取引の取引コストは，資本からの控除として会計処理しなければならない」と要求している。IAS第32号37項は，この取扱いが「（取引コストが）それがなければ避けられていたであろう，資本取引に直接起因する増分コストである限り」適用されるべきことを明確にしている。さらに，IAS第32号33項は，「企業自身の資本性金融商品の購入，売却，発行または消却に関して利得または損失を認識してはならない」としている。

上記より，IAS第32号37項（前述）の要求事項が満たされることを条件として，非支配持分を買取るためのコストは，連結財務諸表において，資本からの控除として会計処理されるべきである。同様に，子会社に対する親会社持分の一部を支配を喪失することなく売却する際のコストは，当該コストがIAS第32号37項の要求事項を満たす場合は，連結財務諸表の資本から控除しなければならない。

13.3.2　非支配持分の測定基礎の意味

親会社との取引による非支配持分の帳簿価額の調整，およびその結果生じる親会社の所有者に帰属する資本の調整は，取得日時点の現在の所有持分を表す非支配持分の測定基礎の選択に影響される（**第2巻3章7.3.2**参照）。IASBは当該差異について以下のように説明している［IFRS第3号（2008年）BC218項］。

> 「第3の差異（非支配持分の測定基礎の選択による差異）は，取得企業が後に，非支配株主が保有する株式の一部（または全部）を購入する場合に生じる。非支配持分を（おそらく公正価値で）取得した場合には，グループの持分は，のれんを含む事業の純資産の公正価値の未認識変動額に対する非支配株主の持分の額だけ減額される。非支配持分が，公正価値ではなく，当初被取得企業の識別可能純資産に対する比例持分として測定されている場合，取得企業に帰属する報告資本の減少はより大きなものとなる可能性が高い。この点に関しては，IAS第27号の修正提案におけるIASBの審議でさらに検討されている。」

当該差異は，以下の設例において説明される。

設例13.3.2A

親会社による非支配持分の取得

20X1年に，企業Aは企業Bの75%の資本持分をCU90,000の現金対価で取得した。企業Bの識別可能な純資産の公正価値はCU100,000であった。25%の非支配持分の公正価値は，CU28,000であった。取得日時点の現在の所有持分を表す，非支配持分の2つの測定の基礎の選択肢に基づき，のれんは以下のように算定される。

（単位：CU）

	非支配持分@ 純資産に対する割合	非支配持分@ 公正価値
対価の公正価値	90,000	90,000
非支配持分	25,000	28,000
	115,000	118,000
純資産の公正価値	100,000	100,000
のれん	15,000	18,000

その後の年度において，企業Bの純資産はCU 20,000増加し，CU 120,000となった。これは，以下のように非支配持分に帰属する資本の帳簿価額に反映される。

（単位：CU）

	非支配持分@ 純資産に対する割合	非支配持分@ 公正価値
取得時の非支配持分	25,000	28,000
増加（25%×CU 20,000）※	5,000	5,000
帳簿価額	30,000	33,000

※　取得時からの非支配持分に帰属する利益の累積額

20X6年に，企業Aは非支配持分によって保有されていた資本持分の25%を現金対価CU 35,000で取得した。資本の調整は以下のとおりである。

（単位：CU）

	非支配持分@ 純資産に対する割合	非支配持分@ 公正価値
対価の公正価値	35,000	35,000
非支配持分の帳簿価額	30,000	33,000
親会社の所有者に帰属する資本の減額	5,000	2,000

IFRS第3号BC 218項に示されるように，親会社の所有者に帰属する資本の減少額は，取得日時点の現在の所有持分を表す非支配持分の測定の基礎として，被取得企業の識別可能な純資産の比例持分として測定する選択をした場合に，より大きくなる。この取扱いは，のれんそれ自体には影響を

与えないが，のれんに対する非支配持分の持分を，資本に直接計上する効果がある。この結果は，取得日時点に公正価値ベースの金額が純資産ベースよりも大きい場合に，常に生じる。

設例13.3.2B

親会社による非支配持分の一部の取得

上記の**本章設例13.3.2A**と同じ例において，企業Aが非支配持分のすべてを取得するのではなく，非支配持分によって保有されていた資本持分の15%を現金対価CU 21,000で追加取得する。非支配持分の帳簿価額に対する調整は以下のとおりである。

（単位：CU）

	非支配持分@ 純資産に対する割合	**非支配持分@ 公正価値**
本章設例13.3.2Aでの残高	30,000	33,000
親会社への移転（15／25）※	18,000	19,800
繰越された10%の持分	12,000	13,200

資本の調整は以下のとおりである。

（単位：CU）

	非支配持分@ 純資産に対する割合	**非支配持分@ 公正価値**
対価の公正価値	21,000	21,000
非支配持分の変動 （上記のとおり）	18,000	19,800
親会社の所有者に帰属する 資本の減額	3,000	1,200

※ この設例では，非支配持分は比例的に減少すると仮定されている。公正価値の選択肢において，期末残高は，取得日時点の公正価値の25分の10（CU 11,200）に，その後の純資産の変動の10%（CU 2,000）を加算した金額を表している。**本章13.3**で述べたとおり，非支配持分の調整金額を算定するために他のアプローチを採用することも認められ得る。

設例13.3.2C

親会社による持分の一部の非支配持分への処分

20X1年に，企業Aは企業Bの100%の資本持分をCU 125,000の現金対価で取得した。企業Bの識別可能な純資産の公正価値はCU 100,000であった。のれんCU 25,000が識別され，認識された。

その後の年度において，企業Bの純資産はCU 20,000増加しCU 120,000となった。これは，親会社に帰属する資本に反映される。

企業Aはその後，資本持分の30%をCU 40,000の現金対価で非支配持分に売却した。資本の調整は以下のとおりである。

（単位：CU）

受領した対価の公正価値	40,000
非支配持分として認識された金額（30%×120,000）※	36,000
親会社の資本の増額	4,000

※　この設例では，現在の所有持分を表す非支配持分は，識別可能な資産の持分割合に基づいて測定されていると仮定されている。**本章13.3**で述べたとおり，非支配持分の調整金額を算定するために他のアプローチを採用することも認められ得る（例えば，非支配持分が受領した対価の公正価値であるCU 40,000で当初測定されることもある）。

支配は維持されているため，のれんの帳簿価額CU 25,000に対する調整はなされないことに留意が必要である。

13.3.3　非支配持分の現金以外での取得

設例13.3.3

非支配持分の現金以外での取得

企業Pは，企業Qの80%の持分を保有している。残りの20%は，企業Rによって保有されている。

企業Pの連結財務諸表では，企業Rの企業Qに対する非支配持分の帳簿価額は，CU 30百万である。企業Pは，企業Rの持分を公正価値

CU 40 百万の無形資産を対価として取得した。企業 P の財務諸表における当該無形資産の帳簿価額は，CU 20 百万である。

企業 Q に対する企業 R の持分を取得する際，企業 P は，無形資産の公正価値（すなわち，取得対価）と帳簿価額の差額 CU 20 百万をどのように会計処理すべきであるか。

企業 P は，無形資産の公正価値と帳簿価額の差額として CU 20 百万の利得を純損益に認識すべきである。これは，IAS 第 38 号「無形資産」※ 113 項における「無形資産の認識の中止から生じる利得または損失は，正味処分収入（もしあれば）と資産の帳簿価額との差額として決定しなければならない。当該差額は，資産の認識を中止したときに純損益に認識しなければならない（IAS 第 17 号「リース」によりセール・アンド・リースバックの処理となる場合を除く）」という要求事項に準拠している。

一方，非支配持分の帳簿価額（CU 30 百万）と支払対価の公正価値（CU 40 百万）の差額である CU 10 百万は，IFRS 第 10 号 B96 項に従って資本として認識される。

したがって，企業 P による企業 R の持分の取得に関する仕訳は以下のとおりとなる。

（単位：CU 千）

（借）非支配持分	30,000	
（借）資本	10,000	
（貸）無形資産		20,000
（貸）利得（純損益）		20,000

※　同様の要求事項が，他の分類の資産にも適用される。例えば，対価として移転される資産が有形固定資産項目の場合，同等の参照条文は，IAS 第 16 号「有形固定資産」68 項である。

この結論は，2013 年 1 月の IFRIC アップデートにおいて公表された，IFRS 解釈指針委員会の議題として取上げられなかった事項により確認された。

14　子会社の支配の喪失の会計処理

親会社が支配を喪失する場合，当該投資先はもはや子会社の定義を満たさず，連結もされない。

14.1　支配の喪失が生じる状況

支配の喪失は，絶対的または相対的な所有持分に変更があろうとなかろうと生じる場合があり得る。これは例えば，子会社が政府，裁判所，行政官または規制当局の統制下になった場合に起こり得る。加えて，契約上の取決めの結果としても起こり得る。

絶対的または相対的な所有持分の変動を伴わない支配の喪失の一般的な例としては，子会社が管財人または清算人の任命を含む倒産処理手続に従うことになり，その影響により株主が支配を中止する場合がある。これは多くは清算中の場合であるが，財産管理または管財命令は，株主による支配の喪失を含まない場合もある。

その他の絶対的または相対的な所有持分の変動を伴わない支配の喪失の例は，現地政府による海外子会社の資産の差押または経営の掌握である。

海外の法域内での為替管理や利益の配当に対する制限による，子会社からのキャッシュ・フローに対する短期の制限は，一般に支配の喪失とはならない。親会社が子会社からの配当を送金することができない，または当該資金をその事業を行っている国の外での，グループ内の他の一部のために使用することができないという事実は，それ自体では，長期にわたって資金を移転する能力が著しく損なわれていることを示さない。実際は，そのような規制に直面した際には子会社が設立され，親会社のための経済的便益を生み出すことが予想される。

14.2　複数の取決めの結果としての支配の喪失

親会社は，複数の取決め（取引）のなかで子会社に対する支配を喪失する場合がある。しかし，複数の取決めを単一取引として会計処理すべきことが示されることもある。当該取決めを単一取引として会計処理すべきかどうかを決定する際に，親会社は，取決めの条件と経済的影響のすべてを考慮しなければならない。IFRS 第 10 号は，以下のうちの 1 つまたは複数により，親会社が複数の取決めを単一取引として会計処理すべきことが示され得ると述べている［IFRS 第 10 号 B97 項］。

- 同時に，または互いを考慮して行われた。
- 全体的な商業的効果の達成を意図した単一の取引を構成している。
- 1 つの取決めの発生が，少なくとももう 1 つの別の取決めに左右される。
- 1 つの取決めが，それ単独では経済的に正当化されないが，他の取決めと一緒に考慮した場合には経済的に正当化される。例としては，株式の売却が市場価格よりも低い価格で行われ，その後の売却が市場価格より高い価格で行われる場合である。

14.3　支配の喪失に係る会計上の影響

親会社が子会社の支配を喪失した場合には，以下に規定された手順に従う［IFRS 第 10 号 25 項および B98 項］。

- 子会社の資産（のれんを含む）および負債について，支配喪失日現在の帳簿価額で認識の中止を行う。
- 支配喪失日現在の，旧子会社に対する非支配持分の帳簿価額（非支配持分に帰属するその他の包括利益の内訳項目を含む）について，認識の中止を行う。
- 親会社は，支配の喪失を生じた取引，事象または状況からの受取対価の公正価値（もしあれば）を認識する。
- 支配の喪失を生じた取引，事象または状況が，所有者の立場での所有者への子会社株式の分配を伴う場合には，その分配が認識される。

- 旧子会社に対して保持している投資について，支配喪失日現在の公正価値で認識する。
- 他の IFRS に従って要求されている場合には，旧子会社に関してその他の包括利益に認識していた金額を純損益に振替えるか，または利益剰余金に直接振替える（**本章 14.3.1** 参照）。
- 発生した差額があれば，親会社に帰属する純損益に利得または損失として認識する。

処分による利得または損失の算定のために，子会社の帳簿価額には，子会社の財政状態計算書で計上されたのれんの金額が含まれる。しかし，のれんがIFRSsへの移行前に剰余金見合で消去されていた場合は，IFRS第1号「国際財務報告基準の初度適用」により，その後の処分時に当該のれんを純損益に振替えることが禁止される。

企業が既存の関連会社または共同支配企業に子会社を売却した結果として，子会社の支配を有さなくなる場合には，IFRS第10号とIAS第28号（2011年）「関連会社および共同支配企業に対する投資」の要求事項の間に不整合が存在していることに留意が必要である。この不整合は，**第2巻6章4.4.6.3**で検討されている。

企業が共同支配企業に子会社の株式を拠出した結果として，子会社の支配を有さなくなった場合にも，IFRS第10号とIAS第28号（2011年）の要求事項の間に同様の不整合が生じる。この不整合は，**第2巻6章4.4.6.2**で検討されている。

14.3.1　過去にその他の包括利益として認識された金額

親会社が子会社の支配を喪失した場合には，親会社は，当該子会社に関連してその他の包括利益に過去に認識したすべての金額を，関連する資産または負債を親会社が直接売却したとした場合に必要とされるのと同じ基礎で会計処理しなければならない［IFRS第10号B99項］。

- したがって，過去にその他の包括利益に認識された利得または損失が，関連する資産または負債の処分時に純損益に振替えられる場合には，親会社は，子会社に対する支配を喪失したときに，その利得または損失を資本から純損益に振替える。

- 過去にその他の包括利益に認識された再評価剰余金が，資産の処分時に利益剰余金に直接振替えられる場合には，親会社は，子会社に対する支配を喪失したときに，再評価剰余金を利益剰余金に直接振替える［IFRS 第 10 号 B99 項］。

例えば，以下のような場合である。

- いまだ IFRS 第 9 号「金融商品」を適用していない企業については，子会社が売却可能金融資産を有しており，親会社が当該子会社に対する支配を喪失した場合には，過去に当該資産に関連してその他の包括利益に認識され，資本のなかに累積されてきたすべての利得または損失を純損益に振替える。
- しかし，子会社が有形固定資産を再評価する方針を有している場合には，過去に有形固定資産の再評価に関連してその他の包括利益において認識され，資本のなかに累積されてきたすべての利得または損失を，利益剰余金に直接振替える。

IAS 第 21 号「外国為替レート変動の影響」48 項は，子会社の売却により支配を喪失した場合の，資本のなかに累積されてきた為替差額の取扱いに関する特別な要求事項について規定している（**第 1 巻 13 章 5.6** 参照）。

14.3.2　旧子会社に対して保持している持分

旧子会社に対して保持している投資の支配喪失時の公正価値は，IFRS 第 9 号「金融商品」（または，IFRS 第 9 号の採用前であれば IAS 第 39 号「金融商品：認識および測定」）に従った金融資産の当初認識時の公正価値，または該当がある場合には，関連会社またはジョイント・ベンチャーに対する投資の当初認識時の原価とみなされる［IFRS 第 10 号 25 項（b)］。

設例14.3.2A

親会社が支配持分を売却したが金融資産を保持している場合

企業Aは，まだIFRS第9号「金融商品」を適用していない。20X1年に，企業Aは企業Bの100%の資本持分をCU 125,000の現金対価で取得した。企業Bの識別可能な純資産の公正価値はCU 100,000であった。のれんCU 25,000が識別され認識された。

その後の年度において，企業BはCU 20,000の純利益を報告した。その結果，企業Aの連結財務諸表に報告された純資産（のれんを含む）はCU 145,000まで増加した。

企業Aはその後，資本持分の90%をCU 138,000の現金対価で売却した。残りの10%の資本持分は，IAS第39号に従って売却可能金融資産に分類され，公正価値はCU 15,000である。

IFRS第10号B98項に従って，資本持分の90%の売却時に純損益として認識される利得は以下のように算定される。

	(単位：CU)
受領した対価の公正価値	138,000
残余持分の公正価値	15,000
	153,000
控除：認識が中止された純資産およびのれん	(145,000)
	8,000

IFRS第12号「他の企業への関与の開示」19項（a）は，「当該利得または損失のうち，旧子会社に対して保持している投資を支配喪失日現在の公正価値で認識したことに起因する部分」の開示を要求している。当該金額は，以下のように算定される。

	(単位：CU)
残余持分の公正価値	15,000
認識が中止された純資産およびのれんの10%（10%×CU 145,000）	14,500
利得のうち当該部分	500

設例14.3.2B
親会社が支配持分を既存の関連会社へ売却した場合

20X1 年に，企業 A は企業 B の 100%の資本持分を CU 125,000 の現金対価で取得した。企業Bの識別可能な純資産の公正価値はCU 100,000 であった。のれん CU 25,000 が識別され認識された。

その後の年度において，企業 B は CU 20,000 の純利益を報告した。その結果，企業 A の連結財務諸表に報告された純資産（のれんを含む）は CU 145,000 まで増加した。

企業 A はその後，資本持分の 100%を現在の関連会社である企業 C に，CU 153,000 の現金対価で売却した。企業 A は，企業 C の 25%の持分を有している。

IFRS 第 10 号 B98 項に従って，資本持分の 100%の売却時に純損益として認識される利得は，以下のように算定される。

（単位：CU）

受領した対価の公正価値	153,000
控除：認識が中止された純資産およびのれん	(145,000)
	8,000

第 2 巻 6 章 4.4.6.3 でより詳細に検討されているように，IFRS 第 10 号 B98 項と IAS 第 28 号（2011 年）28 項の要求事項の間には不整合がある。後者の要求事項は，そのような取引から生じる利得と損失が，関連のない投資者の関連会社に対する持分の範囲でのみ認識されることを要求している。したがって IAS 第 28 号（2011 年）は，この例における資産の売却により生じる利得について，継続持分である 25 %に関連する部分（CU 2,000，すなわち CU 8,000 の 25%）を除外し，CU 6,000 の利得のみが認識されるように制限する。

持分法会計による IAS 第 28 号に従ったその後の会計処理として，支配の喪失日現在で企業 B の識別可能な純資産の公正価値を測定することが要求される。持分の当初の公正価値である CU 153,000 と，識別可能な純資産の公正価値とを比較することにより，のれんが識別される。

本章設例 14.3.2B は，既存の関連会社または共同支配企業に子会社を売却するという「ダウンストリーム」取引（**第 2 巻 6 章 4.4.6.3** の議論を参照）において生じる，IFRS 第 10 号 B98 項と IAS 第 28 号（2011 年）28 項との間の不整合を説明している。同様の不整合は，関連会社または共同支配企業の資本持分との交換により子会社が関連会社または共同支配企業に拠出される場合にも，IFRS 第 10 号 B98 項と IAS 第 28 号（2011 年）30 項との間で生じる（**第 2 巻 6 章 4.4.6.2** 参照）。

同様の不整合が，例えば，企業が以前の 100％子会社のうち 75％の持分を売却し，関連会社としての持分を 25％保持している場合に発生するかどうかは明確でない。企業が，まだ以前の子会社の資産および負債の 25％に対する間接的な持分を保有するため，IAS 第 28 号（2011 年）28 項および 30 項の基本となる原則が，ここでも同様に適用されるように思われる。しかし法的形態においては，この取引は関連会社に対するダウンストリーム取引でも，関連会社への資本持分との交換による子会社の出資のいずれでもない。

14.3.3　子会社への投資の一部処分

子会社への投資の一部が報告期間中に売却される場合，売却直後の投資の状態によって会計処理が決定される。例えば，以下のような場合である。

- 親会社が子会社に対する投資の一部を売却するが支配を失わない場合，期末時点の連結財務諸表には子会社の資産，負債および損益を含み，取引日からの新しい非支配持分を反映しなければならない。当該取引は資本取引となるため，包括利益において利得または損失を計上してはならない（**本章 13.3** 参照）。
- 親会社が子会社の支配を喪失するが，当該企業に対する重要な影響力または共同支配を維持する場合，当該残存投資は，IAS 第 28 号（2011 年修正）に従って，持分法により期末の財政状態計算書において単一の項目として反映されるべきである。また，その後の事業活動による損益も，持分法を使用して報告されなければならない。売却が非継続事業として適格である場合，非継続事業の表示は，当該事業が売却目的保有となった日から，IFRS 第 5 号「売却目的で保有する非流動資産および非継続事業」に準拠しなければならない（**第 1 巻 15 章 3.4** 参照）。

- 親会社が子会社の支配を喪失し，企業に対して重要な影響力の行使または共同支配を実行できない持分のみを保持している場合，当該企業に対する残存持分は，処分の日から IFRS 第 9 号「金融商品」（IFRS 第 9 号適用前の場合，IAS 第 39 号「金融商品：認識および測定」）に従って会計処理しなければならない。当該子会社の売却が非継続事業として適格である場合，非継続事業の表示は，当該事業が売却目的保有となった日から，IFRS 第 5 号に準拠しなければならない（**第 1 巻 15 章 3.4** 参照）。

14.3.4　みなし処分

子会社，共同支配企業または関連会社に対する持分のみなし処分は，親会社がすべての権利を引受けない新株予約権，親会社が受領しない株式配当の支払，他の株主への新株発行，または他の当事者に付与されたオプションまたはワラントの行使によって発生する場合がある。結果として，親会社の持分は減少または希薄化する。

みなし処分の結果として生じる利得または損失は，純損益として認識されなければならない。（ただし，IFRS 第 10 号のもとでは，利得または損失が生じるのは，みなし処分の結果として支配を喪失する場合のみであることに留意が必要である。）

14.3.5　子会社の処分により生じるのれんの配分

企業は，のれんが配分されている資金生成単位（CGU）グループの一部を構成している子会社を処分する場合がある。そのような状況において IAS 第 36 号「資産の減損」86 項は，のれんが，処分される事業と保持される事業との間でどのように配分されるべきであるかに関する指針を含んでいる（**第 1 巻 10 章「資産の減損」8.1.2.2** 参照）。

15　投資企業

2012年10月にIFRS第10号は修正され，一般的な連結の要求事項の例外が導入された。「**投資企業**」の修正は，定義された「投資企業」のみに適用され，それらの企業にその子会社に対する投資を純損益を通じて公正価値で測定することを求めている（投資活動に関連するサービスまたは活動を提供する子会社を除く。それらは連結することが要求される）。

例外に関する重要な特徴は以下のとおりである。

- これは企業レベルで適用される。すなわち，これは子会社に対する投資を保有する企業の性質に焦点を当てている。IASBはまた，公正価値測定が投資ごとの連結より適切であるかどうかを判定するために，企業の個々の子会社との関係および性質を検討する，という代替的な資産ベースのアプローチを検討した。しかし，このアプローチは却下された。理由は，(1) これはIFRS第10号の連結モデルからの著しい概念的逸脱であると考えられたこと，および (2) 企業ベースのアプローチは投資企業の固有のビジネスモデルを捉えたものと考えられたことである［IFRS第10号BC 226項］。
- これはIFRS第10号の一般的な連結の要求事項からの強制される例外であり，選択可能なものではない。企業が投資企業の定義を満たす場合は，その子会社の会計処理方法に選択肢はない。
- 例外は，投資企業の親会社である非投資企業の連結財務諸表には適用**されない**（**本章15.2.3**参照）。

IFRS第10号の新たな投資企業の要求事項は，このセクションで詳細に議論するが，主としてある企業が投資企業として適格であるかどうかの規定に関連する。投資企業の定義および投資企業の典型的な特徴の説明に際して，本基準書は「明確な線引き（bright lines）」を避けている。そのため，定義の適用に際しては判断を行使することが必要である。

「**投資企業**」の修正の発効日および経過規定は**本章16.3**において説明されている。

15.1　企業が投資企業なのかどうかの決定

親会社は，自らが投資企業なのかどうかを決定しなければならない［IFRS 第10 号 27 項］。この決定に際しては，その目的と設計を含むすべての事実と状況を考慮しなければならない［IFRS 第 10 号 B85A 項］。

IFRS 第 10 号 27 項（下記参照）は，投資企業と他の企業を区別し，かつ投資企業として適格となるために満たさ**なければならない** 3 つの規準（または「要素」）を規定する。これらの規準の適用に関する詳細な指針は，本基準書の付録 B において提供されている（**本章 15.1.1** および **15.1.3** 参照）。

さらに，IFRS 第 10 号 28 項は，投資企業の 4 つの「典型的な特徴」を記載している（**本章 15.1.4** 参照）。企業は，投資企業として適格であるために，これらすべての特徴を示すことは要求されていない。しかし，これらの特徴の 1 つまたは複数が欠けることは，投資企業の定義を満たすかどうかの判定に際して追加的な判断が必要となることを示唆している。

本基準書は，企業が投資企業かどうかの判定の方法を解説する多くの設例を提供している（**本章 15.1.5** 参照）。

投資企業の定義を構成する 3 つの規準のいずれかに影響する事実と状況の変化，またはそのような企業の 4 つの典型的な特徴は，投資企業であることの再査定をもたらす（**本章 15.1.6** 参照）。

投資企業は以下のように定義される［IFRS 第 10 号 27 項］

- 1 つまたは複数の投資者から，当該投資者に投資管理サービスを提供する目的で資金を得ている（**本章 15.1.1** 参照）。
- 投資者に対して，自らの目的は資本増価，投資収益，またはその両方からのリターンのためだけに資金を投資することであると確約している（**本章 15.1.2** 参照）。
- 投資のほとんどすべての測定および業績評価を公正価値ベースで行っている（**本章 15.1.3** 参照）。

15.1.1　1つまたは複数の投資者から，投資管理サービスを提供する目的で資金を得ている

企業が投資企業として適格であるために満たさなければならない第1の規準は，企業が1つまたは複数の投資者から，当該投資者に投資管理サービスを提供する目的で資金を得ているということである［IFRS第10号27項（a)］。

本基準書は投資企業の定義のこの第1の要素に関して，それ以上の指針を提供していない。IFRS第10号結論の根拠では，IASBは，この投資管理サービスの提供が，投資企業と他の企業を区別するものであると述べている［IFRS第10号BC237項］。

15.1.2　投資リターンのために資金を投資する事業目的

企業が投資企業として適格であるために満たさなければならない第2の規準は，その事業目的が資本増価，投資収益，またはその両方からのリターンのためだけに資金を投資することであると確約している，ということである［IFRS第10号27項（b)］。

投資企業の事業目的の証拠は以下によって提供される［IFRS第10号B85B項］。

- 企業の投資目的を記載した文書（例えば，企業の募集要項，企業が配布した公表物，その他の法人またはパートナーシップ文書）
- 投資計画（**本章15.1.2.1**参照）
- 企業が他の当事者（例えば，潜在的投資者または潜在的投資先）へ自らを紹介する方法，例えば，投資企業は自らの事業を資本増価のための中期的な投資を提供するものとして紹介している場合がある。これに対し，投資先と共同で製品の開発，製造または販売を行うという目的を有する投資者として自らを紹介している企業は，投資企業の事業目的とは整合しない事業目的を有している。当該企業は，投資だけでなく，開発，製造または販売の活動からリターンを得ることになるからである（**本章15.1.2.2**参照）。

投資企業は，自らの投資活動に加えて投資活動に関連するサービスを提供する場合がある（例えば，投資顧問サービス，投資マネジメント，投資支援および管理サービス）。これらのサービスは投資企業への投資者だけでなく第三者へも提供される場合がある。たとえこれらの活動が実質的なものであっても，企業が投資企業であることを損なうものではない［IFRS 第 10 号 B85C 項］。

IASB の見解では，投資活動に関連するサービスの第三者への提供は，単に投資企業による投資活動の延長であり，投資企業のビジネスモデルの範囲内である。そのような企業は投資活動に関連するサービスの提供により手数料収入を稼得するが，その唯一の事業目的は依然として（自身，投資者または外部の当事者のための）資本増価，投資収益あるいはその両方である［IFRS 第 10 号 BC 239 項］。

投資企業は，限定された状況において，直接または子会社を通じて以下のような投資に関連した活動に参加する場合がある［IFRS 第 10 号 B85D 項］。

- 投資先に対する経営管理サービスおよび戦略的助言の提供
- 投資先に対する財政的支援（貸付金，資本コミットメントまたは保証等）の提供

これらの追加的な活動は，（1）投資企業の投資先からの投資リターン（資本増価または投資収益）を最大化するために行われ，かつ（2）別個の実質的な事業活動または投資企業にとっての別個の実質的な収益源を表すものでない場合にのみ許容される［IFRS 第 10 号 B85D 項］。

IASB は，投資企業が IFRS 第 10 号 B85D 項に記載したような性質の活動に従事することを禁止することを検討した。しかし，IASB は投資企業が他の便益を得るためでなく，投資先全体の価値を最大化するためにこれらの活動に従事することを理解している。したがって，IASB はこれらの活動が別個の実質的な事業活動または資本増価以外の収益源を表さない場合には，当該活動は投資企業の活動全体と整合する可能性があり禁止すべきでないと考えている［IFRS 第 10 号 BC 241 項］。

投資企業が有している子会社が，(IFRS 第 10 号 B85C 項および B85D 項に記述したような) 投資活動に関連するサービスまたは活動を投資企業または他者に提供している場合には，その子会社は連結しなければならない (**本章 15.2.2** 参照) [IFRS 第 10 号 B85E 項]。

IASB は，そのようなサービスを投資企業の事業の延長と考え，したがって，そのようなサービスを提供する子会社は連結しなければならないと結論した [IFRS 第 10 号 BC 240 項]。

IFRS 第 10 号 B85C 項および B85D 項は「投資活動に関連するサービス」および「投資に関連した活動」の例をあげているが，それらの用語は正確には定義されていない。したがって，ある状況では，特定の子会社を連結しなければならないかどうか決定するために，要求事項を解釈することが難しい場合もある (さらなる解説は**本章 15.2.2** を参照)。

15.1.2.1　投資計画(出口戦略)

投資企業の定義の事業目的上の要素を満たすために，投資の期間に関する考え方が重要である。投資企業を他の企業から区別する特徴の 1 つは，投資企業がその投資を無期限に保有する計画を持たないことである。投資企業は投資を有限の期間にわたり保有する [IFRS 第 10 号 B85F 項]。

本基準書は，出口戦略に関する以下の要求事項を規定する [IFRS 第 10 号 B85F 項]。

- 投資企業は，持分投資および非金融資産投資のほとんどすべてからの資本増価をどのように実現する計画なのかを文書化した出口戦略を有することが要求される。
- また，企業は無期限に保有される可能性のある負債正金融商品 (例えば，永久投資債) についても出口戦略を有することが求められる。
- 企業は個々の投資のそれぞれについて具体的な出口戦略を有している必要はないが，異なる種類またはポートフォリオの投資については，投資の処分のための実質的な時間枠を含めた，異なる潜在的な戦略を識別しなければならない。
- 契約違反や不履行等の債務不履行事象について整備されているだけの処分の

仕組は，この評価の目的上の出口戦略とはみなされない。

出口戦略の例には以下のものがある［IFRS 第 10 号 B85G 項］。

- 未公開企業の持分証券に対する投資については，新規株式公開，私募，事業の売却，投資先に対する所有持分の（投資者への）分配，資産の売却（投資先の清算後における投資先の資産の売却を含む）等
- 公開市場で取引されている持分投資については，当該投資の私募または公開市場での売却
- 不動産投資については，専門の不動産業者を通じてのまたは公開の市場での不動産の売却

IFRS 第 10 号 B85F によれば，投資企業は無期限に保有される可能性のあるほとんどすべての投資（持分投資，非金融投資，無期限の負債性投資）に関する文書化した出口戦略を有して**いなければならない**。企業はまた，例えば流動性リスクの管理または他のよりボラティリティの高いタイプの投資を保有することによるリスクの軽減のため，固定の満期を有する負債性投資を保有する場合がある。投資企業は，それらの負債性投資のいくつかを満期まで保有することを予定することがある。当該企業はそれらの負債性投資に関する出口戦略を有しないかもしれないが，それらを無期限に保有する予定はない。IASB は，IFRS 第 10 号 27（c）項に従って，ほとんどすべての投資（負債性投資を含む）が公正価値により測定される場合は，そのような企業は投資企業として適格であることを禁止されるべきではないと決定した［IFRS 第 10 号 BC 245 項および BC 246 項］。

投資企業が，法律上，規制上，税務上または類似の事業上の理由で当該企業と関連して設立された他の投資企業に対する投資を有している場合，投資企業である投資者は，投資企業である投資先が自らの投資について適切な出口戦略を有している場合には，当該投資についての出口戦略を有している必要はない［IFRS 第 10 号 B85H 項］。

IFRS 第 10 号 B85H 項の範囲は明確ではない。特に，そのような投資の出口戦略を有することからの免除が，投資企業親会社から連結されているかどうかに依存するかどうか明確でない。

設例15.1.2.1
固定された期限の資産を有する持分投資の出口戦略

企業Gは株式市場に上場しており幅広い株主を有している。上場目論見書に規定されたビジネスモデルは，固定期限の資産を有する企業に対する支配持分を獲得するために，投資者から資金を調達することである。企業Gは投資家に対して，事業目的は資本増価，投資収益またはその両方からリターンを得るためだけに投資することであると確約している。

企業Gは，それらの投資を基礎となる資産の全期間にわたり保有する予定である。投資はその後清算される。企業Gは，その投資のパフォーマンスを公正価値を基礎として測定・評価し，これをベースとして内部報告を行う。

投資企業が，期間の限られた資産に関して，たとえそれらを満期まで保有する予定だとしても，出口戦略を必要としないことは明らかである（IFRS 第10 号 BC 245 項参照）。しかし，検討されている状況では，企業Gは固定された期限の資産を，潜在的に無期限に保有される可能性のある投資を通じて間接的に保有している。したがって企業Gは，投資を行った企業に関する出口戦略を文書化する必要があった。当該企業自体は有期限ではないが，企業Gのビジネスモデルはあらかじめ決められた期間後に清算されるものであるため，これは出口戦略の証拠である。

出口戦略には，投資全体の処分が含まれることに留意すべきである。しかし，処分が1回の取引あるいは短期間において達成されることは要求されない。したがって，出口は一連の取引を通じて徐々に達成される場合がある。この退出期間中に維持された投資の持分は，公正価値により測定および評価されなければならない。

15.1.2.2　投資からの稼得利益

資本増価および（または）投資収益以外の便益の存在は，投資企業の定義のなかの事業目的の要素が満たされないことを示唆している場合がある。

当該企業または当該企業を含む企業集団（すなわち，投資企業の最上位の親会社が支配しているグループ）の他のメンバーが，投資先に関連のない他の関係者には利用できない企業の投資からの他の便益を得ているかまたは得る目的を有している場合は，当該企業は，IFRS 第 10 号 B27（b）項に要求されるように，資本増価，投資収益またはその両方だけのために投資しているのではないことを意味する［IFRS 第 10 号 B85I 項］。

そのような便益（それは投資企業としての適格性を損なう）は以下を含むが，それらに限定されない［IFRS 第 10 号 B85I 項］。

(a) 投資先の工程，資産または技術の取得，使用，交換または活用。これには，企業または他のグループ企業が，投資先の資産，技術，製品またはサービスを購入する不均衡または独占的な権利を有している場合が含まれる（例えば，資産の開発が成功したとみなされる場合に投資先から資産を購入できるオプションの保有による）。
(b) 企業または他のグループ企業と投資先との間での，製品またはサービスの開発，製造，販売または提供するための共同支配の取決め（IFRS 第 11 号「共同支配の取決め」において定義される）または他の取決め
(c) 投資先が提供している，企業または他のグループ企業の借入契約の担保として役立つ金融保証または資産（ただし，投資企業は依然として，投資先に対する投資を借入の担保として使用できる）
(d) 企業の関連当事者が有している，当該企業または他のグループ企業から投資先に対する企業の所有持分を購入するオプション
(e) IFRS 第 10 号 B85J 項（下記参照）に記述するもの以外の，企業または他のグループ企業と投資先との間の取引で，次のいずれかに該当するもの
  (i) 当該企業，他のグループ企業または投資先のいずれかの関連当事者でない企業には利用できないような条件で行われる。
  (ii) 公正価値で行われない。
  (iii) 投資先または企業の事業活動（他のグループ企業の事業活動を含む）の

重要な部分を占めている。

本基準書には，このような追加的な便益に対する一定の禁止事項が含まれている。これは，投資企業の定義を満たす企業が，特定の会計的結果を達成するために大きな企業構造に挿入され得るという懸念に対する対応である。例えば，親会社は，損失を計上している子会社（例えば，グループ全体のための研究開発活動）への投資を行う投資企業である「内部」子会社を利用し，当該投資を公正価値で記録し，基礎となる投資先の活動を反映させないことができる［IFRS 第 10 号 BC 242 項］。

投資企業は，同一の業種，市場または地域における複数の投資先に投資する戦略を有している場合がある。当該投資先からの資本増価および投資収益を増加させるシナジーから便益を得るためである。B85I 項（e)(上記参照）にかかわらず，単にこうした投資先が互いに取引をしているという理由だけでは，企業が投資企業に分類される要件を満たさないことにはならない［IFRS 第 10 号 B85J 項］。

投資先からの資本増価および投資収益を増加させるシナジーから便益を受けるために，同一の業種，市場または地域における複数の投資先へ投資を行うことは，プライベート・エクイティ業界に共通する投資戦略である。このような状況における投資先の間の取引またはシナジーは，それぞれの投資の公正価値を増加させ，その結果，投資企業が報告する資産を増加させる。したがって，IASB は，投資企業の投資の間に生じるそのような取引またはシナジーは，その存在が必ずしも投資企業が資本増価，投資収益またはその両方のみを超えるリターンを受取るということを意味するものではないため，禁止してはならないと決定した［IFRS 第 10 号 BC 243 項］。

15.1.3　公正価値測定

投資企業の適格性の第３の規準は，企業は投資のほとんどすべての測定および業績評価を公正価値ベースで行わなければならない，ということである［IFRS 第 10 号 27 項（c)］。

この要件を満たすことを立証するためには，投資企業は以下のことが要求される［IFRS 第 10 号 B85K 項］。

- 投資者に公正価値情報を提供し，公正価値が IFRSs（下記参照）に従って要求または許容されている場合には常に，投資のほとんどすべてを財務諸表において公正価値で測定する。
- 公正価値情報を企業の経営幹部（IAS 第 24 号「関連当事者についての開示」において定義されている）に内部的に報告し，経営幹部が投資のほとんどすべての業績を評価し投資の意思決定を行うための主要な測定属性として公正価値を使用する。

したがって，投資企業の定義を満たすためには，企業は以下のことを行う必要がある［IFRS 第 10 号 B85L 項］。

- 投資不動産を IAS 第 40 号「投資不動産」の公正価値モデルで会計処理することを選択する。
- IAS 第 28 号（2011 年）「関連会社および共同支配企業に対する投資」における持分法の適用免除を選択する。
- 金融資産を IFRS 第 9 号「金融商品」（IFRS 第 9 号の採用前であれば，IAS 第 39 号「金融商品：認識および測定」）に従って公正価値で測定する。

したがって，それ以外は投資企業の定義を満たす企業（よって，IFRS 第 10 号 32 項〔**本章 15.2.2** 参照〕の範囲に含まれる企業を除き，その子会社を連結することが許容されない）は，上記以外の会計方針を選択した場合は投資企業として適格とならないことがある。

投資企業に提示された連結の例外の根拠は，公正価値情報が投資企業の投資（子会社への投資を含む）にとって最も関連性がある，ということである。したがって IASB は，投資企業の定義の本質的な特徴は，企業がほとんどすべての投資を公正価値で測定するために既存の IFRS の要求事項と会計方針のオプションを使用することであると判断した。IASB は，IAS 第 28 号または IAS 第 40 号の公正価値測定のオプション選択をしなかった企業，または重要でない金額を超える金融資産をIFRS第9号（またはIAS第39号）に従って償却原価で測定する企業は，投資企業として適格でないと考えている［IFRS第10号BC250項］。

企業の金融資産の測定に関する見解は，さらに検討するに値する。企業が金融資産を保有し，当該資産を償却原価か公正価値のいずれかにより測定する選択肢を有する場合，投資企業として適格となるためには，企業は金融資産を公正価値で測定することを選択しなければならない。IFRS第9号を適用する企業は，IFRS第9号（2010年）4.1.5項における以下の場合にこの償却原価か公正価値測定かの選択が生じ得る。それは，金融資産が償却原価測定の要件を満たすものの，純損益を通じた公正価値測定（FVTPL）に指定することにより，測定または認識の不整合（これは「会計上のミスマッチ」といわれることがある―さらなる議論は**第3巻2章「金融商品：金融資産」5.2.1**参照）が除去または大幅に低減される場合である。

IAS第39号を適用する企業は，金融資産の測定においてより多くの選択肢がある。企業が償却原価で測定することが許容される金融資産に関して，売却可能または（一定の条件のもとに）FVTPLに指定する条件も満たす場合がある。そのような状況では，投資企業として適格となるためには，当該資産が公正価値で測定されるような指定を選択しなければならない。例えば，企業は満期まで保有する予定の負債性投資を保有する場合がある（これは，投資企業の地位を損なうものではない―**本章15.1.2.1**参照）。それはIAS第39号9項の満期保有目的の分類規準を満たす。そのような投資は一般的には償却原価で測定されるが，企業は負債性投資を，それが公正価値で管理され業績評価されているために，当初認識時においてFVTPLに指定するオプションを有する場合がある（詳細な要件については**第3巻2章3.1.1**参照）。そのような状況では，投資企業として適格であるために，企業は公正価値オプションを選択（あるいはその代わりに，負債性投資を売却可能に指定）しなければならない。

企業が金融資産のいくつかを公正価値で測定し，公正価値の変動を純損益でなく（IFRS第9号に従ってまたはIAS第39号の売却可能金融資産として）その他の包括利益で認識する場合，それは投資企業の定義のなかの公正価値の要素を満たす［IFRS第10号BC251項］。

この投資企業の定義の第3の要素は，投資企業の**投資**に関してのみ適用される。投資企業は，投資以外の資産（例えば，本社資産や関連設備）または負債を公正価値で測定することは要求されない［IFRS 第10号 B85M 項］。

15.1.4　投資企業の典型的な特徴

このセクションでは，IASB が投資企業の「典型的な特徴」として識別した性質について議論する。これらは，企業が投資企業として適格であるかどうかを判定するための一助とするために，基準書のなかに盛込まれたものである。企業は，投資企業として適格であるために，これらすべての特徴を示すことは要求されていない。しかし，これらの特徴の1つまたは複数が欠けることは，投資企業の定義を満たすかどうかの判定に際して追加的な判断が必要となることを示唆している。企業が，1つまたは複数の典型的な特徴を有していないにもかかわらず投資企業であると判定される場合，それでもなお投資企業の定義を満たす理由を開示することが求められる［IFRS 第10号28項および IFRS 第12号9A 項］。

IFRS 第10号の結論の根拠において，IASB は，企業が以下の典型的な特徴のいずれも示していないにもかかわらず，投資企業として適格である場合があることの可能性を考慮している。「IASB は，投資企業の典型的な特徴のいずれも示していない企業が投資企業の定義を満たすことは非常に低いと考えている。しかし，まれな状況においてはあり得る。例えば，投資者が単一で，資本所有持分を発行していない年金ファンドが，一時的に単一の投資しか保有していない場合（例えば，設立時または企業の解散時）でも，投資企業として適格となる可能性がある」［IFRS 第10号 BC 234 項］。

（**本章 15.1** に規定されるように）投資企業の定義を満たすかどうかを判定するに際して，企業は以下の投資企業の典型的な特徴を有しているかどうかを考慮することが要求される［IFRS 第10号28項］。

(a)　複数の投資を有している（**本章 15.1.4.1** 参照）。
(b)　複数の投資者がいる（**本章 15.1.4.2** 参照）。

(c)　企業の関連当事者ではない複数の当事者がいる（**本章 15.1.4.3** 参照）。
(d)　資本持分または類似の持分の形式での所有持分を有している（**本章 15.1.4.4** 参照）。

これらの典型的な特徴のいずれかが欠けているとしても，必ずしも投資企業としての分類に不適格となるわけではない。しかし，これらの典型的な特徴の全部を有しているわけではない投資企業は，IFRS 第 12 号「他の企業への関与の開示」9A 項（**第 2 巻 7 章 5.1** 参照）が要求する追加的な開示を提供しなければならない［IFRS 第 10 号 28 項］。

15.1.4.1　複数の投資

投資企業は通常，リスク分散とリターンの最大化のためにいくつかの投資を保有する。企業は，投資ポートフォリオを直接に保有する場合もあれば，間接的に（例えば，いくつかの投資を保有している別の投資企業に対する単一の投資を保有することにより）保有する場合もある［IFRS 第 10 号 B85O 項］。

企業が単一の投資を有する場合，それが必ずしも投資企業の定義を満たすことを妨げるものではない。例えば，投資企業は以下の場合には単一の投資しか保有していないことがある［IFRS 第 10 号 B85P 項］。

- 開業期間中であり，まだ適切な投資を特定していないため，複数の投資を取得するための投資計画をまだ実行していない。
- 処分した投資に代わる他の投資をまだ行っていない。
- 投資が個人投資家には入手できないものである場合（例えば，所要の最低投資額が個人投資家には高すぎる場合）に，投資者の資金をプールして単一の投資に投資するために設立されている。
- 清算手続中である。

15.1.4.2　複数の投資者

通常，投資企業には複数の投資者がいて，彼らが個々にはアクセスできないかもしれない投資管理サービスおよび投資機会へのアクセスを得るために資金をプールしている。複数の投資者がいれば，企業（または当該企業を含む企業集団の他のメンバー）が資本増価または投資収益以外の便益を得る可能性は低くなる（**本章 15.1.2.2** 参照）［IFRS 第 10 号 B85Q 項］。

あるいは，投資企業は，広い範囲の投資者グループの利害を代表するか，もしくは支援する単一の投資者（例えば，年金ファンド，政府投資ファンド，家族信託）によって，または当該投資者のために設立される場合がある［IFRS 第 10 号 B85R 項］。

企業に一時的に単一の投資者しかいない時期があることもあり得る。例えば，投資企業は，次のような場合には単一の投資者しかいないことがある［IFRS 第 10 号 B85S 項］。

- 当初の募集期間中で，その期間が満了しておらず，企業が適当な投資者を積極的に募集中である。
- 償還された所有持分に代わる適当な投資者をまだ特定していない。
- 清算手続中である。

設例15.1.4.2

投資企業の構造全体を考慮して判定された投資企業の地位

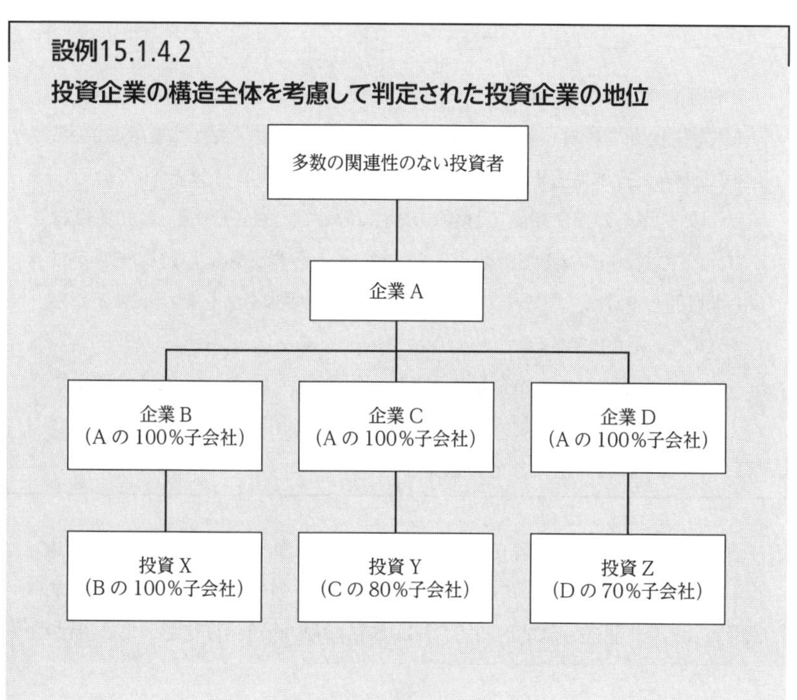

企業Ｂ，ＣおよびＤはすべて企業Ａの100％子会社であり，企業Ａの投資ポートフォリオを直接保有するという規制上の目的のために設立された。これらはそれぞれ単一の投資である資本持分を有し，これを支配する。これらの企業は他の活動は行っていない。

企業Ａ，Ｂ，ＣおよびＤはそれぞれIFRS第10号27項の投資企業の定義を満たす。

- これらはすべて，投資者に投資管理サービスを提供する目的で資金を集めている。
- 当該組織の事業目的は，資本増価，投資収益，またはその両方からのリターンのためだけに資金を投資することである。
- 投資Ｘ，ＹおよびＺに関する潜在的な出口戦略が識別され文書化されている。これに基づき，IFRS第10号B85Hに従う場合，企業Ａは企業Ｂ，ＣおよびＤに対する出口戦略を有することは求められず，保有する投資は公正価値をベースとして測定および業績評価される。

個別に考えた場合，企業Ｂ，Ｃ，およびＤはそれぞれ，IFRS第10号28項に記述された投資企業の４つの典型的な特徴のうちただ１つを示している（すなわち，資本持分または類似の持分の形式での所有持分を有している）。しかし，これらの投資企業の地位の決定に際して，企業Ｂ，Ｃ，およびＤはファンドの構造全体としての観点から検討される必要がある。なぜなら，それらの目的と設計は，ファンドが特定の法域の規制要求を満たすようにするためだけのものだからである。

企業Ｂ，ＣおよびＤが企業Ａとともに検討された場合，これらは投資企業の定義を満たし，その典型的な特徴を示す。したがって，企業Ｂ，ＣおよびＤはそれぞれ投資企業の定義を満たす。

個々の構成要素が投資企業として適格であるかどうかを判定するために，全体としての構造を観察するこのアプローチは，IFRS第10号に付随する設例の例４に記述されている（これは**本章設例15.1.5D**において再掲されている）。

15.1.4.3　関連のない投資者

通常，投資企業には，当該企業または当該企業を含む企業集団の他のメンバーの関連当事者（IAS 第 24 号「関連当事者についての開示」において定義）ではない複数の投資者がいる。関連当事者ではない投資者がいれば，企業（または当該企業を含む企業集団のメンバー）が資本増価または投資収益以外の便益を得る可能性は低くなる（**本章 15.1.2.2** 参照）[IFRS 第 10 号 B85T 項]。

しかし，投資者が企業の関連当事者であったとしても，企業はそれでも投資企業に該当する可能性がある。例えば，投資企業が従業員（経営幹部等）のグループまたは他の関連当事者である投資者のための別個の「パラレル」ファンドを設けて，企業の主たる投資ファンドと同様の投資を行う場合がある。この「パラレル」ファンドは，投資者のすべてが関連当事者であっても，投資企業としての要件を満たす可能性がある [IFRS 第 10 号 B85U 項]。

15.1.4.4　資本または類似の持分の形式の所有持分

投資企業は，通常は独立した法的実体であるが，そうである必要はない。投資企業に対する所有持分は，通常，資本または類似の持分（例えば，パートナーシップ持分）の形式であり，それらに投資企業の純資産に対する比例的取分が帰属する。しかし，異なるクラスの投資者がいて，その一部が特定の投資または投資のグループのみに権利を有していたり，純資産に対する異なる比例的取分を有していたりする場合でも，企業が投資企業となる妨げとはならない [IFRS 第 10 号 B85V 項]。

さらに，企業が債券の形式で重要な所有持分を有していて，それが他の適用すべき IFRSs に従うと資本の定義を満たさない場合でも，その債券保有者が企業の純資産の公正価値変動による変動リターンに晒されている場合には，企業は依然として投資企業の要件を満たす可能性がある [IFRS 第 10 号 B85W 項]。

IASB は，投資企業は通常は資本の形式あるいは投資者に投資企業の純資産の比例持分を与える類似の（例えばパートナーシップ）持分の形式により所有持分を有することを考慮した。この特徴は，なぜ公正価値が投資企業の投資者により関連性があるかを一部説明する。それは，投資企業のそれぞれの所有単位は，投資者に投資企業の純資産の比例的持分に対する権利を与えるからである。それぞれの所有持分の価値は，投資企業の投資の公正価値に直接結びついている［IFRS第10号BC264項］。

結論の根拠はまた，「IASBは，投資者に対して投資に金利を加えたリターンのみを提供する企業は，投資企業として適格とすべきではないと考える」と明確に述べている［IFRS第10号BC265項］。

15.1.5　設　例

以下の設例はIFRS第10号に付随しているが，その一部を構成するものではない。これらは，企業が投資企業であるかどうかの判定の際の考慮事項を説明している。

設例15.1.5A

［IFRS第10号設例：設例1］

IE1　ある企業（Limited Partnership〔以下「LP」〕）は，存続期間10年のリミテッド・パートナーシップとして20X1年に設立された。募集要項では，LPの目的は，その存続期間にわたって資本増価を実現する目的で，急速に成長する可能性のある企業への投資を行うことだと述べている。企業GP（LPのゼネラル・パートナー）は，LPへの資本の1％を提供しており，パートナーシップの適当な投資をみつける責任を有している。企業GPと関連のない約75名のリミテッド・パートナーが，このパートナーシップへの資本の99％を提供している。

IE2　LPは20X1年に投資活動を開始する。しかし，20X1年末まで適当な投資を特定していない。20X2年にLPは1つの企業（ABC社）に対する支配持分を取得する。LPは20X3年まで他の投資取引を完了できなかったが，同年に5つの追加的な事業会社に対する資本持分を取得する。これらの資本持分を取得すること以外には，LPは他の活動を行わない。LPは投資の測定および評価を公正価値ベースで行い，この情報は企業 GP と外部投資者に提供される。

IE3　LP は各投資先に対する持分をパートナーシップの所定の 10 年の存続期間中に売却する計画を有している。こうした売却には，現金での資本持分の売切，投資先の証券の公募を成功させた後の市場性のある持分証券の投資者への分配，一般または他の関連のない企業への投資の売却等が含まれる。

結　論

IE4　与えられた情報から，LP は，20X1 年の設立から 20X3 年 12 月 31 日まで投資企業の定義を満たしている。以下の状況が存在しているからである。

(a)　LP はリミテッド・パートナーから資金を得て，それらのリミテッド・パートナーに投資管理サービスを提供している。

(b)　LP の唯一の活動は，投資の存続期間にわたって資本増価を実現する目的で，事業会社に対する資本持分を取得することである。LP はそれぞれの投資（そのすべてが持分投資である）に関する出口戦略を識別し文書化している。

(c)　LP は投資を公正価値ベースで測定し評価し，この財務情報を投資者に報告している。

IE5　さらに，LP は次のような投資企業の典型的な特徴を示している。

(a)　LP には多くの投資者が資金を提供している。

(b)　LP のリミテッド・パートナーは LP とは関連がない。

(c)　LP に対する所有は，資本拠出を通じて取得したパートナーシップ持分の各単位で表される。

IE6　LP は，当該期間を通じて複数の投資を保有しているわけではない。しかし，これはまだ開業期間中であり適当な投資機会を特定していないからである。

設例15.1.5B

[IFRS第10号設例：設例2]

IE7　High Technology Fund（以下「HTF」）は，Technology Corporation（以下「T社」）が，資本増価のために技術系の新設会社に投資するため設立した。T社はHTFに対する70％の持分を有しており，HTFを支配している。他の30％の所有持分は，10名の関連のない投資者が所有している。T社は，HTFが保有している投資を公正価値で取得するオプションを保有しており，それは投資先が開発した技術がT社の営業に便益を与えることとなる場合に行使される。HTFは当該投資の出口計画を特定していない。HTFは，HTFに対する投資者の代理人として行動する投資アドバイザーが管理している。

結　論

IE8　HTFの事業目的は資本増価のための投資であり，投資者に投資管理サービスを提供しているが，HTFは投資企業ではない。次のような取決めおよび状況がその理由である。

(a)　HTFの親会社であるT社は，投資先が開発した資産がT社の営業に便益を与えることとなる場合には，HTFが保有する投資先に対する投資を取得するオプションを保有している。これは，資本増価または投資収益への追加となる便益を提供する。

(b)　HTFの投資計画には，持分投資である投資に関する出口戦略が含まれていない。T社が保有しているオプションはHTFが支配しておらず，出口戦略を構成しない。

設例15.1.5C

[IFRS第10号設例：設例3]

IE9　Real Estate Entity（以下「REE」）は，店舗用，事務所用および他の商業用の不動産の開発，所有および運営のために設立された。REEは通常，別個の100％保有の子会社で不動産を保有し，その子会社は関連する投資不動産の資金を賄うために使用する借入以外の実質的な資産や負債を有さない。REEとその各子会社は，投資不動産をIAS第40号「投資不動産」に従って公正価値で報告している。REEは投資不動産の処分についての時間枠を設定していないが，処分の最適な時期を特定するのに役立てるために公正価値を使用している。公正価値は1つの業績指標ではあるが，REEとその投資者は他の指標も使用しており，それには業績を評価し投資意思決定を行うための予想キャッシュ・フロー，賃貸収益および費用に関する情報が含まれる。REEの経営幹部は，公正価値情報を投資の業績を評価するための主たる測定属性とは考えておらず，同等に関連性のある重要な業績指標のグループの一部と考えている。

IE10　REEは広範囲の財産および資産管理の活動を行っており，そのなかには，不動産の維持管理，資本的支出，再開発，マーケティング，およびテナント選定等が含まれており，その一部は第三者に外注している。これには，改装の対象とする不動産の選定，開発，こうした不動産を開発するために行うべき設計および建設の業務に関する業者との交渉等が含まれている。この開発活動は，REEの事業活動の独立した実質的な一部を構成する。

結　論

IE11　REEは，次の状況があるため，投資企業の定義を満たさない。

(a)　REEは，不動産ポートフォリオの積極的な管理を伴う独立した実質的な事業活動を有しており，これにはリースの交渉，改装および開発の活動，不動産のマーケティング等が含まれ，資本増価，投資収益またはその両方以外の便益を提供している。

(b)　REEの投資計画には，投資についての具体的な出口戦略が含まれていない。その結果，REEは当該不動産投資を無期限に保有する計画である。

(c)　REEは投資不動産をIAS第40号に従って公正価値で報告しているが，公正価値は経営者が投資の業績を評価するために使用している主たる測定属性ではない。他の業績指標が業績評価および投資意思決定のために使用されている。

設例15.1.5D

[IFRS第10号設例：設例4]

IE12　ある企業（Master Fund〔以下「MF」〕）は，存続期間 10 年で 20X1 年に設立された。MF の持分は 2 つの関連のあるフィーダー・ファンドが保有している。フィーダー・ファンドは，法律上，規制上，税務上またはそれらに類似した要求を満たすために，互いに関連して設立された。フィーダー・ファンドへの出資は，1 %の投資がゼネラル・パートナーから，99 %がゼネラル・パートナーとは関連のない持分投資者から行われている（どの関係者も支配財務持分を保有していない）。

IE13　MF の目的は，資本増価および収益（配当，利息または賃貸収益等）を生み出すために複数の投資のポートフォリオを保有することである。投資者に伝えられている投資目的では，マスター・フィーダー構造の目的は別々の市場の投資者に大きなプールの資産で投資する投資機会を提供することであるとしている。MF は保有している持分投資および非金融投資に関する出口戦略を特定し文書化している。MF は短期および中期の債券投資のポートフォリオを保有しており，その一部は満期まで保有され，別の一部は取引されているが，MF はどの投資を保有しどの投資を取引するのかを具体的に特定していない。MF は投資のほとんどすべて（債券投資を含む）を公正価値ベースで測定し評価している。さらに，投資者はフィーダー・ファンドから定期的な財務報告を公正価値ベースで受取る。MF およびフィーダー・ファンドの両方に対する所有は，持分の単位を通じて表されている。

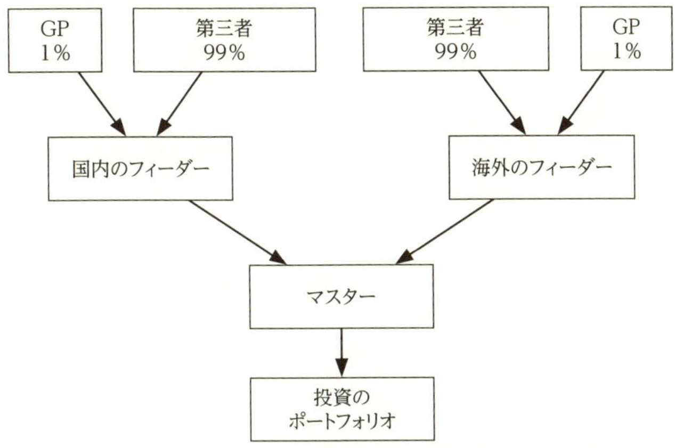

結　論

IE14　MF とフィーダー・ファンドはそれぞれ投資企業の定義を満たしている。次のような状況が存在している。

(a)　MF とフィーダー・ファンドの両方とも，投資者に投資管理サービスを提供する目的で資金を得ている。

(b)　マスター・フィーダー構造の事業目的は，フィーダー・ファンドの投資者に直接伝えられているが，資本増価および投資収益のためだけに投資しているものであり，MF は持分投資および非金融投資についての潜在的な出口戦略を特定し文書化している。

(c)　フィーダー・ファンドは MF に対する持分について出口戦略を有していないが，それでもフィーダー・ファンドは投資についての出口戦略を有していると考えることができる。MF はフィーダー・ファンドと関連して設立されたものであり，フィーダー・ファンドのために投資を保有しているからである。

(d)　MF が保有する投資は公正価値ベースで測定と評価が行われ，MF が行った投資に関する情報はフィーダー・ファンドを通じて公正価値ベースで投資者に提供されている。

IE15　MF およびフィーダー・ファンドは，法律上，規制上，税務上，またはそれらに類似した要求のために互いに関連して設立されたものである。一緒にして考えた場合，それらは次のような投資企業の典型的な特徴を有している。

(a)　フィーダー・ファンドは，MF が投資のポートフォリオを保有しているので，間接的に複数の投資を保有している。

(b)　MF はフィーダー・ファンドからすべての出資を受けているが，フィーダー・ファンドはフィーダー・ファンド（およびゼネラル・パートナー）と関連のない多数の投資家から資金を得ている。

(c)　フィーダー・ファンドに対する所有は，資本拠出を通じて取得された資本持分の単位で表されている。

15.1.6　投資企業の地位の再査定

もし事実および状況が，投資企業の定義を構成する 3 つの要素のうち 1 つ以上（**本章 15.1** 参照），あるいは投資企業の典型的な特徴（**本章 15.1.4** 参照）のいずれかに関して変化があることを示す場合，親会社は自らが投資企業であるかどうかについて再査定することが要求される［IFRS 第 10 号 29 項］。

投資企業でなくなったか，または投資企業となった親会社は，その地位の変化が起こった日から将来に向かって，当該変化を会計処理することが求められる［IFRS 第 10 号 30 項］。

15.1.6.1　投資企業でなくなった企業

企業が投資企業でなくなった場合，それは以下のように企業の子会社の「みなし取得」として会計処理される［IFRS 第 10 号 B100 項］。

- 企業は，それまで純損益を通じて公正価値で測定していた子会社すべてに対して，IFRS 第 3 号「企業結合」を適用する。
- 地位が変動した日（すなわち，企業が投資企業でなくなった日）は，これらの子会社のみなし取得日となる。
- 地位が変動した日における子会社の公正価値は，のれんまたは割安購入益の測定のためのみなし対価となる。
- 企業のすべての子会社は，IFRS 第 10 号の一般的要求事項に従って，地位が変動した日から連結される。

15.1.6.2 投資企業となった企業

企業が投資企業となった場合，その地位の変動は子会社の「みなし処分」または「支配の喪失」として会計処理しなければならない［IFRS 第 10 号 B101 項］。

- 企業は地位が変動した日（すなわち，投資企業となった日）に子会社の連結を中止する。しかし，投資活動に関連するサービスまたは活動を提供する子会社は，IFRS 第 10 号 32 項（**本章 15.2.2** 参照）に従って連結を継続する。
- 企業は，あたかも投資企業が当該日において子会社の支配を喪失したかのように，IFRS 第 10 号 25 項および 26 項（**本章 14** 参照）を，連結を中止する子会社に適用する。

IFRS 第 10 号 25 項および 26 項を適用する際に，当該企業が投資企業でなくなる日における子会社の公正価値を，受取対価として使用しなければならない。みなし処分から生じる利得または損失は，純損益として認識しなければならない。これは，投資者の事業目的の変更を重大な経済的事象として取扱うことであり，利得および損失が支配喪失時に純損益として認識されることの論拠と整合する［IFRS 第 10 号 BC 271 項］。

15.2 測定の要求事項

「**投資企業**」の修正は，子会社への投資に関してのみ，投資企業に対する要求事項を規定する。新たな要求事項では，投資企業には以下のことが要求される。

- 投資活動に関連するサービスまたは活動を提供するすべての子会社を連結すること（**本章 15.2.2** 参照）
- 他のすべての子会社を純損益を通じて公正価値で測定すること（**本章 15.2.1** 参照）

投資の他のすべてのカテゴリー（例えば，金融資産，関連会社に対する投資および共同支配企業に対する投資）に関しては，他の該当するIFRSs（例えば，IFRS第９号「金融商品」〔IFRS第９号の適用前はIAS第39号「金融商品：認識および測定」〕およびIAS第28号〔2011年〕「関連会社および共同支配企業に対する投資」）に適切な会計処理が規定される。しかし，投資企業がほとんどすべての投資について公正価値ベースで測定および業績評価を行う（**本章15.1.3**参照）という要求を満たすために，投資企業は以下を行わなければならない。

- 投資不動産をIAS第40号に従って公正価値によって会計処理することを選択する（**第１巻８章「投資不動産」5.2**参照）。
- 関連会社および共同支配企業を，IAS第28号（2011年）の持分法の例外に従って公正価値によって会計処理することを選択する（**第２巻６章4.2.1.2**参照）。
- 適格な場合は，金融資産を公正価値で測定する（**本章15.1.3**も参照）。

これらの要求事項は以下のように要約することができる。

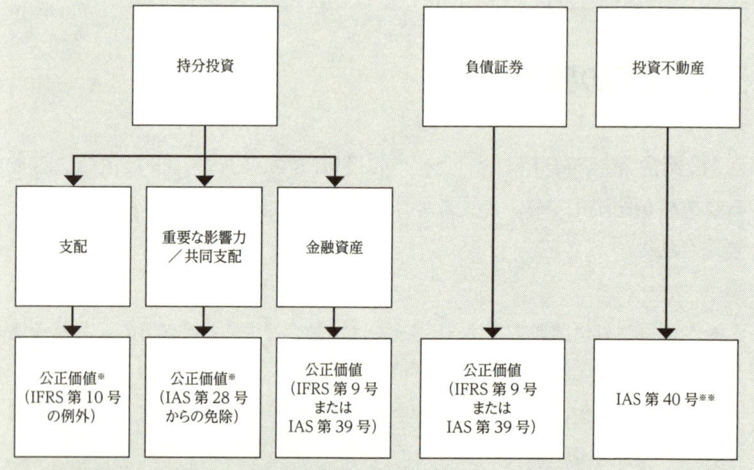

*　公正価値はIFRS第９号またはIAS第39号に従って純損益を通じて測定する。
**　公正価値はIAS第40号に従って純損益を通じて測定する。

15.2.1 連結の例外（全般）

IFRS 第 10 号 32 項に従って連結が要求される子会社（**本章 15.2.2** 参照）を除いて，投資企業は子会社を連結してはならず，また他の企業の支配を獲得した時点で IFRS 第 3 号「企業結合」を適用してはならない［IFRS 第 10 号 31 項］。

それに代えて，投資企業は，子会社に対する投資を IFRS 第 9 号「金融商品」（IFRS 第 9 号適用前であれば，IAS 第 39 号「金融商品：認識および測定」）に従って純損益を通じて公正価値で測定しなければならない［IFRS 第 10 号 31 項］。

投資企業は，IFRS 第 10 号 31 項に従って，子会社のすべてを純損益を通じて公正価値で測定することを要求されている場合には，連結財務諸表を作成する必要はない［IFRS 第 10 号 4 項（c）］。そのような状況では，投資企業は個別財務諸表を作成しなければならず，特定の追加的要求事項が適用される（**第 2 巻 8 章 6.2** 参照）。

投資企業が IFRS 第 10 号 32 項の範囲に含まれる子会社を有する場合は，その投資企業は連結財務諸表を作成する（IFRS 第 10 号の他の利用可能な免除規定を考慮後）。他の状況では，投資企業は連結される子会社を持たない。

IFRS 第 10 号 4 項（c）は，すべての子会社への投資が IFRS 第 10 号 31 項に従って公正価値で測定される場合は，投資企業は連結財務諸表を作成する「必要はない」と述べているが，そのような企業は連結財務諸表を作成することは**許容されない**ことは明らかである。この原則は IAS 第 27 号（2011 年）8A 項に規定されている（**第 2 巻 8 章 3.1.2** 参照）。このような状況では，投資企業は IAS 第 27 号（2011 年）に定義する個別財務諸表のみを表示する。なぜなら，もし投資企業が関連会社または共同支配企業を有するとすれば，企業が投資企業として適格であるためには，それらは持分法ではなく公正価値で会計処理されなければならないためである（**本章 15.1.3** 参照）。

グループ構成のなかでの投資企業の存在は，IFRS 第 10 号 4 項（a）に規定する連結財務諸表作成の一般的な免除規定を適用する際に，特定の論点を生じさせることがある（**本章 15.2.2.2** および **15.2.2.3** 参照）。

15.2.1.1　公正価値測定の会計単位

IFRS第10号31項により，投資企業は子会社への投資をIFRS第9号（IFRS第9号採用前であれば，IAS第39号）に従って純損益を通じて公正価値で測定しなければならない。このIFRS第9号（またはIAS第39号）への参照は，(1) 投資の測定基礎のみに関して言及しているのか（そして，会計単位はIFRS第10号に従って決定されなければならないのか），あるいは（2）それらの投資に対する会計単位についても規定しているのか（これは，会計単位を個々の金融商品としなければならないことを示唆する），について疑問が生じている。

最近（2013年3月）の会合でIASBは，子会社（および共同支配企業と関連会社）への投資の会計単位は全体としての投資であり，投資を構成する個々の金融商品ではないことを暫定的に決定した。しかし，IASBはまた，活発な市場において相場のある金融商品から構成される投資の公正価値測定は，金融商品の相場価格（P）と，当該金融商品の数量（Q）を乗じたもの（すなわち，P×Q）でなければならないと暫定的に決定した。

この論点はIASBにより継続して議論される。

投資企業が直接または間接に子会社を保有する場合，当該企業は直接の子会社への投資のみ公正価値により認識する。それらの公正価値は間接保有の子会社への投資価値を反映するためである。

設例15.2.1.1

投資企業は直接子会社および間接子会社の双方を保有する

企業C（投資企業）は企業Dの株式のすべてを保有し，企業Dは企業Eの90%の株式を保有する。企業D，企業Eいずれも投資活動に関連するサービスまたは活動を提供していない。

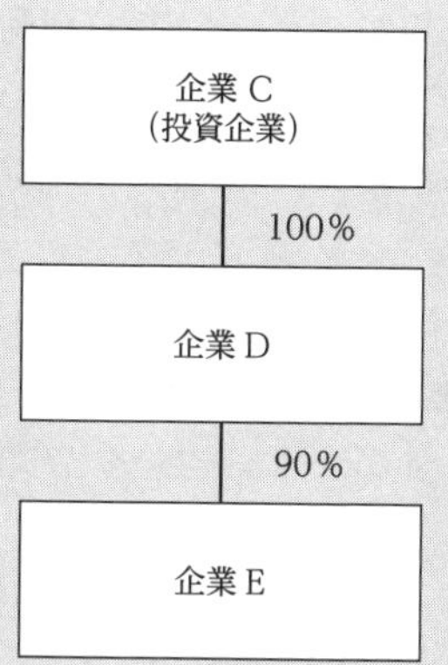

企業Eは企業Cにより（間接的に）支配されるため，企業Cの子会社である。しかし，企業Cは企業Eに対する間接的な投資の公正価値を，企業Eの財務諸表では別個に認識しない。むしろ，企業Cは企業Dに対する直接的な投資のみを公正価値で測定する。その公正価値は企業Dの企業Eに対する投資の価値を反映するためである。

15.2.2　連結を要求される子会社

投資企業がその投資活動に関連するサービスを提供する子会社を有している場合，その子会社はIFRS第10号19項から26項までの一般的要求事項（**本章12から14参照**）に従って連結しなければならない。また，そのような子会社の取得に対してはIFRS第3号の要求事項を適用しなければならない［IFRS第10号32項］。

IFRS第10号32項の範囲に関する解釈，特に「投資企業の投資活動に関連するサービスを提供する」という表現の解釈は極めてチャレンジングである。IFRS第10号32項は，明確化のために読者にB85C項からB85E項までを参照させている。IFRS第10号B85C項およびB85D項は，投資活動に関連するサービスおよび投資関連活動の例を提供している（**本章15.1.2参照**）ものの，これらの用語の定義は提供されていない。IFRS第10号32項に言及されている子会社の「サービス」は，IFRS第

10 号 B85C および B85D に述べられた投資活動に関連するサービスおよび投資関連活動の例を明らかに含むが，これらに限定されない。

加えて，IFRS 第 10 号 B85E 項は以下のように述べている。

> 「投資企業が有している子会社が，B85C 項から B85D 項に記述したような投資活動に関連するサービスまたは活動を企業または他社に提供している場合には，投資企業は当該子会社を 32 項に従って連結しなければならない。」

このパラグラフは，IFRS 第 10 号 32 項において想定しているサービスは，IFRS 第 10 号 B85C および B85D に列挙されたサービスおよび活動に限定されないことをあらためて明確にしている。さらに，IFRS 第 10 号 B85E は，IFRS 第 10 号 32 項において想定しているサービスは投資企業の投資活動に「関連して」いることを要求するが，サービスは第三者にも提供されることを明確にしている。

IFRS 第 10 号 32 項およびそれを補足するパラグラフに明確性がないことは，特定の子会社を連結しなければならないかどうか常に明確とは限らないことを意味している。例えば，税務上最も効率的な方法で投資を管理するために，投資企業は特定の法域に，グループ構造のなかで投資ポートフォリオを所有する 1 つまたは複数の 100％所有の中間子会社を設立する場合がある。中間子会社（「タックス・ブロッカー」子会社とよばれる）の唯一の目的は，「親」投資企業が支払う投資に対する税金を最小化することである。タックス・ブロッカー子会社内では何の活動もなく，リターンがタックス・ブロッカー子会社の法域を通ることのみから税務上の恩恵がもたらされるものである。

前パラグラフに記載されたような「税金最適化」が，IFRS 第 10 号 B85C 項および B85D 項にて議論されている投資活動に関連するサービスまたは投資に関連する活動と考えられるかどうかは明確でない。前パラグラフに記述したタイプの企業については IASB にて議論され，IFRS 第 10 号 BC 272 において言及されている。

「**投資企業**のEDは，投資企業がすべての子会社を公正価値で測定する（投資活動に関連するサービスを提供する子会社を除く）ことを提案し，自らが投資企業である投資先であっても同じとしていた。一部のコメント提出者は，この提案を疑問視し，少なくとも投資企業子会社の一部は連結すべきであると指摘した（例えば，法律上，税務上または規制上の目的により設立された100％所有の投資企業子会社）。しかし，IASBは，投資企業のすべての子会社の公正価値測定（投資活動に関連するサービスまたは活動を提供する子会社を除く）により最も有用な情報が提供されると考えているため，この提案を維持することを決定した。IASBは，投資企業が法律上，税務上または規制上の目的のために設立された投資企業子会社のみを投資企業が連結することを要求することを検討したが，異なる投資企業子会社を区別する概念上の根拠がないことから，そうしないことを決定した。さらに，IASBの考えでは，具体的な法律上，税務上または規制上の理由で設立された投資企業子会社と，他の事業上の理由のみのために設立されたものとを区別することは非常に困難である［IFRS第10号BC 272項］。」

税金最適化が投資活動に関連するサービスまたは活動**ではない**（したがって，タックス・ブロッカー子会社をIFRS第10号32項に従って連結することを要求**されない**）と主張する人は，投資企業の100％子会社が法律上，税務上または規制上の目的で設立された場合，その子会社は投資企業親会社により公正価値で測定し連結されるべきでないという，IFRS第10号BC 272項のIASBにおける結論を指摘する。

代替的な見解は，IFRS第10号BC 272項はこの論点に関して結論が完全ではないという見解である。このパラグラフは，投資企業が「たとえ自らが投資企業である投資先であっても，すべての子会社を公正価値で測定（**投資活動に関連するサービスを提供する子会社を除く**）しなければならない」と述べている（**強調追加**）。IFRS第10号BC 272項は，「税務上の理由で設立された100％所有の投資企業子会社」に言及しているが，IASBが税務上の理由で設立されたすべての100％子会社が投資企業であると考えているかどうかは明確でない。また，このパラグラフは，税金最適化が投資活動に関連するサービスではないと断言してもいない。

税金最適化が投資活動に関連するサービス**である**（したがって，タックス・ブロッカー子会社はIFRS第10号32項に従って連結しなければならない）と主張する人は，IFRS第10号B85CおよびB85Dが，投資に関連すると考えられるサービスおよび活動のタイプの例を提供しているものの，網羅的なリストではないことにも注目する。彼らは，投資リターンを最大化するすべてのサービスまたは活動は，投資活動に関連するサービスまたは活動である，と結論することが合理的であると考えている。

15.2.2.1　投資活動に関連するサービスまたは活動を提供する子会社自体が投資企業である場合

投資活動に関連するサービスまたは活動を提供する投資企業の子会社は，その提供先が投資企業親会社に対するものであれ第三者に対するものであれ，その子会社自体が投資企業であると判定される場合がある。投資企業親会社が，IFRS第10号31項に従って当該子会社を公正価値で測定しなければならかいどうか，またはIFRS第10号32項に従って連結しなければならないかは明確ではない。

例えば，以下のグループ構造を考える。

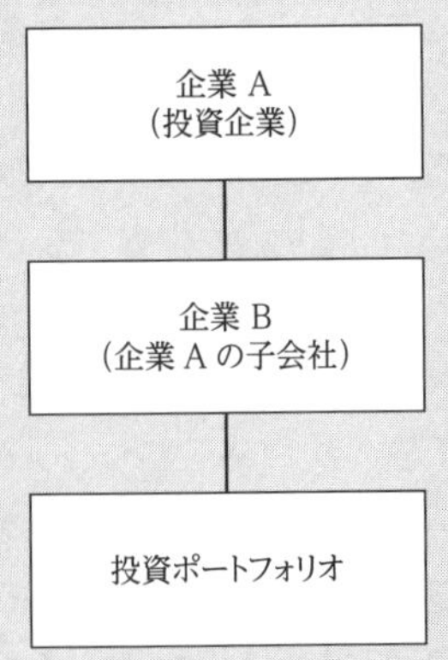

企業Aと企業Bはいずれも投資企業の定義を満たす。企業Bは企業Aの100%子会社である。企業Bは，ポートフォリオの投資リターンを最大化するために企業Bの投資先に対して金融支援を提供する。この金融支援は

銀行借入を通じて調達される。この活動は，別個の実質的な事業活動または収益源を示すとは考えられていない。したがって，企業Bは投資企業の定義を満たし，IFRS第10号B85Dに記述されたタイプの投資に関連する活動を遂行する。

1つの見解は，企業Aは企業Bに対する投資をIFRS第10号31項に従って公正価値で測定しなければならない，ということである。この評価は，企業Bが保有する投資ポートフォリオの公正価値と第三者に対する負債の公正価値の両方を反映する。

この見解の支持者は，IFRS第10号32項（およびIFRS第10号B85C項－B85E項の関連する適用指針）は，「(その投資企業親会社の）投資活動に関連するサービスを提供する」**だけの**子会社に適用することを意図していると主張する。彼らは，「投資企業」および「(投資企業親会社の）投資活動に関連するサービスを提供する子会社」の概念は相互に排他的であり，したがってIFRS第10号32項は子会社自体もまた投資企業である場合は適用できない，と考えている。

この見解の支持者は，その乱用を防止するために判断を行使する。例えば，それ以外ではIFRS第10号32項の範囲内となるであろう子会社が，重要でない水準の投資も保有するという理由だけで，投資企業であると判断され（そして公正価値で測定され）るべきではないと考えている。

代替的な見解は，子会社も投資企業であるかどうかとは無関係に，投資活動に関連するサービスまたは活動を提供する子会社に対して適用することを意図したIFRS第10号32項（および関連するIFRS第10号の適用指針B85C項－B85E項）に従って，企業Aは企業Bを連結しなければならないというものである。この見解によれば，企業Aが連結財務諸表において，企業Bの個々の投資を公正価値で認識し，企業Bが保有する第三者への負債を償却原価で認識する結果となる。

この見解の支持者は，重要でないとはいえない投資活動に関連するサービスまたは活動を提供する子会社は，子会社が投資企業の定義を満たすかどうかと無関係に連結されなければならないと考えている。すなわち，IFRS第10号32項の特定の要求事項が，IFRS第10号31項のより一般的な要求事項に優先するということである。

15.2.2.2　投資企業である中間親会社の連結財務諸表の表示に関する免除規定の適用

本章 3.1 において議論したように，IFRS 第 10 号４項（a）および特定の要件に従い，自らが子会社である親会社は，その親会社が IFRS による連結財務諸表を作成する場合は，連結財務諸表を表示する必要はない。

「**投資企業**」の修正は，投資企業自身が子会社であり，かつ，そうでなければ（投資活動に関連するサービスまたは活動を提供するため）IFRS 第 10 号 32 項に従って連結しなければならない子会社を保有する場合に，IFRS 第 10 号４項（a）の免除規定を適用することが可能かどうかについて，特に触れていない。

例えば，以下のグループ構造を考える。

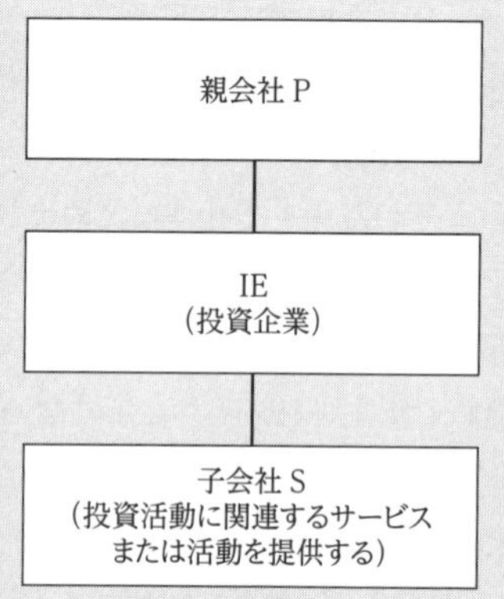

特に言及がないため，IFRS 第 10 号 32 項は一般的に投資企業に連結財務諸表を表示することを要求するが，詳細な条件（**本章 3.1** に列挙）をすべて満たせば，投資企業が IFRS 第 10 号４項（a）に従って免除規定を適用することができない理由はない。

15.2.2.3　最上位の親会社が投資企業である場合の，中間グループの連結財務諸表作成の免除規定の適用

IFRS 第 10 号 4 項（a）に従った連結財務諸表作成の免除規定の適用に関連して生じるさらなる疑問は，最上位の親会社の財務諸表の連結により中間親会社の業績が含まれている場合のみ，要求される条件が満たされるのか，あるいは中間親会社が公正価値により最上位の親会社の財務諸表に反映される場合に条件は満たされ得るのか，ということである。

例えば，以下のグループ構造を考える。

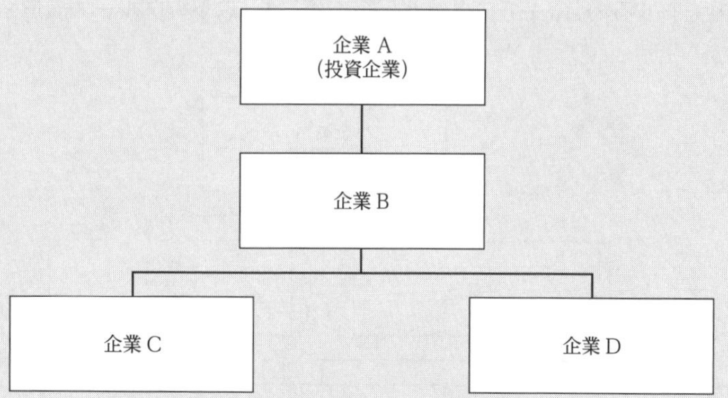

企業 B，企業 C および企業 D は投資企業ではなく，かつ IFRS 第 10 号 32 項に規定する投資活動に関連するサービスまたは活動を提供していない。

IFRS 第 10 号 31 項に従い，企業 A は企業 B への投資を純損益を通じて公正価値で測定する。考慮すべき問題は，企業 B が IFRS 第 10 号 4 項（a）に従って連結財務諸表の作成が免除される資格があるか，ということである。

免除に適格となるための条件の 1 つは，企業の「最上位またはいずれかの中間親会社が，IFRSs に準拠した公表用の連結財務諸表を作成していること」である［IFRS 第 10 号 4 項（a）(iv)］。検討している状況においては，企業 A は IAS 第 27 号（2011 年）8A の以下の記述を理由として，連結財務諸表を作成していない（また，そのため企業 B は IFRS 第 10 号 4 項（a）(iv）の条件を満たさない）ように思われる。

「当期およびすべての表示する比較対象期間を通じて，IFRS 第 10 号の第 31 項に従って子会社のすべてについて連結の例外措置を適用することを要求されている投資企業は，個別財務諸表を唯一の財務諸表として表示する。」

しかし，基準書はこの点について明確ではなく，企業 B は例外措置の一般的な意図に即して連結財務諸表を作成しないことができる，という主張もある。

企業 A が IFRS 第 10 号 32 項に従って連結しなければならない他の子会社を有する場合，さらに複雑となる。例えば，以下のグループ構造を考える。

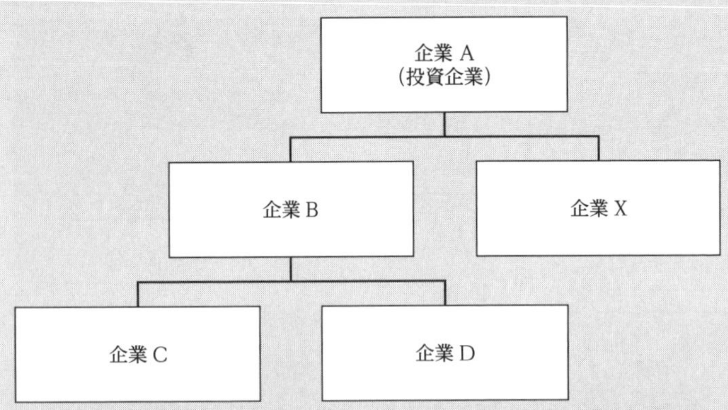

企業 B，企業 C および企業 D は投資企業ではなく，かつ IFRS 第 10 号 32 項に規定する投資活動に関連するサービスまたは活動を提供していない。企業 X は IFRS 第 10 号 32 項に規定する投資活動に関連するサービスまたは活動を提供する。

この修正された事実関係では，企業 A は IFRS 第 10 号 32 項に従って企業 X を連結しなければならず，したがってその財務諸表は明らかに「連結財務諸表」であり，加えて企業 A の企業 B への投資を公正価値で反映する。しかし，企業 B が IFRS 第 10 号 4 項（a）の例外規定を適用できるかどうかは，依然として明確ではない。

1 つの見解は，企業 B は IFRS 第 10 号 4 項（a）(iv）の例外規定を適用することはできず，したがって連結財務諸表を表示することが求められるというものである。なぜなら，その連結財務諸表は企業Aの連結財務諸表に含まれないためである。別の見解は，企業Bは，企業Aが連結財務諸表を作成する結果として，企業Bがその財務諸表において連結の方法により会計処理されるかどうかと無関係に，連結財務諸表の表示の例外規定を適用することができる，というものである。

15.2.3　投資企業の親会社（非投資企業）

投資企業の親会社は，投資企業である子会社を通じて支配している企業を含めて，支配しているすべての企業を連結しなければならない。ただし，親会社自身が投資企業である場合を除く［IFRS 第 10 号 33 項］。

したがって，非投資企業は連結からの免除が提供されておらず，たとえ投資企業である子会社を有していたとしても，IFRS 第 10 号の一般的要求事項が適用される。例えば銀行グループでは，投資企業として適格となる多数の子会社を有する場合がある。しかし，親会社自身が投資企業として適格となる可能性が低いため，投資企業の地位は銀行グループまでは延長されず，銀行グループは投資企業であるものも含めて子会社のすべてを連結する必要がある。

そのような非投資企業親会社には，以下が求められる。

- すべての子会社を連結しなければならない。
- 投資企業である子会社を通じて保有される関連会社または共同支配企業に対する投資に関して，IAS 第 28 号（2011 年）の持分法会計の免除規定が親会社レベルで維持される場合がある（**第 2 巻 6 章 4.2.1.2** 参照）。

15.2.3.1　投資企業である関連会社または共同支配企業への非投資企業である投資者

「**投資企業**」の修正は，非投資企業親会社による投資企業に直接保有されている子会社の会計処理（**本章 15.2.3** で議論されている）を定めているが，修正された基準は，投資企業に対する重要な影響力または共同支配をもたらす持分を保有する，非投資企業による持分法の適用については言及していない。IAS 第 28 号（2011 年）「関連会社および共同支配企業に対する投資」も，この点に関する具体的な指針を提供していない。特に，持分法における関連会社または共同支配企業の純損益に対する投資者の持分を決定する際に，非投資企業が関連会社または共同支配企業によりその子会社に適用される公正価値による会計処理を「巻戻し」，関連会社または共同支配企業の連結財務諸表を作成しなければならないかどうかについて明確ではない。

例えば，企業Ⅰに対して 50％の共同支配持分を有する，非投資企業である企業 A を考える。共同支配の取決めは IFRS 第 11 号「共同支配の取決め」に従って共同支配企業に分類され，したがって企業 A は企業Ⅰに対する持分を持分法により会計処理する。企業Ⅰは投資企業の定義を満たす。企業Ⅰは 2 つの投資を保有する一企業 B（子会社）の 80％および企業 C（関連会社）の 25％である。どちらも IFRS 第 10 号 32 項に規定する投資活動に関連するサービスまたは活動を提供していない。

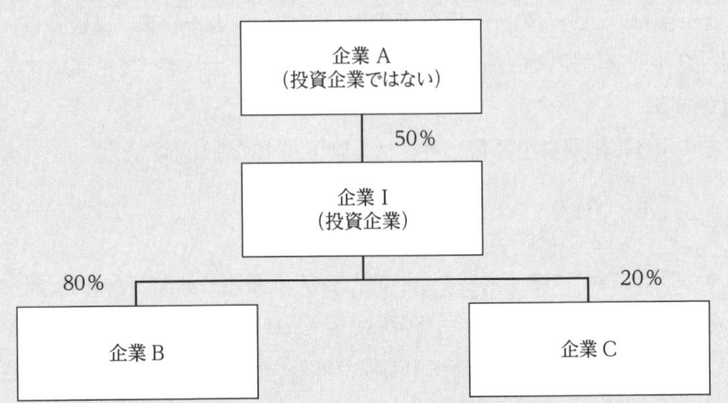

企業Ⅰは投資企業の定義を満たすため，財務諸表において連結の例外規定を適用し，IFRS 第 10 号 31 項に従って企業 B への投資を公正価値で測定する。さらに，投資企業の定義を満たすために IFRS 第 10 号 B85L 項は，企業Ⅰが関連会社および共同支配企業に対して，IAS 第 28 号（2011 年）における持分法適用の免除規定を採用することを要求する（本

章 15.1.3 参照)。したがって，その財務諸表において，企業Ⅰは企業Cに対する投資を公正価値で測定する。

企業Ⅰの純損益のうち企業Aの持分を決定するに際して，IAS 第 28 号（2011 年）18 項は，「関連会社 ... に対する投資が，ベンチャー・キャピタル企業，またはミューチュアル・ファンド，ユニット・トラストおよび類似の企業…を通じて間接的に保有されている場合には，企業は，当該関連会社…に対する投資を，IFRS 第 9 号（IFRS 第 9 号採用前であれば，IAS 第 39 号）に従って純損益を通じて公正価値で測定することを選択できる」と述べている。したがって，企業Aは間接的な関連会社である企業C（企業Ⅰが 25%を保有）への投資について，IAS 第 28 号（2011 年）における持分法の適用の免除措置を選択し，企業Ⅰへの持分法適用時に，企業Ⅰの企業Cの投資に対する公正価値による会計処理を維持することができる。しかし，IAS 第 28 号（2011 年）は，企業Aが，企業Ⅰが支配する投資先であるが企業Aの子会社でない企業Bに対する間接的な持分をどのように会計処理すべきか述べていない。

1つの見解は，投資企業である関連会社または共同支配企業の純損益の持分を決定する際に，企業は，関連会社または共同支配企業がその子会社に対して適用した公正価値会計を維持することが認められる，というものである。この見解の支持者は，検討されている状況において，企業Aは企業Ⅰの投資先を支配していないため，企業Aと企業Bの関係は IFRS 第 10 号 33 項（**本章 15.2.3** 参照）において会計処理される支配関係よりも，IAS 第 28 号（2011 年）18 項に規定するもの（前パラグラフ参照）と性質的により類似していると考えている。したがって，企業Aは企業Ⅰの純損益の持分を，企業Ⅰ自身の財務諸表に報告された金額に基づいて決定すると考えられる。このアプローチでは，企業Aは企業Bの連結を反映するために，企業Ⅰの財務諸表を調整することは要求されない。むしろ持分法を適用するために，企業Ⅰの子会社は公正価値により会計処理され続ける。企業Ⅰの報告期間における純損益に対する企業Aの持分を決定する際，企業Ⅰの投資先の公正価値変動に対する持分に基づいて行われる。

別の見解は，投資企業である関連会社または共同支配企業の純損益の持分を決定する際，企業は当該関連会社または共同支配企業がその子会社に適用した公正価値会計を維持することは認められない，というものである。この見解の支持者は，IFRS 第 10 号 33 項の要求事項はこのシナリオに最も関連性があると考えている。このアプローチによれば，検討されている状況においては，企業 A は，企業 I の収益の持分を決定する際に，企業 I が適用した公正価値会計を「巻戻す」ことが要求される。特に，持分法を適用するために使用される，企業 I の連結財務諸表を作成することが要求される。

この見解の支持者は，関連会社または共同支配企業の財務諸表を調整するために要求される情報を入手することは困難な場合があることを認めている。しかし，彼らは IAS 第 28 号（2011 年）35 項が，企業が持分法を適用するとき，その財務諸表は「類似の取引および事象に対して同一の会計方針」を使用して作成されなければならないことを要求していることに注目する。検討されている状況においては，企業 A はこの原則の適用を免除されることはなく（なぜなら，IAS 第 28 号〔2011 年〕の特定の免除規定はこのシナリオには適用されないため），したがって，持分法を適用する前に関連会社または共同支配企業の財務諸表を調整することが要求される。

16　発効日および経過措置

16.1　IFRS第10号― 発効日

IFRS 第 10 号は 2013 年 1 月 1 日以降開始する事業年度から適用され，早期適用は認められる［IFRS 第 10 号 C 1 項］。

企業が IFRS 第 10 号を 2013 年 1 月 1 日より前に開始する事業年度に適用することを選択する場合は，以下に従わなければならない［IFRS 第 10 号 C 1 項］。

- その旨を開示する。
- IFRS 第 11 号「共同支配の取決め」，IFRS 第 12 号「他の企業への関与の開示」，IAS 第 27 号（2011 年）「個別財務諸表」および IAS 第 28 号（2011

年）「関連会社および共同支配企業に対する投資」を同時に適用する。

IFRS 第 10 号により，IAS 第 27 号（2008 年）「連結および個別財務諸表」に従来含まれていた連結財務諸表に関する要求事項および SIC 第 12 号「連結－特別目的事業体」の要求事項は廃止される［IFRS 第 10 号 C 8 項および C 9 項］。

16.2 IFRS第10号の経過規定（全般）

以下に述べる経過措置は，2012 年 6 月に「連結財務諸表，共同支配の取決めおよび他の企業への関与の開示：経過措置ガイダンス」（IFRS 第 10 号，IFRS 第 11 号および IFRS 第 12 号の修正）（2012 年 6 月の修正）により修正された。2012 年 6 月の修正は，IFRS 第 10 号の経過措置のいくつかの側面を明確化する要求に対応して公表されたものであり，基準書の残りの部分と同じ発効日を有する。

修正は，IFRS 第 10 号の「適用開始日」を，IFRS 第 10 号が最初に適用される事業年度の期首と定義し，また以下のことを明確化している。

- 企業は，その日現在で，投資先に関する連結の結論が，IFRS 第 10 号に従った場合と IAS 第 27 号（2008 年）／SIC 第 12 号に従った場合で異なるかどうかを判定しなければならない。
- 適用開始日における結論が IFRS 第 10 号と IAS 第 27 号（2008 年）／SIC 第 12 号で異なる場合，企業は，IFRS 第 10 号の要求事項が常に適用されていたかのように直前年度を遡及して調整しなければならず，その調整額（実務上可能であれば）は期首の資本に認識しなければならない。

修正はまた，従来連結されていなかった投資先を連結しなければならないと投資者が結論し，かつその支配が IFRS 第 3 号「企業結合」および IAS 第 27 号（2008 年）の 2008 年改訂の発効日以前に獲得された場合，投資者は経過措置の適用に際してこれらの基準書のいずれれのバージョンを選択することも認められている（**本章 16.2.4** 参照）。

最後に，修正は IAS 第 8 号「会計方針，会計上の見積りの変更および誤謬」28 項（f）が要求する定量的開示を直前事業年度のみに限定することにより，追加的な経過的救済措置を提供している。

16.2.1　一般原則

IFRS 第 10 号は，IAS 第 8 号「会計方針，会計上の見積りの変更および誤謬」に従って遡及適用しなければならない。ただし，**本章 16.2.2** から **16.2.4** までに記述する例外を除く［IFRS 第 10 号 C 2 項］。

IFRS 第 10 号の「適用開始日」は，IFRS 第 10 号が最初に適用される事業年度の期首である［IFRS 第 10 号 C 2B 項］。

したがって，2013 年 1 月 1 日に開始する事業年度の財務諸表において最初に IFRS 第 10 号を適用する企業にとっては，適用開始日は 2013 年 1 月 1 日である。

2012 年 6 月の修正前，IFRS 第 10 号は，「適用開始日」の定義またはこれに関する指針を含んでおらず，そのため本基準の詳細な経過措置を適用する企業に実務的な困難をもたらしていた。適用開始日は，企業が投資先を連結しなければならないか（連結の結論）に関して IFRS 第 10 号と従前の要求事項である IAS 第 27 号および SIC 第 12 号で異なるかどうかを判定しなければならない日であるため，重要である。

本基準が最初に適用される場合，企業は「直前期」（すなわち，本基準の適用開始日の直前年度）の期首から調整比較情報を表示しなければならない。

したがって，企業が 2013 年 1 月 1 日に開始する事業年度に最初に IFRS 第 10 号を適用する場合，2012 年 1 月 1 日からの修正後の比較情報を表示しなければならない。

「直前期」への修正後の経過措置の参照にかかわらず，企業は表示するそれより古い期間について修正後の比較情報を表示することができるが，要求はされない。企業がより古い期間について修正後の比較情報を表示する場合には，修正後の経過措置における「直前期」は「表示する最も古い比較対象期間」と読替えなければならない［IFRS 第 10 号 C 6A 項］。

したがって，企業が 2013 年 1 月 1 日に開始する事業年度に最初に IFRS 第 10 号を適用し，財務諸表に 2012 年度および 2011 年度の両方の比較情報を表示する場合，企業は 2011 年 1 月 1 日において以下に記述する経過措置を適用し，その日から修正後の比較情報を表示することが認められる（強制はされない）。

企業がより古い期間について未修正の比較情報を表示する場合には，以下を行わなければならない［IFRS 第 10 号 C 6B 項］。

- 修正されていない情報を明確に特定する。
- 異なる基礎によって作成されている旨を記述する。
- その基礎を説明する。

これらの開示要求は，例えば，企業が 2013 年 1 月 1 日に開始する事業年度に最初に IFRS 第 10 号を適用し，財務諸表のなかで 2012 年度および 2011 年度の両方の比較情報を表示するが，2012 年 1 月 1 日からのみ比較情報を修正する場合に適用される。

16.2.2　IAS第8号の開示要求からの限定的な救済措置

IFRS 第 10 号が最初に適用される場合，企業は，IFRS 第 10 号の最初の適用日の直前年度（直前期）から，IAS 第 8 号 28 項（f）（**第 1 巻 4 章「会計方針，会計上の見積りの変更および誤謬」3.4** 参照）が要求する定量情報の表示が求められるだけである。企業は，この情報を当期またはより古い比較対象期間についても表示することができるが，要求はされない［IFRS 第 10 号 C 2A 項］。

IAS 第 8 号 28 項（f）は，企業が当期および表示される過去の各期間について，IFRS が最初に適用されたときに影響を受ける財務諸表上の各表示項目に関する修正額を開示することを全般的に要求する。IASB は，

IFRS 第 10 号が最初に適用された場合のこの要求事項へ準拠することは負担が重いと結論した。なぜなら，もし 1 つ以上の投資先に対する連結の結論が IFRS 第 10 号と IAS 第 27 号／SIC 第 12 号で異なる場合，財務諸表全体にわたる多くの表示項目に影響を与える可能性が高いためである。このため，IFRS 第 10 号 C 2A 項の救済措置は，連結の結論の変更による定量的影響の開示を適用開始日の直前の事業年度のみに限定している［IFRS 第 10 号 BC 199D 項］。

16.2.3　IFRS第10号の採用により連結の結論が影響を受けない場合，従前の会計処理を修正しない

適用開始日において，企業は次のいずれかに対する関与に関して，従前の会計処理を修正する必要はない［IFRS 第 10 号 C 3 項］。

- その日現在で IAS 第 27 号および SIC 第 12 号に従って連結されている企業で，IFRS 第 10 号に従い依然として連結するもの
- その日現在で IAS 第 27 号および SIC 第 12 号に従って非連結としている子会社で，IFRS 第 10 号に従い依然として連結しないもの

IASB は，企業が IFRS 第 10 号の適用開始日より前に投資先への持分を処分した場合，その投資先に対する以前の会計処理を修正する必要はないことを確認した［IFRS 第 10 号 BC 199B 項］。

設例16.2.3

IFRS第10号の経過措置－比較期間に処分された企業に係る比較数値の修正再表示

企業 A は，当会計期間（2013 年 1 月 1 日に開始する事業年度）において IFRS 第 10 号を最初に適用している。企業 A は，2012 年の比較期間中に，これまで連結していなかったが IFRS 第 10 号における子会社の定義を満たす投資先を処分した。

記述された状況で，企業 A は，2013 年（IFRS 第 10 号を最初に適用する期間）の財務諸表において，投資先を処分日まで連結するために 2012

年の比較情報として報告された金額を修正再表示することが要求されるか。

要求されない。企業Aは，IFRS第10号の適用開始日，すなわち，IFRS第10号を最初に適用する年次報告期間の期首（この例示では2013年1月1日）より前に処分された投資先に対する会計処理を修正することは要求されていない。企業Aは，IFRS第10号の適用開始日に保有している投資先に関して，IFRS第10号の適用が会計処理の変更をもたらすかどうか判断することを要求されるのみである。

企業Aは，処分日まで投資先を連結するために，比較期間を修正再表示することは要求されていないが，修正再表示することを選択することも可能であることに留意する必要がある。

16.2.4　IFRS第10号の採用により以前に連結されていなかった投資先を連結する場合

以下に議論する要求事項はIFRS第3号の遡及適用に関するものである。これらの要求事項の影響が，投資者が以前に連結されていない投資先を連結しなければならないと結論するものであり，かつそれがIFRS第3号の2008年改訂の発効日前に支配を獲得したものである場合，投資者は経過規定の適用に際して，IFRS第3号の2008年または2004年バージョンのいずれかを適用することが許容される。IFRS第3号の2008年改訂の発効日後に支配が獲得された場合，投資者はIFRS第3号の2008年バージョンを適用しなければならない[IFRS第10号C 4B項]。

投資者が投資先を遡及的に連結することが要求され，かつ支配獲得日がIAS第27号の2008年改訂の発効日前である場合，企業は次のいずれかを選択することが許容される。すなわち（1）投資先が遡及的に連結されるすべての期間に対してIFRS第10号の要求事項を適用する，または（2）IAS第27号の2008年改訂の発効日前の期間に対してIAS第27号の2003年バージョンの要求事項を適用し，その後の期間に対してIFRS第10号の要求事項を適用する。IAS第27号の2008年改訂の発効日より後に支配が獲得された場合は，投資者は投資先を遡及的に連結したすべての期間にわたってIFRS第10号を適用しなければならない［IFRS第10号C 4C項]。

16.2.4.1　投資先がIFRS第3号に定義する事業である場合

適用開始日に，以前はIAS第27号（2008年）／SIC第12号に従って連結して**いなかった**投資先を連結しなければならないと投資者が結論し，かつ投資先がIFRS第３号に定義する事業である場合，そうすることが実務上不可能な場合を除き（**本章16.2.4.3**参照），投資者は以前連結していなかった投資先の資産，負債および非支配持分を以下であるかのように測定しなければならない［IFRS第10号C４項（a)］。

- 投資者が投資先への支配を獲得した日から，IFRS第３号（**第２巻３章**参照）に従って投資先の取得の会計処理を行っていた。
- 投資先がその日から連結されていた。

投資者は，適用開始日の直前の事業年度を遡及的に調整しなければならない。支配を獲得した日が直前期の期首よりも前である場合には，投資者は，直前期の期首現在の資本の修正として，認識した資産，負債および非支配持分の金額と投資者の投資先に対する関与の従前の帳簿価額との差額を認識しなければならない［IFRS第10号C４項（a)］。

投資者が投資先の支配を獲得した日付は，IFRS第10号の要求事項に基づいて決定される［IFRS第10号C４項（a)］。

企業は，IFRS第10号C４項（a）に準拠するためにIFRS第３号（2008年改訂）を適用する場合，IFRS第３号（2008年改訂）19項（**第２巻３章7.3.1**参照）で許容される，非支配持分の測定に関する選択肢が同様に認められる（**第２巻３章7.3.1**参照）。すなわち，非支配持分のうち，現在の所有持分であり，清算時に企業の純資産に対する比例配分額を持分保有者に与えているものについて，企業は，公正価値による測定と，被取得企業の純資産の比例配分額による測定のいずれかを選択できる。この選択肢は，企業がIFRS第３号（2004年）を適用する場合には利用できないことに留意が必要である。

企業は実質的に，取得日においてIFRS第10号が適用されていたかのように，子会社の取得を会計処理すべきである。非支配持分の測定に関する選択は，関連するそれぞれの子会社ごとに独立して行われる。

16.2.4.2　投資先がIFRS第3号に定義する事業でない場合

適用開始日において，投資者が，以前はIAS第27号（2008年）／SIC第12号に従って連結して**いなかった**投資先を連結しなければならないと結論し，かつ投資先がIFRS第3号に定義する事業**でない**場合，投資者は以前は連結していなかった投資先の資産，負債および非支配持分の測定を，そうすることが実務上不可能な場合（**本章16.2.4.3**参照）を除き，投資者が投資先に対する支配を獲得した日から投資先が連結されていたかのように（IFRS第3号に従って取得法を用いて，しかし投資先に対するのれんは認識せず）行わなければならない［IFRS第10号C4項（b）］。

投資者は，適用開始日の直前の事業年度を遡及修正しなければならない。支配を獲得した日が直前期の期首よりも前である場合には，投資者は，直前期の期首現在の資本の修正として，認識した資産，負債および非支配持分の金額と投資者の投資先に対する持分の従前の帳簿価額との差額を認識しなければならない［IFRS第10号C4項（b）］。

投資者が投資先の支配を獲得した日付は，IFRS第10号の要求事項に基づいて決定される［IFRS第10号C4項（b）］。

16.2.4.3　支配獲得日にIFRS第3号を適用することが実務上不可能な場合

以前は連結していなかった投資先の資産，負債および非支配持分をIFRS第10号C4項（a）または（b）に従って測定することが実務上不可能（「実務上不可能」の用語の解釈は，**第1巻4章2.8**参照）である場合は，投資者は次のようにしなければならない［IFRS第10号C4A項］。

- 投資先が事業である場合は，IFRS第3号の要求事項をみなし取得日現在で適用する。みなし取得日は，IFRS第10号C4項（a）の適用が実務上可能となる最も古い期間（投資者がIFRS第10号を初めて適用する期間となる場合もある）の期首としなければならない。
- 投資先が事業ではない場合は，IFRS第3号で示している取得法を，みなし取得日現在の投資先ののれんを認識せずに適用しなければならない。みなし取得日は，IFRS 第 10 号 C 4 項 (b) の適用が実務上可能となる最も古い期間（投資者が IFRS 第 10 号を初めて適用する期間となる場合もある）の期首としなければならない。

投資者は，適用開始日の直前の事業年度を遡及修正しなければならない。ただし，IFRS 第 10 号 C 4A 項の適用が実務上可能である最も古い期間の期首が当期である場合を除く。みなし取得日が直前期の期首よりも前である場合には，認識した資産，負債および非支配持分と，投資者の投資先への関与の従前の帳簿価額との差額を，直前期の期首現在の資本の修正として認識しなければならない。IFRS 第 10 号 C 4A 項の適用が実務上可能である最も古い期間の期首が当期である場合には，資本の修正は当期の期首現在で認識しなければならない［IFRS 第 10 号 C 4A 項］。

設例16.2.4.3
当期首における取得法の適用 ― 例示

企業 A は企業 B（事業である）の 48％の持分を 2009 年に取得した。企業 A は従来，IAS 第 27 号（2008 年改訂）「連結および個別財務諸表」および SIC 第 12 号「連結 ― 特別目的事業体」の要求事項を参照して，この投資を評価していた。企業 A は企業 B を支配していないと結論し，したがって企業 B を連結しなかった。その代わりに企業 B は関連会社であると判断され，IAS 第 28 号「関連会社への投資」に従い持分法を用いて会計処理された。

企業 A は，2013 年 12 月 31 日終了年度の財務諸表に初めて IFRS 第 10 号を適用する。その結果，IFRS 第 10 号の「適用開始日」は 2013 年 1 月 1 日となる。その日において，企業 A は，IFRS 第 10 号の要求事項に従って企業 B を支配し，投資を取得した時点から支配し続けていると結論付けた。

一般的に IFRS 第 10 号 C 4 項（a）は，(1) 企業 B の持分が取得された日に IFRS 第 3 号（2008 年改訂）「企業結合」が適用され，(2) その日から企業 B が連結されているかのように，企業 A が財務諸表を修正再表示することを要求している。しかし，取得日における企業 B の資産，負債および非支配持分の公正価値を測定することは実務上不可能（IAS 第 8 号「会計方針，会計上の見積りの変更および誤謬」において定義されている）であると企業 A は結論付けた。したがって，企業 A は IFRS 第 10 号 C 4A 項（a）の要求事項を適用し，IFRS 第 10 号 C 4 項（a）を適用できる最も早い日は当事業年度（すなわち 2013 年 12 月 31 日に終了する事業年度）の期首であると結論付けた。結果として，企業 A が IFRS 第 3 号（2008 年改訂）の要求事項を適用しなければならないみなし取得日は 2013 年 1 月 1 日となる。

以下の情報は関連性がある。

- 企業 B に対する当初の投資コストは CU 100,000 であった。2013 年 1 月 1 日時点では，IAS 第 28 号に従った投資の帳簿価額は CU 300,000 であり，投資の公正価値は CU 350,000 である。
- 2013 年 1 月 1 日時点での企業 B の識別可能純資産の公正価値は CU 700,000 である。
- 2013 年 1 月 1 日時点での企業 B の非支配持分の 52%の公正価値（現在の所有持分を示す）は CU 320,000 である。

IFRS 第 10 号の適用開始日（本設例の場合 2013 年 1 月 1 日）に認識すべき金額は以下のように計算される（IFRS 第 3 号〔2008 年〕19 項により現在の所有持分を示す非支配持分について許容される両方の測定基礎を例示）。

みなし取得日(2013年1月1日)時点でののれんの測定

(単位：CU 千)

	純資産の割合による非支配持分	公正価値による非支配持分
非支配持分	364※	320
以前に保有していた持分の公正価値	350	350
	714	670
控除：IFRS 第 3 号に従い認識された投資先の識別可能純資産	(700)	(700)
のれん／バーゲン・パーチェスによる利得（注 1）	14	(30)

※　CU 700,000×52%

IFRS第10号C 4A項により要求されるみなし取得日(2013年1月1日)時点での資本の調整

(単位：CU 千)

	純資産の割合による非支配持分	公正価値による非支配持分
IFRS 第 3 号に従って認識された識別可能純資産	700	700
のれん	14	–
非支配持分	(364)	(320)
みなし取得日に認識された資産，負債および非支配持分合計	350	380
控除：投資者の投資先に対する関与の以前の帳簿価額	(300)	(300)
2013 年 1 月 1 日時点の資本の調整額（注 2）	50	80

注 1 ― みなし取得日における IFRS 第 3 号（2008 年）の適用において，持分法から連結への会計処理の変更は，段階的に行われた企業結合に類似すると考えられる。したがって，(1) みなし取得日において移転した対価（すなわち，なし），(2) 非支配持分の金額（上記で代替的な基礎で測定）および (3) みなし取得日時点での関連会社の持分の公正価値（CU 350,000）の合計額と被取得企業の識別可能純資産の公正価値と比較することによって，のれんは計算される。

注 2 ― IFRS 第 10 号 C 4 項 (a) の適用が可能な最も早い会計期間が当期であった場合に，認識された資産，負債および非支配持分と，当該投資の従前の帳簿価額との差額は，当期首における資本の修正として認識することを IFRS 第 10 号 C 4A 項は要求している。そのような状況において，バーゲン・パーチェスからの利得（および，企業結合時に通常は純損益として認識される他の項目，例えば，すでに存在する契約に基づかない関係の公正価値）は，資本の調整額の計算の一部を構成する。

16.2.4.4 IFRS第10号の経過措置とIFRS第1号の任意の免除規定との関係

設例16.2.4.4

IFRS第10号の経過措置とIFRS第1号の任意の免除規定との関係

決算日が12月31日である会社Xは，2010年1月1日を移行日としてIFRSを初度適用した。会社Xのすべての投資先は，同時にIFRSを適用した。

IFRS移行日において，会社XはIFRS第1号「国際財務報告基準の初度適用」の付録Cの免除規定を適用し，IFRS移行日より前に生じた企業結合にIFRS第3号「企業結合」に従った修正再表示をしないことを選択した。

会社Xは，2005年に取得した会社Yに対する投資を有している。会社Xは，IFRS移行日においてIAS第27号（2008年改訂）「連結および個別財務諸表」に従って会社Yを支配していないと判定したため，会社Yを連結しなかった。会社YはIAS第39号「金融商品：認識および測定」に基づき，金融資産として会計処理されていた。

会社Xは，2013年12月31日に終了する財務諸表を作成しており，IFRS第10号を初度適用する予定である。

IFRS第10号を適用した場合，会社Xは2005年に会社Yを取得した時点から，会社Yを支配していると判定される。したがって，会社Xは会社Yを連結することが要求され，IFRS第10号C4項を適用することが要求される。会社Yは，事業の定義を満たしている。

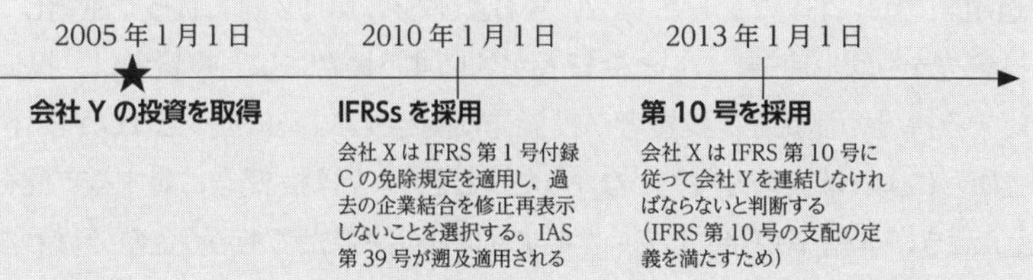

「実務上不可能」な制限はないものと仮定する。したがって，会社Xは「投資者は，（中略）これまで非連結としていた投資先についての適用開始日における資産，負債および非支配持分の測定を，［IFRS第10号］の要求事項

に基づき，投資者が投資先に対する支配を獲得した日から投資先が連結されていた（したがって，IFRS 第３号に従って取得の会計処理を適用していた）かのように行う」と規定する IFRS 第 10 号Ｃ４項（a）を適用しなければならない。

会社Ｙへの投資に関して，会社Ｘは会社Ｙを取得した日から IFRS 第 10 号を遡及的に適用しなければならないか，または IFRS 移行日より IFRS 第 10 号を適用しなければならないか。

IFRS 移行日において，過去の企業結合を修正再表示しないことを決定した場合，会社Ｘは IFRS 第 10 号を IFRS 移行日以降にのみ適用する。そのようにするために，IFRS 第１号付録Ｃ(すなわち，以前に連結していない子会社に関する IFRS 第１号〔2008 年〕Ｃ４項（j））に規定される会計処理を会社Ｙに適用し，2010 年１月１日（IFRS 移行日でありその移行を当初に会計処理した際に IFRS 第３号をその日から適用した日）における開始 IFRS 残高を算定しなければならない。

実質的に，特定の日より前のすべての企業結合に一貫して適用すべき IFRS 第１号における企業結合の免除規定は，IFRS 第 10 号の遡及適用の一般規定に優先して適用される。

16.2.5　IFRS第10号の適用によりこれまで連結していた投資先を連結しなくなる場合

適用開始日において，IAS 第 27 号および SIC 第 12 号に従って連結していた投資先をもはや連結しないと投資者が判断する場合には，投資者は，投資先に対する持分の測定を，投資者が投資先に関与するようになった（しかし IFRS 第 10 号によれば支配を獲得しなかった）とき，または投資先に対する支配を喪失したときに本基準が発効していたとすれば測定されたであろう金額で行わなければならない。ただし，実務上不可能である場合を除く（**本章 16.2.5.1** 参照）[IFRS 第 10 号Ｃ５項]。

投資者は，適用開始日の直前年度を遡及修正しなければならない。投資者が投資先に関与するようになった（しかし IFRS 第 10 号によれば支配を獲得しなかった）日，または投資先に対する支配を喪失した日が，直前期の期首よりも前である場合には，資産，負債および非支配持分の従前の帳簿価額と，投資者の投資先に対する持分について認識した金額との差額は，直前期の期首現在の資本の修正として認識されなければならない［IFRS 第 10 号 C 5 項］。

16.2.5.1 IFRS第10号C 5項に従って，IFRS第10号の適用が実務上不可能となった場合

IFRS 第 10 号 C 5 項に従った投資先に対する持分の測定が実務上不可能（IAS 第 8 号で定義）な場合には，投資者は，IFRS 第 10 号の要求事項を，IFRS 第 10 号 C 5 項の適用が実務上可能となる最も古い期間（投資者が IFRS 第 10 号を初度適用する期間となる場合もある）の期首に適用しなければならない［IFRS 第 10 号 C 5A 項］。

投資者は，適用開始日の直前の事業年度を遡及修正しなければならない。ただし，IFRS 第 10 号 C 5A 項の適用が実務上可能である最も古い期間の期首が当期である場合を除く。投資者が投資先に関与するようになった（しかし IFRS 第 10 号によれば支配を獲得しなかった）日，または投資先に対する支配を喪失した日が，直前期の期首よりも前である場合には，資産，負債および非支配持分の従前の帳簿価額と，投資者の投資先に対する持分について認識した金額との差額は，直前期の期首現在の資本の修正として認識されなければならない。IFRS 第 10 号 C 5A 項の適用が実務上可能である最も古い期間の期首が当期である場合には，資本の修正は当期の期首現在で認識しなければならない［IFRS 第 10 号 C 5A 項］。

16.2.6 IAS第27号（2008年）によって導入された修正に関する経過規定

IAS 第 27 号（2008 年）によって導入された多くの修正は，将来に向かって適用されることが要求されており（IAS 第 27 号〔2008 年〕45 項参照），IFRS 第 10 号は，これらの修正に関連する特別な経過措置を含んでいる。企業が IFRS 第 10 号 C 3 項を適用する場合，または IFRS 第 10 号 C 4 項から C 5A 項（**本章 16.2.3 から 16.2.5** 参照）を適用することを要求される場合を除き，企業はこれらの項の要求事項を次のように適用しなければならない［IFRS 第 10 号 C 6 項］。

- 投資者がIAS第27号（2008年）を最初に適用する前の報告期間についての純損益の投資者の所有者および非支配持分への帰属を，修正再表示してはならない。
- 支配獲得後の子会社に対する所有持分の変動に関連するIFRS第10号の要求事項は，投資者がIAS第27号（2008年）を最初に適用する前に発生した変動には適用してはならない。
- 旧子会社の支配の喪失に関連するIFRS第10号の要求事項は，投資者がIAS第27号（2008年）を最初に適用する前に発生した処分には適用してはならない。その結果として，投資者がIAS第27号（2008年）を最初に適用する前に処分が発生した場合は，投資者は旧子会社の残存持分の帳簿価額を修正再表示してはならず，子会社に対する支配の喪失に係る利得または損失を再計算してはならない。

16.3　「投資企業」の修正の発効日および経過規定

16.3.1　発効日―投資企業

本章15において議論された「**投資企業**」の修正は，2014年1月1日以降開始する事業年度に適用しなければならない。早期適用は認められる［IFRS第10号C1B項］。

企業が「**投資企業**」の修正を2014年1月1日より前に開始する事業年度に適用することを選択する場合には，以下を行わなければならない［IFRS第10号C1B項］。

- その旨を開示する。
- 「**投資企業**」の修正をすべて同時に適用する。

> 連結の例外を規定するIFRS第10号の修正は，基準それ自体と同じ発効日（すなわち，2013年1月1日以降に開始する事業年度）となることが理想的であった。しかしIASBは，この目的を達成するには，修正（2012年10月）の公表からの期間が十分でないと考えた。そのため，修正の発効日は2014年1月1日以降に開始する事業年度とし，早期適用は認めら

れることとした。多くの投資企業が最初にIFRS第10号を適用する際にこれらの要求事項を適用し，IFRS第10号（投資企業の例外なし）を2013年に適用した後の年度に投資企業の連結の例外規定を採用することを避けることが予想される。

16.3.2　経過措置－投資企業

16.3.2.1　適用開始日

企業がIFRS第10号を最初に適用する期間と同じ期間に「**投資企業**」の修正を適用する場合，修正の「適用開始日」（IFRS第10号C 3A項からC 3E項に規定されている－下記参照）は基準全体の適用開始日（すなわち，IFRS第10号が最初に適用される年度の期首－**本章16.2.1**参照）と同じとなる。企業がIFRS第10号を最初に適用する期間より後の期間に「**投資企業**」の修正を適用する場合，IFRS第10号C 3A項からC 3E項の「適用開始日」への参照は，「**投資企業**」の修正が最初に適用される報告年度の期首と読替えられる。

したがって，2014年1月1日に開始する年度財務諸表において「**投資企業**」の修正を最初に適用する企業にとって，修正の適用開始日は2014年1月1日である。

16.3.2.2　適用開始日の投資企業の地位の再査定

親会社は適用開始日において，その日現在に存在する事実と状況に基づいて自らが投資企業であるかどうかを査定しなければならない。もし適用開始日において親会社が自らが投資企業であると結論する場合は，IFRS第10号C 3B項からC 3F項（下記参照）を適用しなければならない。

したがって，企業は以前の会計期間において投資企業として適格であったかどうか検討する必要はない。企業は，修正の適用開始日における事実と状況に基づいてその判定を行う。

企業が投資企業であると判定された場合，IFRS第10号C 3B項から

C 3F 項が適用される。IFRS 第 10 号 C 5 項および C 5A 項（IFRS 第 10 号の適用により，以前連結していた投資先を連結しなくなった場合の全般的要求事項―**本章 16.2.5** 参照）は適用されないことに留意する必要がある。

16.3.2.3　子会社への投資の当初測定

投資企業は，各子会社（IFRS 第 10 号 32 項に従って連結される子会社を除く）に対する投資を，本基準がずっと有効であったかのように純損益を通じて公正価値で測定しなければならない［IFRS 第 10 号 C 3B 項］。

実務上不可能である場合（**本章 16.3.2.4** 参照）を除き，投資企業はこれらの子会社の報告日時点ならびに当期および直前報告期間の期首時点の公正価値を測定する必要がある。

投資企業は，適用開始日の直前の事業年度と当該直前期の期首現在の資本の両方を，次の両者の差額について遡及的に修正しなければならない［IFRS 第 10 号 C 3B 項］。

- 子会社の従前の帳簿価額
- 当該子会社に対する投資企業の投資の公正価値

過去にその他の包括利益に認識した公正価値調整の累計額は，適用開始日の直前の事業年度の期首現在の利益剰余金に振替えなければならない［IFRS 第 10 号 C 3B 項］。

IFRS 第 13 号「公正価値測定」を採用した投資企業は，当該基準の要求事項に従って投資の公正価値を決定しなければならない。IFRS 第 13 号をいまだ適用していない企業は，過去に投資者または経営者へ報告した公正価値の金額が，当該投資が知識のある自発的な当事者の間で評価日時点における独立第三者間取引において交換され得たであろう金額を表す場合には，当該金額を使用しなければならない［IFRS 第 10 号 C 3C 項］。

IFRS 第 10 号 32 項（**本章 15.2.2** 参照）に従って連結される子会社は，(1)

企業の以前の会計処理に対する修正は要求されない（子会社は常に連結されていたため）か，または（2）IFRS 第 10 号の適用が以前は連結していなかった投資先を連結する結果をもたらすなら，特別の経過措置を適用しなければならないかのいずれかである［IFRS 第 10 号 C 3B 項］。

16.3.2.4　子会社の公正価値測定が実務上不可能な場合

子会社に対する投資を IFRS 第 10 号 C 3B 項から C 3C 項に従って測定することが実務上不可能（IAS 第 8 号で定義）である場合には，投資企業は，IFRS 第 10 号 C 3B 項から C 3C 項の適用が実務上可能である最も古い期間（当期である場合もある）の期首現在で IFRS 第 10 号の要求事項を適用しなければならない［IFRS 第 10 号 C 3D 項］。

投資者は，適用開始日の直前の事業年度を遡及修正しなければならない。ただし，IFRS 第 10 号 C 3D 項の適用が実務上可能である最も古い期間の期首が当期である場合を除く。この場合には，資本の修正は当期の期首現在で認識しなければならない［IFRS 第 10 号 C 3D 項］。

16.3.2.5　以前の会計期間に処分された子会社

投資企業が子会社に対する投資を IFRS 第 10 号の適用開始日前（または，**「投資企業」**の修正の適用開始日の方が遅ければその日）に処分したか，またはそれに対する支配を喪失した場合には，投資企業は当該子会社に係る従前の会計処理に修正を行う必要はない［IFRS 第 10 号 C 3E 項］。

設例16.3.2.5
「投資企業」の修正を採用する前に処分された子会社

企業 G は 2013 年 12 月 31 日終了年度の財務諸表に IFRS 第 10 号を採用する。この財務諸表において，企業 G は子会社である企業 X，企業 Y および企業 Z を連結する。

企業 G は 2013 年の会計年度末に企業 X を処分する。

企業 G は 2014 年 12 月 31 日終了年度の財務諸表に**「投資企業」**の修正を採用する。企業 G は，自らは投資企業であり，企業 Y および企業 Z への投資を IFRS 第 10 号 C 3B 項に従って公正価値で測定しなければならないと判断する。2014年の財務諸表において，表示された2013年の比較情報は，企業Yおよび企業Zへの投資公正価値により会計処理するように修正再表示される。

しかし，企業Gは，報告された2013年の金額をその年度に企業Xを「連結除外」して修正再表示することは要求されない。ただし，そうすることを選択することはできる。これは，企業Xが**「投資企業」**の修正の適用開始日より前に処分されていたためである。

16.3.2.6　IAS第8号の開示要求からの限定的な救済措置

「投資企業」の修正をIFRS第10号を最初に適用する期間において採用しても，あるいはその後の期間に採用しても，IFRS第10号2A項（**本章16.2.2**参照）は企業が投資企業として分類されることに起因する調整に等しく適用される［IFRS第10号C 2A項］。

したがって，**「投資企業」**の修正を採用した結果として，企業が自らを投資企業と判断し，よってもはや子会社を連結する必要がない場合，企業は直前期の財務諸表の表示項目における変更の影響の開示のみが求められる。

第5章
共同支配の取決め
Joint arrangements

目 次

1　はじめに

2011年5月，IASBはIFRS第11号「共同支配の取決め」を公表した。IFRS第11号は，IAS第31号「ジョイント・ベンチャーに対する持分」およびSIC第13号「共同支配企業―共同支配投資企業による非貨幣性資産の拠出」を廃止した。その後の2012年6月，IFRS第11号は「連結財務諸表，共同支配の取決めおよび他の企業への関与の開示：経過措置ガイダンス」(IFRS第10号，IFRS第11号，およびIFRS第12号の修正)(2012年6月修正）により修正された。

2012年6月の修正は，企業がIFRS第11号を適用する最初の財務諸表の修正後の比較情報の表示，および関連する開示要求に関して，限定的な救済措置を設けている。詳細は**本章9**に記載されている。

IFRS第11号は，同時に公表された一連の基準書の1つであり，それらはすべて同時に採用されなければならない。同時に公表された他の基準書は，IFRS第10号「連結財務諸表」(**第2巻4章**参照)，IFRS第12号「他の企業への関与の開示」(**第2巻7章**参照)，IAS第27号（2011年）「個別財務諸表」(**第2巻8章**参照)，およびIAS第28号（2011年）「関連会社および共同支配企業に対する投資」(**第2巻6章**参照）である。

IFRS第11号は，2013年1月1日以後開始する事業年度について適用しなければならない。その日より前においては，企業はIAS第31号を継続して適用することが可能である。あるいは，一連の基準書をすべて適用しかつその旨を開示すれば，企業は2013年の発効日より前に，IFRS第11号および2011年5月に公表された残りの基準書を適用することを選択することができる。

1.1　IFRS第11号とIAS第31号の主要な差異

IAS第31号と同様に，IFRS第11号は共同支配の概念に基づいている。IAS第31号とIFRS第11号の主要な2つの差異は以下のものである。

- IFRS第11号は，共同支配の取決めの分類方法に関して異なるアプローチを採用し，共同支配の取決めの当事者の権利および義務に焦点を当てている。一方，IAS 第 31 号は，共同支配の取決めの構造が決定要因となっている。

- また，IAS 第 31 号において許容されていた共同支配企業に対する会計処理の選択は，IFRS 第 11 号では除去されている。IFRS 第 11 号においては，すべての共同支配企業に持分法が要求され，比例連結は認められていない。

IFRS 第 11 号においては，共同支配の取決めは 2 つのカテゴリーに分類される。共同支配事業と共同支配企業である。別個のビークルを通じて組成されていない共同支配の取決めは，常に共同支配事業として分類される。別個のビークルを通じて組成された共同支配の取決めは，共同支配事業または共同支配企業のいずれにもなる可能性がある。その分類は，共同支配の取決めにおける共同支配の当事者がその資産に対する権利，およびその負債に対する義務を有している（共同支配事業）かどうか，または共同支配の当事者が純資産に対する権利のみを有している（共同支配企業）かどうかに基づいて決定される。

IAS 第 31 号においては，共同支配の取決めは 3 つのカテゴリーに分類される。共同支配の営業，共同支配の資産および共同支配企業である。一般的に，IAS 第 31 号のもとで共同支配の営業または共同支配の資産として分類された取決めは，別個のビークルを通じて組成されていない。そのため，それらは IFRS 第 11 号のもとでは，共同支配事業として分類される。IFRS 第 11 号では，共同支配事業の各当事者は，共同支配事業の資産，負債，収益および費用に対する自らの持分を会計処理する。したがって，以前に IAS 第 31 号のもとで共同支配の営業または共同支配の資産として分類されていた取決めについては，IFRS 第 11 号の採用によって会計処理の重要な変更はないものと考えられる。

IAS 第 31 号のもとで共同支配企業として分類された取決めの位置付けは異なる。特定の事実および状況によって，これらは IFRS 第 11 号において共同支配事業または共同支配企業のどちらかに分類される。したがって，例えば以下の場合には，以前に共同支配企業として分類されていた取決めに対する持分に関して，異なる会計処理が要求される。例えば，

- IAS 第 31 号においては持分は比例連結を用いて会計処理されていたが，IFRS 第 11 号においては共同支配企業として分類され，持分法を使用することが要求される場合。あるいは，
- IAS 第 31 号において，持分は持分法を使用して会計処理されていたが，IFRS 第 11 号においては共同支配事業として分類され，投資者が共同支配事業の資産，負債，収益および費用の自らの持分を会計処理することを要求される場合

IAS 第 31 号において共同支配企業として分類されていた取決めには，IFRS 第 11 号においては共同支配事業として分類されるべき一定の要素や，共同支配企業として分類されるべき他の要素を含んでいる可能性がある（**本章 5.4.1.2** での記述を参照）。

最後に，IAS 第 31 号での開示の要求事項は，IFRS 第 11 号においては反映されていない。その代わりに，共同支配の取決めの共同支配の当事者に対する開示の要求事項は，IFRS 第 12 号に規定されている（**第 2 巻 7 章**参照）。

2　目　的

IFRS 第 11 号の目的は，共同支配の取決め（すなわち，共同で支配されている取決め）に対する持分を有する企業の財務報告に関する原則を定めることである［IFRS 第 11 号 1 項］。そのため，IFRS 第 11 号は共同支配を定義するとともに，共同支配の取決めの当事者である企業に対して以下のことを要求している［IFRS 第 11 号 2 項］。

- 関与している共同支配の取決めの種類を，自らの権利および義務を評価することにより決定すること
- 当該権利および義務を，その共同支配の取決めの種類に従って会計処理すること

3 範 囲

企業が共同支配の取決めの当事者であった場合，IFRS 第 11 号を適用しなければならない［IFRS 第 11 号 3 項］。共同支配の取決めの当事者とは，共同支配の取決めに参加している企業のことであり，当該取決めに対する共同支配を有しているかどうかは問わない［IFRS 第 11 号付録 A］。

共同支配の取決めとは，複数の当事者が共同支配を有する取決めであると定義されている［IFRS 第 11 号 4 項および付録 A］。

共同支配の意味については，**本章 4.3** において述べられている。

2 つの企業が，両者が共同支配の取決めとしてみなすものに合意する場合があるが，それだけで自動的に当該企業が IFRS 第 11 号の範囲内に入ることにはならない。例えば，2 つの事業が補完的なものである場合（1 つはカーテン用の布地の製造販売，そしてもう 1 つは切売用のカーテンの製造），それぞれ自己のウェブサイトにおいて他方のウェブサイトを広告することに単に合意することがある。このことは相互の事業にとって有益であるかもしれないが，この取決めには共同支配は含まれておらず，したがって，本基準の範囲に入るものではない。

同様に，2 つの企業が，共に持分は持っているが，そのうちの一方が支配（IFRS 第 10 号「連結財務諸表」により定義）を有している企業に言及する際に，「ジョイント・ベンチャー（共同支配企業）」という単語を一般的な事業上の意味として使用することがある。そのような企業は，支配している当事者の子会社であり，IFRS 第 11 号の範囲内ではない。

共同支配の取決めの当事者のすべてが支配を共有する必要はない［IFRS 第 11 号 11 項］。例えば，企業 A，B，C，D および E は，そのすべてが企業 A，B，C および D によって支配が共有される共同支配の取決めの当事者となることがある。このシナリオの場合，5 つのすべての当事者は本基準の範囲内である。しかし，取決めにおける企業 E の持分について規定した会計処理は，企業 A，B，C および D の持分を規定したものとは異なる場合がある（**本章 6** 参照）。

ベンチャー・キャピタル企業，ミューチュアル・ファンド，ユニット・トラストおよび類似の企業（投資連動型保険ファンドを含む）によって保有される特定の持分は，IAS 第 31 号「ジョイント・ベンチャーに対する持分」の範囲から除外されており，持分法を使用した会計処理が行われていない。それらに対しては，代わりに IFRS 第 9 号「金融商品」（IFRS 第 9 号を採用する前であれば IAS 第 39 号「金融商品：認識および測定」）に従って会計処理される。そのような持分も，IFRS 第 11 号の範囲からは除外されていない。それにもかかわらず，そのような持分に対する会計処理の要求事項は，IAS 第 28 号（2011 年）「関連会社および共同支配企業に対する投資」に導入されている**測定**の免除によって維持されている。すなわち，IFRS 第 9 号（IFRS 第 9 号を採用する前であれば IAS 第 39 号）に従って純損益を通じて公正価値で測定されている場合は，そのような持分に持分法を適用する必要はない（**第 2 巻 6 章 4.2.1.2** 参照）。

IFRS 第 11 号の範囲に含まれる企業は，それぞれの共同支配の取決めを分析し，以下のどちらかに分類しなければならない［IFRS 第 11 号 6 項］。

- 共同支配事業
- 共同支配企業

この分類は，当該取決めの当事者の権利および義務を検討することによって決定される（**本章 5** 参照）。当該取決めが別個の法的企業もしくは他のビークルによって組成されている場合には，権利と義務の所在の実質を確認するために，これを超えた分析が行われる［IFRS 第 11 号 14 項，B26 項および B30 項］。

これは IAS 第 31 号において採用された，共同支配の取決めの構造を決定要因とするアプローチとは異なっている。

IFRS 第 11 号は，共同支配事業および共同支配企業に対して共同支配を保有する当事者を表す場合に，それぞれ「共同支配事業者」および「共同支配投資者」という用語を使用する［IFRS 第 11 号付録 A］。例えば，企業 A，B および C はすべて，企業 A および B により支配が共有される共同支配企業の当事者である場合，企業 A および B は共同支配投資者であるが，企業 C はそうではない。

4　共同支配の取決めの存在の決定

4.1　共同支配の取決めの特徴

共同支配の取決めとは，複数の当事者が共同支配を有する取決めであると定義されている［IFRS 第 11 号 4 項および付録 A］。

本基準では，共同支配の取決めの定義を満たすために 2 つの特徴が必要であると説明している。1 つ目は，共同支配の取決めの当事者は契約上の取決めによって拘束されているということである（**本章 4.2** 参照）。2 つ目は，契約上の取決めにより，複数の当事者が当該取決めに対する共同支配を有しているということである（**本章 4.3** 参照）［IFRS 第 11 号 5 項］。

4.2　契約上の取決め

共同活動に当事者が参加する条件は，契約上の取決めに規定される。契約上の取決めは文書（例えば，当事者間の契約または討議資料の形式）で規定されていることが多いが，必ずしもそうである必要はない。法制上の仕組みは，それ自体でまたは当事者間の契約との組合せによって，強制可能な取決めを生じさせる場合がある［IFRS 第 11 号 B2 項および B4 項］。

IFRS 第 11 号は，契約上の取決めが強制可能でなければならないと明示的に規定してはいないが，当事者が拘束されていることを要求している IFRS 第 11 号 5 項（a）に黙示的に含まれていると考えられる（**本章 4.1** 参照）。

別個の法的企業または他のビークルが使用される場合，その定款，設立認可書または付則において，契約上の取決めの条件の一部分またはすべてが規定されることがある。通常，契約上の取決めは以下のような事項を取扱っている［IFRS 第 11 号 B3 項および B4 項］。

- 共同支配の取決めの目的，活動および存続期間
- 共同支配の取決めの統治機関（取締役会またはそれに相当するもの）の構成員が，どのように選任されるか。
- 意思決定プロセス：当事者の意思決定を必要とする事項，各当事者の議決権およびそれらの事項に関して必要な合意のレベル（このプロセスが共同支配を成立させる鍵となる一 **本章 4.3** 参照）
- 各当事者によって提供されることが要求される資本またはその他の出資
- 共同支配の取決めに係る資産，負債，収益，費用または純損益が当事者間でどのように共有されるか。

4.3　共同支配

4.3.1　「共同支配」の意味

共同支配とは，本基準において「取決めに対する契約上合意された支配の共有であり，関連性のある活動に関する意思決定に，支配を共有している当事者の全員一致の合意を必要とする場合にのみ存在する」と定義されている［IFRS 第 11 号 7 項および付録 A］。

共同支配の取決めにおいては，どの単一の当事者も単独では取決めを支配していない。取決めに対する共同支配を有する当事者は，他のいずれかの当事者，または当事者のグループが取決めを支配するのを妨げることができる［IFRS 第 11 号 10 項］。

本基準は，複数の当事者が共同支配の取決めを有しているかどうかを検討する際には，判断を行使することが必要であることを強調している。この検討は，後に述べるように，すべての事実および状況を考慮することにより行われなければならない［IFRS 第 11 号 12 項］。

IFRS 第 11 号は，契約上の取決めにより，当事者のすべて（または当事者の

グループ）が，集団で取決めに対する支配を与えられているかどうか検討することを，取決めの当事者である企業に対し要求している［IFRS 第 11 号 8 項およびB5 項］。支配は IFRS 第 10 号「連結財務諸表」において定義され，また**第 2 巻 4 章 5** において議論されている。IFRS 第 10 号における支配の定義は，3 つの要素を要求している［IFRS 第 10 号 7 項および 10 項］。

- 投資先に対するパワー（すなわち，投資先の「関連性のある活動」を指図する現在の能力を与える既存の権利）
- 投資先への関与により生じる変動リターンに対するエクスポージャーまたは権利
- 投資者のリターンの額に影響を及ぼすように投資先に対するパワーを使用する能力

IFRS 第 10 号におけるガイダンスは，すべての当事者（または当事者のグループ）が取決めへの関与による変動リターンに対するエクスポージャーまたは権利を有し，かつ，取決めに対するパワーを通じて当該リターンに影響を及ぼす能力を有しているかどうかを決定するために使用されなければならない。すべての当事者（または当事者のグループ）が集団で取決めを支配しているのは，それらの当事者が「関連性のある活動」（すなわち，取決めのリターンに重要な影響を及ぼす活動）を指図するために一緒に行動しなければならない場合である［IFRS 第 11 号 8 項および B5 項］。

当事者のすべて（または当事者のグループ）が集団で取決めを支配していると判断された場合，共同支配が存在するのは，関連性のある活動に関する意思決定が，集団で取決めを支配している当事者の全員一致の合意を必要とする場合のみである。取決めをすべての当事者，または当事者のグループが共同支配しているのか，または当事者のうち 1 名だけが支配しているのかの評価には，判断を伴うことがある［IFRS 第 11 号 9 項および B6 項］。

取決めが上記のように共同支配であるかどうかを決定するアプローチは，本基準の付録 B において図表にて要約されている。

共同支配の判定

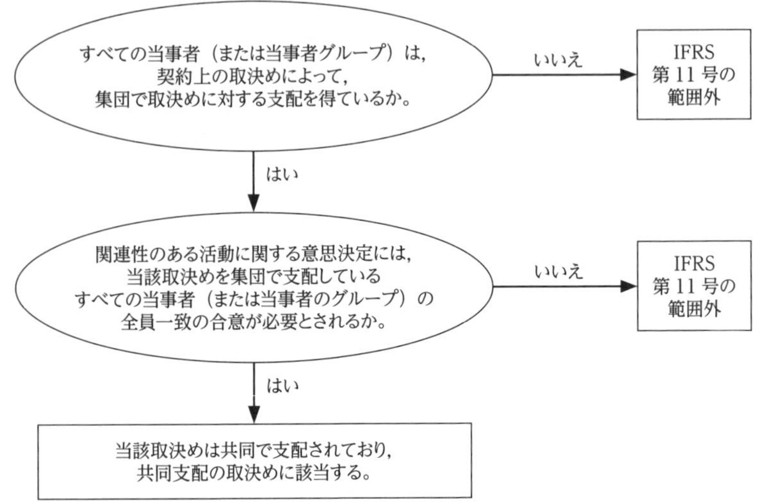

したがって，共同支配が存在するためには３つの条件が満たされなければならない。

- 取決めにおける単一の当事者が支配を有することはない。
- 集団で取決めを支配することができる複数の当事者が識別される。
- 識別されたうちのいずれかの当事者が同意しない（すなわち，識別された各当事者が明示的または黙示的な拒否権を有する）場合には，関連性のある活動についての決定を行うことができない。

この最後の要素は特に重要である。支配する当事者のいない多くの取決めは，当該取決めの当事者のいずれもが，明示的または黙示的な拒否権を持たないために，共同支配の定義を満たさない。したがって，ある取決めが共同支配の取決めであるかどうか判断する際に，取決めの当事者のいずれかが，明示的もしくは黙示的な拒否権を持っているかどうかに焦点を当てることは，時として有用な場合がある。そうでない場合，取決めのすべての当事者それぞれにとって，他の当事者達によって投票で負けたり却下されたりすることがあり得るため，その取決めは共同支配の取決めにならない。

したがって，実務上，ある取決めが共同支配の取決めであるかどうか検討する際に，関連性のある活動に関する決定に対して同意が要求される当事者達（もしいれば）に焦点を当てることは，理にかなったことである。なぜならばそれらの当事者が，当該取決めに対し共同支配を行使する可能性が高いと考えられるためである。そのような当事者は，関連性のある活動についての決定に関して明示的な拒否権もしくは（例えば，その他の当事者の議決権の合計が，そのような決定を通すために十分ではないような）黙示的な拒否権のどちらかを持つ場合がある。

4.3.2 共同支配を有しない当事者

取決めは，すべての当事者が当該取決めに対する共同支配を有していない場合でも，共同支配の取決めとなり得る。IFRS 第 11 号は，共同支配の取決めに対する共同支配を有している当事者（共同支配事業者または共同支配投資者）と，共同支配の取決めに参加しているが共同支配を有していない当事者とを区別している［IFRS 第 11 号 11 項］。

IFRS 第 11 号は，この基準の範囲内であるためには，取決めのすべての当事者が取決めに対する共同支配を持つ必要はないことを明らかにしている。ある当事者が，共同支配を有することなく共同支配の取決めに参加する場合もある。そのような当事者に対する適切な会計処理は，**本章 6.2.2**（共同支配事業）および**本章 6.1.2**（共同支配企業）において議論されている。

4.3.3 全員一致の同意

ある契約上の取決めが，その条項の中で明示的に全員一致の同意を要求していなくとも，黙示的に共同支配を生じさせる場合がある。例えば，企業 A と企業 B が，それぞれ議決権の 50％を有する取決めを交わす。両者の契約上の取決めにより，関連性のある活動についての意思決定を行うには最低 51％の投票を必要とすることが規定されている場合，その取決めは黙示的に共同支配を生じさせている。なぜならば，関連性のある活動についての意思決定は両者の合意なしには行えないからである。企業 A または企業 B のいずれかが，関連性のある活動に関する提案に反対票を投じた場合，議決権の 50％のみが賛成となり，提案の承認が可能とならない。提案が承認されるのは，企業 A と企業 B の双方が賛成に票を投じた場合のみである［IFRS 第 11 号 B7 項］。

反対に，関連性のある活動に関する意思決定を承認するために必要とされる最低限の議決権割合が，当事者の複数の組合せによる合意で達成できる場合には，そこには共同支配（したがって，共同支配の取決め）はない。ただし，その契約上の取決めにおいて，どの当事者あるいは当事者の組合せが，関連性のある活動の意思決定に全員一致で同意することが求められるか，について定めている場合を除く［IFRS 第 11 号 B8 項］。

以下の適用例が本基準の付録 B に含まれている。IFRS 第 11 号 B1 項は，付録の設例は仮想的な状況を表現している点について警告している。設例の一部の局面は，実際の事例において存在する可能性があるが，本基準を適用する際には，個別の事例についてすべての事実関係および状況を評価する必要がある。

設例4.3.3A

全員一致の同意（1）

［IFRS第11号付録B 設例1］

3 名の当事者が取決めを交わしたとする。A は取決めに対する議決権の 50%，B は 30%，C は 20%を有している。A，B および C の間の契約上の取決めでは，当該取決めの関連性のある活動に関する意思決定を行うには，少なくとも議決権の 75%が必要となる。A はいかなる決定も阻止できるが，支配には B の同意が必要なので，当該取決めを支配してはいない。関連性のある活動に関する意思決定を行うのに議決権の少なくとも75%を必要とする契約上の取決めの条件は，A と B が当該取決めに対する共同支配を有していることを示唆している。なぜなら，当該取決めの関連性のある活動に関する意思決定は，A と B の両者の合意がなければ行うことができないからである。

設例4.3.3B
全員一致の同意(2)
[IFRS第11号付録B 設例2]

取決めに関して３名の当事者がいるとする。Ａは取決めに対する議決権の50%，ＢとＣはそれぞれ25%を有している。Ａ，ＢおよびＣの間の契約上の取決めでは，当該取決めの関連性のある活動に関する意思決定を行うには，少なくとも議決権の75%が必要となる。Ａはいかなる決定も阻止できるが，ＢまたはＣの同意が必要なので，当該取決めを支配はしていない。この例ではＡ，ＢおよびＣが当該取決めを集団的に支配している。しかし，議決権の75%に達することが可能な当事者の組合せが複数ある（すなわち，ＡとＢまたはＡとＣ)。このような状況で，共同支配の取決めとなるためには，当事者間の契約上の取決めで，当事者のどの組合せが当該取決めの関連性のある活動に関する意思決定に全員一致で合意する必要があるのかを定めている必要がある。

設例4.3.3C
全員一致の同意(3)
[IFRS第11号付録B 設例3]

ＡとＢがそれぞれ取決めに対する議決権の35%を有していて，残りの30%が広く分散しているとする。関連性のある活動に関する意思決定には，議決権の過半数の承認を必要とする。ＡとＢは，契約上の取決めで当該取決めの関連性のある活動に関する意思決定にＡとＢの双方の合意を必要とすると定めている場合にのみ，当該取決めに対する共同支配を有することになる。

4.3.4　関連性のある活動および防御的な権利

全員一致の合意の要求事項を考えるとき，上記で議論しているように，関連性のある活動についての意思決定に焦点を当てることは重要である（**第２巻４章６および７参照**)。取決めに対する共同支配を有しているどの当事者も，他の当事者が，自らの同意なしに関連性のある活動に関する決定を行うことを阻止することができる。反対に，取決めに対する特定の当事者の同意が，その当事者が防御的な権利（**第2巻4章8.5**参照）を持つ決定に対してのみ要求され，関連性のある活動に関するすべての決定に対して要求されるものではない場合，その当事者は当該取決めに対して共同支配を有しない［IFRS第11号B9項］。

契約上の取決めにおいては，通常，共同支配の取決めの目的にとって重要な事項に関して，どのように意思決定するのかについて規定される。取決めに対するすべての当事者の同意が必要となる場合もあるが，特定の投資者のみの同意が必要となる場合もある。共同支配を生じさせるかどうかを決定する際には，その契約上の取決めの実質を検討することが重要である。

共同支配は「関連性のある活動」すなわち取決めのリターンに重要な影響を与える活動に関する意思決定に関係している。取決めのリターンに重要な影響を及ぼすと実務上は予想されない事項について，意思決定プロセスを検討することは不要である。なぜなら，そのプロセスは共同支配が存在するかどうかについての結論に影響を与えないからである。実質的な権利についてのさらなる検討は**第2巻4章8.4**に記載されている。

4.3.5　「事実上の」共同支配

ある企業が報告企業の子会社であるかどうかを識別する目的で支配を検討する際に，報告企業は**事実上の**支配を有している，と結論付ける場合がある（**第2巻4章8.6.3.3**参照）。IFRS第11号には，**事実上の**支配もしくは**事実上の**共同支配についての検討は全く含まれていないが，IFRS第11号B5項は，共同支配の定義を適用するためにIFRS第10号を使用することを要求している。そのため，ある取決めの複数の当事者が**事実上の**共同支配の取決めを持つ，と結論付けることが可能であることは明らかである。

例えば，企業Aおよび企業Bは上場企業Cの普通株をそれぞれ25％および24％所有しているとする。企業Aおよび企業Bは，企業Cに関連するすべての事項について一緒に投票することに同意する契約上の取決めを締結する。もしも意思決定が投票の過半数に基づいて行われ，企業Cには他に広く分散した株主のグループがいるだけで個別に重要な株主がいない場合，企業Aおよび企業Bは，企業Cに対し共同支配を有すると結論付けることは適切な場合がある。

逆に，企業Cには全体として少人数の株主がおり，それぞれが重要な議決権を持っている場合，**事実上の**共同支配が存在し得る可能性は低い。

4.3.6　紛争の解決

共同支配の取決めを有する当事者にとって，全員一致の同意に到達することが可能ではない場合がある。契約上の取決めには，紛争解決に関する条項（例えば，そのような状況において当事者が仲裁を要求するような）が含まれていることがある。このような条項の存在は，当該取決めが共同で支配されることを妨げるものではない［IFRS 第 11 号 B10 項］。

紛争解決のためのある取決めは，たとえ共同支配のための他の要素が備わっていたとしても，当事者が共同支配を有していないという結論につながることがあり得る。契約条項に，紛争時には一方の当事者（A）に他方の当事者（B）を却下するための実質的な権利を与える仕組みが含まれている場合には，それはAが支配的な立場にいることを示唆することがある。

反対に，契約上の取決めにおいて，当事者から独立した仲裁を求め，それでも合意に至らない際には，独立の仲裁人の決定に従うことを要求している場合には，当事者が取決めの共同支配を有していると結論付けることが適切な場合がある。

4.3.7　事実および状況の変化

事実および状況が変化した場合，企業は，依然として当該取決めに対する共同支配を有しているかどうかを再検討しなければならない［IFRS 第 11 号 13 項］。

設例4.3.7A

事実および状況の変化(1)

企業Aおよび企業Bは，それぞれ会社Xの普通株式の50%，および議決権の50%を保有している。会社Xの定款および基本合意書では，関連性のある活動についての意思決定には，投票の過半数が要求されている。

IFRS第11号B7項において検討されているように（**本章4.3.3**参照），関連性のある活動についての意思決定は，両者の合意なしには行えないため，当該取決めは，黙示的に共同支配を生じさせている。したがって，企業AおよびBは共同支配を有しており，当該取決めは共同支配の取決めとなる。

その後，企業Bは，会社Xの保有株式の半分を企業Cに対して売却する。その結果，当該取決めは共同支配の取決めではなくなった。企業Aは，いかなる決定も阻止できるが，企業Bまたは企業Cのいずれかの同意が必要であるため，当該取決めを支配していない。企業A，BおよびCが当該取決めを集団的に支配している。しかし，今度は議決権の過半数に達することが可能な当事者の組合せが複数ある（すなわち，企業AとB，または企業AとCのいずれか）。

したがって，企業AおよびBの両者が会社Xの共同支配を有さなくなる。

設例4.3.7B

事実および状況の変化(2)

企業A，BおよびCのすべては，ある取決めの当事者である。契約上の取決めは，関連性のある活動に関するすべての意思決定に対し，3当事者すべての同意を必要としている。そのため，企業A，BおよびCは共同支配を有し，当該取決めは共同支配の取決めとなる。

その後，契約上の取決めが変更され，関連性のある活動に関する意思決定が企業AおよびBの同意のみを必要とするようになった。すなわち企業Cの同意はもはや不要となった。企業A，BおよびCの他のすべての権利および義務について変更はない。

この取決めは，依然として共同支配の取決めであり，企業AおよびBは引続き共同支配を有している。そのため，企業AおよびBに要求される会計処理に変更はない。

しかし，企業Ｃは，依然として共同支配の取決めの当事者ではあるが，もはや共同支配を有していない。

- 取決めが共同支配事業の場合，企業Ｃは，もはや共同支配事業者ではない。しかし，**本章 6.2.2** で検討しているように，企業Ｃが依然として共同支配事業の資産に対する権利を有し，また負債に対する義務を有している場合，企業Ｃに要求される会計処理に変更はない。
- 取決めが共同支配企業の場合，企業Ｃは，もはや共同支配投資者ではない。共同支配を有さない共同支配企業の当事者にとっての適切な会計処理は，**本章 6.1.2** において検討されている。

5　共同支配の取決めの分類

5.1　共同支配の取決めの種類

ある取決めがIFRS第11号の範囲内の共同支配の取決めであると結論付けたならば，次のステップは，以下のどちらに共同支配の取決めを分類するかということである。

- 共同支配事業
- 共同支配企業

この分類は，通常の事業における当事者の権利および義務の分析に基づくものである［IFRS第11号14項およびB14項］。

5.2　共同支配事業

共同支配事業は，取決めに対する共同支配を有する当事者が，当該取決めに関する資産に対する権利および負債に対する義務を有している共同支配の取決めである，と定義される［IFRS 第 11 号 15 項および付録 A］。

本基準において，共同支配事業の当事者のうち，当該共同支配事業に対する共同支配を有している当事者は，「共同支配事業者」とよばれる［IFRS 第 11 号 15 項および付録 A］。

別個のビークルを通じて組成されたもの**ではない**共同支配の取決めは，すべて共同支配事業である［IFRS 第 11 号 B16 項］。しかし，その逆は異なる。別個のビークルとして組成された共同支配の取決め（有限責任会社を含む）は，共同支配事業の分類から除外されるわけではない［IFRS 第 11 号 B19 項］。

別個のビークルを通じて組成されていない共同支配の取決めの例として，IFRS 第 11 号は共同支配の取決めの当事者が，ある製品を共同で製造し，それぞれが特定の作業に責任を負い，自らの資産を使用し自らの負債を負うことに合意することをあげている。その契約上の取決めでは，各当事者に共通の収益および費用をどのように分担すべきかについても定める場合がある［IFRS 第 11 号 B17 項］。

5.3　共同支配企業

共同支配企業は，取決めに対する共同支配を有する当事者が，当該取決めの純資産に対する権利を有している場合の共同支配の取決めである，と定義されている［IFRS 第 11 号 16 項および付録 A］。

本基準において，共同支配企業の当事者のうち，当該共同支配企業に対する共同支配を有している当事者は，「共同支配投資者」とよばれる［IFRS 第 11 号 16 項および付録 A］。

別個のビークルを通じて組成されたすべての共同支配の取決めが共同支配企業に分類されるわけではないが，共同支配企業として分類されるためには，共同支配の取決めは別個のビークルを通じて組成されなければならない［IFRS 第 11 号 B16 項および B19 項］。

以前に IAS 第 31 号「ジョイント・ベンチャーに対する持分」に基づき共同支配企業として会計処理されていた共同支配の取決めが，IFRS 第 11 号のもとでは共同支配事業として分類される場合があり得る（**本章 5.4**，特に **5.4.4** ならびに **5.4.5** 参照）

5.4 共同支配の取決めが共同支配事業であるか，または共同支配企業であるかの決定

5.4.1 一般的アプローチ

本基準は，共同支配の取決めが共同支配事業であるか，または共同支配企業であるかの決定を行うにあたり考慮すべき４つの個別の側面を規定している。これは，以下に述べるような４ステップのアプローチとして説明することができる。常に４つのステップすべての検討を行わなければならないわけではない。実際に，一部の共同支配事業に関しては，ステップ１までで この分析が完了することがある。

企業が，共同支配の取決めが共同支配事業であるか，または共同支配企業であるかを決定する際には，常に判断を行使することが必要である。企業は，当該取決めから生じる権利および義務を考慮することによってこれを決定する［IFRS 第 11 号 17 項］。

通常の事業の過程において，共同支配の取決めから生じる当事者の権利および義務の分析により分類が行われる。企業が共同支配の取決めに係る資産に対する権利および負債に対する義務を有する場合は，当該取決めは共同支配事業に分類される。一方，企業が共同支配事業の純資産に対してのみ権利を有する場合は，当該取決めは，共同支配企業に分類される。下記で検討しているように，IFRS 第 11 号 B16 項から B33 項は，取決めが共同支配事業または共同支配企業のどちらに分類されるべきか決定するために要求される判定について説明している［IFRS 第 11 号 B14 項］。

共同支配の取決めが共同支配事業であるか，または共同支配企業であるかを決定するために，当事者の権利および義務を評価する。本基準は，以下の事項を考慮することを求めている［IFRS 第 11 号 17 項および B15 項］。

(a)　共同支配の取決めの構造（**本章 5.4.2** 参照）
(b)　共同支配の取決めが別個のビークルを通じて組成されている場合
　(i)　別個のビークルの法的形態（**本章 5.4.3** 参照）
　(ii)　契約上の取決めの諸条件（**本章 5.4.4** および **5.4.6** 参照）
　(iii)　該当がある場合には，他の事実および状況（**本章 5.4.5** 参照）

IFRS 第 11 号 17 項および B15 項の要求事項は，下記に示すような 4 ステップのアプローチとして説明することができる。

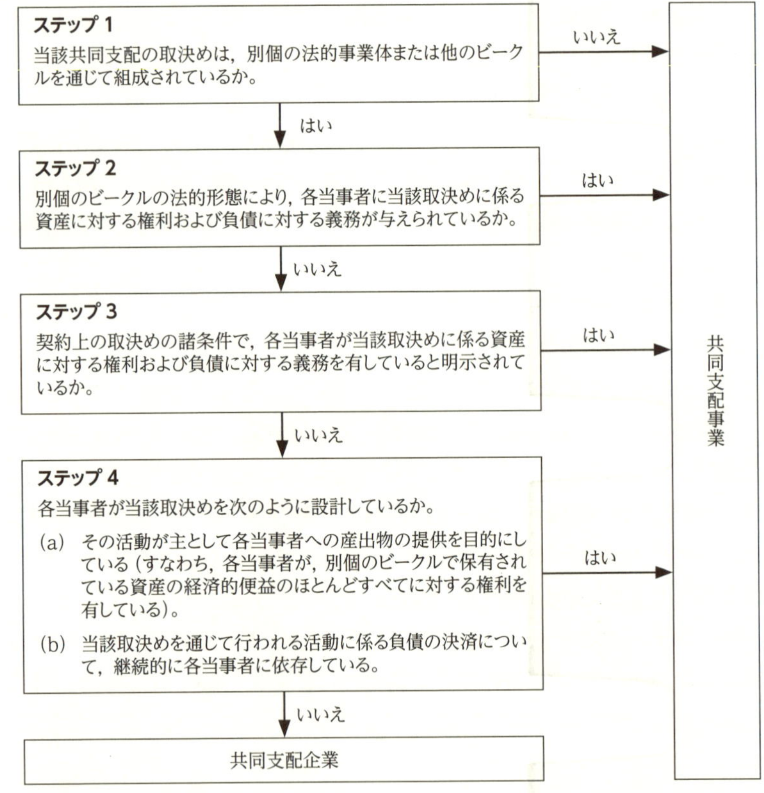

5.4.1.1　事実および状況が変化した場合の再評価の要求

事実および状況が変化した場合には，当事者は，共同支配の取決めの分類を再検討しなければならない［IFRS 第 11 号 19 項］。

したがって，もし共同支配の取決めの当初の分類後に事実および状況が変化した場合は，上述した分析を再実施することが必要となる場合がある。共同支配の取決めの分類の再評価が，必ずしも常に共同支配の取決めの再分類となるわけではないことに注意する必要がある。このような再評価は，事実および状況が変化した後の当事者の権利および義務の慎重な分析に基づいて行うべきであり，当初の分類が依然として有効であるとの結論に至る場合もある。

共同支配の取決めの分類の再評価は，事実および状況の変化が実質的に共同支配の取決めに関する当事者の権利および義務に影響を与え，かつその開始時点（あるいは，前回の分類の再評価時）において共同支配の取決めの目的および設計の一部ではなかった場合に引き起こされるものである。

再評価はより一般的には，共同支配の取決めの法制の変化，または当事者と共同支配の取決めとの間の契約条件の変化で，共同支配の取決めの目的およびデザインの一部ではなかったものにより引起こされる。

このような変化の例には以下のものがある。

- 共同支配の取決めの当事者とそれらの資産および負債との分離をもたらす別個のビークルへ（から）の，共同支配の取決めに係るすべての資産および負債の移転
- 共同支配の取決めの当事者に対して，産出物の実質的にすべての購入を要求する契約の締結または解消（**本章 5.4.5.1** で説明）
- 共同支配の取決めの当事者間での契約上の取決めの諸条件の修正で，当該共同支配の取決めの第三者に対する負債に関するそれら当事者の義務をもたらすまたは取除くもの
- 共同支配を有する当事者の変更から生じる，共同支配の取決めの諸条件の修正

共同支配の取決めと第三者との間の契約関係に変化が生じたときもまた，

再評価が求められる可能性がある（例えば，第三者の顧客が引取らなかったすべての産出物を共同支配の取決めの当事者が引取る義務がある場合において，他社への販売契約を締結する意図なく行われた，共同支配の取決めの唯一の第三者への販売契約の解消）。

まれな状況においては，契約上の諸条件または関係の変化以外の事実および状況の変化によっても，当該変化が共同支配の取決めの当初において意図されていなかった場合には，当該取決め分類の再評価を要求される場合がある。例えば，共同支配の取決めの当事者は，鉱山事業から生じる主要生産物の購入義務を有する場合がある。プロジェクト計画時点ではその存在が想定されていなかった相当量の副産物の鉱床の発見により，後日において相当量の第三者への販売を生じさせることになるかもしれないが，もしそれらが当初の目的および設計において想定されていたら，共同支配企業の取決めと判断される場合である。

また**本章5.4.1.3**では，共同支配の取決めの活動についてのあらかじめ決定されている変更（共同支配の取決めの全期間のうちある計画されたフェーズの開始，または特定の事象の発生により発動される当事者間の契約上の取決め）について議論している。

加えて，当事者間の契約上の諸条件の変更により，当事者が当該取決めに対する共同支配を持続けるかどうかについて再評価することが求められる可能性がある（**本章4.3.7**参照）。

5.4.1.2　会計単位

時には，活動を行うための全般的な契約条件を示す枠組契約により各当事者が拘束されている場合がある。この枠組契約は，各当事者が契約の一部を構成する特定の活動について取扱う，別々の共同支配の取決めを設定することを定めている場合がある。これらの共同支配の取決めが同じ枠組契約に関連する場合であっても，当該枠組契約のなかで扱っている別々の活動を行う際の，各当事者の権利と義務が異なるのであれば，当該共同支配の取決めの種類は異なるかもしれない。したがって，各当事者が同じ枠組契約の一部を構成する別々の活動を行う場合，共同支配事業と共同支配企業が共存することがあり得る［IFRS第11号18項］。

共同支配の取決めの会計単位（すなわち，共同支配の取決めの当事者の権利および義務の評価が行われるレベル）は，2者（またはそれ以上）の当事者が共同支配を行うことに同意した「活動」である。当事者は，当該活動に係る資産に対する権利および負債に対する義務を検討すべきである(IFRS 第11号 BC 35項参照)。

IFRS 第11号は，活動が何により構成されるかについてなんら明確な指針を提供していない。また，その用語がどの程度広く解釈され得るかについての議論もしていない。ある場合（例えば，共同支配の取決めが，その目的を単一の契約上の取決めで明確に設定しており，その取決めが単一のビークルを通じて構成されている場合）には，取決めの会計単位は明確に識別することができる。他の例では，共同支配の取決めの構造がより複雑である場合，基礎にある活動を識別し，取決め全体よりも低いレベルで当該共同支配の取決めを分析すべきか決定するために，より詳細な分析が求められる。

この分析は，取決めが多数のビークルおよび／または多数の別個の活動を含む場合，特に困難となる可能性がある。そのような状況では，分類を決定するための適切なレベルを決定するために，取決めの目的と設計を検討すること，および権利と義務に関する十分な分析が行われていることを確かめることが必要である。

共同支配事業および共同支配企業は単一の枠組契約において共存することがあり得るか。

IFRS 第11号18項において検討されているように（上記参照），2社（またはそれ以上）の企業が，複数の活動を行うために契約上の諸条件を示す単一の枠組契約を締結することがある。これらの活動はさまざまな形で組成されることがある。例えば，

- 別個のビークルが，それぞれの活動を行うために設立されることがある。
- 別個のビークルと，資産を直接保有し負債に対する義務の直接的な負担を包含する他の構造との組合せが，さまざまな活動を行うために設けられることがある。

　共同支配の取決めの適切な分類は，単一の枠組契約の中に多数の活動が含まれているかどうかにかかわらず，活動のレベルで検討されるべきである。同一の枠組契約に関係するとしても，その枠組契約で定められた別々の活動を行う際の各当事者の権利と義務が異なるのであれば，複数の共同支配の取決めが存在し，それら共同支配の取決めの分類は異なる可能性がある。このような性質の構造においては，共同支配事業と共同支配企業が共存する可能性があり得る。

　枠組契約と多数の活動の遂行に対処する際には，会計単位と対応する各共同支配の取決めの分類が，当該共同支配の取決めにより設定された権利と義務の真の性質を適切に反映していることを確かめるために，慎重に対応する必要がある。識別されたそれぞれの共同支配の取決めは，一般的には特定の活動に関連するはずであり，その結果としての分類と会計処理は，当該活動に関連する権利と義務を反映しなければならない。

同一の別個のビークルのなかに複数の共同支配の取決めが存在することは可能か。

　共同支配の取決めが単一の契約上の取決めによって組成され，また，当該取決め全体が共同支配の取決めに関連するすべての資産と負債を有する単一のビークルを通じて組成されている場合には，適切な会計単位は通常そのビークルとなるだろう。そのような状況では，共同支配の取決めの当事者の権利と義務の評価はそのビークルのレベルで実施しなければならない。

　しかし，一部の共同支配の取決めにおいては，複数の活動が単一のビークルを通じて行われるように組成されるものがある。このような場合，当該取決めの当事者は，活動が共同支配事業または共同支配企業のどちらに該当するかを決定するために，その権利と義務を活動レベルで検討し，各活動に対して別個の評価を実施する必要がある。同一の別個のビークルのなかに複数の共同支配の取決めが存在することは可能である。

　この結論はIFRS 第 11 号 BC 36 項において支持される。そこには，「同一の別個のビークルのなかで各当事者が異なる活動を行う場合があり，こうした別々の活動に係る資産に対する権利および負債に対する義務を各当事者が別々に有しており，その結果，異なる種類の共同支配の取決めが同一の別個のビークルのなかで行われることがある」と述べられている。しかしIASBは，そのような状況はあり得るが，実務上はまれであると想定されると注釈を加えた。

5.4.1.3　複数の事前に決定された活動フェーズを有する共同支配の取決め

プロジェクトが多数の事前に決定された活動フェーズを含み，当事者の権利と義務が活動のあるフェーズと次のフェーズで異なる場合，共同支配の取決めの分類は，その活動の各フェーズに対して行われる別個の評価ではなく，その取決めの期間全体を通じた権利と義務の評価に基づくものでなければならない。

本章設例 5.4.1.3 はこの原則の適用を説明している。**本章 5.4.1.4** は，あるプロジェクトが活動の 1 つのフェーズから次のフェーズへ進むかどうかについて重要な不確実性が存在する場合の状況を説明している。

設例5.4.1.3

複数の事前に決定された活動フェーズを含む共同支配の取決め

2 つの当事者が別個のビークルを通じて共同支配の取決めを行っている。当該ビークルの法的形態は，共同支配を有する当事者と，当該ビークルの資産および負債との間の分離をもたらしている（すなわち，ビークルの法的形態は共同支配企業としての分類を否定するものではない）。

当該共同支配の取決めの目的は，ある単一の用地における居住用不動産の開発であり，その資金調達は，当該用地の不動産の第三者への売却が開始されるまでは，資金提供の要請（cash call）に関する契約に基づき 2 つの当事者から受領した現金のみによって資金供給される。その後，当該取決めにより，不動産の販売収入をさらなる用地の開発費用のための資金供給に使用し，余剰資金はすべて当該取決めの当事者へ送金することが要求されている。当事者による資金提供の要請（cash call）への供給義務は，第三者への販売開始後も継続するが，これは特定期間において売却による現金収入が開発費用を賄うのに十分ではない場合に限られる。

不動産の開発と販売の完了後，残余資金はすべて当該取決めの当事者に対し，その持分割合に応じて送金され，共同支配の取決めの存在が終了する。

共同支配の取決めの活動には，次の2つの明確なフェーズがあると考えられる。

- 共同支配の取決めが，すべての負債の決済のための現金に関して，当該取決めの当事者へ完全に依存している期間である**開発フェーズ**
- 共同支配の取決め自身が現金収入を生成し，その負債の決済に使用される期間である**販売フェーズ**

開発フェーズの間に，当事者は当該共同支配の取決めに関する負債の決済資金を提供する義務がある（IFRS 第11号に含まれる適用例の設例5に類似—**本章設例 5.4.5.1** 参照）が，販売フェーズの間においては共同支配の取決めが独立した現金収入を生成していることから，当事者はそのような義務を負わない。

共同支配の取決めの分類は，その活動期間全体を通じて設定された契約上の取決めに起因する権利と義務の検討に基づき行われるべきであり，上述の状況では共同支配企業として分類される。

共同支配の取決めの当事者が，当該共同支配の取決めを通じて行われる活動に係る負債に対する義務を負うとみなされるためには，当事者へ「継続的に」依存していなければならない（**本章 5.4.1** のダイアグラムのステップ4参照）。共同支配の取決めの資産に対する権利を有するとみなされるために，当事者はこれら資産の「経済的便益のほとんどすべて」を共有しなければならない［IFRS 第11号 B31項］。当該判定は共同支配の取決めの当初において，その予定された活動期間全体を通じた当事者の権利と義務に基づいて行われなければならない。

上述の状況で，当該共同支配の取決めの当初においては，

- 当該共同支配の取決めの当事者は，活動期間全体を通じて負債に対する資金拠出を行うように設計されておらず，したがって，当事者は継続的に負債に対する義務を有するとみなすべきではない（**本章 5.4.4.2** において議論しているよう

に，資金不足の解消を目的として「必要な場合」に資金提供の要請〔cash call〕により運用される取決めは，当事者が共同支配の取決めに関する負債に対する義務を有すると結論付けるのに不十分である）。

- また，当該共同支配の取決めは，第三者に不動産を販売し，その用地におけるさらなる開発に使用することを目的に当該収入を留保するため，当該共同支配の取決めの当事者が，その資産に対する権利を有するように設計されていない。

したがって，当該共同支配の取決めは，その予定された活動期間全体を通じて共同支配企業として分類されるべきである。

対照的に，**本章 5.4.1.1** において議論しているように，契約上の取決めの諸条件の変更（または新たな契約），または共同支配の取決めの当初において予定されていなかった重要な事実および状況の変化に起因する共同支配の取決めの活動の変化は，その変化が生じた時点で共同支配の取決めの分類を再検討する契機となる。

5.4.1.4　複数の潜在的な活動フェーズを有する共同支配の取決め

一部の産業（例えば，鉱物の採掘事業や製薬事業）では，プロジェクトが１つのフェーズから次のフェーズへ進行するかどうか（例えば，探査・調査フェーズから開発フェーズへ，その後，開発フェーズから生産フェーズへ）について重要な不確実性が存在する場合がある。そのような産業では，当事者が１つのフェーズから次のフェーズへ進むかどうかについて将来意思決定を行う必要があるにもかかわらず，共同支配の取決めが当該取決めのすべての可能性のあるフェーズ（すなわち，プロジェクト全体の潜在的な期間）を含むように組成される場合がある。一方，その固有の不確実性のため，当事者が各フェーズの開始時点においてその活動フェーズのみを含む書面の取決めを締結するか，あるいは，すべてのフェーズを含むが次のフェーズへ進む決定が行われる際に必要に応じて変更される可能性のある，署名されていない取決めの「草案」を有する場合もある。

共同支配の取決めのすべての可能性のあるフェーズを含む契約を締結し

た場合は，当事者の権利と義務の評価は，後のフェーズに進む可能性にかかわらず，すべてのフェーズの成功による進行を想定して，取決めの全期間を含まなければならない。**本章5.4.1.1**で議論しているように，共同支配の取決めの分類は，従来は取決めの目的および設計の一部ではなかった法律上または契約上の諸条件に変更がある場合，あるいは取決めの当初において想定されていなかった事実と状況の変化がある場合にのみ，再評価されなければならない。後のフェーズに関する契約上合意された条項は，取決めの目的および設計の一部であり，当初において後のフェーズが想定されていたことの証拠を提供する。よって，それらの条項の発動は再評価のトリガーにはならない。当初の分類はすでにそれらの条項を考慮に入れていなければならない。

共同支配の取決めの契約がそのすべての可能性のあるフェーズを含まない場合，権利と義務の評価の出発点はその契約と契約に含まれるフェーズである。しかし，より長い期間を含む取決めが存在する客観的証拠があるかどうかを検討することも必要である。例えば，(1) 付帯協定，(2) 全般的な枠組契約，または，(3) 目的と設計あるいは目標に関する合意された取決めは，共同支配の取決めの当事者にとって採用可能な行動の幅を限定し，後のフェーズの目的と設計がすでに決定されていることを示す場合がある。より長い期間を含むそのような証拠が存在するならば，分類の評価に含めなければならない。

5.4.2　ステップ1：共同支配の取決めの構造

ステップ1は，共同支配の取決めが「別個のビークル」を通じて組成されているかどうかの判定を含む。

IFRS第11号は，共同支配の取決めが別個のビークルを通じて組成**されていない**場合，それは共同支配事業として分類されなければならない，という明確な規則を定める。これは，このような状況における契約上の取決めが，当該契約上の取決めの資産および収益に対する権利，ならびに負債および費用に対する義務を定めているからである［IFRS第11号B16項］。

共同支配の取決めは，さまざまな目的で設定されることがある（例えば，コストを共有するため，リスクを共有するため，新市場へのアクセスを提供するため，または新技術へのアクセスを提供するため)。それらはまた，異なる構造や法的形態を用いて組成されることもある。別個のビークルを用いることもある［IFRS 第 11 号 B12 項－B13 項］。

IFRS 第 11 号は別個のビークルを，別個に識別可能な財務構造（別個の法的主体または法令で認められた主体を含むが，当該主体が法人格を有しているかどうかは問わない）であると定義している［IFRS 第 11 号付録 A］。

別個のビークルの例としては，有限責任会社，無限責任会社，パートナーシップおよびトラストがあげられるが，これらに限るものではない。

共同支配事業が別個のビークルを通じて組成されていない場合，ステップ 1 により，その共同支配の取決めは共同支配事業として分類すべき，という最終決定が行われる。共同支配の取決めが別個のビークルを通じて組成されている場合，ステップ 2 に移行する必要がある。

5.4.3　ステップ2：別個のビークルの法的形態

ステップ 2 は，当事者が以下のどちらを有するかを評価するためにビークルの法的形態を検討する。(1) 当該別個のビークルの資産に対する権利および負債に対する義務（別個のビークルの存在にかかわらない)，(2) 別個のビークルの純資産のみに対する権利［IFRS 第 11 号 B22 項および B23 項］。

別個のビークルの法的形態が当事者と別個のビークルとの分離を定めていない場合（すなわち，別個のビークルが保有する資産および負債が，法的に当事者の資産および負債とみなされる場合）には，ステップ 2 により当該共同支配の取決めは共同支配事業として分類しなければならないという最終決定が行われる［IFRS 第 11 号 B24 項］。

多くの場合，別個のビークルの法的形態は，当該ビークルそれ自体で考慮されることとなり (すなわち，別個のビークルで保有されている資産および負債はそれら別個のビークルのものであり，各当事者のものではない)，当該共同支配の取決めが共同支配企業であるという最初の兆候を示している (IFRS 第 11 号 B23 項)。しかし常にそうとは限らず，一定の状況においては，法律上の企業の存在が，資産および負債に対する当事者の権利および義務に直接的に影響しない場合もある。

それ自体では，関連する当事者の権利および義務に実質的な影響を通常及ぼさない法的形態の一例として，ベア・トラスト（'bare' trust）がある。そのようなトラスト（信託）は，一定の法域における不動産開発活動において免税を享受するために一般的に使用されている。典型的な特徴は以下のものである。

- 取決めの当事者が共有持分（undivided interest）を有する不動産の所有権を保有する信託の設立
- 受託者は単に不動産の法的な所有権を付与されているだけであり，信託の不動産の受託者として遂行すべきそれ以外の義務，実行すべき責任または行使可能な権利を有しない。
- 信託は当該不動産の受益所有権を保有せず，結果的に当該不動産の経済的便益に対する権利を保有していない。
- 当該不動産の受益所有権は通常，当該取決めの当事者により直接またはストラクチャー内の別のビークルを通じて保有されている。
- 受託者は，当該取決めの当事者の要求および指示に従って，当該信託不動産の法的な所有権を移転する義務がある。

このような性質のストラクチャーにおいては，信託は法的な所有権を保有するのみの目的で当該取決めの当事者により使用される。信託は当該不動産から生成される経済的便益に対する権利を有していない。

実務においては，ベア・トラストを設立して不動産を保有する共同支配の取決めの多くは上述の状況よりも複雑であり，追加の分析が求められるであろう。例えば，取決めの当事者に関する他の資産および負債を保有する別のビークルとの関連で，ベア・トラストが設立されることがある。そのような状況においては，適切な会計単位について検討を行う必要がある（**本章5.4.1.2** 参照）。

企業が，そのビークルの法的形態が，各当事者に当該取決めに関する資産の権利および負債の義務を与える，と結論付けられる場合には，当該取決めは共同支配事業である。そのような結論がない場合には，企業は当事者間の契約上の諸条件の影響（**本章 5.4.4** のステップ 3 参照）および，該当がある場合には，他の事実および状況による影響（**本章 5.4.5** のステップ 4 参照）の検討に進む必要がある。

5.4.4　ステップ3：契約上の取決めの諸条件の検討

ステップ 3 は，別個のビークルの法的形態によって与えられた権利および義務を，契約上の取決めが取消すかまたは修正するかを検討することである。多くの場合，契約上の取決めの諸条件は，法的形態によって与えられた権利および義務と整合しているか，あるいは矛盾しないものとなっている。しかし，契約上の取決めの諸条件が別個のビークルの法的形態に優先し，その結果，当事者が共同支配の取決めの資産に対する権利および負債に対する義務を有することになるとき，当該共同支配の取決めは，共同支配事業として分類される［IFRS 第 11 号 B25 項，B26 項および B28 項］。

別個のビークルを通じて組成された共同支配の取決めが共同支配事業として分類されるためには，取決めに対する共同支配を有する当事者が当該取決めに関する資産に対する権利および負債に対する義務の**両方を**有している必要がある。資産に対する権利または負債に対する義務の**どちらかを**有しているだけで両方を有していない場合は不十分である。

そのため，共同支配の取決めが別個のビークルを通じて組成される際には，取決めの当事者が当該取決めに関する資産に対する権利および負債に対する義務を有しているかどうかを定め，そうすることで当該取決めが共同支配事業を構成するかどうかを決定するために，契約上の取決めの諸条件を慎重にレビューする必要がある。取決めの資産および負債を共有する当事者に関連するすべての契約上の諸条件が実質的かどうか，またこれらの諸条件が，そのビークルの法的形態がもたらす共同支配の取決めに対する当事者の権利と義務からの分離を取消しまたは修正するのに十分かどうか，を検討することが必要である。

例えば，IFRS 第 11 号 B15 項（b）で要求される当該ビークルの法的形態や他の事実および状況の検討を条件として，

- 共同支配の取決めの各当事者が，当該取決めの資産に対するすべての持分を特定の割合で共有し，かつ，すべての負債，義務，コストおよび費用を特定の割合で共有することを明確に定めるために，法的形態が与えた権利および義務を修正するか取消されるような契約上の取決めによって，共同支配事業として分類される結果となる。
- 共同支配の取決めの各当事者が，当該取決めの資産に対するすべての持分を特定の割合で共有することを明確に定めるが，当該取決めの負債および義務を負わない場合は，共同支配企業として区分される結果となる。

以下の設例は，本基準の付録Ｂに記載されている。

設例5.4.4

契約による修正

[IFRS第11号付録B 設例4]

２名の当事者が，会社形態で共同支配の取決めを組成した。各当事者は当該法人に対して50％の所有持分を有する。この法人は企業の所有者からの分離を可能にし，その結果，当該企業で保有している資産および負債は当該法人の資産および負債である。このような場合，別個のビークルの法的形態が各当事者に与えた権利および義務の評価によって，各当事者が当該取決めの純資産に対する権利を有していることが示唆される。

しかし，各当事者は，契約上の取決めを通じて当該法人の特性を変更して，それぞれが所定の割合で，会社の資産に対する関与を有し，会社の負債に対する義務を負うようにしている。法人の特性に対するこのような契約上の変更により，取決めが共同支配事業となる場合があり得る。

一般的な契約上の諸条件の追加の議論は，**本章 5.4.6** を参照。

契約上の取決めの諸条件により，当事者が共同支配の取決めの資産に対する権利および負債に対する義務を有することとならない場合は，ステップ４へ進む必要がある（**本章 5.4.5** 参照）。

5.4.4.1　共同支配の取決めに関する負債に対する当事者の義務— 保証の影響

共同支配の取決めの当事者が，第三者に対する保証を提供する場合がある。例えば，ある取決めは別個のビークルを通じて組成され，当該ビークルは取決めの当事者によって保証された第三者からの負債を保有するかもしれない。

取決めの当事者によるこのような保証の提供は，それ自体は取決めに関連する負債に対する義務を当事者にもたらすものではない。

IFRS 第 11 号 B27 項は，共同支配の取決めの当事者による保証の提供に言及し（**本章 5.4.6** に示した表の最終セクションを参照），他の当事者の負債に関して保証を提供することと，当該負債に対する義務を有することとの明確な区別を行っている。共同支配の取決めの当事者が，当該共同支配の取決めの借入金の保証を行う場合，依然として当該共同支配の取決めが主たる債務者として負債の義務を負う。保証は取決めの各当事者と貸主との間の別個の契約であり，取決めの当事者によって IFRS 第 9 号「金融商品」（IFRS 第 9 号の採用前は IAS 第 39 号「金融商品：認識および測定」）に準拠して会計処理されなければならない。

5.4.4.2　共同支配の取決めに関連する負債に対する当事者の義務— 現金支出の要請（Cash calls）の影響

共同支配の取決めの当事者は，現金または資本の拠出の責任を負うことがあり，その場合，取決めの当事者は当該共同支配の取決めに対して，定期的に現金を注入することが求められることがある。

取決めの当事者が，要請された場合に現金を提供するという要求事項のために，当該取決めに関連する負債に対する義務を負うかどうかを評価するには，判断の行使と前提となる事実および状況を慎重に評価することが求められる。

一定の状況では，現金支出要請の影響は，他の資金源が利用可能でないような偶発的な場合の資金提供であるかもしれず，それは当該当事者の主たる継続的な債務を示していないかもしれない。例えば，現金支出要請は保証のような性質の場合もある（**本章5.4.4.1**も参照）。あるいは，現金支出要請の取決めは，事業拡張の意思決定を条件とするものかもしれず，資本支出のための追加資金の要請の性質を有するかもしれない。

他の状況では，当該取決めは，当該取決めに対して主要で継続的な資金源を提供するための資金支出要求により，主として各当事者へ産出物を提供するために設計されていたかもしれない。そうした場合，現金支出要求は，共同支配の取決めの当事者が，当該取決めに拠出される実質的にすべてのキャッシュ・フローを提供することが要求される仕組である場合がある。したがって，このような性質を有する現金支出要求は，共同支配の取決めの当事者が当該取決めに関する負債に対する義務を有していることを示唆している。

次の設例は対照的な状況を表している。

設例5.4.4.2A
継続的に資金を拠出する現金支出の要請

2つの当事者が別個のビークルを通して共同支配の取決めを設立し，当該ビークルの法的形態は，当該共同支配の当事者と当該ビークルの資産および負債との分離を定めている。各当事者は当該ビークルの50％の持分を有している。

当該共同支配の取決めの目的は，当該取決めの当事者がその後事業において使用する不動産を開発することにある。プロジェクトに関連して発生する費用は，当該当事者の現金支出の要請によってすべて賄われるように組成されている。片方の当事者が資金提供義務に対し不履行になった場合，他方の当事者が不足額を拠出することが要求される。

記述された状況では，当該取決めにより，当事者は当該取決めに対して継続的に資金を提供することが要求されている。当該取決めの当事者によって提供される以外に資金源が存在しない場合には，当事者はその取決めに関する負債に対する義務を有していることが示唆されている。したがって，当該当事者が資産に対する権利も有していることを示すことが可能である場合には，当該共同支配の取決めは共同支配事業と分類されることが適切である。

設例5.4.4.2B

「必要に応じて」資金を拠出する現金支出の要請

2つの当事者が別個のビークルを通して共同支配の取決めを設立する。当該ビークルの法的形態は，当該共同支配の当事者と当該ビークルの資産および負債との分離を定めている。各当事者は当該ビークルの50％の持分を有している。

当該共同支配の取決めの目的は，第三者への販売のために靴を製造する既存の工場を購入し運営することである。

当該工場の購入は，当該当事者への資金支出要請を通じて資金調達が行われる。この資金支出の要請は，追加的な資本支出や資金不足の際に資金を調達する目的で「必要な場合」に有効となるように維持された。しかし，当該共同支配の取決めの主たる継続的なキャッシュ・フローの源泉は，第三者への靴の販売および外部からの当座貸越枠である。

記述された状況では，当該ビークルは第三者への販売および当座借越枠を通じて自己の事業の資金を実質的に調達している。共同支配の取決めの当事者に対して資金支出要請を行う能力は，事業からの資金不足があった場合や資本支出の資金調達を行う場合に実行することができるという，偶発的な資金拠出義務を表しており，取決めが継続的な資金支出要請の仕組みに依拠しているわけではない。これは，当該当事者は当該取決めに関する負債に対する義務を有していないことを示唆しており，結果として当該共同支配の取決めは適切に共同支配企業として分類される。

5.4.4.3　第三者からの負債の返済義務

共同支配の取決めの資金調達のために，第三者（例えば，銀行）からの借入，すなわち第三者が共同支配の取決めに対する資金提供を実施する場合がある。共同支配の取決めの当事者が，当該取決めの第三者からの借入に対して義務を負うかどうかに関する評価は，共同支配の取決めの他の負債と同じ基準ーすなわち，共同支配の取決めの当事者が，当該共同支配の取決めの営業活動の継続に貢献するキャッシュ・フローのほぼ唯一の源泉であり（IFRS 第 11 号 B32 項），したがってその負債を決済する主要で継続的な義務を有するかどうか―により行われる。この評価は，第三者からの借入を決済するために必要な**すべての**キャッシュ・フローを考慮しなければならない。これには，借入期間にわたる支払利息とすべての元本返済が含まれる。

最初の考慮事項として，当事者が共同支配の取決めの資産に対する権利を有しているかどうかを決定することが重要である。それ自体が共同支配事業として分類するための要件であることに加え，この決定は当事者が第三者からの負債に対する義務を有するかどうかの結論に影響し得る。なぜなら，共同支配の取決めの当事者が第三者からの借入返済のためのキャッシュ・フローを提供する方法の１つは，借入契約で要求された支払を行うための現金を創出するために，当該共同支配の取決めに対して，当事者が権利を有する資産を売却することを要求することによるからである。

共同支配の取決めの当事者が第三者からの借入返済のためにキャッシュ・フローを提供する他の方法には，以下のものがある。

- 借入契約に従った（共同支配の取決めまたは貸手に対する）返済額の個別の支払
- 借入返済を含む共同支配の取決めの負債を決済するために十分な，当該共同支配の取決めに対する現金支払（例えば，産出物の購入義務の履行による）

当事者が，これらの方法のいずれか１つまたはその組合せによって，第三者からの借入の決済に必要な実質的にすべてのキャッシュ・フローを提供することが要求されていれば，当該当事者は負債に対する義務を有する。しかし，共同支配の取決めの負債のうち，重要でないとはいえない金額の借入が，当事者が権利を有しない共同支配の取決めの資産の売却により決済されることとなる場合は，当事者はそのような義務を有していない。

本章 5.4.4.1 で議論しているように，共同支配の取決めの当事者が当該共同支配の取決めの第三者からの借入に対して保証を提供している場合は，当該保証の提供それ自体は，当事者が実質的にすべての負債に対する義務を有していると結論するには十分ではない。しかし，一定の状況では，保証を他の要素と併せて検討すると，そのような結論を支持する場合がある。**本章設例 5.4.4.3** はそのような原則の適用を説明している。

設例5.4.4.3

第三者からの負債の返済義務

企業Ｅおよび企業Ｆ（当事者）は，当事者自らの製造プロセスに必要な原料を製造するため，企業Ｇを新規設立する契約を締結する。各当事者はそれぞれ企業Ｇの所有権の50％を保有し，当該株式の引受のため現金支払を行った。契約は，当事者が企業Ｇを共同支配するというものである。

企業Ｇの法的形態は，企業Ｇの資産に対する権利および負債に対する義務を株主に与えるものではない。

当該取決めの目的は，当事者に彼らが要求する産出物を提供し，各当事者は企業Ｇが生産した総産出物の半分を購入することを要求するものである。

当事者が引受けた株式は，当初の設備費用を賄うには十分ではない。したがって，企業Ｇは銀行から長期借入を行い，企業Ｅおよび企業Ｆはこれに対して保証を提供する。取決めの条項は，第三者からの負債をどのように決済するかについては定めていない。

企業Ｅおよび企業Ｆは，第三者からの負債を含む，共同支配の取決め（企業Ｇ）の資産に対する権利および負債に対する義務を有しているか。

有している。取決めの条項は，当事者が企業Ｇのすべての産出物を購入する義務を有し，第三者へ予定される販売はないというものである。**本章設例 5.4.5.1** と同様，これは，当事者が共同支配の取決めの資産に対する権利を有するという結論につながる。

当事者が共同支配の取決めに関連する負債（第三者からの借入を含む）に対する義務を有するかどうかに関する評価は，当事者が負債を決済する主要で継続的な義務を有するかどうかを考慮しなければならない。取決めの目的と設計およびすべての産出物を購入する要求に基づき，当事者は取決めの唯一の継続する資金源である。負債元本を返済すべき時点で，当事者の産出物購入による現金が返済のために十分でない場合，第三者からの負債を決済する方法は多数あると思われる。

> - 当事者が返済資金を提供する（企業Gに追加的な現金を提供するか，おそらく保証実行を通じて，銀行に直接支払うかのいずれかによって）。
> - 当事者が負債の決済資金を拠出するために資産を売却するか，あるいは企業G（負債を含む）を売却して生産能力を減少させる，または取決めを終了させる。
>
> これらの方法は当事者に対して，自らの資産または自らが権利を有する当該取決めの資産のいずれかを使用して，第三者からの借入を決済するために必要な実質的にすべてのキャッシュ・フローを提供することを要求する。
>
> 当事者が産出物を購入する義務と，取決めの目的の評価を合わせれば，当事者が取決めの負債に対する実質的にすべての義務を有すると結論付けるのに十分である。このケースでは銀行に対する保証は，負債を決済するための現金を提供するもう1つの手段を提供するが，そのような保証がない場合でも同じ結論となる。なぜならば，負債は依然として当事者の資産または当事者が権利を有する資産によって決済されるためである。

5.4.5　ステップ4：その他の事実および状況

ステップ4(最終ステップ)は，その他の事実および状況の検討であり，ステップ1から3までに得られた結論にもかかわらず，当事者が実際に取決めの資産に対する権利および負債に対する義務を有するかどうかを判定するためのものであり，その場合，当該取決めは共同支配事業として分類される。そうでない場合は，取決めは共同支配企業として分類される［IFRS第11号B29項－B30項］。

5.4.5.1　取決めのほとんどすべての産出物を購入する義務を有する当事者

複数の当事者が共同支配の取決めを設定し，その産出物は当該当事者自身に供給され第三者への販売ができない場合，このことは当該取決めの資産の経済的便益のほとんどすべてに対する権利を当事者が有していることを示している。第三者への販売を禁止している場合，当該取決めに対し当事者が支払う資金は，実質上，当該取決めの唯一の収入源である場合がある。このことは，当事者が当該取決めの負債を決済するために資金を供給することを意味し，当事者が当該取決めに係る負債に対する義務を有していることを示している［IFRS第

11 号 B31 項－B32 項］。

以下は，その点を解説するために本基準の付録 B に記載された設例である。

設例5.4.5.1

その他の事実および状況の検討（取決めのほとんどすべての産出物を購入する義務を有する当事者）

［IFRS第11号付録B 設例5］

2 つの当事者が法人（企業 C）を通じて共同支配の取決めを組成し，それぞれの当事者が所有持分の 50%を有しているとする。この取決めの目的は，各当事者が自らの個々の製造工程で必要とする材料を製造することである。この取決めにより，各当事者が，自らの量的および質的な仕様に合わせた材料を生産する設備を運営できる。

活動が行われる企業 C の法的形態（法人）により，まず，企業 C が保有する資産および負債は企業 C の資産および負債であることが示唆される。当事者間の契約上の取決めでは，各当事者が企業 C の資産に対する権利および負債に対する義務を有すると明示していない。したがって，企業 C の法的形態と契約上の取決めの諸条件は，取決めが共同支配企業であることを示している。

しかし，各当事者は当該取決めの以下の側面も考慮する。

- 各当事者は，企業 C が生産する産出物のすべてを 50：50 の比率で購入することに合意している。企業 C は，取決めの 2 名の当事者が承認しない限り，産出物を第三者に販売することができない。取決めの目的は各当事者の必要とする産出物を提供することであるため，そのような第三者への販売はまれであり，重要性がないと予想される。
- 各当事者に販売される産出物の価格は，企業 C に生じる製造および管理のコストをカバーするように設計された水準で両当事者が設定する。この営業モデルに基づいて，取決めは損益均衡の水準で運営されることが意図されている。

上記の事案から，以下の事実および状況が関連性がある。

- 各当事者が企業 C の生産する産出物のすべてを購入する義務は，企業 C がキャッシュ・フローの生成をもっぱら各当事者に依存していることを表しており，したがって，各当事者は企業Ｃの負債の決済の資金を提供する義務を有している。

- 各当事者が企業Ｃが生産する産出物のすべてに対する権利を有しているという事実は，各当事者が企業Ｃの資産の経済的便益のすべてを消費しており，したがって，それらに対する権利を有していることを意味している。

これらの事実および状況は，当該取決めが共同支配事業であることを示している。こうした状況での共同支配の取決めの分類に関する結論は，各当事者が産出物に対する取分をその後の製造過程で自ら使用せずに第三者に販売したとしても変わらない。

各当事者が契約上の取決めの諸条件を変更して，当該取決めが産出物を第三者に販売できるようにしたとした場合には，企業Ｃが需要，在庫および信用リスクを引受けることになる。このシナリオでは，そのような事実および状況の変化により，当該共同支配の取決めの分類の再判定が必要となる。こうした事実および状況は，当該取決めが共同支配企業であることを示すこととなる。

5.4.5.2　IFRS第11号B31項における「ほとんどすべて」の意味

前のセクションで概説したように，共同支配事業へ分類することを示唆する「その他の事実および状況」の例として，IFRS 第 11 号 B31 項は，取決めの活動が主として各当事者へ産出物を提供するために設計されているため，当該取決めの資産の経済的便益のほとんどすべてに対する権利を当事者が有している，という状況について議論している。

IFRS 第 11 号は，この文脈のなかで「ほとんどすべて」の意味について何の追加的指針も提供していない。しかし，当該取決めが，共同支配の取決めの産出物の 90％以上を当該取決めの当事者が引取るようなものであれば，これは一般的には当該資産の経済的便益のほとんどすべてに対する権利があると結論付けるのに十分であると推定される。

共同支配の取決めを共同支配事業として分類するためには，IFRS 第 11

号は，共同支配の取決めの当事者がその負債に対する義務を負うことも求めている。**本章5.4.5.1**において議論したように，これは生産物を購入する義務により，当事者が当該取決めの営業活動の継続に貢献しているキャッシュ・フローのほぼ唯一の源泉となる場合に生じる。経済的便益に対する権利の評価と同様に，この文脈における「ほぼ」とは，一般的にこれらのキャッシュ・フローの90%以上を意味すると考えるべきである。

共同支配の取決めの当事者が「ほとんどすべての」資産に対する権利を有し，その営業活動に貢献しているキャッシュ・フローの「ほぼ」唯一の源泉であるかどうかを評価することは，共同支配の取決めの開始時に行われるべきであり，再評価が行われるのは，当事者の資産に対する権利もしくは負債に対する義務に変化があった場合のみに行うべきである。当該評価は，（当期もしくは翌期の報告期間だけではなく）共同支配の取決めの全期間にわたる予想産出物と費用を考慮に入れなければならない。さらに，以下の要因を含む当該取決めの目的および設計を考慮すべきである。

- **価格付**：共同支配の取決めが１つ以上の製品を製造するか，もしくは第三者への販売が当該取決めの当事者への販売とは異なる価格付が行われる場合，共同支配の取決めの当事者が引取る生産物の割合の決定および，提供するキャッシュ・フローの割合を評価するにあたり，一般的に生産量を単独で評価するよりも，金額的価値（価格）を考慮する必要がある。
- **第三者への販売の頻度および期間**：第三者への販売は一時的な状況や事象によって，時として発生が許容される可能性がある。そうではなく，第三者への生産物の販売が当該取決めの契約条件により禁止されているか，発生が想定されていない場合，当該取決めの当事者は当該契約の資産の全期間にわたるほとんどすべての経済的便益の権利を有するかもしれない。共同支配の取決めのビークルが継続的に第三者への販売活動を積極的に行っている場合，そのような可能性はより低くなる。
- **副産物**：共同支配の取決めの主要な事業から生じる副産物の第三者への販売は，継続的に発生するかもしれないが，当該取決めの目的と設計が，主として当該取決めの当事者に産出物を提供することにあるかどうか，を決定するにあたって考慮されるべきである。加えて，第三者への副産物の販売から生じるキャッシュ・フローが，当該取決めの営業活動に重要な貢献をしているかどうか（したがって，当事者がその負債に対して義務を有していると考えられるかどうか）を考慮する必要がある。

そのほかの要因も，共同支配の取決めの固有の特性によって関連する可能性がある。企業はそのような要因を考慮し，明確さを欠いていると思われる状況においては，ビークルが主として，共同支配の取決めの当事者により指定される産出物の要求に対してサービスを行っているかどうかを決定する必要がある。

5.4.5.3　取決めのほとんどすべての産出物を購入する意図があるが，そのような義務はない当事者

本章設例 5.4.5.1 の事実が変更され，共同支配の取決めの当事者すべて（またはほとんどすべて）の産出物を購入する権利，予定および（または）意図を有するが義務はない場合，共同支配事業へ分類することは適切ではない。

IFRS 第 11 号は，共同支配事業として分類するには，当事者が当該取決めに関する資産に対する権利および負債に対する義務を有することが要求されると述べている。

共同支配の取決めの産出物を購入する義務は，法律上もしくは契約上の性質（共同支配の取決めの当事者間での契約上の取決めの一部として，あるいは共同支配の取決めの当事者および当該共同支配の取決め自体との間の別個の契約上拘束力を有する付随契約として）を有する。

当該共同支配の取決めの産出物を購入する義務が存在しない場合，当該産出物を購入する権利，期待および（または）意図は，（個別的にも，あるいは総合しても）当該当事者が当該取決めに関する負債に対する義務を有するという結論を支持するに十分ではない。逆に，義務が存在しない場合，当該当事者は産出物の一部あるいはすべてを購入しないことを選択することが可能であり，その場合には共同支配の取決めは第三者に当該産出物を販売し，収入を負債の返済に使用することが可能である。

5.4.5.4　共同支配の取決めによる，共同支配の取決めの当事者に代わっての産出物の第三者への販売

本章設例 5.4.5.1 の事実が変更され，共同支配の取決めの当事者がその産出物を購入せず，共同支配の取決め自体が，共同支配の取決めの当事者に代わって産出物を第三者へ販売する場合，共同支配事業への分類が適切かどうか決定するために，すべての関連する事実と状況を慎重に評価することが必要である。

そのような取決めが，共同支配の取決めの当事者がその産出物を自ら購入し，第三者に自ら売却する場合と同等であることから，当該当事者が当該取決めに関連する資産に対する権利および負債に対する義務を有していることが実証され得るような状況が存在する可能性がある。

共同支配の取決めの資産に対する権利を有し，信用リスクを負担するためには，共同支配の取決めの当事者は産出物の販売において本人として行動し（**第 1 巻 16 章「収益」** 3.1 参照），第三者である顧客からの不払リスクに晒される必要がある。このような状況に最も該当しそうな状況としては，第三者である顧客からの支払を，共同支配の取決めを有する当事者が直接受領し，当該当事者は，第三者である顧客から現金を受領したかどうかにかかわらず，共同支配の取決めに対して別途支払を行う場合である。

共同支配の取決めに関連する負債に対して義務を有し，在庫リスクおよび需要リスクを負担するためには，共同支配を有する当事者は，当該取決めによる当事者の代理人としての第三者への売上からの資金によりカバーされない部分を含む，当該取決めの負債のほとんどすべてを決済する主要な資金の源泉を継続的に提供しなければならない。このような状況としては，取決めの条件において，当該取決めが当事者の代理人として一部またはすべてを第三者に販売するとしても，当該取決めの産出物のほぼすべてを，当事者が購入する義務を負うことが明記がされている場合がある。

本章 5.4.4 で議論しているように，別個のビークルを通じて組成された共同支配の取決めが，共同支配事業として分類されるためには，共同支配を有する当事者は，共同支配の取決めに関する資産に対する権利およ負債に対する義務の**両方を**有することが必要である。

5.4.6　共同支配事業と共同支配企業の相違

本基準の付録Bは，共同支配事業の当事者の契約上の取決めの一般的な条件と，共同支配企業の当事者の契約上の取決めの一般的な条件を比較する表を記載している。

下記に再掲した表の例は網羅的なものではない［IFRS 第 11 号 B27 項］。

<table>
<tr><th colspan="3">契約上の取決めの諸条件の検討</th></tr>
<tr><th></th><th>共同支配事業</th><th>共同支配企業</th></tr>
<tr><td>契約上の取決めの諸条件</td><td>契約上の取決めが，共同支配の取決めの各当事者に，当該取決めに係る資産に対する権利および負債に対する義務を与えている。</td><td>契約上の取決めが，共同支配の取決めの各当事者に，当該取決めの純資産に対する権利を与えている（すなわち，当該取決めに係る資産に対する権利および負債に対する義務は，各当事者ではなく，別個のビークルが有している）。</td></tr>
<tr><td>資産に対する権利</td><td>契約上の取決めにおいて，共同支配の取決めの各当事者が，当該取決めの資産に対するすべての持分（例えば，権利，所有権）を所定の割合で共有すると定められている（例えば，当該取決めに対する各当事者の所有持分に比例して，または，当該取決めを通じて行われた各当事者に直接帰属する活動に比例して）。</td><td>契約上の取決めにおいて，当該取決めに持込まれた資産または当該取決めがその後に取得した資産は，当該取決めの資産であると定められている。各当事者は当該取決めの資産に対する持分を有していない（すなわち，権利，所有権がない）。</td></tr>
<tr><td rowspan="3">負債に対する義務</td><td rowspan="2">契約上の取決めにおいて，共同支配の取決めの各当事者が，すべての負債，義務，コストおよび費用を所定の割合で分担することが定められている（例えば，当該取決めに対する各当事者の所有持分に比例して，または，当該取決めを通じて行われた各当事者に直接帰属する活動に比例して分担する）。</td><td>契約上の取決めにおいて，共同支配の取決めが当該取決めの債務および義務を負うと定められている。</td></tr>
<tr><td>契約上の取決めにおいて，共同支配の取決めの各当事者が，以下の範囲でのみ，当該取決めへの義務を負うと定められている。それは，当該取決めに対するそれぞれの投資の範囲，または当該取決めへの未払もしくは追加の出資の義務，あるいはその両方である。</td></tr>
<tr><td>契約上の取決めにおいて，共同支配の取決めの各当事者は，第三者が提起した請求について義務を負うと定められている。</td><td>契約上の取決めにおいて，共同支配の取決めの債権者は，当該取決めの債務または義務に関して，どの当事者に対しても遡求権を有さないと定められている。</td></tr>
</table>

契約上の取決めの諸条件の検討		
	共同支配事業	**共同支配企業**
収益，費用，純損益	契約上の取決めにおいて，収益および費用を共同支配の取決めの各当事者の業績に基づいて配分すると定めている。例えば，契約上の取決めが，収益および費用を，各当事者が共同で運営している工場で使用している設備能力に基づいて配分する（共同支配の取決めに対する所有持分とは異なる可能性がある）と定める場合がある。他の状況では，各当事者が，当該取決めに係る純損益を，所定の割合（当該取決めに対する各当事者の所有持分）に基づいて，共有することに合意している場合がある。これは，各当事者が当該取決めに係る資産に対する権利および負債に対する義務を有している場合には，当該取決めが共同支配事業となることを妨げるものではない。	契約上の取決めにおいて，当該取決めの活動に係る純損益に対する各当事者の持分が定められている。
保証	共同支配の取決めの当事者は，（例えば，共同支配の取決めからサービスを受けたり，共同支配の取決めに資金を提供する）第三者への保証の提供を求められることが多い。当事者によるこうした保証の提供，または保証を提供するという約束は，それ自体では，共同支配の取決めを共同支配事業であると決定するものではない。共同支配の取決めが共同支配事業なのか共同支配企業なのかを決定する特徴は，各当事者が当該取決めの負債（その一部について各当事者が保証を提供している場合も提供していない場合もある）に対する義務を有しているかどうかである。	

5.4.7　設　例

IFRS 第 11 号に伴う 6 つの設例は，本基準を異なる状況で適用する場合に要求される可能性がある判断について説明している。これらの設例は**本章 7** において再掲されている。

6　共同支配の取決めの会計処理

6.1　共同支配企業の会計処理（個別財務諸表以外）

共同支配企業に持分を有する当事者は，投資企業からは分離されたビークルに持分を有しているが，当該ビークルの資産に対する権利または負債に対する義務は有していない。そのような持分に持分法を適用するというIFRS 第 11 号の要求は，この関係を反映している。

6.1.1　共同支配企業

共同支配投資者（すなわち，共同支配企業の共同支配を有する当事者）は，その共同支配企業に対する持分をIAS第28号（2011年）「関連会社および共同支配企業に対する投資」に従って認識しなければならない。特定の状況においては免除規定に従うが，IAS第28号（2011年）は，共同支配投資者が，共同支配企業の会計処理に持分法を使用することを要求しており，また，持分法の適用方法に関する一定のガイダンスも提供している［IFRS第11号24項］。

IAS第31号「ジョイント・ベンチャーに対する持分」の範囲から以前除外されていたベンチャー・キャピタルおよび他の組織は，IAS第28号(2011年)による持分法の適用から一般的に免除され，それらの共同支配企業に対する持分は，従来と同様，純損益を通じて公正価値で測定する方法を継続することができる（**第2巻6章4.2.1.2**参照）。

IAS第28号（2011年）の要求事項，および上記の免除規定については，**第2巻6章**にて検討されている。

6.1.2　共同支配を有さない投資者

共同支配企業に参加しているが，共同支配を有していない当事者は，その持分を以下のように処理しなければならない［IFRS第11号25項およびC14項］。

- 共同支配企業に対し重要な影響力を有している場合，IAS第28号(2011年)にて規定されている持分法を使用する。
- そうでない場合，IFRS第9号「金融商品」(IFRS第9号の採用前はIAS第39号「金融商品：認識および測定」）に従って会計処理する。

6.2　共同支配事業に対する会計処理

IFRS 第 11 号において採用されている方法では，共同支配事業の共同支配を有する当事者は，共同支配事業の資産に対する権利および負債に対する義務を（法律上または実質的に）有している。共同支配事業者に資産，負債，収益および費用を直接認識することを求めるIFRS 第 11 号の要求事項は，この関係を反映している。

6.2.1　共同支配事業

共同支配事業者（すなわち，共同支配事業の共同支配を有する当事者）は，共同支配事業に関し，その財務諸表において以下を認識する［IFRS 第 11 号 20 項］。

- 自らの資産（共同で保有する資産に対する持分を含む）
- 自らの負債（共同で負う負債に対する持分を含む）
- 共同支配事業から生じる産出物に対する持分の売却による収益
- 共同支配事業から生じる産出物の売却による収益に対する持分
- 自らの費用（共同で負う費用に対する持分を含む）

本基準の付録 B において解説されているように，契約上の取決めには，行われる活動の性質と各当事者が当該活動をどのように行うかを記述することが多い。IFRS 第 11 号 B17 項は例として，各当事者がある製品を共同で製造し，それぞれが特定の作業に責任を負い，自らの資産を使用し自らの負債を負うことに合意することをあげている。この例におけるそれぞれの共同支配事業者は，それぞれの財務諸表において，その作業のためにそれぞれが使用する資産およびそれぞれが負担する負債を認識しなければならない。その契約上の取決めでは，各当事者に共通の収益および費用をどのように分担すべきかについても定める場合があり，そのような収益および費用の会計処理はこれに従う。IFRS 第 11 号 B18 項は，各当事者がある資産を共有および共同運営することに同意しているという，別の例をあげている。契約上の取決めは，共同で運営されている資産に対する各当事者の権利を設定し，当該資産からの産出物または収益および運用コストを当事者間でどのように分担するのかを定める。この設例において，それぞれの共同支配事業者は契約上の取決めに従い，共同の資産に対する持分および負債，産出物，収益および費用に対する合意された持分を財務諸表に反映させなければならない［IFRS第11号B17項－B18項］。

したがって，個々の資産，負債，収益および費用は，共同支配事業者の資産，負債，収益および費用として，共同支配事業者の財務諸表に含まれる。ある場合には，これは法形式に従い，別の場合には，法的に別個のビークルにおいて生じる残高に対する，共同支配事業者の持分およびエクスポージャーを反映する。

IASBのスタッフは，IFRS第11号に関するFAQを作成した。これはIASBの公式なガイダンスを構成するものではない。それによると多くの場合，資産および負債の会計処理は，比例連結を行った場合と同じ結果がもたらされるが，2つの主要な差異が認識されていることが記載されている。

- IFRS第11号は，共同支配事業に持分を有する企業が，すべての資産，負債，収益および費用の認識を共同支配事業に対して企業が有する**所有持分**に基づいて行うのではなく，共同支配事業の資産，負債，収益および費用の認識を，**契約上の取決めにおいて特定されているように**行うことを要求している。
- 個別財務諸表を作成する企業では，個別財務諸表と連結財務諸表で認識される金額に相違はないが，IAS第31号では，共同支配企業に対する投資者の持分は個別財務諸表においては，取得原価で測定された投資としてまたはIFRS第9号（IFRS第9号の採用前にはIAS第39号）に従って会計処理される。

当該資産，負債，収益および費用は，関連のあるIFRSsに従って会計処理される［IFRS第11号21項］。

例えば，収益に含まれる適切な金額を決定するために，IAS第18号「収益」が適用される。同様に，共同支配事業が売却目的保有である場合，共同支配事業者は，IFRS 第 5 号「売却目的で保有する非流動資産および非継続事業」に従ってその持分を会計処理しなければならないことが結論の根拠において確認されている［IFRS 第 11 号 BC 51 項］。

6.2.1.1　産出物を購入する義務が所有権持分に比例しない場合

設例6.2.1.1

産出物を購入する義務が所有権持分に比例しない場合

2 つの当事者が共同支配の取決めを締結する。当該取決めは別個のビークルを通じて組成される。それぞれの当事者は，当初においてその共同支配されたビークルの持分の 50％を出資する。共同支配の取決めは，各当事者が当該取決めの産出物をそれぞれ 60：40 の割合で購入する義務があると定める。したがって，各当事者の産出物の購入義務はその所有持分に比例しない。上記の**本章設例 5.4.5.1** における結論と整合的に，当該共同支配の取決めは共同支配事業と決定される。

説明したような状況において，IFRS 第 11 号 20 項（本章 6.2.1 参照）を適用する目的上，共同支配事業者の共同で保有する資産および負債に対する「持分」はどのように決定されるか。

IFRS 第 11 号はこの点に関して明示的な指針を何も提供していないが，共同支配事業者は，同様の共同支配事業を同様に取扱うような会計方針を設定し開示しなければならない。

IFRS 第 11 号の指針が存在しないことから，共同支配事業の具体的な事実および状況を考慮することを前提に，本基準は 2 通りに解釈される可能性がある。

- **アプローチ 1** — 共同支配事業者が産出物を購入する義務が，共同支配の取決めの分類の決定要因であるものの，それぞれの当事者の資産および負債の持分は**所有権割合**に基づいて決定を行う。このアプローチを適用すると，各当事者は資産および負債の持分を（1）配当割合および売却時における権利と，（2）報告日において共同支配の取決めのビークルを帳簿価格で清算する仮定のいずれかを基礎として認識することとなる。

- **アプローチ 2**— 共同支配事業者が産出物を購入する義務を，分類の決定としてだけでなく，共同所有する資産および負債の比例持分として捉える。この解釈を適用すると，各当事者は資産および負債の持分を**産出物の割合**（すなわち，自らが継続的に取得する資産および資金提供する負債の割合）に基づいて認識することとなる。

特定の共同支配の取決めに対して上記の 2 つのアプローチのいずれを適用するかを選択する際，採用されたアプローチによって共同支配の取決めの各当事者の経済的な持分が適切に反映される結果となるように，慎重な検討を行うべきである。例えば，当事者が資本として名目的な金額のみを拠出し，累積した利益に対する権利を有しない（あるいは，取決めが利益を生み出さないように設計されている）場合，所有権割合は取決めの実質的な特徴ではないと結論されるかもしれない。

前述の設例において，仮に共同支配事業者が，共同して保有する資産および負債の持分を産出物の割合（すなわち，それぞれ 60%と 40%）に基づいて認識すると，共同支配事業者が当初認識する資産および負債の金額と当初の拠出資本との間に差異が生じることとなる。具体的には，共同支配の取決めが当初設立された時点で，60%を購入する共同支配事業者が認識する資産および負債の純額は，当初の拠出資本よりも高い金額となる。逆に，40%を購入する共同支配事業者が認識する純額は，当初の拠出資本より低い金額となる。IFRS 第 11 号は，このような差異を当初に純損益として認識すべきか，もしくは資産または負債として認識すべきか，何も指針を提供していない。さらに，当該差異のその後の会計処理についても何も指針を提供していない。

6.2.1.2　共同支配事業者と共同支配事業との取引

共同支配事業者が当該共同支配事業に資産を拠出または売却する場合，取引から生じる利得および損失を，当該共同支配事業に対する他の当事者の持分の範囲においてのみ認識する［IFRS 第 11 号 22 項および B34 項］。

このような取引は「ダウンストリーム取引」とよばれることがある。当該資産が共同支配事業によって，その後，売却または完全に消費されたときに，当該利得または損失の残高が認識される。

共同支配事業との取引が，共同支配事業に売却または拠出される資産の正味実現可能価額の減少，または減損の証拠を提供している場合には，当該損失の全額を共同支配事業者が認識しなければならない［IFRS 第 11 号 22 項および B35 項］。

共同支配事業者が共同支配事業から資産を購入する場合，当該資産が第三者に再販売されるまで，当該取引から生じた利得および損失に対する持分を認識してはならない。しかし，当該取引が購入される資産の正味実現可能価額の減少，または減損の証拠を提供している場合には，共同支配事業者は当該損失に対する持分を認識しなければならない［IFRS 第 11 号 22 項および B36 項－B37 項］。

このような取引は「アップストリーム取引」とよばれることがある。

6.2.2　共同支配事業に参加しているが，共同支配は有していない当事者

共同支配事業に参加しているが，共同支配は有していない当事者に対する適切な会計処理は，当該当事者の権利と義務に依存する。

共同支配事業に関連する資産に対する権利と負債に対する義務を当事者が有している場合，共同支配事業に対する持分は，**本章 6.2.1** において示されているように，すなわち，共同支配事業者と同様の方法で会計処理される。反対に，共同支配事業に関連する資産に対する権利と負債に対する義務を当事者が有していない場合，共同支配事業に対する持分は，関連する IFRS に従って会計処理される［IFRS 第 11 号 23 項］。

IFRS 第 11 号は後者のシナリオについて，さらなるガイダンスを提供していない。しかし，**本章 6.1.2** における論理に従うと，「関連する IFRS」は IFRS 第 9 号「金融商品」（IFRS 第 9 号の採用前は IAS 第 39 号「金

融商品：認識および測定」）が適用される可能性が高い。しかし，概念上は，当事者が共同支配事業に対して重要な影響力を有する場合には，IAS 第 28 号（2011 年）が適用されるであろう。実務上は，IFRS 第 11 号 23 項にて規定されている前者のシナリオの方がより一般的である。

共同支配事業に参加しているが，共同支配は有していない当事者が，共同支配事業に関連する資産に対する権利と負債に対する義務を有している場合，IFRS 第 11 号の適用により，その会計処理が変わる可能性がある。それ以前に IAS 第 31 号に従って，資産，負債，収益および費用を別個に認識するのではなく，共同支配事業に対する持分を投資として処理していたかもしれない。

6.3　個別財務諸表における会計処理

IAS 第 27 号「個別財務諸表」（2011 年）において，個別財務諸表は，親会社（すなわち，子会社に対する支配を有する投資者）または投資先に対する共同支配または重要な影響力を有する投資者が表示する財務諸表であり，その投資が取得原価で，または IFRS 第 9 号「金融商品」（IFRS 第 9 号の採用前は IAS 第 39 号「金融商品：認識および測定」）に従って会計処理されるものと定義されている［IAS 第 27 号（2011 年）4 項および 19 項］。

IFRSs は，個別財務諸表の表示を要求していないが，IAS 第 27 号（2011 年）は，個別財務諸表を表示することを企業が選択した場合，または現地の規制によって要求されている場合の会計処理を規定している。企業の「主たる」財務諸表において，子会社（もしあれば）は連結され，一定の例外はあるが，関連会社および共同支配企業に対する持分には持分法が適用される。「個別財務諸表」は，一般的に「主たる」財務諸表に追加して表示される財務諸表として考えられる。しかし，IAS 第 27 号（2011 年）8 項の規準を満たす場合には，企業は，唯一の財務諸表として個別財務諸表を表示することがある。

個別財務諸表については**第 2 巻 8 章**においてさらに検討する。

6.3.1　共同支配企業

共同支配投資者（すなわち，共同支配企業に対し共同支配を有する当事者）は，IAS 第 27 号（2011 年）10 項に従って，個別財務諸表において共同支配企業に対する持分についての会計処理を行う（**第 2 巻 8 章 4** 参照）[IFRS 第 11 号 26 項（b）および C 14 項]。

> このような持分は，取得原価によって会計処理されるか，IFRS 第 9 号（IFRS 第 9 号の採用前は IAS 第 39 号）に従って会計処理される。

共同支配企業に参加しているが共同支配は有していない当事者は，個別財務諸表上では，IFRS 第 9 号（IFRS 第 9 号の採用前には IAS 第 39 号）に従って，共同支配企業に対する持分を会計処理する。ただし，共同支配企業に対して重要な影響力を有する場合には，IAS 第 27 号（2011 年）10 項に従って会計処理を行う（**第 2 巻 8 章 4** 参照）[IFRS 第 11 号 27 項（b）および C 14 項]。

> IAS 第 27 号（2011 年）10 項によって，そのような持分は取得原価により会計処理されるか，または IFRS 第 9 号（IFRS 第 9 号の採用前は IAS 第 39 号）に従って会計処理される。

ベンチャー・キャピタル企業，ミューチュアル・ファンド，ユニット・トラストまたは類似の企業（投資連動保険ファンドを含む）が共同支配企業に対する投資について，純損益を通じて公正価値で測定する（**第 2 巻 6 章 4.2.1.2** 参照）選択を行った場合には，個別財務諸表においても同様の会計処理を適用しなければならない（**第 2 巻 8 章 4** 参照）[IAS 第 27 号（2011 年）11 項]。

6.3.2　共同支配事業

共同支配事業に対する持分を有する当事者は，**本章 6.2** において示しているような会計処理を当該持分に対して行わなければならない。要求される会計処理は，個別財務諸表においても「主たる」財務諸表と同じである [IFRS 第 11 号 26 項−27 項]。

7 設　例

以下に記載する設例は，IFRS第11号に付属しているが，その一部を構成するものではない。これらは当基準のいくつかの側面を例示しているが，解釈上のガイダンスの提供を意図したものではない。

これらの設例は，企業がさまざまな評価の状況でIFRS第11号を適用する際に使われる可能性のある判断を例示した，仮想的な状況を描写している。設例の一部の側面は，実際の事案において存在する可能性があるが，IFRS第11号を適用する際には，具体的な事案のすべての事実関係および状況を評価する必要がある。

設例7A
建設サービス
[IFRS第11号設例 設例1]

IE2　AおよびB（両当事者）は，多くの種類の公共および民間の建設サービスの提供を事業とする2つの会社である。両社は，2都市間の道路の設計および建設に関する政府との契約を履行する目的で，共同で作業する契約上の取決めを締結した。この契約上の取決めでは，AおよびBの参加持分を決定するとともに，この取決め（その対象は道路の引渡し）に対する共同支配を定めている。

IE3　両当事者は，取決めを実行する別個のビークル（企業Z）を設立する。企業Zは，AおよびBに代わって，政府との契約を締結する。さらに，この取決めに関する資産および負債は企業Zが保有する。企業Zの法的形態の主要な特徴は，企業Zではなく両当事者が，企業の資産に対する権利および負債に対する義務を有していることである。

IE4　AとBの間の契約上の取決めは，さらに以下のことを定めている。

(a)　この取決めの活動を行うのに必要なすべての資産に対する権利は，この取決めに対する両者の参加者持分に基づいて，両当事者に共有される。

(b) 両当事者は，この取決めに関するすべての営業上および財務上の義務に対する連帯共同責任を，この取決めに対する両者の参加者持分に基づいて有する。

(c) この取決めの活動から生じる純損益は，この取決めに対する両者の参加者持分に基づいてＡおよびＢに共有される。

IE5 活動を調整し監督する目的で，ＡとＢは運営者を任命する。これは両当事者のいずれかの従業員が務める。所定の期間後に，運営者の役割は，他方の当事者の従業員と交替となる。ＡとＢは，当該活動を「損得なし」のベースで運営者の従業員が行うことで合意している。

IE6 政府との契約上の所定の条件に従い，企業Ｚは，政府への建設サービスに対する請求を両当事者に代わって行う。

分 析

IE7 この共同支配の取決めは，法的形態が両当事者との分離を与えていない別個のビークルを通じて実行されている（すなわち，企業Ｚが保有する資産および負債は，両当事者の資産および負債である）。これは，両当事者が契約上の取決めにおいて合意した条件（ＡおよびＢが，企業Ｚを通じて行われる取決めに係る資産に対する権利および負債に対する義務を有するとしていること）によって補強されている。この共同支配の取決めは共同支配事業である。

IE8 ＡとＢはそれぞれ，財務諸表において当該取決めから生じる資産（例えば，有形固定資産，営業債権）の持分相当額および負債（例えば，第三者に対する営業債務）の持分相当額を，両者の合意した参加持分に基づいて認識する。また，それぞれが，企業Ｚを通じて政府に提供した建設サービスから生じた収益および費用の持分相当額も認識する。

設例7B
ショッピング・センターの共同運営
［IFRS第11号設例 設例2］

IE9　２つの不動産会社（両当事者）が，ショッピング・センターを取得し運営する目的のために，別個のビークル（企業Ｘ）を設立する。両当事者間の契約上の取決めは，企業Ｘにおいて行われる活動に対する共同支配を定めている。企業Ｘの法的形態の主要な特徴は，各当事者でなく，企業Ｘが契約に関連する資産に対する権利および負債に対する義務を有していることである。こうした活動には，小売設備の賃貸，駐車場の管理，ショッピング・センターとその設備（エレベーター等）の維持管理，ショッピング・センター全体の評判と顧客ベースの構築等が含まれている。

IE10　契約上の取決めの条件は，以下のようなものである。

(a)　企業Ｘは，ショッピング・センターを所有する。契約上の取決めでは，両当事者がショッピング・センターに対する権利を有するとは定めていない。

(b)　両当事者は，企業Ｘの債務，負債または義務に関して責任を負わない。企業Ｘが債務，その他の負債の支払または第三者に対する義務の履行をできない場合，両当事者の第三者に対する負債は，当該当事者の出資の未払額に限定される。

(c)　両当事者は，企業Ｘに対する持分を売却または担保提供する権利を有する。

(d)　各当事者は，企業Ｘに対する持分に従って，ショッピング・センターの運営から生じる利益（賃貸収益から営業費用を控除したもの）に対する持分相当額を受取る。

分　析

IE11　この共同支配の取決めは，その法的形態から自立的なものと考えられる別個のビークルを通じて行われている（すなわち，別個のビークルが保有する資産および負債は，当該別個のビークルの資産および負債であり，両当事者の資産および負債ではない）。さらに，契約上の取決めの条件では，両当事者が当該取決めに係る資産に対する権利または負債に対する義務を有するとは定めていない。むしろ，契約上の取決めの条件では，両当事者が企業Xの純資産に対する権利を有すると定めている。

IE12 上記の説明からは，両当事者が取決めに係る資産の経済的便益のほぼすべてに対する権利を有し，また取決めに係る負債に対する義務を有することを示す他の事実および状況はない。この共同支配の取決めは，共同支配企業である。

IE13 両当事者は，企業Xの純資産に対する権利を投資として認識し，持分法で会計処理する。

設例7C
製品の共同での製造および販売

[IFRS第11号設例 設例3]

IE14 会社AおよびB（両当事者）が，戦略および営業に関する契約（枠組契約）を締結し，そのなかで，異なる市場で製品（製品P）の製造および販売を行う際の条件に合意した。

IE15 当事者は，下記のような共同支配の取決めを締結することにより，製造および販売活動を行うことに合意した。

(a) 製造活動：両当事者は製造活動を共同支配の取決め（製造に関する取決め）を通じて行うことに合意した。当該製造の取決めは，別個のビークル（企業M）として組成されており，その法的形態からみて自立的なものであると考えられる（すなわち，企業Mが保有する資産および負債は，企業Mの資産および負債であり，両当事者の資産および負債ではない）。枠組契約に従い，両当事者は，製造の取決めが製造した製品Pの全生産量を，企業Mに対する所有持分に従って購入することを約束している。両当事者は，その後に製品Pを，下記のように製品Pの販売のみのために設立された，両当事者自身が共同で支配している別の取決めに販売する。枠組契約でも，製造活動を扱ったＡとＢとの契約上の取決めでも，両当事者が製造活動に係る資産に対する権利および負債に対する義務を有するとは定めていない。

(b)　販売活動：両当事者は販売活動を共同支配の取決め（販売に関する取決め）を通じて行うことに合意した。当事者は，当該販売の取決めを別個のビークル（企業Ｄ）として組成しており，その法的形態からみて自立的なものであると考えられる（すなわち，企業Ｄが保有する資産および負債は，企業Ｄの資産および負債であり，両当事者の資産および負債ではない）。枠組契約に従い，販売の取決めは，製品Ｐを販売するさまざまな市場のニーズに応じて，製品Ｐに対する必要量を注文する。枠組契約でも，販売活動を扱ったＡとＢとの契約上の取決めでも，当事者が販売活動に係る資産に対する権利および負債に対する義務を有するとは定めていない。

IE16　さらに，枠組契約は以下のことを定めている。

(a)　製造の取決めは，販売の取決めが両当事者に発注する製品Ｐの要求に合うように製品Ｐを製造する。

(b)　製造の取決めから両当事者への製品Ｐの販売に関する取引条件を定めている。製造の取決めは，製品Ｐを，発生したすべての製造費を回収するＡとＢが合意した価格で両当事者に販売する。その後に，両当事者は製品をＡとＢが合意した価格で販売の取決めに販売する。

(c)　製造の取決めに生じた資金不足があれば，企業Ｍに対する所有持分に応じて両当事者が資金を提供する。

分　析

IE17　枠組契約は，当事者ＡとＢが製品Ｐの製造および販売を行う条件を定めている。これらの活動は，製品Ｐの製造および販売のいずれかを目的とする共同支配の取決めを通じて行われている。

IE18　両当事者は，製造の取決めを企業Ｍを通じて行っており，その法的形態は両当事者と企業Ｍとの分離を与えている。さらに，枠組契約でも，製造活動を扱った契約上の取決めでも，両当事者が製造活動に係る資産に対する権利および負債に対する義務を有するとは定めていない。しかし，以下の事実および状況を考慮して，両当事者は，製造の取決めは共同支配事業であると判断した。

(a) 両当事者は，製造の取決めで製造された製品Ｐの全生産量を購入することを約束している。したがって，ＡとＢは，製造の取決めの資産の経済的便益のほぼすべてに対する権利を有している。

(b) 製造の取決めでは，販売の取決めの製品Ｐに対する需要を満たすことができるように，両当事者の量的および質的なニーズに合うように製品Ｐを製造する。製造の取決めがキャッシュ・フローの生成に関して両当事者のみに依存しており，また，製造の取決めに資金不足が生じた場合に両当事者が資金を提供すると約束していることは，両当事者が当該製造の取決めの負債に対する義務を有していることを示している。それらの負債は，両当事者による製品Ｐの購入を通じて，または両当事者の直接の資金提供によって決済されるからである。

IE19 両当事者は，販売の取決めを企業Ｄを通じて行っており，その法的形態は，両当事者と当該企業との分離を与えている。さらに，枠組契約でも，販売活動を扱った契約上の取決めにおいても，両当事者が販売活動に係る資産に対する権利および負債に対する義務を有するとは定めていない。

IE20 両当事者が販売の取決めに係る資産の経済的便益のほぼすべてに対する権利を有することや，販売の取決めに係る負債に対する義務を有することを示す他の事実および状況はない。この販売の取決めは，共同支配企業である。

IE21 ＡとＢはそれぞれ，財務諸表において製造の取決めから生じる資産（例えば，有形固定資産，現金）の持分相当額および負債（例えば，第三者への営業債務）の持分相当額を，企業Ｍへの参加持分に基づいて認識する。また，各当事者は，製造の取決めに生じた製品Ｐの製造により生じた費用の持分相当額，および製品Ｐの販売の取決めへの販売に係る収益の持分相当額も認識する。

IE22　両当事者は，当該販売の取決めの純資産に対する権利を投資として認識し，持分法で会計処理する。

変　型

IE23　両当事者は，上記の製造の取決めが，製品Ｐの製造だけでなく，第三者である顧客への販売にも責任を持つものとすることに合意したと仮定する。

IE24　両当事者は，他の特定の市場における製品Ｐの販売を拡大するのを支援することのみを目的に，製品Ｐを販売する上記と同様の販売の取決めを締結することにも同意する。

IE25　製造の取決めでも製品Ｐを販売の取決めに直接販売する。製造の取決めに関する生産量の一定の割合を，販売の取決めが購入または確保する約束はしていない。

分　析

IE26　この変型は，製造活動が行われる別個のビークルの法的形態にも，両当事者の製造活動に係る資産に対する権利および負債に対する義務に関する契約条件にも，影響を与えていない。しかし，この変型では，製造の取決めが自立的に資金を得る取決めとなっている。この製造の取決めがそれ自体で取引を行い，製品Ｐを第三者である顧客に販売し，したがって，需要，在庫および信用のリスクを引受けているからである。製造の取決めは販売の取決めにも製品Ｐを販売する可能性もあるが，このシナリオでは，製造の取決めは，その活動を継続的に行う能力について両当事者に依存していない。この場合，当該製造の取決めは共同支配企業である。

IE27　この変型は，販売の取決めの共同支配企業としての分類には影響を及ぼさない。

IE28　両当事者は，製造の取決めの純資産に対する権利および販売の取決めの純資産に対する権利を投資として認識し，持分法で会計処理する。

設例7D
銀行の共同運営
[IFRS第11号設例 設例4]

IE29 銀行 A および B（両当事者）が，企業金融業務，投資銀行業務，資産管理業務，およびサービスの活動を，別個のビークル（銀行 C）の設立を通じて，統合することに合意した。両当事者は，この取決めがさまざまな面で彼らの便益となることを期待している。銀行 A は，この取決めにより，規模を拡大する戦略的計画を達成し，拡大した商品およびサービスの提供を通じた有機的な成長への潜在的能力を最大限に活用する機会を提供することができると考えている。銀行 B は，この取決めが預金商品や市場商品の提供を強化することになると期待している。

IE30 銀行 C の法的形態の主要な特徴は，それにより別個のビークルが自立的なものと考えられることである（すなわち，別個のビークルが保有している資産および負債は，別個のビークルの資産および負債であり，両当事者の資産および負債ではない）。銀行 A および B は，銀行 C に対して 40％の所有持分を有しており，残りの 20％は上場されていて広範囲に保有されている。銀行 A と銀行 B の間の株主契約は，銀行 C の活動に対する共同支配を定めている。

IE31 さらに，銀行 A と銀行 B は，取消不能の契約を締結し，紛争が生じた場合であっても，両銀行が必要資金を同額提供するとともに，必要ならば，共同で連帯して，銀行 C が適用のある法令および銀行規制を遵守し，銀行規制当局に対して行った約束を履行するようにすることを合意している。この確約は，それぞれの当事者が，銀行 C が法令および銀行規制を遵守することを確保するのに必要な資金の 50％を引受けていることを表している。

分 析

IE32 この共同支配の取決めは，別個のビークルを通じて行われており，その法的形態は，当事者と別個のビークルとの分離を与えている。契約上の取決めの条件では，両当事者が銀行 C の資産に対する権利および負債に対する義務を有するとは定めておらず，銀行Ｃの純資産に対する権利を有すると定めている。銀行Ｃが適用のある法令および銀行規制を遵守することができなくなった場合には支援を行うという両当事者の確約は，それだけでは，両当事者が銀行Ｃの負債に対する義務を有するという決定要因ではない。両当事者が銀行Ｃの資産の経済的便益のほぼすべてに対する権利を有すること，および両当事者が銀行Ｃの負債に対する義務を有することを示す他の事実および状況はない。この共同支配の取決めは，共同支配企業である。

IE33　銀行ＡおよびＢの双方とも，銀行Ｃの純資産に対する権利を投資として認識し，持分法で会計処理する。

設例7E
石油およびガスの探査，開発および生産の活動
[IFRS第11号設例 設例5]

IE34　会社ＡおよびＢ（両当事者）が，Ｏ国で石油およびガスの探査，開発および生産の活動を行うために，別個のビークル（企業Ｈ）を設立し，共同支配事業契約（JOA）を締結する。企業Ｈの法的形態の主要な特徴は，それにより別個のビークルが自立的なものと考えられるということである（すなわち，別個のビークルが保有している資産および負債は，別個のビークルの資産および負債であり，両当事者の資産および負債ではない）。

IE35　Ｏ国は企業Ｈに，所定の割当区域（油田）で石油およびガスの探査，開発および産出を行う許可を与えている。

IE36　両当事者が合意した株主の契約およびJOAは，それらの活動に係る両当事者の権利および義務を定めている。それらの契約の主要な条件を以下に要約している。

株主の契約

IE37　企業Ｈの取締役会は，各当事者からの取締役で構成される。各当事者は，

企業Hに対する50%の株式を保有する。すべての決議に取締役の全員一致の同意が必要である。

共同支配事業契約(JOA)

IE38 JOAは運営委員会を設立する。この委員会は，各当事者から1名ずつの代表で構成される。各当事者は，運営委員会に50%の参加持分を有している。

IE39 運営委員会は，活動に関する予算および事業計画を承認する。これにも各当事者の代表の全員一致の同意が必要となる。両当事者の一方が運営者に任命され，承認された事業計画の管理および実行の責任を負う。

IE40 JOAでは，探査，開発および生産の活動から生じる権利および義務は，各当事者の間で，企業Hに対する各当事者の株式保有に比例して共有しなければならないと明記している。特に，JOAでは，当事者が以下のものを共有することを定めている。

(a) 企業Hに与えられた探査および開発の許可から生じる権利および義務(例えば，認可，原状回復負債，ロイヤルティおよび税金の支払)

(b) 獲得した産出物

(c) すべての事業計画に関連するすべてのコスト

IE41 すべての事業計画に関して発生したコストは，両当事者への現金支出の要請により補填される。いずれかの当事者が金銭債務を履行できなくなった場合には，もう一方の当事者が債務不履行金額を企業Hに拠出することを要求される。債務不履行金額は，債務不履行を生じた当事者が他方の当事者に負っている債務とみなされる。

分 析

IE42 両当事者は，共同支配の取決めを別個のビークルを通じて行っており，その法的形態は，両当事者と別個のビークルとの分離を与えている。両当事者は，取決めが実行される別個のビークルの法的形態から生じた権利および義務についての当初の判定を覆すことが可能であった。両当事者はこれを，企業

Hが保有している資産（例えば，探査および開発の許可，産出物，および活動から生じた他の資産）に対する権利および負債（例えば，事業計画から生じるすべてのコストおよび義務）に対する義務を両当事者に与えているJOAのなかの条件に合意することにより行った。この共同支配の取決めは共同支配事業である。

IE43　会社Ａと会社Ｂの両者とも，当該取決めから生じた資産および負債に対する両者が合意した参加持分に基づく持分相当額を，財務諸表に認識する。これに基づいて，各当事者は，収益（産出物に対する取分の販売による収益）に対する持分相当額および費用に対する持分相当額も認識する。

設例7F

液化天然ガスの契約

[IFRS第11号設例 設例6]

IE44　会社Ａは，相当量のガス埋蔵量を含んだ未開発のガス田を所有している。会社Ａは，このガス田が経済的に成功する可能性があるのは，ガスを海外市場の顧客に販売する場合だけであると判断した。そうするためには，ガスを液化するための液化天然ガス（LNG）設備を建設して，海外市場に船で輸送できるようにしなければならない。

IE45　会社Ａは，ガス田およびLNG設備を開発し運営するために，会社Ｂと共同支配の取決めを行う。この取決めにおいて，会社ＡおよびＢ(両当事者）は，新しい別個のビークル企業Ｃに，それぞれ，ガス田と現金を拠出することに合意した。それらの拠出と交換に，両当事者はそれぞれ企業Ｃに対する50％の所有持分を得る。企業Ｃの法的形態の主要な特徴は，それにより別個のビークルが自立的なものと考えられることである（すなわち，別個のビークルが保有している資産および負債は，別個のビークルの資産および負債であり，両当事者の資産および負債ではない）。

IE46　両当事者間の契約上の取決めは，以下のことを明示している。

(a) 会社AおよびBは，それぞれ企業Cの取締役会に2名のメンバーを任命しなければならない。取締役会は，企業Cが行う戦略および投資に全員一致で同意しなければならない。

(b) ガス田およびLNG設備の日常の管理（開発および建設の活動を含む）は，両当事者が共同で合意した指示に従って会社Bの職員が行う。企業Cは，ガス田およびLNG設備の管理において発生したコストをBに返済する。

(c) 企業Cは，LNGの生産および販売に係る税金およびロイヤルティや，通常の事業の過程で生じる他の負債（営業債務，原状回復・廃棄債務等）への責任を負う。

(d) 会社AおよびBは，この取決めで行われる活動からの利益に対して同額の取分を有し，したがって，企業Cが分配する配当への同額の取分の権利を有する。

IE47 契約上の取決めは，どちらの当事者についても，企業Cの資産に対する権利および負債に対する義務を有するとは定めていない。

IE48 企業Cの取締役会は，ガス田の開発およびLNG設備の建設の資金を賄うために融資者のシンジケートと財務契約を結ぶことを決定した。開発および建設の総コストの見積りは，CU 1,000百万である※。

IE49 融資シンジケートは，企業CにCU 700百万の貸付を行う。契約では，シンジケートが会社AおよびBへの遡求権を有するのは，企業Cがガス田の開発およびLNG設備の建設の間に融資契約について債務不履行となった場合のみである。融資シンジケートは，LNG設備が生産開始となった後は，会社AおよびBに対する遡求権を有さないことに合意した。企業CがLNGの販売から生み出すはずのキャッシュ・インフローが，借入金の支払を十分に賄えると評価されたからである。この時点で融資者は会社AおよびBへの遡求権を有していないが，シンジケートは，LNG設備への担保権取得により，企業Cの債務不履行に対する防御を維持する。

分　析

IE50　この共同支配の取決めは，別個のビークルを通じて行われており，その法的形態は，当事者と別個のビークルとの分離を与えている。契約上の取決めの条件では，両当事者が企業Cの資産に対する権利および負債に対する義務を有するとは定めておらず，企業Cの純資産に対する権利を有すると定めている。ガス田の開発およびLNG設備の建設の間の財務契約の遡求の内容（すなわち，会社AおよびBがこのフェーズの間は独立の保証を提供している）だけでは，両当事者に企業Cの負債に対する義務を課すものではない（すなわち，この借入金は企業Cの負債である）。会社AおよびBは，別個の負債を有しており，それは企業Cが開発および建設のフェーズの間に債務不履行となった場合の，その借入金の返済の保証である。

IE51　両当事者が企業Cの資産の経済的便益のほぼすべてに対する権利を有することや，企業Cの負債に対する義務を有することを示す他の事実や状況はない。この共同支配の取決めは，共同支配企業である。

IE52　両当事者は，企業Cの純資産に対する権利を投資として認識し，持分法で会計処理する。

※　この設例では通貨額は「通貨単位（CU）」建てである。

8　開　示

IFRS第11号には，経過措置に関連するもの以外に開示の要求事項はない（**本章9.2**参照）。他のすべての関連する開示規定は，IFRS第12号「他の企業への関与の開示」に示されている（**第2巻7章**参照）。

9　発効日および経過規定

9.1　発効日

IFRS 第 11 号は，2013 年 1 月 1 日以後開始する事業年度から適用しなければならない。早期適用は認められる。しかし，企業が当基準を単独で適用することは認められていない。IFRS 第 11 号は，一連の基準の一部として発行された。その他の基準は以下のとおりである。

- IFRS 第 10 号「連結財務諸表」
- IFRS 第 12 号「他の企業への関与の開示」
- IAS 第 27 号（2011 年）「個別財務諸表」
- IAS 第 28 号（2011 年）「関連会社および共同支配企業に対する投資」

IFRS 第 11 号が 2013 年 1 月 1 日より前に始まる会計期間に適用された場合，他の 4 つの基準書も同時に適用しなければならない。IFRS 第 11 号が発効日より前に早期適用された旨を開示する必要がある［IFRS 第 11 号 C 1 項］。

9.2　経過規定

2012 年 6 月，IFRS 第 11 号の経過規定は「連結財務諸表，共同支配の取決めおよび他の企業への関与の開示：経過措置ガイダンス」（IFRS 第 10 号，IFRS 第 11 号，および IFRS 第 12 号の修正）（2012 年 6 月修正）により修正された。2012 年 6 月の修正は，基準書の他の部分と同じ発効日を有する。

2012 年 6 月の修正の主要な影響は，IFRS 第 11 号の採用によって会計処理方法が変更され，その結果，比較情報の修正が求められるような状況に関連する。基準書の原文では，企業に対して財務諸表に表示される最も早い期間の開始時点から会計処理を修正することを求めているが，2012 年 6 月の修正は当該要求を直前期の比較金額の遡及のみに限定している。したがって，企業が IFRSs が要求する最低限の比較情報に加えて比較情報を表示する場合は，その追加的な比較情報に関して，IFRS 第 11 号を採用した結果の修正再表示を行うことは求められない。

2012 年 6 月の修正は，IAS 第 8 号「会計方針，会計上の見積りの変更および誤謬」28 項（f）が要求する定量的開示を直前期のみに限定することにより，追加的な移行時の救済措置を提供している。

以下に述べる要求事項は 2012 年 6 月の修正を含んでいる。

IFRS 第 11 号の経過措置は，IFRS 第 11 号を最初に適用する際に会計上の調整が求められる場合の 3 つの主要なシナリオに対応している。

- 企業は，IAS 第 31 号「ジョイント・ベンチャーに対する持分」に従って比例連結によって会計処理を行った活動と同じ活動（共同支配の取決め）に対して，IFRS 第 11 号に従って共同支配企業として持分法を適用することが求められることがある。
- 企業は，IAS 第 31 号に従って共同支配企業として持分法によって会計処理を行った活動と同じ活動（共同支配の取決め）に対して，IFRS 第 11 号に従って共同支配事業として会計処理することが求められる場合がある。
- 企業は，IAS 第 27 号（2008）「連結および個別財務諸表」に規定する個別財務諸表において，持分を取得原価で，もしくは IFRS 第 9 号「金融商品」（IFRS 第 9 号の採用前は IAS 第 39 号「金融商品：認識および測定」）に従って会計処理を行った共同支配の取決めに対して，IFRS 第 11 号に従って個別財務諸表において共同支配事業として会計処理することが求められる場合がある。

これらの 3 つのシナリオは**本章 9.2.2** から **9.2.4** において議論されている。

9.2.1　「直前期」の参照

上記で議論したように，IFRS 第 11 号の 2012 年 6 月の修正によって，企業が当該基準書を最初に適用する場合は，「直前期」（すなわち，最初の基準書適用日の直前の期間）の開始時点から調整後の比較情報を表示することが求められる。

したがって，企業が2013年1月1日開始事業年度に初めてIFRS第11号を適用する場合は，2012年1月1日において，以下に説明する経過措置を適用し，修正した比較情報をその日から表示することが求められる。

「直前期」への修正された経過措置の参照にかかわらず，企業は財務諸表に表示されるいずれのさらに古い期間においても，修正後の比較情報を表示することが認められるが，要求はされない。企業がより古い期間について修正後の比較情報を表示する場合は，経過措置に述べられた「直前期」へのすべての参照は「表示する最も古い比較対象期間」と読替えなければならない［IFRS第11号C12A項］。

したがって，企業が2013年1月1日開始事業年度に初めてIFRS第11号を適用し，2012年度および2011年度の財務諸表において比較情報を表示する場合，2011年1月1日において以下に述べる経過措置を適用し，その日から修正された比較情報を表示することが認められるが，要求はされない。

企業がより古い期間について未修正の比較情報を表示する場合は，以下のようにしなければならない［IFRS第11号C12B項］。

- 修正されていない情報を明確に特定する。
- 異なる基礎で作成されている旨を記述する。
- その基礎を説明する。

これらの開示要求は，例えば，企業が2013年1月1日開始年度にIFRS第11号を初めて適用し，またその財務諸表に，2012年度および2011年度の両方の比較情報を表示するが，2012年1月1日の比較情報のみ修正することを選択する場合に適用される。

9.2.2 共同支配企業―比例連結から持分法への変更

IFRS第11号において共同支配企業として分類された共同支配の取決めは，IAS第31号において比例連結を使用して会計処理されていた場合がある。

IFRS 第11号が採用されるとき，直前期の開始時点において以下のステップが求められる［IFRS 第11号C2項－C4項］。

- **ステップ1**　企業は，比例連結により以前に認識した，のれんを含む個別の資産および負債の認識を中止する。共同支配企業に関連するのれんが，従来はより大きな資金生成単位（または資金生成単位のグループ）に属していた場合（すなわち，以前は別個に認識されてはいなかった場合）には，企業は，のれんの共同支配企業への配分を，当該共同支配企業と以前にのれんが属していた資金生成単位（または資金生成単位のグループ）との帳簿価額の比に基づいて行わなければならない。
- **ステップ2**　企業は持分法を適用する投資を認識しなければならない。それはステップ1で認識を中止した資産（のれんを含む）および負債の帳簿価額の合計として測定されたものである。この純額は，当初認識時の当該投資のみなし原価とされる。
- **ステップ3**　企業は当該投資が減損しているかどうか判定するために，ステップ2で定めた投資の期首残高に対してIAS 第28号（2011年）40項から43項（**第2巻6章4.4.11** 参照）を適用しなければならない。減損している場合には，減損損失はすべて利益剰余金の修正として認識される。
- **ステップ4**　この当初金額が負の残高として認識される場合（すなわち，比例連結により以前に認識されたすべての資産および負債の純額が負の残高となる場合）には，企業は，その負の純資産に係る法的債務または推定的債務を有しているかどうかを検討しなければならない。もし有していれば対応する負債を認識しなければならず，有していないのであれば負債は認識されない代わりに，利益剰余金が修正される。

これらの要求事項の効果は，企業が比例連結により認識された金額と，共同支配企業の購入日から持分法を適用していたとした場合の金額との差額を遡及的に修正する必要がない，すなわち，比例連結により以前認識した資産（購入時に発生したのれんを含む）および負債の帳簿価額は，直前期の期首時点で1行の投資勘定に集計される，ということである。この開始時点の投資勘定は，IAS 第28号（2011年）の減損テストの要求によってただちに減損テストが実施され，結果として生じる減損損失は利益剰余金の修正とする［IFRS 第 11 号 BC 61 項および BC 62 項］。

IAS 第 12 号「法人所得税」（**第 2 巻 2 章**参照）において認められている「当初認識の例外措置」は，企業が以前に比例連結を使用して会計処理を行っていた共同支配企業に対して，上記の経過規定を適用した結果生じた共同支配企業への投資を認識する際には適用されないことを，IASB は明確にしている［IFRS 第 11 号 C 3 項］。

企業は，1 行の投資勘定に集計された，直前期の期首時点における資産および負債の明細を開示することが求められる。複数の共同支配企業に対する会計処理を比例連結から持分法に変更した場合には，当該情報を合計して開示しなければならない［IFRS 第 11 号 C 5 項］。

この開示要求は，財務諸表の利用者が比例連結から持分法への変更の帰結を理解することに資することを目的とする［IFRS 第 11 号 BC 64 項］。

上記のように決定された共同支配企業に対する金額は負の残高であるが，対応する負債が認識されていない場合（上記**ステップ 4** 参照），企業はその旨とともに，直前期の期首時点および IFRS 第 11 号の適用開始日における，共同支配企業の損失に対する未認識の持分の累計額を開示しなければならない［IFRS 第 11 号 C 4 項］。

9.2.3 共同支配事業 ― 持分法から資産および負債の会計処理への変更

IFRS 第 11 号により共同支配事業として分類された共同支配の取決めは，IAS 第 31 号において持分法を使用して会計処理されていた場合がある。IFRS 第 11 号が適用された場合，直前期の期首において以下の変更を行う必要がある［IFRS 第 11 号 C 7 項－C 9 項］。

- **ステップ 1**　企業は，IAS 第 28 号（2011）38 項（**第 2 巻 6 章 4.4.8** 参照）に従い，以前に持分法により会計処理を行っていた投資，および企業の当該取決めに対する純投資の一部を構成するすべての項目の認識を中止する。このような追加的な項目には，例えば共同支配の取決めに対する長期貸付金が含まれる。

- **ステップ 2**　企業は，権利および義務に基づいて契約上の取決めに従って所定の割合で決定された，共同支配事業に関する資産および負債に対する持分を認識する。これは，投資の帳簿価額の一部を構成するのれんを含む。資産および負債の当初の帳簿価額は，直前期の期首時点の投資の帳簿価額から，企業が持分法を適用する際に使用した情報に基づいて分解することにより定められる。
- **ステップ 3**　ステップ 2 で認識した純額がステップ 1 で認識を中止した金額より大きい場合は，その差額はまず当該投資に関連するのれんと相殺し，残りの差額は利益剰余金の修正とする。ステップ 2 で認識した純額がステップ 1 で認識を中止した金額より小さい場合は，その差額は利益剰余金の修正とする。

これらの要求事項の影響は，会計処理の変更の結果として，企業が共同支配事業に関する資産および負債を再測定することが求められないということである［IFRS 第 11 号 BC 65 項］。

上記ステップ 3 で述べた，企業の当該取決めに対する純投資として以前に認識された金額と，IFRS 第 11 号に従って認識した資産と負債の純額との差額に対する会計処理は，当該差額の潜在的な根拠に対する IASB の理解に基づいている［IFRS 第 11 号 BC 66 項］。

- IFRS 第 11 号に従って認識した資産および負債の純額は，企業が以前に持分法投資に対して減損損失を認識していた場合には，認識を中止した投資より大きい可能性がある。このような減損損失は，投資の帳簿価額を構成するいかなる資産にも配分されていなかったため，その結果として基礎となる資産および負債の純額は投資の帳簿価額より高くなる可能性がある。IASB は，このような差額の取扱いの最善の方法は，まず投資に関連するのれんに配分し，残りの差額は利益剰余金の修正とする方法であると結論した。
- 例えば，企業が持分法の適用に際して投資先のすべての資産および負債に対する同じ割合の持分を適用する一方，それらの資産のいくつかについては，当該取決めを共同支配事業として会計処理する際に企業がより低い持分を有する場合，IFRS 第 11 号に従って認識した資産および負債の純額は，認識を中止した投資より大きくなる可能性がある。IASB は，このような差額の取扱いの最善の方法は，利益剰余金の修正とする方法であると結論した。

IASB は，IAS 第 12 号（**第 2 巻 2 章 4.4** 参照）において認められている「当初認識の例外措置」は，企業が共同支配の取決めに対する持分に関する資産および負債を認識する際には適用されないことを明確にした［IFRS 第 11 号 C 11 項］。

持分法から資産および負債の会計処理へ変更する企業は，直前期の期首時点において，認識を中止した投資額と認識した資産および負債の金額との調整表を，利益剰余金の修正とした残りの差額とともに示すことを要求される［IFRS 第 11 号 C 10 項］。

この開示要求は，財務諸表の利用者が比例連結から持分法への変更の帰結を理解することに資することを目的とする［IFRS 第 11 号 BC 64 項］。

9.2.4　個別財務諸表 ― 共同支配事業 ― 個別投資から個々の資産および負債の会計処理への変更

IFRS 第 11 号において共同支配事業として分類された共同支配の取決めは，以前に，企業の個別財務諸表において，投資として取得原価で，または IFRS 第 9 号（IFRS 第 9 号をまだ適用していない企業では IAS 第 39 号）に従って会計処理されている場合がある。IFRS 第 11 号が初めて適用された場合，直前期の期首において以下の変更を行う必要がある［IFRS 第 11 号 C 12 項 (a)］。

- **ステップ 1**　企業は，以前に IFRS 第 9 号（IFRS 第 9 号をまだ適用していない企業では IAS 第 39 号）に従って会計処理した投資の認識を中止する。
- **ステップ 2**　企業は，共同支配事業に関連する資産および負債に対する持分を，

IFRS 第11号C7項からC9項に従って決定された金額によって認識する。

IFRS 第11号C7項からC9項の要求（**本章9.2.3**のステップ1からステップ3に要約されている）は，企業の連結財務諸表，あるいは子会社を有しない場合は，投資が持分法により会計処理された財務諸表（「主要」財務諸表）における資産および負債の適切な帳簿価額を規定する。IFRS 第11号BC 38項において説明されているように，IFRS 第11号に従えば，共同支配事業者の個別財務諸表および「主要」財務諸表において同じ金額が認識される。

IASBは，IAS 第12号（**第2巻2章4.4**参照）において認められている「当初認識の例外措置」は，企業がIFRS 第11号C 12項（a）の経過措置を適用した結果，個別財務諸表において共同支配の取決めに対する持分に関する資産および負債を認識する際には適用されないことを明確にした［IFRS 第11号C 13項］。

企業は，認識の中止を行った投資と認識した資産および負債との間の調整表を，利益剰余金の修正とした残りの差額とともに，直前期の期首現在で示さなければならない［IFRS 第11号C 12項（b)］。

この開示要求は，財務諸表の利用者が，IFRS 第9号（またはIAS39号）による投資の会計処理から個別の資産および負債の会計処理への変更の帰結を理解することに資することを目的とする［IFRS 第11号BC 68項］。

9.2.5　IAS第8号の開示要求からの限定的な救済

IFRS 第11号が初めて適用されるとき，企業はIAS 第8号28項（f)（**第1巻4章「会計方針，会計上の見積りの変更および誤謬」3.4**参照）に要求される定量的情報として，IFRS 第11号を初めて適用した日の直前年度（直前期）のみの情報を表示することが要求される。企業はまた，そのような情報を当年度またはより古い比較対象期間に関して表示することができるが，要求はされない［IFRS 第11号C 1B項］。

IAS 第 8 号 28 項（f）は，企業が当期および表示する過去の各期間において，IFRS が最初に適用された際に，影響を受ける財務諸表の各表示科目の修正金額を開示することを要求する。IASB は，IFRS 第 11 号が初めて適用された場合の当該要求への準拠は，IFRS 第 11 号への移行による共同支配の取決めに対する会計処理の変更が，財務諸表全体の多くの表示科目に影響する可能性が高いため，負担が重いと結論した。したがって，IFRS 第 11 号 C 1B 項に規定する救済措置は，企業が当期および直前期以前の比較対象期間について当該情報を表示しないことを認める。しかし，企業がそのような情報を表示することを望む場合は認められる［IFRS 第 11 号 BC 69B 項］。

10　将来の進展

2012 年 12 月，IASB は公開草案 ED/2012/7「共同支配事業に対する持分の取得—IFRS 第 11 号の修正案」を公表した。公開草案は，共同支配事業の活動が IFRS 第 3 号「企業結合」に規定する事業を構成する場合の，共同支配事業者による共同支配事業の持分の取得の会計処理に関する指針を IFRS 第 11 号に導入することを提案する。この指針は，共同支配事業者に対して，IFRS 第 3 号および他の基準書の企業結合の会計処理の関連する原則を適用すること，および企業結合に関するそれらの基準書により求められる関連情報の開示を行うことを求める。

この公開草案に対するコメント期間は 2013 年 4 月 23 日に終了した。最終化された修正案は 2013 年第 4 四半期に公表される予定である。

訳者注

2014 年 5 月 6 日に，「共同支配事業に対する持分の取得の会計処理（IFRS 第 11 号の修正）」が公表された。

第6章
関連会社および共同支配企業に対する投資
Investments in associates and joint ventures

目次

1 はじめに

2011年5月，IASBはIAS第28号「関連会社および共同支配企業に対する投資」（2011年）を公表した。

当基準は［IAS第28号（2011年）1項］，

- 関連会社に対する投資の会計処理を定め，
- 関連会社および共同支配企業に対する投資を会計処理する際の持分法の適用に関する要求事項を示す。

IAS第28号（2011年）により，本基準の従前の版であるIAS第28号「関連会社に対する投資」（2003年）は，2013年1月1日以後開始する事業年度から廃止される。早期適用は認められる。

IAS第28号（2011年）は，IFRS第10号「連結財務諸表」，IFRS第11号「共同支配の取決め」，IFRS第12号「他の企業への関与の開示」およびIAS第27号「個別財務諸表」（2011年）とともに5つの一連の基準の1つとして公表された。IAS第28号（2011年）を2013年1月1日より前に開始する会計期間に適用する場合には，同日より他の一連の基準も適用しなければならない（**本章7**参照）。

IAS第28号（2003年）は，同時に公表された新基準における変更の結果として改訂された。IFRS第11号は，共同支配の取決めに対する企業の持分に関する会計処理のフレームワークを定め，「共同支配企業」（定義参照）を，IAS第28号に従った持分法で会計処理することを要求する。その結果，IAS第28号（2003年）の範囲を，共同支配企業の会計処理に拡張する修正が求められた。

IAS第28号（2003年）の要求事項への唯一の実質的な変更は，IAS第28号（2011年）が関連会社または共同支配企業に対する投資の一部が売却目的保有である場合の修正された要求事項を含むことである（**本章4.3.1**参照）。

IAS 第 28 号 (2011 年) におけるその他の変更は，下記の結果をもたらした。

- 開示に関する要求事項の削除（現在は IFRS 第 12 号で取扱われる一**第 2 巻 7 章**参照）
- 関連会社または共同支配企業に対する投資の一部がベンチャー・キャピタル企業またはその他の特定の企業を通じて保有されている場合の要求事項の明確化（**本章 4.2.1.2** 参照）
- 以前に SIC 第 13 号「共同支配企業一共同支配投資企業による非貨幣性資産の拠出」に含まれていた要求事項の本基準への組込（**本章 4.4.6.2** および **4.4.6.3** 参照）

関連会社の識別と持分法の適用に関して，以前に IAS 第 28 号（2003 年) に含まれていた基本的な要求事項は変更されていない。**第 2 巻 5 章**で説明されているとおり，現在は，定義を満たす「共同支配企業」へのすべての持分に対して持分法が適用される。IFRS 第 11 号適用の前において，企業は，共同支配企業に関して，比例連結（IAS 第 31 号「ジョイント・ベンチャーに対する持分」においてガイダンスが提供されている）と持分法との間で会計方針の選択肢を有していた。

改訂により新しい内容が追加され，IAS 第 28 号（2003 年）のパラグラフの番号の一部が変更されている。パラグラフが追加，修正または番号変更された場合，本章は，いずれのバージョンへの参照であるかを明確にしている（例えば，IAS 第 28 号〔2011 年〕3 項，旧 IAS 第 28 号〔2003 年〕2 項）。

IAS 第 28 号（2011 年）の要求事項が，IAS 第 28 号（2003 年）における要求事項と異なる際には，双方の要求事項を記載している。

2 範 囲

2.1 IAS第28号(2011年)を適用している企業

IAS 第 28 号(2011 年)は，投資先に対して共同支配または重要な影響力を有する投資者であるすべての企業が適用しなければならない［IAS 第 28 号(2011 年) 2 項］。

関連会社とは，投資者が重要な影響力を有している企業をいう［IAS 第 28 号(2011 年) 3 項］。共同支配と重要な影響力の概念は，**第 2 巻 5 章**と**本章 3** でそれぞれ記述されている。

IAS 第 28 号(2011 年)は，「投資者」を定義していないが，IAS 第 28 号(2011 年)の適用の目的上，投資者が保有する持分が，投資先の負債性金融商品または資本性金融商品の形式であることについての要求事項は設けられていない(**第 2 巻 4 章 5** における支配の記述も参照)。

IAS 第 28 号(2011 年)の範囲は，2 つの点で IAS 第 28 号(2003 年)の範囲(**本章 2.2** 参照)と異なる［IAS 第 28 号(2011 年) BC 2 項および BC 10 項］。

- 以前に IAS 第 31 号「ジョイント・ベンチャーに対する持分」(現在は IFRS 第 11 号「共同支配の取決め」により廃止された)で取扱われていた，共同支配企業の会計処理は，IAS 第 28 号(2011 年)の範囲に組込まれた(**本章 1** 参照)。
- ベンチャー・キャピタル企業およびその他の特定の企業が保有する一部の投資に関して IAS 第 28 号(2003 年)に以前に設けられていた範囲除外は，IAS 第 28 号(2011 年)において，測定の免除として性格付けられた(**本章 4.2.1.2** 参照)。

2.2 IAS第28号(2003年)を適用している企業

IAS 第 28 号(2003 年)は，一般的に関連会社に対する投資に適用される

[旧 IAS 第 28 号（2003 年）1 項]。関連会社とは，投資者が重要な影響力を有し，かつ，投資者の子会社でもジョイント・ベンチャーに対する持分でもない企業（パートナーシップ等の法人格のない事業体を含む）をいう [旧 IAS 第 28 号（2003 年）2 項]。重要な影響力の概念については，**本章 3** で記述される。

IAS 第 28 号（2003 年）は，後述するように，ベンチャー・キャピタル企業，ミューチュアル・ファンド，ユニット・トラストおよび投資連動保険ファンドを含むその他の類似の企業が保有する関連会社に対する一定の投資をその範囲から除いている [旧 IAS 第 28 号（2003 年）1 項]。

- IFRS 第 9 号「金融商品」を適用している企業が，関連会社に対する投資を，IFRS 第 9 号に従って，純損益を通じて公正価値で測定する場合，これらの投資は，IAS 第 28 号（2003 年）の範囲から除外される。これらの投資は，IFRS 第 9 号に従って純損益を通じて公正価値で測定される [旧 IAS 第 28 号（2003 年）1 項]。
- IFRS 第 9 号をまだ適用していない企業が，関連会社に対する投資を，当初認識時において，純損益を通じて公正価値で測定するものとして指定，あるいは売買目的保有として分類し，IAS 第 39 号「金融商品：認識および測定」に従って会計処理する投資は，IAS 第 28 号（2003 年）の範囲から除外され，IAS 第 39 号に従って公正価値で測定，公正価値の変動は，変動があった期間の純損益に認識される [旧 IAS 第 28 号（2003 年）1 項]。

IFRS 第 13 号「公正価値測定」を適用する企業にとっては，IAS 第 28 号（2003 年）1 項の文言が修正され，このような持分を「IFRS 第 9 号（IFRS 第 9 号を適用していない企業は IAS 第 39 号）に従って」公正価値で測定するという参照は削除されていることに留意が必要である。IFRS 第 13 号は，他の基準が要求する場合に公正価値の測定に関する単一のフレームワークを設定し，以前に他の基準（IFRS 第 9 号および IAS 第 39 号を含む）に含まれていた公正価値の測定に関するガイダンスを置換えるため，この変更が要求される。

この範囲除外の適用に関する詳細は，IAS 第 28 号（2011 年）のもとで同等である測定の免除との関連で**本章 4.2.1.2** で記述される。

このような投資を有する企業は，IAS 第 28 号（2003 年）37 項（f）で要求される開示を行わなければならない（**本章 6.3.1** 参照）。

3　重要な影響力

投資者が投資先に重要な影響力を有するか否かの決定は，IAS 第 28 号の改訂に影響されない。関連するパラグラフの番号は付替えられているが（下記には，2 つの参照先が提供されている），内容に重要な変更はない。

投資先を関連会社として会計処理するかどうかを決定する際の重要な論点は，投資者が投資先に重要な影響力を有しているかどうかである。重要な影響力とは，投資先の財務および営業の方針決定に参加するパワーであるが，当該方針に対する支配または共同支配ではないものをいう［IAS 第 28 号（2011 年）3 項，旧 IAS 第 28 号（2003 年）2 項］。

財務および営業の方針は，IAS 第 28 号には定義されていない。営業の方針には，一般的に売上，マーケティング，製造，人的資源および投資の取得および処分といった活動に指針を与える方針が含まれる。財務の方針は，一般的に会計方針，予算承認，信用供与，配当方針，負債発行，現預金管理および資本的支出に対して指針を与える方針である。

共同支配の概念は，**第 2 巻 5 章**で記述されている。

3.1　重要な影響力の指標

企業が投資先に重要な影響力を行使する際には，通常以下の 1 つまたは複数の指標が存在する［IAS 第 28 号（2011 年）6 項，旧 IAS 第 28 号（2003 年）7 項］。

- 投資先の取締役会または同等の経営機関への参加
- 方針決定プロセスへの参加（配当その他の分配の意思決定への参加を含む）

- 企業と投資先との間の重要な取引
- 経営陣の人事交流
- 重要な技術情報の提供

3.2　20%以上の議決権の保有

一般原則として，企業が，投資先の議決権の 20%以上を，直接的にまたは子会社を通じて間接的に保有している場合には，重要な影響力が存在していると推定される［IAS 第 28 号（2011 年）5 項，旧 IAS 第 28 号（2003 年）6 項］。

この推定は議決権に関するもので，普通株式以外の持分からも生じ得る。例えば，ある企業の議決権の 50%が普通株主によって所有されており，残り 50%の議決権は議決権優先株式に付随している場合に，議決権優先株式への投資が議決権に関して普通株式への投資と実質的に同じである場合には，普通株式への 4%と議決権優先株式への 36%に対する投資により，4%の普通株式所有が持分法により会計処理されるという推定をもたらす。

優先株式投資が実質的に普通株式投資と同等であると考えられる状況については，**本章 3.5** を参照。

いかなる投資の分類に関しても，各々の取決めの実態について検討する必要がある。投資先の議決権の 20%以上を保有する企業が，重要な影響力を有しないことを明確に証明できる場合には，当該投資は関連会社として会計処理されない［IAS 第 28 号（2011 年）5 項，旧 IAS 第 28 号（2003 年）6 項］。

以下のような状況では，企業が重要な影響力を行使する能力を有するかどうかに疑問が生じる。これは網羅的なリストではなく，すべての事実と状況を注意深く検討する必要がある。

- 投資先の会長は，必ずしも支配的ではないが，投資先の発行済株式の大きな割合を所有している。会長の重要な株式所有と投資先における役職の組合せは，企業が投資先に影響を及ぼす能力を有することを妨げる場合がある。

- 投資先が所在する外国に，不利益な政治的および経済的状況が存在する。
- 投資先による投資者への反発（例えば，訴訟や政府監督機関への申立て）は，企業が重要な影響力を行使する能力に疑義を与える。
- 企業と投資先が合意書に署名を行い，企業が株主としての重要な権利を放棄している。
- 投資先の過半数の所有が，少人数の株主に集中しており，企業の意見を考慮せずに投資先の経営を行っている。
- 特に投資先が経営破綻に陥っているような場合で，投資先に対する訴訟が，訴訟主に対する投資先の株式発行によって解決され，さらにその新株が発行された場合には，企業の所有比率を低減させる可能性が高い。
- 厳しい長期の制限により資金を本国へ送金する企業の能力が損なわれている※。

※　2003年の前には，IAS第28号は，資金を本国へ送金する投資者の能力が損なわれるような，厳しい長期の制限のもとで経営される関連会社に対して持分法の適用の免除を含んでいた。2003年には，改善プロジェクトの一部として，IASBはこの免除を削除し，資金の送金能力に対する厳しい長期の制限が投資者の重要な影響力を行使する能力に影響を与える場合もあるが，一方で妨げない場合もあり，個別の事実と状況を基礎として判断されるべきであることを示唆した。

他の投資者が大部分または過半数を所有していても，ある企業が重要な影響力を有することを必ずしも妨げるものではない［IAS第28号（2011年）5項，旧IAS第28号（2003年）6項］。

たとえ他の当事者が支配を有していても，報告企業が重要な影響力を有することは依然として可能である（例えば，報告企業が取締役会の意思決定プロセスに発言権を有する場合）。また重要な影響力への関連付において，保有数の上限もない。例えば，企業が他の企業に対して重要な影響力と50％超の株式を有していても，（例えば，潜在的議決権の結果として―**本章3.4**も参照）第三者が当該他企業の支配を有する場合がある。

3.3　20%未満の議決権の保有

企業が，直接的にまたは（子会社を通じて）間接的に，投資先の議決権の20％未満しか保有していない場合には，重要な影響力が明確に証明できる場合を除き，企業は重要な影響力を有していないと推定される [IAS 第 28 号（2011 年）5 項，旧 IAS 第 28 号（2003 年）6 項]。**本章 3.1** で示された指標が 1 つ以上存在する場合には，20％未満の保有の投資先企業に対して，企業が重要な影響力を行使していることを示唆する場合がある。

20％未満しか保有していない投資先に対して持分法を適用することの適切性の判断には，議決権およびその議決権が重要な影響力を行使する企業の能力に与える影響の慎重な検討が要求される。

本章 3.1 で示された指標に加えて，以下の状況も，重要な影響力を示唆する場合がある。

- 企業の所有の程度が，他の株主に比して重要性がある（すなわち，他の株主への集中の欠如）。
- 企業の主要株主，親会社，兄弟会社，あるいは企業の取締役が，投資先の追加投資を所有している。
- 企業は，執行委員会や財務委員会といった投資先の重要な委員会のメンバーである。

IAS 第 28 号（2011 年）7 項（旧 IAS 第 28 号〔2003 年〕8 項）は，現在行使可能または転換可能な潜在的議決権の存在および影響は，企業が重要な影響力を有しているかどうかを判定する際に考慮される，と規定している（**本章 3.4** 参照）。

設例3.3

企業集団内での重要な影響力

会社Ａは，会社Ｂおよび会社Ｃの２つの子会社を有する。会社Ｂは会社Ｃに対し15％の所有持分を有している。グループの構成は以下のとおりとなる。

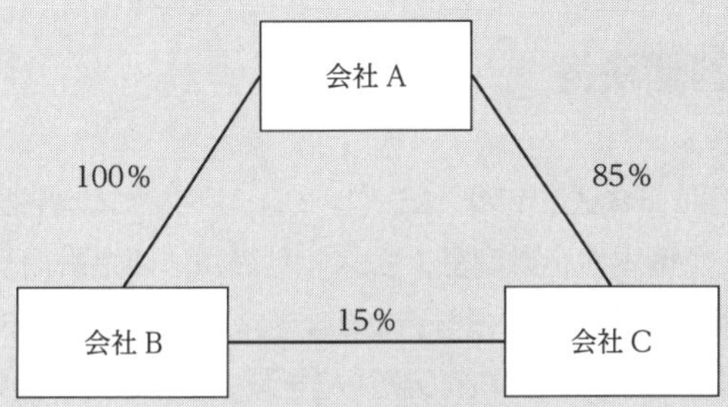

会社Ａは，会社Ｂの幹部を会社Ｃの取締役会の役員として選任した。会社Ｃの取締役会の人数構成により，当該取締役は会社Ｃの取締役会に対して重要な影響力を行使できる。会社Ａは，当該幹部を取締役会からいつでも解任する権利を有している。会社Ｂはまた，同一の法域に所在する会社Ｂおよび会社Ｃ双方からのリターンを最大化するような方法で会社Ｃを運営するように，会社Ａから指示を受けている。会社Ａは，この指示をいつでも変更することができる。

会社Ｂは，IAS第28号（2011年）17項（旧IAS第28号〔2003年〕13項（c））における持分法免除の規定の適用を選択しない。また，会社Ａと会社Ｂの間には，会社Ｃの財務および営業方針の決定に関するその他の取決めはない。

会社Bは，会社Cに対して重要な影響力を有しているため，会社Cは会社Bの関連会社となるか。

いいえ。IAS第28号（2011年）5項（旧IAS第28号〔2003年〕6項）は，「他の投資者が大部分または過半数を所有していても，ある企業が重要な影響力を有することを必ずしも妨げるものではない」ことを示唆している。しかし，このシナリオでは，会社Ｂは会社Ｃに対し重要な影響力を有していない。会社Ｂは会社Ｃの方針の決定に参加することはできるが，会社

Aは，会社Bの幹部を会社Cの取締役会からいつでも解任することができる。そのため，会社Bが会社Cに対して重要な影響力を有するという表面上の地位は，会社Aによって排除され得るものであり，会社Bは会社Cに対して重要な影響力を行使するパワーを有していない。

3.4　潜在的議決権

潜在的議決権は，株式ワラント，株式コール・オプション，普通株式に転換可能な負債性または資本性金融商品，もしくは他の類似の金融商品で，行使または転換された場合に他の企業の財務または経営の方針に対する議決権を所有者に与えるか，または他の当事者の議決権を減少させる潜在能力を通じて生じ得る。投資者がそのような金融商品を所有している場合には，現在行使可能または転換可能な潜在的議決権の存在および影響は，企業が重要な影響力を有しているかどうかを判定する際に考慮される。潜在的議決権は，例えば将来のある日付または将来の事象が発生するまで行使または転換できない場合には，現在行使可能または転換可能ではない［IAS 第 28 号（2011 年）7 項，旧 IAS 第 28 号（2003 年）8 項］。

IAS 第 28 号（2011 年）7 項の要求事項は，潜在的議決権に関する IFRS 第 10 号「連結財務諸表」B24 項における要求事項を反映した修正が行われていないことに留意が必要である。IFRS 第 10 号の要求事項においては，現在行使可能でない潜在的議決権は，限定された状況において考慮される（**第 2 巻 4 章 8.4.4** 参照）。IAS 第 28 号（2011 年）の要求事項の開発時に，IASB は，重要な影響力の判断に関して同等の修正を行うべきかを検討した。しかし，重要な影響力の 1 つの要素を切離して変更するのは適切ではないと決定した。その結果，IAS 第 28 号の要求事項は，この点に関して変更が行われず，潜在的議決権（他の企業により保有されるものを含む）は，現在行使可能であるときにのみ考慮される［IAS 第 28 号（2011 年）BC 15 項および BC 16 項］。

投資者は，自身が保有する潜在的議決権に加えて，他の当事者によって保有される潜在的議決権も考慮する必要がある。投資者は，自らの潜在的議決権の影響を考慮した後に，投資者が重要な影響力を行使することを確信するかもしれないが，その影響は他の当事者が保有する現在行使可能または転換可能な潜在的議決権によって無効になることもある。

潜在的議決権が重要な影響力に寄与するかどうかを判定する際には，投資者は，金融商品の行使の条件およびその他の契約上の取決めのような，潜在的議決権に影響を与えるすべての事実および状況を検討する。IAS 第 28 号は，これらすべての要素を検討することを要求しているが，経営者の意図および行使または転換するための財務能力の検討は除外している［IAS 第 28 号（2011 年）8 項，旧 IAS 第 28 号（2003 年）9 項］。

設例3.4

株式購入オプション

会社 A は，会社 B の議決権付普通株式 15%を保有していると同時に，会社 B の議決権付普通株式の 10%を追加的に取得するヨーロピアン・コール・オプション（すなわち，オプション期間の末日にのみ行使可能）を保有している。コール・オプションは 3 年内に期日が到来する。コール・オプションが行使された場合には，会社 A は，会社 B の議決権付普通株式を 25%保有することとなるが，コール・オプションは現在行使可能でないため，会社 A のコール・オプションの保有は，会社 A が会社 B に対して重要な影響力を行使しているという推定を生じさせない。

しかし，会社 A の保有するコール・オプションがヨーロピアン・コール・オプションではなく，アメリカン・コール・オプション（すなわち，オプション期間を通じていつでも行使可能）である場合には，コール・オプションは現在行使可能であるため，会社 A は会社 B に対し事実上，重要な影響力を行使することができる場合がある。

3.5　普通株式への投資と実質的に同等である優先株式への投資

優先株式への投資が実質的に普通株式への投資と同等と判断される場合，当該投資は投資者に重要な影響力を与える場合があり，その場合には当該投資は持分法で会計処理される。優先株式投資が実質的に普通株式投資と同等であることを示唆する可能性がある要素（個々または組合せによる）には，以下が含まれる。

- 投資先には，公正価値ベースで，優先株式に劣後する普通株式または他の資本が，ほとんどないか重要性がない。
- 所有比率にかかわらず，投資者は，投資先の経営および財務の意思決定に対して重要な影響力を行使するパワーを実証している。積極的に参加するパワーが，資本持分が優先株式によって存在するかどうかを判断する重要な要素である。
- 投資先の優先株式は，議決権，取締役会への参加，および普通株式配当への参加，または普通株式配当と近似の配当率に関して，実質的に普通株式と同等の権利および特性を有している。
- 優先株式は，優先株式を普通株式に転換する転換条項（株価総額に比して重要な価値がある）を有している。

3.6　関連会社または共同支配企業に対する投資者の正味投資の一部を実質的に構成する長期の持分

当セクションは，IAS 第 28 号（2011 年）の範囲が共同支配企業を含むように拡張されたことを反映して更新されている。IAS 第 28 号（2003 年）を適用する企業は，当セクションにおける「関連会社および共同支配企業」への参照を「関連会社」への参照として読替える。

投資者は，普通株式または優先株式，貸付金，立替金，負債証券，普通株式取得のためのオプションおよび営業債権を含めて，関連会社または共同支配企業に対して長期・短期ともに幅広い持分を有しているかもしれない。関連会社または共同支配企業の損失を認識すべき範囲を検討しているIAS第28号(2011年)38項(旧IAS第28号〔2003年〕29項)の目的上(**本章4.4.8**参照),関連会社または共同支配企業に対する投資者の持分は,持分法における関連会社または共同支配企業に対する投資の帳簿価額と,関連会社または共同支配企業に対する投資者の正味投資の一部を実質的に構成する長期の持分である[IAS第28号(2011年)38項,旧IAS第28号(2003年)29項]。

例えば,決済が計画されておらず予見できる将来に決済される可能性も低い項目は,実質上,関連会社または共同支配企業に対する企業の投資の延長である。そうした項目には,優先株式や長期の債権または貸付金が含まれる。営業債権,営業債務または適切な担保が存在する長期債権(担保付融資等)のような項目は,投資者による関連会社または共同支配企業に対する投資の一部として扱われるものとはならない[IAS第28号(2011年)38項,旧IAS第28号(2003年)29項]。

IAS第28号(2011年)38項(旧IAS第28号〔2003年〕29項)が明らかに示唆しているのは,持分法のもとでは普通株式(および実質的に普通株式と同等のその他の株式)のみが,関連会社に対する投資の帳簿価額の一部として表示されるということである。関連会社に対する投資者の正味投資の一部を実質的に構成するその他の長期の持分は,損失を認識する際に考慮されるが,持分法における関連会社に対する投資の帳簿価額とは区別して表示される。

設例3.6

持分法による投資先に対する長期貸付金

企業は,持分法による投資先の1社に対し,無利息の長期貸付金を供与している。貸付金には確定した返済期限がなく,貸付金の決済は計画されておらず予見できる将来に決済される可能性も低い。

投資先の立場からは,投資先は,投資者に現金またはその他の金融資産を引渡す契約上の義務を有している。したがって,当該借入金は資本の定義を満たさないため,IFRS第9号「金融商品」(または企業がIFRS第9号を適用する前であれば，IAS 第 39 号「金融商品：認識および測定」）の範囲内である金融負債として分類される。

投資者は，投資先から現金またはその他の金融資産を受取る契約上の権利を有している一方で，貸付金の決済が計画されておらず予見できる将来に決済される可能性も低いため，IAS 第 28 号（2011 年）38 項（旧 IAS 第 28 号〔2003 年〕29 項）に従い，投資者は，貸付金を投資先に対する正味投資の一部とみなしている。

無利息の貸付金は，投資者の財務諸表上（連結および該当があれば個別の双方において），IFRS 第 9 号（または企業が IFRS 第 9 号を適用する前であれば IAS 第 39 号）に従って分類および測定される。

IAS 第 28 号は，IAS 第 28 号（2011 年）38 項（旧 IAS 第 28 号〔2003 年〕29 項）に従って投資先の損失を会計処理する際に，無利子の長期貸付金が投資先に対する持分の一部とみなされるかどうかを決定する。当パラグラフは，その一部で以下のように規定している。

> 「関連会社または共同支配企業に対する持分は，持分法で算定した当該関連会社または共同支配企業に対する投資と，当該関連会社または共同支配企業に対する投資者の正味投資の一部を実質的に構成する長期の持分との帳簿価額である」※

投資先の損失を会計処理する目的上，貸付金の決済は計画されておらず予見できる将来に決済される可能性も低いため，当該貸付金は，投資先に対する投資者の正味投資の一部を構成するであろう（**本章設例 4.4.8** 参照）。

※　IAS 第 28 号（2003 年）29 項の文言とはわずかに異なるが，その意味は同じである。

3.7　重要な影響力の喪失

投資者は，投資先の財務および経営上の方針の決定に参加するパワーを失うときに，当該投資先に対する重要な影響力を喪失する。重要な影響力の喪失は，その絶対的または相対的な所有水準に変更があろうとなかろうと生じる可能性がある。例えば，関連会社が政府，裁判所，行政または規制当局の支配下に入る場合には，重要な影響力の喪失が生じる可能性がある。また，それは契約上の取決めの結果として生じる可能性もある［IAS 第 28 号（2011 年）9 項，旧 IAS 第 28 号（2003 年）10 項］。

4　持分法

本章 4 のすべては，IAS 第 28 号（2011 年）の範囲が共同支配企業を含むように拡張されたことを反映して更新されている。IAS 第 28 号（2003 年）を適用する企業は，当セクションにおける「関連会社および共同支配企業」への参照を「関連会社」への参照として読替える。

4.1　一般的に持分法で会計処理される関連会社および共同支配企業

投資先に対して重要な影響力または共同支配を有する企業は，関連会社または共同支配企業に対する投資を持分法で会計処理しなければならない。ただし，当該投資が免除の要件を満たす場合を除く（**本章 4.2** 参照）［IAS 第 28 号（2011 年）16 項，旧 IAS 第 28 号（2003 年）13 項］。

IAS 第 28 号は，持分法を，投資を最初に取得原価で認識し，それ以後，投資先の純資産に対する投資者の持分の取得後の変動に応じて修正する会計処理方法と定義している。投資者の純損益には，投資先の純損益に対する投資者の持分が含まれ，投資者のその他の包括利益には，投資先のその他の包括利益に対する投資者の持分が含まれる［IAS 第 28 号（2011 年）3 項，旧 IAS 第 28 号（2003 年）2 項および 11 項］。

持分法の適用の際に適切な手続の多くは，IFRS 第 10 号「連結財務諸表」（または，IAS 第 28 号〔2011 年〕の適用前は，IAS 第 27 号〔2008 年〕「連結および個別財務諸表」）に記述されている連結手続と同様である。さらに，子会社の取得の会計処理に使用される手続の基礎となっている考え方も，関連会社または共同支配企業に対する投資の取得の会計処理に採用されている［IAS第28号（2011年）26項，旧IAS第28号（2003年）20項］。

IAS第28号は，受取った分配は関連会社または共同支配企業の業績とはほとんど関係がないため，受取った分配に基づく収益の認識は，投資者が関連会社または共同支配企業に対する投資について稼得した収益の適切な測定値ではないことによって，持分法の使用を正当化している。投資者は投資先に対して共同支配または重要な影響力を有しているので，関連会社または共同支配企業の業績に対する持分を有しており，その結果として，投資からのリターンも有している。そのため，この持分の会計処理を，こうした投資先の純損益に対する投資者の持分を含めるように財務諸表の範囲を拡大することにより行うことは，投資者にとって適切である。その結果，持分法の適用により，投資者の純資産および純損益についてのより有用な報告が提供される［IAS第28号（2011年）11項，旧IAS第28号（2003年）17項］。

投資者は（子会社を有しているために）連結財務諸表を作成しても，あるいは作成しなくても，持分法が使用される（後述の**本章4.2**における免除を受ける）。しかし，企業は，個別財務諸表を表示する際には，持分法を適用しない（**本章5**参照）。

4.2　持分法適用の免除

IAS第28号（2011年）は，関連会社または共同支配企業に対する投資の一部が売却目的保有である場合に，IAS第28号（2003年）とは異なるアプローチを要求している（**本章4.3.1**参照）。

その他の2つの論点は注目に値する。

- ベンチャー・キャピタル企業およびその他の特定の企業による投資に関して IAS第28号（2003年）に以前に設けられていた範囲除外は，IAS第28号（2011年）において，測定の免除として性格付けられた（**本章4.2.1.2**参照）。企業はこのような投資を，持分法，またはIFRS第9号「金融商品」（IFRS第9号をまだ適用していない企業はIAS第39号「金融商品：認識および測定」）に従って純損益を通じて公正価値で測定するかを選択するオプションを有する。

- IAS 第 28 号（2011 年）19 項は，関連会社に対する投資のうち，ベンチャー・キャピタル企業（またはその他の特定の企業）を通じて間接的に保有されている関連会社に対する投資の一部には上述の免除が適用可能であることを明確にしている。ただし，そのような企業を通じて保有していない投資の残存部分には持分法の適用が要求される。

それ以外については，IAS 第 28 号（2011 年）と IAS 第 28 号（2003 年）における免除は同様である。

売却目的保有の投資に関する要求事項については，**本章 4.3** で別途取扱われる。

4.2.1　IAS第28号(2011年)を適用している企業

4.2.1.1　特定の子会社に適用される免除

企業は，以下の場合には関連会社または共同支配企業に対する投資に持分法を適用する必要はない［IAS 第 28 号（2011 年）17 項］。

- 企業は，IFRS 第 10 号の 4 項（a）(**第 2 巻 4 章 3** 参照）により連結財務諸表の作成が免除される親会社である。
- 次の条件のすべてに該当する場合
  - 企業が 100％子会社，または他の企業が一部を所有している子会社であり，議決権を付与されていない者を含む他の所有者は，投資者が持分法を適用していないことを知らされており，そのことに反対していないこと
  - 企業の負債性金融商品または資本性金融商品が公開市場において取引されていないこと
  - 企業が，財務諸表を証券委員会その他の規制機関に対して公開市場でなんらかの金融商品を発行する目的で提出しておらず，提出する過程にもないこと
  - 企業の最上位または中間の親会社が，IFRS に準拠した公表用の連結財務諸表を作成していること

ここで公開市場とは，国内または外国の株式市場，あるいは地域市場を含む店頭市場を意味する。

したがって，持分法適用の免除は以下の企業が利用できる。

- IFRS第10号の4項（a）により連結財務諸表の作成が免除される親会社
- 当期間中に子会社を有していなかった企業で，もし有していたとしたら連結財務諸表の作成の免除が適格となる企業

IAS第28号（2003年）から繰越されたIAS第28号（2011年）17項の要件は，企業の最上位または中間の親会社が，IASBが公表するIFRSに準拠した公表用の連結財務諸表を作成している場合にのみ満たされる。親会社が，代わりに，例えば特定の法域における使用のために承認されるIFRSのような，IFRSの修正版に準拠していて，IASBによって公表された完全なIFRSに準拠していない場合（IFRSの修正版で許容されるが，IASBによって公表された完全なIFRSでは許容されない一定の会計処理を適用するため），上記の要件は満たされない。

同様に，親会社が，完全なIFRSではなく，「中小企業向け国際財務報告基準」に準拠する場合にも，上述の要件を満たさない。

4.2.1.2　ベンチャー・キャピタル企業およびその他の特定の企業に対する免除

関連会社または共同支配企業に対する投資が，ベンチャー・キャピタル企業，またはミューチュアル・ファンド，ユニット・トラストおよび類似の企業（投資連動保険ファンドを含む）である企業に保有されているか，または当該企業を通じて間接的に保有されている場合には，企業は，当該関連会社および共同支配企業に対する投資をIFRS第9号「金融商品」（IFRS第9号をまだ適用していない企業は，IAS第39号「金融商品：認識および測定」）に従って純損益を通じて公正価値で測定することを選択できる［IAS第28号（2011年）18項］。

これは選択的免除であり，列挙されている分類の企業は，事実上，このような投資を，持分法あるいは純損益を通じて公正価値で測定するかのオプションを有する。

IFRS 第 9 号をまだ適用していない企業は，IAS 第 28 号（2003 年）（**本章 2.2** 参照）における範囲除外と整合的に，この測定の免除は，IAS 第 39 号に従って，当初認識時において純損益を通じて公正価値で測定するものとして指定されているか，または売買目的保有に分類され会計処理されている投資を参照している。免除が選択される場合に，これらの投資は公正価値で測定され，公正価値の変動は変動の期間において純損益として認識される。

本基準は，「ベンチャー・キャピタル企業」という用語についていかなるガイダンスも提供していない。免除が利用可能かどうかを判定するためには，その企業がベンチャー・キャピタル企業（法人格として組成されているかどうかにかかわらず）の特性を有するかどうかを検討する必要がある。そのような特性には以下を含むが，これらに限定されるものではない。

- 投資が長期よりむしろ短期から中期の目的で保有される。
- エグジットの最適な時点が活発にモニターされている。
- 投資はポートフォリオの一部を形成しており，関連会社または共同支配企業の要件を満たす投資と，そうでない投資が区別されることなくモニターされ管理されている。

IAS 第 28 号（2011 年）18 項の測定の免除規定は，2012 年 10 月に導入された子会社投資に関連した投資企業に対する新しい会計の要求事項に影響されないことに留意が必要である（詳細は，**第 2 巻 4 章 15** 参照）。この点は，当時，IAS 第 28 号（2011 年）BC 9 項に追加された脚注で確認された。しかし，IFRS 第 10 号「連結財務諸表」27 項における投資企業の定義を満たすためには，企業は，IAS 第 28 号（2011 年）における持分法適用の免除を選択する必要がある（詳細については**第 2 巻 4 章 15.13** 参照）。

設例4.2.1.2A

究極の親会社の連結財務諸表に持越される持分法の免除

ベンチャー・キャピタル企業ではない会社Pは，子会社Sの80%を所有する企業集団の親会社である。会社Sは関連会社である会社Aの40%を所有している。会社Sはベンチャー・キャピタル企業であり，IAS第28号（2011年）18項（旧IAS第28号〔2003年〕1項（a））において，関連会社に対する持分をIFRS第9号（IFRS第9号の適用前はIAS第39号）に従い，純損益を通じて公正価値により会計処理することを選択している。

IAS第28号（2011）18項（旧IAS第28号〔2003年〕1項（a））において会社Sが適用した会計処理は，会社Pの連結財務諸表において適用可能である。なぜならば，当該免除は，関連会社または共同支配企業への投資が，（1）ベンチャー・キャピタル企業により直接保有されているか，（2）ベンチャー・キャピタル企業を通じて間接的に保有されている場合に利用可能であるためである。

その結果，会社Pは，IFRS第9号における公正価値で関連会社を取込むか，または連結財務諸表上で持分法を適用するかの選択肢を有する。この会計方針の選択は，関連会社ごとに行うことができる（ただし，関連会社が持分法の免除に適格な子会社に保有されている場合）。すなわち，ある関連会社は公正価値で会計処理され，別の関連会社は持分法を適用されることもあり得る。

会計方針の選択は，関連会社の当初認識時に行われ，ある期から次の期へと継続的に適用される。

会社Aが関連会社である代わりに会社Sの共同支配企業である場合，この設例においては同じ結論に達することに留意する。

企業が関連会社に対する投資を有していて，その一部がベンチャー・キャピタル企業，またはミューチュアル・ファンド，ユニット・トラストおよび類似の企業（投資連動保険ファンドを含む）を通じて間接的に保有されている場合には，企業は，関連会社に対する投資の当該部分を，IFRS第9号（IFRS第9号をまだ適用していない企業は，IAS第39号）に従って純損益を通じて公正価値で測定することを選択できる。これは，ベンチャー・キャピタル企業（あるいはその他の特定の企業）が，投資の当該部分に対する重要な影響力を有しているかどうかを問わない。企業がこの選択を行う場合には，企業は，関連会社に対する投資のうち，ベンチャー・キャピタル企業，またはミューチュアル・ファンド，ユニット・トラストおよび類似の企業（投資連動保険ファンドを含む）を通じて保有していない残存部分に持分法を適用しなければならない［IAS 第 28 号（2011 年）19 項］。

投資の一部が，IFRS 第 9 号（IFRS 第 9 号をまだ適用していない企業は IAS 第 39 号）に従って純損益を通じて公正価値で測定されている場合に，関連会社に対する投資の各部分に異なる測定基礎を適用できるかどうかを明確にするよう要請を受けた結果として，関連会社の公正価値測定の部分的な使用に関する上述の要求事項が IAS 第 28 号（2011 年）に含まれた。IASB は，関連会社に対する投資の部分の保有者が，ベンチャー・キャピタル企業，またはミューチュアル・ファンド，ユニット・トラストおよび類似の企業（投資連動保険ファンドを含む）の場合には，それらの企業が関連会社に対する投資の部分に対して重要な影響力を有しているかどうかを問わず，関連会社に対する投資の部分に対して測定の免除を適用できることに合意した［IAS 第 28 号（2011 年）BC 20 項および BC 21 項］。

共同支配企業に対する投資の測定に関して，公正価値の部分的な使用に関する同等のガイダンスは設けられなかった。IASB は，そうした事象は実務上考えにくいと考えたためである［IAS 第 28 号（2011 年）BC 20 項および BC 21 項］。

IASB はまた，公正価値の部分的使用を認めるのは，ベンチャー・キャピタル企業，またはミューチュアル・ファンド，ユニット・トラストおよび類似の企業のうち，関連会社に対する投資の自らの保有部分を自身の財務諸表において純損益を通じて公正価値で測定するものに指定している企業の場合のみとすべきかどうかも検討した。IASB は，それらの企業が関連会社に対する自らの保有部分を純損益を通じて公正価値で測定しない，いくつかの状況が生じるかもしれないことに留意した。しかし，そうした状況では，企業集団の観点からは，事業目的の適切な決定により，連結財務諸表において関連会社に対する投資のこの保有部分を，純損益を通じて公正価値で測定することとなる。したがって，IASBは，企業が，ベンチャー・キャピタル企業，またはミューチュアル・ファンド，ユニット・トラストおよび類似の企業が保有する関連会社に対する投資の一部を，その部分が当該企業の財務諸表において純損益を通じて公正価値で測定されているかどうかに関係なく，純損益を通じて公正価値で測定できるようにすべきだと決定した［IAS第28号（2011年）BC 22項］。

設例4.2.1.2B

その一部がベンチャー・キャピタル企業を通じて間接的に保有されている関連会社

会社Mは，会社Nの100%の持分と会社Oの15%の持分を直接的に保有する。会社Nは，ベンチャー・キャピタル企業であり，当期において，会社Oの持分の10%を追加取得する。会社Nの株式購入の結果，会社Mの直接的保有と間接的保有の合計が25%に達し，会社Mは，当期において会社Oに対する重要な影響力を獲得したと判断した。

会社Nが株式を購入した結果，会社Mは，連結財務諸表において会社Oの持分を会計処理する際に以下の選択肢を有する。

- 会社Mは，企業集団全体の持分である25%を持分法により会計処理する。
- 会社Mは，直接持分の15%を持分法により会計処理し，会社Nの10%の持分をIFRS第9号（IFRS第9号をまだ適用していない場合はIAS第39号）に従って純損益を通じて公正価値で測定する。

4.2.2　IAS第28号（2003年）を適用している企業

関連会社に対する投資は，以下の場合には持分法では会計処理されない［旧IAS第28号（2003年）13項］。

- 投資者は，IAS第27号（2008年）10項のもとで連結財務諸表を作成することを免除されており，個別財務諸表を主要財務諸表として作成している親会社である。

- 次の条件のすべてに該当する場合
  - 投資者が100％子会社，または他の企業が一部を所有している子会社であり，議決権を付与されていない者を含む他の所有者は，当該投資者が，持分法を適用していないことを知らされており，そのことに反対していないこと
  - 投資者の負債性金融商品または資本性金融商品が公開市場において取引されていないこと
  - 投資者が，公開市場でなんらかの証券を発行する目的で証券委員会またはその他の規制当局に対し財務諸表を提出しておらず，提出する過程にもないこと
  - 投資者の最上位または中間の親会社が，IFRSに準拠した公表用の連結財務諸表を作成していること

ここで公開市場とは，国内または外国の株式市場，あるいは地域市場を含む店頭市場を意味する。

したがって，持分法適用の免除は以下の企業が利用できる。

- IAS第27号（2008年）の10項により連結財務諸表の作成が免除される親会社
- 当期間中に子会社を有していなかった企業で，もし有していたとしたら連結財務諸表の作成の免除が適格となる企業

IAS第28号（2003年）13項の要件は，企業の最上位または中間の親会社が，IASBが公表するIFRSに準拠した公表用の連結財務諸表を作成している場合にのみ満たされる。親会社が，代わりに，例えば特定の法域における使用のために承認されるIFRSのような，IFRSの修正版に準拠していて，IASBによって公表された完全なIFRSに準拠していない場合（IFRSの修正版で許容されるが，IASBによって公表された完全なIFRSでは許容されない一定の会計処理を適用するため），上記の要件は満たされない。

同様に，親会社が，完全なIFRSではなく，「中小企業向け国際財務報告基準」に準拠する場合にも，上述の要件を満たさない。

4.3　売却目的保有への分類

4.3.1　IAS第28号（2011年）を適用している企業

関連会社または共同支配企業に対する投資（またはその一部）が，売却目的保有への分類の要件を満たす場合［IAS第28号（2011年）20項］，

- IFRS第5号「売却目的で保有する非流動資産および非継続事業」を当該投資（またはその一部）に適用しなければならない。
- 売却目的保有に分類されていない残存部分があれば，売却目的保有に分類された部分の処分が発生するまで，当該残存部分を持分法で会計処理しなければならない。
- 処分が発生した後は，残存持分をIFRS第9号「金融商品」（IFRS第9号をまだ適用していない企業は，IAS第39号「金融商品：認識および測定」）に従って会計処理しなければならない。ただし，残存持分が重要な影響力または共同支配が保持されている場合を除く。その場合には，残存持分に持分法の適用を継続する。

したがって，IAS第28号（2011年）を適用する企業が，関連会社または共同支配企業の投資の一部を処分することを計画しており，IFRS第5号の売却目的保有の分類要件を満たす場合には，処分予定の部分のみを売却目的保有に分類する。このアプローチは，IAS第28号（2011年）適用前の一般的な方法（**本章4.3.2**参照）とは異なる。従前の一般的な方法においては，重要な影響力または共同支配の喪失を伴う売却計画の確約により，投資全体が売却目的保有に分類された。

IAS第28号（2011年）20項の要求事項は，2009年8月公表の公開草案「IFRSの改善」におけるIASBのこの論点に関する以前の提案からの変更である。公開草案では，企業が重要な影響力の喪失または共同支配の喪失を伴う売却計画を確約している場合に，関連会社または共同支配

企業に対する持分を売却目的保有に分類することを企業に要求するように，IFRS 第 5 号の修正を提案していた。これらの提案は，企業が関連会社または共同支配企業に対して有する持分のすべて（「全持分」）について，企業が当該持分に対する重要な影響力または共同支配の喪失を伴う売却計画を確約している場合には，売却目的保有に分類しなければならないことを明確にすることを目的としていた［IAS 第 28 号（2011 年）BC 24 項］。

IFRS 第 11 号「共同支配の取決め」の最終段階において，IASB は，共同支配の喪失および重要な影響力の喪失を，「重大な経済事象」という用語と関連付ける記述をすべて削除することを決定した（**本章 4.3.2** 参照）。IASB は，持分を売却目的保有に分類する基礎とすべきは，意図している処分が IFRS 第 5 号に従って売却目的保有としての分類要件に該当するかどうかであり，企業が当該持分に対する共同支配または重要な影響力を喪失したかどうかではないと決定した。その結果，IASB は，共同支配企業または関連会社に対する持分（または持分の一部）の処分が，IFRS 第 5 号に従って売却目的保有としての分類の要件を満たす場合には，企業は持分全体（または持分の一部）を売却目的保有に分類すべきであると結論を下した［IAS 第 28 号（2011 年）BC 25 項および BC 26 項］。

IASB は，部分的な処分の場合には，企業は，売却目的保有に分類した部分が最終的に処分されるまで，共同支配企業または関連会社に対する残存持分について持分法の使用を継続すべきであることも決定した。この決定は，たとえ企業が関連会社または共同支配企業に対する持分の一部を売却する意図を有している場合であっても，それを行うまでは，その投資先に対する重要な影響力または共同支配を依然として有しているという理由に基づく。処分後は，企業は関連会社または共同支配企業に対する残存持分を IFRS 第 9 号（IFRS 第 9 号をまだ適用していない企業は IAS 第 39 号）に従って，または，企業が残存持分に対する重要な影響力または共同支配を依然として有している場合には，IAS 第 28 号に従って，会計処理すべきである［IAS 第 28 号（2011 年）BC 27 項］。

4.3.2　IAS第28号（2003年）を適用している企業

IAS 第 28 号（2003 年）の 13 項は，関連会社に対する投資への持分法適用の免除を規定する。免除のうちの 1 つは，投資が，IFRS 第 5 号「売却目的で保有する非流動資産および非継続事業」に従って，売却目的保有に分類される場合である［旧 IAS 第 28 号（2003 年）13 項（a)］。

IAS 第 28 号（2011 年）をまだ適用していない企業にとっては，売却目的保有の分類要件を満たす関連会社に対する投資および共同支配企業に対する投資の適切な取扱いは，IFRS 第 5 号においても他の基準においても明示的に扱われていない。しかし，IFRS 第 5 号 8A 項（すなわち，企業が，子会社に対する支配の喪失を伴う売却計画を確約している場合は，企業が旧子会社に対する非支配持分を売却後に保持するかどうかに関係なく，当該子会社のすべての資産および負債を売却目的保有に分類する〔**第 1 巻 15 章「売却目的で保有する非流動資産および非継続事業」3.4.1** 参照］）の原則は，一般的に他のシナリオにも類推適用される。したがって，持分全体が関連する場合，または，計画された取引が「重大な経済事象」（すなわち，保有の性質における重大な変更）となる場合に，投資の売却計画は，売却目的保有の分類をもたらす。支配持分，共同支配，重要な影響力および投資の間の変更は，投資保有の性質における重大な変更を表すと考えられる。

以下の表は，このガイダンスの適用を要約している。

取引種類	IFRS 第 5 号における「売却目的保有」の分類となるか。	理由
子会社から子会社へ	いいえ	支配の維持
子会社から共同支配企業（JCE）へ	はい	支配の喪失
子会社から関連会社へ	はい	支配の喪失
子会社から投資へ	はい	支配の喪失
JCE から JCE へ	いいえ	共同支配の維持
JCE から関連会社へ	はい	共同支配の喪失
JCE から投資へ	はい	共同支配の喪失
関連会社から関連会社へ	いいえ	重要な影響力の維持
関連会社から投資へ	はい	重要な影響力の喪失

4.4 持分法の適用

持分法では，当初に投資は原価で認識され，その帳簿価額はそれ以後，以下の事項によって修正される［IAS 第 28 号（2011 年）10 項，旧 IAS 第 28 号（2003 年）11 項］。

- 株式取得日以降の投資先の純損益に対する投資者の持分。これは投資者の純損益に認識される。
- 投資先から受取った分配。これは当該投資の帳簿価額の減額とする。

投資先のその他の包括利益の変動から生じた，投資先に対する投資者の比例的持分の変動についても，帳簿価額の修正が必要となる場合がある（例えば，有形固定資産の再評価および外貨換算差額により生じた変動）。当該変動に対する投資者の持分は，投資者のその他の包括利益に認識される［IAS 第 28 号（2011 年）10 項，旧 IAS 第 28 号（2003 年）11 項］。

取得後の投資先の純損益に対する投資者の持分について，取得日現在の公正価値に基づいて償却資産の追加の減価償却のような項目も考慮に入れて修正される。同様に，取得後の関連会社または共同支配企業の純損益に対する投資者の持分に対する適切な修正が，のれんまたは有形固定資産等に係る減損損失についても行われる［IAS 第 28 号（2011 年）32 項，旧 IAS 第 28 号（2003 年）23 項］。

IAS 第 28 号（2011 年）10 項（旧 IAS 第 28 号〔2003 年〕11 項）は，持分法で会計処理される関連会社または共同支配企業に対する投資が，当初取得原価で認識されることを明記している。一般的に，取得原価には，購入価格とその資産の取得に直接起因するその他のコスト，例えば，法律サービスの専門家報酬，譲渡税およびその他の取引コストが含まれる。したがって，持分法により会計処理する投資先の投資の当初認識時の取得原価は，投資の購入価格と投資を取得するために直接起因する支出から構成される。

これは，投資者の連結財務諸表と，作成される場合には個別財務諸表の双方に適用される。

IFRS 第 3 号「企業結合」は，子会社の取得に関連するコストを連結財務諸表において費用として認識することを要求しているが，このことは，持分法により会計処理する投資先を取得する際に発生するコストの適切な取扱いを変更していない。

上述の結論は，2009 年 7 月の「IFRIC アップデート」で公表されている IFRIC（現在の IFRS 解釈指針委員会）で議題として取上げられなかった事項により確認されている。

4.4.1　純損益に対する持分

4.4.1.1　比例持分

投資先の純損益または投資先の資本のその他の変動に対する投資者の持分は，投資者の比例持分に基づいて決定される［IAS 第 28 号（2011 年）12 項，旧 IAS 第 28 号（2003 年）12 項］。

投資者は，一般に，投資者が所有する資本持分の割合に基づいて，投資先の純損益に対する持分を認識する。しかし，契約が，純損益，特定のコストおよび費用，事業からの分配，あるいは清算による分配を，所有持分とは異なる比率で投資者間で分配することを特定する場合には，資本持分割合に基づく持分法損益の認識が適切でない場合もある。

これらの契約の実質は，投資先の純資産の増減が，投資先の存続期間中または清算時における投資者の権利にどのように影響するかの判定において考慮されるべきである。

4.4.1.2　潜在的議決権

潜在的議決権または潜在的議決権を含んだ他のデリバティブ（**本章 3.4** 参照）が存在する場合，投資先の純損益に対する投資者の持分を決定する際には，投資者の既存の所有持分のみが考慮される。その持分は，潜在的議決権および他のデリバティブの行使または転換の可能性を反映しない。ただし，以下で記述される場合を除く［IAS 第 28 号（2011 年）12 項］。

状況によっては，企業が，実質上，現時点で所有持分に関連したリターンへのアクセスを企業に与えている取引の結果として，既存の所有権を有している場合がある。こうした状況では，企業に配分される割合は，現時点で企業にリターンへのアクセスを与えている潜在的議決権および他のデリバティブの最終的な行使を考慮に入れて決定される［IAS 第 28 号（2011 年）13 項］。

上述の文言は，IAS 第 28 号（2011 年）の要求事項を反映している。これらのパラグラフは，以下の 2 つの点において IAS 第 28 号（2003 年）における同等の要求事項とは異なる。

- 2011 年の文言では，「他のデリバティブ」に言及している一方で，IAS 第 28 号（2003 年）は，潜在的議決権にのみ言及している。実務的には，IAS 第 28 号（2003 年）12 項の要求事項は，どのような場合においても，他のデリバティブについて一般的に適用されていたであろう。
- IAS 第 28 号（2003 年）は一般原則からの例外を明示的には認めていなかったが，IAS 第 28 号（2011 年）13 項は，潜在的議決権および他のデリバティブの最終的な行使の可能性を考慮すべき限定的な状況を認めている。ただし，IAS 第 28 号（2003 年）は「現在の所有持分」と言及しており，必ずしも「実質的な」既存の所有持分を除外してはいない。

潜在的議決権および他のデリバティブが，実質上，現時点で所有持分に関連したリターンへのアクセスを与えている既存の所有権を投資者が有している結果をもたらしているかどうかを判定する際に考慮する要因については，**第 2 巻 4 章 12.4** 参照。

一般原則として，IFRS 第 9 号「金融商品」（IFRS 第 9 号をまだ適用していない企業は，IAS 第 39 号「金融商品：認識および測定」）は，持分法で会計処理される関連会社および共同支配企業に対する持分には適用されない。また，実質的に，関連会社または共同支配企業に対する所有持分に関連したリターンへのアクセスを現時点で与える潜在的議決権を含む金融商品にも適用されない。

しかし，他のすべての場合には，関連会社または共同支配企業に対する潜在的議決権を含んだ金融商品は，IFRS 第9号（IFRS 第9号をまだ適用していない企業は，IAS 第39号）に従って会計処理される［IAS 第28号（2011年）14項］。

4.4.1.3　持分法による投資先における企業集団の持分の合計

投資者が親会社である場合，投資先に対する企業集団の持分は，親会社およびその子会社が投資先に対して保有している持分の合計である。親会社のその他の関連会社および共同支配企業による保有分は，この目的上は無視される［IAS 第28号（2011年）27項，旧 IAS 第28号（2003年）21項］。

設例4.4.1.3
持分法による投資先における企業集団の持分の合計

会社Aは，企業集団Bの70％の持分を保有する。企業集団Bは，持分法による投資先の20％の投資を保有する。

会社Aの連結財務諸表は，企業集団Bの資産と負債をすべて連結する。すなわち，当連結財務諸表は，企業集団Bの連結財務諸表における資産と負債の100％を含む（企業集団Bの持分法で会計処理される投資先を含む）。そのため，会社Aの連結財務諸表に含まれる持分法による投資先の純損益の適切な持分は，14％（すなわち70％×20％）ではなく，投資先の20％の持分すべてとなる。

例えば，持分法による投資先の純資産が，純利益のCU 40百万を含むCU 100百万であるとする。単純化のため，持分法を適用するための修正は要求されないと仮定する。会社Aの連結財政状態計算書における持分法による投資先に対する投資はCU 20百万であり，純利益に対する持分はCU 8百万（20％×CU 40百万）である。

CU 8百万の利益のうちCU 2.4百万（30％）は非支配持分に帰属し，CU 5.6百万は親会社の持分所有者に帰属する。

関連会社または共同支配企業に子会社，関連会社または共同支配企業がある場合には，持分法を適用する際に考慮する純損益，その他の包括利益および純資産は，関連会社または共同支配企業の財務諸表で認識された金額（当該関連会社または共同支配企業の関連会社および共同支配企業の純損益，その他の包括利益および純資産に対する当該関連会社または共同支配企業の持分を含む）に，統一した会計方針を実行するのに必要な修正を加えたものである（**本章 4.4.5** 参照）［IAS 第 28 号（2011 年）27 項，旧 IAS 第 28 号（2003 年）21 項］。

したがって，関連会社または共同支配企業自体が企業集団であり，連結財務諸表を作成する場合に，これらの連結財務諸表は持分法を適用する際に使用される。関連会社または共同支配企業が，関連会社および／または共同支配企業を有しているが，子会社を有していないために連結財務諸表を作成しない場合には，持分法を適用する開始点は，個別財務諸表ではなく，これらの関連会社および／または共同支配企業を持分法で会計処理している財務諸表である。

4.4.1.4　累積型優先株式

関連会社または共同支配企業に，企業以外の者が保有していて資本に分類されている累積型優先株式の発行残高がある場合には，投資者は，配当の宣言の有無にかかわらず，純損益に対する持分を，当該株式に係る配当を調整したうえで計算する［IAS 第 28 号（2011 年）37 項，旧 IAS 第 28 号（2003 年）28 項］。

4.4.1.5　相互持分

設例4.4.1.5A

持分法による投資先に保有されている相互持分

投資者である会社 A は，持分法により会計処理している会社 B の持分を所有している。同時に会社 B は会社 A の持分を所有している。会社 B の投資は相互持分であり，売買目的ポートフォリオの一部として所有されている投資ではないと判断された。

会社 B の財務諸表において，資本の相互持合が会計処理されている場

合，会社 A は，会社 B が所有する資本の相互持合をどのように会計処理すべきか。

- **IAS 第 28 号（2011 年）により持分法を使用するか。**
- **（取得原価または IFRS 第 9 号〔IFRS 第 9 号をまだ適用していない企業は IAS 第 39 号〕に従って）投資とするか。**

相互持分は消去されるべきである。IAS 第 28 号（2011 年）26 項（旧 IAS 第 28 号〔2003 年〕20 項）の要求事項（**本章 4.1** 参照）は，投資先がどのように相互持分を会計処理しているかにかかわらず，資本の相互持分の会計処理に適用される。その結果，会社 B の財務諸表における投資の会計処理は，会社 A が相互持分をどう会計処理すべきかに影響しない。

IAS 第 28 号（2011 年）26 項（旧 IAS 第 28 号〔2003 年〕20 項）は，持分法の適用の際に適切な手続の多くは，IFRS 第 10 号「連結財務諸表」（IFRS 第 10 号をまだ適用していない企業は，IAS 第 27 号〔2008 年〕「連結および個別財務諸表」）に記述されている連結手続と同様であると規定している。さらに，子会社の取得の会計処理に使用される手続の基礎となっている考え方も，関連会社または共同支配企業に対する投資の取得の会計処理に採用されている。

相互持分は投資者の自己株式と同様に処理すべきであり，結果として連結消去仕訳により相互持分に関する投資者の持分を消去することとなる。したがって，投資者である会社 A は，あたかも自己株式を所有しているかのように，会社 B に対する投資および投資者自身の資本を減額して表示することとなる。会社 A は，会社 B の利益のうちの会社 A の持分から，会社 B がこれらの相互持合株式から受取る配当金についても消去する。

例えば，会社 A は会社 B の 30％の持分を所有しており，会社 B は会社 A の 20％の持分を所有している。会社 A および会社 B の発行済普通株式数は，それぞれ 10,000 株および 5,000 株であり，両社はお互いの所有持分のために，1 株当たり CU 100 を支払った。

会社 B の投資における会社 A の基礎，およびそれに対応する会社 A における会社 B の相互持分は，以下のように算定する。

- 会社Aに対する会社Bの基礎＝CU 100／株×（20％×10,000株）＝CU 200,000
- 会社Bに対する会社Aの相互持分＝30％×CU 200,000＝CU 60,000

会社Aの投資の減額は，利益剰余金の減額と相殺され，その相殺額は自己株式と同様の方法で資本の区分に個別表示することができる。

会社Aにおける会社Bの投資，および会社Bにおける会社Aの相互持分は，以下に記述のとおり，同様の方法で算定され，会計処理される。

- 会社Bに対する会社Aの基礎＝CU 100／株×（30％×5,000株）＝CU 150,000
- 会社Aに対する会社Bの相互持分＝20％×CU 150,000＝CU 30,000

持分法を適用する投資者の財務諸表における純利益と1株当たり利益の算定の目的上，IAS第32号「金融商品：表示」33項への類推により，相互持分は企業の「自身の株式」として扱われる。

会社Bに対する持分を含まない会社Aの利益が合計CU 100,000（「会社Aの直接利益」）であり，会社Aに対する持分を含まない会社Bの利益が合計CU 50,000（「会社Bの直接利益」）である場合，会社Aと会社Bの純利益と1株当たり利益は，各々以下のように算定する。

- 会社Bに対する持分反映前の会社Aの利益＝CU 100,000
- 会社Bの直接利益のうち会社Aの持分＝30％×CU 50,000＝CU 15,000
- 会社Aの純利益＝CU 100,000＋CU 15,000＝CU 115,000
- 会社Aの株式10,000株－（30％×（20％×10,000株：会社Bの所有分））＝10,000株－600株＝9,400株
- 会社AのEPS＝CU 115,000÷9,400株＝CU 12.23／株

会社Aは会社Bの30％を所有しているが，会社Bによる会社Aの株式への相互持分により，会社A自身への所有持分相当額について，会社Bに対する会社Aの投資は減額される。会社Aに対する会社Bの所有も，以下

の例示のとおり，同様に減額される。

- 会社Ａに対する持分反映前の会社Ｂの利益＝CU 50,000
- 会社Ａの直接利益のうち会社Ｂの持分＝20％×CU 100,000＝CU 20,000
- 会社Ｂの純利益＝CU 50,000＋CU 20,000＝CU 70,000
- 会社Ｂの株式5,000株－（20％×（30％×5,000株：会社Ａの所有分））＝5,000株－300株＝4,700株
- 会社ＢのEPS＝CU 70,000÷4,700株＝CU 14.89／株

相互持分の消去のためのその他の方法も，認められる場合がある。

設例4.4.1.5B

ベンチャー・キャピタル企業の関連会社または共同支配企業により所有されている相互持分

会社Ａは，関連会社である会社Ｂの持分を所有しており，同時に会社Ｂも会社Ａの持分を所有している。当該投資は相互持分であると判断された。会社Ａは，IFRS第９号に従って純損益を通じて公正価値で会社Ｂに対する投資を測定するベンチャー・キャピタル企業である。

会社Ａは，会社Ｂが所有する相互的な資本持分をどのように会計処理すべきか。

この相互持分は消去されるべきではない。IAS第28号（2011年）26項（旧IAS第28号〔2003年〕20項）は，持分法の適用の際に適切な手続の多くは，連結手続と同様であり，「子会社の取得の会計処理に使用される手続の基礎となっている考え方も，関連会社または共同支配企業に対する投資の取得の会計処理に採用されている」と規定しているものの，これは「持分法の手続」の表題のもとにおける規定である。しかし，IFRS第９号に従って公正価値で投資を測定するベンチャー・キャピタル企業は，持分法の適用は要求されていない。そのため，IAS第28号（2011年）26項（旧IAS第28号〔2003年〕20項）は適用されない。その結果，相互的な資本持分は，投資者レベルでは消去されない。

本設例の会社Ｂが関連会社である代わりに会社Ａの共同支配企業である場合にも，同じ結論に達することに留意する。

4.4.1.6 持分法による投資先がその従業員に発行するストック・オプション

以下の設例で推奨される扱いは，執筆時点でのIAS第28号（2011年）の要求事項に基づいている。2012年11月，IASBは，持分法による投資先のその他の純資産変動（株式に基づく報酬取引による影響を含む）に対する企業の持分の会計処理に関して具体的なガイダンスを提供するために本基準を修正する提案を公表した。本提案が最終化される場合，株式に基づく報酬取引について要求される処理は**本章設例4.4.1.6**で記述される処理とは異なるであろう。

しかし，この2012年11月の提案に対しては多くの回答者が反対しており，IASBがアプローチを修正するかどうかは明確ではない。本トピックの修正の最終化は，2013年第4四半期が予定されている（詳細は**本章8.1**参照）。

設例4.4.1.6

持分法による投資先がその従業員に発行するストック・オプション

企業Eは，自社の従業員にストック・オプションを付与する。そのオプションは，従業員に企業Eの株式を取得する権利を与えるものである。企業Aは，企業Eの20％の持分を所有しており，その持分を持分法で会計処理している。

企業Aは，企業Eによって認識された株式に基づく報酬に対する自己の持分をどのように会計処理すべきか。特に，企業Eの財務諸表に認識された資本の増加は，企業Aの財務諸表にどのような影響を与えるか。

企業Aは，企業Eの純損益に対する企業Aの持分を，企業Eが認識した株式に基づく報酬費用を含み，企業Eの財務諸表で報告された金額に基づいて認識する。企業Eが認識した株式に基づく報酬費用を，企業Aが戻入れることは適切ではない。

IAS第28号（2011年）10項（旧IAS第28号〔2003年〕11項）は，「投資先のその他の包括利益の変動から生じた，投資先に対する投資者の比例的持分の変動についても，（持分法による投資先の）帳簿価額の修正が必要となる場合がある」と規定している。そのため，（報酬費用を含む）純損益に認識された金額に加えて，企業 A は，その他の包括利益に認識された収益および費用項目の比例的持分も認識しなければならない。

しかし，企業 E が認識した資本の増加は，その他の包括利益の一部ではない。持分法のもとでは，投資先の純損益に対する投資者の持分，投資先のその他の包括利益に対する投資者の持分および受取った配当について，帳簿価額が修正される。しかし，資本の増加は，これらのいずれでもない。したがって，企業 E が認識した資本の増加は，企業 E に対する企業 A の投資の帳簿価額の修正に使用すべきではない。

例えば，企業 E の期首の純資産額が CU 1,000 であり，企業 A の企業 E への持分が企業 A の期首の財政状態計算書において CU 300 の帳簿価額で反映されていると仮定する。当期において，企業 E は，持分決済型の株式に基づく報酬費用の認識後に，CU 600 の利益を計上している。単純化のため，企業 E の利益に対する企業 A の持分の算定時には修正が要求されないものと仮定する（すなわち，償却が必要となる取得時の公正価値修正はない〔**本章 4.4.3.3** 参照〕）。

当期における企業 E の純資産の変動は，以下のように分析される。

	(単位：CU)
期首の純資産	1,000
当期利益（CU 200 の株式に基づく報酬費用認識後）	600
資本に貸方計上された株式に基づく報酬費用	200
期末の純資産	1,800

持分法のもと，企業 A の財務諸表において反映された金額は，以下のとおりである。

	(単位：CU)
期首残高（取得時に生じたのれんを含む）	300
純損益に対する持分（CU 600×20%）	120
期末残高	420

従業員がストック・オプションを行使する際に，企業 A は，みなし処分の結果として生じる希薄化の影響を認識することになる。

4.4.1.7　持分法による投資先の純損益およびその他の包括利益の変動に対する投資者の持分の認識

設例4.4.1.7

持分法による投資先の純損益および
その他の包括利益の変動に対する投資者の持分の認識

企業Aは，企業Bの40％の投資を所有しており，企業Bへの持分を持分法で会計処理している。20X0年6月30日時点で，企業Aの企業Bに対する投資の帳簿価額はCU 20である。20X1年6月30日に終了する事業年度において，企業BはCU 50の利益を計上し，その他の包括利益（OCI）にCU 200の損失を認識している。

企業Aは，法的債務または推定的債務を負わず，企業Bの代理としての支払もない。

20X1年6月30日に終了する事業年度において，企業Bの純損益およびOCIの変動に対する投資者の持分を，企業Aはどのようにその財務諸表で認識すべきか。

IAS第28号（2011年）10項（旧IAS第28号〔2003年〕11項）は，「（持分法による投資先の）帳簿価額を増額して，取得日以降の投資先の純損益に対する投資者の持分を認識する。（中略）投資先のその他の包括利益の変動から生じた，投資先に対する投資者の比例的持分の変動についても，帳簿価額の修正が必要となる場合がある」と規定している。

したがって，企業Aは純損益に認識された金額に加えて，通常，企業BのOCIに認識された収益や費用項目の比例的持分を投資者自身のOCIの一部として認識すべきである。

IAS第28号（2011年）38項（旧IAS第28号〔2003年〕29項）のなかでは，関連会社または共同支配企業への損失に対する投資者の持分が，関連会社または共同支配企業に対する持分と等しいかまたは超過する場合には，投資者はそれ以上の損失についての持分を認識しないと規定されている。追加的な損失の計上および負債の認識は，投資者に法的債務もしくは推定的債務が生じている範囲または投資者が関連会社または共同支配企業に代わって支払う金額の範囲でのみ行われる。関連会社または共同支配企業がその後に利益を計上した場合には，投資者は，当該利益に対する持分が認識していない損失に対する持分と等しくなった後に，当該利益に対する持分の認識を再開する［IAS 第 28 号（2011 年）39 項，旧 IAS 第 28 号（2003 年）30 項］。

IAS 第 28 号（2011 年）38 項（旧 IAS 第 28 号〔2003 年〕29 項）における，損失の認識を制限する背景にある原則は，投資者に法的債務または推定的債務が生じるか，または投資者が持分法による投資先に代わって支払う場合を除いて，投資の帳簿価額がゼロを下回らないことを確実にすることにある。

IAS 第 28 号は，記述したような状況において，同一の会計期間において持分法による投資先が純損益で利益を認識し，OCI で損失を認識するような場合の適切な処理を規定していない。本基準は，投資の帳簿価額の変動を認識すべき順序や，純損益と OCI の変動を相殺すべき範囲について明確ではない。

企業 A にとって容認可能な 1 つのアプローチは，企業 B の利益に対する持分である CU 20 を認識し（よって，投資の帳簿価額は CU 40 に増加する），企業 B の OCI における損失に対する持分を CU 40 まで認識することである。これにより，IAS 第 28 号（2011 年）38 項（旧 IAS 第 28 号〔2003 年〕29 項）の背景にある一般原則と整合的に，投資の“減額”を制限し，帳簿価額がゼロを下回らない。このアプローチを採用する場合，IAS 第 28 号（2011 年）39 項（旧 IAS 第 28 号〔2003 年〕30 項）の要求事項に従って，企業 B がその後に利益を計上した場合には，当該利益に対する持分が以前に認識していない企業 B の OCI における損失に対する持分と等しくなった後に，企業 A は当該利益に対する持分の認識を再開しなければならない。

特に報告期間における特定の取引のタイミングが，企業 B の OCI における損失が純損益の利益が認識された前または後に発生したことが決定できるような場合，他のアプローチも容認できる可能性がある。

4.4.2　関連会社または共同支配企業から受取る分配

関連会社または共同支配企業から受取った分配は，関連会社または共同支配企業に対する投資者の持分の帳簿価額の減額とする［IAS 第 28 号（2011 年）10 項，旧 IAS 第 28 号（2003 年）11 項］。

本章 4.4.8 で説明されているように，関連会社または共同支配企業の損失に対する投資者の持分が，関連会社または共同支配企業に対する持分と等しいかまたは超過する場合には，投資者はそれ以上の損失についての持分を認識しない。投資者の持分がゼロまで減額された後は，追加的な損失の計上および負債の認識は，投資者に法的債務もしくは推定的債務が生じている範囲または投資者が関連会社もしくは共同支配企業に代わって支払う金額の範囲でのみ行われる。しかし，IAS 第 28 号は，持分法による投資先から投資者に対する，投資者の帳簿価額を超える分配の会計処理を取扱っていない。持分法による投資先から投資者への分配が投資者の帳簿価額を超える場合，(1) 契約や法律により，当該分配が払戻不能であり，かつ，(2) 投資者が，投資先の債務に対する責任を負わない，または，投資先に対して財務支援を提供することを確約していない場合には，投資先に対する投資を超過して受取った現金分配は，収益として認識すべきである。投資先がその後に純利益を計上した場合，（投資に対する投資者の残高がゼロとなったため）投資者によって認識されていない損失と以前に収益認識した超過現金分配の合計額をカバーするに十分な利益を投資先が計上した後に，投資者は IAS 第 28 号に従って持分法の適用を再開すべきである。

設例4.4.2A

投資者の帳簿価額を超える持分法による投資先から受取る分配(1)

会社 A は，会社 C の 50%の所有持分に対して CU 1 百万を投資した。会社 A は，会社 C に対する投資の会計処理に持分法を適用する。会社 C は，その後 CU 2.4 百万の損失を計上し，その損失の 50%は，会社 A の投資残高を CU 0.2 百万超過する。会社 A は会社 C の債務に対する義務を負っておらず，会社 C に対する財務支援の提供も確約していない。そのため，会社 A は CU 1 百万の損失を認識し，会社 C への投資簿価をゼロまで減額することになる。会社 A は会社 C の債務に対する義務も負っておらず，会社 C に対する財務支援の提供も確約していないため，追加の CU 0.2 百万の損失は認識しない。

当該損失は現金支出を伴わない減価償却費に起因し，会社 C は現金を有しており，会社 C はその後，会社 A に CU 0.1 百万の分配を行う。

会社 A への CU 0.1 百万の分配は，契約または法律により，返還不能である。したがって，会社 A は，会社 C への投資をゼロで継続認識し，受領した CU 0.1 百万を収益として認識する。会社 C がその後利益を計上し，会社 C の利益に対する会社 A の持分が，分配額および会社 A に帰属する未認識損失持分を超える際（すなわち CU 0.3 百万）に，会社 A は IAS 第 28 号に従って，持分法の適用を再開する。

投資者が法的に分配を返還する義務を負わない場合においても，（投資者間の関係も含み）固有の事実および状況を考慮し，判断を行使することが必要である。投資先からの分配が投資者の帳簿価額を超える場合で，(1) 慣例により分配が払戻可能であるか，または (2) 投資者が投資先の債務に対する責任を負う，あるいはそうでなくても，投資先に対して財務支援を提供することが予想される場合には，投資先に対する投資を超過して受取る現金分配は，負債として認識すべきである。その後，投資先が純利益を計上した場合には，投資者は，投資の帳簿価額を増加させる前に，まず負債を取崩し投資先の利益持分を認識すべきである。**本章設例 4.4.2B** は，負債として認識すべき分配を例示している。

投資者が投資先に対し財務支援の提供を保証している場合，IAS 第 37 号「引当金，偶発負債および偶発資産」に従い，追加の引当金や開示が要求されるかどうかを検討する必要がある（**第 1 巻 14 章「引当金，偶発負債および偶発資産」**参照）。

設例4.4.2B

投資者の帳簿価額を超える持分法による投資先から受取る分配(2)

会社Bは，会社Cの50%の所有持分に対してCU 1百万を投資した。会社Bは，会社Cに対する投資の会計処理に持分法を適用する。会社Cは，その後CU 2.4百万の損失を計上し，その損失の50%は，会社Bの投資残高をCU 0.2百万超過する。しかし，当該損失は現金支出を伴わない減価償却費に起因し，会社Cには現金があり，会社Cは会社BにCU 0.1百万の現金による分配を行う。

会社BへのCU 0.1百万の分配は，契約または法律により，返還不能であり，会社Bは会社Cの債務に対する義務を負っていない。しかし，会社Bは会社Cに対し財務支援を提供することを確約している。そのため，会社BはCU 1.2百万の損失を認識し，会社Cへの投資簿価をゼロまで減額し，かつ，CU 0.2百万の損失と受領したCU 0.1百万の現金に関して，CU 0.3百万の負債を認識すべきである。会社Cがその後利益を計上した場合には，会社Bは，会社Cの投資の帳簿価額を増加させる前に，負債を取崩す。

これとは別に，会社Bは，IAS第37号（**第1巻14章**参照）に従って，追加の引当金や開示が要求されるかどうかを検討すべきである。

4.4.3　持分法の適用開始

4.4.3.1　持分法の適用開始日

投資は，関連会社または共同支配企業となった日から持分法で会計処理される［IAS第28号（2011年）32項，旧IAS第28号（2003年）23項］。

投資者は，通常，投資者が関連会社または共同支配企業に対する持分を最初に取得または増加させ，重要な影響力または共同支配を達成した時点において，持分法の適用を開始する。所有レベルの絶対的または相対的な変化がなくとも，以下のような取引および事象によって，投資者は，投資に対する持分法の適用の開始（あるいは適用の再開）を要求される場合がある（ただし，以下に限定されない）。

- 投資者が，重要な影響力を行使する能力に影響する，現在行使可能な潜在的議決権を獲得する（**本章 3.4** も参照）。
- 投資先の株主が，投資者が有する支配，共同支配または重要な影響力に影響を与える契約を締結する。
- 投資者が以前に重要な影響力を行使していた，または以前に共同支配を有していた投資先の破産状態が解消する。破産状態にある間は，投資先の取締役会は，投資先の経営および財務の方針または関連する活動を指示するパワーを有せず，その代わりに，投資先の債権者の投票により指名された独立の管財人によりすべての決定が行われた。破産状態の間は，投資者は，投資先に対する重要な影響力を行使することができなかったため，投資に対する持分法の適用を停止していた。
- 投資先の取締役会における投資者の参加割合が，対応する追加の投資者への投資なしで大きくなる（例えば，取締役が辞職したが，後任が就任せず，それによって投資者の参加割合が増加する，あるいは，投資者が無償で，取締役会の議席を供与されるまたは獲得する）。
- これまで IFRS 第 5 号「売却目的で保有する非流動資産および非継続事業」に従って売却目的保有に分類されていた関連会社または共同支配企業への投資が，その分類要件を満たさなくなる（後述参照）。

4.4.3.2　以前に売却目的保有に分類されていた投資

これまで，IFRS 第 5 号に従って売却目的保有に分類されていた関連会社または共同支配企業に対する投資（または IAS 第 28 号〔2011 年〕のもとでは，投資の一部）が，その分類要件を満たさなくなった場合には，売却目的保有に分類した日から遡及的に持分法で会計処理しなければならない。売却目的保有に分類した後の期間の財務諸表は，それに従って修正しなければならない［IAS 第 28 号（2011 年）21 項，旧 IAS 第 28 号（2003 年）15 項］。

IAS 第 28 号がこれらの状況において遡及的修正再表示を要求していることは明白である。表面上は，このことは，資産の売却目的保有への分類が中止される際の IFRS 第 5 号の要求事項と整合的ではない。なぜなら，IFRS 第 5 号では，要件が満たされなくなった時点から将来に向かって分類の変更が適用されるからである（**第1巻15章4.7**参照）。しかし，IAS第28号（2011年）21項（旧IAS第28号〔2003年〕15項）の要求事項は，より具体的であるため，これに従うべきである。

4.4.3.3　当初投資の認識

関連会社または共同支配企業の投資の取得時には，投資原価と投資先の識別可能な資産および負債の正味の公正価値に対する企業の持分との差額は，以下のように会計処理される［IAS第28号（2011年）32項，旧IAS第28号（2003年）23項］。

- 持分法による投資先に係るのれんは，投資の帳簿価額に含まれる。当該のれんの償却は認められない（**本章4.4.3.6**参照）。
- 投資先の識別可能な資産および負債の正味の公正価値に対する投資者の持分が，投資原価を上回る超過額は，当該投資を取得した期間における持分法による投資先の純損益に対する投資者の持分の算定において，収益として含まれる。

取得した資産および引受けた負債に対する投資者の比例持分は，IFRS第3号「企業結合」による企業結合会計と同様の方法で，公正価値に評価増または評価減するように修正される。投資者は，当該取得会計による修正の比例持分を，関連する資産および負債に対応する期間にわたって償却する。

関連会社または共同支配企業の財政状態計算書で認識されているのれんは，投資者が識別可能な資産および負債を認識する際には無視され，IAS第28号（2011年）32項（旧IAS第28号〔2003年〕23項）に従って算定されるのれんの金額に事実上，含まれることになる。

IAS第28号（2011年）32項（旧IAS第28号〔2003年〕23項）は，取得時の，投資先の識別可能な資産および負債の正味の公正価値に対する投資者の持分が，投資原価を上回る超過額を，収益に含めることを明確にしている。その場合は，すべての取得した資産および引受けた負債の投資者の比例持分が正確に識別されているかどうか，および投資先の資産および負債の公正価値が適切に測定されているかどうかについて再評価を行うことが必要になる場合がある。

設例4.4.3.3A

当初投資の認識(1)

会社Aは，会社Bの発行済株式の35%を，会社Bの純資産の帳簿価額の35%相当額を超える金額で取得した。設例の目的上，会社Bの資産と負債は，会社BがIAS第39号「金融商品：認識および測定」に従って償却原価として測定する負債性証券への投資と関連する繰延税金のみで構成されていると仮定する。負債性証券の公正価値は，その帳簿価額を上回っており，会社Aがその投資のために支払った金額と，会社Bの純資産に対する比例持分との間の差額は，法人所得税考慮後の負債性証券の帳簿価額と公正価値との比例的な差額に等しい。

この場合，差額は特定の資産および負債に帰属しており，金額はそれに応じて認識されるべきである。持分法適用の際には，会社Aは，当初認識時に算定された，負債性証券に対する公正価値の修正と関連する繰延税金負債の修正を反映させ，会社Bの純損益に対する持分を修正する必要がある。会社Bにより報告される当該資産の処分による将来の利得または損失は，取得時に認識された公正価値を反映するように会社Aにより修正される。

設例4.4.3.3B

当初投資の認識(2)

会社Aは，会社Bの発行済株式の35%を，会社Bの純資産の帳簿価額の35%相当額を超える金額で取得した。会社Aが支払った超過額は，会社Bの特定の資産に割当てることができない。そのため，この差額は，のれんとして認識された投資の一部となる。当該のれんは償却されず，投資の帳簿価額の一部として減損テストが行われる（**本章4.4.3.6**参照）。

4.4.3.4 段階的に取得される持分法による投資先

関連会社または共同支配企業が段階的に取得された場合，のれんは，投資が関連会社または共同支配企業に該当することとなったとき（すなわち，重要な影響力または共同支配が達成されたとき）に算定される。のれんは，投資原価と投資先の識別可能な資産および負債の正味の公正価値に対する投資者の持分との差額として算定される。

IAS 第 28 号（2011 年）10 項（旧 IAS 第 28 号〔2003 年〕11 項）に従い，当初認識時に関連会社または共同支配企業に対する投資は原価で認識される。投資者が以前に当該関連会社または共同支配企業に対する投資を所有していた場合（一般的に，IFRS 第 9 号により会計処理され，IFRS 第 9 号をまだ適用していない企業は IAS 第 39 号），当該関連会社または共同支配企業のみなし原価は，重要な影響力または共同支配を達成した日における当初の投資の公正価値に，追加の持分のために支払われた対価を加算したものとなる。しかし，IAS 第 28 号は，当初の投資の取得後に当初の取得から生じた利得または損失をこの段階で純損益に反映させるべきかどうかについて明確にしていない。

IAS 第 28 号は，この点に関する具体的な会計処理を要求していないため，企業は，以下のいずれかの会計処理を選択することができる。

- IFRS 第 3 号を類推適用し，当該取引を当初の投資の公正価値による処分と，関連会社または共同支配企業の取得とし，結果として，処分による利得または損失は，通常は純損益に反映される。
- 持分法の適切な出発点を設定するために，当初投資部分についての再評価益を，資本の適切な内訳項目において認識する。この方法では，当初の投資が IAS 第 39 号に従って売却可能金融資産として分類されていた場合，その他の包括利益として認識された再評価による利得または損失は，これを資本から純損益に組替えてはならない。代わりに，当初投資が IAS 第 39 号 46 項（c）に従って取得原価で測定される場合には，投資を公正価値で認識し，のれんを算定するために再評価益が要求される。この方法では，実現事象（例えば，処分）が存在しないため，利得または損失は純損益に認識されない。

その他の方法が認められる場合もある。いずれの方法が選択されたとしても，これらの方法の選択は，会計方針の選択であり，すべての段階的な関連会社または共同支配企業の取得について首尾一貫して適用されなければならない。

4.4.3.5　持分法による投資先の取得のための条件付対価

本章設例4.4.3.5は，執筆時点のIFRSの要求事項に基づいている。推奨されている扱いは，有形固定資産および無形資産の取得に対する変動支払の適切な会計処理（特に，関連する負債の当初認識と事後の会計処理）に対応する継続中のIFRS解釈指針委員会における結果に影響される場合がある（2013年7月のIASBアップデート参照）。

設例4.4.3.5

持分法による投資先の取得のための条件付対価

企業Ⅰは，企業Aの45％の持分を取得し，結果として企業Aの重要な影響力を有する。その対価は2段階で支払われる。

- CU1百万の即座の支払
- 企業Aの取得から2年間の利息および税金控除前の累積利益がCU400,000を超える場合，2年後にCU500,000の追加支払

取得日時点で，条件付対価の公正価値（すなわち，特定の利益目標が達成した場合の支払額）は，CU220,000と見積られる。

取得から1年後，改訂後の利益予測に基づくと，条件付対価の公正価値は，CU80,000増加し，CU300,000とみなされる。

企業Ⅰは，連結財務諸表において企業Aの持分の取得に関する条件付対価の支払をどのように会計処理すべきか。

IAS第28号は，持分法により会計処理する関連会社投資の取得原価の

測定について具体的なガイダンスを提供していない。しかしIAS第28号（2011年）26項（旧IAS第28号〔2003年〕20項）は，「子会社の取得の会計処理に使用される手続の基礎となっている考え方も，関連会社または共同支配企業に対する投資の取得の会計処理に採用されている」と説明している。したがって，記述の状況においては，IFRS第3号「企業結合」39項への類推により，取得日現在において企業Aへの投資は，企業Iの連結財務諸表においてCU 1,220,000の取得原価で認識される。

条件付対価の事後の会計処理は，IFRS第9号「金融商品」（IFRS第9号適用前はIAS第39号「金融商品：認識および測定」）により決定される。そのため，条件付対価はその後において公正価値で測定され，CU 80,000の損失は純損益に認識される。これは，企業結合における条件付対価の変動のためのIFRS第3号58項で規定されている取扱いと整合している。

企業Iが，条件付対価の公正価値の変動を反映させ，企業Aの投資の帳簿価額を増額させることは適切ではない。

4.4.3.6　のれんの事後的な会計処理

投資原価と関連会社の純資産における資本の額との差額のうち，IAS第28号に従ってのれんとして認識された部分は，償却してはならない。持分法を適用して会計処理を行う投資の帳簿価額の一部を構成するのれんは区分して認識されないため，IAS第36号「資産の減損」におけるのれんの減損テストに関する要求事項を個別に適用して減損テストを行うことはしない。その代わり，IAS第39号の適用により投資が減損している可能性が示唆されている場合には，投資全体の帳簿価額について，回収可能価額を帳簿価額と比較することにより，単一の資産としてIAS第36号に従って減損テストを行う（**本章4.4.11**参照）［IAS第28号（2011年）42項，旧IAS第28号（2003年）33項］（これは，減損の兆候の有無にかかわらず毎年減損テストが要求される，区分して認識されるのれんに関するポジションとは異なることに留意する）。

それらの状況で認識した減損損失は，当該関連会社に対する投資の帳簿価額の一部を構成する資産（のれんを含む）には配分しない。したがって，当該減損損失の戻入は，投資の回収可能価額がその後に増加した範囲で，IAS 第 36 号に従って認識される（**本章 4.4.11** 参照）［IAS 第 28 号（2011 年）42 項，旧 IAS 第 28 号（2003 年）33 項］。

持分法の性質に関しては異なる見解が存在する。企業が持分法をどのように捉えるかは，持分法による投資先に関する減損損失の認識について，IAS 第 28 号のもとで適切な会計方針を考慮するうえで重要である。

IAS 第 28 号（2011 年）40 項から 42 項（旧 IAS 第 28 号〔2003 年〕31 項から 33 項）に従い，持分法による投資先に対する持分および持分法による投資先の純損益に対する投資者の持分は，財政状態計算書および包括利益計算書においてそれぞれ一行で表示され，投資者は，減損のために投資を全体としてモニターすることが要求される。さらに，IAS 第 28 号（2011 年）38 項および 39 項（旧 IAS 第 28 号〔2003 年〕29 項および 30 項）に従い，投資者は投資がゼロまで減額した時点で，投資先の損失に対する持分の認識を中止し，その後の損失は，投資者に生じる法的債務，推定的債務または投資者が持分法による投資先に代わって支払う金額の範囲まで，負債が認識される。したがって，持分法は一般的に評価手法（「クローズド・ボックス」の見解とも称される）に関連する特徴を部分的に備えている。

しかし，持分法会計の指針において，IAS 第 28 号（2011 年）32 項（旧 IAS 第 28 号〔2003 年〕23 項）は，「取得後の関連会社または共同支配企業の純損益に対する企業の持分について，例えば，取得日現在の公正価値に基づいて償却資産の減価償却を会計処理するために，適切な修正が行われる。同様に，取得後の関連会社または共同支配企業の純損益に対する企業の持分に対する適切な修正が，のれんまたは有形固定資産等に係る減損損失について行われる」と規定している（IAS 第 28 号〔2003 年〕23 項の文言とはわずかに異なるが，その意味は同じである）。そのため，持分法は，一般に連結に関連する特徴のいくつかを有している。

以下の表は，投資者が持分法投資の減損損失の会計処理として使用可能なアプローチの概要である。選択する会計方針は，持分法に対する投資者の考え方（すなわち，評価手法の一形態としての見解，または連結会計の一形態としての見解のいずれか）に基づくものとなる。

選択する会計方針は，企業のすべての持分法投資に対して首尾一貫して適用される。

持分法投資の減損損失

「クローズド・ボックス」アプローチと整合する方針（3 ステップ）	一行連結アプローチと整合する方針（4 ステップ）
会計方針 1	
ステップ 1：投資者は，投資先が認識した減損損失を**含めて**，投資先の純損益に対する投資者の持分を認識する。	ステップ 1：投資者は，投資先が認識した減損損失を**含めて**，投資先の純損益に対する投資者の持分を認識する。
ステップ 2：投資者は，IAS 第 28 号で要求されている，以下の限定的な「連結」および公正価値の修正を行う。 ● 未実現利益の消去 ● 重要な影響力または共同支配を獲得した日における資産の公正価値が，投資先自身の財務諸表における帳簿価額よりも大きいまたは小さい場合における減価償却／償却および減損損失の修正	ステップ 2：投資者は，IAS 第 28 号で要求されている，以下の限定的な「連結」および公正価値の修正を行う。 ● 未実現利益の消去 ● 重要な影響力または共同支配を獲得した日における資産の公正価値が，投資先自身の財務諸表における帳簿価額よりも大きいまたは小さい場合における減価償却／償却の修正
ステップ 3：結果としての投資の帳簿価額について，全体として減損テストを実施する。	ステップ 3：投資者は，投資先における資金生成単位について，「連結」および公正価値修正を反映して修正された投資先の数値を使用して，投資先の資金生成単位について別途の（追加の）減損評価を実施する。その結果，投資者は投資先自身が認識した減損損失を修正する可能性がある。なぜなら， ● 投資者と投資先は，公正価値修正を原因として，減損の分析の対象となる資産について異なる金額を認識している。 ● 投資者は，投資先が認識していない資産を認識している。
会計方針 2	
上述と同じであるが，相違する点としては，投資者は投資先が認識した資産の減損損失に対して資産の取得時の公正価値に基づく修正を行わない。	ステップ 4：結果としての投資の帳簿価額について，全体として減損テストを実施する。

4.4.3.7　法人所得税

投資者の税金負債は通常，当期税金費用および繰延税金費用の合計額であり，それには利益の持分に対する税金の影響と持分法による投資先への投資から生じる一時差異を含む。利益に対する投資者の持分の税金の影響および持分法による投資先への投資から生じる一時差異は，投資者の純損益に対する持分と相殺消去してはならない。なぜなら，それは，投資者の税金負債であり，投資先の税金負債ではないからである。

4.4.4　関連会社および共同支配企業の報告期間

持分法を適用する際には，投資者は，関連会社または共同支配企業の直近の財務諸表を使用する。関連会社または共同支配企業の報告期間の末日が投資者と異なる場合には，関連会社または共同支配企業は，実務上不可能な場合で，異なる報告期間の財務諸表が使用される場合を除いて，投資者の使用のために，投資者の報告期間に対応させて追加の財務諸表を作成する［IAS 第 28 号（2011 年）33 項，旧 IAS 第 28 号（2003 年）24 項］。いかなる場合にも，関連会社または共同支配企業の報告期間の末日と投資者の報告期間の末日との差異は，3ヵ月以内でなければならない［IAS 第 28 号（2011 年）34 項，旧 IAS 第 28 号（2003 年）25 項］。

使用する報告期間の長さとその末日の差異は，毎期同じでなければならない［IAS 第 28 号（2011 年）34 項，旧 IAS 第 28 号（2003 年）25 項］。

報告期間が異なる関連会社または共同支配企業の財務諸表が使用される場合には，関連会社または共同支配企業の報告期間の末日と投資者の報告期間の末日の間に生じた重要な取引または事象の影響について調整を行わなければならない［IAS 第 28 号（2011 年）34 項，旧 IAS 第 28 号（2003 年）25 項］。

4.4.5　統一した会計方針

投資者の財務諸表は，類似の状況における同様の取引および事象に関し，統一した会計方針を使用して作成しなければならない［IAS 第 28 号（2011 年）35 項，旧 IAS 第 28 号（2003 年）26 項］。関連会社または共同支配企業が，同様の取引および事象に関して，投資者とは異なる会計方針を使用している場合には，持分法を適用するために関連会社または共同支配企業の財務諸表を使用する際に，関連会社または共同支配企業の会計方針を投資者の会計方針に合わせるための修正が行われる［IAS 第 28 号（2011 年）36 項，旧 IAS 第 28 号（2003 年）27 項］。

4.4.6 持分法による投資先との取引

関連会社または共同支配企業が持分法で会計処理される場合には，アップストリーム取引（例えば，関連会社または共同支配企業から投資者への資産の売却）またはダウンストリーム取引（例えば，投資者から関連会社または共同支配企業への資産の売却または拠出）により生じる利得および損失は，当該関連会社または共同支配企業に対する関連のない投資者の持分の範囲でのみ認識される。これらの取引から生じる関連会社または共同支配企業の利得または損失に対する投資者の持分は相殺消去される［IAS 第 28 号（2011 年）28 項，旧 IAS 第 28 号（2003 年）22 項］。

アップストリーム：投資者が持分法による投資先から物品を購入し，報告期間の末日に当該物品が投資者から第三者に販売されていないときは，棚卸資産の未実現利益のうち投資者の持分を持分法による投資先からの収益と相殺消去する仕訳が行われる。

ダウンストリーム：投資者が持分法による投資先に物品を販売し，報告期間の末日に当該物品が投資先から第三者に販売されていないときは，棚卸資産の未実現利益のうち投資者の持分を連結損益（通常は売上原価）と相殺消去する仕訳が行われる。

ダウンストリーム取引が，売却または拠出する資産の正味実現可能価額の減少，あるいは当該資産の減損の証拠を提供している場合には，投資者が当該損失の全額を認識しなければならない。アップストリーム取引が，購入する資産の正味実現可能価額の減少，あるいは当該資産の減損の証拠を提供している場合には，投資者は当該損失に対する持分を認識しなければならない［IAS 第 28 号（2011 年）29 項］。

設例4.4.6A

持分法による投資先との取引から生じる純損益の消去

以下の事実を前提とする。

- 投資者は投資先の 30%の持分を有している。
- この投資は持分法で会計処理されている。
- 法人所得税の税率は投資者，投資先とも 40%である。

アップストリーム取引

投資先は投資者に棚卸資産を販売する。投資者の報告期間の末日において，投資者は，投資先が CU 200,000 の売上総利益を記帳した棚卸資産を保有している。投資先の利益に対する投資者の持分の計算において，CU 120,000（CU 200,000 から法人所得税 40%を控除）が投資先の純利益から控除され，CU 36,000（法人所得税控除後の取引による売上総利益のうち，投資者の 30%持分相当）が投資者の持分法利益から消去される。また，投資者は棚卸資産の帳簿価額から CU 60,000（投資先の売上総利益のうちの投資者の持分）を減少させ，CU 24,000（CU 60,000×40%）を繰延税金資産として認識する（IAS 第 12 号「法人所得税」における通常の認識規準を条件とする）。

ダウンストリーム取引

投資者は投資先に棚卸資産を販売する。投資先の報告期間の末日において，投資先は投資者が CU 300,000 の売上総利益を記帳した棚卸資産を保有している。売上総利益の減少 CU 90,000（CU 300,000×30%）および税金費用の減少 CU 36,000（CU 90,000×40%）を反映させるために，投資者の純利益を CU 54,000 減少させる。投資者は投資先に対する投資を CU 90,000 減額させ，CU 36,000 の繰延税金資産を認識する（IAS 第 12 号の通常の認識規準を条件とする）。

本章設例 4.4.6B は，IAS 第 28 号（2011 年）28 項（旧 IAS 第 28 号〔2003 年〕22 項）に従って消去するダウンストリーム取引における利得の金額が，企業の共同支配企業に対する投資の金額を超える状況を取扱う。ここで推奨される扱いは，執筆時点での IAS 第 28 号（2011 年）の要求事項に基づいている。このテーマについては，現在 IASB が検討中である。執筆時点では，IASB は，この分野についてのガイダンスを提供するために IAS 第 28 号（2011 年）への狭い範囲の修正を検討している（2013 年 7 月の IASB アップデート参照）。この提案が最終化される場合，要求される取扱いは，**本章設例 4.4.6B** で記述されているものと異なる。

設例4.4.6B

持分法による投資先に対する売却に係る利益の消去—
利益の消去が投資先の帳簿価額を超過する場合

企業 A は，企業 B の 30%の持分を所有しており，企業 B への持分を持分法で会計処理している。企業 A の連結財務諸表における企業 B の帳簿価額は CU 15 百万である。

企業 A は，企業 B に現金 CU 100 百万により，有形固定資産を公正価値で売却し，企業 B は銀行借入によって購入資金を調達する。売却直前に，有形固定資産は償却後の CU 20 百万で企業 A の財務諸表に認識されていた。企業 A は有形固定資産に対しての追加の関与はなく，IAS 第 16 号「有形固定資産」の認識の中止の規準を満たしている。企業 A は企業 B に対して資本持分以外の持分はなく，企業 B に損失が生じても，企業 A はなんらの補塡も確約していない。

企業 A の利益 CU 80 百万のうち，30%（CU 24 百万）が通常は未実現利益として消去されるが，これは企業 B の帳簿価額（CU 15 百万）を超過している。

企業 B に対する投資の帳簿価額を超える未実現利益（すなわち，CU 9 百万）は，企業 A の連結財務諸表において消去されるべきか。

IAS 第 28 号（2011 年）28 項（旧 IAS 第 28 号〔2003 年〕22 項）は，投資者と持分法による投資先との間の「アップストリーム」取引および「ダウンストリーム」取引により生じる利得および損失に対して適用される。持分法による投資先に対する投資者の持分の範囲での未実現の利得および損失の消去は要求されているが，消去額が持分法による投資先の帳簿価額を上回る可能性については論じられていない。ガイダンスがないため，損失を計上する持分法による投資先の適切な会計処理を取扱うIAS第28号（2011年）39項（旧IAS第28号〔2003年〕30項）（**本章4.4.8**参照）を類推適用することが適切であるようである。そのシナリオでは，

- 投資者の持分がゼロまで減額された後は，追加的な損失の計上および負債の認識は，投資者に法的債務もしくは推定的債務が生じている範囲または投資者が持分法による投資先に代わって支払う金額の範囲でのみ行われる。
- 持分法による投資先がその後に利益を計上した場合には，投資者は，当該利益に対する持分が認識していない損失に対する持分と等しくなった後に，当該利益に対する持分の認識を再開する。

上述の状況と同じ論理をここで適用すると，

- 企業Aは有形固定資産の売却益を，売却直前の企業Bの帳簿価額であるCU 15百万分減少させる。したがって，企業AはCU 65百万の売却益を計上する。
- 企業Aは，企業Bが売却時に消去していない未実現利益の金額を補うに十分な利益（CU 30百万，そのうち企業Aの持分はCU 9百万）を計上するまで，企業Bの利益に対する追加の持分を認識するべきではない。

設例4.4.6C

持分法による投資先との取引の消去

企業Aは，企業Bの20%の持分を所有しており，企業Bへの持分を持分法で会計処理している。企業Aは企業Bに，CU 10,000を貸付けた。当期の貸付金の利息はCU 1,000である。

持分法の適用の際，企業Aは企業Bに対する貸付金により稼得した利息収入の持分（CU 200）および企業Bの純損益に認識された同額の財務費用を消去すべきか。

IAS第28号（2011年）28項（旧IAS第28号〔2003年〕22項）は，ダウンストリーム取引により生じる利得および損失の消去を要求している。

しかし，本基準は，持分法による投資先との取引による収益（例えば，商品の売上による収益あるいは利息収益）についての取扱いや，当該収益が連結財務諸表から消去されるべきどうかについて具体的に言及していない。

IAS 第 28 号（2011 年）26 項（旧 IAS 第 28 号〔2003 年〕20 項）は，持分法の適用の際に適切な手続の多くは，連結手続と類似していると示しているため，企業は，IFRS 第 10 号 B86 項 (b)(旧 IAS 第 27 号〔2008 年〕20 項）の適用を選択し，金融収益に対する持分を消去し，企業 B の純損益に対する持分への修正とすることが可能である。しかし，このような消去は要求されていない。

企業 A はそのような取引に対する会計方針を選択し，その会計方針を継続適用すべきである。

関連会社および共同支配企業への販売は，関連当事者との取引として開示される可能性がある（**第 2 巻 11 章**参照)。

4.4.6.1 持分法による投資先のスピンオフから生じる利得

設例4.4.6.1

持分法による投資先のスピンオフから生じる利得

会社 A は会社 B の 25%の持分を保有している。会社 A は，会社 B の持分を持分法により会計処理している。

会社 B は，主要な 2 つの事業として事業 X と事業 Y を有しており，事業 Y をスピンオフすることを決定している。その目的を達成するため，事業 Y を別個の法的企業であり会社 B の完全子会社である会社 C に移転した。その後会社 C の株式は，会社 B の株主に対して比例配分で配当として分配された（結果として，会社 A は会社 B および会社 C の両方に対して 25%の持分を保有することとなる）。

IFRIC 第 17 号「所有者に対する非現金資産の分配」において要求されているように，分配がなされた際，会社 B は分配される資産の帳簿価額と未払配当金の公正価値との差額を純損益に利得として認識する。

会社Aが会社Bの純損益の持分を会計処理する際，会社Cの株式を分配するときに会社Bが認識した利得について，どのような修正（もしあれば）をすべきか。

記述の取引は，会社Aの持分法による投資先によるすべての株主に対する比例配分の分配を表す。IAS第28号は，このような状況に対する明示的なガイダンスを提供していない。望ましい処理は，会社Cの株式の分配において認識された利得の影響を，持分法において会社Aが会計処理する会社Bの利益に対する持分から，完全に除外する処理である。この処理によれば，当該取引の実態を最も適切に表現することになる―会社Aの観点からは何も変更されていない（取引前後の双方において，会社Aは，事業Xと事業Yの25%の持分を保有し，外部の市場との取引が存在していない）。

しかしIAS第28号に明示的なガイダンスが存在しないため，一定の状況においては，事実および状況に基づいて，また，当該取引が商業的実態を有しているかどうかにより，代替的な処理が認められる場合がある。

例えば，記述された状況で，取引が実態を有する場合（会社Aが，他方の持分を変動させずに事業Xまたは事業Yのいずれかの持分を取得または処分することが可能であることから），適切な代替的な処理は，会社Cの株式の分配により認識された利得の影響を除外しないことであろう。この処理の結果は，会社Bが事業Yを公正価値で売却し，会社Aが事業Yの25%の持分を公開市場から再取得したものと同等の会計処理となる。

類似の取引については，会計方針の選択として首尾一貫したアプローチを適用すべきである。

上述の取引の両方の影響を説明する目的において，分配日における事業Yの純資産の公正価値をCU 1,600と仮定する。

会社Bの会計処理は，以下のように要約することができる。

（単位：CU）

	期首	営業利益	事業Ｙの株主に対する分配	期末
事業Ｘの純資産	600	100	−	700
事業Ｙの純資産	800	100	(900)	−
合計	1,400	200	(900)	700
株式資本	200	−	−	200
純損益（IFRIC 第17号に従って分配において認識された利得）	−	−	700	700
利益剰余金	1,200	200	(1,600)	(200)
合計	1,400	200	(900)	700

会社Ａの会計処理は，以下のように要約することができる。

（単位：CU）

	期首	営業利益に対する持分	事業Ｙの分配から生じた利得に対する持分	会社Ｂからの配当金の受領	事業Ｙの分配から生じた利得に対する比例持分の消去	期末
会社Ｂに対する持分（持分法）	350	50	175	(400)	−	175
会社Ｃに対する持分（持分法）	−	−	−	400	(175)※	225
合計	350	50	175	−	(175)	400

※　この仕訳は，上述の代替的アプローチを適用する（すなわち，会社Ｂにより認識された利得は消去されず，結果として会社Ａの会社Ｃに対する持分はCU 400で認識される）場合は「ゼロ」となる。

4.4.6.2　共同支配投資者による非貨幣性資産の拠出― IAS第28号（2011年）を適用する企業

このセクションにおける要求事項は，以前はSIC 第13号「共同支配企業― 共同支配投資企業による非貨幣性資産の拠出」に含まれていた。

SIC 第 13 号の要求事項を IAS 第 28 号（2011 年）に組込む際に，IASB は，この機会を利用して，一般原則に対する例外の数を減らすこととした。改訂後の要求事項では（後述参照），取引に経済的実質がない場合のみ，利得または損失の認識に関する例外が存在する。IASB は，SIC 第 13 号における他の 2 つの例外（すなわち，拠出された非貨幣性資産の所有権に伴う重要なリスクと便益が，共同支配企業に移転されていない場合および非貨幣性の拠出による利得または損失を信頼性をもって測定できない場合）は，IFRS 第 11 号「共同支配の取決め」の原則および要求事項と整合しない要求事項に関するものか，またはすでに「財務報告に関する概念フレームワーク」に含まれている利得または損失の認識規準（すなわち，測定の信頼性）に関するものであると考えた［IAS 第 28 号（2011 年）BC 34 項および BC 35 項］。

関連会社または共同支配企業の資本持分との交換に，関連会社または共同支配企業へ非貨幣性資産が拠出された際は，取引は，その拠出が経済的実質を欠いている場合を除いて，IAS 第 28 号（2011 年）28 項に従って会計処理される。「経済的実質を欠く」という表現は，IAS 第 16 号（**第 1 巻 7 章「有形固定資産」4.3.2** 参照）で使用される場合と同じ意味を持つ［IAS 第 28 号（2011 年）30 項］。

したがって，取引が経済的実質を欠く場合を除いて，非貨幣性資産の拠出による利得または損失は，関連会社または共同支配企業に対するその他の投資者の持分の範囲でのみ，投資者の財務諸表において認識される。

非貨幣性資産の拠出が経済的実質を欠いている場合には，その利得または損失は未実現とみなされ，通常は純損益に認識されない［IAS 第 28 号（2011 年）30 項］。関連会社または共同支配企業に対する資本持分の受取に加えて，企業が貨幣性または非貨幣性の資産を受取る場合には，このルールに対する例外が生じる。このような状況においては，企業は，受取った貨幣性資産または非貨幣性資産に関する非貨幣性の拠出に係る利得または損失の部分を，純損益に全額認識する［IAS 第 28 号（2011 年）31 項］。

未実現の利得および損失は，持分法で会計処理される投資に対して消去しなければならず，企業の連結財政状態計算書または投資を持分法で会計処理する企業の財政状態計算書において繰延損益として表示してはならない［IAS 第 28 号（2011 年）30 項］。

子会社に対する資本持分を共同支配企業に拠出する契約を締結することは一般的である。企業は，子会社の支配を手放し，その交換として共同支配企業の資本持分を受取る。契約の一部としてその他の対価を受取る場合もある。このような種類の取引の企業の会計処理方法については，IFRS 第 10 号「連結財務諸表」と IAS 第 28 号（2011 年）の要求事項との間には不整合が生じている。

IFRS 第 10 号 25 項によれば，子会社に対する支配を喪失した場合には，親会社は子会社のすべての資産および負債（非支配持分を含む）の認識の中止を行い，旧子会社に対して保持している投資を公正価値で測定する。子会社の処分による利得または損失の合計の一部を形成する再評価の利得または損失は，純損益に認識される。その一方で，IAS 第 28 号（2011 年）28 項は，「関連会社または共同支配企業に対する関連のない投資者の持分の範囲でのみ」利得または損失の認識を認めている。

この不整合が対処されるまでは，企業は事実上，IFRS 第 10 号のアプローチか，または IAS 第 28 号（2011 年）のアプローチのいずれかを適用する会計方針の選択肢を有する。なぜなら，これらの 2 つの基準は，IFRS の文献において同等の地位を有するためである。2012 年 12 月，IASB は，この点について IAS 第 28 号（2011 年）の要求事項を修正する提案を公表した（**本章 8.2** 参照）。

以前にその他の包括利益（OCI）に認識された利得または損失が，IFRS 第 10 号 B99 項に従い，親会社が支配を喪失した際に資本から純損益に組替えられる場合にはさらに複雑となる（**第 2 巻 4 章 14.3.1** 参照）。企業の会計方針が，IFRS 第 10 号に従い子会社への資本持分の共同支配企業への拠出について利得または損失の全額を認識する場合，以前に OCI に認識されていたすべての関連する金額は，純損益に組替えられる。しかし，企業の会計方針が IAS 第 28 号（2011 年）28 項と整合的に，拠出から生じる利得または損失を制限する場合，本基準書は，このような制限が資本から純損益への組替調整の金額にも適用されるのかどうかは明確ではない。

4.4.6.3　IAS第28号とIFRS第10号またはIAS第27号（2008年）との間の不整合：既存の関連会社または共同支配企業に対する子会社の売却

企業は，子会社に対する資本持分を，既存の関連会社または共同支配企業に公正価値で売却する取引を実行する場合がある。企業は，子会社の支配を手放すが，既存の関連会社または共同支配企業を通じて，間接的に子会社に対する資本持分を保持する。このような種類の取引の企業の会計処理方法に関しては，IFRS 第 10 号と IAS 第 28 号（2011 年）の要求事項との間には不整合が生じている。同様に，IFRS 第 10 号をまだ適用していない企業にとっては，関連会社に対する売却に関して，IAS 第 27 号（2008 年）「連結および個別財務諸表」における要求事項と IAS 第 28 号（2003 年）における要求事項との間に不整合が生じており，ジョイント・ベンチャーに対する売却に関して IAS 第 27 号（2008 年）における要求事項と，IAS 第 31 号「ジョイント・ベンチャーに対する持分」と SIC 第 13 号における要求事項との間に不整合が生じている。

IFRS 第 10 号 25 項（および IAS 第 27 号〔2008 年〕34 項）によれば，子会社に対する支配を喪失した場合には，親会社は子会社のすべての資産および負債（非支配持分を含む）の認識の中止を行い，旧子会社に対して保持している投資を公正価値で測定する。子会社の処分による利得または損失の合計の一部を形成する再評価の利得または損失は，純損益に認識される。その一方で，IAS 第 28 号（2011 年）28 項は，「企業（中略）と関連会社または共同支配企業との間の『アップストリーム』取引および『ダウンストリーム』取引により生じる利得および損失は，当該関連会社または共同支配企業に対する関連のない投資者の持分の範囲でのみ投資者の財務諸表に認識される。これらの取引から生じる関連会社または共同支配企業の利得または損失に対する投資者の持分は相殺消去する」と規定している。IAS 第 28 号（2011 年）をまだ適用していない企業にとっては，同等の要求事項が，関連会社に対する売却に関して，IAS 第 28 号（2003 年）22 項において規定され，ジョイント・ベンチャーに対する売却に関して，IAS 第 31 号 48 項および SIC 第 13 号に規定されている。

この不整合が対処されるまでは，企業は事実上，IFRS 第 10 号（および，旧 IAS 第 27 号〔2008 年〕）のアプローチか，または IAS 第 28 号（2011 年）（および，旧 IAS 第 28 号〔2003 年〕，IAS 第 31 号ならびに SIC 第 13 号）のアプローチのいずれかを適用する会計方針の選択肢を有する。なぜなら，これらの基準は，IFRS の文献において同等の地位を有するためである。2012 年 12 月，IASB は，この点について IAS 第 28 号（2011 年）の要求事項を修正する提案を公表した（**本章 8.2** 参照）。

以前にその他の包括利益（OCI）に認識された利得または損失が，IFRS 第 10 号 B99 項に従い，親会社が支配を喪失した際に資本から純損益に組替えられる場合にはさらに複雑となる（**第 2 巻 4 章 14.3.1** 参照）。企業の会計方針が，IFRS 第 10 号に従い子会社への資本持分の関連会社または共同支配企業への処分について利得または損失の全額を認識する場合，以前に OCI に認識されていたすべての関連する金額は，純損益に組替えられる。しかし，企業の会計方針が IAS 第 28 号（2011 年）28 項と整合的に，処分から生じる利得または損失を制限する場合，本基準書は，このような制限が資本から純損益への組替調整の金額にも適用されるのかどうかは明確ではない。

4.4.7 関連会社または共同支配企業との債権・債務

関連会社および共同支配企業は，企業集団の一部ではないので，企業集団と関連会社または共同支配企業との間の残高は相殺消去されない。未決済の通常の営業取引残高は，通常，流動資産または流動負債に含まれる。

企業集団による関連会社または共同支配企業への立替金や貸付金が，12 ヵ月以内に決済されると予想されない場合は，非流動資産として表示される。

企業集団の関連会社または共同支配企業に対する債務の金額を，関連会社または共同支配企業に対する企業集団の持分の帳簿価額と相殺することは適切ではない。そのような表示は，IAS 第 32 号「金融商品：表示」における相殺のルールに反する。

4.4.8　債務超過の持分法による投資先

関連会社または共同支配企業の損失に対する投資者の持分が，関連会社または共同支配企業に対する持分と等しいかまたは超過する場合には，投資者はそれ以上の損失についての持分を認識しない［IAS 第 28 号（2011 年）38 項，旧 IAS 第 28 号（2003 年）29 項］。

投資者は，普通株式または優先株式，貸付金，立替金，負債証券，普通株式取得のためのオプションおよび営業債権を含めて，長期・短期ともに関連会社または共同支配企業に対して幅広い持分を有している場合がある。IAS 第 28 号（2011 年）38 項（旧 IAS 第 28 号〔2003 年〕29 項）の目的では，関連会社または共同支配企業に対する投資者の持分は，持分法で算定した当該関連会社または共同支配企業に対する投資と，当該関連会社または共同支配企業に対する投資者の正味投資の一部を実質的に構成する長期の持分との帳簿価額である［IAS 第 28 号（2011 年）38 項，旧 IAS 第 28 号（2003 年）29 項］。

例えば，決済が計画されておらず予見できる将来に決済される可能性も低い項目は，実質上，当該関連会社または共同支配企業に対する企業の投資の延長である。そうした項目には，優先株式や長期の債権または貸付金が含まれる。営業債権，営業債務または適切な担保が存在する長期債権（担保付融資等）のような項目は，投資者による関連会社または共同支配企業に対する投資の一部として扱われるものとはならない［IAS 第 28 号（2011 年）38 項，旧 IAS 第 28 号（2003 年）29 項］。

普通株式に対する投資者の投資額を超えて持分法で認識された損失は，投資者の関連会社または共同支配企業に対する持分のその他の構成部分に，優先順位（すなわち清算時の優先順位）の逆の順番で適用される［IAS 第 28 号（2011 年）38 項，旧 IAS 第 28 号（2003 年）29 項］。

投資者の持分がゼロまで減額された後は，追加的な損失の計上および負債の認識は，投資者に法的債務もしくは推定的債務が生じている範囲または投資者が関連会社あるいは共同支配企業に代わって支払う金額の範囲でのみ行われる［IAS 第 28 号（2011 年）39 項，旧 IAS 第 28 号（2003 年）30 項］。

関連会社または共同支配企業がその後に利益を計上した場合には，投資者は，当該利益に対する持分が認識していない損失に対する持分と等しくなった後に，当該利益に対する持分の認識を再開する［IAS 第 28 号（2011 年）39 項，旧 IAS 第 28 号（2003 年）30 項］。

設例4.4.8

債務超過の持分法による投資先

企業 A は，企業 B に対して CU 10 百万を投資しており，そのうち CU 5 百万は，企業 B の資本持分の 25%の取得であり，CU 5 百万は，決済が計画されていないか，または予見できる将来に決済される可能性が少ない無担保の株主貸付である。企業 A は，企業 B を持分法で会計処理している。企業 A は，企業 B に対してその他の保証や約定は締結していない。企業 B は，創業間もない状況であり，初年度に多額の損失を計上する予定であるが，その後は利益を計上する予定であるとする。企業 B は，期日に負債を決済するための十分な資金源を有している。

初年度において，企業 B は CU 50 百万の損失である。企業 A は，その資本持分について CU 5 百万の損失を認識する。株主貸付が企業 B に対する企業 A の正味投資の一部を構成する場合（当該設例では，それに該当すると考えられる），株主貸付に関して追加の損失を CU 5 百万認識することになる。しかし，純損失に対する企業 A の持分の残高（すなわち，CU 50 百万の 25%から CU 10 百万を控除）は認識されない。

次年度に企業 A は CU 10 百万の利益を計上する。企業 A は，利益に対する持分（CU 2.5 百万）が前年度において認識されていない損失と同額であるため，利益を認識しない。CU 10 百万を超える企業 B の利益については，企業 A は，その比例持分を認識する。

4.4.9　持分法の使用の停止

投資者は，投資が関連会社または共同支配企業ではなくなった日から，持分法の使用を以下のようにして中止しなければならない［IAS 第 28 号（2011 年）22 項，旧 IAS 第 28 号（2003 年）18 項から 19A 項］。

- 投資が子会社となった場合には，企業はその投資を IFRS 第 3 号「企業結合」および IFRS 第 10 号「連結財務諸表」（IFRS 第 10 号をまだ適用していない企業は，IAS 第 27 号「連結および個別財務諸表」〔2008 年〕に従って会計処理しなければならない）
- 旧関連会社または旧共同支配企業に対する残存持分が金融資産である場合には，企業は，残存持分を公正価値で測定しなければならない。残存持分の公正価値は，IFRS 第 9 号「金融商品」（IFRS 第 9 号をまだ適用していない企業は IAS 第 39 号「金融商品：認識および測定」）に従った金融資産の当初認識時の公正価値とみなさなければならない。企業は以下の両者の差額を純損益に認識しなければならない。(1) 残存持分の公正価値および関連会社または共同支配企業に対する持分の一部の処分による収入，(2) 持分法を中止した日現在の投資の帳簿価額
- 企業が持分法の使用を中止する場合には，過去に当該投資に関連してその他の包括利益に認識した金額のすべてを，仮に投資先が関連する資産または負債を直接処分したとした場合に要求されるのと同じ基礎で会計処理しなければならない。

したがって，投資先が過去にその他の包括利益に認識した利得または損失を，関連する資産または負債の処分時に純損益に振替える場合には，投資者は，持分法を中止する際に，その利得または損失を資本から純損益に（組替調整額として）振替える［IAS 第 28 号（2011 年）23 項，旧 IAS 第 28 号（2003 年）19A 項］。例えば，関連会社または共同支配企業が在外営業活動体に関連した為替差額累計額を有していて，企業が持分法の使用を中止する場合には，企業は当該在外営業活動体に関して過去にその他の包括利益に認識した利得または損失を，純損益に振替えなければならない。

企業が以前の関連会社または共同支配企業の支配を獲得する場合の，このような為替差額の適切な取扱いに関する議論については，**第2巻3章11.3**を参照。

反対に，関連会社または共同支配企業の有形固定資産に再評価モデルを適用している場合には，当該資産に関して過去にその他の包括利益に認識され，資本に累積された再評価損益は振替えられない。これは，IAS 第16号「有形固定資産」に従えば，投資先により過去にその他の包括利益に認識された利得または損失は，関連する資産の処分により純損益には振替えられないためである（**第1巻7章6.8.4**参照）。

4.4.10　所有持分のその他の変動

4.4.10.1　IAS第28号（2011年）を適用している企業

関連会社に対する投資が共同支配企業に対する投資となった場合，または共同支配企業に対する投資が関連会社に対する投資となった場合には，企業は，持分法の適用を継続し，残存持分は再測定しない［IAS 第28号（2011年）24項］。

共同支配から重要な影響力への変更，またはその逆の場合，投資者と投資先の関係は変化し，したがって，投資の性質も変化する。しかし，この場合には，双方の投資（すなわち，共同支配企業と関連会社）が引続き持分法で測定される。企業集団の境界線の変化も測定上の要求事項の変化もないことを考慮し，IASB は，これらは，残余持分の再測定の十分な根拠となる事象ではないという結論を下した［IAS 第28号（2011年）BC 30項］。

関連会社または共同支配企業に対する企業の所有持分が減少したが，企業が持分法の適用を継続する場合に，過去にその他の包括利益に認識した利得または損失が，関連する資産または負債の処分時に純損益に振替えられるときには，企業は，当該利得または損失のうち当該減少に係る割合を純損益に振替えなければならない［IAS 第28号（2011年）25項］。

そのため，**本章 4.4.9** における記述と同じ基礎により，利得または損失を組替調整されるかどうかが決められる。

関連会社または共同支配企業に対する企業の所有持分は，処分またはみなし処分の結果として減少（しかし持分法は継続適用）する場合がある（**第 2 巻 4 章 14.3.4** 参照）。関連会社または共同支配企業の処分またはみなし処分の結果として生じる利得または損失は，純損益に認識される。

4.4.10.2　IAS第28号(2003年)を適用している企業

IAS 第 28 号（2003 年）は，関連会社に対する投資企業の所有持分が減少したが，投資が引続き関連会社である場合のみを取扱っている。このような状況では，投資企業はその他の包括利益に以前に認識した利得または損失の比例金額のみを純損益に振替えることを要求される［旧 IAS 第 28 号（2003 年）19A 項］。これは IAS 第 28 号（2011 年）25 項における同等のガイダンスと整合している（**本章 4.4.10.1** 参照）。

4.4.11　減損および減損損失の戻入

持分法の適用（上述の規定に従った関連会社または共同支配企業の損失の認識を含む）の後に，投資者は，関連会社または共同支配企業に対する純投資に関する追加の減損損失を認識する必要があるかどうかを決定するために，IAS 第 39 号「金融商品：認識および測定」を適用する［IAS 第 28 号（2011 年）40 項，旧 IAS 第 28 号（2003 年）31 項］。

投資者は，純投資の一部を構成しない関連会社または共同支配企業に対する投資者の持分（例えば，適切な担保が存在する担保付融資 ― **本章 3.6** 参照）についても，追加的な減損損失を認識するかどうか，およびその減損損失の金額を決定するために，IAS 第 39 号の要求事項を適用する［IAS 第 28 号（2011 年）41 項，旧 IAS 第 28 号（2003 年）30 項］。

IAS 第 39 号は，報告期間の末日ごとに金融資産が減損している客観的証拠があるかどうか評価することを要求している。IAS 第 39 号 59 項から 62 項では，そのような客観的証拠の識別に関する詳細なガイダンスを提供しており，これらは，**第 3 巻 6 章「金融商品：測定」5** で議論されている。

以下の要素は，持分法による投資先に対する投資が減損している可能性についての追加証拠を提供する。

- 持分法による投資先の営業に影響を与える可能性のある特定の事象（将来の収益獲得に影響を及ぼす可能性のある技術の変化，または事業セグメントの廃止等）を含む，持分法による投資先における財政状態と近い将来の見通
- 持分法による投資先の財務業績および予測
- 一般市場におけるトレンド
- 持分法による投資先の資本力
- 持分法による投資先の配当支払実績
- 周知の流動性危機
- 破産手続
- 投資先の直近の財務諸表に対する監査報告書中の継続企業の前提に係る追記

IAS 第 39 号の要求事項の適用により関連会社または共同支配企業に対する投資が減損している可能性が示唆されている場合にはいつでも，投資全体の帳簿価額（のれんを含む）について，単一の資産として IAS 第 36 号「資産の減損」に従って減損テストを行う。投資の回収可能価額は，その帳簿価額と比較される。IAS 第 28 号は，投資の使用価値を算定する 2 つの方法を認めており，適切な仮定を使用すれば，いずれの方法も同じ結果をもたらすはずである。2 つの方法は以下となる [IAS 第 28 号（2011 年）42 項，旧 IAS 第 28 号（2003 年）33 項]。

- 関連会社または共同支配企業の事業活動によるキャッシュ・フローおよび投資の最終的な処分による収入額を含めて，関連会社または共同支配企業が生み出すと期待される見積将来キャッシュ・フローの現在価値に対する投資者の持分を見積る。
- 当該投資から受取る配当および当該投資の最終的な処分から生じると期待される見積将来キャッシュ・フローの現在価値を見積る。

投資者が，持分法を適用して会計処理する投資を複数有する場合には，各持分における回収可能価額は個別に検討されなければならない。ただし，当該関連会社または共同支配企業が，企業の他の資産からのキャッシュ・インフローからおおむね独立した，継続的使用によるキャッシュ・インフローを生み出さない場合を除く［IAS第28号（2011年）43項，旧IAS第28号（2003年）34項］。

一般的に，適切な状況では，持分法で会計処理される投資について認識された減損損失は戻入が認められる。しかし，このような投資の帳簿価額に含まれるのれんについても戻入が認められるかについては，疑問が生じる。なぜなら，IAS第36号では，一般的にのれんに関する減損損失の戻入を禁止しているからである。

例えば，投資先の持分帳簿価額がCU 100ののれんを含み，CU 150の減損損失が認識された場合，当該のれんは事実上消去される。その後，回収可能価額が当初の価値まで増加する場合は，減損損失の全額CU 150の戻入は適切であるか，あるいは，戻入はCU 50のみに制限されるか。

IAS第28号（2011年）42項（旧IAS第28号〔2003年〕33項）は，持分法による投資先の帳簿価額に含まれるのれんは区分して認識されないので，のれんは，IAS第36号の原則のもとで個別に減損テストは行われないと規定している。その代わり，IAS第39号の要求事項の適用により投資が減損している可能性が示唆されている場合にはいつでも，投資全体の帳簿価額について，回収可能価額を帳簿価額と比較することにより，IAS第36号に従って減損テストを行う（**本章4.4.3.6**参照）。IAS第28号では特に取扱われていないが，減損損失の戻入の処理についてはIAS第28号（2011年）42項（旧IAS第28号〔2003年〕33項）の要求事項を反映しなければならない。したがって，投資は全体として扱われ，のれんは個別には扱われない。つまり，適切な状況においては，投資の帳簿価額を減損前の価値にまで回復させることは禁止されていない。

したがって，上述の状況では，持分法による投資先の減損損失の戻入の一般的な条件が満たされる場合，CU 150の減損損失全額を戻入れることが可能である。

設例4.4.11

ノンリコース・ローンと持分法による投資の減損

会社Aおよび会社Bは不動産ベンチャーである会社Cに各々CU6百万ずつ出資している。これらの投資の一部は，各社CU5百万の借入金により賄われている。借入金の条件により，会社Cからの投資の回収ができない範囲において，会社Aおよび会社Bは借入金の返済を要求されない。

会社Aおよび会社Bの会社Cに対する投資が，IAS第28号（2011年）42項（旧IAS第28号〔2003年〕33項）に規定される原則のもとで減損していると判定された場合，会社Aおよび会社Bは，当パラグラフに従い投資を評価減しなければならない。ノンリコース・ローンの存在は，減損損失の制限を正当化しない。借入金は，IFRS第9号（IFRS第9号適用前ではIAS第39号）により，個別に会計処理される。

4.4.12 非流動としての表示

関連会社または共同支配企業に対する投資（またはその一部）が，IFRS第5号「売却目的で保有する非流動資産および非継続事業」に従って売却目的保有に分類されている場合を除き，当該投資，または売却目的保有に分類されていない当該投資に対する残存持分は，非流動資産に分類しなければならない[IAS第28号（2011年）15項]。

IAS第28号（2011年）をまだ適用していない企業にとっては，IAS第28号（2003年）38項が，持分法で会計処理される関連会社に対する投資を，非流動資産に分類することを要求している。IAS第28号（2011年）15項は本質的にIAS第28号（2003年）38項の要求事項と一致している。2つの基準の間での主は変更点は，**本章4.3.1**で記述されているように，投資の一部が異なる形で会計処理される状況（一部を売却保有目的として，一部を残存部分として）に関連する。

5　個別財務諸表

IAS 第 28 号（2011 年）を適用している企業にとっては，投資者の個別財務諸表における関連会社または共同支配企業に対する投資の会計処理は，IAS 第 27 号「個別財務諸表」（2011 年）（**第 2 巻 8 章**参照）で扱われる［IAS 第 28 号（2011 年）44 項］。

IAS 第 28 号（2003 年）を適用している企業にとっては，投資企業の個別財務諸表における関連会社に対する投資の会計処理は，IAS 第 27 号「連結および個別財務諸表」（2008 年）で扱われる［旧 IAS 第 28 号（2003 年）35 項］。

IAS 第 27 号（2011 年）と IAS 第 27 号（2008 年）における要求事項の間で，投資者の個別財務諸表における関連会社または共同支配企業に対する投資の会計処理に関する実質の変更はない。

6　表示および開示

6.1　表　示

IAS 第 1 号「財務諸表の表示」は，以下を要求する。

- 持分法で会計処理されている投資を，財政状態計算書において独立の科目として表示すること［IAS 第 1 号 54 項（e）］
- 持分法で会計処理されている関連会社および共同支配企業の純損益に対する持分を，純損益の部または純損益計算書（IAS 第 1 号における 2011 年 6 月の修正をまだ適用していない企業にとっては，包括利益計算書）において独立の科目として表示すること［IAS 第 1 号 82 項（c）］

企業が営業利益の項目を報告することを選択する場合は，持分法で会計処理されている関連会社および共同支配企業の純損益に対する持分を，営業利益の内か外かのいずれに表示するかを検討しなければならない。その決定をしたうえで，当該関連会社または共同支配企業に関する減損損失は，その決定と首尾一貫させて，営業利益の内か外かに表示することが適切と考えられる。いかなる減損損失も，関連会社および共同支配企業の純損益に対する持分と相殺消去してはならない。なぜなら，そのような処理は，純損益の持分を独立した科目として表示する要求事項と相反するからである。企業によっては，減損損失を関連会社または共同支配企業の純損益に対する持分に隣接した別個の科目として表示することを選択する場合がある。

6.2　開示（IAS第28号〔2011年〕を適用している企業）

IAS 第 28 号（2011 年）を適用している企業にとっては，関連する開示の要求事項は，IFRS 第 12 号「他の企業への関与の開示」（**第 2 巻 7 章**参照）に規定される。

6.3　開示（IAS第28号〔2003年〕を適用している企業）

6.3.1　関連会社が持分法で会計処理されている財務諸表

本セクションにおける開示要求は，通常，IAS 第 27 号「連結および個別財務諸表」（2008 年）に従って作成される連結財務諸表に適用される。しかし，当該開示要求はさらに，子会社を有しないために連結財務諸表を作成しない投資者が，財務諸表において持分法で関連会社の会計処理を行う場合にも適用される。

以下の開示が要求される［旧 IAS 第 28 号（2003 年）37 項］。

（a）相場が公表されている関連会社に対する投資の公正価値（企業が IFRS 第 13 号「公正価値測定」を適用している場合には，「公表市場価格」が参照される）
（b）資産，負債，収益および純損益の合計額を含む，関連会社の要約財務情報
（c）投資者が直接的に，または子会社を通して間接的に有している投資先の議決権

または潜在的議決権が20%に満たないため，重要な影響力を有していないと推測されるにもかかわらず，投資者が重要な影響力を有していると結論付ける理由

(d) 投資者が直接的に，または子会社を通して間接的に有している投資先の議決権または潜在的議決権が20%以上であるため，重要な影響力を有していると推測されるにもかかわらず，投資者が重要な影響力を有していないと結論付ける理由

(e) 関連会社の財務諸表の報告期間の末日（当該財務諸表が持分法適用の際に使用されており，その期末日または期間が投資者と異なる場合），および期末日または期間の相違の理由

(f) 関連会社が現金配当またはローンや貸付の返済の形で投資者に資金を送金する能力に対する，著しい制限の内容と程度（例えば，借入の条項や規制上の要求等）

(g) 投資者が関連会社の損失に対する持分の認識をやめている場合に，当期および累計の当該関連会社の損失に対する未認識の持分

(h) 関連会社がIAS第28号（2003年）13項に従って持分法で会計処理されていない旨（**本章4.2.2**参照）

(i) 持分法で会計処理されていない関連会社の，個別または企業集団としての要約財務情報。これには資産，負債，収益および純損益の合計額が含まれる。

前述のIAS第28号（2003年）37項（b）および（i）に従って開示される金額について，以下の点が明らかではない。

- 全額か，それとも投資者の持分の金額か。
- 投資先によって報告された金額か，それとも取得時における公正価値修正および投資者の会計方針に従うために修正が行われたものか。

1点目の疑問については，20%の持分先の全額および50%の持分先の全額を合算することは特段意味のある情報をもたらすように考えられないので，企業は，その持分金額を報告することがより好ましいと判断するかもしれない。

2点目の疑問に対する考え方は，より不明確である。一方では，修正後の金額を表示することは，持分法で表示された情報との調整を容易にする。他方では，未修正の情報を表示することは，実施された修正の影響について，よりよい理解を利用者に与える場合がある。さらに，(i) の開示に関しては，持分法で会計処理されない関連会社に対して，持分法のもとで必要であったであろう修正の算定および適用を要求することは，企業の負担になると考えられる。

したがって，企業は，IAS 第28号（2003年）37項（b）および（i）によって要求される各々の開示に関する会計方針を工夫，継続適用し，その作成の基礎を説明すべきである。金額に重要性があると判断される場合には，関連会社をどのように合算するかについて検討する必要がある場合がある。例えば，純負債となる関連会社の合算と，純資産となる関連会社とは別個に合算することが，関連会社の要約財務情報の利用者にとって，より有用かもしれない。

以下の区分開示が要求される［旧IAS第28号（2003年）38項］。

- 持分法で会計処理された関連会社の純損益のうち投資者の持分
- 持分法で会計処理された関連会社に対する投資の帳簿価額
- 持分法で会計処理された関連会社の非継続事業に対する投資者の持分

関連会社がその他の包括利益に認識した変動に対する投資者の持分は，投資者によりその他の包括利益に認識されなければならない［旧IAS第28号（2003年）39項］。

IAS第37号「引当金，偶発負債および偶発資産」に従って，投資者は，下記を開示しなければならない［旧IAS第28号（2003年）40項］。

- 他の投資者と共同で生じた関連会社の偶発負債に対する投資者の持分
- 投資者が関連会社の負債の全部または一部に個別に責任を負っていることにより生じた偶発負債

6.3.2　個別財務諸表

IAS 第 27 号（2008 年）も，投資者の個別財務諸表における関連会社に対する投資に関して多くの開示を要求している。関連会社に対する投資者が，個別財務諸表を作成する場合には，当該個別財務諸表は，下記の事項を開示しなければならない［IAS 第 27 号（2008 年）43 項］。

- 財務諸表が個別財務諸表である旨，および当該財務諸表が法律により要求されていない場合は，作成する理由
- 下記の内容を含む，子会社，共同支配企業および関連会社に対する重要な投資の一覧
    - 名称
    - 法人設立国または所在地
    - 所有持分比率
    - 所有持分が議決権と異なる場合は，保有する議決権比率
- そのような投資の会計処理で使用した方法の説明

個別財務諸表は，また，それらが関連する IAS 第 28 号に従って作成された財務諸表（すなわち**本章 6.3.1** で参照される財務諸表）を識別しなければならない［IAS 第 27 号（2008 年）43 項］。

7　IAS第28号（2011年）― 発効日および経過措置

7.1　発効日

IAS 第 28 号（2011 年）は，2013 年 1 月 1 日以後開始する事業年度から適用しなければならない。以下を条件として，早期適用が認められる［IAS 第 28 号（2011 年）45 項］。

- 企業はその旨を開示する。
- 企業は，IFRS 第 10 号，IFRS 第 11 号，IFRS 第 12 号および IAS 第 27 号（2011 年）を同時に適用する。

7.2　経過措置

特定の経過措置が存在しないため，IAS 第 28 号（2011 年）の要求事項は，遡及的に適用しなければならない。

しかし，IFRS 第 11 号は，IFRS 第 11 号を初めて適用することにより，以前に比例連結で会計処理していた共同支配企業を持分法で会計処理することとなる場合の具体的な経過措置を含むため，留意が必要である（**第 2 巻 5 章 9.2** 参照）。

8　将来の進展

8.1　持分法による投資先のその他の純資産変動に対する持分

2012 年 11 月，IASB は公開草案 ED／2012／3「持分法：その他の純資産変動に対する持分」（IAS 第 28 号の修正案）を公表した。

公開草案は以下の提案を行っている。

- 投資者が，投資先の純資産の変動のうち投資先の純損益またはその他の包括利益（OCI）に認識されておらず，受取った分配ではないもの（その他の純資産変動）に対する持分を，投資者の資本に認識する。
- 投資者が持分法の使用を中止するときに，投資者は過去に認識した資本の累計額を純損益に振替える。

公開草案のコメント期間は，2013 年 3 月 22 日で終了した。相当数のコメント提出者が IASB の提案に反対した。2013 年 7 月，IFRS 解釈指針委員会は公開草案に対する回答について議論し，2012年6月にIFRS解釈指針委員会がIASBに当初提出した提案への選好を再確認した。当初の提案は，以下を要求する。

- 投資に対する投資者の所有持分が，直接的であれ間接的であれ，減少する場合には，当該変動の影響は部分的な処分として会計処理し，投資者の純損益に認識する。
- 投資に対する投資者の所有持分が，直接的であれ間接的であれ，増加する場合には，当該変動の影響は投資の追加取得として会計処理し，原価で認識する。
- 投資先が自身の持分に関して締結したコール・オプション取引（株式に基づく報酬等）は，提案の範囲から除外する。

解釈指針委員会は，当初の提案をIASBに再提出することを暫定決定した。IASBが再び当初の提案に納得しなかった場合には，解釈指針委員会の選好は，すべての種類のその他の純資産変動を投資者の純損益に認識することである。なぜなら解釈指針委員会の見解では，それらは収益および費用であるからである。

IASBのプロジェクト予定表では，本トピックの最終化が2013年第4四半期に公表されることが示されている。執筆時点においては，IASBが2012年11月の公開草案における提案を進める意図であるのか，あるいはIFRS解釈指針委員会が表明している懸念を考慮し，この提案を修正する意図なのかは，まだ不明である。

8.2　投資者とその関連会社または共同支配企業の間での資産の売却または拠出

2012年12月，IASBは公開草案ED／2012／6「投資者とその関連会社または共同支配企業の間での資産の売却または拠出」(IFRS第10号およびIAS第28号の修正案）を公表した。修正案の目的は，**本章4.4.6.2** および **4.4.6.3** で議論されているIAS第28号（2011年）とIFRS第10号との間の矛盾に対処することである。公開草案は，IAS第28号（2011年）を以下のとおりに修正することを提案している。

- 投資者とその関連会社または共同支配企業との間の取引について利得または損失を部分的に認識するという現在の要求事項は，事業（IFRS 第 3 号「企業結合」で定義）を構成しない資産の売却または拠出から生じた利得または損失のみに適用される。
- 投資者と関連会社または共同支配企業との間での，事業（IFRS 第 3 号で定義）を構成する資産の売却または拠出から生じた利得または損失は，全額認識される。

公開草案のコメント期間は，2013 年 4 月 23 日で終了した。修正の最終化は，2013 年第 4 四半期が予定されている。

第7章
他の企業への関与の開示
Disclosure of interests in other entities

目 次

1　はじめに

2011年5月，IASBは，IFRS第12号「他の企業への関与の開示」を公表した。2012年6月に，IFRS第12号は「連結財務諸表，共同支配の取決めおよび他の企業への関与の開示：経過措置ガイダンス」（IFRS第10号，IFRS第11号およびIFRS第12号の修正）により修正された。

> 2012年6月の修正は，企業がIFRS第12号を適用する最初の財務諸表における比較情報の表示について限定的な救済措置を設けている。詳細については，**本章9**にて述べる。

IFRS第12号は，同時に発行された一連の基準の一部であり，それらはすべて同時に適用されなければならない。連結に関するその他の基準は，IFRS第10号「連結財務諸表」（**第2巻4章**参照），IFRS第11号「共同支配の取決め」（**第2巻5章**参照），IAS第27号（2011年）「個別財務諸表」（**第2巻8章**〔IAS第27号（2011年）〕参照），IAS第28号（2011年）「関連会社および共同支配企業に対する投資」（**第2巻6章**参照）である。

IFRS第12号は，連結に関するその他の基準と同様に，2013年1月1日以後開始する事業年度から適用しなければならない。企業は，これらの基準を2013年の発効日より前に適用することが認められている。しかし，一連の基準書を早期適用する場合には，連結に関するすべての基準を同時に適用し，その旨を開示しなければならない。

> IASBは，企業にIFRS第12号によって要求されている開示を，2013年1月1日より前に開始する事業年度に提供することを奨励している[IFRS第12号C2項]。一連の基準をすべて同時に適用するという要求は，企業が連結に関するその他の基準を適用する前に，IFRS第12号が要求している開示の一部を企業が提供することを妨げない。しかし，この場合，IAS第27号（2008年）「連結および個別財務諸表」，IAS第28号（2003年）「関連会社に対する投資」およびIAS第31号「ジョイント・ベンチャーに対する持分」が要求する開示を引続き提供する必要がある。こ

れらの基準は，連結に関するすべての基準が適用されるときにのみ，廃止される。

IFRS 第 12 号は，2012 年 10 月に直近の修正が行われた（**投資企業**に関する修正）。この修正では，投資企業に関する特定の新しい開示要求（**本章 5.1** および **6.8** 参照）を導入し，IFRS 第 12 号の一般的な開示要求（**本章 7.1** および **8** 参照）の一部から投資企業を免除している。

投資企業に関する開示要求は，2014 年 1 月 1 日以後開始する事業年度より適用され，早期適用が認められている（詳細は**本章 9.3** 参照）。企業は，**投資企業**の修正に含まれるすべての要求事項を同時に適用することが要求されている。そのため，企業が 2014 年 1 月 1 日より前に始まる会計年度に投資企業に関する連結の例外規定を適用する場合，投資企業は当該早期適用期間から**本章 5.1** および **6.8** に記載している追加の開示を提供すること，また投資企業の個別財務諸表に関して改訂された要求事項を適用することが求められる（**第 2 巻 8 章**〔IAS 第 27 号（2011 年)〕参照)。

1.1　IASBによるIFRS第12号公表の理由

利用者等（G20 首脳や金融安定理事会を含む）から受取ったインプットに対応して，IASB は，報告企業が他の企業と特別な関係を有している場合の当該他の企業に対する報告企業の関与に関する開示を改善することを決定した。また，IASB は，子会社，共同支配の取決め，関連会社および非連結の組成された企業（SIC 第 12 号「連結ー特別目的事業体」で規定されている特別目的事業体とおおよそ同義）に関する開示要求を統合して整合的なものとし，それらの要求事項について，単一の IFRS において提示する機会を識別した。IASB は，他の企業への関与に関する開示の基準を統合することで，子会社，共同支配企業，関連会社および非連結の組成された企業についての開示要求の理解と適用が容易になるという結論を下した［IFRS 第 12 号 IN6 項および IN7 項］。

IAS 第 27 号（2011 年）は，個別財務諸表についての開示要求を含んでいる。新しい基準の移行に関する開示要求以外の，その他すべての子会社，共同支配の取決め，および関連会社に関する開示（そして非連結の組成された企業に関する新しい開示）は，IFRS 第 12 号に集約された。

IAS 第 27 号（2008 年），IAS 第 28 号（2003 年）および IAS 第 31 号によって要求される開示の大部分は，IFRS 第 12 号に含まれている。しかし，IFRS 第 12 号は，一部の従来の要求事項を拡大し，新しい要求事項も追加している。

さらに，IFRS 第 12 号は，非連結の組成された企業（**本章 8** 参照）および連結している組成された企業（**本章 6.4** 参照）に関する新しい開示要求を含んでいる。

2 目 的

IFRS 第 12 号の目的は，財務諸表の利用者が以下のことを評価できるよう情報の開示を企業に要求することである［IFRS 第 12 号 1 項］。

- 他の企業への関与の内容およびそれに関連するリスク
- それらの関与が，企業の財政状態，財務業績およびキャッシュ・フローに与える影響

IFRS 第 12 号に基づく開示要求は，以下の 4 つのセクションに分けられる［IFRS 第 12 号 2 項］。

- 次のことを決定する際に企業が行った重大な判断および仮定
  - 他の企業または取決めへの関与の性質（**本章 5** 参照）
  - 関与を有する共同支配の取決めの種類（**本章 5** 参照）
  - **投資企業**の修正を適用している企業においては，もし該当あれば，投資企業の定義を満たしている旨（**本章 5.1** 参照）
- 子会社への関与に関する情報（**本章 6** 参照）

- 共同支配の取決め，および関連会社への関与に関する情報（**本章 7** 参照）
- 非連結の組成された企業への関与に関する情報（**本章 8** 参照）

これら 4 つのセクションで規定される開示が，他の基準により提供される開示と合わせても，IFRS 第 12 号の全般的な目的を満たさない場合には，報告企業は，当該目的を満たすのに必要な追加的な情報を開示しなければならない［IFRS 第 12 号 3 項］。

2.1　集　約

報告企業は，IFRS 第 12 号の目的を満たすために必要なレベルの詳細さと，本基準の開示要求のそれぞれにどの程度重点を置くかの双方を考慮しなければならない。重要ではない詳細情報を大量に含めたり，性格の異なる項目を集約したりすることによって，有用な情報が隠されてしまうかもしれない。そのため，有用な情報が隠されてしまわないように，開示の集約または分解を行わなければならない［IFRS 第 12 号 4 項および B2 項］。

集約，分解および強調の程度は，各報告企業によって，利用者のニーズを満たすように調整されるべきである。各企業は，過度に詳細な情報と過度に少ない情報との間で，適切なバランスをとる必要がある［IFRS 第 12 号 B2 項］。

以下のものへの関与については，別々に表示されなければならない［IFRS 第 12 号 B4 項］。

- 子会社
- 共同支配企業
- 共同支配事業
- 関連会社
- 非連結の組成された企業

基準の全般的な目的と整合的で，提供される情報が曖昧にならない場合には，類似の企業への関与について，これらの種類ごとの集約が認められる［IFRS 第 12 号 B3 項］。特定の企業について情報を集約すべきかどうかを決定する際に，集約を検討している企業それぞれの種々のリスクおよびリターンに関する定量的情報および定性的情報を，報告企業にとってのそれぞれの企業の重要性とともに考慮しなければならない［IFRS 第 12 号 B5 項］。IFRS 第 12 号は，可能性のある集約レベル例として，活動の性質，業種分類または地理的区分（例えば，国または地域）を示している［IFRS 第 12 号 B6 項］。

開示は，報告企業の他の企業への関与の内容および程度を明確にする方法で，財務諸表に表示されるべきである［IFRS 第 12 号 B5 項］。

報告企業は，類似する企業への関与をどのように集約したのかを，財務諸表に開示しなければならない［IFRS 第 12 号 B3 項］。

場合によっては，この開示はどのように情報が表示されるかにより明らかであり，追加的な説明が必要とされないことがある。例えば，地域によって情報を集約することが適切と判断される場合に，この集約が，表題や副題によって容易に明らかである場合がある。

3 範 囲

3.1 一般的な範囲

以下に述べる特定の免除を前提として，企業は，以下の 1 つまたは複数への関与を有する場合には，IFRS 第 12 号を適用することが要求される［IFRS 第 12 号 5 項］。

- 子会社
- 共同支配の取決め（すなわち，共同支配事業または共同支配企業）
- 関連会社
- 非連結の組成された企業

本基準は，「関与を有する」という規定が，報告期間の末日時点を指しているのか，報告期間中のいずれかの時点を指しているのかについて明確にしていない。しかし，本基準は，報告期間中に起こる事象に関する多くの開示（例えば，報告期間中の子会社に対する支配の喪失に関連するもの）を要求している。したがって，企業は，報告期間中のいずれかの時点でIFRS第12号5項で述べられている内容の関与を有する場合には，本基準を適用すべきである。

本基準は，他の企業への関与を定義している（**本章4.1**参照）。しかし，IFRS第10号「連結財務諸表」，IFRS第11号「共同支配の取決め」およびIAS第28号（2011年）「関連会社および共同支配企業に対する投資」の適用を通じて，企業がすでに子会社，共同支配事業，共同支配企業または関連会社を有していると判断している場合には，当該企業は，IFRS第12号の適用対象となる。

「他の企業への関与」，「組成された企業」の用語は，**本章4**で説明される。

IFRS第12号の開示要求からの免除は，2つの種類に分類される。

- IFRS第12号の範囲外となる財務諸表（**本章3.2**参照）
- 開示が要求されない関与（**本章3.3**参照）

加えて，投資企業はIFRS第12号の一般的な開示要求のいくつかについて免除される（**本章7.1**および**8**参照）。

3.2　IFRS第12号の範囲外となる財務諸表

IFRS第12号の要求事項は，通常，企業の個別財務諸表には適用されない。個別財務諸表における開示要求は，IAS第27号（2011年）で規定されている（**第2巻8章**〔IAS第27号（2011年）〕参照）。

ただし，企業の個別財務諸表が企業の唯一の財務諸表である場合，以下のようにIFRS第12号に基づく開示が要求される。

- 企業が非連結の組成された企業に関与を有している場合，IFRS 第 12 号 24 項から 31 項で規定されている非連結の組成された企業に関して要求される開示［IFRS 第 12 号 6 項（b)］
- 企業が（**投資企業**の修正を適用することにより）投資企業である場合，IFRS 第 12 号により投資企業に要求される開示（**本章 5.1** および **6.8** 参照）［IAS 第 27 号（2011 年）16A 項］

IAS 第 27 号（2011 年）において，個別財務諸表は，親会社（すなわち，子会社に対する支配を有する投資者）または投資先に対する共同支配または重要な影響力を有する投資者が表示する財務諸表であり，その投資は取得原価で，または IFRS 第 9 号「金融商品」（IFRS 第 9 号適用前においては，IAS 第 39 号「金融商品：認識および測定」）に従って会計処理されるものと定義されている［IAS 第 27 号（2011 年）4 項］。

3.3 開示が要求されない関与

本基準は，以下の関与についての開示の提供を要求していない［IFRS 第 12 号 6 項（a），(c）および（d)］。

- IAS 第 19 号「従業員給付」が適用される退職後給付制度
- IAS 第 19 号「従業員給付」が適用されるその他の長期従業員給付制度
- 共同支配の取決め（すなわち，共同支配企業または共同支配事業）に参加しているが，共同支配を有していない当事者が保有する関与（ただし，共同支配の取決めに対して重要な影響力が生じている関与，または組成された企業への関与である場合を除く）
- IFRS 第 9 号（IFRS 第 9 号適用前の場合は，IAS 第 39 号）に従って会計処理される他の企業への関与（ただし，当該関与が（1）関連会社または共同支配企業への関与であり，IAS 第 28 号「関連会社および共同支配企業に対する投資」に従って，純損益を通じて公正価値で測定される場合，または (2) 非連結の組成された企業への関与である場合を除く）

前述の最後の項目に関連して，IAS第28号（2011年）は，ベンチャー・キャピタル企業またはミューチュアル・ファンド，ユニット・トラストもしくは類似の企業（投資連動型保険ファンドを含む）に保有される関連会社または共同支配企業への関与を，純損益を通じて公正価値で測定することを認めている（**第2巻6章4.2.1.2**参照）。IFRS第12号の開示要求は，このような関与に適用される。

IAS第19号が適用される退職後給付制度およびその他の長期従業員給付制度は，IFRS第10号の範囲外でもある（**第2巻4章3**参照）。

IFRS第10号およびIFRS第12号は，IAS第19号ではなく，IFRS第2号「株式に基づく報酬」の範囲となる，持分報奨制度に関する免除規定は設けていない。

4　定　義

4.1　他の企業への関与—定義

IFRS第12号の適用の目的上，他の企業への関与とは，企業を他の企業の業績からのリターンの変動性に晒す契約上および非契約上の関与を指す。関与は，負債性金融商品または資本性金融商品の保有や他の形式の関与（例えば，資金の提供，流動性の支援，信用補完および保証等）によって証明できるが，これらに限らない。関与には，他の企業に対する支配もしくは共同支配または重要な影響力を企業が有している手段が含まれる。本基準の目的上，通常の得意先と仕入先の関係は，それだけでは他の企業への関与を生じさせない［IFRS第12号付録A］。

報告企業が契約上または非契約上の関与により，他の企業の業績からのリターンの変動性に晒されている，もしくは権利を有している場合，当該報告企業は，IFRS第12号の適用の目的上，他の企業への関与を有している。

リターンの変動性は，IFRS第10号における支配の意味において重要なものであり，広く定義されている（**第2巻4章9**のリターンの変動性に関する記述を参照）。

一般的に，企業は，IFRS 第 10 号「連結財務諸表」，IFRS 第 11 号「共同支配の取決め」および IAS 第 28 号（2011 年）「関連会社および共同支配企業に対する投資」の適用を通じて，子会社，共同支配の取決め，および関連会社への関与の範囲をすでに決定している。加えて，IFRS 第 12 号の適用の目的上，報告企業は，非連結の組成された企業への関与の範囲を決定する必要がある。

組成された企業の定義は，**本章 4.2** に記述している。**本章 4.3** は，主に非連結の組成された企業への関与に関連して，企業が他の企業への関与を有しているかどうかを，どのように決定するかについて検討している。

4.2 組成された企業

IFRS 第 12 号において，組成された企業は，「誰が企業を支配しているのかの決定に際して，議決権または類似の権利が決定的な要因とならないように設計された企業（例えば，あらゆる議決権が管理業務のみに関係しており，その関連性のある活動が契約上の取決めによって指図される場合等）」と定義されている［IFRS 第 12 号付録 A および B21 項］。

「組成された企業」という用語は，IAS 第 27 号（2008 年）「連結および個別財務諸表」または SIC 第 12 号「連結－特別目的事業体」では使用されていなかった。また，IFRS 第 10 号においても使用されていない。この定義と IFRS 第 12 号の非連結の組成された企業に関する開示要求の背景は，IASB が，「オフバランスシート」活動に関する開示要求を改善することを，とりわけ G20 首脳や金融安定理事会から求められていたことにある。非連結の組成された企業，特に証券化ビークルおよび資産担保金融が，このような活動の一部として識別された［IFRS 第 12 号 BC 62 項］。

報告企業により支配されている組成された企業は，子会社の定義を満たし，連結される（したがって，「オンバランス」となる）。組成された企業である子会社については，特定の開示が要求される（**本章 6.4** 参照）。非連結の組成された企業に関して要求される開示については，**本章 8** で述べられている。

企業がSIC第12号の特別目的事業体の定義を満たす場合は，IFRS第12号の組成された企業の定義も満たす可能性が高い。IASBは，IFRS第12号の結論の根拠において，IASBが組成された企業として性格付けることを想定している種類の企業は，SIC第12号で定義されている特別目的事業体と大きく異なる可能性は低いと述べている［IFRS第12号BC 82項］。

IFRS第12号の付録Bは，組成された企業は，以下の特徴または属性の一部または全部を有していることが多いと規定している［IFRS第12号B22項］。

- 制限された活動
- 狭く十分に明確化された目的（例えば，税務上有利なリースの実行，研究開発活動の実施，企業への資金源の提供，または組成された企業の資産に関連するリスクと経済価値を投資者に移転することによる投資者への投資機会の提供等）
- 組成された企業が劣後的な財政的支援なしに活動資金を調達するには不十分な資本
- 信用リスクまたはその他のリスクの集中（トランシェ）を生み出す，投資者への複数の契約上関連した金融商品の形での資金調達

前述の3番目の項目に関連して，単純に劣後的な財政的支援を必要としていることは，企業が組成された企業であることを自動的に意味するわけではない。例えば，企業集団は，しばしば資本と劣後債の組合せを通じた子会社の資金調達を選択する。しかし，そのような子会社が資本性金融商品に付随する議決権により支配されている場合には，組成された企業の定義には該当しない。

議決権により支配されている企業が，リストラクチャリングの結果として第三者から資金提供を受けた場合，このこと自体により当該企業が組成された企業とされるものではない［IFRS第12号B24項］。

本基準では，証券化ビークル，資産担保金融および一部の投資ファンドが組

成された企業の例として示されている［IFRS 第 12 号 B23 項］。

4.3　他の企業への関与―追加ガイダンス

報告企業が，組成された企業である共同支配企業または関連会社への関与を有している場合，その関与はまた，IFRS 第 12 号の目的上，非連結の組成された企業への関与である。そのため，報告企業はそのような関与について，共同支配企業および関連会社への関与に関するもの（**本章 7** 参照），および非連結の組成された企業に関するもの（**本章 8** 参照）の，両方の開示要求の一式を満たす情報を提供すべきである。

IASB は，この問題を検討し，前パラグラフの結論を確認した。この結論に至る際に，IASB は，企業は共同支配企業および関連会社への関与に関する開示の提供により，非連結の組成された企業への関与に関して要求される開示の大半（場合によっては全部）を捕捉しているはずであることに注目した。したがって，IASB は，この結論は，企業が提供することを要求される情報の量を大きく増加させるものではないと考えている［IFRS 第 12 号 BC 77 項］。

当セクションは，企業が他の企業への関与を有しているかどうかを，どのように決定するかに関する IFRS 第 12 号のガイダンスについて記述している。**本章 4.1** において示されているように，これは，非連結の組成された企業への関与に主に関連するものである。

他の企業（例えば，非連結の組成された企業）への関与とは，報告企業を他の企業の業績からのリターンの変動性に晒す契約上または非契約上の関与をいう。他の企業が生み出すように設計されたリスクや，当該他の企業が報告企業または他の関係者に渡すよう設計されたリスクの考慮を含む，他の企業の目的および設計の考慮は，報告企業が当該他の企業への関与を有しているかどうかを検討する際に役立つ場合がある［IFRS 第 12 号 B7 項］。

通常，報告企業は，金融商品（例えば，他の企業が発行する負債性または資本性金融商品）の保有，または変動性を負担する他の関与によって，他の企業の業績からのリターンの変動性に晒されている。例えば，組成された企業がローンのポートフォリオを保有しているとする。ローンに関する元利支払の不履行から自らを防御するために，組成された企業は，報告企業とクレジット・デフォルト・スワップ（CDS）を締結する場合がある。クレジット・デフォルト・スワップは組成された企業のリターンの変動性を負担するので，報告企業はクレジット・デフォルト・スワップを締結することによって，当該組成された企業からのリターンの変動性に晒される関与を有している［IFRS 第12号 B8項］。

しかし，単にクレジット・デフォルト・スワップまたは他の金融商品を組成された企業と締結しているということだけでは，相手方が組成された企業への関与を有していると結論付けるのに十分ではない。相手方が組成された企業からのリターンの変動性に晒されていることが必要であり，以下に説明されているように，このことは常に生じるとは限らない。

金融商品のなかには，リスクを報告企業から他の企業に移転するように設計されているものがある。こうした金融商品は，当該他の企業のリターンの変動性を生み出すが，通常，報告企業を，当該他の企業の業績からのリターンの変動性に晒さない。組成された企業（企業A）は，他の企業（企業Z）の信用リスクに晒されたいと考える投資者に投資機会を提供するために設立されているとする（企業Zは，どの契約当事者とも関連していない）。企業Aは，資金調達のためにクレジットリンク証券（企業Zの信用リスクに連動した証券）を投資者に発行する。企業Aは，受取った資金を無リスク金融資産に投資する。加えて，企業Aは，企業Xとクレジット・デフォルト・スワップ（CDS）を締結する。このクレジット・デフォルト・スワップでは，企業Aは，企業Xによって，支払われる手数料と引換に企業Zの信用リスクに対するエクスポージャーを得る。投資者は，資産ポートフォリオからのリターンと，企業Xから受取る手数料に基づくリターンを受取る。企業Zの信用力が悪化していない場合には，最終的に元本全額が返済される。このクレジット・デフォルト・スワップは，企業Aのリターンの変動性を負担するのではなく，リターンの変動性を企業Aに移転している。そのため，企業Xは，企業Aの業績からのリターンの変動性に晒されていない。その結果，この例では，企業Xは，IFRS 第12号の目的上，企業Aへの関与を有していない［IFRS 第12号 B9項］。

5　重大な判断および仮定

企業は，以下のことを決定する際に報告企業によって行われる，重大な判断および仮定（ならびに，それらの判断および仮定に対する変更）について，開示しなければならない［IFRS 第 12 号 7 項］。

- 他の企業に対する支配を有していること
- 取決めに対する共同支配を有していること
- 取決めが別個のビークルを通じて組成されている場合の共同支配の取決めの種類（共同支配企業または共同支配事業のいずれか）
- 他の企業に対する重要な影響力を有していること

例えば，企業は，以下のことを決定する際に行われた重大な判断および仮定を開示しなければならない［IFRS 第 12 号 9 項］。

(a)　他の企業の議決権の過半数を保有しているにもかかわらず，当該他の企業を支配していないこと
(b)　他の企業の議決権の過半数を保有していないにもかかわらず，当該他の企業を支配していること
(c)　企業が代理人または本人であること（**第 2 巻 4 章 10.1** 参照）
(d)　他の企業の議決権の 20%以上を保有しているにもかかわらず，当該他の企業に対する重要な影響力を有していないこと
(e)　他の企業の議決権の 20%未満しか保有していないにもかかわらず，当該他の企業に対する重要な影響力を有していること

上記の（a），（b），（d）および（e）により要求されるものと同様の開示は，IFRS 第 12 号がその一部を構成する一連の基準をまだ適用していない企業にも，IAS 第 27 号（2008 年）「連結および個別財務諸表」および IAS 第 28 号（2003 年）「関連会社に対する投資」に基づき要求される（**本章 10** 参照）。

IFRS 第 12 号によって要求される開示は，列挙された 5 つのシナリオに

限定されない。関与の内容（子会社，共同支配の取決め，または関連会社）および別個のビークルを通じて組成されている場合の共同支配の取決めの種類を決定する際に行われた，すべての重大な判断および仮定について，開示が要求される。

多くの場合，特に子会社に関しては，判断および仮定に関する開示が必要とならないことがある。他の企業との関係の決定において，重大な判断および仮定が必要となる場合にのみ，開示が求められる。例えば，多くの子会社について，子会社であるか否かの評価は単純であり，判断は，ほとんど必要とされないだろう。なぜならば，所有者に比例的な議決権を与える資本性金融商品（例えば，普通株）を通じて，直接的にかつ単独で支配が行使されることが明らかな場合があるためである（**第2巻4章5.1**参照）。

報告期間中に事実および状況に変化が生じ，このことが報告企業が他の企業に対する支配，共同支配，または重要な影響力を有しているかどうかに関する決定に影響を与える場合には，これらの事実および状況における変化の結果として行われる重大な判断および仮定を開示することが要求される［IFRS第12号8項］。

5.1　投資企業の地位

このセクションの要求は，2012年10月に公表された**投資企業**の修正の一部としてIFRS第12号に追加された。この修正は，2014年1月1日以後開始する事業年度から適用され，早期適用も可能である（**本章9.3**参照）。

親会社がIFRS第10号27項（**第2巻4章15**参照）に従って自らが投資企業であると決定した場合，投資企業は自らが投資企業であると決定する際に行った重要な判断および仮定に関する情報を開示することが要求される［IFRS第12号9A項］。

投資企業が投資企業の典型的な特徴（**第2巻4章15.1.4**参照）のうち1つまたは複数を有していない場合には，それでも自らが投資企業であると結論を下した理由を開示することが求められている［IFRS第12号9A項］。

企業が投資企業になった場合，または投資企業でなくなった場合には，投資企業の地位の変動およびその変動の理由を開示しなければならない［IFRS 第 12 号 9B 項］。

さらに，投資企業になった企業は，その地位の変動が表示する期間の財務諸表に与える影響を開示することが要求される。これには次の事項が含まれる［IFRS 第 12 号 9B 項］。

- 連結しなくなった子会社の，地位の変動の日現在の公正価値の合計
- IFRS 第 10 号 B101 項に従って計算した利得または損失の合計（もしあれば）（**第 2 巻 4 章 15.1.6.2** 参照）
- 当期利得または損失が認識されている純損益の表示科目（区分表示していない場合）

6　子会社への関与

6.1　企業集団の構成

企業は，当該企業の連結財務諸表の利用者が，企業集団の構成を理解することができるようにする情報について，開示しなければならない［IFRS 第 12 号 10 項（a）(i)］。

IFRS 第 12 号 10 項における他の要求事項とは異なり，IFRS 第 12 号 10 項（a）(i）によって開示される情報に関する追加の指針は，何も提供されていない。そのため，IFRS 第 12 号 12 項から 19 項の要求事項（後述）への準拠が，IFRS 第 12 号 10 項（a）(i）の要求事項を満たすのに十分であるのか，または追加的な情報が要求されるのか，明らかではない。例えば，IFRS 第 12 号 10 項（a）(i）が，報告企業にすべての子会社の一覧の開示を要求しているのか，明確にされていない。

「グループの構成および非支配持分」と題された，IFRS 第 12 号の結論の根拠 BC 21 項から BC 29 項は，非支配持分や重大な制限（例えば，法

的境界線から生じるもの）による，親会社の株主に分配されるキャッシュ・フローへの影響に主として焦点を当てている。非支配持分および重大な制限については，IFRS 第 12 号 12 項および 13 項に基づくより具体的な開示要求の対象となる。

結論の根拠BC 28項では，IASBの考えを以下のようにある程度明確に示している。

> 「利用者は，グループにとって重要性のあるすべての子会社に関する財務情報を要望していたが，当審議会は，重要性のある非支配持分がある子会社に関してのみ財務情報を要求すると決定した。非支配持分が重要ではないか，または全くない子会社に関する情報を開示するという要求は，利用者にとって重要な便益がない一方で，作成が煩雑であると判明するかもしれない。利用者は，重要性のある非支配持分がある子会社に関する財務情報を有することによって最も便益を得ることが期待される」

このことは，IFRS 第 12 号 10 項（a)(i）が，すべての子会社，または個々に重要性のあるすべての子会社のリストの提供を，企業に要求することを意図したものではないことを明らかにしている。

したがって，これ以上のガイダンスや説明がないため，後続のパラグラフに従って提供される情報が，それだけで，利用者がグループの構成を理解できるようにするために十分であるかどうか検討するために，企業は，判断を使用すべきであることが示唆される。情報が十分でないと判断される場合には，追加的な情報を提供すべきである。

6.2　非支配持分

企業は，当該企業の連結財務諸表の利用者が，非支配持分が企業集団の活動およびキャッシュ・フローに対して有している関与を理解することができるようにする情報について，開示しなければならない［IFRS 第 12 号 10 項（a)(ii)］。

この要求事項は，非支配持分の表示および開示に関するIAS第1号「財務諸表の表示」の要求事項，すなわち（1）非支配持分および親会社の所有者に帰属する純損益およびその他の包括利益の分析，（2）財政状態計算書の資本の部における非支配持分の別掲，（3）持分変動計算書における期首と期末の非支配持分の調整表を補完するものである。

報告企業にとって重要性のある非支配持分がある子会社のそれぞれについて，以下の事項の開示が要求される［IFRS第12号12項，B10項，B11項およびB17項］。

(a)　子会社の名称
(b)　子会社の主要な事業場所，および主要な事業場所と異なる場合には設立国
(c)　非支配持分により保有されている子会社の所有持分の割合，および所有持分の割合と異なる場合には，非支配持分が保有している子会社の議決権の割合
(d)　報告期間中に子会社の非支配持分に配分された純損益
(e)　子会社の非支配持分に支払われた配当
(f)　報告期間の末日における子会社の非支配持分の累積額
(g)　連結会社間の相殺前の金額で示される（IFRS第5号「売却目的で保有する非流動資産および非継続事業」に従って，売却目的保有に分類される子会社を除く）子会社の資産，負債，純損益およびキャッシュ・フローに関する要約財務情報。この情報は，利用者が，非支配持分が企業集団の活動およびキャッシュ・フローに対して有している関与を理解することができるようにするものとしなければならない。例えば，これには以下のものが含まれるが，必ずしもこれらに限らない。
- 流動資産
- 非流動資産
- 流動負債
- 非流動負債
- 収益
- 純損益
- 包括利益合計額

上記の一覧において（d）は，連結財務諸表に非支配持分に帰属するものとして表示される，子会社の純損益の金額の開示を要求している。これは，IFRS第12号12項（g）(上記参照）に従って，子会社に関する要約財務情報において報告される金額と異なる場合がある。例えば，IFRS第12号12項（d）に基づき報告される金額は，内部取引の相殺消去を反映しているためである。

6.3　重大な制限

企業は，当該企業の連結財務諸表の利用者が，企業集団の資産へのアクセスまたは利用および企業集団の負債の決済を行う能力に対する重大な制約の内容および範囲を理解することができるようにする情報について，開示しなければならない［IFRS第12号10項（b)(i)］。

この要求事項は，グループ企業間での現金の移転に対する制限のような，グループ内の法的境界線によって存在する制限の開示となることが意図されている［IFRS第12号BC33項］。

この開示要求を満たすために，企業は，以下の事項の開示が要求される［IFRS第12号13項］。

- 企業集団の資産のアクセスまたは利用および企業集団の負債の決済を行う能力に関する重大な制限（例えば，法律上，規制上および契約上の制限）の詳細。例えば，現金その他の資産を企業集団内の企業間で移転する能力に影響する制限や，保証または他の要求で，企業集団内の配当その他の資本分配の支払の制限，企業間の貸付や前渡金の実行または返済能力の制限等が含まれる。
- 企業が企業集団の資産のアクセスまたは利用および企業集団の負債の決済を行う能力への重大な制限となり得る，非支配持分の防御的な権利の内容および範囲。例えば，親会社が自らの負債を決済する前に子会社の負債を決済する義務がある場合や，子会社の資産へのアクセスまたは負債の決済を行うために非支配持分の承認を要する場合が含まれる。

- 識別された制限が適用される資産および負債の連結財務諸表上の帳簿価額

この要求事項は，IAS 第 7 号「キャッシュ・フロー計算書」48 項によってすでに要求されている，企業によって保有される現金および現金同等物のうち，企業集団が利用できない重要な金額の開示を補完するものである。

6.4　連結している組成された企業への関与

企業は，当該企業の連結財務諸表の利用者が，連結した組成された企業への関与に関連したリスクの内容および変動を評価することができるようにする情報について，開示しなければならない［IFRS 第 12 号 10 項（b）(ii)］。

IFRS 第 12 号 10 項（b）(ii）の要求事項を満たすために，以下の情報の開示が要求される［IFRS 第 12 号 14 項－17 項］。

- 契約上の取決めが，連結している組成された企業に対する財務的支援の提供を企業集団のメンバーに要求し得る場合，契約上の取決めの条件を開示しなければならない。これらの開示には，報告企業を損失に晒す可能性のある事象または状況の詳細を含めなければならない（例えば，組成された企業の資産の購入または財務的支援を行う義務に関連した，流動性の取決めまたは信用格付のトリガー）。
- 報告期間中に，企業集団のメンバーが，契約上の義務なしに，**連結している**組成された企業に対して財務的支援または他の支援を提供した場合（例えば，組成された企業の資産を購入することによって，または組成された企業によって発行された金融商品を購入することによって），以下の事項を開示しなければならない。
    - 提供した支援の種類および金額（親会社または子会社が，組成された企業が財務的支援を得るのを援助した場合も含む）
    - 支援を提供した理由［IFRS 第 12 号 15 項］
- 報告期間中に，企業集団のメンバーが，契約上の義務なしに，**これまで非連結であった**組成された企業に対して財務的支援または他の支援を提供し，その支援の結果，企業集団が当該組成された企業を支配することとなった場合，報告企業は，その決定に至る際に関連性のある要因の説明を開示しなければならない［IFRS 第 12 号 16 項］。

- 連結している組成された企業に対して財務的支援または他の支援を行う現在の意図（組成された企業が財務的支援を得るのを援助する意図を含む）は，開示されなければならない［IFRS 第 12 号 17 項］。

6.5　子会社の所有持分の変動

企業は，当該企業の連結財務諸表の利用者が，子会社の支配の喪失に至らない子会社に対する当該企業の所有持分の変動の帰結を評価することができるようにする情報について，開示しなければならない。報告企業は，支配の喪失に至らない子会社に対する親会社の所有持分の変動が，親会社の所有者に帰属する持分に与える影響を示す表を表示しなければならない［IFRS 第 12 号 10 項(b)(iii) および 18 項］。

この要求事項は，IAS 第 27 号（2008 年）「連結および個別財務諸表」から引継がれている。

支配の喪失に至らない子会社に対する所有持分の変動の例としては，非支配持分がその権利に応じない子会社の新株発行があげられる。この結果として，親会社の持分が増加する。

6.6　子会社に対する支配の喪失

企業は，当該企業の連結財務諸表の利用者が，報告期間中の子会社の支配の喪失の帰結を評価することができるようにする情報について，開示しなければならない。企業は，IFRS 第 10 号 25 項（**第 2 巻 4 章 14.3** 参照）に従って計算された，利得または損失（もしあれば）を，以下の事項とともに開示することが要求される［IFRS 第 12 号 10 項（b)(iv) および 19 項］。

- 利得または損失のうち，旧子会社に対して保持している投資を支配喪失日現在の公正価値で測定することに起因する部分
- 当該利得または損失が認識される純損益の表示項目（独立表示されない場合）

この要求事項は，IAS 第 27 号（2008 年）から引継がれている。

上記の箇条書きの最初の項目の要求事項は，**第 2 巻 4 章設例 14.3.2A** に示されている。

6.7　異なる報告日または報告期間を使用する子会社

まれに，連結財務諸表の作成に使用される子会社の財務諸表を，連結財務諸表と同じ日現在または同じ期間で作成することが実務上不可能な場合がある（**第 2 巻 4 章 12.5** 参照）。その場合，連結財務諸表において以下の事項を開示しなければならない［IFRS 第 12 号 11 項］。

- 当該子会社の財務諸表の報告期間の末日
- 異なる日付または期間を使用している理由

この要求事項は，IAS 第 27 号（2008 年）から引継がれている。

6.8　非連結の子会社（投資企業）に対する関与

投資企業の修正により，当セクションで一覧化されているように，投資企業の非連結子会社について特定の開示要求が導入されている。加えて，投資企業はそのような関与について，IFRS 第 12 号の一般の開示要求を遵守することが要求される一方で，特定の免除が適用される（**本章 8** 参照）。

投資企業はまた，他の基準の開示要求にも従わなければならないことに留意する。特に，IFRS 第 7 号「金融商品：開示」，IFRS 第 13 号「公正価値測定」，IAS 第 24 号「関連当事者についての開示」の開示要求は，投資企業の財務諸表利用者にとって目的適合性がある可能性が高い［IFRS 第 12 号 BC 61B 項］。

共同支配の取決めおよび（または）関連会社への投資がある投資企業は，そのような関与について，IFRS 第 12 号の一般的な開示要求を遵守することが要求される一方で，特定の免除規定が適用される（**本章 7** 参照）。

投資企業に関する修正は，2014 年 1 月 1 日以後開始する事業年度より適用され，早期適用が認められている（詳細は**本章 9.3** 参照）。

IFRS 第 10 号に従って連結の例外措置を適用し，子会社に対する投資を純損益を通じて公正価値で会計処理することを要求されている投資企業は，その旨を開示しなければならない［IFRS 第 12 号 19A 項］。

非連結子会社のそれぞれについて，投資企業は次の事項を開示しなければならない［IFRS 第 12 号 19B 項］。

(a)　子会社の名称
(b)　子会社の主要な事業場所，および主要な事業場所と異なる場合には設立国
(c)　投資企業が保有している所有持分の割合，およびそれと異なる場合には，保有している議決権の割合

投資企業が，他の投資企業の親会社である場合，当該親会社は，投資企業である子会社が支配している投資について IFRS 第 12 号 19B 項 (a) から (c)（上記の一覧）の開示も提供しなければならない。この開示は，親会社の財務諸表に上記の情報を含んだ子会社の財務諸表を含めることにより提供することができる［IFRS 第 12 号 19C 項］。

投資企業は次の事項を開示しなければならない［IFRS 第 12 号 19D 項］。

- 非連結子会社が投資企業に配当の形で資金を移転するかまたは投資企業が非連結子会社に対して行った貸付の返済をする能力に対する重大な制限の内容および範囲（例えば，借入契約，規制上の要求または契約上の取決めにより生じたもの）
- 非連結子会社に対する財務的支援または他の支援を提供する現在のコミットメントまたは意図（子会社が財務的支援を得ることを援助するコミットメントまたは意図を含む）

報告期間中に，投資企業またはその他の子会社が，契約上の義務なしに，非連結子会社に対して財務的支援または他の支援（例えば，子会社の資産または子会社が発行した金融商品の購入，または子会社が財務的支援を得るうえでの援助）を提供した場合には，企業は次の事項を開示しなければならない［IFRS第12号19E項］。

- それぞれの非連結子会社に提供した支援の種類および金額
- 支援を提供した理由

IASBは，財務的支援を定義しないことを決定した。しかし，IFRS第12号の結論の根拠において，IASBは，財務的支援は，他の企業に対する直接または間接の資源の提供として広く理解されていると考えていることが示されている［IFRS第12号BC105項］。

投資企業は，企業またはその非連結子会社が非連結の支配している組成された企業に財務的支援を提供することを要求する可能性のある契約上の取決めの条件を開示しなければならない。これには，報告企業を損失に晒す事象または状況が含まれる（例えば，流動性の取決めまたは信用格付のトリガーで，組成された企業の資産の購入または財務的支援の提供の義務に関連したもの）［IFRS第12号19F項］。

報告期間中に，投資企業またはその非連結の子会社が，契約上の義務なしに，当該投資企業が支配していなかった非連結の組成された企業に対し財務的支援または他の支援を提供し，その支援の提供により投資企業が当該組成された企業を支配することとなった場合には，投資企業は当該支援を提供する意思決定に至った関連性のある要因の説明を開示しなければならない［IFRS第12号19G項］。

7　共同支配の取決めおよび関連会社への関与

本章における開示要求は，通常，IFRS 第 10 号「連結財務諸表」に従って作成される連結財務諸表に適用される。それらは，投資者が子会社を有していないために連結財務諸表を作成しないが，共同支配企業に対する共同支配投資者の持分，共同支配事業に対する共同支配事業者の持分，または関連会社に対する重要な影響力を有する場合にも適用される。

共同支配企業および関連会社への関与についての開示要求は，ベンチャー・キャピタル企業，ミューチュアル・ファンド，ユニット・トラストまたは類似の企業を含む，すべての企業に適用される。しかし，開示要求の一部は，持分法が適用されるときにのみに適用される。したがって，ベンチャー・キャピタル企業，ミューチュアル・ファンド，ユニット・トラストまたは類似の企業が，持分を持分法ではなく，純損益を通じて公正価値で測定する方法を選択した場合には，これらの開示要求は適用されないことになる。

投資企業の修正を適用している投資企業は，**本章 7.1** の要求に基づく特定の開示要求から免除される。しかし投資企業の修正を適用していなければ，投資企業に対し下記に一覧化されている開示要求は等しく適用される。

7.1　共同支配の取決めおよび関連会社への関与の内容，程度および財務上の影響

企業は，当該企業の連結財務諸表の利用者が，共同支配の取決めおよび関連会社への関与の内容，程度および財務上の影響を評価することができるようにする情報（共同支配の取決め，および関連会社に対する共同支配，または重要な影響力を有する他の投資者との契約上の関係の内容と影響を含む）について，開示しなければならない［IFRS 第 12 号 20 項（a)］。

投資企業に関する修正を適用している投資企業は IFRS 第 12 号 21（a）項（**本章 7.1.1** 参照）の開示要求は提供しなければならないが，IFRS 第 12 号 21 (b)(c) 項（**本章 7.1.2** および **7.1.3** 参照）の開示要求は提供する必要はない［IFRS 第 12 号 21A 項］。

7.1.1　報告企業にとって重要性のある共同支配の取決めおよび関連会社

報告企業は，報告企業にとって重要性のある共同支配の取決めおよび関連会社のそれぞれについて，以下の事項を開示しなければならない［IFRS 第 12 号 21 項（a)］。

- 共同支配の取決めまたは関連会社の名称
- 報告企業との関係の内容（例えば，共同支配の取決め，または関連会社の活動の内容，およびそれらが報告企業の活動にとって戦略的に重要なものかどうかの記述）
- 主要な事業場所，および該当があり，かつ，主要な事業場所と異なる場合には法人設立国
- 報告企業が保有している所有持分または参加持分の割合，および該当があり，かつ，これと異なる場合には，保有している議決権の割合

上記は共同支配の取決めを参照しており，これは上記の開示要求が共同支配企業および共同支配事業の両方に適用されることを意味することに注意が必要である。ただし，**本章 7.1.2** から **7.1.6** で述べる開示要求については，共同支配事業には適用されない。

7.1.2　報告企業にとって重要性のある共同支配企業および関連会社に対する追加開示

報告企業は，IFRS 第 12 号 21（a）項（**本章 7.1.1** 参照）の開示情報に加え，報告企業にとって重要性のある共同支配企業および関連会社のそれぞれについて，以下の事項を開示しなければならない［IFRS 第 12 号 21 項（b)，B12 項－ B14 項および B17 項］。

- 共同支配企業または関連会社に対する投資が，持分法と公正価値のいずれで測定されるのか。
- 共同支配企業または関連会社に対する投資が持分法で測定され，かつ，当該投資について公表された市場価格がある場合には，共同支配企業または関連会社

社に対する投資の公正価値

- 共同支配企業または関連会社から報告企業が受取った配当
- 共同支配企業または関連会社に関する要約財務情報（共同支配企業または関連会社，またはそれらの一部が，IFRS 第 5 号「売却目的で保有する非流動資産および非継続事業」に従って売却目的保有に分類されている場合を除く)。これには以下の項目が含まれるが，必ずしもこれらに限られない。
    - 流動資産
    - 非流動資産
    - 流動負債
    - 非流動負債
    - 収益
    - 継続事業からの純損益
    - 非継続事業からの税引後の純損益
    - その他の包括利益
    - 包括利益合計額
- 報告企業にとって重要性のある共同支配企業のそれぞれについて，以下の金額を開示しなければならない。
    - 流動資産に含まれている現金および現金同等物
    - 流動負債に含まれている流動金融負債（買掛金および他の未払金ならびに引当金を除く）
    - 非流動負債に含まれている非流動金融負債（買掛金および他の未払金ならびに引当金を除く）
    - 減価償却および償却費
    - 金利収益
    - 金利費用
    - 法人所得税費用または収益
- 報告企業が共同支配企業または関連会社への持分を持分法で会計処理している場合には，要約財務情報と共同支配企業または関連会社に対する持分の帳簿価額との調整表

IFRS 第 12 号 B12 項および B13 項に従って，表示が要求される要約財務情報は，共同支配企業または関連会社の IFRS 財務諸表において報告される金額を反映したものとすべきである（すなわち，当該金額に対する報告企業の持分ではない）。しかし，報告企業が共同支配企業または関連会社に対する持分を持分法によって会計処理している場合には，共同支配企業または関連会社の IFRS 財務諸表に含まれる金額は，持分法を適用する際に行われた修正（例えば，会計方針を報告企業のものと整合させる修正や取得時に行われる公正価値修正）を反映するように修正されなければならない［IFRS 第 12 号 B14 項］。

共同支配企業または関連会社に対する報告企業の持分が，IAS 第 28 号（2011 年）「関連会社および共同支配企業に対する投資」に従って，公正価値で測定されている場合で，かつ，共同支配企業または関連会社が IFRS 財務諸表を作成しておらず，IFRS 財務諸表の作成が実務上不可能または過大なコストを生じる場合には，要約情報を，共同支配企業または関連会社の財務諸表に基づいて開示することができる。その場合には，要約財務情報を作成した基礎を開示しなければならない［IFRS 第 12 号 B15 項］。

7.1.3 報告企業にとって個々には重要性のない共同支配企業および関連会社

報告企業は，以下の情報を，報告企業にとって個々には重要性のないすべての共同支配企業についての合計と，報告企業にとって個々に重要性がない関連会社についての合計を区別して開示しなければならない［IFRS 第 12 号 21 項（c）および B16 項］。

- 持分法で会計処理されている持分の帳簿金額
- 共同支配企業および関連会社の以下の金額に対する報告企業の持分
  - 継続事業からの純損益
  - 非継続事業からの税引後の純損益
  - その他の包括利益
  - 包括利益合計額

7.1.4　重大な制限

報告企業は，共同支配企業または関連会社が現金配当または貸付や前渡金の返済という形で報告企業に送金する能力に関する重大な制限の性質と範囲（例えば，借入の契約，規制上の要求，もしくは共同支配企業または関連会社に対して，共同支配または重要な影響力を有する投資者間の契約上の取決めにより生じるもの）について，開示しなければならない［IFRS 第 12 号 22 項（a)］。

7.1.5　異なる日付または異なる期間の財務諸表

持分法の適用に際して使用する共同支配企業または関連会社の財務諸表が，報告企業と異なる日付または期間のものである場合，報告企業は以下の事項を開示しなければならない［IFRS 第 12 号 22 項（b)］。

- 共同支配企業または関連会社の財務諸表の報告期間の末日
- 異なる日付または期間を使用している理由

7.1.6　損失に対する未認識の持分

報告企業が，持分法の適用に際して共同支配企業または関連会社の損失に対する持分の認識を停止している場合には，共同支配企業または関連会社の損失に対する未認識の持分を開示しなければならない（報告期間と累計の両方について）［IFRS 第 12 号 22 項（c)］。

7.2　共同支配企業および関連会社に対する関与に関連したリスク

企業は，当該企業の財務諸表の利用者が，共同支配企業および関連会社に対する関与に関連したリスクの内容および変動を評価することができるようにする情報について，開示しなければならない［IFRS 第 12 号 20 項（b)］。

7.2.1 共同支配企業または関連会社への関与に関連した偶発負債

共同支配企業または関連会社への関与に関連して報告企業が負っている偶発負債は，（損失の可能性が極めて低い場合を除き）他の偶発負債とは区分して開示されなければならない。報告される金額は，共同支配企業または関連会社に対する共同支配または重要な影響力を有する他の投資者と共同で負っている偶発負債に対する報告企業の持分を含まなければならない［IFRS 第 12 号 23 項（b)］。

7.2.2 共同支配企業に関するコミットメント

報告企業は，他のコミットメントとは別に，共同支配企業に関連して有しているコミットメントを開示しなければならない［IFRS 第 12 号 23 項（a)］。

共同支配企業に関するコミットメントの開示金額は，行ってはいるが報告日現在で認識していない報告企業のコミットメントの総額でなければならない。開示されるべきコミットメントとは，現金または他の資源の将来の流出を生じる可能性のあるものである。この開示には，他の共同支配投資者と共同で行われたコミットメントの報告企業の持分を含めなければならない［IFRS 第 12 号 23 項（a）および B18 項］。

現金または他の資源の将来の流出を生じさせる可能性のある未認識のコミットメントには以下のものが含まれる［IFRS 第 12 号 B19 項］。

- 例えば，以下の結果として共同支配企業自体に資金または資源を拠出する未認識のコミットメント
  - 共同支配企業の設立または取得の契約（例えば，所定の期間にわたって資金の拠出を要求するもの）
  - 共同支配企業が行う資本集約的なプロジェクト
  - 無条件の購入義務で，企業が共同支配企業から，または共同支配企業に代わって購入することを約束している設備，棚卸資産またはサービスの調達からなるもの
  - 共同支配企業に対する貸付または他の財務的支援を提供する未認識のコミットメント

	- 共同支配企業に資産またはサービス等の資源を拠出する未認識のコミットメント
	- 共同支配企業に関する他の取消不能の未認識のコミットメント
- 特定の事象が将来に発生した場合または発生しなかった場合に，共同支配企業に対する他の当事者の所有持分，またはその一部を購入する未認識のコミットメント

これらの開示の一部は，IFRS 第 12 号の他に，IAS 第 24 号「関連当事者についての開示」でも要求されている［IFRS 第 12 号 B20 項］。

8　非連結の組成された企業への関与

当セクションにおける開示要求は，以下のものに適用される。

- IFRS 第 10 号「連結財務諸表」に従って連結財務諸表を作成する場合，併せて表示される個別財務諸表において当該開示は要求されない。
- 関連会社または共同支配企業への関与の会計処理に持分法が使用されている財務諸表，この場合，併せて表示される個別財務諸表において当該開示は要求されない。
- 報告企業の唯一の財務諸表として表示される場合の個別財務諸表（投資企業以外で，そのような財務諸表に IFRS 第 12 号の他の開示が要求されない場合であっても一 **本章 3.2** 参照）

投資企業の修正を適用している投資企業は，IFRS 第 12 号 24 項（**本章 8.1** および **8.2** 参照）の要求事項に従う必要はない。

8.1　非連結の組成された企業への関与の内容および程度

企業は，当該企業の財務諸表の利用者が非連結の組成された企業への関与の内容および程度を理解することができるようにする情報について，開示しなけ

ればならない［IFRS 第 12 号 24 項（a)］。

投資企業は，自ら支配していて，IFRS 第 12 号 19A 項から 19G 項で要求している開示（**本章 6.8** 参照）を行っている非連結の組成された企業について，IFRS 第 12 号 24 項で要求している開示を提供する必要はない［IFRS 第 12 号 25A 項］。

IFRS 第 12 号 25A 項の投資企業の免除規定は，IFRS 第 12 号 24 項によって要求される開示についてのみ言及している。しかしながら，IFRS 第 12 号 26 項から 28 項（下記参照）の開示要求は単に IFRS 第 12 号 24 項（a）の要求事項を満たすために必要な詳細を拡充しているにすぎない。したがってこれらの要求事項も免除規定の対象となる。

報告企業は，非連結の組成された企業への関与に関する定性的情報および定量的情報を開示しなければならない。それらの情報には，組成された企業の内容，目的，規模および活動ならびに組成された企業の資金調達方法が含まれるが，これらに限らない［IFRS 第 12 号 26 項］。

本章 8.2 で議論されているように，IFRS 第 12 号 29 項は，非連結の組成された企業への企業の関与に関連する資産および負債の帳簿価額の開示を特に要求している。報告企業が，IFRS 第 12 号 29 項に基づく情報を（例えば，報告日現在で組成された企業への関与を有していないために）開示していない非連結の組成された企業のスポンサーとなっている場合には，当該企業は以下の事項を開示しなければならない［IFRS 第 12 号 27 項］。

(a)　どの組成された企業について報告企業がスポンサーとなっているのかを，どのように決定したか。
(b)　報告期間中のそのような組成された企業からの収益（表示した収益の形態の記述を含む)（下記参照)
(c)　報告期間中にそのような組成された企業に資産が移転された場合，当該資産の移転時の帳簿価額

IFRS 第 12 号 27 項（a）および 27 項（b）の項目において，「そのような組成された企業」とは，（報告企業がスポンサーになっている，すべての組成された企業を意味するのではなく）報告企業がスポンサーとなっているが，IFRS 第 12 号 29 項に基づく情報が提供されていない組成された企業を意味している［IFRS 第 12 号 BC 91 項］。

IFRS 第 12 号 27 項（c）は，スポンサーとなっている企業が移転した資産だけでなく，組成された企業に報告期間中に移転されたすべての資産について開示が行われることを示している［IFRS 第 12 号 BC 90 項］。

開示は，明示的または黙示的な関与を通じた，非連結の組成された企業への関与に関連したリスクの内容について要求されるものであるが（**本章 8.2** 参照），リスクは，これよりも幅広くなり得る。例えば，企業が組成された企業に対していかなる支援も行う意図がない場合にも，破綻した組成された企業のスポンサーとなっているために訴訟リスクに晒されるかもしれない。そのため，前述の開示は，報告企業がスポンサーとなっているが関与はしていない，非連結の組成された企業に対して要求される。これらは，企業がこうした種類の取引で管理していた営業活動の規模や，事業の促進のためにこうした企業に依存している程度についての感触を，財務諸表の利用者に提供するためのものである。これらは，企業にとっての破綻または遡及義務の実際のリスクの評価に役立つことを意図したものではない［IFRS 第 12 号 BC 86 項－BC 91 項］。

組成された企業からの収益には，以下のものが含まれるが，これらに限らない。経常的および非経常的な報酬，金利，配当，組成された企業への関与の再測定または認識の中止に係る利得または損失，ならびに組成された企業への資産および負債の移転から生じる利得または損失［IFRS 第 12 号付録 A］。

IFRS 第 12 号 27 項（b）および 27 項（c）により要求される開示は，他の形式がより適切である場合を除き，表形式で表示されなければならない。スポンサー活動は，適切な区分に分類されなければならない（**本章 2.1** 参照）［IFRS 第 12 号 28 項］。

8.2 非連結の組成された企業への関与に関連したリスク

企業は，当該企業の財務諸表の利用者が，非連結の組成された企業に対する関与に関連したリスクの内容および変動を評価することができるようにする情報について，開示しなければならない。この開示には，企業が報告期間中または過去の期間において，非連結の組成された企業に対して有していた関与（例えば，組成された企業のスポンサーとなること）によるリスクに対する企業のエクスポージャーを含めるべきである。これは，企業が報告期間の末日において契約上の関与をもはや有していない場合であっても同じである［IFRS 第 12 号 24 項（b）および 25 項］。

たとえ報告企業が報告日において組成された企業に対する支配または契約上の関与を有していない場合でも，組成された企業への関与からのリスクに対するエクスポージャーを有することがあり得る。例えば，組成された企業の破綻は，報告企業の信用を損なう恐れがあるため，報告企業は，報告企業に支援を提供する法律上または契約上の要求がなくても，組成された企業の破綻を防ぐために支援を行わざるを得ないと感じる場合がある。その結果，IASB は，報告日において契約上の関与がない場合にも，リスクの開示を要求することとした［IFRS 第 12 号 BC 107 項－BC 110 項］。

投資企業は，自ら支配していて，IFRS 第 12 号 19A 項から 19G 項で要求している開示を行っている非連結の組成された企業について，IFRS 第 12 号 24 項（b）で要求している開示を提供する必要はない［IFRS 第 12 号 25A 項］。

IFRS 第 12 号付録 B の B25 項および B26 項によって補完される IFRS 第 12 号 29 項から 31 項（下記参照）は，単に IFRS 第 12 号 24 項（b）の要求事項を満たすために必要な詳細を拡充しているにすぎない。したがってこれらの要求事項も IFRS 第 12 号 25A 項の免除規定の対象となる。

報告企業は，以下の事項を表形式で開示しなければならない。ただし，他の形式の方が適切な場合を除く［IFRS 第 12 号 29 項］。

- 非連結の組成された企業への関与に関して，財務諸表に認識した資産および負債の帳簿価額
- 当該資産および負債が認識されている財政状態計算書上の表示科目
- 非連結の組成された企業への関与から生じる損失に対する企業の最大のエクスポージャーを最もよく表す金額（最大エクスポージャーの算定方法を含む）。損失に対する最大エクスポージャー金額が定量化できない場合に，企業は，その旨および理由を開示しなければならない。
- 非連結の組成された企業への関与に関連する企業の資産および負債の帳簿金額と，当該企業からの損失に対する企業の最大エクスポージャーとの比較

金融商品が理論的に無制限の損失に企業を晒している場合には，損失に対する最大エクスポージャーを算定することは不可能となり，このことは，財務諸表において説明されるべきである［IFRS 第 12 号 BC 99 項］。

報告期間中に，企業が契約上の義務なしに，以前または現在に持分を有している非連結の組成された企業に対する財務的支援または他の支援を提供した場合（組成された企業が財務的支援を得ることの援助を含む）には，提供した支援の種類および金額ならびに支援を提供した理由を開示しなければならない［IFRS 第 12 号 30 項］。

企業は，非連結の組成された企業に対して，財務的支援または他の支援を行う現在の意図（組成された企業が財務的支援を得るのを援助する意図を含む）についても開示が要求される［IFRS 第 12 号 31 項］。

IASB は，財務的支援を定義しないことを決定した。しかし，IFRS 第 12 号の結論の根拠において，IASB は，財務的支援は，他の企業に対する直接または間接の資源の提供として広く理解されていると考えていることが示されている［IFRS 第 12 号 BC 105 項］。

組成された企業への財務的支援の例には，組成された企業からの資産の購入や，組成された企業により発行された金融商品の購入が含まれる［IFRS 第 12 号 30 項］。

前述の開示が，IFRS 第 12 号 24 項（b）の全般的な開示要求を満たすために十分でない場合は，利用者が非連結の組成された企業への関与に関連したリスクに対する報告企業のエクスポージャーの内容および変動を評価することができるようにする，追加的な情報が開示されなければならない［IFRS 第 12 号 B25 項］。

企業が非連結の組成された企業への関与を有している場合に，企業が晒されているリスクの評価に状況によっては，関連性がある可能性のある追加的な情報の例として，以下のものがある［IFRS 第 12 号 B26 項］。

- 非連結の組成された企業に対して財務的支援を提供することを要求する可能性のある取決めの条件（例えば，組成された企業の資産の購入または財務的支援を行う義務に関連した，流動性の取決めまたは信用格付のトリガー）。これには以下のものが含まれる。
  - 報告企業を損失に晒す可能性のある事象または状況の説明
  - 義務を限定する条項があるかどうか。
  - 財務的支援を提供する他の当事者の有無，また，そのような当事者がいる場合には，報告企業の義務が他の当事者の義務とどのように順位付されているか。
- 非連結の組成された企業への関与に関連して，当該期間中に報告企業に生じた損失
- 非連結の組成された企業への関与から，当該期間中に報告企業が受取った収益の種類
- 報告企業が他の当事者よりも前に非連結の組成された企業の損失を負担することを要求されているかどうか，報告企業にとっての当該損失の上限，および，関連性がある場合には，非連結の組成された企業への報告企業の関与よりも低順位の関係者が負担する可能性のある損失の順位および金額
- 第三者との流動性に関する取決め，保証または他のコミットメントで，非連結の組成された企業への報告企業の関与の公正価値またはリスクに影響を与える可能性のある情報
- 非連結の組成された企業が，当該期間中にその活動資金を調達する際に経験した困難

- 非連結の組成された企業の資金調達に関連して，コマーシャル・ペーパーまたはミディアム・ターム・ノートのような資金調達の形態およびそれらの加重平均デュレーション。組成された企業が短期資金を財源とした長期の資産を有している場合には，この情報には非連結の組成された企業の資産および資金調達の満期分析が含まれるかもしれない。

これは，状況次第で関連性があるかもしれない追加的な情報のリストであり，状況に関係なく適用しなければならない要求事項のリストではない。しかし，IASBは，報告企業が非連結の組成された企業への関与によるリスクに対する大きなエクスポージャーを有している場合に要求される詳細さのレベルを強調することを期待した［IFRS第12号BC114項］。

9　発効日および経過規定

9.1　IFRS第12号ー発効日

IFRS第12号は，2013年1月1日以後開始する事業年度に発効し，早期適用が認められる［IFRS第12号C1項］。

IASBは，企業にIFRS第12号によって要求されている開示を，2013年1月1日より前に開始する事業年度に提供することを奨励している［IFRS第12号C2項］。

IFRS第12号は，同時に発行された一連の基準の1つであり，その他の基準は以下のとおりである。

- IFRS第10号「連結財務諸表」（**第2巻4章**参照）
- IFRS第11号「共同支配の取決め」（**第2巻5章**参照）
- IAS第27号（2011年）「個別財務諸表」（**第2巻8章**〔IAS第27号(2011年)〕参照）
- IAS第28号（2011年）「関連会社および共同支配企業に対する投資」（**第2巻6章**参照）

他の４つの基準のうちの１つが2013年１月１日より前に開始する会計期間に適用される場合，５つの基準のすべてが同時に適用されなければならない。しかし，このことは企業が連結に関するその他の基準を適用する前に，IFRS第12号が要求している開示の一部を提供することを妨げない。IFRS第12号が要求している開示の一部を提供しても，企業がIFRS第12号の要求事項の全部に従うことや，IFRS第10号，IFRS第11号，IAS第27号（2011年）およびIAS第28号（2011年）を発効日に先立って適用することは強制されない［IFRS第12号C２項］。

企業が，他の基準を適用する前に，IFRS第12号によって要求される開示の提供を選択する場合，当該企業は，IAS第27号（2008年）「連結および個別財務諸表」，IAS第28号（2003年）「関連会社に対する投資」およびIAS第31号「ジョイント・ベンチャーに対する持分」によって要求される開示も引続き提供しなければならない。これらの基準は，一連の新しい基準が適用されるときにのみ，廃止される。

9.2　IFRS第12号への移行（全般）

下記で述べられる経過措置は，「連結財務諸表，共同支配の取決め，他の企業への関与の開示：経過措置ガイダンス」（IFRS第10号，IFRS第11号，およびIFRS第12号の修正）により，2012年６月IFRS第12号に追加された。当修正は，上記の基準の発効日と同じ日に発効する。

IFRS第12号の開示要求は，IFRS第12号を適用する最初の事業年度の直前期より前に開始される期間に対して適用する必要はない［IFRS第12号C２A項］。

したがって，企業がIFRS第12号を初めて適用する年度において複数の比較年度の情報を表示する場合でも，IFRS第12号の開示要求は当期および直前期のみ必要となる。

IFRS第12号24項から31項の開示要求およびこれに付随するIFRS第12号B21項からB26項のガイダンス（いずれも非連結の組成された企業を取扱う。**本章8**参照）は，IFRS第12号を適用した最初の事業年度開始前のいかなる年度にも適用する必要はない［IFRS第12号C2B項］。

したがって，非連結の組成された企業に関しての開示に対して直前期の比較情報を表示するという全般的な要求事項に対する免除規定は，IFRS第12号を適用した初年度においては要求されない。

9.3　投資企業の修正についての発効日および経過規定

9.3.1　発効日ー投資企業の開示

本章1で検討された**投資企業**に関する修正は，2014年1月1日以後開始する事業年度より適用され，早期適用が認められている［IFRS第12号C1B項］。

企業が2014年1月1日以前に開始する事業年度において**投資企業**の修正を適用することを選択した場合，下記を行わなければならない［IFRS第12号C1B項］。

- その旨を開示する。
- **投資企業**の修正のすべての修正を同時に適用する。

第8章
個別財務諸表（IAS第27号〔2011年〕）
Separate financial statements (IAS 27(2011))

目 次

1　はじめに

2011年5月に，IASBはIAS第27号（2011年）「個別財務諸表」を公表した。この基準は，企業が個別（非連結）財務諸表の表示を選択した，または企業が現地の法令で個別（非連結）財務諸表の表示を要求される場合の子会社，共同支配企業（joint ventures）および関連会社に対する投資の会計処理および開示の要求事項を規定している［IAS第27号（2011年）1項］。

IAS第27号（2011年）は，ともに公表された一連の基準の1つであり，すべての基準が同時に適用されなければならない。その他の基準は，IFRS第10号「連結財務諸表」（**第2巻4章**参照），IFRS第11号「共同支配の取決め」（**第2巻5章**参照），IFRS第12号「他の企業への関与の開示」（**第2巻7章**参照）およびIAS第28号（2011年）「関連会社および共同支配企業に対する投資」（**第2巻6章**参照）である。

IAS第27号（2011年）は，以前にIAS第27号（2008年）「連結および個別財務諸表」において個別財務諸表を取扱っていた部分を置換える。IAS第27号（2008年）において連結財務諸表の作成および連結財務諸表の開示を取扱っていた部分は，IFRS第10号「連結財務諸表」およびIFRS第12号「他の企業への関与の開示」にそれぞれ置換えられた。

IAS第27号（2011年）は，2013年1月1日以後開始する会計期間に適用しなければならない。企業は，当該発効日まで継続してIAS第27号（2008年）を適用できる。代替的に，その旨を開示すれば，2013年の発効日前に，2011年5月に公表されたIAS第27号（2011年）および一連の残りの基準を適用することを選択できる（**本章7**参照）。

IAS第27号（2011年）の要求事項は，通常，以前はIAS第27号（2008年）に含まれていた同様の要求事項に整合しているため，改訂された基準の適用それ自体が，重要な影響を及ぼす可能性は低い。しかし，一連の基準により導入される他の変更が個別財務諸表に影響を及ぼす場合があること，例えば，共同支配企業（jointly controlled entity）が，IFRS第11号で共同支配事業として分類される場合に留意されたい。

IAS第27号（2011年）直近の修正は，特に投資企業の個別財務諸表について新しい要求事項を導入した2012年10月の修正（**投資企業**の修正）である（**本章5.4**および**6.2**参照）。

これらの要求事項は2014年1月1日以後開始する事業年度に適用され，早期適用が認められる（詳細は**本章7.3**参照）。企業は，**投資企業**の修正に含まれるすべての要求事項を同時に適用することが要求される。したがって，企業が2014年1月1日より前に開始する会計期間に，投資企業について連結の免除を採用する場合は（**第2巻4章**参照），同日より投資企業の個別財務諸表に関する修正された要求事項を適用することも要求される。

2　範　囲

IAS第27号（2011年）は，企業が個別財務諸表の表示を選択する場合または企業が個別財務諸表の表示を現地の法令で要求される場合の，子会社，共同支配企業および関連会社に対する投資の会計処理に適用される［IAS第27号（2011年）2項］。

IAS第27号（2011年）は，企業の個別財務諸表の表示を強制していない。IAS第27号（2011年）は，企業がIFRSsに準拠する個別財務諸表を作成する場合に適用される［IAS第27号（2011年）3項］。

このような個別財務諸表は任意で作成される場合（例えば，納税申告をサポートする目的で），または現地の法令により作成が要求される場合（例えば，ある法域で，親会社における企業単独の財務諸表の作成および公表が要求されること）がある。

3 定 義

個別財務諸表は以下のいずれかの者により表示される財務諸表である。

- 親会社
- 投資先に対する共同支配または重要な影響力を有する投資者

その投資は取得原価で，またはIFRS第9号「金融商品」（または，IFRS第9号適用前においては，IAS第39号「金融商品：認識および測定」）に従って会計処理される［IAS第27号（2011年）4項］。

したがって，個別財務諸表では，投資は，投資先の基本的な業績および純資産を基礎とするのではなく，直接の資本持分を基礎として会計処理される。

個別財務諸表は，IAS第27号（2011年）8項および8A項（以下参照）に規定されている状況を除いて，連結財務諸表に追加して，または関連会社もしくは共同支配企業に対する投資が持分法を使用して会計処理されている財務諸表に追加して，表示される財務諸表である［IAS第27号（2011年）6項］。

持分法を適用している財務諸表は個別財務諸表ではない。同様に，子会社，関連会社または共同支配企業に対する共同支配投資者の持分を有していない企業の財務諸表は，個別財務諸表ではない［IAS第27号（2011年）7項］。

関連会社および共同支配企業の取扱いに関しては，特に，「個別財務諸表」という用語が単に「連結財務諸表以外の財務諸表」を意味しないことを理解することが重要である。例えば，企業が子会社を有しておらず，そのため，連結財務諸表を作成しない場合であっても，当該企業の「メイン」の財務諸表において関連会社に対して持分法を使用することが要求される場合がある。

「個別財務諸表」は，「メイン」の財務諸表に追加して表示される財務諸表として理解するのが最もよいとされる。連結財務諸表を作成することを要求される企業が，さらに親会社単体としての非連結財務諸表を作成する場合が最もよくある状況であり，後者が個別財務諸表である。しかし，個別財務諸表の定義は上記のように狭いものではなく，親会社以外の企業が「メイン」の財務諸表（関連会社に対して持分法を使用する）に追加して，個別の「親会社」財務諸表（持分法を使用しない）を作成する場合にも当てはまるであろう。

個別財務諸表を，連結財務諸表に添付または付属する必要はない［IAS 第 27 号（2011 年）6 項］。

3.1.1　連結財務諸表の作成が免除される企業の個別財務諸表

IFRS 第 10 号 4 項（a）に従って連結財務諸表の作成を免除される企業（**第 2 巻 4 章 3.1** 参照），または IAS 第 28 号 17 項（**第 2 巻 6 章 4.2.1.1** 参照）に従って持分法の適用を免除される企業は，個別財務諸表を唯一の財務諸表として表示することができる［IAS 第 27 号（2011 年）8 項］。

3.1.2　子会社を連結していない投資企業の個別財務諸表

当期およびすべての表示する比較対象期間を通じて，IFRS 第 10 号 31 項に従って子会社のすべてについて連結の例外措置を適用することを要求されている投資企業は，個別財務諸表を唯一の財務諸表として表示する［IAS 第 27 号（2011 年）8A 項］。

8A 項は，2012 年 10 月に公表された**投資企業**の修正により IAS 第 27 号（2011 年）に追加された。これらの修正は 2014 年 1 月 1 日以後開始する事業年度に適用され，早期適用が認められる（**本章 7.3** 参照）。

4　個別財務諸表についての会計処理の要求事項

企業は，IFRSsへの準拠を記述している個別財務諸表を表示しない場合，すべての適用可能なIFRSsの要求事項をそれらの財務諸表に適用することになる[IAS第27号（2011年）9項]。唯一の例外は，IAS第27号（2011年）10項（**本章5**参照）で規定されているように，特定の要求事項が子会社，共同支配企業および関連会社に対する投資の測定に課されることである。

5　子会社，共同支配企業および関連会社に対する投資の測定

個別財務諸表が作成される場合，子会社，共同支配企業および関連会社に対する投資は以下のいずれかにより会計処理しなければならない[IAS第27号（2011年）10項]。

- 取得原価
- IFRS第9号「金融商品」（または，IFRS第9号適用前においては，IAS第39号「金融商品：認識および測定」）に準拠

5.1　投資の各区分について継続的に適用されるべき会計方針

投資の各区分（子会社，共同支配企業，関連会社）については，選択された会計方針を継続的に適用しなければならない[IAS第27号（2011年）10項]。

5.2　売却目的保有に分類された投資

取得原価で会計処理された投資は，IFRS 第 5 号「売却目的で保有する非流動資産および非継続事業」に従って売却目的保有に分類される（または，売却目的保有に分類される非継続事業に含まれる）場合，IFRS 第 5 号に従って会計処理される。IFRS 第 9 号（または，IFRS 第 9 号適用前においては，IAS 第 39 号）に従って会計処理された子会社，共同支配企業および関連会社に対する投資が売却目的保有に分類される場合，それらは引続き IFRS 第 9 号（または，IFRS 第 9 号適用前においては，IAS 第 39 号）に従って会計処理される［IAS 第 27 号（2011 年）10 項］。

5.3　連結財務諸表と整合した測定

共同支配企業または関連会社に対する投資が連結財務諸表において IFRS 第 9 号（または，IFRS 第 9 号適用前においては，IAS 第 39 号）に従って会計処理される場合（例えば，ベンチャー・キャピタル組織によって保有される投資），投資者の個別財務諸表においても同じ方法で会計処理しなければならない［IAS 第 27 号（2011 年）11 項］。したがって，そのような投資について，取得原価は投資者の個別財務諸表において認められる選択肢ではない。

5.4　投資企業によって保有される子会社に対する投資

このセクションにおける要求事項は 2012 年 10 月の**投資企業**の修正により導入されたものであり，2014 年 1 月 1 日以後開始する事業年度から適用され，早期適用が認められる（**本章 7.3** 参照）。

親会社が，IFRS 第 10 号 31 項に従って（**第 2 巻 4 章 15.2.1** 参照），子会社に対する投資を IFRS 第 9 号（または，IFRS 第 9 号適用前においては，IAS 第 39 号）に従って純損益を通じて公正価値で測定することを要求されている場合には，当該投資は親会社の個別財務諸表においても同じ方法で会計処理しなければならない［IAS 第 27 号（2011 年）11A 項］。

親会社が投資企業でなくなった場合，または投資企業になった場合には，その地位の変動が生じた日から，その変動を会計処理しなければならない［IAS 第27号（2011年）11B項］。

5.4.1　親会社が投資企業でなくなった場合

企業が投資企業でなくなった場合には，当該企業は，IAS 第27号（2011年）10項に従って（**本章5**参照），以下のいずれかを行わなければならない［IAS 第27号（2011年）11B項］。

- 子会社に対する投資を取得原価で会計処理する（地位の変動の日現在の子会社の公正価値をその日現在のみなし原価として使用する）。
- 子会社に対する投資を引続きIFRS第9号（または，IFRS第9号適用前においては，IAS第39号）に従って会計処理する。

5.4.2　親会社が投資企業になった場合

企業が投資企業になった場合には［IAS 第27号（2011年）11B項］，

- 子会社に対する投資をIFRS第9号（または，IFRS第9号適用前においては，IAS第39号）に従って純損益を通じて公正価値で会計処理しなければならない。
- 当該子会社の従前の帳簿価額と投資者の地位の変動の日現在の公正価値との差額は，純損益に利得または損失として認識しなければならない。
- 過去に当該子会社についてその他の包括利益に認識した公正価値調整の累計額は，投資企業が地位の変動の日に当該子会社を処分したかのように処理しなければならない。

5.5　子会社，共同支配企業および関連会社からの配当

企業は，配当を受取る権利が確定したときに，子会社，共同支配企業または関連会社からの配当を個別財務諸表において純損益に認識しなければならない［IAS第27号（2011年）12項］。

配当に関する要求事項は，取得前の利益から支払われる分配と取得後の利益から支払われる分配について区別していない。取得前の利益から支払われる配当は，投資の取得原価の減額として認識すべきであるという要求事項はない（IAS第27号の以前のバージョンの2008年5月の修正より前のケース）。

5.6　企業集団の再編

親会社が以下の要件を満たす方法で，新しい企業を自らの親会社として設立することにより，企業集団を再編する場合に，新しい親会社が，旧親会社に対する投資を個別財務諸表において取得原価で会計処理しているときは，新しい親会社は，再編日現在で旧親会社の個別財務諸表に表示されていた資本項目に対する持分の帳簿価額で取得原価を測定しなければならない［IAS第27号（2011年）13項］。

(a)　新しい親会社が，旧親会社の既存の資本性金融商品と交換に資本性金融商品を発行することにより，旧親会社に対する支配を獲得すること
(b)　新しい企業集団と従来の企業集団の資産および負債が，再編の直前と直後で同じであること
(c)　再編前における旧親会社の所有者が，従来の企業集団と新しい企業集団の純資産に対して，再編の直前と直後で同じ絶対額と比率の持分を有していること

> したがって，従来の親会社が新しい親会社の完全子会社となる単純なシナリオでは，新しい親会社の個別財務諸表において表示される取得原価は，単に再編日時点で旧親会社の個別財務諸表において表示される資本総額（資産から負債を控除した金額）となる。
>
> IAS 第 27 号（2011 年）は，旧親会社が純額の負債を有している場合の適切な会計処理を取扱っていない。個別財務諸表における子会社に対する投資の一般的な会計処理と首尾一貫して，この投資はゼロで認識しなければならない。しかし，この取扱いは，譲渡時に譲受人が株式の取得原価を超えた負債を引受けることがない場合にのみ適切となる。
>
> 新しい親会社が旧親会社の資本性金融商品のすべてを取得しない場合，上記（c）の条件を満たすかどうかを慎重に評価することが必要である。しかし，IAS 第 27 号（2011 年）13 項の 3 つの条件がすべて満たされると仮定すると，新しい親会社の個別財務諸表で表示される取得原価は，再編日時点における旧親会社の資本総額（資産から負債を控除した金額）の持分相当となる。
>
> 前述した取扱いは選択肢ではなく，特定の条件が満たされる場合に要求されることに留意が必要である。

同様に，親会社でない企業が，IAS 第 27 号（2011 年）13 項の要件を満たす方法でその親会社として新しい企業を設立する場合もある。IAS 第 27 号（2011 年）13 項の要求事項は，そのような再編にも等しく適用される。そのような場合には，「旧親会社」および「従来の企業集団」への言及は「従来の企業」に対するものである［IAS 第 27 号（2011 年）14 項］。

設例5.6A
企業集団の再編における新しい親会社の取得原価

会社 S は 1 種類の資本性金融商品を有しているが，そのうち 70％は会社 P に保有されている。新しい会社である会社 X が設立され，会社 X は，会社 P の会社 S に対する 70％の持分と交換に，会社 P に資本性金融商品を発行する。したがって，会社 X は会社 P の 100％子会社となる。会社 X は他の資産または負債を有していない。この再編時点において，会社 S の個別財務諸表で計上される資本総額（資産から負債を控除した金額）は CU 10,000 である。

IAS 第 27 号（2011 年）13 項および 14 項は，新しい親会社（会社 X）が旧親会社（会社 S）の資本性金融商品の 100％を取得していない状況を直接的に取扱っていない。IAS 第 27 号（2011 年）BC 24 項は，これらのパラグラフに規定されている要件が満たされる場合に，IAS 第 27 号（2011 年）13 項および 14 項がそのような再編に適用されることを明確にしている。記述された状況において，IAS 第 27 号（2011 年）13 項および 14 項の要求事項は以下を満たしている。

- 会社 X は，会社 S の既存の資本性金融商品と交換に会社 P に対する資本性金融商品を発行することにより，会社 S の支配を獲得した。
- 会社 X の企業集団と会社 S の資産および負債は，再編の直前と直後で同じである。
- 再編前の会社 S の所有者である会社 S が，会社 S と会社 X の企業集団の純資産に対する，再編の直前と直後で同じ絶対額と比例した持分を保有する。

会社 X が個別財務諸表において会社 S に対する投資を取得原価で会計処理する場合，取得原価は，再編日現在に会社 S の個別財務諸表に表示されていた資本項目の会社 X の持分の帳簿価額で測定される。すなわち

取得原価＝70％×CU 10,000＝CU 7,000

IAS 第 27 号（2011 年）13 項および 14 項の要求事項が満たされる場合，会社 S 自体が親会社かどうかにかかわらず，取得原価の算定は同じとなることに留意が必要である。

IFRS 解釈指針委員会は 2011 年に，IAS 第 27 号（2008 年）の要求事項における「1 対多数」の企業集団の再編に関する論点について検討した。関連する IAS 第 27 号（2008 年）の要求事項は IAS 第 27 号（2011 年）に引継がれたため，当該結論は引続き以下のとおり適用する（2011 年 9 月の IFRIC アップデート参照）。

- IAS 第 27 号（2011 年）13 項および 14 項における，新しい企業集団と従来の企業集団（または従来の企業）の資産および負債が再編の前後で同じであるという条件は，新しい中間親会社が複数の直接子会社を保有する再編では満たされていない。このため，IAS 第 27 号のこれらの項は当該再編に適用しない。
- IAS 第 27 号（2011 年）13 項および 14 項は，新しい中間親会社が複数の直接子会社を保有することになる再編には類推適用できない。なぜなら，このガイダンスは，IAS 第 27 号（2011 年）10 項（a）に基づく子会社投資の取得原価を決定する通常の方法に対する例外であるからである。
- 新しい中間親会社が複数の直接子会社を保有する再編については，IAS 第 27 号（2011 年）10 項（a）に基づき，子会社投資の取得原価を算定する通常の方法を適用すべきである。

これらの原則を，**本章設例 5.6B** で説明する。

設例5.6B
「1対多数」の企業集団の再編における新しい中間親会社の個別財務諸表における投資の原価

子会社1，2および3は，親会社Pの完全子会社である。企業集団の再編を以下のとおり実施する。

- 新しい中間親会社（Newco X社）を設立する。Newco X社は，親会社Pが保有する子会社1に対する持分と交換に，親会社Pに対して資本性金融商品を発行する。
- 新しい中間親会社（Newco Y社）を設立する。Newco Y社は，親会社P社が保有する子会社2と3に対する持分と交換に，親会社Pに対して資本性金融商品を発行する。
- その結果，子会社1はNewco X社の完全子会社となり，子会社2と3はNewco Y社の完全子会社となる。
- Newco X社とNewco Y社は，他に資産または負債を保有していない。

当該再編は次の図のとおりに説明される。

再編前

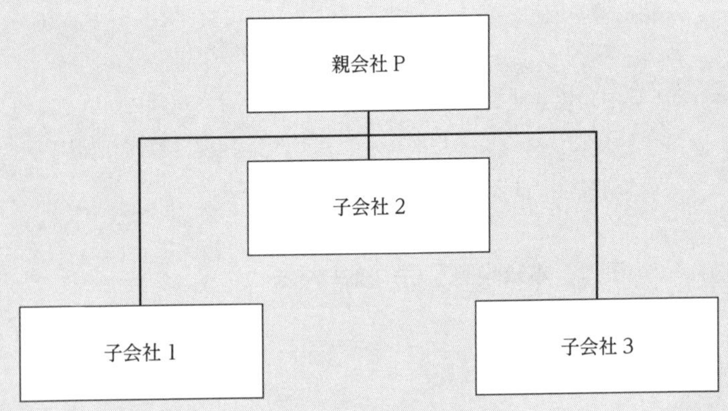

再編後

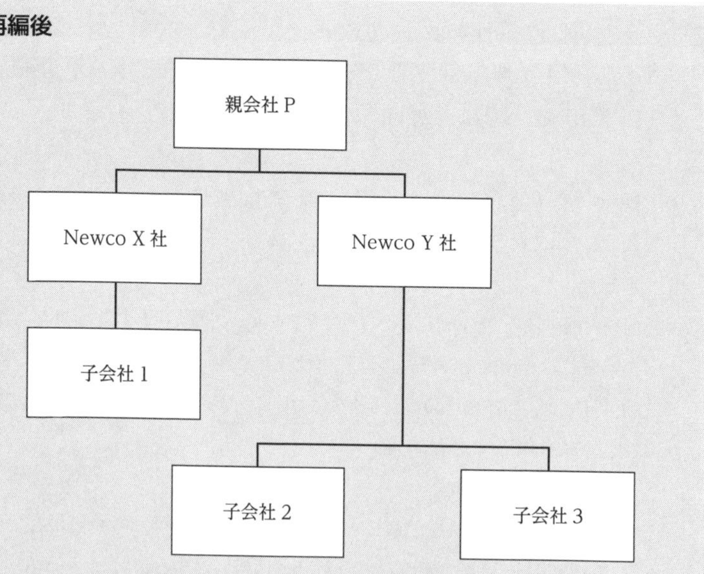

Newco X 社と Newco Y 社は，IAS 第 27 号（2011 年）10（a）項に従って，個別財務諸表における子会社に対する投資を取得原価で会計処理することとしている。

個別財務諸表において，Newco X 社と Newco Y 社は，子会社に対する投資の取得原価を，IAS 第 27 号（2011 年）13 項および 14 項に従って測定すべきか。

個別財務諸表において，Newco X 社は，子会社 1 に対する投資の取得原価を，IAS 第 27 号（2011 年）14 項に従って測定すべきである。しかし，Newco Y 社の場合，当該再編が IAS 第 27 号（2011 年）14 項の要件を満たしていないため，結果として Newco Y 社は，子会社 2 と 3 に対する投資の取得原価を，IAS 第 27 号（2011 年）14 項に従って測定することは認められない。

Newco X 社と Newco Y 社が設立される当該再編は，IAS 第 27 号（2011 年）14 項の規定に基づいた検討が行われる。当該規定がこの状況に適用されるのは，それぞれによって取得された企業（Newco X 社により取得された子会社 1，および Newco Y 社により取得された子会社 2 と 3）はその企業自体は親会社ではないからである。

Newco X 社の場合，IAS 第 27 号（2011 年）13 項の要件から派生した IAS 第 27 号（2011 年）14 項の要件は次のとおり満たされる。

- Newco X 社は，親会社 P が保有する子会社 1 に対する持分と交換に，親会社 P に対して資本性金融商品を発行することにより，当該子会社の支配を獲得する。
- 当該再編直後の Newco X 社の連結サブグループの資産および負債は，当該再編直前の子会社 1 の資産および負債と同じである。
- 親会社 P は，当該再編の直前と直後において，子会社 1 の純資産に対して同じ比率と絶対額の持分を有している。

その結果，その個別財務諸表において Newco X 社は，再編日現在で子会社 1 の個別財務諸表で示されていた資本項目に対する持分（100%）の帳簿価額で，子会社 1 に対する投資の取得原価を測定すべきである。

なお，Newco X 社において，この処理は選択ではなく，IAS 第 27 号（2011 年）14 項の要件を満たしているため，要求事項である。

Newco Y 社の場合，IAS 第 27 号（2011 年）14 項の要件を満たしていない。なぜなら，当該再編直後の Newco Y 社の連結サブグループの資産および負債は，当該再編直前の子会社 2 または子会社 3 の資産および負債と同じではないからである（すなわち，IAS 第 27 号〔2011 年〕13 項（b）の要求事項は満たしていない）。

Newco Y 社の再編に，IAS 第 27 号（2011 年）13 項の測定ベースを類推適用することは適切ではない。その結果，個別財務諸表において，Newco Y 社は，子会社 2 と 3 の投資の取得原価を，そうした取引に適用される通常の会計方針（各法域の要求事項により，一般的には取得原価または公正価値）に従って決定すべきである。

5.7　新しい中間親会社の取得原価

株式交換によって新しい中間親会社を既存の企業集団内に設立する際に，最終的な親会社は，複数の子会社に対する投資を新しい中間親会社に対する投資と交換した。当該論点は，最終的な親会社の個別財務諸表において，どの帳簿価額を新しい中間親会社に帰属させるかである（**本章 5.6** での議論は，新しい中間親会社自身の財務諸表において要求される会計処理にのみ関連することに留意が必要である）。

新しい中間親会社が他の資産または負債を保有せず，株式のみの交換である場合には，当該交換は経済的実質を有していない（**第 1 巻 7 章「有形固定資産」4.3.2** に記述され，IAS 第 16 号「有形固定資産」24 項から 25 項に規定される原則を類推適用した場合）。さらに，最終的な親会社によって以前に直接所有されていた株式の処分は，最終的な親会社の個別財務諸表上，IFRS 第 9 号（または，IFRS 第 9 号適用前においては，IAS 第 39 号）の認識の中止に係る規準を満たさないであろう。したがって，最終的な親会社の新しい中間親会社に対する投資は，交換により付与された資産の従前の帳簿価額で当初認識されるべきである。

設例5.7

親会社の財務諸表においてペーパー・カンパニーである新しい中間親会社の取得原価

会社 A は当初，現金対価 CU 1,000 で会社 B の 100％を取得した。その後，会社 B の公正価値が CU 9,000 に増加し，会社 B の個別財務諸表に計上される資本総額が CU 4,000 となったときに，新しい中間親会社である会社 C は，このストラクチャーに追加された。会社 C は会社 A の会社 B に対するすべての持分と交換に，会社 A に対して 1 株 CU 1 の株式 500 株（会社 C の株式資本のすべてに等しい）を発行した。会社 C はその他の資産または負債は保有していない。会社 B は会社 A に対していかなる配当も支払っていない。

会社 A の立場では，会社 C の株式を会社 B の株式と交換することは経済的実質を有していない。なぜなら，会社 A の基礎となる持分は変化していない。したがって，会社 A の個別財務諸表における会社 C の取得原価は，CU 9,000 ではなく，CU 1,000（会社 B の当初の取得原価）であるべきである。

会社 C の立場では，

- IAS 第 27 号（2011 年）13 項および 14 項の要件が満たされる場合（**本章 5.6** 参照），会社 C の個別財務諸表における会社 B の取得原価は，CU 4,000（会社 B の個別財務諸表に計上されている資本項目に対する会社 C の持分の帳簿価格）である。
- または，会社 C の個別財務諸表における会社 B の取得原価は，そのような取引に関する会社 C の会計方針に従って算定されることになる。

5.8　取得原価

IAS 第 27 号（2011 年）10 項（**本章 5** 参照）は，子会社に対する投資（IFRS 第 5 号の範囲となるものを除く）が，取得原価でまたは IFRS 第 9 号（または，IFRS 第 9 号適用前においては，IAS 第 39 号）に従って会計処理されるように，企業に会計方針の選択肢を与えている。

企業は IFRS 第 9 号（または，IFRS 第 9 号適用前においては，IAS 第 39 号）に従って子会社に対する投資を会計処理することを選択した場合，IFRS 第 9 号（2010 年）5.1.1 項（または IAS 第 39 号 43 項）の当初測定の要求事項がそれぞれ適用されるべきである。これらは，金融資産の当初測定を以下のとおり行わなければならないと規定している。

- 純損益を通じて公正価値で測定されるものとして分類されない金融商品は，公正価値に取得に直接起因する取引費用を加算した金額で測定する。
- 純損益を通じて公正価値で測定されるものとして分類される金融商品については，公正価値で測定する。

IAS 第 27 号（2011 年）は「取得原価」を定義していない。そのため，企業が子会社に対する投資を取得原価で会計処理することを選択した場合，その金額の算定は規定されていない。IAS 第 8 号「会計方針，会計上の見積りの変更および誤謬」の 10 項と 11 項に従って，IFRS 第 9 号（2010 年）5.1.1 項（または IAS 第 39 号 43 項）を類推適用することが適切である。したがって，直接起因する取引費用は，IAS 第 27 号（2011 年）でも取得原価で会計処理された投資の当初測定額に含められるべきである。

子会社に対する投資が，取得原価で，または IFRS 第 9 号（もしくは IAS 第 39 号）に従って会計処理されるかどうかにかかわらず（この投資が純損益を通じて公正価値で測定されるものとして分類されない場合），直接起因する費用のみが当該投資の当初測定額に含まれるように留意しなければならない。

5.9　段階的に取得される子会社―個別財務諸表における測定

設例5.9

段階的に取得される子会社―個別財務諸表における測定

企業 A は企業 B（関連会社）に対する投資 30％を保有している。その後，企業 A は持分 40％を追加購入し，企業 B の支配を得る。

子会社が段階的に取得される場合，「取得企業が以前に保有していた持分を直接処分したか」のように当該取引を会計処理し，IFRS 第 3 号「企業結合」の 42 項に規定される原則を取得企業の個別財務諸表にも適用しなければならないか。特に記述された状況では，企業 A の個別財務諸表において，当該取引を，企業 A が以前に保有していた 30％の投資を直接処分し，70％の子会社に対する投資を取得したかのように会計処理しなければならないか。

いいえ。IFRS 第 3 号 42 項は連結財務諸表に焦点を当てたものである。投資者の個別財務諸表において，段階的な子会社の取得に係る適切な会計処理を決定する際に，IFRS 第 3 号 42 項の要求事項を類推適用することは適切ではない。

IAS 第 27 号（2011 年）は，個別財務諸表が作成される場合，子会社，共同支配企業および関連会社に対する投資を，取得原価でまたはIAS 第 39 号（または，適用される場合には，IFRS 第 9 号）に従って会計処理しなければならないと要求している。

記述した状況のように，投資レベルが子会社のレベルに増加する場合，以前に保有していた持分に対する適切な取扱いは，保有していたその持分に適用されていた測定基礎および IAS 第 27 号（2011 年）10 項（下表参照）の子会社に対する投資に関する企業の会計方針に依拠することになる。特定の指針がないため，一定の状況においてオプションが利用可能である。いずれの会計方針が適用されたとしても，段階的に取得されるすべての子会社に一貫して適用されなければならない。

下表はIFRS 第 9 号で利用可能な測定の選択肢を取扱っていないことに留意が必要である。

以前に保有していた関連会社に対する投資に関する会計方針（個別財務諸表）	**以前に保有していた子会社に対する投資に関する会計方針（個別財務諸表）**	**持分が子会社に対する投資にまで増加する際の以前に保有していた投資に関する適切な会計方針（個別財務諸表）**
取得原価	取得原価	当初の投資は，公正価値の再測定を行わず取得原価のままとする。
取得原価	売却可能有価証券（AFS）	以前に保有されていた投資が公正価値で再評価され，利得／損失がその他の包括利益（OCI）と直接 AFS 剰余金のいずれかに認識される。
取得原価	純損益を通じて公正価値で測定されるもの（FVTPL）	以前に保有されていた投資が公正価値で再測定され，利得／損失が純損益と利益剰余金のいずれかに認識される。
AFS	取得原価	以下のいずれか。 ● 事後の会計処理について，公正価値をみなし取得原価として取扱う。 ● 投資を当初の取得原価に戻すために，以前に OCI に認識された公正価値に係る累積的利得または損失を AFS 剰余金に直接振戻す。
AFS	AFS	以前に OCI に認識された公正価値に係る累積的利得または損失の純損益への組替なし。
AFS	FVTPL	以前に OCI に認識された公正価値に係る累積的利得または損失を，AFS 剰余金から純損益と利益剰余金のいずれかに組替える選択肢

以前に保有していた関連会社に対する投資に関する会計方針（個別財務諸表）	以前に保有していた子会社に対する投資に関する会計方針（個別財務諸表）	持分が子会社に対する投資にまで増加する際の以前に保有していた投資に関する適切な会計方針（個別財務諸表）
FVTPL	取得原価	以下のいずれか。 ● 事後の会計処理について，公正価値をみなし取得原価として取扱う。 ● 当初の原価に投資を戻入れるため，以前に純損益に認識された公正価値に係る累積的利得または損失を利益剰余金に直接戻入れる。
FVTPL	AFS	以前に純損益に認識された公正価値に係る累積的利得または損失を，利益剰余金からAFS剰余金に組替えるオプション
FVTPL	FVTPL	影響なし

5.10　個別財務諸表における従業員持株信託の会計処理

個別財務諸表において，従業員持株信託は，その性質により「ルック・スルー」アプローチの適用（当該信託を実質的にスポンサー企業の延長とみなして会計処理する）が適切となる場合もあれば，当該従業員持株信託を子会社として会計処理することが適切となる場合もある。

例えば，信託に対する投資の結果として，スポンサー企業の唯一のエクスポージャーが信託が保有する株式にある場合，ルック・スルー・アプローチが適切となるかもしれない。そのような状況の 1 つとしては，信託がスポンサー企業からの無利息の借入によって資金調達しており，当該信託がスポンサー企業の株式の倉庫としてのみ機能を果たし，分配される株式はすべてスポンサー企業の従業員に直接分配され，信託が保有する株式は，従業員がオプションを有しているが，いまだ権利確定されていない場合である。信託が外部から資金を調達している場合も，その実質は，信託がスポンサー企業の株式の倉庫としてのみ機能するものかもしれない（例えば，資金調達がスポンサー企業によって完全に保証される場合，またはスポンサー企業が，信託が第三者からの資金調達による利息を支払うことができるように必要な出資を行う場合）。

ルック・スルー・アプローチの会計上の影響は，当該信託がスポンサー企業の株式または他の企業（通常スポンサー企業が子会社であるときの親会社）の株式を保有しているかどうかに左右される。

信託はスポンサー企業の株式を保有している。

ルック・スルー・アプローチがスポンサー企業の株式を保有する信託に適用される場合，当該株式は，連結財務諸表において「自己株式」として扱われる。

信託は他の企業の株式を保有している。

ルック・スルー・アプローチが他の企業の株式を保有する信託に適用される場合，当該株式は，IFRS 第9号「金融商品」（または，IFRS9号適用前においては，第39号）に従って，財政状態計算書において「資本性金融商品」として扱われる。

信託が新たなリスク・エクスポージャーを生じさせる場合（例えば，信託が無保証の借入やその他の債務のような他のリスク・エクスポージャーを有し，そのためにスポンサー企業の株式以外のエクスポージャーを生じさせる場合），ルック・スルー・アプローチは適切でないかもしれない。なぜなら，実質的には，スポンサー企業は他の企業に対する投資を有しており，それは，子会社に対する投資として，取得原価でまたはIFRS第9号（または，IFRS第9号適用前においては，IAS 第39号）に従って（IAS 第27号〔2011年〕10項），もしくは該当する場合にはIFRS 第5号に従って会計処理しなければならないからである。

5.11　子会社の取得に起因する補償資産の個別財務諸表における認識

設例5.11

子会社の取得に起因する補償資産の個別財務諸表における認識

企業Aは企業Cから企業Bの持分100%を取得する。この企業結合の一部として，企業Bの特定の負債が企業結合後に顕在化した場合，企業C

が企業Aに支払うべき金額を弁済することを約束するような補償を企業Cは企業Aに対して行った。

企業Aの連結財務諸表において補償資産は，IFRS第3号27項および57項に従って当初認識時および当初認識後の両方において，補償される項目と同じ時点および同じ測定の基礎で認識される。

取得日においては，当該負債は連結財務諸表ではゼロとして測定される。その後の報告期間において，当該負債が2百万CUに増加した。その結果，その時点で，2百万CUの補償資産が連結財務諸表において認識される。

個別財務諸表において，企業AはIAS第27号（2011年）10項に従って企業Bへの投資を取得原価で測定する。

企業Aの個別財務諸表において，当該補償資産はどのように認識され，測定されるべきか。

この論点は，IFRSsでは明示的に規定されていない。IFRS第3号は，連結財務諸表における適切な会計処理のみを規定しており，したがって，本基準における補償資産の会計処理に関するガイダンスは，個別財務諸表においては適用されない。

企業Aと企業Cの取決めは，IFRS第4号「保険契約」における保険契約の定義に典型的に合致するものである（なぜならば，企業Cは，特定の不確実な将来事象が企業Aに不利益を与えた場合に，企業Aに補償を行うことを同意することにより，企業Aから重要な保険リスクを引受けているからである）が，IFRS第4号の要求事項は，保険契約の保有者（企業A）でなく保険者（企業C）に適用されるものであることからそれらは関連しない。

企業Aの個別財務諸表に発生する当該資産は，IAS第39号（したがって，適用された際には，IFRS第9号）の適用範囲外である。なぜならば，IAS第39号2項（e）により，保険契約から生じる権利および義務（保険者および保険契約者の双方）については，本基準の適用範囲から除外されるからである。

したがって，IAS第37号「引当金，偶発負債および偶発資産」，特に，偶発資産に関するガイダンスが，企業Aの個別財務諸表における補償資産の認識および測定に関して適用される基準である。IAS第37号33項は，収益の実現がほとんど確実になった場合には，資産を認識することを要求している。これにより，企業 A の個別財務諸表と連結財務諸表において異なる時点で資産を認識することとなる可能性がある。なぜならば，補償資産は連結財務諸表においては関連する負債と同じ時点および同じ基礎で認識されるからである（企業 A の個別財務諸表においては，補償義務が企業 B に関連していることから，何の負債も認識されない）。

企業 A の個別財務諸表において補償資産の認識に適用され得る 2 つの潜在的な代替処理が存在する。

- 取決めは，企業 B への投資への対価の部分的な償還を表し，当該投資の取得日において存在していた偶発事象の結果に特別に関連していると考えることができる。したがって，企業 B への投資の取得原価を調整することにより補償資産を認識することは受入れ可能な会計方針である。
- 代替的に，企業 A は，当該資産の認識を純損益に反映することを選択するかもしれない。この処理は，偶発資産を認識する時点で「関連する収益」を認識するという IAS 第 37 号 35 項の要求事項に合致したものである。この処理に従う場合，企業 B の投資が減損していないかどうか検討する必要がある。

企業 A によりどちらの処理が選択されたとしても，会計方針の選択として継続的に適用されなければならない。

5.12　子会社の取得に係る条件付対価の公正価値の変動 ― 取得企業の個別財務諸表

設例5.12

子会社の取得に係る条件付対価の公正価値の変動 ― 取得企業の個別財務諸表

企業 A は企業 B を取得する。その対価は 2 段階で支払われる。

- ただちに CU 1 百万の支払がなされる。
- 利息および税金控除前の累積利益が取得後の 2 年間に CU 400,000 を超える場合，2年後にCU 500,000を追加で支払う。

取得日における条件付対価の公正価値（すなわち，一定の利益目標を達成した場合に支払うべき金額）は，CU 220,000と評価される。その結果，取得日において，企業Bへの投資は企業Aの個別財務諸表において，CU 1,220,000の原価で認識される。

取得の1年後，修正後の収益予測に基づき，条件付対価の公正価値はCU 80,000からCU 300,000に増加した。（企業Aは連結財務諸表において，IFRS第3号58項に従って，発生した損失を純損益に認識する。）

企業Aは，条件付対価債務の公正価値の事後変動を，個別財務諸表においてどのように会計処理すべきか。

条件付対価の事後の会計処理は，IAS第39号（または，適用される場合には，IFRS第9号）に基づいて決定される。したがって，条件付対価は事後に公正価値で測定しなければならず，発生した損失CU 80,000は純損益に認識される。

企業Aが，当該条件付対価の公正価値の変動を反映するために，企業Bへの投資の原価を増加させることは適切ではない。

6 開 示

個別財務諸表において開示を行う際に，企業は，**本章6.1**および**6.2**の要求事項を含む，すべての適用可能なIFRSsを適用することが要求される［IAS第27号（2011年）15項］。

本章6.1および**6.2**の開示要求は，IAS第27号（2008年）の開示要求と若干異なる。IAS第27号（2008年）は「法人設立国または所在地」の開示を要求しているが，IAS第27号（2011年）は主たる事業場所（それと異なる場合には，法人設立国も）の開示を要求している。

企業が非連結の組成された企業への持分を有しており，企業が個別財務諸表のみ作成している場合，非連結の組成された企業に関してIFRS第12号「他の企業への関与の開示」により要求される，IFRS第12号24項から31項に規定される開示は，企業の個別財務諸表に適用される（**第2巻7章8**参照）。

6.1　親会社が連結財務諸表を作成しない場合

IFRS第10号4項(a)(**第2巻4章3.1**参照)に従って，連結財務諸表の作成を要求されず，作成しないことを選択する親会社について，個別財務諸表を作成する場合には，以下の開示要求が適用される。このような状況では，個別財務諸表において以下の事項を開示しなければならない［IAS第27号（2011年）16項（a)]。

- 財務諸表が個別財務諸表である旨
- 連結の免除を利用している旨
- IFRSsに準拠して公表用の連結財務諸表を作成している企業の名称および主たる事業の場所（異なる場合には，法人設立国も）
- 当該連結財務諸表を入手することのできる住所

さらに，個別財務諸表において以下の事項を開示しなければならない［IAS第27号（2011年）16項（b）および（c)]。

- 以下の事項を含む，子会社，共同支配企業および関連会社に対する重要な投資の一覧
  - 名称
  - 主たる事業の場所（異なる場合には法人設立国も）
  - 保有している所有持分の割合
  - 異なる場合には，議決権の割合
- そのような投資の会計処理で使用した方法の説明

6.2 投資企業

投資企業が親会社（IAS 第 27 号〔2011 年〕16 項の対象となる親会社を除く。**本章 6.1** 参照）の場合は，IAS 第 27 号（2011 年）8A 項に従って（**本章 3.1.2** 参照）その唯一の財務諸表として個別財務諸表を作成し，以下を行うことが要求される［IAS 第 27 号（2011 年）16A 項］。

- その旨を開示すること
- IFRS 第 12 号「他の企業への関与の開示」（**2 巻 7 章**参照）で要求している投資企業に関する開示を表示すること

6.3 その他の状況

以下の開示要求は，個別財務諸表を作成することを選択する，または要求される，以下の者に適用される。

- 親会社（**本章 6.1** または **6.2** の対象となる親会社を除く）
- 投資先に対する共同支配もしくは重要な影響力を有する投資者

これらの個別財務諸表では，以下の事項を開示しなければならない［IAS 第 27 号（2011 年）17 項］。

- 財務諸表が個別財務諸表である旨，および当該財務諸表が法律により要求されていない場合は，作成する理由
- 以下の事項を含む，子会社，共同支配企業および関連会社に対する重要な投資の一覧
  - これらの投資先の名称
  - これらの投資先の主たる事業の場所（異なる場合には法人設立国も）
  - 保有している所有持分の割合
  - 異なる場合には，議決権の割合
- そのような投資の会計処理で使用した方法の説明

それらが関連する IFRS 第 10 号，IFRS 第 11 号「共同支配の取決め」または IAS 第 28 号（2011 年）「関連会社および共同支配企業に対する投資」に従って作成された財務諸表（すなわち，「主要な」財務諸表）を識別するためにも個別財務諸表は必要である［IAS 第 27 号（2011 年）17 項］。

このセクションで記述された開示要求は，親会社ではないが関連会社または共同支配企業に対する持分を有し，当該持分に持分法を適用しないという IAS 第 28 号（2011 年）17 項の免除規定を利用できる企業にも適用されるように考えられる。そのような企業が作成する財務諸表は，当該投資が取得原価でまたは IFRS 第 9 号「金融商品」（または，IFRS 第 9 号適用前においては，IAS 第 39 号「金融商品：認識および測定」）に従って会計処理される，投資先の共同支配または投資先に対する重要な影響力を有する投資者が提示する財務諸表であるため，個別財務諸表の定義を満たしている。そのような状況において，基準では当該開示要求からの免除を容認していない。

しかし，「『個別財務諸表』が関連する，IFRS 第 10 号，IFRS 第 11 号または IAS 第 28 号（2011 年修正）に従って作成した財務諸表」を開示する要求事項は，そのような財務諸表が作成されていないであろうから，このような状況には関連しないことに注意しなければならない。代わりに，この状況下の企業は，IAS 第 28 号（2011 年）17 項の免除規定を適用しているため，IFRS 第 11 号または IAS 第 28 号（2011 年）に従って財務諸表を作成していない旨を説明することを勧める。

7　発効日および経過措置

7.1　IAS第27号（2011年）の発効日

IAS 第 27 号（2011 年）は，2013 年 1 月 1 日以後開始する事業年度に適用され，早期適用が認められる［IAS 第 27 号（2011 年）18 項］。

企業は，2013 年 1 月 1 日より前の事業年度に IAS 第 27 号（2011 年）の適用を選択する場合には，以下を行わなければならない［IAS 第 27 号（2011 年）18 項］。

- その旨を開示すること
- IFRS 第 10 号「連結財務諸表」，IFRS 第 11 号「共同支配の取決め」，IFRS 第 12 号「他の企業への関与の開示」および IAS 第 28 号（2011 年）「関連会社および共同支配企業に対する投資」を同時に適用すること

7.2　IAS第27号（2011年）への移行（一般）

特定の経過措置がない場合には，IAS 第 27 号（2011 年）を遡及的に適用しなければならない。しかし，基準の要求事項は，通常 IAS 第 27 号（2008 年）に以前に含まれていた要求事項に整合しているため，修正再表示が要求される可能性は低い。開示要求に一部差異があるが，この影響は重要ではないであろう。

7.3　投資企業の修正に関する発効日および経過措置

投資企業の修正は，2014 年 1 月 1 日以後開始する事業年度に適用され，早期適用が認められる。企業は，**投資企業**の修正に含まれるすべての要求事項を同時に適用することが要求される［IAS 第 27 号（2011 年）18A 項］。

したがって，企業が 2014 年 1 月 1 日より前に開始する会計期間に，投資企業について連結の免除を採用する場合は，同日より投資企業の個別財務諸表に関する修正された要求事項を適用することも要求される。

本章 7.3.1 から 7.3.7 における要求事項は，「**投資企業**の修正」の適用開始日において，親会社が自らが投資企業であると判断する場合に適用される。「**投資企業**の修正」の適用開始日は，当該修正が最初に適用される事業年度の期首である［IAS 第 27 号（2011 年）18B 項］。

したがって，2013 年 1 月 1 日に開始する期間に**投資企業**の修正を最初に年次財務諸表に適用する投資企業については，適用開始日は 2013 年 1 月 1 日となる。

7.3.1　子会社に対する投資をそれまで取得原価で測定していた投資企業

投資企業がそれまで子会社に対する投資を取得原価で測定していた場合には，当該投資を，**投資企業**の修正がずっと有効であったかのように純損益を通じて公正価値で（FVTPL）測定しなければならない［IAS 第 27 号（2011 年）18C 項］。

投資企業は，適用開始日の直前の事業年度を遡及的に修正すること，および当該直前期の利益剰余金期首残高を，次の両者の差額について修正することが要求される［IAS 第 27 号（2011 年）18C 項］。

- 当該投資の従前の帳簿価額
- 当該子会社に対する投資者の投資の公正価値

したがって，2013 年 1 月 1 日に開始する期間に**投資企業**の修正を最初に年次財務諸表に適用し，個別財務諸表においてはそれまで子会社に対する投資を取得原価で測定していた投資企業は，以下を行うことが要求される。

- 当該投資を 2013 年 12 月 31 日，2012 年 12 月 31 日および 2012 年 1 月 1 日における公正価値で測定および認識すること
- 2012 年の純損益計算書および 2012 年 1 月 1 日の利益剰余金を，投資企業がずっと FVTPL で測定されていたかのように修正再表示すること

7.3.2　子会社に対する投資をそれまでその他の包括利益を通じて公正価値で測定していた投資企業

投資企業がそれまで子会社に対する投資をその他の包括利益を通じて公正価値で（FVTOCI）測定していた投資企業は，引続き当該投資を公正価値で

測定しなければならない。過去にその他の包括利益に認識した公正価値調整の累計額は，適用開始日の直前の事業年度の利益剰余金期首残高に振替えなければならない［IAS 第 27 号（2011 年）18D 項］。

したがって，2013 年 1 月 1 日に開始する期間に**投資企業**の修正を最初に年次財務諸表に適用し，個別財務諸表においてはそれまで子会社に対する投資を FVTOCI で測定していた投資企業親会社は，2012 年 1 月 1 日において資本に累積された公正価値調整を利益剰余金に振替え，その後は当該投資を FVTPL で測定しなければならない。

7.3.3　子会社に対する投資をそれまで純損益を通じて公正価値で測定していた投資企業

投資企業がそれまで IFRS 第 9 号「金融商品」（または，IFRS 第 9 号適用前においては，IAS 第 39 号「金融商品：認識および測定」）に従って子会社に対する投資を FVTPL で測定することを選択していた場合，従前の会計処理への修正は要求されない［IAS 第 27 号（2011 年）18E 項］。

7.3.4　IFRS第13号「公正価値測定」の適用の影響

IFRS 第 13 号「公正価値測定」を適用する日の前に，投資企業は，過去に投資者または経営者に報告した公正価値の金額が，当該投資が知識のある自発的な当事者の間で評価日時点における独立第三者間取引において交換され得たであろう金額を表す場合には，当該金額を使用しなければならない［IAS 第 27 号（2011 年）18F 項］。

7.3.5　遡及適用が実務上不可能である場合

子会社に対する投資を IAS 第 27 号（2011 年）18C 項から 18F 項に従って測定すること（**本章 7.3.1** から **7.3.4** 参照）が「実務上不可能」（この用語の意味については**第 1 巻 4 章「会計方針，会計上の見積りの変更および誤謬」**参照）である場合には，投資企業は，IAS 第 27 号（2011 年）18C 項から 18F 項の適用が実務上可能な最も古い期間（企業が**投資企業**の修正を最初に適用した期間である場合もある）の期首現在で，**投資企業**の修正を適用することが要求される［IAS 第 27 号（2011 年）18G 項］。

投資者は，適用開始日の直前の事業年度を遡及的に修正することが要求される。ただし，IAS 第 27 号（2011 年）18G 項の適用が実務上可能な最も古い期間の期首が当期である場合を除く。投資企業が子会社の公正価値を測定することが実務上可能である日が，直前期の期首よりも前である場合には，投資者は，直前期の期首現在の資本を，次の両者の差額について修正することが要求される［IAS 第 27 号（2011 年）18G 項］。

- 当該投資の従前の帳簿価額
- 当該子会社に対する投資者の投資の公正価値

IAS 第 27 項（2011 年）18G 項の適用が実務上可能な最も古い期間の期首が当期である場合には，資本の修正は当期首に認識しなければならない［IAS 第 27 号（2011 年）18G 項］。

7.3.6　適用開始日前に処分された子会社

投資企業が子会社に対する投資を**投資企業**の修正の適用開始日前に処分したか，またはそれに対する支配を喪失した場合には，投資企業は当該投資に係る従前の会計処理に修正を行う必要はない［IAS 第 27 号（2011 年）18H 項］。

7.3.7　古い会計期間に関する任意の修正再表示

投資企業の修正に関する経過措置は，通常，直前期における比較情報の修正再表示のみを要求する（**本章 7.3.1** から **7.3.5** 参照）。したがって，**投資企業**の修正が最初に適用された会計期間の財務諸表において，投資企業が複数の比較対象期間を表示する場合，直前期の修正再表示のみが要求される［IAS 第 27 号（2011 年）18I 項］。

しかし，企業は表示する古い期間に係る修正後の比較情報を表示することを選択することもできる。企業が古い期間に係る修正後の比較情報を表示する場合には，**本章 7.3.1** から **7.3.5** における「直前期」への参照をすべて「表示する最も古い修正後の比較対象期間」に読替えなければならない［IAS 第 27 号（2011 年）18I 項］。

企業が古い期間について未修正の比較情報を表示する場合には，以下が要求される［IAS 第 27 号（2011 年）18I 項］。

- 修正していない情報を明確に特定すること
- 異なる基礎で作成している旨を記述すること
- その基礎を説明すること

第9章
キャッシュ・フロー計算書
Statement of cash flows

目次

1 はじめに

IAS 第 7 号「キャッシュ・フロー計算書」は，期中のキャッシュ・フローを営業活動，投資活動および財務活動に区分するキャッシュ・フロー計算書により，企業の現金および現金同等物の変動実績に関する情報の表示を要求している。

IAS 第 7 号のタイトルは「キャッシュ・フロー計算書（Statement of Cash Flows）」だが，企業は計算書自体にこのタイトルを使用することは要求されない［IAS 第 1 号 10 項］。

例えば，いくつかの企業は代わりに「キャッシュ・フロー計算書（Cash flow statement）」というタイトルを使用している。

IAS 第 7 号は，直近では，2012 年 10 月の IFRS 第 10 号「連結財務諸表」の**投資企業**に関する修正に伴う結果的修正により修正された。この**投資企業**に関する修正により，投資企業である親会社は，子会社（投資に関連するサービスまたは活動を提供する子会社を除く）に対する投資を，純損益を通じて公正価値で測定することが要求される（詳細については**第 2 巻 4 章 15** 参照）。IAS 第 7 号に対する結果的修正により，純損益を通じて公正価値で測定することが要求される投資企業の子会社に関しては，子会社およびその他の事業の所有持分の変動に対するキャッシュ・フローの分類に関する本基準の一定の要求事項を適用する必要がないことが明示されている（**本章 7.1.2** 参照）。この結果的修正は，子会社に対する支配の獲得または喪失に関する一定の開示要求からの免除も提供している（**本章 7.1.1** 参照）。

この**投資企業**の修正に伴う結果的修正は，2014 年 1 月 1 日以後開始する事業年度より発効し，早期適用が認められる。企業が 2014 年 1 月 1 日より前に開始する期間に，この IAS 第 7 号に対する結果的修正を適用する場合，**投資企業**の修正に含まれるすべての修正を同時に適用しなければならない［IAS 第 7 号 58 項］。

2　範　囲

IAS 第７号は，本基準に従ってキャッシュ・フロー計算書を表示することをすべての報告企業に要求している。キャッシュ・フロー計算書は，財務諸表の不可欠な部分として表示されなければならない［IAS 第７号１項］。

3　キャッシュ・フロー計算書の様式

IAS 第７号の基本的な要求は，企業が営業活動，投資活動および財務活動に区分して，期中の企業のキャッシュ・フローを報告するキャッシュ・フロー計算書を作成し，表示しなければならないということである［IAS 第７号 10 項］。

IAS 第１号「財務諸表の表示」の一般的な要求事項に基づき，当期のキャッシュ・フロー計算書および注記で報告されるすべての金額について，前期の比較情報を表示しなければならない。結果として，企業は，最低限，２つのキャッシュ・フロー計算書を表示しなければならない［IAS 第１号 38 項および 38A 項］。

企業が個別財務諸表のみを作成している場合，キャッシュ・フロー計算書は当該個別企業のみのものである（１つの例外を除く― 下記参照）。連結財務諸表が作成される場合は，連結キャッシュ・フロー計算書が作成される。企業が個別財務諸表および連結財務諸表の両方を作成する場合は，キャッシュ・フロー計算書はそれぞれに要求される。

IFRS 第 11 号「共同支配の取決め」の適用前においては，企業は子会社を持たないものの比例連結を使用して会計処理するジョイント・ベンチャーの持分を持つことがある。企業が個別財務諸表（すなわち，比例連結が適用された財務諸表）を作成する場合，キャッシュ・フロー計算書には，ジョイント・ベンチャーのキャッシュ・フローの投資者の比例割合を含める。

3.1　純額によるキャッシュ・フローの報告

キャッシュ・インフローは，通常，アウトフローから独立して報告されなければならない。しかし，本基準は，以下のキャッシュ・フローを純額で報告することを認めている［IAS 第 7 号 22 項］。

- キャッシュ・フローがその企業活動ではなく，むしろ顧客の活動を反映している場合，顧客の代理として授受する収入および支出（不動産所有者のための賃借料の回収，投資会社が顧客の代理として保有する資金，または銀行の要求払預金の受入および払戻等）
- 回転が早く，金額が大きく，かつ期日が短い項目における収入および支出（クレジット・カード顧客に対する元本の前受と返済，投資資産の取得および売却，ならびに３ヵ月以内の償還期間が付されたコマーシャル・ペーパーまたはその他の短期借入金等）

金融機関については，以下の追加のキャッシュ・フローについても純額で報告することができる［IAS 第 7 号 24 項］。

- 満期日が固定された預金の受入と払出に関する収入と支出
- 他の金融機関への預金の預入と引出
- 顧客に対する貸出による支出とその返済による収入

3.2　非資金取引の除外

一般原則として，現金または現金同等物の使用を必要とする取引のみをキャッシュ・フロー計算書に含めなければならない。しかし，営業活動によるキャッシュ・フローの表示において「間接法」が使用されている場合（**本章 5.1.2** で説明），結果として，特定の非資金項目が当期損益の調整としてキャッシュ・フロー計算書に報告されることになる。現金または現金同等物が使用されない投資および財務活動は，常にキャッシュ・フロー計算書から除外される［IAS 第 7 号 43 項］。

キャッシュ・フローを生成せず，このためキャッシュ・フロー計算書から除外される投資取引および財務取引の例には，以下が含まれる。

- ファイナンス・リースによる資産の取得（ただし，リース料の支払はキャッシュ・フローを構成する）
- 資本性金融商品を対価とする（資金項目を除く）資産の取得または処分
- 有形固定資産および棚卸資産等の非貨幣性資産の交換取引
- 企業の株式所有者に対する無償の新株発行
- 報告企業の投資先からの無償の新株の受取
- 負債性証券から持分証券への転換

ファイナンス・リース契約の開始は，最も一般的な非資金取引である。このような取引は，資産と対応する負債を認識することにより財政状態計算書に反映されるものの，報告企業は現金の支払と受取のいずれも行わないため，キャッシュ・フロー計算書に反映されるべきではない。資産の購入と借入金の実行に関するキャッシュ・アウトフローを表示するのは適切ではない。しかし，セール・アンド・リースバック取引はキャッシュ・フローを**生成するため**，キャッシュ・フロー計算書に含められるべきである（**本章 5.3.1** 参照）。

非資金取引が発生する場合，本基準は非資金取引を，それらの投資活動および財務活動に関するすべての関連情報が提供される方法により，財務諸表のどこかで開示することを要求している［IAS 第７号 43 項］。この開示は，通常，注記において記述式でなされる。

3.3　現金または現金同等物を構成する項目間の変動の除外

現金または現金同等物を構成する項目間の変動は，企業の営業活動，投資活動および財務活動の一部というよりは，むしろ企業の資金管理の一部であるため，キャッシュ・フローから除かれる。資金管理には，余剰資金を現金同等物へ投資することも含む［IAS 第７号９項］。

例えば，企業が現金同等物の定義を満たす短期投資を現金で購入する場合，この購入はキャッシュ・フロー計算書に表示されない。

4　現金および現金同等物

キャッシュ・フローとは，現金および現金同等物の流入および流出をいう［IAS第7号6項］。

4.1　現　金

現金は手許現金と要求払預金から構成される［IAS第7号6項］。

4.1.1　要求払預金

「要求払預金」という用語はIAS第7号では定義されていないが，この用語は，報告企業が，事前通知も違約金の支払もなしに現金を引出せる預金を意味すると解される。7日前事前通知預金は，引出の7日前の事前通知が要求されるため，現金ではない。ただし，この預金は現金同等物として報告され得る。

同様に，企業が，現金引出の90日前に銀行に通知しなければならない勘定を銀行に有する場合，この勘定は，要求払預金ではないため，現金の定義を満たさない。しかし，90日前の通知が要求されるだけであり，そのため，この勘定は現金同等物の定義を満たすことがある。

要求払預金という用語は，銀行または金融機関への預金に制限されない。

4.1.2　最低平均残高

各営業日終了時に最低残高を維持する代わりに，一定期間にわたり最低平均残高を維持するよう要求する銀行契約を交わしている企業もある。したがって，一定期間の平均残高が最低要求残高を超過している限り，一定日数にわたり限界値を下回る残高となる可能性がある。このような契約については，要求払預金に類似する方法で，要求すれば口座から引出せるかどうか，すなわち，企業は，通知なしで，いかなるペナルティを受けることもなく，現金を引出せるかどうかを検討することが必要である。これらの規準が満たされる場合は，その現金残高は，IAS 第7号における現金の定義を満たす。

4.2　現金および現金同等物

現金同等物とは，容易に一定の金額に換金可能であり，かつ，価値の変動について僅少なリスクしか負わない短期の流動性の高い投資と定義される［IAS 第7号6項］。

4.2.1　短期の現金支払債務に充てるための保有

本基準は，現金同等物は投資やその他の目的ではなく，短期の現金支払債務に充てる目的で保有されると説明している［IAS 第7号7項］。したがって，特定の投資を現金同等物として分類するのに適格かどうかを判断するためには，その保有目的を確認することが必要である。前項に規定される定義を満たす場合であっても，短期の現金支払債務に充てる目的のために保有されていない場合は，それは現金同等物として分類されない。

例えば，企業は，償還日まで2ヵ月しか残っていない2年債を市場で購入する。この購入は投資目的でなされている。この債券は，IAS 第7号6項における定義を満たすが，短期の現金支払債務に充てる目的のために保有されていないことから，現金同等物として適格ではない。

4.2.2　償還期間が3ヵ月以内とする前提

現金同等物の定義は「短期」保有であるという要求を含んでいる。現金同等物として適格であるためには，本基準は投資が**通常**，取得日から3ヵ月以内の償還期日であることを規定している［IAS 第7号7項］。そのため，償還期間を3ヵ月以内とする要求は，現金同等物の定義の一部でないものの，極めて例外的な状況を除き，前提条件とされる。

本基準は，例外的な状況においてのみ，3ヵ月超の償還期間が付された投資が（例えば，金利の変動に起因する）重要な価値変動リスクを伴わないと示唆している。したがって，（重要な価値変動リスクを負うこととなる他の要素が一切なく，かつ，基本的な保有目的が短期の現金支払債務に充てることであると仮定した場合）償還期日までの残余期間が3ヵ月の2年物債券を市場から購入する企業は，当債券を現金同等物に分類することができる。しかし，「取得日から」3ヵ月以内という表現は，企業が同じ2年物債券を償還期日までの残余期間が4ヵ月の時点で購入した場合，企業は購入日，または償還期日までの残余期間が3ヵ月以下となった後のいずれの時点においても，（3ヵ月の指針からの乖離を正当化できる場合〔この場合，当商品は償還日までの4ヵ月間を通じ現金同等物として分類される〕を除き）当債券を現金同等物として分類できないことを意味する。

この3ヵ月制限は多少恣意的にみえるかもしれないが，その意図は企業間で整合した方法による処理を促すことである。

設例4.2.2

現金同等物としての買戻契約

ある企業は，2ヵ月間の短期現先取引に余剰資金を投資した。取引に関わる原負債性証券には3ヵ月を超える償還期間が付されている。本現先取引は（1）この商品が重要な価値変動リスクを負う要因がなく，かつ（2）現先取引を有する目的が短期の現金支払債務に充てることである場合，現金同等物として分類される。ここでの重要な要素は，現先取引自体の期日であり，原負債性証券の期日ではない。

4.2.3　外貨建投資

現金同等物の定義が満たされる場合，外貨で取得される投資を現金同等物として分類できないとする理由はない。実際，本基準において，外貨で保有されるまたは決済される現金および現金同等物について言及されている［IAS第7号28項］。

4.2.4　資本性金融商品

持分投資は，容易に換金可能であっても，（一部例外はあるが）その現金の金額が一般的に不明で，価値変動リスクも一般的に軽微ではないため，通常は現金同等物の定義を満たさない。本基準で示された除外の例は，特定の償還日が付された優先株式を，その償還日の近くに取得した場合である。しかし，資本性金融商品の多くはこの定義を満たさないため，現金同等物に分類されない[IAS 第7号7項]。

4.2.5　金地金

金（および類似する現物商品）は，持分投資と同様の理由（上述参照）により，現金同等物の要件を満たさない。さらに，IFRS 第9号「金融商品」適用ガイダンスは，金地金は現物商品（Commodity）であることを確認している。金地金は流動性は高いが，金地金そのものに現金または他の金融資産を受取る契約上の権利は存在していない［IFRS 第9号（2010年）IG.B.1項］。このことはまた，まだ IFRS 第9号「金融商品」を適用していない企業についても，IAS 第39号「金融商品：認識および測定」の適用ガイダンスに反映されている。

4.2.6　銀行借入

現金同等物の定義には，銀行からの借入金を含めるかどうかについて言及されていない。銀行借入は通常，財務活動によるキャッシュ・フローと考えられる。しかし，本基準は，要求払債務である当座借越は企業の資金管理の不可欠な部分を構成する場合があることを認めており，この場合，当座借越は現金および現金同等物の構成要素として含められるべきである。このような銀行契約の特徴は，銀行残高がプラスから借越へと変動することが多いことである［IAS 第7号8項］。

したがって，IAS 第7号は，すべての場合において当座借越を現金同等物とすることを強制しているわけではない。しかし，当座借越が，企業の資金管理の不可欠な要素を構成している場合には，現金同等物に含めることを要求している。IAS 第7号8項は，また，銀行借入は通常，財務活動と考えられることを強調している。したがって，本基準では，他の短期借入金

（例えば，短期の銀行借入金，ファクタリングまたは同様の与信契約による前受金，信用状に基づく輸入資金の借入および輸入販売代金回収までの輸入資金決済のための借入）については，その性質が財務活動であるため，現金同等物に分類することを認めていない。

4.2.7　マネー・マーケット・ファンド

マネー・マーケット・ファンドは，短期国債，譲渡性預金およびコマーシャル・ペーパーのような短期の負債性商品に投資するオープンエンド型投資信託である。投資の主な目的が，元本割れを生じさせないことおよび通常レベルの配当を受領することにあるため，このような投資の純資産価値は極めて安定している。

IAS 第７号７項は，（投資ファンドにおける持分のような）持分投資は，実質的に現金同等物である場合（例えば，満期および指定された償還日が近い日に取得された優先株式）を除き，現金同等物から除外されると規定している。

IAS 第７号７項は，現金同等物は，短期の現金支払債務に充てる目的のために保有されると説明している。この文脈においては，IAS 第７号６項の現金同等物の定義における重要な規準は，現金同等物は容易に一定の金額に換金可能であり，かつ，価値の変動について僅少なリスクしか負わないことの要求である。

最初の規準は，投資は容易に換金可能であることを意味する（例えば，ファンドからの払戻を通じて）。受領する予定の金額は，当初の投資のときに既知でなければならない（例えば，ユニットごとに一貫した，CU 1 の純資産等）。マネー・マーケット・ファンドの１単位は，いつでも活発な市場における市場価格で換金可能であるということからだけでは，現金同等物とみなすことはできない。

２つ目の規準は，企業は初期投資の時点で将来の価値変動リスクの評価が必要であり，当該リスクが重要ではないことを確認できなければならないことを意味する。これはファンドの投資規則の考慮により，または原投資の内容を確立することにより，決定することができる。

これは，2009 年 7 月の IFRIC アップデートにおいて IFRIC（現在の IFRS 解釈指針委員会）により公表された決定事項と一致している。

4.3　現金同等物の内訳に係る方針の変更

IAS 第 7 号 47 項は，現金および現金同等物の内訳を決定する方針の変更による影響（例えば，従来は企業の投資ポートフォリオの一部と考えられていた金融商品の分類の変更）は，IAS 第 8 号「会計方針，会計上の見積りの変更および誤謬」に従って報告されると規定している。IAS 第 8 号は，比較金額を修正再表示し，追加開示（例えば，変更理由等）を行うことを要求している。

しかし，前年には存在しなかった投資を企業がある年に現金同等物に含めたという理由だけでは，これらの開示を必要とする要因にはならない。例えば，ある企業が当年に初めて，90 日通知預金への投資を現金同等物に分類したとする。当年に初めて口座を開設したという理由で，90 日通知預金口座が初めて現金同等物に含められたのであれば，これは会計方針の変更には当たらない。企業が，前年に投資と分類した同等の残高を保有しており，その保有目的に変更はないが，当年にそれらを現金同等物として分類した方がより適切であると判断した場合には，（その口座内容に変更がなく残高水準も同等である限り）会計方針の変更に該当し，IAS 第 8 号に準拠する必要性が生じる。

IAS 第 7 号は，特定の残高を保有する理由に焦点を当てているため，同種の投資が会計方針の変更に該当することなしに，年度によって異なった分類となることがある。例えば，ある年において，企業が投資収益を得る目的で短期債券を取得した場合，これらの債券は現金同等物に分類されない。翌年において，企業のキャッシュ・フローの内容の変更のため，同種の投資を保有するものの，今回は短期の現金支払債務に充てる目的で保有された場合，現金同等物に分類される。このような場合，当債券は 2 年間において異なる方法で分類されるが，これは会計方針の変更には該当しない。したがって，比較金額は修正再表示をしてはならない。

5 キャッシュ・フローの区分

キャッシュ・フロー計算書は，営業活動，投資活動および財務活動に区分して表示しなければならない［IAS 第 7 号 10 項］。

> 他の財務諸表（例えば，財政状態計算書および包括利益計算書）に係るIFRS の要求事項と異なり，キャッシュ・フロー計算書の 3 つの表題（営業活動，投資活動，財務活動）は標準的で，個々の状況に合わせて変更すべきではない（ただし，極めて例外的に，標準的な用語の使用が財務諸表の利用者の誤解を招く可能性が高い場合を除く）。しかし，キャッシュ・フロー計算書の 3 つの表題の内訳として示される，企業の事業に適切な小区分または分析の追記を禁ずる要求はない。

キャッシュ・フローは，企業の事業にとって最も適切な方法で，標準の表題で区分されなければならない［IAS 第 7 号 11 項］。したがって，例えば，投資の購入は，製造業にとっては投資活動に該当する可能性があるが，金融機関にとっては営業活動の一部とされる可能性がある。

単一の現金支出（または収入）が複数の少額支出（または収入）を示す場合，各々の取引をその性質によって区分しなければならない［IAS 第 7 号 12 項］。例えば，金融負債の決済が元本と利息の支払を含む場合，キャッシュ・フローは個別に処理される（**本章 5.4.3** 参照）。同様に，ファイナンス・リース料は，元本と利息の部分に分けられる。

設例5

ファイナンス・リース料支払の区分

ある企業は，ファイナンス・リース契約に基づき，リース料 CU 100,000 を支払う。財務諸表上，CU 20,000 を借入金の利息に，CU 80,000 を元本の返済に割当てる。

キャッシュ・フロー計算書上，CU 80,000 が財務活動によるキャッシュ・フローに分類され，CU 20,000 が企業による利息の通常の分類方法に従って分類される（**本章 5.4.1** 参照）。

5.1　営業活動

営業活動とは，企業の主たる収益獲得活動およびその他の活動のうち，投資活動または財務活動ではないものをいう［IAS 第 7 号 6 項］。

したがって，「営業」とは，キャッシュ・フローの表示目的上，残りの区分である。キャッシュ・フローが投資活動または財務活動の範囲のいずれにも該当しない場合（**本章 5.2** および **5.3** 参照），営業活動に分類される。

営業活動によるキャッシュ・フローの例は，以下のとおりである。

- 取引先からの期中の現金の受領（当期〔または過年度〕の物品の販売〔または役務の提供〕に関するもの，または以後の年度に予定される物品の販売〔または役務の提供〕に係る前受金）
- 仕入先に対する期中の現金の支出（当期〔または過年度〕に仕入れた原材料〔または販売目的の物品〕，または以後の年度において仕入予定の原材料〔または販売目的の物品〕に関するもの）
- 従業員への賃金および給料の支出
- 従業員のための税金その他の支出
- 事業活動において使用される不動産賃借料の支払
- 期中のロイヤルティ収入
- 保険料，保険請求，年金，その他の保険契約上のための保険会社の現金受領と現金支払
- 保険料の支払
- 財務活動または投資活動に識別できない法人所得税の現金支払または現金還付（**本章 5.5** 参照）
- 取引自体が営業活動として分類される取引をヘッジする先物契約，先渡契約，オプション契約またはスワップ契約によって生じるキャッシュ・フロー
- 売買目的保有の証券および貸付金の取得および売却によって生じるキャッシュ・フロー

営業活動によるキャッシュ・フローは，「直接法」と「間接法」のいずれかを使用して報告しなければならない［IAS 第 7 号 18 項］。本基準は，「直接法」の使用を推奨している。

5.1.1　直接法

「直接法」では，主要な種類ごとの現金収入総額と現金支出総額を個別に開示しなければならない［IAS 第 7 号 18 項（a)］。**本章設例 5.1.1** は，「直接法」を使用したキャッシュ・フロー計算書の営業活動によるキャッシュ・フローのセクションを示したものである。

設例5.1.1

直接法を用いた営業活動によるキャッシュ・フローの表示

（単位：千 CU)

	20X1 年	20X1 年
営業活動によるキャッシュ・フロー		
顧客からの現金受領	252,376	
仕入先への現金支出	(127,045)	
従業員への，および従業員のための現金支出	(78,014)	
その他の現金支出	(12,038)	
営業活動による現金生成額	35,279	
利息支払額	(5,933)	
法人所得税支払額	(13,447)	
営業活動からの現金純額		15,899

5.1.2　間接法

「間接法」は純損益から開始し，以下の項目について調整するものである［IAS 第 7 号 18 項（b)］。

- 計算上含められる非資金的項目（減価償却または引当金の変動等）
- 以前の期間に純損益として報告されていた，または将来の期間に純損益として報告される当期のキャッシュ・フロー（例えば，営業活動からの収入・支出の見越・前払計上，過年度見越計上されたリストラクチャリング費用の債務の決済）
- 投資活動または財務活動によるキャッシュ・フローに関連する収益・費用項目

IAS 第7号は，「間接法」を使用して営業活動によるキャッシュ・フローを表示する2つの方法について説明している。1つ目の（そして最も一般的に使用される）方法は，純損益で始まり，以下の項目について調整する［IAS 第7号20項］。

- 棚卸資産および営業債権・債務の期中変動額
- 減価償却費，引当金繰入額，繰延税金，未実現為替差損益，関連会社の未分配利益，および非支配持分等の非資金項目
- 現金への影響が投資活動または財務活動によるキャッシュ・フローとなる他のすべての項目

「間接法」を使用した営業活動によるキャッシュ・フローの表示は，**本章設例 5.1.2A** に示されている。

IAS 第7号は，キャッシュ・フロー計算書またはこれに付随する注記において，これらの調整項目を表示すべきかどうかについて明記していない。IAS 第7号付録 A の設例は，これらをキャッシュ・フロー計算書に示しているため望ましい表示である。これはIAS 第7号を適用する企業によって使用される最も一般的な表示方法であり，IASB が公表した IFRS 財務諸表例に使用される表示でもある。しかし，注記において当調整項目を表示することは一般に認められている。

設例5.1.2A

間接法による営業活動によるキャッシュ・フローの表示(1)

（単位：千 CU）

	20X1 年	20X1 年
営業活動によるキャッシュ・フロー		
税金控除前利益	19,696	
調整：		
減価償却	6,174	
為替差損	829	
利息費用※	7,305	
運転資本の変動前の利益	34,004	
営業債権およびその他の債権の増加額	(7,601)	
営業債務の増加額	5,224	
棚卸資産の減少額	3,652	
営業活動による現金生成額	35,279	
利息支払額※	(5,933)	
法人所得税支払額	(13,447)	
営業活動からの現金純額		15,899

※　「利息費用」は，税金控除前利益に対する「調整」項目として上記に含まれている。利息が営業活動とみなされる場合，利益からキャッシュ・フローへの調整は，損益における利息費用と期中に実際支払われた利息との差額，すなわちCU 1,372 千である。しかし，利息の支払額をIAS 第 7 号 31 項に従って個別に開示するため（**本章 5.4** 参照），上記の設例においては利息費用が全額加算され，利息の支払額が全額控除されている。

間接法による代替的な表示は，包括利益計算書に開示された収益および費用を示し，これを棚卸資産および営業債権・債務の期中変動額に合わせて調整するものである［IAS 第 7 号 20 項］。この代替的な表示は，実務上はあまり使用されることはない。「間接法」による代替的な表示は**本章設例 5.1.2B** に示されている。

設例5.1.2B
間接法による営業活動によるキャッシュ・フローの表示(2)

（単位：千 CU）

	20X1 年	20X1 年
営業活動によるキャッシュ・フロー		
収益	259,376	
減価償却費を除く営業費用	(225,372)	
運転資本の変動前の利益	34,004	
営業債権およびその他の債権の増加額	(7,601)	
営業債務の増加額	5,224	
棚卸資産の減少額	3,652	
営業活動による現金生成額	35,279	
利息支払額	(5,933)	
法人所得税支払額	(13,447)	
営業活動からの現金純額		15,899

5.1.2.1　間接法：どの純損益か

営業キャッシュ・フローの表示に「間接法」を使用する場合，IAS 第 7 号 18 項 (b) は，「純損益」を (1) 非資金的性質の取引項目の影響，(2) 過去または将来の営業活動からの収入または支出の繰延または見越，および (3) 投資活動または財務活動によるキャッシュ・フローに関連した収益または費用項目によって調整することを要求している。では，これら調整項目の表示の適切な開始はどの「純損益」か。

IAS 第 7 号付録 A の設例は「税金控除前利益」から開始しており，したがってこれは選好される表示方法である。

しかし，包括利益計算書（または，該当する場合には，分離した損益計算書）(**第 1 巻 3 章「財務諸表の表示」5.2.4** 参照）における営業損益の表示を選択する企業は，調整項目の表示の開始として営業損益の使用を望むかもしれない。こうした企業が非継続事業を有しない場合（後述参照），営業損益と税金控除前利益（損失）との間に表示される項目は，通常，本来の営業キャッシュ・フロー以外のキャッシュ・フロー（関連会社損益の持分，利息の支払額等）となる。このような場合，開始として税金控除前利益（損失）を使用し，その金額と営業損益との差額に該当するすべての項目を事後的に調整するよりも，開始として営業損益を使用することが一般に認められているようである。企業は現地の規制当局固有の定めを考慮しなければならない。

企業が非継続事業を有する場合，その損益は，IFRS 第5号「売却目的で保有される非流動資産および非継続事業」に基づいて表示され，包括利益計算書（または分離した損益計算書）に表示される「税金控除前利益」は，継続事業にのみ関係する。このような場合には，IAS 第7号18項（b）の要求を満たし得る方法は複数存在する。

1つ目の方法は，望ましい方法でもあるが，IAS 第1号「財務諸表の表示」81A 項に基づき（または，2011年6月におけるIAS 第1号の修正を適用していない企業は，IAS 第1号82項（f）に基づき）純損益に表示される合計から開始するものである。この金額はその後，IAS 第7号18項（b）で要求された項目について調整される可能性がある。このアプローチの利点は，包括利益計算書（または分離した損益計算書）に表示された金額と，キャッシュ・フロー計算書に表示された金額との関連性が非常に明確であるということである。欠点は，キャッシュ・フロー計算書に調整項目の長いリストが記載され得るということである。このアプローチは，**本章設例5.1.2.1A**に示されている。

もう1つの方法は，営業損益を表示する企業が対象だが，継続事業による営業利益からスタートし，これに非継続事業からの営業利益を加算し，報告企業全体の営業利益を算定する方法である。上述のとおり，これによってキャッシュ・フロー計算書に表示される調整項目数が減り，キャッシュ・フロー計算書の利用者にとってより明瞭な表示となるであろう。欠点は，包括利益計算書（または分離した損益計算書）に表示される金額に容易につながらないということである。このアプローチは，**本章設例5.1.2.1B**に示されている。

注意すべきことは，しかし，EBITDA 等の会計基準に関連しない指標（Non-GAAP measure）を調整項目の開示の開始として使用することは適切ではないと考えられていることである。

設例5.1.2.1A
利益から営業活動によるキャッシュ・フローを算定するための調整項目の表示(1)

（単位：千 CU）

	20X1 年 12 月 31 日 終了年度	20X0 年 12 月 31 日 終了年度
営業活動		
当期利益	100,366	19,626
調整：		
関連会社の利益の持分	(12,763)	(983)
投資収益	(3,501)	(717)
その他の利得および損失	563	44
財務費用	36,680	32,995
法人所得税費用	17,983	4,199
非継続事業の処分による利得	(8,493)	−
有形固定資産の減価償却費	29,517	19,042
器具および備品の減損損失	4,130	247
……		

設例5.1.2.1B
利益から営業活動によるキャッシュ・フローを算定するための調整項目の表示(2)

（単位：千 CU）

	20X1 年 12 月 31 日 終了年度	20X0 年 12 月 31 日 終了年度
営業活動		
継続事業からの営業利益	126,342	49,774
非継続事業からの営業利益	4,493	5,390
営業利益（合計）	130,835	55,164
調整：		
有形固定資産の減価償却費	29,517	19,042
器具および備品の減損損失	4,130	247
……		

5.1.3　売上税

IAS 第 7 号は，IAS 第 7 号に従って報告されるキャッシュ・フローを，売上税を含めて測定すべきか除外して測定すべきかについて明記していない。

IFRIC（現IFRS解釈指針委員会）は2005年，特に付加価値税（VAT）（2005 年 8 月の IFRIC アップデート参照）に関連し，この問題について検討するよう求められた。実務上，差異が生じることが見込まれ，差異は，営業活動によるキャッシュ・フローの「直接法」の表示を採用する企業において最も顕著に表れていた（**本章 5.1.1** 参照）。当委員会はこのプロジェクトをアジェンダに加えなかったが，VAT の処理について将来の財務諸表の表示プロジェクト（**第 1 巻 3 章 8.1** 参照）の一環として IASB が検討するよう推奨した。

明示的な指針がない状況において，財務情報と企業の流動性を理解するうえで利用者の目的適合性を有する場合に追加的な情報の開示を奨励している IAS 第 7 号 50 項の文脈において，この問題は検討されなければならない。したがって，企業はキャッシュ・フローの総額表示に売上税が含まれているか除外されているかについて，開示しなければならない。さらに，このような開示は，IAS 第 1 号に準拠するために必要とみなされる。特に，IAS 第 1 号 112 項（c）は，財政状態計算書，包括利益計算書，持分変動計算書またはキャッシュ・フロー計算書に表示されていないが，これらを理解するうえで関連性がある追加的な情報を注記で開示するよう要求している。

5.1.4　他者へ賃貸する目的で保有される資産に関連するキャッシュ・フロー

他者へ資産を賃貸する事業を営む企業においては，資産の賃貸により生じるキャッシュ・インフローおよび関連する営業費用は，営業活動によるキャッシュ・フローに分類されている。

IAS 第 16 号 68A 項（**第 1 巻 7 章「有形固定資産」9.2** 参照）で説明されているような，他者への賃貸のために保有し，その後売却目的で保有する資産を製作または取得するための現金支払は，営業活動によるキャッシュ・フローである。このような資産の賃貸およびその後の売却による現金収入についても営業活動によるキャッシュ・フローである［IAS 第 7 号 14 項］。

5.2　投資活動

投資活動とは，「長期性資産」および「現金同等物には含まれない他の投資」の取得および処分と定義される［IAS 第 7 号 6 項］。IAS 第 7 号 22 項および IAS 第 7 号 24 項において定められているキャッシュ・フローが純額で報告される場合を除き，投資活動によって生じる総現金収入額および総現金支出額の主要な区分を，区別して報告しなければならない（**本章 3.1** 参照）［IAS 第 7 号 21 項］。

投資活動によって生じるキャッシュ・フローの例には，以下が含まれる［IAS 第 7 号 16 項］。

- 有形固定資産（自家建設による有形固定資産を含む― 利息の資産計上については**本章 5.4.2** を参照のこと），無形資産およびその他長期資産を取得するための支出
- 資産計上された開発費に関連する支出（利息の資産化については**本章 5.4.2** を参照のこと）
- 有形固定資産，無形資産およびその他長期資産の売却による現金収入
- 他の企業の資本性金融商品（または負債性金融商品）または共同支配企業に対する持分を取得するための支出（状況によっては，現金同等物，または売買目的保有の場合は営業活動として分類されることが必要となる可能性がある）
- 他の企業の資本性金融商品（または負債性金融商品）または共同支配企業に対する持分の売却から生じる現金収入（ただし，これについても，現金同等物，または売買目的保有の場合は営業活動として分類されることが必要となる可能性がある）
- 他者に対してなされた現金前払および貸付（金融機関による貸付金を除く）
- 他者に対する前払と貸付金（金融機関による貸付金を除く）の返済による現金収入
- 先物契約，先渡契約，オプション契約およびスワップ契約による支出および収入。ただし，その契約が以下の場合とする。

- 売買目的保有ではない。
- 性質上，財務活動ではない。
- 営業活動や財務活動に分類される取引のヘッジではない。

上述のとおり，有形固定資産，無形資産およびその他長期資産の取得および処分に関連するキャッシュ・フローは，通常，投資活動として分類される。しかし，他者への賃貸のために保有していた有形固定資産項目を日常的に売却する企業にとっては，その結果生じるキャッシュ・フローは営業活動によるキャッシュ・フローに当たる（**本章 5.1.4** 参照）。

5.2.1　営業活動または投資活動による支出の区分

財政状態計算書において資産が認識されることになる支出のみが，投資活動に分類される要件を満たす［IAS 第 7 号 16 項］。

そのため，企業の会計方針が探査活動および評価活動に関する支出を資産化する場合にのみ，当該支出は投資活動として分類される。

5.3　財務活動

財務活動とは，企業の拠出資本および借入の規模と構成に変動を生じる活動と定義される［IAS 第 7 号 6 項］。IAS 第 7 号 22 項および IAS 第 7 号 24 項において定められているキャッシュ・フローが純額で報告される場合を除き，投資活動によって生じる総現金収入額および総現金支出額の主要な区分を，区別して報告しなければならない（**本章 3.1** 参照）［IAS 第 7 号 21 項］。

財務活動から生じるキャッシュ・フローの例としては，以下がある［IAS 第 7 号 17 項］。

- 株式またはその他の資本性金融商品の発行による収入
- 企業自身の株式を買戻すまたは償還するための所有者への支出
- それ自体が財務活動として分類される取引をヘッジする先物契約，先渡契約，オプション契約またはスワップ契約から生じるキャッシュ・フロー

- 短期または長期の負債証券，借入金，手形借入，債券，抵当権付借入およびその他の借入金の発行による現金収入
- 借入金の返済による支出
- 報告企業がファイナンス・リースの借手である場合，財政状態計算書において貸手からの貸付金（すなわち，元本の要素）の返済として処理されるリース料支払部分

5.3.1　セール・アンド・リースバック取引

あるセール・アンド・リースバック取引では，契約の実態は，資産が「売却」されるのではなく，貸手が資産を担保として借手に資金の貸付を行う（すなわち，セール・アンド・リースバック）ことである。会計上は，企業は資産を処分していない。この場合，資産の「売却」による現金受領額は投資活動によるキャッシュ・フローではなく，財務活動によるキャッシュ・フローとして含めなければならない。この処理は包括利益計算書および財政状態計算書における処理と整合している。反対に，取引の実態が資産の売却であり，その後オペレーティング・リース取引が実施される場合には，資産の処分からの現金受領額は投資活動によるキャッシュ・フローに含めなければならない。

5.3.2　ファクタリング

IAS 第7号は，キャッシュ・フロー計算書における譲渡債権の取扱いについて，指針を提供していない。債権が，求償権がなく，債権の認識の中止に適格な状況で譲渡される場合，特に問題は生じない。債権譲渡によるファクタリング会社からの現金受領は，顧客から直接に受領した場合のように，単純に営業活動によるキャッシュ・フローとして処理される。しかし，債権が求償権付で譲渡され，ファクタリング会社からの前受金が財政状態計算書で債務として処理される場合，適切な会計処理はより明瞭でなくなる。

IAS 第7号は，キャッシュ・フローについて，基礎となる取引の実態に基づく標準的な表題で分析することを要求している。債権譲渡が，実質的に，

資金調達取引とみなされる場合，譲渡によるファクタリング会社からの現金受領額を全額，財務活動によるキャッシュ・インフローとしてみなすべきと主張される可能性がある。これは，リース契約の締結が非資金取引とみなされ，したがってキャッシュ・フロー計算書に表示されないIAS第7号で規定されるファイナンス・リースの取扱いと整合している。そして支払リース料のうち元本の返済部分は財務活動のキャッシュ・アウトフローとして現れる。この方法は，財務活動のキャッシュ・アウトフローの過大計上と投資活動のキャッシュ・アウトフローの過小計上につながると主張される可能性がある。しかし，ファイナンス・リースの取扱いは，IAS第7号によってはっきりと規定されており，確立している。

類似した原則を譲渡債権に適用すべきであると主張される可能性がある。しかし，矛盾はより重大となり，企業がすべての債権を求償権付で譲渡した場合，企業にとって営業活動によるキャッシュ・インフローが一切生じない可能性がある。企業の販売収入を全額，財務活動によるキャッシュ・フローとして表示することは，キャッシュ・フローの真実かつ適正な実態を表示しているといえるのかどうか疑問である。さらに重要な点として，譲渡債権の取扱いはIAS第7号で規定されていないが，リースの取扱いについてははっきりと規定されている。

ファクタリング会社からの現金受領は，（実質が顧客からの資金の回収であるため）財務活動によるキャッシュ・フローではなく営業活動によるキャッシュ・フローとみなすべきであるとの結論に至った場合，対応すべき2番目の疑問が生じる。それは，キャッシュ・フローの全額を営業活動によるキャッシュ・フローとして表示すべきか，または債務の変動は財務活動によるキャッシュ・フローとして処理すべきかという問題である。望ましい処理は，この変動額を財務活動によるキャッシュ・フローとして表示することである。なぜなら，これにより，債権譲渡契約が締結されていないかのように，営業活動によるキャッシュ・フローに顧客からのキャッシュ・フローが含まれるためである。またこれにより，顧客が貸付金により資金提供されたかのように，財務活動によるキャッシュ・フローが表示される。さらに，この取扱いは，IAS第7号の財務活動の定義「借入金の規模および構成の変動をもたらす」を反映している。

IAS 第 7 号ではこのような取引の適切な処理について明瞭さに欠けることから，採用する方針を明確に説明することが重要である。

5.4　利息および配当

IAS 第 7 号 31 項は，受取利息，受取配当金，支払利息および支払配当金のキャッシュ・フローについて，以下のように規定している。

- それぞれ区別して開示しなければならない。
- 毎期継続した方法で営業活動，投資活動および財務活動のいずれかに分類しなければならない。

5.4.1　支払利息，受取利息，支払配当金および受取配当金の区分

本基準は，利息および配当金の分類方法について，毎期継続的に適用する場合，各企業が選択する方法で分類することを認めている。

本基準は，支払配当金は財務活動または営業活動によるキャッシュ・フローとして報告するよう示唆している。支払配当金を財務活動によるキャッシュ・アウトフローとして分類すべきであるとの主張は，配当金が金融資源の獲得コストにあたるというものである。一方，営業活動によるキャッシュ・フローへの分類が望ましいとする主張の根拠は，このような分類は企業が営業活動によるキャッシュ・フローから配当金を支払う能力を利用者が判断するのに役立つという点である [IAS 第 7 号 34 項]。

金融機関では，支払利息，受取利息および受取配当金は通常，営業活動によるキャッシュ・フローに分類されるべきである。他の企業では，本基準はこれらの項目について同様に，当期の純損益の算定に組込まれるため，営業活動によるキャッシュ・フローに分類することがあると示唆している。しかし，支払利息は財務活動によるキャッシュ・フローに分類することができ，受取利息および受取配当金は投資活動によるキャッシュ・フローに分類することができる。これは前者が金融資源の獲得コストであり，後者 2 項目が投資収益であることによる [IAS 第 7 号 33 項]。

5.4.2　資産化された利息の表示

期中の支払利息の総額は，費用として純損益に計上されたか，IAS 第 23 号「借入コスト」に従って資産化されたかにかかわらず，キャッシュ・フロー計算書で開示される（**第 1 巻 12 章「借入コスト」** 参照）[IAS 第 7 号 32 項]。

5.4.3　ディスカウントまたはプレミアム価格で発行された負債性証券

より複雑な金融商品については，検討する商品の元本価額と名目価額を混同しないことが重要である。融資契約の元本価額は，契約当初に借入れた価額である。これは金融商品の名目価額として表示される金額と必ずしも同一ではない。この区別は，財務費用に関連するキャッシュ・フローが適切に分類されることを確実なものとするために必要である。

企業が負債性証券（例えば，ゼロクーポン債）をディスカウント価格またはプレミアム価格で発行した場合，当該負債性証券の発行による収入は，財務活動によるキャッシュ・フローとして分類されるべきである。（金融商品の期間内および満期日に）償還金額が，当該負債性証券の発行時点で受領した金額を上回る超過額部分は，支払利息と同様の方法で分類し，キャッシュ・アウトフローとして報告されるべきである。

設例5.4.3

ディスカウント価格で発行されたゼロクーポン債

ある企業は 20X1 年 1 月 1 日，ゼロクーポン債の発行で CU 100,000 を受取った。20X5 年 12 月 31 日に，当該企業は債券保有者に CU 140,255 の現金を支払うことにより債券の償還を行った。20X5 年 12 月 31 日に終了する 5 年間の包括利益計算書で，企業は CU 40,255 を支払利息に分類する。

20X5 年 12 月 31 日に終了する事業年度のキャッシュ・フロー計算書において，CU 100,000 は財務活動によるキャッシュ・フローに分類され，CU 40,255 は当該企業の利息の一般的な分類方法によって分類される（**本章 5.4.1** 参照）。

5.4.4　ディスカウントまたはプレミアム価格で取得した負債性証券への投資

ある企業がディスカウントまたはプレミアム価格で発行された負債性証券（例えばゼロクーポン債）に投資する場合，取得時の支出は投資活動によるキャッシュ・フローに分類される。

（当該商品の期間内および満期日に）受取る金額が当初投資額を超過する部分は，キャッシュ・インフローとして受取利息と同一の方法によって分類される。

5.4.5　負債として分類される株式

法的な株式である金融商品（例えば，特定の優先株式）が，IAS 第 32 号「金融商品：表示」に基づき金融負債として分類される場合，これらの商品に係る支払配当金に関するキャッシュ・フローは，どのようにキャッシュ・フロー計算書において分類されるべきかという疑問が生じる。

IAS 第 7 号 31 項から IAS 第 7 号 34 項（上述参照）は，利息および配当の分類についての考察を示しており，企業にいくつかの代替的な方法を認めている。唯一の絶対的な要求は，受取利息，受取配当金，支払利息および支払配当金は，それぞれ区別して開示しなければならず，毎期継続した方法で営業活動，投資活動および財務活動のいずれかに分類しなければならないということのみである。

法律的に株式である金融商品が，IAS 第 32 号に基づき金融負債として分類される場合，これらの商品に係る支払配当金は，包括利益計算書に利息費用の一部として表示される。同様に，キャッシュ・フロー計算書においても，そのような株式の支払配当金は，配当金としてではなく支払利息として表示しなければならず，したがってその他の未払利息と整合した方法で分類されるべきである。

5.4.6　自己株式

企業が自らの資本性金融商品を取得することは，企業の利得または損失ではなく，（資本の持分を引渡した）所有者との取引を表すことから，支払った対価は資本の控除として認識されるべきである［IAS 第 32 号 33 項］。支払われた対価が現金の形をとる場合，関連するキャッシュ・フローは財務活動によるキャッシュ・フローに分類されるべきである。

5.5　法人所得税

財務活動または投資活動に明確に結びつけられる場合を除き，法人所得税から生じるキャッシュ・フローは，営業活動によるキャッシュ・フローに分類されるべきである。法人所得税から生じるキャッシュ・フローは区別して開示することが要求される［IAS 第 7 号 35 項］。

あらゆる種類の取引は税金に関連するであろうことは明らかである。税金計算に含まれる利益または費用の各金額が営業活動，投資活動，または財務活動のいずれに起因するかを識別することは，比較的単純な作業である。しかし，**キャッシュ・フロー**の識別は必ずしも容易ではない。IAS 第 7 号は，投資および財務活動に関連する税金のキャッシュ・フローを識別することは，実行不可能であることも多く，税金のキャッシュ・フローが対応する取引のキャッシュ・フローと異なる期間に生じる場合も多いため，法人税支払額は，通常，営業活動によるキャッシュ・フローとして分類されるべきであると指摘している［IAS 第 7 号 36 項］。

税金のキャッシュ・フローを，投資活動または財務活動として分類される個々の取引と結びつけることが実行可能である場合，その税金のキャッシュ・フローは，対応する取引に従って，投資活動または財務活動によるキャッシュ・フローとして分類される。このような場合，税金支払額の合計額も開示される。

設例5.5

株式に基づく報酬契約に関する税金のキャッシュ・フローの区分

企業 A は持分決済型の株式に基づく報酬契約を有している。契約に関する現地の税法での税務上の損金算入可能額は，IFRS 第 2 号「株式に基づく報酬」で認識される累積費用よりも大きい。

IAS 第 12 号 68C 項は，［株式により支払われた報酬，ストック・オプション，または企業の他の資本性金融商品に関連した］税務上の損金算入額（または将来の損金算入額）が関連する報酬費用の累計額を上回る場合，これは税務上の損金算入が報酬費用だけでなく資本項目にも関係することを示すことを規定している。この状況においては，関連する当期または繰延税金の超過額は，資本で直接認識されなければならない。

資本で認識された「税務上の損金算入額の超過」を示す税金のキャッシュ・フローは，営業キャッシュ・フローまたは財務キャッシュ・フローとして分類されなければならないか。

この状況においては，税金のキャッシュ・フローが純額で支払われる場合には，一般的に株式に基づく報酬契約に対する税務上の損金算入額に関連したキャッシュ・インフローは分離されず，むしろその控除額は減少した税金支払に関するキャッシュ・アウトフローにおいて反映される。IAS 第 7 号 36 項は，投資および財務活動に関連する税金のキャッシュ・フローを識別することは，実行不可能であることも多く，税金のキャッシュ・フローが対応する取引のキャッシュ・フローと異なる期間に生じる場合も多いため，法人税支払額は，通常，営業活動によるキャッシュ・フローとして分類されるべきであると指摘している。

多くの場合においては，株式に基づく報酬契約に対する税務上の損金算入について特別なキャッシュ・フローが認識されることはなく，そのため，法人税支払額は営業活動によるキャッシュ・フローとして分類されることになる。IAS 第 12 号 68C 項におけるロジックに従い，特別なキャッシュ・フローが認識され得る場合であるまれな状況においては，超過した税務上の損金算入に関連したキャッシュ・フローは資本の発行に関連するとみなされるか（すなわち，財務活動によるキャッシュ・フローとして分類され）または従業員サービスに関連するとみなされる（すなわち，営業活動によるキャッシュ・フローとして分類される）ことがある。企業は，会計方針として適切な分類を決定し，その方針を一貫して適用しなければならない。

6　子会社，関連会社および共同支配企業に対する投資

企業が連結キャッシュ・フロー計算書を作成する場合，当該キャッシュ・フロー計算書に連結子会社のキャッシュ・フローを含めるが，企業グループ内部の取引によるキャッシュ・フローは除外する。

連結子会社が企業グループにその一部を所有されている場合，(グループ内企業に対する配当金の支払額ではなく) 非支配持分に対する配当金の支払額は，財務活動または営業活動によるキャッシュ・アウトフローとして，親会社による支払配当金の分類と整合した方法で分類される (**本章 5.4.1** 参照)。

関連会社，共同支配企業または子会社に対する持分が，持分法または原価法を使用して会計処理される場合，投資者のキャッシュ・フロー計算書で報告するキャッシュ・フローは，配当や貸付のような，投資者と投資先会社間のキャッシュ・フローに限られる [IAS 第 7 号 37 項および 38 項]。

IFRS 第 11 号「共同支配の取決め」の導入に先立ち，企業が比例連結を使用して会計処理する共同支配企業に対する持分を有する場合，連結キャッシュ・フロー計算書には，共同支配企業のキャッシュ・フローの投資者の比例割合を含める [IAS 第 7 号 38 項]。

7　子会社およびその他事業に対する所有持分の変動

7.1　所有持分の変動に関連するキャッシュ・フローの区分表示

7.1.1　支配の変更を伴う所有持分の変動

企業が報告期間中に，子会社（またはその他の事業）に対する支配を獲得（または喪失）した場合，これによって生じるキャッシュ・フローの総額を区別して表示し，投資活動に分類しなければならない［IAS 第 7 号 39 項］。キャッシュ・フロー計算書における単一の表示項目としての区分表示は，支配の取得（または喪失）の対価として支払いまたは受取った現金および現金同等物の額から，そのような取引，事象または状況の変化が生じた日における当該子会社（または事業）の現金および現金同等物を控除した金額から構成される［IAS 第 7 号 42 項］。支配の喪失によるキャッシュ・フローへの影響額は，支配の獲得によるキャッシュ・フローの影響額から控除しない。むしろ，それぞれ区別して表示しなければならない［IAS 第 7 号 41 項］。

これらの要求は，親会社が子会社の支配を獲得または喪失することとなるあらゆる取引，事象またはその他の状況等に適用する。これは，親会社が現金収入または支出を伴わずに発生する可能性があり（例えば，子会社による株主割当増資ー**本章 7.2** 参照），また，状況に変化が生じるものの絶対的または相対的所有持分に変動が生じない場合においても発生し得る。この要求の焦点は，支配を獲得したかどうかまたは喪失したかどうかという点であり，そのような場合，関連するキャッシュ・フローは常に投資活動に分類される。

親会社が現金収支を伴わずに支配を獲得または喪失する場合，子会社が取得または処分される時点で現金残高を有する場合は，投資活動によるキャッシュ・フローが生じる（**本章設例 7.2** に例示）。これは，キャッシュ・フロー計算書における対価の表示が，子会社の現金および現金同等物を控除して報告されるためである。

設例7.1.1

子会社の売却により生じるキャッシュ・フロー

20X1 年 6 月 30 日，企業がある子会社の 100％持分を CU 900,000 で売却した。譲渡日における，連結財政状態計算書に含まれるこの子会社の純資産は，以下のとおりである。

(単位：千 CU)

有形固定資産	500
棚卸資産	150
売掛金	230
現金	80
現金同等物	100
仕入債務	(110)
長期負債	(300)
	650

現金 CU 300,000 および株式 CU 600,000 で構成される対価を 20X1 年 12 月 31 日終了事業年度に受取った。

20X1 年 12 月 31 日終了事業年度のキャッシュ・フロー計算書の投資活動の分類における，当子会社の売却に係る表示は CU 120,000 のインフロー（現金収入 CU 300,000 から売却日における子会社の現金および現金同等物 CU 180,000 を控除）である。子会社を売却した結果，企業グループの現金および現金同等物がその金額だけ減少したため，譲渡日における子会社の現金および現金同等物 CU 180,000 は，現金受領額から控除される。

CU 300,000 の現金対価を 2 年間にわたり受取り，うち CU 150,000 を 20X1 年に受取り，CU 150,000 を 20X2 年に受取った場合，キャッシュ・フロー計算書の投資活動の分類には，20X1 年に CU 30,000 のアウトフロー（CU 150,000 から現金および現金同等物 CU 180,000 を控除），また 20X2 年のインフロー CU 150,000 が表示される。

売却の結果，企業グループの有形固定資産は CU 500,000 減少する。しかし，これはキャッシュ・フロー計算書上は，現金を対価とする有形固定資産の売却としては表示されない。

キャッシュ・フロー計算書の営業活動を「間接法」を使用して表示する場

合，子会社の売却について，棚卸資産および受取債権・債務の増減額を調整する必要がある。棚卸資産を例にすると，20X1 年 12 月 31 日現在，連結財政状態計算書上の棚卸資産は合計 CU 950,000，20X0 年 12 月 31 日現在の合計は CU 1,000,000 である。税金控除前利益から営業活動によるキャッシュ・フローを調整する際の調整項目における棚卸資産の変動額は CU 100,000 の増加である（期中の減少額 CU 50,000 と，売却日現在の連結財政状態計算書における当子会社の棚卸資産 CU 150,000 を相殺）。

期中の子会社またはその他の事業に対する支配の獲得に関して，以下の各項目を総額で開示しなければならない［IAS 第 7 号 40 項］。

- 支払対価または受取対価の合計
- 対価のうち現金および現金同等物で構成される部分
- 支配を獲得または喪失した子会社またはその他の事業における現金および現金同等物の金額
- 支配を獲得または喪失した子会社またはその他の事業における現金または現金同等物以外の資産および負債の金額（主要な区分ごとに要約されたもの）

投資企業に関する修正（2014 年 1 月 1 日以後開始する事業年度より発効し，早期適用が認められる― 詳細については**第 2 巻 4 章 15** 参照）を適用した企業について，投資企業は，純損益を通じて公正価値で測定することが要求される子会社に関して，上記のうち第 3 および第 4 項目により要求される開示を行う必要はない［IAS 第 7 号 40A 項］。

7.1.2　支配の喪失を生じない子会社に対する所有持分の変動

子会社に対する所有持分に変動が生じたが，その取引，事象または状況が支配の喪失を生じない場合，関連するキャッシュ・フローを財務活動に分類する（他方，支配の喪失に関連するキャッシュ・フローについては，**本章 7.1.1** に説明されるように，投資活動に分類する）ことを要求される［IAS 第 7 号 42A 項］。

このような変動は，親会社による子会社の資本性金融商品の取得または売却取引に起因する。こうした性質の取引は資本取引，すなわち，所有者の地位に基づく所有者との取引として会計処理される。IAS 第 7 号 42A 項の要求は，当キャッシュ・フローが IAS 第 7 号 17 項で説明される所有者との他の取引と同一の方法により分類されることを確かにするものである（**本章 5.3** 参照）[IAS 第 7 号 42B 項]。

投資企業に関する修正を適用した企業については，IAS 第 7 号 42A 項および 42B 項は投資企業により保有される子会社で，純損益を通じて公正価値で測定することが要求される子会社に関して，当該パラグラフに含まれるキャッシュ・フロー区分に関する要求事項は適用されないことを明確にするために修正されている。

7.2　子会社によって発行された株式から生じるキャッシュ・フロー

IAS 第 7 号 17 項（a）は，株式の発行による収入を財務活動によるキャッシュ・フローに分類しなければならないと規定している。IAS 第 7 号 39 項は，子会社の支配を喪失する取引，事象または状況の変化により生じるキャッシュ・フローを投資活動に分類しなければならないと規定している。しかし，一部を所有する子会社による株主割当発行によるキャッシュ・フローを，キャッシュ・フロー計算書上どのように反映すべきかという疑問が生じる。

例えば，子会社株式が親会社と他の株主（すなわち非支配持分）に比例的に株主割当発行される場合を考える。子会社自らのキャッシュ・フロー計算書上で，株主割当発行によるすべての収入は，株式発行によるキャッシュ・インフローを明確に示しているため，財務活動の区分に表示されなければならない。連結キャッシュ・フロー計算書上は，株式が親会社と他の株主に比例的に発行される場合，企業グループにより保有される持分割合は変わらず，親会社への株式発行により受領する現金は連結上，相殺され，他の株主からの受領は企業グループのキャッシュ・インフローとなる。子会社に対する企業グループの持分に変動が生じないことから，このキャッシュ・フローも性質上財務活動であり，連結キャッシュ・フロー計算書上，そのように分類されるべきである。

株式が他の株主（すなわち，非支配持分）に対してのみ発行される場合，子会社自身のキャッシュ・フロー計算書での取扱いは上述と同様である。企業グループの観点からは，他の株主は子会社に追加投資を行うものの，企業グループ外の株式発行は子会社に対する企業グループの持分を減額させることとなる。連結キャッシュ・フロー計算書における表示は，その減額の結果として支配が喪失されたかどうかによることとなる。**本章 7.1.1** で概説された原則に従い，取引が支配の喪失につながる場合，関連するキャッシュ・フローを IAS 第 7 号 39 項に従って投資活動に分類しなければならない。親会社に支配が残る場合には，この取引は資本取引とみなされ，関連するキャッシュ・フローは，IAS 第 7 号 42A 項に従って財務活動に分類される（**本章 7.1.2** 参照）。これは以下の設例において説明される。

設例7.2

子会社による株式発行の結果としての支配の喪失

会社 P は，会社 Q と，会社 Q が従来会社 P の完全支配子会社であった会社 R における持分の 50%を持つという共同支配の取決めを締結した。会社 R は，会社 Q に対して現金により新株を発行したが，会社 P の子会社でなくなった日において CU 250,000 の当座借越を有してした。当座借越は，キャッシュ・フロー計算書の作成において現金および現金同等物に含まれている。

会社 P は IFRS 第 11 号「共同支配の取決め」を適用しており，処分取引後において，会社 R に対する投資は，当該基準に従って共同支配企業として分類される（その結果，持分法を使用して会計処理される）。

この子会社から共同支配企業へのステータス変更は，連結キャッシュ・フロー計算書においてどのように反映されなければならないだろうか。

会社 P は 50%の持分を保持しているものの，会社 R はもはや企業グループの一部ではなく，そのキャッシュ・フローは連結されない。IAS 第 7 号 39 項に基づき（**本章 7.1.1** 参照）取引の結果子会社に対する支配を喪失する場合，投資活動に区分される金額は，対価として受取った現金および現金同等物から，移転された現金または現金同等物を控除したものから構成される。この場合，株式が会社 R により会社 Q に直接発行されたため，P 社は処分による収入を受取らない。このため，連結キャッシュ・フロー計算書に表示すべき金額は，財務活動によるキャッシュ・インフロー CU 250,000 であり，これは子会社でなくなる日の子会社の当座借越残高を示している。

7.3　取得後に生じるキャッシュ・フロー

取得に関連するキャッシュ・フローが取得後に生じる場合がある。キャッシュ・アウトフローの例には，繰延対価および条件付対価の支払が含まれる。キャッシュ・インフローの例には，保証請求または補償資産に関する収入が含まれる。IAS 第 7 号は，このような項目の取扱いについて，明示的な指針を提供していない。

対価が取得日直後に支払われる場合

- 対価が取得日直後に支払われる場合，割引計算の影響の調整が必要とならないよう，キャッシュ・アウトフローは投資活動に分類される。これは，重要な財務的要素がなく，その支出が明確に取得原価を示しているためである。

繰延対価

- 繰延対価の場合，その支払は取得で認識された金融負債の利息の支払と決済を示すとして，元本および利息要素の両方は財務活動によるキャッシュ・フローに表示される可能性がある。このアプローチは，繰延対価の割引を要求する IFRS 第 3 号「企業結合」と一致している。資産の取得の現金費用が，リース期間にわたり財務活動によるキャッシュ・フローとして認識されるように，リースの開始は非資金取引として処理される場合の，IAS 第 17 号「リース」に基づくファイナンス・リースの取扱いとも整合している。

条件付対価

条件付対価の場合，IFRS 第 3 号に基づき，被取得企業と交換で移転される対価の一部として認識される（その結果として，のれんに影響する）のは，取得日の条件付対価の公正価値のみである。取得日に存在する事実と状況に関連せず，取得日後の事象に起因する，条件付対価の公正価値の変動は，のれんを調整しない。条件付対価が資本ではない場合，公正価値の変動は損益として認識され，これは金融負債またはIAS第37号「引当金，偶発負債および偶発資産」に従った負債の測定における変動と整合している。これらの変動は取得原価として処理されず，のれんを調整しないため，条件付対価の支払は財務活動によるキャッシュ・フローとして表示される可能性がある。

保　証

被取得企業の資産および事業の価値や状況に関し，売手から保証金を受取る場合がある。例えば，売手が取得日に，（売却する）事業が少なくとも一定水準の運転資金を含み，運転資金の実際の水準がそれを下回ることが判明した範囲まで保証金を支払うことを保証するかもしれない。保証金の支払が取得日の事実と状況により決定される場合，取得企業の受取金額は実質，取得対価の調整である（そして，その結果，のれんが減額される）。一般に，このような支払は取得日直後になされ，財務的な要素はほとんど含まれず，この場合，キャッシュ・フロー計算書上，投資活動によるキャッシュ・フローとして表示されるべきである。このような支払が繰延べられ，重要な財務的な要素を含む場合は，上述の繰延対価の論理に従って，財務活動によるキャッシュ・フローに分類されるべきである。

補償資産

売手が補償を提供し，補償資産が生じる場合，発生する場合のある特定のアウトフローについて買手に支払うことに同意する。補償に基づく収入は，発生するキャッシュ・アウトフローの直接的な支払であることから，この収入はキャッシュ・アウトフローの性質に従って分類されるべきである。このインフローとアウトフローの対応は，IAS第37号「引当金，偶発負債および偶発資産」に基づく塡補資産の処理と整合している。

8　外貨建のキャッシュ・フロー

外貨建のキャッシュ・フローは2つの場合に発生する。すなわち，「報告企業が外貨建のインフローまたはアウトフローが関わる外部取引を約定する場合」と「報告企業グループに在外子会社が含まれ，その子会社と企業グループ内の他の企業との間に現金の移動がある場合」である。

報告企業が外貨建のインフローまたはアウトフローを伴う外部取引を行う場合，そのキャッシュ・フローは，外貨建のキャッシュ・フローをキャッシュ・フローの発生日に適用される為替レートで換算することにより，当該企業の機能通貨で，キャッシュ・フロー計算書に表示されるべきである［IAS 第7号25項］。

設例8

外貨建のキャッシュ・フロー

機能通貨がポンドの企業が，ある器具の項目を100,000ドルで購入する。企業はこの購入を，器具の配達日に会計記録に認識した。この日の為替レート（2米ドル＝1ポンド）の結果，当器具は50,000ポンドで認識された。器具の請求は30日後銀行送金によって決済され，同日負債の決済に55,000ポンドが必要である。為替差額5,000ポンドは純損益として認識される。

器具の購入は，キャッシュ・フロー計算書に投資活動によるキャッシュ・フロー55,000ポンドと表示される。このように，営業活動によるキャッシュ・フローが「間接法」を使用して表示される場合，純利益の調整の1つは，為替差額5,000ポンドを調整することである。

購入されたアイテムが販売目的の商品であった場合，購入のキャッシュ・フローは（投資活動ではなく）営業活動によるキャッシュ・フローとして報告されることになる。当購入に関し，IAS 第7号の要求に従って，購入のアウトフロー55,000ポンドはキャッシュ・フロー計算書の営業活動によるキャッシュ・フローに含められることになる。包括利益計算書で，50,000ポンドで認識された売上原価は購入に含められ，為替差額5,000ポンドが当期純利益の算出にあたり認識される。そのため，当期純利益の算出にあたり，55,000ポンド全額が包括利益計算書に認識されている。この結果，「間接法」を使用して営業活動によるキャッシュ・フローが表示される場合，為替差額5,000ポンドを調整する必要はない。

在外子会社のキャッシュ・フローは，当該キャッシュ・フローの発生日における機能通貨と当該外貨との間の為替レートによって換算し，グループのキャッシュ・フロー計算書に含められるべきである［IAS第7号26項］。

IAS第7号27項はIAS第21号「外国為替レート変動の影響」と整合する方法によって外貨建のキャッシュ・フローを報告するよう規定している。IAS第21号は，実際レートに近似する平均為替レートの使用を認めている。例えば，外貨建取引の換算または在外子会社のキャッシュ・フローの換算に，その期間の加重平均為替レートを使用してもよい。IAS第21号は，在外子会社のキャッシュ・フローを，報告期間末の為替レートを使用して換算することは認めていない。

しかし，個々の重要な取引については，実際レートの使用が必要であろう。そうしないとグループ内のキャッシュ・フローを消去できないため，多額の追加の現金投資が親会社から在外子会社へ送金される場合に特に該当する。

為替レートの変動から生じる未実現損益は，キャッシュ・フローではない。しかし，外貨で保有または決済される現金および現金同等物に対する為替レートの変動による影響額は，期首と期末の現金および現金同等物の残高を調整するために，キャッシュ・フロー計算書に報告される。この金額は，営業，投資および財務活動によるキャッシュ・フローとは区別して表示される。また，キャッシュ・フローが期末の為替レートで報告されていたと仮定した場合との差額があれば，この金額にその差額を含める［IAS第7号28項］。

9　追加の開示の要求事項

9.1　非資金取引

企業が現金または現金同等物の使用を伴わない投資取引または財務取引を行う場合，その取引はキャッシュ・フロー計算書から除外される（**本章 3.2** 参照）。しかし，企業は，当該取引に関するすべての情報を利用者に提供するため，財務諸表に十分な情報を開示しなければならない［IAS 第 7 号 43 項］。

9.2　現金および現金同等物の内訳

現金および現金同等物の内訳が開示され，キャッシュ・フロー計算書におけるこれらの金額と，財政状態計算書において報告される相当する項目との調整が開示されなければならない［IAS 第 7 号 45 項］。IAS 第 1 号「財務諸表の表示」によって要求されているように，現金および現金同等物の内訳を決定するうえで採用している方針も開示されるべきである［IAS 第 7 号 46 項］。

9.3　企業グループが利用できない残高

企業グループの保有する現金および現金同等物の残高のうち，当該企業グループが利用できない重要な金額を，経営者の説明とともに開示しなければならない［IAS 第 7 号 48 項］。この開示の要求は，為替管理またはその他の法律上の制約により，その子会社の現金および現金同等物を企業グループの他のメンバーが一般的に利用ができない国で営業する子会社を有する場合に必要であろう。別の例として，多額の資金がエスクロー勘定に保有され，特定プロジェクトについてのみ利用可能な場合がある。

現金および現金同等物の使用に対する制限は，財政状態計算書またはキャッシュ・フロー計算書の制限を受ける金額の分類を変えない。例えば，在外子会社からの資金の移転に制限がある場合，この金額が在外子会社の現金および現金同等物の定義を満たす場合，企業グループにより開示された連結キャッシュ・フロー計算書で当グループの現金および現金同等物として取扱われ，IAS 第 7 号 48 項に従って開示される。

9.4　奨励される追加的開示

IAS 第 7 号 50 項は，利用者にとって追加的な情報が，企業の財政状態および流動性を理解するうえで関連性があるだろうことを示唆している。この情報を経営者の説明とともに開示することが推奨され，以下が含まれる。

- 将来の営業活動および資本コミットメントの決済のために利用可能である未使用借入限度枠の金額ならびにその使用にあたっての制限
- IFRS 第 11 号「共同支配の取決め」をまだ適用していない企業にとっては，比例連結を使用して会計処理される共同支配企業に対する持分に関連する各区分上のキャッシュ・フローの総額
- 事業規模の維持に要するキャッシュ・フローと区別される，事業規模の拡大を示すキャッシュ・フローの総額
- IFRS 第 8 号「事業セグメント」に基づく各報告セグメントの営業活動，投資活動，財務活動から生じるキャッシュ・フローの金額

第10章
後発事象
Events after the reporting period

目次

1　はじめに

IAS 第 10 号「後発事象」は，企業が後発事象について財務諸表を修正しなければならない場合および財務諸表の公表の承認日と後発事象について企業が行わなければならない開示を規定している。

IAS 第 10 号は，直近では 2011 年 5 月に修正された。

2　定　義

IAS 第 10 号は，後発事象を「報告期末日と財務諸表の公表の承認日との間に発生する事象で，企業にとって有利な事象と不利な事象の双方をいう」と定義している［IAS 第 10 号 3 項］。

後発事象は，財務諸表の公表が承認される日までのすべての事象を含む。本基準は，利益またはその他の抜粋財務情報の公表後に発生したものであっても，財務諸表の公表が承認される前に発生した事象は，本基準の範囲内であると明確に述べている（**本章 2.1.1** 参照）［IAS 第 10 号 7 項］。

後発事象は以下の 2 種類の事象に区分される［IAS 第 10 号 3 項］。

- 修正を要する後発事象 ― 報告期間の末日に存在した状況についての証拠を提供する事象
- 修正を要しない後発事象 ― 報告期間後に発生した状況を示す事象

2.1　財務諸表の公表が承認される日

「財務諸表の公表の承認日」については定義されていないが，IAS 第 10 号は，この用語をどのように解釈すべきかに関する指針を示している。

IAS 第 10 号は，財務諸表の承認に関する 2 つの一般的な手続について，明示的な指針を示している。これらについては**本章 2.1.1** および **2.1.2** で検討する。ここに記載されているものとは異なる状況（例えば，監督取締役会は存在するが，非経営執行役のみから構成されていない場合等）においては，その場合に特有の事実に基づき慎重に検討することが求められる。しかしながら，IAS 第 10 号に示されている設例に共通する趣旨は，株主や経営者を監督するために任命された上部機関による承認より，むしろ経営者による承認がこれに適合するということである。

2.1.1　株主による承認

財務諸表の公表日後に，株主総会に承認を求めて財務諸表を提出することが企業に要求される場合であっても，株主総会での財務諸表の承認日ではなく，財務諸表は公表日での公表の承認を受ける［IAS 第 10 号 5 項］。

以下は，IAS 第 10 号 5 項から引用した設例である。

設例2.1.1

株主による承認

[IAS第10号5項]

企業の経営者が，20X1 年 12 月 31 日終了年度の財務諸表案を 20X2 年 2 月 28 日に完成させる。20X2 年 3 月 18 日に，取締役会は財務諸表をレビューし，公表を承認する。企業は，利益およびその他の財務情報の抜粋を 20X2 年 3 月 19 日に発表する。財務諸表は，株主およびその他の利用者にとって 20X2 年 4 月 1 日に入手可能になる。株主は，20X2 年 5 月 15 日の株主総会で財務諸表を承認し，承認された財務諸表は監督機関に 20X2 年 5 月 17 日に提出される。

この財務諸表は，20X2 年 3 月 18 日（取締役会においてその公表を承認した日付）に公表が承認される。

この設例では，決算発表が財務諸表の公表が承認された後に行われている。法域によっては，完全な財務諸表の公表が承認される前に，抜粋された財務情報の「予告発表」が容認されるまたは要求されることがある。例えば，その情報が「プライス・センシティブ（株価への影響が大きい）」とみなされ，速やかに発表しなければならないために，そのようなことが必要になることがある。この場合には，決算発表後に生じる事象は，取締役会が完全な財務諸表を承認する際に考慮しなければならない。したがって，完全な財務諸表における情報が早期の決算発表における情報と異なることもあり得る。

2.1.2　監督取締役会による承認

企業の経営者が，その財務諸表を監督取締役会（経営執行役以外の者のみによって構成される）に提出して承認を受けなければならない場合，経営者が監督取締役会に提出することを承認したときに，財務諸表の公表が承認されることになる［IAS 第 10 号 6 項］。

以下は，IAS 第 10 号 6 項から引用した設例である。

設例2.1.2

監督取締役会による承認

[IAS第10号6項]

20X2 年 3 月 18 日に，企業の経営者は，監督取締役会に財務諸表を提出することを承認する。監督取締役会は，非経営執行役のみから構成され，従業員の代表および外部の利害関係者を含むことがあるかもしれない。監督取締役会は，20X2 年 3 月 26 日に財務諸表を承認する。財務諸表は，株主およびその他の利用者にとって 20X2 年 4 月 1 日に入手可能になる。株主は 20X2 年 5 月 15 日の株主総会で財務諸表を承認し，承認された財務諸表は監督機関に 20X2 年 5 月 17 日に提出される。

財務諸表は，20X2 年 3 月 18 日にその公表が承認される（監督取締役会への提出に向けた経営者承認日付）。

2.1.3　財務諸表の二重日付

財務諸表の二重日付の論点は，IFRS 解釈指針委員会において検討が行われ，2013 年 5 月の IFRIC アップデートにおいて議論された。特に，解釈指針委員会は，届出書類に関連して過去に発行された財務諸表が再発行された場合，IAS 第 10 号「後発事象」の適用に関する会計処理を明確にすることを求められた。この論点は，証券法および規制上の慣行が，適用される会計基準のもとで直近に提出された期中財務報告を遡及的に会計処理する事項が反映される場合に，企業が過去に発行した届出書類に関連する年次財務諸表を企業に再発行することを要求する法域において生じる。これらの法域において，国の規制によって調整が要求されない限り，証券法および規制上の慣行は，企業に再発行された財務諸表において，財務諸表の発行が最初に承認された時点と財務諸表が再発行された時点との間に発生した事象または取引を認識することを要求も許容もしない。その代わり，証券法および規制上の慣行は，企業に再発行された財務諸表において，通常，翌年度以降の財務諸表の比較情報に通常行われる調整のみ，認識することを要求する。これらの調整は，例えば，遡及的に適用される会計方針の変更の調整を含むが，会計上の見積りの変更は含まない。提出者は，解釈指針委員会に，届出書類に関連して，過年度に発行された財務諸表を再発行する場合において，IAS 第 10 号は発行の承認日として単一の日付のみ認めている（すなわち，「二重日付」は認められていない）か質問した。

解釈指針委員会は，次のことに言及した。

- IAS 第 10 号の範囲は，報告期間後の事象の会計処理および開示であり，この基準書の目的は，(1) 企業が報告期間後の財務諸表を修正するとき，および (2) 企業が財務諸表が承認された日付について行う開示および報告期間後の事象について行う開示について規定すること
- IAS 第 10 号に従って作成された財務諸表が，財務諸表の発行が承認された日付までのすべての調整される事象および調整されない事象を反映する必要があること，および
- IAS 第 10 号は，当初発行された財務諸表が取下げられなかった場合における，募集書類における再発行された財務諸表の表示を取扱っていないが，規制上の要求に従い，募集書類において再発行された財務諸表は補足情報または当初の財務諸表の再表示として提供されること

上述に基づいて，当問題は複数の法域において発生し，財務諸表の再表示の様式に影響する特定の証券法および規制において問題を生じさせるため，解釈指針委員会は議題にこの問題を追加しないことを決定した。

設例2.1.3.

財務諸表の二重日付

20X0 年 8 月 1 日に企業 R の取締役は，20X0 年 6 月 30 日終了年度の財務諸表を株主に発行することを承認した。財務諸表は 20X0 年 9 月 1 日に規制当局に提出される。

20X0 年 8 月 20 日に，財務諸表の発行が承認される前にその事象が発生した場合，IAS 第 10 号 3 項（**本章 4** 参照）に従い修正を要しない後発事象として分類される事象が発生した。企業 R の取締役は，規制当局に提出される財務諸表に開示による修正を加えることを望んでいる。取締役は，「二重日付」手続を採用することを望んでおり，これにより一般の財務諸表は 20X0 年 8 月 1 日に承認されたとして開示され，更新された開示を含む特定の注記情報は 20X0 年 8 月 20 日に承認されたとして記述される。

企業 R は，財務諸表の当初の承認日より後に発生した後発事象を組込む目的で記述されるような二重日付の財務諸表を認めることができるか。

できない。IAS 第 10 号 17 項および 18 項における財務諸表の承認日は，財務諸表全体を参照している。異なる日付で発行が承認される財務諸表についての異なる構成部分についての規定はない。

企業が，発行が承認された後の財務諸表を修正することができるか，およびその方法に関する問題について，IFRS では取扱っていない。このような事項は，一般に各国の法律や規制で取扱われる。しかしながら，各国の法律や規制上，このような状況下で企業が財務諸表を修正でき，それを望む場合，IAS 第 10 号における発行の承認日は後の日付に修正され，財務諸表全体に適用される。結果として，取締役は IAS 第 10 号に従い，新しい発行の承認日以前に発生したすべての重要な事象の影響を考慮することが要求される。

3　修正を要する後発事象

修正を要する後発事象とは，報告期間の末日に存在した状況についての証拠を提供する事象と定義されている［IAS 第 10 号 3 項］。

財務諸表に認識された金額は，修正を要する後発事象を反映するために修正される［IAS 第 10 号 8 項］。

IAS 第 10 号に定められた一般原則は，財務諸表は報告期末日までに発生した事象および報告期間の末日に存在した状況を反映するように作成しなければばならないということである。修正を要する後発事象は，報告期間の末日に存在した状況についての追加的な証拠を提供するものであるので，財務諸表において認識された金額はそれを反映するよう修正される。

以下は，修正を要する後発事象の例である［IAS 第 10 号 9 項］。

- 企業が報告期間の末日にすでに現在の債務を有していたことが証明されるために，訴訟事件が報告期間後に解決することがある。この場合，企業はすでに認識した引当金を修正するか，または単に偶発債務を開示することに代えて引当金を認識することが求められる。
- 報告期間の末日に資産が減損していたこと，またはその資産についてすでに認識されていた減損損失の金額を修正する必要があることを示す情報が報告期間後に入手されることがある。例えば，以下のような場合である。
- 報告期間後に顧客の倒産が発生する場合，それは通常，報告期間の末日にすでに営業債権勘定に損失が存在しており，企業が営業債権勘定の帳簿価額を修正する必要があることを裏付ける（ただし報告期間後に発生した事象の結果としての倒産については，**本章設例 4B** 参照）。
- 報告期間後に販売された棚卸資産の販売価格は，報告期間の末日の正味実現可能価額について証拠を提供することがある。

IAS 第 10 号は，報告期間後における棚卸資産の販売は，報告期間の末日の正味実現可能価額について証拠を提供する「場合がある」と述べている。棚卸資産の価格は，競合商品の参入のような特定の要因，および対象販売市場の経済状況のようなより一般的な要因を含むさまざまな理由によって下落する場合がある。しかしながら，一般に，そのような変化は期間全体を通じて生じるものである。競争圧力の結果，報告期間の末日後に棚卸資産を原価割れで販売するということは，通常，そのような競争圧力が報告期間の末日にすでに存在していたことを示すものであろう。

しかしながら，報告期間の末日後に価値が下落したという明確な証拠がある場合もあるであろう。例えば，市場価格のあるコモディティは，これに該当する。棚卸資産が報告期間の末日後に物理的な損傷を受けた場合も，これに該当する。そのような状況は，修正を要しない後発事象として会計処理しなければならない。

- 報告期間の末日以前に購入された資産の取得原価または売却された資産に係る収入額が，報告期間後に決定されることがある。
- 報告期間の末日以前の事象の結果として，企業が利益分配またはボーナスの支払を行う法的または推定的債務を報告期間の末日で有していた場合に，その金額が報告期間後に決定されることがある。
- 財務諸表が誤っていたことを示す不正または誤謬が発見されることがある。

4　修正を要しない後発事象

修正を要しない後発事象とは，報告期間後に発生した状況を示す事象と定義される［IAS 第10号3項］。

修正を要しない後発事象は，財務諸表に認識された金額の修正は必要ではないが，開示しないことが財務諸表利用者が行う経済的意思決定に影響を与える可能性があるため，後発事象が重要である場合には開示しなければならない（**本章6.1**参照）［IAS 第10号10項および21項］。

IAS 第10号で列挙されている修正を要しない後発事象の例の1つは，報告期間の末日と財務諸表の公表が承認される日との間における投資の公正価値の下落である。公正価値の下落は，報告期間の末日の投資の状況とは通常関

式の公正価値を修正することは許されない（すなわち，当該事象は修正を要しない後発事象である）。しかしながら，その影響が重要である場合には，企業は報告期間の末日と財務諸表の公表が承認される日との間における公正価値の下落を開示することを要求されることがある（**本章 6.1** 参照）。

設例4B

報告期間後の顧客による債務不履行

企業は，第三者に物品を掛売している。報告期間の末日では，この顧客の支払能力に疑義はなかった。財務諸表を完成させる過程において，企業は，この顧客が報告期間後に発生した事象の結果として清算されることを知らされた。企業は，この売上債権の減損を認識すべきではない。なぜなら，財政状態計算書は，報告期間の末日の状況を適切に反映しているからである。しかしながら，その影響が重要である場合には，企業は報告期間後における顧客の債務不履行の影響を開示することを要求されることがある（**本章 6.1** 参照）。

多くの場合，報告期間の末日後の顧客の倒産は，報告日以前に発生した一連の事象の結果であるから，財務諸表において売掛金の減損を認識することが必要になるであろう。とはいえ，そのような倒産が完全に報告期間後に引き起こされることもあり得ないわけではない（例えば，大規模なデリバティブ契約の管理ミスを通じて）。

設例4C

報告期間後の為替レートの著しい変動

企業は，外貨項目を各報告期間の末日の直物レートで換算している。20X1 年に A 国では重大な経済変動により，報告期間の末日後に当該国の通貨の価値が切下げられた。そのような場合であっても，年度末財務諸表作成のためには，報告期間の末日の決算日レートを使用して換算しなければならない。報告期間後の為替レートの変動の影響が重要である場合には，開示が求められることがある（**本章 6.1** 参照）。

4.1　報告期間後に提案された配当

報告期間後に宣言される資本性金融商品（IAS 第32号「金融商品：表示」に定義される）の保有者に対する配当は，報告期間の末日の負債として認識してはならない［IAS 第10号12項］。報告期間後ではあるが，財務諸表の公表が承認される前に配当が宣言される場合，報告期間の末日では債務が存在していないため，その配当は報告期間の末日の負債として認識されない［IAS 第10号13項］。

IAS 第10号がIFRIC 第17号「所有者に対する非現金資産の分配」によって修正される前は，これに関連して，IAS 第10号13項に「宣言」の意味を明確にする説明が含まれていた。そこでは，配当は「適切に承認され，もはや企業の自由裁量ではない」ときに宣言されると述べられていた。この表現は，結果的修正としてIAS 第10号13項から移され，現在はIFRIC 第17号10項に記載されている。この理由については，本解釈指針は未払配当金をいつ認識すべきかに関する原則を変更しなかったと説明するIFRIC 第17号BC 18項からBC 20項において規定されている。したがって，経営者による配当の「宣言」において，それ以上の承認が必要な場合，または経営者がその決定を覆す自由裁量を維持する場合，負債は発生しない。

このような配当が，報告期間後ではあるが，財務諸表の公表の承認前に宣言される場合には，開示が要求される（**本章6.4**参照）［IAS 第10号13項］。

本基準は，報告期間後に宣言される配当の取扱いについては明確である。他の状況においては，より複雑となることがある。そしてその適切な取扱いについては，関連する法域の法律上の要求に影響される。以下の設例は，そのような状況を3つ示したものである。

設例4.1A

報告期末日前に支払われた違法配当の無効化

会社Aは，各四半期末に株主に配当を行っている。したがって，年次報告期間の末日では会社Aは，当期に配分された配当をすべて支払っている。年次報告期間の末日後ではあるが財務諸表の公表の承認前に，会社Aは，報告期間の末日に存在した状況に関連する誤謬を最終の中間財務報告書に発見した。IAS第10号で要求されているように，財務諸表はそれに従って修正されることになる。当修正により，配当可能利益は，配当が支払われるレベル未満まで減少した（すなわち，当期に支払われた配当の一部は支払われるべきものではなかった）。会社Aが営業している法域では，配当可能利益を超えて支払われた配当は返還されなければならないという法的拘束力のある要求が存在する。そのため，会社Aは，株主に対してしかるべき配当の一部の返還請求を行う。

配当の無効化は，修正を要する後発事象である。配当を無効にする必要性は，修正を要する後発事象として会計処理されてきた誤謬の発見の結果生じる。さらに，配当の無効化自体は，報告期間の末日で存在した状況（すなわち，報告期間の末日において，配当は違法であった）の証拠を提供するものであるため，それ自体が修正を要する後発事象の定義を満たす。

したがって，配当が返還される範囲において，財政状態計算書に受取債権を認識しなければならない。

設例4.1B

キャッシュ・フロー不足による報告期間の末日前に支払われた配当金の取消し

年次報告期間の末日では，会社Aは，当期に配分された配当のすべてを支払済である。報告期間の末日後に，会社Aはキャッシュ・フロー不足となり，株主に対して報告期間中に支払われた配当の一部を返還するよう求めている。

これは修正を要する後発事象ではない。この配当返還請求は，報告期間の末日後に生じた状況の結果として起こったものである。配当が返還された場合には，支払配当金の減少としてではなく，翌期における資本拠出として会計処理をしなければならない。

設例4.1C

宣言されたが支払われていない中間配当を取消す法的権利

企業は，当報告期間中に中間配当を宣言した。この中間配当は，報告期間の末日では未払のままとなっている。国内法によれば，取締役は事後的にこの配当を変更し，または取消す権利を有している。

この配当は財務諸表において債務として認識してはならない。IAS 第10号13項では，配当は，報告期間の末日に支払う債務が存在しない限り認識してはならないことを確認している。そのような債務は，配当がもはや企業の自由にならなくなるまで発生しない。

4.2　報告期間後の税金の変動

当期税金および繰延税金の残高として財務諸表で認識されている金額は，報告期間の末日の法定税率または実質的法定税率，および税法に基づくものである。一定の状況の場合，つまり税率および税法の変更の公表が実際の施行とほとんど同じ効果を有する場合，報告期間の末日で公表されていた税率および税法の変更の影響を反映させることがある。しかしながら，変更が報告期間の末日に実質的に施行されていない場合には，財務諸表に認識された金額に反映してはならない（**第 2 巻 2 章**参照）。

4.3　未収配当金

未収配当金は，子会社および関連会社からのものを含めて，IAS 第18号「収益」に規定されている一般原則に従って会計処理をしなければならない。したがって，配当収益は，支払を受ける株主の権利が確定したときに認識しなければならない［IAS 第 18 号 30 項（c)］。

報告期間後に被投資企業によって配当が宣言され，報告期間の末日で投資企業が支払を受ける権利を有しない場合，投資企業も被投資企業も財務諸表を修正してはならない。

5　継続企業

経営者が報告期間後に，企業を清算する（または営業を停止する）方針を決定するか，またはそうする以外に現実的な代替案がないと判断した場合には，その企業の財務諸表は，継続企業ベースで作成してはならない［IAS 第 10 号 14 項］。

以下の設例において示されるように，この IAS 第 10 号 14 項の要求事項は，報告期間の末日後に行われる意思決定は修正を要する後発事象とは考えないという一般原則に対するまれな例外である。

設例5
報告期間後の任意清算

企業は，オーナーにより経営されており，その報告日は 20X1 年 12 月 31 日である。報告日現在，企業は営業黒字で，オーナー経営者はその状態が今後も継続するであろうと予想しており，会社を清算するまたは営業を停止するつもりはない。しかし 20X2 年 3 月，財務諸表の公表が承認される前に，オーナー経営者が予期していなかった個人的な事情の変化があり，会社を任意清算することを決定した。

企業の財務諸表は，継続企業ベース以外の基準に基づいて作成しなければならない。

報告期間後に経営成績および財政状態が悪化した場合，継続企業の前提が依然として適切であるか検討する必要性が示されている可能性がある。継続企業の前提がもはや適切でない場合には，その影響が広範にわたるため，IAS 第 10 号は，当初の会計処理基準の枠内で認識された金額に対する修正ではなく，会計処理基準の根本的な変更を要求している［IAS 第 10 号 15 項］。

IAS 第 10 号 15 項は，会計処理基準の根本的な変更の必要性に言及しているが，IFRS はどのような代替基準が関わるかについての指針を提供していない。継続企業ベースの基準は，**第 1 巻 3 章 2.5** でより十分に検討されている。**第 1 巻 3 章 2.5.2** で説明されているように，会計処理基準は，財務諸表が継続企業ベース以外の基準で作成される場合も「根本的に」は異ならないことがある。特に，企業が営業を停止した場合であっても，財務諸表は一般に IFRS と整合する基準で作成しなければならないが，継続企業の前提が適切ではないという事実を反映するように修正しなければならない。そのような基準としては，資産を正味実現可能価額まで評価減すること，および営業を停止する決定の結果として，契約上の不利な義務に対する引当金を計上することがあげられる。

6　開　示

6.1　修正を要しない後発事象

修正を要しない後発事象が重要である場合には，それを開示しないことは財務諸表利用者の経済的意思決定に影響を与える可能性がある。そのため，企業は，修正を要しない後発事象の重要性があるカテゴリーごとに，以下の情報を開示しなければならない［IAS 第 10 号 21 項］。

- 当該事象の性質
- 財務的影響の見積り，またはそのような見積りが不可能である旨の記述

財務諸表における開示を要求されることがある修正を要しない後発事象の例は，**本章 4** において記述している。

6.2　公表承認日

財務諸表は，財務諸表公表の承認日後の事象を反映していないため，当該財務諸表の公表がいつ承認されたかを知ることは，財務諸表利用者にとって重要である（**本章 2.1** 参照）［IAS 第 10 号 18 項］。

企業は，財務諸表の公表に向けた承認日，および誰がその承認を行ったかを

開示しなければならない［IAS 第 10 号 17 項］。

IAS 第 10 号は，上記事項の開示の場所を特定していない。現地の法律および規制上の要求により，例えば，財政状態計算書の本体，その他の主要な財務諸表の本体，または注記で記載される。また，これらの開示は，取締役の責任に関する報告書に含めてもよいが，それは当該報告書が財務諸表の一部を構成する場合に限られる。上記事項の開示を財務諸表外の別個の報告書に含め，当該報告書から財務諸表を参照することは認められない。

企業の所有者またはその他の者が財務諸表を公表後に修正する権限を有している場合には，その旨を開示しなければならない［IAS 第 10 号 17 項］。

6.3　報告期間の末日の状況についての開示の更新

IAS 第 10 号は，企業が報告期間後において，報告期間の末日に存在した状況について情報を得た場合には，新しい情報に鑑みて，その状況に関する開示を更新することも要求している［IAS 第 10 号 19 項］。例えば，報告期間の末日に存在した偶発負債について，報告期間後に新たな証拠が入手可能になった場合，財務諸表における偶発負債についての開示は，IAS 第 37 号に従って新たな情報に基づいて更新される［IAS 第 10 号 20 項］。

6.4　報告期間後に提案または宣言された配当

報告期間後ではあるが財務諸表の公表が承認される前に，配当が提案または宣言された場合，企業は，財務諸表の注記に当該配当の金額および関連する 1 株当たりの金額を開示することが要求される（**第 1 巻 3 章 7.4.2** 参照）［IAS 第 1 号 137 項（a)］。

6.5　継続企業

IAS第1号「財務諸表の表示」で要求されている開示は，以下のとおりである。

- 財務諸表が継続企業ベースで作成されていない場合
- 経営者が，当該企業の継続企業としての存続能力に対して重要な疑義を生じさせるような事象または状況に関係する重要な不確実性に気付いている場合。開示が要求される事象または状況が，報告期間後に発生する場合がある。

これらの開示については，**第1巻3章2.5**で取扱っている。

第 11 章 関連当事者についての開示

Related party disclosures

目 次

1　はじめに

関連当事者の関係および関連当事者との取引の開示は，IAS 第 24 号「関連当事者についての開示」で扱われる。

IAS 第 24 号は直近には，2012 年 10 月に IFRS 第 10 号「連結財務諸表」に対する**投資企業**の修正に伴う結果的修正として修正されている。**投資企業**の修正は，投資企業である親会社は子会社（投資関連サービスまたは活動を提供する子会社を除く）への投資を純損益を通じて公正価値で測定すべきことを要求している（詳細は**2 巻 4 章 15** 参照）。IAS 第 24 号の結果的修正は，投資企業と純損益を通じて公正価値で測定される子会社間における企業集団内の関連当事者取引は，企業集団に関する連結財務諸表の調整時に消去されないことを明確にしている（**本章 3.1** 参照）。

投資企業の修正から生じる結果的修正は，2014 年 1 月 1 日以後開始する事業年度から適用され，早期適用は認められる。企業が IAS 第 24 号の結果的修正を 2014 年 1 月 1 日より前に開始する事業年度より適用する場合，企業は**投資企業**の修正を含むすべての修正を同時に適用しなければならない［IAS 第 24 号 28B 項］。

2　関連当事者についての開示の目的

IAS 第 24 号の目的は，報告された財政状態と経営成績が，関連当事者の存在および関連当事者との取引や未決済残高により影響を受ける可能性について注意を喚起するために必要な開示が財務諸表に含まれることを保証することである［IAS 第 24 号 1 項］。本基準は「未決済残高」にコミットメントを含むことを明確にしている。

本基準では，関連当事者との関係は，商取引において通常みられる特徴であると述べている。例えば，企業にとっては，子会社，関連会社または共同支配企業を通じて一部の営業活動を行うことは一般的である。そのような関係は報告企業の経営成績と財政状態に影響を与えることができる。関連当事者は，関連のない当事者であれば実行しないであろう取引を実行したり，関連のない当事者間での一般的な価格と異なる価格で取引をする可能性がある。

さらに本基準は，たとえ関連当事者との取引がない場合であっても，関連当事者との関係の存在の意味を検討している。本基準は，関係が存在するだけで，報告企業と他の当事者との取引に影響を与えるには十分な場合があることを認識している。例えば，子会社は，ある取引先と同一の事業に従事している兄弟会社を親会社が取得することにより，当該取引先との関係を終了させるかもしれない。また，ある当事者は他の当事者からの重要な影響力によって活動を差控えるかもしれない。例えば，子会社が研究・開発活動に従事しないよう親会社から指示を受けることがあるかもしれない。

これらの理由から，本基準は，ある企業の関連当事者との取引，未決済残高（コミットメントを含む）および関係についての知識は，企業が直面しているリスクや機会の評価を含めて，財務諸表の利用者による営業活動の評価に影響を与える場合があると結論付けている。

3　範囲および免除

IAS 第 24 号は，以下の事項に適用しなければならない［IAS 第 24 号 2 項］。

- 関連当事者との関係および取引の識別
- 企業とその関連当事者との間の未決済残高（コミットメントを含む）の識別
- そのような関係，取引および未決済残高の開示が要求される状況の識別
- これらの項目について行われる開示の決定

IAS 第 24 号は，関連当事者との取引の測定には適用されない。

3.1　連結財務諸表

IAS 第 24 号は，連結財務諸表における企業集団内の取引について特定の免除を設けていない。しかし，企業集団内の関連当事者との取引および未決済残高については連結上消去される［IAS 第 24 号 4 項］。

企業集団内の取引および未決済残高が相殺消去される場合，それらは連結財務諸表の一部を構成していない。その結果，このような企業集団内における関連当事者との取引および未決済残高について，IAS 第 24 号に基づく開示は行われない。

投資企業の修正（2014 年 1 月 1 日以後開始する事業年度より適用され，早期適用は認められている。詳細は **2 巻 4 章 15** 参照）を適用する企業のために，IAS 第 24 号 4 項は投資企業と純損益を通じて公正価値で測定される子会社との企業集団内の関連当事者取引は，企業集団に関する連結財務諸表の作成にあたり相殺消去されないことを明確にするために修正された［IAS 第 24 号 4 項］。

したがって，投資企業とその非連結子会社との取引および未決済残高は IAS 第 24 号に基づき開示することが要求される。

3.2　個別財務諸表および単独財務諸表

親会社または投資者が IAS 第 27 号（2011 年）「個別財務諸表」（または，IAS 第 27 号〔2011 年〕を未適用の企業の場合には，IAS 第 27 号〔2008 年〕「連結および個別財務諸表」）に従って個別財務諸表を表示する場合，IAS 第 24 号はそれらの個別財務諸表に等しく適用される。IAS 第 24 号は，単独財務諸表にも適用される［IAS 第 24 号 3 項］。

企業集団内のその他の企業との取引および未決済残高について，子会社が利用可能な免除はない。関連当事者との取引および企業集団内のその他の企業との未決済残高については，企業の個別財務諸表または単独財務諸表に開示される［IAS 第 24 号 4 項］。

3.3　期中に変更があった関連当事者との関係

関連当事者関係は報告期間に開始する，または終了するかもしれない。これが IAS 第 24 号 13 項（支配が存在する場合の関連当事者関係の開示および親会社と最終的な支配当事者の名称の開示）（**本章 5.1** 参照）およびIAS 第 24 号 18 項（関連当事者間の取引の開示）（**本章 5.3** 参照）で要求される関連当事者についての開示にどのような影響を与えるかという疑問が生じる。

IAS 第 24 号 13 項およびIAS 第 24 号 18 項の開示要求は，両当事者が関連しているとみなされるために，報告期末日において関連当事者との関係が存在しているべきかどうかについて言及していない。その結果，報告期間に関連当事者であったが報告期間末には関係を終了している場合に，関連当事者との関係や取引を開示すべきかどうかは不明瞭である。IASB は，財務諸表の開示対象期間の関連当事者取引のみを開示しなければならないことを確認するために，IAS 第 24 号 18 項を修正したが，この修正は上記の問題については対処していない。

同様に，関連当事者ではなかった期中の時点で取引が発生し，報告期間末前に関連当事者となった場合の適切な開示について，本基準は明確にしていない。

支配が存在する関連当事者との関係，親会社と最終的な支配者の識別について，開示は，報告期間中のあらゆる時点または財務諸表公表の時点において報告企業の親会社または最終的な支配者だったすべての企業を含めるべきである。報告期間中に親会社または最終的な支配者の変更があった場合，両者の属性の開示は，外部の利用者が，両者に関連のある公的に利用可能な情報（例えば，報告企業が連結対象に含まれていた期間の親会社または最終的な支配者それぞれの連結財務諸表）を利用することを可能にする。

IAS 第 24 号 18 項に基づく関連当事者との取引に係る開示については，取引時点で関連当事者であるならば，当事者間の取引金額および取引条件の詳細等について開示しなければならない。

未決済残高（関連する貸倒引当金を含む）は，報告期間末と未決済残高を生じさせた取引時点のいずれかで関連当事者である当事者について開示しなければならない。取引時点で関連当事者であった場合に，関連する未決済残高を開示することは，たとえ報告期間末にその者が関連当事者でなくなっても，関連当事者との取引の決済に係る有用な情報を外部の利用者に提供することになる。同様に，報告期間末に関連当事者であるが取引時点では関連当事者でない当事者の未決済残高を開示することは，財務諸表の利用者が，関連当事者との関係が企業の将来の財政状態および業績に与える潜在的な影響を評価することを可能にする。

報告日後であるが財務諸表の公表の承認前に関連当事者となる場合，IAS 第 10 号「後発事象」21 項に従って，この新しい関連当事者についての開示が要求されるかもしれない。新しい関連当事者との関係が，重要性がある「修正を要しない後発事象」であるとみなされる場合には，IAS 第 10 号 21 項に従って，当該事象の性質および財務上の影響の見積り（またはそのような見積りが不可能である旨の記述）を開示しなければならない。重要性がある新しい関連当事者関係の財務的影響の見積りの開示にあたり，IAS 第 24 号で要求される開示が関連する可能性がある。

3.4　企業集団の関連当事者

IAS 第 24 号は，連結財務諸表に関して「関連当事者」の用語を特に使用していない。しかし，最も適切なアプローチは，企業集団全体において関連当事者との取引のみを開示することであると思われる。このアプローチが意味するところは，報告企業としての企業集団での役割を検討し，IAS 第 24 号でどの当事者が企業集団と関連しているかを検討することである。例えば，ある子会社の最高財務責任者はその子会社の経営幹部の一員であるかもしれないが，企業集団レベルで企業活動を計画・指示・支配する権限と責任がない限り，企業集団の経営幹部の一員とはみなされないかもしれない。企業集団のレベルでの影響力の度合は，その者が親会社レベルで経営者の役割を有している結果として生じるか，または，重要な子会社であれば，企業集団の重要な構成要素である子会社に対するその者の権限と責任の結果として直接的に生じるかもしれない。

3.5 政府関連企業

報告企業は，以下の者との関連当事者取引および未決済残高（コミットメントを含む）に関するIAS第24号18項（**本章5.3**参照）の開示要求を免除される［IAS第24号25項］。

- 報告企業に対する支配もしくは共同支配，または重要な影響力を有している政府
- 同一の政府が報告企業と他の企業の双方を支配，共同支配または双方に重要な影響力を有しているために関連当事者となる当該他の企業

企業がIAS第24号25項の免除規定を適用する場合には，IAS第24号の目的を満たすための一定の開示は依然として要求される（**本章5.4**参照）。

以下の設例は，IAS第24号に付属する設例から引用したものであるが，部分的免除規定の適用を例示している。

設例3.5

政府関連企業に対する部分的な免除

[IAS第24号IE1項およびIE2項]

政府Gは，企業1，企業2，企業A，企業B，企業Cおよび企業Dを，直接または間接的に支配している。個人Xは，企業1の経営幹部の一員である。

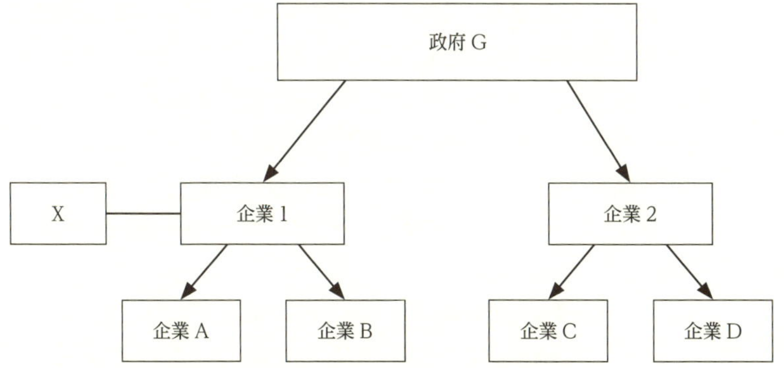

企業 A の財務諸表においては，IAS 第 24 号 25 項の免除は以下の取引に適用される。

- 政府 G との取引
- 企業 1，企業 2，企業 B，企業 C および企業 D との取引

しかし，その免除は個人 X との取引には適用されない。

4 定　義

ここでは，関連当事者の識別のために IAS 第 24 号で提供されている広範な定義について述べる。本基準は，単に法的な形態ではなく関係の実質に留意することを要求している［IAS 第 24 号 10 項］。

4.1 関連当事者

IAS 第 24 号は，以下の関連当事者の定義を示している［IAS 第 24 号 9 項］。

関連当事者とは，財務諸表を作成する企業（本基準において，「報告企業」とよぶ）と関連のある個人または企業をいう。

(a)　個人または当該個人の近親者は，当該個人が以下のいずれかに該当する場合には，報告企業と関連がある。

　(i)　報告企業に対する支配または共同支配を有している。

　(ii)　報告企業に対して重要な影響力を有している。

　(iii)　報告企業または報告企業の親会社の経営幹部の一員である。

(b)　企業は，以下のいずれかの条件に該当する場合には，報告企業と関連がある。

　(i)　当該企業と報告企業が同一のグループの一員である（これは，親会社，子会社および兄弟会社は互いに関連があることを意味している）。

(ii) 一方の企業が，他方の企業の関連会社または共同支配企業（または他方の企業が一員となっているグループの一員の関連会社もしくは共同支配企業）である。

(iii) 双方の企業が同一の第三者の共同支配企業である。

(iv) 一方の企業が第三者の共同支配企業であり，他方の企業が当該第三者の関連会社である。

(v) 当該企業が報告企業と報告企業と関連がある企業のいずれかの従業員の給付のための退職後給付制度である。報告企業そのものがそのような制度である場合には，拠出している事業主も報告企業と関連がある。

(vi) 当該企業が（a）に示した個人に支配または共同支配されている。

(vii) (a)(i) に示した個人が当該企業に対して重要な影響力を有しているか，または当該企業（もしくは当該企業の親会社）の経営幹部の一員である。

IAS 第 24 号 12 項は，関連当事者の定義の目的上，関連会社には関連会社の子会社を含み，共同支配企業には共同支配企業の子会社を含むことを明確にしている。これは，関連会社の子会社と当該関連会社に重要な影響力を有する投資者は，IAS 第 24 号 9 項（b)(ii) に従って相互に関連があることを意味する。

年次改善プロジェクトの一環として，IASB は IAS 第 24 号 9 項に対する修正を提案している。当修正では，経営幹部サービスを報告企業に提供する管理企業は関連当事者に該当することが明らかにされている（**本章 6** 参照）。

「関連当事者」を定義するために使用される用語のいくつかは本基準に定義されており，**本章 4.2** から **4.7** で説明されている。

IAS 第 24 号 9 項で規定されている本基準の範囲に該当する関連当事者関係のリストは網羅的である。当該リストに含まれない種類の関係は本基準の範囲外である。しかし，ある関係が当該リストの範囲に該当するかどうかの決定は，注意深い判断が必要である（すなわち単に法的な形態ではなく関係の実質に焦点を当てる）。

本基準は定義の適用を例示する 5 つのシナリオに多くの設例を含めている。これらの設例を以下において再掲する。

設例4.1A

関連会社と子会社

[IAS第24項IE4項－IE8項]

親会社は，子会社 A，子会社 B および子会社 C に対する支配持分を有し，関連会社 1 および関連会社 2 に重要な影響力を有している。子会社 C は関連会社 3 に重要な影響力を有している。

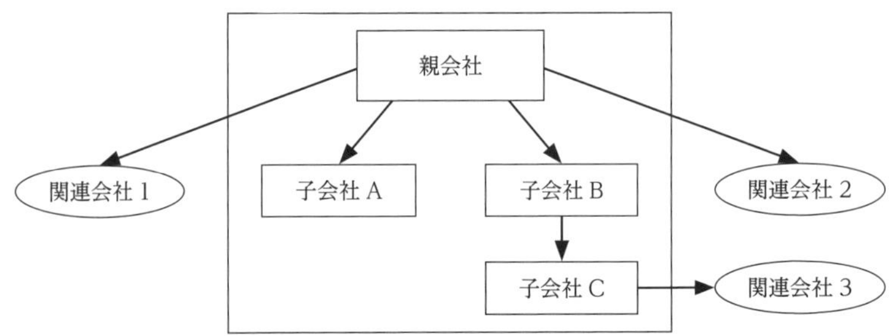

親会社の個別財務諸表においては，子会社 A，子会社 B および子会社 C ならびに関連会社 1，関連会社 2 および関連会社 3 は関連当事者である［IAS 第 24 号 9 項（b）(i）および（ii)］。

子会社 A の財務諸表においては，親会社，子会社 B および子会社 C ならびに関連会社 1，関連会社 2 および関連会社 3 は関連当事者である。子会社 B の個別財務諸表においては，親会社，子会社 A および子会社 C ならびに関連会社 1，関連会社 2 および関連会社 3 は関連当事者である。子会社 C の個別財務諸表においては，親会社，子会社 A および子会社 B ならびに関連会社 1，関連会社 2 および関連会社 3 は関連当事者である［IAS 第 24 号 9 項（b）(i) および（ii)］。

関連会社 1，関連会社 2 および関連会社 3 の財務諸表においては，親会社ならびに子会社 A，子会社 B および子会社 C は関連当事者である。関連会社 1，関連会社 2 および関連会社 3 は互いに関連当事者ではない［IAS 第 24 号 9 項（b）(ii)］。

親会社の連結財務諸表においては，関連会社 1，関連会社 2 および関連会社 3 は企業集団に関連している［IAS 第 24 号 9 項（b）(ii)］。

設例4.1B

経営幹部

[IAS第24号IE9項－IE15項]

個人 X は，企業 A に対する 100％の投資を有し，企業 C の経営幹部の一員である。企業 B は企業 C に対する 100％の投資を有している。

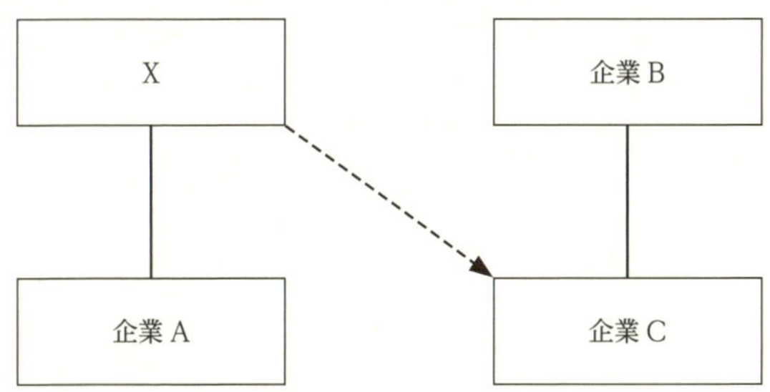

企業 C の財務諸表においては，企業 A は企業 C に関連している。X は企業 A を支配し，かつ企業 C の経営幹部の一員だからである［IAS 第 24 号 9 項（b）(vi)・(a)(iii)］。

企業 C の財務諸表においては，企業 A は，X が企業 C ではなく企業 B の経営幹部の一員である場合も，やはり企業 C に関連している［IAS 第 24 号 9 項（b）(vi)・(a)(iii)］。

さらに，（前の 2 つのパラグラフに）示した結果は，X が企業 A を共同支配している場合には同じになる［IAS 第 24 号 9 項（b）(vi)・(a)(iii)］。（X が企業 A に対し支配または共同支配ではなく，重要な影響力を有しているのみである場合には，企業 A と企業 C は互いに関連していない）。

企業Aの財務諸表においては，企業Cは企業Aに関連している。Xは企業Aを支配し，かつ企業Cの経営幹部の一員だからである［IAS第24号9項（b）(vii)・(a)(i)］。

さらに，（前のパラグラフに）示した結果は，Xが企業Aを共同支配している場合にも同じになる。またその結果は，Xが企業Cではなく企業Bの経営幹部の一員である場合にも，同じになる［IAS第24号9項（b）(vii)・(a)(i)］。

企業Bの連結財務諸表においては，企業Aは，Xが企業集団の経営幹部の一員である場合には，企業集団の関連当事者である［IAS第24号9項(b)(vi)・(a)(iii)］。

設例4.1C

投資者としての個人

［IAS第24号IE16項－IE19項］

個人Xが，企業Aおよび企業Bに対する投資を有している。

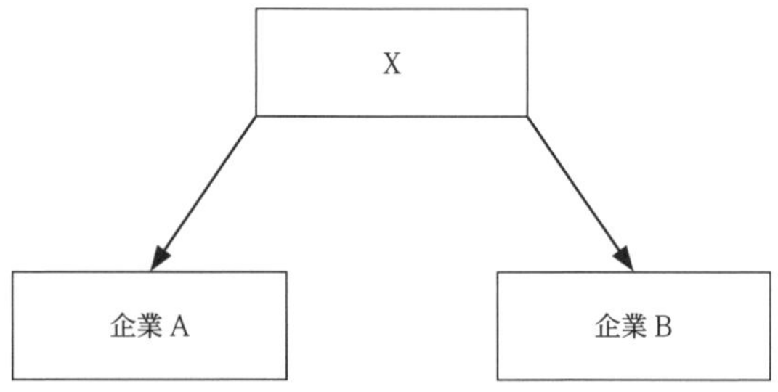

企業Aの財務諸表においては，Xが企業Aを支配または共同支配している場合には，企業Bは，Xが企業Bに対する支配，共同支配または重要な影響力を有しているときは，企業Aと関連している［IAS第24号9項（b）(vi)・(a)(i) および9項（b）(vii)・(a)(i)］。

企業Bの財務諸表においては，Xが企業Aを支配または共同支配している場合には，企業Aは，Xが企業Bに対する支配，共同支配または重要な影響力を有しているときは，企業Bと関連している［IAS第24号9項（b）(vi)・(a)(i) および9項（b）(vi)・(a)(ii)］。

Xが企業Aと企業Bの双方に対する重要な影響力を有している場合には，企業Aと企業Bは互いに関連していない。

設例4.1D

投資を保有している近親者

[IAS第24号IE20項－IE23項]

個人XはYの家庭内パートナーである。Xは企業Aに対する投資を有しており，Yは企業Bに対する投資を有している。

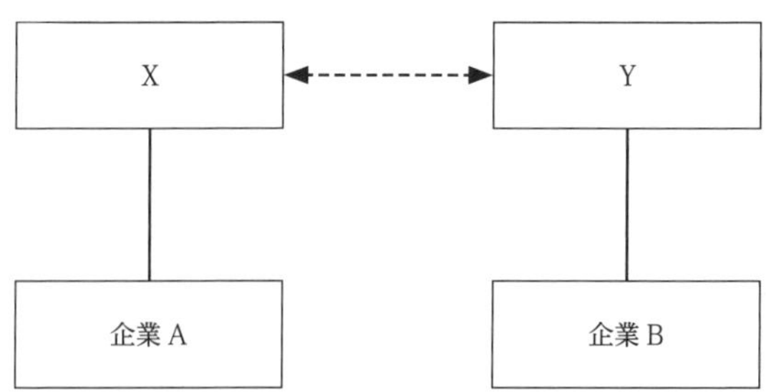

企業Aの財務諸表においては，Xが企業Aを支配または共同支配している場合には，企業Bは，Yが企業Bに対する支配，共同支配または重要な影響力を有しているときは，企業Aと関連している［IAS第24号9項（b）(vi)・(a)(i) および9項（b）(vii)・(a)(i)］。

企業Bの財務諸表においては，Xが企業Aを支配または共同支配している場合には，企業Aは，Yが企業Bに対する支配，共同支配または重要な影響力を有しているときは，企業Bと関連している［IAS第24号9項（b）(vi)・(a)(i) および9項（b）(vi)・(a)(ii)］。

Xが企業Aに重要な影響力を有し，Yが企業Bに重要な影響力を有している場合には，企業Aと企業Bは互いに関連していない。

設例4.1E

共同支配のある企業

[IAS第24号IE24項－IE26項]

企業 A は，(i) 企業 B に対する共同支配と，(ii) 企業 C に対する共同支配または重要な影響力を有している。

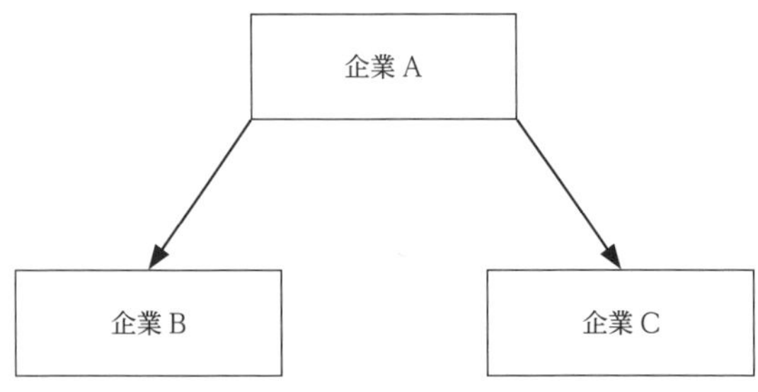

企業 B の財務諸表においては，企業 C は企業 B に関連している [IAS 第 24 号 9 項 (b) (iii) および (iv)]。

同様に，企業 C の財務諸表においては，企業 B は企業 C に関連している [IAS 第 24 号 9 項 (b) (iii) および (iv)]。

4.1.1　関連していない当事者

以下の場合は，関連当事者とはならない [IAS 第 24 号 11 項]。

(a) 2 つの会社が単に共通の取締役または経営幹部を有しているか，または一方の企業の経営幹部が他方の企業に重要な影響力を有しているのみである場合

(b) 2 社の共同支配投資者が，単に 1 つの共同支配企業に対する共同支配を共有しているのみの場合

(c) (i) 金融機関

(ii) 労働組合

(iii) 公共事業体

(iv) 政府の部門および機関で，報告企業に対する支配，共同支配または重要な影響力を有しておらず，単に当該企業と通常の取引を行っているのみである場合（企業の行動の自由に影響を与えるか，または意思決定過程に関

与しているとしても)

(d) 企業が，単一の得意先，仕入先，フランチャイズ実施権付与者，卸売業者または総代理店と多額の取引を行った結果，単純に経済的依存度が高まった場合

IAS 第 24 号 11 項が上記で列挙された関係について，本基準の要求事項からの包括的適用除外を提供していないことを理解することは重要である。IAS 第 24 号に定義されるように，報告企業が上記企業のどれかと関連当事者関係がある場合は，一般的要求事項が適用される。基本的に，IAS 第 24 号 11 項は，なんらかの理由により関連当事者の関係がない場合，記載されている関係についての開示は要求されないことを明示している。

例えば，仕入をすべて仕入先から行うことの顧客との合意との見返りに，貸付や銀行保証を誘引するような仕組をその仕入先が運用する場合である。これ自体は，通常，関連当事者関係を生み出さない。しかし，この合意により，仕入先が顧客の関連性のある活動を指示することができるかどうかについては検討が必要になる。例えば，他により有利な取引条件がある場合に，顧客から仕入先との関係を終了することが経済的に禁止されていなければ，そのような合意は関連当事者関係を生み出さない。

ある銀行はある企業に融資を提供し，企業に手数料を課す場合がある。IAS 第 24 号 11 項は，単にそれらの取引があったというだけでは当該企業とその貸付の提供者との間の関係や取引の開示を要求しておらず，銀行と当該企業が関連当事者でない限り開示は要求されない。これは，ある企業に重要な影響力を与える持株比率を有しているベンチャー・キャピタリストが，当該企業に対して外部からの貸付ファイナンスを斡旋し，斡旋に対する手数料を徴収する場合と対比されるかもしれない。後者の事例では，投資先とベンチャー・キャピタリストはすでに関連当事者である（なぜなら，当該ベンチャー・キャピタリストは，当該企業に重要な影響力を有するため）。したがって，例外は適用されず，すべての取引（手数料を含む）を開示しなければならない。

4.1.2　2者以上の当事者が関与する取引

契約が実質的に関連当事者間の取引であるかどうかを決定するためには，慎重な判断が求められる。例えば，3 者またはそれ以上の者が関与する一連の取引で，そのうち 2 者が関連当事者である場合に，実態はすべての取引が関連当事者間による一体の取引とみなされる可能性がある。

設例4.1.2
2者以上の当事者が関与する取引

X 氏は，会社 A と会社 B を 100%所有している。Y 氏は，会社 C を 100%所有している。X 氏と Y 氏は家族関係にない。X 氏は，会社 C に対して投資その他の関与はない。Y 氏は，会社 A と会社 B に対して投資その他の関与はない。

会社 A は帳簿価額が CU 100 で公正価値が CU 150 の建物を保有する。会社 A は当該建物を会社 C に CU 100 で売却し，会社 C はただちに会社 B に CU 100 で売却する。

与えられた情報に基づき，それ以外に関連性がないと仮定すると，会社 C は IAS 第 24 号の目的上，会社 A または会社 B の関連当事者ではない。

しかし，この取決めが実質的に関連当事者間の取引であるかどうかを決定するためには，慎重な判断が求められる。**第 1 巻 16 章「収益」5.2** において，一連の取引が関連しているかを決定するために考慮すべき要因を列挙している。記述されている状況において，当該建物の会社 A から会社 C への譲渡と，会社 C から会社 B への譲渡は，関連性のある取引と考えられる可能性が高く，その場合においては，この取決めの実質は，全体として会社 A が関連当事者である会社 B に建物を CU 100（すなわち，帳簿価額）で売却する取引のように考えられるため，当該取決めは全体として関連当事者取引として開示されるべきである。

4.1.3 退職後給付制度

IAS 第 24 号 9 項 (b)(v) は，報告企業（または報告企業の関連当事者である企業）の従業員給付のための退職後給付制度は，報告企業の関連当事者であると述べている。報告企業そのものがそのような退職後給付制度である場合には，拠出している事業主も報告企業と関連がある。

しかし，企業の従業員が業種別年金制度（その業種に属し当該業種別年金制度に参加している企業のすべての従業員が加入可能）に加入している場合，そのような年金制度は企業の関連当事者である可能性は低い。なぜなら，どの企業も，業種別年金制度に対する支配，共同支配，または重大な影響を及ぼすことができない可能性が高いからである。業種別年金制度は「報告企業と報告企業と関連がある企業のいずれかの従業員の給付のため」のものではなく，むしろその業界のすべての従業員の給付のためのものである。

4.2 支配，共同支配および重要な影響力

4.2.1 IFRS第10号および関連する基準を適用した企業

IFRS 第 10 号「連結財務諸表」，IFRS 第 11 号「共同支配の取決め」およびIAS 第 28 号（2011 年）「関連会社および共同支配企業に対する投資」を適用済の企業の場合には，「支配」，「共同支配」および「重要な影響力」という用語はこれらの基準で定義されており，IAS 第 24 号ではこれらの基準で特定された意味で使用されている（**第 2 巻 4 章**，**5 章**および **6 章**をそれぞれ参照）[IAS 第 24 号 9 項]。

IFRS 第 10 号，IFRS 第 11 号およびIAS 第 28 号（2011 年）は 2013 年 1 月 1 日以後開始する事業年度から適用され，早期適用が認められる。

IAS 第 24 号の結果的修正は，これらの定義の変更の影響に係る特定の経過措置または免除規定を含んでいない。したがって，遡及適用からの免除規定がないため，これらの変更により初めて関連当事者と分類されることになる場合には，比較数値と同等の開示を行うことが適切であろう。

4.2.1.1　IFRS第11号で定義された共同支配事業

IFRS 第 11 号を適用した企業のために，IAS 第 24 号に数多くの結果的修正が行われた。しかしながら，IAS 第 24 号における「共同支配企業」への言及については，なんら修正がなされなかった。IFRS 第 11 号によって「共同支配企業」という用語の意味が修正された結果，IAS 第 24 号 9 項 (b) のもとでの関連当事者の定義は「共同支配企業」を含むが，「共同支配事業」は含まない。「共同支配企業」という用語は IFRS 第 11 号付録 A において明確に定義されており，共同支配事業は含まない。これは，IFRS 第 11 号の前の基準（IAS 第 31 号「ジョイント・ベンチャーに対する持分」）のもとで「ジョイント・ベンチャー」という用語が，共同支配企業，共同支配の資産および共同支配の営業活動を含むとしていた要求事項の修正である。

本章 4.1 で議論したとおり，IAS 第 24 号 9 項に規定されている本基準の範囲内となる関連当事者の関係のリストは網羅的なものであり，このリストに含まれていない種類の関係は本基準の範囲外である。

（IFRS 第 11 号で定義される）共同支配事業の IAS 第 24 号の範囲からの除外が IASB の意図したものであるかどうかは完全には明確ではない。IAS 第 24 号の基準においても結論の根拠においても，当該除外について特に議論されてはいない。しかしながら，この除外は関連する多くの論点について IASB がとっている立場と整合的である。すなわち，IFRS 第 11 号および関連する基準の適用により，共同支配事業は企業そのものの一部であるとみなされている。例えば，IFRS 第 12 号「他の企業への関与の開示」の結論の根拠の 52 項は，IFRS 第 12 号が共同支配事業について要約財務情報を要求しないという事実について，次のように議論している。

> 「共同支配事業から生じる資産および負債は，企業の資産および負債であり，したがって，企業の財務諸表で認識されている。これらの資産および負債は，適用される IFRSs の要求事項に従って会計処理され，これらの該当する IFRSs の開示要求の対象となる。このため，審議会は，共同支配事業について別個に要約財務情報の提供を企業に要求すべきではないと結論を下した。」

IAS 第 24 号 9 項は文言上，共同支配事業との取引について関連当事者の開示を行うことを要求していないが，企業は，情報が重要であれば，自発的に開示することを検討する場合がある。

4.2.2 IFRS第10号および関連する基準を未適用の企業

IFRS 第 10 号，IFRS 第 11 号および IAS 第 28 号（2011 年）を未適用の企業の場合［IAS 第 24 号 9 項］。

- 「支配」とは，ある企業の活動からの便益を得るために，その企業の財務および営業の方針を左右する力をいう。
- 「共同支配」とは，ある経済活動に対する契約上合意された支配の共有をいう。
- 「重要な影響力」とは，企業の財務および営業の方針に対する支配ではないが，それらの方針の決定に関与する力をいう。重要な影響力は，株式保有，法令または契約により得られることもある。

4.3 個人の近親者

個人の近親者とは，企業との取引において当該個人に影響を与えるかまたは影響されると予想される親族の一員をいい，以下の者が含まれる［IAS 第 24 号 9 項］。

- 当該個人の子および配偶者（または家庭内パートナー）
- 当該個人の配偶者（または家庭内パートナー）の子
- 当該個人または当該個人の配偶者（または家庭内パートナー）の扶養家族

IAS 第 24 号 9 項の近親者のリストは網羅的であることを意図しておらず，IAS 第 24 号に従って，より広範囲な関係の精査が必要になる可能性が高い。本基準は，個人に影響を与えると**予想される**，または影響される親族を参照している。したがって，試金石となるのは，実際に影響があるかどうかという点ではなく，財務諸表の利用者がそのような影響力があると予想するかどうかという点になる。本基準に例示されている以外の近親者（例えば，兄弟および姉妹）の場合には，反証がない限りそのような影響力が存在すると通常推定されるだろう。反対に，より遠い家族関係の場合には，反証がない限り影響力は存在しないと推定されるだろう。

本基準では，個人の「扶養家族」，個人の配偶者，個人の家庭内パートナーとは何を意味するのかについて明確にしていない。「扶養家族」は，コンサイス・オックスフォード英語辞典では「とりわけ経済的支援の目的で，他の者に依存する者，または使用人，もしくは部下」と定義されている。

4.4　経営幹部

経営幹部とは，企業の活動を直接，間接に計画し，指示を行い，そして支配する権限および責任を有する者（企業の取締役〔業務執行権がある者もそれ以外の者も〕を含む）をいう［IAS 第 24 号 9 項］。

IAS 第 24 号 9 項（a）(iii）は，個人が「報告企業または報告企業の親会社の経営幹部の一員である」場合には，個人は報告企業と関連があると記述している。したがって，個人が，企業の**あらゆる**レベルの親会社，すなわち，直接的，中間，そして最上位の親会社の経営幹部の一員である場合，その個人は企業に関連している。

取締役以外の個人も，その者の権限や責任の度合に応じて，経営幹部と分類される可能性がある。したがって，経営幹部の報酬の開示に係る明確な要求事項（**本章 5.2** 参照）により，取締役以外の個人の報酬も開示することになる場合がある。

多くの場合，企業集団の営業活動を計画，指示，支配する権限と責任を有しているのは親会社の取締役である。経営幹部には，親会社の取締役ではないが子会社の取締役であったり，取締役ではないが上級管理者であったりする場合も含まれる。例えば，ある企業の取締役会が非常勤取締役からのみ構成される場合，最上位の幹部が，経営幹部としてみなされるだろう。

同様に，現地に常駐する取締役がいない海外子会社の場合，その子会社の「統括マネージャー」が当該子会社の経営幹部とみなされるかもしれない。

ある企業が，グループのかなり大きな割合を占める主要な取引子会社を有するときに，当該子会社の経営者が，そのグループの経営幹部としてみなされる場合があるが，その場合，経営陣の自律性，およびすべての主要な意思決定が親会社の取締役会の承認の影響下にあるかどうかについて検討することが必要である。

経営幹部は，通常，常勤メンバーである。しかし，これは本基準の要求事項ではなく，したがって，出向社員，経営管理または外注の契約に基づき従事する者も含む可能性がある。

4.4.1 「経営幹部」としての企業体

法域によっては，企業が他の企業の取締役になり得る。例えば，株式会社 X が株式会社 A の取締役になり得る。

IAS 第 24 号の目的のために経営幹部を識別する際に，株式会社 A はその取締役である株式会社 X を含めるべきかどうかという問題が生じる。

ある法域では，記述される状況において，企業それ自体（株式会社 X）が株式会社 A の取締役とみなされる。表面的には，そのような会社が法人格を有していると考えられるため，IAS 第 24 号の目的上はそれらの会社は経営幹部の定義を満たすように思われ，したがってそれらの会社に支払われる金額は本基準で要求される開示事項に含まれなければならない。

しかし，他の法域では，企業体そのものよりも，会社取締役の取締役を法人としてみる方がより一般的であろう。したがって，経営幹部を検討する際には，特定の法制下における法律や実務を考慮する必要がある。

年次改善プロジェクトの一環として，IASB は IAS 第 24 号に対する修正を提案している。当修正では，経営幹部サービスを報告企業に提供する管理企業は関連当事者に該当することが明らかにされている。また提案された修正では，経営幹部サービスの提供（**本章 6** 参照）取引を別途開示することを要求している。

4.5　関連当事者との取引

関連当事者との取引とは，報告企業と関連当事者との間の資源，サービス，または債務の移転をいい，対価の有無を問わない［IAS 第 24 号 9 項］。

この最後の点（「対価の有無を問わない」）は，関連当事者との取引を識別するためには，企業の通常の会計記録（総勘定元帳，現金出納簿，売上元帳等）にのみに依存することができないということを意味している。さらに，無料で提供される商品やサービスを追跡記録する方法が必要になる（**本章 5.3.4** 参照）。

取締役が，企業の借入に関して，しばしば企業に費用負担させることなしに保証を供与することは珍しくない。このような保証供与は関連当事者との取引になるであろう。

4.6　政　府

IAS 第 24 号には，政府関連企業に係る IAS 第 24 号の開示の要求事項の部分的な免除の目的のために，「政府」の定義が含まれている（**本章 3.5** 参照）。政府とは，地方，国家または国際機関のいずれかを問わず，政府，政府機関および類似の機関をいう［IAS 第 24 号 9 項］。

4.7　政府関連企業

政府関連企業とは，政府が支配，共同支配，または重要な影響力を有している企業をいう［IAS 第 24 号 9 項］。

5　開示の要求

5.1　関　係

関連当事者間で取引があったかどうかにかかわらず，企業は以下の開示をしなければならない［IAS 第 24 号 13 項］。

- 親会社の名称と最終的な支配当事者（親会社と異なる場合）の名称
- 企業の親会社も最終的な支配当事者も一般の利用に向けて財務諸表を作成していない場合には，連結財務諸表を作成する次に最も上位の親会社の名称。「次に最も上位の親会社」とは，直接の親会社よりも上位でグループでの最初の親会社で一般の利用に向けて連結財務諸表を作成している親会社をいう。

報告期間中または末日以降に，親会社または最終的な支配当事者に変更があった場合は，**本章 3.3** を参照のこと。

IAS 第 24 号は，財務諸表の利用者が関連当事者の関係が企業に及ぼす影響についての考えをまとめることができるようにするために，支配が存在する場合には，関連当事者間で取引があったかどうかにかかわらず，関連当事者の関係を開示することが適切であると述べている［IAS 第 24 号 14 項］。

IAS 第 24 号 13 項の要求は，IAS 第 27 号（2011 年）「個別財務諸表」および IFRS 第 12 号「他の企業への関与の開示」の開示要求に追加される［IAS 第 24 号 15 項］。

IFRS 第 10 号「連結財務諸表」および 2011 年 5 月に公表された残りの基準を未適用の企業においては，追加の開示要求は，IAS 第 27 号（2008 年）「連結および個別財務諸表」，IAS 第 28 号（2003 年）「関連会社に対する投資」および IAS 第 31 号「ジョイント・ベンチャーに対する持分」に含まれている［IAS 第 24 号 15 項］。

最終的な支配当事者は，企業体である場合もそうでない場合もある。企業の最終的な支配**当事者**の開示要求は，個人，または協力して行動する個人の集団が支配を行使する場合は，その個人の身元が開示される必要があることを意味する。

5.2 経営幹部の報酬

経営幹部に支払われた報酬の合計は，開示が要求され，さらに以下の項目ごとに分析される［IAS 第 24 号 17 項］。

- 短期従業員給付
- 退職後給付
- その他の長期給付
- 解雇給付
- 株式に基づく報酬

年次改善プロジェクトの一環として，IASB は IAS 第 24 号 17 項に対する修正を提案している。当修正では，管理企業が彼らの従業員への報酬として支払った経営幹部の報酬は IAS 第 24 号 7 項の開示要求から除外することが明らかにされた（**本章 6** 参照）。

IAS 第 19 号「従業員給付」に定義されるように，報酬はすべての従業員給付を含む（**第 2 巻 1 章**参照）。報酬には，IFRS 第 2 号「株式に基づく報酬」が適用される給付も含む。報酬は以下を含む［IAS 第 24 号 9 項］。

- 現在の従業員に対する，賃金，給与と社会保険料，年次有給休暇と有給病欠，利益分配と賞与（期末から 12ヵ月以内に支払われる場合）および非貨幣性給付（医療費，住宅手当，車両手当および無償〔または低廉価格〕での商品〔またはサービス〕の提供）等の短期従業員給付

- 年金，その他の退職後給付，退職後生命保険および退職後医療費等の退職後給付
- 長期勤続休暇または研究休暇，記念休暇またはその他の長期勤続給付，長期障害補償，給付と期末から12ヵ月以内にすべてが支払われない場合の利益分配，賞与および繰延報酬等の長期従業員給付を含むその他の長期従業員給付
- 解雇給付
- 株式に基づく報酬

従業員給付とは，企業に対し提供される勤務と交換に企業（または企業の代理）により支払われるか，または提供される，すべての形態の対価をいう。「企業の親会社」の代わりに企業が支払う対価も含まれる［IAS 第24号9項］。

要求される開示は，企業に対して提供される勤務に関するものである。したがって，経営幹部に対して，企業集団内の複数企業に提供する勤務に関する報酬がひとまとめの給与として支払われる場合には，企業集団内の個々の企業の個別財務諸表の目的上，当該給与は企業集団内の異なる企業に対して提供される勤務に応じて分配されなければならない。

設例5.2

経営幹部の負の報酬金額

企業の役員向けストックオプション制度により，経営幹部にストックオプションが付与された。このストックオプションは，3年間にわたって権利が確定し，株式市場条件以外の権利確定条件を含んでいる。20X1年と20X2年において，株式市場条件以外の権利確定条件は充足され得ると評価されたため，IFRS第2号の規定に基づいて，企業はこれらのストックオプションに対する費用を認識した。20X3年（当報告年度）において，株式条件以外の権利確定条件が満たされないため，企業は，20X1年と20X2年に認識された費用の累計額を，IFRS第2号20項の要求に従って戻入れた。

株式市場条件以外の権利確定条件が満たされず，企業がIFRS第2号の費用計上を20X3年に調整する場合，経営幹部の報酬の開示に負の金額を含むべきか。

含むべきである。IAS 第 24 号は，経営幹部の報酬の開示を要求しており，これはすべての従業員給付を含むと定義されている（IAS 第 19 号に定義され，IFRS 第 2 号が適用される従業員給付を含む）。

IAS 第 24 号は，そのような報酬について開示されるべき金額の測定に関する指針を提供していない。そのため，開示されるべき金額を決定するためには，その他の基準（IAS 第 19 号や IFRS 第 2 号等）に含まれる測定の指針を参照すべきである。したがって，株式市場条件以外の権利確定条件が満たされない場合は，IFRS 第 2 号における認識された費用の測定に採用される取扱いと一致するよう，株式に基づく報酬として開示される金額を調整することが適切である。

そのような場合に，企業は，特に比較金額と照らして，開示された経営幹部の報酬額に含まれる負の金額を説明するための追加開示が必要であるかどうかを検討すべきである。

5.2.1　企業の確定給付制度に加入している経営幹部への報酬

第 24 号は，企業の確定給付制度に加入している経営幹部について開示される金額の測定に関するガイダンスを提供していない。そのため，開示されるべき報酬の測定については，IAS 第 19 号「従業員給付」等のその他の基準を参照すべきである。従業員が加入する確定給付制度について，従業員が提供した勤務に帰属する従業員給付の費用を，企業は開示される金額に含めなければならない。企業は，その金額をどのように決定するか自社の会計方針を確立しなければならない。企業は，その確立した会計方針について開示すると同時に，利用可能な情報を可能な限り多く提供しなければならない。また，その会計方針は継続的に適用されなければならない。

IAS 第 19 号（2011 年）では，企業が勤務費用および確定給付負債（資産）の純額に係る利息純額を，収益または費用の単一項目の構成要素として表示すべきかどうかについては明示していない。IAS 第 19 号（2011 年）を未適用の企業の場合には，同様に，IAS 第 19 号（1998 年）では，企業が当期勤務費用，利息費用および制度資産に係る期待収益を，収益または費用の単一項目の構成要素として表示すべきかどうかについては明示していない。以下の会計方針は，企業の状況によっては受入れられると考えられる。

- 純損益に認識された経営幹部に帰属するIAS 第 19 号の費用総額の開示
- 経営幹部に帰属するIAS 第 19 号の勤務費用総額の開示

以下の会計方針は受入れられないと考えられる。

- 計算が複雑であるという理由で経営幹部の従業員給付を開示しない。
- IAS 第 19 号の勤務費用を，経営幹部に帰属する制度負債の利息費用を含めずに，制度資産からの利息収益（またはIAS 第 19 号〔1998 年〕のもとでは，制度資産に係る期待収益）まで減額して開示する。
- 経営幹部に限定した従業員確定給付制度への企業による拠出の開示

開示される報酬金額の決定に際しては，企業は，すべての関連する事実や状況，およびIAS 第 19 号に関連する複雑性（特に，確定給付制度が経営幹部のみに対するものか他の従業員も含む制度かを含む）を考慮すべきである。

5.2.2　経営幹部への非貨幣性給付の開示

設例5.2.2

経営幹部への非貨幣性給付の開示

ある経営幹部は雇用条件の一部として，企業が保有する居住用不動産に住む権利が付与されている。この不動産は50年前に購入された。資産価値は当該資産の取得原価に比べ大幅に上昇している。類似の資産を借りる場合の市場賃料は年 CU 0.1 百万である。当該資産に係る減価償却費が年 CU 5,000 認識されている。

経営幹部に対する非貨幣性給付はどのように開示すべきか。

IAS 第 24 号 18 項（**本章 5.3** 参照）は，「企業が財務諸表の開示対象期間に関連当事者と取引をしていた場合には，関連当事者との関係が財務諸表に与える潜在的な影響を利用者が理解するのに必要な，取引および未決済残高（コミットメントを含む）に関する情報ならびに関連当事者との関係の内容を開示しなければならない。これらの開示要求は，IAS 第 24 号 17 項の要求への追加となるものである」と述べている。

IAS 第 24 号 18 項の目的上，当期に認識された減価償却費を開示することが望ましい。なぜなら，減価償却費こそが給付に関して企業が純損益に認識した金額だからである。

本基準は，提供された給付の公正価値を開示することを求めているわけではない。企業は，計上した減価償却費の金額が提供された給付の性質を反映しているかどうか考慮するべきである。給付の公正価値が信頼性をもって測定できる場合，報酬の諸条件の説明を含む，財務諸表利用者に資する追加的な情報の開示が推奨される。

5.2.3　経営幹部に支配される信託への支払

設例5.2.3

経営幹部に支配される信託への支払

企業 A の経営幹部である X 氏は，企業 A から彼の報酬の一部を受取るための信託を設立した。当該信託の受益者は，彼の近親者のみである。

当該信託への支払額は，IAS 第 24 号 17 項で開示対象となり得るか。

なり得る。IAS 第 24 号 17 項は，「経営幹部の報酬」の合計および特定の項目の開示を要求している。IAS 第 24 号 9 項は，報酬を「企業に対し提供される勤務と交換に，企業により支払われるかまたは提供される，すべての形態の対価」と定義している。したがって，当該企業から X 氏の勤務に関して支払われるいかなる金額も，受取人に関係なく開示対象となり得る。

IAS 第 24 号 9 項 (b)(vi) に従って，当該信託は，それ自体で企業 A の関連当事者となる可能性も高い。

5.3　その他の関連当事者との取引

経営幹部の報酬に加えて，企業は，財務諸表の開示対象期間の，関連当事者とのその他の取引の詳細を開示することも要求されている。そのような取引が行われた場合，本基準は以下の項目の開示を要求している［IAS 第 24 号 18 項］。

- 関連当事者との関係の内容
- 関連当事者との関係が財務諸表に与える潜在的な影響を理解するのに必要となる取引および未決済残高（コミットメントを含む）に関する情報

以下の事項は，本基準に掲げられている開示が必要な関連当事者との取引である［IAS 第 24 号 21 項］。

- 物品（完成品または未完成品）の購入または販売
- 不動産およびその他の資産の購入または販売
- サービスの提供または受領
- リース
- 研究・開発の移転
- ライセンス契約による移転
- 財務契約による移転（借入および金銭出資または現物出資を含む）
- 保証または担保の提供
- 企業に代わって行う負債の決済または当該関連当事者に代わって企業が行う負債の決済
- 未履行契約を含めて，将来において特定の事象が発生した場合または発生しなかった場合に，何かを行うコミットメント（認識されているものおよび認識されていないもの）

親会社または子会社が，企業集団の企業間でリスクを共有する確定給付制度へ加入することは，関連当事者との取引となる（**第 2 巻 1 章 5.2** に記述したとおり。IAS 第 19 号〔2011 年〕42 項参照。IAS 第 19 号〔2011 年〕を未適用の企業の場合には，IAS 第 19 号〔1998 年〕34B 項参照）［IAS 第 24 号 22 項］。

IAS 第 24 号 21 項の設例は，網羅的であることを意図しておらず，関連当事者との取引の定義（**本章 4.5** 参照）を満たし，それに重要性がある場合には開示が要求される。

関連当事者に支払われる配当は，関連当事者との取引である。しかし，場合によっては情報がすでに開示されており，IAS 第 24 号の要求を満たすための追加的な開示を行う必要がない可能性がある。例えば，(1) 報告企業が完全子会社である事実，(2) 報告期間中に所有関係が変わっていないという事実，および，(3) 支払および宣言される配当の詳細，が開示されている場合には，配当が株主に対して支払われたと改めて明記する必要はない。

5.3.1　開示項目

以下は，要求される**最低限の**開示である［IAS 第 24 号 18 項］。

- 取引の金額
- 未決済残高（コミットメントを含む）の金額
  - それらの契約条件（担保が設定されているか等）および決済に用いられる対価の内容
  - 付与しているまたは付与されている保証の詳細
- 未決済残高に関する貸倒引当金
- 関連当事者に対する不良債権について期中に認識した費用

IAS 第 24 号 18 項に示される詳細は網羅的ではなく，財務諸表の理解に必要であれば，取引に関するその他の重要な側面も開示が要求される。

企業は，単に取引が通常の市場条件に基づく取引であるというだけの理由で，開示を回避することはできない。

5.3.2　総　額

IAS 第 24 号は，企業の財務諸表に与える関連当事者との取引の影響力を理解するために個々の開示が必要とされる場合を除き，類似の性質を持つ項目は総額で開示することができるとしている［IAS 第 24 号 24 項］。

関連当事者には，株主のグループや経営幹部等，企業との間に同じまたは類似した関係を持つ複数の者が含まれるかもしれない。IAS 第 24 号は，企業との間に類似した関係を持つ関連当事者との取引を総額で開示できるかどうかに関しても，類似の性質を持つ項目を個別に開示することになる状況についても，明確でない。

IAS 第 24 号の主要な目的は，利用者に有用な情報を提供する一方で，多岐にわたる日常的な性質を持った関連当事者との取引（例えば企業集団内の通常の取引関係）についての過剰な開示を回避することである。したがって，類似した関係を持つ関連当事者との取引は，個別の取引が重要でない限り総額で開示することが可能である。特定の関連当事者との間の重要な取引は，開示する総額のなかに隠してはならない。

5.3.3 取引と残高の分析

前パラグラフに記載される開示は，以下の項目について個別に実施することが要求される［IAS 第 24 号 19 項］。

- 親会社
- 企業に対して共同支配または重要な影響力を有する企業
- 子会社
- 関連会社
- 企業が共同支配投資企業となっているジョイント・ベンチャー
- 企業またはその親会社の経営幹部
- その他の関連当事者

上記の異なる区分の関連当事者に関する未収・未払金額の分類は，財政状態計算書または注記に表示される情報に関するIAS 第 1 号「財務諸表の表示」の開示要求の延長線上にある。区分は，関連当事者の残高のより総合的な分析を提供するように意図され，関連当事者との取引にも適用される［IAS 第 24 号 20 項］。

5.3.4　独立第三者間取引への言及

本基準は，取引が第三者間取引の条件で行われたと言及することは，その主張が立証できるものでない限り，適切ではないことを明確に示している［IAS 第 24 号 23 項］。

関連のない第三者との取引で発生するであろうコストが，ある取引において一切請求されないのであれば，その事実は開示すべきである。企業集団の観点から，親会社が無料で提供するサービスについて検討することはとりわけ重要である。例えば，無料で提供される管理業務や，より安価な財務コストが実現するような企業集団レベルの銀行契約は，その影響に重要性があれば開示され得る（すなわち，そのような取引契約の財務的影響が，財務諸表に開示された業績に重要な影響を及ぼす場合）。

上述した，物品やサービスが親会社や株主によって無料で提供される場合の関連当事者についての開示に加えて，資本拠出を認識するかどうかを検討することは適切である。同様に，物品およびサービスが子会社によって無料で親会社へ提供される場合，販売を認識すべきかどうか検討することが適切である。

5.3.5　比較情報

IAS 第 1 号で比較情報を表示する全般的要求は，関連当事者との取引について比較情報の表示が必要なことをも意味する。しかし，関連当事者についての開示に関して，どの金額を比較情報として開示するのが適切かについて多くの不確実な領域がある。例えば，以下のような場合である。

- ある者は当期は関連当事者であるが，前期はそうではなかった。前期は関連当事者でなかったとしても，比較情報としてその者との前期の取引も開示するべきだろうか。
- ある者は前期は関連当事者であったが，当期はそうではない。前期のその者との取引（その期の財務諸表には開示された）は，当期にも開示されるべきだろうか。

IAS 第 24 号はこの問題について具体的に取扱っていない。本基準の基本的な目的を考察することが必要である。IAS 第 24 号で要求される開示の目的は，財務諸表が関連当事者との取引によって影響を受けた可能性について注意を喚起することである。当期の財務内容に影響を与えたかもしれない取引は，当期の関連当事者であった者との取引である。したがって，適切な比較情報（すなわち比較年度の財務内容に影響を与えた可能性のある取引）とは，比較年度に関連当事者であった者との取引である。この方法に従って，財務諸表は以下の項目を開示しなければならない。

- 当期に関連当事者である者との間で行われた当期に報告された取引金額への影響
- 比較情報として，前期に関連当事者であった者との間で行われた前期に報告された取引金額への影響

これが十分な説明を与えていないと思われる場合，追加の開示が行われるかもしれない。

本章設例 5.3.5A および **5.3.5B** はこのアプローチを例示している。

設例5.3.5A

当期に関連当事者であったが，前期は関連当事者でなかった者との取引

当期および前期に A 社に対する販売を行った。

A 社が当期は関連当事者であるが，前期は関連当事者ではなかった場合に，A 社に対し行った販売取引に関する比較金額は開示されるべきか。

当取引についての比較金額は開示されるべきではない。なぜなら，比較期間の業績に影響を与える可能性のある関連当事者関係がなかったからである。比較情報がないことが混乱を招くようであれば，「前期において同様の取引があったが，その期に関連当事者関係はなかったので関連当事者間取引ではない」という追加の説明を行ってもよい。

設例5.3.5B

前期に関連当事者であったが，当期には関連当事者でなかった者との取引

当期および前期に B 社に対する販売を行った。

B 社が前期は関連当事者であったが当期は関連当事者でなかった場合に，前期の売上高は関連当事者との取引として再び当期の財務諸表に開示されるべきだろうか。もしそうであるならば，当期にはすでに B 社は関連当事者でないにもかかわらず，当期の売上高も開示されるべきだろうか。

前期の売上高は再び開示されるべきである。なぜならその関連当事者との取引が比較財務諸表に影響を与えたかもしれないからである。当期の売上高は開示されるべきではない，なぜなら B 社はもはや関連当事者ではないからである。比較情報は開示するが当期の結果は含めないことが混乱を招くようであれば，「同様の取引が当期も発生したが，当期に関連当事者関係はなかったので関連当事者間取引ではない」という追加の説明を行ってもよい。

5.4　政府関連企業

政府関連企業についての当該免除規定が適用される場合（**本章 3.5** 参照），IAS 第 24 号は報告企業に対し，「企業の財務諸表が，企業の財政状態および純損益が関連当事者の存在ならびに関連当事者との取引および未決済残高により影響を受けているかもしれない可能性について注意を喚起するのに必要な開示が行われるようにする」という本基準の目的に沿って，一定の情報を開示するよう要求している［IAS 第 24 号 1 項］。

IAS 第 24 号 26 項の要求事項はこの目的を満たすことを意図している。企業が免除を適用する場合には，以下の開示を行わなければならない［IAS 第 24 号 26 項］。

(a)　政府の名称および報告企業との関係の内容（すなわち，支配，共同支配，または重要な影響力）

(b)　以下の情報（関連当事者との取引の財務諸表への影響を企業の財務諸表の

利用者が理解できるようにするために十分な詳細さで）

(i)　個別に重要な各取引の内容および金額

(ii)　合計では重要であるが個別には重要でない他の取引については，それらの程度についての定性的または定量的な指標。取引の類型には，IAS 第 24 号 21 項に列挙したものが含まれる（**本章 5.3** 参照）。

本基準は，IAS 第 24 号 26 項（b）の要求に従って開示すべき詳細さのレベルを決定するために判断を必要としている。本基準は，関連当事者との関係の緊密さ，および下記のような，取引の重要性のレベルを設定する際に関連性のあるその他の要因を考慮しなければならないと記述している［IAS 第 24 号 27 項］。

- 規模において重大である。
- 非市場的な条件で行われている。
- 通常の日常的な事業活動の外（事業の売買等）である。
- 規制当局または監督当局に開示されている。
- 上級経営者に報告されている。
- 株主の承認の対象となる。

本基準は，報告企業が本基準の部分的免除を利用する際の開示要求の例示を含んでいる。これらを以下に再掲する。**本章設例 5.4A** および **5.4B** は，企業 A の財務諸表（**本章設例 3.5** 参照）において，個別に重要な取引について IAS 第 24 号 26 項（b）(i) に準拠する開示の例を記載している。

設例5.4A

非市場条件で行われた個別に重要な取引の開示の例

［IAS第24号IE3項］

20X1 年 1 月 15 日に，政府 G が発行済株式の 75％を間接的に保有している公益企業 A 社は，10 ヘクタールの土地を，別の政府関連の公益企業に CU 5 百万で売却した。20X0 年 12 月 31 日に，同様の立地にある同様の広さで同様の性質の土地が，CU 3 百万で売却された。その間に土地の値上りや値下りはなかった。IAS 第 20 号「政府補助金の会計処理および政府援助の開示」で求められている政府援助の開示については（財務諸表の）注記 X を，また，他の関連する IFRSs への準拠については（財務諸表の）注記 Y および Z を参照のこと。

設例5.4B

取引の規模により個別に重要な取引の開示の例

[IAS第24号IE3項]

20X1 年 12 月に終了した年度において，政府 G は，政府 G が発行済株式の 75％を間接的に保有している公益企業 A 社に，その必要資金の 50％に相当する貸付金を，今後 5 年間にわたる四半期ごとの分割返済の条件で提供した。当該融資には年 3％の金利が課されており，これは企業 A の銀行借入金に課されているのと同様である。※他の関連する IFRS への準拠については（財務諸表の）注記 Y および Z を参照のこと。

※　**報告企業がこの取引は政府援助を構成すると判断した場合には，IAS 第 20 号の開示要求を考慮する必要があった。**

本章設例 5.4C は，企業 A（**本章設例 3.5** 参照）が合計で重要な取引について IAS 第 24 号 26 項（b）(ii）に準拠する開示の例である。

設例5.4C

合計で重要な取引の開示の例

[IAS第24号IE3項]

政府 G は，企業 A の発行済株式の 75％を間接的に保有している。政府 G および政府 G の支配，共同支配，または重要な影響力を受けている他の企業との企業 A の重要な取引は，（製品の販売および原材料の購入の大きな割合）または（製品の販売の約 50％および原材料の購入の約 35％）である。

会社は，政府 G による会社の銀行借入の保証による便益も受けている。IAS 第 20 号「政府補助金の会計処理および政府援助の開示」で求められている政府援助の開示については（財務諸表の）注記 X を，また，他の関連する IFRSs への準拠については（財務諸表の）注記 Y および Z を参照のこと。

6　将来の進展

2012 年 5 月，IASB は年次改善プロジェクトの一部として，いくつかの基準の変更を提案する公開草案（ED／2012／1 IFRS 年次改善 2010－2012 年サイクル）を公表した。IAS 第 24 号に対する修正は，経営幹部サービスが，当取引がなければ報告企業の関連当事者ではない管理企業によって提供される場合の，関連当事者との取引の認識および開示要求を明確にすることを提案している。修正は以下を提案する。

- 「関連当事者」の定義に管理企業を含むこと
- 経営幹部サービスの提供取引について別個の開示を要求するよう，IAS 第 24 号 18 項（**本章 5.3** 参照）の開示要求を拡大すること
- 重複を避けるために，IAS 第 24 号 17 項（**本章 5.2** 参照）の経営幹部への報酬の開示要求から，管理企業が自社の従業員への対価として支払った報酬を除くこと

最終の修正は 2013 年の第 4 四半期に公表された。

第 12 章
事業セグメント
Operating segments

目 次

1 はじめに

IFRS 第 8 号「事業セグメント」は，負債性金融商品または資本性金融商品が公開市場で取引されている企業（また公開市場で金融商品を発行する目的で規制機関に財務諸表を登録する企業）の，事業セグメントに関する情報の開示の要求について定めている。事業セグメントは，上級経営者に情報を報告するための企業内部体系に基づいて識別される。

IFRS 第 8 号は，直近では 2011 年 6 月に修正された。

2 基本原則

IFRS 第 8 号の基本原則は，以下のとおりである［IFRS 第 8 号 1 項］。

> 「企業が従事する事業活動，および企業が事業を行う経済環境の性質や財務的な影響を，財務諸表の利用者が評価できるように，企業は情報を開示しなければならない。」

3 範 囲

IFRS 第 8 号は，以下の企業の個別財務諸表および以下の親会社を含む企業集団の連結財務諸表に適用される［IFRS 第 8 号 2 項］。

- 負債性金融商品または資本性金融商品が公開市場で取引されている企業
- 公開市場でいずれかの種類の証券を発行する目的で，（連結）財務諸表を証券委員会（または規制機関）に登録しているか，または登録の手続中にある企業

IASBは，連結グループ内に上場された非支配持分，または上場された負債を有する子会社が含まれていたとしても，親会社の金融商品が公開されていない当該企業集団の連結財務諸表は，IFRS 第 8 号の適用範囲に含まれないことを明確にした［IFRS 第 8 号 BC 23 項］。

設例3

最上位の親会社が公開市場で取引される負債性金融商品または資本性金融商品を有する場合の，中間持株会社の連結財務諸表

企業Ｂは，企業Ａを親会社とする連結グループに属する中間持株会社である。企業Ａの資本株式は公開市場で取引されている。企業Ｂは，公開市場において取引される，負債性金融商品または資本性金融商品を有しておらず，また公開市場でいずれかの種類の証券を発行する手続中でもない。

現地法の要求事項に基づき，企業Ｂは連結財務諸表を作成している。

IFRS 第 8 号の要求事項は，企業Ｂの連結財務諸表に適用されるか。

適用されない。IFRS 第 8 号 2（b）項は，IFRS 第 8 号が「負債性金融商品または資本性金融商品が公開市場で取引されている，または公開市場でいずれかの種類の証券を発行する手続中の親会社の企業集団の連結財務諸表」に対して適用されることを規定している。

この設例の状況において，IFRS 第 8 号 2（b）項を適用するための「親会社」は，企業Ｂ（すなわち，作成される連結財務諸表に含まれる他の企業を支配する企業）である。企業Ｂの連結財務諸表目的では，企業Ａは報告企業の一部ではなく，その株式が公開市場において取引されている事実は，IFRS 第 8 号の適用の検討においては関連しない。

上記における「公開市場」とは，地方や地域的な市場を含む，国内もしくは国外の証券取引所，または店頭取引市場をいう［IFRS 第 8 号 2 項］。

範囲に関するその他の留意点は，以下のとおりである。

- 単一の財務報告書にIFRS 第 8 号の範囲に該当する親会社の連結財務諸表および個別財務諸表の両方がある場合には，セグメント情報は，連結財務諸表のみに要求される［IFRS 第 8 号 4 項］。

- IFRS 第 8 号の適用を要求されない企業（例えば，非公開企業）が，当基準の要求に準拠しないセグメントに関する情報を開示しようとする場合は，当該情報を「セグメント情報」として記載してはならない［IFRS 第 8 号 3 項］。

IFRS 第 8 号 3 項は，IFRS 第 8 号の範囲外である企業がセグメントに関する一定の開示を行うことを選択した場合，その開示がセグメント情報であると参照しない限り，IFRS 第 8 号への完全な準拠を要求せず，セグメントに関する限定的な情報を自発的に提供することを許容している。IAS 第 14 号「セグメント報告」（IFRS 第 8 号の前の基準）においては，非公開企業がその IFRS 財務諸表でいかなるセグメント情報を記載した場合にも，そのセグメント情報が IAS 第 14 号に完全に準拠することが要求されていた。このアプローチは，例えば，非公開企業がセグメント純損益を開示せずにセグメントの売上情報を自発的に開示することを妨げる可能性があり，不必要な制限であると考えられた［IFRS 第 8 号 BC 22 項］。

IFRS 第 8 号は，財務諸表で報告されたセグメント情報にのみ適用される。IAS 第 1 号「財務諸表の表示」は，完全な 1 組の財務諸表を財政状態計算書，純損益およびその他の包括利益計算書（または，2011 年 6 月の IAS 第 1 号の修正をまだ採用していない企業は包括利益計算書），キャッシュ・フロー計算書，持分変動計算書および注記を含むものと定義する。したがって，経営者がそれらの財務諸表の外（例えば，取締役レポートや会長ステートメント）で特定のセグメント情報を自発的に開示する場合，その開示は，上記の 2 つ目の点で記載した制限に影響されず，「セグメント情報」として記載されることもあり得る。

3.1 著しく不利となる開示

IFRS 第 8 号は，取締役会や経営者が企業の利益を害するとみなす情報の開示に対する例外規定を認めていない。公開取引企業の取締役が，一部のセグメント情報の開示が企業の利益を著しく害すると結論付けた場合でも（例えば，主要な競争相手が非公開企業のため，類似の情報が公表されていない），そのセグメント情報は IFRS 財務諸表では省略されないであろう。

4　事業セグメントの識別

IFRS 第 8 号は，情報を外部に報告するための事業セグメントを識別するために，2 段階のアプローチを採用している。

- 企業の事業セグメント（IFRS 第 8 号で定義されている）の識別
- 企業の報告セグメントの識別（**本章 5** 参照）

4.1　セグメント報告に対するマネジメント・アプローチ

IFRS 第 8 号は，セグメント報告に対して厳密なマネジメント・アプローチを採用しており，セグメント間で資源を配分し，その業績を評価する目的で内部で報告される財務情報と同じ基準で事業セグメントが識別され，測定されることを要求する。

IFRS 第 8 号の開発に際して，IASB は，企業の内部組織の構成に基づいてセグメントを定義することにより，利用者が「経営者の視点を通じて」企業をみることを可能にするという見解に基づき，マネジメント・アプローチを選択した。これにより，企業の将来のキャッシュ・フローの見通に大きな影響を与える可能性のある経営者の行動や反応を予測する利用者の能力が強化されることになる。さらに，その情報は経営者が利用するためにすでに作成されているため，本基準はセグメント情報を外部に報告するコストを減少させるとIASB は予想した。このアプローチで欠点と認識された点は，類似の活動を行う企業間での比較可能性，および個別企業における期間比較のできないセグメントの報告につながるかもしれないということである。

設例4.1

競争者間で比較可能性のないセグメント開示

企業 A および企業 B は，居住用住宅や商業ユニットを組立てる際に使用される窓，絶縁製品を製造し流通させている。企業 A は，地域別（例えば，米国と欧州）に意思決定し，業績を評価するように構成されている。一方，企業 B は，製品種目（例えば，窓，絶縁材）別に意思決定し，業績を評価している。

企業Aおよび企業Bは，IFRS 第8号のもとで類似する事業セグメントを報告しない。企業Aは，地域に基づいて事業セグメントを報告するべきである。また，企業Bは，製品種目に基づいて事業セグメントを報告しなければならない。マネジメント・アプローチは，セグメントに資源を配分し，その業績を評価するために企業の最高経営意思決定者によって定期的に検討される内部報告に基づいて事業セグメントを識別することを要求する。各企業が，経営者がどのように意思決定し業績を評価するかに基づいてその事業セグメントを決定するので，同一の産業に属する2つの企業が非常に異なる事業セグメントを持つことがあり得る。

4.2　事業セグメントの定義

本基準は，事業セグメントが以下のすべてを満たす「企業の構成単位」であることを説明している［IFRS 第8号5項］。

(a)　(同一企業の他の構成単位との取引に関連する収益および費用を含み) その活動から収益を稼得し，費用を負担する事業活動に従事するもの
(b)　企業の最高経営意思決定者が，当該セグメントに配分すべき資源に関する意思決定を行い，またその業績を評価するために，その経営成績を定期的に検討するもの
(c)　それについて分離した財務情報を入手できるもの

本基準は，「企業の構成単位」を定義していない。多くの場合，企業の構成単位は事業部，子会社または子会社のグループである。IFRS 第8号5項の要求事項を満たす場合，関連会社または共同支配企業の持分も構成単位となる可能性があると考えられる。

IFRS 第8号は，それ自体では，継続事業および非継続事業を区別していない（**第1巻15章「売却目的で保有する非流動資産および非継続事業」6** 参照）。したがって，事業セグメントに含まれるいくつかの事業活動が

非継続事業として示されるか，または事業セグメントに含まれるすべての事業活動が非継続事業と表示される可能性がある。同様に，セグメント内での事業活動が廃止されるという事実は，それ自体では，事業セグメントとして適格であるかどうかには影響しない。しかし，IFRS 第 5 号「売却目的で保有する非流動資産および非継続事業」5B 項が以下のように規定しているため，すべてが非継続事業から構成されるセグメントについては，IFRS 第 8 号の開示要求は適用されない。

> 「この IFRS（IFRS 第 5 号）は，売却目的保有として分類される非流動資産（または処分グループ），または非継続事業について要求される開示を特定している。他の IFRSs における開示は，当該 IFRSs が次のいずれかを求めている場合を除き，このような資産（または処分グループ）には適用されない。
>
> (a)　売却目的保有に分類された非流動資産（もしくは処分グループ）または非継続事業に関する具体的な開示
> (b)　IFRS 第 5 号の測定の要求事項の範囲に含まれない処分グループのなかの資産および負債の測定に関する開示（そのような開示が財務諸表の他の注記ですでに提供されていない場合）」

IFRS 第 5 号 5B 項の要求事項は，**第 1 巻 15 章 7** でさらに記述されている。

4.3　最高経営意思決定者

本基準で述べる「最高経営意思決定者」とは，必ずしも特定の肩書を有する経営者ではない。むしろその機能を示すもので，特に，企業の事業セグメントに資源を配分し，その業績を評価する機能である。多くの場合，企業の最高経営意思決定者は，最高経営責任者または最高業務責任者であるが，例えば，業務執行取締役やその他の人々のグループかもしれない［IFRS 第 8 号 7 項］。

マネジメント・アプローチは，事業セグメントへの資源配分を決定し，その業績を評価する最高経営意思決定者が一般的に使用する組織の構成および内部事業報告に依存する。最高経営意思決定者は，通常，個人であるが，時として，その機能はグループによって行われる。

企業内での地位が最高経営意思決定者を必ずしも特定するわけではないが，多くの場合，最高経営意思決定者は，企業（または連結財務諸表が作成される場合には，連結企業体）で意思決定を行う最高位の経営者個人である。そのような個人は，典型的にはさまざまな異なる方法で用意された多数の管理レポートを受取る最高経営責任者または会長である。

複雑な組織および報告構造は，しばしば最高経営意思決定者の決定を困難にする。また，経営者がどのように企業の事業活動をみるかの典型的な指標にもなるので，取締役会に提示する財務情報を考慮することは有用であるといえる。そのような財務情報の評価は，しばしば最高経営意思決定者を他の部門管理者，例えば，セグメント管理者から区別する助けとなる。

設例4.3A

最高経営意思決定者の識別

企業Ｃは，宇宙空間，医療および消費者製品で使用されるさまざまな電子計器を制作する公開企業である。企業Ｃは，宇宙空間，医療および消費者製品の各部門に最高業務責任者を擁している。最高業務責任者は，各部門の経営，予算作成，および報告面において責任を負っており，各部門内に最高業務責任者に報告を行う上級管理者がいる。最高業務責任者は，最高経営責任者に報告（各部門に対する資源配分の提言を含む）をする。最高経営責任者は，さまざまな異なる管理レポートに基づいて各部門の業績を評価し，全体的な資源配分決定の責任を負う。

記述した状況下では，最高業務責任者は各部門の経営の責任を負うが，資源配分に関する最終決定は最高経営責任者によって下される。したがって，最高経営責任者が最高経営意思決定者であると考えられる。最高経営意思決定者は，企業の各事業部門の全体的な資源配分および業績評価の決定に責任を負う個人および機能である。一般に，下位の経営管理者が各部門の運営，予算および報告面において責任を負っているとしても，これらの決定は最高位の経営管理者により下される。

上記の事例では，企業Cは3つの事業セグメントを有し，各最高業務責任者はセグメントの管理者であると考えられる。IFRS 第8号9項で，セグメントの管理者は「最高経営意思決定者に直接的な報告義務を有し，セグメントの事業活動，財務成績，予測，または計画について討議するために最高経営意思決定者と定期的な接触を維持している」と述べている（**本章 4.5** 参照）。

設例4.3B

最高経営意思決定者としての経営委員会

企業Dは，宇宙空間，医療および消費者製品で使用されるさまざまな電子計器を制作する公開企業である。企業Dには宇宙空間，医療および消費者製品の各部門に最高財務責任者がいる。企業Dは，それぞれの最高財務責任者および最高経営責任者で構成された経営委員会によって運営管理される。経営委員会はすべての主要な業務の意思決定をし，資源配分を決定し，業務の評価をする。経営委員会を構成する個人，またはその他企業内のどこに所属する個人も，経営委員会より優位に立つことはできない（経営委員会を監視する役割として機能する取締役会を除く）。

記述した状況下では，最高経営意思決定者は経営委員会である。また，経営委員会によって使用される報告書は，企業Dの事業セグメントを決定するために使用される。多くの場合，企業の最高経営意思決定者は最高経営責任者または最高業務責任者であるが，例えば，企業の最高経営責任者や会長，最高業務責任者，最高財務責任者，その他により構成される経営委員会のような取締役等のグループであることもあり，この場合，全員が委員会が行う決定において投票権を持つ。

しかし，経営委員会の存在により，常に経営委員会が最高経営意思決定者に該当するとは限らない。例えば，最高経営責任者が経営委員会の決定を覆す権限を有しているならば，経営委員会ではなく最高経営責任者が最高経営意思決定者となる可能性を示しているであろう。最高経営意思決定者の決定は，特定の事実および状況に基づいて個々の事例ごとに下されるべきである。

4.4 セグメントおよび事業活動

企業のすべての部分が，事業セグメントまたは事業セグメントの一部となるわけではない。例えば，本基準は，企業の本社または特定の機能部門は，収益を稼得せず，または企業活動にとって付随的な収益を稼得するにすぎないため，事業セグメントではないであろうと言及している［IFRS 第 8 号 6 項］。

IFRS 第 8 号の適用上，退職後給付制度は事業セグメントとはならない［IFRS 第 8 号 6 項］。

4.5 セグメントの識別についての追加ガイダンス

多くの企業においては，**本章 4.2** で述べた事業セグメントの 3 つの特徴により，事業セグメントを特定できる。これに該当しない場合は，さらなるガイダンスが IFRS 第 8 号 8 項から 10 項で示されている。

- 企業は，事業活動をさまざまな方法により表現した報告書を作成することがある。最高経営意思決定者が複数のセグメント情報を使用している場合には，他の要因により，構成単位のある単一の組合せが企業の事業セグメントを構成するものとして識別されることがある。その要因には，各構成単位の事業活動の性質，それらについて責任を有する管理者の存在，取締役会に提出される情報等が含まれる［IFRS 第 8 号 8 項］。
- 一般的に事業セグメントは，最高経営意思決定者に対して報告責任を有し，セグメントの事業活動，財務成績，予測または計画について討議するために当該意思決定者との定期的な接触を維持しているセグメント管理者がいる。「セグメント管理者」という用語は，機能を示すものであり，必ずしも特定の肩書を有する管理者ではない。また，最高経営意思決定者が特定の事業セグメントのセグメント管理者にもなっている場合もある。1 人の管理者が，複数の事業セグメントのセグメント管理者を兼任する場合もある。IFRS 第 8 号 5 項（**本章 4.2** 参照）の特徴が企業の構成単位の複数の組合せに当てはまるが，セグメント管理者が責任を負っている組合せが 1 つしかない場合には，その組合せの構成単位が事業セグメントとなる［IFRS 第 8 号 9 項］。

- **本章 4.2** の特徴は，管理者が責任を有する複数の重複する組合せの構成単位に当てはまる場合がある。そのような構造をマトリックス組織形態とよぶことがある。例えば，一部の企業では，世界中のさまざまな製品およびサービス分野について責任を有する管理者がいる一方で，特定の地域について責任を有する管理者もいる。最高経営意思決定者は，双方の組合せの構成単位の経営成績を定期的に検討し，双方について財務諸表が入手できる。そのような状況では，企業は IFRS 第 8 号（**本章 2** 参照）の基本原則を参照して，いずれの構成単位が事業セグメントを構成するのかを決定しなければならない［IFRS 第 8 号 10 項］。

マトリックス組織構造は，一般的に大きく複雑な組織に使用される。2 つ以上のセグメントの組合せが識別される場合，IASB は，製品およびサービスを基礎にする構成単位の使用を義務付けることは，マネジメント・アプローチと矛盾しているので，IFRS 第 8 号において，企業の事業セグメントとして製品およびサービスを基礎にする構成単位の使用を単純に義務付けるべきではないと結論付けた。代わりに，本基準は，基本原則を参照する，すなわち，財務諸表の利用者が「企業が従事する事業活動および企業が事業を行っている経済環境の性質や財務的な影響を評価すること」が可能となるように，事業セグメントの識別を要求する。したがって，経営者は，どのセグメンテーションの基礎がこの目的を満たすかについて判断をすることが要求される［IFRS 第 8 号 BC 27 項］。

例えば，子会社の負債性金融商品または資本性金融商品が公開市場で取引される場合には，その子会社は IFRS 第 8 号の適用範囲内に入る場合がある。子会社の最高経営意思決定者は親会社の最高経営意思決定者とはならない可能性は非常に高い。さらに，両方の最高経営意思決定者に提供される情報は，異なる形でまとめられ，提示されている可能性がある。結果として，子会社が IFRS 第 8 号に準拠することを要求される場合，IFRS 第 8 号の開示の目的上，子会社レベルで識別した事業セグメントは，親会社レベルで識別されたものとは異なるであろう。

事業の構成方法の変更（例えば，再編成または新部門），最高経営意思決定者への報告方法の変更（例えば，新しい報告組織の組成または地域別報告から事業別報告への変更），または新しい最高経営意思決定者が識別されるような企業のコーポレート・ガバナンス構造の変更がある場合，当該変更が IFRS 第 8 号に従って報告される開示に影響があるかどうかを考慮する必要がある。

4.6　垂直に統合された企業

IFRS 第 8 号のアプローチにおいて，企業のある構成単位が主として，または，もっぱら企業の他の事業セグメントに販売しており，企業がそのように管理されている場合には，その構成単位は事業セグメントの定義に該当する。IASB はこのアプローチを，各生産段階に関与している構成単位に関する情報を報告するということを確実にするために行った。それは，特に石油・ガス企業等のような特定の企業において重要である。

設例4.6

垂直に統合された企業へのIFRS第8号の適用

企業 E は，外部顧客に対し石油精製品を販売する，垂直に統合された石油会社である。精製部門は，企業 E のマーケティングおよび販売部門に対して内部的に石油精製品の販売を行うだけである（すなわち，精製部門は外部顧客を有しない）。精製部門の決算報告書は別個に作成され，業績評価と資産配分に関する意思決定のために最高経営意思決定者により定期的に検討される。

精製部門は事業セグメントである。企業の構成要素は，事業セグメントとして分類されるため，外部顧客を有していたり外部収益を稼得している必要はない。いくつかの事業セグメントは，同一企業の他の構成要素との取引に関連する収益のみを稼得している場合や，または収益稼得にすら至っていない場合もある。事業セグメントを識別する際の主な要因は，最高経営意思決定者が事業を管理するためのプロセスを理解することである。最高経営意思決定者が，収入源や収入の有無にかかわらず意思決定を行い，業績を評価しているのであれば，その部門は事業セグメントとして報告される。

4.7　収益稼得に至っていない部門

事業の構成単位は，事業セグメントの定義を満たすために，実際に収益を稼得している必要はない。本基準は，収益稼得に至っていない創業直後の事業活動について特定した記述をしており，他の基準を満たすならば，そのような事業開始前の段階であっても事業セグメントに該当する可能性があることを認めている［IFRS 第 8 号 5 項］。

設例4.7

新しく作られた事業単位

企業Ｆは，総合的な製薬企業で，すべての事業セグメントの資産合計額の11％を，エイズ新薬開発のための事業単位を形成するために配分した。費用はすでに発生しているが，事業単位は現在までその事業活動からまだ何も収益を稼得していない。事業単位は，分離した財務情報を入手でき，また，その情報は業務の意思決定および業績を評価する際に最高経営意思決定者によって検討されている。

当該事業単位は事業セグメントである。IFRS 第 8 号 5 項（**本章 4.2** 参照）で記載した規準を満たしている。事業セグメントが外部または内部から収益を稼得しないが，最高経営意思決定者は費用のみに基づいて意思決定を行い，セグメントの業績を評価しているため，事業セグメントとなり得る。

この設例において，企業の意図はエイズ研究という特定の事業目的に資源を配分した。今後この研究により収益を一切稼得しないというリスクはあるが，経営者は，研究コストを将来の収益を通して回収できるというリスク／経済価値について，決定をした。資源配分がこの前提で行われ，最高経営意思決定者によって情報が検討される場合には，当該事業単位は事業セグメントとみなすべきである。

4.8 分離した財務情報が入手できない場合の事業セグメントの識別

設例4.8

分離した財務情報が入手できない場合の事業セグメントの識別

企業Ｇは，インターネットのウェブサイトにコンテンツを提供する事業単位を有する。企業Ｇは，ほとんどすべての収益を３つのサービスライン－広告，宣伝，顧客サービスにより稼得している。最高経営意思決定者により検討される財務情報には，サービスラインごとの収益を含んでいる。しかし，営業経費と営業用資産は，全事業単位に集約されたベースで報告されている。財務情報には，個々のサービスラインに対する純損益情報は含まれていない。

個々のサービスラインは，別個の事業セグメントに相当しない。最高経営意思決定者に対し各サービスラインごとのセグメント純損益の測定値が提供されていないため，分離した財務情報が入手可能ではない。最高経営意思決定者は，各サービスラインごとの業績の評価および資源の配分について意思決定を行う十分な情報を有していない。こうした状況から，全事業単位が，単一の事業セグメントに相当し，各サービスラインが事業セグメントに相当しない可能性が高い。

しかし，最高経営意思決定者に対して提供された情報に各サービスラインごとの収益と総利益が含まれていた場合には，最高経営意思決定者が各サービスラインごとに業績を評価し，資源配分の決定をするのに十分な財務情報が入手可能となるであろう。

構成単位が事業セグメントとみなされるために，資産が配分される必要はない。

5　報告セグメントの識別

企業の事業セグメントを識別した後に，企業は報告すべき事業セグメント，すなわち，本基準により各事業セグメントの情報開示が要求される事業セグメントを決定しなければならない。

企業は，以下の双方を満たす事業セグメントに関する情報を，区分して報告しなければならない［IFRS 第 8 号 11 項］。

(a)　IFRS 第 8 号 5 項から 10 項（**本章 4** 参照）に従って識別された事業セグメント，または IFRS 第 8 号 12 項（**本章 5.2** 参照）に従って複数のセグメントを集約することによって生じる事業セグメント

(b)　IFRS 第 8 号 13 項（**本章 5.3** 参照）の量的基準を超える事業セグメント

加えて，IFRS 第 8 号 14 項から 18 項（**本章 5.4** および **5.5** 参照）では，事業セグメントに関して区分して情報を報告すべきその他の状況が詳述されている。

IFRS 第 8 号の適用ガイダンスは，報告セグメントの識別に役立てるために利用可能なディシジョンツリーを含んでいる。このディシジョンツリーについては，**本章 5.6** で解説する。

5.1　報告セグメント数に対する制限

IFRS 第 8 号は，情報が開示されるべき事業セグメントの数について明確な制限を設定していない。しかしながら，セグメント情報が詳細すぎるようになることなく，企業が区分して開示する報告セグメントの数には実務上の限度があることを認識している。本基準は，以下のセクションで述べる規準に従って識別された報告セグメントの数が 10 を超えて増加する場合には，企業は実務上の限度に到達したか否かを検討すべきであると提言している［IFRS 第 8 号 19 項］。

報告事業セグメントの数が合理的な数を超えた場合には，事業セグメントの集約が適切に行われたかどうかを判断するために経営者により利用された規準が評価されるべきである。さらに，事業セグメントの数が不合理に多

いことは，最高経営意思決定者の識別が適切に行われていない兆候かもしれない。

5.2　集約の要件

本基準は，いくつかの事業セグメントが類似の経済的特徴を有する場合は，多くの場合，類似した長期的な財務業績（例えば，類似する平均総利益率）を示すことが多いと述べている。外部報告の目的のために，どのような場合に，そのような類似する特徴を示す事業セグメントを結合することが適切であるかという疑問が生じる。

IFRS 第 8 号は，以下のすべての状況を満たした場合には，複数のセグメントを単一の事業セグメントに集約することができると述べている［IFRS 第 8 号 12 項］。

（a）集約することが IFRS 第 8 号（**本章 2** 参照）の基本原則と整合している。
（b）当該各セグメントの経済的特徴が類似している。
（c）当該セグメントが次のすべての点で類似している。
　（i）製品およびサービスの性質
　（ii）生産過程の性質
　（iii）製品およびサービスの顧客の類型または種類
　（iv）当該製品の配送または当該サービスの提供のために使用する方法
　（v）該当する場合，規制環境の性質（例えば，銀行，保険，または公益事業）

非常に同質の事業のみ集約することができるということからわかるように，集約のための要件は厳格である。

IFRS 第 8 号 BC 30 項および IFRS 第 8 号の適用ガイダンス（**本章 5.6** 参照）に含まれるダイアグラムは，上記で述べた集約の要件が次章で記述される量的基準に優先することを明確にしている。したがって，事業の複数の構成単位が上記で述べた集約の要件を満たす場合は，個別に量的基準を超過する場合であっても，それらは，外部報告目的のために単一の事業セグメントに結合されるであろう。

本基準は，上記で概説した要件を満たす事業セグメントを外部報告目的のために結合することを認めている。本基準は，そのような結合を要求しているのではなく，企業が望めば事業セグメントを別々に報告することを常に認めている。

IFRS 第 8 号は「類似」という用語を定義しておらず，また集約の要件についての詳細なガイダンスを提示していない。したがって，複数の事業セグメントが類似しているかどうかの判断は，個々の事実および状況によるものであり，高度な判断が必要となる。以下のガイダンスは，事業セグメントが IFRS 第 8 号 12 項で記載されている各事項に類似するかどうかを評価するための有用な出発点となるであろう。

類似の経済的特徴

IFRS 第 8 号は，類似の経済的特徴を有するセグメントは類似の長期平均総利益率が予想されるであろうと述べている。しかし，経済的特徴を評価するために使用可能な他の設例を提供していない。売上成長率，営業キャッシュ・フロー，資産収益率，支払利息・税金・減価償却および償却控除前利益（EBITDA），棚卸資産回転率，またはその他業界の標準的な測定値といった，他の業績測定手法を企業が考えることは適切であろう。これらの要因は現在および過去，ならびに「予想される将来の業績」の視点から評価されるべきである。過去の結果を参照することなく，類似の長期の経済的業績に関する将来の予想のみに基づいた分析（例えば，予算の参照）は，おそらく十分ではないであろう。さらに，各事業または産業の種類と関連する競合リスク，事業リスクおよび財務リスクは，2 つの事業セグメントが類似の経済的特徴を有するかどうかを判断する際に考慮されるべきである。事業セグメントが異なる地域にある場合，企業は経済や政治的な条件，為替リスクおよび外国為替管理規則等の要因を評価する必要があろう。

製品およびサービスの性質

IFRS 第 8 号は，「製品およびサービスの性質」の規準をどのように解釈するべきかに関してガイダンスを提供していない。しかし，類似の製品またはサービスには，類似の目的や最終用途があると考えられる。そのため，類似する製品またはサービスは，類似の利益率，類似のリスクの程度および類似の成長可能性を有すると予測されるであろう。製品またはサービスが類似するかどうかの評価は，企業の製品ラインや事業全体の性質および幅に一部関連するであろう。

生産過程の性質

IFRS 第 8 号で特定のガイダンスは提供されていないが，生産過程の性質の類似性は，共通または交換可能な生産や販売設備，機器，労働力（または維持管理要員）を共有すること，または同じ（または類似の）基本原料を使用することによって実証されるであろう。同様に，類似の労働や資本集約の程度は，生産過程の類似性を示すであろう。

製品およびサービスの顧客の類型または種類

「同様の類型または種類の顧客」の規準は，経営者がどのように顧客をみるかに基づいて評価されるであろう（例えば，類似のマーケティングおよび販売促進努力，共通または交換可能な販売要員，顧客統計）。一般に，小売活動および卸売活動は類似の類型または種類の顧客を有していないと考えられるので，この規準を満たさないであろう。

製品の配送またはサービス提供に使用する方法

「配送方法」の規準は，配送経路の性質（例えば，小売店舗，通信販売，ウェブサイト），および販売製品の性質（例えば，部品，完成品）に基づいて評価されるであろう。

該当する場合，例えば，銀行，保険，または公益事業等の規制環境の性質

当該規準は，企業の事業の一部に特有の規制環境が存在する場合にのみ適用する。例えば，公益事業持株会社が規制セグメントおよび非規制セグメントを有する状況においては，各セグメントは異なる規制環境のなかで事業活動を行っていると考えられる。したがって，たとえ同じ製品を生産していたとしても，集約することは適切ではない。

IFRS 第 8 号で規定されるマネジメント・アプローチは，年次報告書および他の公表される情報での企業の首尾一貫した記述を促進している。財務諸表の事業セグメントの注記で表示される情報は，株主への年次報告書，企業のウェブサイト，財務分析報告書，経営者によるインタビューおよびその他の声明書，または他の公文書を含む，企業のすべての規制上の報告書を通じて表示される情報と首尾一貫していなければならない。

設例5.2

事業報告書とセグメント報告間の開示の不整合

企業 H は，2 種類の店舗，すなわち衣料品店舗と家庭用品（リネン，装飾品，および衣料品）店舗を経営する大規模小売店である。IFRS 第 8 号の目的上，企業 H は「衣料品」と「家庭用品」という 2 つの事業セグメントがあると決定した。財務諸表とともに公表された株主に対する事業報告書では，店の顧客統計，販売製品，売上高と利益率の傾向について異なる記載をすることにより，「家庭用品店」の営業成績については「衣料品店」と異なる方法で，別個に報告している。また，社長報告書においても，2 つの事業セグメントの重要な差異について強調している。

IFRS 第 8 号の報告のためには，企業 H が，2 つの事業セグメントを単一の報告すべき事業セグメントに集約することは，適切か。

IFRS 第 8 号で要求されている開示のためには，企業 H は，「衣料品」と「家庭用品」の事業セグメントを単一の報告すべき事業セグメントに集約することは適切でない可能性が高い。なぜなら，IFRS 第 8 号 12 項における集約の要件が完全に満たされていないからである。集約の要件の「その他の条件として」，類似する経済的特徴，類似する製品，類似する顧客の類型を要求している。事業報告書および社長報告書は異なる経済的特徴，製品の種類，顧客統計を記述しており，2 つのセグメント間の重要な差異について強調している。

通常，企業が集約の要件を検討し，報告すべき事業セグメントを 1 つしか有していないと結論を下した場合には，このような状況は一般的でないと予想される。IFRS 第 8 号の目的は，企業が従事する異なる種類の事業活動に関して，より有用な情報を提供することである。事業セグメント情報は，財務諸表の利用者に，より有意義な情報を提供することを意図している。

5.3　量的基準

IFRS 第 8 号では，企業は，以下の量的基準のいずれかを満たす事業セグメントに関する情報を区分して報告することが要求される［IFRS 第 8 号 13 項］。

(a)　報告する収益が，すべての事業セグメントの収益合計額の 10％以上である。当該基準の収益には，「外部顧客への売上高」と「セグメント間売上高または振替高」の双方を含む。
(b)　報告する純損益の絶対額が，次のいずれか大きい方の 10％以上である。(i) 損失を報告しなかったすべての事業セグメントの報告利益の合計額，または，(ii) 損失を報告したすべての事業セグメントの報告損失の合計額の絶対額
(c)　その資産が，すべての事業セグメントの資産の合計額の 10％以上である。

セグメント情報が，収益，費用，および利得または損失についての修正，相殺消去および配分後に最高経営意思決定者に報告される場合，IFRS 第 8 号 13 項により報告セグメントを識別する目的で量的基準を適用する際に，量的基準は同じベース，すなわち，修正，相殺消去および配分後のベースに基づいて適用されるべきであることが，IFRS 第 8 号 25 項（**本章 6** 参照）以降で述べられている。

設例5.3

量的基準の適用

会社 I は，次の事業セグメントを識別した。それらは，コンピュータ・ハードウェア，コンピュータ・ソフトウェアおよび顧客サービスである。報告セグメントを識別する目的で上記に述べた量的基準テストを適用する際に，会社 I は，（下記の表に示した数字に基づいて）以下の分析を行う。

10％収益基準を超える事業セグメントを決定するために，会社 I はすべての事業セグメントの収益合計額（外部および内部）を決定しなければならない

(CU 5,500)。この金額は，セグメント間収益のCU 500を含んでいる。この金額の10%であるCU 550が当該基準となる。

10%純損益基準を超える事業セグメントを決定するために，会社Iは，(i) 損失を報告しなかったすべての事業セグメントの報告利益の合計額の絶対値と (ii) 損失を報告したすべての事業セグメントの報告損失の合計額の絶対値のうち，いずれか大きい金額を決定しなければならない。以下の計算に基づいて，損失を報告しなかったすべての事業セグメントの合計金額の絶対値であるCU 350は，損失を報告したセグメントの絶対値であるCU 50より大きい。このためCU 350の10%，すなわちCU 35を，報告セグメントを識別するための純損益の基準金額として使用すべきである。

10%資産基準を超えるセグメントを決定するために，会社Iは，グループ間の相殺消去を行う前に識別したすべての事業セグメントのセグメント資産の合計額（CU 800）の10%に基づき当該基準を算定すべきである。

注：※セグメントが特定の量的基準を満たすことを示す。

(単位：CU)

セグメント	**セグメント収益**	**セグメント業績**	**損失を報告しないセグメント**	**損失を報告するセグメント**	**セグメント資産**
ハードウェア	500	(50)		50※	400※
ソフトウェア	2,500※	200	200※		300※
サービス	2,500※	150	150※		100※
相殺消去前合計	5,500	300	350	50	800
相殺消去	(500)	(10)	0	0	(10)
合計	5,000	290	350	50	790
算定された基準	550[a]		35[b]	35[b]	80[c]

a　セグメント間売上の相殺消去前の売上高の合計金額（CU 5,500）×10%

b　基準の金額は，損失を報告しないすべての事業セグメントの合計金額の絶対値と，損失を報告するすべての事業セグメントの合計金額の絶対値の，いずれか大きい金額に基づいて算定される。(CU 350) ×10%

c　セグメント間の相殺消去前の資産の合計金額（CU 800）×10%

順に各事業セグメントを検討する。

- ハードウェア・セグメントは純損益の量的基準を超える（50>35）。また，資産の量的基準を超える（400>80）。

- ソフトウェア・セグメントは収益の量的基準を超える（2,500>550）。また，純損益の量的基準（200>35）および資産の量的基準（300>80）を超える。
- サービス・セグメントは収益の量的基準を超える（2,500>550）。また，純損益の量的基準（150>35）および資産の量的基準（100>80）を超える。

したがって，3つのすべてのセグメントは，少なくとも1つの量的基準を満たす。その結果，すべてのセグメントが報告セグメントとなる。

本章 5.2 で記述したとおり，IFRS 第 8 条 12 項の集約の要件は量的基準に優先する。したがって，事業の複数の構成単位が上記で述べた集約の要件を満たす場合は，個別に量的基準を超過する場合であっても，それらは，外部報告目的のために単一の事業セグメントに結合されるであろう。

5.4　量的基準を下回る事業セグメント

事業セグメントが上記に述べたすべての量的基準を下回る場合は，以下のとおりとする。

- 当該セグメントに関する情報は財務諸表利用者に有用であると経営者が考える場合には，量的基準を満たさない事業セグメントでも，規模にかかわらず報告セグメントとして考えられ，区分して開示することができる［IFRS 第 8 号 13 項］。
- 同じく 10％量的基準のすべてを満たさない複数の他の事業セグメントとともに，別個の報告セグメントとして結合することができる（ただし，そうして結合された事業セグメントが類似の経済的特徴を有し，かつ，IFRS 第 8 号 12 項に列挙した集約の要件〔すなわち，**本章 5.2**（c）(i) から（c）(v) に記載された規準〕の過半数を共有している場合に限る）［IFRS 第 8 号 14 項］。

報告セグメントにならない他の事業活動および事業セグメントに関する情報は，結合して，IFRS 第 8 号 28 項（**本章 7.4** 参照）で要求している調整表において，他の調整項目とは区分して「その他のすべてのセグメント」の区分に開示しなければならない。「その他のすべてのセグメント」の区分に含まれる収益の源泉を，記述しなければならない［IFRS 第 8 号 16 項］。

5.4.1　報告セグメントに帰属する外部収益は企業収益の最低75％を満たすこと

IFRS 第 8 号は，事業セグメントによって報告される外部収益の合計額が，企業の収益合計額の少なくとも 75％であることを要求する。75％未満の場合は，企業の少なくとも収益合計額の 75％が報告セグメントに含まれるまで，報告セグメントとして追加する事業セグメントを識別しなければならない（たとえ当該セグメントが IFRS 第 8 号 13 項— **本章 5.3** 参照の要件を満たさない場合でも）［IFRS 第 8 号 15 項］。

設例5.4.1

75％の収益基準を満たすために追加する事業セグメントの識別

会社 J は，IFRS 第 8 号に従って報告セグメントを決定したところ，その報告セグメントの収益は連結収益の 68％を構成していた。残りのすべての事業セグメントは類似の規模である。

会社 J は，個別に報告する事業セグメントをどのように決定すべきか。

IFRS 第 8 号は，75％基準を満たすために，残りの事業セグメントのうちのどのセグメントを選択すべきか言及していない。また，選択される事業セグメントは，必ずしもいずれかの測定尺度において次に最大である必要はない。それぞれの案件は，個々の事実と状況に基づいて判断が行われるべきである。75％基準を満たすために含められるこれらの追加事業セグメントは，他のいかなる報告セグメントとも相違なく扱われる（すなわち，要求される開示は同じである）。

5.4.2　前期に報告された事業セグメントが当期は量的基準を超えない場合

直前期において事業セグメントが報告セグメントとして識別されていた場合（例えば，10％基準の 1 つを超えていたため）で，（もはや 10％基準のいずれも超えていない場合でも）そのセグメントが「継続的に重要である」と経営者が判断する場合には，当該セグメントは，当期も引続き報告セグメントとしなければならない［IFRS 第 8 号 17 項］。

「継続的に重要である」という意味についてさらなるガイダンスは提供されていないが，例えば通常は以下の場合に，事業セグメントは当期の財務諸表において継続的に重要であるとみなされる。

- 10％基準を下回るその下落が一時的で，もとに戻る可能性が高いと考えられる場合
- 未認識の無形資産（例えば，自己創設無形資産）を有する場合で，仮に認識されたとした場合にはそのセグメント資産が 10％基準を満たす場合（当該セグメントの戦略的な重要性を示す可能性がある）

以上の項目がすべてを網羅しているわけではないが，経営者は財務情報の有用性および報告の一貫性が維持されることを確証しなければならない。

経営者がセグメントが「継続的に重要ではない」と判断した場合は，前期の情報は，修正再表示を示す適切な開示とともに，当期の表示と一致するように修正再表示しなければならない。

経営者がその事業セグメントは財務諸表の利用者にとって重要であると判断する場合には，量的基準を一度も満たしたことがない事業セグメントについても開示されることがある。

5.5 前期で報告する必要はなかったが当期に報告すべき事業セグメント

前期にいずれの基準も超えていなかった場合でも，当期に 10％基準のうちの 1 つを超えることにより，当期に事業セグメントを報告セグメントとして識別することがある。そのような状況では，必要な情報が入手可能でなく，かつ，それを作成するコストが過大とならない限り，比較目的で表示する前期のセグメントのデータを修正再表示して，この新たな報告セグメントを独立したセグメントとして反映させなければならない［IFRS 第 8 号 18 項］。

財務情報が入手可能でなく，かつ，「それを作成するコストが過大である場合」に，一定の財務情報の開示の免除が，この部分および本基準の他の部分（**本章 7.5，7.6.1，7.6.2** 参照）で認められている。これは，IAS 第 1 号「財務諸表の表示」に含まれている実務上の不可能性と比較して，IAS 第 1 号の実務上の不可能性は基準に準拠するためのコストを考慮していないため，より負担の少ないテストである。しかしながら，実務上は，過大なコストを負担することなしに要求された開示に関する十分で信頼性のある近似値を得ることが通常可能であるため，この免除規定が頻繁に使われることはあまりないであろう。

IFRS 第 8 号 18 項（上記参照）で記載した状況は，まれな状況であると思われるが，次の設例を考えてみる。

設例5.5

前期は報告する必要はなかったが，当期に報告すべき事業セグメント

会社 K は，過去 3 年で 5 つの異なる企業取得を行った結果，年間売上が CU 1 億から CU 10 億超に成長した。会社 K と取得された各企業は別々の管理体制をとっていた。企業取得による著しい成長のため，会社 K は最近，その経営組織と事業セグメントを再編成した。新たな経営構造と整合する情報を反映する過去の記録は，すべての企業に対して入手可能ではない。

この状況では，会社 K の最近の企業取得の数および規模のため，IFRS 第 8 号 18 項の比較情報を修正再表示する要求事項に関する免除の要件（情報が入手可能でなく，かつ，それを作成するコストが過大なものとなる）を満たす場合がある。

5.6　セグメント定義のディシジョンツリー

IFRS 第 8 号の適用ガイダンスは，下記に再掲するディシジョンツリーを含んでいる。そして，**本章 5** で論じられた要求事項がどのように適用されるかを示している。

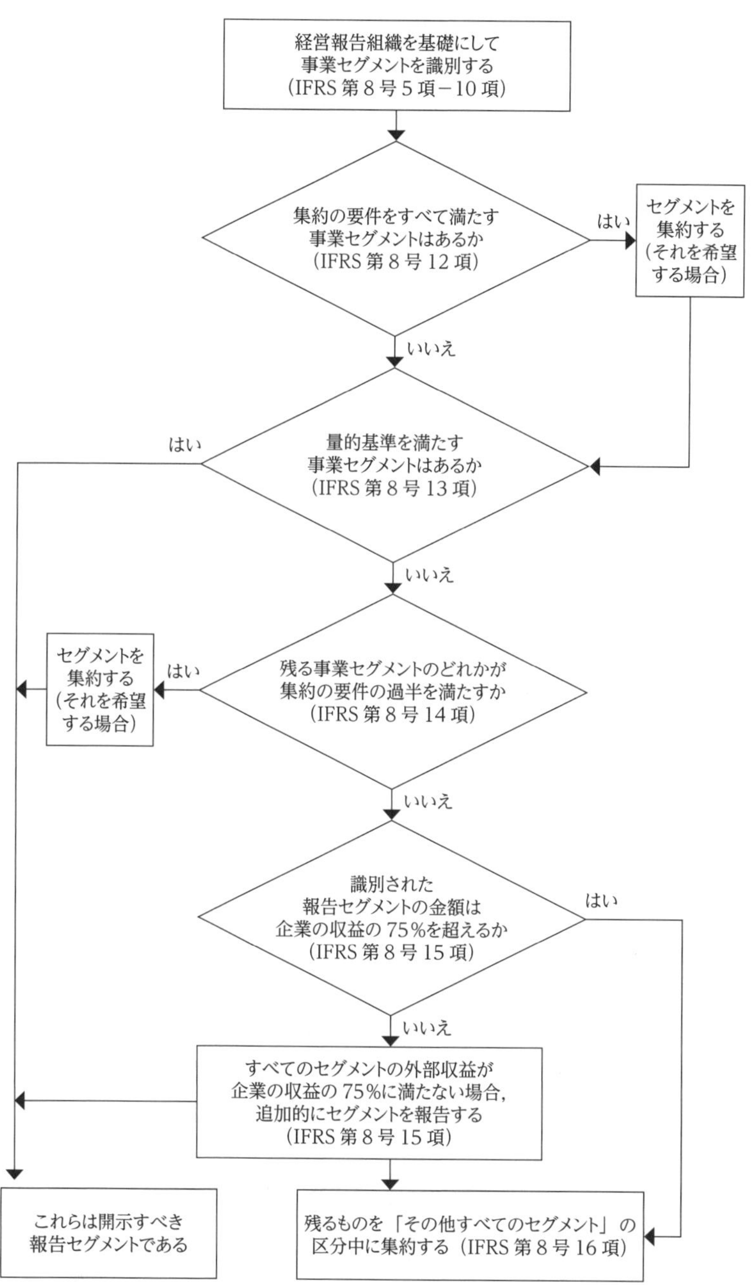
経営報告組織を基礎にして
事業セグメントを識別する
（IFRS 第 8 号 5 項－10 項）
集約の要件をすべて満たす
事業セグメントはあるか
（IFRS 第 8 号 12 項）
はい
セグメントを
集約する
（それを希望
する場合）
いいえ
量的基準を満たす
事業セグメントはあるか
（IFRS 第 8 号 13 項）
はい
いいえ
残る事業セグメントのどれかが
集約の要件の過半を満たすか
（IFRS 第 8 号 14 項）
はい
セグメントを
集約する
（それを希望
する場合）
いいえ
識別された
報告セグメントの金額は
企業の収益の 75％を超えるか
（IFRS 第 8 号 15 項）
はい
いいえ
すべてのセグメントの外部収益が
企業の収益の 75％に満たない場合，
追加的にセグメントを報告する
（IFRS 第 8 号 15 項）
これらは開示すべき
報告セグメントである
残るものを「その他すべてのセグメント」の
区分中に集約する（IFRS 第 8 号 16 項）

6　セグメント情報の測定

本章 7 では，IFRS 第 8 号で開示が要求される情報を述べている。ここでは，当該セグメント情報の測定について，IFRS 第 8 号で提供されているガイダンスを要約する。

IFRS 第 8 号で報告される各セグメント項目の金額は，セグメントに資源を配分する意思決定を行い，その業績を評価する目的で，最高経営意思決定者に報告される測定値でなければならない。企業の財務諸表の作成にあたって行った修正および相殺消去，ならびに収益，費用および利得または損失の配分は，最高経営意思決定者が使用するセグメント純損益の測定値にそれらが含まれている場合にのみ，報告するセグメント純損益の算定に含めなければならない［IFRS 第 8 号 25 項］。

本基準は，最高経営意思決定者に報告する情報と同じ基準でセグメント情報を測定することを要求しているため，当該情報は必ずしも IFRSs に従って作成されているわけではない。この内部情報は外部に報告されるので，企業は，IFRSs 基準からの逸脱に対して予想される利用者の反応の観点から，内部的にどのように報告するか，また，内部情報を生成するシステムが外部報告の目的に照らして十分信頼性があるかどうかについて，注意深く検討したいと考えるであろう。

設例6

異なる棚卸資産の評価方法を採用している場合の業績の測定

食料雑貨店のチェーンを経営しているある企業は，財務報告目的では，棚卸資産と売上原価にコストを配分するために加重平均法を採用しているが，最高経営意思決定者に提出される報告書においては，セグメントの業績の評価を行うために後入先出法（LIFO）を採用している。

この企業は，IFRS 財務諸表に含めるための棚卸資産の測定に加重平均法を使用しているものの，IFRS 第 8 号の開示のためには，LIFO を使用しなければならない。IFRS 第 8 号は，セグメント情報の表示が，IFRS 財務諸表において使用されている方法と同じ方法で行われることを要求していない。IFRS 第 8 号の事業セグメントの注記でどの測定値を使用するかは，最高経営意思決定者のために作成された財務情報において使用した方法により決定される。

IFRS 第 8 号の目的で報告される金額が，IFRS 財務諸表における報告金額と同じ基礎により作成されていない場合は，それぞれの報告セグメントにおけるセグメント資産の測定の説明（**本章 7.3** 参照），および IFRS 第 8 号 28 項で表示することが要求される調整表に影響を与えるであろう（**本章 7.4** 参照）。

最高経営意思決定者が使用する当該セグメントの資産および当該セグメントの負債の測定値に含まれている資産および負債のみを，当該セグメントについて報告しなければならない。報告するセグメントの純損益，資産または負債に金額を配分する場合には，当該金額は合理的な基準で配分しなければならない［IFRS 第 8 号 25 項］。

最高経営意思決定者が，セグメント業績の評価および資源の配分方法の決定を行うにあたり，事業セグメントの純損益および当該セグメントの資産または当該セグメントの負債について 1 種類の測定値のみを使用している場合には，セグメントの純損益，資産および負債を当該測定値で報告しなければならない。最高経営意思決定者が事業セグメントの純損益，当該セグメントの資産またはセグメントの負債について複数の測定値を使用している場合には，IFRS 第 8 号の目的で報告される測定値は，企業の財務諸表における対応する金額の測定に使用するものと最も整合的な測定原則に従って算定されていると経営者が考えるものでなければならない［IFRS 第 8 号 26 項］。

各セグメントの項目の報告金額は，常に，各セグメントに対して資源を配分し，その業績を評価する目的で最高経営意思決定者に報告された測定値である。IFRS 第 8 号は，セグメント収益，セグメント費用，セグメント利益，セグメント資産，セグメント負債を定義しないが，各事業セグメントにおいてセグメント純損益，セグメント資産およびセグメント負債をいかに測定したかの説明を要求している。結果として，企業は，例えば IFRS 第 8 号のセグメント純損益に何が含まれるかの決定について一定の裁量を有しているが，それは企業の内部報告の実務により限定されている。

7 開　示

IFRS 第 8 号によって確立された全体原則は，企業が従事する事業活動および企業が事業を行う経済環境の性質や財務的な影響を，財務諸表の利用者が評価できるように，企業は情報を開示しなければならないということである［IFRS 第 8 号 20 項］。

この全体原則を実行するために，企業は，以下を開示しなければならない［IFRS 第 8 号 21 項］。

(a) 全般的情報（**本章 7.1** 参照）
(b) 報告したセグメント純損益に含まれた特定の収益および費用を含む，報告したセグメント純損益，セグメント資産，セグメント負債（**本章 7.2** 参照）および測定基礎（**本章 7.3** 参照）に関する情報
(c) セグメント収益，報告したセグメント純損益，セグメント資産，セグメント負債およびその他の重要性のあるセグメント項目の合計額と対応する企業の金額との調整（**本章 7.4** 参照）

当該情報の報告は，包括利益計算書が表示される年度ごとに要求され，また，財政状態計算書が表示される各日付について，企業の財政状態計算書上の金額への調整も要求される［IFRS 第 8 号 21 項］。

上記（b）で報告する金額の測定原則は，IFRS 第 8 号 25 項から 27 項で述べられている（**本章 6** 参照）。

前期のセグメント情報の修正再表示に関する要求事項は，IFRS 第 8 号 29 項および 30 項で述べられている（**本章 7.5** 参照）。

追加の企業全体の開示についても，本基準により要求される（**本章 7.6** 参照）。

IFRS 第 8 号の適用ガイダンスは，本基準の開示要求をどのように満たすかに

ついての多くの設例を含む。当該設例は，「多角化会社」とよばれる単独の仮想企業についてのものである。便宜上，これらの設例を以下の関連するセクションに含めている。しかし，設例中の様式は要求事項ではなく，IASB は，特定の状況において最も理解できる方法により情報を提供する様式を企業が選択するように奨励していることに留意しなければならない［IFRS 第 8 号 IG1 項］。

7.1　全般的情報

企業は，以下の全般的情報を開示しなければならない［IFRS 第 8 号 22 項］。

（a） 企業の組織化の基礎を含め，企業の報告セグメントを識別するために使用した要素（例えば，経営者が企業の組織化を，製品およびサービス，地域，規制環境，またはこれらの組合せの差異のいずれに基づいて選択したのか，および事業セグメントを集約しているかどうか）
（b） 各報告セグメントが収益を得る源泉となる製品およびサービスの類型

設例7.1A

企業の報告セグメントを識別するために経営者が使用した要素（IFRS第8号22項(a)）

［IFRS第8号IG2項］

多角化会社の報告セグメントは，異なる製品およびサービスを提供する戦略的事業単位である。各事業は異なる技術や販売戦略を必要とするため，区分して管理されている。当該事業の大部分は個々の単位として取得されており，取得時点における経営者が引続き残っている。

設例7.1B

各報告セグメントが収益を得る源泉となる製品およびサービスの類型の記述（IFRS第8号22項(b)）

［IFRS第8号IG2項］

多角化会社は，自動車部品，発動機船，ソフトウェア，電子機器および金融の５つの報告セグメントを有している。自動車部品セグメントは，自動車部品小売商に販売する交換部品を生産している。発動機船セグメントは，海底採油事業および類似事業に提供する小型発動機船を生産している。ソフトウェア・セグメントはコンピュータ製造業者および小売商に販売する応用ソフトウェアを生産している。電子機器セグメントは，コンピュータ製造業者に販売する集積回路および関連製品を生産している。金融セグメントは，他のセグメントから製品を購入する顧客への金融および不動産賃貸事業について責任を有している。

7.2　純損益，資産および負債に関する情報

企業は，各報告セグメントについて純損益の測定値を報告しなければならない［IFRS 第 8 号 23 項］。

企業は，報告セグメントについて，資産合計および負債合計の金額が定期的に最高経営意思決定者に提供されている場合は，それらの測定値を報告しなければならない［IFRS 第 8 号 23 項］。

最高経営意思決定者が検討するセグメント純損益の測定値に，以下に明記する金額が含まれている場合，またはセグメント純損益の測定値に含まれていなくても別の方法で最高経営意思決定者に定期的に提供されている場合には，企業は各報告セグメントに関してそれらを開示しなければならない［IFRS 第 8 号 23 項］。

(a)　外部顧客からの収益
(b)　同一企業内の他の事業セグメントとの取引による収益
(c)　金利収益
(d)　金利費用
(e)　減価償却費および償却費
(f)　IAS 第 1 号「財務諸表の表示」の 97 項（**第 1 巻 3 章「財務諸表の表示」5.4.1** 参照）に従って開示する，重要性がある収益および費用の項目
(g)　持分法で会計処理する関連会社および共同支配企業の純損益に対する企業の持分

(h) 法人所得税費用または収益
(i) 減価償却費および償却費以外の重要性がある非資金項目

たとえ最高経営意思決定者に事業セグメントに関するより詳細な情報（例えば，特定の製品に関する分離した財務情報）を提出している場合であっても，企業は，事業セグメント全体に関連する財務情報のみを開示することが要求されている。しかし，製品情報の開示は企業全体として要求されるであろう（**本章 7.6** 参照）。

以下の項目に当てはまらない限り，企業は，各報告セグメントの金利収益を，金利費用とは区分して報告しなければならない［IFRS 第 8 号 23 項］。

(a) セグメント収益の過半が金利である。
(b) 最高経営意思決定者が，主として正味の金利収益に依拠して当該セグメントの業績評価および当該セグメントに配分すべき資源に関する意思決定を行っている。

これらの条件の双方を満たす場合には，企業はセグメント金利収益を金利費用控除後の金額で報告し，その旨を開示する方法を採用することができる［IFRS 第 8 号 23 項］。

最高経営意思決定者が検討するセグメント資産の測定値に以下の金額が含まれている場合，またはセグメント資産に含まれていなくても別の方法で定期的に最高経営意思決定者に提供されている場合には，企業は各報告セグメントに関して以下の金額を開示しなければならない［IFRS 第 8 号 24 項］。

(a) 持分法により会計処理する関連会社および共同支配企業に対する投資の額
(b) 非流動資産への追加額（金融商品，繰延税金資産，確定給付資産の純額〔退職後給付制度に関連ー**第 2 巻 1 章**参照〕および保険契約から生じる権利を除く）

非流動資産への追加額の開示に関して，流動性配列法に従って分類される資産については，非流動資産とは，報告期間後 12ヵ月超で回収されると見込まれる金額を含む資産である［IFRS 第 8 号 24 項脚注］。

設例7.2

報告セグメントの純損益，資産および負債に関する情報

［IFRS第8号IG3項］

次表は，セグメント純損益，資産および負債に関する開示情報（IFRS 第 8 号 23 項および 24 項）を表示するために推奨される様式を例示している。包括利益計算書が表示されている各年について同じ種類の情報が要求される。多角化会社は，税金費用（税金収益）または非経常損益項目を報告セグメントには配分していない。そのうえ，すべての報告セグメントが報告純損益中に減価償却費および償却費以外の重要性のある非資金項目を有するわけではない。本設例において，金額は「通貨単位（CU）」で表示されているが，この金額が最高経営意思決定者によって使用されている報告書の金額であると仮定している。

（単位：CU）

	自動車部品	発動機船	ソフトウェア	電子機器	金融	その他すべて	合計
外部顧客からの収益	3,000	5,000	9,500	12,000	5,000	1,000[a]	35,500
セグメント間収益	-	-	3,000	1,500	-	-	4,500
金利収益	450	800	1,000	1,500	-	-	3,750
金利費用	350	600	700	1,100	-	-	2,750
純金利収益[b]	-	-	-	-	1,000	-	1,000
減価償却および償却費	200	100	50	1,500	1,100	-	2,950
報告セグメント利益	200	70	900	2,300	500	100	4,070
その他の重要性がある非資金項目：							
資産の減損	-	200	-	-	-	-	200
報告セグメント資産	2,000	5,000	3,000	12,000	57,000	2,000	81,000
報告セグメントの非流動資産への追加額	300	700	500	800	600	-	2,900
報告セグメント負債	1,050	3,000	1,800	8,000	30,000	_	43,850

a 量的基準より低いセグメントからの収益は，多角化会社における４つの事業セグメントに帰属している。当該セグメントには，小規模の不動産事業，電子器具レンタル事業，ソフトウェア・コンサルティング事業および倉庫リース事業が含まれている。これらのセグメントはいずれも，報告セグメントを決定するための量的基準のいずれも満たしたことがない。

b 金融セグメントは，その収益の過半を利息から得ている。また，経営者は当該セグメントの管理上，主として総収益および費用ではなく純金利収益に依存している。したがって，IFRS 第 8 号 23 項で認められているとおり，純額のみを開示している。

7.3 セグメント情報の測定値の説明

企業は，報告すべき各セグメントの「セグメント純損益」および「セグメント資産およびセグメント負債」の測定値について説明しなければならない。企業は最低限，以下の開示を行わなければならない［IFRS 第 8 号 27 項］。

(a) 報告セグメント間の取引の会計処理の基礎

(b) 報告セグメントの純損益の測定値と，企業の税金費用または利益および非継続事業前の純損益の間の差異の内容（IFRS 第 8 号 28 項で要求される調整から明らかでない場合― **本章 7.4** 参照）。当該差異には，報告したセグメント情報の理解に必要な会計方針および本部で発生したコストの配分方針が含まれる。

(c) 報告セグメントの資産の測定値と企業の資産との差異の内容（IFRS 第 8 号 28 項で要求される調整から明らかでない場合― **本章 7.4** 参照）。当該差異には，報告したセグメント情報の理解に必要な，会計方針および共用資産の配分方針が含まれる。

(d) 報告セグメントの負債の測定値と企業の負債の間の差異の内容（IFRS 第 8 号 28 項で要求される調整から明らかでない場合― **本章 7.4** 参照）。当該差異には，報告したセグメント情報の理解に必要な，会計方針および共用負債の配分方針が含まれる。

(e) 報告したセグメント純損益を算定に使用した測定方法の，過去の期間からの変更内容および当該変更がセグメント純損益の測定値に与えた影響があればその金額

(f) 報告セグメントへの非対称的な配分があればその内容および影響。例えば，企業が，減価償却費をあるセグメントに配分しながら，関連する減価償却資産を当

該セグメントに配分しない場合がある。

設例7.3

事業セグメント純損益，資産および負債の測定（IFRS第8号27項）

[IFRS第8号IG2項]

事業セグメントの会計方針は，各事業セグメントの年金費用を年金制度への現金支払額を基礎にして認識し測定することを除き，重要な会計方針の概要に記載したものと同一である。多角化会社は，非経常的な損益および為替差損益を含まない税金費用前の営業純損益を基礎にして，業績を評価している。

多角化会社は，セグメント間売上高および振替高を当該売上および振替が第三者取引であるように，すなわち，現在の市場価格により会計処理している。

7.4　調整表

企業は，以下のすべてについて，調整表を提供することを要求されている [IFRS 第 8 号 28 項]。

(a)　報告セグメントの収益合計額から企業の収益へ。

(b)　報告セグメントの純損益の測定値の合計額から，企業の税金費用（税金収益）および非継続事業前の純損益へ。ただし，企業が税金費用（税金収益）のような項目を報告セグメントに配分している場合には，企業はセグメント純損益の測定値の合計額から当該項目控除後の企業の純損益への調整表とすることができる。

(c)　報告セグメントの資産の合計額から企業の資産へ。

(d)　報告セグメントの負債の合計額から企業の負債へ（IFRS 第 8 号 23 項に従ってセグメント負債が報告される場合）。

(e)　開示する情報のうち重要性のあるすべての項目について，報告セグメントの金額の合計額から，企業についての対応する金額へ。

これらの調整の目的のために，すべての重要性がある調整項目は個別に識別して記載しなければならない。例えば，報告セグメント純損益から企業の純損益への調整をするために必要となる，会計方針の相違により生じた重要性がある各修正の金額は，すべて個別に識別して記載しなければならない［IFRS 第 8 号 28 項］。

年次改善プロジェクトの一部として，IASB は，**本章 7.2** で論じた IFRS 第 8 号 23 項の要求事項（**本章 8.1** 参照）と整合させるため，IFRS 第 8 号 28 項 (c) の報告セグメントの資産の合計額から企業の資産への調整表は，最高経営意思決定者に定期的に提供されている場合にのみ開示されるべきとの修正を提案した。

本章 5.4 で論じたように，IFRS 第 8 号 13 項から 15 項に規定する量的基準を満たさないことにより報告セグメントとして識別されないその他の事業活動および事業セグメントに関する情報は，「その他のすべてのセグメント」の区分に結合し，開示しなければならない。これは，IFRS 第 8 号 28 項により要求されるセグメントの金額と連結財務諸表の金額の調整表における，その他の調整とは別に報告しなければならない。

設例7.4

報告セグメント収益，純損益，資産および負債の調整

[IFRS第8号IG4項]

以下は，報告セグメント収益，純損益，資産および負債，ならびに対応する企業の金額（IFRS 第 8 号 28 項（a）から（d））の調整表の例示である。また，開示する情報のうち重要性のある他のすべての項目についても，調整表を開示するように要求されている（IFRS 第 8 号 28 項（e））。当該企業の財務諸表には，非継続事業を含んでいないと仮定している。先の IG2（上記で再掲した**本章設例 7.3** 参照）で述べたように，当該企業は，その報告セグメントの年金費用を年金制度への現金支払額を基礎にして認識し測定しており，また，特定の項目については報告セグメントに配分してはいない。

収益	(単位：CU)
報告セグメント収益の合計額	39,000
その他の収益	1,000
セグメント間収益の相殺消去	(4,500)
企業の収益	35,500

純損益	(単位：CU)
報告セグメントの純損益の合計額	3,970
その他の純損益	100
セグメント間の利益の相殺消去	(500)
配分しない金額：	
係争事件の解決による受取額	500
その他の本社費用	(750)
連結にあたっての年金費用の修正額	(250)
税金費用前の利益	3,070

資産	(単位：CU)
報告セグメント資産の合計額	79,000
その他の資産	2,000
本社に対する債権の相殺消去	(1,000)
配分しなかったその他の金額	1,500
企業の資産	81,500

負債	(単位：CU)
報告セグメント負債の合計額	43,850
配分しなかった確定給付年金負債	25,000
企業の負債	68,850

(単位：CU)

その他の重要性がある項目	報告セグメント合計額	修正額	企業合計
金利収益	3,750	75	3,825
金利費用	2,750	(50)	2,700
純金利収益（金融セグメントのみ）	1,000	-	1,000
資産への支出額	2,900	1,000	3,900
減価償却および償却費	2,950	-	2,950
資産の減損	200	-	200

資産への支出額を修正する調整項目は，セグメント情報には含まれていない本社用建物のために発生した支出額である。その他の修正額は，いずれも重要性がない。

7.5　過去に報告された情報の修正再表示

企業が，報告セグメントの構成の変更を生じさせるような方法で，内部組織の構造を変更した場合には，期中報告期間を含む変更前の期間に係る対応する情報を，通常は修正再表示しなければならない［IFRS 第 8 号 29 項］。

IFRS 第 8 号は，情報が入手可能でなく，かつ，それを作成するためのコストが過大となる場合には，そのような修正再表示を要求しない。情報が入手可能でなく，かつ，それを作成するためのコストが過大となるかどうかの判断は，個々の開示項目について行わなければならない［IFRS 第 8 号 29 項］。

報告セグメントの構成の変更後には，企業は変更前の期間に係るセグメント情報の対応する項目を修正再表示したかどうかを開示しなければならない［IFRS 第 8 号 29 項］。

企業が，その報告セグメントの構成の変更を生じさせるような方法で内部組織の構造を変更した場合で，期中報告期間を含む変更前の期間のセグメント情報を当該変更を反映するように修正再表示しないときには，企業は，当該変更が発生した年度において，当期のセグメント情報を，当該変更の発生した年度に，セグメント区分の古い基礎と新たな基礎の双方で開示しなければならない。ただし，必要な情報が入手可能でなく，かつ，それを作成するためのコストが過大となる場合を除く［IFRS 第 8 号 30 項］。

必要な情報が入手可能でなく，かつそれを作成するためのコストが過大となる場合についての記述について，**本章 5.5** を参照。

7.5.1　報告期間後の報告セグメントの変更

企業の報告セグメントは，各報告期間の末日において，企業の組織構造および，企業の最高経営意思決定者がレビューした情報を反映したものでなければならない。報告期間の末日後であるが，財務諸表の公表が承認される前の，企業の内部の組織変更を反映させるために企業の報告セグメントは修正されるべきではない。

IFRS 第 8 号 5 項（b）において，事業セグメントとは企業の構成単位であって，「企業の最高経営意思決定者が，当該セグメントに配分すべき資源に関する意思決定を行い，またその業績を評価するために，その経営成績を定期的に検討している」ものであると定義している。最高経営意思決定者の意思決定および評価は，報告期間の末日後に導入された組織構造を基礎とするのではなく，報告期間の末日現在の内部の構造を基礎とし行われるであろう。

この結論は，IAS 第 10 号「後発事象」に定められた一般原則，「財務諸表は報告期間の末日までに発生した事象および報告期間の末日に存在した状況を反映するように作成しなければならない」を踏まえたものである。IAS 第 10 号 22 項では，報告期間の末日後の重要なリストラクチャリングを修正を要しない後発事象の例としてあげている。

企業が，報告セグメントの構成の変更を生じさせるような方法で内部組織の構造を変更した場合，当該変更を組織再編があった報告期間の財務諸表に反映し，（必要な情報が入手可能でなく，かつ，それを作成するためのコストが過大とならない限り）変更前の期間に係る対応する情報を修正再表示しなければならない［IFRS 第 8 号 29 項および 30 項］。

7.6　企業全体の開示

上記に述べた個々のセグメントの開示要求に追加して，IFRS 第 8 号は，報告セグメントが 1 つしかない企業を含め，本基準の対象となるすべての企業に適用されるいくつかの企業全体の開示の要求について述べている。一部の企業の事業活動は，関連する製品およびサービスまたは営業地域の相違に基づいて組織されていない。こうした企業の報告セグメントは，本質的に異なる広範囲の製品およびサービスからの収益を報告する場合もあれば，複数の報告セグメントが本質的に同一の製品およびサービスを提供する場合もある。同様に，ある企業の報告セグメントがさまざまな地域で資産を保有し，さまざまな地域の顧客からの収益を報告する場合もあれば，複数の報告セグメントが，同一の地域で営業している場合もある。IFRS 第 8 号 32 項から 34 項（**本章 7.6.1** から **7.6.3** 参照）により要求している情報は，IFRS 第 8 号により要求している報告セグメント情報の一部として提供していない場合にのみ，提供しなければならない［IFRS 第 8 号 31 項］。

IFRS 第 8 号における事業セグメントの識別およびそれらの事業セグメントに関する情報の開示は，マネジメント・アプローチ（**本章 4.1** 参照）を基礎としているが，企業全体の開示は，セグメント開示の一部を企業間で標準化している。企業全体の開示のために報告する金額は，事業セグメントの注記ではなく，IFRS 財務諸表の作成に使用された財務情報を基礎としなければならない（たまたまそれらが同じ基準で作成されていない限り）。結果として，企業全体の開示は，IFRS 財務諸表上の対応する金額と一致することとなる。

7.6.1　製品およびサービスに関する情報

企業は，必要な情報が入手可能でなく，かつ，それを作成するコストが過大とならない限り，各製品およびサービスのそれぞれまたは類似する製品およびサービスのグループのそれぞれについて，外部顧客からの収益を報告しなければならない。情報が入手可能でなく，かつ，それを作成するコストが過大となるため，これらを開示しない場合には，その旨を開示しなければならない［IFRS 第 8 号 32 項］。

この要求で報告される収益の金額は，企業の財務諸表の作成に使用する財務情報を基礎としなければならない［IFRS 第 8 号 32 項］。

企業が製品およびサービスを基礎として報告セグメントを決定し，それらの情報を事業セグメントの開示で開示する場合，企業全体の開示では当該情報の開示を繰返す必要はない。

　必要な情報が入手可能でなく，かつそれを作成するためのコストが過大となる場合についての記述については，**本章 5.5** を参照。

7.6.2　地域に関する情報

　企業は，必要な情報が入手可能でなく，かつ，それを作成するコストが過大とならない限り，以下の地域別情報を報告しなければならない［IFRS 第 8 号 33 項］。

(a)　外部顧客からの収益
　(i)　企業の本国に帰属する収益の金額
　(ii)　すべての外国に帰属する収益合計
(b)　個々の外国に帰属する外部顧客からの収益に重要性がある場合には，当該収益の区分開示
(c)　外部顧客からの収益を個々の国々に帰属させた基礎の開示

　本基準は，「外部顧客からの収益」を地域へ配分するための特定の方法を強制していない。企業は，顧客の所在地を基礎とするか，または販売が発生した所在地を基礎としてこの情報を開示するか，選択することができるであろう。

(d)　以下の非流動資産の金額（金融商品，繰延税金資産，確定給付資産の純額〔退職後給付制度に関連〕および保険契約から生じる権利を除く）
　(i)　企業の本国に所在する非流動資産の金額
　(ii)　企業が資産を保有するすべての外国に所在する当該非流動資産合計
(e)　個々の外国における資産に重要性がある場合には，当該非流動資産の区分開示

　本基準は，「外部顧客からの収益」と「個々の外国に帰属する資産」の個別開示の目的において，「重要性がある」とは何かに関する閾値を特定していない。IAS 第 1 号 7 項の「重要性がある」に関する定義との整合性

から，情報に重要性があるかどうかを評価するためには，質的および量的要素の双方を考慮することが適切であろう。

上記で記載したように，IFRS 第 8 号 33 項で報告される金額は，企業の財務諸表の作成に使用する財務情報を基礎としなければならない［IFRS 第 8 号 33 項］。

必要な情報が入手可能でなく，かつ，それを作成するためのコストが過大となる場合は，その旨を開示しなければならない［IFRS 第 8 号 33 項］。

必要な情報が入手可能でなく，かつそれを作成するためのコストが過大となる場合についての記述について，**本章 5.5** を参照。

企業は，上記で述べた情報に加えて，国々のグループに関する地域別情報の小計を提供することができる［IFRS 第 8 号 33 項］。

企業が地域を基礎としてその報告セグメントを決定し，それらの情報を事業セグメントの開示で開示する場合，企業全体の開示ではこの情報の開示を繰返す必要はない。しかし，企業が地域に基づいて事業を管理し報告セグメントを決定している場合は，収益に重要性がある各国について IFRS 第 8 号 33 項によって要求される個別開示を提供しなければならない。地域別小計とともに，重要な国々を個別に記載することによって，この開示を提供している企業もある。

設例7.6.2

地域に関する情報

［IFRS第8号IG5項］

下表は，IFRS 第 8 号 33 項により要求される地域に関する情報の例示である（多角化会社の報告セグメントは，製品およびサービスを基礎にしているため，製品およびサービスに関する情報の追加開示は要求されない［IFRS 第 8 号 32 項］）。

（単位：CU）

地域に関する情報	収益※	非流動資産
米国	19,000	11,000
カナダ	4,200	-
中国	3,400	6,500
日本	2,900	3,500
その他の外国	6,000	3,000
合計	35,500	24,000

※　収益は，顧客の所在地を基礎にして国々に帰属させている。

7.6.3　主要な顧客に関する情報

IFRS 第 8 号で，企業は，主要な顧客への依存度に関する情報を提供することが要求される。

単一の外部顧客との取引による収益が企業の収益の 10％以上である場合には，企業は，以下を開示することを要求される［IFRS 第 8 号 34 項］。

(a)　その事実
(b)　当該顧客からの収益の合計額
(c)　当該収益を報告する単数または複数のセグメント名

本基準は，企業は，主要な顧客名称や，各セグメントが報告している当該顧客からの収益額を開示する必要はないと明確に述べている［IFRS 第 8 号 34 項］。

これらの要求事項の目的上，共通の支配下にあることが報告企業が知っている企業グループは，単一の顧客とみなさなければならない。政府（地方，国または国際のいずれかであれ，政府機関および類似の団体を含む）と当該政府の支配下にあることを報告企業が知っている企業とが，単一の顧客であるかどうかを評価するには，判断が必要となる。この評価するにあたり，報告企業は，これらの企業間の経済的統合の程度を考慮しなければならない［IFRS 第 8 号 34 項］。

設例7.6.3
主要な顧客に関する情報
[IFRS第8号IG6項]

多角化会社のソフトウェアおよび電子機器セグメントの一顧客からの収益は，多角化会社の総収益のうち約 CU 5,000 を占めている。

8　将来の進展

8.1　年次改善

2012 年 5 月，IASB は IFRS の年次改善プロセスの一部として，いくつかの基準の変更を提案する公開草案（ED／2012／1　IFRS 年次改善 2010－2012 年サイクル）を公表し，IFRS 第 8 号の修正が次のとおり提案されていた。

- IFRS 第 8 号 22 項（**本章 7.1** 参照）について，企業が事業セグメントを集約している場合，報告セグメントの識別に使用した要素を開示することを要求する修正。この修正は IFRS 第 8 号 22 項（a）の現在の開示の要求事項を補完するものであり，
- IFRS 第 8 号 23 項の要求事項に従って，報告セグメントの資産の合計額から企業の資産への調整表は最高経営意思決定者に定期的に提供されている場合にのみ開示されるべきであることを IFRS 第 8 号 28 項（c）(**本章 7.4** 参照）で明確にするものである。

2013 年の第 4 四半期に，その修正が確定した。

8.2　IFRS第8号の適用後のレビュー

IASB は，2013 年 7 月，IFRS 第 8 号の適用後のレビューを終了したことを公表した。要約すると，レビューの結果，本基準の目的を達成し，財務報告を改善していると結論付けている。一部の投資者は，IFRS 第 8 号に従ったセグメント情報について懸念を示しているが，IASB は，その懸念によって本基準の原則の改訂は必要はないと判断している。

IASB がレビューで識別し改善を検討している特定箇所は次のとおりである。

- 最高経営意思決定者の概念および調整表の表示に関する追加的な適用ガイダンスの要請
- 年ごとにセグメントの基礎を変更する際の追加的な開示の要請
- 事業の業績やキャッシュ・フローについて，投資者が独自に小計を算定しやすいよう，複数の区分表示項目について強制的な開示の要請
- セグメントを集約するうえでの，「類似の経済的特徴」の性質についてのガイダンス，および財務諸表作成者が集約の要件をより首尾一貫して使用し適切な場合にのみ事業セグメントを集約するために量的基準を使用することについての再検討の要請

このプロジェクトに関してのタイムテーブルは公表されていない。

第 13 章
1 株当たり利益
Earnings per share

目 次

1　はじめに

IAS 第 33 号「1 株当たり利益」は，1 株当たり利益（EPS）情報の算定および表示の原則を規定している。本基準は,直近では 2011 年 6 月に修正された。

2　範　囲

IAS 第 33 号は以下に適用される［IAS 第 33 号 2 項および 3 項］。

- 以下に該当する企業の個別財務諸表
  - 普通株式または潜在的普通株式が公開市場（ローカルでかつ地域的な市場を含む，国内〔または外国〕証券取引所または店頭市場）で取引されている企業
  - 公開市場で普通株式を発行する目的で，証券取引委員会（またはその他の規制当局）に財務諸表を提出する，または提出する過程にある企業
- 親会社が以下に該当する企業グループの連結財務諸表
  - 普通株式または潜在的普通株式が公開市場（ローカルでかつ地域的な市場を含む，国内〔または外国〕証券取引所または店頭市場）で取引されている企業
  - 公開市場で普通株式を発行する目的で，証券取引委員会（またはその他の規制当局）に財務諸表を提出する，または提出する過程にある企業
- 任意に EPS 情報を表示することを選択した企業

企業グループにとって，検討しなければならないのは親会社の株式である。したがって，上場子会社が含まれる非上場の親会社の企業グループは，自動的に本基準の範囲に含まれるわけではない。

本基準の範囲には，公開市場で普通株式を発行する目的で，証券取引委員会またはその他の規制当局に財務諸表を提出する過程にある企業を含む。これは，EPS 情報は，目論見書を発行する目的で作成された財務諸表において必要とされることを意味している。

2.1　資本として表示されるプッタブル金融商品

相互所有形態の企業のなかには，IFRSs において資本として表示できる発行済の金融商品を有しないものがある（**第 3 巻 3 章「金融商品：金融負債と資本」2.1** 参照）。この状況は，より多くのプッタブル金融商品および清算時に発生する義務が資本として分類されることとなった 2008 年 2 月の IAS 第 32 号「金融商品：表示」の修正にもかかわらず継続している。

IAS 第 32 号 11 項は，2008 年の修正に伴い資本として表示されるプッタブル金融商品および清算時に発生する義務が，依然として金融負債の定義を満たすものの，例外的に資本として表示することを認めている。IAS 第 32 号の修正が公表されたときに，IAS 第 33 号は修正されなかったため，以前は資本を有していなかったが，修正の結果，プッタブル金融商品または清算時に発生する義務を資本として分類変更した企業に IAS 第 33 号を適用するかどうかについて混乱があった。2008 年 8 月に，IASB は公開草案「1 株当たり利益の簡素化」を公表し，従来資本を有していなかったが IAS 第 32 号の修正に伴い金融商品を資本として表示する企業は，修正された IAS 第 32 号が適用されるときに，IAS 第 33 号を適用しなければならないことを明確にするため，IAS 第 33 号を修正することを提案していた。しかし，この公開草案は基準として最終化されなかったため，資本として表示されるプッタブル金融商品を有し，その他の資本を有していない企業は，EPS 情報の表示を要求されないように思われる。

2.2　相互所有から株式による所有への転換

資本として表示される金融商品を有しない企業が，相互形態の所有から資本として分類される株式の所有に転換することにより IAS 第 33 号の範囲に含まれる場合には，企業が発行済資本性金融商品を有するのは転換の日以後であるため，表示される EPS の金額は転換後の利益に基づくべきである。その結果，転換が行われた年度に表示される EPS の金額は，その後の年度に表示される EPS の金額と比較可能でない場合がある。さらに，表示される EPS の金額は，その期間利益と報告期間の末日における発行済株式数との間の予想される関係を反映していない場合がある。そのような状況においては，包括利益計算書（または，表示される場合には，独立の純損益計算書／純損益計算書ー**本章2.4**参照）上のEPSの測定に関する説明は，転換した年度におけるEPSに特有の性質を読者に提供すべきであり，表示の方法を財務諸表の注記に記載するべきである。

2.3 任意にEPS情報を表示する企業

IAS第33号は，EPS情報を表示するいかなる企業も本基準に従って表示することを要求している。したがって，EPS情報を任意に表示しているが，普通株式または潜在的普通株式が公開されていないいかなる企業も，IAS第33号の要求に拘束される［IAS第33号3項］。

2.4 連結および個別財務諸表

企業がIFRS第10号「連結財務諸表」およびIAS第27号（2011年）「個別財務諸表」に従って（または，IFRS第10号を未適用の企業については，IAS第27号〔2008年〕「連結および個別財務諸表」に従って）連結財務諸表および個別財務諸表の両方を表示する場合，以下のとおりとなる［IAS第33号4項］。

- IAS第33号により要求される開示は連結情報に関してのみ必要とされる。
- 企業が個別財務諸表に基づくEPS情報を開示することを選択する場合，当該情報はIAS第33号に従って作成し，包括利益計算書においてのみ表示しなければならない。
- 個別財務諸表に基づくEPS情報は，連結財務諸表に（包括利益計算書または注記のいずれにおいても）表示してはならない。

企業が純損益項目を，IAS第1号「財務諸表の表示」10A項に規定されている独立の純損益計算書（または，2011年6月のIAS第1号の修正を未採用の企業については，IAS第1号81項に規定されている独立の純損益計算書)(**第1巻3章「財務諸表の表示」5参照**)に表示する場合，EPSはその独立の計算書においてのみ表示しなければならい［IAS第33号4A項］。

2.5　取引されることが意図されていない上場株式

> **設例2.5**
> **取引されることが意図されていない上場株式**
>
> 会社Aの株式はルクセンブルク証券取引所に上場している。会社Aは，その投資家（年金ファンド）が準拠すべき法律により上場企業への投資を制限されているため，マーケティングの目的のみで上場した。当株式は取引されることが想定されていない。
>
> 当株式は取引されることが想定されていないが，企業はIAS第33号の範囲に含まれ，EPSは本基準に従って表示しなければならない。「市場で取引されている（publicly traded）」という概念は，株式が市場で実際に取引されていることではなく，株式を市場で取引できることのみを要求している。

3　定　義

3.1　普通株式

IAS第33号は，普通株式を他のすべての資本性金融商品に劣後する資本性金融商品と定義している［IAS第33号5項］。IAS第32号「金融商品：表示」は，資本性金融商品を企業のすべての負債を控除した後の資産に対する残余持分を証する契約と定義している［IAS第32号11項］。本基準は，普通株式は（優先株式のような）他のクラスの株式が当期利益の分配に参加した後にのみ当該純利益の分配に参加すると説明している。同一クラスの普通株式は同一の配当受領権を有するが，企業が複数の普通株式を有することがある［IAS第33号6項］。

企業は，普通株式の特徴の多くを有する優先株式を発行することがある。このような優先株式の条件については，慎重に評価する必要があるだろう。これらが普通株式の特徴を有し，これらに帰属する優先権を有しない場合には，そのような金融商品は，与えられた法的名称にかかわらず，普通株式とみなさなければならない。

3.2　潜在的普通株式

潜在的普通株式は，その所有者に普通株式の権利を付与する可能性がある金融商品またはその他の契約と定義されている［IAS 第 33 号 5 項］。潜在的普通株式の例として，以下が含まれる［IAS 第 33 号 7 項］。

- 優先株式を含む，普通株式に転換可能な負債性金融商品または資本性金融商品
- オプションおよびワラント（すなわち，企業により発行された金融商品で，当該企業がその所有者に普通株式を購入する権利を付与するもの）
- 事業またはその他の資産の購入のような契約上の取決めに基づいた，ある条件の達成により発行される株式

潜在的普通株式の概念は，一定の種類の転換可能証券およびその他の複合証券を発行してきた企業への投資家の報告ニーズを満たすように考案されてきた。これらの金融商品の所有者は，主に発行企業の利益および潜在的利益から生じる普通株式の価値の上昇にあずかることを期待できる。投資家に対するこれらの金融商品の魅力は，固定収益またはその他の優先証券の特徴よりむしろ，多くの場合は企業の潜在的利益の増加の共有にあずかる潜在的な権利に基づくものである。潜在的普通株式と考えられる金融商品の価値は，主として関連する普通株式の価値から派生する。そのような金融商品の価値の変動は，普通株式の価値の変動を反映する傾向がある。

3.2.1　自己の持分についてのデリバティブ

企業が，その所有者に普通株式の権利を与える可能性のある自己の普通株式についてのデリバティブを締結した場合で，そのデリバティブの決済条件が企業の普通株式の引渡につながる可能性がある場合には，当該デリバティブは潜在的普通株式である。唯一の例外は，自己の普通株式についての先渡購入契約や売建プット・オプションで，発行者が先渡購入契約または売建プット・オプションにより引渡される株式を，契約を締結した時点で実質的に購入されたものとみなす場合のみである（**本章4.2.2.8**参照）。この場合にのみ，契約に含まれる普通株式は取得されたとみなされ，基本的EPSおよび希薄化後EPSの双方の発行済株式数を減少させる。

しかし，デリバティブの決済条件が，現金もしくはその他の金融資産での純額決済，および／または，現金もしくはその他の金融資産の総額の交換による決済のみを容認する場合，当該金融商品は，「その所有者に普通株式の権利を付与」しておらず，潜在的普通株式ではない。

ただし，契約において普通株式が引渡されるかどうかに関して，発行者と所有者のいずれかによる決済条件の選択がある場合，当該取決めは，契約に基づく普通株式の潜在的な引渡の可能性があるため，潜在的普通株式となる。しかし，希薄化後EPSの詳細な計算は，決済の選択肢が，所有者と発行者のいずれのオプションかにより異なる（**本章5.5.5**参照）。

4　基本的1株当たり利益の算定

基本的EPS情報の目的は，報告期間における企業の業績に占める，親会社の各普通株式の持分の測定値を提供することである［IAS第33号11項］。基本的EPSの金額は以下について算定する必要がある［IAS第33号9項］。

- 親会社の普通株主に帰属する純損益
- 親会社の普通株主に帰属する継続事業からの純損益が表示されている場合には当該純損益

基本的 EPS は以下のように算定される［IAS 第 33 号 10 項］。

$$\frac{\text{親会社の普通株主に帰属する純利益（損失）}}{\text{期中の発行済普通株式の加重平均株式数}}$$

4.1　分子となる利益

分子となる利益（継続事業の成果および企業全体の成果の両方）の出発点は，親会社の株主に帰属する（すなわち，非支配持分に帰属する金額を除く）税引後純損益である［IAS 第 33 号 12 項］。

4.1.1　非支配持分

親会社の株主に帰属する純損益は，IAS 第 1 号「財務諸表の表示」において非支配持分に帰属する純損益とは区分して包括利益計算書（または，該当する場合，独立の純損益計算書／純損益計算書― **本章 2.4** 参照）に表示することが要求されるため，容易に入手できる。しかし，場合によっては，包括利益計算書に表示される継続事業からの期間利益（非支配持分への配分前）は，親会社の株主に帰属する金額を導き出すために，非支配持分の利益の割合を調整する必要があるかもしれない。

4.1.2　優先株式の影響

親会社の株主に帰属する純損益は，**負債に分類される**優先株式に関連する配当およびその他の純損益影響額の控除後のものとなる［IAS 第 33 号 13 項］。基本的 EPS を算定するために，親会社の株主に帰属する純損益は，さらに，**資本に分類される**優先株式に関連する以下の税引後金額について調整される［IAS 第 33 号 12 項］。

- 優先配当
- 優先株式の決済により生じる差額
- 優先株式のその他類似の影響

4.1.2.1　優先配当

親会社の普通株主に帰属する純損益を算定する際に控除する優先配当の税引後金額は，以下のとおりである［IAS 第33号14項］。

- 資本に分類される非累積的優先株式については，当該期間に関して宣言された優先配当の税引後金額
- 資本に分類される累積的優先株式については，（配当宣言の有無にかかわらず）当該期間に要求される優先配当の税引後金額。これには，累積的優先株式に対して当期中に支払った，または宣言された前期以前に係る優先配当金額は含まない。

非累積的優先株式については，「当該期間に関して宣言された」配当は，当期中に負債として認識された優先株式に対する配当，および前期末に未払計上されず当期中に支払われた配当である。IAS 第10号「後発事象」に従い，負債として認識されない当期末後に宣言される配当，または当期に実際に支払われたかどうかにかかわらず前期末に未払計上された配当は含まない。

設例4.1.2.1
優先株式への清算配当

会社 X は CU 1 百万でシリーズ A の無議決権転換可能優先株式 1 株を発行した。この優先株式の清算優先権は，CU 1 百万および発行日から12%の累積配当である。会社 X は，また，CU 2 百万でシリーズ B の無議決権転換優先株式 1 株を発行した。シリーズ B の優先株主には，清算優先権に対して年 5%の非累積的配当を受ける権利が与えられる。清算優先権は，CU 2 百万円および発行日から年 12%の累積的配当である。両優先株式へのすべての支払は会社 X の自由裁量であるため，これらはともに資本として表示される。

EPS のための「普通株主に帰属する純損益」の算定において，会社 X はシリーズ A またはシリーズ B の 12%の累積的清算配当を控除してはならない。累積的ではあるが，清算配当は，会社 X の清算時にシリーズ A および B の

優先株主に優先権を与えることを意図するものであるため，清算事象が発生するまで普通株主に帰属する純損益の算定において，当清算配当は調整されるべきではない。

4.1.2.2　優先株式の決済により生じる差額

以下の状況において，優先株式の決済により差額が生じることがある。

- 優先株式が株式公開買付により買戻され，優先株主に支払われる対価の公正価値が帳簿価額と異なる場合。対価の公正価値が帳簿価額を超える部分は，優先株式の保有者にとって投資収益に相当し，買戻した期間に利益剰余金に対して調整される。この金額は基本的EPSの分子となる利益の算定において控除される［IAS第33号16項］。株式の帳簿価額が対価の公正価値を超える部分は，基本的EPSの分子となる純損益に加算される［IAS第33号18項］。
- 当初の転換条件よりも有利な条件への変更または追加の対価の支払による，転換可能優先株式の早期転換。普通株式またはその他の支払対価の公正価値が，当初の転換条件により発行可能な普通株式の公正価値を超える部分は，優先株主にとっての投資収益であり，基本的EPSの分子となる純損益を算定する際に控除される［IAS第33号17項］。

一部の企業は，特定の事業単位または企業の活動の業績を測定する「トラッキング（tracking）」または「ターゲット（targeted）」株式として特徴付けられた株式のクラスを発行している（さらなる詳細については**本章7.1.1**参照）。企業が発行済普通株式を1クラス減少させることができるように，トラッキング株式（tracking share）の条件には，企業のオプションとして，あるクラスのトラッキング株式を別のクラスのトラッキング株式に交換するか償還することを認めていることがよくある。この特徴を有する条項には通常，取引の結果として償還されるクラスに対してプレミアムを支払う要求が含まれる。償還される期間において，普通株主（当株主が所有する株式は償還に使われる）に帰属する純損益は，トラッキング株式を償還するために支払われた市場価格を超えるプレミアム分を減算しなければならない。

償還されたトラッキング株式の所有者は，当株式に対する追加的な契約上の収益を構成する便益を受取ったことになる。**本章設例 4.1.2.2A** は，EPS の算定のために，このプレミアムの取扱いを説明している。

設例4.1.2.2A

トラッキング株式の償還時のプレミアムの支払

会社 X は，会社 A および会社 B の 2 つの異なる事業の業績を別々にトラッキングする 2 つのクラスの普通株式を有している。会社 X は，会社 A のトラッキング株式と交換に会社 B のすべてのトラッキング株式を償還することを決定する。償還される会社 B の株式の条件は，償還時に，会社 B のトラッキング株式の市場価格に 15%のプレミアムを上乗せした価格に等しい市場価格で会社 A のトラッキング株式を発行することにより，会社 B のトラッキング株式を会社の裁量で償還する権利を会社 X に与えている。そのため，会社 B のトラッキング株式と交換される会社 A のトラッキング株式の公正価値は，当該償還が発表された日に，会社 B のトラッキング株式の公正価値を 15%超えることになる。

会社 B のトラッキング株式が償還される期間の基本的 EPS を算定する場合，会社 A のトラッキング株式の所有者に帰属する純損益は，15%のプレミアムの金額を控除しなければならない。

設例4.1.2.2B

子会社が発行した優先株式を償還するために親会社が支払ったプレミアム

公開企業である会社 P は，100%子会社である会社 S を有している。会社 S は，企業グループの外部者が所有する，資本に分類される発行済優先株式を有している。この優先株式は，会社 S の選択により（会社 P の同意を得て），全部または一部を任意の日に，CU 100 に固定償還日まで累積した未払の分配を加えて償還することができる。親会社の連結財務諸表において子会社の優先株式は非支配持分に該当するという考え方との整合性から，配当または償還価格までの増価は，親会社の連結包括利益計算書において非支配持分に配分される利益に分類しなければならない。

会社Pは，会社Sの優先株式を取得することを決定する。この取引は株主との取引に該当するため，会社Sの優先株式の取得時に会社Pが第三者である優先株主に支払ったプレミアムは，連結包括利益計算書においては認識されない。したがって，連結企業は包括利益計算書において，この取得からいかなる損益も認識しない。

会社Sの優先株式の償還のために支払ったプレミアムは，会社Pの連結財務諸表におけるEPSの算定上，普通株主に帰属する純損益を算定する際に控除しなければならない。このプレミアムは，優先株式の所有者にとっての投資収益に相当し，優先株式配当および償還価格までの増価と同様に普通株主に帰属するものではない。子会社の優先株式の配当および償還価格までの増価は非支配持分に配分される利益として扱われるため，会社Sの優先株式を償還するために支払われたプレミアムは，会社Pの連結財務諸表におけるEPSの算定上，普通株主に帰属する純損益を算定する際に控除しなければならない。

4.1.2.3 優先株式のその他の影響

当期の成果も，資本に分類された優先株式に関して認識されたその他の利益処分について調整される。例えば，優先株式は，企業の優先株式割引発行を補填するために初期の配当金が低く設定されているか，または投資家のプレミアム付優先株式購入を補填するために後の期間に市場平均以上の配当が設定されていることがある（これらは時として，配当逓増優先株式とよばれることがある)。このような株式が資本に分類される場合，当初発行差金またはプレミアムは実効金利法を使用して利益剰余金に繰入れられ，基本的1株当たり利益の算定上，優先配当として扱われる［IAS第33号15項]。

以下はIAS第33号の設例1を記載したもので，配当逓増優先株式について必要とされる調整を示している。

設例4.1.2.3
配当逓増優先株式
[IAS第33号 設例1]

企業Dは，20X1年1月1日に額面価額CU 100の非転換，非償還のA種累積優先株式を発行した。A種優先株式には，20X4年から開始する1株当たりCU 7の累積年次配当の権利が付いている。

発行時現在，A種優先株式の市場配当利回りは年率7%であった。したがって，企業Dは，1株当たりの配当が発行時点でCU 7となっていれば，A種優先株式について，およそCU 100の受取金を受領することを予測していた。

しかしながら，配当支払条件を考慮して，A種優先株式は，1株当たりCU 81.63の発行価額により，すなわち1株当たりCU 18.37のディスカウントで発行された。発行価格は，3年間にわたって7%の割引率で割引いて，CU 100に対する現在価値を求めることにより計算できる。

株式は資本に分類されるため，当初発行割引の償却額は，実効金利法により利益剰余金に計上され，1株当たり利益の算定上は優先配当として扱われる。基本的1株当たり利益の算定上，親会社の普通株主に帰属する純損益を算定するために，次のA種優先株式に帰属する1株当たりの配当が減算される。

（単位：CU）

年度	1月1日時点の A種優先株式の 帳簿価額	帰属配当[a]	12月31日時点の A種優先株式の 帳簿価額[b]	支払配当
20X1年	81.63	5.71	87.34	-
20X2年	87.34	6.12	93.46	-
20X3年	93.46	6.54	100.00	-
その後	100.00	7.00	107.00	(7.00)

a　7%で計算

b　これは配当支払前のものである。

4.1.2.4　優先株式の条件付配当

設例4.1.2.4

優先株式の条件付配当

公開企業である会社Ｘは，会社Ｙに対して，支払が会社Ｘの裁量である年率７％の配当をもたらす転換可能優先株式を発行した。転換は会社Ｙのオプションである。会社Ｘはいつでも優先株式を償還することを選択できる。優先株式の条件では，会社Ｙが優先株式を固定数の会社Ｘの普通株式に転換した場合，そのとき，会社Ｙは未払の累積配当を含むいかなる優先配当も受領しないことになる。転換は，優先株式１株当たりの当初発行価格CU 1,000を会社Ｘの普通株式の30日間の平均市場価格で割った値に基づいている。しかし，会社Ｘが会社Ｙ保有の株式を償還した場合，会社Ｙは未払分を含めて累積配当を受領することになる。会社Ｘは，優先株式を資本として分類する。

IAS第33号12項は，基本的EPSの算定上，優先株式配当は，普通株主が得られる純利益から減算しなければならないと要求している。IAS第33号14項は，減算される優先株式配当とは，(i) 非累積的優先株式について当期に関して宣言された優先配当の税引後金額，および (ii) 配当宣言の有無にかかわらず，当期に要求される累積的優先株式に対する優先配当の税引後金額であることを明確にしている（**本章4.1.2.1**参照）。しかし，IAS第33号は，将来事象を条件とする配当支払の会計処理方法を取扱っていない。会社Ｘの状況では，将来事象は，会社Ｘが優先株式を償還するか，会社Ｙが優先株式を転換するかのいずれかである。

会社Ｙが転換を選択しない限り，配当は潜在的に将来支払われることになる。会社Ｙが優先株式を会社Ｘの普通株式に転換することを選択した場合，会社Ｙは，もはや未払分を含む優先株式配当を受領する権利を有しない。これは，IAS第33号における，転換が起きるまで利息が発生する転換社債の取扱いと類似している。

上記に基づけば，配当宣言の有無にかかわらず，各期における優先株式の配当は，転換が起きるまで，基本的EPSの算定上，普通株主が得られる純利益から控除しなければならない。転換が起きた場合，これによる未払を含む，配当を受領する会社Yの権利はなくなり，EPSの算定は，転換が起きた期間において，IAS第33号18項に従って調整されなければならない。なお，会社Xは前期以前のEPSの金額を修正してはならない。

4.1.2.5　子会社が親会社に対して発行した優先株式

設例4.1.2.5
子会社が親会社に対して発行した優先株式

会社Sは，会社Pが過半数の株式を所有する子会社である。会社PはCU1億の5%優先株式を公募発行した。会社Pは独立した事業やキャッシュ・フローを伴わない持株会社であるため，この募集に関連し，主に公募発行した優先株式の配当原資を調達する手段として，会社Sは会社Pに対してCU1億の5%優先株式（公募発行した優先株式と同じ条件および特徴を有する）を発行した。公募発行された優先株式は，転換不能，非参加型で，強制償還できないものであり，会社Sの非支配持分によって所有されるものではない。

会社Pが公募発行した優先株式は，その配当が基本的EPSおよび希薄化後EPSの分子を算定するにあたり控除されるため，双方のEPSを減少させる。子会社が親会社に対して発行した優先株式および関連する配当金は連結上相殺消去されるため，会社Sが発行した優先株式は，会社Pの連結財務諸表上，基本的EPSおよび希薄化後EPSの算定には影響を及ぼさない。

4.1.3　異なるクラスの株式

IAS第33号は，当期の利益の分配に関して異なる権利を有する普通株式のクラスごとにEPSを算定し，表示することを要求している［IAS第33号66項］。

IAS第33号付録Aに規定されている適用指針は，企業の資本が以下のものを含んでいる状況を記述している［IAS第33号A13項］。

- 事前に決められた算式（例えば，1対2等）に従って普通株式の配当に参加する金融商品。配当上限（例えば，1株当たりの特定の金額以内）が付されることもある。
- 他のクラスの普通株式とは配当率が異なるが，優先または上位の権利を有していないクラスの普通株式

事前に決められた算式に従って普通株式の配当に参加する金融商品を「参加型資本性金融商品（participating equity instruments)」という。資本に分類されるが他のクラスの普通株式とは配当率が異なるクラスの普通株式がある場合，これを「2クラスの普通株式（two-class ordinary shares)」という。

金融商品が参加型資本性金融商品であるかどうかを判定するには注意が必要である。ある金融商品は，事前に決められた算式に従って普通株式の配当に参加するが，それ自体が参加型資本性金融商品であることを意味しない。このような金融商品は，他のすべてのクラスの資本性金融商品に劣後していないために，普通株式の定義を満たしていない場合がある。

希薄化後EPSを算定するうえで，前述の普通株式に転換可能な金融商品が希薄化効果を有する場合，転換は行われると仮定する。普通株式に転換されない金融商品については，配当の権利または未処分利益に参加するその他の権利に従って，当期の純損益をさまざまなクラスの株式および参加型資本性金融商品に配分する［IAS第33号A14項］。

これらのクラスの株式に企業の利益を配分するために，以下のガイダンスが提供されている［IAS第33号A14項］。

- 親会社の普通株主に帰属する純損益は，各クラスの株式について当期に宣言された配当額および当期に支払われなければならない（例えば未払の累積配当等）契約上の配当額（または参加型債券の金利）によって調整される。
- 残りの純損益は，利益に対する各金融商品の持分の範囲で，当期の純損益がすべて分配されたかのように普通株式および参加型資本性金融商品に配分さ

れる。各クラスの資本性金融商品に配分される純損益の総額は，配当のために配分される金額および参加型の特性のために配分される金額を合計することにより算定される。

- 各クラスの資本性金融商品に配分された純損益の合計額は，利益が配分された当金融商品の発行済数で除して，当金融商品の 1 株当たり利益を算定する。

以下は IAS 第 33 号の設例 11 を記載したもので，要求される取扱いを示している。

設例4.1.3

参加型資本性金融商品および2クラスの普通株式

[IAS第33号 設例11]

親会社の普通株主に帰属する純利益	CU 100,000
発行済普通株式	10,000
非転換可能優先株式	6,000
優先株式非累積年次配当（普通株式配当支払前）	1株当たりCU 5.50

普通株式の 1 株当たり配当金 CU 2.10 が支払われた後，優先株式は普通株式と 20 対 80 の割合で追加配当に参加する（すなわち，優先株式の 1 株当たり配当 CU 5.50 と普通株式の 1 株当たり配当 CU 2.10 がそれぞれ支払われた後，優先株式は，1 株当たりで普通株式に支払われた金額の 4 分の 1 の割合で追加配当に参加する）。

優先株式支払済配当	CU 33,000（1 株当たり CU 5.50）
普通株式支払済配当	CU 21,000（1 株当たり CU 2.10）

基本的1株当たり利益は，以下のように算定される。

（単位：CU）

親会社の普通株主に帰属する純利益		100,000
支払済配当を控除：		
優先	33,000	
普通	21,000	(54,000)
未処分利益		46,000

未処分利益の配分

普通株式１株当たりの配分＝A

優先株式１株当たりの配分＝B；B＝1／4A

(A×10,000)＋(1／4×A×6,000)＝CU 46,000

A＝CU 46,000÷(10,000＋1,500)

A＝CU 4.00

B＝1／4A

B＝CU 1.00

基本的1株当たり金額

（単位：CU）

	優先株式	普通株式
分配済利益	5.50	2.10
未処分利益	1.00	4.00
合計	6.50	6.10

4.1.3.1　配当支払のある株式報酬の影響

設例4.1.3.1A

株式報酬が失効しても企業に返還する必要のない現金配当を従業員が受領する場合

会社Bは，従業員が３年間雇用され続けた場合にのみ権利確定するストック・オプションを従業員に付与する。従業員は，事前に決められた算式に基づきこのオプションの現金配当を受領する。オプションが権利確定しない場合，従業員は支払われた配当金を保持する。

普通株主が配当を受取るときはいつでも，事前に決められた算式に基づいた（支払済，または未払）現金配当が発生する株式報酬ー従業員がその株式報酬を失効した場合に，企業に対して返還する必要のない現金配当を受取る場合ー参加型証券であると考えられる。この株式報酬は，参加型証券であると考えられるため，当株式報酬を発行する企業は，基本的および希薄化後

1 株当たり利益を算定する際に，IAS 第 33 号 A13 項および A14 項で検討されている 2 クラス法を適用する必要がある（2 クラス法の検討については**本章 4.1.3** 参照）。

設例4.1.3.1B

オプションの行使価格の下落

従業員の権利を与えられた配当が，オプションの行使価格の引下に適用されることを除き，事実関係は**本章設例 4.1.3.1A** と同じであるとする。

オプションの行使価格の引下という形式で，配当がストック・オプションの所有者に引渡される場合には，オプションの行使がない限り，親会社の普通株主に帰属する純損益の配当に参加する失効しない権利に該当しないため，参加型の権利とは考え**られない**。したがって，このような株式報酬は，参加型証券とは考え**られない**。このオプションは参加型証券と考えられないため，株式報酬を発行する企業は，基本的および希薄化後 EPS を算定する際に，2 クラス法を適用することを要求**されない**。

しかし，企業は希薄化効果を有するものと仮定して，希薄化後 EPS の計算上，IAS 第 33 号 45 項から 48 項で記載されている自己株式方式を用いて，そのような株式報酬を含めることになる（**本章 5.1.2** 参照）。

4.1.4　基本的EPSおよび強制的転換型債券

設例4.1.4

基本的EPSおよび強制的転換型債券

会社 A は，金融商品がある固定された数の会社 A の株式に転換される日まで固定クーポンの支払が生じる強制的転換型金融商品を発行している。当初認識時に，当金融商品は，IAS 第 32 号「金融商品：表示」に従って複合金融商品として分類され，以下のように区分して認識される。

- 当金融商品のもとで予定されている利息の支払額の現在価値と等しくなる負債（負債部分）

● 当金融商品全体の公正価値から負債として認識された金額を控除して測定された資本部分

その後，負債部分は，IFRS 第9号「金融商品」に従って（または，IFRS 第9号を未適用の企業については，IAS 第39号「金融商品：認識および測定」に従って）償却原価で測定され，金融負債の実効金利は支払利息として純損益に認識される。

IAS 第33号23項は，「強制的転換型金融商品の転換により発行される普通株式は，契約が締結された日から基本的EPSの計算に含まれる」ことを要求している（**本章4.2.2**参照）。したがって，強制的転換型金融商品の発行日から転換日までの期間の基本的EPSを計算する場合，会社Aは，当金融商品の条件のもとで発行されることとなる株式数について分母を調整する。

強制的転換型金融商品の発行日から転換日までの期間において，基本的EPSを算定する場合，会社Aは，当金融商品の負債部分に関して純損益に認識された支払利息を加算することによって，分子の利益額も調整すべきで**ない**。基本的EPSのための分子の利益額は，負債部分に関して認識された支払利息を控除した後の金額とすべきである。

IAS 第33号23項は，強制的転換型金融商品に関するEPSの分母の調整について具体的に言及しているものの，分子の利益額の調整を扱っている本基準のパラグラフ(IAS 第33号12項－18項)においては，このような金融商品について言及していない。したがって，IAS 第33号は，純損益に認識された利息費用に関して利益を調整をすることを要求も許容もしていない。

これは，以下に記載しているIAS 第33号13項の要求事項と整合している

「親会社の普通株主に帰属する当期の純損益の確定にあたっては，税金費用および負債に分類される優先株式配当等，当期中に認識された親会社の普通株主に帰属する収益と費用の**すべての項目**が含まれる。」**（強調追加）**

本章設例5.4.3.4で記述されている「自己株式法」，および**本章5.1.2**で記述されている「転換仮定法」は，希薄化後EPSの決定においてのみ適用されることに留意が必要である。

4.2　株式数

4.2.1　加重平均

基本的EPSの分母に使用される株式数は，当期間中の発行済普通株式の加重平均株式数としなければならない［IAS 第 33 号 19 項］。

当期中の発行済普通株式の加重平均株式数は，期首における発行済普通株式数に，当期中に買戻した普通株式または新規発行した普通株式数に期間按分係数を乗じて得た株式数で調整したものである［IAS 第 33 号 20 項］。期間加重に基づく期間中の普通株式数の調整は，企業の資本構成の変動が，期中における資本構成の変動の単純なタイミングのために，誤解を招くおそれのあるEPSとならないようにしている。また，株式数の期間配分は，資本調達による財源の増加が，その資本が利益を生み出すために利用できる期間に配分されるようにしている。反対に，資本の減少による財源の流出（例えば，自己株式の買戻）は，資本の購入に使用した財源がもはや利益を生み出すために利用できない期間に配分される。

この算定は，当期中のすべての発行済株式に基づいている。特定のクラスまたはトランシェの株式が当期に関して配当の対象になったかどうかは関係ない（部分払込株式を除く― **本章 4.2.2.3** 参照）。

期間按分係数は，以下の算式のとおりである［IAS 第 33 号 20 項］。

$$\frac{\text{当株式が発行済となっていた日数}}{\text{当期の日数}}$$

本基準は，期間按分係数を日数ベースで算定されるとして定義しているが，加重平均の合理的な概算は，多くの場合妥当であることも認めている［IAS 第 33 号 20 項］。株式変動の相対的な規模にもよるが，例えば，株式が発行済となっていた月数を基礎とすることもある。

以下はIAS 第 33 号に附属する設例 2 を記載したもので，加重平均株式数の算定を説明している。日数ベースではなく月数ベースで発行済株式数を算定していることに注意されたい。

設例4.2.1

普通株式の加重平均株式数

[IAS第33号 設例2]

		発行株式	自己株式[a]	発行済株式
20X1年1月1日	期首残高	2,000	300	1,700
20X1年5月31日	現金を対価とする新株発行	800	−	2,500
20X1年12月1日	現金による自己株式の購入	−	250	2,250
20X1年12月31日	期末残高	2,800	550	2,250

加重平均の算定：

(1,700×5／12)＋(2,500×6／12)＋(2,250×1／12)＝2,146株

または

(1,700×12／12)＋(800×7／12)−(250×1／12)＝2,146株

a　自己株式は発行企業自体またはその子会社が再取得および所有する資本性金融商品である。

4.2.2 新株の算入時期

IAS第33号は，いつから株式が発行済とみなされ，EPSの算定のための加重平均株式数に含められるかの決定に関する指針も提供している。

一般に，株式は，株式の対価が受取可能となった日から発行済とみなされ，通常，その日が株式の発行日となる。しかし，発行に関連する契約の実態がその法形式に勝っていることを確認するため，発行に付随する特定の条件および状況を検証しなければならない［IAS第33号21項］。

下表は，IAS第33号21項から23項により要求されている，株式発行において最も一般的な状況，および株式がいつから発行済とみなされるかについて説明している。この表に続くセクションでは，これらのルールのいくつかをより詳細に検討している。

株式発行の対価	株式が加重平均の計算に算入される日
現金	現金が受取可能になった日（**本章 4.2.2.1** 参照）
普通株式または優先株式に係る配当の任意の再投資（スクリップ配当）	配当が再投資された日
普通株式に転換された負債性金融商品	負債性金融商品の利息が発生しなくなった日
他の金融商品の利息または元本の代替	他の金融商品の利息が発生しなくなった日
企業の負債の決済のための交換	負債の決済日
強制的転換型金融商品の転換	転換型金融商品を発行する契約が締結された日
現金以外の資産の取得	取得が認識された日
企業結合（**本章 4.2.2.2** 参照）	取得日
企業に対する役務の提供	役務が提供されるに従って

4.2.2.1　現金と引換に発行される株式

上記指針があるとしても，現金と引換に発行された株式を算入すべき日を決定するには多少注意が必要である。**本章設例 4.2.2.1** はそのような状況の一例を説明している。

設例4.2.2.1
現金と引換に発行される株式

企業は株主割当を行おうとしている。新株発行の暫定割当通知書は，20X1 年 10 月 19 日に送付されている。権利を行使したい株主は，20X1 年 11 月 17 日午後 3 時までに受領されるよう，必要となる払込金全額を送金するとともに暫定割当通知書を返送しなければならない。その結果，企業は 20X1 年 11 月 17 日までの期間に（11 月 17 日を含む），現金を受取ることになるであろう。

IAS 第 33 号 21 項は，現金と交換に発行される株式は，現金が受取可能になった日から加重平均計算に算入することを要求している。この設例では，20X1 年 11 月 17 日が現金が受取可能になった日である（企業はこの日までに現金を受領することを要請しており，この日まで現金が受領されなかった場合でも，企業は有効に株式を発行することができるため）。したがって，当株式は，20X1 年 11 月 17 日（申込期間の最終日）から加重平均計算に算入しなければならない。

株式発行の取決めは実務上はより複雑となることが多く，現金が受領可能となる日は，すべての場合において必ずしも申込期間の最終日とは限らない。現金が受領可能となる日を決定するためには，あらゆる事実および状況（法律上のフレームワークの分析を含む）を検討しなければならない。

4.2.2.2　企業結合

企業結合において移転された対価の一部として普通株式が発行される場合，この普通株式は，取得日（IFRS 第3号「企業結合」において，取得企業が被取得企業に対する支配を獲得する日と定義されている）から加重平均株式数に算入される。これは，取得企業は，被取得企業の経営成績を，取得日から包括利益計算書に含めるからである［IAS 第33号22項］。

4.2.2.3　部分払込株式

部分払込株式は，全額払込済普通株式が有する当期の配当への参加権と比較した参加権の割合に応じて，普通株式の端株として取扱う［IAS 第33号A15項］。

本章4.2.2に示される表からわかるように，IAS 第33号の趣旨は，株式の払込金が利益を生み出し始めた日から，株式をEPSの算定に含めるということである。したがって，本基準の部分払込株式の取扱いは意外なものである。本基準は，部分払込株式をすべて端株として扱うのではなく，受領した払込金の割合に基づき，全額払込済の普通株式が有する当期の配当への参加権と比較した参加権の割合に応じて端株として扱うことを要求している［IAS 第33号A15項］。反対に，全額払込株式は，配当の対象であるかどうかにかかわらず，対価が受取可能になった日から算定に含められる。例えば，配当の対象ではない額面CU 1の2つの株式があり，一方はCU 1が払込まれ，他方はCU 0.99が払込まれた場合，基本的EPSの算定において異なる扱いを受けることになる。双方とも利益に寄与しているが，最初のものは基本的EPSに含められ，2番目のものは除かれる。

設例4.2.2.3
部分払込株式

20X2 年 1 月 1 日，企業の発行済普通株式は 1,000 株である。この企業は，20X2 年 10 月 1 日に新しい普通株式 400 株を発行する。申込価格は 1 株当たり CU 2.00 である。発行日において，各株主は CU 0.50 を支払った。残りの 1 株当たり CU 1.50 は 20X3 年の間に支払われる予定である。部分払込株式には，それぞれ，その株式の発行価格について払込まれた割合に比例して配当の権利が与えられる。

IAS 第 33 号 A15 項（上記参照）および IAS 第 33 号 A16 項（**本章 5.10** 参照）に従って，発行された新株は，全額払込済の普通株式が有する当期の配当への参加権と比較した参加権の割合に応じて，端株として加重平均株式数の算定に含めなければならない。この設例では，配当受領権は株式の発行価格に対して払込まれた金額の割合に比例している。そのため，加重平均株式数の算定は以下のとおりである。

日付／摘要	**株式**	**期間の割合**	**加重平均株式**
20X2 年 1 月 1 日	1,000	9／12	750
現金払込による新株発行※	100		
20X2 年 10 月 1 日	1,100	3／12	275
加重平均株式数			1,025

※ CU 0.50／CU 2.00×400 株＝100 株

4.2.2.4　条件付発行可能株式

条件付発行可能普通株式は，条件付株式発行契約における特定の条件を満たす場合に，現金またはその他の対価をほとんどまたは全く必要とせずに発行可能となる普通株式と定義されている［IAS 第 33 号 5 項］。唯一の「条件（contingency）」が時の経過である場合，時の経過は確実であるため，その金融商品は条件付発行可能株式とは考えられない（**本章 4.2.2.6**「据置株式」参照）。

企業は，さまざまな理由から，特定の条件の充足により，将来において普通株式を発行する義務を負う金融商品を発行する場合がある。そのような状況には，(1) 一定水準の購入達成に基づき行使可能となる顧客への条件付株式購入ワラントの発行，または (2) 株価が保証価格を下回る場合に追加の株式を発行することになる企業結合において，取得企業により発行される株式の最低価格の保証が含まれる。条件付株式発行契約は，通常，他の条件（例えば，企業の株式の市場価格または特定の利益水準）と組合わせた時の経過に基づいている。

条件付発行可能普通株式には，(1) 将来において特定の条件の充足により発行される株式，(2) エスクローに預託され，特定の条件が充足されない場合にはすべてまたは一部を返却しなければならない株式，または (3) 発行されているが特定の条件が充足されない場合には所有者がすべてまたは一部を返還しなければならない株式が含まれる。

条件付発行可能株式は，必要条件がすべて満たされた日から基本的 EPS の算定に含まれるため，株式の発行は依然として将来の取引ではあるが，もはや条件付ではない［IAS 第 33 号 24 項］。

以下の設例は，株式が条件付で発行可能な 4 つの状況を示している。

設例4.2.2.4A

事象に基づく条件

A 株式会社は B 株式会社を 20X1 年 1 月 1 日に取得する。A 株式会社は，20X3 年 1 月 1 日より前に，B 株式会社が開発した新製品にライセンスが付与された場合，20X3 年 1 月 1 日に売主に 100,000 株を発行することに合意した。

A 株式会社の年度末は 12 月 31 日である。20X1 年度の財務諸表は 20X2 年 3 月 22 日に承認される。製品は 20X2 年 3 月 4 日にライセンスが付与される。

この 100,000 株は 20X1 年度の基本的 EPS の算定からは除外され，20X2 年度の基本的EPS の算定においては，あたかもこれらの株式が 20X2 年 3 月 4 日（ライセンスが付与された日）に発行されたかのように期間按分に基づき含めることになる。この普通株式は，たとえ 20X3 年 1 月 1 日までは発行されないとしても，20X2 年 3 月 4 日以降はもはや条件付で発行可能ではない（唯一残る「条件」は時の経過である）ため，基本的 EPS の算定においては，20X2 年 3 月 4 日から発行済とみなされる。

（希薄化後 EPS の算定に関するこのような取決めの影響の説明については，**本章 5.5** および**本章設例 5.5.3.6A** と **5.5.3.6B** を参照。）

設例4.2.2.4B

特定期間の利益に基づく条件

暦年に基づき報告する公開企業である会社 X は，20X1 年 1 月 1 日に子会社 Y を，現金 CU 1 億に加えて，今後 5 年間にわたり，子会社 Y が税引後利益を CU 10 百万以上計上した各年度について，会社 X の普通株式を 20,000 株引渡すことを対価として買収した。普通株式の発行が要求される場合には，株式は 20X6 年 1 月 1 日に発行される。

20X1 年 12 月 31 日終了年度の会社 Y の税引後利益が CU 12 百万である場合，この株式は，条件が満たされた（すなわち，会社 X が株式を発行しない原因となる事象が起こり得ない）当年度の部分のみ基本的 EPS の算定上分母に含められることになる。年度の税引後利益の金額を算定できる最も早い日が 12 月 31 日であるため，当条件はその日にのみ満たされることになる。そのため，これらの株式は，20X1 年 12 月 31 日に発行されたかのように（その日から，もはや条件付発行可能株式ではない），基本的 EPS の算定上分母に含められる。しかし，この株式は，報告期間の最終日の発行として扱われる（その結果，当該株式発行に按分される期間はゼロ）ため，20X1 年の報告期間の基本的 EPS に対する影響を与えないと考えられる。20X2 年は，20X1 年の利益条件に関連して発行される普通株式を，20X2 年の報告期間全体を通して発行済として扱わなければならない。

この条件では，5 つの別個の測定期間があるため，限定された数の普通株式が発行され得る各測定期間は，基本的 EPS の算定上，別個の条件として扱われ，会社 X が各期間において普通株式を発行することを要求され得るかどうかに基づいて個別に評価されなければならない。

会社 X が買収契約において，会社 Y が 5 年間の終了時において累積利益

CU 50 百万を達成する場合には会社 X の普通株式を 100,000 株発行することが要求される場合，条件期間満了時までは基本的 EPS の算定上含める株式はなく，基本的 EPS に含められることになるのは，その時点で会社 Y に CU 50 百万以上の累積利益がある場合だけである。

設例4.2.2.4C

平均利益に基づく条件

A 株式会社は B 株式会社を 20X1 年 1 月 1 日に取得する。A 株式会社は，20X3 年 12 月 31 日までの 3 年間に B 株式会社の利益が平均して CU 10 百万以上であった場合，20X4 年 1 月 1 日に売主に対して 100,000 株を発行することに同意した。

B 株式会社の 20X1 年および 20X2 年の利益は，それぞれ CU 17 百万である。

この株式は，20X1 年および 20X2 年の両方の基本的 EPS の算定から除外される。たとえ利益条件を満たすことになるような利益が 20X3 年に予想されているとしても，すべての必要な条件が条件期間満了日までに満たされることになるかどうかは不確実であるため，この株式は，条件期間満了日まで基本的 EPS の算定から除外される。これは，20X3 年に損失が生じ，(3 年間の) 利益条件が（可能性は低いが）満たされない可能性があるためである。

（このような株式が希薄化後 EPS の算定でどのように取扱われるかの説明については**本章 5.5** を，例示については**本章設例 5.5.3.2** を参照。）

設例4.2.2.4D

継続雇用に基づく条件

公開企業である会社 M は，強制的な据置報酬制度を有しており，対象従業員は暦年において CU 500,000 を超える報酬の支払を据置期間終了まで繰延べることが要求されている。据置期間は，従業員が年収 CU 500,000 を稼得しなくなるか，会社 M の従業員として定年に到達したときに終了する。従業員が解雇されたり辞職する場合には，その従業員はこの制度においていかなる分配も受領する権利がなくなる。この制度において据置かれる報酬は，いったん参加者が分配を受領する資格を取得すると，5 年間にわたって会社

Mの普通株式の参加者に対してのみ支払われる。

従業員の据置報酬は，個人が分配を受領する資格を取得するまでエスクロー口座で保有される。この口座からの分配は，当該分配の現金価値について，分配前の取引日における普通株式の終値に基づいて換算した普通株式相当数に基づいて行われる。

この制度において発行可能な普通株式は，基本的 EPS の算定上，条件付発行可能株式と考えられる。それは，従業員が（1）解雇されず，辞職もせず，（2）会社Mに雇用されたまま定年退職するか，または年収が CU 500,000 を下回った場合にのみ普通株式が獲得され，発行可能となるためである。したがって，据置期間において，この制度における発行可能普通株式は，従業員に株式を発行する条件が満たされない可能性がいまだあるため，基本的 EPS を算定する際に分母から除外しなければならない。

さらに，条件付で返還可能な（すなわち，リコールの対象となっている）発行済普通株式は条件付発行可能株式と同様に扱わなければならない（**本章 4.2.2.5** 参照）。すなわち，株式が権利確定またはその他の条件となる規準が満たされるまで返還可能である場合，またはエスクローに預託されている場合，その株式は，法的に発行されていたとしても，基本的 EPS の算定において分母から除外しなければならない。

以下は IAS 第 33 号の設例 7 を記載したもので，もう 1 つの例を提供するものである。

設例4.2.2.4E

条件付発行可能株式

[IAS第33号 設例7]

20X1 年の発行済普通株式	1,000,000（当期にオプション，ワラントまたは転換型金融商品は発行されていない）

最近の企業結合に関する契約書において，以下を条件とする普通株式の追加発行が定められている。

	20X1 年に開店した小売店舗 1 件につき 普通株式 5,000 株の追加発行
	20X1 年 12 月 31 日に終了する年度における 連結利益が CU 2,000,000 を超過する部分 CU 1,000 ごとに普通株式 1,000 株の 追加発行
期中に開店した小売店舗	20X1 年 5 月 1 日に 1 店舗 20X1 年 9 月 1 日に 1 店舗
親会社の普通株主に 帰属する年度累計連結利益	20X1 年 3 月 31 日現在 CU 1,100,000 20X1 年 6 月 30 日現在 CU 2,300,000 20X1 年 9 月 30 日現在 CU 1,900,000 (非継続事業からの純損失 CU 450,000 を含む) 20X1 年 12 月 31 日現在 CU 2,900,000

基本的1株当たり利益

	第1四半期	**第2四半期**	**第3四半期**	**第4四半期**	**通年**
分子（CU）	1,100,000	1,200,000	(400,000)	1,000,000	2,900,000
分母					
発行済普通株式	1,000,000	1,000,000	1,000,000	1,000,000	1,000,000
小売店舗条件	−	3,333[a]	6,667[b]	10,000	5,000[c]
利益条件[d]	−	−	−	−	−
株式数合計	1,000,000	1,003,333	1,006,667	1,010,000	1,005,000
基本的 1 株当たり利益（CU）	1.10	1.20	(0.40)	99	2.89

a　5,000 株×2／3

b　5,000 株＋(5,000 株×1／3)

c　(5,000 株×8／12)＋(5,000 株×4／12)

d　利益条件は，条件期間満了日まで条件が満たされるかどうか不確実であるため，基本的 1 株当たり利益に影響を及ぼさない。この影響は，当期の最終日までに条件が満たされるかどうか不確実であるため，第 4 四半期および通年の算定において無視できる。

希薄化後 EPS の算定は**本章設例 5.5.3.6B** に示されている。

4.2.2.5　条件付返還可能株式

発行済普通株式が条件付で返還可能である（すなわち，リコールの対象となっている）場合，この株式は発行済として扱われず，リコールの対象とならなくなる日まで基本的 EPS の算定から除外される［IAS 第 33 号 24 項］。

設例4.2.2.5
条件付返還可能株式

会社 X は，従業員にオプションを付与した。このオプションは 4 年間にわたって権利確定する。しかし，従業員は権利確定する前にいつでも自分のオプションを行使できる。従業員がこの早期権利行使条項を行使した場合，その従業員は当初付与オプションと同じスケジュールで権利確定する会社 X の制約付普通株式を受取ることになる。

条件付返還可能株式（例えば，株式の完全な権利確定前に従業員が解雇される，または従業員が辞職した場合は買戻すという条件がある場合）は，株式の返還を要求し得るすべての必要条件が満たされる（すなわち，株式が完全に権利確定する）まで，基本的 EPS の算定上，発行済と考えてはならない。上述される状況では，従業員に発行される条件付返還可能株式は，基本的 EPS を算定する際に分母から除外しなければならない。

4.2.2.6　据置株式

将来の日に発行され，その発行が時の経過以外のいかなる条件にも左右されない株式（据置株式とよばれることもある）は，時の経過は確実であるため，条件付発行可能株式ではない［IAS 第 33 号 24 項］。これは**本章 4.2.2** に記述されている強制的転換型株式の取扱いと一致している。時の経過は確実であるため，このような株式も株式の発行が条件付ではないことから，基本的 EPS に含められる。

本章 4.2.2 で記述したように，一般的な原則は，株式は対価が受取可能になった日から発行済とされる［IAS 第 33 号 21 項］。

この日付は株式の発行日と一致することが多いが，据置株式の場合にはそうではない。それにもかかわらず，資産を取得する場合，またはサービスを受け，そのコストを将来の一定の日に発行される株式によって充当する場合，据置株式は当該株式の対価となる資産またはサービスを認識した日からEPSの算定に含めることになる。

据置株式は，典型的には企業結合の状況において発生する。**本章4.2.2.2**で記述したように，企業結合において，発行される株式は，取得日（すなわち，被取得企業の業績が連結包括利益計算書に含められる日）からEPSの算定に含められる。これらの株式のなかには発行が据置かれるものがあるという事実は関係ない－発行がいかなる条件にも左右されないのであれば，これらはただちにEPSの分母に含められる。例えば，A株式会社がB株式会社を取得し，取得日に500,000株を引渡し，取得日の1年後に追加の100,000株を引渡したとする。600,000株はすべて，その発行が時の経過以外のいかなる条件にも左右されない場合，B株式会社がA株式会社の連結財務諸表に組込まれた日から基本的EPSの算定に含めることになる。

事業の取得に関する契約において，発行する追加株式が規定されるが，株式数をいまだ決定しないようにしていることがある。例えば，契約において，将来の特定の日にCU 50百万の価値を有する株式を発行し，CU 50百万をその将来の特定の日における株価で除して株式数を決定することが規定されていることがある。発行される株式数は不確実であるが，株式が発行されないという状況はない。IAS第33号54項は，それにもかかわらず，そのような株式は条件付発行可能株式であることを示している（**本章5.5.3.3**参照）。特定の価格で株式を発行する義務は金融負債であるため，資本性金融商品は条件期間満了まで存在しない。しかしながら，そのような株式は，希薄化後EPSの算定に影響を与えることになる（**本章5.5.3.3**および**5.5.3.5**参照）。

4.2.2.7　償還可能普通株式

設例4.2.2.7

償還可能普通株式

公開企業である会社Bは，株式発行の5年後またはそれ以降いつでも，当該株式を公正価値で会社Bに売却する権利を保有者に与える償還条項を含む償還可能普通株式を発行した。この償還可能普通株式は，発行されている全普通株式のおよそ20%に相当する。償還可能普通株式は，企業によって発行された最も劣後する金融商品ではない（すなわち，償還可能でない普通株式は，より劣後する）ため，IAS第32号「金融商品：表示」に基づく資本の定義を満たさない。

企業は償還価格に等しい現金またはその他の金融資産を引渡す義務を負うため，IAS第32号18項(a)(**第3巻3章**参照)に基づき，償還可能普通株式は金融負債に分類される。この株式は資本性金融商品ではなく，IAS第33号5項に基づく普通株式の定義を満たさないため，基本的EPSの算定において発行済普通株式（すなわち分母）に含めるべきではない。

償還可能普通株式は，（償還という特徴があるために）資本に分類されないため，その発行期間を通じて普通株式とはならない。

また，この株式は，保有者に普通株式の権利を付与しないため，IAS第33号5項に基づく潜在的普通株式の定義を満たさないことから，潜在的に希薄化効果を有するものではない。

4.2.2.8　先渡購入契約および売建プット・オプション

企業が，総額で現物決済（すなわち，現金またはその他の金融資産と買戻す株式との交換）する可能性のある自己の資本に関する先渡購入契約または売建プット・オプションを締結した場合，IAS第32号23項（**第3巻3章**参照）は，当契約に基づき支払うべき金額の現在価値を金融負債として認識することを企業に要求している（よく「総債務額」とよばれる）。

IAS第33号は，総債務額が認識される際に先渡購入契約または売建プット・オプションの対象となっている株式について，EPS算定目的上，企業の契約締結時点において，株式を取得したかのように扱うべきかどうかについて特定していない。以下の２つの会計方針が容認される。適用された会計方針は首尾一貫して適用し，重要な場合には開示しなければならない。

選択肢1

先渡購入契約または売建プット・オプションの対象となる株式は，契約に基づいて株式が取得される日まで（すなわち，対価が支払われ株式が企業に引渡されるまで），EPSの算定目的上，発行済として扱わなければならない。そのため，分母に含められる普通株式数は，先渡契約に基づいて取得される株式数，またはオプションが行使された場合に売建プット・オプションに基づいて潜在的に取得される株式数によって減少させない。したがって，先渡契約または売建プット・オプションにより引渡の対象となる普通株式は，潜在的普通株式とみなされ，希薄化後EPSに影響する場合がある（**本章5.7**参照）。

選択肢2

先渡購入契約または売建プット・オプションの対象となる株式は，EPSの算定目的上，企業が契約を締結した時点で株式を取得したかのように扱わなければならない。分母に含められる普通株式数は，先渡契約に基づいて取得される株式数，またはオプションが行使された場合に売建プット・オプションに基づいて潜在的に取得される株式数により減少させる。先渡契約または売建プット・オプションにより引渡の対象となる普通株式は，契約開始時に取得されたかのようにみなされるため，潜在的普通株式ではなく，したがって，希薄化しない。売建プット・オプションが行使されず失効する場合，その株式数は失効日に分母に足戻されることになる。

4.2.3　対応する企業の資産の変化を伴わない株式資本の変動

普通株式が発行されても，または発行済普通株式数が減少しても，資産は対応して変化しない，すなわち，株主の資金はなんら変動しない場合がある。

このような状況において，潜在的普通株式の転換を除き，当期間中および表示されているすべての期間中の発行済普通株式の加重平均株式数は，発行済普通株式数は変化するが対応する資産の変化を伴わない事象について調整されなければならない［IAS 第 33 号 26 項］。

このようなアプローチがなぜ必要であるかを示すため，以下の設例を検討する。

設例4.2.3

株式の無償交付

企業の 20X1 年 12 月 31 日現在の財政状態計算書は以下のとおりである。

（単位：CU）

純資産	900,000,000
株式資本	100,000,000
準備金	800,000,000
	900,000,000

20X1 年 12 月 31 日および同日に終了する会計年度において，株式資本は，額面 CU 1 の普通株式 1 億株で構成されている。20X2 年 1 月 1 日に，企業は 1：1 で無償交付を実施した。無償交付直後の財政状態計算書は以下のとおりである。

（単位：CU）

純資産	900,000,000
株式資本	200,000,000
準備金（800,000,000 − 100,000,000）	700,000,000
	900,000,000

企業の純資産は変わらず，したがって企業の収益獲得能力も変化していない。20X1 年および 20X2 年の各期における普通株主に帰属する利益を CU 20 百万と仮定して，検討のために無償交付を対価を伴う株式の発行として取扱うと以下のような結果が得られる。

	20X2 年	20X1 年
1 株当たり利益	CU 0.10	CU 0.20

明らかに，この結果は比較可能ではない ― 各年度において利益は同じであり，資本の流入または流出はなかった。しかし，上記の結果は，表面的には企業が 20X2 年度において 20X1 年度よりも利益が少なかったようにみえる。

その結果，IAS 第 33 号は，発行済普通株式数の比例的な変動が EPS が表示される最も早い期間の期首に起こったかのように，EPS を調整することを要求している。したがって，この例において，IAS 第 33 号に従って算定される EPS は以下のとおりになる。

	20X2 年	20X1 年
1 株当たり利益	CU 0.10	CU 0.10

無償交付は，対応した資産の変化を伴わない発行株式数の変動の唯一の例ではない。本基準に以下の例示があげられている［IAS 第 33 号 27 項］。

- 無償交付または資本組入（「株式配当」とよばれることもある）
- 上記以外の株式発行における無償部分（例えば，既存株主に対する割当の無償部分）
- 株式分割
- 逆株式分割（株式併合）

この例示は網羅的なものではない。

無償株式，株式分割および株式併合は，すべて同じ方法により，すなわち，株式の無償交付，株式分割または株式併合が EPS 情報が表示される最も早い期間の期首に行われたかのように，発行済株式数を比例的に調整することにより調整される（詳細については**本章 4.2.3.1** 参照）。実質的な株式買戻，例えば株式併合が特別配当と組合わされている場合は，明確なルールが規定されている（**本章 4.2.3.2** 参照）。

株主割当およびその他の発行または買戻における無償部分について，本基準は株主割当前に発行されている株式の調整を算定するために使用される公式を明示している（**本章 4.2.3.3** 参照）。

普通株式または潜在的普通株式の発行済株式数が，資本組入，無償交付または株式分割の結果増加する場合，または逆株式分割の結果減少する場合には，表示されている全期間において基本的および希薄化後 1 株当たり利益の算定は遡及的に調整される。表示されている全期間の基本的および希薄化後 1 株当たり利益は，以下についても調整される［IAS 第 33 号 64 項］。

- 誤謬の影響
- 遡及的に処理される会計方針の変更により生ずる調整の影響

4.2.3.1　無償交付，株式分割または株式併合

発行済普通株式数は，無償交付，株式分割または株式併合が，EPS が表示される最も早い期間の期首に行われたかのように比例的に調整される［IAS 第 33 号 28 項］。

無償交付，株式分割または株式併合があった企業が IFRS 財務諸表に添付する過去 5 年間の要約を表示する場合，法域の要求に従うことにはなるが，表示されるすべての年度の基本的 EPS の数値を遡及的に調整することは，公正な比較を可能にするために最も有用かもしれない。基本的 EPS の数値に行われた調整を説明するために，明瞭な開示を行わなければならない（例えば，過去 5 年間の要約に対する脚注による）。

以下は IAS 第 33 号に附属する設例 3 を記載したもので，無償交付があった場合の基本的 EPS を示している。

設例4.2.3.1

無償交付

［IAS第33号 設例3］

20X0 年の親会社の普通株主に帰属する利益	CU 180
20X1 年の親会社の普通株主に帰属する利益	CU 600
20X1 年 9 月 30 日までの発行済普通株式	200
20X1 年 10 月 1 日の無償交付	20X1 年 9 月 30 日時点の発行済普通株式 1 株に対し普通株式 2 株 200×2＝400

20X1 年の基本的 1 株当たり利益	CU 600／（200＋400）＝CU 1.00
20X0 年の基本的 1 株当たり利益	CU 180／（200＋400）＝CU 0.30

無償交付は対価を伴わないので，表示されている最初の期間である 20X0 年の期首以前に発行されたものとして扱われている。

IAS 第 33 号 27 項は，無償交付または資本組入は「株式配当（stock dividend）」とよばれることもあると規定している。株式配当が無償交付または資本組入に相当する場合，資産の対応した変化を伴わない株式数の変動であり，IAS 第 33 号 26 項（前述参照）は，発行済普通株式数の比例的な変動が EPS が表示される最も早い期間の期首に起こったかのように，EPS を調整することを要求している（**本章設例 4.2.3** 参照）。しかし，株式配当の実質，特に株式配当が無償交付または資本組入に相当するかどうか，すなわち，企業の資産が対応して変化しない株式資本の変動であるかどうかを判定する際には，注意が必要である。例えば，企業が株主に株主の選択で現金または株式で配当を受ける権利を与える契約を締結した場合，株式と引換に現金配当が放棄される場合，これらは株式発行の対価と考えられる。現金配当の選択が株式の公正価値と同等である場合，これは公正価値での株式の新規発行と同等である。そのような場合において，これは無償交付または資本組入に相当せず，そのため，発行済株式数の修正再表示は適切ではない。

4.2.3.2　実質的な株式の買戻

株式併合（または逆株式分割）は一般に，対応する資産の減少を伴わずに発行済普通株式数を減少させる。しかし，全体的な効果が公正価値での株式の買戻である場合には，発行済普通株式数の減少は，対応する資産の減少の結果である。一例は，特別配当と組合わされた株式併合である。この組合わされた取引が行われた期間の発行済株式の加重平均株式数は，特別配当が認識された日から普通株式数の減少について調整される［IAS 第 33 号 29 項］。

本章設例4.2.3.2は，配当と株式併合を別々に会計処理することが，株式の買戻の実質を反映しない理由を示している。契約の実質を判断する際には，当取引およびその根底にある意図についての完全な理解が要求される。

IAS第33号は，特別配当と株式併合の組合せは，実質的な株式の買戻を達成するための1つの方法であることに言及している。同様の効果をもたらす他の取引は一貫性をもって取扱われなければならない。

株式併合の影響が特別配当の価値と同等でない場合には，取引のすべてまたは一部を普通株式の公正価値による実質的な買戻として取扱うべきかどうかを理解するために，注意が必要となる。

設例4.2.3.2

実質的な株式の買戻

企業は，20X1年1月1日に普通株式500,000株を発行している。企業は，1株当たりCU 0.60の特別配当の支払を伴う株式併合を実施したいと考えている。そのため，企業は株価がCU 6である20X1年7月1日にCU 300,000の特別配当を支払い，保有する10株に対して9株の新株を発行する10:9の株式併合を実施した。その結果，20X1年の残余期間の発行済株式数は450,000株のみとなる。

企業は株式併合を実施したが，特別配当により対応して資産が減少した。株式併合を特別配当と組合わせた場合の全体的な効果は，公正価値による株式の買戻があったということであり，代わりに，企業が市場で1株CU 6の市場価格で50,000株を購入した場合の全体的な効果と同一となるであろう（すなわち，企業はやはりCU 300,000を支払い，発行済株式数を450,000まで減少させる）。したがって，特別配当CU 300,000と株式併合の組合せの結果，株価がCU 6（((CU 6×500,000)－CU 300,000)／450,000)のままとなる。株式価値に対する特別配当と株式併合の影響は中立である。

20X1年の利益は合計CU 360,000である。IAS第33号29項により要求されるアプローチのもとでは，20X1年のEPSは以下のように算定される。

CU 360,000／(500,000－(50,000×6／12))＝CU 0.76

これは，この取引を別々に会計処理する（すなわち，特別配当を配当として，株式併合を株式併合として扱う）ことから得られるEPSの数値とは異なることに注意が必要である。そのようなアプローチ（IAS第33号29項に反する）では，20X1年のEPSは以下のように算定される。

CU 360,000／450,000＝CU 0.80

さらに，別々に会計処理する場合には，比較期間のEPSを修正再表示することとなるが，それは適切ではない。

4.2.3.3　市場価格より低い価格による株主割当

株主割当は，当該企業の追加の株式を固定価格で購入する権利を既存株主に与えるが義務を課さない点で既存株主へのオプションの発行と類似している。一般に，既存株主はこの権利を他の株主または潜在的株主に売却することができる。

株主割当において株式が株主に提供される場合，提示される価格は株式の公正価値より低いことが多い。例えば，株価がCU 10である企業について考えてみる。企業は株主に，保有株4株当たり新株1株，1株当たりCU 8で新株100,000株を提供する。企業は株式発行収入CU 800,000を受取り，新株100,000株を発行することになる。これは，公正価値（1株当たりCU 10）で80,000株を発行し，20,000株を無償交付することに相当する。これが株主割当の無償部分である。

株主割当において無償部分がある場合，EPSは，無償部分（株主割当の全体ではない）がEPSが表示される最も早い期間の期首に比例的に発生したかのように算定される。株主割当において無償部分がない場合，発行される新株は，公正価値の現金払込による発行（それがそのものであるため）として扱われる。

しかし，無償部分がある場合の基本的EPSを算定するためには，上記の取引は，公正価値での80,000株の発行および20,000株の無償交付として取扱われない。その代わり，本基準は使用すべき公式を明示している。対価なく発行された（「無償交付」）株式数を算定するために使用される公正価値が権利行使直前の株式の公正価値と同じである場合，2 つの方法は全く同じ答えになる。本基準に明示されている公式は，以下のパラグラフで記述し説明する。

株主割当における無償部分の特定の状況は，IAS 第 33 号とともに発行された適用指針で記述され，IAS 第 33 号に附属する設例 4 において説明されている（以下参照）。既存のすべての株主に対して株主割当の募集が行われる場合，株主割当以前の発行済普通株式数に，以下の係数を乗じる［IAS 第 33 号 A2 項］。

$$\frac{\text{権利行使直前の 1 株当たり公正価値}}{\text{理論的 1 株当たり権利落価額}}$$

理論的 1 株当たり権利落公正価値は以下のように算定される［IAS 第 33 号 A2 項］。

$$\frac{\text{権利行使直前の発行済株式の公正価値の総額＋権利行使による入金額}}{\text{権利行使後の発行済株式数}}$$

IFRS 第 13 号「公正価値測定」を未適用の企業については，IAS 第 33 号 A2 項は「公正価値の総額」ではなく「時価総額」を参照する。

本基準は，権利がその行使日前に株式とは別個に市場で取引される場合には，「権利行使直前の 1 株当たりの公正価値」は，株式が権利付で売買された最終日の終値で測定されることを明記している［IAS 第 33 号 A2 項］。

以下は IAS 第 33 号に附属する設例 4 を記載したもので，公正価値を下回る価格での株主割当の基本的 EPS への影響を示している。

設例4.2.3.3

株主割当

[IAS第33号 設例4]

	20X0年	20X1年	20X2年
親会社の普通株主に帰属する純利益	CU 1,100	CU 1,500	CU 1,800

株主割当前の発行済株式	500株
株主割当	発行済株式5株に対し新株1株（新株合計100株）
	行使価格：CU 5.00
	株主割当日：20X1年1月1日
	行使最終日：20X1年3月1日
20X1年3月1日の行使直前の普通株式1株の市場価格：	CU 11.00
報告日	12月31日

1株当たりの権利落価額の理論値の算定

$$\frac{\text{権利行使前のすべての発行済株式の公正価値}+\text{権利行使により受領される合計金額}}{\text{行使前の発行済株式数}+\text{行使により発行される株式数}}$$

$$\frac{(\text{CU }11.00\times 500\text{株})+(\text{CU }5.00\times 100\text{株})}{(500\text{株}+100\text{株})}$$

理論的1株当たり権利落価額＝CU 10.00

調整係数の算定

$$\frac{\text{権利行使直前の1株当たり公正価値}}{\text{理論的1株当たり権利落価額}}\quad\frac{\text{CU }11.00}{\text{CU }10.00}=1.10$$

基本的1株当たり利益の算定

	20X0 年	20X1 年	20X2 年
当初に報告された 20X0 年の基本的 EPS：			
CU 1,100／500 株	CU 2.20		
株主割当について修正再表示後の 20X0 年基本的 EPS：			
CU 1,100／(500 株×1.1)	CU 2.00		
株主割当の効果を含む 20X1 年の基本的 EPS：			
CU 1,500／((500×1.1×2／12)＋(600×10／12))		CU 2.54	
20X2 年の基本的 EPS：			
CU 1,800／600 株			CU 3.00

4.2.3.4　報告期間後の変動

資本組入，無償交付，株式分割または逆株式分割により生じる，普通株式数または潜在的普通株式数のあらゆる変動が報告期間後，財務諸表の発行が承認される前に発生した場合には，当期の財務諸表および表示されている前期以前のすべての財務諸表の 1 株当たりの算定は，新株式数を基礎としなければならない［IAS 第 33 号 64 項］。

発行済株式数の調整は，必要な承認手続が完了し，かつ，株式分割後または株式配当後のベースで取引される場合にのみ，行われるべきである。例えば，財務諸表の発行が承認されることになる一般的な会議体での承認を要する無償交付の提案については，株式は株式分割後または株式配当後のベースではまだ取引されていないため，調整を行うべきではない。取引は，より大きい分配（すなわち，20％を超えるもの）が行われた株式配当または株式分割の後に行われるのが一般的である。株式配当または株式分割の宣言および承認が，財務諸表の発行が承認される前に行われるが，分配は承認された後に行われる状況では，EPS は分割前の株式数を使用して算定しなければならず，注記において予定されている株式配当または株式分割の重要な条件を開示するとともに，包括利益計算書に分割後の EPS の影響を開示しなければならない。しかし，株式分割後のベースでの取引に転換するタイミングは，実際には関連する証券取引所によって管理されており，分配の規模によって異なるため，転換のタイミングをモニターし，それに応じてEPS の報告を調整することが必要である。

財務諸表は，IFRSs に準拠した様式で一般利用に向けた公表が承認された日付で「発表が承認された（authorised for issue)」とみなされる。

従前のパラグラフで記述されたような株式数の変動を反映するために，1 株当たりの算定が調整される場合には，その旨を開示しなければならない［IAS 第 33 号 64 項］。

資本組入による発行，株式分割および逆株式分割以外の普通株式または潜在的普通株式の取引が報告期間の後，財務諸表の発行が承認される前に発生した場合，このような事象の開示が要求される場合がある（**本章 7.2.3** 参照)。当期間の純損益を生み出すために使用される資本の金額に影響を与えず，その結果，EPS の算定から除外されるような報告期間後の取引には以下がある［IAS 第 33 号 71 項］。

- 現金払込による株式発行
- 入金額を負債の返済または報告期間の末日現在発行済である優先株式の償還に充当したときの株式発行
- 発行済普通株式の償還
- 報告期間の末日に発行済である潜在的普通株式の普通株式への転換または権利行使
- ワラント，オプションまたは転換型金融商品の発行
- 条件付発行可能株式の発行をもたらす条件の達成

4.2.4　普通株式の特徴を有する優先株式

企業は，普通株式の特徴の多くを有する優先株式を発行することがある。基本的EPS の算定上，そのような優先株式の条件は慎重に評価しなければならない。これらが普通株式の特徴を有し，これらに帰属する優先権を有し

ない場合には，そのような金融商品は，与えられた法的名称にかかわらず，基本的 EPS の算定上，普通株式とみなさなければならない。

設例4.2.4

普通株式の特徴を有する優先株式

公開企業である会社 B は，会社 C に対して，普通株式と実質的に同一の条件を有する転換可能優先株式を発行した。当優先株式に関連する条件は以下のとおりである。

- 公開市場で取引されていない。
- 議決権は清算を含む特定の事象に制限されている。
- 清算時の名目上の優先権として 1 株当たり 1 ペニーがある。
- 各株式は，優先株式の第三者への譲渡時にいつでも普通株式 1 株に転換可能である。
- 逆希薄化条項は，株式分割および株式配当のみに限定されている。
- 優先または累積的配当受領権はない。
- 普通株式について配当が宣言される場合，優先株式は普通株式に比例して参加する。
- さらに，優先株式について配当が宣言される場合，普通株主は比例して参加することができる。

優先株式の所有者は，この株式をいつでも第三者に売却することができ，その時点で優先株式は現在の発行済普通株式のすべての特徴を有する普通株式に転換される。優先株式の売却は発行者の支配の範囲外であり，優先株式の売却に何の制限もない。さらに，優先株式は普通株式と完全に同一の配当を受ける権利を有しており，実質的な優先権を有しない（1 株当たり 1 ペニーの清算優先権は重要でないため）。

基本的 EPS の算定には，普通株主に帰属する純損益の金額の算定を伴う。この優先株式を基本的 EPS の算定に含めない場合，この算定は，現時点で普通株主と同一の利益および配当に対する権利を有している株主グループを除外することになるため，誤解を招くことになる。

この優先株式と普通株式の間には実質的な差異は存在しない。実質的には，この優先株式は，議決権のない普通株式の特徴を有しており，基本的EPSの算定に含めなければならない。優先株式がその期間の利益の配分について異なる権利を有する範囲において，それらは異なるクラスの普通株式として表示されるであろう。

4.2.5　退職給付信託に対して発行された普通株式

退職給付の支払の資金とするために，企業は，その財務諸表に連結される信託に普通株式を発行することがある。多くの事例では，設立される信託は，企業が倒産した場合に債権者から当該資産を保全しない（例えば，「ラビ信託（rabbi trusts）」）。企業の普通株式は，ラビ信託が退職給付債務を支払うことを求められ，市場に売却されるまで保有される。

この信託が保有する株式は，当信託が企業に連結されるため，EPSの算定において企業の連結財務諸表上発行済とみなすべきではなく，したがってこの株式は，信託がグループ外に株式を売却するまで連結財務諸表上自己株式とみなされる。この信託が保有する株式は，IAS第19号「従業員給付」における制度資産の定義から除外される（**第2巻1章7**参照）。

4.2.6　持分決済型株式報酬のために信託が保有する株式

設例4.2.6

持分決済型株式報酬のために信託が保有する株式

会社Bは，3年の雇用後に権利確定するストック・オプションを従業員に付与する。会社Bは，市場で会社Bの株式を購入するため信託に資金を拠出する。そして，この株式は，権利確定時にストック・オプションの行使に応じるために使用される。会社Bは当該信託を支配しているため，IFRS第10号「連結財務諸表」（または，IFRS第10号を未適用の場合には，IAS第27号〔2008年〕「連結および個別財務諸表」）に従って当信託を連結する。

基本的EPSは，報告期間中の発行済普通株式の加重平均株式数を参照して算定される。会社 B の連結財務諸表において，信託が保有する株式は自己株式として認識される。自己株式は，その取得日から発行済普通株式に相当しないため，基本的または希薄化後 EPS の算定において分母に含めない。

希薄化後 EPS は，報告期間中の発行済普通株式および潜在的普通株式の加重平均株式数を参照して算定される。IAS 第 33 号 45 項から 48 項のガイダンスに従って，潜在的普通株式が年度末に希薄化効果を有する場合，従業員のストック・オプションは，希薄化後 EPS を算定する際に考慮される潜在的普通株式に相当する（**本章 5** 参照）。

5　希薄化後1株当たり利益の算定

IAS 第 33 号は，親会社の普通株主に帰属する純損益，および表示されている場合には親会社の普通株主に帰属する継続事業からの純損益について，希薄化後 1 株当たり利益を算定することを企業に要求している［IAS 第 33 号 30 項］。

希薄化後 EPS を算定する目的は，基本的 1 株当たり利益を算定する目的と整合しており，期間中のすべての発行済希薄化性潜在的普通株式に影響を与えるが，企業の業績に対する各普通株式の持分の測定値を提供することである。したがって，以下のように処理される［IAS 第 33 号 32 項］。

- 親会社の普通株主に帰属する純損益は，希薄化性潜在的普通株式に係る当期の配当と利息の税引後金額が加算され，希薄化性潜在的普通株式の転換により生じるであろう収益と費用のその他の増減額についても調整される。
- 発行済普通株式の加重平均株式数は，すべての希薄化性潜在的普通株式の転換を仮定した場合に発行済となる追加的な普通株式の加重平均株式数が加算される。

5.1　定義および一般原則

希薄化後 EPS は以下のように算定される［IAS 第 33 号 31 項］。

$$\frac{\text{基本的 EPS の利益＋希薄化性潜在的普通株式}}{\text{基本的 EPS の株式数＋希薄化性潜在的普通株式}}$$

本章 3.2 で述べたように，潜在的普通株式とは，その所有者に普通株式の権利を付与する可能性がある金融商品またはその他の契約である［IAS 第 33 号 5 項］。例としては以下のものを含む［IAS 第 33 号 7 項］。

- 優先株式を含む，普通株式に転換可能な負債性金融商品または資本性金融商品
- オプションおよびワラント
- 事業またはその他の資産の購入のような契約上の取決めに基づいた，ある条件の達成により発行されるであろう株式

希薄化とは，転換型金融商品の転換，オプションやワラントの行使，または特定の条件の充足による普通株式の発行という仮定により生じる，1 株当たり利益の減少または 1 株当たり損失の増加と定義される［IAS 第 33 号 5 項］。

逆希薄化とは，転換型金融商品の転換，オプションやワラントの行使，または特定の条件の充足による普通株式の発行という仮定により生じる，1 株当たり利益の増加または 1 株当たり損失の減少と定義される［IAS 第 33 号 5 項］。

希薄化性潜在的普通株式は，当潜在的普通株式が期首（または，発行日が期首以降である場合は発行日）に普通株式に転換されたかのように，希薄化後 EPS の算定に含める［IAS 第 33 号 36 項］。逆希薄化性潜在的普通株式は，希薄化後 EPS の算定においては無視される。

5.1.1　利益の調整 ― 一般

希薄化後 EPS の利益の調整額は，一般に，潜在的普通株式が実際に普通株式に転換されることより避けられるであろう純損益に対する実際の負担額である。したがって，基本的 EPS の算定に使用される親会社の普通株主に帰属する純損

益は，以下の項目の税引後影響額について調整する［IAS 第 33 号 33 項］。

- 基本的 EPS の算定上，純損益を算出する際に減額された，希薄化性潜在的普通株式に係る配当またはその他の項目
- 希薄化性潜在的普通株式に係る当期に認識された利息
- 希薄化性潜在的普通株式の転換により発生するその他の収益または費用の増減額

利益数値を調整する目的で税引後の配当金，利息およびその他の収益または費用を算定する際，適用する税率は，検討する期間における企業の実効税率としなければならない。税務上欠損の状態にあり，当欠損金に係る繰延税金資産を認識しなかった企業については，税効果はないかもしれない。

潜在的普通株式が普通株式に転換された場合，IAS 第 33 号 33 項にあげた項目はもはや生じない。したがって，利益数値はこれらの影響および関連する税効果を取除くように調整される。配当および利息以外の収益または費用の増減には，取引費用，および実効金利法に従って会計処理される割引額が含まれる（**第 3 巻 6 章「金融商品：測定」**参照）［IAS 第 33 号 34 項］。

加えて，企業は利益連動型給与またはその他の賞与スキームを運用していることがある。潜在的普通株式に関連する純損益の調整は，利益連動型スキームにおいて従業員に対する支払額に影響を及ぼすかもしれない（例えば，利息費用の減少により利益が増加した場合，従業員に支払われる利益も増加するかもしれない）。希薄化後 EPS 算定の利益調整には，このスキームに関連して支払われるインセンティブや賞与の影響およびその結果生じる税効果が含まれるべきである［IAS 第 33 号 35 項］。

一部の報酬制度は企業の株価に基づいてはいるが，実際には株式を発行しないものがある（例えば，ファントム株式およびフォーミュラ・プラン）。むしろ，この制度における従業員に対する報酬は，すべて現金で決済される。このような性質を有する制度については，EPS の算定は，この制度の存在

による影響を受けない（普通株主に帰属する純損益に対する費用として計上される報酬費用の影響を除く）。

5.1.2　株式数の調整—一般

希薄化後EPSの算定に使用される株式数は，基本的EPSの分母として使用される普通株式の加重平均株式数と，すべての希薄化性潜在的普通株式の転換時に発行されるであろう普通株式の加重平均株式数の合計である［IAS第33号36項］。

希薄化性潜在的普通株式の加重平均株式数の算定は，以下のとおりとなる［IAS第33号36項－38項］。

- 希薄化性潜在的普通株式は，当期の期首に，または潜在的普通株式の発行日が期首以降である場合にはその発行日に，普通株式に転換されたとみなされる。
- 希薄化性潜在的普通株式数は，表示されている各期間で独立して決定される。期首からの累計期間に含まれる希薄化性潜在的普通株式数は，各期中での算定に含まれる希薄化性潜在的普通株式の加重平均ではない。
- 当期中に失効したまたは消却された潜在的普通株式は，発行済となっていた期間について含める。
- 当期中に普通株式に転換された潜在的普通株式は，実際の行使前の期間について含める。

潜在的普通株式の条件は，希薄化性潜在的普通株式の転換時に発行されるであろう普通株式数の決定に使用される。転換について複数の基準が存在する場合，その算定は，潜在的普通株式保有者の観点から最も有利な転換率または行使価格を仮定する［IAS第33号39項］。これは，最も希薄化する転換率または行使価格が希薄化後EPSの算定において考慮されることを確実にする。

金融負債が株式発行の対価として免除される場合（転換社債の場合のように），分母に加えられる株式数は，転換社債がすべて転換されたと仮定して保有者に発行されるであろう株式数である。これは，よく「転換仮定方式」（if-converted method）といわれる。この方式は，どの平均株価を転換可能負債の行使価格と比較するかを考慮していない。すなわち，転換オプションが「イン・ザ・マネー」でなく保有者が転換による経済的インセンティブを有していなかったとしても，転換可能負債は EPS の算定上，希薄化効果を有することがある。

普通株式を引渡す単独のワラントおよびオプションについては，異なるアプローチが使用される。このアプローチは，平均株価をオプションの行使価格と比較することにより希薄化効果を判定する。このアプローチは，無償でどれだけの株式が発行されるかを示しており，そのため，転換仮定方式とは異なり，売建オプションが「イン・ザ・マネー」となる範囲を考慮に入れている。これは，「自己株式方式（treasury stock method）」といわれる。

分母の調整額を算定する 2 つの異なるアプローチの存在により，非常に類似した契約について異なる EPS の金額となることがある。例えば，転換社債の発行において，転換仮定方式を適用すると，自己株式方式を適用する単独のワラントを加えた社債の発行と比べて分母の調整がより大きくなるであろう。

EPS の算定に使用された仮定の変更または潜在的普通株式の転換について，表示されている過年度の希薄化後 EPS の修正再表示は行うべきではない［IAS 第 33 号 65 項］。

5.2　希薄化性潜在的普通株式の識別

本章 5.1 で言及したように，逆希薄化性潜在的普通株式は，希薄化後 EPS の算定において無視される。そのため，企業が発行しているすべての潜在的普通株式を識別した後の次のステップは，これらのうちいずれが希薄化効果を有し，いずれが逆希薄化効果を有するかを判定することである。

5.2.1　希薄化性潜在的普通株式を識別するためのステップ

潜在的普通株式は，普通株式への転換により**継続事業からの** 1 株当たり利益が減少する場合，または 1 株当たりの損失が増加する場合，希薄化効果を有するものとして扱われる［IAS 第 33 号 41 項］。

IAS 第33号は，以下に示すように，いずれの潜在的普通株式が希薄化効果を有するかを決定する際に従うべきステップを明確にしている。潜在的普通株式は異なる種類ごとにテストされる。テストする順序は，各企業の選択に委ねられてはおらず，本基準により規定されている［IAS 第33号44項］。

ステップ1	企業は，発行済潜在的普通株式を異なる種類ごとにリストアップする。例えば，5%の転換社債は，7%の転換社債とは別個に検討することになる。
ステップ2	潜在的普通株式の各種類について，企業は，潜在的普通株式が会計年度の初日（または初日より後の場合には潜在的普通株式の発行日）に転換された場合，どのように純利益に影響を及ぼすかを判定する。この目的のための純利益の調整は，**本章5.8**で要約されている調整と同一である。
ステップ3	潜在的普通株式の各種類について，企業は次に，潜在的普通株式が株式に転換された場合に発行されるであろう株式数を（本基準のルールに従って）算定する。例えば，企業が100,000の普通株式に転換可能な社債を保有している場合，発行される株式数は100,000となる。しかし，同じ企業が100,000のストック・オプションを付与している場合，この算定に使用される株式数は100,000ではなく，無償で発行されたとみなされる株式数となる（**本章5.4.3**参照）。さらに，この段階ですべてのオプションが検討されるわけではない（この検討に含まれるオプションについては，**本章5.4.3.1**参照）。
ステップ4	次に，潜在的普通株式の各種類について，増加株式を発行する場合に生み出されるであろう「増加株式1株当たり利益（earnings per incremental share）」をもたらすような，転換時に発行されるであろう株式数で，純利益調整額を除す。
ステップ5	この増加株式1株当たり利益をランク付する ― 新株1株当たり利益の増加が最小のものは最初に，最大のものは最後にランク付される。オプションおよびワラントは，通常，利益効果を有しないため最初のランク付となる。
ステップ6	次に，最初にランク付される潜在的普通株式について，継続事業からの純利益の増加および株式数を増加させることにより，継続事業からの1株当たり利益（**本章5.2.2**参照）を調整する。
ステップ7	「調整前」と「調整後」を比較する。継続事業からの調整後1株当たり利益が小さくなる場合，潜在的普通株式は希薄化効果を有する。これを，潜在的普通株式の種類ごとに，逆希薄化性潜在的普通株式だけが残るまで，ランク付に従って順番に繰返す。
ステップ8	希薄化後EPSは，ステップ7において識別された希薄化性潜在的普通株式の効果について，基礎的EPSを調整することにより算定される。

5.2.2 継続事業からの1株当たり利益

どの潜在的普通株式が希薄化効果を有するかを判定するために，IAS 第33号は，普通株式への転換による親会社に帰属する継続事業からの純損益に対する効果の分析を求めている［IAS 第33号42項］。

本章4.1で検討したように，継続事業からの1株当たり損益は以下のように算定される。

$$\frac{\text{優先株式の効果調整後および非継続事業に関連する項目除外後の親会社の株主に帰属する純損益}}{\text{基本的EPSの算定に使用される加重平均株式数}}$$

5.2.3　設　例

以下はIAS 第 33 号に附属する設例 9 を記載したもので，希薄化性潜在的普通株式を識別するプロセスを示している。

設例5.2.3

加重平均株式数の算定：希薄化金融商品を含める順序の決定

[IAS第33号 設例9]

利益	(単位：CU)
親会社に帰属する継続事業からの純利益	16,400,000
控除：優先株式への配当	(6,400,000)
親会社の普通株主に帰属する継続事業からの純利益	10,000,000
親会社に帰属する非継続事業からの純損失	(4,000,000)
親会社の普通株主に帰属する純利益	6,000,000
発行済普通株式	2,000,000
期中の普通株式 1 株当たりの平均市場価格	CU 75.00

潜在的普通株式

オプション	行使価格 CU 60 で 100,000
転換可能優先株式	1 株当たり CU 8 の累積配当の権利が付与されている額面価額 CU 100 の株式 800,000 株。各優先株は普通株式 2 株に転換可能である。
5％転換社債	名目元本 CU 100,000,000。社債 CU 1,000 につき普通株式 20 株に転換可能となっている。金利費用の算定に影響を与えるようなプレミアムまたはディスカウントの償却は存在しない。
税率	40％

潜在的普通株式の転換による普通株主に帰属する利益の増加

(単位：CU)

	利益の増加	**普通株式数の増加**	**増加株式 1 株当たり利益**
オプション			
利益の増加	0		
無償発行の増加株式			
100,000×（CU 75 － CU 60）÷ CU 75		20,000	0
転換可能優先株式			
純利益の増加			

（単位：CU）

	利益の増加	普通株式数の増加	増加株式1株当たり利益
CU 800,000×100×0.08	6,400,000		
増加株式			
2×800,000		1,600,000	4.00
年利５%転換社債			
純利益の増加			
CU 100,000,000×0.05×（1－0.40）	3,000,000		
増加株式			
100,000×20		2,000,000	1.50

したがって，希薄化金融商品を含める順序は以下のとおりとなる。

（1）　オプション

（2）　年利５%転換社債

（3）　転換可能優先株式

希薄化後1株当たり利益の算定

（単位：CU）

	親会社の普通株主に帰属する継続事業からの純利益（判定用数値）	普通株式	1株当たり	
計上額	10,000,000	2,000,000	5.00	
オプション	－	20,000		
	10,000,000	2,020,000	4.95	希薄化
年利５%転換社債	3,000,000	2,000,000		
	13,000,000	4,020,000	3.23	希薄化
転換可能優先株式	6,400,000	1,600,000		
	19,400,000	5,620,000	3.45	逆希薄化

希薄化後１株当たり利益は，転換可能優先株式を考慮に入れると（CU 3.23からCU 3.45に）増加するため，転換可能優先株式は逆希薄化となり，希薄化後１株当たり利益の算定では無視される。したがって，継続事業からの純利益に対する希薄化後１株当たり利益はCU 3.23となる。

（単位：CU）

	基本的 EPS	希薄後 EPS
親会社の普通株主に帰属する継続事業からの純利益	5.00	3.23
親会社の普通株主に帰属する非継続事業からの純損失	(2.00) [a]	(0.99) [b]
親会社の普通株主に帰属する純利益	3.00[c]	2.24[d]

注：

a　(CU 4,000,000) ÷2,000,000＝(CU 2.00)

b　(CU 4,000,000) ÷4,020,000＝(CU 0.99)

c　CU 6,000,000÷2,000,000＝CU 3.00

d　(CU 6,000,000＋CU 3,000,000) ÷4,020,000＝CU 2.24

5.2.4　希薄化後EPSは基本的EPSより大きくなり得るか

企業が非継続事業を報告する場合，総利益に係る希薄化後 EPS が基本的 EPS より大きくなる可能性がある。この理由は，IAS 第 33 号では，潜在的普通株式の転換が**継続事業からの** 1 株当たり利益を減少または 1 株当たり損失を増加させる場合，潜在的普通株式を希薄化効果を有するものとして扱うためである。一方，基本的 EPS および希薄化後 EPS はともに，継続事業からの純損益および純損益の総額の両方について算定される。したがって，継続事業について，希薄化後 EPS は基本的 EPS を決して超えることはないが，純損益の総額について算定する場合には，希薄化後 EPS が基本的 EPS を超える可能性がある。

IAS 第 33 号の適用指針では，以下の例をあげている [IAS 第 33 号 A3 項]。

設例5.2.4A

判定用数値

[IAS第33号A3項]

企業は，親会社に帰属する継続事業からの純利益 CU 4,800，親会社に帰属する非継続事業からの純損失 CU 7,200，親会社に帰属する純損失

CU 2,400，および発行済の普通株式2,000株および潜在的普通株式400株を有していると仮定する。企業の基本的1株当たり利益は，継続事業ではCU 2.40，非継続事業ではマイナスCU 3.60，当期純損益ではマイナスCU 1.20である。400株の潜在的普通株式の純損益への影響がないと仮定すると，その結果継続事業の1株当たり利益CU 2.00は希薄化効果を有するため，この400株の潜在的普通株式は希薄化後1株当たり利益の算定に含まれる。親会社に帰属する継続事業からの純利益が判定用数値となるため，この400株の潜在的普通株式を算定に含めた場合の1株当たり利益の金額が，比較対象となる基本的1株当たり利益に対し逆希薄化効果を有している，すなわち，1株当たり損失がより少ない（非継続事業からの1株当たり損失〔CU 3.00〕および1株当たり損失〔CU 1.00〕）としても，企業は，もう一方の1株当たり利益の算定にこの400株の潜在的普通株式も含める。

5.3 転換型の負債または資本性金融商品

5.3.1 アプローチ

普通株式への転換は，当期の初日，または転換型金融商品の発行が初日より遅い場合には転換型金融商品の発行日に起こると仮定する。

数学的に，転換可能型金融商品について，（転換可能優先株式の場合には）転換により取得可能な普通株式1株について当期に宣言または累積される配当額が基本的EPSを超える場合，または（転換型負債性金融商品の場合には）転換により取得可能な普通株式1株当たりの税金控除後の利息および類似の費用が基本的EPSを超える場合には，常に逆希薄化効果を有する［IAS第33号50項］。

転換型金融商品の転換価格に関連する普通株式の現在価値は，それ自体，金融商品が希薄化効果または逆希薄化効果を有しているかどうかの決定要因ではない。

転換仮定法（**本章5.1.2参照**）の適用において，逆希薄化効果がある場合には，希薄化後EPSの算定において転換は想定しない。転換可能負債は，転換により取得可能となる普通株式 1 株当たりの利息（税金および収益または費用のその他の変動を控除後）が基本的 1 株当たり利益を超える場合はいつでも，逆希薄化効果を有する。転換可能優先株式は，転換により取得可能となる，当期に宣言または累積した普通株式 1 株当たりの配当が基本的 1 株当たり利益を超える場合はいつでも，逆希薄化効果を有する [IAS 第 33 号 50 項]。

例えば，会社 A は，当初の転換条件に従って普通株式 1 株当たり CU 10 の割合で転換する転換可能負債を有している。転換可能負債の発行日における会社 A の普通株式の市場価格は 1 株 CU 8 であった。報告期間の末日までに，会社 A の株価は 1 株当たり CU 6 まで下落した。たとえ経済的に合理的な人がこの時点で当該負債を普通株式に転換することは想定されないとしても，転換により取得可能な普通株式 1 株当たりの利息費用（税金およびその他の調整額の控除後）が基本的 EPS を超えない場合，転換可能負債は希薄化後 EPS の算定に含められる。いいかえれば，この金融商品は，利息費用を加算することによる利益調整額が株式数の増加による調整よりも相対的に大きい場合，すなわち，分子の増加が分母の増加より大きい場合に，会社 A にとって逆希薄化効果を有する。例を示すと，会社 A が発行済普通株式 1,000 株を有し，利益が CU 500 であった場合，基本的 EPS は CU 0.50 となる。転換可能負債の利息費用が CU 50 であり，転換可能負債の条件のもとで潜在的に発行される普通株式数が 100 株である場合，転換可能負債は希薄化効果を有しない。これは，利益の調整額と株式数の調整がまさしく比例するため（(CU 500＋CU 50）／（1,000＋100）＝CU 0.50）である。転換可能負債のもとで発行される可能性のある普通株式 1 株当たり利息費用が CU 0.50 より小さい場合，この転換可能負債は希薄化効果を有する。

5.3.2　利益の調整

この調整は，純損益に認識した潜在的普通株式に関連する金融費用の税引後の金額（および**本章 5.1.1** で論じたような結果として起こる調整）である。

負債性金融商品について，これは以下の税引後の影響額である。

- 認識された利息費用
- 発行費用の償却
- 金融商品に関して純損益に計上された公正価値からのすべての利得または損失（例えば，当金融商品が純損益を通じて公正価値で測定されるものとして指定されている，または当金融商品が公正価値ヘッジの対象であるため）
- 償還プレミアムまたはディスカウントの償却

株式について，この調整は以下の税引後の影響額となる。

- 当期に認識された配当金
- 発行費用の償却
- 当金融商品が純損益を通じて公正価値で測定される場合の公正価値からの利得または損失
- 償還プレミアムまたはディスカウントの償却

転換型金融商品の希薄化後 EPS を決定するための算定は，転換仮定方式（if-converted method）（**本章 5.1.2** 参照）とよばれることが多い。

設例5.3.2

転換型金融商品から生じる利益への調整

企業の 20X5 年 12 月 31 日終了年度の普通株主に帰属する純利益は，CU 7,400,000 である。この企業は，以下のような 3 つの異なる種類の潜在的普通株式を有する。

- 6％転換型償還可能社債 CU 1 百万（20X2 年発行）
- 8％転換社債 CU 1 百万（20X5 年 7 月 1 日発行）
- 額面 CU 1 の 17％配当転換可能優先株式 1 百万株（20X3 年発行）

20X5 年 12 月 31 日終了年度の純損益に認識された金融費用（および関連する税効果）は，以下のとおりである。

（単位：CU）

	当年度に純損益に認識された金融費用	関連する税金の減少	税金費用控除後
6％社債※	70,000	21,000	49,000
8％社債※※	40,000	12,000	28,000
優先株式	170,000	−	170,000

※　未払償還プレミアムを含む。

※※ 社債は 20X5 年 7 月 1 日に発行されているため，金融費用は同日から算定される。

右側の列の「税金費用控除後」は，潜在的普通株式が希薄化効果を有する場合（**本章 5.3.1** 参照），希薄化後 EPS の算定において純利益を調整するために使用される。

転換可能優先株式の償還または誘引された転換は，過去に発行済となっている転換可能優先株式の一部のみに影響を与えることがある。そのような場合には，対価の超過額（**本章 4.1.2.2** に記載されている）は，残存する発行済優先株式が希薄化効果を有するかどうか判定するうえで，償還または転換される当株式に帰属するものとする。償還または転換される株式は，償還または転換されていない株式とは別個に検討する［IAS 第 33 号 51 項］。

5.3.3　株式数の調整

（希薄化効果を有する転換型金融商品に関する）この調整においては，すべての転換型金融商品の所有者が普通株式への転換権をすべて行使すると仮定する。異なる転換率が異なる日に許可される場合，使用される転換率は，潜在的普通株式の所有者にとって最も有利な転換率または行使価格を想定しなければならない。

5.3.4　優先株式を普通株式と交換するオプション

設例5.3.4

優先株式を普通株式と交換するオプション

会社 A は，行使された場合，会社 A の優先株式（それぞれ額面 CU 2,750）と引換に，優先株式 1 株について会社 A の普通株式 500 株を交換する権利を所有者に与えるオプション 1,000 個を発行した。このオプションが発行された日に，会社 A の普通株式は 1 株当たり CU 5 で取引されていた。この優先株式は，毎年額面の 10%の配当金を支払う。翌年度の会社 A の純利益は CU 15 百万，発行済加重平均株式数は 4 百万株，会社 A の普通株式の平均市場価格は 1 株当たり CU 15 であった。

このオプションの条件は，所有者に優先株式を提供する権利を与えているため，このオプションの効果は，優先株式 1,000 株を転換型金融商品に交換することである。そのため，希薄化後 EPS の影響は，その他の転換型金融商品として算定される。このオプションの行使は EPS に対して希薄化効果を有し，以下のように算定される。

	基本的	**調整**	**希薄化後**
普通株主に帰属する純利益	CU 15,000,000	CU 275,000[a]	CU 15,275,000
除数：			
加重平均発行済株式	4,000,000	500,000[b]	4,500,000
1 株当たり利益	CU 3.75		CU 3.39

a　分子の調整（CU 2,750×1,000×10%）＝CU 275,000

b　分母の調整（1,000 個のオプション×500 株）＝500,000

5.4　オプション，ワラントおよび類似項目

5.4.1　アプローチ

IAS 第 33 号は，無償で発行されるとみなされる株式数についてのみ株式数を増加させるオプションおよびワラント（ならびに現金収入をもたらすその他の潜在的普通株式）を取扱っている。これは，一般に「自己株式方式（treasury stock method)」（**本章 5.1.2** 参照）とよばれる。

単純化するため，この後の本セクションではオプションについてのみ触れる。このルールは，ワラントおよびその他の同等の金融商品についても同様に適用される。

株主割当は既存株主に対するオプションの発行と類似している（**本章 4.2.3.3** 参照）。株主割当の発行日後，権利行使する前に，希薄化後 EPS は，その他のオプションと同じ方法で，希薄化効果を有する範囲でこの権利を検討しなければならない。

自己株式の先渡売却契約は，実質的には，先渡売却価格での売建コール・オプションおよび先渡売却価格での買建プット・オプションと類似している。IAS 第 33 号 62 項（**本章 5.6** 参照）に整合して，買建プット・オプションは希薄化効果を有しない。売建コール・オプションの分母への影響は，IAS 第 33 号 45 項（**本章 5.4.3** 参照）に従って算定しなければならない。先渡売却契約が，純損益を通じて公正価値で測定するデリバティブとして認識されている場合，利益に認識された利得または損失は，希薄化後 EPS の算定において調整されなければならない。

5.4.2　利益の調整

潜在的普通株式であり，IAS 第 32 号「金融商品：表示」で資本として分類されるオプションの場合，資本性金融商品は再測定されず，そのため，その存続期間において利益への影響はないため，希薄化後 EPS を算定する際に，分子に対する調整は行われない。

反対に，IAS 第 32 号 11 項の資本の定義を満たさない（例えば，機能通貨である固定額の現金または発行者の他の金融資産と，固定数の株式との交換ではないため，オプションが IFRS 第 9 号「金融商品」〔または，IFRS 第 9 号を未適用の企業は，IAS 第 39 号「金融商品：認識および測定」〕）で，純損益を通じて公正価値で測定される金融負債（FVTPL）として分類される場合，オプションの公正価値の変動は当金融商品の存続期間にわたって直接利益に認識される。このオプションが希薄化効果を有すると判断される場合（下記参照），株式がオプションの条件に従って報告期間の開始日に（または，オプション契約の締結が報告期間の途中である場合はそれ以降に）発行された場合の利益に与える影響を反映するために，希薄化後 EPS の算定において分子の利益金額を調整しなければならない。

この分類のなかに入る金融商品には，固定数の株式と変動額の現金との交換，または固定数の株式と固定額の現金との交換で決済されるが純額決済の選択肢を有する売建コール・オプションまたは先渡売却契約が含まれる。そのような金融商品について（それが希薄化効果を有すると仮定すると），希薄化後 EPS の分子の利益額は公正価値からの純損益（税効果控除後）を調整しなければならない。

潜在的普通株式は，希薄化効果を有する場合にのみ，希薄化後 EPS の算定に含まれる。IAS 第 33 号 44 項のもとでは，潜在的普通株式が希薄化効果または逆希薄化効果を有するかどうかを判定するにあたり，潜在的普通株式の各発行またはシリーズは，希薄化効果が最も高いものから最も低いものへの順序で，個別に検討される（**本章 5.4.3.1** 参照）。FVTPL で測定される潜在的普通株式であるオプションの場合，分子に対する調整は利益または損失になる可能性があるため，オプションが希薄化効果を有するかどうかを判定する際に，留意が必要である。

資本として分類され，そのため，利益に影響を及ぼさない潜在的普通株式は，通常希薄化効果が最も高い。

5.4.3　株式数の調整

希薄化後 EPS を算定する目的上，希薄化効果を有するすべてのオプションが行使されると仮定する。これらの金融商品からの想定される入金額は，期中における平均市場価格での普通株式発行により受領したものとみなされる。実際に発行された普通株式数と期中に平均市場価格で発行されたであろう普通株式数との差は，無償で発行された普通株式として取扱われる［IAS 第 33 号 45 項］。

IAS 第 33 号は，「期中の普通株式の平均市場価格」が何を意味するかについて追加的な指針を提供していない。本基準は，オプションまたはワラントが報告期間中に発行される場合，「平均市場価格」が，オプションまたはワラントが発行されている期間のみか，または報告期間全体の平均のいずれをとるべきかを規定していない。

論理的には，オプションまたはワラントの発行前の普通株式の公正価値は，当オプションまたはワラントが希薄化効果を有するか逆希薄化効果を有するかどうかには関係ない。したがって，（1）オプションまたはワラントが発行されている期間と，（2）報告期間のいずれか短い方の平均を使用するべきである（**本章 5.4.3.3** 参照）。

設例5.4.3A

現金または株式で決済される取得の対価

会社 A は会社 B を取得する。購入価格 CU 16 百万は，取引完了時に CU 3 百万，1 年後に CU 10 百万，2 年後に CU 3 百万の 3 分割で支払われることになっている。売手の選択により，最後の支払は現金または会社 A の普通株式 100,000 株のいずれかで行われる。

最終の支払条件は会社 A にとって売建コール・オプションを構成する。売手である会社 B は，行使価格 CU 3 百万で 100,000 株を購入する可能性がある。この売建コール・オプションの行使または失効前に，希薄化後 EPS は IAS 第 33 号 45 項に従って（すなわち，自己株式法を使用して）算定しなければならない。

希薄化後 EPS を算定するには，潜在的普通株式は以下の 2 つで構成されているものとして取扱われる［IAS 第 33 号 46 項］。

- 一定数の普通株式を期中の平均市場価格で発行するという契約。このような普通株式は公正に値付されており，希薄化効果も逆希薄化効果も有しないと仮定される。これらは，希薄化後 EPS の算定において無視される。
- 残りの普通株式を無償で発行するという契約。このような普通株式は，入金も発生しないし，発行済普通株式に帰属する純損益にも影響しない。したがって，これらの株式は希薄化効果を有しており（少なくとも利益が出ている企業にとって — 継続事業からの純損失を計上している企業については**本章 5.4.3.1** 参照），希薄化後 EPS の算定において発行済普通株式数に加算される。

以下の表は，希薄化後 EPS の算定に関するステップを要約したものである。

ステップ 1	すべてのオプションが契約上の行使価格で行使された場合に受領するであろう入金額を算定する。
ステップ 2	当期の平均市場価格で発行された場合に同じ入金額を生み出すことになる株式数を算定する。すなわち，以下のとおり算定する。 ● 当会計期間の普通株式の平均市場価格を算定する。 ● この平均市場価格でステップ 1 の入金額を除す。
ステップ 3	オプションの発行に内包されている無償株式数を算定する。すなわち，以下のとおり算定する。 ● すべてのオプションが行使された場合に発行されるであろう総株式数を算定する。 ● この総株式数からステップ 2 の平均市場価格で発行されるとみなされる株式数を控除する。
ステップ 4	結果として生じた特別配当株を，無償で発行された株式数として取扱う。

以下は IAS 第 33 号の設例 5 を記載したもので，株式オプションの希薄化後 EPS への影響を示している。

設例5.4.3B

株式オプションの希薄化後1株当たり利益への影響

[IAS第33号 設例5]

20X1 年の親会社の普通株主に帰属する純利益	CU 1,200,000
20X1 年の発行済普通株式の加重平均株式数	500,000 株
20X1 年の普通株式 1 株当たりの平均市場価格	CU 20.00
20X1 年のオプションの対象となる株式の加重平均株式数	100,000 株
20X1 年の株式オプションの行使価格	CU 15.00

1株当たり利益の算定

	利益	株式数	1株当たり
20X1 年の親会社の普通株主に帰属する純利益	CU 1,200,000		
20X1 年の発行済株式の加重平均済株式数		500,000	
基本的 1 株当たり利益			CU 2.40
オプションの対象となる株式の加重平均株式数		100,000	
平均市場価格で発行されていたであろう株式の加重平均株式数：(100,000×CU 15.00) ／ CU 20.00	※	(75,000)	
希薄化後 1 株当たり利益	CU 1,200,000	525,000	CU 2.29

※ 合計株式数は無償で発行されたとみなされる株式数（25,000）のみにより増加しているため，利益は増加していない（本基準 46 項（b）参照）。

5.4.3.1　希薄化効果を有するオプションの識別

希薄化性潜在的普通株式のみが希薄化後 EPS の算定に含まれる。

IAS 第 33 号 46 項は，オプションおよびワラントは，期中に普通株式の平均市場価格より低い金額で普通株式が発行される場合には希薄化効果を有すると規定している。売建コール・オプションについては，希薄化の金額は，期中の普通株式の平均市場価格から発行価格を差引いたものである。売建プット・オプションについては，希薄化の金額は，期中の普通株式の平均市場価格から買戻価格を差引いたものである。オプションおよびワラントは，期中の普通株式の平均市場価格が当オプションまたはワラントの行使価格を超える場合（すなわち，「イン・ザ・マネー」の場合）にのみ希薄化効果を有する［IAS 第 33 号 47 項］。

設例5.4.3.1

希薄化効果を有するオプションの識別

20X1 年 1 月 1 日および 12 月 31 日に，企業は以下の売建コール・オプション残高を有していた。

オプションの対象となる株式数	行使価格（CU）	期中平均株価（CU）	希薄化（D）または逆希薄化（A）	無償で発行されるとみなされる株式数
10,000	7	10	D	3,000
5,000	8	10	D	1,000
15,000	9	10	D	1,500
10,000	12	10	A	－
20,000	11	10	A	－
				5,500

企業が継続事業からの純損失を計上している場合，イン・ザ・マネーにあるオプションを行使すると，この損失が割当てられる株式数が増加するため，1 株当たり損失が減少することになる。そのため，希薄化が IAS 第 33 号 5 項において，オプションが行使されるという仮定の結果として生じる 1 株当たり利益の減少または 1 株当たり損失の増加と定義されるため，イン・ザ・マネーにあるオプションは，このような企業にとっては希薄化効果を有しないことになる。

このことから，継続事業からの純損失を計上している企業にとって，アウト・オブ・ザ・マネーにあるオプションは希薄化効果を有すると考えるべきかという疑問が生じる。IAS 第 33 号が採用する希薄化に対するアプローチのもとで，オプション所有者は（不合理にも）これらの株式に対して過大な支払を行うことになり，企業は無償で負の株式数を発行する（すなわち，一部の株式を無償で買戻す）ことに等しい。したがって，アウト・オブ・ザ・マネーのオプションの行使は，この方式が適用される場合，株式数の減少をもたらすため，1 株当たり損失の増加は計算上正しいことになる。

IAS 第 33 号 5 項における希薄化の定義は，アウト・オブ・ザ・マネーのオプションが希薄化効果を有すると考えられると明らかに導いているかもしれないが，IAS 第 33 号 47 項は，「オプションおよびワラントは，期中の普通株式の平均市場価格が当オプションまたはワラントの行使価格を超える場合（すなわち，「イン・ザ・マネー」の場合）にのみ希薄化効果を有する」と規定している。

したがって，所有者がアウト・オブ・ザ・マネーのオプションを行使することは経済的に不合理であることから，アウト・オブ・ザ・マネーのオプションは継続事業からの純損失を計上している企業にとっては希薄化効果を有すると取扱うべきではないように思われる。

5.4.3.2　株式に基づく報酬

IFRS 第 2 号「株式に基づく報酬」が適用されるストック・オプションおよびその他の株式に基づく報酬契約を取扱う場合，前述の算定目的における発行価格および行使価格は，当ストック・オプションまたはその他の株式報酬契約において，将来，企業に提供される財貨またはサービスの公正価値（IFRS 第 2 号に従って測定される）を含まなければならない［IAS 第 33 号 47A 項］。

上記の IFRS 第 2 号に従って公正価値を測定することへの参照は，企業が IFRS 第 13 号「公正価値測定」を適用するときに追加される（**本章設例 5.4.3.2** の記述参照）。

条件があらかじめ定められている，または算定可能で，かつ権利未確定の普通株式を伴う従業員ストック・オプションは，権利確定に条件があるとしても，希薄化後 EPS の算定ではオプションとして扱われる。それらは付与日に発行済として取扱う［IAS 第 33 号 48 項］。

条件があらかじめ定められている，または算定可能で，かつ権利未確定の普通株式を伴う従業員ストック・オプションの希薄化効果は，自己株式方式を使用して算定される。仮定行使価格には，将来のサービスに関連することから，いまだ認識されていない，IFRS 第 2 号に基づき算定される残額とともに，オプションの行使時に従業員が支払わなければならない金額を含めることになる。IFRS 第 2 号のもとで持分決済型として扱われる株式に基づく報酬について，期日までの IFRS 第 2 号に基づく費用は行使時に節減されないため，分子は調整されない。IFRS 第 2 号に基づく費用は，従業員サービスのコストの一部であり，従業員は引続きサービスを提供する。IFRS 第 2 号のもとで現金決済型として扱われる株式に基づく報酬について，契約全体が資本性金融商品として分類される（契約が持分決済型として扱われる）場合，損益に認識されなかったであろう損益金額についてのみ分子が調整されることになる。

例えば，従業員が現金を受取るか株式を受取るか選択できる場合，スキームはIFRS第2号のもとで現金決済型として扱われることになるが，それにもかかわらず，IAS第33号のもとでは希薄化性潜在的普通株式を生じさせることがある。

以下はIAS第33号の設例5Aを記載したもので，従業員ストック・オプションの行使価格の算定を示している。

設例5.4.3.2
従業員ストック・オプションの行使価格の算定

[IAS第33号 設例5A]

従業員1人当たり加重平均権利未確定ストックオプション数	1,000
ストック・オプションの対価として従業員のサービスが提供される期間である権利確定期間の残余期間にわたって認識され，IFRS第2号「株式に基づく報酬」に従って算定される，従業員1人当たり加重平均額	CU 1,200
権利未確定ストック・オプションの現金による行使価格	CU 15

調整後行使価格の算定

従業員1人当たりの未履行サービスの公正価値：	CU 1,200
オプション1単位当たりの未履行サービスの公正価値：(CU 1,200÷1,000)	CU 1.20
ストック・オプションの行使価格総額：(CU 15.00＋CU 1.20)	CU 16.20

IFRS第13号による修正以前に，IAS第33号47A項は，「将来，企業に提供される財貨またはサービスの**公正価値**」**（強調追加）**を，ストック・オプションまたは株式に基づく報酬契約について行使価格の調整として含めなければならないと規定している。希薄化後EPSの算定において公正価値を文字どおりに適用するには，各報告期間末ごとに提供される財貨またはサービスの現在価値の再測定が要求されることとなり，付与日において算定される，まだ純損益に認識されていない公正価値とは対照的である。実務上，重要性の理由から，企業は一般的に後者のアプローチを適用しており，

各報告期間末ごとに公正価値の再測定を行っていない。これは，先に記載したIAS第33号附属の設例5Aと整合している。前述のとおり，IFRS第13号を採用するに際して，IAS第33号47項にも派生的に修正が行われ，「公正価値」がIFRS第2号に従って測定されることが明確にされた。

IAS第33号は，想定される従業員オプションの行使からの入金額が，従業員オプションの行使時に資本に貸方計上される税制上の優遇を含むかどうかについて，明確な指針を提供していない。2008年8月に，IASBは公開草案「1株当たり利益の簡略化」を公表し，そのなかで，入金額が「ストック・オプションまたはその他の株式に基づく報酬契約の行使時に資本に貸方計上されるであろう税制上の優遇（もしあれば）」を含むことを記述していた。基準として最終化されていないが，この提案は，IAS第33号が入金額の定義から，これらの税効果を除外することを意図していないことを明確化しようとしていた。このアプローチは，米国の同等の基準であるASC 260「1株当たり利益」と整合している。

成果主義の従業員ストック・オプションは，その発行が時間の経過以外にも特定の条件を満たすことを条件としているため，条件付発行可能株式として扱う［IAS第33号48項］。条件付発行可能株式は**本章5.5**により詳細が記載されている。

5.4.3.3 期中の平均市場価格の算定

希薄化後EPSを算定する際，発行されると仮定する普通株式の平均市場価格は，期中の普通株式の平均市場価格に基づいて算定される。理論的には，期中のその企業の株式のすべての市場取引を使用して平均市場価格を算定することもできる。しかし，実務上は，週次または月次の終値の単純平均価格が通常適切であろう［IAS第33号A4項］。

採用されている期間，週または月で価格が大きく変動している場合，当期間の高値と安値の平均は，通常，単に当期間の終値を使用するよりも，より実態を表す価格となる［IAS第33号A5項］。

平均市場価格を算定するために使用される方法は，状況が変化したために実態を表さなくならない限り，一貫して使用しなければならない。例えば，価格が比較的安定していた数年間にわたり平均市場価格の算定に市場価格の終値を使用している企業は，価格が大きく変動し始めて，終値がもはや実態を表す平均価格でなくなった場合には，高値と安値の平均に変更することが必要かもしれない[IAS 第33号 A5 項]。

設例5.4.3.3A

取引量が限定されている場合の平均市場価格の算定

会社Aの株式は，店頭市場で取引されている。20X1年の第4四半期中，会社Aの株式が取引されたのは15日間だけであった。第4四半期中の取引頻度は，会社Aの普通株式の正常な取引量を表している。

自己株式方式の適用において，限られた取引価格の平均を使用すべきか，または他の方法がより適切であるか。

企業の普通株式が極めて不規則な状況（例えば限定的な取引量）で取引されている場合，普通株式の終値の平均が意味をなさない場合には，平均通常取引価格を算定するために，期間中の普通株式のビッド価格とアスク価格の平均を使用することが容認されるであろう。この方式は，企業の普通株式が定期的に取引され，終値の平均が有効な平均通常株価となるまで適用しなければならない。

潜在的普通株式の場合と同様に，オプションは，会計期間の初日，または初日より後の場合にはオプションまたはその他の潜在的普通株式が付与された日に，普通株式に転換されたかのように，希薄化後EPSの算定に含める。オプションが年度の途中において付与されている場合，平均市場価格をオプションが付与された日から年度末までの平均とすべきか，会計期間全体の平均とすべきかについて疑問が生じる。これについては以下の設例で説明する（**本章5.4.3** 参照）。

設例5.4.3.3B

一部の期間にのみ発行されているオプション

企業の株価は，1月1日から4月30日までの4ヵ月間はCU 3，5月1日から8月31日までの4ヵ月間はCU 4，9月1日から12月31日までの4ヵ月間は CU 5 である。したがって，年間の平均価格は CU 4 となる。

7 月 1 日に，企業はそのときの市場価格である 1 株当たり CU 4 で行使可能なオプション 100,000 個を付与する。

7 月 1 日から 12 月 31 日までの平均価格は CU 4.67 である。

説明されている状況では，年間の平均と比較した場合，株式は希薄化効果も逆希薄化効果も有しないが，オプションが付与された日以降の平均価格と比較した場合は希薄化効果を有する。

年間の平均を使用すると希薄化効果は有しないという結果になるが，オプションの付与日からの平均を使用すると希薄化効果を有するという結果となる。IAS 第 33 号を文字どおりに読むと前者のアプローチを指向しているといえるが，後者のアプローチが発生したことの実質を反映しているとすれば，企業はオプションの付与日からの平均を使用しなければならないとするのが適切であるように思われる。

オプションが当年度中に行使された場合，同様の考え方が当てはまる。

5.4.3.4　転換型金融商品を購入するためのオプション

転換型金融商品を購入するためのオプションは，転換型金融商品および転換により取得可能となる普通株式の 2 つの平均価格が当オプションの行使価格より高くなる場合には常に，転換型金融商品を購入するために行使されると仮定する。しかし，類似の発行済の転換型金融商品がある場合，それについても転換が仮定されているのでなければ，行使を仮定しない［IAS 第 33 号 A6 項］。

設例5.4.3.4

転換可能優先株式を購入するオプションに対する自己株式方式の適用

会社 A は，その所有者が 1 株当たり CU 5,000 で転換可能優先株式を購入できるオプション 1,000 個を発行した。転換可能優先株式は，2 年後に 1 株当たり CU 25 で普通株式に転換可能である（すなわち，それぞれの転換可能優先株式は追加の支払なしで普通株式 200 株に転換される）。オプションが発行された日に，会社 A の普通株式は 1 株当たり CU 25 で取引されていた。3年後の12月31日に，会社Aの普通株式の平均市場価格は1株当たりCU 40であった。

普通株式に係るこのオプションは，「イン・ザ・マネー」の状態にある。したがって，会社Aは，自己株式方式（下に示されている）を使用して，オプションの所有者がオプションを行使し，1株当たりCU 5,000の対価で転換可能優先株式を受領することを選択すると仮定することになる。希薄化効果を有する増加株式数を算定するため，自己株式方式を以下のように適用しなければならない。

仮定される株式発行数（1,000×CU 5,000）／CU 25		200,000
仮定される入金額合計（1,000×CU 5,000）	CU 5,000,000	
除数：平均市場価格	40	
控除：全額払込で発行されると仮定される株式数		125,000
希薄化後EPSに含められる増加株式数		75,000

1,000個のオプションは，IAS第32号11項の資本の定義を満たさない（それ自体が資本に転換するオプションを有している金融商品に係るオプションに相当するため）。そのため，このオプションは純損益を通じて公正価値で測定される。当期の公正価値利得／損失の分子への足戻が，分母に加算される増加株式に比例して少ない場合，その影響は希薄化効果を有するということになる。

5.4.3.5　企業の金融商品を利用して行使されるオプション

オプションの条件が，行使価格の全部または一部の支払において，企業（またはその親会社もしくは子会社）の債券やその他の金融商品の提供を容認または要求する場合がある。希薄化後EPSを算定する際，これらのオプションは，以下の場合に希薄化効果を有する［IAS第33号A7項］。

- 関連する普通株式の当期の平均市場価格が行使価格を超えている場合
- 提供される金融商品の売却価格が，当金融商品がオプション契約に従って提供される場合の売却価格よりも低く，それによるディスカウントによって，行使時に

取得できる普通株式の市場価格よりも低い実質行使価格が設定される場合

希薄化後EPSを算定する際，これらのオプションは行使されると仮定し，債券やその他の金融商品が提供されると仮定する。現金の提供の方が，オプションの保有者にとってより有利で，かつ，それが契約により認められている場合には，現金が提供されると仮定する。提供されると仮定する債券に係る金利（税引後）は，分子の調整として足戻される［IAS第33号A7項］。

類似の条項を定めている優先株式，または投資家に対しより有利な転換率が得られるように現金での支払を認めている転換オプション付のその他の金融商品についても，類似の処理を行う［IAS第33号A8項］。

5.4.3.6　債務またはその他の金融商品の償還に充当されるオプションからの受取金

オプションには，当金融商品の行使から受領する受取金を企業（またはその親会社もしくは子会社）の債務またはその他の金融商品の償還に充当することを要求する基本条件を有するものもある。希薄化後EPSを算定する際，これらのオプションは行使されると仮定し，受取金は普通株式を購入するためではなく平均市場価格で債務を購入するために使用されると仮定する。それにもかかわらず，仮定される債務の購入に使用される金額を超える，仮定された行使による超過入金額は，希薄化後EPSを算定する際に考慮される（すなわち，超過額は普通株式を買戻すために使用されると仮定される）。購入すると仮定される債務に係る金利（税引後）は，分子の調整として足戻される［IAS第33号A9項］。

設例5.4.3.6

優先株式の買戻に充当されるオプションからの受取金

会社Aは，その所有者が普通株式を1株当たりCU 40で購入でき，かつ行使された場合，その受取金で額面CU 2,750の優先株式1,000株を買戻すことが会社Aに要求されるオプションを400,000個発行した。この優先株式には，年10％の配当が支払われており，平均の公正価値はCU 2,800であった。翌年度，会社Aの純利益はCU 15百万，加重平均発行済株式数は4百万株，会社Aの普通株式の平均市場価格はCU 50であった。

このオプションの行使は，その所有者が優先株式の所有者であることを必要としないため，このオプションの希薄化効果はIAS第33号45項（**本章5.4.3参照**）に従って算定されなければならない。普通株式に係るこのオプションは，「イン・ザ・マネー」の状態にある。そのため，自己株式方式を使用すると，会社Aは，そのオプションの所有者がオプションを行使することを選択すると仮定することになる。このオプションの行使はEPSを希薄化させるため，会社Aは，自己株式方式を適用して，以下のように希薄化効果のある増加株式数を算定することになる。

	基本的	**調整**	**希薄化後**
普通株主に帰属する純利益	CU 15,000,000	CU 275,000[a]	CU 15,275,000
除数：			
加重平均発行済株式	4,000,000	136,000[b]	4,136,000
1株当たり利益	3.75		3.69
a　分子の調整（CU 2,750×1,000×10%）＝CU 275,000			
b　発行される株式数			400,000
仮定される受取金合計（400,000×CU 40）		CU 16,000,000	
控除：優先株式の償還のために必要な金額（CU 2,800×1,000）		CU 2,800,000	
自己株式を購入すると仮定される超過受取金	CU 13,200,000		
除数：普通株式の平均価格	50		
控除：全額払込で発行すると仮定される株式数			264,000
分母の調整（増加株式数）（400,000－264,000）			136,000

5.5　条件付発行可能株式

5.5.1　アプローチ

条件付発行可能株式とは，条件の充足を条件として，将来の日に発行される株式をいう。条件は，利益，株式の市場価格またはその他のものに関連させることができる。条件付発行可能株式は，潜在的普通株式のもう 1 つの例であるが，それにもかかわらず，時としてこれらは基本的 EPS の算定に含まれることがある（**本章 4.2.2.4** 参照）。以下のセクションでは，希薄化後 EPS に対する条件付発行可能株式の影響について記載している。

これらを基本的 EPS に含めることから，特定の事象の発生を条件として発行される普通株式も，報告期間末に条件が満たされた（すなわち，事象が生じた）場合には，希薄化後 EPS の算定に含める。

すべての必要条件が満たされなかった（そのため，これらの株式が基本的 EPS の算定に含まれなかった）場合には，希薄化後 EPS に含まれる条件付発行可能株式数は，報告期間末が条件期間の終わりであった場合で，かつ，その結果が希薄化効果を有するであろう場合に，発行可能となるであろう株式があれば，その株式数を基に算定されることになる［IAS 第 33 号 52 項］。

これらの条件付発行可能株式は，期首（または条件付株式発行契約の契約日が期首より後であれば当該契約日）に希薄化後 EPS の分母に含める［IAS 第 33 号 52 項］。

5.5.2　利益の調整

条件付発行可能株式は，希薄化後 EPS を算定するために使用する利益数値には影響を及ぼさない。これは，条件が利益水準に関連する場合にも当てはまる。その理由は，希薄化後 EPS の算定に含まれる条件付発行可能株式数は，常に報告期間末の条件の状況に基づいて決まるためである。そのため，条件が利益水準に関連する場合，必要な利益水準がすでに達成されていない限り，株式は算定に含めない。

5.5.3　株式数の調整

本章 4.2.2.4 で説明したように，条件が報告期間末に満たされている場合，条件付発行可能株式は基本的 EPS の算定に含まれる。条件付発行可能株式は，必要条件がすべて満たされた日から基本的 EPS の算定に含まれるため，株式の発行は依然として将来の取引ではあるが，もはや条件付ではない［IAS 第 33 号 24 項］。

報告期間末までに条件が満たされず，株式が依然として条件付で発行可能なままである場合，これらは，報告期間末が条件期間の終わりであった場合に発行可能となるであろう株式数を基に希薄化後EPSの算定に含めることになる［IAS第33号52項］。

条件期間の終了時に条件が満たされていない場合には，前期に報告した希薄化後EPSの修正再表示は認められない［IAS第33号52項］。

5.5.3.1　一定の利益金額の達成として示された条件

ある期間において一定の利益金額を達成または維持することが発行の条件となっている場合で，当期末時点で当該金額は達成されているが，報告期間末時点を超えてもう1期についても維持しなければならないときには，追加の普通株式は，希薄化効果を有する場合，希薄化後EPSを算定する際に考慮に入れる。希薄化後EPSの算定は，報告期間の末日時点の利益額が条件期間の終了時点の利益の額であった場合に発行されるであろう普通株式数に基づいて行われる［IAS第33号53項］。

利益は将来の期間において変動する可能性があるため，必要な条件がすべて満たされたわけではないことから，基本的EPSの算定には，条件期間の終了時点までそのような条件付発行可能普通株式を含めない（**本章設例4.2.2.4C**参照）［IAS第33号53項］。

5.5.3.2　ある期間の平均として示された条件

条件が，ある期間の平均として示されている場合，それは，ある期間の累積額として示されている，すなわち，一定の日までに達成された業績は条件期間の全体にわたって達成されたとみなされているのと同じ効果がある。例えば，発行される株式数が，3年間の平均利益がCU1百万になるかどうかに左右される場合，当該条件は3年間の累積目標額CU3百万として示される。初年度末に利益がCU1.5百万である場合，算定に含める追加の株式はない。一方で，初年度末にCU5百万の利益が達成された場合，初年度末が条件期間の終了時点であったとすると，条件が達成されていることになるため，追加の株式が希薄化後EPSの算定に含められる。

本章 4.2.2.4 でも論じたように，これは基本的 EPS の算定の取扱いとは対照的となる。初年度末までに CU 5 百万を稼得したとしても，条件が満たされていないため，この株式は基本的 EPS の算定には含めない。残りの条件期間において，平均利益が目標を下回る水準にまで減少させる損失が発生する可能性（可能性は低いが）があるため，条件期間末までは条件を満たすことはできない。

設例5.5.3.2

平均利益に基づく条件

A 株式会社は B 株式会社を 20X1 年 1 月 1 日に取得する。A 株式会社は，B 株式会社の 20X3 年 12 月 31 日までの 3 年間の利益が平均 CU 10 百万以上になる場合，20X4 年 1 月 1 日に 100,000 株を売手に発行することに合意した。

B 株式会社の 20X1 年および 20X2 年の利益は，それぞれ CU 17 百万である。3 年間の年平均利益 CU 10 百万という要求事項は，3 年間の利益総額 CU 30 百万という要求事項として扱われる。

20X1 年の実際の利益 CU 17 百万は，目標利益の CU 30 百万を下回っており，したがって，100,000 株は，20X1 年の希薄化後 EPS の算定から除外される。

20X1 年と 20X2 年の実際の利益は合計 CU 34 百万になる。これは目標を超えており，したがって，100,000 株は，20X2 年の希薄化後 EPS に含めなければならない。B 株式会社が 20X3 年に CU 4 百万以上の損失を出すことが見込まれるとしても，この株式を希薄化後 EPS に含めることになる。

この株式を基本的 EPS の算定にどのように含めるべきかについては，**本章 4.2.2.4C** を参照されたい。

5.5.3.3　株式の将来の市場価格に左右される条件

将来発行される可能性のある株式数が発行企業の株式の市場価格に左右される場合，希薄化効果を有するのであれば，希薄化後 EPS の算定に含まれる株式数は，報告期間末の市場価格が条件期間の終了時点の市場価格であった場合に発行されるであろう株式数に基づくことになる［IAS 第33号54項］。

条件が報告期間の末日を越える期間にわたる市場価格の平均に基づくものである場合には，経過した期間の平均市場価格を使用する［IAS 第33号54項］。

市場価格は将来の期間において変動する可能性があるため，必要な条件がすべて充足されるわけではないことから，基本的EPSの算定にはこのような条件付発行可能普通株式を含めない［IAS 第33号54項］。

設例5.5.3.3

株価動向に基づいた条件

企業は，20X2年10月1日に第三者に対して，20X2年9月30日の企業の株価に左右される以下の株式を発行する予定である。

株式数	20X2年9月30日の株価
0	CU 10以下
10,000	CU 10超CU 11未満
15,000	CU 11以上

20X1年12月31日（企業の報告期間の末日）において，株価がCU 9であった場合，希薄化後EPSの算定に含まれる株式はないことになる一方で，20X1年12月31日の株価がCU 10.20であった場合には，追加の10,000株が含まれることになる。

価格が一時的にCU 9.98に下がった20X1年12月31日を除き，報告期間中および財務諸表の発行の承認日までのすべての日において株価がCU 10を超えていたならば，上記で論じた原則に基づき，これらの株式は希薄化後EPSの算定に含まれない。

20X2年9月30日を含む同日までの最終5営業日の平均株価を条件として発行が行われる場合，希薄化後EPSは，20X1年12月31日を含む同日までの最終5営業日の株価をみて，これを目標平均価格と比較することにより，算定される。

5.5.3.4　複数の条件

株式発行が，いくつかの充足すべき条件（例えば，ある特定の日より前に製品ライセンスが付与されること**および**同期間の利益目標）に左右されている場合，報告期間末にすべての（または，この例のケースにおいては双方の）条件が満たされていたときにのみ，これらの株式を希薄化後 EPS の算定に含めなければならない。

同様に，条件付で発行可能となる株式数が将来の利益および将来の普通株式の価格の双方に左右される場合，希薄化後 EPS に含まれる普通株式数は，両方の条件（すなわち，報告期間の末日までの利益および同日時点の市場価格）に基づくものとなる。条件付発行可能株式は，両方の条件が満たされない限り，希薄化後 EPS に含めない［IAS 第 33 号 55 項］。

5.5.3.5　未確定の発行株式数

対価の金額は固定されているが，発行される株式数が未確定な対価繰延契約について，希薄化後 EPS の算定に含まれる株式数は，希薄化効果を有する場合は，報告期間末日時点の市場価格が条件期間の終了時点の市場価格であったかのように，報告期間末日時点の市場価格に基づくものとなる（基本的 EPS の算定におけるこのような株式の取扱いは**本章 4.2.2.6** 参照）［IAS 第 33 号 54 項］。

5.5.3.6　その他の条件

条件が利益または市場価格以外の条件に基づく場合，条件付で発行可能となる株式は，報告期間末の条件の状況が条件期間の終わりまで変化しないと仮定して，希薄化後 EPS の算定に含める［IAS 第 33 号 56 項］。例えば，株式の追加発行が 10 番目の新規小売店の開店時に行われ，年度末に 5 店舗のみ開店している場合，条件付発行可能株式は希薄化後 EPS の算定に含めない。

設例5.5.3.6A

事象に基づく条件

A 株式会社は B 株式会社を 20X1 年 1 月 1 日に取得する。A 株式会社は，20X3 年 1 月 1 日より前に，B 株式会社が開発した新製品にライセンスが付与された場合，20X3 年 1 月 1 日に売主に 100,000 株を発行することに合意した。

A株式会社の年度末は12月31日である。20X1年度の財務諸表は20X2年3月22日に承認される。製品は20X2年3月4日にライセンスが付与される。

A株式会社の取締役が，20X1年度の財務諸表を承認する日に，100,000株の追加株式が20X3年1月1日に売手に発行されることを知っているとしても，報告期間の末日現在でライセンスは付与されていないため，この株式は，20X1年度の希薄化後EPSの算定から除外される。

この100,000株は，年度全体を通じて発行されていたかのように，20X2年の希薄化後EPSの算定に含めることになる。

基本的EPSの算定に対する取決めの影響に係る説明は，**本章4.2.2.4A**を参照されたい。

ある事象に基づいた条件のもう1つの例は，株式が訴訟の有利な結果を条件に発行可能となる場合である。このような株式は，訴訟の結果が決定するまで，基本的および希薄化後EPSの算定から除外されなければならない。訴訟の結果が最終的なものである場合，株式は，訴訟終結日から基本的EPSに含め，訴訟が終結した期の期首（または，条件付株式発行契約の契約日が期首より後であれば，当該契約日）から希薄化後EPSに含めなければならない。

同様のロジックは，企業が新規株式公開（IPO）を達成するという事象において発行される株式に適用しなければならない。IPOの達成に影響を与え得る多くの要因が存在するため，IPOが効力を有するまで条件は満たされない。したがって，IPOの発効日より前に終了する期間について，希薄化後EPSを算定する際の分母にはこれらの株式を考慮してはならない。IPOの発効日より後に終了する期間について，この株式は，IPOが有効となった期間の期首（または，条件付株式発行契約の契約日が期首より後であれば，当該契約日）から，希薄化後EPSの分母に含めなければならない。基本的EPSについて，IPOという事象による条件付発行可能株式は，IPOの発効日（実際の株式の発効日よりも早い可能性がある）から分母に含めるべきで，その後は加重平均ベースでのみ含める。

以下は IAS 第 33 号の設例 7 を記載したもので，**本章設例 4.2.2.4E** から引続き，条件付発行可能株式のもう 1 つの例を提供している。

設例5.5.3.6B

条件付発行可能株式

[IAS第33号 設例7]

20X1 年の発行済普通株式	1,000,000（当期にオプション，ワラントまたは転換型金融商品は発行されていない）

最近の企業結合に関する契約書において，以下を条件とする普通株式の追加発行が定められている。

	20X1 年に開店した小売店舗 1 件につき普通株式 5,000 株の追加発行
	20X1 年 12 月 31 日に終了する年度における連結利益が CU 2,000,000 を超過する部分 CU 1,000 ごとに普通株式 1,000 株の追加発行
期中に開店した小売店舗	20X1 年 5 月 1 日に 1 店舗 20X1 年 9 月 1 日に 1 店舗
親会社の普通株主に帰属する年度累計連結利益	20X1 年 3 月 31 日現在 CU 1,100,000 20X1 年 6 月 30 日現在 CU 2,300,000 20X1 年 9 月 30 日現在 CU 1,900,000 （非継続事業からの純損失 CU 450,000 を含む） 20X1 年 12 月 31 日現在 CU 2,900,000

（基本的 EPS の算定は**本章設例 4.2.2.4E** に示されている。）

希薄化後1株当たり利益

	第1四半期	第2四半期	第3四半期	第4四半期	通年
分子（CU）	1,100,000	1,200,000	(400,000)	1,000,000	2,900,000
分母					
発行済普通株式	1,000,000	1,000,000	1,000,000	1,000,000	1,000,000
小売店舗条件	−	5,000	10,000	10,000	10,000
利益条件	−[a]	300,000[b]	−[c]	900,000[d]	900,000[d]
株式数合計	1,000,000	1,305,000	1,010,000	1,910,000	1,910,000
希薄化後1株当たり利益（CU）	1.10	0.92	(0.40)[e]	0.52	1.52

a　会社Aは，20X1年3月31日時点でCU 2百万を超える年度累計利益を計上していない。本基準は将来の利益水準を予測し，関連する条件付株式を含めることを認めていない。

b　((CU 2,300,000 − CU 2,000,000) ÷1,000) ×1,000株＝300,000株

c　年度累計利益はCU 2,000,000未満である。

d　((CU 2,900,000 − CU 2,000,000) ÷1,000) ×1,000株＝900,000株

e　第3四半期の損失は，非継続事業からの純損失に起因するもので，逆希薄化に関するルールは適用しない。判定用数値（すなわち親会社の普通株式主に帰属する継続事業からの純損益）は正となっている。したがって，潜在的普通株式の影響は希薄化後1株当たり利益の算定に含める。

5.5.4　条件付発行可能潜在的普通株式

条件付発行可能潜在的普通株式（条件付発行可能転換型金融商品等の条件付株式発行契約の対象とされているものを除く）を希薄化後EPSの算定に含めるべきかどうかは，以下のように判定する［IAS第33号57項］。

- 条件付発行可能株式についての本章で概説（前述）されている指針に基づき，潜在的普通株式が発行条件に照らして発行可能と仮定されるかどうかを判定する。
- これらの潜在的普通株式が希薄化後EPSに反映されるべきであるならば，潜在的普通株式のタイプ（オプションおよびワラント，転換型金融商品等）について上述の適切なルールに従って希薄化後EPSの算定に与える影響を算定する。

ただし，条件付ではない類似の発行済潜在的普通株式の行使や転換が仮定される場合を除き，希薄化後EPSの算定上，行使や転換は仮定しないものとする［IAS第33号57項］。

したがって，例えば以下の条件の両方が満たされる場合，条件付発行可能オプションは希薄化後 EPS の算定に含めることになる。

- 報告期間の末日が条件期間の末日であるとした場合，オプションが発行されることになる。
- オプションは，希薄化効果を有する。

設例5.5.4

条件付発行可能オプション

20X1 年 7 月 1 日に，企業は，20X3 年 6 月 30 日までの 2 年間の利益が特定の目標額を超えた場合，20X4 年 7 月 1 日から 20X9 年 6 月 30 日まで 1 株当たり CU 5 で行使可能な 10,000 個の株式オプションを，20X3 年 7 月 1 日に発行することに合意した。

20X2 年 12 月 31 日終了年度中の企業の普通株式の平均市場価格は CU 5.50 であった。

このオプションの取扱いは，報告期間の末日（20X2 年 12 月 31 日）に利益目標を達成するかどうかに左右されるであろう。

- 利益目標が達成される場合，このオプションは，（自己株式法を使用して）20X2 年度の希薄化後 EPS の算定に含めることになる。
- 達成されない場合，このオプションに関して，20X2 年度の希薄化後 EPS の算定に含まれるものはない。

5.5.5　現金または株式で決済される契約

5.5.5.1　発行企業の選択による転換

企業は，企業の選択により現金または普通株式で決済できる契約（例えば，満期到来時に，元本を現金または企業自身の普通株式で決済する制約のない権利を企業に与える負債性金融商品）を発行している場合がある。そのような契約について，希薄化後 EPS の算定は，この契約が普通株式で決済されるという仮定に基づかなければならず，その結果生じる潜在的普通株式は，希薄化効果を有する場合には希薄化後EPSに含めなければならない［IAS第33号58項］。

このような契約が会計処理上，資産または負債として表示されている場合，または資本部分および負債部分を有している場合に，その契約全体が資本性金融商品に分類されるとしたならば，希薄化後EPSの算定において，期中に発生したであろう純損益の変動額について分子を調整しなければならない［IAS第33号59項］。この調整は，**本章5.1.1**で記述されているものと同様である。

以下はIAS第33号の設例8を記載したもので，発行企業の選択により株式または現金で決済される転換社債の例を示している。

設例5.5.5.1

発行企業の選択により株式または現金で決済される転換社債

[IAS第33号 設例8]

ある企業が1年度の期首に2,000の転換社債を発行する。償還期限は3年で，社債1単位当たりの額面CU 1,000で発行され，その発行による受取金は合計CU 2百万である。利息は名目年利6％で，年1回後払で支払われる。各社債は満期日までの間であればいつでも普通株式250株に転換できる。企業は転換社債の元本を普通株式または現金で決済できる選択権を有する。

この社債が発行されるときの，転換オプションのない類似の債務の実勢市場金利は9％である。発行日の普通株式1株の市場価格はCU 3である。法人所得税は無視する。

1年度の親会社の普通株主に帰属する純利益	CU 1,000,000
発行済普通株式	1,200,000
発行済転換社債	2,000
社債発行による受取金の配分：	
負債部分	CU 1,848,122[a]
資本要素	CU 151,878
	CU 2,000,000

負債部分と資本部分は，IAS第32号「金融商品：表示」に従って決定される。これらの金額は負債部分と資本部分の当初の帳簿価額として認識される。発行企業の転換オプションとして資本部分に割当てられる金額は，資本への追加となり，調整されない。

1年度の基本的1株当たり利益：

CU 1,000,000／1,200,000＝普通株式1株当たりCU 0.83

1年度の希薄化後1株当たり利益：

発行会社は普通株式の発行によりこの契約を決済すると推定される。したがって，希薄化効果は本基準の59項に従って算定する。

（CU 1,000,000＋CU 166,331[b]）／（1,200,000＋500,000[c]）＝普通株式1株当たりCU 0.69

a　これは元本と金利を9%で割引いた現在価値（CU 2,000,000が3年間の最後に支払われ，CU 120,000が3年間毎年後払で支払われる）を表している。

b　利益は時の経過による負債CU 166,331の増加（CU 1,848,122×9%）について調整される。

c　普通株式500,000株＝普通株式250株×転換社債2,000単位

IAS第33号の設例8（上記に記載）は，金融負債部分と資本部分に分割される転換社債を示している。この設例では，発行企業が普通株式または現金で転換社債の元本の金額を決済する選択権を有していると記述している。設例では，発行企業の権利が，元本を固定数の普通株式で決済するものなのか，または元本の金額相当の変動する普通株式数で決済するものなのか明らかでない。金融負債は利息および元本の金額の現在価値で認識され，売建コール・オプションはこの負債を固定数の株式に転換する所有者の権利として資本に認識されているため，この発行企業の選択権は，元本の金額を現金または元本の金額の価値に相当する変動する株式数で決済する権利であるはずであると想定される。この発行企業の選択権は，元本の金額を固定数の株式で決済する権利ではあり得ない。つまり，これ自体が

資本，すなわち買建プット・オプションである。

発行企業の選択権が，所有者が転換することを選択するときに，発行企業が固定数の株式またはこの株式価値に相当する現金で決済する権利である場合，所有者の転換権は，この転換オプションがIAS第32号の資本の定義を満たすことを阻む現金決済の選択肢を含むことになるため，金融商品全体が金融負債に分類されることになる（すなわち，資本部分がない）。この場合には，転換仮定方式（**本章5.1.2**参照）が適用され，この金融商品に関する利益に与える影響の全額を希薄化後EPSの利益を算定する際の分子に加えることになる。

5.5.5.2　所有者の選択による転換

所有者が普通株式または現金での決済を選択する権利を有する場合，現金決済と株式決済のうち，より希薄化効果の高い方が希薄化後EPSの算定に使用される［IAS第33号60項］。

このタイプの金融商品の例としては，所有者に普通株式または現金で決済する選択権を与える売建プット・オプションがある［IAS第33号61項］。

5.6　買建オプション

買建プット・オプションや買建コール・オプション（すなわち企業が自己の普通株式について保有するオプション）のような契約は，希薄化後EPSの算定に含めない。これは，それらを含めると逆希薄化効果を有するためであり，プット・オプションは行使価格が市場価格より高い場合のみ行使され，コール・オプションは行使価格が市場価格より低い場合のみ行使されると考えられる［IAS第33号62項］。

5.7　先渡購入契約および売建プット・オプション

先渡購入契約や売建プット・オプションのような，企業に自己株式を買戻すことを要求する契約は，企業が**本章 4.2.2.8** で上述した会計方針 1 を適用し，希薄化効果を有する場合には，希薄化後 EPS の算定に反映させる。

これらの契約が期中にイン・ザ・マネーの状態にある（すなわち，行使または決済価格が当該期間の平均市場価格を上回っている）場合，EPS に対する潜在的希薄化効果は以下のように算定される［IAS 第 33 号 63 項］。

- 期首において，契約を履行する資金を調達するために十分な普通株式が発行（期中の平均市場価格で）されると仮定する。
- 発行から生じた受取金は契約を履行する（すなわち，普通株式を買戻す）ために使用されると仮定する。
- 増加普通株式（すなわち，発行することが仮定される普通株式数と契約の履行により受領する普通株式の差）を希薄化後 EPS の算定に含める。

この手法は一般に「逆自己株式方式」とよばれている。

自己株式の先渡購入契約は，実質的には，先渡売却価格での売建プット・オプションおよび先渡売却価格での買建コール・オプションと類似している。

IAS 第 33 号 62 項（**本章 5.6** 参照）に整合して，買建コール・オプションは希薄化効果を有しない。売建プット・オプションの分母への影響は，直前に記載している IAS 第 33 号 63 項に従って算定しなければならない。すなわち，先渡購入契約を条件とする株式は，期中において発行済とみなさなければならない。この指針は，63 項の見出しが「**売建プット・オプション**」とあるが，「先渡購入契約」もこの指針を参照しているため，先渡購入契約にも適用される。

先渡購入負債に関連して純損益に認識された利息費用は，希薄化後 EPS を算定する際に足戻さなければならない。

設例5.7A

売建プット・オプション(1)

[IAS第33号A10項]

企業は行使価格 CU 35 の普通株式に係る 120 単位の売建プット・オプションを発行していると仮定する。期中の普通株式の平均市場価格は CU 28 である。希薄化後 1 株当たり利益を算定するにあたり，企業はプット・オプションに係る債務 CU 4,200 を履行するために期首に CU 28 で 150 株を発行したと仮定する。発行した普通株式 150 株とプット・オプションの履行により受領した普通株式 120 株との差（普通株式 30 株の増加）は，希薄化後 1 株当たり利益の算定の分母に加算される。

設例5.7B

売建プット・オプション(2)

会社 A は，普通株式に係る分離可能なプット・オプション付負債性金融商品 CU 1 億を発行した。各 CU 1,000 の証書の購入者は，会社 A が自社の普通株式 1 株を CU 25（プット・オプションが発行された日における普通株式の市場価格）で購入することを要求する権利をその所有者に与えるプット・オプション 10 単位を，それぞれ受取る。このプット・オプションは 3 年間を通じていつでも行使可能である。この期間の普通株式の平均市場価格は，1 株当たり CU 20 であると仮定する。

希薄化後 EPS の算定の分母に加算される増加株式数は，以下のように算定される。

プット・オプションを決済するために必要な現金 (CU 1 億／CU 1,000) ×10 オプション×CU 25	CU 25,000,000
除数：1 株当たり平均市場価格	20
プット・オプションの決済のために発行が必要となる株式数	1,250,000
控除：プット・オプションで買戻すと仮定される株式数 (CU 1 億／CU 1,000) ×10 個	1,000,000
増加株式	250,000

5.8　希薄化後EPSの算定における潜在的普通株式に関する調整の要約

下表は，潜在的普通株式の主要なカテゴリーごとの希薄化後EPSの算定における利益および株式数の調整を要約したものである。これらのカテゴリーのそれぞれは，本章の前述のセクションで詳細に検討されている。

潜在的普通株式	利益の調整	株式数の調整
転換社債，社債および優先株式（複合金融商品に，または全体が金融負債に分類される）	当期に認識された税引後の利息，配当，公正価値からの純損益およびその他の金融費用を足戻す。	すべてが転換されると仮定して新株式数を加算する。
ワラントおよびオプション，例えば，固定数の株式と固定額の機能通貨の現金を交換する売建コール・オプション（資本に分類される）	なし	無償で発行されるとみなされる株式数を加算する。
条件付発行可能株式（資本に分類される）	なし	報告期間の末日が条件期間の最終日である場合に発行されるであろう株式数を加算する。
ワラントおよびオプション，例えば，固定数の株式と変動額の現金，または純額決済の選択肢を伴う固定数の株式と固定額の現金を交換する売建コール・オプション（金融負債に分類される）	税引後の公正価値からの純損益を足戻す。	当期の株式の平均公正価値に基づき無償で発行されるであろう株式数に相当する株式数を加算する。
自己株式を購入する先渡購入契約または自己株式を潜在的に再取得する売建プット・オプション（金融負債に分類される）	税引後の利息およびその他の純損益を足戻す。	当期の株式の平均公正価値に基づき債務を履行するために発行されなければならない株式数に相当する株式数を加算し，契約で取得されることになる株式数を控除する。

5.9　子会社，共同支配企業または関連会社が発行する潜在的普通株式

5.9.1　所有者に子会社，共同支配企業または関連会社の株式に対する権利を付与する金融商品

子会社，共同支配企業または関連会社が発行する金融商品で，その保有者が子会社，共同支配企業または関連会社の普通株式を取得できるものは，その子会社，共同支配企業または関連会社の希薄化後EPSデータの算定に含める。

そして，これらの１株当たり利益は，子会社，共同支配企業または関連会社の金融商品における報告企業の保有状況に基づき，報告企業のEPSの算定に含める［IAS第33号A11項（a)］。

これらの金融商品のEPSへの影響額を算定するにあたり，当該金融商品は転換されると仮定し，分子（親会社の普通株式に帰属する純損益）は，**本章5.1.1**で論じられているように必要に応じて調整される。これらの調整に加えて，転換の結果としての子会社，共同支配企業または関連会社の普通株式数増加に起因する，報告企業が認識した純損益（持分法利益のような）の変動について分子は調整される。転換を仮定しても報告企業の発行済株式数は変化しないため，連結レベルの希薄化後EPSの算定における分母は影響を受けない［IAS第33号A12項］。

以下はIAS第33号の設例10を記載したもので，子会社が発行する金融商品の例を示している。

設例5.9.1

子会社の金融商品：基本的および希薄化後1株当たり利益の算定

[IAS第33号 設例10]

親会社

親会社の普通株主に帰属する純利益	CU 12,000（子会社の純利益または子会社により支払われた配当を除く）
発行済普通株式	10,000
親会社所有の子会社の金融商品	普通株式800株
	子会社の普通株式を購入するために行使可能なワラント30単位
	転換可能優先株式300株

子会社

純利益	CU 5,400
発行済普通株式	1,000
ワラント	子会社の普通株式を購入するために行使可能なワラント 150 単位
行使価格	CU 10
普通株式 1 株当たりの平均市場価格	CU 20
転換可能優先株式	1 株につき 1 株の普通株式に転換できる優先株式 400 株
優先株式配当	1 株当たり CU 1

配当以外の会社間の相殺消去または調整を必要としない。

この設例では，法人所得税について無視している。

子会社の1株当たり利益

基本的 EPSCU 5.00 算定：	(CU 5,400[a] − CU 400[b]) ／1,000[c]
希薄化後 EPSCU 3.66 算定：	CU 5,400[d] ／ (1,000＋75[e]＋400[f])

a　普通株主に帰属する子会社の純利益

b　転換可能優先株式について子会社が支払った配当

c　子会社の発行済普通株式

d　希薄化後 1 株当たり利益を算定するうえで，優先配当 CU 400 により増加した普通株主に帰属する子会社の純利益（CU 5,000）

e　ワラントによる増加株式，算定：((CU 20 − CU 10) ／CU 20) ×150

f　転換可能優先株式の転換により発行済と仮定される子会社の普通株式，算定：転換可能優先株式 400 株×転換係数 1

1株当たり連結利益

基本的 EPSCU 1.63 算定：	(CU 12,000[g]＋CU 4,300[h]) ／10,000[i]
希薄化後 EPSCU 1.61 算定：	(CU 12,000＋CU 2,928[j]＋CU 55[k]＋CU 1,098[l]) ／10,000

g　親会社の普通株主に帰属する親会社の純利益

h　基本的 1 株当たり連結利益に含まれる子会社の純利益部分，算定：(800×

CU 5.00) + (300×CU 1.00)

i　親会社の発行済普通株式

j　普通株式に帰属する子会社の純利益のうち親会社の持分，算定：(800／1,000) × (1,000 株×1 株当たり CU 3.66)

k　ワラントに帰属する子会社の純利益のうち親会社の持分，算定：(30／150) × (増加株式 75 株×1 株当たり CU 3.66)

l　転換可能優先株式に帰属する子会社の純利益のうち親会社の持分，算定：(300／400) × (転換からの 400 株×1 株当たり CU 3.66)

5.9.2　所有者に報告企業の株式に対する権利を付与する金融商品

報告企業の普通株式に転換できる子会社，共同支配企業または関連会社の金融商品は，希薄化後 EPS の算定上，報告企業の潜在的普通株式の 1 つとみなす。同様に，子会社，共同支配企業または関連会社が発行する，報告企業の普通株式を取得するオプションまたはワラントは，希薄化後 1 株当たり連結利益の算定において，報告企業の潜在的普通株式の 1 つとみなす [IAS 第 33 号 A11 項 (b)]。

5.10　部分払込株式

部分払込株式のうち報告期間中に配当に参加する権利を付与されていない（したがって，基本的 EPS の算定から除外される）ものについては，希薄化後 EPS の算定においてワラントまたはオプションと同等とみなされる。未払残高は普通株式を購入するために使用される資金を表すと仮定する。希薄化後 EPS に含まれる株式数は，引受株式数と購入が仮定される株式数との差である [IAS 第 33 号 A16 項]。

これは，部分払込株式を基本的 EPS にどのように含めるか（**本章 4.2.2.3** 参照）に関する指針とともに，報告企業が，例えば，3 分の 2 が払込まれ，全額払込株式について宣言される配当の 3 分の 2 を受取る権利を付与されている普通株式 9,000 株を保有する場合，希薄化後 EPS の算定において，あたかも 3 分の 2（6,000 株）が発行され基本的 EPS の算定に含まれており，さらに追加で，オプションの行使価格が株式に関する支払残額に等しいような，3,000 株（9,000 株の 3 分 1）に対するオプションが存在するかのように，企業はこの部分払込株式を希薄化後 EPS の算定に含めることを意味している。

5.11　会計期間の一時期に発行されていた潜在的普通株式

潜在的普通株式が期中に発行されている（例えば，転換社債が会計期間末の 4 ヵ月前に発行されている）場合，希薄化後 EPS は，潜在的普通株式がその発行日において普通株式に転換されたかのように算定される［IAS 第 33 号 36 項］。したがって，この例において，転換社債は，会計期間末の 4 ヵ月前に普通株式に転換されたかのように希薄化後 EPS の算定に含めることになる。

同様に，潜在的普通株式が普通株式に転換，消却または失効した場合，潜在的普通株式として存在していた期間について，希薄化後 EPS の算定に含める。

したがって，報告期間末に発行済潜在的普通株式を保有していないことは，自動的に報告企業の希薄化後 EPS が基本的 EPS と同じになるということを意味しない。企業が報告期間末に潜在的普通株式を保有していなかったが，当年度中のある時点において発行済潜在的普通株式を保有していた場合，別個に希薄化後 EPS を算定しなければならない。

設例5.11

会計期間の一時期に発行されていた潜在的普通株式

企業は会計期間の期首である 20X1 年 1 月 1 日において，発行済普通株式を 1,000,000 株保有している。

さらに，1 月 1 日において，発行済転換社債を CU 100,000 保有している。この社債は 20X1 年 4 月 1 日に普通株式 100,000 株に転換される。この社債に関して 1 月 1 日から 3 月 31 日まで純損益に認識された金融費用は CU 2,500 であり，関連する税金軽減額は CU 750 である。

20X1年の普通株主に帰属する純利益（すべて継続事業から）は，CU 100,000であった。

20X1年中に発行済で，基本的EPSの算定に用いられる加重平均株式数： (1,000,000×12／12)＋(100,000×9／12)＝	1,075,000
したがって，基本的EPS：CU 100,000／1,075,000＝	CU 0.093

希薄化後EPSは以下のように算定される。

(CU 100,000＋CU 2,500 − CU 750)／((1,075,000＋(100,000×3／12))＝CU 101,750／1,100,000※＝CU 0.925

※ 分母は，報告期間の期首に転換社債がすべて転換されていたとすれば発行済となっていたであろう株式数に等しい。

6　代替方式による追加的な1株当たり利益の報告

企業は，IAS第33号に従って表示することが要求される基本的および希薄化後EPSの数値以外のEPSの数値を表示することが容認されている。このような数値は，IAS第33号が要求する項目（すなわち，親会社の普通株主に帰属する継続事業からの純損益および親会社の普通株主に帰属する純損益）以外の包括利益計算書の報告項目に基づいて算定されることがある。しかし，分母（すなわち，加重平均株式数）は，なお本基準に従って算定されなければならない［IAS第33号73項］。

企業は，1株当たりの金額が税引前なのか税引後なのかを含む，分子の算定基礎を示すことが求められる［IAS第33号73項］。

さらに，使用される分子（利益数値）が包括利益計算書の表示科目として報告されない場合，分子と包括利益計算書で報告される表示科目との調整表が求められる［IAS第33号73項］。

そのうえ，このような追加的なEPSの数値が表示される場合，基本的および希薄化後 EPS の数値は同等に目立つように表示し，財務諸表の注記に含めることが要求されている［IAS 第 33 号 73 項］。

73 項は，基本的および希薄化後 EPS に加えて，純損益の報告項目を使用した，IAS 第 33 号で要求される以外の 1 株当たり金額を開示する企業にも同様に適用する［IAS 第 33 号 73A 項］。

IAS 第 33 号 73 項は EPS の追加的な測定値が財務諸表の注記に含まれる（基本的および希薄化後の測定値が同等の明瞭性をもって表示される）よう要求している。包括利益計算書上での表示に対する言及はなく，注記および包括利益計算書上の双方に表示が容認されるかどうかは明らかではない。少なくとも一部の法域では，このアプローチがベスト・プラクティスとしてみられていない可能性があり，事実，現地の規制当局の要求事項と相容れない可能性がある。

6.1　追加的1株当たり測定値

IAS 第 33 号は，包括利益計算書の報告項目を使用する追加的 1 株当たり金額に対する算定方法以外には，追加的 1 株当たり金額について採用すべき算定方法を明示していない。包括利益計算書の報告項目に基づかない，当期間全体に関連する追加的 1 株当たり測定値（例えば，1 株当たりキャッシュ・フロー）を企業が開示する場合，分母は，1 株当たり利益に使用するのと同じ方法で算定することが適切と思われる。しかし，財務報告期間末の財政状態計算書の項目にのみ関連し，包括利益計算書の報告項目に関連しない 1 株当たり開示（例えば，1 株当たり純資産）が提供される場合には，同様なもの同士を比較するために，分母は財務報告期間末に発行されている株式を反映させることが適切と思われる。いずれにしても，分子および分母の算定の基礎は明瞭に開示しなければならない。

7 表示および開示

7.1 表 示

IAS 第 33 号は，以下の 1 株当たり金額を包括利益計算書に（表示されているすべての期間について基本的および希薄化後 EPS を同等に目立つように）表示することを要求している［IAS 第 33 号 66 項］。

- 親会社の普通株主に帰属する継続事業からの純損益
- 親会社の普通株主に帰属する純損益

これらの金額は，当期純利益の分配に関して異なる権利を有する普通株式の種類ごとに表示することが要求される［IAS 第 33 号 66 項］。これらは，金額がマイナス（すなわち，1 株当たりの損失）であっても表示する［IAS 第 33 号 69 項］。

企業が純損益項目を，IAS 第 1 号「財務諸表の表示」10A 項に規定されている独立の純損益計算書（または，2011 年 6 月の IAS 第 1 号の修正を未適用の企業については，IAS 第 1 号 81 項で認められている独立の純損益計算書）（**第 1 巻 3 章 5** 参照）に表示する場合，基本的および希薄化後の 1 株当たり金額はその独立の計算書において表示しなければならない［IAS 第 33 号 67A 項］。

非継続事業を報告する企業は，包括利益計算書または財務諸表の注記に，非継続事業に係る基本的および希薄化後の 1 株当たり金額を開示することが要求される［IAS 第 33 号 68 項］。独立の純損益計算書（または，純損益計算書）が表示される（前述参照）場合，基本的または希薄化後の 1 株当たり金額は，その独立の計算書または注記のいずれかに表示される［IAS 第 33 号 68A 項］。

IAS 第 33 号 68 項を文字どおりに読むと，各非継続事業ごとに EPS を算定し表示する必要があることを示唆しているのかもしれないが，IFRS 第 5 号「売却目的で保有する非流動資産および非継続事業」が各非継続事業ごとの業績の個別開示を要求していない（ただし，代わりに合計での業績開示を要求している）ということを考慮に入れると，そのようなことは意図していないように思われる。したがって，企業が複数の非継続事業を有するが，その業績を合計で報告する場合には，EPS 開示も同様の合計ベースで提供することが適切である。しかし，企業が各非継続事業ごとの業績を包括利益計算書と注記のいずれかで別個に報告する場合，EPS 測定値も各非継続事業ごとに別個に表示することを検討することが望ましいかもしれない。

1 株当たり利益は，包括利益計算書（または，該当する場合は独立の純損益計算書／純損益計算書）が表示されるすべての期間について表示される。希薄化後 EPS が少なくとも 1 期間について報告される場合には，表示されるすべての期間について，たとえ基本的 1 株当たり利益と同額であるとしても，希薄化後 EPS を報告しなければならない。基本的および希薄化後 1 株当たり利益が同額の場合には，包括利益計算書の 1 行で双方の表示が達成できる [IAS 第 33 号 67 項]。

したがって，基本的 EPS および希薄化後 EPS が同額の場合，その金額は，「基本的および希薄化後 1 株当たり利益」として包括利益計算書に 1 行の項目で示すことができる。

7.1.1　「トラッキング」株式または「ターゲット」株式の EPS 開示

一部の企業は，特定の事業単位または企業の活動の業績を測定する「トラッキング（tracking）」または「ターゲット（targeted）」株式として特徴付けられたクラスの株式を発行している。投資家が，ターゲット株式に対する投資が法的な事業体に対する直接投資を意味するという不正確な見方を持つ可能性があるため，ターゲットにされた事業の完全な財務諸表の表示は通常奨励されず，明確で注意深い開示が要求される。しかし，投資家が配当可能利益の算定を完全に理解するための要約財務諸表であれば，完全な財務諸表よりも望ましい。

EPS は，トラッキング株式が示す事業単位の個別財務諸表に表示すべきではない。EPS の開示は，法的な発行企業の財務諸表においてのみ表示されなければならない。IAS 第 33 号 66 項（**本章 4.1.3 参照**）によると，企業は，2 クラス法を使用して，株式のクラスごとに EPS を算定しなければならない。

7.2　開　示

7.2.1　一　般

以下の事項を開示しなければならない（IAS 第 33 号 70 項）。

- 基本的および希薄化後 EPS を算定する際に分子として使用された金額と，その金額から当期の親会社に帰属する純損益への調整。調整には，EPS に影響を与える各クラスの金融商品ごとに，その個別の効果を含めなければならない。
- 基本的および希薄化後 EPS を算定する際に分母として用いた普通株式の加重平均株式数と，その分母相互間の調整。調整には，EPS に影響を与える各クラスの金融商品ごとに，その個別の効果を含めなければならない。
- 将来，基本的 EPS を潜在的に希薄化させる可能性があるが，表示期間については逆希薄化効果を有するために希薄化後 EPS の算定に含めなかった金融商品（条件付発行可能株式を含む）

7.2.2　無償交付および類似の発行の修正再表示

企業は，当期中に，または報告期間後で財務諸表の発行が承認される前に発生した，資本組入／無償交付，株式分割または逆株式分割によって，算定を調整した事実を開示しなければならない［IAS 第 33 号 64 項］。

7.2.3　報告期間後の株式資本の変動

報告期間後に発生したが，報告期間の末日前に発生していたとしたら，当期間末の発行済普通株式数または潜在的普通株式数を大きく変動させていたであろう普通株式または潜在的普通株式のその他の変動について説明しなければならない［IAS 第 33 号 70 項（d）］。

IAS第33号は，この要求事項により開示される可能性のある取引の例として以下のものをあげている［IAS第33号71項］。

- 現金払込による株式発行
- 入金額を負債の返済または報告期間の末日現在発行済である優先株式の償還に充当したときの株式発行
- 発行済普通株式の償還
- 報告期間の末日に発行済である潜在的普通株式の普通株式への転換または権利行使
- ワラント，オプション，または転換型金融商品の発行
- 条件付発行可能株式の発行をもたらす条件の達成

7.2.4　奨励される追加的開示

潜在的普通株式を生み出す金融商品の契約条件が，基本的および希薄化後EPSの測定に影響を及ぼす場合，当該契約条件の開示は要求はされていないが，奨励される［IAS第33号72項］。IAS第33号は，契約条件において，潜在的普通株式が希薄化効果を有するかどうかを決定する場合があり，その場合には，普通株主に帰属する純損益に対する必然的な調整とともに，加重平均発行済株式数に対する影響を決定することに言及している。

7.2.5　開示の事例

IAS第33号に附属する設例12は，複雑な資本構成を有する企業（会社A）がIAS第33号に従って，どのようにEPSを算定し表示するかについて事例を示している。設例のなかから，提案されている包括利益計算書の表示を以下に記載している。

設例7.2.5

包括利益計算書におけるEPSの表示

［IAS第33号 設例12より抜粋］

以下は，会社Aがどのように1株当たり利益情報を包括利益計算書に表示できるかを示している。非継続事業からの純損失に係る1株当たりの金額

は包括利益計算書に表示することを求められていないということに注意されたい。

	（単位：CU）
	20X1 年終了年度
普通株式 1 株当たり利益	
継続事業からの純利益	1.93
非継続事業からの純損失	(0.33)
純利益	1.60
希薄化後普通株式 1 株当たり利益	
継続事業からの純利益	1.78
非継続事業からの純損失	(0.30)
純利益	1.48

第 14 章
期中財務報告
Interim financial reporting

目 次

1 はじめに

IAS 第 34 号「期中財務報告」は，「期中財務報告書の最小限の内容」と「期中報告期間に係る完全な財務諸表および要約財務諸表における認識および測定の原則」を規定している。

IAS 第 34 号は，報告企業が定義される「投資企業」である場合（詳細な説明については，**第 2 巻 4 章 15** 参照）に，子会社の連結に関する一般的な要求事項の例外を導入する IFRS 第 10 号「連結財務諸表」の修正（**投資企業の修正**）から生じる結果的修正により，直近では 2012 年 10 月に修正された。この IAS 第 34 号に対する結果的修正は，期中報告期間に企業が投資企業になった，または投資企業でなくなった場合に，期中財務報告書において要求される開示を取扱っている（**本章 3.6** 参照）。

さらに，IFRIC 第 21 号「賦課金」（2013 年 5 月公表。2014 年 1 月 1 日以後開始する事業年度に適用され，早期適用が認められる。詳細な説明については，**第 1 巻 14 章「引当金，偶発負債および偶発資産」9.4** 参照）は，期中財務報告書において賦課金に適用される認識規準に関する特定の追加的な指針を含んでいる。

IAS 第 34 号は，期中報告書における「経営者による説明」に関する要求事項を含んでいない。IFRS 実務記述書「経営者による説明」（**第 2 巻 15 章**参照）も，期中報告書における経営者による説明に関する特定の指針を含んでいない。

2 範 囲

IAS 第 34 号は，国際財務報告基準に準拠していると記述された期中財務報告書に適用される［IAS 第 34 号 3 項］。

期中財務報告書とは，期中報告期間について，完全な 1 組の財務諸表（IAS 第 1 号「財務諸表の表示」に記述，**第 1 巻 3 章「財務諸表の表示」2.4** 参照）または 1 組の要約財務諸表（本章に記述）のいずれかを含んでいる財務報告書である。期中報告期間とは，1 事業年度全体よりも短い財務報告の期間をいう［IAS 第 34 号 4 項］。

IAS 第 34 号は，どのような企業が，どのような頻度で，または期中報告期間終了後いつまでに期中財務報告書を公表しなければならないかについての規定を含んでいない。本基準は，政府，証券監督当局，証券取引所，および会計諸団体が負債証券または資本性証券を上場している企業に期中財務報告書の公表を要求していることがしばしばあり，それらの規制が通常，当該報告書の頻度および作成時期について特定している，と記述している。しかし，IAS 第 34 号は，上場企業に対して以下を奨励している［IAS 第 34 号 1 項］。

- 少なくとも事業年度の上半期末現在の期中財務報告書を提供すること
- 期中財務報告書を期中報告期末後 60 日以内に入手可能にすること

2.1　期中報告書がIAS第34号に準拠するための要求事項はない

年次財務報告書であれ，期中財務報告書であれ，各財務報告書が IFRSs に準拠しているかどうかは個別に査定される。IFRSs に準拠して年次財務諸表を作成する企業は，期中報告書が IFRSs に準拠している旨を記述しない場合には，IFRSs に準拠して**いない**期中財務報告書の作成が可能であることに留意する。ある企業が事業年度中に期中財務報告書を公表しなかったり，IAS 第 34 号に合致しない期中財務報告書を公表したからといって，他の点で IFRSs に準拠していれば，当該企業の年次財務諸表が IFRSs に準拠していないことにはならない［IAS 第 34 号 1 項および 2 項］。

2.2　期中決算短信

IAS 第 34 号は，期中決算短信（すなわち，期中報告期末の直後に公表される，終了したばかりの期中報告期間に関する簡潔な財務情報を開示する決算発表）の内容について取扱っていない。しかし，IAS 第 34 号 3 項では，期中財務報告書において IFRSs に準拠している旨を記述するときは，IAS 第 34 号のすべての要求事項に従ったものでなければならないと規定している。したがって，IAS 第 34 号に準拠しない期中決算短信で IFRSs への言及が行われる場合には，次の文章（または実質的に同様のもの）をその決算発表に含めなければならない。

「期中決算発表に含まれた財務数値は，期中報告期間に対して適用される国際財務報告基準（IFRSs）に従って算出されているが，この発表は，IFRSs に定義される期中財務報告書を構成するに足る十分な情報を含んでいない。取締役会は，IAS 第 34 号に準拠する期中財務報告書を 20X2 年 3 月に公表する予定である。」

3　期中財務報告書の内容

3.1　最小限の構成要素

IAS 第 34 号に従って報告する企業は，期中財務報告書に，最小限，以下を含めなければならない［IAS 第 34 号 8 項］。

- 要約財政状態計算書
- IAS 第 1 号の 2011 年 6 月の修正を適用済の企業は，純損益およびその他の包括利益を表示する要約計算書
- IAS 第 1 号の 2011 年 6 月の修正を未適用の企業は，次のいずれかで表示される，要約包括利益計算書
  - 単一の要約計算書
  - 独立の要約純損益計算書および要約包括利益計算書
- 要約持分変動計算書
- 要約キャッシュ・フロー計算書
- 精選された説明的注記

企業がその年次財務諸表において，純損益項目を IAS 第 1 号 10A 項（IAS 第 1 号の 2011 年 6 月の修正を未適用の企業は，IAS 第 1 号 81 項）に記述

されている独立の計算書に表示する場合（**第 1 巻 3 章 5** 参照）には，その計算書の期中報告期間の要約情報も表示しなければならない［IAS 第 34 号 8A 項］。

上記の財務諸表の名称が IAS 第 1 号「財務諸表の表示」を反映していることに留意が必要である。企業はこれらの計算書について，上記の名称以外のもの（例えば，貸借対照表，キャッシュ・フロー計算書）を使用することが認められている。企業は，年次財務諸表に使用される名称と同じ名称を期中財務報告書にも使用することが予想されている。

期中報告書に上記の最小限の構成要素に対する追加的な情報が含まれる場合，その情報は年次財務諸表に合致する方法で表示しなければならない。

3.2　表示が要求される期間

IAS 第 34 号 20 項は，期中報告書に，下表に示される期間に係る期中財務諸表（要約または完全であるかに関係ない。**本章 3.4** 参照）を含めることを要求している。

計算書	当該期間	比較期間
財政状態計算書	当該期中報告期間の末日現在	直近の事業年度の末日現在
純損益およびその他の包括利益計算書（IAS 第 1 号の 2011 年 6 月の修正を未適用の企業は，包括利益計算書または該当する場合には独立の純損益計算書）	当該期中報告期間および当該事業年度の年初からの累計期間	直近事業年度の対応する期中報告期間および年初からの累計期間
持分変動計算書	当該事業年度の年初からの累計期間	直近事業年度の対応する累計期間
キャッシュ・フロー計算書	当該事業年度の年初からの累計期間	直近事業年度の対応する累計期間

精選された説明的注記および追加情報には，主要な計算書に表示される各期間の比較情報を含めなければならない。

IAS 第 1 号 40A 項は，年次財務諸表について，企業が遡及的に会計方針を適用した場合，財務諸表中の項目の修正再表示をした場合，または財務諸表中の組替をした場合に，特定の状況において前期の期首の財政状態計算書の表示を要求している（**第1巻3章2.10.4**参照）。しかし，IAS第1号4項で規定されている一般原則に従って，この要求事項は期中財務報告書には適用されない。このことは，IAS第34号8項に，比較対象期間のうち特定の状況において前期の期首時点の財政状態計算書を完全な1組の財務諸表に盛込む要求事項を反映させない決定をIASBが行ったことを説明しているIAS第1号BC33項からも確認される。その結果，要約期中財務諸表において，企業は上記のようにIAS第34号によって要求される比較情報を含めることだけが要求される。

3.2.1　半期ごとに報告をする企業

IAS第34号20項の要求事項に基づき，**本章設例3.2.1**は，半期ごとに報告する企業の20X9年12月31日終了事業年度の期中財務報告書に表示しなければならない計算書を例示している。

設例3.2.1

半期ごとに報告する企業に要求される計算書

	当該期間	比較期間
右の日付現在の財政状態計算書	20X9年6月30日	20X8年12月31日
純損益およびその他の包括利益計算書（IAS第1号の2011年6月の修正を未適用の企業は，包括利益計算書または該当する場合には独立の純損益計算書） ―右の日付に終了する6ヵ月間	20X9年6月30日	20X8年6月30日
持分変動計算書 ―右の日付に終了する6ヵ月間	20X9年6月30日	20X8年6月30日
キャッシュ・フロー計算書 ―右の日付に終了する6ヵ月間	20X9年6月30日	20X8年6月30日

3.2.2　四半期ごとに報告する企業

IAS 第 34 号 20 項の要求事項に基づき，**本章設例 3.2.2** は，四半期ごとに報告する企業の 20X9 年 12 月 31 日終了事業年度の期中財務報告書に表示しなければならない計算書を例示している。

設例3.2.2
四半期ごとに報告する企業に要求される計算書

	当該期間	比較期間
右の日付現在の財政状態計算書	20X9 年 6 月 30 日	20X8 年 12 月 31 日
純損益およびその他の包括利益計算書（IAS 第 1 号の 2011 年 6 月の修正を未適用の企業は，包括利益計算書または該当する場合には独立の純損益計算書）		
― 右の日付に終了する 6 ヵ月間	20X9 年 6 月 30 日	20X8 年 6 月 30 日
― 右の日付に終了する 3 ヵ月間	20X9 年 6 月 30 日	20X8 年 6 月 30 日
持分変動計算書		
― 右の日付に終了する 6 ヵ月間	20X9 年 6 月 30 日	20X8 年 6 月 30 日
キャッシュ・フロー計算書		
― 右の日付に終了する 6 ヵ月間	20X9 年 6 月 30 日	20X8 年 6 月 30 日

3.2.3　季節的要因の大きいビジネスを営む企業

上記の IAS 第 34 号 20 項の要求事項は，期中財務諸表が表示されるべき最小限の期間について特定している。しかし，企業は追加的な情報の提供を望むことがあるかもしれない。例えば，季節的要因の大きいビジネスを営む企業には，期中報告期間の末日までの 12 ヵ月間の財務情報とこれに対応するその前の 12 ヵ月間の比較情報を開示することが奨励される［IAS 第 34 号 21 項］。

3.2.4　事業年度末の変更

IAS 第 34 号は，報告企業の事業年度末を変更する状況を考慮していない。IAS 第 34 号 20 項は，「比較」期間に係る，純損益およびその他の包括利益計算書（IAS 第 1 号「財務諸表の表示」の 2011 年 6 月の修正を未適用の企業は，包括利益計算書または該当する場合には独立の純損益計算書），持分変動計算書およびキャッシュ・フロー計算書の比較情報の表示を要求している。したがって，新しい事業年度の末日に基づき期中財務報告書を作成する際には，企業が従前に報告した期中財務情報の基礎とは異なる期中報告期間の比較情報を表示する方が望ましい場合がある。

設例3.2.4

報告期間が変更された場合の比較期中報告期間

企業 A の報告期間の末日は 3 月 31 日である。同社は IAS 第 34 号に基づく半期の期中財務報告書も作成している。同社は 20X1 年 3 月 31 日終了事業年度の年次財務諸表を作成した。その後，同社は 20X1 年 9 月 30 日に終了する 6 ヵ月間の半期報告書を発行した。

20X1 年 12 月に，企業 A は報告期間の末日を 3 月 31 日から 12 月 31 日に変更し，20X1 年 12 月 31 日に終了する 9 ヵ月間の「年次」財務諸表を作成する。

20X2 年 6 月 30 日に終了する 6 ヵ月間の期中財務諸表を作成するにあたり，どの期間の比較情報を表示すべきか。

IAS 第 34 号はこの質問について取扱っていない。IAS 第 34 号 20 項（b）は，期中報告期間の純損益およびその他の包括利益計算書（または，IAS 第 1 号の 2011 年 6 月の修正を適用していない企業は，包括利益計算書および該当する場合には独立の純損益計算書）に，「直近の事業年度における…対応する期中報告期間」に係る比較情報を含めることを要求している。

多くの場合において，20X1 年 1 月 1 日から 20X1 年 6 月 30 日までの期間を含む比較期間を表示することは，これにより利用者が（特に季節的要因の大きいビジネスにおける）時期による傾向を比較することができるため，20X1 年 4 月 1 日から 20X1 年 9 月 30 日までの期間よりも望ましいであろう。

しかし，特定の事実と状況により他の表示が適切となる場合もある（特に，現地の法令で報告期間の変更後に表示すべき比較期間が定められている場合）。

3.2.5　初度期中財務報告書に関する比較財務諸表

企業がIAS第34号に基づき初めての期中財務報告書を作成する場合，その報告書が事業活動を開始した期間のものでない限り，**本章3.2.4**で記述したような比較情報を通常は含めるべきである。企業が比較期間の期中財務諸表作成に必要とされる財務情報の会計記録を入手できないような例外的な場合には，企業には前期の比較期間の財務諸表を省略する以外に方法がない。

しかし，上記の状況における比較財務諸表の省略は，IAS第34号に準拠していないことを意味する。したがって，当該期中財務報告書は，前期の比較財務諸表の省略を「除いては」と記述しなければIAS第34号に準拠しているとは記載できない。省略した事実および理由の双方を開示しなければならない。

3.3　連結財務諸表

企業の直近の年次財務諸表が連結財務諸表であった場合，期中財務報告書も連結ベースで作成される。企業の年次財務報告書が，連結財務諸表に追加して親会社の個別財務諸表を掲載していた場合，IAS第34号は，その企業の期中財務報告書に親会社の個別の財務諸表を掲載することについては強制も禁止もしていない［IAS第34号14項］。

企業が期中報告期間中にその子会社のすべてを処分し，期中報告期末に子会社がない場合であっても，企業は期中報告期間のある時点では子会社を有していたため，連結ベースで期中財務諸表を作成しなければならない。純損益およびその他の包括利益計算書，持分変動計算書およびキャッシュ・フロー計算書には，処分日までの子会社の影響および処分の影響を含めることになる。

3.4 期中財務諸表の様式および内容

IAS 第 34 号 8 項に規定された期中財務諸表に最小限要求される情報（**本章 3.1** 参照）が表示される場合，その結果として財務諸表は「要約」として記載される。

IAS 第 34 号では，IAS 第 1 号「財務諸表の表示」で示されている財務情報作成の基礎となる一般原則を繰返していない。しかし，財務諸表の作成者は，この点に関して明確にするために IAS 第 1 号自体を参照する必要がある。

IAS 第 1 号 4 項は，その一部において，「本基準は，IAS 第 34 号『期中財務報告』に従って作成される要約期中財務諸表の構成および内容には適用されない。しかし，15 項から 35 項は，当該財務諸表にも適用される」と記述している。

期中報告目的で要約財務諸表を作成する場合に適用される IAS 第 1 号 15 項から 35 項は，以下の事項を扱っている。

- 適正な表示と IFRSs への準拠
- 継続企業
- 発生主義会計
- 重要性と合算
- 相殺

特に，IAS 第 1 号 25 項および 26 項に示されている継続企業の要求事項は期中財務報告書にも適用される。IAS 第 1 号 26 項のガイダンスは，「継続企業の前提が適切かどうかを検討する際に，経営者は，将来（少なくとも報告期間の末日から 12 ヵ月は必要であるが，それに限定されない）に関するすべての入手可能な情報を検討しなければならない」と述べている。

したがって，期中財務報告書作成の目的上，企業が継続企業としての存続能力を検討する際には，期中報告日から 12ヵ月間について検討しなければならない。

企業には，また，期中財務報告書に含めるために「完全な 1 組の財務諸表」を作成する選択肢がある。企業がこの選択肢を選ぶ場合には，財務諸表の様式および内容は，IAS 第 34 号の要求事項を満たしたうえで，完全な 1 組の財務諸表に係るIAS 第 1 号の要求事項に従ったものでなければならない［IAS 第 34 号 7 項および 9 項］。したがって，関連するすべての基準の測定および開示の要求事項が適用される。これらには，IAS 第 34 号の測定および開示のすべての要求事項，特に，IAS 第 34 号 15 項で要求される重要な事象および取引の詳細，およびIAS 第 34 号 16A 項に列挙されている説明的開示が含まれる（**本章 3.5** および **3.6** 参照）。

3.4.1　要約財務諸表に表示される項目

IAS 第 34 号は，各構成要素（財政状態計算書，包括利益計算書，持分変動計算書およびキャッシュ・フロー計算書）について，企業の直近の年次財務諸表に掲載された各々の見出しおよび小計を開示することを要求している。追加の表示項目は，それらを記載しなかったならば要約期中財務諸表が誤解を招くものとなる場合には，要求される［IAS 第 34 号 10 項］。

最小限の内容を規定する際に，IAS 第 34 号は，直近の年次財務諸表に表示された項目の必ずしもすべてが要求されないことを示唆しているようにみえる「見出しおよび小計」という用語を使用している。しかし，そのような解釈は，事業年度との関連において期中報告期間の傾向を評価しようとしている財務諸表の利用者の利益に反する。したがって，この表現は，ほぼすべての場合において，企業の直近の年次財務諸表に含まれた表示項目を意味するよう解釈されるべきである。ほとんどの公表された財務諸表の表示項目はすでにかなり合算されており，年次純損益およびその他の包括利益計算書の表示項目が，特に，期中純損益およびその他の包括利益計算書では適切とならないと考えることは難しい。例えば，収益および売上原価の金額を省略して，売上総利益から要約純損益およびその他の包括利益計算書を始めることは適切ではない。

財政状態計算書については，「各見出しおよび小計」を文字どおりに解釈すると，期中財政状態計算書が，流動資産合計，非流動資産合計，流動負債合計，非流動負債および資本合計のみの項目を表示することになる可能性があるが，通常は，それだけではトレンド分析には不十分であろう。

持分変動計算書については，期中報告期間に発生したすべての重要な資本変動を個別に開示しなければならない。

キャッシュ・フロー計算書については，年次報告書からの項目の一部合算は適切となり得るが，「営業活動」，「投資活動」および「財務活動」の小計を表示するだけではおそらく十分ではない。

資産，負債，資本，収益，費用またはキャッシュ・フローの特定の項目に非常に重要性があり，直近の年次財務諸表において個別の開示が要求される場合には，通常は，期中財務報告書においても個別に開示することが適切である。年次財務諸表の項目が著しく詳述されている場合にのみ，追加の合算が見込まれる。

IAS 第 34 号 10 項では，追加の表示項目は，それらの省略が要約期中財務諸表を誤解させる場合には，含められなければならない。したがって，期中報告期間に初めて発生する新しい種類の資産，負債，収益，費用，資本またはキャッシュ・フローは，要約財務諸表に追加項目として表示しなければならない場合がある。

資産，負債，収益，費用，資本またはキャッシュ・フローの内訳項目は，年次財務諸表では個別表示をするほどに重要とならない場合でも，期中財務諸表では重要となることがある。そのような場合には，要約期中財務諸表に個別表示が要求され得る。

3.4.2　「要約」という用語の使用

前のセクションで説明された要求事項により，少なくとも，直近の年次財務諸表に表示された項目，見出しおよび小計のすべてを含む計算書を表示することになる。その結果，そのような計算書が実務において「要約」として表記されるかどうかという疑問が生じる。

期中財務諸表を補足する注記が限定されているとすれば，全体の表示は，IAS 第 1 号およびその他の基準に基づく「完全な 1 組の財務諸表」での報告から要約されている。そのような場合には，純損益およびその他の包括利益計算書，財政状態計算書，持分変動計算書およびキャッシュ・フロー計算書に表示される情報は，たとえそれらの計算書が変更がないようにみえても要約されている。したがって，これらの期中財務諸表が「要約」として表記されない場合には，利用者がそれらを（実際は違うにもかかわらず）IAS 第 1 号に基づく完全な 1 組の財務諸表であると解釈する可能性がある。「完全な 1 組の財務諸表」には，年度の表示と整合したすべての注記情報が含まれていなければならない。

3.4.3　1株当たり利益

企業が IAS 第 33 号「1 株当たり利益」（**第 2 巻 13 章 2** 参照）の適用範囲に含まれている場合には，期中報告期間に係る純損益の構成要素を表示する計算書において，企業は当該期間に係る基本的 1 株当たり利益（EPS）および希薄化後 1 株当たり利益を表示しなければならない［IAS 第 34 号 11 項］。

企業が IAS 第 1 号 10A 項に記載される分離した純損益計算書（IAS 第 1 号の 2011 年 6 月の修正を未適用の企業は，IAS 第 1 号 81 項に記載される分離した純損益計算書）を表示する場合には（**第 1 巻 3 章 5** 参照），基本的 EPS および希薄化後 EPS は，当該計算書に表示しなければならない［IAS 第 34 号 11A 項］。

3.4.3.1　表示されるEPSの測定

IAS 第 34 号では，表示すべき基本的 EPS および希薄化後 EPS の測定に関する IAS 第 33 号の要求事項について特段の参照を行っていない。しかし，利用者がトレンドを比較することができるように，年次財務諸表に表示されているのと同様の EPS を期中財務報告書に表示しなければならない。したがって，期中財務諸表が「要約」として表記されるかどうかに関係なく，表示されるすべての期間について同等の目立つ場所に，以下を期中財務報告書で表示しなければならない。

- 親会社の普通株主に帰属する純損益に関する基本的 EPS および希薄化後 EPS
- 非継続事業が報告される場合は，親会社の普通株主に帰属する継続事業からの純損益に関する基本的 EPS および希薄化後 EPS

これらは，その期間の利益を共有する異なる権利を有する各種類の普通株式について表示しなければならない。

EPS は，期中財務報告書に表示されるすべての期間について提供しなければならない。したがって，当該期中報告期間および年初からの累計期間について別個に情報を表示している企業は，それぞれに関する比較情報と一緒に，EPS（基本的および希薄化後の両方）を同じ 4 つの期間について表示しなければならない。

3.4.3.2 年初からの累計ベースの期中報告期間の希薄化後EPS

期中報告期間中に希薄化後 EPS の算出目的上の仮定を変更することは，明らかな異常値を生む場合がある。例えば，第 1 四半期の希薄化後 EPS と第 2 四半期の希薄化後 EPS の合計は，必ずしも半期の希薄化後 EPS と等しいとは限らない。

第 1 四半期の希薄化後 EPS は，その四半期中および終了時点で有効であった仮定に基づいている。IAS 第 33 号は，使用された仮定の変更または潜在的普通株式の発行済普通株式への転換に関して，過年度の希薄化後 EPS は修正再表示されるべきではないと記述している。したがって，第 2 四半期および半期の希薄化後 EPS は，第 1 四半期の希薄化後 EPS 算出に使用した仮定とは異なる仮定に基づいている場合がある。また，特定の潜在的普通株式が，第 1 四半期に「逆希薄化」（すなわち，普通株式への転換により EPS が増加）となっていた可能性があるため，第 1 四半期の希薄化後 EPS から除外されていた可能性もある。しかし，第 2 四半期および半期において，それらが希薄化となっていた場合には，希薄化後 EPS に含まれる。

設例3.4.3.2

年初からの累計ベースの期中報告期間の希薄化後EPS

以下の情報は，四半期報告を行う企業に関連するものである。

	第 1 四半期 (1 月 1 日～ 3 月 31 日)	第 2 四半期 (4 月 1 日～ 6 月 30 日)	半期 (1 月 1 日～ 6 月 30 日)
純利益	CU 1,000	CU 1,000	CU 2,000
発行済普通株式	1,000	1,000	1,000
普通株式の加重平均市場価格	CU 8	CU 20	CU 14

半期を通じて，当該企業には，オプション 1 個につき株主が普通株式 1 株を CU 10 で購入することを可能にする発行済オプションが 100 個あった。オプションは 1 つも行使されなかった。IAS 第 34 号 20 項 (b) は，第 2 四半期報告書において，第 2 四半期および半年間の純損益およびその他の包括利益計算書（IAS 第 1 号の 2011 年 6 月の修正を未適用の企業は，包括利益計算書および該当する場合には分離した純損益計算書）の表示を要求している。基本的および希薄化後 EPS の計算は，以下のとおりである。

	第 1 四半期 (1 月 1 日～ 3 月 31 日)	第 2 四半期 (4 月 1 日～ 6 月 30 日)	半期 (1 月 1 日～ 6 月 30 日)
基本的 EPS	CU 1,000／1,000= CU 1.00	CU 1,000／1,000= CU 1.00	CU 2,000／1,000= CU 2.00
希薄化後 EPS ―分子	CU 1,000	CU 1,000	CU 2,000
希薄化後 EPS ―分母	1,000 ※	1,050 (1,000＋50 ※※)	1,028.57 (1,000＋28.57※※※)
希薄後 EPS	CU 1	CU 0.9524	CU 1.9444

※　オプションの行使価格は，その期間の株式の平均市場価格株式より大きい。したがって，オプションは希薄化後 EPS の算出にあたって無視される。

※※　この株式オプションが行使された場合，CU 1,000 の発行による受取金額は，

CU 20 の平均市場価格で 50 株を発行する場合と同等である。したがって，残りの 50 株は対価なしに発行されたと仮定され，希薄化後 EPS の計算上，発行済普通株式数に加算される。

※※※ この株式オプションが行使された場合，CU 1,000 の発行による受取金額は，CU 14 の平均市場価格で 71.43 株を発行する場合と同等である。したがって，残りの 28.57 株は対価なしで発行されたと仮定され，希薄化後 EPS の計算上，発行済普通株式数に加算される。

第 1 四半期の希薄化後 EPS（CU 1.00）と第 2 四半期の希薄化後 EPS（CU 0.9524）の合計は，上半期の希薄化後 EPS（CU 1.9444）と等しくないことに留意が必要である。

3.4.3.3　期中報告期間における加重平均普通株式数の計算

設例3.4.3.3

期中報告期間における加重平均株式数の計算

ある上場企業は，IAS 第 34 号に従った期中財務諸表の作成を要求されている。6ヵ月の期中報告期末の 30 日前に，相当な数の普通株式が当該企業により発行された。

これらの新株は，当該期中報告期間の全日数に対する当該株式が発行済となっていた日数の割合に基づいて，期中報告期間の 1 株当たり利益の計算式の分母に含め，加重しなければならない。合理的な概算による加重平均は，多くの場合妥当である。

発行株式数は，当該株式が発行済となっていた日数（すなわち，30 日）をその期間の日数（すなわち，182 日）で割ることにより加重しなければならない。

3.4.3.4　条件付発行可能株式を有する企業の期中報告日現在のEPSの計算

設例3.4.3.4
条件付発行可能株式を有する企業の期中報告日現在のEPSの計算

暦年ベースで報告する上場会社Xは，1月1日に子会社Yを取得した。取得の対価は，CU 1 億と子会社 Y が取得翌年に CU 10 百万以上の純利益を生んだ場合に追加的に付与する X 社の普通株式 20,000 株の合計である。1 年目の 6 月 30 日までに，子会社 Y は CU 15 百万の純利益を生んだ。

仮に条件期間の末日が 12 月 31 日ではなく6 月 30 日であれば 20,000 株は発行可能となるが，下半期において X 社が株式を発行しなくなる事象が発生する可能性があるため（例えば，子会社 Y が下半期において CU 6 百万の損失を計上），6 月 30 日に終了する半期の基本的 EPS の計算式の分母から，当該 20,000 株の普通株式は除外されなければならない。当該条件付発行可能普通株式は，その日の状況に基づくと条件が満たされているため，6 月 30 日に終了する半期に係る希薄化後 EPS の計算式の分母には，含めなければならない。

基本的および希薄化後 EPS の計算に対する条件付発行可能株式の影響のより詳細な分析については，**第 2 巻 13 章**を参照。

3.5　重要な事象および取引

企業は，直近の年次報告期間の末日後のその企業の財政状態の変動および業績を理解するうえで重要な事象と取引についての説明を開示することが要求される。それらの事象および取引に関連して開示される情報は，直近の年次財務報告書に表示された関連する情報を更新しなければならない［IAS 第 34 号 15 項］。

この IAS 第 34 号の開示の要求事項は，期中財務報告書の利用者は直近の年次財務諸表を入手できるという前提に基づいている。したがって，年次財務諸表の補足的な注記のすべてが，期中報告目的のために要求されるわけではない（それが同じことの繰返しや比較的重要でない変化の報告となるため）［IAS 第

34号15A項]。

以下は，重要である場合には開示が求められる事象および取引の（網羅的なものではない）リストである［IAS第34号15B項]。

(a) 棚卸資産の正味実現可能価額までの評価減およびその戻入
(b) 金融資産，有形固定資産，無形資産，その他の資産の減損による損失の計上およびその戻入
(c) リストラクチャリングのコストに対する引当金の戻入
(d) 有形固定資産項目の取得および処分
(e) 有形固定資産購入に関するコミットメント
(f) 訴訟の解決
(g) 前期の誤謬の訂正
(h) 企業の金融資産および金融負債の公正価値に影響を与える事業または経済状況の変化（それらの資産または負債の認識を公正価値で行っている場合も償却原価で行っている場合も）
(i) 借入債務不履行または借入債務契約違反で報告期間の末日に（あるいはそれ以前に）是正されていないもの
(j) 関連当事者との取引
(k) 金融商品の公正価値測定に使用される公正価値ヒエラルキーのレベル間の振替
(l) 資産の目的または用途の変更による金融資産の分類の変更
(m) 偶発負債または偶発資産の変動

個々のIFRSが，IAS第34号15B項に列挙されている項目の多くについての開示の要求事項に関するガイダンスを示している。ある事象または取引が前年次報告期間以降の企業の財政状態の変動または業績の理解に重要である場合には，期中財務報告書は前年次報告期間の財務諸表に含まれていた関連する情報の説明および更新を提供すべきである［IAS第34号15C項]。

IAS第34号は，IAS第34号15項，15B項（前述参照）および16A項（以下参照）により要求される開示の詳細さのレベルについて特定してい

ない。指針の原則は，期中開示は直近の年次報告期間の末日後からの企業の財政状態および業績の変動を理解するうえで役立つものでなければならないということである。他のIFRSsで要求されている詳細な開示が，要約財務諸表および精選された説明的注記を含む期中財務報告書では要求されていないことは明らかなように思われる。したがって，一般的には，期中財務報告書の注記開示の詳細レベルは年次財務報告書の注記開示の詳細レベルよりも低いであろう。以下の設例は，この点について例示している。

- IAS 第 2 号 37 項は，期間の末日現在の棚卸資産の金額および期中の棚卸資産の変動は，一般的には，商品，製造用貯蔵品，原材料，仕掛品および製品に分類されることを示している。そのような詳細レベルは，通常，直近の年次報告期間の末日からの企業の財政状態および業績の変更を理解するうえで重要とならない限り，要約期中財務諸表では要求されない。したがって，IAS 第 34 号 15B 項（a）で要求されているように，棚卸資産の正味実現可能価額までの評価減およびその評価減の戻入の開示は，通常，異なる種類の棚卸資産との間で分析されるのではなく，要約期中財務諸表において企業全体レベルで行われる。
- IAS 第 36 号 126 項は，資産の種類ごとの減損損失および戻入の開示を要求している。IAS 第 34 号 15B 項（b）によって要求される減損損失および戻入の開示は，通常，特定の減損または戻入が直近の年次報告期間の末日からの企業の財政状態および業績の変更を理解するうえで重要とならない限り，資産の種類ごとではなく，要約期中財務諸表では企業全体レベルで行われる。
- IAS 第 24 号 17 項は，経営幹部の報酬を項目別に開示することを要求している。そのような経営幹部の報酬の詳細な開示は，それらが直近の年次報告期間の末日から重要な変動があり，かつ，その変動について開示することが期中報告期間を理解するうえで必要でない限り，通常は期中財務報告書では要求されない。例えば，期中報告期間中に経営幹部のメンバーに付与されたボーナスまたはストック・オプションは，期中報告期間を理解するうえで重要である可能性が高いため，開示しなければならない。

3.6　その他の開示

IAS 第 34 号 15 項から 15C 項に従った重要な事象および取引の開示に加えて，次の情報を期中財務報告書の他の部分で開示していない場合には，それを期中財務諸表の注記に含めなければならない［IAS 第 34 号 16A 項］。

(a)　期中財務諸表において直近の年次財務諸表と同じ会計方針と計算方法が採用されている旨，またはそれらを変更している場合には，その変更の内容および影響の説明（**本章 4** 参照）
(b)　期中の営業活動の季節性または循環性についての説明的コメント
(c)　資産，負債，資本，純利益またはキャッシュ・フローに影響を与える事項で，その性質，規模または頻度からみて異例な事項の内容および金額
(d)　当事業年度の過去の期中報告期間に報告された金額の見積りの変更または過去の事業年度に報告された金額の見積りの変更の内容および金額
(e)　負債性金融商品と資本性金融商品の発行，買戻および償還
(f)　普通株式とその他の株式の各々に対する配当金（合計額または 1 株当たりの金額）
(g)　IFRS 第 8 号「事業セグメント」により年次財務諸表中にセグメント情報の開示を要求される企業については，次のセグメント情報
　(i)　外部顧客からの収益（最高経営意思決定者によりレビューされるセグメント純損益の測定値に含まれている場合，または最高経営意思決定者に定期的に提供されている場合）
　(ii)　セグメント間収益（最高経営意思決定者によりレビューされるセグメント純損益の測定値に含まれている場合，または最高経営意思決定者に定期的に提供されている場合）
　(iii)　セグメント純損益の測定値
　(iv)　特定の報告セグメントに係る資産合計および負債合計の測定値（当該金額が最高経営意思決定者に定期的に提供されており，直前の年次財務諸表で当該報告セグメントについて開示した金額から重要な変動のあった場合）
　(v)　セグメントに区分する基礎またはセグメント純損益の測定基礎について直

近の年次財務諸表からの相違点に関する記述

(vi) 報告すべきセグメント純損益の測定値の合計額と，企業の法人所得税等および非継続事業による累積的影響額前の利益との調整。ただし，企業が法人所得税等といった項目を報告すべきセグメントに配分している場合には，企業はセグメント純損益の測定値の合計とこれらの項目調整後の純損益とを調整することができる。重要性がある調整項目は，当該調整表に個別に認識して記載しなければならない。

(h) 当期中報告期間に係る期中財務諸表に反映されていない期中報告期間後の事象

(i) 企業結合（**本章 3.6.2** 参照），子会社および長期投資に対する支配の獲得または喪失，リストラクチャリング，ならびに非継続事業等，期中報告期間における企業の構成の変化の影響

(j) IFRS 第 13 号「公正価値測定」を適用済の企業の場合には，金融資産について，IFRS 第 13 号の 91 項から 93 項（h），94 項から 96 項，98 項および 99 項，ならびに IFRS 第 7 号の 25 項，26 項および 28 項から 30 項で要求されている公正価値に関する注記

(k) **投資企業**の修正を適用済の企業の場合には（詳細については**第 2 巻 4 章 15** 参照），IFRS 第 12 号「他の企業への関与の開示」9B 項の開示（**2 巻 7 章 5.1** 参照）

上述した要求事項は，2012 年 5 月公表の「IFRSs の年次改善 2009 − 2011 年サイクル」（2009 − 2011 年改善）から生じた（g）(iv）の修正を反映している。2012 年 5 月の修正前は，IAS 第 34 号 16A 項（g）(iv）は，「直前の年次財務諸表で開示した金額から重要な変動のあった資産合計」の開示を要求していた。2012 年 5 月の修正は，資産合計および負債合計（または双方）の測定値が最高経営意思決定者に定期的に提供されており，直前の年次財務諸表からそれらの測定値に重要な変動のあった場合には，特定の報告セグメントに係る資産合計および負債合計の開示のみが要求されることを明確化している。当該修正は，2013 年 1 月 1 日以後開始する事業年度に適用され，早期適用が認められる。企業が当該修正を早期適用する場合には，その旨を開示しなければならない。

IAS 第 34 号 16A 項で表示を要求される情報は，通常，期首からの累計ベースで報告される［IAS 第 34 号 16A 項］。

本基準は，企業に，IAS 第 34 号 16A 項（b）に基づき期中営業活動の季節性または循環性についての説明的コメントを提供することを要求している。事業環境の変動（需要，マーケット・シェア，価格およびコストの変動）の説明，および期中報告期間がその一部となる当事業年度全体に関する見通の説明は，通常，期中財務諸表の注記外で，経営者の考察および分析または財務レビューの一部として表示される。

3.6.1　期中報告期間におけるセグメントの集約基準の再評価

企業が報告セグメントを決定するにあたり，各期中報告期間においてIFRS 第 8 号 12 項の集約規準を再評価する必要があるかどうかはその状況による。

期中報告期間中に報告セグメントの構成を変更させるような企業の内部構成の変更がない場合には，企業は，通常，各期中報告期間において集約規準を再評価する必要はない。しかし，事実および状況の変更が，当期または将来の期間における事業セグメントの集約がもはや適切とならないことを示す場合には，経営者は変更が発生した期間において集約規準を再評価しなければならない。この再評価の結果，異なる報告セグメントを識別した企業は，IFRS 第 8 号 29 項および 30 項によって要求される開示を提供しなければならない。

例えば，ある企業が前期において 2 つのセグメントを適切に集約したと仮定する。しかし，当期において，それらセグメントは，売上総利益率および売上高のトレンドが変化したために類似の経済的特徴をもはや示していない。また経営者は，そのトレンドが将来の期間において収束するとは考えていない。この場合，企業は，その適切な報告セグメントを決定するために，当該期中報告期間において集約規準を再評価しなければならない。

3.6.2　企業結合

3.6.2.1　報告期間中の企業結合

企業結合が期中報告期間中に発生した場合，IAS 第 34 号 16A 項（i）により，企業は IFRS 第 3 号「企業結合」によって年次財務諸表について規定された詳細のすべてを開示しなければならない（**第 2 巻 3 章 13** 参照）。

3.6.2.2　報告期間後の企業結合

IFRS 第 3 号 B66 項は，また，報告期間の末日後で財務諸表の公表が承認されるよりも前に起きた企業結合については，財務諸表の公表が承認される時点で企業結合の当初会計処理が完了していない場合を除き，詳細な開示を要求している。当初会計処理が完了していないため開示が提供されなかった範囲において，取得企業は，どの開示ができなかったのか，なぜできないのかの理由を説明しなければならない。

企業結合が期中報告期間の末日後で期中財務諸表の公表が承認されるよりも前に発生する場合，企業は IFRS 第 3 号 B66 項に従って企業結合についての開示を行わなければならない。IAS 第 34 号は，直近の年次報告期間の末日後のその企業の財政状態および業績の変化を理解するうえで重要となる情報の開示を要求している。期中報告期間は事業年度の期末日時点と同じ方針および手続を適用しなければならない別個の期間であるという IAS 第 34 号の原則と整合するように，企業結合に関する IFRS 第 3 号のすべての開示の要求事項を年次財務諸表と同じように期中報告期間に適用しなければならない。

IAS 第 34 号 16A 項（h）は期中財務諸表に反映されていない期中報告期間後の事象の開示を要求しており，IFRS 第 3 号は報告期間後の企業結合に関して要求される特定の開示を規定している。その結果，期中報告書の公表が承認される時点で企業結合の当初会計処理が完了していない場合を除き，期中報告期間後の重要性がある企業結合について，IFRS 第 3 号によって要求される開示を行わなければならない。その場合には，IFRS 第 3 号 B66 項と整合するように，どの開示ができなかったのか，なぜできないのかの理由を期中報告書に記載しなければならない。多くの法域では，期中報告書のための期限は年次財務諸表の期限に比べて短いため，この方法がより一般的となる。

3.6.3 注記開示について要求される比較情報

IAS 第 34 号は，要約期中財務諸表の補足的注記の開示に比較情報を提供することを明示的に要求していない。しかし，注記は，比較情報が要求される財務諸表を裏付けるものである。したがって，IAS 第 34 号 16A 項には比較情報に係る要求事項について明確な言及はないが，IAS 第 1 号 38 項を適用し，すべての定量的な情報，ならびに当期の期中報告期間の財務諸表の理解に関連する範囲の説明的および記述的な情報について比較情報を提供することが推奨される。

期中財務諸表の目的上，IAS 第 1 号 38 項において言及される「前期」とは，同等の期中報告期間を意味すると考えるべきである。したがって，例えば，企業結合または新株発行に関する開示が IAS 第 34 号 16A 項に基づき事業年度の年初からの累計期間で行われる場合，同等の年初からの累計ベースの比較情報を報告しなければならない。新株発行が希薄化効果を有し，それ自体が EPS に対する変化を理解するうえで重要な場合，期中報告期間の末日の財政状態を理解するうえでも重要となる場合がある。その場合，財政状態計算書を補足する追加の比較情報が必要となることがある。

企業が，期中報告の目的上，完全な 1 組の財務諸表を作成する場合には，IAS 第 1 号の要求事項のすべてが適用されるため，IAS 第 34 号 16A 項に基づく説明的注記の開示について比較情報が要求される。

3.6.4 次の年次財務諸表における期中報告期間の開示の包含

ある情報の項目が重要であると考えられるため，企業の期中財務報告書で開示される場合であっても，その情報の項目は，開示が行われた期中報告期間を含む企業の次の年次財務報告書において必ずしも開示されるとは限らない。IAS 第 34 号では，期中報告期間の開示は，期中報告期間の財務データを参照して査定された重要性のレベルに基づいて決定される（**本章 3.8** 参照）。本基準では，期中財務諸表の注記は直近の年次報告期間の末日後の企業の財政状態および業績の変化について理解するうえで重要となる事象および取引を説明するためのものと認識している。その目的では役立つ開示が，年次財務諸表では役立たない場合がある。

それを例示するため，IAS 第 34 号 16A 項（c）では，資産，負債，資本，純利益またはキャッシュ・フローに影響を与える事項で，その性質，規模または頻度からみて異常な事項の内容および金額の開示を要求している。そのような項目は，例えば，四半期または半期については異常な規模となるが，事業年度全体からみると異常ではない場合がある。

本章 3.9 で説明しているように，IAS 第 34 号 26 項は，前の期中報告期間に報告された見積金額が，当該事業年度の最終の期中報告期間の間に大きく変更し，しかも，その最終の期中報告期間について個別の財務報告書が作成されていない場合には，年次財務諸表の注記で開示することを要求している。

3.6.5　同じ事業年度内の後の期中報告期間における期中報告期間の開示の包含

ある情報の項目が重要であると考えられるため，企業の第 1 四半期の期中財務報告書で開示される場合であっても，その情報の項目は，同じ事業年度の後の四半期の期中財務報告書において必ずしも開示されるとは限らない。IAS 第 34 号では，重要性は各期中報告期間の財務データを参照して評価される（**本章 3.8** 参照）。したがって，ある期中報告期間については重要と考えられる項目が，同じ事業年度の後の期中報告期間について重要とならない場合がある。IAS 第 34 号 16A 項は，注記の開示は，通常，年初からの累計ベースで行うことを示唆している。

例えば，四半期ごとに報告し，12 月 31 日を期末日とする企業の 6 月 30 日時点の期中財務報告書における説明的注記は，1 月 1 日から 6 月 30 日までの期間を対象とする。第 1 四半期の報告書で重要であると考えられ，3

月31日に終了する3ヵ月間の期中財務報告書の注記に開示された情報の項目が，年初から6月30日までの6ヵ月間では重要とならない場合がある。その場合，6ヵ月の期中財務報告書での開示は必要ではない。

3.7　IFRSsに準拠している旨の開示

IAS第34号19項は，期中財務報告書が本基準書の要求事項に従って作成された場合には，その旨を開示することを要求している。期中財務報告書がすべてのIFRSsの要求事項に従ったものでない限り，国際財務報告基準に準拠していると記述してはならない。この後段の記述は，期中財務諸表が要約ではなく完全なものである場合にのみ適切となるであろう。

要約期中財務報告書は，IAS第1号「財務諸表の表示」およびその他の基準によって要求される開示のすべてを含まないため，この要求事項を満たすことはない。したがって，要約期中財務諸表は，「IFRSsに従って」ではなく，（IAS第34号19号により要求されているように）「IAS第34号『期中財務報告』に従って」作成されたと記述する方がより適切である。

要約期中財務情報を表示する場合には，企業は次の2つのレベルで基準への準拠を検討する必要がある。

- 現行の基準書および解釈指針に含まれる測定および表示の要求事項のすべてに対する準拠性（IAS第34号以外の基準書開示の要求事項に対する準拠は必要ではない）
- IAS第34号によって指定された，期中報告を目的とした開示要求および測定規準に対する準拠性

3.8　重要性

IAS第34号23項は，期中財務報告目的のために，ある項目をどのように認識，測定，分類または開示するかを決定するには，期中報告期間の財務データとの関連において重要性を検討しなければならないと記述している。重要性の

検討にあたっては，期中報告期間における測定は，年次財務データの測定に比べ，より広範囲にわたって見積りに依存する場合があることを認識しなければならない。

重要性の判断は常に主観的であるが，最も重要な事項は，期中財務報告書が期中報告期間の企業の財政状態および業績を理解するうえで関連する情報すべてを包含するようにすることである。したがって，重要性の量的見積りの基礎を，予測される年次数値に置くことは，通常，適切ではない。

3.9　年次財務諸表における開示

企業が事業年度のうち最終となる期中報告期間について個別の報告書を作成しないことはよくあることである。このことは，各国の規制当局の規則に基づいて決定される。例えば，半期ごとに報告し，12 月 31 日までの報告期間を有する企業は，7 月から 12 月までの期間を対象とする個別の期中報告書を作成する必要がない場合がある。

そのような状況において，IAS 第 34 号は，前の期中報告期間に報告された見積金額が最終の期中報告期間の間に大きく変更される場合に，**年次**財務諸表の注記に開示することを要求している。その見積りの変更の内容および金額を開示しなければならない［IAS 第 34 号 26 項］。この要求事項は，財務諸表の利用者に対し，IAS 第 8 号「会計方針，会計上の見積りの変更および誤謬」の一般的な要求事項と整合して，最終の期中報告期間の見積りの変更の詳細を提供することを目的とするものである。しかし，本基準書では，この開示の要求事項は見積りの変更に対してのみ関連する範囲の狭いものを意図しており，企業の年次財務諸表に期中報告期間の財務情報を追加する一般的な要求事項を導入することは意図していない［IAS 第 34 号 27 項］。

IAS 第 34 号 27 項は，そのような見積りの変更が発生し，年次財務諸表において開示することが要求される場合，当該開示は期中報告期間の財務情報の追加を表すことを明らかにしている。その結果，当該開示は年次財務諸表で行われるが，重要性は通常，期中報告期間の財務データを参照して決定される。

4　会計方針

4.1　年次財務諸表と同一の会計方針

期中財務諸表において適用された会計方針は，直近の年次財務諸表日後に行われ，次の年次財務諸表に反映されることとなる会計方針の変更を除き，直近の年次財務諸表において適用された会計方針と一致していなければならない［IAS 第 34 号 28 項］。

企業は，期中財務報告書において，この要求事項が満たされたことを開示しなければならない［IAS 第 34 号 16A 項（a)］。

4.2　会計方針の変更

IAS 第 34 号に従った期中財務報告書の作成者は，次の年次財務諸表に適用されるであろう会計方針の変更について考慮し，また，期中報告のために変更を行わなければならない。そのような変更には，通常，以下のものが含まれる。

- 年次財務諸表について適用される予定の IFRS で要求される変更
- 変更により財務諸表が信頼性があり，より目的適合性の高い情報を提供するという前提で，IAS 第 8 号「会計方針，会計上の見積りの変更および誤謬」に従って，年次財務諸表に適用することが提案されている変更

直近の年次財務諸表から企業の会計方針に変更がある場合，期中財務報告書に，その変更の内容および影響についての説明を含めなければならない［IAS 第 34 号 16A 項（a)］。

新たな基準または解釈指針が最初の期中報告期間中に公表されたが，年次報告期間の末日後まで適用されない場合に，企業はその年次財務諸表に向けて，基準または解釈指針の発効日前の適用を次の期中報告期間中に決定することがある。新たな基準または解釈指針が最初の期中財務諸表において早期適用されていなかったという事実は，通常は，企業が次の期

中報告期間中または年次報告期間の末日時点で新しい会計方針を適用することを妨げない。過去に報告された期中報告期間について修正再表示する要求事項は，**本章 4.3** で説明される。

設例4.2

事業年度の途中での新しい基準の適用

12 月決算である会社 X は IFRSs に従って財務諸表を作成する。また，同社は IAS 第 34 号に従って四半期ベースの期中財務報告書も作成している。

IASB は「20X3 年 7 月 1 日以後開始する事業年度に適用され」，早期適用が認められる新基準を公表した。この基準は特定の経過措置を含まないため，IAS 第 8 号 19 項（b）に従って遡及適用することが要求される。

会社 X は 20X3 年 9 月 30 日に終了する 3 ヵ月間の期中財務報告書に対してこの基準の適用を要求されるか。

要求されない。会社 X の 20X3 年 7 月 1 日以後開始する最初の事業年度は 20X4 年 1 月 1 日から 20X4 年 12 月 31 日までの年度である。会社 X は 20X4 年 1 月 1 日以前に開始する期中報告期間に係る期中財務報告書には新基準の適用を要求されない。これは，会社 X の期中財務報告書が，1 組の要約財務諸表か完全な 1 組の財務諸表であるかに関係なく当てはまる。

しかし，会社 X が新基準を発効日以前に（例えば，20X3 年 12 月 31 日の年次財務諸表から）適用することを決定した場合には，会社 X は早期適用日以後開始する期中報告期間に新基準を適用しなければならない（IAS 第 34 号 43 項の過去の期中報告期間の修正再表示も参照）。

4.3　過去に報告された期中報告期間の修正再表示

新しい IFRS によって経過措置が設けられている場合以外は，会計方針の変更は次のいずれかにより反映しなければならない［IAS 第 34 号 43 項］。

- 当該事業年度における過去の期中報告期間の財務諸表，および IAS 第 8 号に従って年次の財務諸表について修正再表示される過年度の対応する期中報告期間の財務諸表を修正再表示する。

- 新しい会計方針を過去のすべての期間に適用した場合における事業年度の期首時点の累積的影響額を算定することが実務上不可能である場合には，実務上可能な最も古い時点から将来に向かって新しい会計方針を適用するように，当事業年度の過去の期中報告期間および過年度の対応する期中報告期間の財務諸表を修正する。

IAS 第 8 号「会計方針，会計上の見積りの変更および誤謬」では，新しい会計方針の遡及適用は，企業がそのためにあらゆる合理的な努力を払った後にも適用することができない場合に，実務上不可能となると記述している。

IAS 第 34 号 44 項では，これらの原則の目的の 1 つは，事業年度全体を通じて，一定の種類の取引に対して単一の会計方針が適用されるようにすることであると記述している。それは，その年度の途中での会計方針の任意変更が禁止されているということではない。そのような変更は，IAS 第 8 号の条件が満たされる場合には認められる。IAS 第 34 号 44 項が要求していることは，会計方針の変更がその年度のある時点で適用される場合，過去の期中報告期間について報告された金額をその新しい会計方針を反映するよう修正再表示しなければならないということである。

IAS 第 34 号 45 項は，事業年度内のある期中報告日現在で反映される会計方針の変更を認めることを禁止していることを示唆している。その結果，期中の配分が困難になり，経営成績が不明瞭になり，期中報告期間の情報の分析と理解が複雑になるであろう。

設例4.3

事業年度の途中での会計方針の変更

会社 A は四半期報告を行っている。当期の第 1 四半期の期中報告書に，同社は直近の年次財務諸表と同じ会計方針を使用した。会社 A は第 2 四半期の期中報告書から会計方針の任意変更を行うことを望んでいる。同社は，当該変更により IAS 第 8 号 14 項で要求される「企業の財政状態，財務業績またはキャッシュ・フローに対し取引その他の事象または状況が及ぼす影響について，信頼性があり，より目的適合性の高い情報を提供する財務諸表となる」ことを立証できる。

IAS 第 8 号の条件が満たされる場合には，会社 A が第 2 四半期の期中報告書でこの会計方針を変更することは認められる。IAS 第 34 号 44 項は，第 2 四半期で適用された新しい会計方針を反映するために，第 1 四半期の期中財務諸表を修正再表示することを要求している。IAS 第 34 号 45 項は，事業年度内のある期中報告日**現在で**反映される会計方針の変更を認めることを禁止していることを示唆している。会計方針の変更は，その年度の過去の期中報告期間に遡及適用することにより，事業年度内の期中報告日に行うことができる。

5　認識および測定

5.1　一般原則

本章 4.1 で説明したように，期中財務報告書を作成するにあたり，企業は次の年次財務諸表に適用可能となる会計方針と同じものを適用することが要求される。期中報告期間の資産，負債，収益および費用を認識するための原則は，年次財務諸表におけるものと同じである。

しかし，期中報告期間が独立の期間であるかのように考えることは意図されていない。本基準は，企業の報告の頻度（年次，半期または四半期）によって年次の経営成績の測定が左右されてはならないと記述している。その目的達成のため，期中報告目的のための測定は，年初からの累計ベースで行われる［IAS 第 34 号 28 項］。

IAS 第 34 号には矛盾もある。**本章 4.1** に示されている要求事項（期中財務諸表と年次財務諸表には同じ会計方針を適用しなければならない）は，期中報告に対する「個別期間」のアプローチを示している。一方，期中報告目的のための測定は，企業の報告の頻度がその年次の経営成績の測定を左右しないように，年初からの累計ベースで行わなければならないとするIAS 第 34 号 28 項の要求事項は，「全体期間」のアプローチを示している。

この矛盾は，期中報告期間の末日時点で適用されるIAS 第 34 号の要求事項とその他の基準の要求事項との間における多くの分野の潜在的不一致につながった。IFRIC 第 10 号は，特定の減損損失の戻入に関して不一致がある 1 分野について扱っている（**本章 5.6.16.1** 参照）。

5.1.1　賦課金

IFRIC 第 21 号「賦課金」（2013 年 5 月公表。2014 年 1 月 1 日以後開始する事業年度に適用され，早期適用が認められる）は，政府により課された賦課金について負債を認識する時期に関する指針を提供しており，IAS 第 37 号「引当金，偶発負債および偶発資産」に従って会計処理される賦課金と，時期および金額が確実な賦課金の双方に適用される。

IFRIC 第 21 号の詳細な要求事項は，**第 1 巻 14 章 9.4** で述べられている。特に，期中財務報告では，企業は，年次財務諸表に適用するのと同様の認識基準を期中財務報告書に適用することを要求されている。その結果，期中財務報告書に計上される賦課金を支払う負債は以下のとおりである［IFRIC 第 21 号 13 項］。

- 期中報告期間末に賦課金を支払う現在の債務が存在しない場合，負債は認識してはならない。
- 期中報告期間末に賦課金を支払う現在の債務が存在する場合，負債は認識しなければならない。

5.2　季節的，循環的または臨時に収受される収益

事業年度のなかで季節的，循環的または臨時に収受される収益は，事業年度末において見越計上したり繰延処理することが不適切な場合には，期中報告日において見越計上したり繰延処理したりしてはならない［IAS 第 34 号 37 項］。

したがって，例えば，小売業を営む企業は，半期収益を算定するにあたって，予想収益を 2 で割るようなことはしない。代わりに，企業は，その 6 ヵ月の期間の実際の経営成績を報告する。小売業者がその収益の循環性を示したい場合には，追加情報として，期中報告期間の末日までの 12 ヵ月間の収益とそれに対応する過去 12 ヵ月間の比較情報を含めることが可能である。

5.3　不均等に発生する費用

上記の収益認識に関する原則は，費用にも適用される。企業の事業年度において不均等に発生する費用は，事業年度末においてもこの種の費用を見越計上または繰延処理することが適切な場合にのみ，期中報告目的上も見越計上または繰延処理しなければならない［IAS 第 34 号 39 項］。

ある期中報告期間の末日に資産の定義を満たさない費用は，それが資産の定義を満たすかどうかについての将来の情報を待ったり，1 事業年度中の各期中報告期間の利益を平準化したりするために，期中報告期間の末日の財政状態計算書で繰延べられることは**ない**［IAS 第 34 号 30 項（b）］。したがって，期中財務諸表を作成するにあたり，企業の通常の認識および測定の実務は以下のとおりとなる。資産化される費用は，特定の種類の資産の認識規準が満たされる特定の時点から**後に**発生した費用だけである。年度末前に当該規準が満たされるという見込で，期中財政状態計算書において費用を資産として繰延処理することは禁止されている（**本章 5.6.6** も参照）。

設例5.3A

事業年度初期の大規模な広告宣伝活動

ある企業は四半期報告を行っている。事業年度の第1四半期において，当該企業は年間を通じて販売される製品の新モデルを発表する。その時点で，同社には年間を通じて売上に貢献する大規模な広告宣伝活動（その四半期末までに完了する）のために，多額の費用が生じる。

当該広告宣伝に係る費用を（収益の形で）便益を受けることが期待される期間（4つの四半期すべて）にわたり繰延べることは適切か，または費用の全額を第1四半期に費用処理すべきか。

全額が第1四半期に純損益に認識される。説明的注記による開示が要求される場合もある。IAS第38号69項（c）は，広告宣伝および販売促進活動に関する支出はすべて発生時に費用として認識することを要求している（**第1巻9章「無形資産」5**参照）。上記で概説したように，期中報告期間の末日に資産の定義を満たさない費用は，それが資産の定義を満たすかどうかについての将来の情報を待つため，または1事業年度中の各期中報告期間の利益を平準化するために，繰延べられることはない。

設例5.3B

季節性のある事業を営む製造業者の固定費用

ある製造業者の製品の出荷には，極めて季節性がある（年間売上高の各四半期の比率は，それぞれ20%，5%，10%および65%である）。生産は年間を通じてより均等に行われる。当該企業には生産，販売および一般管理に関する固定費用を含む，多額の固定費用が発生し，企業は見積年間売上高に占める各四半期の比率に基づいてすべての固定費用を各四半期に配賦したいと考えている。

そのような配賦は，IAS第34号では認められない。IAS第34号39項では，企業の1事業年度中に不均等に発生する費用は，事業年度末においてもこの種の費用を見越計上または繰延処理することが適切な場合にのみ，期中報告目的上も見越計上または繰延処理しなければならないと記述している。

記述された状況においては，当該固定費用を製造固定費とそれ以外の固定費とに分けなければならない。IAS 第 2 号 12 項は，製品の製造費用には，規則的な固定製造間接費の配賦額（すなわち，製造固定費）を含めることを要求している。生産は年間を通じて均等に行われているので，企業は販売したときにだけ売上原価を認識することになり，それゆえ，売上高に基づいて四半期に製造固定費を配賦するという目的が達成される。

しかし，製造固定費以外の固定費は異なる。IAS 第 2 号 16 項は，棚卸資産が現在の場所および状態に至ることに寄与しない管理部門の間接費，および販売費用（変動費であろうと固定費であろうと）は，棚卸資産の原価から除外され，発生した期間に費用として認識されることを明確にしている。したがって，当該企業は製造固定費以外の固定費を各四半期での発生時に純損益として認識しなければならない。IAS 第 34 号 16A 項によって要求されるように，期中の営業活動の季節性または循環性についての説明的コメントは期中財務諸表の注記で開示しなければならない。さらに，IAS 第 34 号 21 項は，季節的要因を有するビジネスについて，期中財務諸表に加えて，「その前」の 12 ヵ月の財務諸表を表示することを奨励している。

設例5.3C

事業年度初期において発生した製造ラインの入替費用

ある企業は四半期報告を行っている。各事業年度の第 1 四半期に，当該企業は年間を通じて販売される製品の新モデルを発表する。その時点で，当該企業には，新モデルを製造するために製造ライン入替のための多額の費用が発生する。

これらの製造ラインの入替費用を資産として認識し，便益を受ける期間（当該事業年度の全四半期）にわたって償却することが適切か，または費用の全額を第 1 四半期の費用処理とすることが適切か。

この入替費用が IAS 第 16 号「有形固定資産」7 項の認識規準（**第 1 巻 7 章「有形固定資産」3** 参照）を満たす場合には，資産として認識することは適切である。それらの規準は，有形固定資産項目については次の場合にのみ資産として認識することを要求している。

- 当該項目に関連する将来の経済的便益が企業に流入する可能性が高い。
- 当該項目の取得原価が信頼性をもって測定できる。

製造ラインの入替費用に係る支出が資産として認識可能であると仮定するならば，当該支出は資産化され，当該企業の期中報告の方針にかかわらず，新モデルの型式年度にわたり償却されなければならない。例えば，企業が12月決算であり，9月1日から8月31日までが型式年度の新製品を9月に導入した場合，12月31日時点で，当該企業が期中財務報告書を作成したかどうかにかかわらず，認識された資産の一部は未償却のまま翌事業年度に繰越される。

5.4 見積りの使用

IAS 第34号41項は，期中財務報告書で使用される測定の手続は，重要な関連性のある財務情報をすべて適切に開示し，信頼性がある情報を提供することを要求している。しかし，本基準では，年次および期中財務報告書でともに合理的な見積りが使用されることが多いが，一般的に期中報告書の方が年次財務報告書よりも見積りの方法をより多く使用することが必要となることを認めている。

本基準の付録Cには，期中財務報告書における見積りの使用例が多く記載されており，それらは以下に再掲のとおりである。

以下の設例の用語は，IFRS 第13号「公正価値測定」（2011年5月公表）により生じた修正を反映している。当該修正には実質的な影響はない。

期中報告目的のための見積りの使用例

[IAS第34号付録C]

棚卸資産：全数量の棚卸および評価の手続は，事業年度末には行われるかもしれないが，期中報告日現在の棚卸資産には必要ないかもしれない。期中報告日では，売上マージンに基づいて見積りを行えば十分であろう。

資産および負債の流動または非流動の分類：企業は，年次報告日には資産および負債の流動または非流動の分類のための調査を期中報告日よりも徹底して行うかもしれない。

引当金：適切な額の引当金（保証，環境保全コスト，用地修復コストのための引当金等）の算定は複雑で，しばしば費用と時間を要するかもしれない。企業は年次の計算において，場合によっては外部の専門家と契約することもある。期中報告日における同様の見積りは，外部専門家と契約し新しい計算を実施するよりも，前年度の引当額の更新によることが多い。

年金：IAS第19号「従業員給付」では，企業が各報告期間の末日に確定給付年金債務の現在価値と基金資産の市場価値とを算定することを求めるとともに，企業に債務の測定のために専門家として資格のある保険数理人と共働することを勧奨している。期中報告の目的上は，直近の数理評価からの推計によって信頼できる測定が得られることが多い。

法人所得税：企業は事業年度末には，税金費用と繰延税金負債を，個別の課税管轄ごとの税率を各管轄の所得の額に適用して計算するかもしれない。IAS第34号B14項では，期中報告日にもこの程度の精密さが望ましいが，すべての場合にそれが達成可能であるとは限らないため，個別の税率を使用した場合の結果に比して合理的な近似値となる場合には，各課税管轄全体または各種利益全体の加重平均税率が使用されることを認めている。

偶発事象：偶発事象の測定には，法律専門家または他のアドバイザーの意見を必要とする場合がある。偶発事象に関連して，独立専門家からの報告書が場合によっては入手される。訴訟，クレーム，査定およびその他の偶発事象ならびに不確定事象についてのそのような意見は，期中報告日にも必要かもしれないし，必要でないかもしれない。

再評価および公正価値会計：IAS第16号「有形固定資産」では，企業はその会計方針として，有形固定資産項目を公正価値で再評価するモデルを選択することが認められている。同様に，IAS第40号「投資不動産」は，企業に投資不動産の公正価値の測定を求めている。そのような測定のために，企業は，年次報告日には資格ある職業的評価人に依拠するかもしれないが，期中報告日にはそうはしないこともあろう。

連結会社間の調整：事業年度末に連結財務諸表を作成する際に詳細に調整される連結会社間の残高のなかには，期中報告日現在の連結財務諸表の作成に際してはそれほど詳細な調整が行われないものもあろう。

特別の業種：特別の業種における期中報告期間の測定は，その複雑性，コストがかかりすぎること，および時間のゆえに，事業年度末よりも精密度が低いかもしれない。その例としては，保険会社の保険準備金の算定がある。

次の例は，IAS 第 34 号付録 C に記載された使用例に追加するものである。

金融商品：公正価値で計上される金融商品は，年次報告期間の末日における方法と同じ方法を使用して，期中報告日時点で再評価しなければならない。また，金融商品の償却原価での帳簿価額は，期中報告日時点で再計算しなければならない。

株式に基づく報酬：現金決済型の株式に基づく報酬に関する負債は，通常，前報告期末時点のストック・オプションの公正価値に基づく。直近の年次財務諸表からのストック・オプションの公正価値変動が期中報告期間にとって重要性がある場合には，現金決済型の株式に基づく報酬を期中報告日時点で再測定しなければならない。

持分決済型の株式に基づく報酬に関して，企業は，期中報告日時点で，権利確定が予想される資本性金融商品の数に変動があるかどうかを検討しなければならない。変動が期中報告期間に対して重要な影響を与える場合には，権利確定すると予想される資本性金融商品は期中報告日時点で再見積りしなければならない。

5.5　見積りの変更

見積りの変更の影響の例示として，IAS 第 34 号は，棚卸資産の評価減，リストラクチャリングまたは減損からの損失について認識および測定のための規則を検討している。期中報告期間において従うべき原則は，事業年度におけるものと同一である。そのような項目が，例えば，事業年度の第 1 四半期に認識および測定され，その年の第 2 四半期に見積りが変更される場合，追加金額の認識または過去に認識された金額の戻入のいずれかにより，当初見積りは第 2 四半期に調整される［IAS 第 34 号 30 項（a）］。

見積りの変更が発生する場合，当該事業年度における過去の期中報告期間の業績は遡及的に修正されない。しかし，重要な見積りの変更の内容および金額を，以下のいずれかの報告書において開示しなければならない［IAS 第 34 号 16A 項（d)，26 項および 35 項］。

- 見積りの変更を開示する次の期中財務報告書がなかった場合には，年次報告書（**本章 3.9** 参照）
- 当該事業年度において報告される次の期中財務報告書

IFRIC 第 10 号は，減損損失の戻入をしてはならない状況に関するガイダンスを提供している（**本章 5.6.16.1** 参照）。

5.6　追加的な例

IAS 第 34 号付録 B には，前のセクションで記述された認識および測定原則の適用を例示するための多くの詳細な設例があげられている。これらを，重要な原則の例示のために作成した多くの追加例と併せて，以下に再掲する。

5.6.1　雇用主負担の法定福利費と保険拠出金

雇用主負担の法定福利費または政府所管の保険基金への拠出金が年次基準で課されるときは，たとえ支払の大部分が事業年度の初期に行われるとしても，雇用主負担の費用は，期中報告期間では法定福利費または拠出金の見積平均負担年率によって認識される。一般的な例としては，従業員 1 人当たりの一定の水準までの所得に課される法定福利費または保険料があげられる。給与の高い従業員については，事業年度末に至る前に最高所得額に達し，雇用主はそれ以後，年度末まで支払を行わない［IAS 第 34 号 B1 項］。

5.6.2　予定された定期的大規模修繕または検査

その年度の終わりの頃に発生すると見込まれる予定された定期的大規模修繕（または検査)，または他の季節的支出のコストについては，その事象が法的または推定的債務を企業に課すものでない限り，期中報告目的上，見越計上されることはない。単に将来支出するという意思または必要性があるということだけでは，債務を計上するには不十分である［IAS 第 34 号 B2 項］。

5.6.3 引当金

法的債務または推定的債務を生じさせた事象の結果として，経済的便益を移転する以外に現実的な選択肢が企業にない場合には，引当金が認識される。企業の最善の負債見積額に変更が生じた場合には，債務の額を上下に修正し，対応する損失または利得を純損益に認識する。

IFRIC 第 1 号「廃棄，原状回復およびそれらに類似する既存の負債の変動」を適用する企業は，修正額を純損益に認識する代わりに，関連資産の帳簿価額を修正する必要があるかもしれない。

IAS 第 34 号により，企業はその事業年度末に適用するであろう引当金の認識および測定の規準を期中報告日にも適用しなければならない。便益を移転する債務の存在または不存在は，報告期間の長短に関係する問題ではない。それは事実の問題である［IAS 第 34 号 B3 項および B4 項］。

5.6.4 年度末ボーナス

年度末ボーナスの性質はまちまちである。一定期間雇用されたというだけで稼得されるものもある。月次，四半期または年次の経営成績に基づいて稼得されるボーナスもある。単に任意のもの，契約によるもの，または長年の先例によるものもあるであろう。

ボーナスは，期中報告目的上，以下の要件をいずれも満たす場合にのみ見越計上される［IAS 第 34 号 B5 項および B6 項］。

- ボーナスが法的債務，または過去の慣行によって企業には支払をする以外には現実的な選択肢がない推定的債務となっている。
- その債務に対して信頼できる見積りが可能である。

IAS 第 19 号「従業員給付」において，年度末ボーナスの認識規準の適用に関するガイダンスが設けられている。

5.6.5　変動リース料

変動リース料は，負債として認識される法的債務または推定的債務の例かもしれない。リース契約に，借手の年間売上が一定水準に達したときは変動リース料が支払われるという条項があり，その一定水準の売上が達成されると予測され，それゆえに企業にとって将来のリース料を支払う以外に現実的な選択肢がない場合には，事業年度の期中報告期間に年間売上が所定の水準に達する前であっても，債務が発生することがあり得る［IAS 第 34 号 B7 項］。

5.6.6　無形資産

企業は，無形資産の定義と認識規準を，事業年度と同じ方法で期中報告期間に対しても適用するであろう。無形資産の認識規準が満たされる前に，発生したコストは費用として認識される。規準が満たされることとなった特定の時点後に発生した費用は，無形資産の取得原価の一部として認識される。同じ事業年度の後日に認識規準が満たされるであろうという期待によって，期中財政状態計算書で費用を「繰延べる」ことは正当化されない［IAS 第 34 号 B8 項］。

設例5.6.6

期中報告期間の途中でIAS第38号の資産化規準を満たす開発費

ある企業は，医薬品業界に携わっており，12月決算で，四半期報告を行っている。20X2 年を通じて，同社の研究開発部門は，ある主要な製薬開発プロジェクトに携わった。20X2 年に発生した開発費の四半期ごとの内訳は次のとおりである。

第 1 四半期		CU 100
第 2 四半期		CU 100
第 3 四半期：		
	7 月 1 日～ 8 月 31 日	CU 80
	9 月 1 日～ 9 月 30 日	CU 60
第 4 四半期		CU 150

当該企業は，半期報告書を8月15日に公表し，第1および第2四半期に発生したCU 200の開発費を純損益に認識している。9月1日に，研究開発部門は，開発費を無形資産として認識するためのIAS第38号に示されている規準が満たされたと判断している。

IAS第38号では，資産の認識（コストの資産化）は，認識規準が満たされた財務報告期間の期首ではなく，認識規準が満たされた時点から開始しなければならないと要求している。したがって，事業年度の下半期に関する期中財務報告書および20X2年12月31日時点の年次報告書においては，以下の金額が報告される。

（単位：CU）

	9月30日	12月31日
財政状態計算書に認識される資産	60	210

（単位：CU）

	9月30日に終了する3ヵ月間	9月30日に終了する9ヵ月間	12月31日に終了する12ヵ月間
純損益に認識される開発費	80	280	280

5.6.7 年　金

期中報告期間の年金コストは，前事業年度末に数理計算的に決定された年金コストの率を使用して，年初からの累積ベースで計算されるが，前年度末以後の重要な市場変動および制度変更，縮小，清算のような重要な一時的事象に関しては修正が行われる［IAS第34号B9項］。

期中報告日の再測定の問題は，IAS第19号（2011年）を最終化する際に，IASBによって特に検討された。基準改訂に先立つ公開草案に対するコメント提出者は，確定給付負債（資産）の純額の変動の即時認識に係る要求事項は，企業が各期中報告日時点で確定給付負債（資産）の純額を再測定しなければならないことを意味するのではないかという懸念を表明した。

審議会は，（期中または年次の）報告期間の末日時点の確定給付負債

(資産) の純額の再測定が必要かどうかを決定するために，企業は判断しなければならないとしている，IAS 第 34 号の要求事項に留意した。IAS 第 19 号の 2011 年 6 月の改訂後，企業は再測定をそれらが発生した期に認識することを要求されるため，企業がこれらの修正前に数理計算上の差異の認識を繰延べることを選択していた場合と比較して，今やこれらの再測定は，財政状態計算書に認識される金額に重要な影響を与える可能性がより高い。また，従前は利得および損失の一部について，遅延認識していた企業は，再測定が期中報告で要求されると判断する可能性が高い。しかし，審議会は，そのような変更が IAS 第 34 号の一般的な要求事項からの免除となることから，企業が，期中報告日に確定給付負債（資産）の純額を再測定すべきであるかどうかを明示的に示さないことを決定した。

2011 年の修正前，IAS 第 19 号は，期中報告日時点の年金費用の測定に関する指針を含んでいなかった。

5.6.8　休暇，休日，その他の短期有給休暇手当

累積型有給休暇日数は，当期に発生した権利日数が全部消化されないときは，翌期以降に繰越して使用可能である。IAS 第 19 号「従業員給付」によれば，企業は，報告期間の末日に累積している未使用の権利日数に対する支払予測額によって，累積型有給休暇に関する債務のコストを測定しなければならない。その原則は，期中財務報告期間の末日にも適用される。逆に，非累積型の有給休暇については年次報告期間末に認識しないのと同様に，期中報告期間の末日にも企業は費用または負債を認識しない［IAS 第 34 号 B10 項］。

上記で使用された用語は，IAS 第 19 号（2011 年）により修正されたものである。IAS 第 19 号（2011 年）の修正前は，IAS 第 34 号は有給休暇を「paid absences」ではなく「compensated absences」と言及していた。

設例5.6.8

期中報告日時点の有給休暇引当金

ある企業は四半期報告を行っている。企業の事業年度末は 12 月 31 日である。休暇の権利は当該年度の勤続に応じて累積されるが，未使用の権利を 12 月 31 日を過ぎて繰越すことはできない。同社の大半の従業員は，7 月または 8 月に年次有給休暇のかなりの部分を消化する。

7，8 月の休暇期間中の従業員給料の適切な部分は，第 1 および第 2 四半期の期中財務諸表において見越計上すべきか。

従業員の休暇日数が第 1 および第 2 四半期の勤務を通じて稼得（蓄積）されたものであるならば，一部を見越計上すべきである。休暇は，IAS 第 19 号に定義されるように，短期有給休暇の一種である。IAS 第 19 号（2011 年）13 項（旧 IAS 第 19 号〔1998 年〕11 項）は，累積型の短期有給休暇の見積費用は，将来の有給休暇の権利日数を増加させる勤務を従業員が提供したときに認識することを要求している。この原則は，年次および期中報告期間の報告日の両方に適用される。

5.6.9　予定されているが不規則に発生するその他の費用

企業の予算には，慈善寄付金，従業員研修費等のその事業年度中に不規則に発生すると予想される費用が含まれることがある。これらの費用は予定されており，かつ毎年繰返し発生する傾向のものであるが，一般的には任意のものである。そのようなまだ発生していない費用について，期中報告期間の末日に債務を認識することは，負債の定義と矛盾する［IAS 第 34 号 B11 項］。

5.6.10　期中税金費用の測定

5.6.10.1　見積年次税率の使用

期中報告期間の税金費用は，年間の見積利益総額に適用される税率，すなわち，期中報告期間の税引前利益に適用される見積平均年次実効税率を使用して計上する［IAS 第 34 号 B12 項］。

このことは，期中財務報告書では，年次財務諸表で適用されるのと同じ会計上の認識と測定の原則を適用しなければならないというIAS第34号28項に示されている基本的原則と一致している。法人所得税は年次ベースで計算される。期中報告期間の税金費用は，年間の予測利益総額に適用されるであろう税率を期中報告期間の税引前利益に適用して計算する［IAS第34号B13項］。

IAS第12号「法人所得税」と整合するように，所得に対する年次実効税率は期中報告期間の末日までに施行される，または実質的に施行される税率（および税法）を使用して見積らなければならない。税率または税法の予想される変更は見越計上してはならず，当該変更が施行または実質的に施行された場合にのみ，所得に対する見積平均年次実効税率に反映される（「実質的に施行された」の意味の説明については，**第2巻2章4.5.2.2**参照）。

実務上可能な範囲内で，見積平均年次実効税率は個別の課税管轄ごとに決定され，各課税管轄の期中税引前利益に対して個別に適用される。同様に，利益の区分が異なるごとに（キャピタル・ゲインまたは特定の業種での利益等）異なる税率が適用される場合には，実務上可能な範囲内で，期中税引前利益の個々の区分ごとに，別々の税率が使用される。この程度の精密さは望ましいが，すべての場合に達成可能とは限らないであろう。そして，もし個別の税率を使用した場合の結果に比して合理的な近似値となるものであれば，課税管轄全体または利益区分全体の加重平均税率が使用される［IAS第34号B14項］。

ある課税管轄からの所得水準が，課税管轄当たりの「平均的」所得よりかなり高いまたは低い場合，および（または），ある課税管轄の税率が標準的な税率から著しく異なる場合には，課税管轄全体の税率の加重平均は合理的な近似値とはならない可能性が高い。これらの場合には，一部の課税管轄を個別に扱い，その他の「平均的」課税管轄の加重平均を決定することが可能な場合がある。

5.6.10.2　累進税率（徐々に増加する税率）の影響

見積平均年次実効税率は，当該事業年度の後の期間に施行または実質的に施行される予定となっている税率の変更を含む，年間の利益に対して適用されると予測される累進税率の平均を反映する［IAS 第 34 号 B13 項］。IAS 第 34 号の付録 B から引用した**本章設例 5.6.10.2** が累進税率の影響を示している。

設例5.6.10.2

累進税率

［IAS第34号B15項］

四半期ごとに報告している企業が四半期ごとに 10,000 の税引前利益を稼得すると予想しており，その課税管轄での税率は年間利益の最初の 20,000 に対しては 20％，その超過額に対しては 30％となっている。実際の利益は予想とほぼ等しい。次の表は，各四半期に報告される税金費用の額を示すものである。

	第 1 四半期	第 2 四半期	第 3 四半期	第 4 四半期	年合計
税金費用	2,500	2,500	2,500	2,500	10,000

5.6.10.3　年間を通じて不均等な所得

本章設例 5.6.10.3 も，IAS 第 34 号付録 B から引用したものであるが，所得が年間を通じて不均等に配分される場合における IAS 第 34 号の原則の適用を示している。

設例5.6.10.3

年間を通じて不均等な所得

［IAS第34号B16項］

四半期ごとに報告する企業が，第 1 四半期に 15,000 の税引前利益を稼得するが，残りの 3 つの四半期ごとに 5,000 ずつの損失が発生する見込であり（そのため年間の利益はゼロとなる），その課税管轄での見積平均年次税率は 20％の予定である。次の表は，各四半期に報告される税金費用の額を示すものである。

	第1四半期	第2四半期	第3四半期	第4四半期	年合計
税金費用	3,000	(1,000)	(1,000)	(1,000)	0

5.6.10.4　見積年次税率の変更

期中報告期間に含める税金の見積りを行うときの税金費用は，その事業年度全体についての予想加重平均税率の最善の見積りに基づく。したがって，その他の見積りの変更に関しては，ある期中報告期間の税金費用に関して見越計上された金額は，年次の税率の見積りが変化するときに，その後の期中報告期間において修正しなければならない場合がある［IAS 第 34 号 30 項（c）］。見積平均年次税率は，IAS 第 34 号 28 項に整合するように，年初からの累計ベースで再見積りを行うことになる。

見積税率の重要な変更に関する性質および金額は，以下のいずれかの報告書に開示しなければならない［IAS 第 34 号 16A 項（d），26 項および 35 項］。

- 見積りの変更を開示する次の期中財務報告書がなかった場合には，年次報告書（**本章 3.9** 参照）
- 当該事業年度において報告される次の期中財務報告書

設例5.6.10.4A

見積年次税率の変更

事実関係は**本章設例 5.6.10.2** と同じである。第 3 四半期中に，20,000 を超える年間利益に対する税率が 30％から 40％へと増加している。年間利益の最初の 20,000 に対する税率は 20％のままである。実際の利益は予想とほぼ等しい。次の表は，各四半期に報告される税金費用の額を示すものである。

	第1四半期	第2四半期	第3四半期	第4四半期	年合計
税金費用	2,500	2,500	4,000	3,000	12,000

各四半期の10,000の予想税引前利益に基づくと，平均年次税率は25%（(20,000×20％＋20,000×30％）／40,000）から30％（(20,000×20%＋20,000×40%）／40,000）へと増加している。第3四半期に認識される税金費用は4,000（(30,000×30%）から第1四半期および第2四半期ですでに認識された税金費用5,000を控除した金額）である。

繰越される繰延税金残高または期中報告期間中に発生したが次の事業年度まで解消が予想されない繰延税金残高に対して影響を与える税率の変更をどのように処理するかについて，IAS第34号のガイダンスは，それほど明確ではない。2種類のアプローチが認められる。

- **選択肢1**　IAS第34号の当該ガイダンスは，実効税率は当該年度の税金費用合計に基づいており，期中報告期間の利益に基づく比例した率で認識されることを意味すると読取れる。当該年度の税金費用合計に，繰延税金残高の増減が含まれることから，これは，税率の変更に起因する繰延税金残高の変動の影響額が，平均年次法人所得税率の見積時に含まれ，事実上，当該年度を通じて反映されることを意味するであろう。
- **選択肢2**　IAS第34号B13項（上記参照）は，見積平均年次税率が当該事業年度の当期税率を事実上表すことを要求し，当該事業年度末時点で認識されると予想される繰延税金残高に対する当該変更の影響を除外することを要求しているように考えられる。そのため，税率変更の結果として起こる既存の繰延税金残高の変動は，税率変更が生じた期間に全額認識されることとなる。

企業は，これら2つのアプローチのうちの1つを会計方針として選択し，一貫して適用しなければならない。2つの代替的なアプローチは，以下の**本章設例5.6.10.4B**および**5.6.10.4C**において例示される。

設例5.6.10.4B

繰延税金負債の年次税率に係る見積りの変化の影響

上記の**本章設例 5.6.10.4A** に続き，企業が事業年度の期首時点で 15,000 の繰延税金負債を認識したと仮定する。30％から 40％への税率変更の結果として，当該繰延税金負債が 5,000 増加し，20,000 となる。上記で言及した代替的アプローチのもとでは，この増加は次のいずれかで反映可能である。

- 平均年次税率を再見積りすることにより，年初からの累計ベースで第 3 および第 4 四半期の割合に応じてこの影響を認識する（選択肢 1）。
- 繰延税金負債に対する税率変更の影響額を，税率変更が施行または実質的に施行されたときに全額認識する（選択肢 2）。

下表は，両方の選択肢のもとで，各四半期に報告される税金費用の額を示すものである。

選択肢1

	第 1 四半期	第 2 四半期	第 3 四半期	第 4 四半期	年合計
税金費用	2,500	2,500	7,750	4,250	17,000

年間利益の最初の 20,000 に対する税率は 20％のままである。各四半期の 10,000 の予想税引前利益に基づくと，平均年次税率は 25％（(20,000×20％+20,000×30％）／40,000）から 42.5％（(20,000×20％+20,000×40％+5,000）／40,000）へと増加している。したがって，第 3 四半期の税金費用は 7,750 である（累計の税引前利益 30,000 に基づく 42.5％の税金から，第 1 および第 2 四半期においてすでに認識された税金費用 5,000 を控除した金額）。

選択肢2

	第 1 四半期	第 2 四半期	第 3 四半期	第 4 四半期	年合計
税金費用	2,500	2,500	9,000	3,000	17,000

繰延税金負債に対する税率変更の影響額は，第３四半期に全額認識される。

各四半期の 10,000 の予想税引前利益に基づくと，平均年次税率（繰延税金残高に対する変化の影響を除く）は 25％（(20,000×20％＋20,000×30％）／40,000）から 30％（(20,000×20％＋20,000×40％）／40,000）へと増加している。第３四半期に認識される税金費用は 9,000（(30,000×30％）に繰延税金負債の増加 5,000 を加算し，第１四半期および第２四半期ですでに認識された税金費用 5,000 を控除した金額）である。

設例5.6.10.4C

次の事業年度に有効となる税率の変更

ある企業は四半期報告を行っている。同社は第１四半期および第２四半期においてそれぞれ CU 15,000 の税引前利益，および，第３四半期および第４四半期において CU 10,000 の税引前利益を稼得している。適用される税率は 20％である。20X1 年の期首時点で，当該企業には CU 2,000 の一時差異があり，CU 400（CU 2,000×20％）の関連する繰延税金負債を認識した。この一時差異のうち CU 500 が 20X1 年の第４四半期に解消され，20X2 年に CU 1,500 が解消されると予想されている。20X1 年の第１四半期中に，税率は 20％から 30％へと引上げられ，20X2 年から有効となる。20X1 年度を通じて他の一時差異は発生していないと仮定する。

20％の実効税率は 20X1 年度に解消すると予測されている一時差異（すなわち CU 500）に対して適用し，引上後の税率 30％は 20X2 年度に解消すると予想されている一時差異（すなわち CU 1,500）に適用すべきである。その結果として，期首の繰延税金負債を再測定したことによる 20X1 年度の影響額は CU 150（(CU 1,500×30％)－(CU 1,500×20％)）と予測される。

上記で言及した代替的アプローチのもとでは，税率の引上は以下のように反映されるべきである。

- **選択肢１**　当該事業年度において認識が予想される CU 150 の繰延税金負債の再測定額は，平均年次法人所得税率に織込まれる。これにより，CU 150 の再測定額が各期中報告期間の割合に応じて認識されることとなる。企業は，第1四半期において平均年次法人所得税率を 20.3％（(CU 50,000×20％＋CU 150)／CU 50,000) へと修正し，CU 3,045 (CU 15,000×20.3％) の税金を認識し，CU 445 (CU 400＋(CU 150×CU 15,000／CU 50,000)) で繰延税金負債を認識することとなる。

- **選択肢 2**　当該事業年度末に認識が予想される繰延税金負債の再測定額であるCU 150 は，第 1 四半期に全額認識される。したがって，当該企業は，最初の期中報告期間に CU 3,150（CU 15,000×20％＋CU 150）の税金および CU 550 で繰延税金負債を認識する。

5.6.10.5　財務報告年度と課税年度との相違

財務報告年度と課税年度との間に相違がある場合には，当該財務報告年度の期中報告期間の税金費用は，各課税年度に稼得された税引前利益の額に適用される課税年度ごとの個別の加重平均見積実効税率を使用して測定される [IAS 第 34 号 B17 項]。

設例5.6.10.5

財務報告年度と課税年度との相違

[IAS第34号B18項]

企業の財務報告年度末は 6 月 30 日であり，四半期報告を行っている。同社の課税年度末は 12 月 31 日である。1 年目の 7 月 1 日に開始し，2 年目の 6 月 30 日に終了する事業年度について，企業は各四半期に 10,000 の税引前利益を稼得する。見積平均年次税率は，1 年目 30％，2 年目 40％である。

	四半期末 9月30日 1年目	四半期末 12月31日 1年目	四半期末 3月31日 2年目	四半期末 6月30日 2年目	年度末 6月30日 2年目
税金費用	3,000	3,000	4,000	4,000	14,000

5.6.10.6　税額控除

資本的支出の額，輸出額，研究開発費の額またはその他の基礎に基づいて納付すべき税金からの税額控除を納税者に認める課税管轄等がある。この種の税務上の便益の年間を通じての予想額は，一般的に見積年次実効税率を計算する際に考慮に入れられる。なぜならば，これらの控除は，ほとんどの税務法令のもとでは年次ベースで認められ，計算されるからである。他方，特定の種類の利益に対して適用される特別税率が単一の年次実効税率計算中に混合されることがないのと同様に，1 回限りの事象に関係する税務上の便益は，当該期中報告期間の税金費用の計算において認識される。さらに，課税管轄等によっては，資本的支出と輸出水準に関連するものを含めて，税務上の便益または税額控除は税務申告書上で報告されるものの，むしろ政府補助金に類似したものであり，その場合はそれが発生した期中報告期間に計上される［IAS 第 34 号 B19 項］。

過小または過大に納付されたことによる過年度の税金は，当期の税金費用や税額控除を通じて修正することとなる。関連する税金費用または税額控除は，当期の利益ではなく過年度の利益に関係している。したがって，税金費用または税額控除について修正することは，1 回限りの事象として処理され，そのような修正が必要となる可能性が高くなった期中報告期間に認識しなければならない。これは，平均年次税率に反映してはならない。

5.6.10.7　税務上の欠損金ならびに税額控除の繰戻および繰越

税務上の欠損金繰戻による便益は，当該税務上の欠損金が発生した期中報告期間に計上される。IAS 第 12 号は，「過去の期の当期税金の還付を受けるために繰戻控除をすることができる税務上の欠損金に関する便益は，資産として認識しなければならない」と定めている。対応する税金費用の減少または税金利益の増加もまた認識される［IAS 第 34 号 B20 項］。

IAS 第 12 号は，また，「未使用の税務上の繰越欠損金および繰越税額控除に対しては，将来その使用対象となる課税所得が稼得される可能性が高い範囲内で，繰延税金資産を認識しなければならない」と定めている。未使用の税務上の繰越欠損金および繰越税額控除の使用対象となる課税所得の発生可能性を査定するための詳細な規準が定められている［IAS 第 34 号 B21 項］。

期中報告目的上，繰延税金資産の認識規準は各期中報告期間の末日に適用され，規準が満たされた場合には，税務上の欠損金繰越の税効果は，見積平均年次実効税率の計算上考慮される［IAS 第 34 号 B21 項］。

設例5.6.10.7A

当事業年度の期首の税務上の繰越欠損金

［IAS第34号B22項］

四半期報告を行っているある企業は，当事業年度の期首に10,000の税務上の欠損金を有し，それに対する繰延税金資産を認識していなかった。当該企業は，当該事業年度の第1四半期に10,000を稼得し，残りの3つの四半期ごとに10,000を稼得すると予測している。繰越欠損金を無視すれば，見積平均年次税率は40％の予定である。税金費用は次のとおりとなる。

	第1四半期	第2四半期	第3四半期	第4四半期	年合計
税金費用	3,000	3,000	3,000	3,000	12,000

事業年度の初期段階に発生する損失に係る税効果は，税務上の便益が当該期間中に実現すると予想されるか，または年度末に繰延税金資産となると見込まれるときのみ，認識されなければならない。このガイダンスを適用する目的上，年度初期段階の期中報告期間の欠損金に後の期中報告期間の課税所得が続くという季節的流れがはっきりしていれば，年度初期段階の損失に係る税効果の実現の可能性が高いという結論を裏付けるのに通常は十分である。利用可能な証拠が，課税所得が後の期中報告期間または次の事業年度に見込まれないことを示す場合には，年度初期段階の期中報告期間に発生した損失に係る税務上の便益は，通常，それらの期中報告期間において認識されない。

事業年度の初期段階の期中報告期間に発生した損失に係る税務上の便益がそれらの期中報告期間に認識されない場合には，過去の欠損金の税効果が相殺されるまで，後の期中報告期間で稼得した課税所得の税金費用は認識されない。

当該事業年度中に発生した将来減算一時差異および繰越額について事業年度末に認識が予想される繰延税金資産の税効果は，年次実効税率を修正することにより事業年度全体にわたって反映しなければならない。

設例5.6.10.7B

期中報告期間の末日の繰延税金資産の認識

税率 50％の課税管轄において事業活動を行っている企業が，20X1 年の第 1 四半期中に CU 4,000 の税額控除（すなわち，CU 8,000 の課税所得を補うのに十分な額）を発生させると仮定する。現地の税法により，税額控除は 20X2 年末に期限切れとなる。20X1 年の第 1 四半期末時点で，20X1 年および 20X2 年中にそれぞれ CU 2,000 と CU 4,000 の課税所得が発生することを示す，将来に関する利用可能な証拠がある。したがって，企業は，20X1 年の課税所得に対する税金を相殺するために CU 1,000（CU 2,000 ×50％）の税額控除を利用し，20X2 年の課税所得に対する税金を相殺するために CU 2,000（CU 4,000×50％）の税額控除を利用する予定である。同社は，20X1 年期末現在の財政状態計算書において CU 2,000（20X2 年に利用可能となる税額控除に関連している）の繰延税金資産を認識する予定であり，残る CU 1,000 の残高は，繰越欠損金が期限切れとなる前に十分な課税所得が利用可能となる可能性が高くないため，認識されない。

当年度（20X1 年）中に利用が予想される税額控除 CU 1,000 は，見積年次実効税率の計算に含められる。

税額控除は当年度中に発生するため，20X1 年度末に認識が予想される繰延税金資産 CU 2,000 の税効果は，20X1 年中の各期中報告期間に比例して適用される。

したがって，20X1 年を通じて定額で利益が発生する場合には，CU 500（CU 2,000×1／4）の法人所得税に関する便益は，最初の期中報告期間中に認識される。将来についての見積りが残りの年度期間中に変更されないと仮定して，正味の繰延税金資産に係る残りの CU 1,500（CU 2,000－CU 500）の税務上の便益は，20X1 年の後の期中報告期間に生じた会計上の税引前純利益に比例して認識される。

5.6.10.8　税務上の繰越欠損金の回収可能性に関する見積りの変更

IAS 第 34 号 B21 項が，過去に認識された繰延税金資産がもはや回収可能と予想されないすべての状況について等しく適用されるかどうかは明らかではない。2 つの適用可能なアプローチがあると思われる。

- **選択肢 A**　回収不能と評価したすべての金額を，期中報告日に認識を中止する。
- **選択肢 B**　見積年間実効税率を通じて当該認識中止の金額を分散する。

これらの代替的アプローチは以下の設例において説明される。企業は，これら 2 つのアプローチのうちの 1 つを会計方針として選択し，一貫して適用しなければならない。

設例5.6.10.8

税務上の繰越欠損金の回収可能性に関する見積りの変更

ある企業は，税率 50%の課税管轄で事業活動を行っている。20X1 年において，当該企業には 20X3 年までの将来課税所得と相殺できる CU 50,000 の繰越欠損金が生じている。20X1 年 12 月 31 日時点で，当該企業は，繰越欠損金のうち CU 40,000 が 20X2 年（CU 15,000 の予算利益）および 20X3 年（CU 25,000 の予算利益）の課税所得に対して相殺可能と見積っているため，20X1 年の年次財務諸表において CU 20,000（CU 40,000×50%）の繰延税金資産を認識している。

20X2 年の第 1 四半期末時点では，実際の累計所得および当該事業年度の残りの予想利益は予算どおりである。しかし，20X3 年度の予算利益は，CU 20,000 に下方修正されている。

上記で説明した代替的アプローチのもとでは，下記の金額が認識されることになる。

選択肢A

繰延税金資産が回収不能と評価された日に当該繰延税金資産をすべて認

識中止する会計処理が行われた場合，20X2 年の第 1 四半期末における繰延税金資産の帳簿価額は，CU 2,500（CU 5,000×50％）が減額されるべきである。したがって，20X2 年の第 1 四半期中の課税所得が CU 6,000 で見積実効年次税率が 50％と仮定すると，当該四半期での税金費用は，次のように見積られる。

第 1 四半期の税金費用：	(CU 6,000×50%) ＋CU 2,500＝CU 5,500
第 1 四半期末の繰延税金資産の帳簿価額（元の帳簿価額 CU 20,000 から当四半期で使用した CU 3,000 を差引き，回収不能の CU 2,500 を控除）	CU 14,500

選択肢B

繰延税金資産の認識中止による影響が年次実効税率の計算の一部として年間を通じて分散される場合，繰延税金資産の帳簿価額は，20X2 年度末においてのみ CU 2,500（CU 5,000 の 50％）を減額するべきである。したがって，20X2 年の第 1 四半期において，仮に見積年次利益 CU 15,000 のうちの課税所得が CU 6,000 であると仮定した場合，当該四半期の税金費用は以下のように見積られる。

見積年次実効税率：	((CU 15,000×50%) ＋CU 2,500) ／ CU 15,000＝66.7%
第 1 四半期の税金費用：	CU 6,000×66.7%＝CU 4,000
第 1 四半期末の繰延税金資産の帳簿価額（元の帳簿価額 CU 20,000 から当四半期で使用した CU 3,000 を差引き，回収不能の CU 1,000 を控除）	CU 16,000

回収不能分の残額 CU 1,500 は当事業年度に実効税率アプローチによって，残りの年度を通じて比例的に認識されることになる。

5.6.11　契約上のまたは予測される購入価格の変更

取扱数量に基づくリベート，割引および原材料，労賃，またはその他の購入商品とサービスの価格の契約による変更は，それらが稼得されるか実行される可能性がかなり大きければ，支払側と受取側の両方によって，期中報告期間に見越計上される。したがって，契約に基づくリベートおよび割引は見越計上されるが，任意のリベートおよび割引の見越計上はされない。なぜならば，資産および負債の定義（流入すると期待される資源に対する**支配**，または資源の流出に対する**債務**の要求）が満たされるものではないからである［IAS 第 34 号 B23 項］。

5.6.12　減価償却および償却費

期中報告期間の減価償却および償却は，当該期中報告期間に所有した資産のみに基づく。当該事業年度の後の期間に予定されている資産の取得または処分を計算に入れてはならない［IAS 第 34 号 B24 項］。

過去の報告期間の末日から残存価額に重要性のある変動があることを示すものがない限り，期中報告日時点で有形固定資産を再評価することは一般的に必要でない。

5.6.13　棚卸資産

5.6.13.1　棚卸資産の測定 ― 全般

棚卸資産は，期中財務報告上は事業年度末と同じ原則で測定される。IAS 第 2 号「棚卸資産」では，棚卸資産の認識および測定のための要求事項が設定されている。棚卸資産については，棚卸数量，原価および正味実現可能価額を決定する必要があるため，いかなる財務報告期間の末日にも特別の問題が提起される。それでもなお，期中報告期間の末日における棚卸資産に対しては，同じ測定の原則が適用される。時間と費用とを節約するために，企業は，棚卸資産を測定するうえで，期中報告日にしばしば年次報告期間の末日よりも広い範囲で見積りを使用する。以下に示すのは，期中報告日の正味実現可能価額のテストの実施方法，および期中報告日での製造原価差額の取扱方法についての例である［IAS 第 34 号 B25 項］。

5.6.13.2　正味実現可能価額

棚卸資産の正味実現可能価額は，期中報告日における売価と完成までの原価および処分費用を参照して決定される［IAS 第 34 号 B26 項］。

正味実現可能価額への評価減に対する引当金は，事業年度末と同じ原則で計算しなければならない。

企業は，事業年度末に過去の評価減を正味実現可能価額まで戻入れることが適切である場合にのみ，評価減を行った後の期中報告期間において戻入を実施する［IAS 第 34 号 B26 項］。

5.6.13.3 期中報告期間の製造原価差額

製造業を営む企業の価格，能率，消費および数量差異は，期中報告日においても事業年度末に損益に計上されるのと同じ範囲で損益に計上される。年度末までに吸収されると予測される原価差額を繰延べることは，期中報告日の棚卸資産を実際原価よりも多くまたは少なく報告することになるため適切ではない［IAS 第 34 号 B28 項］。

5.6.14 外貨換算差損益

期中財務報告上，外貨換算差損益は事業年度末と同じ原則で測定される［IAS 第 34 号 B29 項］。

IAS 第 21 号「外国為替レート変動の影響」では，在外営業活動体の財務諸表を表示通貨に換算する方法について，平均レートまたは決算日の外国為替レートの使用についての指針，およびそれにより生じる修正額を純損益またはその他の包括利益に認識するための指針を含め，規定している。IAS 第 21 号に従って，期中報告期間の実際平均レートと期中報告日レートを使用する。企業は，期中報告日に在外営業活動体の換算を行う場合には，当該事業年度の残りの期間における外国為替レートの変動を計算に入れない［IAS 第 34 号 B30 項］。

IAS 第 21 号が，換算修正額をその発生した期間の収益または費用として認識することを要求している場合には，各期中報告期間にもその原則を適用する。企業は，修正額が当該事業年度末までに戻入れると見込んでいても，期中報告日に外貨換算修正額を繰延べない［IAS 第 34 号 B31 項］。

5.6.15 超インフレ経済下の期中財務報告

超インフレ経済下の期中財務報告書は，事業年度末に用いられる原則と同じ原則に基づいて作成される。IAS 第 29 号「超インフレ経済下における財務報告」によって，超インフレ経済下の通貨で報告する企業の財務諸表は，報告期間の末日現在の測定単位で表示しなければならず，正味貨幣持高に関する利得または損失は，純利益に計上される。また，過去の期に報告された比較財務データも，現在の測定単位で修正再表示される［IAS 第 34 号 B32 項および B33 項］。

企業は，期中報告日において同様の原則に従い，すべての期中データを期中報告期間の末日の測定単位で表示し，正味貨幣持高に関する利得または損失を期中報告期間の純利益に含める。企業は当該利得または損失の年換算を行わない。また，超インフレ経済下の期中財務報告書作成にあたり，インフレーションの見積年率を使用することもない［IAS 第 34 号 B34 項］。

5.6.16　資産の減損

IAS 第 36 号「資産の減損」により，回収可能価額が帳簿価額より下落した場合には，減損による損失を計上しなければならない。IAS 第 34 号は，企業は期中報告日における減損テスト，認識および戻入規準を事業年度末と同じように適用することを求めている。しかし，このことは企業が期中報告期間の末日ごとに詳細な減損のための計算を必ず実施しなければならないということを意味するものではない。むしろ，企業は，直前の事業年度以降の重要な減損の兆候を検討し，そのような計算が必要であるかどうかを決定する［IAS 第 34 号 B35 項および B36 項］。

企業が前事業年度末に資産の減損損失を認識したときに，その減損テストを生じさせた減損の兆候が続いている場合には，期中報告期間の末日での減損計算の判断が必要となり得る。

5.6.16.1　IFRIC第10号「期中財務報告と減損」

IFRIC 第 10 号は 2009 年 11 月に IFRS 第 9 号を受けて修正された。IFRS 第 9 号を適用済の企業にとっては，下記で説明する IAS 第 34 号の要求事項と IAS 第 39 号の要求事項の間の明らかな矛盾がもはや問題とはならず，IFRIC 第 10 号の適用範囲はのれんの減損の戻入の禁止のみに縮小される。

本章 4.1 および **5.1** に説明されるように，IAS 第 34 号 28 項により，企業は，年次財務諸表に適用されるものと同じ会計方針を期中財務諸表にも適用しなければならない。IAS 第 34 号 28 項は，また，企業の報告の頻度（年次，半期または四半期）によって，年次の経営成績の測定が左右されてはならないと記述している。その目的達成のため，期中報告目的のための測定は，年初からの累計ベースで行わなければならない。

IFRIC 第 10 号「期中財務報告と減損」では，IAS 第 34 号 28 項の要求事項と IAS 第 36 号に基づくのれん，および IAS 第 39 号に基づく特定の金融資産に関する減損損失の認識を扱う要求事項との間の相互の関連性と，その後の期中および年次の財務諸表に及ぼす影響について取扱っている。

- IAS 第 36 号 124 項は，「のれんについて認識された減損損失は，以後の期間において戻入れてはならない」と記述している。
- IFRS 第 9 号を未適用の企業は，IAS 第 39 号 69 項では，「売却可能に分類されている資本性金融商品に対する投資について純損益に認識された減損損失は，純損益を通じて戻入れてはならない」と記述している。
- IFRS 第 9 号を未適用の企業は，IAS 第 39 号 66 項は，「取得原価で計上された金融商品についての減損損失（公正価値が信頼をもって測定できないため公正価値で計上されていない公表価格のない資本性金融商品に対する減損損失等）は戻入れてはならない」と要求している。

IFRIC 第 10 号によって扱われた問題は，減損の査定がその後の報告期間の末日時点のみに行われたとしたならば，損失が認識されないかまたは認識される損失が少なかったであろう場合に関して，企業はのれんまたは資本性金融商品に対する投資について期中報告期間で認識された減損損失を戻入れるべきかどうかである。

この問題は，同じ取得原価で同じ持分投資を所有する企業 A と企業 B の例を検討することにより，最もよく例証できる。企業 A は四半期ごとに期中財務諸表を作成しているが，企業 B は半期ごとに財務諸表を作成している。両社の決算日は同じである。第 1 四半期において当該資本性金融商品の公正価値にその取得原価を下回る著しい下落があった場合，企業 A は第 1 四半期の期中財務諸表に減損損失を認識するであろう。しかし，当該資本性金融商品の公正価値が後に回復し，半期末までに公正価値に取得原価を下回る著しい下落がなくなる場合には，企業 B が半期報告期末にのみ減損テストを行うのであれば，半期の財務諸表において企業 B は減損損失を認識しないであろう。したがって，企業 A が年度の初期段階の期中報告期間に認識していた減損損失の戻入を行わない場合，報告の頻度は企業 B の方法と比較したときに年間業績の測定に影響を与えることになる。

本解釈指針の合意事項は，企業は，のれん，または IFRS 第 9 号を未適用の企業の場合には，資本性金融商品（または取得原価で計上する金融資産）に対する投資に関して，過去の期中報告期間に認識した減損損失を戻入れてはならないということである。原則的に，IFRIC 第 10 号では，IAS 第 36 号に基づくのれん，ならびに，IAS 第 39 号に基づく資本性金融商品および取得原価で計上する金融資産に対する投資に関して認識された減損損失の戻入の禁止は，企業の報告の頻度がその年間業績の測定に影響しないことに関する一般的記述である IAS 第 34 号に優先するという結論を下している。

IFRIC 第 10 号では，この解釈指針の合意事項を，IAS 第 34 号とその他の基準書との間の潜在的な不一致となっている別の分野に対して，類推によって拡大すべきでないことを強調している。

5.6.17　期中報告期間の借入費用の資産化

設例5.6.17

期中報告期間の借入費用の資産化

ある企業は，IAS 第 23 号「借入費用」に従い，適格資産の建設に直接起因する借入費用を資産化している。当該企業は，当該資産の建設のための資金を，特別目的の借入金というよりも，一般目的の借入金によってまかなっている。さらに，企業は建設以外の目的にも一般目的の借入金を使用しており，各期の借入金額は，必ずしも当該期間中の建設に要した金額には関連しない。当該企業は四半期報告を行っている。

IAS 第 23 号 14 項によれば，一般目的の借入に関する資産化率は，当期中の借入金残高に対応する借入費用の加重平均でなければならない。期中報告目的上，IAS 第 23 号 14 項における「当期」とは，年初からの累計期間と解釈すべきであり，各四半期を意味するものではなく，IAS 第 34 号 28 項および IAS 第 34 号 36 項に従って，資産化された借入費用額は年初からの累計ベースで各四半期に「修正」される。IAS 第 23 号 14 項によれば，一般目的の借入に関する資産化率は，当期中の借入金残高に対応する借入費用の加重平均でなければならない。

5.6.18　売却目的で保有する非流動資産および非継続事業

IFRS 第 5 号「売却目的で保有する非流動資産および非継続事業」の測定および表示の原則は，年次報告期間の末日と同じ原則で期中財務報告書に適用しなければならない。したがって，期中報告日に売却目的保有に分類される要件を満たす非流動資産は，そのように表示しなければならない。

同様に，期中報告期間中に非継続事業の定義を満たす事業活動は，IFRS 第 5 号に従って表示しなければならない。

第 15 章
経営者による説明
Management commentary

目 次

1　背　景

IFRS 実務記述書「経営者による説明」は，経営者による説明の表示のための強制力のないフレームワークを提供し，良質な実務を促進し，経営者による説明を表示する企業間の比較可能性を促進することを目的としている。

1.1　経営者による説明とは何か

実務記述書は，経営者による説明を以下のように定義している。

> 「IFRS に準拠して作成された財務諸表に関連する説明的な報告。経営者による説明は，財務諸表に表示される金額，具体的には，企業の財政状態，財務業績およびキャッシュ・フローについての歴史的説明を利用者に提供する。これは，財務諸表に表示されていない企業の見通および他の情報に関する説明も提供する。また，経営者による説明は，経営者の目的と，これらの目的を達成するための経営者の戦略を理解するための基礎としての役割も果たす」[MC 付録]。

経営者による説明の範囲には，法域によっては，経営者の検討および分析（MD&A），事業および財務のレビュー（OFR）または経営者の報告が含まれる［MC 第 BC 5 項］。

「経営者」は，実務記述書では企業の意思決定および監督に責任を有する者を意味する。「経営者」には，役員，経営幹部および統治機関の構成員が含まれる可能性がある［MC 第 IN6 項］。

2 「経営者による説明」についての IFRS実務記述書

本実務記述書は，IFRS に準拠して作成された財務諸表に関連する経営者による説明の表示に関する，広範で拘束力のないフレームワークを提供するものである。これは，財務諸表の利用者に有用な情報を提供するために必要な原則，質的特性および要素を示している。

実務記述書の影響は，企業が報告する法域によって異なる。いくつかの法域には，経営者による説明に関する非常に発達したフレームワークがある。しかし，他の法域にはほとんど指針がなく，実務記述書はこれらの法域にある企業が，経営者による説明の作成を手助けするのに有用でなければならない。

2.1 目的および範囲

本実務記述書の目的は，広範なフレームワークを提供することにより，IFRS に準拠して作成された財務諸表に関連する有用な経営者による説明を表示する際に経営者を支援することである。本実務記述書は，経営者による説明のみに適用され，財務諸表またはより広範な年次報告書のいずれかに表示されるその他の情報には適用されない［MC 第 1 項および第 2 項］。

IASB は上場企業を念頭に置いて指針を開発したが，本実務記述書は，「経営者による説明」の作成および公表をどの企業に要求するべきかを強制していないし，作成されるべき頻度，または「経営者による説明」が従うべき保証のレベルについては規定していない［MC 第 4 項］。

本実務記述書は IFRS ではないため，IFRS 適用企業は，現地の法域により準拠が要求されない限り，本実務記述書は強制されない。このため，本実務記述書に準拠していなくても，他の点では IFRS に準拠している場合には，企業の財務諸表が IFRS に準拠することを妨げるものではない［MC IN2 項］。

2.2 「経営者による説明」の識別

経営者は，「経営者による説明」として表示するものを明確に識別し，他の情報と区別し，それが財務諸表に関連したものである場合，財務諸表をその説明と一緒に利用できるようにするか，または関連する財務諸表をその説明のなかで識別しなければならない［MC 第 5 項および第 6 項］。

「経営者による説明」を表示する場合，経営者は，本実務記述書に従っている程度を説明しなければならない。「経営者による説明」が本実務記述書に準拠しているという主張は，全体が本実務記述書に準拠している場合にのみ行うことができる［MC 第 7 項］。

2.3 「経営者による説明」の利用者

本実務記述書の利用者は，現在のおよび潜在的な投資家，融資者および他の債権者である。経営者は，財務報告の主要な利用者のニーズを考慮して，「経営者による説明」に含める情報を判断しなければならない［MC 第 8 項］。

3 「経営者による説明」の表示のフレームワーク

3.1 目　的

「経営者による説明」は，関連する財務諸表の状況についての背景を示す統合的な情報および経営者の見解を，財務諸表の利用者に提供しなければならない。このような情報はバランスがとれていなければならない。すなわち，良い状況と悪い状況の双方を含めて，報告期間に何が起こったのか，それが起こった理由および企業の将来にどのような影響があるのかが含められなければならない［MC 第 9 項］。

「経営者による説明」は，以下に関する統合された情報を伝達することにより，財務諸表を補足し補完する［MC 第 10 項および第 11 項］。

- 企業の資源およびそれについての請求権，ならびにそれらを変動させる取引および他の事象
- 企業の将来の業績，状態および進展に影響を与える可能性のある主要な傾向および要素

実務記述書の付録は，「企業が当年度にどのように成長または変化したのか，および将来にどのように成長または変化することを予想するのかを反映する」進展を説明している。

財務諸表は，過去の事象の財務的影響を示すが，業績の非財務的測定値および将来の見通や計画についての議論を提供しないため，単独では，利用者が経済的意思決定を行うために必要な情報のすべてを提供するわけではない。実務記述書の結論の根拠では，IASB の目的は，財務諸表と一緒になったとき，利用者がより良い意思決定を行えるように，「経営者による説明」で提供される情報の有用性を改善することにあると説明されている [MC 第 BC 3 項および第 BC 4 項]。

3.2 原　則

経営者は，以下の原則と整合する説明を表示しなければならない [MC 第 12 項，第 15 項および第 16 項]。

- 経営者が企業を経営する際に重要な情報を開示することにより，企業の業績，状態および進展についての経営者の見解を提供すること
- 以下とともに，財務諸表で表示されている情報を補足し補完すること
    - 財務諸表に表示されている金額およびその情報を形成する状況や事象についての説明
    - 企業とその業績に関する情報のうち財務諸表で表示されていないが企業の経営者にとって重要なものについての情報

これらの原則と整合させる際，経営者による説明は以下を含めなければならない［MC 第 13 項］。

- 将来予測的情報（**本章 3.2.1** 項参照）
- 「財務報告に関する概念フレームワーク」に示された質的特性を有する情報（**本章 3.2.2** 項参照）

財務報告の利用者が，進展のための記述された戦略および計画との比較で企業の業績および経営者の行動を評価するのに役立つ情報が提供されなければならない。そのような種類の説明は，財務報告の利用者が，例えば以下を理解するのに役立つであろう［MC 第 14 項］。

- 企業のリスク・エクスポージャー，リスクを管理する戦略およびそのような戦略の有効性
- 財務諸表に表示されていない資源が，企業の営業活動にどのように影響する可能性があるか
- 非財務的要素が，財務諸表に表示されている情報にどのように影響を与えているか

3.2.1　将来予測的情報

実務記述書の付録では，将来予測的情報は次のように定義されている。「将来に関する情報。これには，のちに歴史的情報（すなわち，業績）として表示される可能性がある将来に関する情報（例えば，見通しおよび計画に関する情報）が含まれる。主観的なものであり，作成には専門的な判断の行使が必要とされる」。

「経営者による説明」は，企業の方向性に関する経営者の見解を伝達しなければならない。こうした情報は，将来を予想するのではなく，むしろ企業に関する経営者の目的および当該目的を達成するための戦略を示す。経営者による説明の予測の程度は，企業が営業を行っている規制上および法的環境が影響する［MC 第 17 項］。

経営者は，企業の財政状態，流動性および業績に影響を与える可能性のある

要素を察知している場合，叙述的な説明または数量化されたデータを通じて，将来予測的情報を含めなければならない。経営者は，これらの要因が企業の見通についての経営者の評価にどのように影響するかを説明し，当期の業績を踏まえた企業の見通に関する評価を含めなければならないが，予測または予想は要求はされない。将来予測的情報を提供する際に使用した仮定は開示しなければならない［MC 第 18 項］。

経営者はまた，企業の業績が，以前の期間の「経営者による説明」で行った将来予測的な開示と異なる理由を説明しなければならない。例えば，経営者が以前の報告期間に将来の業績に対する目標を記述した場合には，当報告期間に企業の実績を報告し，以前に記述した目標からの重要な相違とともに，その相違の将来の業績についての影響を説明しなければならない［MC 第 19 項］。

3.2.2 有用な情報の質的特性

「経営者による説明」は財務報告の枠内に含まれるため，一般目的の財務報告に適用される，目的適合性や忠実な表現のような，同様の基本的な質的特性が適用されなければならない。「経営者による説明」における情報は，比較可能性，検証可能性，適時性および理解可能性を向上させるという補強的な質的特性も最大化しなければならない［MC 第 20 項］。

IASB の「財務報告に関する概念フレームワーク」で規定された意味を有するこれらの用語は，**第 1 巻 2 章「財務報告に関する概念フレームワーク」5** で議論されている。

経営者は，経営者による説明に，企業にとって重要性がある情報を含めなければならない。重要性は企業により異なる。重要性は「目的適合性の企業固有の一側面」である。したがって，企業にとって目的適合性のある情報も重要性がある［MC 第 21 項］。

3.3 表　示

「経営者による説明」は明確かつ直接的でなければならない。事業の内容，経営者が採用している戦略および企業が営業を行っている規制上の環境を反映して，経営者による説明の形態および内容を具備していなければならない［MC

第 22 項］。それは，**本章 3.2** で記述された原則を取扱うことを意図した方法で，最も重要な情報に焦点を当てなければならない。特に，経営者は，以下を行わなければならない［MC 第 23 項］。

- 経営者による説明は，関連する財務諸表と整合したものでなければならない（例えば，財務諸表がセグメント情報を含んでいる場合には，経営者による説明で表示される情報は，当該セグメント区分を反映しなければならない）。
- 経営者は，財務諸表の注記で行っている開示との重複を避けなければならない。財務諸表の情報を分析なしに列挙したり，企業の過去の業績または見通に関する洞察を与えない紋切り型の検討を示したりしても，財務報告の利用者に有用な情報を提供する可能性は低く，企業が直面している最も重大な事項を利用者が識別し理解することの障害となる可能性がある。
- 経営者は，企業の実務や状況に関係のない一般的な開示や，より重要な情報をみつけにくくしてしまうような重要性のない開示も避けなければならない。

3.4 「経営者による説明」の要素

「経営者による説明」の具体的な焦点は企業の事実および状況に応じて異なるが，経営者による説明には，以下を理解するために不可欠な情報を含めなければならない［MC 第 24 項］。

- 事業の内容（**本章 3.4.1** 参照）
- 経営者の目的および当該目的を達成するための戦略（**本章 3.4.2** 参照）
- 企業の最も重要な資源，リスクおよび関係（**本章 3.4.3** 参照）
- 事業の業績および見通（**本章 3.4.4** 参照）
- 記述された目的と比較して企業の業績を評価するために経営者が使用している重要な業績の測定値および指標（**本章 3.4.5** 参照）

これらの要素は，特定の順序で列挙したものではない。しかし，これらは関連しており，分離して表示すべきではない。経営者は，事業に関する見通および要素の相互関係についての分析を，利用者が財務諸表を理解し，経営者の目的および当該目的を達成するための戦略を理解するのに役立つように提供しなければならない［MC 第 25 項］。

3.4.1 事業の内容

財務報告の利用者が企業の業績，戦略上の選択肢および見通を評価し理解することができるように，事業の記述は，財務報告の利用者が企業および企業が営業を行っている外部環境を理解するのを手助しなければならない。事業の内容に応じて，経営者による説明は，以下の種類の情報について統合的な議論を含める場合がある［MC 第 26 項］。

- 企業が営業を行っている業界
- 企業の主要な市場およびこれらの市場内での競争上の地位
- 企業および企業が営業を行っている市場に影響を与える法的，規制上およびマクロ経済的な環境の重要な特性
- 企業の主要な製品，サービス，事業過程および流通方法
- 企業の構造およびそれが価値を生み出す方法

3.4.2 目的および戦略

経営者は，経営者の目的および当該目的を達成するための戦略の開示を，財務報告の利用者が活動の優先順位を理解するとともに，結果を出すために管理されなければならない資源を識別できるような方法で行わなければならない。例えば，経営者が市場動向およびこのような市場動向が表す脅威および機会にどのように対処するつもりなのかに関する情報は，企業の将来の業績に関する予想を形成する可能性のある見識を財務諸表の利用者に提供する。また，経営者は，成功が測定される方法およびそれが評価される期間についても説明しなければならない［MC 第 27 項］。

経営者は，以前の期間からの企業の目的および戦略に重要な変更がある場合，当該変更を説明しなければならない。目的，戦略，経営者の行動および報酬との間の関係についての議論も有用である［MC 第 28 項］。

3.4.3　資源，リスクおよび関係

経営者による説明は，企業が利用可能な財務的および非財務的な重要な資源と，それらの資源が記述された目的を達成するために使用されている方法を示さなければならない。資源に関する開示は，企業の性質および企業が営業を行っている業界により異なる。企業の資本構造の適切性，財務上の取決め（財政状態計算書で認識されていてもいなくても），流動性およびキャッシュ・フロー，人的および知的資本資源についての分析は，余剰資源または識別され予想されている不十分さに対処するための計画とともに，有用な情報を提供できる開示の例である［MC 第 30 項］。

経営者は，企業の主要なリスク・エクスポージャーおよびこれらのリスクの変動を，このようなリスクを受入れるまたは軽減するための計画および戦略と一緒に，また，リスク管理戦略の有効性についての開示と併せて，開示しなければならない。経営者は，すべての考え得るリスクおよび不確実性を列挙するのではなく，企業が直面している主要なリスクおよび不確実性のみを開示しなければならない［MC 第 31 項］。

リスクには主要な戦略上，商業上，業務上および財務上のリスクが含まれる。企業が直面する主要なリスクについての記述は，悪い結果と潜在的な機会へのエクスポージャーの双方を含めなければならない。経営者による説明は，企業についての経営者の目的および戦略を理解するのに必要な主要なリスクおよび不確実性を議論している場合には，有用な情報を提供する。主要なリスクおよび不確実性は，企業にとっての重要な外部リスクと内部のリスクのいずれかを構成することがある［MC 第 32 項］。

企業が利害関係者と有している重要な関係は識別されなければならない。その関係が企業の業績や価値にどのように影響しそうなのか，およびその関係がどのように管理されているのかを開示しなければならない。この種の開示は，企業の有する関係が事業の内容にどのように影響するのか，また企業の関係が事業を相当のリスクに晒すのかどうかを，財務報告の利用者が理解するのに役立つ［MC 第 33 項］。

3.4.4 業績および見通

経営者による説明には，企業の財務的・非財務的業績や，その業績がどの程度将来の業績の目安となり得るのかおよび企業の見通についての経営者の評価に関する明確な記述が含められなければならない［MC 第 34 項］。

その期間中の業績および進展とその期末における状態についての説明は，事業に影響を及ぼす主要な動向および要因に対する洞察を財務報告の利用者に提供する。経営者は，企業の業績，経営者の目的および当該目的を達成するための戦略との間の関係を記述しなければならない。さらに，経営者は，以前の期間と比較した財政状態，流動性および業績の重要な変動についての検討および分析を提供しなければならない［MC 第 35 項］。

経営者は，財務的および非財務的測定値についての目標値を含む，企業についての見通の分析を提供しなければならない。この情報は，財務報告の利用者が，経営者が長期にわたって企業に対する戦略をどのように実施しようとしているかを理解するのに役立つことがある。目標値が数量化されている場合には，経営者は，これらの目標を達成する可能性を利用者が評価するために必要なリスクおよび仮定を説明しなければならない［MC 第 36 項］。

3.4.5 業績測定値および指標

経営者が企業を管理し，記述された目的に対する進展を評価するために使用される財務的・非財務的業績測定値および指標（「主要な業績指標（KPIs)」が参照されることがよくある）は，「経営者による説明」に含めなければならない。指標は，企業がどのように管理されるのかを記述する叙述的な証拠である場合もあれば，業績について間接的な証拠を提供する数量化された測定値である場合もある。財務報告の利用者が，目標や目的がどの程度達成されたのかを評価するのに役立つために，経営者は，なぜ業績測定値からの結果がその期間中に変動したのか，またはどのように指標が変動したのかを説明しなければならない［MC 第 37 項および第 38 項］。

経営者は，使用している業績測定値および指標がなぜ目的適合性があるのかを説明しなければならない。業績測定値および指標が，業界内でまたはより一般に広く受入れられ使用されている場合には，比較可能性は高められる。業績測定値および指標が一定の期間一貫している場合，有用である。それにもかかわらず，戦略および目的が変更された場合，以前の期間に経営者による説明に表示された業績測定値および指標はもはや目的適合性がないと経営者は判断するかもしれない。経営者が，使用する業績測定値および指標を変更する場合には，その変更を識別し説明しなければならない［MC 第 38 項および第 39 項］。

経営者は，財務諸表からの情報を，「経営者による説明」に含めるために修正する必要がある場合がある。その場合，その旨を開示しなければならない。IFRS が要求しておらず定義されていない財務業績測定値が経営者による説明のなかに含まれている場合には，その測定値を定義して説明すべきであり，これには利用者にとっての当該測定値の目的適合性の説明が含まれる。財務業績測定値が財務諸表から算出または抽出されたものである場合には，その測定値を IFRS に準拠して作成した財務諸表で表示している測定値と調整しなければならない［MC 第 40 項］。

経営者は，開示すべき KPIs の数を決定する。実務記述書は含めるべき KPIs の数を特定しておらず，すべての企業が報告すべき特定の KPIs も指定していない。

第16章
政府補助金
Government grants

目 次

1　はじめに

IAS 第 20 号「政府補助金の会計処理および政府援助の開示」は，政府補助金の会計処理と開示およびその他の形態の政府援助に関する開示を規定している。本基準は直近では 2011 年 6 月に修正されている。

政府補助金を取扱っている基準には，IAS 第 20 号および IAS 第 41 号「農業」(**第 2 巻 18 章**参照) の 2 つがある。IAS 第 20 号は，IAS 第 41 号が取扱う農業活動に関する特定の政府補助金とは別に，政府補助金およびその他の形態の政府援助に関する会計上の要求事項および開示の要求事項について規定している。さらに，SIC 第 10 号「政府援助 ― 営業活動と個別的な関係がない場合」は，企業の営業活動と個別的には関係しない条件に従って与えられる政府援助について取扱っている (**本章 3.2** 参照)。

2　範　囲

IAS 第 20 号は，(**本章 3** で定義されている) 政府補助金の会計処理，および政府補助金とその他の形態の政府援助に関する開示について適用しなければならない［IAS 第 20 号 1 項］。

本基準は以下の事項を取扱わない［IAS 第 20 号 2 項］。

- 物価変動の影響を反映する財務諸表，または類似の性質を持つ補足情報における政府補助金の会計処理から生じる特殊問題
- 課税所得 (または税務上の損失) の算定上与えられる便益，または法人所得税負債に基づき決定される (または限定される) 便益という形で企業に供与される政府援助。そうした便益の例としては，法人税等の支払猶予，投資税額控除，加速減価償却および軽減税率の適用等がある。
- 企業に対する政府の資本参加
- IAS 第 41 号「農業」の対象となる政府補助金

3 定 義

IAS 第 20 号の目的上,「政府」という用語は, 地方, 国家, 国際機関のいずれかを問わず, 政府, 政府機関およびそれに類似する機関をいう [IAS 第 20 号 3 項]。

3.1 政府援助

政府援助とは, 一定の適格条件を満たした特定の一企業 (または一定範囲の企業) に対し, 経済的便益を供与することを目的とした政府の活動をいう [IAS 第 20 号 3 項]。

政府援助は, 開発地域における社会的基盤の整備または競争企業への取引上の制約を課す等, 全般的な取引の状況に影響を与える行為により, 間接的に供与されるにすぎない便益は含まれない [IAS 第 20 号 3 項]。

3.2 政府補助金

政府補助金は, 条件を満たすことの見返りとして与えられる報奨を含む, 政府援助の特定の形態を意味する。そのような補助金 (交付金, 助成金または奨励金等, その他の名称でよばれることもある) は, IAS 第 20 号 3 項で,「企業の営業活動に関する一定の条件を過去において満たしたこと, または将来において満たすことの見返りとして, 企業に資源を移転する形態をとった, 政府による援助」として定義されている。

政府補助金として分類**されない**政府援助の形態は, 以下のとおりである [IAS 第 20 号 3 項]。

- 政府援助のうち合理的に価値を定められないもの (例えば, 無償の技術的な援助〔またはマーケティング活動援助〕または輸出信用保証)
- 政府との取引のうち企業の通常の商取引と区別できないもの (例えば, 企業の売上高の重要な部分を占める政府の物資調達政策等)

SIC 第 10 号「政府援助― 営業活動と個別的な関係がない場合」は，企業の営業活動に個別的な関係がない政府援助の分類について取扱っている（例えば，特定の産業で事業を行う企業に対する政府による資源の移転）。本解釈指針は，特定の地域または産業分野で事業を行う要件以外の企業の営業活動に個別的に関係するという条件がなくても，企業に対する政府援助が政府補助金の定義を満たすであろうと結論付けている。したがって，そのような補助金は IAS 第 20 号に従って会計処理をしなければならない［SIC 第 10 号 3 項］。

政府補助金は 2 つのカテゴリーに分類される［IAS 第 20 号 3 項］。

- 資産に関する補助金― すなわち，補助金を受ける資格を有する企業が，固定資産を購入，建設，またはその他の方法で取得することを主要な条件とする政府補助金をいう。資産の種類（または設置場所），または資産を取得する時期（または保有する期間）を制限する補足的な条件が付されることもある。
- 収益に関する補助金― すなわち，資産に関する補助金以外の政府補助をいう。

4　政府補助金の認識

4.1　一般原則

政府補助金は，以下についての合理的な保証が得られるまでは認識されない［IAS 第 20 号 7 項］。

- 企業が，補助金交付のための付帯条件を遵守すること
- 補助金が受領されること。補助金の受領自体は，付帯条件が満たされたこと，または今後満たされることの決定的な証拠にはならない。

IAS 第 20 号は，「合理的な保証」を定義していない。しかし，財務報告に関する概念フレームワークに含まれる認識規準のうちの 1 つは，合理的な保証は，項目と関連する将来の経済的便益が企業に流入するか，または企業から流出する可能性が高くなければならないとしている。したがって，この

> 文脈において，「合理的な保証」とは，補助金の付帯条件の充足および補助金の受領の双方の可能性が高いことを意味しているとの解釈が適切である。

補助金の受取方法は，補助金に関して採用される会計処理に影響を及ぼすものではない。したがって，現金で受領しようが，政府に対する債務の減額という形で受領しようが，非貨幣性資産の形式で受領しようが，補助金は同一の方法で会計処理される［IAS 第 20 号 9 項］。

政府が，規定された一定の条件を満たせば返済を免除することを約束しているという，政府からの返済免除条件付融資は，企業が融資に関する返済免除条件を満たすという合理的な保証がある場合には，政府補助金として取扱われる［IAS 第 20 号 10 項］。市場金利よりも低利の政府からの借入金に関しては，特定の規則が適用される（**本章 4.3** 参照）。

一旦，政府補助金が認識されれば，それに関連する偶発負債または偶発資産は，IAS 第 37 号「引当金，偶発負債および偶発資産」に従って取扱われる［IAS 第 20 号 11 項］。

4.2　純損益における認識

政府補助金は，補助金で補償することが意図されている関連コストを企業が費用として認識する期間にわたって，規則的に純損益に認識される［IAS 第 20 号 12 項］。

IAS 第 20 号は，「キャピタル・アプローチ（このアプローチでは，補助金は純損益の外で認識される）」とよばれる政府補助金の会計処理を明確に排除しており，「インカム・アプローチ」を支持している。インカム・アプローチを支持する論拠は，以下のとおりである［IAS 第 20 号 15 項］。

- 政府補助金は株主以外からの入金なので，資本に直接に認識すべきではなく，適切な期間にわたって純損益に認識するべきである。
- 政府補助金が一切の義務を負うことなく与えられることはまれであり，企業が補助金交付の条件を遵守することによって稼得されるものであるため，企業が補助金で補償することが意図されている関連コストを費用として認識する期間にわたって純損益に認識するべきである。

- 法人税およびその他の租税は費用であり，財政政策の延長である政府補助金も純損益で処理するのが論理的である。

IAS 第 1 号「財務諸表の表示」と首尾一貫して，「インカム・アプローチ」は，関連コストを費用として認識する期間にわたって，政府補助金を純損益に規則的に認識することによる発生主義概念の適用を要求している。いいかえれば，補助金は，当該補助金の交付を受けた期間以外の期間へ配分する合理的な根拠が存在しない場合を除き，受領時に認識されない［IAS 第 20 号 16 項］。

ほとんどの場合において，政府補助金に関連する支出が認識される期間を識別することは困難なことではない。例えば，償却資産に関連する補助金は，通常，当該資産の減価償却費が認識される期間にわたって，純損益に認識される［IAS 第 20 号 17 項］。

非償却資産に関連する補助金は一定の条件が付されることがあり，したがって，補助金はそれらの条件を満たすための費用が発生する期間にわたって純損益に認識される。例えば，所有地に関する補助金は，当該土地の上に建物を建築することが条件とされている場合があり，建物の耐用年数にわたり純損益に認識することが適当な場合がある［IAS 第 20 号 18 項］。

場合によっては，政府補助金は，過去の会計期間ですでに発生した費用または損失に対する補償として交付されることがある。別の方法として，補助金は企業に対し緊急的な財政的支援を与える目的で，将来の関連コストを伴わずに交付されることもある。そのような場合，補助金は，その交付を受取ることになった期間にわたり，補助金の影響が明瞭に理解されるような開示とともに，純損益に認識される［IAS 第 20 号 20 項］。

数多くの条件が付された包括的な財務援助または財政援助の一部として，補助金が交付されることがある。この場合，どの条件が原価および費用を発生させるものであるかを識別する際には注意が必要である。なぜなら，それらの条件により，補助金を純損益に認識すべき期間が決定されるためである。補助金の一部をある基礎に基づき，他の一部は別の基礎に基づき配分することが妥当なこともある［IAS 第 20 号 19 項］。

4.2.1　棚卸資産の生産に使用される資産に関する政府補助金の純損益表示

設例4.2.1

棚卸資産の生産に使用される資産に関する政府補助金の純損益表示

企業 X は，製造工場で使用する新しい機械を購入するための政府補助金を受領した。この政府補助金には，なんら条件が付されていない。当該機械は，通常の事業過程において販売される棚卸資産を生産するために使用される。当該機械の減価償却費は，棚卸資産の製造原価（加工費）に反映されている。IAS 第 20 号 24 項（**本章 6.1** 参照）によって認められているように，企業 X は政府補助金を総額ベースで認識する（すなわち，財政状態計算書において繰延収益を認識する）。

企業 X は，政府補助金に関する繰延収益の償却費を，どのように認識するべきであろうか。

IAS 第 20 号 12 項（**本章 4.2** 参照）は，補助金を純損益として認識しなければならない期間について規定しているが，最終的に純損益に認識する方法については規定していない。したがって，認められる方法は，複数あるかもしれない。

望ましい処理は，関連する機械の減価償却と同様の方法で繰延収益の償却を会計処理することである。この方法のもとでは，繰延収益の償却費は，製造間接費に含め，棚卸資産の製造原価に反映しなければならない（その結果，棚卸資産の製造原価を減額することになる）。この処理は，補助金をあたかも純額ベースで認識したのと同じ純損益処理の結果になるため望ましい（すなわち，資産の原価と相殺する）。

しかし，補助金の償却費を直接，純損益に認識する方法も認められる。このアプローチのもとで繰延収益は，機械の減価償却費が最終的に純損益に影響を与えるまで償却されることはない（すなわち，機械の減価償却費は棚卸資産を「通過」するが，補助金の償却費は「通過」しないことになる）。この方法は，繰延収益の償却費が，機械の減価償却費を含む棚卸資産の製造原価が計上されるのと同じ期間に純損益認識されることを条件に認められるものと考える。

4.2.2　残存価額が増加する償却資産に関する政府補助金

残存価額が時間とともに増加する償却資産の論点は，本基準では言及していない。そのような資産については，当初は減価償却されるが，残存価額が帳簿価額を超過するほど増加したことにより，減価償却を当該資産の耐用年数の終了前に停止させることがある。このような状況において，関連する補助金が繰延収益として表示される場合（**本章 6.1** 参照），関連する補助金はどのように純損益認識するべきであろうか。

以下のアプローチは，状況次第では受入れられると考えられる。

- 補助金の全額は，認識する減価償却費の金額にかかわらず，資産の耐用年数にわたって認識する。例えば，資産の耐用年数が 40 年であった場合，減価償却費が認識され続けるかどうか，およびどのように認識され続けるかに関係なく，毎期 2.5％の補助金が純損益認識される。このアプローチは，補助金収入と減価償却費が，他のアプローチと比べて対応しない結果をもたらす可能性があるが，政府補助金がそれほど重要性を有さない場合には，その簡潔性を理由に採用されることがある。
- 補助金は，当該資産の当初原価と対応させ，一部は減価償却費とともに認識し，残高部分は除却時においてのみ認識する。例えば，ある資産が，取得原価 CU 1,000 で当初認識され，その帳簿価額が CU 860 になった時点で（その資産の残存価額が，帳簿価額を超えて上昇したので）減価償却を中止する場合には，補助金の 14％はその時点までに純損益に認識され，補助金の 86％は財政状態計算書に保持され，除却時においてのみ取崩される。
- 資産の見積減価償却費総額の比例部分として，補助金の残高が未償却の金額（すなわち，帳簿価額が更新後の残存価額を超過する額）を反映するように，残存する補助金の一部を毎年取崩す（**本章設例 4.2.2** 参照）。

IAS 第 20 号 12 項は，政府補助金は「補助金で補償することが意図されている関連コストを企業が費用として認識する期間にわたって規則的に認識しなければならない」としている。実際に，補助金が資産の使用およびその後の処分の双方を補償することを意図している場合，2番目のアプローチがIAS第20号12項の要求事項に最も近いと判断されるだろう。また，補助金の一部を，受領する売却収入を参照することにより返済しなければならないとする取決めがある場合にも，このアプローチは最も適切なアプローチであるだろう。

しかし，補助金が当該資産の処分コストではなく，資産の使用コストだけを補償することを意図しているならば，上述した3番目のアプローチが最も当てはまるアプローチであると判断されるかもしれない。さらに3番目のアプローチは，償却資産に関連する補助金は，「当該資産の減価償却費が認識される期間にわたり，その割合に従って純損益に認識されなければならない」とするIAS第20号17項の要求事項に最も近いといえる。3番目のアプローチの適用は，下記の設例において例示されている。

設例4.2.2

見積減価償却費総額に比例して認識される，残存価額が増加する償却資産に関する政府補助金

企業は，20X1年1月にフィルム・ライブラリーをCU 1,000で購入し，関連する補助金CU 200を受領する。当該ライブラリーがその後売却された場合には，補助金を返還する義務はない。企業にとってのフィルム・ライブラリーの見積耐用年数は5年であり，5年間の減価償却パターンは以下のとおりである。

	期首帳簿価額	期首残存耐用年数	見積残存価額	認識される減価償却
	CU	(年)	CU	CU
20X1年12月期	1,000	5	600	80
20X2年12月期	920	4	720	50
20X3年12月期	870	3	840	10
20X4年12月期	860	2	900	–
20X5年12月期	860	1	920	–

補助金の取崩額は，以下のように算定される。

	認識される減価償却累計額	見積減価償却費総額	未認識割合	期末補助金残高	純損益に認識された補助金
	CU	CU	%	CU	CU
20X1年12月期	80	400	80.0	160	40
20X2年12月期	130	280	53.6	107	53
20X3年12月期	140	160	12.5	25	82
20X4年12月期	140	140	–	–	25
20X5年12月期	140	140	–	–	–

4.3　市場金利よりも低利の政府からの借入金

市場金利よりも低利の政府からの借入金の便益は，政府補助金として扱われる。当該借入金は，IFRS第9号「金融商品」（IFRS第9号適用前においては，IAS第39号「金融商品：認識および測定」）に従って認識し，測定される。市場金利よりも低利であることの便益は，IFRS第9号（IFRS第9号適用前においては，IAS第39号）に従って算定された当該借入金の当初の帳簿価額と受取った収入金額との差額として測定される［IAS第20号10A項］。

このように算定された便益は，前のセクションで記述した一般原則に従って会計処理される。企業は，借入金の便益が補償しようとしているコストを識別する際に，すでに満たしたか，または満たされなければならない条件および義務を考慮する必要がある［IAS第20号10A項］。

上述したIAS第20号10A項の要求事項は，2009年1月1日以後開始する期間に受取る政府からの借入金について将来に向かって適用される（企業が，それよりも前に当該要求事項を適用することを選択した場合には，早期適用も認められる）［IAS第20号43項］。将来に向かって適用する要求事項は，過去の日付時点の公正価値を測定する必要性を回避することを意図したものである。

10A項を適用する期間よりも前に受取った政府補助金に関して，IAS第20号37項は，「無利息または低利の貸付は政府援助の一形態であるが，その便益はみなし利息計算では数量化できない」と規定していた。したがって，10A 項の適用前においては，企業は政府が援助する借入金の固有の便益を数値化せず，唯一要求されていた事項は，財務諸表が誤解を招かないために必要な場合には，その借入金の内容，範囲および期間を開示することであった。

設例4.3

市場金利よりも低利の政府からの借入金

企業Ｑは，政府からCU３百万の借入金を受取る。当該借入金の利息は，2%であり，５年で返済しなければならない。市場の実勢金利である5%を使用すると，当該借入金の公正価値は，CU 2,610,347 と算定される。

IFRS 第９号（2010 年）5.1.1 項（IFRS 第９号適用前においては，IAS 第 39 号 43 項）に従って，当該借入金は CU 2,610,347 で認識される。この金額と受取った収入金額との差額（CU 389,653）は，市場金利よりも低利であることから生じる便益であり，繰延収益として認識される。そのため，借入金を受領した日に，以下の仕訳が記録される。

（単位：CU）

（借）現金	3,000,000	
（貸）政府からの借入金		2,610,347
（貸）繰延収益（政府補助金）		389,653

市場金利よりも低利の借入金の当初認識である。

支払利息は，IFRS 第９号（IAS 第 39 号）に従って金利５%で純損益に認識される。

（単位：CU）

	借入金期首残高	**金利 5%で計算された利息**	**利息支払額（2%）および５年目の元本返済額**	**借入金期末残高**
１年目	2,610,347	130,517	(60,000)	2,680,864
２年目	2,680,864	134,044	(60,000)	2,754,908
３年目	2,754,908	137,745	(60,000)	2,832,653
４年目	2,832,653	141,633	(60,000)	2,914,286
５年目	2,914,286	145,714	(3,060,000)	0

IAS 第 20 号 12 項に従って，政府補助金の金額（CU 389,653）は，補助金で補償することが意図されている関連コストを企業 Q が費用として認識する期間にわたって，規則的に純損益に認識される。

市場金利よりも低利であることにより補償しようとしているコストは，特定の状況に基づいて評価される。例えば，以下のような場合である。

- 当該借入金が，3 年間にわたる研修コストを援助することを意図している場合。当該コストが定額にて発生する場合，政府補助金は定額法で収益に取崩されることになる。すなわち，3 年間それぞれの年度で CU 129,884（CU 389,653／3）取崩される。
- 当該借入金が，緊急の財政的支援の付与を目的とした救済措置を意図している場合。このような状況では，IAS 第 20 号 21 項（上記参照）に従って，当該便益を純損益に即時認識することが適切な場合がある。
- 当該借入金が，償却資産取得のための資金調達を意図している場合。この場合，減価償却方法と同一の基礎により便益が認識される。

5　非貨幣性資産による補助金の測定

政府補助金が，土地またはその他の資源のような非貨幣性資産の形をとる場合，当該補助金および資産を公正価値で会計処理するのが一般的である［IAS 第 20 号 23 項］。これは，「収益は，受領した，または受領可能な対価の公正価値により測定しなければならない」とする IAS 第 18 号「収益」の要求事項と首尾一貫している。

IAS 第 20 号の「公正価値」の定義は，IFRS 第 13 号「公正価値測定」により修正された［IAS 第 20 号 3 項］。

- IFRS 第 13 号を適用する企業については，公正価値とは「測定日時点で，市場参加者間の秩序ある取引において，資産を売却するために受取るであろう価格または負債を移転するために支払うであろう価格」と定義される（IFRS 第

13号「公正価値測定」参照)。

- IFRS 第13号を未適用の企業については，公正価値は，「第三者間取引において，取引の知識がある自発的な買主と，取引の知識がある自発的な売主との間で，資産が交換され得る価額」として定義される。

しかし，ここで留意すべきは，非貨幣性資産による補助金を公正価値で認識するということは，強制的なものではないということである。本基準は代替的処理として，補助金および資産を名目金額で記録することを認めている［IAS 第20号23項］。

6 表 示

6.1 資産に関する補助金

IAS 第20号は，資産に関する政府補助金の財政状態計算書における表示について，2つの方法を認めている［IAS 第20号24項］。

- 補助金を繰延収益として認識し，当該繰延収益を資産の耐用年数にわたり，規則的に純損益に認識する。
- 資産の帳簿価額を算定する際に補助金を控除する。そしてこの場合，当該補助金は，減価償却費を減額させるものとして償却資産の耐用年数にわたって純損益に認識されることになる。

IAS 第20号は，関連する資産の帳簿価額と政府補助金を相殺することを認めている一方で，このような取引が企業のキャッシュ・フローに重大な影響を及ぼす可能性があることにも言及している。このため，また資産に対する総投資額を表示するためにも，キャッシュ・フロー計算書は，財政状態計算書の表示の目的上，補助金が関連資産から控除されているかどうかにかかわらず，資産の購入および関連する補助金の受領を別個の項目として開示することが多い［IAS 第20号28項］。

設例6.1

資産に関する補助金の表示

20X1 年のはじめに，ある企業は，予想耐用年数が 5 年の設備項目に CU 1 百万を投資する。減価償却は定額法で認識される。取得年度に，企業は，当該設備の購入について CU 250,000 の政府補助金を受取る。政府補助金は 3 年以内に（すなわち，20X3 年までに），一定の雇用目標が達成されることを条件としている。IAS 第 20 号で認められている代替的な方法では，表示は以下のようになる。

方法A：繰延収益として表示される補助金

（単位：CU）

20X1 年	
貸方へ繰延収益を計上－受領した補助金	250,000
差引：純損益に認識された金額（CU 250,000／5 年）	(50,000)
期末の繰延収益残高	200,000
設備の取得原価	1,000,000
減価償却費（CU 1,000,000／5 年）	(200,000)
期末の設備の帳簿価額	800,000
20X2 年から 20X5 年まで	
純損益に認識された繰延収益	50,000
減価償却費	(200,000)
純損益における費用の純額（CU 750,000／5 年）	(150,000)

ここで留意すべきは，一定の雇用目標を 3 年以内に満たすことを要求する条件は，繰延収益が純損益に認識される期間の決定に関係しないということである。しかし，この条件は偶発事象として，開示する必要がある。

方法B：資産の取得原価から控除される補助金

	(単位：CU)
20X1 年	
設備の取得原価	1,000,000
差引：受領した補助金	(250,000)
設備の取得原価の純額	750,000
減価償却費（CU 750,000／5 年）	(150,000)
期末の設備の帳簿価額	600,000
20X2 年から 20X5 年まで	
減価償却費	150,000

本章設例 6.1 から明らかなように，この状況において，2 つの方法が各期間の報告結果に対して及ぼす正味の影響額は同一であるが，各表示方法は非常に異なるものである。方法 A は，資産を繰延収益から明確に区分するとともに，補助金の貸方計上を収益として別個に表示し，その一方で減価償却費を全額認識する。方法 B は，補助金を資産から控除し，減価償却費だけを表示する。当該減価償却費は，他の方法によれば別個に純損益に認識されたであろう補助金の金額分だけ減少したものとなる。

6.2 収益に関する補助金

IAS 第 20 号は，収益に関する補助金を純損益の一部として表示する 2 つの方法を認めている［IAS 第 20 号 29 項］。

- 別個に，または「その他の収益」のような一般的な科目名で表示する。
- 関連コストから当該補助金を控除して報告する。

本基準は，この場合も同様に，政府補助金の表示に関する代替的処理を等しく受入可能なものとして容認している点で，その柔軟性をはっきりと示している。本質的に，IAS 第 20 号は，収益に関する補助金の処理に関して，かなり異なる 2 つの見解を受入れてきた。すなわち，収益項目および費用項目を相殺することに反対し，比較のために補助金を別個に開示するという見解と，補助金が利用可能でなかった場合，企業は費用を負担しなかったかもしれないため，補助金を相殺せずに費用を表すことは誤解を招く恐れがあると主張する見解である。

7　農業活動に関する補助金

IAS 第 41 号は，農業活動に関する政府補助金に関して異なる処理を定めている。この関連する規則については，**第 2 巻 18 章**で取扱う。

8　政府補助金の返還

IAS 第 20 号は，返還しなければならなくなった政府補助金は，IAS 第 8 号「会計方針，会計上の見積りの変更および誤謬」に従って，会計上の見積りの変更として会計処理することを要求している［IAS 第 20 号 32 項］。**第 1 巻 4 章「会計方針，会計上の見積りの変更および誤謬」**で記述されているように，見積りの変更は，その変更がその期間だけに影響する場合は，その変更の期間に，またはその変更が変更の期間と将来の期間の双方に影響を与える場合は，その変更の期間および将来の期間に会計処理される。

政府補助金の返還に関する会計処理は，以下のとおりである［IAS 第 20 号 32 項］。

- 収益に関する政府補助金の返還額は，まず当該補助金について認識された繰延収益の未償却部分から取崩さなければならない。返還額が繰延収益を超過する場合における当該超過額，または繰延収益がない場合における返還額は，ただちに費用として認識しなければならない。
- 資産に関する補助金を返還する場合は，当該返還額は資産の帳簿価額を増額するか，または繰延収益の残高から返還額を控除することによって認識しなければならない。補助金がなかったならば現在までに純損益に認識されてきたはずの追加の減価償却累計額は，ただちに純損益に認識しなければならない。

設例8
政府補助金の返還

前提となる事実は，**本章設例 6.1** と同じである。20X3 年末に，企業が資産に関する補助金の受領に付帯した雇用条件を満たしていなかったことが明らかになった。したがって，当該補助金は返還しなければならなくなった。補助金の表示についての 2 つの方法では，返還の処理は以下のようになる。

方法A：繰延収益として表示される補助金

	（単位：CU）
20X1 年に受領し，貸方に繰延収益として計上された補助金	250,000
20X1 年から 20X3 年まで純損益に認識された金額（3×CU 50,000）	(150,000)
補助金の返還前の 20X3 年末時点の繰延収益残高	100,000
補助金の返還総額	250,000
繰延収益残高に借方計上された返還額	(100,000)
純損益に認識された返還残高	150,000

ここで留意すべきは，この方法では，補助金の返還は，設備の帳簿価額または減価償却費になんら影響を与えないということである。

方法B：資産の取得原価から控除される補助金

	（単位：CU）
設備の取得原価	1,000,000
差引：20X1 年に受領した補助金	(250,000)
設備の取得原価の純額	750,000
20X1 年から 20X3 年までに認識された減価償却費（3×CU 150,000）	(450,000)
補助金の返還前の 20X3 年末における設備の帳簿価額	300,000
返還すべき補助金の戻入	250,000
	550,000
20X1 年から 20X3 年まで純損益に認識された追加の減価償却費（3×CU 50,000）	(150,000)
補助金の返還後の 20X3 年末における設備の帳簿価額	400,000

政府補助金を返還する状況において，資産の新たな帳簿価額の減損の可能性について検討する必要がある［IAS 第 20 号 33 項］。この検討は，例えば，補助金の返還が当該補助金の受領に付随する政府規制または条件を遵守しなかったことから生じ，当該状況が企業の営業環境の不利な変化を反映するものである場合に起こり得る。

9　開　示

IAS 第 20 号は，政府補助金に関する以下の開示を要求している［IAS 第 20 号 39 項］。

- 政府補助金に関して採用された会計方針および財務諸表における表示方法
- 財務諸表に計上された政府補助金の性質と範囲
- 認識した政府援助に付随する未履行の条件およびその他の偶発事象

補助金が収益に関連するものである場合，本基準は，以下のことを提案している［IAS 第 20 号 31 項］。

- 財務諸表を適切に理解するためには，補助金について別個に開示することが必要な場合がある。
- 別個に開示することが要求されている収益項目または費用項目に影響を及ぼす補助金の影響額は，通常，開示することが必要である。

特に，補助金が純損益において関連コストと相殺された場合に，別個の開示を検討しなければならない。

本基準は，政府補助金以外の形態の政府援助で，企業が直接便益を受けたものの表示を要求している［IAS 第 20 号 39 項］。そのような形態の援助に起因する便益は測定できない場合もあるが，無償の技術的な援助（またはマーケティング活動援助）または保証等の項目の便益が重要である場合には，当該項目の影響を開示しなければならない。たとえ，そのような援助が財務諸表で収益として認識されていなくても，誤解を招かないように財務諸表に必要とされる援助の性質，範囲および期間の開示をすることは，企業にとって利益になると思われる［IAS 第 20 号 34 項－ 36 項］。

第 17 章
超インフレ経済下における財務報告
Financial reporting in hyperinflationary economies

目 次

1　はじめに

IAS 第 29 号「超インフレ経済下における財務報告」は，機能通貨が超インフレ経済下の通貨である企業の財務諸表に適用される。本基準は，直近では，2008 年 5 月に修正された。

IAS 第 29 号の根底にある前提は，超インフレ経済下においては，通貨が急速にその購買力を失うため，修正再表示をせずにその経済の通貨で企業の経営成績および財政状態を報告することは，財務諸表の利用者にとって意味を持たないということである。比較情報には価値がなく，一会計期間の利益でさえも歪められている可能性がある。例えば，棚卸資産の取得原価とその販売価格との間の差額は，通常取引の利益マージンを反映するだけではなく，企業によるコントロールが及ばない物価変動の影響をも含んでいる場合がある。

2　範　囲

IAS 第 29 号は，企業の機能通貨（すなわち，企業が営業活動を行う主たる経済環境の通貨）が，超インフレ経済下の通貨である場合の財務報告に関する論点を取扱っており，企業の個別財務諸表および連結財務諸表に等しく適用される［IAS 第 29 号 1 項］。

本基準はさらに，取得原価主義会計に基づいた財務諸表，および現在原価主義会計（すなわち，保有資産の個別価格の変動による影響を反映させる方法）に基づいた財務諸表に等しく適用される。いずれの場合においても，財務諸表は報告期間の末日現在の測定単位で表示しなければならない。

理想的には，企業間における財務報告の継続性を維持できるように，超インフレ経済下の通貨で報告するすべての企業が，同じ日から IAS 第 29 号を適用すべきである。しかし，この目的は必ずしも達成されるとは限らない。本基準では，超インフレの潜在的な影響を考慮し，報告通貨国の超インフレの存在を認識した報告期間の期首から IAS 第 29 号を適用する責任は，各企業にあるとしている

[IAS 第 29 号 4 項]。

実務上，本基準の範囲に含まれる国はほとんどない。本基準の目的上，ある国が超インフレ経済下にあるか否かは，各企業が個別に判断するのではなく，会計プロフェッションの合意により決定されることが一般的である。

監査品質 SEC 規則委員会の国際慣行タスクフォース（The Center for Audit Quality SEC Regulations Committee's International Practices Task Force）は，米国会計基準（US GAAP）の適用上，「高いインフレ」に該当するか否かを判断するため，積極的に諸国のインフレ状況をモニタリングしている。その結論は，SEC スタッフとの会議概要にて要約されており，ある国が IAS 第 29 号の目的上，超インフレ経済下にあるか否かの評価を行う際に役立つ可能性がある。その概要は，以下のリンク先でみることができる。

http://thecaq.org/iptf/highlights.htm

3　超インフレの定義

IAS 第 29 号は，超インフレが生じているとみなされる絶対的なインフレ率を定めていない。しかし，経済が超インフレであることを示す特徴を列挙している。どのような場合に，IAS 第 29 号に従った財務諸表の修正再表示が必要となるかは，財務諸表の作成者の判断に委ねられている［IAS 第 29 号 3 項］。

超インフレの存在を示す国の経済環境の特徴には，以下のようなものがある［IAS 第 29 号 3 項］。

- 一般市民が，財産を非貨幣性資産または比較的安定した外国通貨で保有することを選好する。保持している自国通貨は，購買力を維持するためにただちに投資される。
- 一般市民が，貨幣金額を自国通貨ではなく比較的安定した外国通貨で考える。諸物価が当該外国通貨で示される場合もある。

- 信用売買は，たとえ短期間であっても，与信期間中に予想される購買力の喪失を補塡する価格で行われる。
- 利率，賃金および諸価格が物価指数に連動する。
- 3 年間の累積インフレ率が，100％に近づいているか，または 100％を超えている。

4　財務諸表の修正再表示 ― 一般原則

機能通貨が超インフレ経済国の通貨である企業の財務諸表は，報告期間の末日現在の測定単位で表示しなければならない［IAS 第 29 号 8 項］。

本基準では，財務諸表の修正再表示における最も重要な要素の 1 つとして，要求される手続および判断を，各期を通じて継続的に適用することをあげている。いいかえれば，算定された金額の正確性は，処理の継続性に比べると重要ではない。意味のある財務諸表を提供することが目的であることから，どのようなアプローチを採用するにしても，異なる会計期間における業績の比較可能性を達成するためには，そのアプローチを継続して適用しなければならない［IAS 第 29 号 10 項］。

4.1　修正再表示された財務諸表の位置付け

IAS 第 29 号の要求事項のもとで作成された財務諸表は，企業の最終的な財務諸表でなければならない。すなわち，そのような財務諸表が補足情報として受止められてはならない。したがって，本基準では，超インフレの影響を修正した情報を，修正再表示を行わない財務諸表の補足情報として表示することを禁止している。さらに，修正再表示前の財務諸表を別途表示することは推奨されない［IAS 第 29 号 7 項］。

超インフレの国では，企業は税務当局等のために，修正再表示を行わない財務諸表の作成を要求されることが多い。修正再表示を行わない財務諸表が IAS 第 29 号の財務諸表に追加されている場合，または（これは推奨されていないが）別途表示される場合，修正再表示を行わない財務情報の位置付けは，IAS 第 29 号に従って作成された財務諸表よりも下位にあることを明確にする必要がある。

4.2　要求される修正事項

IAS 第 29 号は，超インフレ経済下の通貨で報告された金額について，以下の修正を行うことを要求している［IAS 第 29 号 8 項－ 9 項］。

- 当期の財務諸表は，報告期間の末日現在の測定単位で表示しなければならない。
- 前期の対応する数値およびそれ以前の会計期間に関する比較情報も，報告期間の末日現在の測定単位で表示しなければならない。
- 正味貨幣持高に係る利得または損失（**本章 4.4** 参照）は，純損益として認識し，個別に開示しなければならない。

修正再表示は，一般物価指数を適用することによって行われる。貨幣性項目は，すでに報告期間の末日現在の測定単位で表示されているため，修正再表示されない。その他の項目は，当該項目が取得，発生または再評価された日と報告期間の末日との間における一般物価指数の変動に基づいて修正再表示される。

4.3　一般物価指数

報告期間の末日現在の測定単位で財務諸表を表示するために，財務諸表の金額は，一般物価指数を適用して修正再表示される。使用される一般物価指数は，一般購買力の変動を反映するものである［IAS 第 29 号 37 項］。本基準では，使用される一般物価指数について，これ以外の指針を提供していない。

本基準では，異なる企業の財務諸表間の比較可能性を実現するため，特定の超インフレ経済下の通貨で報告するすべての企業は，同一の物価指数を利用することが好ましいとしている［IAS 第 29 号 37 項］。

したがって，IAS 第 29 号の原則を適用するすべての報告企業は，まず最初に，同一の経済下にある他の報告企業，特に同じ業界の企業が，どの物価指数を利用しているかを検討し，その物価指数が一般購買力の変動の指標であると考えられるのであれば，その物価指数を利用しなければならない。

一般物価指数を利用できない場合もある。特に，長期間にわたって取得された有形固定資産の取得原価の修正再表示においては，一般物価指数を利用できない場合がある。そのような状況では，比較的安定した外国通貨に対する超インフレの通貨の為替レートの下落率を考慮して，インフレ率を見積ることができる［IAS 第 29 号 17 項］。

（政府または民間部門のいずれかによる）信頼できる，独立して決定された物価指数が存在しない状況においては，安定した通貨（例えば米ドル）と現地通貨との間における，期首から期末にかけての為替レートの変動が，物価指数を決定するためのガイドラインとして使用される場合がある。この見積りを行う場合は，安定した通貨におけるインフレの影響を除外することが重要である。

設例4.3

一般物価指数の見積り

20X5 年 1 月 1 日時点における現地通貨と安定した通貨の為替レートは，200：1 であったと仮定する。20X5 年 12 月 31 日時点の為替レートは 350：1 であった。安定した通貨に対する現地通貨の価値は 75％下落したことになる。安定した通貨を使用する経済における，20X5 暦年のインフレ率が 3％であったと仮定すると，物価指数は 80.25％（1.75×1.03）上昇したことになる。

4.4　正味貨幣持高に係る利得または損失

企業の正味貨幣持高とは，貨幣性資産と貨幣性負債の差額である。貨幣性項目とは，保有している通貨，および通貨を受領する，または支払うことになる項目と定義される。その他のすべての項目は非貨幣性項目である。

最も一般的な貨幣性項目および非貨幣性項目は，以下の表のとおりである。

貨幣性項目	**非貨幣性項目**
現金	有形固定資産
銀行預金残高および借入金	無形資産
前払金※	のれん
従業員給付負債※※	株主資本
未払費用	前払費用※
仕入債務	関連会社に対する投資
税金	特定の販売に紐付いた前受金または特定の購入に紐付いた前払金
負債性証券	棚卸資産
売上債権	棚卸資産陳腐化引当金（棚卸資産が非貨幣性項目であるため）
貸倒引当金（売上債権が貨幣性項目であるため）	繰延収益
受取手形およびその他の債権	持分証券
支払手形およびその他の債務	非貨幣性資産の引渡によって決済される引当金
未収収益	
有給休暇引当金	
繰延税金資産／負債※※※	
ファイナンス・リース債務	

※　企業が前払金を支払った場合は，前払金が返還可能であるか否かを検討することが必要である。返還可能な前払金は預金に性質が似ているため，貨幣性項目，すなわち，固定または決定可能な数量の通貨単位を受取る権利である。一方，前払金が返還可能でない場合は非貨幣性項目となる（IAS 第 21 号 16 項参照）。

※※　確定給付資産または負債については，貨幣性項目とみなすことが一般には適切である。しかし，いくつかの要素，特に持分証券に関連するものについては，非貨幣性項目であると主張できる場合があり得る。ただし，ほとんどの企業にとって，このような主張は複雑すぎて正当化することが難しい。

※※※　繰延税金資産および負債の修正再表示は，**本章 4.5** で説明されている。

インフレーションの期間においては，資産および負債が物価水準に連動していない限り，貨幣性負債よりも貨幣性資産を多く保有する企業は購買力を失い，また，貨幣性資産よりも貨幣性負債を多く保有する企業は購買力を得る［IAS 第 29 号 27 項］。正味貨幣持高に係る利得または損失の詳細な算定については，**本章 5.3** で説明されている。

4.5　繰延税金

IAS 第 29 号に従って財務諸表を修正再表示することにより，個別の資産および負債の帳簿価額とそれらの税務基準額との間に差額が生じる場合がある。こうした差額は，IAS 第 12 号「法人所得税」に従って会計処理される［IAS 第 29 号 32 項］。

IAS 第 29 号のもとで修正再表示された財務諸表において，繰延税金は，その取得原価の金額に対して単に指数を適用することにより算定されるものではない。修正後の期末繰延税金の算定は，超インフレの影響に関して修正再表示したあとの帳簿価額および税務基準額を使用して行わなければならない。一般的に，超インフレに対する税務上の軽減はないため，税務基準額は変わらないままである。修正再表示された期首の繰延税金残高と期末の繰延税金残高との差額は，当期の繰延税金費用または利益となる。

設例4.5

繰延税金の修正再表示

20X1 年 12 月 31 日，ある企業は帳簿価額 1,600，税務基準額 750 の非流動資産に関連した繰延税金負債を認識した。結果として生じる一時差異 850 により，繰延税金負債 255 が発生した（税率 30%）。

20X2 年 12 月 31 日時点で，物価指数は 1.5 であり，資産の帳簿価額または税務基準額について他に変動がないと仮定した場合，繰延税金負債は以下のように算定される。

帳簿価額（1,600×1.5）	2,400
税務基準額	(750)
一時差異	1,650
繰延税金（30%）	495

期首の繰延税金残高 255 は，1.5 倍にして算定しなければならない。この影響は，繰延税金に関する比較情報が，382.5 に修正再表示されるということである。しかし，当期末の繰延税金の再計算を行うにあたって，期末繰延税金残高は 495 とすべきである。したがって，期末繰延税金残高 495 と修

正再表示された期首繰延税金残高382.5との差額（すなわち，112.5）が，当期の繰延税金費用となる。

4.6　キャッシュ・フロー計算書

IAS第29号では，キャッシュ・フロー計算書のすべての項目を，報告期間の末日現在の測定単位で表示することを要求している［IAS第29号33項］。

4.7　連結財務諸表

超インフレ経済国の通貨で報告を行う親会社が，超インフレ経済国の通貨で報告を行う子会社を有している場合がある。このような子会社の財務諸表は，親会社が公表する連結財務諸表に含める前に，その報告通貨の一般物価指数を適用して修正再表示する必要がある。このような子会社が在外子会社である場合には，その修正再表示後の財務諸表は，決算日レートで換算される。超インフレ経済国の通貨で報告を行わない子会社の財務諸表は，IAS第21号に従って処理される（**第1巻13章「外国為替レート変動の影響」**参照）［IAS第29号35項］。

異なる決算日を有する財務諸表を連結する場合，すべての項目は，それらが非貨幣性項目であるか，または貨幣性項目であるかにかかわらず，当該連結財務諸表の報告期間の末日現在の測定単位で修正再表示する必要がある［IAS第29号36項］。

4.8　IFRIC第7号「IAS第29号『超インフレ経済下における財務報告』に従った修正再表示アプローチの適用」

IFRIC第7号「IAS第29号『超インフレ経済下における財務報告』に従った修正再表示アプローチの適用」では，機能通貨の経済において超インフレの存在を認識した初年度に，財務諸表をどのように修正再表示するかについての指針が示されている。

企業が超インフレの存在を認識した初年度は，あたかもその経済が常に超インフレであったかのように，IAS 第29号を適用しなければならない。したがって，財務諸表に表示される最初の会計期間の期首の開始財政状態計算書を，以下のように修正再表示しなければならない［IFRIC 第7号3項］。

- 取得原価で測定される非貨幣性項目は，資産が取得され，負債が発生または引継がれた日から，報告期間の末日までのインフレの影響を反映するように修正再表示される。
- 取得日または発生日以外の日付時点の金額で計上されている非貨幣性項目については，その帳簿価額が確定した日から報告期間の末日までのインフレの影響を反映するように修正再表示される。

報告期間の開始財政状態計算書における繰延税金の金額は，以下のように決定される［IFRIC 第7号4項］。

- 報告期間の開始財政状態計算書の日付時点の測定単位を適用して，同日時点の非貨幣性項目の名目上の帳簿価額を修正再表示したあと，IAS 第12号に従って繰延税金項目の再測定を行う。
- それらの繰延税金項目は，報告期間の開始財政状態計算書の日付からその報告期間の末日までの間における測定単位の変動について修正再表示する。

上記のアプローチは，IAS 第29号を適用する報告期間の修正再表示後の財務諸表で開示される，比較対象期間の開始財政状態計算書において適用される。

その後の報告期間における財務諸表上のすべての対応項目の金額（繰延税金項目を含む）は，当該報告期間における測定単位の変動を，過年度の修正再表示後の財務諸表にのみ適用することにより，修正再表示される［IFRIC 第7号5項］。

本解釈指針には，繰延税金項目に関する修正再表示アプローチの方法を示す設例が付いている。

5　取得原価財務諸表

5.1　財政状態計算書

以下の表では，取得原価財政状態計算書の項目に関して，IAS 第 29 号が要求している会計処理をまとめている。特定の項目については，本章の別のセクションで説明されている。

財政状態計算書の項目	会計処理	例
物価変動に連動する資産および負債	特定の契約条項に従って修正	インデックス・リンク債およびインデックス・リンク借入金
他の貨幣性項目	すでに報告期間の末日現在の測定単位で表示されているため，修正再表示する必要なし	現金，受取債権および支払債務
報告期間の末日現在の評価額で計上される非貨幣性資産	すでに報告期間の末日現在の測定単位で表示されているため，修正再表示する必要なし	正味実現可能価額で計上される棚卸資産，公正価値で計上される投資不動産
報告期間の末日以外の時点における評価額で計上される非貨幣性資産	評価日から報告期間の末日までの修正再表示が必要	報告期間の末日以外の時点で再評価された不動産
財政状態計算書上のその他の項目（すなわち，取得原価，または減価償却費および減損損失控除後の取得原価で計上される項目）	一般物価指数を適用し，報告期間の末日現在の測定単位により修正再表示	取得原価で計上された有形固定資産，投資（IAS 第 39 号に従って取得原価で計上された場合），棚卸資産，のれん，無形資産，前払費用および繰延収益も含む

5.1.1　有形固定資産

5.1.1.1　評価額で計上される有形固定資産

報告期間の末日現在の評価額で計上される有形固定資産は，すでに報告期間の末日現在の測定単位で表示されているため，修正再表示の必要はない［IAS 第 29 号 14 項］。

報告期間の末日以外の時点における評価額で計上される有形固定資産に対しては，その最終評価日から報告期間の末日までの間における一般物価指数の変動を再評価額に反映させる［IAS 第 29 号 18 項］。

5.1.1.2　減価償却累計額および減損損失累計額控除後の取得原価で計上される有形固定資産

減価償却費および減損損失控除後の取得原価で表示される有形固定資産は，その取得日から報告期間の末日までの間における一般物価指数の変動を，取得原価およびそれに関連する減価償却累計額および減損損失累計額に反映させる［IAS 第 29 号 15 項］。

減価償却された有形固定資産の会計処理は，複雑になる場合が多い。取得原価は，取得日と報告期間の末日の間における物価指数の変動に基づいて購入価格を修正することにより修正再表示される。減価償却は時の経過とともに発生する。そのため，各報告期間の期首に繰越される減価償却累計額残高は，期首と期末の間における物価指数の変動によって修正しなければならない。一方，各報告期間の減価償却費は，物価指数修正後の期末時点の取得原価に基づいて算定される。なお，取得原価に減価償却率を適用し，資産の取得日から報告期間の末日までの物価指数を適用する方法を採用しても，算定結果は同じものになる。

設例5.1.1.2

有形固定資産の修正再表示

企業が 20X1 年 12 月 31 日に有形固定資産を 1,000 で取得する。そのときの一般物価指数は 100 であった。20X2 年 12 月 31 日の物価指数は 140 であり，この有形固定資産は 10％減価償却された。20X3 年 12 月 31 日の物価指数は 190 であり，有形固定資産は 2 年目も 10％で減価償却された。

	繰越残高	物価指数による修正	減価償却累計額の算定	修正後残高
20X1 年 12 月 31 日の取得原価	1,000	140／100		1,400
減価償却累計額	－		(1,400×10％)	(140)
20X2 年 12 月 31 日				1,260
取得原価	1,400	190／140		1,900
減価償却累計額	(140)		(140×190／140)＋(1,900×10％)※	(380)
20X3 年 12 月 31 日				1,520

※　20X3年1月1日から20X3年12月31日までの期間の減価償却費は，1,000×10%×190／100として算定することもできる。

IAS第29号を適用する最初の会計期間に，有形固定資産の取得日に関する詳細な記録がないために，情報の修正再表示の基礎を確定することが困難な場合がある。信頼できる見積りを行うことが実務上不可能な場合はまれであるが，本基準では，そのような項目の修正再表示の基礎として，独立した専門家の査定価額の使用が適切な場合があることを示唆している［IAS第29号16項］。

5.1.2　棚卸資産

棚卸資産は，取得原価財政状態計算書の修正再表示において，以下のように取扱われる［IAS第29号15項］。

- 原材料および商品は，購入日から報告期間の末日までの一般物価指数の変動を反映させることにより修正再表示される。
- 仕掛品および製品は，仕入原価および加工費の発生日から修正再表示される。これは**本章設例5.1.2**で例示されているように，製品の製造までに長期間を要する場合は，特に複雑な作業になる可能性がある。

原材料については，先入先出法または加重平均法のいずれの方法を採用するかを考慮したうえで，取得時から報告期間の末日までの間における物価指数の変動を反映して，修正再表示しなければならない。

仕掛品および製品については，以下のように会計処理しなければならない。

- 帳簿価額に含まれる減価償却費は修正再表示しなければならない。
- 原材料，労務費および間接費が帳簿価額に含まれる場合，それぞれの要素が帳簿価額に含まれる期間は異なる場合がある。例えば，完成品の在庫期間は平均して1ヵ月であり，原材料が投入されてから製品になるまでの期間は平均して4ヵ月であると仮定する。このような場合，製品に含まれる労務費および間接費については，1ヵ月間のみの物価指数を適用し，製品に含まれる原材料については，5ヵ月間の物価指数を適用しなければならない。

設例5.1.2
棚卸資産の修正再表示

超インフレ経済下で事業を行う企業は，その会計期間の末日である 12 月 31 日現在の財務諸表を作成している。労務費および経費は，報告期間にわたって均等に使用されたと仮定し，一般物価指数の以下の変動を反映させる。

8 月 31 日	100
9 月 30 日	105
10 月 31 日	110
11 月 30 日	115
12 月 31 日	120

		報告期間の末日の取得原価	物価指数による修正	12月31日の修正後残高
原材料	10 月 31 日の購入	250	120／110	273
	11 月 30 日の購入	250	120／115	261
仕掛品	9 月 30 日に購入した原材料の使用	500	120／105	571
	10 月 31 日から 12 月 31 日までに発生した労務費または間接費	500	120／115*	522
製品	8 月 31 日に購入した原材料の使用	500	120／100	600
	9 月 30 日から 12 月 31 日までに発生した労務費または間接費	500	120／112.5**	533
合計		2,500		2,760

*　115 は 10 月から 12 月までの平均である。

**　112.5 は 9 月から 12 月までの平均である。

5.1.3　持分法に従って会計処理されている投資

企業が持分法に従って会計処理している投資を保有し，その投資先が超インフレ経済下の通貨で報告を行う場合は，以下のステップに従う［IAS 第 29 号 20 項］。

- 投資先の財政状態計算書および包括利益計算書は，投資先の純資産および純損益に対する投資者の持分を算定するために，IAS 第 29 号に従って修正再表示される。
- 投資先の修正再表示後の財務諸表が外国通貨で表示されている場合，当該財務諸表は決算日レートで換算される。

5.1.4　借入コスト

超インフレ経済下におけるインフレの影響は，通常，借入コストにおいて認識される。借入契約によっては，「正常な」金利によって計算された利息と，あらかじめ定義された物価指数によって修正された元本の返済を求める場合がある。または，借入金通貨の購買力の喪失が補塡されるように，「正常な」金利を上回る金利を要求する借入契約が締結される場合もある。超インフレ経済下で企業が事業を行う場合は，借入コストの「正常な」要素のみが資産化の対象となり得る（**第 1 巻 12 章「借入コスト」**参照）。インフレを補塡する部分の借入コストの資産化は適切ではない。そのような部分は，発生時に費用として認識すべきである［IAS 第 29 号 21 項］。

明示的な利息を発生させずに，支払を繰延べることを認める契約に基づいて資産を取得する場合がある。利息金額の帰属計算が実務上不可能な場合，本基準では，そのような資産について，購入日ではなく支払日から修正再表示することを認めている［IAS 第 29 号 22 項］。購入価額に含まれる利息金額の計算が実務上不可能な場合，本基準では，そのような資産について，購入日ではなく支払日から修正再表示することを認めている［IAS 第 29 号 22 項］。

上記のパラグラフで説明された取扱いの論理は，以下のとおりである。通常，追加コストを伴わず，資源が企業から流出する場合，正味貨幣持高はその流出日からのみ影響を受け得る。しかし，実務上，超インフレ経済下における与信は，資産の取得原価が増加し，与信供与期間における購買力の喪失について，売手が補塡される結果になる場合にのみ与えられる可能性が高い。そのため，取引に適用される利率の算定は可能であると考えられ，資産化金額は，より小さい金額に基づいて行わなければならない。利息そのものは費用として認識され，資産は購入日から修正再表示されることになる。利息が算定できない場合は，実際の支払金額に基づいて資産を認識し，その支払日から物価指数を適用することによって，理論的に「正確な」ポジションに対する合理的な近似値を算定できる可能性がある。

5.1.5　減　損

非貨幣性項目が修正再表示された場合は，修正再表示後の金額と回収可能価額とを比較する。修正再表示額が回収可能価額を上回る場合，減損損失が以下の影響とともに認識される［IAS 第 29 号 19 項］。

- 棚卸資産は，IAS 第 2 号「棚卸資産」に従って正味実現可能価額まで評価減が行われる（**第 1 巻 6 章「棚卸資産」**参照）。
- 有形固定資産および無形資産は，IAS 第 36 号「資産の減損」（**第 1 巻 10 章「資産の減損」**参照）に従って，その回収可能価額まで減額される。

5.1.6　資　本

IAS 第 29 号が最初に適用される場合，その会計期間の**期首における**所有主持分の項目は，以下のように修正される［IAS 第 29 号 24 項］。

- 過年度に生じた再評価剰余金は消去される（すなわち，修正された利益剰余金に吸収される）。
- 利益剰余金以外の資本の内訳項目（資本金，資本剰余金およびその他の剰余金）は，その拠出時または発生時から，一般物価指数を適用することによって修正再表示される。
- 修正再表示された利益剰余金は，財政状態計算書のその他のすべての項目に対し，すべての修正が行われたあとにおける残余金額として算定される。

最初の会計期間の末日，およびその後の会計期間では，資本のすべての項目が再び修正再表示されるが，この場合は，期首または拠出日のいずれか遅い日から一般物価指数を適用する。これらの変動は，IAS 第 1 号「財務諸表の表示」に従って，持分変動計算書で開示しなければならない［IAS 第 29 号 25 項］。

ここで留意すべきは，再評価剰余金の消去は，IAS 第 29 号が最初に適用されるときに限って要求されている点である。IAS 第 29 号では，有形固定資産または無形資産の事後の再評価額が，インフレにより生じる再測定額を超過する場合，その超過額を利益剰余金で認識することは要求されていない。そのような再評価額は，再評価剰余金で認識すべきである。

設例5.1.6

再評価された有形固定資産に関連する資本の内訳項目の修正再表示

企業は 20X1 年 12 月 31 日に有形固定資産を 1,000 で取得する。そのときの一般物価指数は 100 である。20X2 年 12 月 31 日の物価指数は 140 である。当該企業の会計方針では，その有形固定資産は再評価される。20X2 年 12 月 31 日時点の当該有形固定資産の公正価値は 1,500 である。

	取得原価	物価指数による修正	修正後残高
取得原価	1,000	140／100	1,400
再評価剰余金（1,500 − 1,400）			100

5.2　包括利益計算書

財政状態計算書と同様に，包括利益計算書のすべての項目も，報告期間の末日現在の測定単位で表示しなければならない。これは，収益および費用の最初の計上日からの，一般物価指数の変動を適用することにより達成される［IAS 第 29 号 26 項］。

包括利益計算書には非常に多くの取引が関係しているため，見積りが必要となる場合がある。さらに，選択された一般物価指数が，毎日公表されるとは限らない。物価が合理的に安定した割合で上昇し，かつ，修正される取引が均等に発生する場合においては，当該期間にわたる一般物価指数の変動の平均値を使用することにより，近似値を得るには十分な場合もあり得る。しかし，平均値が適切な近似値になっているか否かについては，判断が要求される。例えば，金額が大きい，不規則な取引がある場合は，平均値の使用は適切ではなく，実際の物価指数を使用すべきである。

5.2.1　減価償却

減価償却費を算定する方法は，**本章設例** 5.1.1.2 において例示されている。

5.2.2　売上原価

包括利益計算書に含まれる売上原価の算定は，複雑になる場合がある。

売上原価に含まれるすべての金額は，収益および費用の項目が財務諸表において最初に認識された時点からの，一般物価指数の変動を反映させて修正再表示しなければならない。そのためには，以下の手続が必要となる場合がある。

- 製造原価に含まれている項目の月別の内訳を入手する。
- 減価償却費と原材料を除く製造原価のすべての構成項目について，コストが発生した月から報告期間の末日にかけて修正再表示する。
- 修正再表示後の原材料の期首残高と期末残高の調整を通じて，製造過程で使用された原材料を算定する。
- 修正再表示された有形固定資産に基づいて，製造原価に関連する減価償却費を算定し，従来の減価償却費を修正再表示された減価償却費に置換える。
- 従来の製品および仕掛品に係る期首残高および期末残高を修正再表示する。

売上原価の修正再表示額は，製品および仕掛品の修正再表示後の期首残高を，発生した日から修正再表示された仕入高およびその他の製造原価に加算し，製品および仕掛品の修正再表示後の期末残高を差引くことで算定される。製品および仕掛品の修正再表示後の期首残高は，以下の方法により算定される。

- 計上額を前報告期間の末日時点の購買力に修正再表示する。
- 上記で算定された期首残高の修正再表示額に，年全体のインフレ換算率を適用することで，インフレ率を考慮した数値を算定する。

設例5.2.2

売上原価の修正再表示

ある企業が期首に200の棚卸資産を保有している。そのときの一般物価指数は100である。1,200の仕入が年間を通じて等しい割合で行われ，期末の棚卸資産残高は200である。この期末棚卸残高は，当期の最後の2ヵ月の間に2回に分けて取得されたものである。取得時の物価指数は，それぞれ120および122であった。報告期間の末日における一般物価指数は124であったが，インフレ率は1年間を通じて安定的に上昇しており，その平均値は112である。

		未修正残高	物価指数による修正		修正後残高
期首棚卸資産残高		200	124／100		248
仕入高		1,200	124／112		1,329
期末棚卸資産残高	(100)		124／120	(103)	
	(100)		124／122	(102)	
		(200)			(205)
売上原価		1,200			1,372

5.2.3　当期税金

当期税金費用は会計期間を通して発生する。そのため，修正再表示された当期の税金費用は，報告期間の末日における購買力の観点から，各月の税金費用を修正再表示することにより算定される。具体的には，関連する月から報告期間の末日までの一般物価指数の上昇率を使用して，各月の税金費用を修正再表示する。物価指数が合理的に安定した割合で上昇する場合は，その他の費用の場合と同様，報告期間の末日の当期税金に対して物価指数の平均値を使用することも可能である。修正再表示された期首の繰延税金残高と，修正後の期末の繰延税金残高の差額は，上記の金額に加えなければならない（**本章4.5**参照〔**本章設例4.5**では，この金額は112.5となる〕）。

5.3　正味貨幣持高から発生する利得または損失

財政状態計算書の項目に対するすべての修正の結果として生じる，正味貨幣持高の利得または損失は純損益に含まれ，別個に開示される。本基準では，貨幣性資産と貨幣性負債との差額の期中加重平均額に対して，一般物価指数の変動を適用することにより，正味貨幣持高の利得または損失を見積ることができる場合があることが示されている。しかし，より正確には，以下のものから生じる差異として算定される［IAS 第 29 号 27 項］。

- 非貨幣性資産，所有主持分および包括利益計算書上の項目の修正再表示
- インデックス・リンク債およびインデックス・リンク借入金が存在する場合には，物価指数に連動するそれらの資産および負債の修正

本基準では，包括利益計算書において以下の金額の開示は別個に行うものの，正味貨幣持高に係る利得または損失に関連して表示することが適切であるとしている［IAS 第 29 号 28 項］。

- 非貨幣性資産，所有主持分および包括利益計算書の項目に係る修正再表示の影響額の純額
- 物価指数に連動する資産および（または）負債の修正における影響額の純額
- 受取利息および支払利息
- 投資および（または）借入資金に関係する為替差額

設例5.3

正味貨幣持高から発生する利得または損失

ある企業が，物価指数に連動した借入金を有している。期首の物価指数は100であり，期末の物価指数は125であった。財務諸表を作成するにあたり，この企業は，期首100および期末120という異なる物価指数を使用する。インフレは，会計期間を通して均一な割合で発生したと仮定する。当期の修正前の減価償却費は，（平均して）物価指数が80であったときに取得された資産に関連している（簡略化のため，この設例では税効果を考慮しないこととする）。

		未修正残高	物価指数による修正		修正後残高	利得／（損失）
非貨幣性資産		1,000	120／100		1,200	200
貨幣性資産		500			500	
物価指数に連動する借入金		(100)	125／100		(125)	(25)
貨幣性負債		(100)			(100)	
		1,300			1,475	
資本		500	120／100		600	(100)
繰越利益剰余金（期首）		600	120／100		720	(120)
当期利益：						
－減価償却前	250		120/110*	273		(23)
－減価償却費の控除	(50)		120／80	(75)		25
減価償却後の利益		200			198	
正味貨幣持高および物価指数損失					(43)**	(43)
繰越利益剰余金（期末）		800			875	
		1,300			1,475	

*　平均レート

**　右側の列で示されたように算定された。

　ここで留意すべきは，IAS 第 29 号によって別個の開示が示唆されているため，物価指数に連動した借入金からの損失 25 は，右側の列で別個に表示されていることである。

6　現在原価財務諸表

6.1　財政状態計算書

　上記の説明から明らかなように，現在の評価額で計上されている財政状態計算書の項目については，すでに報告期間の末日現在の測定単位によって表示されているため，修正再表示は要求されない。したがって，現在原価財務諸表上，有形固定資産，投資および棚卸資産は，現在原価に修正再表示されるため，それ以上の追加修正は要求されない。物価変動に連動した項目は，関連する契約条項に従って修正される。他の貨幣性項目については，追加修正は要求されない［IAS 第 29 号 29 項］。

　しかし，財政状態計算書のその他の項目については，修正再表示を行う必要がある。修正再表示される項目としては，のれん，繰延貸方項目および所有主持分等がある。これらの項目については，取得原価財政状態計算書において説明されている指針を適用しなければならない［IAS 第 29 号 29 項］。

6.2　包括利益計算書

　修正再表示前の現在原価包括利益計算書では，一般的にその取引または事象が発生した時点における現在原価で報告する。売上原価および減価償却費は，費消時の現在原価で記録され，売上高およびその他の費用は，発生時の貨幣金額で計上される。包括利益計算書のそれらの金額はすべて，一般物価指数の適用により，報告期間の末日現在の測定単位で修正再表示しなければならない［IAS 第 29 号 30 項］。

6.3　正味貨幣持高に係る利得または損失

正味貨幣持高に係る利得または損失は，取得原価財務諸表における上記の規定に従って会計処理される（**本章 5.3** 参照）［IAS 第 29 号 31 項］。

現在原価財務諸表においては，取得原価主義から現在原価主義への修正がすでに行われている場合がある。そのような修正は，正味貨幣持高に係る利得または損失の一部として取扱われ，その 2 つの金額は，開示目的上，一体として取扱われる。

7　経済が超インフレではなくなった場合

経済が超インフレではなくなった場合は，以下の 2 つの規則を適用する［IAS 第 29 号 38 項］。

- 企業は，IAS 第 29 号に従った財務諸表の作成を中止する。
- 前期の財務諸表における資産および負債の帳簿価額，すなわち経済が超インフレではなくなった報告期間の期首残高を，その後の財務諸表の帳簿価額の基礎として取扱う。財務諸表のいかなる残高についても修正は必要ない。

8　開　示

以下の開示が要求されている［IAS 第 29 号 39 項］。

- 過去の期間に関する財務諸表および対応する数値が，機能通貨の一般購買力の変動により修正再表示され，その結果，報告期間の末日現在の測定単位で表示されている旨
- 財務諸表が，取得原価アプローチまたは現在原価アプローチのいずれに基づいて作成されているか。

- 使用した物価指数，報告期間の末日現在の物価指数の水準，および当期と前期との間における物価指数の変動

本基準では，当期と前期との間における「物価指数の変動」の意味を規定していない。しかし，当期および前期の期首における物価指数の水準を単純に開示するだけでは，十分な開示とはならない可能性がある。重要性がある場合は，物価指数の期中変動の程度についても開示すべきである。

第18章
農　業
Agriculture

目 次

1　はじめに

IAS 第 41 号「農業」は，農業活動— 生物資産（生きている植物および動物）の農産物（企業の生物資産の収穫された成果物）への生物学的変化および収穫の管理— の会計処理に関する基準を定めている。**本章 3** に規定された定義からもわかるように，農業活動は伝統的農場経営に限定されるのではなく，バイオ技術セクターで活動する企業にも当てはまる。

当該基準は，直近では，2011 年 5 月に修正された。

2　農業活動に関する公正価値モデル

IAS 第 41 号のもとでは，すべての生物資産および農産物は，報告期間の末日および収穫時点において，それぞれ公正価値に基づいて測定される。

家畜の飼育および材木の栽培のような農業活動は，販売用の成果物が生じるまでに数年かかる場合がある。取得原価モデルのもとでは，一般的に，利得を認識する前に販売取引の存在が要求される。しかし，農業活動において，そのような利得を生じさせる事象は，生物資産の成長のプロセス（例えば，成長，生殖，収穫）である。IAS 第 41 号の公正価値モデルは，これらのプロセスの発生に従って，利得を認識することを目的とするものである。

3　範　囲

IAS 第 41 号は，生物資産，収穫時点における農産物および政府補助金が農業活動に関連する場合の会計処理に適用しなければならない［IAS 第 41 号 1 項］。次のセクションで述べる定義は，範囲についての記述を明確にするものである。

3.1 定 義

以下は，IAS 第 41 号の目的上，重要な定義である［IAS 第 41 号 5 項］。

- 農業活動とは，生物資産を販売するため，農産物にするため，または追加的な生物資産を得るために，企業が生物資産の生物学的変化または収穫を管理することをいう。
- 生物資産とは，生きている動物または植物をいう。
- 生物学的変化とは，生物資産の質的または量的な変化を生じさせる，成長，変性，生産および生殖のプロセスからなる。
- 農産物とは，企業の生物資産からの収穫された成果物をいう。
- 収穫とは，生物資産の果実を分離すること，または生物資産の生命活動を停止させることをいう。
- 売却コストとは，資産の処分に直接起因する増分コスト（財務コストおよび法人所得税を除く）をいう。

農業活動には，家畜の飼育，林業，収穫，果樹の栽培およびプランテーション，草花栽培および養殖漁業（魚の養殖を含む）のような，広い範囲の活動が含まれる。農業活動には 3 つの共通の特徴があり，それは「変化の能力」，「変化の管理」および「変化の測定」である。農業活動と他の関連活動を区別する主要な特徴は，企業の生物学的変化の管理である。例えば，企業は生物学的変化が起こるために必要な条件（例えば，栄養のレベル，湿度，温度，肥沃度および光）を向上，または少なくとも安定化させることにより生物学的変化を管理する場合がある。（例えば遠洋漁業や伐採のような）管理されていない資源の収穫は，資源の管理を伴わないため，農業活動ではない［IAS 第 41 号 6 項］。

資源は，ライセンス供与や割当量等のような仕組の使用を通じて，政府によって「管理」されている場合がある。しかし，このことだけでは当該活動が IAS 第 41 号の農業活動に分類されることにはならない。重要なことは，企業自身がその資源を管理しているかどうかである。

農業活動には，以下のものは含まれない。

- 販売可能な，または企業によって引き起こされた汚染を相殺するために使用することが可能な，カーボン・クレジットを生じさせる二酸化炭素吸収源として，企業の管理対象外の森林に対する投資を保有すること
- レース用の猟犬，ウマ，ハトまたは競争犬のような動物を使用すること
- 芸当のできる動物を展示すること（例えば，テーマパークで）
- 研究で使用されるウイルスおよび血球のような，動物または植物ではない生きている資産を管理すること
- 生物学的変化の管理というよりもむしろ，製造プロセスに類似したプロセスを適用する，抗体を製造するための有機体のクローニング

設例3.1
品種改良：種子増殖

企業Aは，植物の育種を営む企業である。新しい植物種子の開発後，企業Aは，販売する基本品種となる種子を増殖するために開発された改良種子を使用する。

販売用に収穫される種子の増殖は，企業が販売のために管理している生物資産の生物学的変化プロセスを表しているため，IAS 第 41 号の範囲にある農業活動である。すなわち，企業は生物学的プロセスを利用して，改良種子を販売用の種子に変化させる。したがって，この活動は IAS 第 41 号の範囲にある。

3.2　収穫時点後の会計処理

IAS 第 41 号は，収穫時点までの生物資産の処理のみを扱い，その後のさらなる変化については取扱っていない。収穫後は，当該資産は，一般的に IAS 第 2 号「棚卸資産」（**第 1 巻 6 章「棚卸資産」**参照）に従って会計処理される [IAS 第 41 号 3 項]。より限定的な状況においては，他の基準に従って会計処理される場合もある。例えば，企業が丸太を収穫し，自己の建物を建設するためにその丸太を使用することを決定した場合，当該丸太の会計処理に IAS 第 16 号「有形固定資産」が適用される［IAS 第 41 号 B8 項］。

IAS 第 41 号 4 項から再掲された以下の表は，生物資産，農産物および収穫後の加工処理の結果である製品の例を示すものである。

生物資産	**農産物**	**収穫後の加工の結果としての製品**
羊	羊毛	毛糸，カーペット
植林地における樹木	伐採された木	丸太，材木
植物	綿花 収穫された甘藷	綿糸，衣類 砂糖
乳牛	牛乳	チーズ
豚	屠殺体	ソーセージ，乾燥ハム
灌木	葉	茶，乾燥タバコ
ぶどうの木	ぶどう	ワイン
果樹	収穫された果実	加工された果実

特に，収穫後に生じる発酵または熟成のプロセス（例えば，ぶどうを原料とするワイン製品，および牛乳を原料とするチーズ製品）はIAS 第 41 号の範囲から除外される［IAS 第 41 号 3 項］。そのような加工処理は，農業活動の論理的かつ自然な延長線上にあり，発生する事象は生物学的変化と類似しているため，IAS 第 41 号の範囲に含まれると主張する者もいた。しかし，IASB は，この加工処理を他の加工処理から区別することの困難性を考慮し，本基準の範囲に含めないことを決定した［IAS 第 41 号 B11 項］。

3.3　農業活動で使用される他の資産

本基準は，農業活動が行われる土地や，農業活動に関連する無形資産（例えば，牛乳の生産制限）に関する会計処理については取扱っていない。これらについては，IAS 第 16 号「有形固定資産」（**第 1 巻 7 章「有形固定資産」**参照），IAS 第 40 号「投資不動産」（**第 1 巻 8 章「投資不動産」**参照）およびIAS 第 38 号「無形資産」（**第 1 巻 9 章「無形資産」**参照）の対象となる［IAS 第 41 号 2 項］。

設例3.3

品種改良：新種開発

企業Aは，植物の育種を営む企業である。品種改良プロセスの初期段階において，企業Aは，研究室での種子の選択や交雑育種，および実地試験の実施によって新種を開発しなければならない。このプロセスは12年を要する場合がある。

種子の新種開発は，IAS第41号の範囲にはない。IAS第41号2項（b）は，本基準を農業活動に関連する無形資産に適用しないと規定している。新種の開発は，研究開発費に関連するIAS第38号の要求事項に従って会計処理される。

3.4 垂直的に統合された事業における燃料源として使用される生物資産および農産物

設例3.4

垂直的に統合された事業における燃料源として使用される生物資産および農産物

企業Aは，鉄鋼製品の製造業者であり，その事業は垂直的に統合されている。企業Aは，ユーカリのプランテーションを所有し運営している子会社Xを有している。農産物（すなわち，伐採されたユーカリの木）は，子会社Xによって木炭を生産するために加工される。その木炭は，連結グループ内の子会社Yに売却され，鉄鋼製品の生産のための溶鉱炉の燃焼に使用される。子会社Xは，伐採された木または木炭を，連結グループ外の企業には売却しない。

企業Aの連結財務諸表の目的上，子会社Xの生物資産（伐採前の樹木）および収穫時点における農産物（伐採された木）は，IAS第41号に従って会計処理されるべきか。

はい。IAS第41号の範囲には，企業の生物学的変化の管理および農産物とするための生物資産の収穫が含まれる。したがって，記述されている状況では，企業Aは連結財務諸表において，ユーカリの木および収穫時点における伐採された木をIAS第41号に従って会計処理する必要がある。企業Aは，収穫時点後の，伐採された木を木炭に加工するために必要な過程には，IAS第2号を適用すべきである。

IAS第41号は，特定の範囲除外に言及しているが，(1) 関連当事者との取引，および（2）垂直的に統合された事業における内部的に消費される生物資産および農産物に関する例外については規定していない。

4　資産の認識

企業は，以下のすべての条件が満たされる場合に，かつその場合にのみ，生物資産または農産物を認識することが要求される［IAS第41号10項］。

- 過去の事象の結果として，企業が資産を支配している。
- その資産に関連する将来の経済的便益が企業に流入する可能性が高い。
- その資産の公正価値または原価が信頼性をもって測定できる。

将来の農産物（果実，羊毛等）が生物資産（木，ぶどうの木，動物等）に付帯している場合，それを収穫前に個別に認識してはならない。収穫されるまで，将来の農産物は生物資産全体の一部を形成し，この資産は全体として測定されなければならない。例えば，他のすべての条件が同じである場合，果実がなる木は，収穫直後よりも収穫直前の方が公正価値が高い。そして，刈込まれていない羊は刈込まれた羊よりも高い公正価値を有する。

設例4

収穫時点の農産物の個別認識

企業Aがリンゴ園を所有している。木は成熟しており，その（果実を除く）公正価値は報告期間中に増加していない。木になっているリンゴの（売却コスト控除後の）公正価値は，収穫直前においてCU 100,000である。

リンゴの認識および収穫を反映するために以下の仕訳が記録される。

（単位：CU）

（借）リンゴの木	100,000	
（貸）生物資産の利得		100,000

（収穫時点まで）リンゴの成長による，リンゴの木の公正価値の増加を認識する。

（単位：CU）

（借）棚卸資産	100,000	
（貸）リンゴの収穫による利得		100,000

収穫時点のリンゴを（売却コスト控除後の）公正価値で認識する。

（単位：CU）

（借）生物資産の損失	100,000	
（貸）リンゴの木		100,000

リンゴの収穫による，リンゴの木の公正価値の減少を認識する。

生物資産または農産物に対する支配は，例えば家畜の法的所有権や家畜の購入，誕生または離乳時の焼印あるいは他の方法で印を付けることによって証拠付けられる。将来の便益は，通常，重要な物理的属性を測定することによって評価される［IAS 第 41 号 11 項］。

5　測　定

5.1　生物資産

IAS 第 41 号は，当初認識時および各報告期間の末日において，生物資産を，公正価値が信頼性をもって測定できない場合（**本章 5.1.5** 参照）を除き，その売却コスト控除後の公正価値で測定することを要求している［IAS 第 41 号 12 項］。

公正価値測定に関する要求事項は，IFRS 第 13 号「公正価値測定」の公表に伴い修正された。IFRS 第 13 号を適用する企業および IFRS 第 13 号をまだ適用しない企業のそれぞれに対する要求事項は，**本章 5.1.1.1** および**本章 5.1.1.2** において，区分して記述する。本質的に，IFRS 第 13 号の影響は，IAS 第 41 号から公正価値の測定に関する詳細な指針を取除くものである。したがって，IFRS 第 13 号の適用後は，生物資産（および農産物一**本章 5.2** 参照）を公正価値で測定する企業は，IFRS 第 13 号の指針を参照しなければならない。

IFRS 第 13 号は，2013 年 1 月 1 日以後開始する事業年度に適用され，早期適用も認められる。

第 1 巻 5 章「公正価値測定」12 で議論したように，IFRS 第 13 号の初度適用時においては，将来に向かって適用されることが要求されており，また，IFRS 第 13 号の適用初年度より前の期間に関して提供されている比較情報に適用する必要はない。したがって，過年度に報告された金額を，修正再表示する必要はない。

5.1.1　公正価値の測定

5.1.1.1　IFRS第13号を適用している企業

公正価値は，「測定日時点で，市場参加者間の秩序ある取引において，資産を売却するために受取るであろう価格または負債を移転するために支払うであろう価格」と定義されている（IFRS 第 13 号「公正価値測定」参照）[IAS 第 41 号 8 項]。

IAS 第 41 号は，生物資産または農産物の公正価値の測定は，生物資産または農産物を重要な属性（例えば，年齢や品質）によりグループ分けすることにより容易となることがあると述べている。企業は，市場において価格付の基礎として用いられる属性に対応する属性を選択しなければならない［IAS 第 41 号 15 項]。

公正価値を測定する際，以下のキャッシュ・フローは除外しなければならない [IAS 第 41 号 22 項]。

- 資金調達および課税のキャッシュ・フロー
- 収穫後に生物資産を再度定着させるために必要なキャッシュ・フロー（例えば，置換作物の作付コスト）

5.1.1.2 IFRS第13号をまだ適用していない企業

公正価値とは，「独立第三者間取引において，取引の知識がある自発的な当事者の間で，資産が交換され得る，または負債が決済され得る価額」と定義される［IAS 第 41 号 8 項］。

資産の公正価値は，その現在の所在地および状態に基づいている。したがって，それは資産を市場に運ぶために必要な輸送その他のコストを差引いた市場価格を反映するものである。その結果，例えば，農場にいる牛の公正価値は，関連する市場における価格から，牛を農場から市場に運ぶための輸送その他のコストを差引いた価格である［IAS 第 41 号 9 項］。

資産を市場に運ぶために必要なコストと「売却コスト」とは，区別する必要がある。前者は公正価値を算定する際に差引かれ，後者はIAS 第 41 号に従った測定の目的で公正価値から差引かれる。

IAS 第 41 号 9 項に従って，資産を市場に運ぶために必要な輸送その他のコスト（例えば，牛を農場から売却市場へと運搬することに伴うコスト）は公正価値を算定する際に差引かれる。このようなコストは，売却取引自体とは区別して検討される。

反対に，売却コストは，「資産の処分に直接起因する増分コスト（財務コストおよび法人所得税を除く）」として定義される（IAS 第 41 号 5 項）。したがって，これらは売却取引自体に関連する増分コストである（公正価値の算定において控除されていない）。このような費用には以下のものが含まれる。

- 仲介業者および販売業者への手数料
- 規制機関および商品取引所による徴収
- 譲渡税およびその他の関税

IAS 第 41 号は，生物資産または農産物の公正価値の算定は，生物資産または農産物を重要な属性（例えば，年齢や品質）によりグループ分けすることにより容易となることがあると述べている。企業は，市場において価格付の基礎として用いられる属性に対応する属性を選択しなければならない［IAS 第 41 号 15 項］。

公正価値の測定において以下の指針が提供されている［IAS第41号8項および17項－20項］。

- 現在の所在地および状態における生物資産の活発な市場における相場価格は，当該資産の公正価値を決定する際の最も信頼できる基礎となる。企業が1つ以上の活発な市場を利用できる場合，当該企業は最も適切な市場，つまり，一般的に利用することが見込まれる市場を使用しなければならない。
- 活発な市場とは，以下のすべての条件が存在する市場をいう。
  - 市場内で取引される物品は同質である。
  - 自発的な買手と売手を通常いつでもみつけることができる。
  - 価格が公表されている。
- 活発な市場が存在しない場合，IAS第41号は最も信頼できる見積りが得られるよう，以下の市場を基礎とした測定値を参照し，各測定値間の差異の理由を検討することを提案している。
  - 当該種類の資産に関する直近の市場における取引価格。ただし，取引日と報告期間の末日との間の経済的状況に重要な変化がない場合に限る。
  - 類似の資産の市場価格に，差異を反映するための適切な修正を加えたもの
  - 分野ごとの基準値。例えば，輸出用トレイ当たり，ブッシェル重量当たりまたはヘクタール当たりで表される果実の価値や，肉キログラム当たりで表される牛の価値など。
- 生物資産について，信頼できる市場に基づいた価格が現況では利用できない場合，公正価値の算定にあたり，その資産から得られると予想された正味キャッシュ・フローの現在価値を使用しなければならない。

公正価値を測定する基礎として，資産から得られると予想された将来の正味キャッシュ・フローの現在価値が使用される場合，本基準は以下の規則を規定している［IAS第41号20項－23項］。

- キャッシュ・フローは，現在の市場利子率によって割引計算しなければならない。
- 現在の所在地および状態における資産の公正価値を決定するために，企業は，市場参加者がその資産が最も関連性のある市場で生成すると予想する正味キャッシュ・フローを含める。
- キャッシュ・フローの変動の可能性は，仮定が二重に考慮されたり，無視されたりすることを避けることに留意しながら，キャッシュ・フローまたは割引率に反映しなければならない。
- 資金調達および課税のキャッシュ・フローは，除外しなければならない。
- 収穫後に生物資産を再度定着させるために必要なキャッシュ・フロー（例えば，置換作物の作付コスト）は除外しなければならない。

2009年，IFRIC（現在のIFRS解釈指針委員会）は，生物資産の公正価値が予想正味キャッシュ・フローの現在価値で見積られる場合に，企業がどのように適切な割引率を決定するべきかに関する指針を求める要請を受けた（2009年5月のIFRICアップデート参照）。当該要請は，これらの状況に関するIAS第41号の指針は，限定されていることを指摘した。解釈指針委員会は，IAS第41号の公正価値測定の目的は，その他の基準における公正価値測定の目的と首尾一貫するものであることに言及した。

企業に生物資産に関する当初のコストが生じる場合，IAS第41号24項（**本章5.1.2**参照）は，当該コストが発生してから生物学的変化がほとんど起こっていない場合には取得原価は公正価値に近似することがあると述べている。解釈指針委員会は，これらの状況において選択される割引率は，取得原価に近似する価値をもたらすことが予想されるものになるであろうと言及した。

また，解釈指針委員会は，IAS第41号における公正価値測定の目的は，その他の基準（例えば，IAS第39号「金融商品：認識および測定」）における公正価値測定の目的と首尾一貫したものであり，それらの基準に含まれている，活発な市場における容易に観察可能な価格を持たない資産の公正価値の見積りに関する指針は，生物資産にも関連するものであるということにも言及した。

5.1.2 公正価値に近似する取得原価

本基準は，限定された状況においては，取得原価が公正価値の適切な指標となることを認識している。これは特に，最初にコストが発生してからほとんど生物学的変化が起こっていない場合（例えば，報告期間の末日の直前に植付けられた苗木）や，または生物学的変化の価格に対する影響に重要性がないと予想される場合（例えば，30 年間の植林の成長サイクルにおける初期の成長）が該当するであろう［IAS 第 41 号 24 項］。

IAS 第 41 号 24 項に規定された一般原則は，IFRS 第 13 号の導入により影響を受けるものではない。

5.1.3 土地に物理的に付着している生物資産

本章 3.3 において議論されているように，農地は IAS 第 41 号の範囲から除外されているが，（例えば，植林地における樹木等）土地に物理的に付着している生物資産は，本基準のもとで会計処理される。土地に付着する生物資産に別個の市場が存在しないが，複合した資産（すなわち，生物資産，更地および敷地の造成を一括したもの）について活発な市場が存在することがある。本基準は，生物資産の公正価値を測定するために，複合した資産に関する情報を使用することを企業に対して認めている。例えば，更地および敷地造成の公正価値を複合した資産の公正価値から差引いて生物資産の公正価値を算出する場合がある［IAS 第 41 号 25 項］。

IAS 第 41 号 25 項に規定される一般原則は，（いくつかの用語の変更はなされているが）IFRS 第 13 号の導入による影響を受けるものではない。

5.1.4 販売契約に従う資産

本基準は，企業が将来の日に生物資産を処分する販売契約を締結した場合，それらの契約価格は公正価値の測定に際して，必ずしも考慮する必要がないことを強調している。公正価値は，ある企業特有の測定値ではなく，市場参加者である買手と売手が取引を行う現在の市場の状況を反映することが要求される。過去において締結した販売契約は，市場参加者である買手と売手が測定日において合意したであろう価格を反映しない場合がある。したがって，ある時点における公正価値は，締結された販売契約が存在するからといって修正されるものではない［IAS 第 41 号 16 項］。

場合によっては，生物資産の販売契約が，IAS 第 37 号「引当金，偶発負債および偶発資産」（**第 1 巻 14 章「引当金，偶発負債および偶発資産」**参照）に定義される不利な契約に該当する場合があり，このような不利な契約に対しては，IAS 第 37 号の適用が要求される。

IAS 第 41 号 16 項に規定される一般原則は，（いくつかの用語の変更はなされているが）IFRS 第 13 号の導入による影響を受けるものではない。

5.1.5 公正価値が信頼性をもって測定できない場合

IAS 第 41 号は，大部分の生物資産の公正価値は信頼性をもって測定できると推定している。しかし，この推定は，財務諸表に生物資産を当初認識した時点で，以下の条件を満たす場合には覆すことができる［IAS 第 41 号 30 項］。

- 生物資産に関する公表市場価格が利用可能ではない。
- 代替的な公正価値測定が明らかに信頼できないと判断される。

IFRS 第 13 号の適用前においては，IAS 第 41 号 30 項は「公表市場価格」ではなく「市場で決定された価格または価値」と言及し，「代替的な公正価値測定」ではなく，「それに代わる公正価値の見積額」と言及していた。これらの変更は，IFRS 第 13 号の公正価値測定に関する改訂されたフレームワークを反映するものである。

これらの条件が満たされる場合，当該生物資産は減価償却累計額および減損損失累計額控除後の取得原価で測定される［IAS 第 41 号 30 項］。IAS 第 41 号は，これらの状況における指針として，作成者に IAS 第 2 号「棚卸資産」，IAS 第 16 号「有形固定資産」および IAS 第 36 号「資産の減損」を考慮するよう規定している。

状況が変わり，公正価値が信頼性をもって測定できるようになった場合，売却コスト控除後の公正価値への変更が要求される［IAS 第 41 号 30 項］。これは，生物学的変化が進行するにつれて発生する可能性が高い。

IFRS 第 5 号「売却目的で保有する非流動資産および非継続事業」（**第 1 巻 15 章「売却目的で保有する非流動資産および非継続事業」**参照）により非流動の生物資産が売却目的保有に分類される場合（または売却目的保有に分類される処分グループに含まれる場合），公正価値は信頼性をもって測定できると推定される［IAS 第 41 号 30 項］。

公正価値を信頼性をもって測定できるという推定を覆すことができるのは，当初認識時のみである。以前に生物資産を売却コスト控除後の公正価値で測定した企業は，当該生物資産を処分するまで売却コスト控除後の公正価値で測定し続けなければならない［IAS 第 41 号 31 項］。したがって，本基準は，企業が以前に特定の生物資産を公正価値で測定した状況においては，市場取引がより頻繁でなくなり，または市場価格が容易に入手できなくなる結果，資産の公正価値を決定することがより難しくなったとしても，測定に関する信頼性の欠如による例外を使用することを許容していない。公正価値から取得原価への測定の基礎の変更を禁止することは，市況が下降した場面で，企業が公正価値会計を中止する口実として，信頼性の欠如による例外の採用を防止することを目的とするものである。

5.1.6 リース資産

ファイナンス・リースのもとで借手が保有する生物資産，およびオペレーティング・リースのもとで貸手が提供する生物資産は，IAS 第 41 号の要求事項に従って測定しなければならない。これらの資産は，IAS 第 17 号「リース」の測定の要求事項から明確に除外されている［IAS 第 17 号 2 項］。

ファイナンス・リースのもとで取得した生物資産は，IAS 第 41 号の測定の要求事項（すなわち，公正価値が信頼性をもって測定できない場合を除き，売却コスト控除後の公正価値）に従って当初認識し事後測定しなければならない。生物資産の性質上，リース資産について，その公正価値が信頼性をもって測定できない可能性は低い。

IAS 第 41 号および IAS 第 17 号の双方の開示に関する要求事項は，リースした生物資産に対して適用しなければならない。

5.2 農産物

IAS第41号は，農産物が企業の生物資産から収穫された時点で，当該農産物を売却コスト控除後の公正価値で測定することを要求している［IAS第41号13項］。一般的に，**本章5.1**で述べられている売却コスト控除後の公正価値測定に関する指針は，農産物に対しても等しく適用される。

しかし，農産物については（**本章5.1.5**で議論されているような）信頼性の欠如による例外はない。なぜなら，収穫物は市場性のある商品であるため，本基準は，収穫時点における農産物の公正価値は常に信頼性をもって測定できるという見解を反映している。したがって，すべての場合において，そのような収穫物は売却コスト控除後の公正価値で測定することが要求される［IAS第41号32項］。

収穫時点における農産物の公正価値の測定値は，その後の会計処理に関してIAS第2号または他の該当するIFRSsを適用する日現在の取得原価である［IAS第41号13項］。

したがって，例えば，まだ収穫されていないトウモロコシは生物資産の定義を満たすため，市場価格の変動を反映するよう各報告期間の末日において再測定しなければならない。しかし，ひとたび収穫されると，通常，再測定は終了し，IAS第2号に従って（収穫時点における売却コスト控除後の公正価値として定義される）取得原価と正味実現可能価額とのいずれか低い額で計上されることになる。

正味実現可能価額は，通常の事業の過程における見積売価から，完成までに要する見積原価および販売に要する見積コストを控除した額であると定義される［IAS第2号6項］。正味実現可能価額は，企業に固有の価値である。これに対して，公正価値は，企業に固有の価値ではない（**本章5.1.4**参照）。棚卸資産の正味実現可能価額は，売却コスト控除後の公正価値と等しくない場合がある［IAS第2号7項］。

IAS第2号7項の観点からは，契約販売価格は，企業固有の正味実現可能価額を算定する際に考慮しなければならないが，公正価値を測定する際には必ずしも考慮する必要はない（**本章5.1.4**参照）。このことは，IAS

第 41 号 13 項に関して，正味実現可能価額と売却コスト控除後の公正価値との間に差異を生じさせる可能性がある。

6　利得および損失の報告

生物資産が最初に売却コスト控除後の公正価値で認識された場合，いかなる利得または損失も当期の純損益で報告される。売却コストを控除する要求事項のために，生物資産の当初認識時において損失が発生する可能性がある。例えば，子牛の誕生後に生物資産が最初に認識されるため，利得が発生する可能性もある［IAS 第 41 号 27 項］。

利得および損失は，売却コスト控除後の公正価値の変動を反映するために，生物資産の生涯を通しても発生する。これらの利得および損失もまた，それらが発生した期の純損益で報告される［IAS 第 41 号 26 項］。したがって，例えば子牛が成長する過程の公正価値の変動も，純損益において認識される。

農産物を売却コスト控除後の公正価値で当初認識することにより生じる利得または損失は，発生した期の純損益で認識される［IAS 第 41 号 28 項］。農産物は，収穫時に初めて認識される（その時点まで，当該資産は生物資産として分類される）。収穫の結果，利得または損失が生じる場合があり，当該利得または損失は純損益に認識される。

7　政府補助金

IAS 第 41 号は，このセクションで取扱う農業活動に関連する政府補助金の会計処理に関する具体的な規則を規定している。規定された処理は，IAS 第 20 号「政府補助金の会計処理および政府援助の開示」が適用された場合に生じる結果とは異なる結果をもたらす場合がある。生物資産に関して IAS 第 20 号を適用しなければならない唯一の場合とは，**本章 7.2** で記述するとおり，これらの資産が取得原価を基礎として計上される場合のみである（すなわち，測定に関する信頼性の欠如による例外が適用される）。

7.1　公正価値を基礎として測定される生物資産

IAS 第 41 号は，売却コスト控除後の公正価値で測定される生物資産に関する無条件の補助金は，補助金を受取ることになったときに，かつ，そのときにおいてのみ，純損益に認識することを要求する［IAS 第 41 号 34 項］。

補助金が条件付である場合には，当該付帯条件が満たされているとき，かつ，そのときにのみ純損益に認識しなければならない。これには，企業に対して特定の農業活動に従事しないことを要求する付帯条件がある政府補助金も含まれる［IAS 第 41 号 35 項］。

農業活動に関連する政府補助金は，例えば，長期間，特定の活動への従事（または特定の活動を控えること）を続けることを条件にするようなことが多い。条件に違反した場合，補助金の全額を返還する場合がある。そのような状況では，特定の期間が経過するまで，補助金のいかなる部分も純損益では認識されることはない。しかし，補助金の条件が，時の経過に従って政府補助金の一部分を保持することを認めている場合には，企業はその部分を時の経過に従って純損益に認識しなければならない［IAS 第 41 号 36 項］。

7.2　取得原価を基礎として測定される生物資産

本章 7.1 で述べた要求事項は，売却コスト控除後の公正価値で測定される生物資産に関連するものである。**本章 5.1.5** で説明したように，生物資産の公正価値は信頼性をもって測定できない場合があり，そのような場合には，当該生物資産は減価償却累計額および減損損失累計額控除後の取得原価で測定される。取得原価を基礎として会計処理される生物資産に関連する政府補助金は，IAS 第 20 号に従って処理される（**第 2 巻 16 章**参照）［IAS 第 41 号 37 項］。

8　表示および開示

8.1　表　示

IAS 第 1 号「財務諸表の表示」は，財政状態計算書において，生物資産（処分グループに含まれるものを除く―**第 1 巻 15 章**参照）の帳簿価額を別個に表示することを企業に対して要求している［IAS 第 1 号 54 項（f)］。

8.2　開　示

IAS 第 41 号の開示の要求事項については後述するが，本基準に付随の設例 1 に詳細に例示されている。

8.2.1　生物資産および活動の説明

企業は，（同種の生きている動物または植物の集合として定義される）各生物資産グループについて説明を提供する必要がある。説明は，文章によるもの，または数量表現によるもののいずれも認められる。企業は，各グループについて，状況に応じて，消費型の生物資産（つまり，作物のように収穫されるもの）および果実生成型の生物資産（例えば，果樹園）との区分，または成熟した生物資産と未成熟の生物資産との区分にそれぞれを分けて，定量的記述を行うことが奨励される。また，このような区分を行う際に用いた基礎を開示しなければならない［IAS 第 41 号 41 項－44 項］。

企業は，以下の情報が財務諸表とともに公表される情報のどこにも開示されていない場合には，説明を行わなければならない［IAS 第 41 号 46 項］。

- 各生物資産グループが関連する活動の性質
- 以下の物理的な数量に関する，非財務的な測定値または見積り
    - 当該企業の，期末日現在の各生物資産グループ
    - 期中の，農産物の産出高

8.2.2　期中に認識された利得および損失

企業は，当期において，生物資産および農産物の当初認識時に発生した利得または損失の合計額，ならびに生物資産の売却コスト控除後の公正価値の変動により発生した利得または損失の合計額を開示する必要がある［IAS 第 41 号 40 項］。

生物資産に関連する利得または損失と，農産物に関連する利得または損失は，別個に開示することが要求されていないことに留意する必要がある。

時には，IAS 第 1 号 97 項に従って，別個に開示することが必要となる，重要性のある利得または損失が生じる場合がある（**第 1 巻 3 章「財務諸表の表示」5.4.1** 参照）。農業活動との関連においては，そのような事象には，病害，洪水，旱害，寒害または害虫による災害が含まれる［IAS 第 41 号 53 項］。

8.2.3　生物資産の変動の調整表

会計期間の期首から期末への生物資産の帳簿価額の変動に関する詳細な調整表が要求される。調整表には以下のものを含めなければならない［IAS 第 41 号 50 項］。

- 売却コスト控除後の公正価値の変動により発生した利得または損失
- 購入による増加
- 売却およびIFRS 第 5 号「売却目的で保有する非流動資産および非継続企業」（**第 1 巻 15 章**参照）に従い売却目的保有に分類された（または売却目的保有に分類される処分グループに含められた）ことによる減少
- 収穫による減少
- 企業結合による増加
- 財務諸表の異なる表示通貨への換算および在外営業活動体の報告通貨への換算に伴う正味外貨換算差額の変動
- その他の変動

8.2.4 公正価値の測定の根拠

IFRS 第 13 号を適用している企業は，IFRS 第 13 号で要求される開示（**第 1 巻 5 章**参照）を提供する。

IFRS 第 13 号「公正価値測定」をまだ適用していない企業は，各グループの収穫時における農産物および生物資産の公正価値を算定する際に使用した方法および主要な仮定を開示することが要求される［IAS 第 41 号 47 項］。

8.2.5 期中に収穫された農産物

IFRS 第 13 号を適用している企業は，IFRS 第 13 号で要求される開示（**第 1 巻 5 章**参照）を提供する。

IFRS 第 13 号をまだ適用していない企業は，期中において収穫された農産物の収穫時点で算定された売却コスト控除後の公正価値を開示することが要求される［IAS 第 41 号 48 項］。

8.2.6 制限資産，コミットメントおよびリスク管理方針

企業は以下のものを開示しなければならない［IAS 第 41 号 49 項］。

- 所有権が制限されている生物資産について，その存在と帳簿価額，および負債の担保として差入れている生物資産の帳簿価額
- 生物資産の開発または取得に関するコミットメントの金額
- 農業活動に関する財務リスク管理方針

8.2.7 公正価値が信頼性をもって測定できない場合の追加開示

生物資産を減価償却累計額および減損損失累計額控除後の取得原価で測定している場合（**本章 5.1.5** 参照），以下の開示が要求される［IAS 第 41 号 54 項］。

- 当該生物資産の説明
- 公正価値を信頼性をもって決定できない理由の説明
- 可能な場合には，公正価値を表す可能性が非常に高い見積額の範囲
- 使用した減価償却の方法
- 使用した耐用年数または償却率
- 期首および期末の減価償却累計額控除前の帳簿価額ならびに減価償却累計額および減損損失累計額

減価償却累計額および減損損失累計額控除後の，取得原価で測定された生物資産の処分時に認識した利得または損失は開示しなければならない。さらに，取得原価を基礎として保有する生物資産に関する金額は，**本章 8.2.3** で述べた生物資産に関する詳細な調整表において別個に開示される必要があり，調整表には，当期中に純損益に認識された減損損失，減損損失の戻入額，減価償却費の金額を開示しなければならない［IAS 第 41 号 55 項］。

企業が期中において，取得原価による測定から公正価値による測定に移行する場合，企業は影響を受ける生物資産の説明，公正価値が信頼性をもって測定できるようになった理由についての説明，および変更の影響額を提供することが要求される［IAS 第 41 号 56 項］。

8.2.8　政府補助金

農業活動に関連する政府補助金に関して，以下の事項の開示が要求されている［IAS 第 41 号 57 項］。

- 認識した政府補助金の内容および範囲
- 補助金に付している未履行の付帯条件およびその他の偶発事象
- 政府補助金の水準について予想される著しい減額

8.2.9　奨励される追加的開示

本基準は，生物資産の帳簿価額に変動をもたらす物理的変化と価格変動の影響の区分開示を，特に生産サイクルが 1 年を超える場合に奨励をしているが，強制はしていない［IAS 第 41 号 51 項］。成長，変性，生産，生殖および収

穫は，いずれも目にみえ，測定が可能な物理的変化の種類である。IAS 第 41 号に付随の設例 2 は，物理的変化と価格変動を区分する方法を例示している [IAS 第 41 号 52 項]。

9　将来の進展

2013 年 6 月に，IASB は公開草案 ED／2013／8「農業：果実生成型の植物」を公表した。当該公開草案は，果実生成型の生物資産（例えば，果樹やぶどうの木）に関する IAS 第 41 号の限定された範囲の修正案を提案している。そのような資産は，いったん成熟すると企業は単にその製品ライフにわたって農産物を育てるために保有する。当該公開草案は，これらの資産は IAS 第 41 号に規定されている公正価値評価を使用するよりも，IAS 第 16 号「有形固定資産」に従って会計処理するべきであると提案している。

公開草案に対するコメントは，2013 年 10 月 28 日までに求められている。IASB は，2014 年の第 1 四半期中に再審議を開始する予定である。

第 19 章
保険契約
Insurance contracts

目 次

1　はじめに

保険会社に固有の会計処理の要求事項の大部分は本書の範囲外である。しかし，本章では，その基礎的な内容を示すと同時に，IFRS 第 4 号「保険契約」と他の基準書（特に，IAS 第 18 号「収益」および IFRS 第 9 号「金融商品」，ただし IFRS 第 9 号適用前は IAS 第 39 号「金融商品：認識および測定」）の要求事項との相互関係が保険会社以外の企業にとっても重要であることを踏まえ，IFRS 第 4 号の概要を説明する。

IFRS 第 4 号「保険契約」は，保険プロジェクトのフェーズ I の完了を受け，2004 年 3 月に IASB によって公表され，直近では 2011 年 5 月に修正された。

IFRS 第 4 号は，フェーズ II（**本章 6** 参照）に向けた過渡的な基準と位置づけられており，その目的は極めて限定されている。本基準書は次の事項を目的としている［IFRS 第 4 号 1 項］。

- 保険契約に基づき債務を引受ける者による保険契約の会計処理について限定的な改善
- 保険者の財務諸表に計上される保険契約から生じる金額を識別および説明し，財務諸表の利用者が保険契約から生じる将来キャッシュ・フローの金額，時期および不確実性を理解するのに役立つ情報の開示

IASB は，保険契約に係る会計実務が多様であり，他の業種における実務と異なっていることが多いと認識している。IASB は，IFRS 第 4 号の公表以来，保険プロジェクトのフェーズ II に継続的な取組みを続けている。

本章は，基準書に付属しているがその一部を構成しない IFRS 第 4 号の適用ガイダンスを扱っていない。

2　契約はいつ保険契約となるのか

2.1　保険契約の定義

保険契約の定義により，ある契約が IFRS 第 4 号または他の基準書の対象となるかどうか決定される。保険契約は，一方の当事者（保険者）が，他方の当事者（保険契約者）から，特定の不確実な将来事象（保険事故）が保険契約者に不利益を与えた場合に保険契約者に補償を行うことを同意することにより重要な保険リスクを引受ける契約 , として定義される［IFRS 第 4 号付録 A］。

本章 2.2 では，この定義について次の重要な特徴について説明する。

- 特定の不確実な将来事象
- 保険リスクの意味
- 重要な保険リスク
- 保険事故により保険契約者に生じる不利益

2.2　定義の主要な要素

2.2.1　特定の不確実な将来事象

本章 2.1 の定義により，保険契約により担保され，保険リスクを生じさせる不確実な将来事象と定義される，保険事故の識別が求められる［IFRS 第 4 号付録 A］。ある契約が保険契約に該当するためには , 不確実性（またはリスク）の要素が必須であり，保険契約の開始時点において少なくとも次の 1 つの事項が不確実でなければならない［IFRS 第 4 号 B2 項］。

- 保険事故が発生するか否か。
- いつ保険事故が発生するか。
- 保険事故が発生した場合，保険者はいくら支払う必要があるか。

保険契約の性質により，次のような保険事故が存在する［IFRS 第 4 号 B3 項および B4 項］。

- （保険契約開始前に発生した事象から生じた損失であっても）契約期間中における損失の顕在化
- （契約期間終了後に損失が顕在化したとしても）契約期間中における事象の発生，または，
- 既発生の事象についての財務的影響が不確実である事象を対象とする保険契約における最終的なコストの顕在化。例えば，保険契約者によって報告された保険金請求額が増加することによる元受保険者の損失を担保する再保険契約があるが，この場合の保険事故は，保険金請求に係る最終的なコストの顕在化である。

2.2.2　保険リスクと財務リスクの対比

IFRS 第 4 号は，「保険リスク」と「財務リスク」を区別している。保険者が重要な保険リスクを引受けるのではない限り，契約は保険契約とならない［IFRS 第 4 号付録 A］。

- 財務リスクは，特定の利率，金融商品価格，商品価格，外国為替レート，価格またはレートの指数，信用格付または信用指数，またはその他の変数のうち，1 つまたは複数の変数に生じ得る将来の変動のリスクと定義される。ただし，変数が非金融変数のときには，変数が契約の当事者に固有のものでない場合に限られる。
- 保険リスクは，財務リスク以外のリスクで，契約保有者から契約発行者に移転されるものとして定義される。

重要な財務リスクが存在する契約が保険契約ではないということにはならない。財務リスクの水準とは関係なく，重要な保険リスクが存在するかどうかが問題となる。例えば，多くの生命保険契約は，保険契約者に最低利回りを保証する（財務リスクを生じさせる）と同時に，当該保険契約者の勘定残高を著しく上回り得る死亡給付金の支払を約束する（死亡リスクという形での保険リスクを生じさせている）。このような契約は，IFRS 第 4 号における保険契約である［IFRS 第 4 号 B10 項］。

一部の保険契約においては，保険事故が発生すると，価格指数にリンクした

金額の支払が行われるものもある。このような契約は，保険事故を条件とする支払が重要となり得る場合には，保険契約である。IFRS 第 4 号 B11 項は，消費者物価指数にリンクした生存年金の例をあげている。こうした契約は，年金受給者の生存という不確実な事象の発生により支払が行われるため，保険リスクを移転する契約である。価格指数へのリンクは組込デリバティブであるが，保険リスクも移転している。結果として生じる保険リスクの移転が重要であれば，当該組込デリバティブは保険契約の定義を満たすため，分離して公正価値で測定する必要はない（**本章 3.4** 参照）[IFRS 第 4 号 B11 項]。

2.2.2.1　非金融変数が契約当事者に固有のものか

上記の**本章 2.2.2** の財務リスクの定義において金融変数および非金融変数があげられているが，後者は，契約当事者に固有でない場合のみ，財務リスクに含まれる。IFRS 第 4 号 B9 項は，特定の地域における地震による損害の指標や特定の都市における気温の指標を例として示している。

財務リスクからは，契約当事者の資産が損害を被るか損壊されるような火災の発生の有無等，当事者に固有の非金融変数は除かれている。さらに，非金融資産の公正価値の変動リスクは，公正価値が資産の市場価格（金融変数）の変化のみではなく，契約当事者が保有する特定の非金融資産の状況（非金融変数）を反映している場合には，財務リスクではない。例えば，特定の自動車の残存価値を保証することにより，保証者が当該自動車の物理的状態が変化するリスクに晒される場合，当該リスクは財務リスクではなく，保険リスクである [IFRS 第 4 号 B9 項]。

2.2.2.2　保険リスクは他方の当事者から引受けられているか

本章 2.2.2 の保険リスクの定義は，保険契約者から保険者へ移転されるリスクに言及している。したがって，保険リスクは保険契約者にもともと存在するリスクに限定される。契約によって新たに創出されるリスクは保険リスクではない [IFRS 第 4 号 B12 項]。

保険者が保険契約者とは別の当事者である場合にのみ，保険者は保険契約者から重要な保険リスクを受入れることができる。保険者が相互会社の場合には，相互会社は各保険契約者からリスクを受入れ，そのリスクをプールすることになる。保険契約者は所有者としてプールされたリスクを集合的に負っている一方，こうした相互会社は保険契約の本質であるリスクを受入れている［IFRS 第 4 号 B17 項］。

2.2.3　重要な保険リスク

保険契約の定義（**本章 2.1** 参照）は，「重要な（significant）」保険リスクの移転を要求している。IFRS 第 4 号 B23 項は，商業的実質を欠く（すなわち，取引の経済性に識別し得る影響がない）シナリオを除く一定のシナリオにおいて，保険事故により保険者が重要な追加給付を支払うことになる場合，かつその場合にのみ，保険リスクが重要であることを示している。商業的実質を伴うシナリオにおいて重要な追加給付が支払われる場合には，たとえ保険事故の発生の可能性が極めて低い場合，または偶発的なキャッシュ・フローの期待現在価値（確率で加重された現在価値）が契約上のすべての残存キャッシュ・フローの期待現在価値の小さな部分しか占めていない場合であっても，この条件は満たされ得る［IFRS 第 4 号 B23 項］。

このため，将来事象の発生の可能性は非常に低いが，もしそれが生じれば壊滅的で，事象発生時には多額の金額を支払わなければならない契約は，保険契約となり得る。一方で，非常に発生可能性が低く特別な損害を与えるものではない将来事象に関連する契約は，商業的実質を伴うとされる可能性が低い。したがって，後者の契約に係る保険リスクは重要ではない可能性がある。

IFRS 第 4 号付録 B には，保険リスクが重要か否かを判断する方法についての次のような追加的な指針が示されている。

2.2.3.1　追加給付

保険事故の発生時に重要な追加給付（**本章 2.2.3** で説明されている）が支払われることになるかどうかを検討する場合，保険事故が発生しなかった場合に支払われる給付を超える金額を識別する必要がある（商業的実質を伴わないシナリオを除く）。こうした追加的な給付額には，保険金請求処理や保険金請求査定のコストが含まれるが，次のものは除外される［IFRS 第 4 号 B24 項］。

(a)　将来のサービスについて保険契約者に請求する能力の喪失。例えば，投資リンクの生命保険契約においては，保険契約者の死亡は，保険者がもはや手数料を得るために投資管理サービスを提供することができないことを意味する。こうした保険者にとっての経済的損失は保険リスクに反映されない。これは，ミューチュアル・ファンドの管理者が，顧客の死亡の可能性に関係した保険リスクを引受けていることにはならないのと同じである。したがって，将来の投資管理手数料の潜在的損失は，契約によって保険リスクが移転されている水準の評価に関係しない。

(b)　死亡による失効手数料や解約手数料に関する請求権の放棄。こうした手数料の請求権は契約によって発生しているため，請求権の放棄は保険契約者にもともと存在していたリスクを補償するものではない。したがって，請求権の放棄は契約によって保険リスクが移転されている水準の評価に関係しない。

(c)　契約の保有者に重要な損失を生じさせないような事象を条件とする支払。例えば，ある資産について CU 500 という重要でない経済的損失を契約の保有者にもたらす物理的な損害を被る場合に，契約発行者が CU 1 百万の支払を要求される契約が存在するとする。このような契約では契約の保有者は CU 500 を失うという重要でないリスクを契約発行者に移転するが，この契約によって特定の事象が発生した場合に契約発行者が CU 999,500 を支払わなければならない非保険リスクが作り出される。契約発行者が契約の保有者から重要な保険リスクを引受けていないので，この契約は保険契約とはならない。

(d)　再保険からの回収見込み。保険者は見込まれる回収を分離して会計処理する。

2.2.3.2　契約ごとの評価

保険リスクの重要性は，財務諸表に対する重要性を参照するのではなく，単一の契約当事者と同時に締結された複数の契約（または，他の形で相互関連性のある契約）を単一の契約として取扱い，契約ごとに評価する。したがって，たとえ契約群団全体について重要性がある損失が発生する可能性がわずかしかない場合であっても，保険リスクが重要であることもある。この契約ごとの評価は，契約を保険契約として分類することを容易にする。しかし，もし比較的同質で小規模な契約の群団が，保険リスクをすべて移転する契約で構成されていることが判明しているのであれば，保険者は，重要性がない保険リスクを移転する少数の非デリバティブ契約を識別するために群団内の個々の契約を調査する必要がないことを，本基準書は認めている［IFRS 第 4 号 B25 項］。

2.2.3.3　死亡給付金

生存を条件として支払われる金額を超えて死亡給付金が支払われる契約は，追加の死亡給付額が重要でない場合を除き，保険契約である（契約群団全体ではなく，契約を参照して判断される）。**本章 2.2.3.1** に示されているとおり，死亡を条件とした失効手数料や解約手数料に関する請求権の放棄は，保険契約者にもともと存在するリスクを補償しない場合，この評価には含まれない。同様に，生存依存型支払の合計が重要でない場合を除き，保険契約者の生命の残存期間に一定金額を支払う年金契約は保険契約である［IFRS 第 4 号 B26 項］。

2.2.3.4　支払時期

本章 2.2.3 における追加給付には，保険事故がより早期に生じた場合に，より早い時期に給付を貨幣の時間的価値を調整せずに支払う条項が含まれ得る。本基準書は，固定額の終身保険（すなわち，保険期間の満了がなく，保険契約者が死亡した場合には必ず定額の死亡給付がなされる保険）をその例としてあげている。保険契約者が死亡することは確実だが，死亡日は不確実である。契約群団全体としては損失がない場合でも，保険者は，契約者が早期に死亡する個々の契約については損失を被ることとなる［IFRS 第 4 号 B27 項］。

2.2.3.5　預り金と保険の要素

預り金要素は，IFRS 第 9 号（または，IFRS 第 9 号適用前は IAS 第 39 号）においてデリバティブとして会計処理されず，仮に独立の契約であったならば IFRS 第 9 号（または，IFRS 第 9 号適用前は IAS 第 39 号）の適用範囲に含まれる契約の構成要素である［IFRS 第 4 号付録 A］。保険契約が預り金要素と保険要素にアンバンドルされる場合には，保険リスクの移転の重要性は，保険要素を参照することによって評価される。組込デリバティブによって移転される保険リスクの重要性は，その組込デリバティブを参照することによって評価される［IFRS 第 4 号 B28 項］。

2.2.4　保険事故により保険契約者に生じる不利益

保険契約者に不利益な影響を与えるかどうかにかかわらず，特定の不確実な事象が生じたときに支払が要求される契約が存在する。こうした契約は，契約の保有者が基礎となるリスク・エクスポージャーを軽減するために契約を利用しているとしても，保険契約ではない。保険契約の定義（**本章 2.1** 参照）は，特定の不確実な将来の事象から発生する保険契約者に対する不利益な影響を，契約に基づく支払の前提条件として要求する。こうした前提条件は，ある事象が実際に不利益な影響を与えたかどうかの調査を保険者に要求しないが，事象が不利益な影響を惹起したという条件が満たされない場合に保険者が支払を拒否することを許容している［IFRS 第 4 号 B14 項］。

したがって，保有資産から生じるキャッシュ・フローに相関する基礎数値としての非金融変数をヘッジするためにデリバティブを利用しているとき，デリバティブに基づく支払は保有資産からのキャッシュ・フローの減少により不利益を被ることを条件としていないため，このデリバティブは保険契約ではない［IFRS 第 4 号 B14 項］。

保険契約の定義は保険契約者が不利益を被ることを要求するが，保険者による支払額が不利益な事象の財務的影響と同額であるという限定は定義に含まれていない。このため，損害を受けた古い資産を新しい資産に取替えるのに十分な金額を保険契約者に支払う「新価保険」は，保険契約から除外されない。同様に，定期生命保険における保険金支払額は死亡者の扶養家族が被った経済的損失の額に制限されない。また，死亡または事故による損失の金額を定量化して事前に決定した金額を支払うことも排除されない［IFRS 第 4 号 B13 項］。

2.2.4.1　失効リスク，継続リスクおよび費用リスク

失効リスクとは，契約発行者が保険料決定において想定していた時点より早く契約相手が契約を解約するリスクである。継続リスクとは，契約発行者が保険料決定において想定していた時点より遅く契約相手が契約を解約するリスクであ

る。最後に，費用リスクとは，保険事故に関連するコストではなく，契約の提供に関連する管理コストが予想以上に増加するリスクである［IFRS 第 4 号 B15 項］。

こうしたリスクはいずれも，契約相手への支払が契約相手に不利に影響する不確実な将来事象を条件としていないので，保険リスクではない。例えば，保険者の費用の予期しない増加は，契約相手に不利に影響しない［IFRS 第 4 号 B15 項］。

したがって，契約発行者を失効リスク，継続リスク，または費用リスクに晒す契約は，契約発行者を他の保険リスクに晒さない限り，保険契約ではない。もし，契約発行者が，そのリスクの一部を他の当事者に移転させるために別の契約を用いることでそのリスクを軽減する場合，この別の契約は契約の他の当事者を保険リスクに晒すことになる［IFRS 第 4 号 B16 項］。

2.3　現物給付

現物給付を要求または許容している保険契約が存在する。例えば，保険者が，保険契約者への金銭補償に代えて盗難に遭った物品と同等の物品を直接給付する場合や，または保険者自らが保有する医療施設とスタッフを使用して契約により担保される医療サービスを提供する場合がある［IFRS 第 4 号 B5 項］。

サービスの水準が不確実な事象に依存する一定の固定料金サービス契約は，一部の国では保険契約として規制されていないとしても，IFRS 第 4 号の保険契約の定義を満たしている。次のような契約がその例である［IFRS 第 4 号 B6 項］。

- メンテナンス契約において，サービス提供者が不具合となった特定の設備を修理することに合意していることがある。こうした契約の固定サービス料金は不具合の予測発生数に基づいて算定されるものの，特定の機械が故障するかどうかは不確実である。設備の不具合によってその所有者は悪影響を受け，契約によって所有者は現金ではなく現物で補償を受ける。
- 自動車故障対応サービスの契約において，サービス提供者が，年間固定料金でロードサービスを提供するか，近くの修理工場まで自動車を牽引することに合意していることがある。こうした場合，サービス提供者が修理や部分交換に合意していないとしても，契約が保険契約の定義を満たす可能性がある。

IASBは，このような契約にIFRS第4号を適用する負担は，当該契約がIFRS第4号の範囲外であるとした場合に適用されるIFRSsを適用する負担よりも大きくなることはないと考えている。具体的には次のとおりである［IFRS 第 4 号 B7 項］。

- すでに生じた不具合および故障について，重要性がある負債が存在する可能性は低い。
- IAS 第 18 号「収益」が適用されるとすれば，サービス提供者は，進捗に応じて（および他の特定の規準に従って）収益を認識するだろう。このアプローチはIFRS 第 4 号でも受入可能であり，サービス提供者に次の処理を認めている。
    - IFRS 第 4 号 14 項（**本章 4.2** 参照）で禁止される実務を伴う場合を除き，こうした契約に適用されている既存の会計方針を継続すること
    - IFRS 第 4 号 22 項から 30 項（**本章 4.3** 参照）で許容される場合，会計方針を改善すること
- サービス提供者は，サービスを提供するという契約上の義務の履行コストが事前に受領した収益を超過するか否かを検討する。この検討を実行するために，**本章 4.2.1** で説明する負債十分性テストを適用する。こうした契約にIFRS 第4号を適用しない場合，サービス提供者は，契約が不利かどうかを決定するために，IAS 第 37 号「引当金，偶発負債および偶発資産」を適用することになろう。
- こうした契約について，IFRS 第 4 号が求める開示要求が，他の基準書が求める開示に大きな追加を必要とする可能性は低い。

2.4　保険リスク水準の変化

保険契約に該当する契約は，すべての権利および義務が消滅または満了するまで，保険契約であり続ける［IFRS 第 4 号 B30 項］。

契約開始時には保険リスクを保険者に移転しないが，その後，保険リスクが契約発行者に移転する契約が存在する。IFRS 第 4 号は，特定の投資リターンを

もたらし，保険契約者が満期時における当該投資からの返戻金を使用して，その時点現在の年金利率で生存年金を購入するオプションを含んだ契約を例示している。保有者がオプションを行使するまで，契約により保険リスクが契約発行者に移転することはない。なぜなら，保険者は，その時点で契約発行者に移転される保険リスクを反映する方法で年金の価格を自由に設定できるからである。しかし，契約が年金利率（または年金利率設定の基礎）を特定している場合には，契約開始時に保険リスクが契約発行者に移転することになる［IFRS 第 4 号 B29 項］。

2.5　保険契約の例

IFRS 第 4 号付録 B は，保険リスクの移転が重要である場合に保険契約となる契約として次を例示している［IFRS 第 4 号 B18 項］。

(a)　財産の盗難または損害に対する保険
(b)　製造物責任，職業専門家賠償責任，民事賠償責任または訴訟費用に対する保険
(c)　生命保険および前払式葬儀プラン（人が死亡することは確実であるが，いつ死亡するか，または，一定の生命保険においては保険でカバーされている期間内に死亡するかどうかは不確実である）
(d)　生存年金（不確実な将来事象である年金受給者の生存に対し補償を提供する契約。この契約は年金受給者がある一定の生活水準を維持することを支援することを目的としており，補償が提供されなければ生存により生活水準が不利な影響を受けることになる）
(e)　就業不能および医療保険
(f)　保証金保証，身元保証，履行保証および入札保証（すなわち，他の当事者が契約上の義務，例えばビルの建設義務を履行できなかった場合の補償を提供する契約）
(g)　信用保証保険（負債性金融商品の当初または変更後の条件に基づく期日が到来しても特定の債務者が支払を行わないために損失を被る保有者に対する弁済として行われる特定された支払を提供する）。こうした契約はさまざまな法的形

態をとる（例えば保証，一定の種類の信用状，クレジット・デリバティブ・デフォルト契約または保険契約）。こうした契約は保険契約の定義を満たすが，IFRS 第 9 号（または，IFRS 第 9 号適用前は IAS 第 39 号）の金融保証契約の定義も満たしており，IFRS 第 4 号ではなく IAS 第 32 号「金融商品：表示」，IFRS 第 9 号（または，IFRS 第 9 号適用前は IAS 第 39 号）および IFRS 第 7 号「金融商品：開示」の範囲に含まれる。こうした契約が IFRS 第 4 号のもとで会計処理される極めて限定された状況についての指針は**本章 3.3** を参照。

(h)　製品保証。製造業者，販売業者または小売業者によって販売される製品に対して，他の当事者が発行する製品保証は IFRS 第 4 号の対象である。製造業者，販売業者や小売業者が直接発行する製品保証は，IAS 第 18 号「収益」（**第 1 巻 16 章「収益」**参照）および IAS 第 37 号（**第 1 巻 14 章「引当金，偶発負債および偶発資産」**参照）の対象であるため，IFRS 第 4 号の適用対象外である。

(i)　権原保険（すなわち，保険契約の締結時点で顕在化していない土地の所有権の瑕疵に対する保険）。この場合，保険事故は所有権の瑕疵が顕在化することであり，瑕疵そのものではない。

(j)　旅行保険（すなわち，旅行中の損害に対して，保険契約者に金銭や現物を補償するもの）(こうした種類の契約の一部は，**本章 2.3** で説明されている。)

(k)　特定の事象が債券の発行者に不利な影響を及ぼした場合に，元本，金利またはその両方の支払を減額するキャタストロフィ債（特定の事象が重要な保険リスクを創出しない場合，例えば当該事象が金利の変化や為替レートの変動である場合を除く）

(l)　気候，地質学上または契約当事者に固有のその他の物理的な変数の変動に基づく支払を要求する保険スワップおよびその他の契約

(m)　再保険契約

2.6　保険契約ではない契約の例

IFRS 第 4 号付録 B は，保険契約でない契約を次のように例示している [IFRS 第 4 号 B19 項]。

(a)　保険契約としての法的形態をとっているが，保険者が重要な保険リスクに晒されていない投資契約。例えば，保険者が重要な死亡リスクを全く負担しない生命保険契約（これらは非保険金融商品またはサービス契約である〔**本章 2.6.1** 参照〕）

(b)　保険契約としての法的形態をとっているが，被保険損失の直接の結果として保険契約者による将来の支払を調整する解約不能かつ強制可能な仕組を通じて，すべての重要な保険リスクを保険契約者に再移転している契約。例えば，一部の金融再保険契約や団体契約（これらは通常，保険に該当しない金融商品またはサービス契約である〔**本章 2.6.1** 参照〕）

(c)　自家保険（すなわち，保険で担保し得るリスクを自ら保有しているもの。他の当事者との合意がないため，保険契約ではない）

(d)　特定の不確実な将来事象が発生した場合に支払を要求するが，支払についての契約上の前提条件として，その事象が契約者に不利益を及ぼすことを要件としない契約（例えばギャンブル契約）。ただし，事前に支払額を特定し，死亡または事故のような特定の事象により生じた損失の金額を定量化することを排除するものではない（**本章 2.2.4** 参照）。

(e)　契約の当事者を財務リスクに晒すが保険リスクに晒さないデリバティブ。なぜなら，こうしたデリバティブは，特定の金利，金融商品価格，商品価格，外国為替レート，価格またはレートの指数，信用格付もしくは信用指数，または他の変数（非金融変数の場合は，契約当事者に固有でない変数）の，1 つまたは複数の変動のみに基づいて，当事者の一方に支払を行うことを要求するからである（IFRS 第 9 号を適用している企業については，**第 3 巻 4 章「金融商品：デリバティブ」2** 参照）。

(f)　債務者が期日どおりに支払を行わなかったことによる損害を契約保有者が被らなかったとしても支払が求められる信用関連保証（もしくは信用状，クレジット・デリバティブ・デフォルト契約または信用保険契約）（**第 3 巻 1 章「金融商品：適**

用範囲」2 参照）

(g)　気象上，地質学上または契約当事者に固有でない他の物理的変数に基づいて支払を要求する契約（一般に天候デリバティブと称される）

(h)　気象上，地質学上または契約当事者に固有でない他の物理的な変数に基づいて，元本，金利またはその両方の支払を減額払するキャタストロフィ債

2.6.1　保険契約以外の契約の会計処理

本章 2.6 に記載された契約の適切な会計処理は，当該契約が金融資産と金融負債を創出するかどうかに左右される。

- 契約が金融資産または金融負債を創出する場合，こうした契約は IFRS 第 9 号（または，IFRS 第 9 号適用前は IAS 第 39 号）の範囲に含まれる（**第 3 巻**参照）。とりわけ，このことは，契約当事者が次の処理を伴ういわゆる「預り金会計」を用いることを意味する［IFRS 第 4 号 B20 項および B21 項］。
  - 一方の当事者が受領した対価を収益ではなく金融負債として認識する。
  - 他方の当事者は，支払った対価を費用ではなく金融資産として認識する。
- 契約が金融資産または金融負債を創出しない場合には，IAS 第 18 号が適用される（**第 1 巻 16 章**参照）。IAS 第 18 号によれば，サービス提供を伴う取引の成果を，信頼性をもって見積ることができる場合には，その取引に関する収益を，当該取引の進捗度に応じて認識することとなる。

設例2.6.1

賭博業者が行う賭けの「分散」の会計処理

賭博業者は，特定の結果または事象に関連する追加的な賭金のオッズを操ることに加え，ギャンブラーから引受けたリスクの一部を「分散」することを望むことがある。これは，業者が特定の結果に対してあまりにも多くの賭けを引受けた場合に起こることがある。この分散は（賭けを売ることと逆に）当該業者が賭けを他の業者から購入することで達成される。

ここで，賭けを購入する行為は，販売した賭けに対する賭博業者のリスクの一部を他の業者に移転するために使用されており，IFRS 第 4 号の対象となる保険契約を構成しない。IFRS 第 4 号 2 項は，企業が発行した保険契約ま

たは企業が保有している再保険契約（もしくは，この例には関連しないが，企業が発行した裁量権のある有配当性を有する金融商品）のいずれかの契約にのみ，本基準書が適用されると規定している。したがって，賭博業者が保有しているリスクの一部を分散する契約は，これが再保険契約の定義を満たす場合にのみ，IFRS 第 4 号の範囲に含まれることになる。再保険契約は，「ある保険者（再保険者）が他の保険者（出再者）に対し，出再者の発行した 1 つまたはそれ以上の契約から生じた損失について補償を行うために発行する保険契約」として定義される。IFRS 第 4 号 B19 項（d）(**本章 2.6** 参照）により賭博業者とギャンブラーの間の契約は保険契約とはみなされない。このため，分散契約は再保険契約とはなり得ない。

この状況では，賭博業者はデリバティブ金融資産を購入していることになり，これを公正価値で財務諸表に計上し，事後の公正価値変動を純損益に認識しなければならない。

賭博業者は，引受けた賭金から生じるリスク・エクスポージャーに対して，分散取引から生じる金融資産を相殺するための法的に強制力のある権利を有していないため，IAS 第 32 号 42 項による財務諸表上の相殺は認められない。

賭けを引受けて分散する賭博業者による会計処理は，IFRS 第 9 号を適用している企業を対象に，**第 3 巻 4 章**にも記載している。

3　IFRS第4号の範囲

IFRS 第 4 号は，本基準で定義される特定の契約および商品に適用されるものであり，こうした契約および商品の当事者である企業に適用されるものではない。すなわち，本基準は，保険者ではなく保険契約を対象として適用される。このアプローチは大きな意義を有しており，特に，次のことを意味する。

- 法律上または規制監督上は保険者とみなされない企業でも，本基準書の対象である契約または商品を有する場合がある。

- 保険者が当事者となる契約および商品の一部はIFRS第4号の対象外であるため，本基準書が認めている免除規定の対象とならない。

IFRS 第 4 号は，契約発行者が法律または規制監督の観点から保険者とされているかどうかにかかわらず，保険契約を発行する企業はすべて保険者に該当するとしている［IFRS 第 4 号 5 項］。

3.1　元受保険契約と再保険契約

IFRS 第 4 号は，いくつかの点で元受保険契約と再保険契約について異なる方法で適用される。したがって，この 2 種類の契約を区別することは重要である。

保険契約の定義は，**本章 2** で説明されている。保険契約の当事者は以下のとおりである［IFRS 第 4 号付録 A］。

- 保険事故が発生した場合に保険契約に基づき補償を受ける権利を有する契約当事者と定義される保険契約者，および，
- 保険事故が発生した場合に保険契約に基づき保険契約者に補償を行う義務を負う契約当事者と定義される保険者，である。

再保険契約は，いずれも保険者である 2 当事者間（ただし異なる保険契約の当事者である）で締結された，特別な形態の保険契約である。本基準は，次の定義を定めている［IFRS 第 4 号付録 A］。

- 出再者とは，再保険契約における保険契約者である。
- 再保険者とは，保険事故が発生した場合に再保険契約に基づき出再者に補償を行う義務を負う契約当事者である。
- 再保険契約とは，ある保険者（再保険者）が他の保険者（出再者）に対し，出再者の発行した 1 つまたはそれ以上の契約から生じた損失について補償を行うために発行する保険契約である。

元受保険契約とは，再保険契約ではない保険契約である［IFRS 第 4 号付録 A］。

IFRS 第 4 号（および本章）が保険契約について示している事項は，元受保険契約と再保険契約に等しく適用される［IFRS 第 4 号 6 項］。

3.2　IFRS第4号を適用する項目

IFRS 第 4 号は，次の項目に適用される［IFRS 第 4 号 2 項］。

- 企業が発行した保険契約（再保険契約を含む）
- 企業が保有する再保険契約（元受保険契約ではない）
- 企業が発行した裁量権のある有配当性を有する金融商品（**本章 4.5** 参照）

IFRS 第 4 号は，保険者の保有する金融資産や保険者の発行する金融負債の会計処理等，保険者の会計におけるその他の事項は取扱わない。金融資産や金融負債については IAS 第 32 号「金融商品：表示」および IFRS 第 9 号「金融商品」（IFRS 第 9 号適用前は IAS 第 39 号「金融商品：認識および測定」）ならびに IFRS 第 7 号「金融商品：開示」が規定している（IFRS 第 9 号を適用する企業については**第 3 巻**参照）［IFRS 第 4 号 3 項］。

3.3　IFRS第4号が適用されない項目

IFRS 第 4 号は，次の項目には適用されない［IFRS 第 4 号 4 項］。

- 製造業者，販売業者または小売業者が直接行う製品保証。こうした製品保証は，IAS 第 18 号「収益」（**第 1 巻 16 章**参照）および IAS 第 37 号「引当金，偶発負債および偶発資産」（**第 1 巻 14 章**参照）によって会計処理される。
- 従業員給付制度に基づく雇用主の資産と負債。こうした資産および負債は，IAS 第 19 号「従業員給付」（**第 2 巻 1 章**参照）および IFRS 第 2 号「株式報酬」（**第 1 巻 19 章「株式に基づく報酬」**参照）によって会計処理される。
- 確定給付型退職給付制度が報告する退職給付債務。この債務は，IAS 第 26

号「退職給付制度の会計および報告」（**第 2 巻 21 章**参照）に基づいて会計処理される。

- 非金融商品の将来の使用および使用権に応じて発生する，契約上の権利または義務（例えば，一定のライセンスフィー，ロイヤルティ，変動リース料支払および類似項目）およびファイナンス・リースに組込まれた借手によるリースの残価保証。こうした項目は，IAS 第 17 号「リース」（**第 1 巻 11 章「リース」**参照），IAS 第 18 号「収益」（**第 1 巻 16 章**参照）および IAS 第 38 号「無形資産」（**第 1 巻 9 章「無形資産」**参照）において扱われている。
- 企業結合で支払うべき，または受取るべき条件付対価。条件付対価は，まず IFRS 第 3 号「企業結合」（**第 2 巻 3 章**参照），その後は IAS 第 32 号，IFRS 第 9 号（または，IFRS 第 9 号適用前は IAS 第 39 号）および IFRS 第 7 号によって会計処理される（IFRS 第 9 号を適用する企業については**第 3 巻**参照）。

さらに，IFRS 第 4 号は次の項目には適用されない。

- 金融保証契約（定義および詳細な指針について IFRS 第 9 号を適用する企業は**第 3 巻 1 章 2.3.2** を参照）。ただし，発行者が，過去において，金融保証契約を保険契約として取扱うと明確に宣言し，保険契約に適用すべき会計処理を行っている場合を除く。その場合には，発行者は IAS 第 39 号（または，適用している場合は IFRS 第 9 号），IAS 第 32 号および IFRS 第 7 号，または IFRS 第 4 号のいずれかを適用することを選択することができる。契約発行者は，契約ごとにこの選択を行うことができるが，選択は取消不能である［IFRS 第 4 号 4 項（d）］。
- 企業が保険契約者である元受保険契約（ただし，IFRS 第 4 号は，企業が出再者である再保険契約には適用されることに留意が必要である）［IFRS 第 4 号 4 項（f）］。

3.4　組込デリバティブ

第 3 巻 5 章「金融商品：組込デリバティブ」で説明されているとおり，IFRS 第 9 号（または，IFRS 第 9 号適用前は IAS 第 39 号）は，一定の組込デリバティブを主契約から分離して公正価値で測定し，公正価値の変動を純損益に認識することを要求している。次の 2 つの例外を除き，IFRS 第 9 号（または，IFRS 第 9 号適用前は IAS 第 39 号）におけるこの要求事項は，主契約が IFRS 第 4 号の対象であるか否かを問わず適用される。換言すれば，企業が保険契約または裁量権のある有配当性を有する金融商品に組込まれたデリバティブを有する場合には，次の例外のうち 1 つが適用される場合を除き，IFRS 第 9 号（IFRS 第 9 号適用前は IAS 第 39 号）に従って分離処理の要否を判断する [IFRS 第 4 号 7 項]。

2 つの例外は次のとおりである。

- 組込デリバティブ自体が保険契約である場合には，IFRS 第 9 号（IFRS 第 9 号適用前は IAS 第 39 号）を保険契約に組込まれている組込デリバティブに適用しない [IFRS 第 4 号 7 項]。
- 保険者は，その行使価格が主たる保険負債の帳簿価額と異なる場合でも，保険契約（または裁量権のある有配当性を有する金融商品）を固定金額（または固定金額および金利に基づいた金額）で解約できる保険契約者のオプションを分離して公正価値で測定する必要はない [IFRS 第 4 号 8 項および 9 項]。

しかし，解約返戻金が金融変数（例えば，資本性金融商品や商品価格または指数）または契約当事者に固有ではない非金融変数の変動に応じて増減する場合には，IFRS 第 9 号（IFRS 第 9 号適用前は IAS 第 39 号）を保険契約（もしくは，裁量権のある有配当性を有する金融商品）に組込まれたプット・オプションや解約オプションに適用する。さらに，プット・オプションや解約オプションを行使する保有者の能力がこうした変数の変動により決定される場合（例えば，株式市場の指数が特定の水準に達したときにプット・オプションを行使できる場合等）にも，IFRS 第 9 号（IFRS 第 9 号適用前は IAS 第 39 号）を適用する [IFRS 第 4 号 8 項および 9 項]。

3.5　預り金要素のアンバンドリング

保険要素と預り金要素の両方を有する保険契約が存在する（**本章2.2.3.5**参照）。下図にあるように，IFRS 第 4 号は，特定の条件を満たすかどうかによって，こうした構成要素をアンバンドリングする（すなわち，契約の構成要素を区分された契約であるかのように会計処理する）ことを要求，許容または禁止している[IFRS 第 4 号 10 項]。

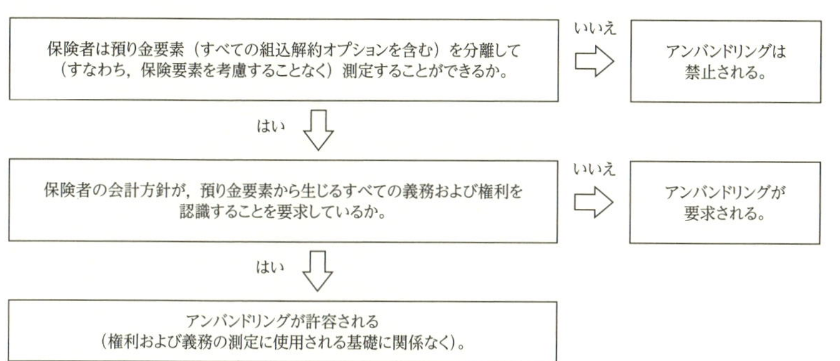

預り金要素がアンバンドリングされる場合には，次の処理が行われる［IFRS 第 4 号 12 項］。

- IFRS 第 4 号を保険要素に適用する。
- さらに，IFRS 第 9 号（IFRS 第 9 号適用前は IAS 第 39 号）を預り金要素に適用する。

次の設例は，IFRS 第 4 号 11 項に基づいている。

設例3.5

保険者の会計方針が，預り金要素から生じる義務のすべてを認識することを求めていない場合

[IFRS第4号11項]

出再者は再保険者から補償を受取るが，契約により出再者はこの補償を返済することが義務付けられている。この返済義務は預り金要素から生じる。

出再者の会計方針がその後の返還義務を認識することなく当該補償を収益として認識することを許容している場合には，アンバンドリングが要求される。

4　認識および測定

本章1において説明されているように，IASBが保険プロジェクトの主要な課題について検討の途上にあるため，IFRS第4号の対象は極めて限定されている。このため，IASBは，IFRS第4号の導入時に，検討が完了していないにもかかわらず処理を過度に制限的とすることと，当時までの審議に基づきIASBが望まない実務の継続を過度に寛容的に許容することとの中間的な方向性を，認識と測定について採ることを試みた。

このような背景から，IFRS第4号の認識と測定へのアプローチは次のように要約することができよう。

- 本基準書の導入時において国際財務報告基準または別の会計原則のいずれかによって保険者が保険契約（およびIFRS第4号の範囲に含まれる他の契約）について採用していた会計方針を継続することが原則として許容された。
- 一方で，その場合でも満たさなければならない最低限の要求事項をIFRS第4号は導入した。
- 保険者が保険契約（およびIFRS第4号の範囲に含まれる他の契約）についての会計方針を変更しようとする場合，追加的な制約を適用する。
- 加えて，IFRS第4号は，次の項目について採用すべきアプローチを示している。
  - 企業結合またはポートフォリオの移転により取得した保険契約
  - 裁量権のある有配当性

こうした事項について次のサブセクションで説明する。

4.1　既存の会計方針の維持

IAS 第 8 号「会計方針，会計上の見積りの変更および誤謬」における一般原則は，ある会計項目に明確に適用すべき IFRS が存在しない場合には，IAS 第 8 号 10 項から 12 項に規定される規準を用いて会計方針を設定しなければならないということである（**第 1 巻 4 章「会計方針，会計上の見積りの変更および誤謬」**参照）。保険者が既存の実務を維持できるようにする（ただし，次のセクションで議論される制約が存在する）ために，IFRS 第 4 号は，保険者が次の事項に関する会計方針についてこの規準を適用することを免除している［IFRS 第 4 号 13 項］。

- 保険者が自ら発行した保険契約（IFRS 第 4 号 31 項および 32 項〔**本章 4.4** 参照〕に規定されている関連する新契約費および無形資産を含む）
- 保険者が保有する再保険契約

4.2　会計方針についての最低要件

IASB は，会計方針を決定するための IAS 第 8 号の規準のうち一定の事項は，IFRS 第 4 号の範囲に含まれる契約にも関連すると考えている。このため，本基準書は保険者に次の要求をしている［IFRS 第 4 号 14 項］。

- 将来発生する可能性のある保険金支払に係るいかなる引当金も，当該保険金支払が報告期間の末日時点で存在しない保険契約から生じるものであれば，負債として認識してはならない（異常危険準備金や平衡準備金等）。
- 負債十分性テストを実施しなければならない（**本章 4.2.1** 参照）。
- 保険負債（すなわち，保険契約における保険者の正味の契約負債）またはその一部が消滅（すなわち，当該契約で特定される債務が免責，取消し，または失効）した場合に，かつその場合にのみ，保険負債またはその一部を財政状態計算書から除去しなければならない。
- 次の項目はいずれも相殺表示してはならない。
    - （再保険契約に基づく出再者の正味の契約上の権利である）再保険資産

と，関連する保険負債
- 再保険契約から生じる収益または費用と，関連する保険契約から生じる費用または収益

- 再保険資産が減損しているかどうかを検討しなければならない（**本章 4.2.2** 参照）。

4.2.1　負債十分性テスト

IFRS 第 4 号は，負債十分性テストを，将来キャッシュ・フローの見直しに基づき，保険負債の帳簿価額の増額（または関連する繰延新契約費または無形資産の減額）が必要か否かを検証するものとして定義している［IFRS 第 4 号付録 A］。

保険者は，各報告期間の末日に，保険契約に基づく将来キャッシュ・フローに関する現在の見積りを使用して，負債十分性テストを実行しなければならない。見積将来キャッシュ・フローに照らし，保険負債の帳簿価額（IFRS 第 4 号 31 項および 32 項で規定されているような，関連する繰延新契約費および無形資産の控除後〔**本章 4.4** 参照〕）が不十分であることを当該検証が示す場合には，その不足額をすべて純損益に認識しなければならない［IFRS 第 4 号 15 項］。

本基準書は，すでに負債十分性テストを適用している保険者が存在していることを認めている。こうした保険者によるテストは，**本章 4.2.1.1** にある特定の最低要件を満たす場合，IFRS 第 4 号において容認される。そうでない場合，IFRS 第 4 号は**本章 4.2.1.2** に記述されたアプローチに従うことを求めている。

4.2.1.1　負債十分性テストについての最低要件

負債十分性テストについての最低要件は，次のとおりである［IFRS 第 4 号 16 項］。

- 負債十分性テストは，契約上のすべてのキャッシュ・フロー，保険金請求処理費用といった関連キャッシュ・フローならびに組込オプションおよび保証から生じるキャッシュ・フローの現在の見積りを考慮する。
- 負債十分性テストにより負債が十分でないことが判明した場合には，不足額の全額を純損益に認識する。

保険者が，当該最低要件を満たしている負債十分性テストを適用している場合には，**本章 4.2.1.2** で説明される追加的な要求事項は適用されない［IFRS 第 4 号 16 項］。特に，保険者の負債十分性テストがこの最低要件を満たすのであれば，集約レベルに関する制約はない［IFRS 第 4 号 18 項］。

4.2.1.2　最低要件が満たされない場合のアプローチ

関連する保険負債，すなわち，保険者の会計方針において，**本章 4.2.1.1** で説明された最低要件を満たす負債十分性テストが要求されていない保険負債（および繰延新契約費ならびに関連する無形資産）について，以下に説明されるアプローチを適用しなければならない［IFRS 第 4 号 17 項］。このアプローチで行われる比較は，おおよそ類似のリスクに晒され，かつ単一のポートフォリオとして管理される契約からなるポートフォリオのレベルで実行される［IFRS 第 4 号 18 項］。

保険者は次を実施することが求められる［IFRS 第 4 号 17 項］。

(a)　関連する保険負債の帳簿価額から，次の帳簿価額を控除した金額を算定する。
  (i)　関連する繰延新契約費
  (ii)　企業結合やポートフォリオの移転により取得したすべての関連する無形資産（**本章 4.4** 参照）。ただし，再保険資産は別途の会計処理を行うため，保険者は関連する再保険資産を考慮しない（**本章 4.2.2** 参照）。
(b)　上の（a）により算出した金額が，関連する保険負債が IAS 第 37 号「引当金，偶発負債および偶発資産」（**第 1 巻 14 章**参照）の対象であることを仮定した場合の帳簿価額より少ないか否かを検証する。もし（a）により算出した金額の方が少なければ，保険者は，差額をすべて純損益に認識しなければならず，関連する繰延新契約費または無形資産の帳簿価額を減額するか，または関連する保険負債の帳簿価額を増額しなければならない。

上の（b）の金額（すなわち，IAS 第 37 号適用の結果）は，上の（a）の金額が将来の投資マージン（**本章 4.3.4** 参照）を反映している場合に，かつその場合にのみ，将来投資マージンを反映させなければならない［IFRS 第 4 号 19 項］。

4.2.2　再保険資産の減損

出再者の再保険資産が減損している場合，それに合わせて帳簿価額を減額し，減損損失を純損益に認識しなければならない。再保険資産は，次の場合，かつその場合にのみ減損している［IFRS 第 4 号 20 項］。

- 再保険資産の当初認識後に発生した事象の結果，出再者が契約期間中に支払われるべき金額のすべてを受取れないかもしれないという客観的な証拠がある。
- その事象が，出再者が再保険者から受取る金額について信頼性をもって測定することができる影響を有している。

4.3　会計方針の変更

このセクションで議論される要求事項は，すでに IFRSs を適用している保険者の会計方針の変更と，初めて IFRSs を適用する保険者の会計方針の変更の双方に適用される［IFRS 第 4 号 21 項］。

保険者は，財務諸表について，次のいずれかの場合に，かつその場合にのみ，保険契約の会計方針を変更することができる［IFRS 第 4 号 22 項］。

- 財務諸表利用者の経済的な意思決定の必要性への目的適合性が高くなる一方で，信頼性は低下しない場合
- 信頼性が高くなる一方で，経済的な意思決定の必要性への目的適合性は低下しない場合

目的適合性と信頼性は IAS 第 8 号の規準によって判断される［IFRS 第 4 号 22 項］。保険契約に係る会計方針の変更により，財務諸表が IAS 第 8 号の規準の充足に近付くことが示されなければならないが，変更が当該規準への完全な準拠を達成する必要はない［IFRS 第 4 号 23 項］。追加の要求事項については，**本章 4.3.1** から **4.3.5** で説明されている。

保険者が保険負債に関する会計方針を変更する場合，金融資産の一部または全部を公正価値で測定するもの（または，IFRS 第 9 号「金融商品」を適用していない企業においては純損益を通じて公正価値で測定するもの）として分類

変更することは，許容されているが，求められてはいない。この再分類は，保険者がIFRS第4号を初めて適用する際に会計方針を変更する場合，および保険者がIFRS第4号22項により認められる事後的な会計方針の変更を行う場合に認められる。再分類は会計方針の変更であり，IAS第8号が適用される［IFRS第4号45項］。この再分類は，IFRS第9号4.4.1項にかかわらず，IFRS第9号を適用している保険者に認められる。

4.3.1　現在の市場金利

保険者は，次の事項を行うために会計方針を変更することを許容されるが，要求はされない［IFRS第4号24項］。

- 現在の市場金利を反映させるために，指定された保険負債の再測定を行い（ここでいう保険負債には，**本章4.4**で説明されているとおり，関連する繰延新契約費および関連する無形資産が含まれる），かつ，
- 保険負債の変動を純損益に認識する。

その際に，保険者は，指定された保険負債について市場金利以外についても現在の見積りや仮定を用いることを要する会計方針を導入してもよい。IFRS第4号24項の選択は，保険者に対し，指定した保険負債に係る会計方針の変更を，その方針を（IAS第8号が要求するように）すべての類似する負債に一貫して適用することなしに，認めるものである。保険者がこの選択に従って特定の保険負債を指定した場合には，その負債が消滅するまで，すべての期間において，すべての指定した負債に対して現在の市場金利を（加えて，他の現在の見積りや仮定を適用した場合には，こうした事項についても）首尾一貫して適用し続けなければならない［IFRS第4号24項］。

4.3.2　現行実務の継続

保険者は，次の実務が現行の会計方針の一部である場合には継続することができるが，会計方針の変更の一部として新たに採用してはならない［IFRS第4号25項］。

(a)　保険負債を現在価値に割引かずに測定すること

(b)　将来の投資管理手数料に係る契約上の権利を，類似のサービスに対して他の市場参加者が課す手数料との比較により推定される公正価値を超える金額で測定すること（IFRS 第 4 号は，こうした契約上の権利に関する契約時点の公正価値は，将来の投資管理手数料と関連する費用が市場の比較数値と大幅に乖離していない限り，支払われた契約組成費用に等しくなる可能性が高いとする）

(c)　**本章 4.3.1** に説明された許容される場合を除き，子会社の保険契約（もしあれば，関連する繰延新契約費および関連する無形資産も）に統一的でない会計方針を使用すること。会計方針が統一されていない場合には，変更によって会計方針がより多様なものとならず，かつ，IFRS 第 4 号の他の要求事項を満たすときは，会計方針を変更することが認められる。

4.3.3　慎重性

保険者は，過度の慎重性を排除するために会計方針を変更する必要はない。しかし，すでに十分な慎重性に基づいて保険契約を測定している場合には，それ以上の慎重性の導入は認められない［IFRS 第 4 号 26 項］。

4.3.4　将来投資マージン

保険者は，将来投資マージンを排除するために会計方針を変更する必要はない。しかし，当該投資マージンが支払保険金に影響を及ぼす場合を除き，保険者が保険契約の測定を行うにあたって将来投資マージンを反映させる会計方針を採用する場合には，保険者の財務諸表上の目的適合性と信頼性は低下するという反証可能な推定が存在する。そのようなマージンを反映する会計方針の例としては，以下の 2 つがある［IFRS 第 4 号 27 項］。

(a)　保険者の資産の期待収益率を反映した割引率を使用する。

(b)　期待運用収益率をもって当該資産からの運用収益を予測し，当該予測収益を異なった割引率で割引き，その結果を負債の測定に含める。

会計方針の変更のその他の要素が，将来投資マージンを反映させることによる財務諸表の目的適合性と信頼性の低下を十分に上回るような財務諸表の目的適合性および信頼性の向上をもたらす場合に，かつその場合にのみ，保険者は，前述の反証可能な推定を覆すことができる［IFRS 第 4 号 28 項］。

本基準は，次の設例を提供している。

設例4.3.4

会計方針の変更

[IFRS第4号28項]

保険者の現行の会計方針が，契約当初に設定された過度に慎重な仮定を含んでおり，市場条件を直接参照せずに規制当局が決定した割引率を使用し，一定の組込オプションや保証を無視しているとする。保険者は，広く使用され，次の処理を含む包括的な投資家指向の会計処理に切替えることにより，信頼性を低下させずに，目的適合性がより高い財務諸表を作成することができる可能性がある。

(a)　現在の見積りおよび仮定
(b)　リスクと不確実性を反映させるための（過度に慎重でない）合理的な調整
(c)　組込オプションおよび保証の本源的価値と時間価値の双方を反映する測定
(d)　現在の市場割引率（たとえ，保険者の資産の見積収益を反映した割引率であっても）

割引率を将来の利益マージンの現在価値の算定に使用し，その利益マージンを，ある公式を使用して異なった期間に帰属させる測定のアプローチも存在する。こうしたアプローチでは，割引率は，負債の測定に間接的にしか影響を及ぼさない。特に，適切でない割引率の使用による負債の当初測定に対する影響は限定的または皆無である。しかし，割引率が負債の測定に直接的な影響を及ぼすアプローチも存在する。後者の場合には，資産に基づいた割引率の導入はその与える影響がより重要であるため，本基準は，保険者が IFRS 第 4 号 27 項に記述される反証可能な推定を覆すことはほとんど考えられないとしている［IFRS 第 4 号 29 項］。

4.3.5　シャドウ・アカウンティング

保険者の資産からの実現利得または損失が，次の一部または全部の測定に直接影響する会計処理モデルが存在する［IFRS 第 4 号 30 項］。

- 保険負債
- 関連する繰延新契約費
- 関連する無形資産（**本章 4.4** に記述されるもの）

保険者が，認識されているが未実現である資産についての利得または損失について，実現した利得または損失と同一の方法で測定に影響を及ぼすように会計方針を変更することは，許容されるが要求はされない。関連する保険負債（または，繰延新契約費や無形資産）についての調整は，未実現利得または損失がその他の包括利益で認識される場合に，かつ，その場合にのみ，その他の包括利益に認識される。この実務慣行は，「シャドウ・アカウンティング」として知られている［IFRS 第 4 号 30 項］。

4.4　企業結合またはポートフォリオの移転により獲得した保険契約

企業結合において保険者が保険負債を引受け，保険資産（すなわち，保険者の保険契約における正味の契約上の権利）を取得した場合，IFRS 第 3 号「企業結合」に従って，その両者を取得日における公正価値で測定されなければならない（**第 2 巻 3 章**参照）。IFRS 第 4 号は，保険者が，取得した保険契約の公正価値を次の 2 つの構成要素に区分するという拡張的な表示を行うことを許容しているが，要求はしていない［IFRS 第 4 号 31 項］。

(a)　発行した保険契約を保険者の会計方針に基づいて測定した負債
(b)　次の差額に相当する無形資産
　(i)　取得した保険契約上の権利および引受けた保険契約上の義務の公正価値
　(ii)　(a) の金額

資産の事後測定は，関連する保険負債の測定と整合的でなければならない。

保険契約のポートフォリオを取得した保険者は，上述の拡張的な表示を使用してもよい［IFRS 第 4 号 32 項］。

無形資産が認識される場合，無形資産は，IAS 第 36 号「資産の減損」（**第 1 巻 10 章「資産の減損」**参照）および IAS 第 38 号「無形資産」（**第 1 巻 9 章**参照）の範囲から除外される。ただし，企業結合やポートフォリオの移転の日に存在する保険契約上の権利および義務の一部を構成しない，将来の契約についての期待を反映した顧客リストや顧客関係については，IAS 第 36 号や IAS 第 38 号を適用しなければならない［IFRS 第 4 号 33 項］。

換言すれば，上で説明したアプローチは，取得時の価値が保険契約の公正価値の一部である無形資産にのみ適用される。IAS 第 38 号に従って保険契約から区分して認識すべき無形資産には，上で説明したアプローチは適用されない。

4.5　裁量権のある有配当性

保険契約のなかには，「最低保証支払」（特定の保険契約者または投資家が有する契約発行者の裁量に左右されることのない無条件の権利に基づく支払または他の給付と IFRS 第 4 号は定義している）のみを特定の保険契約者または投資家が受領することを規定している契約が存在する［IFRS 第 4 号付録 A］。他方，保険契約には，裁量権のある有配当性を含む契約も存在する。

IFRS 第 4 号は，裁量権のある有配当性を，最低保証支払に加えて次のような追加給付を受取る契約上の権利として定義している［IFRS 第 4 号付録 A］。

- 契約上の給付全体のなかで重要な一部分となる可能性が高い。
- 金額または時期は契約上，契約発行者の裁量による。
- 契約上，次のいずれかに基づく。
  - 特定の契約プールまたは特定の種類の契約の業績
  - 契約発行者が保有する特定の資産プールの実現または未実現の投資リターン

- 契約を発行した会社，ファンドまたはその他の企業の純損益

保険契約が裁量権のある有配当性を含む場合，最低保証支払に係る義務は「保証要素」とよばれる。

IFRS 第 7 号「金融商品：表示」は金融商品に関する開示を要求しており，裁量権のある有配当性を含む金融商品が含まれる（**第 3 巻 12 章「金融商品：開示」**参照）。

2005 年 11 月に，IFRIC（現在は IFRS 解釈指針委員会）は，次の事項について追加的な指針を提供する要望に対応しないこととした。

- 裁量権のある有配当性の定義
- 負債の十分性テスト（**本章 4.2.1** 参照）と裁量権のある有配当性を含む金融負債の保証要素についての最低限の測定との相互関係

裁量権のある有配当性とされた項目に限定して，その特徴に関する主要な開示が要求されることについて，解釈指針委員会に懸念が寄せられた。その定義を狭く解釈することでは，こうした特徴を含む契約に対して明瞭かつ包括的な開示を確保できないこととなる。解釈指針委員会は，この分野における開示は，IASB が保険契約に関するプロジェクトのフェーズ II を完成させるまでの間は幅広い会計処理が存在し得るため，特に重要であるとした。解釈指針委員会は，IFRS 第 4 号が，保険契約から生じる財務諸表上の金額（**本章 5.1** 参照）を特定し説明する情報，および財務諸表利用者が保険契約から生じる将来キャッシュ・フローの金額，時期および不確実性（**本章 5.2** 参照）を理解することに資するような情報，の開示を保険者に要求しているとした。

さらに，解釈指針委員会は，IFRS 第 4 号に付属する適用ガイダンスが，裁量権のある有配当性を含む保険契約に関する開示を企業が作成することを支援するよう設計されているとした。解釈指針委員会は，本件には保険契約に係るプロジェクトのフェーズ II において IASB が解決しなければならない最も難しい問題が含まれているため，この論点をアジェンダに加えないことを

> 決定した。IFRS 第 4 号を開発する際にこの課題の解決をフェーズ II まで延期することを IASB が選択したという事実は，解釈指針を通じて実務上の多様性を軽減させる範囲を制限したことになる。

4.5.1　保険契約における裁量権のある有配当性

保険契約が保証要素と裁量権のある有配当性を含む場合に，IFRS 第 4 号は次の要求事項を規定している［IFRS 第 4 号 34 項］。

(a)　契約発行者は，保証要素を裁量権のある有配当性から分離して認識してもよいが，そうする必要はない。契約発行者が両者を分離して認識しない場合には，契約全体を負債として認識しなければならない。発行者が両者を分離して認識する場合には，保証要素を負債に分類しなければならない。

(b)　契約発行者が，裁量権のある有配当性を保証要素から分離して認識する場合，当該有配当性を負債か資本の独立項目のいずれかに分類しなければならない。IFRS 第 4 号は，裁量権のある有配当性が負債または資本のいずれであるかどうかを決定する方法を明示していない。契約発行者は，首尾一貫した会計方針を使用して，当該有配当性を負債要素と資本要素に分離することができるが，当該有配当性を負債または資本のいずれでもない中間的な区分に分類してはならない。

(c)　契約発行者は，資本要素に関連する部分を分離せずに，すべての受取保険料を収益として認識してもよい。結果として生じる負債に分類された保証要素および裁量権のある有配当性の部分の変動は，純損益に認識される。裁量権のある有配当性の一部または全部が資本に分類される場合には，純損益の一部は，（それが非支配持分に配分されるのと同じ方法で）有配当性に帰属させることができる。純損益のうち裁量権のある有配当性に係る資本の構成要素に帰属させる部分は，費用または収益としてではなく，純損益の分配として認識される。

(d)　当該契約が IFRS 第 9 号（または，IFRS 第 9 号適用前は IAS 第 39 号「金融商品：認識および測定」）の適用範囲である組込デリバティブを含む場合には，当該組込デリバティブに IFRS 第 9 号（または，IFRS 第 9 号適用前は IAS 第 39 号）を適用する。

(e)　**本章 4.2** および上記の（a）から（d）で議論されている要求事項を遵守するために必要な場合を除き，**本章 4.3** で議論されている要求事項を遵守する方法で会計方針が変更されない限り，契約発行者は，そのような契約に対し，既存の会計方針を継続しなければならない。

4.5.2　金融商品に含まれた裁量権のある有配当性

本章 4.5.1 で議論されている要求事項は，裁量権のある有配当性を含む金融商品にも適用される。加えて，次の処理が必要となる［IFRS 第 4 号 35 項］。

(a)　すべての裁量権のある有配当性を負債に分類した場合，**本章 4.2.1** で述べた負債の十分性テストは，契約全体（すなわち，保証要素と裁量権のある有配当性の両方）に対して適用しなければならない。保証要素に IFRS 第 9 号（または，IFRS 第 9 号適用前は IAS 第 39 号）を適用した場合の金額を算定する必要はない。

(b)　裁量権のある有配当部分の一部または全部を資本の独立項目に分類した場合には，契約全体について認識される負債は，保証要素に IFRS 第 9 号（または，IFRS 第 9 号適用前は IAS 第 39 号）を適用した場合の金額を下回ってはならない。当該金額は，解約オプションの本源的価値を含むが，**本章 3.4** で議論されるような当該オプションの公正価値による測定が免除される場合には，時間価値を含める必要はない。契約発行者は，保証要素に IFRS 第 9 号（または，IFRS 第 9 号適用前は IAS 第 39 号）を適用した場合の金額を開示することは求められず，また，この金額を分離して表示する必要もない。さらに，認識される負債の総額が IFRS 第 9 号（または，IFRS 第 9 号適用前は IAS 第 39 号）を適用した場合の金額を明らかに上回る場合には，IFRS 第 9 号（または，IFRS 第 9 号適用前は IAS 第 39 号）を適用した場合の金額を算定する必要はない。

(c)　こうした契約は金融商品であるが，契約発行者は，契約の保険料を収益として認識し，結果として生じる負債の帳簿価額の増加を費用として認識することを継続してもよい。

(d)　こうした契約は金融商品であり，裁量権のある有配当性を有する契約に IFRS 第 7 号 20 項（b）を適用している契約発行者は，純損益に認識された支払利息総額を開示しなければならないが，当該支払利息について実効金利法を使用して計算する必要はない。

5 開 示

5.1 認識した金額の説明

全般的な原則として，IFRS 第 4 号は，保険者に保険契約から生じる財務諸表上の金額を識別し説明する情報を開示することを要求している［IFRS 第 4 号 36 項］。そのために，次の開示が明示的に求められている［IFRS 第 4 号 37 項］。

(a) 保険契約とそれに関連した資産，負債，収益および費用についての保険者の会計方針

(b) 保険契約から生じる認識された資産，負債，収益および費用（および，キャッシュ・フロー計算書を直接法で作成している場合には，キャッシュ・フロー）。さらに，保険者が出再者である場合には，以下を開示しなければならない。

  (i) 再保険契約を購入することにより純損益に認識した利得および損失

  (ii) 出再者が再保険契約を購入することにより生じる利得または損失を繰延べたうえで償却している場合には，当期の償却額および当期首ならびに当期末の未償却残高

(c) (b) で述べた，認識した金額の測定に最大の影響を及ぼした仮定の決定プロセス。実務上可能な場合には，保険者はその仮定の定量的開示も行わなければならない。

(d) 保険資産および保険負債を測定するために使用した仮定が変化した場合の影響。財務諸表に重要な影響を及ぼす個別の変化について，影響を区分して示す。

(e) 保険負債，再保険資産および，もしあるならば関連する繰延新契約費の変化の調整表

5.2　キャッシュ・フローの金額，時期および不確実性

全般的な原則として，IFRS 第4号は，保険契約から生じる将来キャッシュ・フローの金額，時期および不確実性についての財務諸表利用者による理解に資する情報を開示することを保険者に求めている［IFRS 第4号38項］。そのために，保険者は，次の開示を明示的に行うことが求められる［IFRS 第4号39項］。

(a)　保険契約から生じるリスクの管理の目的，方針およびプロセスならびにリスクを管理する方法

(b)　［IFRS 第7号「金融商品：開示」により削除］

(c)　次の情報を含む，保険リスクに関する情報（再保険によるリスクの軽減前と軽減後の双方）

　(i)　保険リスクに対する感応度（後述する IFRS 第4号39A 項参照）

　(ii)　保険リスクの集中。経営者がリスクの集中をどのように決定することになるかの説明，および，それぞれの集中を特定することになる共通の特徴の説明（例えば，保険事故の種類，地域または通貨）を含む。

　(iii)　実際の保険金額とそれまでの見積額との比較（クレーム・ディベロップメント）。クレーム・ディベロップメントの開示は，まだ支払の金額と時期が確定していない最も早期の重要性がある保険金請求が発生した期間まで遡らなければならないが，10年以上遡る必要はない。保険者は，通常ならば1年以内に支払の金額と時期が確定する保険請求の情報を開示する必要はない。

(d)　当該保険契約が IFRS 第7号の適用範囲であると仮定した場合に，IFRS 第7号31項から42項が要求する信用リスク，流動性リスクおよび市場リスクについての情報（**第3巻12章**参照）しかし，次の例外が存在する。

　(i)　保険者が，認識された保険負債から生じる正味キャッシュ・アウトフローの見積時期に関する情報を代替的に開示する場合には，IFRS 第7号39項(a)および(b)で要求されている満期分析を開示する必要はない。これは，財政状態計算書において認識した金額を，見積時期ごとに分析する様式とすることができる。

　(ii)　保険者がエンベディッド・バリュー分析等市場状況への感応度を管理する

ために代替的な方法を使用する場合には，IFRS 第 7 号 40 項（a）の要求事項を満たすために，当該感応度分析を使用することができる。当該保険者は，IFRS 第 7 号 41 項で要求される開示および次項の情報を開示しなければならない。

(e) 保険者が組込デリバティブを公正価値で測定することを要求されておらず，かつ公正価値で測定しない場合には，主保険契約に含まれる組込デリバティブから発生する市場リスクへのエクスポージャーについての情報

上記の（c）(i）に従うために，保険者は以下の（a）か（b）のいずれかを開示しなければならない［IFRS 第 4 号 39A 項］。

(a) 報告期間の末日時点で合理的に可能性のある関連リスク変数の変動が生じたとした場合に，純損益および資本がどのように影響を受けていたであろうかを示す感応度分析，感応度分析を行うにあたって使用した方法および仮定，ならびに前期に使用した方法および仮定からのあらゆる変更。しかし，保険者がエンベディッド・バリュー分析等，市場状況への感応度を管理するために代替的な方法を使用している場合には，そうした代替的な感応度分析を開示し，IFRS 第 7 号 41 項で要求される開示を行うことで，この要求事項が満たされる。
(b) 感応度に関する定性的情報，および保険者の将来キャッシュ・フローの金額，時期および不確実性に重要な影響を及ぼす保険契約の契約条件に関する情報

IFRS 第 4 号 39 項（c）(iii）を適用する際に，企業が IFRS 第 4 号を適用する最初の財務年度の末日より 5 年以上前に発生したクレーム・ディベロップメントについての情報を開示する必要はない。さらに，企業が IFRS 第 4 号を初めて適用する際，企業が IFRS 第 4 号に従った完全な比較情報を表示する最初の期間の期首以前に発生したクレーム・ディベロップメントに関する情報を作成することが実務上不可能な場合には，その旨を開示しなければならない［IFRS 第 4 号 44 項］。

6　将来の進展

IASBとFASBは，保険契約の会計処理に関する包括的なプロジェクトに取組んでいる。両審議会の目的は，保険契約についての認識，測定，表示および開示要求を規定する，共通で，高品質な基準を開発することである。

2010年7月に，IASBはこのテーマに関する公開草案（ED／2010／8保険契約）を公表した。その後，IASBの再審議を受けて，再公開草案（ED／2013／7保険契約）を2013年6月20日に公表した。コメント期限は2013年10月25日である。再公開草案においては，IFRS草案の本文全体を再公開をしているが，IASBがコメントを求めているのは，2010年の公開草案で示された会計処理モデルから重要な変更を行うことが検討されていた5領域に限定されている。執筆時点においては，最終基準は2014年後半に公表される予定である。

訳者注

翻訳時点におけるIASBのワークプラン（2014年3月26日付）においては，最終基準の公表時期は示されていない。

また，FASBは，再公開草案に示されたような包括的な保険契約の会計基準の導入は行わず，現行の米国会計基準の改善を進める方向性を暫定的に決定している（2014年2月）。

第 20 章
鉱物資源の探査および評価
Exploration for and evaluation of mineral resources

目 次

1　はじめに

IFRS 第 6 号「鉱物資源の探査および評価」は，鉱物資源の探査および評価に関する財務報告について定めている。IFRS 第 6 号は，直近では 2008 年 11 月に修正された。

IFRS 第 6 号は，2004 年に「暫定」措置として導入された。IFRS 第 6 号は，埋蔵量（例えば，原油埋蔵量）の測定や埋蔵量残高の変化等，採掘産業に携わる企業が直面する最も困難な会計上の問題の多くを取扱っていない。本基準は，企業が探査および評価段階で行う活動だけに焦点を当てている。

現時点で IASB のアジェンダには，IFRS 第 6 号をより包括的な基準に置換える提案は含まれていない。2010 年 4 月に，ディスカッション・ペーパーが公表され，採掘活動に関する「将来の可能性あるIFRS」に関する国際的調査プロジェクトの結果について記述されている。しかし 2012 年 12 月に，IASB は当プロジェクトを事実上中止し，無形資産についてのより広範な調査プロジェクトを始動させた。このより広範なプロジェクトは，幅広い活動を含む調査，探査，および開発に関する一連の報告上の要求事項を設定する実行可能性を評価するために設計されている。

2　範　囲

IFRS 第 6 号は，鉱物資源の探査および評価に従事する企業が負担する，探査および評価に関する支出に適用される［IFRS 第 6 号 3 項］。本基準は，そのような企業のその他の支出または会計処理のその他の側面には適用されない［IFRS 第 6 号 4 項］。

特に，以下に該当する支出には IFRS 第 6 号を適用しない［IFRS 第 6 号 5 項］。

- 鉱物資源の探査および評価以前に発生する支出（例えば，企業が特定の場所を探査する法的権利を取得する以前に発生する支出等）
- 鉱物資源の採掘の技術的可能性および経済的実行可能性が立証可能となった

後に発生する支出

探査および評価の前後の活動（すなわち，採掘権の取得前の活動や，開発活動および開拓活動）に関する会計方針を策定する場合，企業は，IAS 第 8 号「会計方針，会計上の見積りの変更および誤謬」のヒエラルキーを完全に適用することが要求される（**第 1 巻 4 章「会計方針，会計上の見積りの変更および誤謬」**参照）。したがって，IFRSs を初めて適用する場合，企業は，開発および開拓活動に関する従前の会計原則における実務が，適切な IFRSs の要求事項と適合する場合にのみ，そのような実務を継続することが許容される。これは，2006 年 1 月の IFRIC アップデートで公表された，IFRIC の審議拒否の内容により確認された。

IFRS 第 6 号付録 A は，探査および評価に関する支出を以下のように定義している。

「鉱物資源の採掘の技術的実行可能性と経済的実行可能性が立証可能となる前の，鉱物資源の探査および評価に関連して，企業に発生する支出」

また当該付録は，鉱物資源の探査および評価を以下のように定義している。

「企業が特定の箇所で探査を行う法的権利を取得した後の，鉱物，石油，天然ガスおよび類似の再生不可能な資源を含む鉱物資源の調査，ならびに鉱物資源の採掘の技術的実行可能性および経済的実行可能性に関する判断」

企業が開拓するための適切な土地を探す場合，生産性のある鉱山または油井から地質学的な資産を採掘する過程は，調査活動から始まることが多い。調査活動は，一般に土地の特定区画に対する所有権または法的権利を有することなく行われ，これは研究開発に従事する他の企業の基礎研究段階と非常に類似したものである。調査活動に関連する支出は，当該活動が，特定の箇所を探査する法的権利を取得する前に行われるものであるため，IFRS 第 6 号の適用範囲ではない。

いったん埋蔵が見込まれる土地が識別されれば，当該箇所を探査および／または開拓するための権利が取得され，企業は，当該土地が開拓に値するかどうかを判断するために一連の活動（この活動には，スコーピング研究，掘削，標本採取等が含まれることがある）を行う。これらは，IFRS 第 6 号で意図される「探査および評価」活動である。いったん当該土地が開拓に値すると判断されると，当該プロジェクトに関してその後に発生する支出は，もはや IFRS 第 6 号の適用範囲ではない。

探査および評価段階以外の段階において発生する支出は，IFRS 第 6 号では取扱われていない。IASB は，これらの支出に関するガイダンスの開発の要請について検討したが，採掘産業の研究プロジェクトが当該問題を取扱うまで待つことを決定した。IASB は，これらの領域に対処する特定の IFRS が存在しないにもかかわらず，企業が現存の IFRSs，「財務報告に関する概念フレームワーク」（**第 1 巻 2 章「財務報告に関する概念フレームワーク」**参照）における資産および費用の定義，IAS 第 16 号「有形固定資産」（**第 1 巻 7 章「有形固定資産」**参照）ならびに IAS 第 38 号「無形資産」（**第 1 巻 9 章「無形資産」**参照）の資産の認識に関する全般的な原則を適用することで，適切な会計方針を策定することが可能と考えられることを示した［IFRS 第 6 号 BC 7 項］。さらに，結論の根拠は，無形資産の取得に直接起因する取得前の支出（例えば，営業免許の取得に直接起因する支出）は，IAS 第 38 号 27 項に従って，無形資産の一部として認識しなければならないことに留意した（**第 1 巻 9 章 4.3.2.1** 参照）［IFRS 第 6 号 BC 12 項］。

IFRIC 第 20 号「露天掘り鉱山の生産段階における剥土コスト」は，露天掘り鉱山の生産フェーズで生じる，埋蔵鉱物へのアクセスを得るために廃石を除去するためのコストについての適切な会計処理について取扱っている。IFRIC 第 20 号の詳細な要求事項は，**第 1 巻 7 章 10** に述べられている。

3　探査および評価資産の認識

IFRS 第 6 号付録 A は，探査および評価資産を以下のように定義している。

「企業の会計方針に従って資産として認識される探査および評価に関する支出」

IFRS 第 6 号は，探査および評価資産の認識に関する会計方針を策定する場合には，IAS 第 8 号「会計方針，会計上の見積りの変更および誤謬」の 10 項を適用することを企業に要求している［IFRS 第 6 号 6 項］。したがって，以下のような情報をもたらすよう，会計方針を策定し適用する際に判断を用いなければならない［IAS 第 8 号 10 項］。

- 利用者の経済的意思決定のニーズに対する目的適合性がある。
- 財務諸表が以下のようであるという点で信頼性がある。
  - 企業の財政状態，財務業績およびキャッシュ・フローを忠実に表す。
  - 法的形式だけでなく，取引その他の事象および状況の経済的実質を反映する。
  - 中立である（すなわち，偏りがない）。
  - 慎重である。
  - 重要性があるすべての点で完全である。

本章 4 で記述する要求事項に従って，企業は，探査および評価資産の認識ならびに測定に関する会計方針を決定する際に，IAS 第 8 号 11 項および 12 項の適用を免除される［IFRS 第 6 号 7 項］。

第 1 巻 4 章 3.1 で記述するように，IAS 第 8 号 10 項から 12 項は，ある取引に具体的に当てはまる IFRS が存在しない場合に，会計方針を策定し適用するためのガイダンスを提供している。**本章 4** で特定される条件が満たされる場合には，企業は，以下を参照または検討することは要求されない。

- 類似の事項や関連する事項を扱っている IFRSs の要求事項
- 「財務報告に関する概念フレームワーク」における資産，負債，収益および費用に関する定義，認識規準および測定概念
- 会計基準を開発するために類似の概念フレームワークを使用している他の会計基準設定主体の直近の基準等の文書，その他の会計上の専門的文献，および一般に認められている業界実務慣行

IAS 第 8 号 10 項の適用を要求し，IAS 第 8 号 11 項から 12 項の適用は要求しない（限定された状況を除く）ことに関して，IASB は，企業が IFRS 第 6 号を適用する前に準拠していた会計方針を引続き適用することを容認する，意図的な決断を下した。その結果，異なる法域に属する（時には，同一の法域に属する）IFRSs に準拠して報告を行う企業は，探査および評価に関する支出の会計処理に，必ずしも整合的な方法を適用する必要はない。また，IFRS 第 6 号に従って採用されるいくつかの会計方針により，「財務報告に関する概念フレームワーク」（**第 1 巻 2 章**参照）で規定される資産または費用の定義を満たさない金額が，資産または費用として認識されることもあり得る。

IFRS 第 6 号 BC 17 項から BC 23 項で説明されているように，IASB は，これらのことが及ぼす影響について詳細に検討したが，IFRSs を初度適用する企業の財務諸表情報の作成者および利用者への混乱を最小限に収めるため，一時的な適用免除を認めることを決定した。IASB は，IFRS 第 4 号「保険契約」において，類似の，より広範な例外を認めている（**第 2 巻 19 章 4.1** 参照）。

4　探査および評価資産の測定

4.1　当初認識時の測定

本基準は，探査および評価資産を，当初認識時において取得原価で測定することを要求している［IFRS 第 6 号 8 項］。

企業は，探査および評価資産として認識される支出の種類を特定する会計方針を策定しなければならない。当該方針は，首尾一貫性をもって適用しなければならない。どの支出が，探査および評価資産として適格な支出であるかの決定は，当該支出が，特定の鉱物資源の発見にどの程度密接に関係しているかの評価に基づかなければならない。IFRS 第 6 号は，企業が，探査および評価資産の当初測定に含むことを検討する可能性がある支出の例を提供している（このリストは網羅的なものではない）［IFRS 第 6 号 9 項］。

- 探査権の取得
- 地勢的，地理的，地球化学および地球物理学的研究
- 探査向け掘削
- トレンチ作業
- 標本採取
- 鉱物資源の採掘の技術的可能性および経済的実行可能性の評価に関する活動

IFRS 第 6 号は，企業に探査および評価に関する支出を資産化することを要求していない。むしろ，特定の条件が満たされる場合，IFRS 第 6 号は企業に，本基準を適用する前に探査および評価に関する支出に適用していた会計方針の使用の継続を容認している。

企業 A の方針は，実行可能性の評価および標本採取に関する支出を資産化，または費用化するものであるかもしれないし，あるいは，支出の性質により資産化と費用化が混合するものであるかもしれない。IFRS 第 6 号が唯一要求していることは，策定された会計方針が首尾一貫性をもって適用されること，および当該コストが資産として認識される場合には，企業 A は，支出が特定の鉱物資源の発見にどの程度関係するか，その程度について検討しなければならないということである。

鉱物資源の開発に関する支出は，探査および評価資産として認識してはならない。代わりに，企業は，そのような金額に関する適切な会計方針を決定するために，「財務報告に関する概念フレームワーク」および IAS 第 38 号「無形資産」を適用することが要求される（**第 1 巻 9 章 4.7** 参照）［IFRS 第 6 号 10 項］。

本基準は，開発に関する活動が IFRS 第 6 号の適用範囲外であることを理由に，何が「開発」を意味するかを定義していない。しかし，IFRS 第 6 号 5 項（b）は，開発段階が，鉱物資源の採掘の技術的可能性および経済的実行可能性が立証可能となった後に開始することを明確にしている。

企業は，鉱物資源の探査および評価を行った結果として発生した，撤去および復旧に関する債務を認識しなければならない。当該債務は，IAS 第 37 号「引当金，偶発負債および偶発資産」（**第 1 巻 14 章「引当金，偶発負債および偶発資産」**参照）に従って，認識されなければならない［IFRS 第 6 号 11 項］。

4.1.1　一般管理費および間接費

一般管理費および間接費は，企業が，探査および評価資産の当初測定に含めることを検討する可能性がある支出の例（上記参照）に含まれていない。しかし，IFRS 第 6 号は，そのようなコストを探査および評価資産の帳簿価額に含めることを否定していない。そのようなコストを探査および評価資産の一部と考えるべきかどうかの議論に際し，IASB は，異なる IFRSs のもとで，そのようなコストの処理に関して不整合が存在すること，また，IFRS 第 6 号は，この問題の解決を試みるのに適切な基準ではないことに留意した。そのため，IASB は，そのような支出の処理は，会計方針の選択の問題であると判断した［IFRS 第 6 号 BC 28 項］。しかし，当該会計方針の選択は，支出が特定の鉱物資源の発見に関係している程度を検討することを企業に対して要求する，IFRS 第 6 号 9 項の要求事項に照らして検討されなければならない。

4.1.2　借入コスト

いかなる支出を探査および評価資産に含めるべきかを決定する際の IFRS 第 6 号 9 項の規定にかかわらず，探査および評価活動に従事する企業が借入コストを負担した場合，IAS 第 23 号「借入コスト」が適用され，その結果，適格資産に関連して発生した借入コストの資産化が要求されるかどうかという問題が生じる。

IAS 第 23 号の要求事項は，IFRS 第 6 号のもとで利用可能な選択よりも優先しない。したがって，企業は，借入コストを探査および評価資産の原価の一部として資産化するかどうかを選択することができる。

企業は，探査および評価に関する支出（借入コストを含む）の処理に係る会計方針を策定し，当該会計方針を首尾一貫して適用しなければならない。IFRS 第 6 号のもとでの借入コストの処理が，その他の探査および評価に関する支出に係る企業の方針を考慮したうえで論理的なものとするために，判断を行使しなければならない。資産化する借入コストの金額を決定する際には，企業に対して支出が特定の鉱物資源の発見にどの程度関係するか，その程度について検討することを要求する IFRS 第 6 号 9 項のガイダンスも慎重に検討しなければならない。

4.2　認識後の測定

企業は，当初認識後，原価モデルまたは再評価モデルのいずれかを適用しなければならない。再評価モデルを適用する場合，各報告期間の末日に資産を再評価する際の基礎（すなわち，IAS 第 16 号「有形固定資産」または IAS 第 38 号のモデル）は，資産の分類に整合するものでなければならない［IFRS 第 6 号 12 項］。探査および評価資産の分類に関する要求事項は，**本章 6** で記述する。

IAS 第 38 号の再評価モデルは，対象となる資産に「活発な市場」が存在する場合にのみ使用することができる（**第 1 巻 9 章 7.1** 参照）。探査および評価資産の性質を考慮すると，探査および評価資産が無形資産に分類される場合に，再評価モデルの適用が認められる可能性は低い。

企業結合で取得されるすべての探査および評価資産は，IFRS 第 3 号に準拠して公正価値で会計処理すべきである［IFRS 第 6 号 BC 31 項］。

4.3　会計方針の変更

企業は，会計方針の変更により，財務諸表の，利用者の経済的意思決定ニーズに対する目的適合性が高まる一方で信頼性が低下しない場合，または信頼性が向上する一方でニーズに対する目的適合性が低下しない場合には，探査および評価に関する支出の会計方針を変更することが容認される。目的適合性および信頼性の評価は，IAS 第 8 号「会計方針，会計上の見積りの変更および誤謬」の規準（**第 1 巻 4 章**参照）を参照することにより行わなければならない［IFRS 第 6 号 13 項］。

探査および評価に関する支出の会計方針を変更するには，企業は，当該変更により財務諸表がIAS 第8号の規準の充足に近付くことを証明しなければならないが，この変更が当該規準への完全な準拠を達成する必要はない［IFRS 第 6 号 14 項］。

IAS 第 8 号は，目的適合性と信頼性に関する特定のガイダンスを提供している。企業は会計方針を変更する前に，IAS 第 8 号の特定の側面への準拠について証明しなければならないが，この要求事項は**本章3**で記述した例外を覆すものではない。

IFRS 第 6 号の結論の根拠は，探査および評価資産として認識される支出であると考えられる項目の変更は，会計方針の変更として取扱われるべきであることを明確化している［IFRS 第 6 号 BC 25 項］。

設例4.3

会計方針の変更

企業 X は，深海底を掘削し，原油を採掘している。企業 X は，20X5 年 1 月 1 日に IFRSs を初度適用した。従前の会計原則で容認されていたため，企業 X は，IFRSs の適用前において，探査および評価活動に関するすべての支出を資産化していた。IFRS 第 6 号の要求事項に従って，この会計方針は，IFRSs 適用の際も引継がれた。

その後，企業 X は，自社の直接的な競合他社の大部分が，IFRSs への移行の際に，試掘が成功し原油埋蔵量が発見された場合にのみコストを資産化する方針を採用したことを知った。企業Xは，この方針を採用することにより，企業Xの財務諸表が利用者にとってより目的適合性があるものになるであろうと考えている。

企業Xは，会計方針を変更することができるか。

変更することができる。IFRS第6号13項に従って，企業Xは，当該変更により利用者に対して目的適合性が高まる一方で信頼性が低下しない（または信頼性が向上する一方で目的適合性が低下しない）情報を提供できることを証明できる場合に限り，その会計方針を変更することができる。目的適合性および信頼性は，IAS第8号の規準を参照することにより評価されるべきである。企業Xは，会計方針の変更を検討する際に，IAS第8号11項および12項の要求事項を適用する必要はない。例えば，企業Xは，類似の事項を扱っている他のIFRSsにおける要求事項やガイダンス，または他の会計基準設定主体の直近の基準等の文書を考慮する必要はない。

5 減 損

5.1 認識および測定

探査および評価資産についての減損は，IFRSsのもとで認識される他のすべての資産に関する要求事項を踏まえて，検討しなければならない。しかし，探査および評価資産の特殊な性質により，IFRS第6号は，減損の兆候がある場合に減損テストを行う必要性を限定する，特定の要求事項を規定している。これは，**本章6.2**で記述する，探査および評価資産の分類変更が行われる場合を除き，すべての状況に当てはまるものである。

多くの場合，プロジェクトの探査および評価段階に従事する企業は，当該プロジェクトからのキャッシュ・インフローを生成していない。さらに，探査および評価活動が，当該プロジェクトによって最終的に生成されるであろう将来キャッシュ・フローを見積るのに十分な情報が存在する段階に到達していないことも多い。

したがって，IFRS第6号は，探査および評価資産の減損の評価を毎年行うことを要求しない特別な免除規定を提供し，その代わりに，減損の評価は，事実と状況から，探査および評価資産の帳簿価額が回収可能金額を超過する可能性がある場合にのみ要求される。そのような事実および状況が存在する場合，企業は，IFRS 第 6 号が，探査および評価資産の減損を判定するレベルに関する特定の要求事項を規定していることを除き，IAS 第 36 号に従って減損損失を測定，表示および開示することが要求される（**本章 5.2** 参照）［IFRS 第 6 号 18 項］。

IFRS 第 6 号は，（IAS 第 36 号 8 項から 17 項に掲記される兆候の代わりに）探査および評価資産に関して考慮すべき特定の減損の兆候を規定している［IFRS 第 6 号 19 項］。以下の事実および状況の 1 つないしは複数が存在する場合には，探査および評価資産について減損の判定をしなければならない［IFRS 第 6 号 20 項］。

- 企業が特定の箇所を探査できる権利を有している期間が，その期間で終了するか，または近い将来に終了する予定であり，かつ，更新が期待されていない。
- 特定箇所の鉱物資源の，さらなる探査および評価に関する実質的な支出に対する予算が立てられておらず，計画もされていない。
- 特定箇所の鉱物資源の探査および評価を行っても，経済的実行が可能な数量の鉱物資源の発見につながらず，企業は，特定箇所のそうした活動の廃止を決定している。
- 特定箇所の開発が進められていく可能性は高いが，探査および評価資産の帳簿価額が，開発が成功しても，または販売されても，完全に回収される可能性が少ないことを示す十分なデータが存在する。

本基準は，上記のリストが網羅的なものではないこととしている。上記の状況または類似の状況がある場合，IFRS 第 6 号は企業に対して，IAS 第 36 号に従って減損テストを行い，結果として生じる減損損失を費用として認識することを要求している［IFRS 第 6 号 20 項］。

5.2 探査および評価資産の減損判定レベル

企業は，探査および評価資産の減損を判定するために，探査および評価資産を資金生成単位または資金生成単位グループに配分するための会計方針を決定しなければならない。探査および評価資産が割当てられる資金生成単位またはグループは，IFRS 第 8 号「事業セグメント」に従って決定される事業セグメントより大きいものであってはならない［IFRS 第 6 号 21 項］。探査および評価資産の減損の判定を行うために企業が特定するレベルは，1 つないし複数の資金生成単位で構成することができる［IFRS 第 6 号 22 項］。

IFRS 第 6 号の減損テストの要求事項は，IAS 第 36 号の要求事項と比べていくらかの柔軟性を有している。IFRS 第 6 号 21 項に従って，減損テストが行われるレベルは会計方針の選択の問題であり，1 つないし複数の資金生成単位で構成することができる。当該レベルは，おおむね独立したキャッシュ・インフローを生成させるものとして識別される資産グループの最小単位である必要はない。経営者は，財務諸表を企業の真の経済的性格を適切に反映する，信頼性があり，かつ目的適合性のある情報を提供するものとするために，いかなるレベルが企業にとっての適切な監視および報告レベルであるかを注意深く検討しなければならない。

いったん企業が資金生成単位を決定するための方針を確立すると，ただちに探査および評価資産の配分が行われるべきである。配分される金額には，探査および評価資産だけではなく，処分コスト控除後の公正価値の計算に反映される廃棄コストや補修コストに係る引当金のような負債も，資産に付随して移転される限り含めなければならない。

企業は，会計方針の選択として決定される特性に基づいて，探査および評価の地区をポートフォリオに集約することを選択する場合がある。例えば，企業は，探査および評価の地区を，資源の種類，地理的場所，規模等によって集約することを選択する場合がある。可能性は低いものの，すべての地区が 1 つの資金生成単位グループに集約される場合もある（当該グループが事業セグメントより大きくない場合に限る）。また，これとは対極的に，企業は資金生成単位としてのテストを満たした各々の地区を，単独で識別することを選択する場合もある。

IAS 第 36 号 109 項から 123 項の特定の要求事項（**第 1 巻 10 章「資産の減損」10** 参照）が満たされた場合，企業は，従前に認識された減損損失を戻入れることが要求される。

鉱業を行う複合企業の，のれんの配分技法の例については**第 1 巻 10 章 8.1.2** も参照のこと。

6　表示および開示

6.1　探査および評価資産の分類

探査および評価資産は，対象となる支出の種類に応じて，性質として有形である場合もあれば，無形である場合もある。

IFRS 第 6 号は，探査および評価資産を，企業の財政状態計算書において，取得した資産の性質に応じて，有形または無形に分類することを要求している。当該分類は，首尾一貫して適用しなければならない［IFRS 第 6 号 15 項］。

IFRS 第 6 号は，無形資産の例として掘削権を，有形資産の例として車両および掘削装置をあげているが，いかなる探査および評価に関する支出を有形または無形資産として考えるべきかについてのさらなるガイダンスを提供していない。IAS 第 38 号「無形資産」における無形資産の定義（**第 1 巻 9 章**参照）は，評価を実施する際に考慮しなければならない。

有形資産が，無形資産を開発するときに用いられることもある。有形資産が無形資産の開発のために消費される場合，その用途に供された金額は，無形資産の原価の一部となる。しかし，有形資産が無形資産を創出するために供されているという事実だけで，有形資産の性質が無形資産に変わるわけではない［IFRS 第 6 号 16 項］。

例えば，ある設備（有形資産）に係る減価償却費の一部またはすべてが，無形の探査および評価資産のコストの一部を構成する場合があるが，これにより当該設備が分類変更されることにはならない。

設例6.1

無形資産を創設するための有形資産の消費

石油およびガスを採掘し生産する企業Xは，埋蔵が見込まれる新たな用地を識別した。企業Xは，土地を探査し開拓する権利をすでに取得していたが，技術的可能性および経済的実行可能性はまだ確立していない。

当プロジェクトの探査および評価段階の一部として，企業Xは，掘削および標本採取活動を実施するために掘削装置を使用する予定である。企業Xは，IFRS第6号に従って，探査および評価段階で発生したコストは無形の掘削権として資産化する方針を継続して採用している。

プロジェクトの探査および評価段階で使用される掘削装置は，会社Xの財政状態計算書において有形固定資産項目として資産計上される。

会社Xは，プロジェクトの探査および評価段階において，掘削装置をどのように会計処理すべきか。

当該掘削装置は，有形資産として引続き分類されなければならない。会社Xは，減価償却の方針に従って，当該プロジェクトの探査および評価段階に関連する掘削活動に起因する減価償却費の金額を計算し，当該金額を無形の採掘権資産のコストの一部として扱わなければならない。

6.2　探査および評価資産の分類変更

探査および評価資産は，鉱物資源の採掘の技術的可能性と経済的実行可能性が立証可能となった場合には，もはや探査および評価資産に分類してはならない。分類変更を行う前に，探査および評価資産は減損に関する検討を行い，その結果による減損損失を認識しなければならない［IFRS第6号17項］。

鉱物資源の採掘の技術的可能性と経済的実行可能性が立証可能になれば，探査および評価資産として認識された金額は，有形資産または無形資産の一部を構成するように分類変更される（**第 1 巻 7 章 2** 参照）。

本章 4.1 で記述したように，IASB は，本基準において「開発」という用語を定義していない。また鉱物の探査プロジェクトのライフ・サイクルにおける技術的可能性および経済的実行可能性が立証可能になる時点に関するガイダンスも提供していない。異なる採掘事業活動は，それぞれ異なる性質を有していることを考慮すると，企業がすべての状況に使用され得る単一の規準を策定することは難しいかもしれない。一般的には，技術的可能性および経済的実行可能性を立証するために満たさなければならない規準を特定することにより，企業が自らの事業の性質に基づいて会計方針を策定し，当該方針を首尾一貫して適用することが適切であろう。しかし，企業が類似しないプロジェクトを行っている場合には，それぞれに別個の規準を決定することが必要となる場合もある。

IAS 第 38 号は，無形資産の研究開発に関するガイダンスも含んでいる。このガイダンスは，鉱物の採掘プロジェクトにおいて「開発」サイクルがいつ始まるかを検討する際の，適切な出発点を提供するのに役立つだろう。

一般に，開発が開始した時点における探査および評価資産からの金額の振替（上記参照），および減損の評価（**本章 5** 参照）の両方に資するために，探査および評価に関する支出をプロジェクトごとに累積し，集約することが適切であろう。

6.3　開　示

IFRS 第 6 号は，企業に対して，鉱物資源の探査および評価により生じる財務諸表において認識される金額を特定し説明するために，情報を開示することを要求している［IFRS 第 6 号 23 項］。

具体的には，IFRS 第 6 号は，以下の事項を開示することを企業に要求している［IFRS 第 6 号 24 項］。

- 探査および評価資産の認識を含む，探査および評価に関する支出についての会計方針
- 鉱物資源の探査および評価から生じた，資産，負債，収益および費用，営業活動キャッシュ・フローならびに投資活動キャッシュ・フローの金額（**本章 6.3.1** 参照）

探査および評価資産は，別個の種類の資産として表示しなければならない。IAS 第 16 号および IAS 第 38 号で要求される開示も，資産の分類の方法に整合するように提供しなければならない［IFRS 第 6 号 25 項］。

6.3.1　営業活動キャッシュ・フローまたは投資活動キャッシュ・フローとしての支出の分類

IAS 第 7 号「キャッシュ・フロー計算書」16 項は，財政状態計算書上で認識した資産となった支出のみが，投資活動としての分類に適格であると規定している。

結果的に，企業の会計方針が探査活動および評価活動に関する支出を資産化する場合にのみ，当該支出はキャッシュ・フロー計算書上投資活動として分類されると考えられる。

第21章
退職給付制度の会計および報告
Accounting and reporting by retirement benefit plans

目 次

1　はじめに

本章は，退職給付制度の財務諸表の測定と開示の原則を規定するIAS第26号「退職給付制度の会計および報告」を取扱っている。IASBは，これまでIAS第26号に対する修正を行っていない。

2　範　囲

IAS第26号は，退職給付制度の財務諸表を作成する場合に適用される［IAS第26号1項］。退職給付制度は以下のように定義される［IAS第26号8項］。

「退職給付制度とは，退職時またはその後に，(年金または一時金の形式で) 事業主が，従業員に対して給付を行う取決めをいう。その給付額は，一定の文書の条項または事業主の慣行により，退職に先立って算定または見積可能なものである。」

退職給付制度は，「年金スキーム」，「定年退職金スキーム」，「退職給付スキーム」のようなさまざまな名前で参照される。IAS第26号の範囲から特に除外されるものは退職手当，繰延給与制度，長期勤続休暇給付，特別早期退職または余剰人員解雇計画，医療および厚生制度，または賞与制度のようなその他の形態の従業員給付である。政府の各種の社会保障制度も，基準の範囲から除外される［IAS第26号7項］。

退職給付制度のなかには，事業主以外の拠出者を有するものもあるが，IAS第26号はそのような退職給付制度の財務諸表にも適用される［IAS第26号9項］。

2004年，IFRIC (現IFRS解釈指針委員会) は，IAS第26号9項と(事業主が「従業員に対して」提供する取決めについて言及している) IAS第26号8項との間に存在する，明らかな矛盾について検討するよう要請された。IFRICは，基準の意図は，IAS第26号9項で表明されているとおり明確であり，IAS第26号は，雇用主がスポンサーとなる制度および雇用主以外のスポンサーを持つ制度の両方に適用されると結論付けた。この結論は，2004年3月のIFRICアップデートで公表された，IFRICのアジェンダの棄却によって確認された。

大半の退職給付制度は，公式の契約に基づいている。ある制度では，非公式ながら確立された慣行として事業主が一定の義務を負っている場合がある。ある制度では，事業主が義務の履行を限定することを認めているが，従業員の雇用を継続する限り，事業主が制度を放棄することは一般的には困難である。公式の制度に対するものと同じ会計処理および報告の基準が，非公式の制度に対しても適用される［IAS第26号10項］。

退職給付制度は，通常，確定拠出制度または確定給付制度のいずれかに分類され（それぞれ**本章3**および**4**で取扱っている），それぞれが独自の性質を有している。両方の性質を持つ制度が存在する場合もある。そのような混合的な制度は，IAS第26号の目的上，確定給付制度とみなされる［IAS第26号12項］。

IAS第26号は，退職給付制度を，この制度の加入者である事業主とは別個の報告主体と考える。他のすべてのIFRSは，それらがIAS第26号によって無効とされない限り，退職給付制度の財務諸表に適用される。IAS第26号は，退職給付制度を持つ事業主の財務諸表における，退職給付コストの決定に関する基準であるIAS第19号「従業員給付」を補足するものである（**第2巻1章**参照）［IAS第26号2項および4項］。

IAS第26号は，グループとしてのすべての加入者（すなわち，制度のメンバーと，制度のもとで給付の権利を有するその他の者）に対する，退職給付制度の会計および報告を取扱っている。個々の退職給付受給権についての，加入者個人への報告は取扱っていない［IAS第26号3項］。

企業は，退職給付制度について，それに対し拠出がなされ，そこから退職給付が支払われる別個の基金を設ける場合がある。そのような別個の基金は，別個の法人格を有する場合と有しない場合があり，また指定された受託者が存在する場合と存在しない場合がある。IAS第26号は別個の基金が設定されるか否かにかかわらず，また受託者が存在するか否かにかかわらず適用される［IAS

第 26 号 5 項］。

IAS 第 26 号において使用される「受託者（trustee）」という用語は，信託が設定されているか否かにかかわらず，拠出および給付を行う別個の基金を管理し，独立的に基金資産の管理活動を行う第三者のことを指す［IAS 第 26 号 11 項］。

保険会社に投資資産を持つ退職給付制度は，独自に投資活動を行う場合と同じ会計処理および積立の基準が適用される。したがって，保険会社との契約が特定の加入者名または加入グループ名でなく，かつ退職給付債務がその保険会社だけの責任となっていない限り，それらは IAS 第 26 号の範囲内である［IAS 第 26 号 6 項］。

3　確定拠出制度

確定拠出制度は，次のように定義される［IAS 第 26 号 8 項］。

> 「確定拠出制度とは，退職給付として支払われる金額が，基金に対する掛金額および基金の投資収益により算定される退職給付制度をいう。」

IAS 第 26 号は，確定拠出制度の財務諸表が以下のものを含んでいなければならない，と規定している［IAS 第 26 号 13 項］。

- 給付のために利用可能な純資産の計算書
- 積立方針の説明

給付のために利用可能な純資産とは，制度の資産から負債（約束された退職給付の保険数理による現在価値を除く）を控除したものをいう［IAS 第 26 号 8 項］。

積立とは，退職給付を支払うという将来の債務に充てるため，事業主の企業とは別の事業体に資産を移転することをいう［IAS 第 26 号 8 項］。

確定拠出制度のもとでは，加入者が将来受ける給付の金額は，事業主，加入者，または両者によって支払われた掛金額，および運用効率，ならびにその基金の投資収益により決定される。これらの開示の要求は，確定拠出制度の加入者のニーズに対処するためのものである。事業主の債務は，通常，基金へ拠出することで解除される。保険数理専門家の助言は，現在の掛金ならびに将来の掛金および投資収益の水準の変動状況を基礎として，達成されるであろう将来の給付を見積るために利用されることもあるが，通常は必要とされない［IAS 第 26 号 14 項］。

報告の目的は，確定拠出制度およびその投資の成果に関する情報を，定期的に提供することにある。IAS 第 26 号は，この目的は，通常，以下を含む財務諸表を提供することにより達成されると考えている［IAS 第 26 号 16 項］。

- 当期の重要な活動に関する説明，および退職給付制度と加入資格，諸条件に関する変更の影響の説明
- 確定拠出制度の当期の取引および投資成果，ならびに当期末の財政状態に関する計算書
- 投資方針の説明

4　確定給付制度

確定給付制度は，次のように定義される［IAS 第 26 号 8 項］。

「確定給付制度とは，退職給付として支払われる金額が，通常，従業員の収入および（または）勤続年数を基にした計算式により算定される退職給付制度をいう。」

IAS 第 26 号は，確定給付制度の財務諸表に以下のいずれかを含めることを要求している［IAS 第 26 号 17 項］。

- 以下の内容を示す計算書
  - 給付のために利用可能な純資産
  - 約束された退職給付の保険数理による現在価値，受給権確定済給付およ

び受給権未確定給付の区分
   - 結果としての過不足
- 次のいずれかの給付のために利用可能な，純資産の計算書
   - 受給権確定済給付と受給権未確定給付を区分した，約束された退職給付の保険数理による現在価値を注記で開示
   - 添付される保険数理報告書のなかでのこの情報の参照

給付のために利用可能な純資産とは，制度の資産から負債（約束された退職給付の保険数理による現在価値を除く）を控除したものをいう［IAS 第 26 号 8 項］。

約束された退職給付の保険数理による現在価値とは，現在および過去の従業員に対して支払われる，すでに提供された役務に帰属する退職給付予想支払額の現在価値をいう［IAS 第 26 号 8 項］。

受給権確定済給付とは，給付を受ける権利が，退職給付制度の規定によって，その後の雇用関係の継続を条件としないものをいう［IAS 第 26 号 8 項］。

保険数理による評価が，報告日現在でなされなかった場合には，直近の評価を要求される開示の基礎として利用しなければならない［IAS 第 26 号 17 項］。

（前述の）IAS 第 26 号 17 項の目的を達成するために，以下が要求されている［IAS 第 26 号 18 項］。

- 約束された退職給付の保険数理による現在価値は，現在給与水準または予測給与水準のいずれかを用いて，その制度の条件に基づく約束された給付，役務が現在までに提供された期間に基づいて算出しなければならない。
- 使用した基礎を，財務諸表で開示しなければならない。

IAS 第 26 号は，現在給与水準または予測給与水準のいずれかに基づく測定の選択を認めているという点で IAS 第 19 号「従業員給付」と異なっている。IAS 第 19 号は，後者（予測給与水準）に基づく数理評価を要求している。

保険数理上の仮定の変更が，約束された退職給付の保険数理による現在価値に対して，重要な影響を及ぼす場合には，その影響を開示しなければならない［IAS 第 26 号 18 項］。

財務諸表では，約束された退職給付の保険数理による現在価値と給付のために利用可能な純資産との関係，および約束された給付の積立に関する方針を説明しなければならない［IAS 第 26 号 19 項］。積立とは，退職給付を支払うという将来の債務に充てるため，事業主の企業とは別の事業体に資産を移転することをいう［IAS 第 26 号 8 項］。

確定給付制度において，約束された退職給付の支払は，その制度の財政状態およびその制度に対する拠出者の将来の拠出能力，ならびに基金の投資成果と運用効率に依存している。確定給付制度は，その制度の財政状態を評価し，仮定を見直し，また将来の予定拠出水準を奨励するために，保険数理専門家による助言を定期的に必要とする［IAS 第 26 号 20 項および 21 項］。

確定給付制度の報告の目的は，現在までに累積された資源と制度の給付額との関係を評価するうえで役立つように，その制度の財源と活動に関して情報を定期的に提供することである。IAS 第 26 号は，この目的は，通常，以下の事項を含む財務諸表を提供することにより達成されるとしている［IAS 第 26 号 22 項］。

- 当期の重要な活動に関する説明，および退職給付制度と加入資格，諸条件に関する変更の影響の説明
- 確定給付制度の当期の取引および投資成果，ならびに当期末の財政状態に関する計算書
- 計算書の一部として，または別個の報告書による保険数理に関する情報
- 投資方針の説明

4.1　約束された退職給付の保険数理による現在価値

上述したように，IAS 第 26 号 18 項は，退職給付制度による支払予定額の現在価値が，加入者の退職時までの現在給与水準または予測給与水準のいずれかを用いて算定され，報告されることを許めている。

基準は，現在給与方式に賛成するものは，以下のように主張している［IAS 第 26 号 24 項］。

- 約束された退職給付の保険数理による現在価値は，その制度の各々の加入者に現在帰属すべき金額の総額であり，用いられる仮定がより少ないため，予測給与水準よりも客観的に計算できる。
- 昇給による給付の増加は，昇給した時点でその制度の債務となる。
- 現在給与水準を用いて算出した約束された退職給付の保険数理による現在価値の金額は，一般にその制度の打切または中止があった場合に支払われるべき金額とより密接な関連を有する。

退職給付制度の財務諸表には，報告日までに生じた給付に係る債務を明示するために，現在給与に基づく約束された退職給付の保険数理による現在価値が開示される［IAS 第 26 号 26 項］。

他方，基準は予測給与方式を採用する根拠には以下のようなものがあると述べている［IAS 第 26 号 25 項］。

- 財務情報は，仮定や見積りをどれほど必要としたとしても，継続企業の前提で作成すべきである。
- 最終給与基準制度において，給付は退職日またはその直近日における給与を基にして決定される。したがって，給与，掛金水準および投資利益率も予測すべきである。
- ほとんどの積立が給与予測に基づいている場合に，予測給与方式を用いないとすると，その制度が過剰積立ではないにもかかわらず，見かけ上は過剰積立であると報告したり，制度が過少積立であるときに，積立が十分であると報告したりすることになりかねない。

前述のとおり，IAS 第 19 号は，予測給与方式に基づく数理評価を要求している。

一般的な積立の基準である継続企業の前提で，潜在的な債務の影響を明示するために，予測給与に基づいて，約束された退職給付の保険数理による現在価値が開示される［IAS 第 26 号 26 項］。

約束された退職給付の保険数理による現在価値の開示に加え，約束された退職給付の保険数理による現在価値を理解できる内容を明示するために，十分な説明がなされる必要があろう。そのような説明は，計画された将来の積立額および給与予測に基づく積立方針の妥当性についての情報として，提供されるであろう。説明は，財務情報に含められるか，または保険数理専門家の報告書に含められる［IAS 第 26 号 26 項］。

4.2　保険数理評価の頻度

IAS 第 26 号は，保険数理評価の頻度に関するいかなる要求も課していない。基準は，多くの国で，保険数理評価は 3 年に 1 度以上の頻度では得られないと述べている［IAS 第 26 号 27 項］。

保険数理評価が報告日現在で実施されなかった場合は，直近の評価を利用し，その評価日を開示する［IAS 第 26 号 27 項］。

4.3　財務諸表の内容

IAS 第 26 号は，確定給付制度の財務諸表の様式に関して一定の裁量を認めており，以下に示すように認められたさまざまな様式についての相対的な利点を概説している。

IAS 第 26 号で要求される情報は，以下の様式のいずれかで表示されなければならないが，これは保険数理情報の開示および表示に係る異なる実務慣行を反映している［IAS 第 26 号 28 項］。

- 選択肢 1：財務諸表には，給付のために利用可能な純資産，約束された退職給付の保険数理による現在価値，および結果として生ずる過不足を示す計算書が含まれる。その制度の財務諸表には，また，給付のために利用可能な純資産の変動計算書および約束された退職給付の保険数理による現在価値変動の計算書も含まれる。その財務諸表には，約束された退職給付の保険数理による現在価値を裏付ける，保険数理専門家の別個の報告書が含まれることがある。

- 選択肢 2：財務諸表には，給付のために利用可能な純資産の計算書および給付のために利用可能な純資産の変動計算書が含まれる。約束された退職給付の保険数理による現在価値は，それらの計算書の注記で開示される。その財務諸表には，約束された退職給付の保険数理による現在価値を裏付ける，保険数理専門家からの報告書が含まれることもある。
- 選択肢 3：財務諸表には，給付のために利用可能な純資産の計算書および給付のために利用可能な純資産の変動計算書が含まれ，添付した別個の保険数理報告書に約束された退職給付の保険数理による現在価値を開示する。

上述の各選択肢について，経営者や役員の報告書という性質を有する受託者の報告書および投資報告書が財務諸表に添付されることもある［IAS 第 26 号 28 項］。

選択肢 1 および 2 で述べた様式に賛成する人々は，約束された退職給付の数量化およびそれらの様式で提供される他の情報は，利用者がその制度の現在の状況およびその制度の債務が支払われる可能性を評価するうえで役立つ，と考えている。それらの人々は，また，財務諸表はそれ自体で完全でなければならず，付随する計算書に依存すべきではない，と考えている。しかし，ある者は選択肢 1 の様式によった場合，約束された退職給付の保険数理による現在価値が負債の特質のすべてを必ずしも有していないにもかかわらず，負債が存在するとの印象を与える可能性がある，と考えている［IAS 第 26 号 29 項］。

選択肢 3 の様式に賛成する人々は，約束された退職給付の保険数理による現在価値を，選択肢 1 の様式のように給付のために利用可能な純資産の計算書に含めるべきではなく，また選択肢 2 の様式のように注記による開示もすべきでない，と考えている。なぜならば，その現在価値と制度資産とは直接，比較されることになるであろうが，そのような比較は適切ではないからである。保険数理専門家が，約束された退職給付の保険数理による現在価値を必ずしも投資の市場価値と比較するとは限らず，むしろその投資から予想されるキャッシュ・フローの現在価値を評価するであろう，と選択肢 3 に賛成する人々は主張している。したがって，この様式に賛成する人々は，そのような比較では，当該制度に関する保険数理専門家の全体的評価を示すことにはならず，誤解されるであろうと考えている。また，数量化されるか否かにかかわらず，約束された退職給付についての情報は，適切な説明がなされる別個の保険数理報告書にのみ含まれるべきである，と考える者もいる［IAS 第 26 号 30 項］。

IAS 第 26 号を最終基準化した際，IASC（IASB の前任組織）は，約束された退職給付に関する情報の，別個の保険数理報告書での開示を認めることに賛成する見解を承認している。一方，約束された退職給付を，保険数理による現在価値で数量化することに反対する議論は受入れなかった。したがって，選択肢 1 および 2 の様式は，IAS 第 26 号の目的のために認められると考えられる。選択肢３の様式については，財務諸表が約束された退職給付の保険数理による現在価値を含んでいる保険数理報告書について言及し，かつ，それを添付している限りにおいて受入れられる［IAS 第 26 号 31 項］。

5　制度資産の評価— すべての制度

IAS 第 26 号は，退職給付制度投資を公正価値で計上することを要求している。市場性のある有価証券の場合，公正価値は市場価値である［IAS 第 26 号 32 項］。

2011 年 5 月，IASB は IFRS 第 13 号「公正価値測定」（**第 1 巻 5 章「公正価値測定」**参照）を公表した。IFRS 第 13 号は，2013 年 1 月 1 日以後開始する事業年度より発効し，早期適用が認められる。IFRS 第 13 号は，他の基準によって要求される公正価値を測定する場合の単一のフレームワークを設定している。企業が IFRS 第 13 号を適用する場合，IFRS 第 13 号を参照して公正価値を測定しなければならない。

IFRS 第 13 号を初めて適用する場合，将来に向かって適用することが要求されている。IFRS 第 13 号を最初に適用する前の期間に関して提供される比較情報については，IFRS 第 13 号を適用する必要はない。したがって，前事業年度において報告された金額の修正再表示は要求されない。

制度に公正価値の見積りが不可能な投資が存在する場合，公正価値が使用されていない理由を開示しなければならない［IAS 第 26 号 32 項］。

市場性ある有価証券の場合，公正価値は通常，市場価値である。なぜならば，これは，報告日における有価証券の，そしてその期の投資成果の，最も有用な測定値であると考えられるからである［IAS 第 26 号 33 項］。

それらの有価証券が確定している償還価値を有しており，制度の債務または特定の部分に対応させるために取得されている場合，満期までの一定の収益率を仮定した，最終的な償還価値に基づいた金額で計上されることがある［IAS 第 26 号 33 項］。

前述した測定基礎は，IFRS 第 9 号「金融商品」および IAS 第 39 号「金融商品：認識および測定」で使用される償却原価モデルとおおむね首尾一貫しているようにみえる。しかし，過去の収益率を使用している前提が，IAS 第 26 号 32 項が要求している「公正価値」とどれほど一致するものであるかは明らかではない。

制度に，公正価値の見積りが不可能な投資（例えば，企業の所有権すべて）が存在する場合，公正価値が使用されていない理由を開示すべきである［IAS 第 26 号 33 項］。

投資が，市場価値または公正価値とは異なる金額で計上されている場合，通常は公正価値も開示される［IAS 第 26 号 33 項］。

基金の運用のために使用されている資産は，該当する IFRS に準拠して会計処理される［IAS 第 26 号 33 項］。

6　開示 — すべての制度

退職給付制度の財務諸表には，確定給付であるか確定拠出であるかにかかわらず，以下の情報も含めなければならない［IAS 第 26 号 34 項］。

- 給付のために利用可能な純資産の変動計算書
- 重要な会計方針の要約
- その制度の説明および期中におけるその制度の変更

退職給付制度によって提供される財務諸表には，（該当事項がある場合）以下を含めなければならない［IAS 第 26 号 35 項］。

- 給付のために利用可能な純資産の計算書で，以下の事項を開示しているもの
  - 適切に科目分類された期末現在の資産
  - 資産の評価基準
  - 給付のために利用可能な純資産の 5％，または，各種類別の有価証券の 5％を超える単一の投資の内訳
  - 事業主に対する投資の内訳
  - 約束された退職給付の保険数理による現在価値以外の負債
- 給付のために利用可能な純資産の変動計算書で，次の事項を記したもの
  - 事業主掛金
  - 従業員掛金
  - 利息および配当金のような投資収益
  - その他の利益
  - 支払済給付または未払給付（例えば，退職，死亡および障害者給付，一括払のように分類する）
  - 管理費
  - その他の費用
  - 所得税
  - 投資の処分損益および投資の価値の変動
  - 他の制度との間の移転
- 積立方針の説明
- 確定給付制度については，約束された退職給付の保険数理による現在価値（受給権確定済給付と受給権未確定給付とに区分する）。この現在価値は，同制度の条件に基づいて約束された給付，役務が現在までに提供された期間および現在給与水準または予測給与水準の，いずれかの使用に基づくものである。

確定給付制度の現在価値は，関連する財務諸表との関係で読まれるように添付された保険数理報告書に含められる。

- 確定給付制度について，約束された退職給付の保険数理による現在価値を計算するために行った重要な保険数理上の仮定および用いた方法の説明

退職給付制度の財務諸表には，財務諸表の一部としてまたは別個の報告書としてのみ，制度に関する報告書を含めなければならない。その説明には，以下のものが含まれる［IAS 第 26 号 36 項］。

- 事業主および従業員グループの名前
- 給付を受ける加入者の人数およびその他の加入者の人数で，適切に分類されたもの
- 制度の種類 ― 確定拠出または確定給付
- 加入者が基金に拠出するか否かについての説明
- 加入者に約束されている退職給付の説明
- 制度打切の条件についての説明
- 報告書で取扱っている期間での，上述の項目の変更

制度について要求される説明を提供するために，当該制度について記述されている他の文書で，利用者が容易に入手可能なものを参照したうえで，その後の変更に関する情報のみを報告書に含めることも認められている［IAS 第 26 号 36 項］。

第22章
国際財務報告基準の初度適用
First-time adoption of IFRSs

目次

1　はじめに

IFRS 第 1 号「国際財務報告基準の初度適用」は，IFRSs に準拠して作成される企業の最初の財務諸表に関する要求事項，特に企業により以前に採用されていた会計原則（従前の会計原則）からの移行に関する要求事項を規定している。IFRS 第 1 号の目的は，企業の最初の IFRS 財務諸表（および当該財務諸表の対象年度の一部分に係る期中財務報告）が，以下の高品質の情報を包含することである［IFRS 第 1 号 1 項］。

- 利用者にとって透明で，表示する全期間にわたって比較可能である。
- IFRSs のもとでの会計処理のための適切な出発点を提供する。
- 利用者にとっての便益を超えないコストで作り出すことができる。

IFRS 第 1 号は，直近では，IFRS 第 10 号「連結財務諸表」の修正（**投資企業**の修正）に伴う結果的修正により 2012 年 10 月に修正された。IFRS 第 10 号の修正は，報告企業が定義されたとおりの「投資企業」である場合に，IFRS 第 10 号の一般的な連結上の要求事項に対する例外措置を導入するものである（詳細は，**第 2 巻 4 章 15** 参照）。IFRS 第 1 号に対する結果的修正は，連結からの例外措置によって影響を受ける状況における，IFRS 第 1 号における特定の任意の免除の適用を取扱っている（**本章 7.9.1** および **7.9.2** 参照）。この結果的修正は，一定期間，**投資企業**の修正に関する経過的な一部免除規定の適用を初度適用企業に認める，追加的な短期的免除も導入している（**本章 7.21.2** 参照）。

2　基準の概要

IFRS 第 1 号の基礎となる一般原則は，企業の最初の IFRS 貸借対照表日において有効な IFRSs を，IFRS 開始財政状態計算書，比較期間および最初の IFRS 報告期間について遡及的に適用しなければならない，ということである。具体的には，企業が IFRSs を 2013 年 12 月 31 日に終了する年度に適用する場合には，その企業はその日において有効なすべてのIFRSsを遡及的に2013年および2012年の報告期間および2012年1月1日の開始財政状態計算書（比較情報を1年分のみ表示すると仮定）に適用しなければならないことを意味する。事実上，この一般原則により，IFRSsが設立当初より企業の会計フレームワークであったかのようにIFRSsを完全に遡及適用する結果となる。しかし，IFRS第1号は，限定された数の「例外措置」および「免除」を追加することにより，この遡及適用の一般原則を適合させている。

遡及適用に対する「例外措置」（7項目）は強制である（**本章6**参照）。「免除」（合計で20項目）は，任意であり，初度適用企業は免除を適用するか否か，およびいずれの免除を適用するかを選択することができる（**本章7**参照）。

IASBは，時折，IFRSsからの短期的な免除も追加する（**本章7**参照）。

IFRS第1号を適用する際には，例外措置と免除の両方の性質と影響を完全に理解するために，慎重な分析が要求される。

企業は最初のIFRS財務諸表（当用語は，企業がIFRSへの準拠に関する明示的かつ無限定の記述を行うことによりIFRSsを採用する最初の年次財務諸表を意味すると厳密に定義されている）にのみ，IFRS第1号を適用することが認められる。本基準は，何が企業の最初のIFRS財務諸表として適格で，何が適格でないかの例を提供している（**本章4**参照）。

企業が最初のIFRS財務諸表を作成する際に要求されるステップは以下に要約される。

(a) IFRS開始財政状態計算書は，「移行日」現在で作成される。これはIFRSsに準拠したその企業の会計処理の出発点となる。移行日とは，企業が最初のIFRS財務諸表において，IFRSによる完全な比較情報を表示する最初の期間の期首である。企業の財務報告において1年分の比較情報を表示する企業にとっての移行日は，比較期間の最初の日である。

(b) 企業は，最初のIFRS財務諸表において，最初のIFRS報告期間の期末日現在で有効な版のIFRSsを適用する。一般原則として，最初のIFRS報告期間の期末日において有効なすべてのIFRSsは遡及的に適用される。ただし，IFRS第1号に示される特定の例外措置と免除（**本章6**および**7**においてそれぞれ詳説される）に従う。例外措置と免除は非常に限定的であり，他の項目への類推適用は認められていない。

(c) 企業は IFRSs の要求事項に従ってすべての資産および負債を認識し，IFRSs において認識要件を満たさない資産および負債の認識を中止する。

(d) IFRS 開始財政状態計算書に対して IFRSs を適用することから生じる修正は，のれんと無形資産との間の分類変更を除き，移行日の利益剰余金，または適切な場合には資本における他の区分の修正として認識される。

(e) 限定的な例外を除き，移行日現在での IFRSs に従った見積りは，従前の会計原則のもとで同じ日について行われた見積りと首尾一貫したものでなければならない。

(f) 企業の最初の IFRS 財務諸表は，少なくとも 3 つの財政状態計算書（移行日，すなわち比較期間の最初の日における財政状態計算書を含む），2 つの純損益およびその他の包括利益計算書，2 つのキャッシュ・フロー計算書および 2 つの持分変動計算書を含む。これらのすべての財務諸表は，IFRSs に準拠していなければならない。

(g) 企業は，移行日より前の期間について，情報が IFRSs に従って作成されていないことを明示する場合には，IFRSs に準拠していないデータの過去の推移の要約を表示することが許容される。このような情報を表示する場合には，企業は当情報が IFRSs に準拠するために必要となる主要な修正の内容を説明しなければならない。

(h) IFRS 第 1 号は，その他の基準と解釈指針における表示および開示の要求事項に準拠することを要求するとともに，最初の IFRS 財務諸表に特有な追加の開示要求を課している。特に，初度適用企業は，従前の会計原則のもとで報告された金額と IFRSs のもとで対応する測定値との調整表を提供しなければならない。当調整表は，企業の従前の会計原則における財務諸表における誤謬の修正を明確に識別しなければならない。

3 定 義

本IFRSの不可欠な一部を構成するIFRS第1号付録Aは，本基準で使用される用語の定義を提供している。本セクションではそれらの定義を示し，必要に応じて追加的な説明を加える。

3.1 IFRSs移行日

「IFRSs移行日」は以下のように定義される［IFRS第1号付録A］。

> 「企業が最初のIFRS財務諸表においてIFRSsによる完全な比較情報を表示する最初の期間の期首」

この日は，企業がそのIFRS開始財政状態計算書を作成する日であるため，特に重要である（**本章4**参照）。

3.2 みなし原価

「みなし原価」は以下のように定義される［IFRS第1号付録A］。

> 「ある特定の日現在の原価または償却後原価の代用として用いられる金額。その後の減価償却または償却は，企業がその資産または負債をその特定の日に当初認識し，その原価がみなし原価に等しかったものと仮定する。」

IFRSsへの移行時に，公正価値または従前の再評価をみなし原価として使用することについては，**本章7.4**で検討する。

3.3　公正価値

最初の IFRS 財務諸表で，IFRS 第 13 号「公正価値測定」を適用する企業にとっては，公正価値の定義は修正されている（**本章 3.3.1** 参照）。IFRS 第 13 号は，他の基準によって要求される公正価値を測定する場合の単一のフレームワークを設定している。IFRS 第 13 号は，IFRS 第 1 号を含むその他の基準に以前に含まれていた公正価値の測定に関する指針を置換える。

IFRS 第 13 号は，2013 年 1 月 1 日以後に開始する事業年度に適用され，早期適用は認められる。IFRS 第 13 号における一般的な経過措置は，将来に向かっての適用を要求しているが，この要求事項は初度適用企業には適用されない。このため，IFRS 第 13 号を企業の最初の IFRS 財務諸表に適用する初度適用企業は，IFRS 第 13 号の測定の要求事項を，IFRS 開始財政状態計算書およびその最初の IFRS 財務諸表に表示される全期間を通じて適用しなければならない（**本章 5.2** 参照）。

3.3.1　IFRS第13号を適用する企業

「公正価値」は以下のように定義される［IFRS 第 1 号付録 A］。

> 「測定日時点で，市場参加者間の秩序ある取引において，資産を売却するために受取るであろう価格または負債を移転するために支払うであろう価格」

3.3.2　IFRS第13号を適用していない企業

「公正価値」は以下のように定義される［IFRS 第 1 号付録 A］。

> 「独立第三者間取引において，取引の知識のある自発的な当事者の間で，資産が交換され得るまたは負債が決済され得る価額」

企業は，IFRS 第 1 号を適用する際の公正価値を決定するうえで，他の IFRSs のより詳細な指針も適用する［IFRS 第 1 号 19 項］。

3.4 最初のIFRS財務諸表

「最初の IFRS 財務諸表」は以下のように定義される［IFRS 第 1 号付録 A］。

「企業が国際財務報告基準（IFRSs）を，IFRSs への準拠に関する明示的かつ無限定の記述により採用する最初の年次財務諸表」

「IFRSs への準拠に関する明示的かつ無限定の記述」の意味は，**本章 4** で検討する。

3.5 最初のIFRS報告期間

「最初の IFRS 報告期間」は以下のように定義される［IFRS 第 1 号付録 A］。

「企業の最初の IFRS 財務諸表の対象とされている最新の報告期間」

3.6 初度適用企業

「初度適用企業」は以下のように定義される［IFRS 第 1 号付録 A］。

「最初の IFRS 財務諸表を表示する企業」

IFRSs に基づいた最初の財務諸表を表示する新規設立会社は，修正すべき「過去の取引」がないため，一般的には，IFRS 第 1 号の目的における「初度適用企業」とはみなされない。これは，新規設立会社が事業を立上げ，その後，IFRS 第 3 号「企業結合」に従って取得法を使用して会計処理される取引において他の企業を取得する場合も同様である。この状況においては，取得された企業が以前に IFRSs に基づいて報告していたかどうかや，もしそうであるとしても，その企業の移行日も取得企業の連結財務諸表目的において無関係である。

しかしながら，新規設立会社が既存の営業活動を行う企業の継続に該当する場合がある。これは，例えば共通支配下の取引で事業が会社に移転される場合，または，逆取得の会計処理（すなわち，財務報告目的において，「法律上の子会社」が新規設立の「法律上の親会社」を取得するように表現される）が要求されるような状況におけるもう一方の会社（「法律上の子会社」となる）の取得の結果として事業が企業に移転される場合に，起こり得る。結論は，ケースにより異なる可能性がある。

例えば，株式交換の方法により企業集団のトップに新しい親会社が加えられ，IFRS 第 3 号に従った逆取得と同様に会計処理される状況を考えてみる。既存の企業集団がすでに IFRS により報告している場合には，新しい親会社はその連結財務諸表の目的からは，既存の企業集団の移行日を「継承」する。新しい親会社は，逆取得会計が「取得された」事業の継続性を前提としており，その事業はすでに IFRSs を適用しているため，IFRS 第 1 号を適用すべきではない。

対照的に，「存続企業」（すなわち，財務報告上の取得企業）が従来 IFRSs により報告していない逆取得のケースでは，新しい親会社は，IFRS 第 1 号の目的において初度適用企業であり，通常の方法で本基準が適用される。

同様の考え方は，既存の事業の継続として会計処理される共通支配下の企業結合にも適用され得る。

3.7　国際財務報告基準（IFRSs）

「国際財務報告基準」は以下のように定義される［IFRS 第 1 号付録 A］。

> 「国際会計基準審議会（IASB）が採択した基準および解釈指針。それらは以下で構成される。」

- 国際財務報告基準
- 国際会計基準
- IFRS 解釈指針
- SIC 解釈指針

3.8 IFRS開始財政状態計算書

「IFRS 開始財政状態計算書」は以下のように定義される［IFRS 第 1 号付録 A］。

「IFRS 移行日現在の企業の財政状態計算書」

3.9 従前の会計原則

「従前の会計原則」は以下のように定義される［IFRS 第 1 号付録 A］。

「初度適用企業が IFRSs を採用する直前に使用していた，会計処理の基礎」

企業が，以前に 2 つの完全な 1 組の財務諸表を，それぞれ異なる会計原則に準拠して作成していた場合がある。例えば，会社が自国の会計原則に準拠した法定の財務諸表を作成し，さらに米国の株式市場に上場しているために，米国会計原則に基づく完全な 1 組の財務諸表を作成している場合である。

そのようなケースでは，経営者は，規制環境に従って（その国の会計原則に準拠した）法定の財務諸表から移行するか，または表示していた他の 1 組の財務諸表から移行するかどうかを決定することになる。どちらの会計原則が「従前の会計原則」であるかの決定は以下に従う。

- 企業は，複数の IFRS 財務諸表を有することはできない。そのため，IFRSs への移行の出発点はただ 1 つでなければならない（たとえ，この出発点と，もう 1 つの従前に使用されていた会計の枠組の間の調整を選択する場合でも）。
- IFRSs においては，経営者は従前の会計原則を識別する自由選択権を有する。しかしながら，そのような自由選択権は，企業が事業を営む規制当局の制度によって無効になる場合がある。
- 従前の会計原則の選択は合理的なものでなければならない（例えば，限定された部数で特定の目的で作成された従前の財務諸表は，企業の主要な利用者グループに対して発行される財務諸表と比較した場合に，適切な出発点とはならない）。

4　範　囲

企業は，IFRS 第 1 号を以下のものに適用しなければならない［IFRS 第 1 号 2 項］。

- 最初の IFRS 財務諸表
- 最初の IFRS 財務諸表の対象とする年度の一部分について，IAS 第 34 号「期中財務報告」に準拠した企業が作成する各期中財務報告（該当する場合）

本章 3.4 において述べているとおり，企業の最初の IFRS 財務諸表とは，財務諸表において IFRSs への準拠の明示的かつ無限定の記述を行うことにより，企業が IFRSs を採用する最初の年次財務諸表である［IFRS 第 1 号 3 項］。

IFRS 第 1 号は，IFRSs に準拠した財務諸表は，例えば，企業が直近の財務諸表を以下のいずれかで作成していた場合，企業の最初の IFRS 財務諸表になるとしている［IFRS 第 1 号 3 項（a)］。

- IFRSs とすべての点では一致していない国内の要求事項に従っていた。
- すべての点で IFRSs と合致していたが，IFRSs に準拠しているという明示的かつ無限定の記述が財務諸表に含まれていなかった。
- IFRSs の全部ではなく一部に準拠しているという明示的記述を含んでいた。
- IFRSs と合致していない国内の要求事項に従って，国内の要求事項が存在していない項目の会計処理について個々の IFRSs を使用していた。
- 国内の要求事項に従って作成し，一部の金額について IFRSs に従って算定した金額への調整表を付していた。

IFRSsに準拠した財務諸表が，IFRS第1号において企業の最初のIFRS財務諸表となるであろうその他の例には，企業が以前に以下であった場合を含む[IFRS第1号3項（b）－3項（d）]。

- IFRSsに基づいた財務諸表を内部用にのみ作成し，企業の所有者や他の外部利用者に公開していなかった場合
- 連結目的でIFRSsに準拠した報告パッケージを作成していたが，IAS第1号で定義されている完全な1組の財務諸表は作成していなかった場合
- 過年度について財務諸表を表示していなかった場合

以下の場合には，IFRS第1号を適用することは適切ではない［IFRS第1号4項］。

- これまで，IFRSsに準拠しているという明示的かつ無限定の記述を含む他の1組の財務諸表とともに表示していた国内の要求事項に従った財務諸表の表示を企業がやめた場合
- 過年度において国内の要求事項に従って財務諸表を作成していて，当該財務諸表がIFRSsに準拠しているという明示的かつ無限定の記述を含んでいた場合
- たとえ監査人が当該財務諸表に関する監査報告書に限定意見を付していたとしても，企業が過年度において，IFRSsに準拠しているという明示的かつ無限定の記述を含んだ財務諸表を表示していた場合

IFRS第1号に先立った公開草案（ED）にコメントをした数名は，EDで課されているテストは過度に厳格であり，しかも，企業の従前の財務諸表が，特定のかつ明示的な逸脱を除いてはIFRSsに準拠しているという記述を含んでいる場合には，当該企業は初度適用企業とみなすべきではないことを提言した。この議論は，逸脱が開示のみに関係する場合には，特に有力であるかもしれない。IASBはこれを検討し，この方法を実行しようとすれば，当該企業はかつてIFRSsを採用したことがなかったという結論を出す前に，どの程度の逸脱事項が必要なのか，そしてそれがどれほど重大なものでな

ければならないのかを明確にする必要があるとした。そのため IASB は，本基準は明確な答えをもたらす簡単なテストを含むべきことを決定した［IFRS 第 1 号 BC 5 項］。

IFRS 第 1 号は，IFRSs をすでに採用している企業が行う会計方針の変更には適用されない。そのような変更は，IAS 第 8 号「会計方針，会計上の見積りの変更および誤謬」（**第 1 巻 4 章「会計方針，会計上の見積りの変更および誤謬」**参照）の要求事項および他の IFRSs の具体的な経過規定の対象となる［IFRS 第 1 号 5 項］。

以下の設例は，前のパラグラフで説明された状況のうちのいくつかを説明する。

設例4A

前年においてIFRSsへの準拠を主張したが，その後において財務諸表がIFRS準拠でないことが判明した場合

会社 A は，20X1 年に，無限定の監査意見の付された，すべての IFRSs に準拠していると記述している財務諸表を公表した。20X2 年に，会社 A の監査人は，IAS 第 1 号「財務諸表の表示」のある開示要求が，20X1 年の財務諸表から誤って省略されていたことに気付く。

20X2 年の財務諸表において，会社 A は IFRS 第 1 号の範囲内に含まれるか。

いいえ。上記の状況では，20X1 年の財務諸表は IFRS 準拠であると記述されていた。会社 A は 20X1 年の財務諸表に対し IFRSs への無限定の準拠を主張すべきでなかった一方で，これらの財務諸表はすでに IFRS 準拠とみなされ，そのように依拠されてきた。したがって，どのような誤謬も IAS 第 8 号に従って会計処理される。

設例4B

前年におけるIFRSsへの限定的な準拠の記述

企業は，20X1 年の財務諸表において，IFRSs への限定的な準拠（すなわち，IFRSs の全部ではなく一部に準拠している）の記述を含んでいた。

企業は 20X2 年において初度適用企業となり得るか。

なり得る。直近の財務諸表において，IFRSs への限定的な準拠の記述を行った企業は，当期において IFRS 第 1 号の適用範囲からは除外されない。企業は，その財務諸表が IFRSs に準拠しているという明示的かつ**無限定の**記述を最初に含んだときに初度適用企業となる。

以下は準拠への無限定の記述とは考えられない。

- IFRSs と「一致している」か，または「類似している」自国の会計原則への準拠の記述
- 特定の基準または開示要求を除いた IFRSs への準拠の記述

設例4C

外部の利用者に配布される補足的なIFRS財務諸表

20X1 年に，会社 B は自国の会計原則に準拠した法定財務諸表を作成し表示した。会社 B は，IFRSs に準拠している旨の記述のある補足的な財務諸表も作成し，その補足財務諸表を特定の利用者グループ（金融機関）に配布した。20X2 年に，会社 B は，IFRSs に準拠して法定財務諸表を作成する予定である。

会社 B は，20X2 年において初度適用企業とみなされるか。

みなされない。IFRSs への準拠を記述した財務諸表が，配布の範囲に関係なく外部に公表されている場合，それらの財務諸表は企業が初度適用企業とみなされないようにする。同様の原則は，企業が特定の商取引の相手先に，1 組の IFRS 財務諸表を以前に公表している場合にも，適用される。

設例4D

最初のIFRS財務諸表としての上場書類

会社 C は，20X7 年 12 月 31 日に終了する年度の財務諸表を自国の会計原則により作成し公表した。20X8 年中に，株式公開（IPO）に関連して，会社 C は，20X7 年 12 月 31 日に終了する 3 年分の IFRS 財務情報を含む上場書類を公表した。20X7 年の法定財務諸表は，修正または再発行されなかった。

20X9 年中に，会社 C は，20X8 年 12 月 31 日に終了する年度の IFRS

財務諸表を，1 年の比較情報とともに，IFRSs に準拠しているという無限定の記述を含み公表した。

会社 C の IFRS 移行日はいつか。

上場書類が IFRSs へ準拠しているという無限定の記述を含んでいる場合には，それらの上場書類は企業の最初の IFRS 財務諸表となる。その結果，IFRS 移行日は，完全な IFRS の情報が与えられる最も早い比較期間の期首（すなわち，20X5 年 1 月 1 日）になる。

上場書類が IFRSs に準拠しているという無限定の記述を含んでいない（例えば，現地の規制当局の許容により，特定の開示要求が省略されたため）場合には，上場書類は企業の最初の IFRS 財務諸表とはならない。その場合には，企業の最初の IFRS 財務諸表は，20X8 年 12 月 31 日に終了する年度のものであり，IFRS 移行日は 20X7 年 1 月 1 日となる。

4.1　IFRS第1号の再度の適用

2012 年 5 月に公表された IFRS の年次改善 2009－2011 年サイクル（2009－2011 年次改善）の一部として，IFRS 第 1 号は，IFRSs を過年度に適用したことがあるが直近の年次財務諸表には適用していない企業に詳細な指針を提供するために修正された。IFRS 第 1 号 BC 6A 項に掲げられているそのような状況の一例は，過去の報告期間において外国での上場要件を満たすために IFRS 財務諸表を作成した企業が，その後に上場を廃止して IFRS 財務諸表の作成を中止したが，現地の報告要求が変化したために，当期に IFRS 財務諸表を作成する要求事項に直面するような状況である。

過去の会計期間に IFRS 第 1 号を適用したことがあるが，直近の財務諸表には IFRSs に準拠している旨の明示的かつ無限定の記述を含んでいない企業は，以下のいずれかを選択することができる［IFRS 第 1 号 4A 項］。

- IFRS 第 1 号を適用する（すなわち，直近年度では作成していないが過年度にIFRS 財務諸表を作成していたにもかかわらず，企業は IFRS の「初度適用」企業として扱われる）。
- IFRSs の適用を中止したことがなかったかのように，IAS 第 8 号に従って IFRSs を遡及適用する。

2009－2011 年次改善前の公開草案は，上述の状況において IFRS 第 1 号の適用を企業に**要求する**ことを提案していた。しかし審議会は，この公開草案に寄せられたコメントを踏まえて代替案として IFRSs の完全な遡及適用を認めた。審議会は，IFRSs に復帰する企業は，IFRSs の適用を中断なしに継続していたかのように IFRSs を適用することの便益の方が，そうした情報を作成するコストを上回ると判断する可能性があること，および企業が当該アプローチに従うことを禁止すべきではないと考えたことから，この代替案は認められた［IFRS 第 1 号 BC 6C 項］。

どちらを選択するとしても，

- IFRS 財務諸表作成時において，事後的判断は適用されるべきでなく［IFRS 第 1 号 BC 6C 項］，
- 追加的な開示要求事項が適用される（**本章 9.2.1** 参照）。

設例4.1

IFRS第1号の再度の適用

会社 B は，IFRSs への準拠の明示的かつ無限定の記述をし，20X1 年および 20X2 年の財務諸表を発行した。20X3 年に，会社 B は自国の会計原則のみへの準拠を表明した。

会社 B が，20X4 年に IFRSs に準拠した財務諸表を作成することを望む場合，その財務諸表は何に基づいて作成されるべきか。

20X4 年に，会社 B は以下のいずれかを選択できる。

- IFRS 第 1 号を適用する。
- あたかも IFRSs の適用を中断しなかったかのように，遡及的に IFRSs を適用する。

会社Bが，20X4年にIFRS第1号を適用しないことを選択する場合，事実上，20X3年にIFRSsに準拠して財務諸表を作成した場合に要求されたIFRS会計情報を再作成する必要がある。

IFRS第1号4A項の要求事項は，2013年1月1日以後開始事業年度に適用され，早期適用は認められる。

2012年5月の修正前は，前述の状況でIFRSsに復帰する企業は，IFRS第1号への準拠を要求されるということが一般に合意されていた（2010年9月のIFRICアップデートにおいて，IFRS解釈指針委員会が公表したアジェンダ決定事項を参照）。中断がなかったかのようにIFRSsの適用を継続するという選択は，利用可能ではなかった。その結果，2013年1月1日前に開始する期間にIFRSsを「再適用」し，IFRSsの適用を中断しなかったかのようにIFRSsの遡及適用を望む場合，企業は，2012年5月修正の発効日前に当該修正を適用していることの明示的な記述，ならびにIFRS第1号23A項および23B項の追加的な開示要求への準拠を要求されている（**本章9.2.1**参照）。

5　認識および測定―一般原則

IFRS第1号の基礎となる一般原則は，初度適用企業は，最初のIFRS報告期間の末日現在で有効な版の各IFRSsを遡及的に適用しなければならないことである。このため，最初のIFRS財務諸表は，本章の後半で述べられる例外措置と免除を除き，企業があたかも従来からずっとIFRSsを適用してきたかのように表示される。

5.1　IFRS開始財政状態計算書

初度適用企業は，IFRSs移行日（**本章3.1**参照）現在で，IFRS開始財政状態計算書（**本章3.8**参照）を作成し表示しなければならない。これは，IFRSs

に準拠したその企業の会計処理の出発点となる［IFRS 第 1 号 6 項］。

本章 5.2 に記述のとおり，企業は，IFRS 開始財政状態計算書において適用する会計方針と同一の会計方針を，最初の IFRS 財務諸表で表示される全期間を通じて，適用しなければならない。これらの会計方針は，最初の IFRS 報告期間の期末日現在で有効な各基準を基礎とする。最初の IFRS 報告期間の期末日は，少なくとも IFRSs 移行日（すなわち，IFRS 開始財政状態計算書の「時点」）から 2 年後である。したがって，企業の最初の IFRS 報告期間に有効となる新規または修正の IFRSs が公表されないことが明らかになるまで，IFRS 開始財政状態計算書を最終化することができない。企業がこれを確認する前に，IFRS 開始財政状態計算書を公表する場合（例えば，現地規制当局により，企業は IFRS 開始財政状態に関する情報を市場へ開示することが要求されているが，IASB が，企業の最初の IFRS 財務諸表に有効となる可能性がある修正を検討している場合）には，企業は，その表示された期間に影響を与える IASB によるその後の公表がなされた場合には，開示金額に対する訂正の必要の可能性があることを記載すべきである。

以下の時系列は，これらの要求事項を要約し，暦年末で 1 年分の比較情報を表示する初度適用企業にとっての主要な日程を解説する。

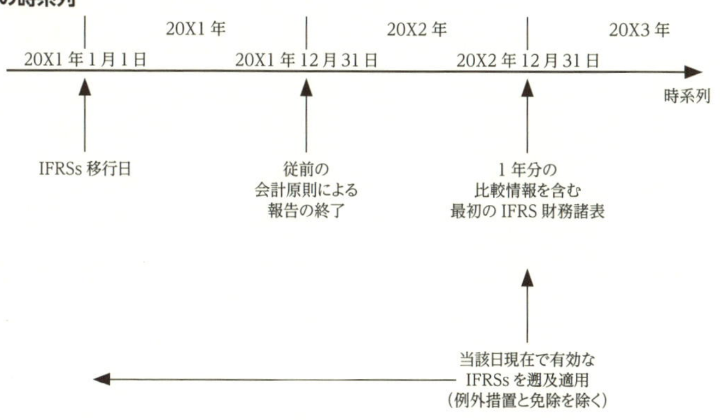

本章 6 および **7** でそれぞれ述べられる例外措置および免除を除き，企業は IFRS 開始財政状態計算書で以下のことを行わなければならない［IFRS 第 1 号 10 項］。

- IFRSs で認識が求められているすべての資産および負債を認識する。
- IFRSs が資産または負債としての認識を認めていない項目は，認識しない。
- 従前の会計原則のもとで，ある種類の資産，負債または資本項目として認識していたが，IFRSs に従えば異なる種類の資産，負債または資本項目である項目については分類を変更する。
- 認識したすべての資産および負債の測定に IFRSs を適用する。

5.2　会計方針

IFRS 第 1 号は，企業にその IFRS 開始財政状態計算書において，またその最初の IFRS 財務諸表で表示される全期間を通じて，同一の会計方針を使用することを要求する。それらの会計方針は，**本章 6** および **7** で説明される例外措置および免除を除き，最初の IFRS 報告期間の期末日現在で有効な各基準に準拠しなければならない［IFRS 第 1 号 7 項］。

IFRSs のもとでの会計方針の選択は，**第 1 巻 4 章 3** で検討されている。企業は，IFRSs を採用する際，たとえ従前の会計原則が IFRSs と整合している場合においても，従前の会計原則のもとでの会計方針の選択に拘束されない。特に，IFRSs が明示的に選択を許容している状況において，その選択は，従前の会計原則のもとで採用された方針に拘束されない（例えば，有形固定資産の種類に再評価の基礎を使用するかの選択）。しかしながら，その他の場合（例えば，IFRSs に特定の指針がない場合）においては，IAS 第 8 号を適用する際に，従前の会計原則のもとで適切な会計方針を選択する際に関連した要因は考慮されるべきである。

企業は，以前に有効であった異なる版のIFRSsを適用してはならない。しかしながら，まだ強制となっていない新しいIFRSsが早期適用を認められている場合には，当該基準を適用することができる［IFRS第1号8項］。

2012年5月，IFRS解釈指針委員会は，企業の最初のIFRS報告期間の末日時点で新しいIFRSの適用がまだ強制となっていないが，IFRSが早期適用を認めている場合に，当該企業は，IFRSが表示されるすべての期間を通じて適用されることを条件として，その最初のIFRS財務諸表においてそのIFRSを適用することが認められるが強制はされないことを確認した。この点に関してIFRS第1号の要求事項は明確と考えられるが，本章執筆時点において，可能性のある誤解を回避するために，IFRSの年次改善（2011－2013年サイクル）の一部としてIFRS第1号BC11項（「現行の」版のIFRSsを参照している）を修正するための提案がなされている（**本章10**参照）。

訳者注

2013年第4四半期に，「IFRSの年次改善2011－2013年サイクル」が公表された。

設例5.2

初度適用企業がIFRS第9号を発効日より前に適用する場合―どの版のIFRS第9号を適用すべきか。

企業AはIFRSsの初度適用企業である。IFRSs移行日は2012年1月1日であり，2013年12月31日終了年度の最初のIFRS財務諸表を表示した。

最初のIFRS財務諸表において，企業AはIFRS第9号金融商品を適用したいと考えている。IFRS第9号は段階的に公表されている。現在までに，2フェーズが最終化されており，以下が公表されている。

- 2009年11月に公表されたIFRS第9号「金融商品」（IFRS第9号〔2009年〕）。この版は金融資産の分類と測定の要求事項のみを含んでいる。
- 2010年10月に公表されたIFRS第9号「金融商品」（IFRS第9号〔2010年〕）。IFRS第9号（2010年）はIFRS第9号（2009年）のすべての要求事項を番号を再割当して包含しており，金融負債の認識と測定に関する追加的要求事項を規定している。（従前は IAS 第 39 号「金融商品：認識と測定」に含められた，認識と認識の中止，組込デリバティブおよび公正価値測定についての要求事項も含んでいる。しかし，これらの項目は〔番号の再割当を除き〕変更されていない。結果として，ある企業が IFRS 第 9 号〔2009 年〕と IFRS 第 9 号〔2010 年〕のどちらを適用したとしても，これらの要求事項の影響に変わりはない。）

IFRS 第 9 号の今後のフェーズでは，ヘッジ会計，償却原価および減損について公表が行われる予定であり，それをもって IAS 第 39 号の置換プロジェクトが完了する。

IFRS 第 9 号（2009 年）と IFRS 第 9 号（2010 年）はいずれも 2015 年 1 月 1 日以後（すなわち企業 A の最初の IFRS 財務諸表後に）発効し，早期適用は認められる。

企業 A は IFRS 第 9 号のどの版（2009 年か 2010 年）を適用すべきか。

この質問は IFRS 第 1 号には明示的には取扱われていない。IFRS 第 9 号のどの版も企業 A の最初の IFRS 報告期間においては発効しておらず，結果として企業 A はその最初の IFRS 財務諸表においてどちらの版も適用する必要はない。逆に，なんら特定の要求事項もない状況においては（例えば，現地の規制要求），企業 A はどの版の IFRS 第 9 号を適用するかについて選択肢がある。

IFRS 第 1 号 BC 11 項によれば，IFRS 第 1 号 7 項から 9 項は，初度適用企業に対して，置換えられたあるいは修正された従前の版を考慮せず，IFRSs の現行版を適用するように要求している。その目的は，置換えられた版よりも優れていると IASB が判断する IFRSs 最新版を用いて作成された比較可能な情報が利用者に対して提供できるということがあげられる。しかし，2010 年版が 2009 年版をベースに作成されていることから，IFRS 第 9 号（2009 年）と IFRS 第 9 号（2010 年）は相互補完的である。したがって，IFRS 第 9 号（2009 年）は IFRS 第 9 号（2010 年）に比べて「劣っている」と考えるべきではなく，IASB の金融商品の報告に関する包括的なモデルを作り上げていく，より初期の段階にあると考えるべきである。

企業AにIFRS第9号のどの版を適用するかの選択肢を与えているということは，すでにIFRSsを適用している企業が2015年1月1日前に開始する事業年度にIFRS第9号を適用する場合に，IFRS第9号（2009年）とIFRS第9号（2010年）のいずれを選択適用することも可能であることと整合している（IFRS第9号〔2010年〕7.3.2参照）。

他のIFRSsの経過措置は，すでにIFRSsを適用している企業の会計方針の変更に適用される。それらは**本章6**および**7**で説明される特定の状況を除き，初度適用企業のIFRSsへの移行には適用されない［IFRS第1号9項］。

例えば，決算日が3月31日の企業が，20X3年3月31日にその最初のIFRS財務諸表を作成する。企業は，1年分の比較数値を表示する。したがって，企業のIFRSs移行日は20X1年4月1日である。

企業は，20X2年4月1日およびその日以前に開始する年度に有効なすべてのIFRSs（すなわち，その報告期間の期末日現在で有効な基準）を適用し，これらのIFRSsに関するすべての経過措置は，IFRS第1号が適用すべきと明記しているものを除き考慮しない。それらのIFRSsは，20X1年4月1日の開始財政状態計算書，20X2年3月31日の比較財政状態計算書，および20X3年3月31日の財政状態計算書をIFRSsに準拠して作成する際に，適用されなければならない。企業は，報告期間の末日現在において，強制適用となっていない新たに公表されたIFRSsを，当該IFRSsが早期適用を認めている場合には，適用することが認められるが要求はされない。

5.2.1　期中財務報告書の公表後に公表され，最初のIFRS報告期間に対して有効となる新しいまたは修正されたIFRSs

企業が最初のIFRS報告期間中に期中財務報告を公表する場合，その最初のIFRS報告期間に有効となるIFRSsに事後的な変更がないことが確実ではない。そのような変更がある場合には，企業は，新たな要求事項に準拠するために，その開始財政状態計算書を修正し，その後のIFRSsに基づいた期中財務報告または最初の年次財務諸表においてそのようにしたことを説明すべきである。企業は，期中財務報告において，IFRS 会計方針が変更されるかもしれないという事実を強調する記述を含めることが推奨される。

5.2.2　IFRSsの採用年度における，企業の期中財務報告書公表後の会計方針の変更

IAS 第 8 号「会計方針，会計上の見積りの変更および誤謬」は，企業がIFRSs 採用時に行う会計方針の変更または最初の IFRS 財務諸表を表示するまでの会計方針の変更には適用されない。したがって，会計方針の変更に関するIAS 第 8 号の要求事項は，企業の最初の IFRS 財務諸表には適用されない［IFRS 第 1 号 27 項］。

したがって，企業が IFRSs に基づき期中財務報告を作成した場合，当企業は，IFRS 第 1 号の選択を変更することおよび／または期中財務報告に反映された会計方針の選択を，最初の年次財務諸表および年次財務諸表までの以後の報告期間に変更することが認められる。企業の選択は，IFRSs に従った最初の年次財務諸表を作成するまでに決定される必要がある。企業が最初の IFRS 財務諸表（すなわち，IFRSs を適用する最初の年次財務諸表）を表示する後までは，（会計方針の変更の正当性および開示の両方に関して）IAS 第 8 号の要求事項は，会計方針の変更には適用されない。

最初の IFRS 財務諸表の対象期間中に，企業が会計方針を変更する場合または IFRS 第 1 号の免除の使用を変更する場合には，それらの変更の影響は，適切な場合には IFRS 第 1 号のもとで要求される調整表において説明および開示しなければならない（**本章 9.2.2** 参照）。

5.2.3　開始財政状態計算書の修正再表示による修正

従前の会計原則からIFRSsへの開始財政状態計算書への修正再表示から生じる修正は，IFRSs 移行日現在の利益剰余金，または適当な場合には，資本における他の区分の修正として認識しなければならない［IFRS 第 1 号 11 項］。

修正は，他のIFRSsが資本における他の区分での認識を要求する場合を除き，利益剰余金で認識される。例えば，企業がIAS第16号の再評価モデルを適用する場合，移行日における公正価値と減価償却後原価の差額は再評価剰余金に貸方計上される。同様に，キャッシュ・フロー・ヘッジとして分類されたデリバティブに関連して，別個の剰余金が認識される。しかしながら，その他の状況において，別の剰余金が，利益剰余金のなかで認識されることを妨げるものはない。これは例えば，剰余金が分配できない，または，その他の法的規制を受ける場合に適切である場合がある。

6 他のIFRSsの遡及適用に対する例外措置

IFRS 第 1 号は，以下に関連する他の IFRSs の一部の局面の遡及適用を禁止している［IFRS 第 1 号 13 項および B1 項］。

- 見積り（**本章** 6.1 参照）
- 金融資産および金融負債の認識の中止（**本章** 6.2 参照）
- ヘッジ会計（**本章** 6.3 参照）
- 非支配持分（**本章** 6.4 参照）
- 金融資産の分類および測定（**本章** 6.5 参照）
- 組込デリバティブ（**本章** 6.6 参照）
- 政府融資（**本章** 6.7 参照）

金融資産および組込デリバティブの分類および測定に関する例外措置は，最初の IFRS 財務諸表に IFRS 第 9 号「金融商品」を適用する企業のみ適用することができる。

6.1 見積り

IFRS 第 1 号は，IFRSs のもとでの IFRSs 移行日現在での見積りは，会計方針の相違を反映するための修正を行った後，従前の会計原則のもとで同日現在で行われた見積りと首尾一貫したものでなければならない。ただし，それらの見積りが誤っていたという客観的な証拠がある場合は除く［IFRS 第 1 号 14 項］。

このため，従前の会計原則のもとで行われ，IFRSs において必要な会計の見積りは，会計方針の相違を反映させる場合，または，見積りが誤っていたという客観的な証拠がある場合を除いては，移行において修正されない。この例外措置の主目的は，企業が従前の会計原則のもとで金額が当初見積られた際には知られていなかった状況や情報に基づいて，見積りを修正するという事後的な判断を行うことを防ぐことである。

IFRS の開始財政状態計算書を修正再表示する際，企業は，それらの見積りが行われたときには利用可能ではなかった，従前の会計原則のもとで行われた見積りに関する情報を有している場合がある。この情報は，修正されない項目として取扱われる（すなわち，認識された金額は修正されない）。IFRS 第 1 号は，この要求事項を説明するために以下の設例を示している。

設例6.1
従前の会計原則との見積りの整合性
［IFRS第1号15項］

企業の IFRSs への移行日は 20X4 年 1 月 1 日であるとする。20X4 年 7 月 15 日における新たな情報は，20X3 年 12 月 31 日において，従前の会計原則に従って行われた見積りの修正を要求する。企業は，会計方針の相違による見積りの修正が必要である場合，または，見積りが誤っていたという客観的な証拠がある場合を除いて，その新たな情報をIFRS開始財政状態計算書に反映してはならない。その代わり，企業はその新たな情報を 20X4 年 12 月 31 日終了年度の純損益（または，適切な場合には，その他の包括利益）に反映しなければならない。

IFRSs 移行日において，従前の会計原則では同日現在で求められていなかった見積りを，IFRSs のもとで行うことが必要となる場合がある。それらの見積りは，IFRSs 移行日現在で存在していた状況を反映しなければならない。特に，市場価格，金利または為替レートの IFRSs 移行日における見積りは，同日現在の市場の状況を反映しなければならない［IFRS 第 1 号 16 項］。

IFRS 第 1 号に付属する適用ガイダンスは，この例外措置が，分類または測定は特定の日に存在する状況に基づくとする他の IFRSs の要求事項に優先するものではないと説明している。以下の例が示されている［IFRS 第 1 号 IG4 項］。

- IAS 第 17 号におけるファイナンス・リースとオペレーティング・リースの区分
- IAS 第 38 号「無形資産」において，その支出が発生したときにその資産の認識要件を満たさなかった場合に，自己創設無形資産に係る支出の資産計上を禁止する制約
- IAS 第 32 号「金融商品：表示」における金融負債と資本性金融商品の区別

初めて IAS 第 19 号「従業員給付」を適用する場合における数理計算上の仮定の使用は，**本章 7.6.3** で検討されている。

6.1.1　IFRSs移行日前に発生した誤謬の修正

企業の最初の IFRS 財務諸表作成時に，企業が従前の会計原則のもとで行われた見積りに関して誤謬を発見した場合には，誤謬の修正の影響は，IFRS 開始財政状態計算書の利益剰余金に対して修正される。

このような修正は，IFRS 第 1 号 24 項（a）および（b）(**本章 9.2.2** 参照）で要求される調整表において別個に開示されるべきである。この開示は総額ベースで行われ，誤謬の純額表示は認められない。

6.1.2　比較期間の末日に行われた見積り

当原則は，企業の最初の IFRS 財務諸表において表示される比較情報にも適用される［IFRS 第 1 号 17 項］。したがって，比較期間の末日に行われる見積りは（**本章設例 6.1** においては，20X4 年 12 月 31 日），事後的な判断を行うことに関して，IFRS 開始財政状態計算書と同じルールに従わなければならない。

6.2　金融資産および金融負債の認識の中止

IFRS 第 1 号 B2 項は，初度適用企業が，IFRS 第 9 号（または，IFRS 第 9 号を未適用の企業については IAS 第 39 号）の認識の中止に関する規定を，IFRSs 移行日から将来に向かって適用することを要求している。ただし，IFRS 第 1 号 B3 項に従って，その企業の選択する日から遡及的にこれらの認識の中止の規定を適用することを企業が選択する場合を除く（**本章 6.2.1** 参照）。このため，初度適用企業が，IFRSs 移行日（または企業が IFRS 第 1 号 B3 項に従うことを選択したより早い日）より前に発生した証券化，譲渡またはその他の認識の中止となる取引について，従前の会計原則のもとで，金融資産または金融負債の認識の中止を行った場合には，その後の取引や事象により認識の要件を満たす場合を除き，IFRS 第 9 号または IAS 第 39 号では認識の中止の要件を満たしていない場合でも，IFRSs 移行日において当該資産または負債を認識しない。

当例外措置を適用する際には，以下に留意することが重要である。

- 初度適用企業は，IFRSs 移行日においても存在しており（例えば，デリバティブまたはサービス権またはサービス負債等のその他の権益），IFRSs 移行日より前に行われた認識の中止の取引後に保持する金融持分は，認識しなければならない。
- 認識の中止の要求事項の遡及適用に関する例外措置は，連結には拡張されない。初度適用企業は，支配するすべての特別目的事業体（SPE）および組成された企業を IFRSs 移行日において連結する必要があり，これらの企業が，IFRSs 移行日前に存在していたことや，これらの企業が，従前の会計原則によって認識が中止された金融資産または金融負債を保有している場合にも連結の例外とはならない［IFRS 第 1 号 IG26 項］。そのため，連結グループが IFRSs 移行日前に組成された企業への資産の譲渡の結果として，従前の会計原則のもとで金融資産の認識を中止したが，金融資産が譲渡された組成された企業が IFRS 第 10 号「連結財務諸表」（または，IFRS 第 10 号を未適用の企業については SIC 第 12 号「連結－特別目的事業体」）に従い当連結グループに支配されているとみなされ，従前の会計原則で組成された企業がその資産の認識を中止していない場合には，それらの資産は当連結グループの財政状態計算書に再度連結される場合がある。

6.2.1　選択日から遡及的に認識の中止の規定を適用する選択肢

認識の中止に関する原則を IFRSs 移行日から将来に向かって適用するという要求事項にかかわらず，過去の取引の結果として認識の中止が行われた金融資産と金融負債に IFRS 第 9 号（または，IFRS 第 9 号を未適用の企業については IAS 第 39 号）を適用するのに必要な情報が，取引の当初の会計処理の時点において入手されている場合には，企業は，その選択する日から遡及的に IFRS 第 9 号の認識の中止の要求事項を適用することもできる［IFRS 第 1 号 B3 項］。

初度適用におけるこれらの認識の中止の規定の適用に関しての詳細は，IFRS 第 9 号を適用する企業については，**第 3 巻 13 章「金融商品：国際財務報告基準の初度適用」3.1** を参照のこと。

6.3　ヘッジ会計

IFRS 第 1 号は，ヘッジ会計について IAS 第 39 号を遡及適用することを禁止している［IFRS 第 1 号 B4 項－ B6 項］。これは，ヘッジ関係が適切に指定され，文書化され，極めて有効であり，その他のすべてのヘッジ会計の要件を充足する場合に，ヘッジ会計が将来に向かってのみ利用可能であるという IAS 第 39 号のヘッジ会計についての一般的要求事項と整合している。

この例外措置は，最初の IFRS 財務諸表において IFRS 第 9 号を適用する企業にも同様に適用される。これは，ヘッジ会計に関する要求事項を改訂し，IFRS 第 9 号に取込むとした IASB の作業の最終化が保留されているため，これらの企業はヘッジ会計に関する IAS 第 39 号の要求事項を適用しなければならないからである。

IFRSs 移行日において，企業はすべてのデリバティブを公正価値で測定しなければならない。かつ，従前の会計原則のヘッジ関係に関連して，従前の会計原則において資産または負債として報告されていた，デリバティブから生じるすべての繰延損益を消去しなければならない。当該繰延損益はIFRSsにおいては資産または負債としての要件を満たさないためである［IFRS 第1号 B4 項］。

IFRSs 移行日前において，企業がある取引をヘッジ指定したが，そのヘッジがIAS 第39号のヘッジ会計の要件を満たしていない場合には，企業は，IAS 第39号91項および101項の要求事項を適用してヘッジ会計を中止しなければならない［IFRS 第1号 B6 項］。

ヘッジ関係がIFRSs移行日からヘッジ会計の要件を満たすためには，ヘッジ関係の指定と文書化はIFRSs 移行日以前に完了させなければならない。ヘッジ会計は，そのヘッジ関係が完全に指定され文書化された日からのみ，将来に向かって適用できる［IFRS 第1号 IG60 項］。

初度適用におけるIAS 第39号のヘッジ会計に関する要求事項に関しての詳細は，IFRS 第9号を適用する企業のヘッジ会計に関する要求事項に関して，**第3巻13章3.3** 参照。

6.4　非支配持分

初度適用企業は以下のIFRS 第10号（または，IFRS 第10号を未適用の企業については，IAS 第27号〔2008年〕「連結および個別財務諸表」）の要求事項をIFRSs 移行日から将来に向かって適用しなければならない［IFRS 第1号 B7 項］。

- たとえ非支配持分が負の残高となる場合であっても，包括利益合計を親会社の所有者と非支配持分とに配分するというIFRS 第10号 B94 項（IAS 第27号〔2008年〕28項）の要求事項
- 子会社に対する親会社の所有持分の変動のうち支配の喪失にならないものについての会計処理に関するIFRS 第10号23項およびB93 項（IAS 第27号〔2008年〕30項および31項）の要求事項
- 子会社に対する支配の喪失の会計処理に関するIFRS 第10号 B97 項からB99 項（IAS 第27号〔2008年〕34項から37項）の要求事項およびそれに関連したIFRS 第5号「売却目的で保有する非流動資産および非継続事業」8A 項の要求事項

しかし，初度適用企業が IFRS 第 3 号「企業結合」を過去の企業結合に遡及適用することを選択している場合には，IFRS 第 10 号（または，IFRS 第 10 号を未適用の企業については，IAS 第 27 号〔2008 年〕）も同日から適用しなければならない（**本章 7.1** 参照）[IFRS 第 1 号 C 1 項]。

6.5　金融資産の分類および測定（IFRS第9号の適用企業）

IFRS 第 9 号を適用する初度適用企業は，金融資産が IFRS 第 9 号（2010 年）4.1.2 項における償却原価の条件に該当するかどうかを，IFRSs 移行日に存在している事実と状況に基づいて評価しなければならない [IFRS 第 1 号 B8 項]。

IFRS 第 9 号に基づく償却原価による測定に適格な要件については，**第 3 巻 2 章「金融商品：金融資産」**で詳しく説明している。要約すると，IFRS 第 9 号（2010 年）4.1.2 項は，企業の事業モデルの目的が契約上のキャッシュ・フローを回収するために金融資産を管理することであるかどうかを判断することを要求している。初度適用企業が IFRSs 移行日に存在する事実と状況に基づいて評価することを求める IFRS 第 1 号 B8 項の要求事項は，IFRSs の継続的な報告企業に対する IFRS 第 9 号（2010 年）7.2.4 項の一般的な移行時の要求事項（IFRS 第 9 号の当初適用日現在で評価することを要求している）と整合している。IFRS 第 9 号 BC 7.18 項の説明によれば，IASB は，金融資産が金融資産としての認識要件を最初に満たしたときの状況に基づいて評価することは「困難であり，おそらく不可能」と考えている。

IFRS 第 1 号 B8 項に基づいて金融資産の分類が決定されれば，その分類は過去の報告期間における企業の事業モデルとは関係なく遡及的に適用される。

6.6　組込デリバティブ（IFRS第9号の適用企業）

IFRS 第 9 号を適用する初度適用企業は，組込デリバティブを主契約から区分してデリバティブとして会計処理する必要があるかどうかの判定を，最初に当該契約の当事者になった日と，IFRS 第 9 号（2010 年）B4.3.11 項により再判定が要求される日のいずれか遅い方の日現在で存在していた状況に基づいて行わなければならない［IFRS 第 1 号 B9 項］。

組込デリバティブの会計処理に関する IFRS 第 9 号の要求事項は，**第 3 巻 5 章「金融商品：組込デリバティブ」**に詳しく説明されている。要約すれば，IFRS 第 9 号は，主契約に密接に関連していない組込デリバティブを，契約全体が純損益を通じて公正価値で測定されない場合で，かつ，主契約が IFRS 第 9 号の範囲内の金融資産でない場合には，組込デリバティブを分離して会計処理することを要求している。この評価は，通常は企業が最初に契約の当事者となったときに行われ，契約に「大幅な変更」があったときのみ再評価される（**第 3 巻 5 章 3** 参照）。IFRS 第 1 号 B9 項は，初度適用企業が，最初に契約の当事者となった日と，契約が大幅に変更された日（該当がある場合）のいずれか遅い方の日現在で存在していた状況に基づいて，組込デリバティブを分離するかどうかの判定を行うことを要求している。

初度適用企業が，組込デリバティブを分離すべきであると決定した場合には，当該商品全体が IFRS 第 9 号の認識要件を満たす日における状況に基づいて，組込デリバティブと主契約の当初帳簿価額が決定される［IFRS 第 1 号 IG55 項］。

組込デリバティブと主契約の当初帳簿価額が信頼性をもって算定できない場合には，複合契約全体を純損益を通じて公正価値で測定する金融商品として取扱う（**第 3 巻 5 章 12** 参照）［IFRS 第 1 号 IG55 項］。

6.7 政府融資

IAS第20号「政府補助金の会計処理および政府援助の開示」10A項は，IFRS第9号（またはIAS第39号）に従って決定した借入金の当初の帳簿価額と受取った金額との差額として測定された，無利息または市場金利よりも低利のいずれかで実施された政府融資の便益を政府補助金として取扱うことを要求している（**第2巻16章4.3**参照）。この要求事項が当初導入された際，IASBは企業が過去の日付で借入金を公正価値で測定することを回避するために，将来に向かった適用を決定した。しかし，その時点でIFRS第1号への対応する修正はなされなかった。

2012年3月にIFRS第1号に追加された新しい例外措置は，IFRSs移行日後に締結された新しい借入金に限り，IFRSs初度適用企業にIAS第20項10A項の要求事項を適用することを認め，この見落としを修正している。移行日時点で存在する政府融資について具体的な要求事項が設定される（以下参照）。

2012年3月の修正は，2013年1月1日以後開始する事業年度に適用され，早期適用が認められる。

初度適用企業は，受取ったすべての政府融資を，IAS第32号「金融商品：表示」の要求事項に従って金融負債または資本性金融商品のいずれかとして分類することが要求される［IFRS第1号B10項］。

IFRS第1号B11項で認められている事項を除き（**本章6.7.1**参照），初度適用企業は，IFRS第9号（または，IFRS第9号を未適用の企業についてはIAS第39号）およびIAS第20号の要求事項を，IFRSs移行日時点で存在する政府融資に将来に向かって適用しなければならない。これらの要求事項が将来に向かって適用される場合，以下のとおりとなる［IFRS第1号B10項］。

- 初度適用企業は，市場金利を下回る金利の政府融資の対応する便益を政府補助金として認識してはならない。
- 初度適用企業が従前の会計原則のもとで，市場金利を下回る金利で政府融資の認識および測定を，IFRSsに整合的な基礎で行っていなかった場合には，移行日時点の借入金の従前の会計原則における帳簿価額を，IFRS 開始財政状態計算書における借入金の帳簿価額として使用する。

- IFRS 第 9 号（または IAS 第 39 号）は，移行日後の借入金の測定に適用される。この目的のため，企業は IFRSs 移行日現在の借入金の帳簿価額を，返済予定の金額および時期と比較することによって借入金の実効金利を算定しなければならない［IFRS 第 1 号 IG66 項］。

以下の設例は，IFRS 第 1 号に付属する指針から再構成されたものであり，初度適用企業に対するこれらの要求事項の適用を説明している。

設例6.7

IFRSs移行日現在の市場金利よりも低利の政府融資

［IFRS第1号適用ガイダンス 設例12］

企業がプロジェクトのための資金を得るのが困難な場合に，企業が所定の地域で営業活動を拡大するのを促進するために，政府は，製造設備の資金として市場金利よりも低利で融資を提供している。

企業 S の IFRSs 移行日は 20X2 年 1 月 1 日である。

開発計画に従って，20X0 年に企業 S は，市場金利よりも低利の融資 CU 100,000 を政府から受けた。従前の会計原則において，企業 S は当該借入を資本として会計処理しており，従前の会計原則における帳簿価額は，IFRSs 移行日現在で CU 100,000 であった。返済すべき金額は，20X5 年 1 月 1 日時点で CU 103,030 となる。

当該借入金の条件において他の支払は要求されておらず，当該借入金に付帯した将来の業績条件はない。当該借入金の公正価値を測定するのに必要な情報は，当該借入金の当初の会計処理の時点では入手されていなかった。

当該借入金は，IAS 第 32 号に従った金融負債の定義を満たしている。したがって，企業 S は政府融資を負債に分類する。また，IFRSs 移行日現在の当該借入金の従前の会計原則における帳簿価額を，IFRS 開始財政状態計算書における当該借入金の帳簿価額として使用する。したがって，企業 S は，CU 100,000 の金額を IFRS 開始財政状態計算書において資本から負債に振替える。IFRSs 移行日後に当該借入金を測定するために，20X2 年 1 月 1 日からの実効金利は以下のように計算される。

$$=(103{,}030/100{,}000)^{-3}-1$$
$$=0.01$$

当該借入金の帳簿価額は，以下のとおりである。

（単位：CU）

日付	帳簿価額	金利費用	未払利息
20X2 年 1 月 1 日	100,000		
20X2 年 12 月 31 日	101,000	1,000	1,000
20X3 年 12 月 31 日	102,010	1,010	2,010
20X4 年 12 月 31 日	103,030	1,020	3,030

6.7.1　政府融資に関して要求事項を借入金ごとに遡及適用する選択肢

IFRSs 移行日現在で存在する政府融資に，IFRSs の関連する要求事項を将来に向かって適用するための要求事項にかかわらず，企業は IFRSs 移行日前に組成された政府融資にそれらを遡及適用することを選択することができる。ただし，そうするのに必要な情報が，当該借入金の当初の会計処理の時点で入手されていることが条件となる［IFRS 第 1 号 B11 項］。

結果として，IFRS 第 9 号（または IAS 第 39 号）を適用するために必要な情報が，当該借入金の当初の会計処理の時点で入手されている場合には，企業は関連する要求事項を遡及適用することを選択することができる―この選択肢は借入金ごとに利用することができる。

7　他のIFRSsの遡及適用に対する任意の免除

IFRSs の遡及適用には，膨大な資源が必要であり，状況により実務上不可能となり得る。IASB は IFRSs を遡及的に適用するコストは，場合によっては便益を超える場合があると決定した。このため，IFRS 第 1 号は，以下に列挙するとおり，完全遡及適用の一般原則からの数多くの任意免除規定を設けている。

初度適用企業は，以下の免除のうち 1 つ以上を使用することを選択できる [IFRS 第 1 号 18 項，IFRS 第 1 号付録 C および D]。

- 企業結合（**本章 7.1** 参照）
- 株式に基づく報酬取引（**本章 7.2** 参照）
- 保険契約（**本章 7.3** 参照）
- みなし原価（**本章 7.4** 参照）
- リース（**本章 7.5** 参照）
- 従業員給付（**本章 7.6** 参照）
- 換算差額累計額（**本章 7.7** 参照）
- 子会社，関連会社および共同支配企業に対する投資※（**本章 7.8** 参照）
- 子会社，関連会社および共同支配企業の資産および負債（**本章 7.9** 参照）
- 複合金融商品（**本章 7.10** 参照）
- 以前に認識されている金融商品の指定（**本章 7.11** 参照）
- 金融資産または金融負債の当初認識時の公正価値測定（**本章 7.12** 参照）
- 有形固定資産の原価に算入されている廃棄負債（**本章 7.13** 参照）
- IFRIC 第 12 号「サービス委譲契約」に従って会計処理される金融資産または無形資産（**本章 7.14** 参照）
- 借入コスト（**本章 7.15** 参照）
- 顧客からの資産の移転（**本章 7.16** 参照）
- 資本性金融商品による金融負債の消滅（**本章 7.17** 参照）
- 激しい超インフレ（**本章 7.18** 参照）
- 共同支配の取決め（**本章 7.19** 参照）

● 露天掘り鉱山の生産フェーズにおける剥土コスト（**本章 7.20** 参照）

※　最初の IFRS 財務諸表に IFRS 第 11 号「共同支配の取決め」（2013 年 1 月 1 日以後開始する事業年度に適用が要求され，早期適用が認められる）を適用しない企業は，後述の「共同支配企業（joint venture）」への参照を，「共同支配企業（jointly controlled entity）」への参照として読替える。

IFRS 第 1 号付録 E は「短期的な免除」という別のカテゴリーを示している。これはある短い期間において利用者が適用できるものであり，それらの免除が期限切れになった場合には削除される（詳細については**本章 7.21** で説明する）。

本章 6 における強制的な例外措置と異なり，上述の免除は任意であるため，企業はこれらの免除を利用しないことを選択し，遡及適用の影響を信頼性をもって見積ることができる場合には，その領域における IFRS の会計方針を遡及的に適用することを選択できる。

複数の任意の免除が 1 つの勘定科目残高に影響する場合には，複数の免除を適用することが可能である。各任意の免除規定は独立して適用される。別の任意の免除を選択した結果として，特定の任意の免除を使用することは要求されない。

例えば，企業は移行日前の企業結合を修正再表示しない場合がある。その結果，その企業結合で取得された有形固定資産のみなし原価は，従前の会計原則のもとでの企業結合直後の帳簿価額である。企業は，例えば，移行日の公正価値等の以後のみなし原価で，このみなし原価を置換えることができる。

IFRS 第 1 号は，免除を他の項目に類推適用してはならないと述べている [IFRS 第 1 号 D1 項]。

例えば，初度適用企業は，免除で具体的に規定されていなければ，ある項目の公正価値または従前の会計原則の帳簿価額をみなし原価として使用することはできない。本基準は，IFRSs に準拠した遡及的修正再表示が適用されない場合の限定的な状況を特定している。金額が重要でない場合を除いて，他のすべての状況において IFRSs が遡及適用される。

以下で説明する任意的な免除のいくつかは「公正価値」に言及している。IFRS 第 13 号「公正価値測定」（**本章 3.3** 参照）を適用する企業は，公正価値を当該基準の要求事項に従って測定しなければならない。

IFRS 第 13 号を適用していない企業には，IFRS 第 1 号 19 項（IFRS 第 13 号による結果的修正として削除されている）が，「本基準に準拠して公正価値を算定する際に，企業は付録 A（**本章 3.3** 参照）にある公正価値の定義および対象となる資産または負債の公正価値算定に関して他の IFRSs のより特定された指針を適用しなければならない。それらの公正価値は，公正価値が算定された日に存在していた状況を反映しなければならない」と要求している。

7.1　企業結合

このセクションを通じて説明する免除は，IFRS 第 3 号「企業結合」が適用される企業結合にのみ適用されることに留意すること。この免除は，例えば，IFRS 第 10 号 31 項に基づく投資企業による子会社の取得には，IFRS 第 3 号は適用してはならない（**第 2 巻 4 章 15.2.1** 参照）。

7.1.1　移行日以後の企業結合

初度適用企業は，いかなる免除を適用しようとも，IFRSs 移行日以後のすべての企業結合を IFRS 第 3 号「企業結合」に従って会計処理する。

そのため，企業が最初の IFRS 財務諸表を 20X2 年 12 月 31 日終了年度に作成し，移行日が 20X1 年 1 月 1 日である場合，20X1 年 1 月 1 日以後のすべての企業結合は，IFRS 第 3 号に従った会計処理が要求される。企業結合が比較会計期間（20X1 年）に行われ，当該企業結合が，企業の従前の会計原則によるその会計期間の財務諸表に報告されている場合で，IFRS 第 3 号の適用が重要な影響を与える場合は，以前に報告された金額を修正再表示する必要がある。

7.1.2　移行日前の企業結合についてのIFRS第3号の完全遡及適用

IFRSs 移行日前の企業結合のすべてに IFRS 第 3 号を遡及適用することを望む企業は，そのようにすることができる。

完全な遡及適用を選択しようとする企業は，IFRS 第 3 号に従って遡及的に取得法を適用するために必要な情報を保有していること，特に以下を含むことを確実にすべきである。

- 企業結合の取得原価の算定
- 取得した資産（無形資産を含む）および引受けた負債の識別
- 取得した資産と引受けた負債の取得日の公正価値の測定
- 取得日以降の各年の，のれんの減損テスト

設例7.1.2

IFRS第3号の完全遡及適用―IFRS第3号のどの版を適用すべきか

企業 A は，2012 年 1 月 1 日を移行日として IFRSs を初度適用し，最初の IFRS 財務諸表は，2013 年 12 月 31 日終了会計期間について作成される。企業 A は，IFRS 第 1 号の任意の免除規定を適用しないことを選択しており，代わりに過去のすべての企業結合に遡及的に IFRS 第 3 号を適用する。企業 A は，1990 年以降複数の企業結合に関与している。

IFRS 第 3 号（2008 年修正）の発効日前の企業 A の企業結合に関して，IFRS 第 3 号のどの版を適用すべきか。

IFRS 第 3 号の遡及適用を選択する場合には，IFRS 第 1 号は，企業の最初の IFRS 報告期間で採用される版の IFRS 第 3 号を，一貫して適用することを要求している。したがって，記述されている状況においては，IFRS 第 3 号（2008 年修正）が最初の IFRS 報告期間において適用されるため，当版が過去のすべての企業結合に遡及的に適用される（すなわち，IFRS 第 3 号の

以前の版〔2004 年公表〕は，企業のいずれの以前の企業結合にも適用**されない**)。

7.1.3　企業結合に関する任意の免除— 一般

IFRSs 移行日前の企業結合に IFRS 第 3 号を遡及的に適用する代わりに，初度適用企業は任意の免除として，IFRS 第 1 号付録 C の要求事項を適用することが認められている［IFRS 第 1 号 C 1 項］。

IFRS 第 1 号付録 C における会計の最も重要な特徴は，以下のとおりである。

- 従前の会計原則における過去の企業結合の分類（取得または持分の結合）が維持される。
- 企業結合時（取得日）において決定された元の「公正価値」の再測定は行わない。
- 特定の例を除いて，従前の会計原則のもとで認識されたのれんの帳簿価額は修正されない。

企業がこの免除を選択する場合，IFRSs 移行日前に生じた企業結合を「修正再表示」する必要はないが，これは，このような企業結合に関連して従前の会計原則において認識されたすべての金額を IFRSs において単に繰越せることを意味しているわけではないことを理解することが重要である。このような企業結合で認識された資産および負債についての修正が要求される場合がある。これらの修正については，以下で説明する。

初度適用において企業結合の免除を適用する決定，および免除を適用する日付（**本章 7.1.4** 参照）は，企業の最初の IFRS 財務諸表に重要な影響を与える可能性がある。以下の表は，免除の使用と IFRS 第 3 号の要求事項に従った企業結合の修正再表示との主要な差異をまとめている。

題材	IFRS第1号の任意の免除の適用	IFRS第3号の遡及適用
分類 （**本章7.1.7**参照）	以前の分類を維持 （取得／持分プーリング／逆取得）	取得企業と被取得企業をIFRS第3号のもとで識別
認識 （**本章7.1.8**および**7.1.9**参照）	IFRSs移行日において資産および負債を識別 ● IFRSsに従って資産および負債を認識（従前の会計原則において認識の中止を行った金融資産，金融負債，ならびに資産および負債のうち，従前の会計原則において取得企業の財政状態計算書に認識されていないものを除く）。すなわち，すべての資産と負債について，信頼性のある測定と蓋然性の両方の認識規準が満たされなければならない。 ● IFRSsに準拠しない資産および負債を除外	取得日において資産および負債を識別 ● IFRS第3号に従って資産および負債を認識 ● IFRSsに準拠しない資産および負債を除外
測定 （**本章7.1.10**および**7.1.12**参照）	**取得原価以外のIFRS測定基礎**：これらの資産および負債は，移行日において当該基礎で測定される（例えば，公正価値）。 **取得原価ベースで測定される資産および負債**：これらの資産および負債は，従前の会計原則における企業結合直後の帳簿価額から，IFRSsのもとでの減価償却累計額を控除した金額で測定される。 **従前の会計原則により認識されていない資産および負債**：これらの資産および負債は被取得企業がIFRSsを採用していたかのように測定される。	すべての識別可能な資産および負債は，IFRS第3号に従って測定される（ほとんどは取得日における公正価値）。
のれんの測定 （**本章7.1.13**参照）	以下の修正を除いて，移行日におけるのれんの帳簿価額を維持 ● 移行日における無形資産の認識／未認識 ● のれんの減損 従前の会計原則において資本から控除されていたのれんは，移行日において資本の控除のままとする。	のれんは取得日において，IFRS第3号に従って算定される。この結果，以前に資本から控除されていたのれんの戻入を含めて，従前の会計原則において認識されていたのれんの帳簿価額は修正される可能性が高い。 のれんの従前の償却を戻入れる。
以前に連結されていない子会社 （**本章7.1.14**参照）	子会社が以前よりIFRSsを適用していたかのように，移行日において資産および負債を認識および測定する。のれんは，移行日における次の両方の差額として算定される。 ● それらの修正後帳簿価額に対する親会社の持分 ● 子会社投資の取得原価	上述のように一般規定を適用する。

7.1.4　免除使用のタイミング

初度適用企業は，IFRSs 移行日前に生じた企業結合について，IFRS 第 3 号を遡及適用しないことを選択できる［IFRS 第 1 号 C 1 項］。その場合に IFRS 第 3 号は，移行日以後の企業結合に対し将来に向かって適用される。

しかし，企業は，移行日より前のいかなる日からでも企業結合を修正再表示することを選択できる。企業結合を修正再表示する場合には，その後の企業結合はすべて修正再表示しなければならない［IFRS 第 1 号 C 1 項］。

移行日前の企業結合を修正再表示する場合には，初度適用企業の最初の IFRS 報告期間で適用される版の IFRS 第 3 号の要求事項に準拠するように修正再表示される。

したがって，2013 年 12 月 31 日に最初の IFRS 報告期間が終了する企業Bが，2005年1月1日以後に発生したすべての企業結合についてIFRS 第 3 号を適用することを選択する場合には，IFRS 第 3 号（2008 年修正）がすべての修正再表示される企業結合に適用される。これは，IFRS第3号（2008 年修正）の一般的な経過措置はその版の基準を 2007 年 6 月 30 日より前に適用することを認めていないため，IFRSs をすでに適用している企業に対するものと異なる。それと同時に，企業 B は IFRS 第 10 号「連結財務諸表」を 2005 年 1 月 1 日から適用しなければならない。

これらの要求事項は以下の図により説明される。

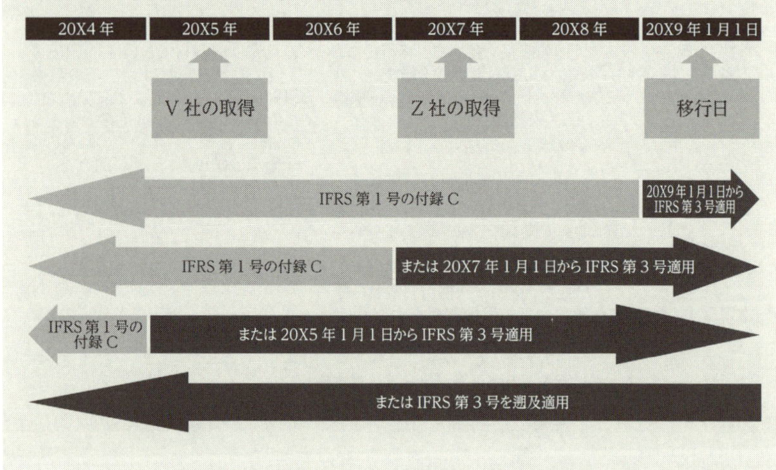

設例7.1.4

企業結合に関する免除使用のタイミング

会社 A は 20X5 年 12 月 31 日終了年度に IFRSs を適用する。したがって，会社 A の移行日は 20X4 年 1 月 1 日である。会社 A は会社 B を 20X3 年 10 月 31 日に，会社 C を 20X4 年 3 月 15 日に，会社 D を 20X4 年 7 月 17 日に，また会社 E を 20X5 年 2 月 15 日に取得した。

会社 C と会社 D に関する企業結合は IFRS 第 3 号に従って修正再表示されなければならない。なぜなら，移行日（20X4 年 1 月 1 日）以後のすべての企業結合は，その企業の最初の IFRS 報告期間の末日（20X5 年 12 月 31 日）において有効な会計の要求事項に従って会計処理しなければならないからである。同様に，会社 E の取得は IFRSs 移行日より後に生じたため，その取得が生じたときに IFRS 第 3 号に従って会計処理されている。

会社 A が 20X3 年 10 月 31 日以後のすべての企業結合を修正再表示することを選択する場合には，会社 B の取得も修正再表示される。会社 A が会社 B の取得を修正再表示しない場合には，IFRSs に従って作成される最初の財務報告において，IFRS 第 1 号付録 C の要求事項がその取引に適用されなければならない。

7.1.5　関連会社および共同支配企業に対する投資の過去の取得

過去の企業結合に対する免除は，関連会社および共同支配企業に対する投資の過去の取得にも適用される。選択された日付（**本章 7.1.4** 参照）は，関連会社および共同支配企業に対する投資の取得について同等に適用される［IFRS 第 1 号 C 5 項］。このような状況においては，初度適用企業は，IFRS 第 3 号を遡及適用する日と同一日から，関連会社および共同支配企業に対する投資の取得について，IAS 第 28 号（2011 年）「関連会社および共同支配企業に対する投資」および IFRS 第 11 号「共同支配の取決め」（または，それらの基準の適用前においては，IAS 第 28 号「関連会社に対する投資」および IAS 第 31 号「ジョイント・ベンチャーに対する持分」）を遡及適用する。このため，企業が移行日前の日における子会社の取得を修正再表示すると決定した場合，その日以後のすべての子会社，関連会社および共同支配企業の取得も修正再表示しなければならない。同様に，企業がIFRSs移行日前の日における関連会社の取得を修正再表示することを選択した場合，その日以後のすべての子会社，他の関連会社および共同支配企業の取得も修正再表示しなければならない。

設例7.1.5
関連会社または共同支配企業の取得に対する企業結合の修正再表示の影響

会社Dは，20X5年1月1日を移行日としてIFRSsを適用する。会社Dは20X2年1月1日から子会社の取得を修正再表示することを選択する。その結果，すべての関連会社および共同支配企業の取得もその日から修正再表示しなければならない。

7.1.6　段階取得

段階取得（すなわち，他の企業の段階的な取得）の場合は，免除のタイミングは子会社の取得の日（すなわち，取得企業が支配を獲得する日）を参照して決定される。

設例7.1.6
移行日前に完了した段階取得

会社Cは，会社Tを当初20X5年6月30日に10%，20X5年12月31日に30%，20X6年12月31日に20%と段階的に取得した。会社Cは会社Tの支配を，20X6年12月31日に取得し，この日がIFRS第3号で定義される「取得日」である。

会社Cは20X7年1月1日をIFRSs移行日とする初度適用企業であり，20X6年1月1日より後のすべての企業結合をIFRS第3号に従って修正再表示することを選択した。

この設例では，会社Tの取得日は20X6年12月31日であり，当該企業結合は修正再表示されなければならない。過去の企業結合を修正再表示する選択は，子会社の取得日を参照して決定されるため，20X6年1月1日より前に生じた段階取得は，すべての企業結合が修正再表示を要求される日に影響を与えない。したがって，この例では 20X6 年 1 月 1 日前の他のいかなる企業結合に対しても IFRS 第 3 号に従った遡及修正は要求されない。

7.1.7　過去の企業結合の分類

従前の会計原則のもとで企業結合は，同じ企業結合に対して IFRSs が要求する分類と異なる分類とされていた場合がある。例えば，従前の会計原則において企業は以下のように分類されていた場合がある。

- IFRS 第 3 号の範囲内の企業結合には認められない持分の結合（「持分プーリング法」としても知られている）
- IFRS 第 3 号においては逆取得として分類される法的形態による取得

企業が企業結合の任意の免除を適用する場合には，従前の会計原則による分類が維持される［IFRS 第 1 号 C 4 項（a)］。企業が IFRS 第 3 号を遡及適用することを選択する場合には，当該分類は IFRS 第 3 号に準拠するように遡及的に変更される。

ある取引が，企業結合の免除に適格か否かの判定は，その結合が IFRSs における企業結合の定義を満たすか否かにより異なる。その取引が定義を満たす場合には，企業の従前の会計原則における定義を満たすか否かにかかわらず，その取引に対して企業結合の免除を使用できる。

例えば，親会社が従前の会計原則で，その企業を子会社とみなしていなかった等により，子会社が連結されていなかった場合には，以前に連結されなかった子会社に関する IFRS 第 1 号 C 4 項 (j) の要求事項が適用される（本章 7.1.14 参照）。

7.1.8　資産および負債の認識

過去の企業結合に IFRS 第 3 号を遡及適用しない場合には，IFRS 第 1 号の付録 C は，以下を除いて IFRSs で認識が適格な過去の企業結合で取得したすべての資産と引受けたすべての負債を移行日において認識すべきであることを要求している。

- 従前の会計原則に従って認識の中止を行った金融資産および金融負債（**本章 6.2** 参照）
- 資産（のれんを含む）および負債のうち，従前の会計原則に従った取得企業の連結財政状態計算書で認識されておらず，被取得企業の個別財政状態計算書においても IFRSs のもとでの認識要件を満たさないもの（**本章 7.1.12** および **7.1.13** 参照）

このため，IFRS 第 3 号が遡及適用されないにもかかわらず，付録 C の適用が，従前の会計原則において認識されていなかった資産および負債（**本章 7.1.12** 参照）の認識，および従前の会計原則において認識されていた資産および負債の認識の中止（**本章 7.1.9** 参照）をもたらす場合がある。

IFRS 第 1 号付録 C で適用される認識規準は，IFRS 第 3 号で規定されている認識規準ではなく，検討対象の特定の資産または負債に通常適用される関連する IFRSs に従った認識規準である。このことは，限定されたケースにおいて，企業結合に IFRS 第 3 号が適用された場合と異なる結果をもたらす。例えば，付録 C においては，企業結合で取得された偶発負債に対し，IAS 第 37 号「引当金，偶発負債および偶発資産」の認識の要求事項が適用される。その結果，同一の企業結合において IFRS 第 3 号においては認識されたであろう偶発負債が認識されない場合がある（詳細については**本章 7.1.12** 参照）。

従前の会計原則で認識されていない過去の企業結合で取得した資産および負債の認識による付録 C による修正は，利益剰余金（または適当な場合には，資本のその他の区分）の修正により認識しなければならない。ただし，以前にのれんに含めていた無形資産に関する修正は除く（**本章 7.1.13** 参照）[IFRS 第 1 号 C 4 項 (b)]。

IFRSs 移行日前に生じた企業結合に対する付録 C の適用による繰延税金の修正については，**本章 7.1.17** において検討される。

7.1.9 認識されるべきでない資産および負債

付録 C が過去の企業結合に適用される場合には，過去の企業結合で取得した資産および負債で，従前の会計原則のもとでは認識されているが，IFRSs に従えば認識の要件を満たさないものは除外されなければならない。これによる修正を次のように会計処理しなければならない［IFRS 第 1 号 C 4 項（c)］。

- 初度適用企業が，過去の企業結合を取得に分類しており，IAS 第 38 号「無形資産」では認識の要件を満たさない項目を無形資産として認識している場合がある。そのような項目（および，関連する繰延税金ならびに非支配持分）は，従前の会計原則に従って，のれんを資本から直接減額している場合を除き，のれんの一部として組替えなければならない（**本章 7.1.13** 参照）。
- 従前の会計原則で認識されていた過去の企業結合から生じた資産および負債の除外によるすべての他の修正は，利益剰余金の修正として認識しなければならない。このような変更には，従前の会計原則に従って，のれんが資産として認識されていない場合における無形資産から，または無形資産への分類変更も含まれる。このような変更は，従前の会計原則に従って，のれんが資本から直接減額された場合，または企業結合が取得として扱われなかった場合に生じる。

IFRS 第 1 号に付属する適用ガイダンス設例 3 は，現地の会計原則に従って認識されたが，IFRSs では認識されないリストラクチャリング引当金について，これらの要求事項の適用を説明している。

7.1.10 取得原価以外を基礎として，その後測定される資産および負債

IFRSs が資産または負債の事後の測定を，公正価値のように当初の原価に基づかない基礎で行うことを求めている場合には，これらの資産または負債は，過去の企業結合で取得または引受けたものであったとしても，IFRS 開始財政状態計算書において，それらは当該基礎で測定される。

このため，IFRSs により継続的に公正価値測定が要求される項目に，付録Ｃを適用する際には，従前の会計原則のもとで企業結合で設定された帳簿価額は事実上無視され，移行日における IFRS 帳簿価額は，その日の公正価値として設定される。

このセクションにおける資産または負債の帳簿価額への修正は，のれんではなく利益剰余金または適切な場合には，資本のその他の区分に対して行われる［IFRS 第１号Ｃ４項（d)］。

7.1.11　みなし原価として扱われる従前の会計原則の帳簿価額

過去の企業結合で取得し，従前の会計原則において認識されている資産および負債で，**本章 7.1.10** において取扱われていないものおよびのれん（**本章 7.1.14** 参照）以外については，付録Ｃは IFRS 帳簿価額を従前の会計原則における企業結合で設定された帳簿価額を参照して決定されるべきであることを要求している。

企業結合の直後には，当該企業結合で取得した資産および引受けた負債の従前の会計原則における帳簿価額が，当該日現在における IFRSs でのみなし原価として扱われる。IFRSs がこれらの資産および負債について後日に取得原価ベースの測定を求めている場合には，当該みなし原価を企業結合日からの取得原価主義による減価償却または償却の基礎としなければならない［IFRS 第１号Ｃ４項（e)］。

したがって，たとえその金額が IFRS 第３号において容認可能でない基礎で計算されていたとしても，当該金額を修正する必要はない。例えば，従前の会計原則が，取得日における被取得企業の資産および負債を公正価値ではなく，帳簿価額で認識することを要求していた場合には，これらの帳簿価額は，その後の IFRSs の会計処理のための，取得日におけるこれらの資産および負債のみなし原価として扱われる。

みなし原価は被取得企業の取得日に設定され，その日から IFRSs 移行日までの減価償却または償却を反映させるための修正が求められる場合がある。

IFRS 第 1 号 C 4 項 (e) の原則は，通常，企業結合で取得され従前の会計原則で認識された無形資産にも他の分類の資産および負債と同様に適用される。しかし，従前の会計原則において認識された無形資産の帳簿価額がゼロの場合には，例外が生じる。無形資産の帳簿価額がゼロである場合には，IFRS 開始財政状態計算書においてはその無形資産は認識されない。ただし，当該資産が被取得企業の個別財政状態計算書において，IFRSs 移行日現在，**本章 8.7** で述べる要件を適用すれば IAS 第 38 号による認識の要件を満たす場合を除く。これらの認識要件が満たされる場合には，当該資産は，IAS 第 38 号が被取得企業の個別財政状態計算書で要求する規準に基づいて測定される。その結果生じる修正は，のれんに影響を及ぼす［IFRS 第 1 号 IG49 項］。

IFRS 第 1 号 IG49 項の影響は，従前の会計原則により過去の企業結合において認識された無形資産で帳簿価額が「ゼロ」の場合には，付録 C のもとで従前の会計原則において無形資産が認識されていなかった場合（**本章 7.1.12** 参照）と同様に取扱われることである。

従前の会計原則のもとで過去の企業結合により生じた資産および負債が減損しているという兆候がある場合，IAS 第 36 号「資産の減損」に従って IFRSs 移行日現在に存在する状況に基づいて当該資産および負債の減損テストを行う［IFRS 第 1 号適用ガイダンス設例 2］。

7.1.12　従前の会計原則に従って認識されていない資産および負債

過去の企業結合で取得した資産または引受けた負債が，従前の会計原則により認識されていなかった場合，IFRS 開始財政状態計算書におけるみなし原価はゼロではない。その代わり，IFRS 第 1 号付録 C は，連結財務諸表において，被取得企業の個別財政状態計算書で IFRSs が要求する基準で，当該資産または負債を認識および測定することを要求している。

例えば，企業結合で取得したファイナンス・リースを従前の会計原則において資産計上していなかった場合で，企業が過去の企業結合の IFRS 第 3 号に従った修正再表示を選択しない場合，付録 C は，IAS 第 17 号「リース」が被取得企業の IFRS 個別財政状態計算書においてそのように要求しているため，連結財務諸表におけるリースの資産計上を要求している［IFRS 第 1 号 C 4 項 (f)］。

設例7.1.12A

企業結合により取得し従前の会計基準のもとでは
資産計上されなかったファイナンス・リース

親会社 A の IFRSs 移行日は 20X5 年 1 月 1 日である。親会社 A は，子会社 B を 20X3 年 1 月 15 日に取得したが，従前の会計基準のもとでは 20X3 年 1 月 15 日より前に契約した子会社 B のファイナンス・リースを資産計上しなかった。子会社 B が IFRSs のもとで個別財務諸表を作成したならば，20X5 年 1 月 1 日時点で，CU 750 のファイナンス・リース負債および CU 625 のリース資産を認識することになる。IFRSs 移行時に，親会社 A は過去の企業結合を IFRS 第 3 号に従って修正再表示しないことを選択している。

IFRSs 移行時に IFRS 第 1 号の付録 C を適用する際に，IFRS 連結開始財政状態計算書において，親会社 A は，子会社 B の CU 750 のファイナンス・リース負債と CU 625 のリース資産を認識し，結果として生じる純額 CU 125 の修正を，その日における利益剰余金として認識しなければならない。

同様に，取得企業が従前の会計原則により，IFRSs 移行日現在で存在している企業結合で引受けた偶発負債を認識していなかった場合には，取得企業はその偶発負債を同日現在で認識しなければならない。ただし，IAS 第 37 号が被取得企業の個別財務諸表において認識を禁止する場合を除く［IFRS 第 1 号 C 4 項 (f)］。

この偶発負債に関する追加の例示は，IFRS 第 3 号が 2008 年に修正された際に IFRS 第 1 号 C 4 項 (f) に追加された。IAS 第 37 号 27 項はその範囲内にあるすべての偶発負債の「認識」を禁止しているため，この適用は明確でない。このため，IFRS 第 3 号により修正再表示されない過去の企業結合で引受けた偶発負債は，IAS 第 37 号 1 項（c）に従い，他の基準で取扱われるため IAS 第 37 号の範囲外となる場合にのみ，IFRS 第 1 号 C 4 項（f）に従って認識されるようである。

ある資産または負債が，従前の会計原則によりのれんに含められていたが，IFRS 第 3 号によれば別個に認識されていたであろう場合には，当該資産または負債はのれんに含めたままとなる。ただし，IFRSs が被取得企業の個別財務諸表において認識を要求する場合を除く［IFRS 第 1 号 C 4 項（f）］。

当原則において IFRS 第 1 号の付録 C を適用すれば，過去の企業結合で生じ，従前の会計原則のもとで別個に認識されていなかった被取得企業の無形資産は，取得企業の財政状態計算書において IAS 第 38 号に従った認識要件を満たす場合にのみ，IFRS 開始財政状態計算書で認識される。このような資産の取得企業の財政状態計算書への認識要件は，IFRS 第 1 号 IG46 項および IG48 項（企業結合以外で生じる無形資産）で説明されている要件と同じである。したがって，より早い日において IAS 第 38 号のもとでの認識要件（その判断の日における将来の経済的便益の可能性に関する査定と文書および取得原価の累積する信頼性あるシステムを含む一**本章 8.7** 参照）を満たした場合を除き，被取得企業により内部創出された無形資産は移行日で認識されない。反対に，被取得企業が外部から取得した無形資産は，その取引および請求書が，通常，その日における将来の経済的便益の十分な文書および証拠となるため，ほとんどの場合に認識されるであろう。

対照的に，過去の企業結合が IFRS 第 3 号に従って修正再表示される場合には，その企業結合により取得されたすべての無形資産は，取得日において認識される。

設例7.1.12B

過去の企業結合において取得した繰延税金資産

会社 K は会社 B を 20X4 年 1 月 1 日に取得した。会社 K は，20X7 年に IFRSs を適用する（20X6 年 1 月 1 日を移行日とする）。IFRSs 移行時に，会社 K はこの企業結合を IFRS 第 3 号に従って修正再表示しないことを選択している。

会社 B は，20X8 年 12 月 31 日までに使用しない場合には失効する税務上の欠損金を有している。取得日において，会社 K は会社 B の税務上の繰越欠損金は失効日までに使用できないであろうと評価した。その結果，会社 K は取得日において関連する繰延税金資産を認識しなかった。未使用の税務上の欠損金の名目額は移行日においても変動していない。

IFRSs 移行日において，会社 K は，未認識の繰延税金資産の一部は，20X8 年末に失効する前に使用されるであろうと評価した。

繰延税金資産は IFRSs 移行日において認識されなければならない。IFRS 第 1 号は，繰延税金資産に関する一般原則に対していかなる例外も含んでいない。それゆえ，繰延税金資産は IFRS 開始財政状態計算書上，IFRSs 移行日において使用されると企業が見込む金額で計上される。この修正は IFRS 第 1 号 C 4 項 (g) で認められているのれんの修正項目 (**本章 7.1.13 参照**) ではないため，この結果としての修正は利益剰余金に認識される。

設例7.1.12C

従前の会計原則では認識されなかったが，IFRSsでは認識が要求される企業結合で取得した資産

会社 D は，会社 D の IFRSs 移行日の 3 年前に会社 Z を取得し，当該取引を従前の会計原則で会計処理した。IFRSs 移行時に，会社 D はこの企業結合を IFRS 第 3 号に従って修正再表示しないことを選択している。

会社 D による取得の 2 年前に，会社 Z は，残存耐用年数が 20 年のライセンスを CU 100 で購入した。会社 D は，残存耐用年数が 18 年のそのライセンスを，会社 Z の取得の一部として取得した。従前の会計原則においては，会社 D はのれんとは別個にライセンスを計上しなかった (また，要求もされなかった)。

のれんは従前の会計原則のもとで 20 年で償却された。当無形資産は IAS 第 38 号の再評価モデルの要件を満たさない。そのライセンスは税務上損金算入することができない。

そのライセンスは IFRSs 移行日における開始財政状態計算書においてど

のように会計処理されるべきか。

IFRSs移行日前に生じ，IFRS第3号に従って修正再表示されない企業結合について，IFRS第1号C4項（b）(ii）のもとでは，（1）取得企業の連結財政状態計算書で個別に認識されておらず，（2）被取得企業の個別財政状態計算書においてもIFRSsによる認識の要件を満たさない資産および負債は認識されない。

この状況においては，ライセンスは会社Dの連結財政状態計算書において認識されていないが，会社ZのIFRSsによる財政状態計算書の認識要件を満たしているので，その結果，このライセンスはIFRS第1号C4項（b）(ii）の2番目の条件を満たしていない。当該ライセンスは，IFRS第1号C4項（f）の要求事項に従い，会社Dの連結財務諸表で別個に認識されるべきである。IFRSs移行日において，会社Dは以下の修正を認識する必要がある。

- CU 100から償却累計額CU 25（(100÷20）×5）を差引いた，修正再表示後のIFRS帳簿価額で無形資産を認識
- 同額でののれんの修正（これはIFRS第1号C4項（g)(i）において，従前の会計原則での，のれんの帳簿価額を修正する限定された状況の1つである）

無形資産の償却の修正再表示により認識された金額は，従前の会計原則において認識されたのれんにおける対応部分の償却額とは異なるが，IFRS第1号C4項（h)(ii）が認めていないため，のれんの従前の償却は修正されない。そのため，修正後ののれんは，無形資産が常に別個に認識されていた場合の金額である必要はない。

無形資産として認識される金額が従前の会計原則におけるのれんの帳簿価額を超える場合，のれんがいったんゼロに減少した後は，残りは利益剰余金の修正として認識されるべきである。

設例7.1.12D

従前の会計原則で認識されなかった開発プロジェクト費用

親会社Ｃは，20X2 年 1 月 1 日に子会社Ｄを取得した。親会社Ｃは，20X5 年 1 月 1 日を移行日として 20X6 年に IFRSs を適用する。IFRSs 移行時に，親会社Ｃはこの企業結合を IFRS 第 3 号に従って修正再表示しないことを選択している。

従前の会計基準では，すべての開発費は発生時に費用処理されていた。子会社Ｄが IFRSs を適用した場合には，20X1 年 12 月 31 日に完了したプロジェクトに関連する CU 20 の開発費は，自己創設無形資産として認識される。無形資産の耐用年数は 5 年である。その公正価値は，20X2 年 1 月 1 日現在で CU 18，移行日現在（すなわち 20X5 年 1 月 1 日）で CU 10 と評価された。この種の無形資産には，活発な市場は存在しない。

以下の仕訳が IFRS 第 1 号Ｃ4 項（f）に従って移行日に要求される。

（単位：CU）

（借）開発費	20	
（貸）償却累計額（CU 20×3／5）		12
（貸）のれん（CU 20－CU 12）		8

開発費資産の認識

開発費は従前の会計基準により認識されていなかったため，被取得企業（子会社Ｄ）の財政状態計算書において IFRSs が要求する基礎により，取得企業（親会社Ｃ）は，連結 IFRS 財政状態計算書において開発費を認識および測定する。移行日現在で，この金額は CU 8（CU 20 が 5 年のうち 3 年分償却されている）である。資産が以前はのれんに含まれていたため，のれんが修正される。

無形資産を公正価値で測定するという IFRS 第 1 号の選択肢は，これらの無形資産には活発な市場が存在しないため，このケースには適用できない。

設例7.1.12E
従前の会計原則では認識されていないがIFRSsでは認識が要求される，企業結合によって取得された資産の測定

会社 A は，ある法域で事業を営むライセンスを CU 10 で購入し，無形資産として計上する。その後，会社 A は会社 B に取得されるが，会社 B は現地の会計原則によりこのライセンスを無形資産としてのれんと別個に認識していない。

その後，会社 B は会社 C に取得される。会社 C は取得日における会社 B のライセンスの公正価値を CU 50 と決定し，これを無形資産としてのれんとは別個に認識した。

その後，会社 C は会社 D に取得されたが，会社 D はライセンスをのれんとは別個に無形資産として認識していない。

それゆえ，このライセンスは，会社 A の個別財務諸表および会社 C の連結財務諸表において個別に報告されている。

その後，会社 D は IFRSs を適用し，会社 C の取得を IFRS 第 3 号に従って修正再表示しないことを選択した。

IFRSs 初度適用において，このライセンスはいくらで認識されるべきか。

この設例は**本章設例 7.1.12C** と類似している。無形資産は，従前の会計原則において会社 D の連結財務諸表に認識されていないものの，IFRS 第 1 号 C 4 項 (b) (ii) の 2 つ目の要件を満たさないため，当該ライセンスは，会社 D の IFRSs における連結財務諸表に個別に認識されるべきである。

しかし，この設例は，会社 D の連結財務諸表における無形資産の測定の基礎として 2 つの選択肢（会社 A が認識した当初の取得原価である CU 10 と，会社 C が会社 B を取得した際に会社 C が認識した公正価値である CU 50）が使用可能であり，追加の論点を生じさせる。IFRS 第 1 号は，これらのいずれの測定値が使用されるべきであるかの指針を提供していない。多くの場合，測定は最も信頼性が高い情報に基づくべきである。両方の測定が信頼できると考えられた場合，最も最近の公正価値（CU 50）が最も適合性のある測定であろうと考えられ，使用されるべきである。認識される金額（およびのれんに対する同額の修正）は，測定日から IFRSs 移行日の間における IFRSs に従った無形資産の償却により修正される。

7.1.13　のれんの修正

一般原則として，企業結合の任意の免除では，IFRS 開始財政状態計算書におけるのれんの帳簿価額は，次の項目のみを修正した後の IFRSs 移行日現在の従前の会計原則による帳簿価額である［IFRS 第 1 号 C 4 項（g)］。

- 従前の会計原則により無形資産として認識したある項目を組替える必要がある場合には，のれんを増額する（**本章 7.1.9** 参照）。
- 従前の会計原則により認識したのれんに含まれていた無形資産を認識することが必要な場合には，のれんを減額する（また，該当する場合，繰延税金および非支配持分も修正）（**本章 7.1.12** 参照）。
- のれんが減損しているという兆候の有無にかかわらず，IFRSs 移行日時点におけるのれんの減損テストと，それによる減損損失の利益剰余金（または，IAS 第 36 号で求められている場合には再評価積立金）への認識の際に IAS 第 36 号を適用しなければならない。減損テストは，IFRSs 移行日現在の状況に基づいて行われる。

IFRS 第 1 号（2008 年）C 4（g）項 1 のれんが耐用年数を確定できる無形資産を含む場合でも，のれんを償却対象とすべきでない。すべてののれんは，IFRSs 移行日時点で減損テストが行われる。

IFRSs 移行日において，他のいかなるのれんの修正も認められていない。IFRS 第 1 号は，のれんが修正されない以下の例を強調している［IFRS 第 1 号 C 4 項（h)］。

- その企業結合で取得した仕掛中の研究開発費の除外（関連する無形資産が，被取得企業の個別財政状態計算書において，IAS 第 38 号における認識要件を満たす場合を除く）
- のれんの従前の償却の修正
- IFRS 第 3 号では認められないが，従前の会計原則に従って企業結合日から IFRSs 移行日までの間に資産および負債に対する修正により行われたのれんの修正の取消し

IFRS 第 1 号は，のれんの減損損失の戻入を明確に禁止してはいないが，これは IFRS 第 1 号 C 4 項（h）(ii) で明確に禁止されている過去の償却の戻入と類似している。また，IFRS 第 1 号 C 4 項（g）で認められているのれんに対する修正項目は，「結果として生じる減損損失」にのみ言及しており，移行日におけるのれんの減損レビューから生じる利益は想定していない。

移行日以降，のれんは償却されない。その結果 IFRS 第 1 号は，のれんが減損しているという兆候の有無にかかわらず，移行日時点における IAS 第 36 号に従ったのれんの減損テストを要求している。識別された減損損失の影響は，IFRS 開始財政状態計算書における資本から控除される。

従前の会計原則においてのれんが償却されていた場合，移行日における償却累計額の帳簿価額は当初ののれんの帳簿価額を見合に修正される。純額が IFRSs における新しい帳簿価額として繰越される。

7.1.13.1　IFRS第3号の適用日後に従前の会計原則において認識された償却

設例7.1.13.1

IFRS第3号の適用日後に従前の会計原則において認識された償却

企業 M は，20X5 年 12 月 31 日に終了する年度の財務諸表で IFRSs を初めて適用する。移行日は 20X4 年 1 月 1 日である。

企業 M が，移行日前の企業結合について IFRS 第 3 号を適用しないという IFRS 第 1 号の任意的な免除を使用する場合，20X4 年 1 月 1 日現在の従前の会計原則におけるのれんの帳簿価額が，IFRSs におけるのれんの会計処理のための出発点となる。その日以後，償却は認識されない。

のれんは，20X4 年 1 月 1 日に IAS 第 36 号による減損テストが要求される。認識された減損損失は，20X4 年 1 月 1 日の利益剰余金として認識される。

しかしながら，企業 M がそれ以前の日（例えば，20X2 年 1 月 1 日）以後のすべての企業結合に IFRS 第 3 号を適用することを選択するならば，企業 M は，取得日が 20X2 年 1 月 1 日以後の企業結合に関連し，20X2 年および 20X3 年に従前の会計原則に基づいて認識されたのれんの償却を戻入れることも要求される。取得日が 20X2 年 1 月 1 日より前の企業結合から生じたのれんは，移行日までは償却が継続される。

IFRS 第 3 号が 20X2 年 1 月 1 日から適用される場合には，のれんは 20X2 年 1 月 1 日から毎年減損テストが実施され，20X2 年 1 月 1 日から 20X3 年 12 月 31 日までの期間の減損損失はすべて 20X4 年 1 月 1 日の利益剰余金として認識される。

7.1.13.2　従前に資本から控除されていたのれん

従前の会計原則のもとで，のれんを資本の控除として認識していて，企業が IFRS 第 3 号に従って過去の企業結合を修正再表示することを選択しない場合には，以下の扱いとなる［IFRS 第 1 号 C 4 項（i)］。

- のれんを IFRS 開始財政状態計算書において認識しない。
- 子会社を売却したり，子会社への投資が減損したりした場合でも，のれんを純損益に振替えてはならない。
- 購入対価に影響する偶発事象がその後において解消したことによる修正は，利益剰余金で認識しなければならない。

7.1.13.3　「負ののれん」

企業が従前の会計原則において「負ののれん」を財政状態計算書に認識していて，IFRS 第 3 号に従って過去の企業結合を修正再表示することを選択しない場合には，従前の会計原則における「負ののれん」は移行日において認識が中止され，対応する修正は利益剰余金に認識される。

7.1.13.4　移行日後の暫定的な公正価値の再評価

設例7.1.13.4

移行日後の暫定的な公正価値の再評価

従前の会計原則において企業 A は，IFRSs 移行日直前に生じた企業結合時に暫定的な公正価値を使用していた。

企業 A は，最初の IFRS 財務諸表においてのれんをどのように測定すべきか。

IFRS 第 3 号が IFRSs 移行日前の企業結合に遡及的に適用されない場合，IFRS 開始財政状態計算書におけるのれんの帳簿価額は，移行日において IFRS 第 1 号 C 4 項（g）で特定された 3 つの項目のみが修正された後の従前の会計原則による帳簿価額である（前述）。企業結合が移行日直前の会計期間に行われた場合，暫定的な公正価値の再評価を理由として，従前の会計原則に基づいて翌期にのれんの金額が修正されることがある。IFRS 第 1 号はのれんの修正を禁止しているため，のれんの金額は移行日の従前の会計原則において当初測定されたままにしなければならないように思われる。しかしそうではない。

IFRS 第 3 号において，暫定的な公正価値およびのれんの修正が，企業結合後の期間において行われる場合がある。そのような修正が認められる期間は，取得日から 12 ヵ月に限定されており，それは従前の会計原則による期間とは異なる場合がある。IFRS 第 3 号では，修正は当初の会計処理が取得日から完了していたかのように，前期の遡及的な修正再表示を通して反映されるが，従前の会計原則は，その修正をのれんに対する当期の修正として行うことを要求する場合がある。

そのような修正が IFRS 第 3 号によって認められるのであれば，IFRS 開始財政状態計算書で認識されたのれんを修正することは可能である。IFRS 第 1 号の，のれんへの修正に対する制限は，当初認識される金額にのみ適用され，他の IFRSs によって許容または要求される事後的な修正を禁止しない。その金額は，IFRS 第 3 号が遡及的な修正再表示を要求している公正価値の再評価として修正されるかもしれない。換言すれば，従前の会計原則による暫定的なのれんの数字は，IFRSs による開始時点の暫定的なのれんとして取扱われる。

7.1.14　従前の会計原則のもとで連結されていない子会社

初度適用企業は，従前の会計原則により，例えば，親会社が従前の会計原則によりその投資を子会社とみていなかった，子会社が連結を免除されていた，連結財務諸表を作成していなかった等の理由で過去の企業結合で取得した子会社を連結していない場合がある。

子会社が以前に連結されていない場合で，取得企業が IFRS 第 3 号に従って過去の企業結合を修正再表示することを選択しない場合は，親会社は移行日において当該子会社の資産および負債を識別し，これらの帳簿価額を，子会社の個別財務諸表で IFRSs が求める金額に修正しなければならない。

以前に連結されていなかった子会社に関するのれんのみなし原価は，移行日における次の両方の差額として算定される［IFRS 第 1 号 C 4 項（j)］。

- それらの修正後帳簿価額に対する親会社の持分
- 親会社の個別財務諸表における子会社投資の取得原価

この要求事項の実務的な効果は，取得日または IFRSs 移行日において，取得企業の資産および負債の公正価値を検討（および修正）する必要がないようにすることである。

以前に連結されていなかった子会社ののれんを算定するこの手続は，子会社が取得日以後に取得前における剰余金の配分や重要な損失の発生により純資産の帳簿価額を減額した場合に，多額ののれんの認識につながることがある。すべての状況において認識されたのれんは，IFRSs 移行日において減損テストが行われる。

他方，子会社が取得後において多額の利益を生み出した場合には，のれんは非常に限定的であろう。移行日における「負ののれん」は利益剰余金に直接認識される。

設例7.1.14A

従前の会計原則のもとで連結されていない子会社ののれんの算定

親会社 T の IFRSs 移行日は 20X9 年 1 月 1 日である。従前の会計原則では，親会社 T は 20X6 年 7 月 15 日に企業結合で取得した子会社 U に対

する 75％の持分を連結していなかった。20X9 年 1 月 1 日において，

- 子会社 U への親会社 T の投資原価は CU 540（取得日に支払われた金額に基づく）である。
- IFRSs において子会社 U は，資産を CU 1,500，負債を CU 900 で測定する。これを基礎に，移行日における IFRSs のもとでの子会社 U の純資産は，CU 600 である。

IFRSs 移行時に，親会社 T は，IFRS 第 3 号に従った過去の企業結合の修正再表示を行わないことを選択しているが，子会社 U を連結することは要求される。20X9 年 1 月 1 日における IFRS 開始連結財政状態計算書には次のものが含まれる。

- 子会社 U の資産と負債，それぞれ CU 1,500 と CU 900
- 非支配持分 CU 150（(CU 1,500 − CU 900) ×25％)
- のれん CU 90（取得原価 CU 540 −（CU 1,500 − CU 900) ×75％を控除）
- 子会社 U に対する投資の消去 CU 540（子会社 U への投資が，従前の会計原則において当初の取得原価以外の金額で認識されていれば，追加の仕訳は利益剰余金で認識する）

親会社 T は，IAS 第 36 号により，移行日現在に存在した状況に基づいてのれんの減損テストを行い，結果として生じた減損損失を利益剰余金に認識する。

設例7.1.14B

従前の会計原則において連結されていない子会社ののれんの測定

会社 A は，20X1 年に CU 1 百万の原価で建物を取得した。現地の会計原則では，会社 A は建物の減価償却を行わなかった。その後，会社 T は，20X5 年 1 月 1 日に会社 A を取得した。現地の会計原則において，会社 T は会社 A を連結しなかった。会社 T は 20X8 年 1 月 1 日を移行日として，20X9 年 12 月 31 日の年次報告書から IFRSs を適用する。会社 T は過去

の企業結合をIFRS第3号に従って修正再表示しないことを選択している。

IFRSsを適用する結果として，会社Tは会社Aを連結し，建物を減価償却すべきかどうか考慮しなければならない。

会社TのIFRS連結財務諸表において，どのように建物を測定すべきか。

資産は以前に連結されていなかった子会社に所有されているため，IFRS第1号C4項（j）の要求事項の対象となる。連結財務諸表において会社Tは，建物の帳簿価額を会社Aの財政状態計算書でIFRSsが求める金額に修正しなければならない。

建物は下記のいずれかで認識される。

- 償却原価（当初の購入日の購入原価に以後の減価償却を加味して測定）
- 移行日の資産の公正価値

会社Tは，IFRS第1号C4項（j）で要求されているように，IFRS開始財政状態計算書で会社Aを連結する。のれんのみなし原価は，移行日（すなわち，20X8年1月1日）における，会社Aの資産および負債の修正後帳簿価額に対する親会社持分と，会社Tの個別財務諸表における会社Aへの投資の取得原価との差額に等しい。

設例7.1.14C

以前は連結されていない子会社ののれんを算定するためのみなし原価の使用

親会社TのIFRSs移行日は20X9年1月1日である。従前の会計原則では，親会社Tは20X6年7月15日に企業結合で取得した子会社Uに対する75％の持分を連結していなかった。親会社Tは，過去の企業結合をIFRS第3号に従って修正再表示しないことを選択している。

移行にあたって親会社Tは，IFRS第1号D15項（**本章7.8**参照）で認められる「みなし原価」の規定を利用して子会社Uに対する投資を認識することを選択する。

IFRS第1号C4項(j)を適用する場合，親会社Tは子会社Uののれんをどのように測定するべきか。

IFRS 第 1 号 C 4 項 (j) は，初度適用企業に，子会社の資産および負債の修正後帳簿価額に対する持分と，親会社の個別財務諸表における子会社に対する投資の取得原価との差額として，IFRSs 移行におけるのれんのみなし原価を算定することを要求している。

IFRS 第 1 号 D15 項は，IAS 第 27 号（2011 年）「個別財務諸表」（または，IAS 第 27 号〔2011 年〕を未適用の初度適用企業については IAS 第 27 号〔2008 年〕「連結および個別財務諸表」）に基づいて，子会社（または関連会社あるいは共同支配企業）に対する投資を取得原価で認識することを選択する初度適用企業に対し，企業の個別財務諸表において，初度適用の「原価」を設定する選択を認めている。IAS 第 27 号（2011 年）（IAS 第 27 号〔2008 年〕）と同様に，容認される選択肢の 1 つは，「みなし原価」（移行日現在の投資の公正価値または移行日現在の従前の会計基準による帳簿価額のいずれか）の使用である。

投資の原価がみなし原価を使用して測定される場合，初度適用企業が，実際に個別財務諸表を作成したかどうかにかかわらず，IFRS 第1号 C 4 項 (j) の目的でのれんの金額を算定するために，同じ測定値が使用される。

例えば，子会社に対する投資の公正価値が IAS 第 27 号（2011 年）（IAS 第 27 号〔2008 年〕）における原価より高い場合，みなし原価の使用が結果としてのれんとして認識される額をより大きくする可能性がある。

本章 7.1.5 で述べたように，IFRS 第 1 号における企業結合の修正再表示の要求事項は，子会社と同様に関連会社および共同支配企業にも適用される。この結果，もし関連会社（または共同支配企業）が従前の会計原則においては持分法で会計処理されていないが，IFRSs においては持分法で会計処理しなければならない場合に採用されるべき方法は，連結されていない子会社に対する IFRS 第 1 号 C 4 項（j）で定められる方法と同様でなければならない。これは以下の設例において説明される。

設例7.1.14D
従前の会計原則に従い取得原価で測定された関連会社に対する投資の修正再表示

会社 F は，会社 F の IFRSs 移行日より前に，会社 A の 20%を取得した（そして会社 A に対して重要な影響力を獲得した）。現地の会計原則では，会社 F は連結財務諸表において，会社 A に対する投資を取得原価で会計処理していた。会社 F は過去の企業結合を IFRS 第 3 号に従って修正再表示しないことを選択している。

IAS 第 28 号は，連結財務諸表において，関連会社を持分法により会計処理することを要求している（特定の限定的な例外あり）。IFRS 第 1 号は，以前は連結されていない子会社を含む子会社に対する投資についての指針を提供し，この指針は関連会社および共同支配企業にも適用されるべきであると一貫して述べている。したがって，IFRS 第 1 号 C 4 項（j）の指針が適用されるべきである。

この結果，会社 F は関連会社の資産および負債の帳簿価額を，IFRSs が移行日時点で関連会社の財政状態計算書に要求する金額に修正しなければならない。そのように修正された関連会社の純資産に対する会社 F の持分は，会社 F の IFRS 開始連結財政状態計算書に含まれ，この金額と関連会社に対する投資の取得原価の差額をのれんのみなし原価とする。関連会社に関連するのれんは，その後償却されることなく投資の帳簿価額に含まれる。

7.1.14.1　以前に連結されていない子会社 ― 一般原則

IFRS 第 1 号は，IFRSs の適用前に連結されていなかった子会社に関するガイダンスを，本基準の複数のセクションで提供している。IFRS 第 1 号 C 4 項（j）（前述参照）は，IFRSs 移行日前の企業結合に関して，従前の会計原則において連結されていなかった子会社のみを取扱っている。IFRS 第 1 号 IG27 項（後述参照）は，企業結合により取得されなかった子会社と企業結合により取得された子会社の双方を参照し，以前は連結されていない子会社の論点をより一般的に取扱っている。IFRS 第 1 号 IG27 項は，

「子会社を取得した企業結合の影響に対する」調整に言及しているが，この文言は IFRS 第 1 号 C 4 項（j）には表現されていない。これは矛盾する指針にみえるかもしれない。しかしながら，IFRS 第 1 号 C 4 項（j）の免除の目的は従前の会計原則のもとでは算定されていない公正価値の修正を行うことを必要としないことである（前述参照）ため，IFRS 第 1 号 IG27 項の文言は，そのような取得日の公正価値修正が行われることを要求していると解釈されるべきではなく，通常の連結消去仕訳を要求しているにすぎないと解釈すべきである。

初度適用企業は，IFRS 第 10 号「連結財務諸表」（IFRS 第 10 号を未適用の場合には IAS 第 27 号〔2008 年〕）による別途の要求がない限り，支配しているすべての子会社を連結する［IFRS 第 1 号 IG26 項］。

これは，例えば企業結合の一部としてもっぱらその後の処分を視野に入れて取得されたために，従前の会計原則のもとでは連結されていなかった子会社に対しても適用されるであろう。**第 1 巻 15 章「売却目的で保有する非流動資産および非継続事業」5** で説明されるように，そのような状況では，処分グループ（すなわち，子会社）は，一定の要件が満たされる場合には，IFRS 第 5 号「売却目的で保有する非流動資産および非継続事業」に従って売却目的保有として分類される。しかしながら，IFRS 第 5 号に従って売却目的保有として分類される子会社は，IFRS 第 10 号（IAS 第 27 号〔2008 年〕）のもとで依然，連結される。IFRS 第 5 号は，そのような子会社の金額を，特定の方法で測定し表示することを要求するだけである。そのような子会社が従前の会計原則のもとで連結されていない場合，それは以下に述べられる要求事項および IFRS 第 5 号に従って連結されるべきである。

初度適用企業が従前の会計原則のもとで子会社を連結していなかった場合には，その連結財務諸表において，連結手続および親会社が当該子会社を取得した企業結合の影響に対する調整を加えた後，子会社の資産および負債を，子会社の IFRS 個別財務諸表と同じ帳簿価額で測定する。子会社が個別財務諸表に IFRSs を採用していない場合には，要求される帳簿価額は IFRSs が個別財務諸表において要求するであろう金額である［IFRS 第 1 号 IG27 項］。

親会社が IFRSs 移行日前の企業結合において子会社を取得した場合，親会社はのれんを上記で説明したとおりに認識する。親会社が子会社を設立したために，企業結合において子会社を取得していなかった場合，親会社はのれんを認識しない［IFRS 第 1 号 IG27 項］。

しかしながら，企業結合により取得されたのではない子会社についても，資産および負債の帳簿価額と投資原価との間に依然，差異が生じる可能性がある（例えば，子会社の累積利益により）。IFRS 第 1 号 IG27 項（c）は，親会社はこの場合に，のれんを認識しないと述べているが，この差額に対する代替的な取扱いを特定していない。当該差額は，利益剰余金または資本の他の適切な区分で認識されるべきである（例えば，企業が，IFRS 第 1 号の修正のための特定の積立金を維持している場合）。

7.1.15　非支配持分および繰延税金の修正再表示の影響

初度適用企業が IFRS 第 3 号の完全遡及適用の免除を利用する場合，非支配持分および繰延税金の測定は，他の資産および負債の測定の結果として行われる。このため，たとえ企業が企業結合の免除を利用し，過去の企業結合を修正再表示しない場合でも，非支配持分および繰延税金に対する一定の修正が要求される［IFRS 第 1 号 C 4 項（k）］。

設例7.1.15

初度適用における非支配持分の測定の変更

企業 G は，20X8 年 1 月 1 日を移行日として 20X9 年に IFRSs を適用する。企業 G は，20X6 年 6 月 30 日に企業 H の 80％持分を取得し，IFRS 第 3 号に従って企業結合を修正再表示しないことを決定した。

従前の会計原則において，企業 G は企業結合で取得した識別可能な資産および負債を以下の合計で測定した。

- 交換取引において取得した取得企業の持分
- 取得前帳簿価額の非支配持分

IFRS第3号は，企業結合によって取得した資産および負債を，取得日の公正価値で測定することを要求しており，従前の会計原則における非支配持分の測定に関する企業Gの方針は，IFRS第3号では認められない。IFRS第3号においては，現在の所有持分である非支配持分の測定に関して，公正価値または取得された識別可能純資産の公正価値の非支配持分相当額の選択肢がある。

従前の会計原則における企業Hの非支配持分の算定方法がIFRSsにおいて認められるものでない場合でも，企業Gは移行日において非支配持分の金額の修正は要求されない。企業GはIFRSs移行日前に生じた企業結合をIFRS第3号に従って修正再表示しないことを選択しているため，IFRS第3号における測定基礎に準拠するように非支配持分を修正する必要はない。

しかしながら，IFRS第1号付録Cの要求事項は，企業結合による取得資産および引受負債を，従前の会計原則における企業結合直後の帳簿価額と異なる金額で測定することを要求している場合がある。そのような状況では，非支配持分の測定は，他の資産および負債の測定の結果として行われるため，この差異の影響は非支配持分に影響することとなる。

7.1.16　企業結合で生じるのれんの換算と公正価値修正

IAS第21号「外国為替レート変動の影響」47項（**第1巻13章「外国為替レート変動の影響」5.5.3**参照）においては，在外営業活動体の取得により生じるのれんと在外営業活動体の取得により生じる資産と負債の帳簿価額の公正価値修正は，在外営業活動体の資産と負債として処理される。したがって，それらは在外営業活動体の機能通貨で表され，報告期間末に決算日レートで換算される。企業は，従前の会計原則のもとで，そのようなのれんおよび公正価値修正を，在外活動営業体の資産および負債ではなく，その企業の資産および負債として扱うかもしれない。もしそうであるならば，IAS第21号47項の要求事項は，IFRSs移行日後に発生しているすべての取得に対し，将来に向かって適用される［IFRS第1号IG21A項］。

この選択が使用される場合，IFRSs移行日前の企業結合で生じた公正価値修正とのれんは，被取得企業の資産および負債ではなくその企業の資産および負債として取扱う。当該のれんおよび公正価値修正は，すでに企業の機能通貨で表現されているか，または非貨幣性の外貨項目として従前の会計原則のもとで適用されていた為替レートを使用して報告される［IFRS 第 1 号 C 2 項］。

あるいは，以下のいずれかにより発生したのれんおよび公正価値修正に対し，IAS 第 21 号を遡及適用してもよい［IFRS 第 1 号 C 3 項］。

- IFRSs 移行日前に発生したすべての企業結合
- 企業が IFRS 第 3 号に準拠して修正再表示することを選択したすべての企業結合（**本章 7.1.4** 参照）

設例7.1.16

海外子会社に関連したのれんの取得企業の資産としての処理

企業 A は，IFRSs 移行日前に発生した企業結合により生じた海外子会社に関連するのれんを以前に認識していた。従前の会計原則において，企業 A はのれんを自社の資産として取扱い，取得時の換算レートにより機能通貨により認識していた。

IFRSs への移行に際し，企業 A は，取得日まで遡及してのれんを被取得企業の資産として処理するように財務諸表を修正再表示し，のれんを各報告期間末日の決算日レートで換算することは要求されない。

企業 A は，移行日より前に発生した企業結合から生じたのれんに，IAS 第 21 号を遡及適用することを避けるため，IFRS 第 1 号 C 2 項の免除規定を使用できる。

企業がのれんに対し，IAS 第 21 号を遡及適用しない場合，のれん残高に対する追加的な為替換算調整はない。被取得企業の資産としてのれんを取扱い，各報告期間の期末日における決算日レートでのれんを換算する代わりに，企業 A はのれん残高を自社の資産として取扱い，取得日の換算レート（この場合は，従前の会計原則で使用されていたレート）により機能通貨で認識する。

免除は移行日において取得企業の資産とみなされるのれんに適用する。しかし，移行日より後に起こった企業結合についてはこの免除は適用できない。したがって，移行日より後のすべての取得について，IAS 第 21 号に完全に準拠しなければならず，のれんは被取得企業の資産として処理されなければならない（IFRS 第 1 号 IG21A 項）。

基準において完全に明確ではないが，公正価値修正およびのれんに関する免除が，公正価値修正およびのれんに対し，個別に適用されることは一般に受入れられる。特に，公正価値修正が従前は外貨建資産および負債として処理されていた場合，のれんが報告企業の機能通貨で表示されており，このれんに修正再表示に関する免除規定が適用されていたとしても，公正価値修正に対する取扱いは継続することができる。

これは，従前の会計原則で，企業がのれんの残高を各報告日に換算するかまたは取得日レートに据置くかを取得ごとに選択することが認められていた場合に起こり得る。免除規定を使用する場合には，IFRS 第 1 号 C 2 項が，既存のすべてののれんを一貫して企業の資産として取扱うことを要求している，と解釈することも可能である。これは，事実上外国通貨金額として処理されているすべての金額を，取得日レートに基づいた自国通貨建の金額に修正再表示しなければならないことを意味する。しかし，この免除規定の目的が従前の会計原則における取扱いに「新しい規定の適用を免除する」ということであれば，従前の会計原則に基づいて再換算されなかった資産および負債に対してのみ，それを適用することが容認されると考えられる。従前の会計基準のもとで再換算されていたものは，IAS 第 21 号に従って引続き再換算されるだろう。

実務上は，IAS 第 21 号を遡及的に適用すべきかどうかに関する決定は，それ単独でなされるべきでなく，IFRSs への移行に影響する他のすべての要因に照らして行うべきである。行われた選択は，その後の報告期間に影響を及ぼす。例えば，のれんが報告企業の機能通貨建で表示され続けるならば，単純に不利な為替変動の結果として，将来減損されるかもしれないというより大きなリスクが存在する。

7.1.17　移行前の企業結合の繰延税金

IFRSs の初度適用においては，繰延税金の残高に対して多くの修正の必要となる可能性がある。そのような修正は，企業が過去の企業結合を IFRS 第 3 号に従って修正再表示しないことを選択する場合には，資本に直接認識されるであろう。過去の企業結合が IFRS 第 3 号に従い修正再表示される場合には，IFRS 第 3 号が適用されていれば企業結合の日に認識されたであろう繰延税金残高とするために，のれんの金額が修正される。

設例7.1.17A

移行前の企業結合の繰延税金（1）

親会社 P は，IFRSs に準拠した連結財務諸表を初めて作成している。移行日より前に，親会社 P は，取得日において，税の軽減措置のない有形固定資産項目を保有する子会社 S を取得した。親会社 P は，IFRSs 移行日前の企業結合を IFRS 第 3 号に従って修正再表示しないことを選択した。

移行日において子会社 S の資産および負債に関連する一時差異を決定する場合に，親会社 P は IAS 第 12 号の一般的な要求事項を適用する。資産および負債は企業結合により取得されているため，IAS 第 12 号「法人所得税」の当初測定の例外（**第 2 巻 2 章 4.4.1** 参照）は適用されない。したがって，繰延税金資産および繰延税金負債は，識別された一時差異に関連して認識される。親会社 P は，子会社 S の企業結合を IFRS 第 3 号に従って修正再表示しないことを選択したので，移行日における繰延税金資産と負債の認識の影響は，利益剰余金または IFRS 第 1 号の修正のために親会社 P が使用しているその他の剰余金に認識される。

移行日において，過去の企業結合を IFRS 第 3 号に従って修正再表示しないことを選択した初度適用企業は，子会社の取得日現在で認識しなかった税務上の繰越欠損金，または他の税金資産が IAS 第 12 号において認識規準を満たしているかどうかを判定する必要がある。満たしているならば，それらは移行日に認識される。

過去の企業結合で認識されていない繰延税金資産が移行日において認識される場合，結果として生じる修正は，利益剰余金または IFRS 第 1 号の修正のために企業が使用するその他の剰余金で行われる。以前に未認識であった繰延税金資産の認識は，IFRS 第 1 号 C 4 項で特定されている，のれんに対して認められる修正（**本章 7.1.13** 参照）の 1 つではないため，のれんの帳簿価額は修正されるべきではない（しかし，移行日が，**本章設例7.1.13.4**で説明される「測定期間」内である場合には，のれんの修正は妨げられない）。

移行日後の以前の未認識の繰延税金資産の実現は，IFRS第3号の一般的な要求事項およびIAS第12号68項に従って会計処理される（IFRS第1号は，これらの要求事項からの継続的な免除は認めていない）。したがって，過去の企業結合を修正再表示しなかった企業が，移行日に認識規準を満たしていなかった未認識の繰延税金資産を事後的に実現させる場合，影響はのれんの修正としてではなく，通常は純損益に認識される。これに対する唯一の例外は，「測定期間（通常は，取得日後12ヵ月）」内に認識した取得した繰延税金便益で，取得日現在で存在していた事実および状況に関する新たな情報により生じた場合である。これらはのれんに対して修正される。

測定期間内に認識した，取得した繰延税金便益によるのれんの修正は，IFRS第1号C4項（g）で認められているのれんの修正項目（**本章7.1.13**参照）の1つではないが，この取扱いは，「暫定」価値に対する他の修正に適用される取扱い（**本章7.1.13.4**参照）と整合的である。

設例7.1.17B

移行前の企業結合の繰延税金(2)

企業Bは，20X4年1月1日を移行日として，20X5年12月31日終了年度に最初のIFRS財務諸表を表示する。この財務諸表を作成するにあたり，企業BはIFRSs移行日前の企業結合を修正再表示しないことを選択した。

企業Bは，20X2年中に企業Cを企業結合により取得し，従前の会計原則によりCU 300ののれんを認識したが，繰越欠損金から生じるCU 500の繰延税金資産は認識しなかった。繰越欠損金は20X6年12月31日に失効する。企業Bの従前の会計原則のもとでは，のれんの償却は禁止されており，移行日ののれんの帳簿価額はCU 300である。

移行日において，企業Bは将来の収益性を評価し，20X6年末までにCU 100の繰延税金便益が回収できると評価する。以下の仕訳が記録される。

（単位：CU）

（借）繰延税金資産	100	
（貸）利益剰余金		100

繰延税金資産の認識

20X6年12月31日終了年度中に，企業Bの収益性は予想より高く，結果として税務上の繰越欠損金の全額が失効する前に使用できた。

企業Bは，移行日後の繰延税金資産の実現を，IAS第12号68項に従って会計処理する。当該実現は測定期間の後（企業Cの当初の測定日から12ヵ月より後）に生じているため，のれんに対して修正できない。

のれんを資本で全額償却した場合でも，償却ベースで税の軽減が生じるときに繰延税金資産が発生する場合がある。通常の回収可能性要件を条件として，繰延税金資産は移行日において帳簿価額（つまり，ゼロ）と税務基準額（つまり，将来の損金算入額）の差額に基づいて認識される。修正は，利益剰余金（または，資本の別の適当な区分）に対して行われる。以前に未認識であった繰延税金資産の認識は，IFRS第1号C4項で特定されるのれんに対して認められる修正の1つではないため，のれんの帳簿価額は修正してはならない。

設例7.1.17C

以前に資本で直接償却されたのれんに関する繰延税金資産

会社Dは，ある法域で営業しておりその法域においては，従前の会計原則によりのれんは企業結合の直後に資本に対して直接償却される。現地の税法は，取得後の20年間にわたり各年度に購入したのれんを20分の1ずつ損金算入することを認める。会社DはIFRSs移行日の2年前に事業を取得し，すべての関連するのれんをその時点で資本に直接償却した。移行日において，会社Dは，今後18年間にわたり購入したのれんの金額の20分の18の損金算入を主張できる。会社DはIFRS第3号に従って移行日前の過去の企業結合を修正再表示しないことを選択している。

IFRS移行日に，以前に資本に直接償却されたのれんに関連した繰延税金資産は認識されるべきか。

IAS 第 12 号の繰延税金資産に関する一般的な認識規準を条件として，認識されるべきである。会社 D は，のれんの帳簿価額（ゼロ）とその税務基準額との間の将来減算一時差異に関して繰延税金資産を認識しなければならない。当該修正は，利益剰余金または資本の他の適当な区分で行われる。その後，損金算入時に繰延税金資産は減少するため，繰延税金資産の減少の影響は，その期間の純損益で認識される。

7.2　株式に基づく報酬取引

IFRS 第 2 号「株式に基づく報酬」はさまざまな経過措置を設けている。IASB は，初度適用企業は通常この点についてすでに IFRSs を適用している企業と同様に扱われなければならない，と決定した。このセクションで述べる要求事項はその原則を反映している。

7.2.1　持分決済型取引

7.2.1.1　遡及適用からの免除

IFRS 第 1 号は，持分決済型取引に 2 つの免除規定を含んでいる［IFRS 第 1 号 D2 項］。

- 初度適用企業は，2002 年 11 月 7 日以前に付与された持分決済型の株式に基づく報酬に IFRS 第 2 号を適用することを要求されない。
- また，初度適用企業は，2002 年 11 月 7 日後に付与され IFRSs 移行日より前に権利確定した株式に基づく報酬に IFRS 第 2 号を適用することを要求されない。

企業は，この状況において IFRS 第 2 号を適用することを要求されないが，奨励はされる［IFRS 第 1 号 D2 項］。

IFRS 第1号 D2 項においては，初度適用企業は，2002年11月7日後に付与され，2005年1月1日（移行日が2005年1月1日より前の場合）より前に権利確定した株式に基づく報酬にも，IFRS 第2号を適用することが要求されない。ただしこれは現在においてはあまり関連がない。

2つ目の免除の実務上の効果は，移行日の前に権利確定した資本性金融商品を無視することができるということである。これは，IFRS 第2号がこのような商品に適用された場合には，最初の IFRS 報告期間または比較期間においても，費用を包括利益計算書で認識することはないであろうことから論理的である。2002年11月7日以前に付与された資本性金融商品も，たとえそれらが移行日において権利確定していなくても，やはり無視することができる。現在においてはこれもあまり関連がない。

IFRS 第2号の適用が要求される株式に基づく報酬制度について，企業が従前の会計原則において株式に基づく報酬制度に関する費用を認識している場合がある。従前の会計原則が IFRS 第2号と完全にコンバージェンスしている場合は修正は不要である。その他の場合においては，従前の会計原則のもとでの費用は，しばしば IFRS 第2号と整合しないベースで計算される。そのような費用は一般に戻入れ，IFRS 第2号に従った費用で置換えられる。

初度適用企業が，IFRS 第1号 D2 項で参照される資本性金融商品に IFRS 第2号を適用することを選択する場合，IFRS 第2号に定義されている測定日現在で算定された当該資本性金融商品の公正価値を企業が開示している場合にのみ，そうすることができる［IFRS 第1号 D2 項］。

この要求事項の影響は，ほとんどの企業が過年度に付与された資本性金融商品の公正価値を開示していないであろうことから，それらの企業による IFRS 第2号の完全な遡及適用を禁止することである。IFRS 第1号は，「公表された」が何を意味するかを詳しく記載していないが，IASB は，金融商品が付与された年度の財務諸表での開示を想定しているようである。

設例7.2.1.1A

初度適用企業のIFRS第2号への移行

会社Ｌは，20X5 年 12 月 31 日を報告日，20X4 年 1 月 1 日（2002 年 11 月 7 日より後である）を移行日とする IFRSs 初度適用企業である。会社Ｌは，従業員に株式に基づく報酬を従前から付与している。すべてではないが，20X4 年 1 月 1 日までに権利確定したものがある。

会社Ｌは，2002 年 11 月 7 日後に付与され，20X4 年 1 月 1 日時点で権利確定していないすべての株式に基づく報酬取引について，IFRS 第 2 号を適用することが要求される。2002 年 11 月 7 日前に付与された株式に基づく報酬取引，または 2002 年 11 月 7 日後に付与されたが 20X4 年 1 月 1 日前に権利確定した株式に基づく報酬取引に関して，会社Ｌは IFRS 第 2 号を適用することを要求されないが，当該株式に基づく報酬の公正価値が従前より開示されていた場合には，IFRS 第 2 号を適用することを選択してもよい。公正価値は，IFRS 第 2 号に準拠して，権利確定日時点で決定されていなければならない。

以前に評価を入手していない場合，これら株式に基づく報酬取引の適切な評価を遡及的に算定するために相当の判断が要求される。IFRS 第 1 号は，持分決済型取引の公正価値の測定に有用である見積りおよび事後的判断の使用の制限に関する指針を設けている。

株式に基づく報酬取引に関する IFRS 第 1 号の免除規定の選択適用は認められない。免除規定が適用される資本性金融商品に IFRS 第 2 号の適用を選択することは，可能な限り首尾一貫して適用されるべき会計方針の選択である。IFRS 第 1 号 D2 項は，免除が特定の取引または制度のみに適用可能であるとはしていない。企業が以前にすべての持分決済型の株式に基づく報酬の公正価値を開示していた場合で，免除規定の範囲内である持分決済型の株式に基づく報酬制度に IFRS 第 2 号を適用することを選択する場合には，このような制度のすべてに IFRS 第 2 号を適用しなければならない。

しかし，企業がこの免除規定の適用範囲内である，（全部ではないが）一部の持分決済型の株式に基づく報酬制度の公正価値を開示していた場合，公正価値が公表されていた金融商品についてのみ，IFRS 第 2 号を遡及的に適用することができる。

設例7.2.1.1B
初度適用時における持分決済型の株式に基づく報酬の測定

会社 M は，20X4 年 1 月 1 日を移行日，20X5 年 12 月 31 日を報告日としてIFRSs を初度適用する。会社 M は，20X3 年 6 月 30 日（これは 2002 年 11 月 7 日より後である）に 4 年後（すなわち 20X7 年 6 月 30 日）に権利確定するストック・オプションを発行した。当取引は持分決済型に分類される。会社 M の従前の会計原則では，会社 M はIFRS 第 2 号に従って 20X3 年 6 月 30 日に算定されたストック・オプションの公正価値を見積り（または開示）していなかった。

会社 M は，20X3 年 6 月に付与されたストック・オプションにIFRS 第 2 号を適用することを要求される。従前の会計原則では公正価値の見積りが要求されなかったため，IFRS 第 1 号 16 項に従って，測定はIFRS 移行日時点の状況を反映しなければならない。会社 M は，持分決済型取引におけるオプションの予想ボラティリティ，予想配当，予想残存期間を決定するために，20X4 年 1 月 1 日時点で利用可能な情報を使用すべきである。しかし，評価モデルへの一定のインプットは，純粋に契約上または過去の事実を基礎とするものがあり，その場合は，契約上または過去の情報が使用されるべきである。したがって，株価，行使価格およびリスクフリーレートは，付与日時点（この場合は 20X3 年 6 月 30 日）で利用可能な情報を基礎とすべきである。

しかし，IFRS 第 2 号が適用されていないすべての資本性金融商品の付与（例えば，2002 年 11 月 7 日以前に付与された資本性金融商品）については，初度適用企業はIFRS 第 2 号 44 項および 45 項が求める情報を開示する（**第 1 巻 19 章「株式に基づく報酬」**参照）［IFRS 第 1 号 D2 項］。

7.2.1.2　条件変更

初度適用企業が，IFRS 第 2 号が適用されていない資本性金融商品の付与について条件変更を行う場合，条件変更が IFRSs 移行日前に発生しているときは，IFRS 第 2 号 26 項から 29 項（**第 1 巻 19 章**参照）の適用を求められない［IFRS 第 1 号 D2 項］。

IFRS 第 2 号 26 項から 29 項は，資本性金融商品の付与条件の変更（取消しおよび清算を含む）を取扱う。変更が従業員の利益となる場合には，これらのパラグラフにより追加の株式に基づく報酬費用の認識が要求される場合がある。また他の状況においては，将来の株式に基づく報酬費用の加速認識が要求される。しかし，IFRS 第 2 号が適用されていない株式に基づく報酬について IFRSs 移行日前に条件変更を行う場合には，初度適用企業はこれらのパラグラフを無視できる。

7.2.2　現金決済型取引の認識

初度適用企業は，以下の株式に基づく報酬取引によって発生している負債に IFRS 第 2 号を適用することを奨励されるが要求はされない［IFRS 第 1 号 D3 項］。

- IFRSs 移行日前に決済されているもの
- 2005 年 1 月 1 日前に決済されているもの

IFRS 第 2 号が適用される負債について，初度適用企業は，2002 年 11 月 7 日よりも前の期間または日に情報が関連する限りにおいては，比較情報の修正再表示は要求されない［IFRS 第 1 号 D3 項］。

この免除の関連性は現在では限定的である。IFRSs 移行日は常に 2005 年 1 月 1 日よりも後であるため，実務上は負債が IFRSs 移行日前に決済されていた場合には負債を無視できる。たとえ免除が存在しなくても，そのような負債は財務諸表に影響を与えない。

設例7.2.2

初度適用時における現金決済型の株式に基づく報酬の測定

会社 N は，20X4 年 1 月 1 日を移行日，20X5 年 12 月 31 日を報告日として，IFRSs を初度適用する。会社 N は，20X6 年 11 月 30 日まで権利確定しないストック・オプションを 20X3 年 11 月 30 日に発行した。ストック・オプションは，現金で決済される。権利確定条件は継続的雇用にのみ関連する。IFRS 第 1 号に従って，会社 N は，移行日前に負債が決済されないため，20X3 年 11 月に付与されたストック・オプションについて，IFRS 第 2 号を適用することが要求される。従前の会計原則で会社 N は，20X3 年 11 月 30 日に決定した公正価値を，IFRS 第 2 号に従った開示も見積りもしていなかった。しかし，従前の会計原則における財務諸表で，行使価格と 20X3 年 12 月 31 日時点の株価との差額を負債として，認識し測定した。

移行日（20X4 年 1 月 1 日）および決済までの各報告日において会社 N は，ストック・オプションが付与された契約条件と，従業員がそれまでにどの範囲までサービスを提供しているのかを考慮に入れることにより，オプション価格算定モデルを適用して負債の公正価値を測定する。現金決済型の株式に基づく報酬の公正価値は，本源的価値と時間的価値の双方を含む。ここでの時間的価値は，「評価日と決済日の間に株価が上昇する場合には，その将来の上昇に参加する権利の価値」として定義される。時間的価値の除外は，不適切な負債の測定につながる。

行使価格と 20X3 年 12 月 31 日時点の株価の差額に基づいて 20X3 年 12 月 31 日に従前の会計原則で認識された金額は，20X4 年 1 月 1 日時点の IFRS 第 2 号でのオプションの公正価値に近似するものとしては使用できない。

持分決済型の取引と同様に，現金決済型の取引の IFRS 第 2 号に従った公正価値を決定するためにも判断が要求される。

7.3 保険契約

IFRS 第 4 号「保険契約」の経過措置は，すでに IFRSs を適用している企業が本基準を初めて適用する場合に，既存の会計方針が IFRS 第 4 号に規定される最小限の要求事項を満たす場合には，保険契約から生じる負債に関する既存の会計方針を継続使用することができる。IFRS 第 4 号は，保険契約から生じる保険者の財務諸表における金額を識別し説明する開示も要求している。IFRS 第 4 号は**第 2 巻 19 章**で詳述される。

IASB は，初度適用企業が IFRS 第 4 号の要求事項を遡及適用することは大きな負担であることを認識した。したがって，IFRS 第 1 号は，保険者が IFRS 第 4 号の経過措置を選択適用できる免除を提供している［IFRS 第 1 号 D4 項］。

IFRS 第 4 号 41 項から 45 項の経過措置は，2005 年 1 月 1 日以後に開始する報告年度から保険者が IFRS 第 4 号を将来に向かって適用することを要求している。このため，IFRS 第 1 号 D4 項における救済措置も，初度適用企業が，IFRS 第 4 号の要求事項を本基準があたかも以前より適用されていたかのようにではなく，2005 年 1 月 1 日から将来に向かって適用することを認めている。

これは IFRSs を 2005 年に適用した企業にとっては重要な救済措置となっているが，その後の適用企業にとっての恩恵は，主に遡及適用が要求される金額（つまり 2005 年から移行日まで）を限定的にすることである。

初度適用企業に便益となり続ける 1 つの特定の救済措置は，IFRS 第 4 号 39 項（c）(iii)（**第 2 巻 19 章 5.2** 参照）の適用にある。初度適用企業は，IFRS 第 4 号を適用する最初の事業年度の末日より 5 年以上前に発生したクレーム・ディベロップメントについての情報を開示する必要はない。企業が IFRS 第 4 号を初めて適用する際，企業が IFRS 第 4 号に従ったフルセットの比較情報を表示する最初の期間の期首以前に発生したクレーム・ディベロップメントに関する情報を用意することが実務上不可能な場合は，その旨を開示することが要求される［IFRS 第 4 号 44 項］。

保険者が保険負債に関する会計方針を変更する場合には，金融資産の一部または全部をIFRS第9号「金融商品」における公正価値で測定するものとして分類変更することを許容されるが，要求はされない（それに対応して，IAS第39号「金融商品：認識および測定」を適用する保険者も，金融資産の一部または全部を「純損益を通じて公正価値で」測定するものとして分類変更することを許容されるが，要求はされない）。この分類変更は以下の場合に認められる［IFRS第4号45項］。

- 保険会社がIFRS第4号を初めて適用する際に会計方針を変更する場合（例えば，初度適用時）
- IFRS第4号22項により認められている事後的な方針変更（**第2巻19章4.3**参照）を行う場合。分類変更は会計方針の変更であり，IAS第8号「会計方針，会計上の見積りの変更および誤謬」を適用する。

7.4　みなし原価

IFRS第1号の草案を作成する段階において，企業が必要な過去の情報を保有していない場合には，有形固定資産およびその他の非流動資産に関する原価情報やその他の取引データを再構築することを要求するコストは特に負担がかかることを，IASBは認識した。IASBはまた，再構築した原価データは，現時点での公正価値データと比べて，利用者にとって目的適合性が少なく，かつ信頼性も低いおそれがあるという点に留意した。その結果として，IFRS第1号は，有形固定資産，投資不動産および（より限定した範囲の）無形資産の原価情報の再構築に関する要求事項を初度適用企業から免除するという任意の免除を含んでいる。当免除が適用された場合，みなし原価がその後の減価償却と減損テストの基礎となる。みなし原価は，IFRS第1号において「ある特定の日現在の原価または償却後原価の代用として使用される金額」と定義されている（**本章3.2**参照）。

IFRS第1号には4種類の「みなし原価」の免除がある。

- IFRS 第 1 号 D5 項から D7 項は，特定の分類の資産に対して，移行日の公正価値または従前の会計原則における再評価をみなし原価とすることを認めている（詳細な要件は，**本章 7.4.1** 参照）。
- IFRS 第 1 号 D8 項は，「事象による」公正価値を，その測定日におけるみなし原価とすることを認めている（詳細な要件は，**本章 7.4.2** 参照）。
- IFRS 第 1 号 D8A 項は，石油・ガス資産を特別に取扱う（**本章 7.4.3** 参照）。
- IFRS 第 1 号 D8B 項は，料金規制の対象となる営業活動に使用される資産を取扱う（**本章 7.4.4** 参照）。

資産が IFRSs において「みなし原価」で当初認識された場合には，その後の減価償却は，そのみなし原価に基づき，公正価値測定または再評価が確立された日から償却を開始する［IFRS 第 1 号 IG9 項］。

7.4.1　みなし原価としての公正価値または再評価

7.4.1.1　範　囲

この免除は以下に適用される［IFRS 第 1 号 D5 項から D7 項］。

- 有形固定資産
- 投資不動産（企業が IAS 第 40 号「投資不動産」における原価モデルの使用を選択している場合）
- 以下の両方の要件を満たす無形資産
  - IAS 第 38 号「無形資産」の認識規準（当初原価の信頼性ある測定を含む）
  - IAS 第 38 号の再評価の規準（活発な市場の存在を含む）

記述されている資産の種類のなかで，免除が選択的に使用可能である場合がある。IFRS 第 1 号 BC 45 項は「本基準は，みなし原価としての公正価値の使用をその種類のすべての資産に適用することに制限を課していない」ことを確認している。しかし，修正再表示されないそれらの資産に対する減損の兆候を無視することはできない。

この免除を無形資産に適用することは，IAS 第 38 号の再評価使用のための制限された規準を満たさなければならないため，限定的であろう。

免除規定は，その他の種類の資産に類推適用してはならない［IFRS 第 1 号 D7 項］。この免除は，その後の報告期間において企業が選択する IFRS の会計方針に関係なく使用可能である。

IFRS 第 1 号 D5 項は，資産が取得されたか，自家建設されたか，ファイナンス・リースにより保有されているかを特定せず，資産をみなし原価で測定する選択肢を提供している。したがって，免除は，ファイナンス・リースにより保有され財務諸表に資産計上されている資産にも適用可能である。初度適用企業は，移行日にこれらの項目を公正価値で測定できる。しかし，関連するファイナンス・リース負債は公正価値では測定されず，IAS 第 17 号「リース」に従って，リース料の正味現在価値で認識される。

IFRS 第 1 号 D5 項の免除は，IAS 第 16 号の範囲内にある有形固定資産に限定されていない。その結果，企業は，IAS 第 16 号の範囲外にある有形固定資産項目（例えば，特定の鉱業権や鉱物埋蔵量）を，IFRS 第 1 号 D5 項に従ったみなし原価で測定することを選択できる（**本章 7.4.3** も参照）。鉱業権や鉱物埋蔵量が有形固定資産か無形資産かどうかは，**第 1 巻 7 章「有形固定資産」2** で検討される。探査活動で使用される有形固定資産は IAS 第 16 号の範囲内である。

7.4.1.2　免除の詳細

IFRS 第 1 号 D5 項は，特定された種類の資産を IFRSs 移行日現在で公正価値で測定し，その公正価値を当該日現在におけるみなし原価として使用することを認めている。この選択が行われる場合，企業の最初の IFRS 財務諸表で IFRS 第 1 号 30 項で要求される開示が行われる（**本章 9.2.4** 参照）。

初度適用企業は，IFRSs 移行日現在またはそれ以前における，特定されている種類の資産の従前の会計原則に従った再評価も，再評価日現在のみなし原価として使用することを選択できる。しかし，これは，再評価が再評価日の時点で，以下のいずれかとおおむね同等であった場合のみ認められる［IFRS 第 1 号 D6 項］。

- 公正価値
- IFRSs による原価または償却後原価を，例えば，一般物価指数または個別物価指数の変動を反映するように調整したもの

再評価が「おおむね同等であること」については，IFRS 第 1 号 BC 47 項において，初度適用企業は「すでに入手可能で，かつ原価基準による測定の合理的な出発点となる測定を使用するみなし原価を設定すること」が許容されると説明されている。

公正価値に対する一定割合（例えば，80%）での従前の会計原則における評価は，公正価値と「おおむね同等」ではない。IFRS 第 1 号 BC 47 項は，以前の再評価が公正価値の測定を意図したものかどうかは必ずしも明確ではないかもしれないと述べている。その金額がみなし原価として使用されるには，測定が公正価値の有効な見積りを表していなければならない。公正価値の一定割合は，公正価値とおおむね同等ではないため，資産のみなし原価として使用することはできない。

しかし，以前の帳簿価額に対する物価指数の適用のように，帳簿価額が公正価値と類似するような従前の会計原則に従った再評価は，おおむね同等とみなされる可能性がある。

IFRS 第 1 号 D6 項に従い，従前の会計原則の再評価は，「IFRSs 移行日現在，またはそれ以前」でなければならず，これは従前の会計原則における最後の報告期間の末日に行われた評価を含まない。例えば，最初の IFRS 報告期間の末日が 20X8 年 12 月 31 日で，IFRSs 移行日が 20X7 年 1 月 1 日であれば，従前の会計原則における 20X7 年 12 月 31 日に行われた再評価は，IFRS 第 1 号 D6 項に準拠していない。しかし，代わりに，この 20X7 年 12 月 31 日の測定を，IFRS 第 1 号 D8 項 (b)（**本章 7.4.2** 参照）における免除において使用することは可能である。

設例7.4.1.2

以前に認識された再評価の増加の会計処理

会社 G は，従前の会計原則において，有形固定資産を再評価額で測定しており，それは公正価値とおおむね同等であった。償却原価と再評価額の差

額は，資本に累積させていた。会社 G は，IFRS 第 1 号において再評価額をみなし原価として使用することを選択した。

IFRSs 移行日において，従前の会計原則で認識された再評価の増加額はどのように会計処理すべきか。

IFRS 第 1 号 11 項は，初度適用から生じる修正を，利益剰余金，または適当な場合には資本における他の区分で認識することを要求する。本基準は，従前の会計原則で認識された再評価の増加額について会計処理を特定していない。修正は，資本の独立科目に認識することも可能であるが，それは IFRS 第 1 号で要求されていない。

従前の会計原則による再評価が，IFRS 第 1 号 D6 項のみなし原価として使用される場合，従前の会計原則において資本に累積された再評価の増加額は，IFRSs における再評価剰余金の一部を構成しない。したがって，IFRSs 移行日後の減損は，従前の会計原則において資本に累積された金額に対する相殺ではなく，純損益に認識される。

7.4.2　特定事象を契機とする公正価値のみなし原価としての使用

初度適用企業は，従前の会計原則に従って，資産および負債の一部または全部について，民営化または株式公開（IPO）等の事象により，それらをある特定の日現在の公正価値で測定することにより，みなし原価を設定している場合がある。IFRS 第 1 号は，このような特定事象を契機とする公正価値に関して，以下の免除を認めている。

- 測定日が IFRSs 移行日**以前**である場合には，当該企業は，このような特定事象を契機とする公正価値測定を測定日現在における IFRSs のみなし原価として使用することができる［IFRS 第 1 号 D8 項（a)］。
- 測定日が IFRSs 移行日より**後**であるが，最初の IFRS 財務諸表の対象期間中である場合には，特定事象を契機とする公正価値測定を，当該事象の発生時にみなし原価として使用することができる。このような状況においては，企業はそれによる修正を測定日現在の利益剰余金（または，適切な場合には資本のなかの他の区分）に直接認識しなければならない。IFRSs 移行日に，企業は D5 項からD7項の要件を適用してみなし原価を設定するか，またはIFRS第1号の他の要求事項に従って資産および負債を測定しなければならない［IFRS第1号D8項（b)］。

IFRS第1号D8項（a）と（b）の免除は広く適用可能であり，民営化およびIPOにより生じる公正価値測定に限定されていない。「等の事象」という表現は，2つのそのような事象が例であることを意味しており，どのような事象が要件を満たすかを限定するものではない。

この免除の範囲は，次の設例で記述のとおり，IFRS第1号D5項およびD6項における免除とは異なる。

設例7.4.2A

IFRS第1号D8項(a)におけるみなし原価の免除規定の範囲とその適用可能性

企業は20X5年1月1日を移行日としてIFRSsの採用を予定している。20X4年11月に，企業は財政上の困難に陥り，債権者からの保全を申請せざるを得なくなった。

企業は，財務再編を実行し，企業の資本と非資本持分の相当の再編を行った。現地の会計基準において，再編は，企業の資産および負債（借入金や無形資産等を含む）の公正価値への包括的な再評価をもたらした。これらの公正価値は，現地の会計基準において作成された企業の20X4年12月31日の年次財務諸表において認識される。

IFRS第1号D8項（a）の免除規定において，企業はすべての種類の資産および負債に，財務再編の目的のために設定された価値を使用することが認められるか。

認められる。IFRS第1号D5項およびD6項で使用可能な免除規定と異なり，IFRS第1号D8項（a）の免除規定の適用は，有形固定資産，投資不動産および特定の無形資産に限定されない。当パラグラフにおける要件が満たされる限り，IFRS第1号D8項（a）の免除は，いかなる資産および負債にも使用が認められる。その要件は，以下の双方を満たすことである。

- 再編日に設定された価値が，公正価値であった。
- 再編日に設定された価値が，従前の会計原則（後述参照）における企業の財務諸表で認識されていた。

IFRS 第 1 号 D8 項（a）における免除の適用は，IAS 第 38 号において再評価の規準を満たす無形資産に限定されない（IFRS 第 1 号 IG50 項参照）。

企業が IFRS 第 1 号 D8 項 (a) の免除の使用を選択する場合，再編成において設定された公正価値測定のすべてを使用することが要求されるか，または選択した資産および負債に対してのみ免除を適用することが認められるか。

免除は，個別の資産および負債に適用してもよい（すなわち，企業は免除を選択的に使用することが許容される）。

IFRS 第 1 号 D8 項（a）は，この点に関して明確でない。IFRS 第 1 号 BC 45 項は，IFRS 第 1 号 D5 項による免除規定が選択適用可能であることを明確にしているが，その他の「みなし原価」の免除規定については言及していない。しかし，特別な記載がないため，企業は，測定日におけるみなし原価として，再編日時点で設定された公正価値測定の一部だけを使用することを選択できると解釈することは合理的である。

初度適用企業が IFRS 第 1 号 D8 項（a）の免除を適用する場合には，資産および負債は，初度適用企業の従前の会計原則による財務諸表において，特定の事象を契機とする公正価値測定により認識および測定されている必要がある。（例えば，財務諸表の注記で）公正価値を公に開示するだけでは不十分である。

これは IFRS 第 1 号 BC 95 項によって裏付けられている。そこでは，この免除が採用されたとしても，この免除は「この測定が従前の会計原則による財務諸表ですでに使用されていた場合にのみ」適用されるので，IFRSs への移行に際して修正再表示の原因にはならないと述べている。

IFRS 第 1 号 D8 項 (b) は 2010 年 5 月に公表された「IFRS の改善」により追加され，初度適用企業が，IFRSs 移行日後に生じた測定事象に対し，測定日における特定事象を契機とした公正価値をみなし原価として使用することを認め，このような状況における会計処理が特定された。

IFRS 第 1 号 D8 項の範囲の拡張は，主として現地の法律により，企業が民営化または IPO のために資産および負債を公正価値に再評価するとともに，再評価後の金額を当該企業の従前の会計原則上のみなし原価として扱うことが求められている一部の法域を意図したものである。IFRS 第 1 号 D8 項（b）の追加前は，再評価が IFRSs 移行日後に生じた場合には，企業はその再評価を IFRSs におけるみなし原価として使用することができなかった。異なる帳簿価額の 2 組の財務諸表作成の要求を回避するため，IASB は D8 項を修正し，最初の IFRS 財務諸表の対象期間中である場合には，事象を契機とした公正価値測定を当該事象の発生時のみなし原価として認識することを認めた［IFRS 第 1 号 BC 46A 項］。

注目すべきは，IFRS 第 1 号 D8 項（b）が追加されたときに，IFRS 第 1 号 BC 95 項が修正されなかったことである。このため，一見すると，IFRS 第 1 号 BC 95 項は，IFRS 第 1 号 D8 項（b）の免除にも同様に言及しているようであり，その結果，特定事象を契機とした公正価値測定が企業の従前の会計原則における財務諸表で認識されていたときにのみ，IFRS 第 1 号 D8 項（b）が適用可能となる。しかし，IFRS 第 1 号 D8（b）の免除は，移行日後の特定事象の公正価値測定に関連しているため，ほとんどの場合，これらの価値は従前の会計原則における財務諸表には認識されておらず，このような要求事項は直感に反するであろう。IFRS 第 1 号 BC 95 項が IFRS 第 1 号 D8 項（b）に適用されるとすれば，実務上，当免除は，従前の会計原則の財務諸表の比較期間において使用された特定事象の公正価値を，比較期間に関連してのみ使用することができる。IASB が救済措置の適用をこのような方法に限定することを意図しなかったことは明確である。したがって，IFRS 第 1 号 D8 項（a）の免除と異なり，特定事象を契機とする公正価値の従前の会計原則における財務諸表への認識は要求されていないと考えることが合理的である。

設例7.4.2B
IFRSs移行日後に設定された特定事象を契機とした公正価値

企業Dは，20X9年12月31日終了年度の財務諸表において，初めてIFRSsを適用する。移行日は20X8年1月1日である。20X9年3月31日時点において，株式公開（IPO）の財務情報作成時に，企業Dは有形固定資産の公正価値を設定する。

関連情報は，以下のとおりである。

20X2年12月31日に設定された資産の公正価値（従前の会計原則において認識）	CU 750
20X2年12月31日現在の資産の公正価値から，20X8年1月1日までの減価償却および減損損失累計額を控除した金額（IFRSsに従って算定）	CU 400
20X2年12月31日現在の資産の公正価値から，20X9年3月31日までの減価償却および減損損失累計額を控除した金額（IFRSsに従って算定）	CU 300
20X9年3月31日現在の資産の公正価値	CU 1,200

IFRS第1号D8項（b）において，20X9年3月31日現在の公正価値は，企業の最初のIFRS財務諸表のために，当該日における資産のみなし原価として使用できる。

しかし，企業Dは，移行日（20X8年1月1日）現在の資産の帳簿価額を設定し，移行日から20X9年3月31日まで，IFRSsに基づいてその資産の会計処理を行うことが必要になる。この目的上，企業Dは，遡及的にIAS第16号を適用するか，またはIFRS第1号D5項からD7項に従ったみなし原価を参照することにより当資産の帳簿価額を設定する，という通常の選択肢を有する。

例えば，企業Dは，IFRS第1号D6項において使用可能な免除規定を適用して，従前の会計原則において認識された20X2年12月31日現在の公正価値を当該日のみなし原価として使用し，その20X2年12月31日の公正価値にその後の減価償却と減損損失を調整することにより，20X8年1月1日の帳簿価額を設定することができる。この選択肢を利用すれば，最初のIFRS財務諸表において，20X8年1月1日から20X9年3月31日までに認識される減価償却は，20X2年12月31日のみなし原価（CU 750）をもとに算定される。

20X9年3月31日現在の公正価値が，当該日における資産のみなし原価として使用される場合は，20X9年3月31日現在の帳簿価額（CU 300）と20X9年3月31日現在のその資産の公正価値（CU 1,200）との差額であるCU 900は，利益剰余金または資本におけるその他の区分（例えば，IFRS第1号の修正に使用される剰余金）として認識される。これはIAS第16号における有形固定資産の再評価剰余金とはみなされない（そして，その後の通常の再評価の要求はされない）。その後の減価償却（20X9年3月31日より後）は，増加された価値に基づいて行われる。20X8年1月1日から20X9年3月31日までの期間に，IFRSsに基づいて認識された減価償却に対しての修正は行われない。

7.4.3　石油・ガス資産

一部の現地の会計原則によれば，開発または生産段階における石油・ガス資産の探査費用および開発費用は，大きな地域のすべての財産を含んだコストセンターで会計処理される（「全部原価」法として知られている）。

IFRS第1号においては，以前にこのような会計の基礎を使用している初度適用企業は，IFRSs移行日現在の石油・ガス資産を次の基礎で測定することを選択できる［IFRS第1号D8A項］。

- 企業の従前の会計原則により算定された金額での探査および評価資産
- 企業の従前の会計原則によりコストセンターについて算定された金額での開発または生産段階の石油・ガス資産。この金額を，当該日現在の埋蔵量または埋蔵金額を使用してコストセンターの資産に比例的に配分しなければならない。

当免除の目的上，「石油・ガス資産」は，石油およびガスの探査，評価，開発または生産に使用される資産のみとする［IFRS第1号D8A項］。

当免除の使用を選択する企業は，IFRSs移行日現在で，探査および評価資産ならびに開発および生産段階の資産につき，減損テストを実施しなければならない。探査および評価資産は，IFRS第6号「鉱物資源の探査および評価」に従ってテストされ，開発および生産資産は，IAS第36号「資産の減損」に従ってテストされる［IFRS第1号D8A項］。

識別された減損は，移行日において認識される［IFRS 第 1 号 D8A 項］。

7.4.4　料金規制の対象となる営業活動に使用される資産

この免除は以下の企業に適用される［IFRS 第 1 号 D8B 項］。

- 料金規制の対象となる営業活動に使用中かまたは以前使用していた有形固定資産項目を保有し，
- 従前の会計原則で算定されたこのような項目を帳簿価額に含むが，IFRSs においては資産計上に適格でない。

この目的上，営業活動が料金規制の対象とされるのは，料金設定の権限を与えられた規制機関が設定した価格（すなわち料率）で顧客に財またはサービスを提供し，その料率が顧客を拘束するとともに，規制対象の財またはサービスの提供の際に発生する特定のコストを，企業が回収し所定のリターンを得るように設計されている場合である。所定のリターンは，下限または範囲であってもよく，固定または保証されたリターンである必要はない［IFRS 第 1 号 D8B 項］。

初度適用企業がこの項の範囲内である場合，企業は，IFRSs 移行日現在の当該項目の従前の会計原則による帳簿価額をみなし原価として使用することを選択できる。企業がこの特例をある項目に適用する場合，すべての項目に適用する必要はない［IFRS 第 1 号 D8B 項］。

この特例を使用する場合，IFRSs 移行日現在で，企業はこの特例を適用する各項目について IAS 第 36 号に従って減損テストを行わなければならない［IFRS 第 1 号 D8B 項］。

その後の減価償却または償却は，そのみなし原価を基礎とし，IFRSs 移行日から開始する［IFRS 第 1 号 IG51 項］。

7.5　リース

7.5.1　契約にリースが含まれているか否かの判断

IFRS 第 1 号は，IFRIC 第 4 号「契約にリースが含まれているか否かの判断」を適用する初度適用企業に，2 つの免除を認めている。以下のセクションで記述される。

7.5.1.1　IFRIC第4号の経過措置

初度適用企業は，IFRIC 第 4 号の経過措置を適用することができる。したがって，初度適用企業は，移行日時点で存在する事実と状況を基に，IFRSs 移行日時点で存在する契約にリースが含まれているか否かを判断することになる［IFRS 第 1 号 D9 項］。

IFRIC 第 4 号は，契約の開始時点で，契約がリースを含むか否かについて判断する場合の要件を定めている。また，その後いつの時点で契約の再判定を行わなければならないかも定めている。IFRS 第 1 号は，これらの要求事項からの免除を提供している。契約の開始時点で契約がリースを含むかどうかを遡及して判断し，その後に関して，IFRSs への移行前の期間について要求されていた形で当該契約を再判定する代わりに，企業は，IFRSs 移行日時点の事実と状況を基に，当該契約に IFRIC 第 4 号 6 項から 9 項を適用して，IFRSs 移行日時点で存在している契約がリースを含んでいるかどうかを判断することができる（**第 1 巻 11 章「リース」2.1.1** 参照）［IFRS 第 1 号 IG204 項および IG205 項］。

7.5.1.2　従前の会計原則において，IFRIC第4号における要求と異なる日に行われた判定

契約がリースを含んでいたかどうかについて，従前の会計原則において，IFRIC 第 4 号の要求事項と異なる日に判定を行った初度適用企業は，追加の免除が使用可能である。このような状況においては，従前の会計原則における以前の判断が，IAS 第 17 号および IFRIC 第 4 号においても同じ結果となる場合には，初度適用企業は，その判断を再検討する必要がない［IFRS 第 1 号 D9A 項］。

設例7.5.1.2
契約にリースが含まれているか否かについての再検討の免除

企業 R は，20X5 年 1 月 1 日を移行日として IFRSs を適用する。20X3 年 1 月 1 日を発効日として，企業 R の従前の会計原則が，契約にリースが含まれているか否かに関する指針を含むよう修正された。従前の会計原則の要求事項が適用となる時点で，企業 R はリースを含む契約は 1 つだけであると判断した。その契約は 20X2 年 6 月 30 日に締結され，IFRSs 移行日に存在している。リースを含まないと判断されたその他の契約についても，IFRSs 移行日において存在している。

企業 R は，従前の会計原則における，契約にリースが含まれているか否かに関する判定は，IAS 第 17 号および IFRIC 第 4 号における場合と同じ結果であると判断した。

このため，IFRS 第 1 号 D9A 項により，IFRSs 適用時に，企業 R は既存の契約にリースが含まれているか否かについて再検討することは要求されない。代わりに，企業 R は，IAS 第 17 号および IFRIC 第 4 号を適用した場合と同じ結果となることから，従前の会計原則における判定に依拠することができる。

リースを含むと判断された契約に関しては，IFRS 第 1 号はその点についていかなる免除規定も提供していないため，IAS 第 17 号を遡及適用しなければならないことに留意する。

7.5.2　リース会計のその他の側面

前のセクションで記述された，IFRIC 第 4 号の適用に関する免除を除いては，IFRS 第 1 号は，初度適用企業にリースに関する特別な免除を設けていない。したがって，初度適用企業は，最初の IFRS 財務諸表において，当期および比較期間の双方につき IAS 第 17 号を完全に適用しなければならない。

このため，初度適用企業は，従前の会計原則のもとでは認識されなかった資産（例えば，有形固定資産）を，IFRSs 移行時に認識することを要求される場合がある。この資産は，ファイナンス・リースにおける借手としての役割（従前の会計原則においては，リースをオペレーティング・リースとして扱っていたかもしれない）またはオペレーティング・リースにおける貸手としての役割（従前の会計原則においては，リースをファイナンス・リースとして扱っていたかもしれない）により初度適用企業に認識されることがある。前者の場合には，他の免除規定がないため，初度適用企業は，(1) リース開始時における資産の公正価値（または，最低リース料総額の現在価値のいずれか低い方）を IFRSs 移行日まで減価償却したもの，および (2) リースの計算利子率（または，適当な場合には，借手の追加借入利子率）により償却されたファイナンス・リース負債を算定することが要求される。リース開始日のリース資産の公正価値を決定することは，困難または実務上不可能な場合がある。しかし，企業は，IFRS 第 1 号の任意の免除（**本章 7.4.1** 参照）に従って，ファイナンス・リースのもとで資産化された資産を IFRSs 移行日における公正価値で測定することができる。

IFRSs 移行日現在で，借手および貸手は，リース開始時に存在する状況に基づいてリースをオペレーティング・リースまたはファイナンス・リースに区分する [IAS 第 17 号 13 項]。借手と貸手が，リース条件の変更に合意し，その変更された条件がリースの開始時から有効であった場合には，異なる分類になったであろう場合がある。この場合には，変更された契約は，その期限が終了するまで新たな契約であるとみなされる。しかし，見積りの変更（例えば，リース不動産の経済的耐用年数もしくは残存価額）または状況の変化（例えば，借手の債務不履行）は，リースの新たな区分につながるものではない [IFRS 第 1 号 IG14 項]。

1997 年に IAS 第 17 号が修正された際，貸手の金融収入を認識するための正味現金投資方式が削除された。IAS 第 17 号の経過措置は，ファイナンス・リースの貸手がこの方式を将来に向かって取消すことを認めている。しかし，この経過措置は，IFRS 開始財政状態計算書を準備している初度適用企業には適用されない（**本章 5.2** 参照）。したがって，ファイナンス・リースの貸手は，IFRS 開始財政状態計算書に，ファイナンス・リース債権を，正味現金投資方式がいまだかつて認められたことがないような形で測定しなければならない [IFRS 第 1 号 IG15 項]。

SIC 第 15 号「オペレーティング・リース― インセンティブ」（**第 1 巻 11 章 7.2.2** 参照）は，リース期間が 1999 年 1 月 1 日以後に開始するリースに適用される。しかし，初度適用企業は，開始期間がその日より前または後であるかにかかわらず，すべてのリースに SIC 第 15 号を適用しなければならない［IFRS 第 1 号 IG16 項］。

7.6　従業員給付

7.6.1　IAS第19号(2011年)を適用する企業

IAS 第 19 号「従業員給付」（2011 年）を最初の IFRS 財務諸表に適用する企業は，**本章 7.21.1** で述べられる短期的な免除が適用可能である。

7.6.2　IAS第19号(2011年)を適用していない企業

7.6.2.1　回廊アプローチを使用する企業が，過去のすべての数理計算上の差異を認識するオプション

IAS 第 19 号（1998 年）「従業員給付」によれば，企業は，確定給付型の退職後給付における債務を測定する際，一部の数理計算上の差異を未認識のままとする「回廊」アプローチの使用を選択できる。このアプローチを遡及適用すると，企業は，当該制度の開始日から IFRSs 移行日までの数理計算上の差異の累計額を，認識済の部分と未認識の部分とに分解することが必要となる。初度適用企業は，その後の数理計算上の差異について回廊アプローチを適用する場合であっても，数理計算上の差異の累計額の全額をIFRSs移行日時点で認識（すなわち，回廊をゼロにリセット）することを選択できる。初度適用企業がこの選択を使用する場合には，すべての制度について適用しなければならない［IFRS 第 1 号 D10 項］。

本章設例 7.9.2 で説明されるように，子会社がすでに IFRSs により報告しており，過年度に IFRSs への準拠の無限定の記述がなされている場合，子会社の年金の回廊は，親会社の連結財務諸表目的でゼロにリセットすることはできない。IFRS 第 1 号 D17 項に従い，子会社よりも後で IFRSs を適

用する親会社は，子会社の移行日を，親会社のものとして使用しなければならない。そのため，IFRS 第 1 号 D10 項の「すべての制度」についての参照は，IFRS 第 1 号 D17 項におけるより特定された要求事項の対象となる制度を除外していると考えられる。

しかし，子会社が親会社よりも後で初度適用企業となる場合には，IFRS 第 1 号 D16 項は，親会社の IFRSs 移行日に基づいて，連結手続および親会社が当該子会社を取得した企業結合の影響について何の修正もなかったとした場合に，親会社の連結財務諸表に含められていたであろう帳簿価額で，子会社が資産および負債を測定することを認めている（**本章 7.9.1** 参照）。

設例7.6.2.1

確定給付の回廊のリセットに使われる日

会社 Y は，20X4 年 1 月 1 日を移行日として IFRSs を適用する。会社 Y は，IAS 第 19 号（1998 年）において，「回廊」アプローチを使用して確定給付型の退職後給付制度から生じる数理計算上の差異を認識することを会計方針として選択し，IFRS 第 1 号 D10 項により，回廊をゼロにリセットする選択をした。

会社 Y は，IFRSs 移行日前において確定給付の回廊をリセットできるか。

できない。会社 Y が IFRS 第 1 号 D10 項に従って確定給付の回廊をリセットする選択をする場合には，それは IFRSs 移行日において行われる。回廊をリセットする日の選択は認められていない。IFRS 第 1 号のその他の免除には，より柔軟性が高いもの（例えば，過去の企業結合の修正再表示に関して IFRS 第 1 号が提供する柔軟性）があるが，その柔軟性を類推により他のシナリオに拡張することは許されない。

当免除は，IFRSs 移行日時点における数理計算上の差異の累計額にのみ言及している。当免除は，IAS 第 19 号（1998 年）96 項に従って未認識となる過去勤務費用には拡張されない。したがって，IFRSs 移行日時点で，いまだ権利が確定していない給付の変更に関する未認識の過去勤務費用の額を算定し，修正する必要がある。これは，確定給付制度について財政状態計算書で認識された資産または負債は，制度の積立超過または積立不足とは異なる可能性があることを意味する。

7.6.2.2　免除を使用しない影響

回廊アプローチを適用するほとんどの初度適用企業は，移行日において，すべての数理計算上の差異の累計額を認識するという選択を使用するであろう。実務上，これはIFRSs移行日に，積立超過または積立不足の全額を認識することを意味する（IAS 第 19 号〔1998 年〕の詳細な要求事項を条件とする)。

この選択が採用されなければ，確定給付制度の開始（または，企業結合において制度が取得された日のいずれか遅い方）まで遡り，遡及的影響を考慮して回廊アプローチを適用するため，その後の各報告期間の期末日における数理計算上の評価を入手することが必要となる。数年以上確立されている確定給付制度にとって，これは膨大なコストを伴う可能性が高く，実務上不可能である場合がある。

制度が企業結合において取得された場合には，当該制度は，取得日からのみ連結企業の制度となる。取得日において，当該制度はIFRS 第 3 号「企業結合」によって要求される新たな測定基礎（または従前の会計原則における同等の価値）を有することになる。さらに，IFRS 第 1 号適用ガイダンス設例 2 は，確定給付債務と対応する利益剰余金への仕訳は，取得日から算定されることを明確にしている。

7.6.2.3　IAS第19号(1998年)の開示要求からの免除

IAS 第 19 号（1998 年）は，当年度および過去 4 年度分の以下の金額の開示を要求している。

- 確定給付債務の現在価値，制度資産の公正価値および制度の積立超過または積立不足
- 金額または百分率で表現された，報告期間の末日現在の制度負債について生じた実績修正

- 金額または百分率で表現された，報告期間の末日現在の制度資産について生じた実績修正

IAS 第 19 号（1998 年）のこの要求事項に対する経過規定と整合させるため，IFRS 第 1 号は，初度適用企業が，IFRSs 移行日から将来に向けて各会計期間について算定されるこれらの金額を開示することを認めている［IFRS 第 1 号 D11 項］。

7.6.3　従業員給付会計のその他の側面

IFRSs 移行日現在において使用する数理計算上の仮定は，（会計方針の相違を反映するための修正後において）従前の会計原則のもとで同じ日について行った数理計算上の仮定と首尾一貫したものでなければならない。ただし，それらの仮定が誤っていたという客観的な証拠がある場合を除く。それ以後に生じたこれらの仮定の修正の影響は，企業がその修正を行う期間の数理計算上の差異となる［IFRS 第 1 号 IG19 項］。

従前の会計原則のもとでは必要のなかった数理計算上の仮定を，IFRSs 移行日現在で行うことが必要な場合がある。このような数理計算上の仮定は，IFRSs 移行日後に生じた状況を反映してはならない。特に，IFRSs 移行日現在の割引率と制度資産の公正価値は，同日現在の市場の状況を反映させる。同様に，IFRSs 移行日現在の将来の従業員離職率についての数理計算上の仮定は，IFRSs 移行日後に生じた年金制度の縮小の結果としての従業員離職率の見積数字の顕著な増加を反映してはならない［IFRS 第 1 号 IG20 項］。

企業の最初の IFRS 財務諸表は通常，3 つの日付（報告期間の末日，比較財政状態計算書日および IFRSs 移行日）における従業員給付債務の測定を反映する。IAS 第 19 号は，すべての重要な退職後給付債務の測定に公認保険数理士を関与させることを奨励している。しかし，IFRS 第 1 号に付属する適用ガイダンスは，コストを最小限にするため，企業は公認保険数理士に 1 つまたは 2 つの日付について，詳細な保険数理評価の実行を求め，その評価を他の日にロール・フォワードまたはロール・バックしてもよいとしている。こうしたロール・フォワードまたはロール・バックは，これらの日の間に起きた重要性がある取引とその他の重要性がある事象（市場価格や利子率の変化を含む）を反映しなければな

らない［IFRS 第 1 号 IG21 項］。

7.7　換算差額累計額

IAS 第 21 号「外国為替レート変動の影響」においては，一部の換算差額は，当初その他の包括利益に認識し，これを資本の独立項目として累積する。在外営業活動体の処分時に，IAS 第 21 号は，当該在外営業活動体に係る換算差額累計額（関連するヘッジによる利得および損失があれば，それも含む）を，処分損益の一部分として純損益に振替えることを要求している［IFRS 第 1 号 D12 項］。

IAS 第 21 号の遡及適用をするためには，初度適用企業は，在外営業活動体の設立または取得の日以降，IFRSs に従って在外営業活動体の財務諸表の換算により生じる換算差額を，遡及的に算定しなければならないため過度なコストを必要とする可能性がある。しばしば，この情報はすぐに利用可能でないことがある。IFRS 第 1 号は，初度適用時に換算差額累計額の取扱いに関する任意の免除を設けている。

初度適用企業は，IFRSs 移行日現在で存在していた換算差額累計額については，これらの要求事項に従う必要はない。この免除が使用される場合，すべての在外営業活動体に係る換算差額累計額を，IFRSs 移行日現在でゼロとみなす。在外営業活動体のその後の処分による利得または損失は，IFRSs 移行日前に生じた換算差額を除外し，その後の換算差額を含めなければならない［IFRS 第 1 号 D13 項］。

IFRSs 移行日において，すべての在外営業活動体に対するすべての換算差額累計額をゼロにリセットする選択を使用する場合，この扱いは IFRSs の初度適用の結果により生じる換算差額に対しても適用される。この選択は，移行日における初度適用に関するすべての修正が認識された後に適用される。もしこの選択が使用される場合，IFRS 開始財政状態計算書における換算差額累計額の残高はゼロになる。

7.7.1　IFRSs移行時の機能通貨の再判定

以下の設例は，IFRSs 移行時に，企業が IAS 第 21 号に準拠するためにその機能通貨を変更しなければならない場合における，免除の適用を説明している。

設例7.7.1

IFRSs移行時の機能通貨の再判定

従前の会計原則においては，企業はポンドを機能通貨としていた。IFRSs 移行日において，IAS 第 21 号の要求事項を適用した結果，企業は機能通貨は米ドルであるとした。企業は，IFRS 第 1 号 D13 項の免除規定を使用せず，IAS 第 21 号を遡及適用する。

為替換算調整勘定（FCTR）は，IAS 第 21 号に従い，機能通貨が米ドルとみなされた日から再計算されなければならない。

企業の機能通貨が常に米ドルであったと決定された場合，移行日における FCTR は，各資産と負債（IFRSs 移行日前に処分されたものを含む）の取得以降の為替レートの変動の影響を表す。FCTR は，企業の機能通貨による資産および負債の測定の基礎に基づき算定される。

IFRS 第 1 号 D5 項および D6 項は，特定の資産に対しみなし原価を使用することを認めている。この免除を使用する場合，FCTR は，取得日からではなく，みなし原価が適用される資産のみなし原価額が決定された日から計算される。

もし，機能通貨のポンドから米ドルへの変更が，移行日前のある時点で行われたと決定された場合には（みなし原価の免除の使用は無視する），IAS 第 21 号 35 項の換算手続は将来に向かってのみ適用されるため，FCTR は変更日からのみ計算される。

IFRS 第 1 号 D13 項の免除が使用されるかどうかにかかわらず，財務諸表における残高は IAS 第 21 号の要求事項に従い企業の機能通貨で認識されなければならない。

7.7.2　親会社がその子会社よりも後に初度適用企業となる場合の免除の適用

設例7.7.2

親会社がその子会社よりも後に初度適用企業となる場合の免除の適用

親会社 P は，20X4 年 1 月 1 日を移行日として IFRSs を初めて適用する。最初の IFRS 連結財務諸表において，親会社 P は，20X4 年 1 月 1 日現在で在外営業活動体に係る換算差額累計額をゼロにリセットするため，IFRS 第 1 号 D13 項の免除を使用することを提案する。

子会社 S は，親会社 P の子会社であり，IAS 第 21 号 8 項で定義される親会社 P の在外営業活動体である。子会社 S は，20X1 年 1 月 1 日を移行日として IFRSs を適用した。子会社 S は，自身が親会社となり，IAS 第 21 号 8 項で定義される子会社 S の在外営業活動体となる多くの子会社（「子会社 S の下位グループ」を形成）に対する持分を有している。

IFRS 第 1 号 D17 項は，親会社がその子会社よりも後で初度適用企業となる場合には，当該親会社は，連結財務諸表上，当該子会社の資産および負債を，当該子会社の財務諸表と同じ帳簿価額（ただし，連結および親会社が当該子会社を取得した企業結合の影響を調整後）で，測定しなければならないことを要求している（**本章 7.9.2** 参照）。

IFRS 第 1 号 D17 項の要求事項を考慮し，より上位グループの最初の IFRS 連結財務諸表において IFRS 第 1 号 D13 項の免除を使用するかどうかを考慮する際，親会社 P は，子会社 S が子会社 S の下位グループの最初の IFRS 連結財務諸表において免除の使用を選択したかどうかに制約されるか。

制約されない。IFRS 第 1 号 D13 項の免除の適用は，IFRS 第 1 号 D17 項の要求事項に影響されない。なぜなら，IFRS 第 1 号 D17 項は，資産および負債の測定にのみ言及し，IFRS 第 1 号 D13 項は，資本のなかの項目の分類に関係しているためである。

より早い移行日での子会社 S のアプローチに関係なく，親会社 P は，より上位グループの最初の IFRS 連結財務諸表に IFRS 第 1 号 D13 項の免除を使用するかどうかの選択肢を有する。IFRS 第 1 号 D13 項は，免除が適用される場合，初度適用企業のすべての在外営業活動体に係る換算差額累計額に対して適用すべきことを明確に要求している。したがって，IFRS 第 1 号 D13 項における免除の使用を選択する場合，親会社 P は，20X4 年 1 月 1 日現在で，当該グループに係るすべての換算差額累計額（子会社 S の下位グループに係る換算差額累計額を含む）をゼロにリセットしなければならない。

7.8　子会社，関連会社および共同支配企業に対する投資

このセクションを通じて，最初の IFRS 財務諸表に IFRS 第 11 号「共同支配の取決め」および IAS 第 27 号（2011 年）「個別財務諸表」（2013 年 1 月 1 日以後開始する事業年度から適用が要求され，早期適用が認められる）を適用しない企業は，「共同支配企業（joint venture）」への参照を，「共同支配企業（jointly controlled entity）」への参照として読替える。

企業が個別財務諸表を作成する場合，IAS 第 27 号（2011 年）(IAS 第 27 号〔2011 年〕を適用していない場合には IAS 第 27 号「連結および個別財務諸表」〔2008 年〕）は，子会社，関連会社および共同支配企業に対する投資を以下のいずれかにより会計処理することを求めている［IFRS 第 1 号 D14 項］。

- 取得原価
- IFRS 第 9 号「金融商品」(IFRS 第 9 号を適用していない場合は，IAS 第 39 号「金融商品：認識および測定」）に準拠

取得原価または IFRS 第 9 号（または IAS 第 39 号）のいずれに準拠するかの選択は，投資の各区分において首尾一貫していなければならない［IAS 第 27 号（2011 年）10 項］［IAS 第 27 号（2008 年）38 項］。

初度適用企業が子会社，関連会社または共同支配企業に対する投資を取得

原価で測定することを選択する場合には，IFRS 第 1 号は，その「取得原価」を，IFRS 開始財政状態計算書において，以下のいずれかとすることを要求している［IFRS 第 1 号 D15 項］。

- IAS 第 27 号（2011 年）(IAS 第 27 号〔2011 年〕を適用していない場合は IAS 第 27 号〔2008 年〕）に従って算定した取得原価
- みなし原価。みなし原価は以下のいずれかで算定される。
  - 企業の個別財務諸表における企業の IFRSs 移行日現在の公正価値
  - 企業の個別財務諸表における企業の IFRSs 移行日現在の従前の会計原則による帳簿価額

IFRS 第 1 号 D15 項の免除は，子会社，関連会社または共同支配企業に対する投資に関して，初度適用企業が公正価値または従前の会計原則による帳簿価額のいずれかに基づくみなし原価を使用することを認める。この免除は，IAS 第 27 号（2011 年）(IAS 第 27 号〔2011 年〕を適用していない場合は，IAS 第 27 号〔2008 年〕）に従って取得原価を算定することは困難で，また不可能でさえあるかもしれず，費用がかかるであろうことへの対応が意図されている。IAS 第 27 号（2011 年）10 項（IAS 第 27 号〔2008 年〕38 項）において利用可能な IFRS 第 9 号（IFRS 第 9 号を適用していない場合は，IAS 第 39 号）に従って，そのような投資を継続的に公正価値で会計処理する選択肢は，年次の評価を入手するコストを考慮すれば，魅力的ではないことが多い。

企業の最初の IFRS 財務諸表において IFRS 第 13 号「公正価値測定」を適用する企業は，IFRSs 移行日における公正価値に基づくみなし原価で投資を測定するオプションを選択する場合，公正価値は，IFRS 第 13 号の一般原則に従って測定される。企業の最初の IFRS 財務諸表において IFRS 第 13 号を適用しない企業は，IFRSs 移行日における公正価値は，IFRS 第 9 号（IFRS 第 9 号を適用していない場合は，IAS 第 39 号）の測定ガイダンスに従って算定する。

初度適用企業は，みなし原価を使用して測定することを選択した子会社，共同支配企業または関連会社それぞれに対する投資の測定に，みなし原価の算定方法のいずれの方法（公正価値または従前の会計原則による帳簿価額に基づく）を選択してもよい［IFRS 第 1 号 D15 項］。

すなわち，初度適用企業は，それぞれの投資に対して，個別にどの原価測定基礎を使用するかを選択することが認められる。IAS 第 27 号（2011年）(IAS 第 27 号〔2011 年〕を適用していない場合は，IAS 第 27 号〔2008 年〕）に従って取得原価で測定される投資もあれば，みなし原価で測定される投資もある。みなし原価で測定される投資については，公正価値および従前の会計原則による帳簿価額の選択もまた，投資ごとに行うことができる。

企業がこの免除を使用する場合，**本章 9.2.9** で記述される開示を行わなければならない。

7.9　子会社，関連会社および共同支配企業の資産および負債

本セクションは，初度適用企業が以下の場合である特定の免除を取扱う。

- 初度適用企業が子会社であり，その親会社よりも後で IFRSs を適用する場合（IFRS 第 1 号 D16 項で取扱われる）
- 初度適用企業が親会社であり，その子会社よりも後で IFRSs を適用する場合（IFRS 第 1 号 D17 項で取扱われる）

本基準は，親会社と子会社が IFRSs を同時に適用する状況について特には言及していない。しかし，IFRS 第 1 号 D16 項の根底にある目的（すなわち，負担が大きく，また利用者にとっても有益でないとして IASB が認めた，2 組の記録を並行的に保存する必要性を回避すること〔IFRS 第 1 号 BC 60 項参照〕）に照らしてみれば，このような状況において IFRS 第 1 号

D16項を適用することは合理的と考えられる。

親会社と子会社が同時にIFRSsを適用する場合におけるこの免除の適用は，親会社とその子会社が過去に異なる会計基準を適用しており，結果として子会社の財務諸表で使用されている会計方針が連結財務諸表における会計方針と異なる場合に有用である。例えば，借入コストが子会社の従前の会計基準では資産化され，親会社の従前の会計基準では資産化されない場合，この差異は，IFRS開始財政状態計算書上において，資産化された借入コストを有形固定資産の帳簿価額から除外することで解消できる。このような調整は，IFRS第1号D23項（a）では認められない（**本章7.15**参照）。

本章設例7.9.4において説明されるように，初度適用企業の連結財務諸表では，IFRS第1号の免除は，免除が別の方法で認められる場合（例えば，有形固定資産のみなし原価の選択は，個別の資産ベースでの適用が認められる）以外は，すべての子会社，関連会社，共同支配企業に対して一律に適用されなければならない。しかし，子会社，関連会社，共同支配企業が投資者よりも先に初度適用企業となる場合には，**本章7.9.2**における要求事項に従うことになる。

7.9.1　子会社が親会社よりも後で初度適用企業となる場合

子会社がその親会社よりも後で初度適用企業となる場合には，IFRS第1号は子会社の財務諸表において2つの測定基礎から選択することを認めている。この選択は，「**投資企業**」の修正により，純損益を通じて公正価値で測定することが要求される投資企業の子会社には適用されない（**第2巻4章15.2.1**参照）［IFRS第1号D16項］。

「**投資企業**」の修正は，2014年1月1日以後開始する事業年度から適用され，早期適用が認められる。IFRSsを2013年に初めて適用する企業は，2013年にIFRS第10号を連結の例外を除いて適用し，その後の事業年度において連結の例外を適用することを避けるため，「**投資企業**」の修正を同時に適用することが予想される。

子会社は，資産および負債を以下のいずれかにより測定する［IFRS第1号D16項］。

(a)　親会社のIFRSs移行日に基づいて，連結手続および親会社が当該子会社を取得した企業結合の影響について何の修正もなかったとした場合に，親会社の連結財務諸表に含められていたであろう帳簿価額
(b)　子会社のIFRSs移行日に基づいて，IFRS第1号により要求される帳簿価額

これらの代替的方法による帳簿価額は，IFRS第1号の免除が，IFRSs移行日に依存した測定結果となる場合，異なる可能性がある。また子会社の財務諸表で使用された会計方針が，連結財務諸表の会計方針と異なる場合も，帳簿価額が異なる可能性がある［IFRS第1号D16項］。

この免除の目的は，負担が大きく利用者にとっても有益になるわけではないとIASBが認めた2組の記録を並行的に保存する必要性を回避することにある［IFRS第1号BC60項］。

親会社のIFRSs移行日を使用するオプションが適用された場合，子会社によって認識される金額は，親会社の移行日に「基づく」。しかし，子会社の移行日に子会社によって認識される金額は，その後の子会社のIFRSs移行日までの減価償却等の会計処理の必要性から，一般に親会社の移行日に認識された金額とは同じではないであろう。

IFRS第1号に付属する適用ガイダンスの設例8は，この選択の設例を提供する。設例は，資産および負債が子会社の（後の）IFRSs移行日に基づいて測定される場合でも，連結財務諸表の資産および負債の帳簿価額が変わることはないことを指摘している［IFRS第1号IG29項］。

同様の選択は，関連会社または共同支配企業が，当該会社に重要な影響力を有する企業または共同支配している企業よりも後で，初度適用企業となる場合にも利用できる［IFRS第1号D16項］。

IFRS第1号D16項（本セクションで記述）およびD17項（**本章7.9.2**で記述）は，以下の要求事項に優先するものではない［IFRS第1号IG30項］。

- 取得企業のIFRSs移行日前に発生した企業結合において，取得した資産および引受けた負債に対して，IFRS 第 1 号付録 C（企業結合ー**本章 7.1** 参照）を適用すること。しかし，取得企業は，この企業結合後に，被取得企業が取得した新たな資産および引受けた負債で，かつ取得企業のIFRSs移行日になお保有しているものに対しては，D17 項を適用する。
- D16 項および D17 項に該当しないすべての資産および負債を測定する際に IFRS 第 1 号の残りの部分を適用すること
- 初度適用企業自身の IFRSs 移行日現在で，IFRS 第 1 号が要求するすべての開示を行うこと（**本章 9** 参照）

IFRS 第 1 号 D16 項は，子会社が親会社よりも遅れて初度適用企業になる場合に適用される。例えば，子会社が以前に連結の目的でIFRSsに準拠した報告パッケージを作成していたが，IFRSs に準拠した完全な 1 組の財務諸表を表示していなかった場合である。IFRS 第 1 号に付属する適用ガイダンスは，これは子会社の報告パッケージが IFRSs の認識と測定の要求事項に完全に準拠している場合だけでなく，後発事象の再検討や本部による年金費用配賦のような問題で本部によって調整される場合にも当てはまる可能性があると指摘している。IFRS 第 1 号に付属する適用ガイダンスは，IFRS 第 1 号 26 項で要求される開示に関して，公表されない報告パッケージに対して本部で行われた調整は誤謬の訂正ではないと説明している（**本章 9.2.2** 参照）。しかし，D16 項は，子会社が親会社の連結財務諸表にとっては重要性がないが，子会社自体の財務諸表にとって重要性がある誤表示を無視することは認めていない［IFRS 第 1 号 IG31 項］。

例えば，子会社が 20X4 年 12 月期の財務諸表において IFRSs を適用する場合，IFRSs 移行日は 20X3 年 1 月 1 日になる。子会社はその日において IFRS 第 1 号を適用するのではなく，グループの報告パッケージに IFRSs に認識と測定の要求事項に完全に準拠するように本部で行われた調整を反映した，20X2 年 12 月 31 日の報告パッケージに記録された資産および負債の使用を選択できる。しかし，子会社の財務諸表にとって重要性がある誤謬が報告パッケージにある場合には（ただし，連結財務諸表では重要性がないとして無視される)，その金額はIFRSsに準拠するために修正されなければならない。

7.9.1.1　子会社が親会社よりも後で初度適用企業となる場合―みなし原価として公正価値を使用する免除規定

設例7.9.1.1

子会社が親会社よりも後で初度適用企業となる場合―みなし原価として公正価値を使用する免除規定

親会社 B の IFRSs 移行日は 20X1 年 1 月 1 日である。20X4 年 1 月 1 日，親会社 B は現地の会計原則により報告を行う子会社 M を取得した。連結財務諸表目的上，親会社 B は，子会社 M の識別可能な資産および負債を，IFRS 第 3 号「企業結合」の要求事項に従って，取得日の公正価値で測定した。

子会社 M は，20X8 年 12 月 31 日終了年度の財務諸表において，IFRSs を適用する予定である。子会社 M は，評価を委託する追加的な費用を発生させずに，IFRS 開始財政状態計算書において，有形固定資産を公正価値ベースで反映したいと考えている。子会社 M は，親会社 B から入手した 20X4 年 1 月の評価を最初の IFRS 財務諸表の増加した帳簿価額の基礎としたいと考えており，20X4 年 1 月 1 日から IFRSs 移行日までの減価償却を反映するため，ロール・フォワードを行う。

この状況においては，子会社 M は，IFRS 第 1 号 D16 項（a）において利用可能な免除規定の適用は認められない。IFRS 第 1 号 D16 項における免除規定は，子会社が親会社よりも後で初度適用企業となる状況に言及している。この免除規定の効果は，子会社より早い親会社の移行日を子会社自身の移行日として「適用」することを認めることである。このアプローチは記述された状況においては適切ではない。なぜなら，子会社 M は，親会社 B の IFRSs 移行日時点では親会社 B の子会社ではないからである。その結果，親会社 B の IFRSs 移行日時点における親会社 B の連結財務諸表は，子会社 M の資産および負債は含まない。

その他の IFRS 第 1 号の免除規定で，企業の最初の IFRS 財務諸表において増加した帳簿価額の基礎として以前に行われた評価を認める免除規定には以下のものがある。

- IFRS 第 1 号 D6 項：IFRSs 移行日以前に行われた，有形固定資産項目の従前の会計原則における再評価を，再評価日現在のみなし原価として選択することができる（**本章 7.4.1** 参照）。
- IFR 第 1 号 D8 項（a)：移行日またはそれ以前における特定事象を契機とする公正価値測定を，その測定日現在におけるみなし原価として使用することができる（**本章 7.4.2** 参照）。

しかし，これらの免除規定はいずれも子会社 M には適用することができない。なぜなら，いずれの免除規定も，以前の評価による金額が，従前の会計原則における財務諸表上でみなし原価として認識されていることを要求しているからである。上述の状況では，20X4 年 1 月 1 日現在の公正価値がその日以降の親会社 B の連結財務諸表に組込まれているものの，子会社 M の現地の会計原則に従った財務諸表においては認識されていない。

子会社 M が利用可能な選択肢の 1 つは，親会社 B が評価を得た日（すなわち，20X4 年 1 月 1 日）を子会社 M の IFRSs 移行日とすることである。こうすることにより，子会社 M は，IFRS 第 1 号 D5 項の免除規定を利用することが認められる。同項は，企業が移行日現在の公正価値を有形固定資産項目の当該日現在のみなし原価として使用することを認めている（**本章 7.4.1** 参照）。しかし，子会社 M が 20X4 年 1 月 1 日を IFRSs 移行日に選択する場合，以下の表示が要求される。

- IFRS 第 1 号の要求事項に従って作成された 20X4 年 1 月 1 日現在の IFRS 開始財政状態計算書
- 20X4 年，20X5 年，20X6 年および 20X7 年の報告期間において，20X8 年 12 月 31 日現在有効な IFRSs（IFRS 第 1 号の一般的な例外規定と免除規定を条件として）に従って作成された比較情報

7.9.2　親会社がその子会社よりも後で初度適用企業となる場合

親会社がその子会社よりも後で初度適用企業となる場合には，親会社は連結財務諸表上，当該子会社の資産および負債を，当該子会社の財務諸表と同じ帳簿価額（ただし，連結修正および親会社が子会社を取得した企業結合の影響を調整後）で測定しなければならない。関連会社および共同支配企業の場合も同じアプローチが適用される［IFRS 第 1 号 D17 項］。

この免除規定は，**「投資企業」**の修正の適用後に，投資企業でない親会社が，投資企業である子会社が使用する連結の例外措置を適用することを認めない（**第 2 巻 4 章 15.2.1** 参照）［IFRS 第 1 号 D17 項］。

「投資企業」の修正は，2014 年 1 月 1 日以後開始する事業年度から適用され，早期適用が認められる。IFRSs を 2013 年に初めて適用する企業は，2013 年に IFRS 第 10 号を連結の例外を除いて適用し，その後の事業年度において連結の例外を適用することを避けるため，**「投資企業」**の修正を同時に適用することが予想される。

IFRS 第 1 号の付録において，IFRS 第 1 号 D17 項は任意の免除として扱われているようであるが，これは要求事項として記載されている。この理由は定かではないが，子会社が親会社よりも後で初度適用企業となる場合と対比するためにこの内容がここに含まれたと考えられる。IFRS 第 1 号の結論の根拠は，後者の場合の免除の理由を 5 つのパラグラフ（BC 59 項から BC 63 項）にわたって説明している。その後に，「しかし，親会社が子会社より遅れて IFRSs を採用する場合には，その親会社は，その連結財務諸表において，当該子会社がすでに個別財務諸表で使用した IFRSs による測定の変更を選択することはできない。ただし，連結手続および親会社が当該子会社を取得した企業結合の影響に関する修正を除く」と，簡潔に付加えている。これは要求事項の理由の説明というよりも，むしろ事実の記述である。

子会社の財務諸表との首尾一貫性の要求事項は，「連結および持分法会計による修正ならびに企業が子会社を取得した企業結合の影響」の修正を条件とする。これらには例えば，会計方針を整合させることやグループ内取引の利益消去の修正を含む。子会社が企業結合により取得された場合，企業結合に関するIFRS 第 1 号の免除を考慮に入れた後に金額が算定されるかもしれない（**本章 7.1** 参照）。しかし，これらの免除は企業結合日に存在していた資産および負債にのみ適用される。したがって，取得された企業の資産と負債を取得日に存在していたものと，その後に発生したものとに分析することが必要かもしれない。

IFRS 第 1 号に付属する適用ガイダンスの設例 9 は，この要求事項の設例を提供する［IFRS 第 1 号 IG29 項］。

以下の設例は，IFRSs 移行時の確定給付型の退職後給付制度の積立超過または不足の認識についてのこの要求事項の影響を説明する。

設例7.9.2

親会社と子会社でIFRSs移行日が異なる場合の従業員給付の免除規定の影響

会社 S は，会社 P の子会社である。会社 S は，20X4 年 1 月 1 日を移行日とし，20X5 年に IFRSs を適用した。

会社 P は，20X7 年 1 月 1 日を移行日とし，20X8 年に IFRSs を適用する。会社 P および会社 S は，確定給付型の退職後給付制度の IFRS の会計方針として，IAS 第 19 号「従業員給付」（1998 年）において認められる「回廊」アプローチを使用して数理計算上の差異を認識することを選択した。会社 S は，IFRS 第 1 号 D10 項で認められるように，20X4 年 1 月 1 日現在の数理計算上の差異の累計額の全額を認識することを選択した（つまり移行日において回廊をゼロにした）。会社 P も，IFRS 第 1 号 D10 項の適用を選択した。

最初の IFRS 連結財務諸表において，会社 P は会社 S の回廊を 20X7 年 1 月 1 日においてゼロにリセットすることは認められない。IFRS 第 1 号 D10 項は，初度適用企業が回廊をゼロにリセットすることを選択する場合には，この選択をすべての制度について適用しなければならないと述べている。しかし，この文脈における「すべて」は，IFRS 第 1 号 D17 項におけるより具体的な要求事項の対象となるものを除いている。IFRS 第 1 号 D17 項は，企業が，IFRSs をすでに適用している子会社の資産および負債を，子会社の財務諸表と同じ帳簿価額で測定することを要求している。結果として，この状況においては，会社 P は，会社 S がすでに IAS 第 19 号（1998 年）に従って会計処理している確定給付負債または資産を，IFRS 第 1 号 D10 項の免除を他の制度に適用する場合においても，会社 S の財務諸表における現在の帳簿価額で測定しなければならない。

しかし，これは，一貫した会計方針を使用して連結財務諸表が作成されるという一般原則に優先しない。例えば，会社 P が回廊を使用せず，すべての数理計算上の差異の即時認識を IAS 第 19 号における方針として採用する場合，会社 S（回廊を使用している）により報告される金額は，会社 P の連結財務諸表目的で会社 P の会計方針と一致させるために修正が行われるであろう。

本章 7.9.1 で説明されるように，IFRS 第 1 号 D17 項は，IFRS 第 1 号 IG30 項で特定される IFRS 第 1 号のその他の要求事項に優先しない。

7.9.3 親会社が自らの個別財務諸表について，連結財務諸表よりも先または後に初度適用企業となる場合

親会社が自らの個別財務諸表について，連結財務諸表よりも先または後に初度適用企業となる場合には，連結上の修正を除き，両方の財務諸表で同じ金額で資産および負債を測定しなければならない［IFRS 第 1 号 D17 項］。

これは現地の法律または規則により連結財務諸表に IFRSs を適用することを要求されるが，当該要求事項が個別財務諸表に適用されないという親会社に関連するであろう。親会社は，長年にわたり従前の会計原則で個別財務諸表を作成し続け，その後 IFRSs への移行を決定する場合がある。

どのような場合に，親会社が連結財務諸表よりも先に個別財務諸表で初度適用企業となるのかは，ただちに明確ではない。基準が連結財務諸表を表示することを要求する場合，個別財務諸表のみでは，IFRS 第 10 号「連結財務諸表」（IFRS 第 10 号を適用していない場合は，IAS 第 27 号「連結および個別財務諸表」〔2008 年〕）に準拠しない。しかし，親会社が

IFRS 第 10 号（IFRS 第 10 号を適用しない場合には IAS 第 27 号〔2008 年〕）の連結財務諸表作成の免除要件を満たしていた（すなわち，より上位の親会社が IFRS 連結財務諸表を作成するため）が，事後的に免除の要件に該当しなくなるか，または免除規定を使用しないことを選択した場合に，このような状況が生じるかもしれない。

親会社が，連結財務諸表より後の日で，個別財務諸表に IFRSs を適用する場合，IFRS 第 1 号 D17 項は，連結上の修正を除き，連結財務諸表で使用される金額で資産および負債を測定することを要求している。これは，子会社の移行日を使用するか，または，企業集団の連結財務諸表で使用された移行日を使用するかの選択肢（**本章 7.9.1 参照**）を有する，親会社よりも後で IFRSs を適用する子会社に対するポジションと異なる。実務上，ほとんどの企業は，IFRSs 準拠の連結財務諸表の金額を使用することが簡便であると考えるであろうことから，この要求事項によって不利になることはない。

7.9.4　子会社，関連会社および共同支配企業への IFRS 第 1 号の免除規定の一貫した適用

設例 7.9.4

子会社，関連会社および共同支配企業への IFRS 第 1 号の免除規定の一貫した適用

投資者である I 社は，20X5 年 1 月 1 日を移行日として IFRSs を適用する。I 社は，国内および海外に，数多くの子会社，関連会社および共同支配企業を有し，そのなかのいずれも IFRSs を適用していない。

I 社の 20X5 年 1 月 1 日現在の IFRS 開始財政状態計算書において，投資者が選択した IFRS 第 1 号の免除（会計方針の選択を表す）は，特定の免除において首尾一貫した適用の例外が設定されていない限りは，I 社のすべての子会社，関連会社および共同支配企業に首尾一貫して適用しなければならない。これは，ある IFRSs が特に異なる方針が適切である項目の区分を要求または許容している場合を除いて，類似の取引その他の事象および状況について首尾一貫してその会計方針を適用しなければならないという IAS

第 8 号 13 項の一般原則，およびグループ企業，関連会社および共同支配企業における会計方針の首尾一貫した適用に関する IFRS 第 10 号（IFRS 第 10 号を適用していない場合には，IAS 第 27 号〔2008 年〕）および IAS 第 28 号の要求事項に従っている。

したがって，I 社は，選択的適用に関する特定の規定を提供している以下の項目を除き，すべての付録 D の免除を連結財務諸表における子会社，関連会社および共同支配企業に一貫して適用しなければならない。

- みなし原価としての公正価値または再評価（IFRS 第 1 号 D5 項から D8 項）。本基準は，みなし原価の選択は個別資産ベースでの適用を認めている。そのため，その選択の適用は，企業間，また個々の企業内で異なり得る。
- IFRIC 第 12 号「サービス委譲契約」に従って会計処理される金融資産または無形資産（IFRS 第 1 号 D22 項）。免除は，IFRIC 第 12 号の経過措置の適用を初度適用企業に認める。IFRIC 第 12 号の経過措置は，遡及適用が実務上不可能である特定のサービス委譲契約について，解釈指針の遡及適用の免除を提供しているため，選択は，さまざまな企業間，またそれぞれの個々の企業内における異なる契約で異なり得る。

IFRS 第 1 号 D16 項および D17 項（**本章 7.9.1** および **7.9.2** 参照）は，親会社（投資者）と子会社，関連会社または共同支配企業が IFRSs を異なる日付で適用する場合に，子会社，関連会社および共同支配企業の資産および負債の測定に関して特定のルールを規定している。親会社（投資者）とその子会社，関連会社または共同支配企業が IFRS を同日に適用する場合に要求される会計処理については，**本章 7.9** 参照。

I 社の個別財務諸表における子会社，関連会社および共同支配企業の投資の会計処理については，IFRS 第 1 号 D14 項および D15 項は，認められる代替的な会計処理を規定している（**本章 7.8** 参照）。I 社が IFRS 第 9 号（IFRS 第 9 号を適用していない場合は，IAS 第 39 号）に従った投資の継続的な測定を選択する場合には，当方針を同じ区分のすべての投資に一貫して適用しなければならない。しかし，I 社が，その投資を取得原価で測定することを選択する場合には，それぞれの投資に対して，個別ベースでどの「取得原価」の測定を使用するか選択することが認められる。IAS 第 27 号（2011 年）「個別財務諸表」（IAS 第 27 号〔2011 年〕を適用していない場合は，IAS 第 27 号〔2008 年〕）に従って取得原価で測定される投資もあれば，みなし原価で測定される投資もある。みなし原価で測定される投資については，公正価値および従前の会計原則による帳簿価額の選択もまた，投資ごとに行うことができる。

7.10　複合金融商品

IAS 第 32 号「金融商品：表示」は，複合金融商品を当初に負債部分と資本部分とに区分することを企業に求めている（当要求事項の詳述については**第 3 巻 3 章「金融商品：金融負債と資本」**参照）。

IFRS 第 1 号 D18 項は，IAS 第 32 号を最初に適用する際の初度適用企業に救済措置を提供する。IFRSs 移行日時点で複合金融商品の負債部分の残高がない場合には，IAS 第 32 号の要求事項を遡及適用して当該金融商品を区分する必要はない［IFRS 第 1 号 D18 項］。

この免除は便宜的理由から認められた。説明された状況における IAS 第 32 号の遡及適用の唯一の影響は，資本の 2 つの部分への分割である。第 1 の部分は，（一般的には利益剰余金となる）負債部分について実効金利法を使用してその期間にわたって発生した金利の累計額を表す。第 2 の部分は，商品の当初認識時において区分されていたであろう当初の資本部分を表す。

IFRSs 移行日の IAS 第 32 号の適用例については，**第 3 巻 13 章 2.7** 参照。

7.11　以前に認識された金融商品の指定

7.11.1　IFRS第9号を適用する企業

IFRS 第 1 号は，IFRS 第 9 号を適用する初度適用企業に，以前に認識された金融商品の指定に関して数多くの任意の免除規定を認めている。

- 初度適用企業は，IFRSs 移行日時点で金融負債が IFRS 第 9 号（2010 年）4.2.2 項の要件（**第 3 巻 3 章 7.1.2** 参照）を満たすことを条件に，いかなる金融負債も純損益を通じて公正価値で測定する金融負債（FVTPL）に指定することが認められる［IFRS 第 1 号 D19 項］。
- 初度適用企業は，IFRSs 移行日時点で存在する事実および状況に基づき，IFRS 第 9 号（2010 年）4.1.5 項（**第 3 巻 2 章 5.2.1** 参照）の要件を満たす場合には，償却原価測定の要件を満たす金融資産を，IFRSs 移行日時点で FVTPL として指定することができる［IFRS 第 1 号 D19A 項］。
- 初度適用企業は，IFRSs 移行日時点で存在する事実および状況に基づき，IFRS 第 9 号（2010 年）5.7.5 項（**第 3 巻 2 章 5.3** 参照）の要件を満たす場合には，資本性金融商品に対する投資を，IFRSs 移行日時点でその他の包括利益を通じて公正価値で測定するものとして指定することができる［IFRS 第 1 号 D19B 項］。
- 企業が実効金利法（**第 3 巻 6 章「金融商品：測定」4.1** 参照）または IAS 第 39 号の減損（**第 3 巻 6 章 5** 参照）の要求事項の遡及適用が実務上不可能（IAS 第 8 号「会計方針，会計上の見積りの変更および誤謬」で定義 — **第 1 巻 4 章 2.8** 参照）である場合には，IFRSs 移行日時点の当該金融資産の公正価値を，IFRSs 移行日時点の当該金融資産の新たな償却原価としなければならない［IFRS 第 1 号 D19C 項］。
- 初度適用企業は，信用リスクの変動に起因する金融負債の公正価値の変動をその他の包括利益に表示することが，純損益における会計上のミスマッチを生じさせるか拡大させるかどうか（**第 3 巻 3 章 7.1.2.5** 参照）の判定を，IFRSs 移行日現在で存在する事実と状況に基づいて行わなければならない［IFRS 第 1 号 D19D 項］。

IFRS 第 1 号の付録において，IFRS 第 1 号 D19C 項および D19D 項は任意の免除として扱われているようにみえるが，これは要求事項として記載されている。IFRS 第 1 号 D19C 項は，実効金利法または IAS 第 39 号の減損の要求事項を遡及適用することが実務上不可能である場合の要求を特定している。同様に，IFRS 第 1 号 D19D 項は，特定の状況において行う判定を，IFRSs 移行日時点で存在する事実と状況に基づいて行わ「なければならない」と明記している。これは IFRS 第 1 号 D19A 項および D19B 項の免除における「することができる」と異なる。IFRS 第 1 号 D19 項，D19A 項，D19B 項および D19D 項は，IFRSs 移行日において企業が適用を要求されてはいないが，適用ができる分類の選択に関する要求事項であり，一方で，IFRS 第 1 号 D19C 項は，遡及適用が実務上不可能な状況における代替的な開始の測定基礎を規定する。

IFRS 第 1 号 D19 項および D19A 項の免除が適用された場合には，特定の開示が要求される（**本章 9.2.3.1** 参照）。

7.11.2　IAS第39号を適用する企業

IAS 第 39 号は，売買目的保有の定義を満たす資産を除くすべての金融資産を，当初認識時に売却可能金融資産（AFS）として指定することを認めている。IAS 第 39 号は，一定の要件を満たすことを条件に，純損益を通じて公正価値で測定する（FVTPL）金融資産および金融負債に指定することも認めている。企業は，通常金融商品が当初認識されたときにのみ，この指定が認められている。

IFRS 第 1 号は，IAS 第 39 号を適用する初度適用企業に，以前に認識された金融商品の指定に関して 2 つの選択的な免除規定を認めている［IFRS 第 1 号 D19 項］。

すなわち，移行日時点において 1 度限り「公正価値オプション」（**第 3 巻 2 章 3.1.1** および **3 章 7.1.2** 参照）を利用可能である［IFRS 第 1 号 D19 項］。

- 初度適用企業は，IFRSs 移行日において，売却目的保有の定義を満たす資産を除くすべての金融資産を，売却可能金融資産として指定することが認められている。

● 初度適用企業は，IFRSs移行日時点で，金融資産または金融負債がIAS第39号９項および11A項におけるFVTPLへの指定の要件を満たすことを条件に，FVTPLに指定することが認められる。

IFRS第１号D19項の免除を適用する場合には，企業は，従前の会計原則においてはこのような選択を行っていなかったかのように，移行日において指定を行う。これは，たとえ従前の会計原則がIAS第39号と同一であっても同じである。IFRS第１号D19項の免除が適用された場合には，特定の開示が要求される（**本章9.2.3.2**参照）。

7.12　金融資産または金融負債の当初認識時の公正価値測定

IFRS第９号（IFRS第９号を適用していない場合には，IAS第39号）は，すべての金融資産および金融負債を公正価値で当初認識することを要求する。IFRSs移行日における金融資産および金融負債の帳簿価額の算定の際には，初度適用企業は，IFRS第13号「公正価値測定」における公正価値についての特定の指針（最初のIFRS財務諸表においてIFRS第13号を適用していない初度適用企業は，IFRS第９号またはIAS第39号における指針）を検討しなければならない。これは，金融資産および金融負債が公正価値により事後測定されない場合であっても，当初認識の公正価値がIFRSs移行日における開始帳簿価額の基礎となるため，該当する。

IFRS第９号およびIAS第39号は，金融商品の公正価値が補正またはリパッケージなしの同一の金融商品についての他の観察可能な現在の市場取引との比較により，または観察可能な市場からのデータのみをインプットとした評価技法に基づいて証明される場合を除き，取引時点での純損益認識を制限している。これはしばしば「初日の純損益」とよばれ，**第３巻７章「金融商品：金融商品の公正価値測定」7.1**でより詳細に記述されている。

IFRS第13号を適用する初度適用に対しては，IFRS第１号D20項は，IFRS第９号（2010年）B5.1.2A項に含まれる初日の純損益の指針を，IFRSs移行日前に生じた取引について適用しないことを認めている。IFRS第13号を適用していない初度適用に対しては，初日の純損益の指針についての同等の参照先は，IFRS 第 9 号（2010 年）B5.4.8 項および B5.4.9 項（IFRS 第 9 号〔2010 年〕を適用していない場合は，IAS 第 39 号 AG76 項および AG76A 項）である。

7.13　有形固定資産の原価に算入される廃棄負債

IFRIC 第 1 号「廃棄，原状回復およびそれらに類似する既存の負債の変動」（**第 1 巻 7 章 4.4** 参照）により，廃棄，原状回復およびそれらに類似する負債の特定の変動については，関係する資産の原価に加減され，調整後の償却可能金額については，資産の残存耐用年数にわたり将来に向かって減価償却される。IFRS 第 1 号 D21 項における免除により，初度適用企業は，IFRSs 移行日前に発生したそうした負債の変動に関しては，IFRIC 第 1 号の要求事項に従わないことを選択できる。この免除を選択する場合，初度適用企業は以下のステップにより算定した金額を IFRSs 移行日現在の資産の償却原価に含める［IFRS 第 1 号 D21 項］。

- IAS 第 37 号「引当金，偶発負債および偶発資産」に従って IFRSs 移行日時点で廃棄負債を測定する。
- 負債が IFRIC 第 1 号の適用範囲内となる限りにおいて，負債が最初に発生した時点で関連資産の原価に算入されていたであろう金額を，その間の期間にわたり適用されることになっていたであろう過去のリスク調整後割引率の最善の見積りを使用して，負債を発生時点まで割引いて見積る。
- 資産の耐用年数の現在見積りを基に，IFRSs に従って企業が採用する減価償却方針を使用して，IFRSs 移行日時点の，当該金額の減価償却累計額を算定する。

本章設例 7.13 は，この免除の適用を説明している。しかし，資産の取得原価への調整を算定するために負債を割引く際は，資産の当初認識と IFRSs 移行日との間の関連する割引率の変動を考慮する必要があるであろう。

初度適用企業がIFRS第1号D21項におけるオプションを選択しない場合，IFRSs移行日においてIFRIC第1号は遡及適用される。IFRIC第1号を遡及適用する場合，関連する資産の取得原価に含まれる廃棄負債部分を決定するため，初度適用企業は，以下を行う必要がある。

- 資産が取得された日において債務を決済するために要することとなったであろう金額を決定する。
- 資産の取得日とIFRSs移行日の間の，債務の変動に関する信頼できる過去の記録を作成する。
- IFRIC第1号に従い，これらの変動を配分する。

いずれの選択肢を選ぶ場合においても，みなし原価の免除（**本章7.4**参照）が関連する資産に使用される場合，廃棄負債に関連する帳簿価額の修正が二重計上されないように注意が必要である。資産の評価は，廃棄原価の調整が行われていない総額である。廃棄負債の認識から生じる修正は，すべて利益剰余金に含められ，資産の帳簿価額には加算されない。

設例7.13

従前の会計原則において認識されていない廃棄負債

会社Aは，20X4年1月1日を移行日としてIFRSsを適用する。会社Aはその日より10年前に，耐用年数40年の資産を取得するためにCU 100,000を支払った。会社Aは，資産の耐用年数が終了する時点において，この資産を廃棄する義務があるが，従前の会計原則においてはその債務の認識は要求されていなかった。

会社Aは，IFRIC第1号の遡及適用からの免除を選択する。

最初のステップとして，会社Aは，30年後に負債を決済するために要すると見込まれる支出の現在価値を見積ることにより，IAS第37号に従ってIFRSs移行日時点の廃棄債務を測定する。会社Aは，この現在価値をCU 25,000と見積るとする。

次に，会社Aは，負債が最初に発生した時点（この例では，資産が取得された時点）で，資産の取得原価に含められた金額を，CU 25,000を10

年前に資産が取得された日まで割引くことによって見積る。使用される割引率は，その間の期間にわたりその負債に適用されていたであろう過去のリスク調整後割引率の会社 A の最善の見積りである。会社 A は，この割引率を 5%と見積り，資産が取得された日から変動していない。したがい，資産が取得された時点で，資産の取得原価に含められることになっていたであろう廃棄負債の会社 A の見積りは，CU 15,348（CU 25,000÷1.05^{10}）である。

最後に，会社 A は，資産の耐用年数の現在の見積りを基礎として，IFRSs 移行日時点の当該金額の減価償却累計額を，CU 3,837（CU 15,348÷40×10）と算定する。

これらの計算の結果として，会社 A は，20X4 年 1 月 1 日の IFRS 開始財政状態計算書において，以下の仕訳を記録する。

（単位：CU）

（借）資産の取得原価（資産の廃棄部分）	15,348	
（借）利益剰余金（変動の影響）	13,489	
（貸）引当金（廃棄負債）		25,000
（貸）減価償却累計額（購入日から 20X3 年 12 月 31 日まで）		3,837

廃棄負債の認識と結果としての資産の取得原価に対する調整

資産の取得原価への調整を算定するために負債を割引く際は，資産の当初認識と IFRSs 移行日との間の関連する割引率の変動を考慮する必要がある。例えば，**本章設例 7.13** における状況において 5%という単一レートの代わりに，会社 A が，資産の所有の最初の 5 年間に適用されたであろう過去のリスク調整後割引率を 5%と見積り，資産の所有のその後の 5 年間に適用されたであろう割引率を 7%と見積る場合，資産が取得されたときに，取得原価に含められたであろう廃棄負債の見積りは，CU 13,966（CU 25,000÷（1.05^5×1.07^5））である。

IFRS 第 1 号に付属する適用ガイダンスは，この免除の使用を説明する他の設例を含んでいる（IG 設例 201）。

7.13.1　石油・ガス資産

企業が，開発または生産段階の石油・ガス資産についてみなし原価の免除（**本章** 7.4.3 参照）の使用を選択する場合には，以下のことを行わなければならない［IFRS 第 1 号 D21A 項］。

- IAS 第 37 号に従って IFRSs 移行日現在で廃棄，原状回復およびそれらに類似する負債を測定する。
- 当該金額と，企業の従前の会計原則により算定された IFRSs 移行日現在のそれらの負債の帳簿価額との差額を，利益剰余金に直接認識する。

この取扱いは，IAS 第 37 号に従って IFRSs 移行日時点で負債を測定し，負債が最初に発生した時点で関連資産の原価に算入されていたであろう金額を見積るためにこれを割引き，さらに後者の金額に基づいて移行日までの減価償却累計額を算定するという IFRS 第 1 号 D21 項の一般的な免除と異なる。

7.14　IFRIC第12号「サービス委譲契約」に従って会計処理される金融資産または無形資産

初度適用企業は，IFRIC 第 12 号の経過措置を適用することができる［IFRS 第 1 号 D22 項］。

IFRIC 第 12 号の経過措置は，解釈指針を IAS 第 8 号に従って遡及適用することを要求している。しかし，営業者が，表示されている最も早い期間の開始時点で，遡及して本解釈指針を適用することが実務上不可能である場合には，以下のようにしなければならない［IFRIC 第 12 号 30 項］。

- 表示されている最も早い期間の開始時点で存在していた金融資産および無形資産を認識する。
- 金融資産および無形資産の従前の帳簿価額を，従前にはどのように分類されていようと，その日時点の帳簿価額として使用する。
- 実務上不可能でない限り，その日時点で認識されていた金融資産および無形資産について，減損の判定を行う。実務上不可能である場合，その金額は当期の開始の時点で減損の判定が行われる。

したがって，初度適用企業がIFRIC第12号を遡及適用することが実務上可能でない場合には，IFRIC第12号30項の規定が適用される。企業の最初のIFRS財務諸表における「表示されている最も早い期間の開始時点」は，IFRSs移行日である。

7.15　借入コスト

IAS第23号「借入コスト」は，借入コストの会計処理を規定し，適格資産の取得，建設または生産に直接起因する借入コストが資産の取得原価の一部を構成することを要求している。その他の借入コストは，発生時に費用として認識される。

このセクションの要求事項は，2012年5月に公表された「IFRSの年次改善2009－2011年サイクル」により修正された。IFRS第1号D23項は全面的に書直されているものの（後述参照），2012年5月の修正前と修正後の要求事項（別の見出しで後述）は，移行日（あるいはIAS第23号を適用したそれより早い日付―IFRS第1号D23項の詳細な要求事項について後述参照）**前**に発生した借入コストに関して変更はない。2012年5月の修正の効果は，移行日（あるいは関連がある場合には，IAS第23号を適用したより早い日付）以後に発生した，同日において建設中であった適格資産に関連する借入コストについての新しい要求事項を規定することである。2012年5月の修正前は，初度適用企業は，このような資産についての資産化を開始すること（または資産化の方法を変更すること）は認められていなかった。2012年5月の修正後は，移行日において建設中であった適格資産に関連するものも含めて，IAS第23号は，IFRS移行日（あるいは，関連する場合はIAS第23号適用のより早い日付）**以後**に発生するすべての借入コストに適用される。**本章設例7.15.3**は，2012年5月の要求事項の影響を説明している。

IFRS 第 1 号 D23 項への 2012 年 5 月の修正は，2013 年 1 月 1 日以後開始する事業年度から適用され，早期適用が認められる。初度適用企業が，修正後の要求事項を 2013 年 1 月 1 日より前に開始する会計期間に適用する場合には，その旨の開示が要求される。

IFRS 第 1 号 D23 項の免除の選択の判断は，すべての借入コストについて一貫して適用すべき会計方針の選択である点に留意すべきである。企業は，IAS 第 23 号を移行日時点において遡及的に適用することが認められており，その場合には，すべての適格資産について当基準を一貫して適用しなければならない。

7.15.1　2012年5月の修正を適用する企業

IFRS 第 1 号は初度適用企業が以下のいずれかを選択することを認めている [IFRS 第 1 号 D23 項]。

- IAS 第 23 号の要求事項を遡及的に適用する。
- IFRSs 移行日からまたは IAS 第 23 号 28 項で認められているそれより早い指定日から IAS 第 23 号の要求事項を適用する（**第 1 巻 12 章「借入コスト」3.4.1.1** 参照）。

初度適用企業が，IAS 第 23 号の要求事項を遡及的に適用しない選択を行う場合，初度適用企業が IAS 第 23 号の適用を開始する日（IFRSs 移行日またはそれより早い指定日）から，企業は，

- 借入コストのうち，従前の会計原則に基づいて資産化して同日現在の資産の帳簿価額に含まれた部分を，修正再表示してはならない。
- 同日以後に発生した借入コストは，すでに建設中であった適格資産について同日以後に発生したものを含めて，IAS 第 23 号に従って会計処理しなければならない。

しかし，企業がある資産についてみなし原価を設定している場合には，企業はその設定されたみなし原価の測定日前に発生した借入コストを資産化してはならない［IFRS 第 1 号 IG23 項］。

7.15.2　2012年5月の修正を適用していない企業

IFRS 第 1 号は初度適用企業が以下のいずれかを選択することを認めている［IFRS 第 1 号 D23 項］。

- IAS 第 23 号の要求事項を遡及的に適用する。
- IAS 第 23 号の経過措置を適用する。初度適用企業がこのオプションを選択する場合，発効日への参照は，2009 年 1 月 1 日または IFRSs 移行日のいずれか遅い方の日，または初度適用企業が IAS 第 23 号を適用することを望む日として指定した，より早い日に読替えるものとする。

初度適用企業が，IAS 第 23 号の経過措置を適用する IFRS 第 1 号 D23 号の選択を行う場合は，企業は以下のように処理する［IFRS 第 1 号 IG23 項］。

- 借入コストのうち，従前の会計原則に基づいて資産化して，初度適用企業が IAS 第 23 号の適用を開始する日現在の資産の帳簿価額に含まれている部分を修正再表示してはならない。
- 資産化の開始日が，初度適用企業が IAS 第 23 号の適用を開始する日よりも前である適格資産に係るすべての借入コストについて，従前の会計処理方法を継続して適用しなければならない。
- 資産化の開始日が，初度適用企業が IAS 第 23 号の適用を開始する日以後である適格資産に係る借入コストについて，IAS 第 23 号に従って会計処理しなければならない。

しかし，企業がある資産についてみなし原価を設定している場合には，企業はその設定されたみなし原価の測定日前に発生した借入コストを資産化してはならない［IFRS 第 1 号 IG23 項］。

7.15.3　借入コストの免除規定の適用（2012年5月の修正前および修正後）

設例7.15.3

借入コストの免除規定の適用（2012年5月の修正前および修正後）

企業 A の移行日は 20X7 年 1 月 1 日であり，最初の IFRS 財務諸表は 20X8 年 12 月 31 日現在で作成される。企業 A は，従前の会計原則において借入コストが資産化されなかった，または IAS 第 23 号で要求されている方法と異なる方法を使用して資産化された以下の資産を保有している。

- 資産 1 ― 20X4 年 1 月 1 日に建設開始，20X6 年 6 月 30 日に建設完了
- 資産 2 ― 20X6 年 7 月 1 日に建設開始，建設は未完了
- 資産 3 ― 20X7 年 7 月 1 日に建設開始，20X8 年 3 月 31 日に建設完了

企業 A は，その最初の IFRS 財務諸表において，IAS 第 23 号の遡及適用に対する任意の免除規定を使用し，移行日から IAS 第 23 号を適用することを望んでいる。

これらすべての資産は IAS 第 23 号における「適格資産」の定義を満たす。それぞれのケースにおける「建設開始」日および「建設完了」日は，IAS 第 23 号における借入コストの資産化の開始および中止として適切な日となる。

IFRS 第 1 号 D23 項の任意の免除規定の適用

	2012 年 5 月の修正前	2012 年 5 月の修正後
資産 1	資産 1 の建設は，移行日の前に開始し終了している。企業 A は，資産 1 に関して資産化された借入コストを修正再表示しない（従前の会計原則において借入コストが資産化されていない場合，ゼロである場合がある）。	
資産 2	資産 2 の建設は，移行日前に開始しているが，最初の IFRS 報告期間の期末日を超えている。	資産 2 の建設は，移行日前に開始しているが，最初の IFRS 報告期間の期末日を超えている。
	IAS 第 23 号における資産化の開始日が移行日よりも前であることから，企業 A は，資産 2 に関して資産化された借入コストを修正再表示せず，資産が完成するまで，従前の会計原則に従った資産化方法（いかなる借入コストも資産化しない場合がある）を継続的に適用する。	資産 2 に関して，20X7 年 1 月 1 日より前に発生したいかなる借入コストも修正再表示されない。資産 2 に関して，20X7 年 1 月 1 日以後に発生した借入コストは，IAS 第 23 号に従って会計処理される。

IFRS第1号D23項の任意の免除規定の適用

	2012年5月の修正前	2012年5月の修正後
資産3	資産3の建設は，移行日より後に開始しているため，IAS第23号の要求事項が適用されなければならない。従前の会計原則により資産化された借入コスト（ゼロの場合がある）とIAS第23号により算定された金額との間の差額は，企業Aの最初のIFRS財務諸表において，比較期間の報告純損益の調整表に示されなければならない。	

7.16　顧客からの資産の移転

IFRIC第18号「顧客からの資産の移転」は，「顧客」から有形固定資産の移転を受ける受領者の会計処理を取扱う。IFRIC第18号の要求事項は**第1巻16章「収益」2.3**で詳述される。

IFRIC第18号の最終段階において，IFRIC（現在のIFRS解釈指針委員会）は，IFRIC第18号の要求事項に従うための会計方針の変更の遡及適用は，過去に移転された資産について帳簿価額を設定することを企業に求めることになることに留意した。その帳簿価額は過去の公正価値に基づくこととなり，それらの公正価値は観察可能な価格または観察可能なインプットに基づいていないかもしれない。したがってIFRICは，遡及適用は実務上不可能な場合もあり，本解釈指針は発効日後に受ける移転に対して将来に向かっての適用を求めるべきだという結論を下した。

初度適用企業に同様の救済措置を提供するために，初度適用企業にIFRIC第18号22項の経過措置の適用を認めるIFRS第1号の免除が追加された。

そのため，IFRS第1号は初度適用企業が以下のいずれかを選択することを認めている［IFRS第1号D24項］。

- IFRIC第18号の要求事項を遡及的に適用する。
- IFRIC第18号の経過措置を適用する。初度適用企業がこれを選択する場合，発効日への言及は，2009年7月1日またはIFRSs移行日のいずれか遅い方と解釈される。

したがって，企業は IFRSs 移行日前に発生した資産の移転に対して，IFRIC 第 18 号の適用を要求されない。

さらに，初度適用企業は，IFRSs 移行日よりも早いいずれかの日を指定して，その日以後の顧客からのすべての資産の移転に IFRIC 第 18 号を適用することができる［IFRS 第 1 号 D24 項］。

7.17　資本性金融商品による金融負債の消滅

IFRIC 第 19 号「資本性金融商品による金融負債の消滅」は，企業が金融負債の全部または一部を消滅させるために資本性金融商品を発行する場合の，企業の会計処理を扱っている。IFRIC 第 19 号の要求事項は，**第 3 巻 8 章「金融商品：認識および認識の中止」4.2** で記述されている。

IFRIC 第 19 号の経過措置は，企業が，本解釈指針の適用により生じる会計方針の変更を，表示される最も早い比較期間の期首から IAS 第 8 号に従って適用することを要求している。

IFRIC 第 19 号の最終基準化にあたり，IFRIC（現在の IFRS 解釈指針委員会）は，すべての企業に対して将来の取引に将来に向かって適用することを要求するよりも，本解釈指針を遡及適用できる企業には遡及適用を要求することが望ましいと結論付けた。IFRIC は，遡及適用が実務上不可能かもしれない状況に関する IAS 第 8 号の指針への具体的な参照を行っている。移行の単純化のため，IFRIC は，遡及適用は表示される最も早い期間の期首からのみ要求すべきだという結論も下した。それより早い期間への適用は，資本のなかの金額の組替となるだけだからである［IFRIC 第 19 号 BC 33 項］。

初度適用企業は，IFRIC 第 19 号の経過措置を適用することができる［IFRS 第 1 号 D25 項］。

初度適用企業は，IFRIC 第 19 号を完全に遡及適用するか，IFRIC 第 19 号の経過措置を適用するかを選択できる。免除の選択は，最初の IFRS 報告期間および比較期間の報告金額に影響を与えないが，完全遡及適用により資本のなかの追加の組替が生じる可能性がある。

7.18　激しい超インフレ

当免除（詳細は後述）は，IFRSs 移行日前に激しい超インフレを経験した初度適用企業に免除を提供している。このような企業は，企業が激しい超インフレから抜出す前に保有していた資産および負債の取得原価の再構築を要求されない。免除は任意であり，理論的には，企業は激しい超インフレの後の期間において IFRS 財務諸表の表示を再開する際，IFRS 第 1 号を完全に適用することを選択できる。しかし，このような方法は実務上不可能であることが多い。

企業の機能通貨が超インフレ経済の通貨であったかまたは現にそうである場合には，企業は IFRSs 移行日前に当該通貨が激しい超インフレに晒されていたかどうかを判定しなければならない。これは，IFRSs を初めて採用する企業および IFRSs を以前に適用したことのある企業に適用される［IFRS 第 1 号 D26 項］。

超インフレ経済の通貨は，次の両方の特徴がある場合には激しい超インフレに晒されている［IFRS 第 1 号 D27 項］。

- 信頼性のある一般物価指数が，当該通貨での取引および残高のあるすべての企業に利用可能でない。
- 当該通貨と相対的に安定した外貨との間に交換可能性がない。

「機能通貨正常化日」とは，これらの特徴の一方あるいは両方を有さなくなった日であり，通貨が激しい超インフレに晒されなくなる，または企業の機能通貨が超インフレに晒されていない通貨に変更された日である［IFRS 第 1 号 D28 項］。

企業の IFRSs 移行日が機能通貨正常化日以後の場合には，企業は機能通貨正常化日前に有していたすべての資産および負債を，IFRSs 移行日に公正価値で測定することを選択できる。企業は，その公正価値を IFRS 開始財政状態計算書での当該資産および負債のみなし原価として使用できる［IFRS 第 1 号 D29 項］。

当免除によるみなし原価としての公正価値の使用は，IFRSs 移行日時点で企業が保有している他の資産および負債に対してではなく，機能通貨の正常化日前に保有していた資産および負債のみに適用可能である。

さらに，親会社の機能通貨が激しい超インフレに晒されていたが，子会社の機能通貨は激しい超インフレに晒されていなかったという場合には，そうした子会社はこの免除を適用することはできない。

この選択による修正は，IFRSs 移行日現在の資本に直接認識される。また，機能通貨が激しい超インフレに晒されることとなり，そして晒されなくなった経緯と理由に関する説明も付さなければならない（**本章 9.2.7** 参照）。

機能通貨正常化日が 12 ヵ月の比較対象期間に含まれる場合には，比較対象期間を 12 ヵ月よりも短くすることができる。その短縮された期間について，完全な 1 組の財務諸表（IAS 第 1 号 10 項で要求）が提供されることが条件である［IFRS 第 1 号 D30 項］。

7.19　共同支配の取決め

IFRS 第 11 号「共同支配の取決め」は 2011 年 5 月に公表され，2013 年 1 月 1 日以後開始する事業年度に発効し，早期適用が認められる。IFRS 第 11 号の要求事項は，**第 2 巻 5 章**に記述されている。

IFRS 第 11 号は，IFRSs をすでに適用している企業に対する詳細な経過措置を含み，これは**第 2 巻 5 章 9.2** に記述されている。完全な遡及適用は要求されず，IFRS 第 11 号の適用が会計モデルの変更をもたらす 2 つの状況における「開始残高」（すなわち，直前期の期首）設定のための特別な規定が適用される。すなわち，企業が以下の変更を要求される場合である。

- 「共同支配企業」の比例連結から持分法への移行
- 持分法から，「共同支配事業」から生じる資産および負債の会計処理への移行

IFRS 第 1 号は 2 つの例外（後述）を除き，IFRS 第 11 号の経過措置の適用を初度適用企業に認めている［IFRS 第 1 号 D31 項］。

- IFRS 第 11 号を完全遡及適用しない初度適用企業は，IFRSs 移行日現在（すなわち，表示される最も古い IFRS 期間の期首）で IFRS 第 11 号の経過措置を適用することが要求される［IFRS 第 1 号 D31 項（a)］。
- IFRS 第 11 号を完全遡及適用しない初度適用企業で，共同支配企業の会計方法を比例連結から持分法に変更することが要求される場合には，初度適用企業は，投資が減損している可能性があるという兆候があるかどうかを問わず，IFRSs 移行日現在で IAS 第 36 号「資産の減損」に従って投資の減損テストを行わなければならない。これにより生じる減損は，IFRSs 移行日現在の利益剰余金の修正として認識しなければならない［IFRS 第 1 号 D31 項（b)］。

したがって，初度適用企業は，(1)IFRS 第 11 号の完全遡及適用と，(2)上述の 2 つの例外を条件とした IFRS 第 11 号の経過措置の適用のいずれかを選択できる。

上記の要求事項は，「連結財務諸表，共同支配の取決めおよび他の企業への関与の開示：経過措置ガイダンス（IFRS 第 10 号，IFRS 第 11 号および IFRS 第 12 号の修正)」（詳細は**第 2 巻 5 章 9** 参照）から生じた 2012 年 6 月の IFRS 第 1 号への結果的修正を反映している。2012 年 6 月の修正により IFRS 第 1 号 D31 項の用語が変更されているものの，この効果は，IFRS 第 11 号の適用開始について，初度適用企業の要求事項には変更がないことを明確にすることである。

IFRS 第 1 号 D31 項（b）における例外は，初度適用企業に対して，すでに IFRSs を適用している企業に対するよりも，減損テストについて，より厳しい要求事項を課すものである。IASB は，初度適用企業が IFRSs 移行日に，のれんが減損している可能性があるという兆候があるかどうかを問わず，のれんの減損テストを行う際に IAS 第 36 号を適用するという要求事項との

整合性を選択した［IFRS 第 1 号 BC 63L 項］。

7.20　露天掘り鉱山の生産フェーズにおける剝土コスト

IFRIC 第 20 号「露天掘り鉱山の生産フェーズにおける剝土コスト」は，露天掘りの活動において，鉱山の生産フェーズの間に発生する廃石除去費用（「生産剝土コスト」）の会計処理を扱っている。IFRIC 第 20 号の要求事項は，**第 1 巻 7 章 10** で記述されている。

IFRIC 第 20 号は，2013 年 1 月 1 日以後開始する事業年度に発効し，早期適用が認められる。IFRIC 第 20 号の経過措置は，表示する最も古い期間の期首以後に発生した生産剝土コストに解釈指針の要求事項を適用することを企業に要求している［IFRIC 第 20 号 A1 項および A2 項］。

IFRIC 第 20 号を最初に適用する際，表示する最も古い期間の期首において，旧剝土資産（すなわち，生産フェーズの間に行われた剝土活動により生じた過去に認識した資産残高）があれば，剝土活動と関連のある既存の資産の一部として組替え，旧剝土資産と関連のある鉱体の識別可能な構成部分の残存予想耐用年数にわたって償却することが要求される。

旧剝土資産と関連のある鉱体の識別可能な構成部分がない場合には，その残高は，表示する最も古い期間の期首において利益剰余金期首残高に認識しなければならない。

IFRS 第 1 号は，初度適用企業に IFRIC 第 20 号の経過措置の適用を認めている。

したがって，初度適用企業は，IFRIC 第 20 号を完全に遡及適用するか，IFRIC 第 20 号の経過措置を適用するかを選択できる。

IFRIC 第 20 号の経過措置の適用を選択する初度適用企業については，IFRIC 第 20 号の要求事項は，2013 年 1 月 1 日または最初の IFRS 報告期間の期首のいずれか遅い方から適用される［IFRS 第 1 号 D32 項］。

初度適用企業が最初の IFRS 財務諸表を 2013 年 1 月 1 日より早く開始する期間で作成している場合には，発効日前に IFRIC 第 20 号の適用を選択することも，IFRIC 第 20 号が発効する最初の会計期間まで解釈指針の適用を遅らせることも可能である。

7.21　その他の短期的な免除

IFRS 第 1 号の付録 E は，初度適用企業が使用できる IFRSs からの短期的な免除を含む。以下にリストされる免除は，2012 年 1 月 1 日以後開始する事業年度に引続き関連があるものである。

7.21.1　IAS第19号（2011年）を適用する企業

初度適用企業は，IAS 第 19 号「従業員給付」（2011 年）173 項（b）の経過措置を適用することができる［IFRS 第 1 号 E5 項］。つまり，2014 年 1 月 1 日より前に開始する期間の財務諸表においては，初度適用企業は，確定給付制度債務の感応度に関して IAS 第 19 号（2011 年）145 項が要求する開示（**第 2 巻 1 章 8.2.4** 参照）の比較情報を表示する必要はない。

7.21.2　投資企業

親会社である初度適用企業は，自らが投資企業（IFRS 第 10 号「連結財務諸表」で定義）なのかどうかを，IFRSs 移行日現在で存在している事実および状況に基づいて評価しなければならない［IFRS 第 1 号 E6 項］。

投資企業の定義を満たす初度適用企業は，最初の IFRS 財務諸表が 2014 年 12 月 31 日以前に終了する事業年度に係るものである場合には，IFRS 第 10 号の C 3C 項から C 3D 項（**第 2 巻 4 章 16.3.2.3** および **16.3.2.4** 参照）および IAS 第 27 号「個別財務諸表」（2011 年）の 18C 項から 18G 項（**第 2 巻 8 章 7.3** 参照）の経過措置を適用することができる。それらの各項における適用開始日の直前の事業年度への言及は，投資企業の最初の IFRS 財務諸表において表示される最も古い事業年度に読替えなければならない。

IFRS 第 10 号は，報告企業が（定義されたとおりの）「投資企業」である場合に，IFRS 第 10 号の一般的な連結の要求事項からの例外を導入した「**投資企業**」の修正により 2012 年 10 月に修正された（詳細は，**第 2 巻 4 章 15** 参照）。

「**投資企業**」の修正は，2014 年 1 月 1 日以後開始する事業年度から適用され，早期適用が認められる。IFRSs を 2013 年に初めて適用する投資企業は，2013 年に IFRS 第 10 号を連結の例外を除いて適用し，その後の事業年度において連結の例外を適用することを避けるため，「**投資企業**」の修正を同時に適用することが予想される。

最初の IFRS 報告期間が 2014 年 12 月 31 日以前に終了する初度適用企業は，実務上の理由から IFRS 第 10 号のいくつかの経過措置の適用が認められる。しかし，IASB は，要求事項の適用に十分な時間を有する初度適用企業にとっては必要ないと考えているため，この免除は一時的なものである。

8　財務諸表のその他の構成部分

IFRS 第 1 号に付属する適用ガイダンスは，基準の一部を構成するものではないが，IASB が考える IFRSs が適用されるべき方法についての道筋を示している。適用ガイダンスは，IFRS 第 1 号の要求事項が他の一部の IFRSs の要求事項（初度適用企業について特有の問題を最も引き起こしそうな要求事項）とどのように相互に影響し合うかについて説明する。さらに IFRS 第 1 号で要求される調整表（**本章 9** に記述）の設例も提供する。

以下では，IFRS 第 1 号またはその適用ガイダンスが特定の要求事項や指針を有しているが，他のセクションで扱われていない財務諸表の特定の構成部分を取扱う。IFRS 第 1 号に付属する適用ガイダンスが扱うすべての論点をここで取扱ってはいない。

8.1　IAS第12号「法人所得税」

IFRS 第 1 号には，法人所得税の会計処理に関する免除も例外措置もない。企業は，IFRS 開始財政状態計算書における資産および負債の帳簿価額と税務基準額の一時差異に対して，IAS 第 12 号を適用しなければならない。それゆえ，移行日において認識された資産および負債の帳簿価額に対する修正について繰延税金資産が認識される。しかし，初度適用企業が IFRS の会計方針に準拠する会計方針に基づいた，従前の会計原則において，繰延税金資産を認識した場合には，その見積りが誤っていたという客観的な証拠がある場合を除いては繰延税金資産の見積りは修正されない。

移行日における繰延税金負債または資産の算定および繰延税金資産が回収される可能性が高いかどうかの評価は，同じ日について従前の会計原則に従って財務諸表が作成された時点で存在していた事実，状況および可能性に基づき，IFRS 開始財政状態計算書が実際に作成された時点で使用可能である事後的な情報を考慮してはならない。

IFRS 開始財政状態計算書に含まれる繰延税金負債または資産を算定する際には，初度適用企業は，IFRS 開始財政状態計算書に認識されているすべての資産および負債の帳簿価額（IFRS 第 1 号に従ってすべての必要な修正と再評価を実施した後）と，それらの資産および負債の税務基準額を比較する［IFRS 第 1 号 IG5 項］。

IAS 第 12 号は，企業結合取引ではなく，取引時に会計上の利益にも課税所得にも影響を与えない取引における資産または負債の当初認識から生じる繰延税金資産について認識の要求の例外措置を提供している（「当初認識の例外措置」と称される）。IFRS 第 1 号 IG5 項における IFRSs 移行時に繰延税金を認識する要求事項は，IAS 第 12 号での当初認識の例外措置に優先するものではない。IAS 第 12 号のもとで繰延税金を修正再表示する際に，企業は，各一時差異が当初認識の例外措置の対象となる状況から生じたかどうかを（あたかも IAS 第 12 号が取引日に適用されていたかのように）検討する。一時差異がそのような状況で生じた場合には，IAS

第12号15項および24項の要求事項が適用され，繰延税金は計上されない。他のすべての場合では，繰延税金を認識するというIFRS第1号の要求事項が適用される。

IAS第12号では，当期税金および繰延税金の測定は，報告期間の末日までに施行されていた，または実質的に施行されていた税率および税法を反映する。税率および税法の改訂の影響は，それらの改訂が施行されたとき，または実質的に施行されたときに会計処理される［IFRS第1号IG6項］。

以下の設例は，これらの要求事項の適用を説明するものである。移行日前の企業結合に係る繰延税金に関する追加の設例は，**本章7.1.17**で記述されている。

設例8.1A

評価額をみなし原価として使用する場合の繰延税金

企業Gは初めてIFRSsを適用する。企業Gは以前に土地をCU 100で購入している。従前の会計原則のもとで，企業Gは土地をCU 120で再評価したが，この再評価に係る繰延税金を認識しなかった。企業Gは，IFRSs移行日において土地の評価を入手することを決定し，この評価額（CU 150）をIFRS第1号D5項に従ってみなし原価として使用する。

購入価格の一部（CU 10）は現地の税務当局により損金不算入とされる。したがって，資産は購入日および移行日においてCU 90の税務基準額を有する。現地課税管轄の税率は30%である。

当初認識の例外措置は，損金不算入であるCU 10に適用される。当初原価の残額と税務基準額の間に一時差異は存在しない（ともにCU 90）。したがって，移行日において企業Gは，みなし原価と当初原価との差額についての繰延税金である，繰延税金負債CU 15((150 − 100)×30%)を認識する。

設例8.1B

従前の会計原則において認識されていない無形資産に関する繰延税金

従前の会計原則では，企業Xはすべての開発支出を即時に費用として認識していた。その支出は，その 80％のみが 5 年間にわたって損金に算入されるのみであり，移行日時点の課税所得に影響を与えない。

IFRSs 移行時に，企業 X は開発支出に関連する無形資産を認識する。

企業 X は，税務基準額と IFRS 開始財政状態計算書における無形資産の帳簿価額との間の一時差異の全額について，IFRSs 移行日に繰延税金負債を認識すべきか。

いいえ。IFRSs のもとでは，無形資産は当初から認識されていたであろう。当初，支出額の 20％について一時差異が生じているが，IFRSs に準拠するために修正再表示された取引は，その日時点での課税所得にも会計上の利益にも影響を及ぼさない。そのため，IAS 第 12 号の当初認識の例外措置が適用される。**本章設例 8.1A** で述べているように，当初認識の例外措置の対象となる状況においては，（すなわち，IAS 第 12 号があたかも取引日で適用されていたかのように）繰延税金は認識されない。

しかし，企業 X は，IFRSs のもとでの会計上の償却期間と税務上の償却期間との差の結果として事後に生じる一時差異（すなわち，当初取引日と IFRSs 移行日との間）については会計処理を要求される場合がある。

設例8.1C

従前の会計原則において認識されなかった繰延税金資産

会社 X は 20X4 年の初度適用企業である。従前の会計原則のもとで，繰延税金は期間差異に基づいて認識されていた。20X1 年に，財務報告上影響のないグループ内の組織再編により，会社 X は，3 年間にわたり税務申告において損金算入可能な税務上の資産を認識した。当該資産は従前の会計原則における財務報告目的では認識されず，IFRSs のもとでは資産のいかなる認識規準も満たさない。そのため，当該資産は初度適用時に認識されない。

最初の IFRS 連結財務諸表において，会社 X は，IFRSs 移行日に，20X1 年に生じた税務上の資産の純額帳簿価額に対して繰延税金資産を認識すべきである。一時差異が存在しており，繰延税金資産がグループの連結財務諸表において認識されるべきである。当初の貸方計上は，IFRSs の初度適用時の修正であり，利益剰余金（または他の適切な剰余金）に認識される。その後の繰延税金資産額の変動は純損益に認識される。

IAS 第 12 号 9 項および 17 項は，一時差異の 1 つのタイプ（すなわち，期間差異）の例を示している。しかし，IAS 第 12 号は全体として「貸借対照表」アプローチであるため，費用または収益が以前に認識されていたかどうかに関係なく，比較は決済から生じる税務上の影響の分析に従うべきである（すなわち，繰延税金は税務基準額と会計上の帳簿価額との差額に基づいて認識される）。税務目的上，資産の税務基準額が存在し，会計目的上は資産または負債が存在しない場合，一時差異を識別する目的上，当該資産または負債の帳簿価額はゼロとみなされる。

設例8.1D

初度適用において遡及的に会計処理を行わなかったストック・オプションに係る繰延税金

会社 A は 2002 年 11 月 7 日より前（すなわち，IFRS 第 2 号「株式に基づく報酬」の強制適用前）に従業員にストック・オプションを付与した。ストック・オプションは，株式市場条件に基づかない権利確定条件により 2006 年に権利が確定する。A 社は，2002 年 11 月 7 日より前の取引は認識しておらず，IFRSs 初度適用時に当該取引について遡及修正も行わなかった。そのため，2005 年の IFRSs 移行時において，これらのオプションについての費用は純損益に認識されていない（IFRS 第 2 号 54 項および IFRS 第 1 号 D2 項〔**本章 7.2.1.1** 参照〕の要求事項に従い，これらのオプションに対して企業は IFRS 第 2 号を適用していない）。しかし，会社 A は，権利確定時に，権利行使日の本源的価値に基づき税務上は損金算入が可能である。

ストック・オプションの付与は会計上認識されていないが（すなわち，資産，負債，費用が認識されていない），IFRSs 移行日において一時差異は生じているか。

はい。一時差異は生じている。IAS 第 12 号 68A 項から 68C 項の原則は，ストック・オプションに関連するすべての一時差異に繰延税金の認識を要求している。したがって，報酬費用は財務諸表に認識されていないが，将来の損金算入がある場合，予想される減算額と同額の一時差異全体に係る繰延税金の移行日での資本への認識が要求される。

8.2　IAS第16号「有形固定資産」

8.2.1　減価償却方法および減価償却率

企業の従前の会計原則による減価償却方法および減価償却率が IFRSs のもとでも受入れられる場合には，企業は見積耐用年数または減価償却の形態に変更があれば，見積りの変更を行った時点から将来に向かってその変更を会計処理する。これは，見積りの変更における IFRS 第 1 号の要求事項および IAS 第 16 号 61 項と整合する［IFRS 第 1 号 IG7 項］。

従前の会計原則による減価償却方法および減価償却率は，IFRSs のもとで受入れられるものと異なることがある。例えば，その方法や率が税金の目的に限って採用され，資産の耐用年数の妥当な見積りを反映していない場合がある。そのような場合，重要な影響を及ぼす場合には，IFRS 開始財政状態計算書における減価償却累計額を遡及的に修正し，IFRSs に準拠させる［IFRS 第 1 号 IG7 項］。

IAS 第 16 号は，ある有形固定資産項目の各々の構成部分の原価が合計の取得原価に比較して重要な場合，その構成部分について別個に減価償却を行うことを要求している。しかし，IAS 第 16 号は，資産の認識に対し測定の単位，すなわち，何が有形固定資産項目を構成するのか，を定めていない。したがって，企業の特定の状況に応じて認識の規準を適用することにおいて判断が要求されている［IFRS 第 1 号 IG12 項］。

8.2.2　IAS第16号の再評価モデルにより測定される資産

IFRSs の初度適用におけるみなし原価としての公正価値または従前の再評価の使用は，**本章 7.4** で記述されている。

一部のまたはすべての種類の有形固定資産に対して，IAS 第 16 号の再評価モデルを採用する場合，その再評価剰余金累計額を資本の独立項目として表示する。IFRSs 移行日現在の再評価剰余金は，当該日現在の資産の帳簿価額とその取得原価またはみなし原価との比較に基づく。みなし原価が IFRSs 移行日現在の公正価値である場合には，IFRS 第 1 号 30 項で要求される開示を行う（**本章 9.2.4** 参照）［IFRS 第 1 号 IG10 項］。

従前の会計原則による再評価が IFRS 第 1 号 D6 項または D8 項の要件を満

たさない場合には，再評価される資産はIFRS開始財政状態計算書において，次のいずれかの基礎により測定される［IFRS第1号IG11項］。

- IAS第16号の原価モデルに基づいてすべての減価償却累計額およびすべての減損損失累計額を控除した後の原価（またはみなし原価）
- IFRSs移行日現在の公正価値としてのみなし原価
- 企業が同一種類のすべての資産に対するIFRSsに基づく会計方針としてIAS第16号の再評価モデルを採用する場合には，再評価額

8.2.3 資産の交換

設例8.2.3

資産の交換

IAS第16号は，交換取引が経済的実質を欠くことがない限り，1つないしは複数の非貨幣性資産，または貨幣性資産と非貨幣性資産の組合せとの交換で取得した有形固定資産について公正価値で測定することを要求している。

当会計期間においてIFRSsを初度適用する企業Aは，以前の会計期間に資産交換により資産を取得し，従前の会計原則に従ってこの資産を公正価値で認識した。資産交換の日にIAS第16号を適用していた場合には，取引が経済的実質を欠くとみなされ，資産は引渡した資産の帳簿価額により認識されていたかもしれない。

IAS第16号に準拠するため，企業AはIFRS開始財政状態計算書の減価償却累計額を遡及して修正すべきか。

従前の会計原則では，取得した資産は公正価値で認識されていたが，IAS第16号では引渡した資産の帳簿価額で認識することを要求した。IFRS第1号は，資産の交換に関するIAS第16号の要求事項の遡及適用からの例外措置を認めていない。したがって，理論的には，IFRS第1号において修正再表示が要求される。しかし，資産が取引日における公正価値で測定されていた場合，IFRS第1号D6項が適用される（**本章7.4**参照）。したがって，IFRSs移行の目的上，企業Aは交換取引日の公正価値を，交換日の資産のみなし原価とすることができる。

8.2.4　有形固定資産における土地と建物構成部分の個別認識

設例8.2.4

有形固定資産における土地と建物構成部分の個別認識

企業は，現地の会計原則において，不動産の土地・建物要素を別々に認識せず，全体として減価償却していた。

IFRSs の初度適用において，この資産は IFRS 開始財政状態計算書でどのように認識されるか。

移行日において，初度適用企業は，土地と建物の要素を別々に認識すべきである。それぞれの要素は次のいずれかで測定される。

- 取得原価から IFRSs のもとで受入れられる減価償却方法および減価償却率を使用して算定されたその後の減価償却を控除した金額
- IFRS 第 1 号 D5 項から D8 項で利用可能な，みなし原価測定のうちの 1 つ（本章 7.4 参照）

8.3　IAS第18号「収益」

IAS 第 18 号のもとで，収益としての認識の要件をいまだ満たさない金額を受領する場合がある。企業は IFRS 開始財政状態計算書においてその受領金額を負債として認識し，その負債を受領金額で測定しなければならない［IFRS 第 1 号 IG17 項］。

8.4　IAS第29号「超インフレ経済下における財務報告」

企業の機能通貨と表示通貨を決定するにあたって，IAS 第 21 号「外国為替レート変動の影響」の要求事項が適用される。機能通貨または表示通貨の経済が超インフレ状態にある期間中は，IAS 第 29 号が適用される［IFRS 第 1 号 IG32 項］。

企業は，IFRSs 移行日現在の有形固定資産の公正価値を当該日現在のみなし原価として使用することを選択できる。この場合は IFRS 第 1 号 30 項（**本章 9.2.4** 参照）が要求する開示を行う［IFRS 第 1 号 IG33 項］。

企業が IFRS 第 1 号 D5 項から D8 項の免除（すなわち，みなし原価としての公正価値または再評価ー**本章 7.4** 参照）を使用することを選択する場合，企業は，再評価額または公正価値が決定された日後の期間に対して IAS 第 29 号を適用する［IFRS 第 1 号 IG34 項］。

設例8.4

超インフレ経済下における初度適用企業の株式資本に関する修正再表示

A 国の経済は 20X1 年 12 月 31 日まで超インフレであった。A 国で CU を機能通貨として営業活動を行うある企業は，20X9 年 1 月 1 日を移行日とする IFRSs の初度適用企業である。当該企業は 20X1 年 12 月 31 日より前に設立され，株主から株式資本が拠出された。企業は，有形固定資産に IFRS 第 1 号 D5 項のみなし原価としての公正価値の免除を適用しており，その他に 20X1 年 12 月 31 日より前に取得または創出した非貨幣性資産や負債を有していない。

企業は最初の IFRS 財務諸表において，株式資本の取得原価を増価させるべきである。特定の免除がない限りは，IFRS 第 1 号は，企業の最初の IFRS 財務諸表の報告期間の末日で有効な各基準の完全な遡及適用を要求する。そのため，IAS 第 29 号は，CU が超インフレであった期間に適用される。したがって，株式資本のような資本の構成部分は，取引日から超インフレ期間の末日までにわたり IAS 第 29 号 24 項に従って修正再表示される。

前述の状況においては，企業は取引日から 20X1 年 12 月 31 日まで株式資本を修正再表示すべきである。株式資本または利益剰余金（修正再表示された財政状態計算書のその他の金額の調整残高）を除くその他の資本を構成するものについては，修正再表示しなくてもよいという免除規定はない。

8.5　IAS第36号「資産の減損」

初度適用企業は移行日において IAS 第 36 号の適用を要求される。その日において初度適用企業は以下を行う。

- 減損の兆候の有無にかかわらず，のれんまたは耐用年数を確定できない無形資産の減損テストを実施する。
- 移行日においてその他の資産，資産グループまたは資金生成単位が減損しているという兆候があるか否かを評価する。
- 減損の兆候が識別された資産，資産グループまたは資金生成単位について減損テストを実施する。
- 減損損失を利益剰余金に認識する。
- のれんに以前に認識された減損損失を除き，その日にもはや存在しない減損損失を戻入れる。

IFRSs 移行日に，減損損失を認識するかどうかを判断する（また減損損失があればそれを測定する）ために行う見積りは，（会計方針の相違を反映するための修正後の）従前の会計原則のもとで同じ日について行われた見積りと首尾一貫したものでなければならない。これは，それらの仮定が誤っていたという客観的な証拠がない場合に適用する。それらの見積りに対するその後の修正の影響を，その訂正を行う期間の事象として報告すべきである［IFRS 第 1 号 IG40 項］。

初度適用企業は，会計方針の変更によりIFRSs移行時に生じる減損損失を，移行日現在の利益剰余金に認識する。初度適用企業が移行日時点で従前の会計原則において，IFRS に準拠した適切な減損損失の見積りを行っていた場合には，追加の減損損失の認識や以前に認識した減損損失の戻入は行わない。その後の減損や，移行日前に認識した減損を含む減損損失の戻入は，IAS 第 36 号に従って純損益に認識される。

IFRSs 移行日現在で，減損損失認識の必要の有無の評価や減損損失の測定に際して，従前の会計原則のもとでは必要なかった見積りを行う必要があるかもしれない。そのような見積りおよび仮定には，IFRSs 移行日の後に生じた状況を反映してはならない［IFRS 第 1 号 IG41 項］。

IAS 第 36 号の経過措置は，IFRS 開始財政状態計算書には適用されない［IFRS 第 1 号 IG42 項］。

IAS 第 36 号は，一部のケースについて減損損失の戻入を要求している。IFRS 開始財政状態計算書が減損損失を反映している場合には，IAS 第 36 号がその戻入を再評価として取扱うことを要求する場合を除き，その損失のその後の戻入は純損益に認識される。これは，従前の会計原則のもとで認識された減損損失にも，また IFRSs へ移行する際に認識された追加の減損損失にも適用する［IFRS 第 1 号 IG43 項］。

8.6　IAS第37号「引当金，偶発負債および偶発資産」

IFRS 第 1 号には，引当金に関する免除も例外措置もない。そのため，初度適用企業が IFRIC 第 1 号「廃棄，原状回復およびそれらに類似する既存の負債の変動」の経過措置（**本章 7.13** 参照）を適用できる以外は，報告日現在で有効な各 IFRSs の遡及適用という IFRS 第 1 号の一般原則が引当金に適用される。

したがって，移行日において，初度適用企業は従前の会計原則のもとで認識された引当金を分析し，IAS 第 37 号における認識規準を満たすかどうかを検討する。従前の会計原則のもとで認識された引当金が規準を満たさない場合には（例えば，企業が現在の債務を有していない場合），IFRS 開始財政状態計算書から除外され，移行日の利益剰余金が修正される。

同様に，初度適用企業が，引当金の認識規準を満たす負債を発生させた場合で，従前の会計原則において引当金が認識されていなかった場合には，引当金が IFRS 開始財政状態計算書において，移行日で IAS 第 37 号に従って測定され，対応する修正が利益剰余金に対して行われる。

IAS 第 37 号で要求される基礎と類似の基礎による従前の会計原則における引当金の最善の見積りは，移行日で修正されない。しかし，従前の会計原則で認識された引当金が，IAS 第 37 号で要求される基礎と類似していない基礎により見積られている場合，移行日に存在する状況に基づき IAS

第 37 号に従って移行日現在の最善の見積りが決定される。

引当金を認識するかどうかを判断し，またそのような引当金を IFRSs 移行日において測定するのに使用される見積りは，会計方針の相違を反映するための修正をした後，従前の会計原則のもとで同じ日について行われた見積りと首尾一貫したものでなければならない。これは，それらの仮定が誤っていたという客観的な証拠がない場合に適用する。それらの見積りに対するその後の修正の影響を，その訂正を行う期間の事象として報告すべきである［IFRS 第 1 号 IG40 項］。

引当金を認識する必要の有無を検討し，IFRSs 移行日における，そのような引当金を測定するに際しては，従前の会計原則のもとでは必要なかった見積りを行う必要があるかもしれない。そのような見積りおよび仮定には，IFRSs 移行日の後に生じた状況を反映してはならない［IFRS 第 1 号 IG41 項］。

IAS 第 37 号の経過措置は，IFRS 開始財政状態計算書には適用されない［IFRS 第 1 号 IG42 項］。

8.7　IAS第38号「無形資産」

IFRS 開始財政状態計算書では，以下を要求される［IFRS 第 1 号 IG44 項］。

- IFRSs 移行日現在で IAS 第 38 号の認識要件を満たさないすべての無形資産およびその他の無形項目を含んではならない。
- 次のもの以外は，IFRSs 移行日現在で IAS 第 38 号の認識要件を満たすすべての無形資産を含まなければならない。

2つ目のケースの例外は，取得企業の従前の会計原則に基づく連結財政状態計算書で認識されなかった企業結合において取得した無形資産であり，かつ IAS 第 38 号のもとで被取得企業の個別財政状態計算書においては認識の要件を満たさない無形資産である（**本章 7.1** 参照）［IFRS 第 1 号 IG44 項］。

IAS 第 38 号の要件は，企業に次の場合に，かつ次の場合に限り，無形資産を認識することを要求している。

- その資産に起因する将来の経済的便益が企業に流入する可能性が十分にあり，
- その資産の原価が信頼性をもって測定できる場合

8.7.1　自己創設無形資産

IAS 第 38 号は，自己創設無形資産に対しては，これらの要件を他のより具体的な要件で補完している［IFRS 第 1 号 IG45 項］。IAS 第 38 号のもとでは，自己創設無形資産を作り出すコストは，認識要件を満たした日から将来に向かって資産化する。IAS 第 38 号は，事後的判断を使用してこの認識要件が満たされたという遡及的判断をすることを認めていない。したがって，経済的便益が将来流入する可能性があると遡及的に判断し，そのコストを信頼性をもって再現することができるとしても，IAS 第 38 号は，次の 2 つの条件を満たした日の前に支出したコストを資産化することを認めていない［IFRS 第 1 号 IG46 項］。

- その判断の日に行った判定および作成した文書に基づいて，当該資産から将来の経済的便益が企業に流入する可能性があると判断すること
- 自己創設無形資産のコストを，その支出の時点，またはその直後に累積する信頼性のあるシステムを持っていること

IFRSs 移行日現在で，自己創設無形資産が認識の要件を満たす場合には，従前の会計原則のもとで関連支出を費用として認識していたとしても，その IFRS 開始財政状態計算書において当該資産を認識する。IFRSs 移行日の後になるまで，当該資産が IAS 第 38 号による認識要件を満たさない場合には，満たした日からの支出の累計がコストとなる［IFRS 第 1 号 IG47 項］。

設例8.7.1

自己創設無形資産について移行日前に発生した原価の資産化

会社 A は 20X4 年 1 月 1 日を移行日として IFRSs を適用する。その日において，ある自社開発プロジェクトが，IAS 第 38 号に従って開発局面であると判定された。

会社 A が，移行日前に IFRSs により報告していたのであれば IAS 第 38

号により認識されたであろう開発費を，資産として認識することが要求されるか。

状況によって異なる。会社 A が，発生した開発費を信頼性をもって測定することが可能であれば，資産の認識が要求される。しかし，IFRS 第 1 号は，過年度コストのデータが信頼性をもって研究と開発を区分できない場合の多くは，開発費の測定は信頼性のおけるものでなく，資産認識を要求すべきでないとしている。認識要件を満たした日から測定が信頼性をもって決定することが可能である場合には，あたかも IAS 第 38 号が以前から適用されていたかのように資産は修正再表示される。つまり，開発局面におけるコストのみが 20X4 年 1 月 1 日の IFRS 開始財政状態計算書において資産計上される。

IFRS 第 1 号の IG46 項におけるガイダンスは，企業がその判断の日に行った判定および作成した文書に基づき，資産から将来の経済的便益が企業に流入する可能性があると判断した日よりも前に発生した開発費の資産認識を禁じている。従前の会計原則において，企業が開発費を発生時に費用処理する会計方針を採用しているほとんどの場合は，その時点でそのような判定が行われることはなかったであろう。したがって，IFRS 開始財政状態計算書において，開発費は資産認識されない。しかし，開発費は財務報告上の理由というよりは商業上の判定に関わるシステムを通じて記録および管理されている場合がある。そのような判定は，事実関係によっては，IFRSs 移行日において開発費を資産認識するための適切な基礎となる場合がある。

8.7.2　個別に取得した無形資産

IAS 第 38 号における無形資産認識のための前述の要件は，個別に取得した無形資産にも適用される。多くの場合，資産を取得する意思決定を支援するために同時に作成された文書には将来の経済的便益の評価が含まれている。さらに，個別に取得した無形資産のコストは通常信頼性のある測定をすることが可能である［IFRS 第 1 号 IG48 項］。

8.7.3　償却方法および償却率

従前の会計原則による償却の方法およびその償却率が IFRSs のもとで受入れられる場合には，IFRS 開始財政状態計算書で償却累計額を修正再表示すべきでない。見積耐用年数または償却の形態の変更があれば，その見積りの変更を行う期間から将来に向かって会計処理を行う。しかし時には，従前の会計原則による償却の方法および償却率が IFRSs のもとで受入れられない場合があり得る（例えば，税務目的のためだけに採用されたもので，その資産の耐用年数の正当な見積りを反映していないような場合）。このような場合に，その影響が重要な場合には，IFRS 開始財政状態計算書の償却累計額を，IFRSs に準拠するよう遡及的に修正する［IFRS 第 1 号 IG51 項］。

設例8.7.3A

従前の会計原則では償却されていた，耐用年数を確定できない無形資産

初度適用企業は無形資産を保有している。従前の会計原則では，この無形資産は 20 年で償却されていた。従前の会計原則では，すべての無形資産は償却を要求され，耐用年数を確定できない無形資産という概念は存在しなかった。IFRSs の初度適用時に，この資産は耐用年数を確定できないと判断された。

企業は，耐用年数を確定できない資産への分類変更を会計方針の変更として処理すべきである。IFRS 第 1 号 IG51 項で述べられているように，従前の会計原則における会社の従前の償却方法は IFRSs では認められない。したがって，確定できる耐用年数から確定できない耐用年数への分類変更は IFRS 第 1 号に従い遡及適用される会計方針の変更である。

確定できる耐用年数から確定できない耐用年数への変更は会計上の見積りの変更として処理すべきと規定した IAS 第 38 号 130 項の無形資産の経過措置は，初度適用企業には適用されない。企業は，耐用年数が確定できない資産としてこの無形資産を遡及的に修正再表示し，毎年の強制的な減損テストの対象としなければならない。

設例8.7.3B

過年度の減損の結果としての資産の修正再表示

会社 N は，20X2 年 1 月 1 日に会社 U を取得した。企業結合の一部として，CU 100 が購入した仕掛中の研究開発プロジェクト（IPR&D）に配分された。現地の会計基準に準拠して，この金額は企業の連結包括利益計算書において即時に費用計上された。

会社 N は，20X4 年 1 月 1 日を移行日として IFRSs を適用するが，当該仕掛研究開発プロジェクトは移行日においてまだ仕掛中である。

従前の会計原則により IPR&D に配分され，会社 U の取得後に即時費用処理された金額は，IFRSs により移行日に認識すべきか。

はい。IFRS 第 1 号は，開始財政状態計算書および開示される全期間において IFRSs に準拠した会計方針の適用を要求している。IFRS 第 1 号 IG51 項は，企業の従前の会計原則による償却方法や償却率が，IFRSs のもとで受入れられるであろうものと異なり，そのような相違が財務諸表に重要な影響を及ぼす場合には，企業は IFRS 開始財政状態計算書の償却累計額を，IFRSs に準拠するように遡及的に修正することを要求している。

IPR&D の即時減損や評価減は IFRSs に従ったものではないので，IFRS 開始財政状態計算書において振戻される。償却は IAS 第 38 号に従って適切に認識されなければならない。IPR&D は，開発された資産が経営者が意図する方法により操業可能となるための場所や状況におかれ（開発される資産が有限の耐用年数を持つと仮定した場合には）償却が開始するまで，減損テストが少なくとも年 1 回は実施される。

IPR&D の評価減は企業結合の外側で発生しているので，付録 C における企業結合に関する IFRS 第 1 号の一般規定に対する免除は適用されない。

この要求事項は，移行日において残存耐用年数がある資産に対して過年度に認識されたその他の減損損失や戻入にも適用される。

8.8　IAS第40号「投資不動産」

IAS 第 40 号の公正価値モデルを採用する場合には，投資不動産は IFRSs 移行日現在の公正価値で測定する。IAS 第 40 号の経過措置は適用されない [IFRS 第 1 号 IG61 項]。

IAS 第 40 号の原価モデルを採用する場合には，IFRS 第 1 号の要求事項およびIFRS第1号に付随する有形固定資産に関する適用ガイダンスが適用される（**本章 8.2** 参照）[IFRS 第 1 号 IG62 項]。

9　表示および開示

IFRS 第 1 号は，他の IFRSs の表示および開示の要求事項に対する免除を設けていない。IFRS 第 1 号は初度適用企業に追加の要求事項を課している。IFRS 非準拠の比較情報および**本章 9.1.1** で述べられる過去の推移の要約に関しては，この原則の例外がある [IFRS 第 1 号 20 項]。

さらに，**本章 7.6.2.3** で説明したように，IFRS 第 1 号は，IAS 第 19 号（1998 年）「従業員給付」における 5 年間の一定の趨勢情報を提供する要求事項について，IFRSs 移行日前の日付への免除を含んでいる。

設例9

2002年11月7日前に付与されたオプションに関する免除が適用された場合の経営幹部の株式に基づく報酬の開示

企業の上級経営者向けのストック・オプションプランに基づき，経営幹部は 2002 年 11 月 7 日より前に付与され，まだ権利確定していないストック・オプションを取得した。企業は，これらのオプションに対して IFRS 第 1 号 D2 項の免除の適用を選択したため，関連する費用を認識していない。

企業が経営幹部の報酬の開示金額を決定する際，IFRS 第 1 号における免除を適用するのは適切か。

はい。IAS 第 24 号「関連当事者についての開示」は，IFRS 第 2 号「株式に基づく報酬」が適用される従業員給付等，すべての従業員給付（IAS

第19号に定義）が含まれるものとして定義される経営幹部の報酬の開示を要求している（**第2巻11章5.2**参照）。

IAS第24号は，開示すべき報酬金額の測定に関する指針を提供しない。それゆえ，開示する報酬の測定額を決定するために，（IAS第19号およびIFRS第2号のような）他の基準に含まれる測定ガイダンスを参照することが必要となる。したがって，IFRS第1号の免除を適用して2002年11月7日より前に付与されたオプションに対する金額を費用として認識していない場合には，株式報酬として開示される金額も同様に，それらのオプションに関連する金額を含まないであろう。

企業は，未認識の株式報酬に関して追加的な開示を提供するべきかどうかを検討する必要がある。

9.1　比較情報

企業の最初のIFRS財務諸表は，少なくとも3つの財政状態計算書，2つの純損益およびその他の包括利益計算書，2つの独立の純損益計算書（表示する場合），2つのキャッシュ・フロー計算書および2つの持分変動計算書ならびに関連する注記（表示するすべての計算書に係る比較情報を含む）を含んでいなければならない［IFRS第1号21項］。

IAS第1号「財務諸表の表示」に対する2011年6月の修正（2012年7月1日以後開始する事業年度から発効）を適用していない企業にとっては，用語が多少異なるが，基礎となる要求事項は同じである。企業の最初のIFRS財務諸表は，3つの財政状態計算書，2つの包括利益計算書，2つの独立の純損益計算書（表示する場合），2つのキャッシュ・フロー計算書および2つの持分変動計算書ならびに関連する注記（比較情報を含む）を含んでいなければならない。

最後の4つの単語（「表示するすべての計算書に係る」）は，2012年5月に公表された「IFRSの年次改善2009－2011年サイクル」（「2009－2011年の改善」）の一部として，初度適用企業は，IFRS開始財政状態計算書の注記を表示することが要求されることを明確にするために追加された。

「2009－2011 年の改善」の一部として，IAS 第 1 号が修正され，すでにIFRSsを適用している企業が，特定の状況において第３の財政状態計算書を表示することを要求される場合，当該追加の財政状態計算書に関連する注記を表示する必要がないと規定されている（**第 1 巻 3 章「財務諸表の表示」2.10.4.3** 参照）。IFRS 第 1 号の結論の根拠において，IFRS 開始財政状態計算書に対する注記に関しての IASB の見解を明確化している。「初度適用企業に対する比較情報の要求事項は，既存の作成者に対する比較情報の要求事項とは異なるものとすべきである。当審議会は，初度適用企業は，過去にこの情報をIFRSsと整合的な基礎で表示していない可能性があるため，3 つの財政状態計算書および関連する注記の表示を免除すべきでないことに留意した。」（IFRS 第 1 号 BC 89 項参照）

「2009－2011 年の改善」から生じるIFRS 第 1 号 21 項への修正は，2013 年 1 月 1 日以後開始する事業年度から発効し，早期適用は認められる。当該修正を 2013 年 1 月 1 日より前に開始する期間に適用する場合には，その旨を開示しなければならない［IFRS 第 1 号 39R 項］。

9.1.1　過去の推移の要約および従前の会計原則の比較情報

完全な比較情報をIFRSsに準拠して表示する最初の年度よりも前の期間について，抜粋データの過去の推移の要約を表示する企業もある。IFRS 第 1 号は，このような要約についてはIFRSsの認識および測定の要求事項に従うことを求めない。さらに，IAS 第 1 号で求められている比較情報とともに，従前の会計原則に従った比較情報を表示する企業もある。従前の会計原則に従った過去の推移の要約または比較情報を含む財務諸表においては，企業は以下のようにしなければならない［IFRS 第 1 号 22 項］。

- 従前の会計原則による情報がIFRSsに準拠して作成されていないことを明示する。
- それをIFRSsに準拠したものにするための主要な修正の内容を開示する。当該修正を金額で示す必要はない。

「IFRS の年次改善 2009－2011 年サイクル」の一部として，IFRS 第 1 号の「結論の根拠」が修正され，初度適用企業は，財務諸表の利用者が，IFRSs への移行の影響を理解するのに役立てるために，従前の会計原則に従って表示した追加的な比較情報を提供する場合があることが確認された。これは，同時に IAS 第 1 号に追加された一般原則（IFRSs をすでに適用している企業に，すべての追加の比較情報が IFRSs に従って作成されることを要求する）に対する例外と述べられている（**第 1 巻 3 章 2.10.3** 参照）。

9.2　IFRSsへの移行についての説明

企業は，従前の会計原則から IFRSs への移行が，報告された財政状態，財務業績およびキャッシュ・フローにどのように影響したかを説明しなければならない［IFRS 第 1 号 23 項］。この目的を満たすために求められる開示については，次のセクションで説明を行う。

9.2.1　IFRS第1号の再度の適用

過去の報告期間に IFRSs を適用したことがあるが，直近の財務諸表には IFRSs に準拠している旨の明示的かつ無限定の記述を含んでいない企業は（**本章 4.1** 参照），以下の事項の開示が要求される［IFRS 第 1 号 23A 項］。

- IFRSs の適用を停止した理由
- IFRSs の適用を再開しようとしている理由

IFRS 第 1 号 4A 項で認められているように，企業が IFRSs の適用を再開する際に IFRS 第 1 号の適用を選択しない場合には，企業は，IFRSs の適用を停止したことがなかったかのように IFRSs を適用することを選択した理由を説明することが要求される［IFRS 第 1 号 23B 項］。

本基準は，企業が IFRSs の適用を再開する際に IFRS 第 1 号の適用を選択しない場合には，IAS 第 8 号「会計方針，会計上の見積りの変更および誤謬」の開示要求に加えて，IFRS 第 1 号の 23A 項から 23B 項（上述参照）の開示の提供が要求されることを明確にしている［IFRS 第 1 号 4B 項］。

これらの開示要求は，「IFRS の年次改善 2009－2011 年サイクル」の一部として IFRS 第 1 号に追加された。これらの要求事項は，企業が IFRS 第 1 号 4A 項（2013 年 1 月 1 日以後開始する事業年度に発効し，早期適用は認められる）を適用する際に適用される。

企業が IFRS 第 1 号 4A 項を 2013 年 1 月 1 日より前に開始する期間に適用する場合には，その旨を開示することが要求される［IFRS 第 1 号 39P 項］。

9.2.2　調整表

企業の最初の IFRS 財務諸表は，以下のものを含んでいなければならない［IFRS 第 1 号 24 項］。

- 次の両方の日付について，従前の会計原則のもとで報告されていた資本から，IFRSs のもとでの資本への調整表
  - IFRSs 移行日
  - 従前の会計原則のもとでの企業の直近の年次財務諸表に表示されている最終期間の末日
- 企業の直近の年次財務諸表における最終期間について IFRSs における包括利益合計額への調整表。この調整の出発点は，従前の会計原則のもとでの同じ期間に係る包括利益合計額，または企業がそのような合計額を報告していなかった場合には，従前の会計原則による純損益となる。
- IFRS 開始財政状態計算書を作成する際に，企業が初めて減損損失を認識するかまたは戻入れた場合には，企業が IFRSs 移行日に開始する期間にそれらの減損損失または戻入を認識していたとすれば IAS 第 36 号「資産の減損」で求められていたであろう開示

IFRS 第 1 号 BC 94 項で説明されているように，最後の要求項目の根拠は，減損損失については主観が不可避であるということである。当開示は，IFRSs への移行に際して認識される減損損失について透明性を提供することが意図されている。そうでなければ，これらの損失は，もっと早い時期またはもっと遅い時期に認識された減損損失と比べて十分な注意を引かない可能性がある。

IFRS 第 1 号は，上記の調整表を財務諸表に含めることを要求する。これは他の公表文書への参照で十分とする IAS 第 34 号「期中財務報告」に従った期中報告（**本章 9.2.8** 参照）に対する要求事項と対照をなす。

前述の調整表は，利用者が財政状態計算書および包括利益計算書に対する重要な修正を理解できるようにするのに十分な詳細を示さなければならない。従前の会計原則のもとでキャッシュ・フロー計算書が表示されていた場合には，キャッシュ・フロー計算書に対する重要な修正も説明しなければならない［IFRS 第 1 号 25 項］。

IFRS 第 1 号に付属する適用ガイダンスの設例 11 は，これらの要求事項を満たす 1 つの方法を示す。

企業は，従前の会計原則のもとで生じた誤謬に気付く場合がある。IFRS 第 1 号 24 項（a）および（b）で求められている調整表（すなわち，資本の調整表および純損益および／または包括利益合計額の調整表）は，それら誤謬の修正と会計方針の変更とを区別しなければならない［IFRS 第 1 号 26 項］。

最初の IFRS 財務諸表の対象期間中に，企業が会計方針を変更する場合またはIFRS 第 1 号に含まれている免除の使用を変更する場合には，最初の IFRS 期中財務報告書と最初の IFRS 財務諸表との間の変更を，IFRS 第 1 号 23 項に従って説明するとともに，IFRS 第 1 号 24 項（a）および（b）で要求されている調整表を更新しなければならない（**本章 5.2.2** 参照）［IFRS 第 1 号 27A 項］。

企業が過年度について財務諸表を表示していなかった場合には，最初の IFRS 財務諸表はその旨を開示しなければならない［IFRS 第 1 号 28 項］。

9.2.3　金融資産および金融負債の指定

9.2.3.1　IFRS第9号を適用する企業

本章 7.11.1 で説明されているように，IFRS 第 9 号「金融商品」を適用する企業は，IFRS 第 1 号 D19A 項に従い，過去に認識した金融資産を，純損益を通じて公正価値で測定する金融資産として指定することが認められている。

企業は，そのように指定した金融資産の指定日現在の公正価値ならびに以前の財務諸表における分類および帳簿価額を開示しなければならない［IFRS 第 1 号 29 項］。

IFRS 第 9 号を適用する企業は，IFRS 第 1 号 D19 項に従い，過去に認識した金融負債を，純損益を通じて公正価値で測定する金融負債として指定することも認められている。

企業は，そのように指定した金融負債の指定日現在の公正価値ならびに以前の財務諸表における分類および帳簿価額を開示しなければならない［IFRS 第 1 号 29A 項］。

9.2.3.2　IAS第39号を適用する企業

本章 7.11.2 で説明されているように，IAS 第 39 号「金融商品：認識および測定」を適用している企業は，IFRS 第 1 号 D19 項に従い，過去に認識した金融資産または金融負債を，純損益を通じて公正価値で測定する金融資産または金融負債，または売却可能な金融資産として指定することを認められている。

このような指定が行われた場合には，企業は，そのように指定した金融資産または金融負債の指定日現在の公正価値ならびに以前の財務諸表における分類および帳簿価額を開示しなければならない［IFRS 第 1 号 29 項］。

9.2.4　みなし原価としての公正価値の使用

IFRS 開始財政状態計算書において，ある有形固定資産，投資不動産または無形資産の項目について公正価値をみなし原価として使用する場合（**本章 7.4** 参照），最初の IFRS 財務諸表は，IFRS 開始財政状態計算書の各科目について，以下の事項を開示しなければならない［IFRS 第 1 号 30 項］。

- それらの公正価値の総額
- 従前の会計原則のもとで報告していた帳簿価額に対する修正の総額

これらの開示要求は，IFRS 第 1 号 D5 項または IFRS 第 1 号 D7 項に従って移行日における公正価値がみなし原価として使用される場合に適用される。初度適用企業が，IFRS 第 1 号 D6 項または IFRS 第 1 号 D8 項に従って従前の会計原則の再評価を使用する場合は，これらは適用されない。

9.2.5　石油・ガス資産へのみなし原価の使用

企業が石油・ガス資産に IFRS 第 1 号 D8A 項（b）の特例を適用する場合には（**本章 7.4.3** 参照），その旨および従前の会計原則により決定された帳簿価額の配分基礎を開示しなければならない［IFRS 第 1 号 31A 項］。

9.2.6　料金規制の対象となる営業活動へのみなし原価の使用

企業が料金規制の対象となる営業活動に IFRS 第 1 号 D8B 項の特例を適用する場合には（**本章 7.4.4** 参照），その旨および従前の会計原則における帳簿価額の算定基礎を開示しなければならない［IFRS 第 1 号 31B 項］。

9.2.7　激しい超インフレ後のみなし原価の使用

企業が，激しい超インフレ（**本章 7.18** 参照）により，資産および負債を公正価値で測定し，その公正価値を IFRS 開始財政状態計算書でみなし原価として使用することを選択する場合には，企業の最初の IFRS 財務諸表は，企業がどのようにして，また，どのような理由で「激しい超インフレ」（IFRS 第 1 号 D27 項で定義）に晒されていた機能通貨を有し，その後にそうではなくなったのかを開示しなければならない［IFRS 第 1 号 31C 項］。

9.2.8　期中財務報告書

最初の IFRS 財務諸表の対象となっている年度の一部分について IAS 第 34 号に従った期中財務報告書を表示する場合には，IAS 第 34 号の要求事項に加えて以下の追加の要求事項が適用される。

企業が直前事業年度の対応する期中報告期間について期中財務報告書を表

示していた場合には，このような期中財務報告書のそれぞれに以下を含めなければならない［IFRS 第 1 号 32 項］。

- 対応する期中報告期間の末日現在の従前の会計原則のもとでの資本から，IFRSs のもとでの同日現在の自己資本への調整表
- 対応する期中報告期間（当該期間および期首からの累計）に係る IFRSs における当該期間の包括利益合計額への調整表。この調整の出発点は，当該期間に係る従前の会計原則のもとでの包括利益合計額，または企業がそのような合計額を報告していなかった場合には，従前の会計原則のもとでの純損益となる。

さらに，最初の IFRS 財務諸表の対象とする期間の一部分に係る IAS 第 34 号のもとでの期中財務報告書には，**本章 9.2.2** で示されている調整表およびその他の情報を含めなければならない。または，これらの調整表を含んだ他の公表文書に対する参照を提供することができる［IFRS 第 1 号 32 項］。

企業が会計方針を変更する場合または IFRS 第 1 号に含まれている免除の使用を変更する場合には，企業の最初の IFRS 財務諸表の対象となる期間の一部分に係る各期中財務報告書における変更を説明するとともに，期中財務報告書での表示が要求されている調整表を更新しなければならない［IFRS 第 1 号 32 項（c)］。

IAS 第 34 号は，期中財務報告書の利用者は直近の年次財務諸表も利用できるという前提に基づいて，最低限の開示を要求している。しかし，IAS 第 34 号は，「当期中報告期間を理解するのに重要性がある事象または取引」の開示も求めている。したがって，初度適用企業が，従前の会計原則のもとでの直近の年次財務諸表において，当期中報告期間の理解にとって重要性がある情報を開示していなかった場合には，期中財務報告書で当該情報を開示するか，またはそれを含んでいる他の公表文書への参照を含めなければならない［IFRS 第 1 号 33 項］。

IAS 第 34 号 6 項はすでに報告済の情報との重複を避けるため，要約された財務諸表と注記を認めている。IAS 第 34 号 6 項はさらに「期中財務報告書は，最近の完全な 1 組の年次財務諸表の完全なセットの内容を更新

しようとするものである」と述べている。

以前に IFRS の年次財務諸表が作成されていない場合には，IFRS における最初の期中財務報告書は，財務諸表の利用者の理解に資するため，追加情報を含めなければならない。

例えば，要約期中財務報告書では，通常は年次財務諸表からの会計方針の変更についてのみ記載が要求されるが，IFRS における最初の期中財務報告書においては，それらが参照可能な他の文書が公表されている場合を除いては，IFRS で採用された会計方針の完全な記述を含むべきである。従前の会計原則における財務諸表において情報が提供されていなかった特定の分野において，拡張した注記を含めることもまた適切である。

企業が IFRS に従った期中財務報告書の提示を要求されているか，またはそれを選択する場合には，IAS 第 34 号を適用する。したがって，IAS 第 34 号も IFRS 第 1 号も，企業に IAS 第 34 号に準拠する期中財務報告書の提示を要求することはない。また，それらは同様に，企業に従前の会計原則のもとで提示した期中財務報告書の新版の作成も要求しない［IFRS 第 1 号 IG37 項］。

しかし，最初の IFRS 財務諸表が対象期間の一部について，IAS 第 34 号のもとでの期中財務報告書を作成する場合には，表示される比較情報については，それが IFRS に準拠するように修正再表示する［IFRS 第 1 号 IG37 項］。

最初の IFRS 財務諸表が対象とする期間の一部について IAS 第 34 号のもとで表示する各期中財務報告書に IFRS 第 1 号を適用する。特に，前述の調整表の要求事項が適用される［IFRS 第 1 号 IG38 項］。

9.2.9　子会社，共同支配企業および関連会社に対する投資へのみなし原価の使用

最初の IFRS 財務諸表に IFRS 第 11 号「共同支配の取決め」（2013 年 1 月 1 日以後開始する事業年度から適用が要求され，早期適用が認められる）を適用しない企業は，後述の「共同支配企業（joint venture）」への参照を，「共同支配企業（jointly controlled entity）」への参照として読替える。

企業が IFRS 開始財政状態計算書で，個別財務諸表における子会社，共同支配企業および関連会社に対する投資の原価について，みなし原価を使用する場合（**本章 7.8** 参照）には，以下の開示が要求される［IFRS 第 1 号 31 項］。

- みなし原価が従前の会計原則における帳簿価額である投資のみなし原価の総額
- みなし原価が公正価値である投資のみなし原価の総額
- 従前の会計原則のもとで報告していた帳簿価額に対する修正の総額

10　将来の進展

「IFRS の年次改善 2011 − 2013 年サイクル」（2013 年第 4 四半期公表予定）の一部として IFRS 解釈指針委員会は，初度適用の文脈における「有効な IFRS」の意味を明確にすることを提案している。具体的には，解釈指針委員会は，いまだ有効な旧基準を適用するかまたは発効日前に適用が認められている新基準を適用するかの選択肢が初度適用企業にあることを確認するために IFRS 第 1 号を修正することを提案している。新基準を早期適用する場合には，企業の最初の IFRS 財務諸表の対象となる期間全体を通じて当該基準の同じ版を適用することが要求される（**本章 5.2** も参照）。

IFRS 第 1 号を特別に扱う継続中の他のプロジェクトはない。しかし，IASB は数多くの他の新基準に取組んでおり，基準が最終化した際には，初度適用企業のこれらの基準の要求事項の適用に関して，IFRS 第 1 号に必然的修正が行われる可能性が高い。

訳者注

2013 年第 4 四半期に，「IFRS の年次改善 2011 − 2013 年サイクル」が公表された。

基準索引

IFRS 第 1 号
国際財務報告基準の初度適用

IFRS 第 3 号
企業結合

IFRS 第 4 号
保険契約

IFRS 第 6 号
鉱物資源の探査および評価

IFRS 第 8 号
事業セグメント

IFRS 第 9 号（2010 年）
金融商品

IFRS 第 10 号
連結財務諸表

IFRS 第 11 号
共同支配の取決め

IFRS 第 12 号
他の企業への関与の開示

IAS 第 1 号
財務諸表の表示

IAS 第 2 号
棚卸資産

IAS 第 7 号
キャッシュ・フロー計算書

IAS 第 8 号
会計方針，会計上の見積りの変更および誤謬

IAS 第 10 号
後発事象

IAS 第 12 号
法人所得税

IAS 第 17 号
リース

IAS 第 18 号
収益

IAS 第 19 号（2011 年）
従業員給付

IAS 第 20 号
政府補助金の会計処理および政府援助の開示

IAS 第 21 号
外国為替レート変動の影響

IAS 第 24 号
関連当事者についての開示

IAS 第 26 号
退職給付制度の会計および報告

IAS 第 27 号（2008 年）
連結および個別財務諸表

IAS 第 27 号（2011 年）
個別財務諸表

IAS 第 28 号（2003 年）
関連会社に対する投資

IAS 第 28 号（2011 年）
関連会社および共同支配企業に対する投資

IAS 第 29 号
超インフレ経済下における財務報告

IAS 第 32 号
金融商品：表示

IAS 第 33 号
1株当たり利益

IAS 第 34 号
期中財務報告

IAS 第 36 号
資産の減損

IAS 第 37 号
引当金，偶発負債および偶発資産

IAS 第 38 号
無形資産

IAS 第 41 号
農業

IFRIC 第 7 号
IAS第29号「超インフレ経済下における財務報告」に従った修正再表示アプローチの適用

IFRIC 第 12 号
サービス委譲契約

IFRIC 第 14 号
IAS第19号 — 確定給付資産の上限，最低積立要件およびそれらの相互関係

IFRIC 第 19 号
資本性金融商品による金融負債の消滅

IFRIC 第 20 号
露天掘り鉱山の生産フェーズにおける剥土コスト

IFRIC 第 21 号
賦課金

SIC 第 10 号
政府援助 ― 営業活動と個別的な関係がない場合

SIC 第 25 号
法人所得税 ― 企業または株主の課税上の地位の変化

IFRS Practice Statement Management Commentary
IFRS実務記述書「経営者による説明」

翻訳者一覧

青山　千恵
新子　貴和子
飯嶋　めぐみ
石坂　武嗣
石原　宏司
井上　友美
井村　耕三
岩崎　伸哉
遠藤　和人
大迫　孝史
荻　茂生
川井　圭介
川口　桂子
北川　洋子
小西　聖子
佐賀　智雄
坂田　響
佐藤　晃一
真田　恵美子
篠崎　圭
清水　祐子
田嶋　大士
谷口　智哉
内藤　美保
野間　友介
萩原　由公子
半田　透子
福田　修平
古内　和明
牧野　めぐみ
三井　健一郎
峯村　佳典
栁下　直子
柳瀬　吏偉子
山口　奈美
山田　憲男
山本　千鶴子
渡邊　悦也

第3巻補章執筆者

岩崎　伸哉

【トーマツグループについて】

トーマツグループは日本におけるデロイト トウシュ トーマツ リミテッド（英国の法令に基づく保証有限責任会社）のメンバーファームおよびそれらの関係会社（有限責任監査法人トーマツ、デロイト トーマツ コンサルティング株式会社、デロイト トーマツ ファイナンシャルアドバイザリー株式会社および税理士法人トーマツを含む）の総称です。トーマツグループは日本で最大級のビジネスプロフェッショナルグループのひとつであり、各社がそれぞれの適用法令に従い、監査、税務、コンサルティング、ファイナンシャルアドバイザリー等を提供しています。また、国内約 40 都市に約 7,600 名の専門家（公認会計士、税理士、コンサルタントなど）を擁し、多国籍企業や主要な日本企業をクライアントとしています。詳細はトーマツグループ Web サイト（www.tohmatsu.com）をご覧ください。

【Deloitte について】

Deloitte（デロイト）は、監査、税務、コンサルティングおよびファイナンシャル アドバイザリーサービスを、さまざまな業種にわたる上場・非上場のクライアントに提供しています。全世界 150 を超える国・地域のメンバーファームのネットワークを通じ、デロイトは、高度に複合化されたビジネスに取り組むクライアントに向けて、深い洞察に基づき、世界最高水準の陣容をもって高品質なサービスを提供しています。デロイトの約 200,000 名を超える人材は、“standard of excellence” となることを目指しています。

Deloitte（デロイト）とは、英国の法令に基づく保証有限責任会社であるデロイト トウシュ トーマツ リミテッド（“DTTL”）ならびにそのネットワーク組織を構成するメンバーファームおよびその関係会社のひとつまたは複数を指します。DTTL および各メンバーファームはそれぞれ法的に独立した別個の組織体です。DTTL（または “Deloitte Global”）はクライアントへのサービス提供を行いません。DTTL およびそのメンバーファームについての詳細は www.tohmatsu.com/deloitte/ をご覧ください。

国際財務報告基準（IFRS）詳説
iGAAP2014　第2巻

平成26年8月18日　第1版第1刷発行

訳　　有限責任監査法人 トーマツ

発　行　レクシスネクシス・ジャパン株式会社
Tel : 03 - 5787 - 3511 ／ Fax : 03 - 5787 - 3512
URL : http : //www.lexisnexis.jp

DTP　　照山裕爾（有限会社ミニマム）
印刷・製本　凸版印刷 株式会社
Printed in Japan

ISBN 978-4-902625-85-1